O ESPÍRITO DAS LEIS

Copyright da tradução e desta edição © 2023 by Edipro Edições Profissionais Ltda.

Título original: *De L'Esprit des Lois*. Publicado originalmente em 1748.

Todos os direitos reservados. Nenhuma parte deste livro poderá ser reproduzida ou transmitida de qualquer forma ou por quaisquer meios, eletrônicos ou mecânicos, incluindo fotocópia, gravação ou qualquer sistema de armazenamento e recuperação de informações, sem permissão por escrito do editor.

Grafia conforme o novo Acordo Ortográfico da Língua Portuguesa.

2ª edição, 2023.

Editores: Jair Lot Vieira e Maíra Lot Vieira Micales
Produção editorial: Carla Bettelli
Edição de textos: Marta Almeida de Sá
Assistente editorial: Thiago Santos
Revisão: Thiago de Christo
Diagramação: Estúdio Design do Livro
Capa: Lumiar Design

Dados Internacionais de Catalogação na Publicação (CIP)
(Câmara Brasileira do Livro, SP, Brasil)

Montesquieu, Charles de Secondat, 1689-1755

    O espírito das leis / Charles de Secondat Montesquieu ; tradução, introdução e notas Edson Bini. – 2. ed. – São Paulo : Edipro, 2023.

    Título original: De L'Esprit des Lois

    ISBN 978-65-5660-118-2 (impresso)
    ISBN 978-65-5660-119-9 (e-pub)

    1. Ciência política 2. Direito - Teoria 3. Estado (Direito) I. Bini, Edson. II. Título.

23-160031   CDD-320.1

Índice para catálogo sistemático:
1. Estado : Ciência política 320.1

Eliane de Freitas Leite - Bibliotecária - CRB 8/8415

São Paulo: (11) 3107-7050 • Bauru: (14) 3234-4121
www.edipro.com.br • edipro@edipro.com.br
@editoraedipro   @editoraedipro

O livro é a porta que se abre para a realização do homem.
Jair Lot Vieira

MONTESQUIEU

O ESPÍRITO DAS LEIS

OU A RELAÇÃO QUE AS LEIS DEVEM TER COM A CONSTITUIÇÃO
DE CADA GOVERNO, OS COSTUMES, O CLIMA, A RELIGIÃO,
O COMÉRCIO, ETC., AO QUE O AUTOR JUNTOU NOVAS INVESTIGAÇÕES
SOBRE AS LEIS ROMANAS NO QUE TOCA ÀS SUCESSÕES,
SOBRE AS LEIS FRANCESAS E SOBRE AS LEIS FEUDAIS

Incluindo
A POLÊMICA EM TORNO DE O ESPÍRITO DAS LEIS
Defesa de *O espírito das leis*
Esclarecimentos sobre *O espírito das leis*
Reflexões acerca do Relatório de Bottari
Respostas às Observações de Grosley

Tradução, introdução e notas complementares
Edson Bini

edipro

SUMÁRIO

Considerações do tradutor 27

Cronologia 32

O ESPÍRITO DAS LEIS

Advertência do autor 39

Prefácio 40

PRIMEIRA PARTE

Livro I — Das leis em geral 45

    Capítulo I — Das leis na sua relação com os diversos seres 45

    Capítulo II — Das leis da natureza 47

    Capítulo III — Das leis positivas 48

Livro II — Das leis que derivam diretamente da natureza

do governo 51

    Capítulo I — Da natureza dos três governos diversos 51

    Capítulo II — Do governo republicano e das leis relativas à democracia 52

    Capítulo III — Das leis relativas à natureza da aristocracia 56

    Capítulo IV — Das leis na sua relação com a natureza do governo
monárquico 58

    Capítulo V — Das leis relativas à natureza do Estado despótico 60

Livro III — Dos Princípios dos Três Governos 62

    Capítulo I — Diferença entre a natureza do governo e seu princípio 62

    Capítulo II — Do princípio dos diversos governos 62

    Capítulo III — Do princípio da democracia 62

    Capítulo IV — Do princípio da aristocracia 65

    Capítulo V — A virtude não é o princípio do governo monárquico 66

    Capítulo VI — Como se substitui a virtude no governo monárquico 67

    Capítulo VII — Do princípio da monarquia 68

6 | O ESPÍRITO DAS LEIS

Capítulo VIII — A honra não constitui de modo algum o princípio dos estados despóticos 68

Capítulo IX — Do princípio do governo despótico 69

Capítulo X — Diferença de obediência nos governos moderados e nos governos despóticos 70

Capítulo XI — Reflexão acerca de tudo isso 71

LIVRO IV — AS LEIS DA EDUCAÇÃO DEVEM SER RELATIVAS AOS PRINCÍPIOS DO GOVERNO 72

Capítulo I — Das leis da educação 72

Capítulo II — Da educação nas monarquias 72

Capítulo III — Da educação no governo despótico 75

Capítulo IV — Diferença dos efeitos da educação entre os antigos e entre nós 76

Capítulo V — Da educação no governo republicano 76

Capítulo VI — De algumas instituições gregas 77

Capítulo VII — Em que caso tais instituições singulares podem se revelar boas 79

Capítulo VIII — Explicação de um paradoxo dos antigos quanto aos costumes 80

LIVRO V — AS LEIS PROMULGADAS PELO LEGISLADOR DEVEM SER RELATIVAS AO PRINCÍPIO DO GOVERNO 83

Capítulo I — Ideia deste Livro 83

Capítulo II — Do que é a virtude no Estado político 83

Capítulo III — Do que é o amor à república na democracia 84

Capítulo IV — Como inspirar o amor à igualdade e à frugalidade 84

Capítulo V — Como as leis estabelecem a igualdade na democracia 85

Capítulo VI — Como devem as leis manter a frugalidade na democracia 88

Capítulo VII — Outros meios de favorecer o princípio da democracia 89

Capítulo VIII — Como as leis devem se relacionar com o princípio do governo na aristocracia 92

Capítulo IX — Como as leis são relativas ao seu princípio na monarquia 95

Capítulo X — Da presteza da execução na monarquia 96

Capítulo XI — Da excelência do governo monárquico 97

Capítulo XII — Continuação do mesmo assunto 98

Capítulo XIII — Ideia do despotismo 99

Capítulo XIV — Como as leis são relativas ao princípio do governo despótico 99

Capítulo XV — Continuação do mesmo assunto 103

SUMÁRIO | 7

Capítulo XVI — Da comunicação do poder 105
Capítulo XVII — Dos presentes 106
Capítulo XVIII — Das recompensas dadas pelo soberano 107
Capítulo XIX — Novas consequências dos princípios dos três governos 107

LIVRO VI — CONSEQUÊNCIAS DOS PRINCÍPIOS DOS DIVERSOS GOVERNOS
RELATIVAMENTE À SIMPLICIDADE DAS LEIS CIVIS E CRIMINAIS, À FORMA
DOS JULGAMENTOS E AO ESTABELECIMENTO DAS PENAS 111

Capítulo I — Da simplicidade das leis civis nos diversos governos 111
Capítulo II — Da simplicidade das leis criminais nos diversos governos 113
Capítulo III — Em quais governos e em quais casos se deve julgar
segundo um texto preciso da lei 114
Capítulo IV — Da maneira de moldar os julgamentos 115
Capítulo V — Em qual governo pode o soberano ser juiz 116
Capítulo VI — Na monarquia, os ministros não devem julgar 119
Capítulo VII — Do magistrado único 119
Capítulo VIII — Das acusações nos diversos governos 120
Capítulo IX — Da severidade das penas nos diversos governos 121
Capítulo X — Das antigas leis francesas 122
Capítulo XI — O povo virtuoso necessita de poucas penas 122
Capítulo XII — Do poder das penas 123
Capítulo XIII — Da impotência das leis japonesas 124
Capítulo XIV — Do espírito do senado romano 127
Capítulo XV — Das leis romanas com relação às penas 127
Capítulo XVI — Da justa proporção entre as penas e o crime 129
Capítulo XVII — Da tortura ou interrogatório dos criminosos 130
Capítulo XVIII — Das penas pecuniárias e das penas corporais 131
Capítulo XIX — Da Lei de Talião 131
Capítulo XX — Da punição dos pais pelas faltas dos filhos 132
Capítulo XXI — Da clemência do príncipe 132

LIVRO VII — CONSEQUÊNCIAS DOS DIFERENTES PRINCÍPIOS DOS TRÊS
GOVERNOS RELATIVAMENTE ÀS LEIS SUNTUÁRIAS, AO LUXO E À CONDIÇÃO
DAS MULHERES 134

Capítulo I — Do luxo 134
Capítulo II — Das leis suntuárias na democracia 135
Capítulo III — Das leis suntuárias na aristocracia 136
Capítulo IV — Das leis suntuárias nas monarquias 137
Capítulo V — Casos nos quais as leis suntuárias são úteis numa
monarquia 138
Capítulo VI — Do luxo na China 139

8 | O ESPÍRITO DAS LEIS

Capítulo VII — Consequência fatal do luxo na China 141

Capítulo VIII — Da continência pública 141

Capítulo IX — Da condição das mulheres nos diversos governos 142

Capítulo X — Do tribunal doméstico entre os romanos 143

Capítulo XI — Como as instituições em Roma mudaram com a mudança do governo 144

Capítulo XII — Da tutela sobre as mulheres entre os romanos 144

Capítulo XIII — Das penas estabelecidas pelos imperadores contra o deboche das mulheres 145

Capítulo XIV — Leis suntuárias entre os romanos 147

Capítulo XV — Dos dotes e das vantagens nupciais nas diversas constituições 147

Capítulo XVI — O bom costume dos samnitas 148

Capítulo XVII — Da administração das mulheres 148

LIVRO VIII — DA CORRUPÇÃO DOS PRINCÍPIOS DOS TRÊS GOVERNOS 150

Capítulo I — Ideia geral deste Livro 150

Capítulo II — Da corrupção do princípio da democracia 150

Capítulo III — Do espírito de igualdade extrema 152

Capítulo IV — Causa particular da corrupção do povo 152

Capítulo V — Da corrupção do princípio da aristocracia 153

Capítulo VI — Da corrupção do princípio da monarquia 154

Capítulo VII — Continuação do mesmo assunto 155

Capítulo VIII — Perigo da corrupção do princípio do governo monárquico 156

Capítulo IX — Quanto a nobreza é levada a defender o trono 156

Capítulo X — Da corrupção do princípio do governo despótico 156

Capítulo XI — Efeitos naturais da integridade e da corrupção dos princípios 157

Capítulo XII — Continuação do mesmo assunto 158

Capítulo XIII — Efeito do juramento num povo virtuoso 159

Capítulo XIV — Como a mais ínfima mudança na constituição traz consigo a ruína dos princípios 160

Capítulo XV — Meios de grande eficácia para a preservação dos três princípios 161

Capítulo XVI — Propriedades distintivas da república 161

Capítulo XVII — Propriedades distintivas da monarquia 162

Capítulo XVIII — O caso particular da monarquia da Espanha 163

Capítulo XIX — Propriedades distintivas do governo despótico 163

Capítulo XX — Consequência dos capítulos precedentes 164

Capítulo XXI — Do Império da China 164

SUMÁRIO | 9

SEGUNDA PARTE

LIVRO IX — DAS LEIS NA SUA RELAÇÃO COM A FORÇA DE DEFESA 169

Capítulo I — Como as repúblicas conservam sua segurança 169

Capítulo II — A constituição federativa deve ser composta de Estados da mesma natureza, sobretudo de Estados republicanos 171

Capítulo III — Outras coisas necessárias na república federativa 171

Capítulo IV — Como os Estados despóticos conservam sua segurança 172

Capítulo V — Como a monarquia conserva sua segurança 172

Capítulo VI — Da força de defesa dos Estados em geral 173

Capítulo VII — Reflexões 174

Capítulo VIII — Casos em que a força de defesa de um Estado é inferior à sua força ofensiva 174

Capítulo IX — Da força relativa dos Estados 175

Capítulo X — Da debilidade dos Estados vizinhos 175

LIVRO X — DAS LEIS NA SUA RELAÇÃO COM A FORÇA OFENSIVA 176

Capítulo I — Da força ofensiva 176

Capítulo II — Da guerra 176

Capítulo III — Do direito de conquista 177

Capítulo IV — Algumas vantagens do povo conquistado 179

Capítulo V — Gelon, rei de Siracusa 180

Capítulo VI — De uma república conquistadora 181

Capítulo VII — Continuação do mesmo assunto 182

Capítulo VIII — Continuação do mesmo assunto 182

Capítulo IX — De uma monarquia que realiza conquistas dos territórios vizinhos 182

Capítulo X — De uma monarquia que conquista uma outra monarquia 183

Capítulo XI — Dos costumes do povo vencido 183

Capítulo XII — De uma Lei de Ciro 184

Capítulo XIII — Carlos XII 184

Capítulo XIV — Alexandre 186

Capítulo XV — Novos meios de conservar a conquista 189

Capítulo XVI — De um Estado despótico conquistador 189

Capítulo XVII — Continuação do mesmo assunto 190

LIVRO XI — DAS LEIS QUE FORMAM A LIBERDADE POLÍTICA NA SUA RELAÇÃO COM A CONSTITUIÇÃO 191

Capítulo I — Ideia geral 191

Capítulo II — Os diversos significados atribuídos à palavra liberdade 191

Capítulo III — O que a liberdade é 192

Capítulo IV — Continuação do mesmo assunto 192

Capítulo V — Do objetivo dos diversos Estados 192

Capítulo VI — Da constituição da Inglaterra 193

Capítulo VII — Das monarquias que conhecemos 202

Capítulo VIII — Por que os antigos não faziam uma ideia bastante
clara da monarquia 203

Capítulo IX — Maneira de pensar de Aristóteles 204

Capítulo X — Maneira de pensar de outros pensadores políticos 204

Capítulo XI — Dos reis dos tempos heroicos entre os gregos 205

Capítulo XII — Do governo dos reis de Roma e como foram aí
distribuídos os três poderes 206

Capítulo XIII — Reflexões gerais sobre o Estado de Roma após
a expulsão dos reis 208

Capítulo XIV — Como a distribuição dos três poderes começou
a mudar após a expulsão dos reis 209

Capítulo XV — Como, na situação progressista da república,
Roma perdeu subitamente sua liberdade 210

Capítulo XVI — Do poder legislativo na república romana 211

Capítulo XVII — Do poder executivo na mesma república 212

Capítulo XVIII — Do poder judiciário no governo de Roma 214

Capítulo XIX — Do governo das províncias romanas 219

Capítulo XX — Propósito deste Livro 221

Livro XII — Das leis que formam a liberdade política na sua
relação com o cidadão 222

Capítulo I — Ideia deste Livro 222

Capítulo II — Da liberdade do cidadão 222

Capítulo III — Continuação do mesmo assunto 223

Capítulo IV — A liberdade é favorecida pela natureza das penas
e sua proporção 224

Capítulo V — De certas acusações que exigem, de modo particular,
moderação e prudência 226

Capítulo VI — Do crime contra a natureza 227

Capítulo VII — Do crime de lesa-majestade 228

Capítulo VIII — Da má aplicação da denominação de crime de sacrilégio
e de lesa-majestade 229

Capítulo IX — Continuação do mesmo assunto 230

Capítulo X — Continuação do mesmo assunto 231

Capítulo XI — Dos pensamentos 231

Capítulo XII — Das palavras indiscretas 231

Capítulo XIII — Dos escritos 233

SUMÁRIO | 11

Capítulo XIV — Violação do pudor na punição dos crimes 233
Capítulo XV — Da alforria do escravo para acusação do senhor 234
Capítulo XVI — Calúnia no crime de lesa-majestade 235
Capítulo XVII — Da revelação das conspirações 235
Capítulo XVIII — De quanto é perigosa nas repúblicas a punição
excessiva do crime de lesa-majestade 236
Capítulo XIX — Como se suspende o uso da liberdade na república 237
Capítulo XX — Das leis favoráveis à liberdade do cidadão na república.... 238
Capítulo XXI — Da crueldade das leis relativamente aos devedores
na república 238
Capítulo XXII — Das coisas que agridem a liberdade na monarquia 240
Capítulo XXIII — Dos espiões na monarquia 240
Capítulo XXIV — Das cartas anônimas 241
Capítulo XXV — Da maneira de governar na monarquia 241
Capítulo XXVI — Na monarquia, o príncipe deve ser acessível 242
Capítulo XXVII — Dos costumes do monarca 242
Capítulo XXVIII — Das considerações que os monarcas devem aos
seus súditos 242
Capítulo XXIX — Das leis civis apropriadas para introduzir um pouco
de liberdade no governo despótico 243
Capítulo XXX — Continuação do mesmo assunto 244

Livro XIII — Das relações que a arrecadação dos tributos
e o volume das rendas públicas têm com a liberdade 246

Capítulo I — Das rendas do Estado 246
Capítulo II — Do mau raciocínio da afirmação de que o volume
dos tributos é bom por si mesmo 246
Capítulo III — Dos tributos nos países onde uma parte do povo
é escrava da gleba 247
Capítulo IV — De uma república em caso semelhante 247
Capítulo V — De uma monarquia em caso semelhante 248
Capítulo VI — De um estado despótico em caso semelhante 248
Capítulo VII — Dos tributos nos países onde a escravidão da gleba
não está estabelecida 249
Capítulo VIII — Como se conserva a ilusão 250
Capítulo IX — De uma espécie má de imposto 251
Capítulo X — O volume dos tributos depende da natureza do governo 251
Capítulo XI — Das penalidades fiscais 252
Capítulo XII — Relação do volume dos tributos com a liberdade 252
Capítulo XIII — Em quais governos os tributos são suscetíveis
de aumento 253

12 | O ESPÍRITO DAS LEIS

Capítulo XIV — Da relatividade da natureza dos tributos com
o governo 254

Capítulo XV — Abuso da liberdade 254

Capítulo XVI — Das conquistas dos maometanos 255

Capítulo XVII — Do aumento das tropas 255

Capítulo XVIII — Da dispensa dos tributos 256

Capítulo XIX — O que é mais conveniente ao príncipe e ao povo,
a administração dos tributos pelo arrendatário da propriedade rural,
ou a administração dos tributos por conta do estado? 257

Capítulo XX — Dos negociadores (contratadores) 259

TERCEIRA PARTE

LIVRO XIV — DAS LEIS NA SUA RELAÇÃO COM A NATUREZA DO CLIMA 263

Capítulo I — Ideia geral 263

Capítulo II — Quanto os seres humanos são diferentes nos diversos
climas 263

Capítulo III — Contradição no caráter de certos povos do sul 267

Capítulo IV — Causa da imutabilidade da religião, dos costumes,
das maneiras, das leis nos países do oriente 267

Capítulo V — Os maus legisladores são os que favoreceram os vícios
do clima, e os bons são os que se opuseram a eles 268

Capítulo VI — Do cultivo das terras nos climas quentes 269

Capítulo VII — Do monaquismo 269

Capítulo VIII — O bom costume da China 270

Capítulo IX — Meios de estimular a indústria 270

Capítulo X — Das leis que têm relação com a sobriedade dos povos 270

Capítulo XI — Das leis que têm relação com as enfermidades
do clima 272

Capítulo XII — Das leis contra aqueles que se matam 273

Capítulo XIII — Efeitos resultantes do clima da Inglaterra 274

Capítulo XIV — Outros efeitos do clima 275

Capítulo XV — Dos diferentes graus de credibilidade que as leis
depositam no povo segundo os climas 276

LIVRO XV — DA RELAÇÃO ENTRE AS LEIS DA ESCRAVIDÃO CIVIL
E A NATUREZA DO CLIMA 278

Capítulo I — Da escravidão civil 278

Capítulo II — Origem do direito de escravidão segundo
os jurisconsultos romanos 278

Capítulo III — Outra origem do direito de escravidão 280

Capítulo IV — Outra origem do direito de escravidão 280

Capítulo V — Da escravidão dos negros 281

Capítulo VI — A verdadeira origem do direito de escravidão 282

Capítulo VII — Outra origem do direito de escravidão......................... 282

Capítulo VIII — Inutilidade da escravidão entre nós 283

Capítulo IX — Das nações onde a liberdade civil está geralmente
estabelecida 284

Capítulo X — Diversas espécies de escravidão 284

Capítulo XI — O que compete às leis realizar em relação à escravidão 285

Capítulo XII — Abusos da escravidão 285

Capítulo XIII — Perigo do grande número de escravos 286

Capítulo XIV — Dos escravos armados 287

Capítulo XV — Continuação do mesmo assunto 287

Capítulo XVI — Precauções a serem tomadas no governo
moderado 288

Capítulo XVII — Regulamentos a serem estabelecidos entre o senhor
e os escravos 289

Capítulo XVIII — Das alforrias 291

Capítulo XIX — Dos libertos e dos eunucos 292

Livro XVI — Da relação das leis da escravidão doméstica com
a natureza do clima 294

Capítulo I — Da servidão doméstica 294

Capítulo II — Nos países do sul há, no que concerne aos dois sexos,
uma desigualdade natural 294

Capítulo III — A pluralidade das mulheres depende muito de sua
manutenção 295

Capítulo IV — Da poligamia, suas diversas circunstâncias 296

Capítulo V — Razão de uma Lei de Malabar.................................. 296

Capítulo VI — Da poligamia em si mesma 297

Capítulo VII — Da igualdade de tratamento no caso da pluralidade
das mulheres.. 298

Capítulo VIII — Da separação das mulheres dos homens 298

Capítulo IX — Ligação do governo doméstico com o político................. 298

Capítulo X — Princípio da moral do oriente 299

Capítulo XI — Da servidão doméstica independente da poligamia 300

Capítulo XII — Do pudor natural 301

Capítulo XIII — Do ciúme.. 301

Capítulo XIV — Do governo doméstico no oriente............................ 302

Capítulo XV — Do divórcio e da rejeição 302

Capítulo XVI — Da rejeição e do divórcio entre os romanos 303

14 | O ESPÍRITO DAS LEIS

Livro XVII — Como as leis da servidão política se relacionam
com a natureza do clima 306

Capítulo I — Da servidão política 306
Capítulo II — Diferença dos povos no que tange à coragem 306
Capítulo III — Do clima da Ásia 307
Capítulo IV — Consequência disso.. 309
Capítulo V — Quando os povos do norte da Ásia e os do norte da Europa
realizaram conquistas, os efeitos da conquista não foram idênticos.... 309
Capítulo VI — Nova causa física da servidão da Ásia e da liberdade
da Europa 311
Capítulo VII — Da África e da América 312
Capítulo VIII — Da capital do Império.. 312

Livro XVIII — Das leis na sua relação com a natureza do solo 313

Capítulo I — Como a natureza do solo influi sobre as leis.....................313
Capítulo II — Continuação do mesmo assunto....................................314
Capítulo III — Quais são os países mais cultivados 314
Capítulo IV — Novos efeitos da fertilidade e da esterilidade do país.........315
Capítulo V — Dos povos insulares..315
Capítulo VI — Dos países formados pela laboriosidade humana 316
Capítulo VII — Das obras humanas 316
Capítulo VIII — Relação geral das leis 317
Capítulo IX — Do solo americano 317
Capítulo X — Do número de seres humanos na sua relação com
a maneira pela qual logram sua subsistência....................................317
Capítulo XI — Dos povos selvagens e dos povos bárbaros.....................318
Capítulo XII — Do direito das gentes entre os povos que não cultivam
as terras..318
Capítulo XIII — Das leis civis entre os povos que não cultivam as terras.....318
Capítulo XIV — Do estado político dos povos que não cultivam as terras...319
Capítulo XV — Dos povos que conhecem o uso da moeda.....................319
Capítulo XVI — Das leis civis entre os povos que não conhecem o uso
da moeda 320
Capítulo XVII — Das leis políticas entre os povos que não contam
com o uso da moeda... 320
Capítulo XVIII — A força da superstição 321
Capítulo XIX — Da liberdade dos árabes e da servidão dos tártaros......... 321
Capítulo XX — Do direito das gentes dos tártaros.............................. 322
Capítulo XXI — Lei civil dos tártaros... 322
Capítulo XXII — De uma lei civil dos povos germânicos 323
Capítulo XXIII — Da longa cabeleira dos reis francos......................... 328

Capítulo XXIV — Dos casamentos dos reis francos 328
Capítulo XXV — Childerico 328
Capítulo XXVI — Da maioridade dos reis francos.............................. 329
Capítulo XXVII — Continuação do mesmo assunto 330
Capítulo XXVIII — Da adoção entre os germanos............................... 331
Capítulo XXIX — Espírito sanguinário dos reis francos...................... 331
Capítulo XXX — Das assembleias da nação entre os francos 332
Capítulo XXXI — Da autoridade do clero na primeira raça 332

LIVRO XIX — DAS LEIS NA SUA RELAÇÃO COM OS PRINCÍPIOS QUE
MOLDAM O ESPÍRITO GERAL, OS COSTUMES E AS MANEIRAS DE
UMA NAÇÃO 334

Capítulo I — Do assunto deste livro.. 334
Capítulo II — Quanto, para as melhores leis, é necessário que
os espíritos sejam preparados 334
Capítulo III — Da tirania... 335
Capítulo IV — Do que é o espírito geral.. 335
Capítulo V — Quanto é preciso estar atento para não mudar o espírito
geral de uma nação 336
Capítulo VI — Da não necessidade de tudo corrigir........................... 336
Capítulo VII — Dos atenienses e dos lacedemônios............................ 336
Capítulo VIII — Efeitos do humor sociável 337
Capítulo IX — Da vaidade e do orgulho das nações 337
Capítulo X — Do caráter dos espanhóis e daquele dos chineses 338
Capítulo XI — Reflexão... 339
Capítulo XII — Das maneiras e dos costumes no Estado despótico........... 339
Capítulo XIII — Das maneiras entre os chineses................................ 340
Capítulo XIV — Quais são os meios naturais de mudar os costumes
e as maneiras de uma nação 340
Capítulo XV — Influência do governo doméstico sobre o político........... 341
Capítulo XVI — Como alguns legisladores confundiram os princípios
que regem os seres humanos.. 341
Capítulo XVII — Propriedade característica do governo da China........... 342
Capítulo XVIII — Consequência do capítulo precedente...................... 343
Capítulo XIX — Como é feita esta união da religião, das leis,
dos costumes e das maneiras entre os chineses 344
Capítulo XX — Explicação de um paradoxo com respeito aos chineses 345
Capítulo XXI — Como as leis devem ser relativas aos costumes
e às maneiras 346
Capítulo XXII — Continuação do mesmo assunto 346
Capítulo XXIII — Como as leis acompanham os costumes 346

16 | O ESPÍRITO DAS LEIS

Capítulo XXIV — Continuação do mesmo assunto 347

Capítulo XXV — Continuação do mesmo assunto 347

Capítulo XXVI — Continuação do mesmo assunto 348

Capítulo XXVII — Como as leis podem contribuir para a formação
dos costumes, das maneiras e do caráter de uma nação 348

QUARTA PARTE

LIVRO XX — DAS LEIS NA SUA RELAÇÃO COM O COMÉRCIO CONSIDERADO
NA SUA NATUREZA E EM SUAS DISTINÇÕES 359

Invocação às Musas 359

Capítulo I — Do comércio 360

Capítulo II — Do espírito do comércio 360

Capítulo III — Da pobreza dos povos 361

Capítulo IV — Do comércio nos diversos governos 361

Capítulo V — Dos povos que têm praticado o comércio de economia 363

Capítulo VI — Alguns efeitos de uma expressiva navegação 363

Capítulo VII — O espírito da Inglaterra quanto ao comércio 364

Capítulo VIII — Como, por vezes, o comércio de economia foi
constrangido 364

Capítulo IX — Da exclusão em matéria de comércio 365

Capítulo X — Estabelecimento próprio para o comércio de economia 366

Capítulo XI — Continuação do mesmo assunto 366

Capítulo XII — Da liberdade do comércio 366

Capítulo XIII — O que destrói esta liberdade 367

Capítulo XIV — Das leis do comércio que envolvem o confisco das
mercadorias 367

Capítulo XV — Da ordem de prisão por dívidas 368

Capítulo XVI — Bela Lei 369

Capítulo XVII — Lei de Rodes 369

Capítulo XVIII — Dos juízes para o comércio 369

Capítulo XIX — Da completa inconveniência de o príncipe praticar
o comércio 370

Capítulo XX — Continuação do mesmo assunto 370

Capítulo XXI — Do comércio da nobreza na monarquia 370

Capítulo XXII — Reflexão particular 371

Capítulo XXIII — Das nações para as quais é desvantajosa a prática
do comércio 372

LIVRO XXI — DAS LEIS NA SUA RELAÇÃO COM O COMÉRCIO CONSIDERADO
NAS REVOLUÇÕES OCORRIDAS NO MUNDO 374

Capítulo I — Algumas considerações gerais...374

Capítulo II — Dos povos da África 375

Capítulo III — Da diferença entre as necessidades dos povos do sul
e as necessidades dos povos do norte... 375

Capítulo IV — Principal diferença entre o comércio dos antigos
e o atual 375

Capítulo V — Outras diferenças.. 376

Capítulo VI — Do comércio dos antigos.. 376

Capítulo VII — Do comércio dos gregos.. 382

Capítulo VIII — Sobre Alexandre e sua conquista 384

Capítulo IX — Do comércio dos reis gregos após Alexandre...................... 387

Capítulo X — Da volta da África 391

Capítulo XI — Cartago e Marselha 394

Capítulo XII — Ilha de Delos, Mitrídates.. 398

Capítulo XIII — Do engenho dos romanos pela marinha............................ 400

Capítulo XIV — Do engenho dos romanos pelo comércio 400

Capítulo XV — Comércio dos romanos com os bárbaros............................ 401

Capítulo XVI — Do comércio dos romanos com a Arábia e as Índias....... 402

Capítulo XVII — Do comércio após a destruição dos romanos
no Ocidente... 405

Capítulo XVIII — Regulamento particular 405

Capítulo XIX — Do comércio após o enfraquecimento dos romanos
no Oriente 406

Capítulo XX — Como surgiu o comércio na Europa através da barbárie.... 406

Capítulo XXI — Descoberta de dois novos mundos: estado da Europa
em relação a isto... 408

Capítulo XXII — Das riquezas que a Espanha extraiu da América............411

Capítulo XXIII — Problema... 415

Livro XXII — Das Leis na sua Relação com o Uso da Moeda 416

Capítulo I — Razão do uso da moeda... 416

Capítulo II — Da natureza da moeda 417

Capítulo III — Das moedas ideais 418

Capítulo IV — Da quantidade de ouro e de prata... 419

Capítulo V — Continuação do mesmo assunto 419

Capítulo VI — Por que razão o preço da usura foi reduzido pela metade
por ocasião da descoberta das Índias 420

Capítulo VII — Como o preço das coisas é fixado na variação das
riquezas de signo.. 421

Capítulo VIII — Continuação do mesmo assunto.. 421

Capítulo IX — Da relativa escassez do ouro e da prata............................... 422

Capítulo X — Do câmbio 423

Capítulo XI — Das operações realizadas pelos romanos em relação
às moedas 430

Capítulo XII — Circunstâncias nas quais os romanos realizaram
suas operações em relação à moeda 431

Capítulo XIII — Operações em relação às moedas na época dos
imperadores 432

Capítulo XIV — Como o câmbio constrange os Estados despóticos 433

Capítulo XV — Uso de alguns países da Itália 434

Capítulo XVI — Da ajuda que o Estado pode receber dos banqueiros 434

Capítulo XVII — Das dívidas públicas 435

Capítulo XVIII — Do pagamento das dívidas públicas 436

Capítulo XIX — Dos empréstimos a juros 437

Capítulo XX — Das usuras marítimas 438

Capítulo XXI — Do empréstimo por contrato e da usura entre
os romanos 438

Capítulo XXII — Continuação do mesmo assunto 439

Livro XXIII — Das Leis na sua Relação com o Número dos
Habitantes 444

Capítulo I — Dos seres humanos e dos animais relativamente
à multiplicação de suas espécies 444

Capítulo II — Dos casamentos 445

Capítulo III — Da condição das crianças 445

Capítulo IV — Das famílias 446

Capítulo V — Das diversas ordens de mulheres legítimas 446

Capítulo VI — Dos bastardos nos diversos governos 447

Capítulo VII — Do consentimento dos pais para o casamento 448

Capítulo VIII — Continuação do mesmo assunto 448

Capítulo IX — Das moças 449

Capítulo X — O que determina o casamento 449

Capítulo XI — Da rigidez do governo 449

Capítulo XII — Do número de meninas e meninos nos diferentes
países 450

Capítulo XIII — Dos portos marítimos 450

Capítulo XIV — Dos produtos da terra que exigem maior ou menor
número de homens 451

Capítulo XV — Do número dos habitantes em relação às artes 452

Capítulo XVI — Dos pontos de vista do legislador a respeito
da propagação da espécie 453

Capítulo XVII — Da Grécia e do número de seus habitantes 453

SUMÁRIO | 19

Capítulo XVIII — Do estado dos povos antes dos romanos 455

Capítulo XIX — Despovoamento do mundo.. 455

Capítulo XX — Da necessidade dos romanos de fazer leis que
favorecessem a propagação da espécie... 456

Capítulo XXI — Das leis dos romanos relativas à propagação
da espécie.. 456

Capítulo XXII — Do abandono dos filhos... 466

Capítulo XXIII — Do estado do mundo após a destruição dos romanos.... 467

Capítulo XXIV — Transformações ocorridas na Europa relativamente
ao número dos habitantes.. 468

Capítulo XXV — Continuação do mesmo assunto 469

Capítulo XXVI — Consequências... 469

Capítulo XXVII — Da lei feita na frança para incentivar a propagação
da espécie.. 469

Capítulo XXVIII — Como se pode remediar o despovoamento.................. 470

Capítulo XXIX — Dos hospitais.. 470

QUINTA PARTE

Livro XXIV — Das Leis na sua Relação com a Religião Estabelecida
em cada País, Considerada nas suas Práticas e em Si Mesma.................. 475

Capítulo I — Das religiões em geral.. 475

Capítulo II — Paradoxo de Bayle.. 475

Capítulo III — O governo moderado é mais conveniente à religião cristã,
e o governo despótico, à muçulmana 477

Capítulo IV — Consequência do caráter da religião cristã e daquele
da religião muçulmana 478

Capítulo V — A religião católica é mais conveniente a uma monarquia
e a protestante se ajusta melhor a uma república.. 479

Capítulo VI — Outro paradoxo de Bayle.. 479

Capítulo VII — Das leis de perfeição na religião.. 480

Capítulo VIII — Do acordo das leis da moral com as da religião 480

Capítulo IX — Dos essênios 481

Capítulo X — Da seita estoica 481

Capítulo XI — Da contemplação 482

Capítulo XII — Das penitências.. 482

Capítulo XIII — Dos crimes inexpiáveis 483

Capítulo XIV — Como a força da religião se aplica àquela das leis civis...... 483

Capítulo XV — Como as leis civis por vezes corrigem as falsas religiões 485

Capítulo XVI — Como as leis da religião corrigem os inconvenientes
da constituição política.. 485

Capítulo XVII — Continuação do mesmo assunto 486

Capítulo XVIII — Como as leis da religião exercem o efeito das
leis civis 487

Capítulo XIX — É menos a verdade ou a falsidade de um dogma que
o torna útil ou pernicioso aos seres humanos no estado civil do
que o uso ou o abuso que dele se faz 487

Capítulo XX — Continuação do mesmo assunto 489

Capítulo XXI — Da metempsicose 489

Capítulo XXII — De quanto é perigoso a religião inspirar o horror
pelas coisas indiferentes 489

Capítulo XXIII — Das festas 490

Capítulo XXIV — Das leis religiosas locais 491

Capítulo XXV — Inconvenientes da transferência de uma religião
de um país para outro 491

Capítulo XXVI — Continuação do mesmo assunto 492

LIVRO XXV — DAS LEIS NA SUA RELAÇÃO COM O ESTABELECIMENTO
DA RELIGIÃO DE CADA PAÍS E SUA POLÍTICA EXTERIOR 494

Capítulo I — Do sentimento pela religião 494

Capítulo II — Do motivo do apego pelas diversas religiões 494

Capítulo III — Dos templos 496

Capítulo IV — Dos ministros religiosos 497

Capítulo V — Dos limites que as leis devem estabelecer para as riquezas
do clero 499

Capítulo VI — Dos mosteiros 500

Capítulo VII — Do luxo da superstição 500

Capítulo VIII — Do pontificado 501

Capítulo IX — Da tolerância em matéria de religião 501

Capítulo X — Continuação do mesmo assunto 502

Capítulo XI — Da mudança de religião 502

Capítulo XII — Das leis penais 503

Capítulo XIII — Humilíssima admoestação aos inquisidores da Espanha
e de Portugal 504

Capítulo XIV — Por que a religião cristã é tão odiosa no Japão 506

Capítulo XV — Da propagação da religião 506

LIVRO XXVI — DAS LEIS NA RELAÇÃO QUE DEVEM TER COM A ORDEM
DAS COISAS ACERCA DAS QUAIS ESTATUEM 508

Capítulo I — Ideia deste livro 508

Capítulo II — Das leis divinas e das leis humanas 509

Capítulo III — Das leis civis que são contrárias à lei natural 509

Capítulo IV — Continuação do mesmo assunto 511

Capítulo V — Casos nos quais se pode julgar pelos princípios do direito
civil modificando-se os princípios do direito natural 512

Capítulo VI — A ordem das sucessões depende dos princípios do direito
político ou civil, e não dos princípios do direito natural 512

Capítulo VII — Não convém decidir com base nos preceitos religiosos
quando se trata daqueles da lei natural 514

Capítulo VIII — Não convém regulamentar pelos princípios do direito
denominado canônico as coisas regulamentadas pelos princípios
do direito civil 515

Capítulo IX — As coisas que devem ser regulamentadas pelos princípios
do direito civil raramente podem sê-lo pelos princípios das leis
da religião 515

Capítulo X — Em que caso é preciso acatar a lei civil que permite,
e não a lei religiosa que proíbe 517

Capítulo XI — Não convém regulamentar os tribunais humanos pelas
máximas dos tribunais que tocam à outra vida 517

Capítulo XII — Continuação do mesmo assunto 518

Capítulo XIII — Em qual caso é necessário seguir, no tocante aos
casamentos, as leis religiosas e em qual caso é necessário seguir
as leis civis 518

Capítulo XIV — Em quais casos, nos casamentos entre parentes,
é necessário regulamentar pelas leis da natureza e em quais casos
deve-se regulamentar pelas leis civis 519

Capítulo XV — Não convém regulamentar pelos princípios do direito
político as coisas que dependem dos princípios do direito civil.............. 523

Capítulo XVI — Não é cabível decidir pelas regras do direito civil
quando se trata de decidir pelas regras do direito político 524

Capítulo XVII — Continuação do mesmo assunto 526

Capítulo XVIII — É necessário examinar se as leis que parecem
contradizer-se são de idêntica ordem 526

Capítulo XIX — Não cabe decidir pelas leis civis as coisas que devem
ser decididas pelas leis domésticas.. 527

Capítulo XX — Não cabe decidir pelos princípios das leis civis as coisas
que competem ao direito das gentes 527

Capítulo XXI — Não cabe decidir pelas leis políticas as coisas que
competem ao direito das gentes.. 528

Capítulo XXII — O infeliz destino do Inca Ataualpa 529

Capítulo XXIII — Quando, devido a alguma circunstância, a lei política
destrói o Estado, é preciso decidir pela lei política que o preserva, a qual
se torna, por vezes, um direito das gentes... 529

22 | O ESPÍRITO DAS LEIS

Capítulo XXIV — As regras policiais são de ordem distinta das outras
leis civis.. 530

Capítulo XXV — Não é cabível seguir as disposições gerais do direito
civil quando se trata de coisas que devem ser submetidas às regras
particulares extraídas de sua própria natureza...................................531

SEXTA PARTE

Livro XXVII — Da Origem e das Revoluções das Leis dos Romanos
sobre as Sucessões.. 535

Capítulo único — Das leis romanas sobre as sucessões.................... 535

Livro XXVIII — Da Origem e das Revoluções das Leis Civis entre
os Franceses...546

Capítulo I — Do diferente caráter das leis dos povos germânicos.............546

Capítulo II — As leis dos bárbaros foram todas pessoais.........................548

Capítulo III — Diferença capital entre as leis sálicas e as leis dos visigodos
e dos borguinhões...549

Capítulo IV — Como o direito romano se perdeu na região dominada
pelos francos e se conservou na região dominada pelos godos e pelos
borguinhões.. 551

Capítulo V — Continuação do mesmo assunto... 554

Capítulo VI — Como o direito romano conservou-se no domínio dos
lombardos.. 554

Capítulo VII — Como o direito romano desapareceu na Espanha..........555

Capítulo VIII — Falso capitular.. 556

Capítulo IX — Como os códigos dos direitos dos bárbaros e os
capitulares se perderam.. 556

Capítulo X — Continuação do mesmo assunto... 557

Capítulo XI — Outras causas do declínio dos códigos de leis dos bárbaros,
do direito romano e dos capitulares... 558

Capítulo XII — Dos costumes locais. Revolução das leis dos povos
bárbaros e do direito romano.. 559

Capítulo XIII — Diferença da lei sálica ou dos francos salianos comparada
à dos francos ripuários e dos outros povos bárbaros.............................560

Capítulo XIV — Outra diferença... 561

Capítulo XV — Reflexão... 562

Capítulo XVI — Da prova da água fervente estabelecida pela
lei sálica.. 563

Capítulo XVII — Maneira de pensar de nossos ancestrais.................... 563

Capítulo XVIII — Como a prova pelo combate se difundiu.................... 566

SUMÁRIO | 23

Capítulo XIX — Uma nova razão para o esquecimento das leis sálicas, das leis romanas e dos capitulares 570

Capítulo XX — Origem do ponto de honra 571

Capítulo XXI — Nova reflexão sobre o ponto de honra entre os germanos 573

Capítulo XXII — Dos costumes relativos aos combates 573

Capítulo XXIII — Da jurisprudência do combate judiciário 575

Capítulo XXIV — Regras estabelecidas para o combate judiciário 575

Capítulo XXV — Dos limites que eram estabelecidos ao uso do combate judiciário 577

Capítulo XXVI — Do combate judiciário entre uma das partes e uma das testemunhas 579

Capítulo XXVII — Do combate judiciário entre uma parte e um dos pares do senhor. Apelação contra falso julgamento 580

Capítulo XXVIII — Da apelação da ausência de direito 585

Capítulo XXIX — Época do reinado de São Luís 589

Capítulo XXX — Observação acerca das apelações 591

Capítulo XXXI — Continuação do mesmo assunto 592

Capítulo XXXII — Continuação do mesmo assunto 592

Capítulo XXXIII — Continuação do mesmo assunto 593

Capítulo XXXIV — Como o procedimento se tornou secreto 594

Capítulo XXXV — Das custas 595

Capítulo XXXVI — Da parte pública 596

Capítulo XXXVII — Como os *estabelecimentos* de São Luís caíram no esquecimento 598

Capítulo XXXVIII — Continuação do mesmo assunto 600

Capítulo XXXIX — Continuação do mesmo assunto 602

Capítulo XL — Como foram adotadas as formas judiciárias das decretais... 603

Capítulo XLI — Fluxo e refluxo da jurisdição eclesiástica e da jurisdição secular 604

Capítulo XLII — Renascimento do direito romano e do que disto resultou. Mudanças nos tribunais 605

Capítulo XLIII — Continuação do mesmo assunto 607

Capítulo XLIV — Da prova testemunhal 608

Capítulo XLV — dos costumes da França 608

Livro XXIX — Da Maneira de Compor as Leis 611

Capítulo I — Do espírito do legislador 611

Capítulo II — Continuação do mesmo assunto 611

Capítulo III — As leis que parecem afastar-se dos objetivos do legislador frequentemente com eles se conformam 612

Capítulo IV — Das leis que contrariam os objetivos do legislador 612

Capítulo V — Continuação do mesmo assunto 612

Capítulo VI — As leis que parecem idênticas nem sempre têm o mesmo efeito 613

Capítulo VII — Continuação do mesmo assunto. A necessidade de compor bem as leis 614

Capítulo VIII — As leis que parecem idênticas nem sempre têm apresentado motivo idêntico 614

Capítulo IX — As leis gregas e romanas puniram o homicídio de si mesmo, sem terem o mesmo motivo 615

Capítulo X — As leis que parecem contrárias derivam, por vezes, do mesmo espírito 616

Capítulo XI — De que maneira duas leis diversas podem ser comparadas 616

Capítulo XII — As leis que parecem idênticas são, às vezes, realmente diferentes 617

Capítulo XIII — Não é necessário separar as leis do objeto para o qual foram feitas. Das leis romanas sobre o roubo 618

Capítulo XIV — Não se deve separar as leis das circunstâncias nas quais elas foram feitas 619

Capítulo XV — Às vezes, é bom que uma lei corrija a si mesma 620

Capítulo XVI — Coisas a serem observadas na composição das leis 620

Capítulo XVII — Má maneira de outorgar leis 624

Capítulo XVIII — Das ideias de uniformidade 625

Capítulo XIX — Dos legisladores 625

Livro XXX — Teoria das Leis Feudais entre os Francos na sua Relação com o Estabelecimento da Monarquia 626

Capítulo I — Das leis feudais 626

Capítulo II — Das origens das leis feudais 626

Capítulo III — Origem da vassalagem 627

Capítulo IV — Continuação do mesmo assunto 628

Capítulo V — Da conquista dos francos 629

Capítulo VI — Dos godos, dos borguinhões e dos francos 629

Capítulo VII — Diferentes maneiras de dividir as terras 630

Capítulo VIII — Continuação do mesmo assunto 630

Capítulo IX — Justa aplicação da lei dos borguinhões e daquela dos visigodos à divisão das terras 631

Capítulo X — Das servidões 632

Capítulo XI — Continuação do mesmo assunto 633

Capítulo XII — As terras partilhadas pelos bárbaros não pagavam tributo algum 636

SUMÁRIO | 25

Capítulo XIII — Quais eram os encargos dos romanos e dos gauleses na monarquia dos francos 638

Capítulo XIV — Do que se chamava de censo 640

Capítulo XV — O que se chamava de *census* só era arrecadado dos servos, e não dos homens livres 642

Capítulo XVI — Dos leudos ou vassalos 644

Capítulo XVII — Do serviço militar dos homens livres 646

Capítulo XVIII — Do duplo serviço 648

Capítulo XIX — Das composições entre os povos bárbaros 650

Capítulo XX — Do que se denominou posteriormente justiça dos senhores 654

Capítulo XXI — Da justiça territorial das igrejas 657

Capítulo XXII — As justiças foram estabelecidas antes do fim da segunda raça 659

Capítulo XXIII — Ideia geral do livro do estabelecimento da monarquia francesa nas gálias, do abade dubos 661

Capítulo XXIV — Continuação do mesmo assunto. Reflexão sobre a essência do sistema 662

Capítulo XXV — Da nobreza francesa 665

LIVRO XXXI — TEORIA DAS LEIS FEUDAIS ENTRE OS FRANCOS NA SUA RELAÇÃO COM AS REVOLUÇÕES DE SUA MONARQUIA 671

Capítulo I — Transformações nos ofícios e nos feudos 671

Capítulo II — Como o governo civil foi reformado 674

Capítulo III — Autoridade dos administradores-chefes do palácio 676

Capítulo IV — Qual era, relativamente aos administradores-chefes (*maires*), o espírito da nação 679

Capítulo V — Como os administradores-chefes (*maires*) obtiveram o comando dos exércitos 679

Capítulo VI — Segunda fase do rebaixamento dos reis da primeira raça 681

Capítulo VII — Dos grandes ofícios e dos feudos sob os administradores--chefes (*maires*) do palácio 682

Capítulo VIII — Como os alódios foram convertidos em feudos 683

Capítulo IX — Como os bens eclesiásticos foram convertidos em feudos 685

Capítulo X — Riquezas do clero 686

Capítulo XI — Estado da Europa no tempo de Carlos Martel 687

Capítulo XII — Estabelecimento dos dízimos 690

Capítulo XIII — Das eleições nos bispados e abadias 693

Capítulo XIV — Dos feudos de Carlos Martel 693

Capítulo XV — Continuação do mesmo assunto 694

Capítulo XVI — Confusão da realeza e da administração mor
(*mairerie*) — Segunda raça.. 694

Capítulo XVII — Coisa particular na eleição dos reis da segunda raça..... 695

Capítulo XVIII — Carlos Magno.. 697

Capítulo XIX — Continuação do mesmo assunto................................ 698

Capítulo XX — Luís, o Indulgente... 698

Capítulo XXI — Continuação do mesmo assunto................................ 700

Capítulo XXII — Continuação do mesmo assunto............................... 701

Capítulo XXIII — Continuação do mesmo assunto.............................. 702

Capítulo XXIV — Os homens livres tornaram-se capazes de possuir
feudos.. 704

Capítulo XXV — Causa principal do enfraquecimento da segunda raça.
Transformação nos alódios.. 705

Capítulo XXVI — Mudança nos feudos... 707

Capítulo XXVII — Outra mudança ocorrida nos feudos......................... 709

Capítulo XXVIII — Mudanças ocorridas nos grandes ofícios e nos
feudos.. 709

Capítulo XXIX — Da natureza dos feudos a partir do reinado de Carlos,
o Calvo.. 711

Capítulo XXX — Continuação do mesmo assunto............................... 712

Capítulo XXXI — Como o Império saiu da Casa de Carlos Magno........... 713

Capítulo XXXII — Como a coroa da França passou para a Casa de Hugo
Capeto... 713

Capítulo XXXIII — Algumas consequências da perpetuidade dos feudos....714

Capítulo XXXIV — Continuação do mesmo assunto............................. 718

APÊNDICE

A POLÊMICA EM TORNO DE *O ESPÍRITO DAS LEIS*

I. Defesa de *o espírito das leis*.. 723

Primeira parte... 723

Segunda parte 735

Terceira parte 754

II. Esclarecimentos sobre *O espírito das leis*................................. 759

III. Reflexões sobre o relatório de Monsenhor Bottari........................761

IV. Respostas às observações de Grosley sobre *O espírito das leis*........ 763

CONSIDERAÇÕES DO TRADUTOR

Montesquieu viveu e escreveu numa época e num ambiente especialmente característicos na história da França. Eis, em breves e falíveis traços, o cenário: no terreno político, a monarquia francesa, após atingir seu fastígio sob o pulso de ferro do absolutista Luís XIV, abria brechas e deixava vazios que começavam a ser ocupados perceptivelmente pela classe social economicamente ascendente: a burguesia, que outrora politicamente apática, se reduzira aos seus lucrativos negócios de comerciantes e mercadores. Mas como dinheiro sempre combinou com poder político, engordando-se mutuamente, a fragilidade da administração política do pouco enérgico e nada hábil Luís XV, incapaz de centralizar vigorosamente o poder em sua pessoa (como fizera seu antecessor) e também de compartilhá-lo ou delegá-lo a ministros e assessores proficientes e autenticamente interessados no desenvolvimento da França, gerou um vácuo que atraía desde lideranças políticas até o cogitar da alteração do sistema de governo, fosse essa por via reformista ou revolucionária. A instabilidade política reclamava ação, e o povo francês (que naquele momento era constituído majoritariamente por burgueses, artesãos e camponeses) se ressentia das profundas desigualdades sociais, que garantiam o faisão e o mais fino vinho às mesas dos nobres e cortesãos, e o pão seco, água e sopa rala às mesas dos artesões pobres e aldeões. Embora, nós o sabemos, faltassem ainda mais de duas décadas para o povo francês tomar as ruas de Paris com o brado *Du pain, du pain!*, os meados do século XVIII exibem na França um estado de tensão e saturação que beira a explosão. Monarquia, nobreza e clero mantinham-se unidos, mas os elos dessa corrente não tinham mais a resistência dos tempos do apogeu da monarquia absolutista. Nessa tríade sustentadora do poder, o monarca, acompanhado de cortesãos ociosos, debochados e sumamente dispendiosos ao governo, era de fato quase um peso morto a ser respaldado por uma nobreza não tão abastada como antes, e, além disso, insegura, a despeito de sua empáfia, ante os passos firmes de sua mais recente rival: a rica burguesia.

Na verdade, o único elo ainda íntegro dessa corrente naqueles tempos era o clero. Era ele, nessa estranha cadeia de um só elo íntegro e outros dois enferrujados, que sustentava um regime de governo e um estado de coisas que não tardariam a se tornar insustentáveis.

Ora, foi precisamente nessa panela em ebulição, ou seja, a França no meio do século XVIII, que acabou por surgir uma obra de teor político e jurídico que logo levou doutores da Faculdade de Teologia da Sorbonne ao auge da irritação e membros do clero da congregação do *Index* ao paroxismo.

Na verdade, essa obra não fora publicada na França, mas em Genebra, Suíça, no fim de 1747, sem indicação explícita do nome do autor.

Mas não se demorou para descobrir que seu autor era Charles-Louis de Secondat, membro de ilustre família da nobreza, administrador dos domínios de *la Brède* e presidente da magistratura. Os atentos e poderosos jesuítas, somados aos jansenistas, apressaram-se em atacar a obra em nome da religião.

O barão de *la Brède* e Montesquieu (nome com o qual passaria condignamente à posteridade) de início insistiu, com a polidez e equilíbrio que lhe eram peculiares, que se tratava de uma obra que versava sobre ideias políticas, instituições, leis, costumes de vários povos; que apesar de sua extensão e diversificação, não tinha, de modo algum, nenhum objeto teológico em mira e que suas incursões ao domínio das religiões eram meramente incidentais, só servindo de acessório à sua investigação e análise de temas estritamente políticos e jurídicos.

Mas o fato é que Montesquieu, após o enorme sucesso de sua obra, ou seja, *O espírito das leis*, consagrado em brevíssimo tempo livre e autor em vários países europeus, inclusive na Itália, sentara-se sobre um barril de pólvora.

No final, cansado e alquebrado, embora ainda afirmasse convictamente o teor estritamente político e jurídico de seu livro (que, segundo ele, não só não era um tratado de teologia como não feria, de maneira alguma, a doutrina e os dogmas do cristianismo, religião abraçada e defendida fervorosamente por ele nas próprias páginas da obra), ele cede às pressões da Igreja receando o iminente ingresso de sua obra no *Index*. Escreve uma *Defesa de O espírito das leis* (constante neste mesmo volume) e concorda em *reformar* o texto do livro. Ele, de fato, na segunda metade do ano de 1750, procederá a várias correções da obra, em consenso com dois membros da Faculdade de Teologia, correções estas (de caráter contextual e até conceitual) integradas às edições subsequentes.

Contudo, de nada adiantou a sua, por assim dizer, boa vontade, pois, sobretudo devido às posições do Duque de Nivernais e do Cardeal Passionei, *O espírito das leis* entrou no *Index* em 29 de novembro de 1751.

Tentemos radiografar esse drama.

Toda transformação efetiva nos governos políticos que altera a realidade social e econômica tem sua origem e seu gérmen na reflexão filosófica,

CONSIDERAÇÕES DO TRADUTOR | 29

ou, para sermos mais exatos, na discussão livre de ideias. Não há prática política sem uma teoria política que a anteceda. A matriz de toda ação planejada é uma ideia.

Mas não há espaço nestas sumárias considerações para filosofarmos. Só queremos dizer que Montesquieu, dando à luz *O espírito das leis* no seu tempo e em seu mundo, meteu a mão num vespeiro. Abalou toda a estrutura ideológica por trás dos valores, dos conceitos e preconceitos dos conservadores monarquistas franceses, aristocratas arraigados e, acima de tudo, dos membros da alta hierarquia da Igreja representados por um poderoso clero na França.

É difícil julgar a sinceridade intelectual de Montesquieu. Quando diz que sua obra trata de política e jurisprudência, e não de teologia, parece estar dizendo a verdade, mas parece também que ele subestima suas *ligeiras incursões* pelo domínio das religiões, que aos olhos da Igreja não eram tão inócuas e incidentais, ainda que tecnicamente não teológicas.

Ademais — e este é o ponto nevrálgico da dubiedade de Montesquieu —, ele parece se fazer de tolo ou, ao contrário, de impecavelmente sutil ao afirmar que seu livro não trata de teologia e não ataca, em absoluto, a teologia cristã, dando a entender que, se a teologia não era seu objeto e campo de estudo (e muito menos uma crítica à teologia cristã), em *O espírito das leis*, a *política* também não seria assunto de teólogos, religiosos e outros membros da Igreja.

Essa postura formalista de Montesquieu tenta escamotear a realidade que o circunda, ou seja, que a Igreja, que de direito e de fato devia se ater e se limitar ao teológico, ao religioso e ao espiritual, *de fato*, e não *de direito*, fazia *política* há quase dois milênios na Europa e com intensidade redobrada precisamente naquele momento histórico de enfraquecimento e rápida decadência da monarquia da França.

Montesquieu transformou-se, assim, *paradoxalmente* num dos grandes teóricos da Revolução Francesa, pois, como outros autores de obras-primas do pensamento humano, não teve a menor percepção da envergadura e repercussão política revolucionária das ideias contidas no seu livro.

Mas se ele não teve essa percepção, por certo os argutos e sagazes homens da Igreja a tiveram.

E quanto à atitude em si de Montesquieu diante do poder da Igreja?

Aqui é preciso lembrar mais uma vez que Montesquieu não tinha nenhuma veia revolucionária. Era um homem que começava a destilar ideias libertárias na França; era o que convencionamos chamar de um pensador iluminista e racionalista. Mas não era, de modo algum, o que costumamos denominar uma figura que se destaca por declarações ou posturas críticas e polêmicas em relação ao mundo em que vive. E o ponderado Montesquieu estava a milhas de ser um ativista político rebelde. Não exibia nem a mordacidade e irreverência de Voltaire nem muito menos o destemor, a ousadia e a temeridade de Rousseau.

Muito pelo contrário, ele era um homem bem-posicionado na sociedade, do ponto de vista socioeconômico, e sua posição material e financeiramente confortável e a reputação de uma família aristocrática benquista faziam dele um homem pragmático, prático, que nada tinha a reivindicar do governo monárquico francês vigente. Embora não fosse um duque riquíssimo, possuía por ocasião do lançamento de *O espírito das leis* um capital de cerca de 530 mil libras, o que significava uma renda anual de 20 mil a 25 mil libras por ano, que permitiam a ele, bom administrador de seus bens, gozar de uma vida bastante confortável, ainda que não certamente luxuosa.

Por outro lado, era um homem culto, amante da história e das humanidades em geral. Sabia muito bem o que acontecia em regra com aqueles que desafiavam o poder... e não havia, em absoluto, na alma tranquila e recatada do barão de *la Brède,* a rebeldia e a coragem indômita de um Prometeu afrontando Zeus, de um Espártaco, o trácio, ou um Aníbal, o cartaginês, enfrentando o poder de Roma! Mais do que isso, ele conhecia a história recente da intolerância da Igreja romana em relação aos que ousavam pensar diferentemente dela.

Sabe-se até hoje e se saberá sempre que aqueles que querem *prosperar* (ou seja, progredir econômica, financeira e materialmente) ou, ao menos, manter sua estabilidade material em qualquer sociedade mercantilista ou capitalista devem acatar obedientemente os valores, padrões e códigos vigorantes e jamais "bater de frente com o poder e com os poderosos". É-lhes facultado opinar mornamente dentro do sistema, mas nunca questionar o sistema. É por isso que a grande maioria dos filósofos (que geralmente vivem na pobreza e morrem mais pobres ainda) suspeita da exequibilidade da democracia, já que ela parece implicar na mediocridade dos intelectos e numa liberdade que para os muitos (ou o *povo*) não passa de um mito de fato impraticável.

Ironicamente, Montesquieu, como Aristóteles e outros grandes pensadores, à sua revelia tornou-se ele próprio uma autoridade, um poder e um mito.

As notas críticas, além das informativas e explicativas, que este tradutor acresceu a esta nova edição de um dos maiores clássicos de filosofia política de todos os tempos, têm dois objetivos distintos, porém entrelaçados, ao seu ver importantíssimos: o primeiro é filosófico, expressando sua convicção de que poder e autoridade devem ser, sim, criticados e reavaliados sempre, sem o que não haveria transformação, renovação e desenvolvimento intelectual e espiritual da sociedade (a mitificação do poder e da autoridade significa estagnação); o segundo é puramente pragmático e procura prestar um serviço ao leitor contemporâneo, estimulando sua própria reflexão e o alertando de que mesmo os grandes pensadores consagrados, humanamente limitados, às vezes, dizem impropriedades.

Edson Bini
abril de 2003

CRONOLOGIA

1689 — Nascimento de Charles-Louis de Secondat no castelo de *la Brède*, próximo a Bordeaux, na França; filho de Jacques de Secondat, que fora capitão da cavalaria ligeira, e de Marie--Françoise de Pesnel.

1696 — Morte da mãe de Charles-Louis.

1700-1705 — Charles-Louis estuda em Juilly, nas proximidades de Paris, já se salientando como excepcional aluno em humanidades. Pertencem a esse período seus primeiros escritos: *História Romana* (em latim), *Discurso sobre Cícero*, além da tragédia *Britomare*.

1706-1713 — Ch.-Louis estuda direito em Bordeaux e, posteriormente, em Paris. Conhece o orador, editor e compilador Pierre Nicolas Desmolet e o sinólogo Fréret. O *Spicilège* é escrito nesse época.

1713 — Morte de seu pai. A bula *Unigenitus* anatematiza o jansenismo e Fréret é encarcerado na Bastilha por escrever uma crítica à bula.

1715 — Ch.-Louis casa-se com a calvinista Jeanne Lartigue, que lhe concede um dote de cem mil libras e o torna pai de um menino, Jean-Baptiste, nove meses depois.

1716 — Recebe via testamento de seu tio, o barão Joseph de Montesquieu, o nome *Montesquieu* e cargo de presidente da magistratura; recebe, também, como legado, um hotel em Bordeaux e terras no Agenois. Em abril, Montesquieu ingressa na Academia de Bordeaux, onde profere várias palestras. A França monárquica começa a padecer sérios problemas de ordem financeira. Surgem o Banco Geral, concepção e implantação de Law, e a *Companhia das Índas Ocidentais*. Montesquieu, muito oportunamente, escreve sua *Mémoire sur les dettes de l'État* (*Dissertação sobre as dívidas do Estado*).

1717 — Nasce sua filha Marie-Catherine.

1717-1721 — Montesquieu volta o seu interesse para o estudo das ciências naturais e também passa a atuar produtivamente nessa área: cria uma premiação para trabalhos de anatomia; compõe dissertações sobre temas específicos das ciências biológicas, como as enfermidades das glândulas renais, o peso dos corpos e outros; em 1719 volta a mobilizar a comunidade científica, lançando um projeto em torno da chamada então história natural, conclamando a participação de sábios de todas as partes.

1721 — Publicação das *Lettres persanes* (*Cartas persas*) por um editor holandês em Amsterdã, em anonimato. O êxito é imediato: quatro edições oficiais só em 1721, além de mais quatro edições "piratas". O clero na França logo se incomoda e faz uso de seu imenso poder, o livro sendo proibido pelo Cardeal Dubois em 1722.

1722-1724 — Montesquieu se estabelece definitivamente em Paris e frequenta regularmente o Hotel Soubise, reduto de literatos. Mas encontra no padre Tournemine, diretor do *Journal de Trévoux*, de propriedade dos jesuítas, um relacionamento desagradável. É atraído, então, para o círculo do abade Alary, que organizava semanalmente reuniões no hotel do presidente Hénault, numa sobreloja. Ali havia efervescência intelectual: escritores, diplomatas, magistrados liam jornais e periódicos ingleses e holandeses e discutiam francamente temas políticos, econômicos, sociais, etc. Nascera o *"Club de l'Entresol"* (literalmente, o "Clube da Sobreloja"). Montesquieu redige e apresenta o seu *Dialogue de Sylla et d'Eucrate* (*Diálogo de Sila e de Eucrates*). Escreve *Le Temple de Gnide*, dedicado à sua sedutora amiga *Mademoiselle* de Clermont. Empreende a redação dos seus *Pensées* (*Pensamentos*).

1725 — Volta a Bordeaux, onde começa e termina vários escritos, especialmente o *Traité des devoirs* (*Tratado dos deveres*), o *Essai touchant les lois naturelles* (*Ensaio concernente às leis naturais*) e o *Discours sur l'équité* (*Dircurso sobre a equidade*). Inicia *O espírito das leis*; dedica-se aos seus assuntos financeiros por algum tempo, buscando revitalizar sua situação financeira. Vende seu cargo de presidente e retorna a Paris.

1726 — O Cardeal Fleury é agora o primeiro-ministro da França.

1727 — Nasce sua filha Denise. Escreve *Viagem a Páfos* para a senhorita Clermont e *Considérations sur les richesses de l'Espagne* (*Considerações sobre as riquezas da Espanha*), a ser apresentada no *Club de l'Entresol*. A Marquesa de Lambert se empenha para que ele seja eleito para a Academia de Paris.

1728-1729 — Montesquieu viaja pela Europa, visitando a Áustria, a Itália, a Hungria, a Alemanha, a Suíça e a Holanda, e conhece personalidades marcantes, tais como Vitor Amadeu II, o príncipe Eugênio e aquele que seria o Papa Clemente XII, além de Law.

1729-1731 — Na Inglaterra, Montesquieu conhece Martin Folkes, que o introduz na *Royal Society* de Londres; conhece também Pierre Coste, o tradutor de John Locke. Volta à França entusiasmado com o que vira e repleto de informações.

1731 — Retorno a *La Brède*. Retoma *O espírito das leis*. Compõe simultaneamente e dá a redação final a uma coleção de notas, reflexões e projetos que se chamou *Geographica, Politica, Juridica, Spicilège*. Volta a Paris em 1733. As *Lettres philosophiques* de Voltaire são condenadas pelo Parlamento e queimadas no pátio do Palácio da Justiça. Levado pela prudência, Montesquieu providencia a impressão das *Considérations sur les causes de la grandeur des romains et de leur décadence* (*Considerações sobre as causas da grandeza dos romanos e de sua decadência*) na Holanda, obra que será publicada em 1734.

1734-1747 — Em Paris, é requisitado com frequência pela Academia (para a qual fora eleito) e pela francomaçonaria, da qual se tornara membro após sua estada na Inglaterra. Volta alternadamente a *La Brède*, onde se extasia com Horácio e Virgílio, ao mesmo tempo que, com incrível senso prático, administra seus negócios e propriedades. Sua ocupação principal, entretanto, é a finalização da redação de *O espírito das leis*, na qual passava oito horas por dia trabalhando, assessorado pela filha Denise e outras secretárias.

1747 — Finda sua obra-prima e ruma para Paris, onde a submete aos seus amigos intelectuais que ele tem em grande apreço. As opiniões colhidas são decepcionantes: Hénault considera o livro como se inacabado; Helvécio o acha repleto de acanhamento; Silhouette aconselha Montesquieu a queimá-lo... Mas o livro será publicado no fim do ano, ou no início de 1748, em Genebra, no editor Barillot, sem indicação do autor. Sobre os percalços de *O espírito das leis* na França, o leitor encontrará dados no próprio apêndice desta edição pela palavra do próprio Montesquieu (ver a *Defesa de O espírito das leis*, etc.).

1749 — Os jesuítas e jansenistas atacam *O espírito das leis* alegando o desacato à religião.

CRONOLOGIA | 35

1750 — Aparece a *Défense de l'Esprit des lois* (*Defesa de O espírito das leis*), também editada em Genebra. Malesherbes autoriza a reimpressão do texto na França.

1751 — *O espírito das leis* é colocado no *Index* em novembro.

1752 — A Sorbonne examina a obra e impõe correções, às quais Montesquieu cede. Concomitantemente ele é aplaudido por admiradores estrangeiros e visitado em *La Brède*. Montesquieu está quase cego.

1755 — Em janeiro alastra-se uma febre maligna em Paris. Montesquieu morre no dia 10 de fevereiro, e seu sepultamento é feito no dia seguinte. O único filósofo a comparecer foi Denis Diderot.

Edson Bini

O ESPÍRITO DAS LEIS

ADVERTÊNCIA DO AUTOR

Prolem sine matre creatam.[1]

Para a compreensão dos quatro primeiros livros desta obra cumpre observar que o que chamo de *virtude* na república é o amor à pátria, ou seja, o amor à igualdade. Não se trata, em absoluto, de uma virtude moral nem de uma virtude cristã: é a virtude *política*; e esta é mola que faz mover o governo republicano, como a *honra* é a mola que faz mover a monarquia. Denominei, por conseguinte, de *virtude política* o amor à pátria e à igualdade. Concebi novas ideias; foi, com efeito, necessário encontrar novas palavras ou conferir às antigas novas acepções. Aqueles que não compreenderam isso me fizeram dizer coisas absurdas e que seriam chocantes em todos os países do mundo; porque em todos os países do mundo se quer a moral.

Que se atente que há uma diferença muito grande entre dizer que uma certa qualidade, modificação da alma ou virtude não é a mola que faz atuar um governo e dizer que ela não está presente nesse governo. Se eu dissesse: tal roda, tal pino *não* são o mecanismo que faz mover este relógio, concluir-se-ia que *não* estão presentes dentro do relógio? Tanto faz se as virtudes morais e cristãs estejam excluídas da monarquia e que mesmo a virtude política aí não esteja. Numa palavra, a honra está na república, ainda que a virtude política seja a sua mola; a virtude política está na monarquia, ainda que a honra seja a sua mola.

Enfim, o homem de bem que é objeto do Livro III, capítulo V, não é o homem de bem cristão, mas o homem de bem político que é possuidor da virtude política a que aludi. É o homem que ama as leis de seu país e age por amor às leis de seu país. Proporcionei uma nova aurora a todas essas coisas nesta publicação, fixando ainda mais as ideias; e, na maioria dos lugares nos quais me servi da palavra *virtude*, empreguei *virtude política*.

---

1. *Rebento gerado sem mãe.* Trata-se de um hemistíquio de Ovídio. Tal epígrafe teria sido explicada por Montesquieu nos seguintes termos: "Para produzir grandes obras, duas coisas são úteis: um pai e uma mãe, o gênio e a liberdade (...) À minha obra faltou esta última." (N.T.)

PREFÁCIO

Se no número infinito de coisas encerradas neste livro houver alguma que, contra minha expectativa, possa ofender, nenhuma há, ao menos, que aqui tenha sido colocada de má intenção. Não tenho naturalmente, em absoluto, o espírito desaprovador. Platão agradecia ao céu por ter nascido no tempo de Sócrates; quanto a mim, rendo-lhe graças por me ter feito nascer sob o governo em que vivo e haver querido que eu obedecesse àqueles que me fez amar.

Rogo uma graça que temo não me seja concedida: de não julgar pela leitura de um momento um trabalho de vinte anos; de aprovar ou condenar o livro inteiro e não algumas frases. Se se deseja buscar o propósito do autor, só se pode descobri-lo no propósito da obra.

Comecei por examinar os homens e acreditei que, em meio a essa infinita diversidade de leis e de costumes, não eram exclusivamente norteados por suas fantasias.

Formulei os princípios e vi os casos particulares a eles se ajustarem de *per si*; as histórias de todas as nações eram apenas suas consequências; e cada lei particular achar-se ligada a uma outra lei, ou depender de uma outra mais geral.

Quando remontei à Antiguidade, tentei captar-lhe o espírito para não encarar como semelhantes casos realmente diferentes; e não subtrair as diferenças daqueles que se afiguravam semelhantes.

Não extraí meus princípios de meus preconceitos, mas da natureza das coisas.

Aqui, muitas verdades só se farão sentir após ter sido vista a cadeia que as conecta a outras. Mais serão as minúcias objeto de reflexão, mais se sentirá a certeza dos princípios. Essas próprias minúcias, não as apresentei todas, pois quem poderia tudo dizer sem provar um tédio letal?

Não se encontrará, de modo algum, aqui esses rasgos marcantes que parecem caracterizar as obras atuais. Por pouco que se observem as coisas numa perspectiva mais ampla, os rasgos marcantes se dissipam; nascem, ordinariamente, só porque o espírito se arroja todo para um lado, abandonando todos os demais.

Não escrevo com a finalidade de censurar o que está estabelecido em qualquer país que seja. Cada nação achará aqui as razões de suas máximas e delas se deduzirá naturalmente esta consequência, a saber, que somente cabe propor mudanças aos que nasceram tão ditosamente a ponto de atinar por um rasgo de gênio toda a constituição de um Estado.

Não é indiferente se o povo é esclarecido ou não. Os preconceitos dos magistrados começaram sendo os preconceitos da nação. Num tempo de ignorância, não temos dúvida alguma, mesmo que se perpetrem os maiores males; num tempo de luzes, trememos ainda quando se realizam os maiores bens. Percebem os abusos antigos, enxerga-se a correção; mas vemos também os abusos da própria correção. Deixa-se o mal se receamos o pior; deixa-se o bem quando se está em dúvida quanto ao melhor. Só observamos as partes para julgar o todo em conjunto; sondamos todas as causas para ver todos os resultados.

Se eu pudesse fazer com que todos contassem com novos motivos para amar seus deveres, seu príncipe, sua pátria, suas leis; que pudessem melhor sentir sua felicidade em cada país, em cada governo, em cada lugar em que nos achamos, crer-me-ia o mais afortunado dos mortais.

Se eu pudesse fazer com que aqueles que comandam aumentassem seus conhecimentos acerca do que devem prescrever, e que aqueles que obedecem descobrissem um novo prazer em obedecer, crer-me-ia o mais afortunado dos mortais.

Crer-me-ia o mais afortunado dos mortais se pudesse fazer com que os homens lograssem a cura de seus preconceitos. Chamo aqui de preconceitos não o que faz com que ignoremos certas coisas, mas o que faz com que nos ignoremos a nós mesmos.

É buscando instruir os homens que se pode praticar essa virtude geral que compreende o amor de todos. O homem, este ser flexível, dobrando-se na sociedade aos pensamentos e às impressões dos outros, é igualmente capaz de conhecer sua própria natureza quando essa lhe é mostrada, e de perder dela até o sentimento quando essa lhe é ocultada.

Comecei e abandonei esta obra várias vezes; mil vezes remeti ao vento as folhas que escrevera;[2] sentia cotidianamente tombarem as mãos paternais;[3] seguia minha meta sem formar o desígnio; não conhecia nem as regras nem as exceções; não encontrava a verdade senão para perdê-la. Mas no momento em que descobri meus princípios, tudo que buscava veio a mim; e no desenrolar de vinte anos assisti ao começo, ao crescimento, ao avanço e ao término de minha obra.

---

2. *Ludibria ventis.*

3. *Bis patriae cecidere manus* (...).

Se esta obra lograr êxito, eu o deverei em muito à majestade de meu assunto, embora não creia ter-me faltado totalmente o gênio. Quando vi o que tantos grandes homens na França, na Inglaterra e na Alemanha escreveram antes de mim, enchi-me de admiração, mas de modo algum perdi a coragem. "E eu também sou pintor", disse com Corregio.[4]

---

4. *Ed io anche son pittore.*

PRIMEIRA PARTE

LIVRO I — DAS LEIS EM GERAL

CAPÍTULO I — DAS LEIS NA SUA RELAÇÃO COM OS DIVERSOS SERES

As leis, na significação mais lata, são as relações necessárias que derivam da natureza das coisas; neste sentido todos os seres têm suas leis; a Divindade[5] tem suas leis; o mundo material tem suas leis; as inteligências superiores ao homem têm suas leis; os animais têm suas leis; o homem tem suas leis.

Os que afirmaram que *uma fatalidade cega produziu todos os efeitos que vemos no mundo* afirmaram um grande disparate, pois haveria disparate maior do que uma fatalidade cega que tivesse produzido seres inteligentes?

Há, portanto, uma razão primordial, e as leis são as relações que se acham entre ela e os diferentes seres e as relações desses diversos seres entre si.

Deus entretém relação com o universo como criador e conservador: as leis segundo as quais ele o criou são aquelas segundo as quais ele o conserva. Age de acordo com essas regras porque as conhece; ele as conhece porque as produziu, e as produziu porque elas se relacionam com sua sabedoria e seu poder.

Como constatamos que o mundo, formado pelo movimento da matéria, e privado de inteligência, subsiste sempre, é forçoso que seus movimentos possuam leis invariáveis; e, caso se pudesse imaginar um outro mundo que não fosse este, este teria regras estáveis ou seria destruído.

Assim, a criação, que se nos afigura um ato arbitrário, supõe regras tão variáveis quanto a fatalidade dos ateus. Seria absurdo afirmar que o Criador sem essas regras poderia governar o mundo, já que o mundo não subsistiria sem elas.

Essas regras constituem uma relação constantemente estabelecida. Entre um corpo movido e outro corpo movido é segundo as relações da massa e da velocidade que todos os movimentos são recebidos, aumentados, diminuídos, perdidos; cada diversidade é *uniformidade*, cada mudança é *constância*.

---

5. "A lei", diz Plutarco, "é a rainha de todos, mortais e imortais", no tratado *O que se requer para que um príncipe seja sábio.*

Os seres particulares inteligentes podem ter leis que produziram, mas também têm leis que não produziram. Antes que houvesse seres inteligentes, estes eram possíveis; possuíam, portanto, relações possíveis e, consequentemente, leis possíveis. Antes que houvesse leis produzidas, havia relações de justiça possíveis. Dizer que nada há de justo ou injusto, salvo o que prescrevem ou proíbem as leis positivas, é dizer que antes de se ter traçado o círculo todos os seus raios não eram iguais.

É necessário, portanto, admitir relações de equidade anteriores à lei positiva que as estabelece, como, por exemplo, supondo que tivessem existido sociedades de homens, fosse justo conformar-se às suas leis; que se tivessem existido seres inteligentes que houvessem recebido qualquer benefício de um outro ser, deveriam prestar a este reconhecimento; que se um ser inteligente tivesse criado um ser inteligente, o criado deveria permanecer na dependência em que se conservou desde sua origem; que um ser inteligente que fez mal a um ser inteligente merece receber o mesmo mal, e assim por diante.

Mas muito falta para que o mundo inteligente seja tão bem governado quanto o mundo físico, pois ainda que aquele possua também leis as quais, por sua natureza, são invariáveis, não as segue constantemente como o mundo físico segue as suas. A razão disto é que os seres particulares inteligentes são limitados por sua natureza e, consequentemente, sujeitos ao erro; e, por outro lado, é inerente à sua natureza agirem por si mesmos. Não seguem, portanto, constantemente suas leis primitivas; e mesmo aquelas que se dão, eles não as acatam sempre.

Ignora-se se os animais são governados pelas leis gerais do movimento ou por uma moção particular. Seja o que for, não entretêm com Deus relação mais íntima do que o resto do mundo material; e o sentimento só lhes serve na relação que mantêm entre si, ou com outros seres particulares, ou com eles mesmos.

Pelo atrativo do prazer, conservam seu ser particular, e pelo mesmo atrativo preservam sua espécie. Possuem leis naturais porque são unidos pelo sentimento; não têm, de modo algum, leis positivas porque não são, em absoluto, unidos pelo conhecimento. Todavia, não obedecem invariavelmente às suas leis naturais: as plantas, nas quais não registramos nem conhecimento nem sentimento, as obedecem melhor.

Os animais não dispõem das supremas vantagens de que dispomos; dispõem de outras de que não dispomos. Não dispõem de nossas esperanças, mas tampouco possuem os nossos temores; como nós, padecem a morte, mas sem a conhecer; a maioria deles, inclusive, se conservam melhor do que nós e não fazem um tão mau uso de suas paixões.

O homem, como ser físico, é, como os demais corpos, governado por leis invariáveis. Como ser inteligente, transgride incessantemente as leis estabelecidas por Deus e altera aquelas estabelecidas por ele mesmo. É preciso que ele se conduza e, contudo, ele é um ser limitado; está sujeito à ignorância e ao erro, como todas as inteligências finitas; os precários conhecimentos que possui, ele ainda os perde. Como criatura sensível, torna-se sujeito de mil paixões. Um tal ser poderia, a todos os instantes, olvidar seu criador; Deus chamou-o a si mediante as leis da religião. Um tal ser poderia, a todos os instantes, esquecer a si mesmo; os filósofos o advertiram mediante as leis da moral. Feito para viver em sociedade, poderia aqui olvidar os outros; os legisladores o fizeram remontar aos seus deveres mediante as leis políticas e civis.

CAPÍTULO II — DAS LEIS DA NATUREZA

Precedendo a todas essas leis estão as da natureza, assim nomeadas porque derivam unicamente da constituição de nosso ser. Para conhecê-las bem, é preciso considerar o homem antes do estabelecimento das sociedades. As leis da natureza serão as que ele receberia num tal estado.

A lei que, imprimindo em nós mesmos a ideia de um criador, nos conduz a ele é a primeira das leis naturais por sua importância, e não pela ordem dessas leis. O homem, no estado de natureza, possuiria mais a faculdade de conhecer do que conhecimentos. Está claro que suas primeiras ideias não seriam, de forma alguma, ideias especulativas: ele cogitaria da preservação de seu ser, antes de buscar a origem de seu ser. Um tal homem não sentiria, de início, senão sua fraqueza; sua timidez seria extrema e, se fosse necessário dispor de experiência para comprová-lo, encontram-se nas florestas homens selvagens:[6] tudo os faz tremer, tudo os faz fugir.

Nesse estado, todos se sentem inferiores; com dificuldade se sentem iguais. Não se procuraria, de modo algum, o mútuo ataque, e a paz seria a primeira das leis naturais.

O desejo que Hobbes atribui aos homens, no princípio, de se subjugarem entre si, não é plausível. A ideia do Império e da dominação é tão complexa e dependente de tantas outras ideias que não seria aquela que os homens, de início, tiveram.

Hobbes pergunta: "Por que, se não estivessem os homens naturalmente em estado de guerra, se conservam sempre armados? E por que eles têm chaves para fechar suas casas?".[7] Porém, não se perceberá, de pronto, nessa

---

6. Disso é testemunho o selvagem que foi encontrado nas florestas de Hanôver, que se viu na Inglaterra no reinado de Jorge I.

7. Citação da obra *Do cidadão*, do filósofo inglês Thomas Hobbes (1588-1679), para o qual os homens em estado de natureza viviam em ininterrupto estado de guerra entre si, o "homem

48 | O ESPÍRITO DAS LEIS

indagação, que nela se atribui aos homens, antes do estabelecimento das sociedades, o que não lhes poderia ocorrer senão após esse estabelecimento, com o que encontraram motivos para se atacarem e se defenderem? Ao sentimento de sua fraqueza, o homem juntava o sentimento de suas necessidades. Assim, uma outra lei natural seria aquela que o inspirava à necessidade da procura do alimento.

Asseverei que o temor levaria os homens a fugirem uns dos outros; entretanto, as marcas de um temor recíproco logo os induziria a se aproximarem entre si; ademais, a isso seriam levados pelo prazer que um animal experimenta à aproximação de um animal de sua espécie. Além disso, esse encantamento que os sexos inspiram um ao outro devido à sua diferença teria aumentado esse prazer, e o apelo natural que sempre fazem um ao outro constituiria uma terceira lei.

Além do sentimento que os homens experimentam a princípio, acabam ainda por obter conhecimentos, de modo que possuem um segundo vínculo que os outros animais não possuem. Têm, então, um novo motivo para se unirem, sendo o desejo de viver em sociedade uma quarta lei natural.

CAPÍTULO III — DAS LEIS POSITIVAS

Uma vez os homens estando em sociedade, perdem o sentimento de sua fraqueza; a igualdade que existia entre eles deixa de existir e principia o estado de guerra.[8]

Cada sociedade particular passa a sentir sua própria força, o que produz um estado de guerra entre as nações. Os particulares, em cada sociedade, começam a sentir sua força: procuram atrair a seu favor as principais vantagens dessa sociedade, o que gera entre eles um estado de guerra.

Esses dois tipos de estado de guerra fazem com que se estabeleçam as leis entre os homens. Considerados como habitantes de um planeta tão grande, de forma a ser necessário que nele existam diferentes povos, eles possuem leis pertinentes à relação que esses povos entretêm entre si, ou seja, o *direito das gentes*. Considerados como seres vivos vivendo numa sociedade que deve ser conservada, eles possuem leis atinentes à relação que entretêm os que governam com os que são governados, o que é o *direito político*. E, ainda, possuem outras leis que concernem à relação que entretêm entre si todos os cidadãos, que é o *direito civil*.

---

sendo o lobo do homem" (*homo homini lupus*). (N.T.) [Thomas Hobbes, *Do cidadão*, trad. Raul Fiker, São Paulo: Edipro, 2016. (N.E.)]

8. Ou seja, a percepção e a formulação de Montesquieu são frontalmente opostas às percepções de Hobbes. (N.T.)

O direito das gentes se funda, naturalmente, no princípio seguinte: que as nações diversas devem, enquanto durar a paz, fazer o máximo de bem umas às outras e, enquanto durar a guerra, o mínimo de mal que seja possível, sem prejudicar os seus verdadeiros interesses. O objetivo da guerra é a vitória; o da vitória, a conquista; o da conquista, a preservação. Deste princípio e do precedente devem derivar todas as leis que formam o direito das gentes.

Todas as nações têm um direito das gentes, e até os iroqueses,[9] que devoram seus prisioneiros, possuem um. Enviam e recebem embaixadas; conhecem os direitos da guerra e da paz: o mal está em que esse direito das gentes não tem como fundamento os verdadeiros princípios.

Além do direito das gentes, que diz respeito a todas as sociedades, há um direito político para cada uma delas. A subsistência de uma sociedade não seria possível sem um governo. "A reunião de todas as forças particulares", diz muito bem Gravina,[10] "forma o que chamamos de Estado político".

A força geral pode ser colocada entre as mãos de um *único indivíduo* ou entre as mãos de *muitos indivíduos*. Algumas pessoas julgaram que, tendo a natureza estabelecido a autoridade paterna, o governo de um só era o mais conforme à natureza. Mas o exemplo do poder paterno nada prova, pois se o poder do pai tivesse relação com o governo de um só [indivíduo], após a morte do pai, o poder dos irmãos ou, após a morte dos irmãos, o poder dos primos germanos guardaria relação com o governo de muitos. O poder político compreende necessariamente a união de várias famílias.

Mais vale dizer que o governo mais conforme à natureza é aquele cuja disposição particular melhor se relaciona à disposição do povo para o qual ele é estabelecido.

As forças particulares não podem se reunir, a não ser que todas as vontades se reúnam. "A reunião dessas vontades", diz ainda muito bem Gravina, "é o que chamamos Estado civil".

A lei, em geral, é a razão humana, na medida em que governa todos os povos da Terra; e as leis políticas e civis de cada nação não devem ser senão os casos particulares aos quais se aplica essa razão humana.

Devem ser de tal modo apropriadas ao povo para o qual foram feitas que constitui um enorme acaso se as leis de uma nação puderem convir a uma outra nação.

---

9. Povo muito belicoso que habitava, à época de Montesquieu, a região norte dos Estados Unidos da América e a região sul do Canadá. (N.T.)

10. Jurisconsulto italiano que viveu entre 1664 e 1718. Escreveu um tratado sobre a origem e o desenvolvimento do direito civil. (N.T.)

É preciso que elas se relacionem à natureza e ao princípio do governo que é estabelecido, ou que se queira estabelecer, quer elas formem esse governo, como sucede com as leis políticas, quer elas o mantenham, como sucede com as leis civis.

Devem ser relativas ao *físico* do país; ao clima glacial, ardente ou temperado; à qualidade do terreno, à sua situação, ao seu tamanho; ao gênero de vida dos povos, agricultores, caçadores ou pastores; devem se relacionar ao grau de liberdade que a constituição pode suportar; à religião dos habitantes, às suas inclinações, às suas riquezas, ao seu número, ao seu comércio, aos seus costumes, às suas maneiras. Por fim, devem entreter relações entre si e com sua origem, com os propósitos do legislador e com a ordem das coisas sobre as quais são estabelecidas. Faz-se necessário considerá-las sob todos esses prismas.

É isso que me empenho em fazer nesta obra. Examinarei todas essas relações, as quais formam no seu conjunto o que se denomina *o espírito das leis*.

Não separei as leis políticas das civis, pois, como não trato das leis, mas do *espírito* das leis, e como esse espírito consiste nas diversas relações que as leis podem ter com diversas coisas, tive que seguir menos a ordem natural das leis do que a ordem dessas relações e dessas coisas.

Examinarei, em primeiro lugar, as relações que as leis entretêm com a natureza e com o princípio de cada governo — e como esse princípio exerce uma suprema influência sobre as leis — me devotarei em conhecê-lo bem e, uma vez que possa estabelecê-lo, dele ver-se-ão fluir as leis como se de sua fonte. Passarei, na sequência, às demais relações que parecem ser mais particulares.

LIVRO II — DAS LEIS QUE DERIVAM DIRETAMENTE DA NATUREZA DO GOVERNO

CAPÍTULO I — DA NATUREZA DOS TRÊS GOVERNOS DIVERSOS

Há três espécies de governo: o *republicano*, o *monárquico* e o *despótico*.[11] Para descobrir-lhes a natureza, basta a ideia que deles fazem os homens menos instruídos. Suponho três definições, ou melhor, três fatos: um de que "o governo republicano é aquele em que o povo em conjunto, ou somente uma parte do povo, possui o poder soberano; o monárquico, aquele em que um só [indivíduo] governa, mas segundo leis fixas e estabelecidas; enquanto no despótico um só [indivíduo], sem lei e sem regra, a tudo conduz segundo sua vontade e seus caprichos".

Eis o que chamo de natureza de cada governo. É preciso averiguar quais são as leis que decorrem diretamente dessa natureza e que, consequentemente, são as primeiras leis fundamentais.

---

11. Esta classificação, como a de Rousseau e de tantos outros pensadores políticos modernos, se baseia naquela clássica de Aristóteles. Este admite três formas de governo puras e originais [a república, a monarquia e a aristocracia)]. Na primeira, *muitos* exercem o governo; na segunda, apenas *um* detém o poder; e na terceira, *uns poucos* (mais de um) governam, sendo estes os melhores cidadãos ou aqueles que alimentam os mais elevados objetivos do Estado e dos cidadãos; estas três formas são autênticas porque visam ao interesse comum. A elas correspondem três formas secundárias e corrompidas de governo: a democracia é a forma degenerada da república na qual se colima o interesse dos pobres, e não o comum; a tirania é a degeneração da monarquia, nela visando-se ao interesse pessoal do monarca, e não ao interesse comum; e a oligarquia é a forma corrompida da aristocracia, nela os *poucos* governando somente no interesse dos ricos, e não no interesse comum. Ver a *Política*, Aristóteles, Livro III, especialmente capítulo VII. Montesquieu não contempla a dupla trilogia e não acata na íntegra a essência da teoria aristotélica das formas de governo, começando por não conceber a aristocracia como uma forma específica e característica, mas apenas uma modalidade da forma republicana, como se verá na sequência. (N.T.)

CAPÍTULO II — DO GOVERNO REPUBLICANO E DAS LEIS RELATIVAS À DEMOCRACIA

Quando, na república, o povo em conjunto detém o poder soberano, temos uma *democracia*. Quando o poder soberano está entre as mãos de uma parte do povo, temos uma *aristocracia*.

O povo, na democracia, é, em certos aspectos, o monarca; em outros, é o súdito.

Só pode ser o monarca por intermédio dos seus sufrágios, que constituem as suas vontades. A vontade do soberano é o próprio soberano. As leis que estabelecem o direito de sufrágio são, portanto, fundamentais nesse governo. Com efeito, é tão importante regulamentar nesse governo como, por quem, a quem, com base no que, os sufrágios são apresentados, quanto é, numa monarquia, saber quem é o monarca e de que modo este deve governar.

Libânio[12-13] diz que em Atenas um estrangeiro que se misturava à assembleia do povo era punido com a morte. Isso porque tal homem usurpava o direito de soberania.

É essencial fixar o número dos cidadãos que devem formar as assembleias — sem isto poder-se-ia ignorar se o povo se manifestou, ou se somente uma parte do povo. Na Lacedemônia, eram exigidos dez mil cidadãos. Em Roma, nascida na pequenez para atingir a grandeza; em Roma, feita para provar todas as vicissitudes da fortuna; em Roma, que tinha, por vezes, quase todos os seus cidadãos fora de suas muralhas e outras vezes toda a Itália e uma parte da Terra no interior de suas muralhas, esse número não fora fixado,[14] e isso foi uma das grandes causas de sua ruína.

O povo que detém o poder soberano deve fazer por si mesmo tudo que possa fazer bem; e o que não possa fazer bem, cumpre que o faça por intermédio de seus ministros.

Seus ministros somente lhe pertencerão se ele os nomear, sendo, portanto, uma máxima fundamental desse governo a nomeação dos seus ministros, isto é, seus magistrados, pelo povo.

Como entre os monarcas, e mesmo mais do que entre estes, o povo tem necessidade de ser conduzido por um conselho ou senado. Mas, para que haja confiança, é preciso que o povo eleja os seus membros, quer os

---

12. *Declamações*, 17 e 18.

13. Libânio de Antioquia, sofista que viveu aproximadamente entre 314 e 393 d.C. (N.T.)

14. Ver *Oeuvres Complètes* de Montesquieu, Paris, Éditions du Seuil, 1964, com notas de Daniel Oster. (N.T.)

escolhendo, como em Atenas, quer por intermédio de algum magistrado que tenha estabelecido para os eleger, como foi praticado em Roma em algumas ocasiões.

O povo é admirável para escolher aqueles a quem deve confiar alguma parte de sua autoridade. Ele não conta, para se determinar, senão com as coisas que não pode ignorar e os fatos que são perceptíveis por seus sentidos. Sabe muito bem que um homem esteve por muito tempo na guerra, que obteve este ou aquele sucesso; é, portanto, muito capaz de eleger um general. Sabe quando um juiz é assíduo; que muitas pessoas saem do tribunal satisfeitas com ele; que jamais foi persuadido a ser corrupto — eis aí o bastante para que eleja um pretor. Ficou impressionado com a magnificência ou com as riquezas de um cidadão — isto é suficiente para que possa eleger um edil.[15] Todas essas coisas são fatos dos quais ele se instrui melhor na praça pública do que um monarca em seu palácio. Mas saberá ele encaminhar uma negociação, conhecer os lugares, as ocasiões, os momentos, e deles tirar vantagem? Não, ele não saberá.

Caso se pudesse pôr em dúvida a capacidade natural mantida pelo povo para discernir o mérito, bastaria lançar o olhar sobre essa série contínua de escolhas admiráveis que fizeram os atenienses e os romanos, o que ninguém, sem dúvida, atribuirá ao acaso.

Sabe-se que em Roma, embora o povo se tenha dado o direito de elevar os plebeus aos cargos, não pôde jamais se decidir a elegê-los; e ainda que em Atenas se tenha podido, pela Lei de Aristides, escolher os magistrados entre todas as classes, jamais aconteceu, segundo Xenofonte, de o baixo povo recorrer àquelas que pudessem afetar sua preservação ou sua glória.

Como a maioria dos cidadãos, que são possuidores de suficiente competência para eleger, mas não o são para serem eleitos, do mesmo modo o povo, que é possuidor de capacidades suficientes para aquilatar a gestão dos outros, não é apto à administração por sua própria conta.

É preciso que os negócios fluam, e que fluam num certo ritmo que não seja nem demasiado lento nem demasiado célere. Entretanto, o povo sempre detém muita ação, ou muito pouca ação; por vezes, com cem mil braços ele derruba tudo; por vezes, com cem mil pés consegue caminhar apenas como inseto.

No Estado popular, divide-se o povo em certas classes. Foi na maneira de realizar essa divisão que os grandes legisladores se destacaram, e foi disso que sempre dependeu a duração da democracia e sua prosperidade.

---

15. Visão otimista de Montesquieu que raramente, na Europa de sua época, encontrava respaldo na prática. E hoje, feitas as devidas transposições, ainda mais raramente. (N.T.)

Sérvio Túlio[16] obedeceu, na composição de suas classes, ao espírito da aristocracia. Vemos em Tito Lívio[17-18] e em Dionísio de Halicarnasso[19-20] como ele colocou o direito de sufrágio nas mãos dos principais cidadãos. Dividira o povo de Roma em 193 centúrias que formavam seis classes. E pondo os ricos, porém em menor número, nas primeiras centúrias; os menos ricos, mas em maior número, nas seguintes, jogou toda a multidão dos indigentes na última; e cada centúria tendo apenas um voto,[21] eram mais os recursos e as riquezas que forneciam votos do que as pessoas.

Sólon[22] dividiu o povo de Atenas em quatro classes. Orientado pelo espírito da democracia, não agiu assim para determinar os que deviam eleger, mas os que podiam ser eleitos; e deixando a cada cidadão o direito de eleição, quis[23] que, dentro de cada uma dessas quatro classes, se pudesse eleger juízes; mas foi somente das três primeiras, onde se achavam os cidadãos abastados, que se pôde extrair os magistrados.

Como a divisão daqueles que têm direito ao sufrágio é, na república, uma lei fundamental, a maneira de conferi-lo constitui uma outra lei fundamental.

O sufrágio por sorteio concerne à natureza da democracia; o sufrágio por escolha concerne àquela da aristocracia.

O sorteio é um modo de eleger que não aflige ninguém; deixa a cada cidadão uma razoável esperança de servir sua pátria.

Mas, como se trata de um modo por si só defeituoso, foi na tarefa de regulamentá-lo e corrigi-lo que os grandes legisladores se superaram.

Sólon estabeleceu em Atenas que seriam nomeados por escolha todos aqueles que ocupariam cargos militares e que os senadores e os juízes seriam eleitos por sorteio.

Ele desejou que se concedessem por escolha as magistraturas civis, as quais requeriam uma grande despesa, e que as outras fossem conferidas por sorteio.

---

16. Sexto rei de Roma, que viveu no século VI a.C. (N.T.)

17. Livro I.

18. Tito Lívio (59 a.C.-17 d.C.), autor romano da célebre *História de Roma*. (N.T.)

19. Livro IV, art. 15 e seguintes.

20. Historiador e orador grego que floresceu em torno de 30 a.C. (contemporâneo de Tito Lívio e dos primórdios do Império Romano sob Augusto); autor da obra *Antiguidades Romanas*. (N.T.)

21. Ver nas *Considerações acerca das causas da grandeza dos romanos e de sua decadência*, IX, como esse espírito de Sérvio Túlio se manteve na República.

22. Célebre legislador ateniense (640-558 a.C.), considerado um dos sete sábios da Grécia. (N.T.)

23. Dionísio de Halicarnasso, *Éloge d'Isocrate (Elogio de Isócrates)*, p. 97, tomo II, edição de Wechelius, Pollux, VIII, X, art. 130.

Contudo, visando retificar o sorteio, regulamentou que só se poderia eleger entre aqueles que se apresentassem, que aquele que tivesse sido eleito seria examinado pelos juízes[24] e que cada um poderia acusá-lo de ser indigno do cargo,[25] o que continha, simultaneamente, sorteio e escolha. Findo o tempo de sua magistratura, era necessário que se submetesse a um outro julgamento com respeito à maneira em que se comportara [no desempenho de seu mister]. As pessoas desprovidas de capacidades deviam experimentar muita repugnância em apresentar seus nomes para serem sorteados.

A lei que fixa a maneira de conceder as cédulas de sufrágio é, ainda, uma lei fundamental na democracia. Constitui questão crucial deverem os sufrágios ser públicos ou secretos. Cícero[26] escreve que as leis[27-28] que os tornaram secretos nos derradeiros tempos da república romana foram uma das grandes causas de sua queda. Como isto se pratica distintamente nas diferentes repúblicas, eis, segundo o que creio, o que se deve pensar a respeito.

Não resta dúvida de que, quando o povo apresenta seus votos, estes devem ser públicos,[29] e isso deve ser encarado como uma lei fundamental da democracia. É preciso que a plebe[30] seja esclarecida pelos principais e freada pela gravidade de certos personagens. Assim, na república romana, tornando os sufrágios secretos, destruiu-se tudo; não foi mais possível esclarecer um populacho que se corrompia. Mas quando, numa aristocracia, o corpo de nobres vota,[31] ou, numa democracia, o senado,[32] como se trata apenas de prevenir as manobras, os sufrágios não poderiam ser muito secretos.[33]

A manobra é perigosa num senado; é perigosa num corpo de nobres, mas não o é no seio do povo, cuja natureza é agir por paixão.[34] Nos Estados

---

24. Ver a oração de Demóstenes *De falsa legat.* e o discurso contra Timarco.

25. Sorteavam-se, inclusive, para cada posto duas cédulas — uma que conferia o posto e outra que nomeava quem deveria suceder no caso de o primeiro ser rejeitado.

26. Livros I e III de *De Legibus.*

27. Denominavam-se *leis tabulares*; entregava-se a cada cidadão duas pequenas tábuas: a primeira marcada com um A, de *antiquo*; a outra marcada com um U e um R, *uti rogas.*

28. *Antiquo:* eu voto *não*; *uti rogas*: eu voto *sim.* (N.T.)

29. Em Atenas, erguiam-se as mãos.

30. Montesquieu emprega a expressão *petit peuple*, já que seu foco específico é, nesse momento, a república romana. De qualquer forma, por extensão (como se vê na imediata sequência), refere-se à ralé, ao populacho, em tom nitidamente pejorativo. (N.T.)

31. Como em Veneza.

32. Os trinta tiranos de Atenas queriam que os sufrágios dos *areopagitas* fossem públicos para que pudessem ser dirigidos segundo seus caprichos. Lísias, *Orat. contra Agorat.*, VIII.

33. Questão nevrálgica e de flagrante atualidade em diversas democracias contemporâneas. (N.T.)

34. Ou seja, as manobras, as maquinações, os conluios e as intrigas (aliás, muito em voga nos senados, nas câmaras federais e nas assembleias legislativas e câmaras municipais das atuais

nos quais o povo não participa do governo, ele se entusiasmaria por um ator, como o faria pelos negócios. A infelicidade de uma república acontece quando não há mais manobras, e isto ocorre quando se corrompeu o povo pelo dinheiro: o povo torna-se apático, afeiçoa-se ao dinheiro, mas não se afeiçoa mais aos negócios; sem se preocupar com o governo e com aquilo que nele se propõe, aguarda tranquilamente o seu salário.[35]

É ainda uma outra lei fundamental da democracia que seja exclusivamente o povo a fazer as leis. Há, todavia, mil ocasiões nas quais é necessário que o senado as estatua; é com frequência, até mesmo, conveniente experimentar uma lei antes de promulgá-la. A Constituição de Roma e a de Atenas eram muito sábias. Os decretos do senado[36] detinham força de lei por um ano — só se convertiam em leis perpétuas mediante a vontade do povo.

CAPÍTULO III — DAS LEIS RELATIVAS À NATUREZA DA ARISTOCRACIA

Na aristocracia, o poder soberano está nas mãos de um determinado número de pessoas. São estas que fazem as leis e que as fazem executar; e o resto do povo está, em relação a estas pessoas, simplesmente como, numa monarquia, os súditos estão em relação ao monarca.

Na aristocracia não deve haver, de modo algum, o sufrágio por sorteio; disto só resultariam inconvenientes. Com efeito, num governo que já estabeleceu as distinções mais aflitivas, não se seria menos odiado quando se fosse escolhido pelo sorteio: o objeto de inveja é o nobre, não o magistrado.

Quando os nobres são em grande número, é necessário um senado que regulamente os assuntos que o corpo dos nobres não poderia deliberar e que prepare aqueles que ele delibera. Neste caso, pode-se dizer que a aristocracia está, de alguma forma, no senado, a democracia, no corpo dos nobres, e o povo não é nada.

Seria algo muito positivo numa aristocracia se, por alguma via indireta, se fizesse emergir o povo de seu anulamento: assim, em Gênova, o

---

democracias de direito) são frutos do cálculo e do planejamento frio das mentes casuísticas e sofísticas dos políticos profissionais, e é na esfera das casas legislativas que ocorrem, e não no seio do povo, que pode se agitar passionalmente, mas é incapaz de articular intelectualmente tramas, conspirações e acordos. (N.T.)

35. A participação do povo no governo é absolutamente necessária à vida e à saúde do governo republicano. Como se verá na sequência, Montesquieu repudia o despotismo e, mesmo sendo o barão de *la Brède*, desconfia da aristocracia (do *corpo dos nobres* e dos poucos nobres exercendo o poder legislativo e o executivo). (N.T.)

36. Ver Dionísio de Halicarnasso, IV e IX.

Banco de São Jorge, que é administrado em grande parte pelos principais do povo, concede a este uma certa influência no governo, que produz para ele toda a prosperidade.

Os senadores não devem ter o direito de substituir os faltantes no senado. Nada seria mais adequado para perpetuar os abusos. Em Roma, que foi nos primeiros tempos uma espécie de aristocracia, o senado não se autossupria: os senadores novos eram nomeados[37] pelos censores.

Uma autoridade exorbitante, dada de súbito a um cidadão numa república, forma uma monarquia, ou mais do que uma monarquia. Nesta, as leis proveram a Constituição ou nela se enquadraram; o princípio de governo restringe o poder do monarca; mas numa república em que o cidadão se faz atribuir[38] um poder exorbitante, o abuso desse poder é maior porque as leis que não o previram nada fizeram para o restringir.

A exceção a essa regra ocorre quando a Constituição do Estado é tal que exige uma magistratura que possua um poder exorbitante. Assim era Roma com seus ditadores, assim é Veneza com seus inquisidores de Estado; são magistraturas terríveis, que conduzem violentamente o Estado à liberdade. Mas como explicar que essas magistraturas se revelam tão diferentes nestas duas repúblicas? É que Roma defendia os restos de sua aristocracia contra o povo, enquanto Veneza se serve de seus inquisidores de Estado para manter sua aristocracia contra os nobres, do que resulta que em Roma a ditadura só deveria durar pouco tempo porque o povo agia impelido por seu ímpeto, e não por seus projetos. Era necessário que essa magistratura se exercesse com brilho, visto que se tratava de intimidar o povo, e não o punir; que o ditador fosse criado para uma única coisa e só dispusesse de autoridade sem limites em função dessa coisa, porque era sempre criado para um caso imprevisto. Em Veneza, ao contrário, era necessária uma magistratura permanente — aí é que os projetos podem ser principiados, ter continuidade, ser suspensos, retomados; que a ambição de um só se torna a de uma família, e a ambição de uma família, a de muitos. Tem-se necessidade de uma magistratura oculta porque os crimes que ela pune, sempre profundos, formam-se no segredo e no silêncio. Esta magistratura deve possuir uma inquisição geral porque sua função não é apenas deter os males conhecidos, mas inclusive prevenir aqueles desconhecidos. Enfim, essa última é estabelecida para vingar os crimes de que suspeita, enquanto a primeira empregava mais as ameaças do que as punições em relação aos crimes, mesmo os confessados por seus autores.

---

37. A princípio, o foram pelos cônsules.

38. Foi isso que derrubou a república romana. Ver as *Considerações acerca das causas da grandeza dos romanos e de sua decadência*, XIV e XVI.

Em toda magistratura, é preciso compensar a grandeza do poder através da brevidade de sua duração. A maioria dos legisladores fixaram o tempo de um ano; mais tempo seria perigoso, menos seria contra a natureza da coisa. Quem desejaria governar assim seus assuntos domésticos? Em Ragusa,[39] o chefe da república muda todos os meses; os outros funcionários oficiais, todas as semanas; o governador do castelo, todos os dias. Isto só pode ocorrer numa pequena república[40] circundada por potências formidáveis que corromperiam facilmente os pequenos magistrados.

A melhor aristocracia é aquela na qual a parte do povo que não participa absolutamente do poder é tão pequena e tão pobre que a parte dominante não tem nenhum interesse em oprimi-la.[41] Assim, quando Antipater[42] estabeleceu em Atenas que aqueles que não possuíssem duas mil dracmas seriam excluídos do direito de sufrágio, formou a melhor aristocracia possível, porque esse censo era tão baixo que ele estava excluindo pouca gente, e ninguém que gozasse de consideração na cidade.

As famílias aristocráticas devem, então, ser povo tanto quanto possível. Quanto mais uma aristocracia se aproximar da democracia, mais perfeita será ela, enquanto o será menos à medida que se aproximar da monarquia.

A mais imperfeita de todas é aquela na qual a parte do povo que obedece é civilmente escravizada pela parte que comanda, como a aristocracia da Polônia, onde os camponeses são escravos da nobreza.

CAPÍTULO IV — DAS LEIS NA SUA RELAÇÃO COM A NATUREZA DO GOVERNO MONÁRQUICO[43]

Os poderes intermediários, subordinados e dependentes, constituem a natureza do governo monárquico, ou seja, daquele no qual um só governa segundo leis fundamentais. Eu disse os poderes intermediários, subordinados e dependentes: com efeito, na monarquia, o príncipe é a fonte de todo poder político e civil. Essas leis fundamentais supõem necessariamente canais medianos pelos quais flui o poder, pois se não há num Estado senão a vontade momentânea e caprichosa de um só, nada pode ser fixo e, consequentemente, nenhuma lei fundamental.

---

39. *Voyages* (*Viagens*) de Tournefort.

40. Em Luca, os magistrados exercem a magistratura somente por dois meses.

41. Essa assertiva de Montesquieu corre sério risco de incorrer numa teorização vazia. Em toda a história da humanidade, salvo por algumas raríssimas exceções — que só confirmam a regra —, em quaisquer comunidades civilizadas o número de pobres sempre constituiu a maioria. (N.T.)

42. Diodoro, XVIII, p. 601, edição de Rhodoman.

43. Para esta análise, Montesquieu teria em vista a monarquia francesa. (N.T.)

O poder intermediário subordinado mais natural é o da nobreza. Esta faz parte, de alguma forma, da essência da monarquia, cuja máxima fundamental é: *se não há monarca, não há nobreza; se não há nobreza, não há monarca*. Mas há um déspota.

Houve pessoas que imaginaram, em alguns Estados da Europa, abolir todas as justiças dos senhores. Não perceberam que queriam fazer o que o Parlamento da Inglaterra fez. Aboli, numa monarquia, as prerrogativas dos senhores, do clero, da nobreza e das cidades, e tereis um Estado popular, ou então um Estado despótico.

Os tribunais de um grande Estado na Europa polemizam constantemente, há muitos séculos, sobre a jurisdição patrimonial dos senhores, e sobre a eclesiástica. Não pretendemos censurar magistrados tão sábios, mas deixamos por decidir até que ponto a Constituição pode ali ser alterada.

Não me mantenho obstinado contra os privilégios eclesiásticos, mas desejaria que se fixasse bem, de uma vez por todas, sua jurisdição. Não se trata de saber se tivemos razão em estabelecê-la, mas, uma vez estabelecida, se constitui uma parte das leis do país, se é neste relativa em toda parte; se entre dois poderes que se reconhece independentes não devem as condições ser recíprocas; e se não constitui coisa idêntica, para um bom súdito, defender a justiça do príncipe ou os limites que ela, em todos os tempos, prescreveu.

Na mesma medida em que o poder do clero é perigoso numa república, ele é conveniente numa monarquia, sobretudo naquelas que caminham rumo ao despotismo. O que seria da Espanha e de Portugal, desde a perda de suas leis, sem esse poder que, por si só, detém o poder arbitrário? Barreira sempre positiva na falta de outra, pois como o despotismo causa à natureza humana males horrendos, o próprio mal que o limita é um bem.

Como o mar, que parece querer cobrir toda a terra, é detido pelas ervas e os menores seixos encontrados na praia, assim os monarcas, cujo poder parece ilimitado, são detidos pelos menores obstáculos e submetem sua soberba natural à lamentação e à oração.

Os ingleses, para favorecer a liberdade, eliminaram todos os poderes intermediários que formavam sua monarquia. Estiveram certíssimos em conservar esta liberdade; se viessem a perdê-la, seriam um dos povos mais escravos da Terra.

Law,[44] devido a uma igual ignorância das constituições republicana e monárquica, foi um dos maiores promotores do despotismo que já se viram na Europa. Além das mudanças que realizou, tão bruscas, tão inusitadas e tão inauditas, ele desejava suprimir as posições intermediárias

---

44. Financista escocês que viveu entre 1671 e 1729. Como ministro, criou o chamado Banco Geral e a Companhia das Índias Ocidentais. (N.T.)

e aniquilar os corpos políticos; dissolvia[45] a monarquia mediante os seus quiméricos reembolsos e parecia desejar remir a própria constituição.

Não é suficiente haver, numa monarquia, posições intermediárias; também é preciso um repositório de leis. Este repositório só pode estar nos corpos políticos, que anunciam as leis quando estas são feitas e as tornam lembradas quando se as esquece. A ignorância natural da nobreza, sua desatenção, seu desprezo pelo governo civil exigem que haja um corpo que faça incessantemente as leis emergirem da poeira onde seriam sepultadas. O Conselho do príncipe não é um repositório conveniente; é, por sua natureza, o repositório da vontade momentânea do príncipe que executa, não o repositório das leis fundamentais. Ademais, o Conselho do monarca muda constantemente; não é permanente; não poderia ser numeroso; não dispõe, num tão alto grau, da confiança do povo; não se acha, portanto, em condição de esclarecê-lo nos tempos difíceis nem de reconduzi-lo à obediência.

Nos Estados despóticos, onde não há, em absoluto, leis fundamentais, não há tampouco repositório de leis, do que resulta nesses países a religião ter ordinariamente tanta força: é que ela forma uma espécie de repositório e de permanência; e se não é a religião, são os costumes que são aí venerados, em lugar das leis.

CAPÍTULO V — DAS LEIS RELATIVAS À NATUREZA DO ESTADO DESPÓTICO

Da natureza do poder despótico resulta que o homem único que o exerce o faça igualmente exercer por um só. Um homem a quem os seus cinco sentidos dizem ininterruptamente que ele é tudo e que os outros não são nada é naturalmente preguiçoso, ignorante e voluptuoso. Abandona, pois, os negócios. Porém, se os confiasse a muitos, haveria disputa entre eles; ocorreriam intrigas, cada um almejando ser o primeiro escravo; o príncipe seria obrigado a reingressar na administração. É, portanto, mais simples que ele a ceda a um vizir,[46] que terá, de início, o mesmo poder que ele. O estabelecimento de um vizir é, nesse Estado, uma lei fundamental.

Diz-se que um papa,[47] por ocasião de sua eleição, compenetrado de sua própria incapacidade, alegou, inicialmente, infinitas dificuldades. Finalmente, aceitou e passou ao seu sobrinho todos os negócios. Pleno de admiração, dizia: "Jamais teria acreditado que isso fosse tão fácil". Coisa

---

45. Fernando, rei de Aragão, fez-se grão-mestre das ordens, e isso, por si só, alterou a Constituição.

46. Os reis do Oriente têm sempre vizires, assevera M. Chardin.

47. Este papa é Clemente X. (N.T.)

idêntica sucede com os príncipes do Oriente. Quando dessa prisão — onde eunucos lhes debilitaram o coração e o espírito e, com frequência, lhes permitiram ignorar mesmo seu próprio Estado — removem-nos para colocá--los no trono, ficam, de início, aturdidos; mas quando, depois, constituem um vizir, e nos seus serralhos se entregam às mais brutais paixões; quando, em meio a uma corte decaída, realizam os seus caprichos mais estúpidos, jamais crêem que isso fosse tão fácil.

Quanto mais o Império se torna vasto, mais cresce o serralho, e mais, consequentemente, é o príncipe embriagado de prazeres. Assim, nesses Estados, quanto mais povos o príncipe tem para governar, menos pensa ele no governo; quanto mais importantes são aí os negócios, menos se delibera sobre os negócios.

LIVRO III — DOS PRINCÍPIOS DOS TRÊS GOVERNOS

CAPÍTULO I — DIFERENÇA ENTRE A NATUREZA DO GOVERNO E SEU PRINCÍPIO

Após ter examinado quais são as leis relativas à natureza de cada governo, é preciso averiguar quais são relativas ao seu princípio.

A diferença[48] entre a natureza do governo e seu princípio é que sua natureza é o que o faz ser tal como é, e seu princípio é o que o faz atuar. Uma é sua estrutura particular; o outro, as paixões humanas que os fazem mover-se.

Ora, as leis não devem ser menos relativas ao princípio de cada governo do que à sua natureza. Cumpre, portanto, investigar qual é esse princípio. É o que vou fazer neste Livro.

CAPÍTULO II — DO PRINCÍPIO DOS DIVERSOS GOVERNOS

Afirmei que é característico da natureza do governo republicano o conjunto do povo, ou certas famílias, serem nele o detentor, ou as detentoras, do poder soberano; que, de acordo com a natureza da monarquia, o príncipe detém nela o poder soberano, mas o exercendo em conformidade com leis estabelecidas; que, de acordo com a natureza do governo despótico, um só indivíduo exerce o governo segundo suas vontades e seus caprichos. De nada mais preciso para descobrir os três princípios desses governos, pois eles daí derivam naturalmente. Iniciarei pelo governo republicano, referindo-me primeiramente à democracia.

CAPÍTULO III — DO PRINCÍPIO DA DEMOCRACIA

Muita probidade é dispensável para que um governo monárquico ou um governo despótico se mantenha ou se sustente. A força das leis no primeiro

---

48. Esta distinção é muito importante, e dela retirarei muitas consequências, sendo esta a chave de uma infinidade de leis.

e o braço do príncipe sempre erguido no segundo regulamentam ou encerram tudo. Porém, num Estado popular, é indispensável uma força adicional, que é a *virtude*.[49]

O que afirmo é confirmado pelo conjunto total da história, sendo também bastante conforme à natureza das coisas, pois está claro que numa monarquia, onde aquele que faz executar as leis se julga acima das leis, tem-se menor necessidade de virtude do que num governo popular, onde aquele que faz executar as leis sente estar ele mesmo a elas submetido e que arcará com o peso delas.

Também está claro que o monarca que, em virtude de mau aconselhamento ou negligência, deixa de executar as leis pode reparar o mal com facilidade: basta-lhe trocar o Conselho, ou corrigir-se quanto à própria negligência. Mas quando, num governo popular, as leis não são mais executadas, como isto só pode se originar da corrupção da república, o Estado já estará perdido.

Assistimos a um belo espetáculo, no século passado, vendo os esforços impotentes dos ingleses colimando o estabelecimento entre eles da democracia. Como os que participavam dos negócios eram inteiramente carentes de virtude e a sua ambição era irritada pelo sucesso de quem mais ousara,[50] como o espírito de uma facção era somente reprimido pelo espírito de uma outra, o governo se transformava incessantemente; o povo, em perplexidade, procurava a democracia e não a encontrava em parte alguma. Por fim, após muitos movimentos, choques e abalos, foi necessário debruçar-se sobre o próprio governo que havia sido proscrito.

Quando Sila quis conceder a liberdade a Roma, esta não pôde mais recebê-la. Roma dispunha apenas de um ínfimo resto de virtude e, como passou a dispor de virtude invariavelmente cada vez menos, em lugar de despertar depois de César, Tibério, Caio,[51] Cláudio, Nero, Domiciano, tornou-se sempre mais escrava. Todos os golpes foram desfechados contra os tiranos, nenhum contra a tirania.[52]

---

49. Atentar para o sentido que Montesquieu atribui a esta palavra — ver a Advertência do Autor no início da obra. (N.T.)

50. Cromwell.

51. Caio Calígula (imperador de 37 a 41 d.C.). (N.T.)

52. O que o autor parece deixar implícito é que, embora César e todos esses imperadores tenham sido assassinados, o regime imperial romano (visto por ele — Montesquieu — como despótico ou tirânico) não *tombou morto*, tendo, ao contrário, como sabemos, se consolidado em Roma e perdurado por alguns séculos — de fato, de 27 a.C. (com Augusto) até 395 d.C., quando Teodósio dividiu o Império Romano em ocidental (com sede em Roma e sob o imperador Honório) e oriental (com sede em Bizâncio e sob Arcádio, embora Constantino I, imperador até 337 d.C., já houvesse transferido a sede do Império Romano para Bizâncio, que se chamou Constantinopla). O Império Romano do Oriente (bizantino) durou mais de dez séculos, só sendo destruído no fim da Idade Média, em 1453, pelos turcos otomanos. (N.T.)

Os políticos gregos, que viviam no seio do governo popular, reconheciam a virtude como única força capaz de lhes dar sustentação. Os políticos atuais limitam-se a nos falar de manufaturas, comércio, finanças, riquezas e até de luxo.

Uma vez extinta essa virtude, a ambição entra nos corações que lhe são receptíveis, e a avareza entra em todos eles. Os objetos dos desejos mudam: o que se amava não se ama mais; era-se livre junto às leis, deseja-se agora ser livre contra elas; cada cidadão é semelhante a um escravo que escapou da casa de seu senhor; o que era *máxima* chama-se agora *rigor*; o que era *regra* é chamado de *coação*; o que era *acato* é agora chamado de *temor*. A frugalidade é agora avareza, e não o anelo de possuir. Outrora, o bem dos particulares compunha o tesouro público, agora o tesouro público se converte no patrimônio dos particulares. A república é um despojo, e sua força não passa do poder de alguns cidadãos e a licenciosidade de todos.

Atenas tem em seu seio idênticas forças, seja quando dominou, coberta de glória, seja quando serviu, coberta de desonra. Contava com vinte mil cidadãos[53] quando defendeu os gregos contra os persas, quando disputou o Império com a Lacedemônia e quando atacou a Sicília. Atenas contava com vinte mil quando Demétrio de Falero os contou,[54] como num mercado conta-se escravos. Quando Filipe[55] ousou dominar a Grécia, quando surgiu às portas de Atenas,[56] esta só perdera tempo. Vê-se em Demóstenes[57] quanto empenho foi necessário para despertá-la: Filipe era temido, não como inimigo da liberdade, mas como inimigo dos prazeres.[58] Essa cidade, que havia resistido a tantas derrotas, que se observara renascer após ser destruída mais de uma vez, foi vencida em Queroneia, e o foi para sempre. Que importa ter Filipe devolvido todos os prisioneiros? Não devolveu homens. Sempre fora tão fácil triunfar contra as forças de Atenas quanto difícil triunfar contra sua virtude.

---

53. Plutarco em *Péricles* e Platão em *Crítias*.

54. Ele ali encontrou 21 mil cidadãos, 10 mil estrangeiros e 400 mil escravos. Ver Ateneu, VI.

55. Filipe da Macedônia (382-336 a.C.), pai de Alexandre, derrotou os atenienses na batalha de Queroneia, em 338 a.C. (N.T.)

56. Tinha Atenas vinte mil cidadãos. Ver Demóstenes *in Aristog.*

57. Demóstenes (384-322 a.C.), exato contemporâneo de Aristóteles, foi o célebre orador ateniense autor das *Filípicas*, discursos veementes cuja mensagem principal era o alerta acerca da ameaça iminente da invasão de Filipe da Macedônia. (N.T.)

58. Haviam produzido uma lei para punir de morte quem propusesse o uso, na guerra, do dinheiro destinado aos teatros.

Como poderia Cartago se sustentar? Quando Aníbal,[59] tornado pretor, quis impedir os magistrados de pilhar a república, não foram eles acusá--lo ante os romanos? Desgraçados, que queriam ser cidadãos sem haver cidade e receber suas riquezas das mãos de seus destruidores! Logo Roma lhes exigiu como reféns trezentos de seus principais cidadãos. Fez com que lhe entregassem as armas e os navios e em seguida lhes declarou guerra. Pelas coisas que o desespero produziu na Cartago desarmada,[60] pode-se aquilatar o que ela teria podido fazer com sua virtude quando dispunha de suas forças.

CAPÍTULO IV — DO PRINCÍPIO DA ARISTOCRACIA

Como a virtude é necessária no governo popular, também o é no aristocrático. É bem verdade que neste não é tão absolutamente requerida.

O povo, que é, em relação aos nobres, o que são os súditos em relação ao monarca, é contido por suas leis. Neste caso, tem menos necessidade de virtude do que o povo na democracia. Mas como serão contidos os nobres? Aqueles que devem fazer executar as leis contra seus colegas sentirão de imediato que agem contra si mesmos. É preciso, portanto, que haja virtude no conjunto dos nobres, mediante a natureza da constituição.

O governo aristocrático detém, por si mesmo, uma certa força que a democracia não possui. Nele os nobres constituem um corpo que, por sua prerrogativa e em função de seu interesse particular, reprime o povo: é suficiente haver leis para que, nesse sentido, sejam executadas.

Entretanto, se é fácil para esse corpo reprimir os outros, é difícil reprimir a si mesmo.[61] Tal é a natureza dessa constituição que parece que coloca as mesmas pessoas sob o poder das leis e dele as retira.

Ora, um semelhante corpo só pode reprimir-se de duas maneiras: ou mediante uma grande virtude, que faz com que os nobres se encontrem, de algum modo, iguais ao seu povo, o que pode compor uma grande república; ou mediante uma virtude menor, que é uma certa moderação que torna os nobres, ao menos, iguais a si mesmos, o que produz sua preservação.

A *moderação* é, assim, a alma desses governos. Refiro-me à moderação que se funda na virtude, não àquela oriunda da pusilanimidade e de uma indolência da alma.

---

59. Comandante cartaginês (247-183 a.C.) e figura expoente das Guerras Púnicas, travadas entre Roma e Cartago. (N.T.)

60. Esta guerra durou três anos.

61. Os crimes públicos aí poderão ser punidos, pois se trata do interesse de todos; os crimes particulares, ao contrário, não serão punidos porque o interesse de todos é não os punir.

CAPÍTULO V — A VIRTUDE NÃO É O PRINCÍPIO DO GOVERNO MONÁRQUICO

Nas monarquias, a política faz com que as grandes coisas sejam realizadas o menos virtuosamente possível; como nas mais belas máquinas, a arte utiliza o menor número possível de movimentos, forças e rodas.

O Estado subsiste independentemente do amor à pátria, do desejo da glória verdadeira, da renúncia a si mesmo, do sacrifício aos mais caros interesses, e de todas essas virtudes heroicas que encontramos junto aos antigos e das quais só ouvimos falar.

As leis substituem aí todas essas virtudes, das quais não se tem qualquer necessidade, pois o Estado delas vos dispensa: uma ação produzida sem ruído é, nesse regime, de certa forma, destituída de consequência.

Ainda que todos os crimes sejam públicos do ponto de vista de sua natureza, distinguem-se, todavia, os crimes verdadeiramente públicos dos crimes privados, assim denominados porque ofendem mais a um particular do que à totalidade da sociedade.

Ora, nas repúblicas, os crimes privados são mais públicos, isto é, causam maior impacto à constituição do Estado do que os particulares; e nas monarquias, os crimes públicos são mais privados, ou seja, causam maior impacto às fortunas particulares do que à própria constituição do Estado.

Rogo que não se tome como ofensa o que afirmei, pois aludo a todas as histórias. Sei demasiado bem que a existência de príncipes virtuosos não é rara; porém, digo que numa monarquia é muito difícil que o povo seja virtuoso.[62]

Que se leia o que os historiadores de todos os tempos asseveraram sobre as cortes dos monarcas; que se recorde as conversações dos homens de todos os países a respeito do sórdido caráter dos cortesãos: não se trata de matérias de especulação, mas de melancólica experiência.

A ambição na ociosidade, a baixeza no orgulho, o desejo de enriquecer sem trabalho, a aversão pela verdade, a bajulação, a traição, a perfídia, o abandono dos compromissos, o menoscabo pelos deveres do cidadão, o temor da virtude do príncipe, a esperança de suas fraquezas e — mais do que tudo isso — o perpétuo ridículo arrojado sobre a virtude compõem, eu o creio, o caráter da maioria dos cortesãos, destacado em todos os lugares e em todos os tempos. Ora, é péssimo que a maioria dos principais de um Estado seja constituída por pessoas desonestas e que os inferiores sejam gente

---

62. Refiro-me aqui à virtude política, que é a virtude moral no sentido daquela que colima o bem geral. Quase não aludo às virtudes morais particulares e em absoluto àquela virtude que se reporta às verdades reveladas. Isso será devidamente visto no Livro V, capítulo II.

de bem; que aqueles sejam mentirosos e estes consintam a nada mais serem senão idiotas.[63]

Que se, no seio do povo, encontrar-se algum infeliz homem honesto, o cardeal de Richelieu, no seu testamento político, insinua que um monarca deve evitar utilizá-lo.[64] Tanto é verdade que a virtude não é a mola desse governo! Por certo não está inteiramente excluída dele, mas não é a mola.

CAPÍTULO VI — COMO SE SUBSTITUI A VIRTUDE NO GOVERNO MONÁRQUICO

Apresso-me e caminho a passos largos a fim de que não se creia que perpetro uma sátira do governo monárquico. Não, se lhe falta um tipo de mola, conta com outro: a *honra*, isto é, o preconceito de cada pessoa e de cada condição substitui a virtude política a que me referi e a representa em todas as partes. Pode aí inspirar as mais belas ações; pode, associado à força das leis, conduzir à meta do governo tal como a virtude.

Assim, nas monarquias bem regulamentadas, todos serão quase bons cidadãos, mas raramente se encontrará quem seja homem de bem, visto que para ser homem de bem[65] é preciso ter intenção de sê-lo, e amar o Estado menos por interesse pessoal do que pelo interesse dele próprio.

---

63. É evidente que Montesquieu tem diante de si o retrato da monarquia francesa, mas, apesar da especificidade do objeto observado, é preciso ressaltar o caráter universal de suas máximas; não há como negar que nos corredores e bastidores da cena política contemporânea, *cena* muitas vezes no sentido teatral, cinematográfico e *circense* mesmo do termo, uma horda de "cortesãos" oportunistas tem presença e atuação regulares e bem remuneradas. Nos modernos governos democráticos *de direito* (já que mencionar os atuais governos parlamentaristas que mantêm uma dispendiosa monarquia decorativa para enlevo fútil de contribuintes obtusos seria ofender a inteligência do leitor), muitos desses *cortesãos* (as cortes propriamente ditas são aqui substituídas pelas dependências — corredores e bastidores — das casas legislativas) são os próprios congressistas eleitos pelo *povo*, povo este que, quando não tem acesso às luzes da educação, jamais pode deixar de ser *honesto* e *tolo*, e o pior de tudo: incapaz de fazer uso a seu favor do inestimável direito de votar, já que a falta de educação o priva da formação do senso crítico e do discernimento, absolutamente indispensáveis ao exercício não só legítimo como também *lúcido* e *eficaz* da função de eleitor no regime democrático, sem o qual *democracia* é palavra oca e mera figura de retórica. Não é de estranhar que a aberração pseudodemocrática intitulada *marketing* político encontrou solo fertilíssimo junto aos Estados democráticos detentores dos povos mais *honestos* e *tolos* do planeta, ou seja, aqueles aos quais se tem perversa e sistematicamente negado a luz sublime, vital e libertadora da educação (a despeito dos sonoros artigos, parágrafos e incisos explícitos de tantas Cartas Magnas dos *chamados* Estados democráticos!). (N.T.)

64. Não é necessário, como se diz, servir-se das pessoas de baixa extração: estas são demasiado austeras e demasiado difíceis (*Testamento*, IV).

65. Esta expressão, "homem de bem", só é entendida aqui num sentido político.

CAPÍTULO VII — DO PRINCÍPIO DA MONARQUIA

O governo monárquico supõe, como afirmamos, preeminências, posições e até uma nobreza de origem. A natureza da *honra* consiste em exigir preferências e distinções; acha-se, portanto, pela própria coisa, instalada nesse governo.

Se a ambição é perniciosa numa república, produz bons efeitos na monarquia, transmitindo vida a esse governo; ademais, há nele a vantagem de ela não ser perigosa, já que é possível ser continuamente reprimida.

Direis que isso se assemelha ao sistema do universo, no qual há uma força que afasta continuamente todos os corpos do centro e uma força de gravidade que para lá os reconduz. A honra faz mover todas as partes do corpo político; liga-as por sua própria ação, descobrindo-se que cada uma se dirige ao bem comum crendo caminhar para seus interesses particulares.

É verdade que, filosoficamente falando, é uma honra falsa que conduz todas as partes do Estado; contudo, essa honra falsa é tão útil ao público quanto a verdadeira o seria aos particulares que a poderiam possuir.

E não será muito obrigar os homens à execução de todas as ações difíceis e que requerem força, sem outra recompensa senão a repercussão de suas ações?

CAPÍTULO VIII — A HONRA NÃO CONSTITUI DE MODO ALGUM O PRINCÍPIO DOS ESTADOS DESPÓTICOS

Não é, de maneira alguma, a *honra* o princípio dos Estados despóticos: sendo os homens neles todos iguais, não poderia haver preferência de uns a outros; sendo os homens neles todos escravos, ninguém poderia ter preferência sobre coisa alguma.

Ademais, como a honra tem suas leis e suas regras, não podendo transigir, como muito depende de seu próprio capricho, e não daquele de outrem, só pode ser encontrada nos Estados onde a constituição é fixa e que possuem leis certas.

Como seria suportada pelo déspota? A honra tem sua glória no desprezo da vida, e o déspota só tem poder porque pode suprimir a vida. Como poderia a honra tolerar o déspota? Ela tem regras acatadas e caprichos sustentados; o déspota não possui regra alguma, e seus caprichos destroem todos os outros.

A honra, desconhecida nos Estados despóticos, nos quais com frequência sequer se dispõe de uma palavra para exprimi-la, reina nas monarquias, onde dá vida a todo o corpo político, às leis e às próprias virtudes.

CAPÍTULO IX — DO PRINCÍPIO DO GOVERNO DESPÓTICO

Como, numa república, a virtude é necessária, e, numa monarquia, a honra, num governo despótico é necessário o *temor*. Nesse governo a virtude é absolutamente desnecessária, e a honra seria perigosa.

O poder imenso do príncipe, nesse governo, passa por inteiro àqueles aos quais ele o confia. Indivíduos capazes de serem muito ciosos de si mesmos estariam em condição de realizar revoluções. É, portanto, necessário que o temor abata todas as coragens e extinga até o menor sentimento de ambição.

Um governo moderado pode, na medida em que o queira, e sem risco, afrouxar suas molas. Mantém-se por suas leis e por sua própria força. Mas quando, no governo despótico, o príncipe deixa por um momento de erguer o braço, quando ele não pode aniquilar instantaneamente aqueles que ocupam os primeiros postos,[66] tudo está perdido, pois não estando mais presente a mola do governo, ou seja, o temor, o povo não terá mais protetor.

É aparentemente nesse sentido que os cádis têm sustentado que o grande senhor não era obrigado a manter sua palavra ou seu juramento quando com isso limitasse sua autoridade.[67]

É necessário que o povo seja julgado pelas leis, e os grandes, pela fantasia do príncipe, que a cabeça do último dos súditos esteja em segurança e que a dos paxás, sempre exposta. Não se pode falar, senão estremecendo, desses governos monstruosos. O sufi da Pérsia, destronado atualmente por Mirivéis, viu o governo perecer com a conquista porque não havia derramado sangue suficiente.[68]

A história nos narra que as horríveis crueldades de Domiciano atemorizaram os governadores a ponto de o povo se restabelecer um pouco sob seu reino.[69] É assim que uma torrente, que de um lado tudo danifica, deixa do outro lado campos nos quais o olho vê ao longe alguns prados.

---

66. Como acontece com frequência na aristocracia militar.

67. Ricaut, *De l'Empire Ottoman* (*Do Império Otomano*), Livro I, capítulo II.

68. Ver a história dessa revolução, de autoria do Padre Ducerceau.

69. Suetônio, *Domiciano*, VIII. Seu governo era militar, o que constitui uma das espécies do governo despótico.

CAPÍTULO X — DIFERENÇA DE OBEDIÊNCIA NOS GOVERNOS MODERADOS E NOS GOVERNOS DESPÓTICOS

Nos Estados despóticos, a natureza do governo exige uma obediência extrema; e a vontade do príncipe, uma vez conhecida, deve exercer tão infalivelmente seu efeito quanto uma bola lançada contra outra deve exercer o seu.

Não há neles temperamento, modificações, adaptações, termos, equivalentes, conferências, admoestações; nada de igual ou de melhor a propor; o homem é uma criatura que obedece a uma criatura que quer.

Não se pode mais aí representar os próprios medos a respeito de um evento futuro, nem escusar os fracassos com base nos caprichos da sorte. O lote dos homens, como dos animais, é, nesses Estados despóticos, o instinto, a obediência, o castigo.

De nada serve opor os sentimentos naturais, o respeito por um pai, a ternura pelos filhos e pelas mulheres, as leis da honra, o estado da própria saúde — recebeu-se a ordem, e isso basta.

Na Pérsia, uma vez que o rei tenha condenado alguém, não se pode mais dirigir a palavra a ele, nem solicitar a graça. E se o rei estivesse embriagado ou fora de si, seria necessário que a sentença fosse executada da mesma maneira;[70] se assim não fosse, ele se contradiria, e a lei não pode se contradizer. Essa maneira de pensar sempre existiu nesse país: não sendo possível revogar a ordem de Assuero de exterminar os judeus, optou-se por lhes conceder a permissão de se defenderem.

Há, todavia, uma coisa que se pode, por vezes, opor à vontade do príncipe:[71] é a religião. Abandonar-se-á e até se matará o próprio pai, se o príncipe o ordenar: mas não se beberá vinho, embora ele o queira e ordene. As leis da religião pertencem a um domínio superior de preceitos, pois recaem tanto sobre o príncipe quanto sobre seus súditos. Entretanto, no que tange ao direito natural, sucede coisa diversa. Supõe-se não ser mais o príncipe um ser humano.

Nos Estados monárquicos e moderados, o poder é limitado por aquilo que neles é a mola; refiro-me à honra, que reina como um monarca sobre o príncipe e o povo. Ninguém irá diante dela alegar as leis da religião. Um cortesão crer-se-á ridículo, pois ser-lhe-ão alegadas as leis da honra. Disto resultam modificações necessárias na obediência; a honra está naturalmente sujeita a singularidades, e a obediência seguirá todas elas.

---

70. Ver Chardin.

71. Ibidem.

Embora a maneira de obedecer seja diferente nesses dois governos, o poder é, entretanto, o mesmo. Para qualquer lado que o monarca se volte, ele desloca e precipita a balança e é obedecido. Toda a diferença consiste em que na monarquia, o príncipe dispõe de luzes, e seus ministros são infinitamente mais hábeis e chegados aos negócios do que no Estado despótico.[72]

CAPÍTULO XI — REFLEXÃO ACERCA DE TUDO ISSO

Tais são os princípios dos três governos, o que não significa que numa certa república sejamos virtuosos, mas, sim, que o deveríamos ser. Tampouco prova isso que numa certa monarquia tenhamos honra, e que em um Estado despótico particular impere o temor, mas sim que seria necessário que os tivesse, sem o que o governo seria imperfeito.

---

72. Em todo o Livro III Montesquieu lida com conceitos gerais em torno dos princípios das três formas de governo, parecendo ao leitor, talvez, que peque por falta de rigor no terreno escorregadio das generalizações. Afirmações como "(...) na monarquia o príncipe dispõe de luzes (...)", mesmo no plano teórico e provindo, no prático, de um próspero membro da nobreza francesa, soam pouco consistentes. Mas é preciso compreender que os primeiros livros desta obra se ocupam de generalidades que passarão por um criterioso processo de análise e esmiuçamento na sequência. (N.T.)

LIVRO IV — AS LEIS DA EDUCAÇÃO DEVEM SER RELATIVAS AOS PRINCÍPIOS DO GOVERNO

CAPÍTULO I — DAS LEIS DA EDUCAÇÃO

As leis da educação são as primeiras por nós recebidas. E, como nos preparam para sermos cidadãos, cada família particular deve ser governada em função do plano da grande família que compreende todas as famílias particulares.[73]

Se o povo em geral tem um princípio, as partes que o compõem, ou seja, as famílias, também o terão. As leis da educação serão, portanto, diferentes em cada espécie de governo.[74] Nas monarquias elas terão por objetivo a honra; nas repúblicas, a virtude; nos governos despóticos, o temor.

CAPÍTULO II — DA EDUCAÇÃO NAS MONARQUIAS

Não é, de modo algum, nas escolas públicas, onde se instrui a infância, que se recebe, nos governos monárquicos, a principal educação; é quando adentramos o mundo que a educação, de alguma forma, principia. É aí a escola daquilo que se denomina *honra*, esta mestra universal que deve nos conduzir em todos os lugares.

É aí que se presencia e se ouve constantemente dizer-se três coisas: "Que é preciso introduzir, nas virtudes, uma certa nobreza; nos costumes, uma certa franqueza; nas maneiras, uma certa polidez".

As virtudes que aí nos são exibidas são sempre menos o que devemos aos outros do que aquilo que devemos a nós mesmos; não são tanto o que nos atrai para nossos concidadãos quanto o que deles nos distingue.

---

73. A *grande família* é a sociedade política que é constituída pela convergência e pela união de todas as famílias particulares compostas de indivíduos que, por si só, carecem de qualquer sentido humano. Montesquieu, como tantos outros pensadores políticos modernos, se filia ao pensamento da escola peripatética, ou seja, à doutrina aristotélica. Quanto à função da educação, ou seja, *fazer de nós cidadãos*, seu pensamento também remonta aos gregos, especialmente a Platão e Aristóteles. Ver, em especial, Aristóteles, *Política*, Livro V, capítulo IX, 1310a1, e Platão, *As Leis*, Livro I, p. 642d-645c (Platão, *As Leis*, São Paulo: Edipro, 2021). (N.T.)

74. Ver a referência à *Política* de Aristóteles na nota anterior. (N.T.)

Aí não se julgam as ações dos homens como boas, mas como belas; não como justas, mas como grandiosas; não como razoáveis, mas como extraordinárias.

Desde que a honra possa, nas monarquias, encontrar algo nobre, será ou o juiz que as legitima ou o sofista que as justifica.

A honra admite a galanteria quando está unida à ideia dos sentimentos do coração ou à ideia de conquista, sendo esta a verdadeira razão por que os costumes não são jamais tão puros nas monarquias quanto nos governos republicanos.

Admite a astúcia quando está associada à ideia da grandeza do espírito ou da grandeza dos negócios, como na política, cujas sutilezas não a ofendem.

Proíbe a adulação somente quando esta se acha isolada da ideia de uma grande fortuna e não se acha associada senão ao sentimento de sua própria baixeza.

No tocante aos costumes, asseverei que a educação das monarquias deve neles introduzir uma certa franqueza. Deseja-se, portanto, verdade nos discursos. Mas será por amor a ela? Em absoluto. É desejada porque um homem que está habituado a dizê-la parece ser audacioso e livre. Com efeito, um tal homem parece depender somente das coisas, e não da maneira segundo a qual um outro homem as recepciona.

É isso que faz com que tanto quanto se recomenda essa espécie de franqueza, menosprezamos a do povo, que tem por objetivo tão só a verdade e a simplicidade.

Enfim, a educação nas monarquias exige nas maneiras uma certa polidez. Os homens, nascidos para viver em associação, nasceram igualmente para o mútuo agrado, e aquele que não observasse as conveniências, chocando a todos com quem vivesse, seria desacreditado a ponto de se tornar incapaz de realizar qualquer bem.

Mas não é de uma fonte tão pura que a polidez está acostumada a extrair sua origem. Ela nasce do desejo de se distinguir. É devido ao orgulho que somos polidos. Nós nos sentimos lisonjeados de ter maneiras que provam não nos encontrarmos na baixeza e que não convivemos com essa espécie de pessoas que em todas as épocas têm sido abandonadas.

Nas monarquias, a polidez está naturalizada na corte. Um homem excessivamente grande torna todos os outros pequenos. Daí as atenções que se devem a todos; daí nasce a polidez, a qual lisonjeia tanto aqueles que são polidos quanto aqueles com quem eles são, porque a polidez faz compreender que pertencemos à corte ou que somos dignos de pertencer a ela.

Os ares da corte consistem em substituir sua grandeza própria por uma grandeza emprestada. Esta lisonjeia mais um cortesão do que a sua própria. Confere uma certa modéstia altiva que propaga ao longe, mas cujo orgulho reduz insensivelmente na proporção da distância em que se esteja da fonte de tal grandeza.

Encontra-se na corte uma delicadeza de gosto em todas as coisas, oriunda de um uso contínuo das superfluidades de uma grande fortuna, da variedade, e sobretudo da lassidão dos prazeres, da multiplicidade, da própria confusão das fantasias que, quando agradáveis, são aí sempre acolhidas.

É sobre todas essas coisas que se funda a educação para produzir aquilo que se chama de *homem honesto*, que é detentor de todas as qualidades e virtudes exigidas nesse governo.

Aí, a honra, misturando-se em toda parte, penetra em todos os modos de pensar e em todas as maneiras de sentir, dirigindo, inclusive, os princípios.

Essa honra bizarra faz com que as virtudes não sejam mais do que o que deseja que sejam, e como as deseja: introduz, por sua própria conta, regras em tudo que nos é prescrito; estende ou limita nossos deveres segundo seus caprichos, tenham eles sua origem na religião, na política ou na moral.

Nada existe na monarquia que as leis, a religião e a honra prescrevam tanto quanto a obediência às vontades do príncipe: mas essa honra nos dita que o príncipe jamais deve nos prescrever uma ação que nos desonre, porque ele nos tornaria incapazes de servi-lo.

Crillon recusou-se a assassinar o duque de Guise, mas ofereceu-se a Henrique III para se bater com ele. Depois da noite de São Bartolomeu, Carlos IX, tendo escrito a todos os governadores para que massacrassem os huguenotes, o visconde d'Orte, comandante em Bayonne, escreveu ao rei:[75] "Senhor, só pude encontrar entre os habitantes e militares bons cidadãos, soldados bravos e nenhum carrasco; assim, eles e eu suplicamos a Vossa Majestade que empregueis nossos braços e nossas vidas em coisas exequíveis". Esta grandiosa e generosa coragem encarava uma covardia como algo impossível.

Nada há que seja mais prescrito à nobreza pela honra do que servir ao príncipe na guerra. Com efeito, constitui a profissão que se distingue, visto que seus acasos, seus sucessos e mesmo seus infortúnios conduzem à grandeza. Porém, impondo esta lei, a honra deseja dela ser o árbitro, e caso se sinta atingida, exige ou permite que cada um se recolha à vida privada.

Quer a honra que se possa indiferentemente aspirar aos empregos ou recusá-los; ela conserva esta liberdade acima da própria fortuna.

---

75. Ver *l'Histoire* de d'Aubigné.

A honra possui, então, suas regras supremas, sendo a educação obrigada a se conformar a elas.[76] Entre estas regras, as principais são: é-nos permitido atribuir importância à nossa fortuna, mas é-nos soberanamente vedado atribuir qualquer importância à nossa vida.

A segunda é que, uma vez que estejamos colocados numa posição, nada devemos fazer ou suportar que revele que somos inferiores a essa própria posição.

A terceira é que as coisas que a honra proíbe são proibidas com maior rigor quando as leis não contribuem para proscrevê-las, e que aquelas que a honra exige são exigidas com maior intensidade quando as leis não as requerem.

CAPÍTULO III — DA EDUCAÇÃO NO GOVERNO DESPÓTICO

Como a educação nas monarquias só atua para elevar os sentimentos, nos Estados despóticos ela só busca rebaixá-los. É necessário que nesses Estados ela seja servil. Constituirá um bem, mesmo no comando, tê-la recebido sob essa forma, não sendo ninguém aí tirano sem ser ao mesmo tempo escravo.

A obediência extrema supõe a ignorância presente naquele que obedece; a supõe mesmo naquele que comanda. Este nada tem a deliberar, a duvidar nem a raciocinar; basta-lhe querer.

Nos Estados despóticos, cada casa é um Império separado. A educação, que consiste principalmente em viver com os outros, é aí, portanto, muito limitada; reduz-se a alojar o medo no coração e a proporcionar ao espírito o conhecimento de alguns princípios religiosos bastante simples. O saber será aí perigoso, a emulação, funesta, e quanto às virtudes, Aristóteles não pode crer que haja aí alguma que seja própria aos escravos,[77] o que limitaria bastante a educação nesse governo.

A educação nos Estados despóticos é, portanto, de qualquer forma, nula. É preciso tudo subtrair a fim de dar alguma coisa; e começar por produzir um mau súdito a fim de produzir um bom escravo.

Ora, e por que a educação se empenharia, nesses governos, a formar um bom cidadão que tomasse parte na infelicidade pública? Se amasse o Estado, sentir-se-ia tentado a afrouxar os mecanismos do governo; se não

---

76. Aqui se diz o que é, e não o que deve ser: a honra é um preconceito que a religião se esforça ora para destruir, ora para regulamentar.

77. *Política*, Livro I, capítulo III.

o conseguisse, se perderia; se conseguisse, correria o risco de se perder, ele próprio, o príncipe e o Império.

CAPÍTULO IV — DIFERENÇA DOS EFEITOS DA EDUCAÇÃO ENTRE OS ANTIGOS E ENTRE NÓS

A maioria dos povos antigos vivia sob governos que tinham a virtude por princípio, e enquanto essa estava presente com todo o seu vigor, eram realizadas coisas que não vemos mais hoje e que surpreendem nossas almas pequenas.

A educação deles tinha uma outra vantagem em relação à nossa: jamais era desmentida. Epaminondas, no último ano de sua vida, dizia, escutava, via, fazia as mesmas coisas que fazia quando iniciara sua instrução.

Hoje, recebemos três educações diferentes ou contrárias: a de nossos pais, a de nossos mestres e a do mundo. O que nos é dito na última derruba todas as ideias das primeiras. Isso decorre, em todas as partes, do contraste que há em nós, entre os compromissos da religião e os compromissos do mundo, o que os antigos não conheciam.

CAPÍTULO V — DA EDUCAÇÃO NO GOVERNO REPUBLICANO

É no governo republicano que se necessita de todo o poder da educação. O temor dos governos despóticos nasce de si mesmo em meio às ameaças e aos castigos; a honra das monarquias é favorecida pelas paixões e as favorece por sua vez: mas a virtude política é uma renúncia a si mesmo, o que constitui sempre algo muito penoso.

Pode-se definir essa virtude como o amor às leis e à pátria. Este amor, exigindo uma preferência contínua do interesse público ao particular, produz todas as virtudes particulares, que se limitam a ser essa preferência.

Esse amor é singularmente peculiar às democracias. Nestas, exclusivamente, o governo está confiado a cada cidadão. Ora, o governo é como todas as coisas do mundo: para conservá-lo, é preciso amá-lo.

Jamais ouviu-se dizer que os reis não amassem a monarquia e que os déspotas odiassem o despotismo.

Tudo depende, portanto, de estabelecer esse amor na república; e é para inspirá-lo que a educação deve estar atenta. Mas, para que as crianças possam possuí-lo, conta-se com um meio seguro: que os próprios pais o possuam.

Somos, de ordinário, os senhores quanto a proporcionar aos nossos filhos nossos conhecimentos; o somos ainda mais quanto a lhes transmitir nossas paixões.

Se isso não sucede, é que aquilo que foi feito na casa paterna foi destruído pelas impressões exteriores.

Não é a nova geração dos membros que compõe o povo que degenera; essa só se perde quando os homens feitos já estão corrompidos.

CAPÍTULO VI — DE ALGUMAS INSTITUIÇÕES GREGAS

Os antigos gregos, convictos da necessidade de que os povos que viviam sob um governo popular fossem educados visando à virtude, para inspirá--la, produziram instituições singulares. Quando vós contemplais, na vida de Licurgo, as leis que proporcionou aos lacedemônios, estareis crendo ler a história dos sevarambos.[78] As leis de Creta eram o original daquelas de Lacedemônia; e as de Platão, sua correção.[79]

Rogo que se dispense um pouco de atenção à envergadura de gênio que foi necessária a esses legisladores para perceberem que, contrariando todos os usos herdados, confundindo todas as virtudes, exibiriam sua sabedoria ao universo. Licurgo, misturando o furto com o espírito de justiça, a mais dura escravidão com a extrema liberdade, os sentimentos mais atrozes com a maior moderação, conferiu estabilidade à cidade. Pareceu subtrair-lhe todos os recursos, as artes, o comércio, o dinheiro, as muralhas: tinha-se aí ambição sem esperança de melhoria; tinha-se aí sentimentos naturais, e não se era nem filho, nem marido, nem pai. O próprio pudor é subtraído da castidade. É por tais caminhos que Esparta é conduzida à grandeza e à glória, mas com um tal grau de infalibilidade de suas instituições que nada se obtinha contra ela vencendo batalhas, se não se tivesse êxito em lhe suprimir sua administração política.[80]

Creta e a Lacônia foram governadas por essas leis. A Lacedemônia cedeu por último diante dos macedônios, e Creta[81] foi a derradeira presa dos romanos. Os samnitas tiveram as mesmas instituições, e estas constituíram para esses romanos motivo de vinte e quatro triunfos.[82]

---

78. Romance surgido por volta de 1670, de conteúdo idêntico à *Utopia* de Thomas Morus, da qual, de fato, era um plágio mais acessível e vulgar. (N.T.)

79. Referência ao longo e último diálogo de Platão, *As Leis*, op. cit. (N.T.)

80. Filopêmen forçou os lacedemônios a abandonar a maneira como alimentavam seus filhos, ciente de sobejo que sem isso teriam sempre uma alma grandiosa e o coração elevado. Plutarco, *Vida de Filopêmen*. Ver Tito Lívio, XXXVIII.

81. Defendeu por três anos suas leis e sua liberdade. Ver os Livros XCVIII, XCIX e C de Tito Lívio no Epítome de Floro. Ofereceu mais resistência que os grandes reis.

82. Floro, I, XVI.

Tal singularidade, que se viu nas instituições gregas, nós vimos em meio à borra e à corrupção de nossos tempos modernos.[83] Um legislador, homem honesto, formou um povo cuja probidade parecia tão natural quanto a bravura junto aos espartanos. Penn[84] é um verdadeiro Licurgo, e ainda que o primeiro tenha tido a paz por objetivo, enquanto o segundo, a guerra, assemelham-se pela via singular pela qual conduziram seus povos, no ascendente que tiveram sobre os homens livres, nos preconceitos que venceram, nas paixões que submeteram.

O Paraguai pode nos fornecer outro exemplo. Desejou-se ter na conta de um crime o fato de a *Sociedade* considerar o prazer de comandar como o único bem da vida. Contudo, será sempre belo governar os homens tornando-os mais felizes.[85-86]

Para ela, é glorioso ter sido a primeira a mostrar nessas regiões a ideia da religião associada à de humanidade. Ao reparar as devastações levadas a cabo pelos espanhóis, começou a curar uma das maiores pragas já sofridas pelo gênero humano.

Um sentimento delicado que essa *sociedade* tem quanto a tudo que ela denomina honra, seu zelo por uma religião que torna bem mais humildes os que a escutam do que os que a pregam levaram-nos a empreender grandes coisas, e nisso ela obteve sucesso. Retirou das florestas povos dispersos; assegurou-lhes uma subsistência; vestiu-os; e ainda que com isso só tivesse aumentado a indústria entre os homens, teria feito muito.

Aqueles que desejarem produzir instituições semelhantes, estabelecerão a comunidade dos bens segundo a *República* de Platão, o respeito que este exigia quanto aos deuses, a separação dos estrangeiros para a preservação dos costumes, cabendo à cidade executar o comércio, e não aos

---

83. *In fece Romuli*, Cícero, *Cartas a Ático*, II, I.

84. William Penn (1644-1718), quaker fundador da colônia inglesa da Pensilvânia, na América do Norte, e seu legislador. (N.T.)

85. Os índios do Paraguai não dependem, de modo algum, de um senhor particular, pagando apenas um quinto dos tributos, além de disporem de armas de fogo para se defender.

86. A Sociedade é a Ordem dos Jesuítas, criada por Inácio de Loyola em 1534, e Montesquieu se refere de modo sutil mas expressivo ao proverbial gosto pelo poder dessa vigorosa congregação da Igreja romana. Célebre por suas extensivas campanhas de catequese na América do Sul, por sua marcante influência sobre o papado e seu radicalismo teológico, a Ordem dos Jesuítas sempre soube conjugar, com extraordinária eficiência, discreta e funcional influência política com intolerância religiosa. A defesa que Montesquieu faz dos jesuítas corre por conta provavelmente de dois fatores bastante prosaicos: sua visão e sua posição pessoal de nobre francês cristão, que via o trabalho de catequese dos jesuítas na América do Sul como uma missão piedosa, e a preocupação em ser elogioso em suas palavras em relação a um ramo da Igreja constituído por homens muito poderosos no seu tempo. (N.T.)

cidadãos. Implantarão nossas artes sem nosso fausto e nossas necessidades sem nossos desejos.[87]

Proscreverão o dinheiro, cujo efeito é aumentar a fortuna dos homens além dos limites que a natureza estabeleceu; ensinar a conservar inutilmente o que se acumulou da mesma maneira; multiplicar ao infinito os desejos e suprir a natureza, que nos dera meios muito limitados de excitar nossas paixões e nos corromper uns aos outros.

"Os epidamnianos,[88] percebendo que seus costumes se corrompiam devido à comunicação com os bárbaros, elegeram um magistrado para realizar todos os negócios comerciais em nome da cidade e para a cidade." Deste modo, o comércio não corrompe a constituição, e a constituição não priva a sociedade das vantagens do comércio.

CAPÍTULO VII — EM QUE CASO TAIS INSTITUIÇÕES SINGULARES PODEM SE REVELAR BOAS

Essas espécies de instituições podem convir às repúblicas porque a virtude política é nelas o princípio. Mas, para atingir a honra nas monarquias ou para inspirar o temor nos Estados despóticos, não há necessidade de tantos zelos.

Que se diga, a propósito, que só podem ter lugar num pequeno Estado,[89] onde se pode ministrar uma educação geral e educar um povo inteiro como uma família.

As leis de Minos, de Licurgo e de Platão[90] supõem a existência de uma singular atenção mútua entre todos os cidadãos. Não é possível assegurar tal coisa em meio à confusão, às negligências, à extensão dos negócios de um grande povo.

É preciso, como foi dito, banir o dinheiro nessas instituições. Entretanto, nas grandes sociedades, o número, a variedade, o embaraço, a importância dos negócios, a facilidade das compras, a lentidão das permutas requerem uma medida comum. Para levar a todos os lugares o poder, ou em todos os lugares defendê-lo, é necessário dispor daquilo a que os homens, em todos os lugares, ligaram ao poder.

---

87. Ver Platão, *A República*, São Paulo: Edipro, 2019. (N.T.)

88. Plutarco, *Investigação sobre as coisas gregas*, XXIX.

89. Como eram as cidades da Grécia.

90. Ver Platão, *A República*, e, especialmente, *As Leis*. (N.T.)

CAPÍTULO VIII — EXPLICAÇÃO DE UM PARADOXO DOS ANTIGOS QUANTO AOS COSTUMES

Políbio, o judicioso Políbio,[91] nos diz que a música era necessária para suavizar os costumes dos acádios que habitavam uma região na qual o ar é triste e frio; que aqueles de Cineto, que negligenciaram a música, superaram em crueldade todos os gregos, e que não houve nenhuma outra cidade onde se tenha presenciado tantos crimes. Platão não se intimida em afirmar que não se pode realizar alteração na música sem que se realize outra na constituição do Estado. Aristóteles, que parece ter composto sua *Política* somente para opor seus sentimentos aos de Platão, está, todavia, de acordo com ele no tocante ao poder da música sobre os costumes.

Teofrasto,[92] Plutarco,[93-94] Estrabão,[95-96] todos os antigos pensaram de forma idêntica. Não se trata, em absoluto, de uma opinião lançada sem reflexão: trata-se de um dos princípios da política deles.[97] É assim que produziam leis; é assim que desejavam que as cidades fossem governadas.

Creio poder explicá-lo. Cumpre ter em mente que nas cidades gregas, sobretudo naquelas que tinham a guerra como seu principal propósito, todos os labores e todas as profissões que podiam conduzir ao ganho monetário eram considerados indignos do homem livre. "A maioria dos ofícios de artesãos", diz Xenofonte,[98] "corrompe o corpo daqueles que os exercem; obriga-nos a sentar à sombra ou junto ao fogo; não se dispõe de tempo nem para os amigos nem para a república". Foi somente no âmbito da corrupção de algumas democracias que os artesãos chegaram a ser cidadãos. É o que Aristóteles[99] nos ensina, sustentando que uma boa república jamais lhes concederá o direito de cidadania.[100]

---

91. Historiador grego que despontou no século II a.C. (N.T.)

92. Teofrasto (372-287 a.C.), filósofo grego e discípulo estimado de Aristóteles que o sucedeu na direção do Liceu (centro de ensino da escola peripatética em Atenas) após a morte do mestre (322 ou 321 a.C.). (N.T.)

93. *Vida de Pelópidas.*

94. Escritor e historiador grego que viveu entre o fim do século I e o início do século II d.C.; autor da célebre obra sobre as vidas dos grandes sábios e legisladores helênicos. (N.T.)

95. Livro I.

96. Estrabão (58 a.C.-25 d.C.), geógrafo grego. (N.T.)

97. Platão, no Livro IV de *As Leis,* diz que as magistraturas da música e da ginástica são os cargos mais importantes da cidade, e na sua *A República*, Livro III, ele diz: "Damon vos dirá, diz ele, quais são os sons capazes de fazer nascer a vileza da alma, a insolência e as virtudes opostas".

98. Livro V, *Ditos memoráveis.*

99. *Política*, Livro III, capítulo IV.

100. "Diofanto, afirma Aristóteles (*Política*, Livro II, capítulo VII), estabeleceu outrora em Atenas que os artesãos seriam escravos do povo."

PRIMEIRA PARTE | **81**

A agricultura era ainda uma profissão servil, sendo de ordinário exercida por algum povo vencido: os ilotas junto aos lacedemônios; os periécios junto aos cretenses; os penestes junto aos tessalianos; outros povos escravos,[101] em outras repúblicas.

Enfim, todo o baixo comércio era infame para os gregos. Teria sido preciso que, para exercê-lo,[102] um cidadão tivesse prestado serviços a um escravo, a um locatário, a um estrangeiro. Essa ideia chocava o espírito da liberdade grega. Assim, Platão queria, em *As Leis*,[103] que se punisse o cidadão que praticasse o comércio.

Isso resultava em muito embaraço nas repúblicas gregas. Não se queria que os cidadãos trabalhassem no comércio, na agricultura, nos ofícios dos artesãos; não se queria, tampouco, que fossem ociosos.[104] Encontraram uma ocupação nos exercícios que dependiam da ginástica e naqueles que se relacionavam à guerra.[105] A instituição não lhes proporcionava outras. Forçoso, então, considerar os gregos como uma sociedade de atletas e combatentes. Ora, esses exercícios tão apropriados a tornar os indivíduos duros e selvagens[106] precisavam ser moderados por outros capazes de suavizar os costumes. A música, que atinge o espírito através dos órgãos do corpo, se prestava muito bem a isso. É um meio-termo entre os exercícios físicos, que tornam os homens duros, e as ciências da especulação, que os tornam selvagens.[107] Não se pode dizer que a música inspirasse a virtude, o que seria

---

101. Assim, Platão e Aristóteles querem que os escravos cultivem as terras (*As Leis*, Livro VII; *Política*, Livro VII, capítulo X). É certo que a agricultura não era em toda parte exercida por escravos; pelo contrário, como afirma Aristóteles (*Política*, Livro VI, capítulo IV), as melhores repúblicas eram aquelas em que os cidadãos a ela se dedicavam, mas isso somente ocorreu em consequência da corrupção dos antigos governos tornados democráticos, pois nos primeiros tempos as cidades da Grécia viviam sob a aristocracia.

102. *Cauponatio*. Montesquieu alude à atividade comercial do nível da *cauponaria*, ofício de estalajadeiro ou taberneiro que, embora sancionado pelo direito romano, era considerado aviltante, a ponto de a lei de Constantino equiparar ou confundir as estalajadeiras com escravas e prostitutas, o que, na prática, correspondia essencialmente à realidade, pois tanto no Império Romano quanto na Grécia as estalagens eram, em geral, locais ou pontos de prostituição, e a prostituta era geralmente uma escrava. As escravas eram mulheres *vendáveis*, vendidas especialmente em função de seu sexo (as *virgens* tinham alta cotação no mercado). Logo, os grandes proprietários de escravas perceberam que, além de vendê-las como mercadoria, podiam *vender* o seu *uso* sexual, convertendo-se nos primeiros rufiões. (N.T.)

103. Livro II.

104. Aristóteles, *Política*, Livro X.

105. *Ars corporum exercendorum, gymnastica, variis certaminibus terendorum paedotribica.* Aristóteles, *Política*, Livro VIII, capítulo III.

106. Aristóteles afirma que as crianças lacedemônias, as quais iniciavam esses exercícios na mais tenra idade, adquiriam, graças a eles, excessiva agressividade. *Política*, Livro VIII, capítulo IV.

107. A expressão *"sciences de spéculation"* empregada nesse contexto por Montesquieu não é das mais felizes e não deve ser entendida como as ciências *especulativas* ou da *contemplação*,

inconcebível, mas ela obstava o efeito de ferocidade da instituição e fazia com que a alma desempenhasse na educação um papel que, no âmbito desta, até então, de modo algum desempenhara.

Suponhamos que houvesse entre nós uma sociedade de pessoas tão apaixonadas pela caça a ponto de a terem como sua única ocupação; com certeza, em função disso, adquiririam uma certa rudeza. Se essas mesmas pessoas viessem a adquirir também um gosto pela música, logo se registraria a diferença em suas maneiras e em seus costumes. Enfim, os exercícios dos gregos estimulavam apenas um gênero de paixões: a rudeza, a cólera, a crueldade. A música lhes estimula todas as paixões, podendo fazer com que a alma sinta a suavidade, a compaixão, a ternura, o prazer suave. Nossos autores que escrevem acerca de moral e que, entre nós, condenam com veemência os teatros fazem-nos compreender muito bem o poder que a música exerce sobre nossas almas.

Se à sociedade a que me referi não se dessem senão tambores e toques de trombeta, não seria verdadeiro que dessa maneira se atingisse menos a meta almejada que se lhe dessem música suave? Assim, os antigos tinham razão quando, diante de certas circunstâncias, preferiam, quanto aos costumes, um modo a outro.

Mas, se dirá, por que, na escolha, dar preferência à música? Porque, entre todos os prazeres dos sentidos, não há nenhum outro que corrompa menos a alma. Enrubescemos ao ler em Plutarco[108] que os tebanos, para suavizar os costumes de seus jovens, estabeleceram legalmente um amor que deveria ser condenado por todas as nações do mundo.

---

segundo a classificação aristotélica básica, ou seja, aquelas ciências cujo fim almejado reside nelas mesmas, não lhes sendo externo — *ciências* que são estranhas a uma aplicação prática e útil do conhecimento que constituem, a saber, a *física*, a *metafísica* e as *matemáticas* (aritmética, geometria, astronomia e *harmonia* ou música). Entendam-se aqui por *ciências da especulação* simplesmente os métodos correntemente usados no comércio (nem sempre caracterizados pela lisura) visando ao lucro, quer dizer, os métodos de transação comercial considerados com a carga pejorativa que lhes atribuíam os gregos, e que com o tempo constituíram a moderna ciência das finanças, que é centrada precisamente no que se passou a chamar de *especulação* financeira. (N.T.)

108. *Vida de Pelópidas*, X.

LIVRO V — AS LEIS PROMULGADAS PELO LEGISLADOR DEVEM SER RELATIVAS AO PRINCÍPIO DO GOVERNO

CAPÍTULO I — IDEIA DESTE LIVRO

Acabamos de ver que as leis da educação devem ser relativas ao princípio de cada governo. O mesmo se aplica àquelas que o legislador promulga para toda a sociedade. Essa relação das leis com esse princípio distende todas as molas do governo, recebendo esse princípio, por sua vez, uma nova força. É assim que, nos movimentos físicos, a ação é sempre seguida por uma reação.

Vamos examinar essa relação em cada governo, começando pelo Estado republicano, cujo princípio é a virtude.

CAPÍTULO II — DO QUE É A VIRTUDE NO ESTADO POLÍTICO

A virtude, numa república, é uma coisa muito simples: é o amor à república; é um sentimento, e não uma série de conhecimentos. O último homem do Estado pode abrigar esse sentimento tanto quanto o primeiro. Uma vez dispondo de boas máximas, o povo a estas se prende por mais tempo do que aqueles a quem chamam de gente honesta. Raramente a corrupção começa pelo povo. Com frequência o povo extraiu da mediocridade de suas luzes um apego mais forte pelo que se acha estabelecido.

O amor à pátria conduz à doçura dos costumes, e a doçura dos costumes conduz ao amor à pátria. Quanto menos somos capazes de satisfazer as paixões particulares, mais nos entregamos às paixões gerais. Por que os monges amam tanto a sua Ordem? Precisamente pelo que a torna insuportável para eles. A regra da Ordem os priva de todas as coisas sobre as quais se apoiam as paixões ordinárias, restando, então, a paixão pela própria regra que os mortifica. Quanto mais austera é ela, isto é, quanto mais barra suas inclinações, mais força transmite àquelas que são por ela permitidas.

CAPÍTULO III — DO QUE É O AMOR À REPÚBLICA NA DEMOCRACIA

O amor à república, numa democracia, é o amor à democracia; o amor à democracia é o amor à igualdade.

O amor à democracia é, também, o amor à frugalidade. Devendo cada um, no Estado democrático, gozar da mesma felicidade e das mesmas vantagens, deverá desfrutar os mesmos prazeres e acalentar as mesmas esperanças, coisa que só se pode esperar da frugalidade geral.

O amor à igualdade, numa democracia, limita a ambição somente ao desejo, somente à ventura de devotar à pátria serviços maiores que os outros cidadãos. Estes não podem todos prestar a ela serviços iguais, mas podem todos igualmente prestar serviços a ela. Ao nascer, contrai-se com a pátria uma dívida imensa que jamais se pode quitar.

Assim, as distinções nascem do princípio da igualdade, mesmo quando esta pareça eliminada por venturosos serviços ou por talentos superiores.

O amor à frugalidade restringe o desejo de possuir à atenção exigida pelo necessário à própria família, e mesmo o supérfluo para a pátria. As riquezas proporcionam um poder do qual o cidadão não pode fazer uso para si, a não ser que prejudique a igualdade; permitem delícias das quais ele tampouco deve fruir, porque, do mesmo modo, se chocariam contra a igualdade.

Desta feita, as boas democracias, estabelecendo a frugalidade doméstica, abriram as portas às despesas públicas, como ocorreu em Atenas e em Roma. Então, a magnificência e a profusão se originavam do bojo da própria frugalidade, e como a religião exigia que se tivessem as mãos puras para realizar as oferendas aos deuses, as leis requeriam costumes frugais para que se pudesse fazer concessões à própria pátria.

O bom senso e a felicidade dos particulares consistem em grande parte em serem medianos os seus talentos e suas fortunas. Uma república na qual as leis formassem muitas pessoas medianas,[109] composta de pessoas sábias, se governaria sabiamente; composta de pessoas venturosas, seria muito venturosa.

CAPÍTULO IV — COMO INSPIRAR O AMOR À IGUALDADE E À FRUGALIDADE

O amor à igualdade e o amor à frugalidade são extremamente estimulados pela própria igualdade e a frugalidade, quando se vive numa sociedade em que as leis estabeleceram uma e outra.

---

109. O autor diz *"beaucoup de gens médiocres"*. Evitamos a tradução literal *médiocres* porque esse termo, em português, tem conotação pejorativa, a qual não existe nesse contexto. (N.T.)

Nas monarquias e nos Estados despóticos, ninguém aspira à igualdade; esta não ocorre sequer ao espírito. Cada um almeja a superioridade. As pessoas de condição mais baixa desejam escapar de sua condição para se tornar os senhores dos outros. O mesmo ocorre com a frugalidade. Para amá-la é preciso praticá-la. Não serão, de modo algum, os corrompidos pelos deleites que amarão a vida na frugalidade; e, se isso fosse natural ou ordinário, Alcibíades[110] não teria granjeado a admiração do universo. Não serão, tampouco, os que invejam ou admiram o luxo dos outros que amarão a frugalidade: pessoas que só têm diante do olhos homens ricos, ou homens miseráveis como elas, detestam sua miséria sem amar ou conhecer o que produz o fim da miséria.

É, portanto, uma máxima muito verdadeira aquela segundo a qual, para que se ame a igualdade e a frugalidade numa república, é necessário que as leis aí as tenham estabelecido.

CAPÍTULO V — COMO AS LEIS ESTABELECEM A IGUALDADE NA DEMOCRACIA

Alguns legisladores antigos, como Licurgo e Rômulo, dividiram as terras igualmente, o que somente poderia ocorrer na fundação de uma república nova, ou quando a antiga lei estivesse tão corrompida e os espíritos em tal disposição que os pobres acreditassem estar obrigados a buscar um tal remédio, e os ricos, obrigados a suportá-lo.

Se quando o legislador realiza semelhante divisão não promulga leis para conservá-la, produz meramente uma constituição passageira; a desigualdade se infiltrará pelo flanco não defendido pelas leis, e a república estará perdida.

É necessário, portanto, que se regulamente, nesse caso, os dotes das mulheres, as doações, as sucessões, os testamentos, enfim, todas as modalidades de contrato, pois se fosse permitido dar o próprio bem a quem se quisesse e como se quisesse, cada vontade particular perturbaria a disposição da lei fundamental.

---

110. Figura polêmica do período áureo grego, Alcibíades [450(?)-404 a.C.], sobrinho de Péricles, tornou-se um grande político e também um conceituado general durante a Guerra do Peloponeso, mas foi acusado em Atenas por crimes capitais, o que o levou a passar para o lado dos espartanos. Posteriormente, após perder postos políticos e militares, transformou-se num agente duplo na guerra entre Atenas e a Pérsia. Ademais, Alcibíades (retratado na sua juventude por Platão) é o interlocutor de Sócrates em dois diálogos apócrifos e homônimos: *Alcibíades* e *Segundo Alcibíades*. (N.T.)

Sólon, que permitia em Atenas que se deixasse os bens a quem se quisesse mediante testamento, desde que não se tivesse nenhum filho,[111] contradizia as leis antigas, que ordenavam que os bens permanecessem na família do testador.[112] Contradizia suas próprias leis, já que, ao suprimir as dívidas, buscara a igualdade.

Era uma boa lei para a democracia a que proibia o recebimento de duas heranças.[113] Originou-se da divisão por igual das terras e dos lotes conferidos a cada cidadão. A lei não pretendera que um único homem possuísse vários lotes.

A lei que ordenava que o parente mais próximo desposasse a herdeira originou-se de fonte semelhante. Está promulgada para aplicação entre os judeus após uma tal divisão. Platão,[114] que tem essa divisão como fundamento de suas leis, também a institui. E constituía uma lei ateniense.

Havia em Atenas uma lei em relação à qual não conheço ninguém que tenha entendido o espírito. Era permitido desposar a irmã consanguínea, mas não a irmã uterina.[115] Esse uso se originava das repúblicas, cujo espírito era não conceder a uma única pessoa duas porções de glebas de terra e, consequentemente, duas heranças. Quando um homem desposava sua irmã pelo lado paterno, só podia ter acesso a uma herança, a de seu pai; mas, quando desposava a irmã uterina, poderia acontecer que o pai dessa sua irmã, não tendo filhos homens, lhe deixasse a sua herança, de maneira que, por consequência, seu irmão, que a desposara, recebesse duas heranças.

Que eu não seja refutado pelo que diz Fílon,[116] a saber, que embora em Atenas se desposasse a irmã consanguínea, e não a uterina, na Lacedemônia podia-se desposar a irmã uterina, e não a consanguínea, visto que encontro em Estrabão[117] que, quando na Lacedemônia uma irmã desposava seu irmão, ela recebia como seu dote a metade da parte dele. Está claro que essa segunda lei fora feita para prevenir as más consequências da primeira.

---

111. Plutarco, *Vida de Sólon*.

112. Ibidem.

113. Filolau de Corinto estabeleceu em Atenas que o número de lotes de terra e o de heranças seria sempre idêntico.

114. *A República*, Livro VIII.

115. Cornélio Nepos, em *Praefat*. Esse uso é dos primeiros tempos. Assim, diz Abraão de Sara: "Ela é minha irmã, filha de meu pai, e não de minha mãe". Razões idênticas fizeram com que uma mesma lei fosse estabelecida entre diferentes povos.

116. *De specialibus legibus quae pertinent ad praecepta Decalogi*. [Das leis especiais pertinentes aos preceitos do Decálogo. (N.T.)]

117. Livro X.

Para impedir que os bens da família da irmã passassem para a do irmão, dava-se em dote à irmã a metade dos bens do irmão.

Sêneca,[118-119] referindo-se a Silano, que desposara sua irmã, diz que em Atenas a permissão era restrita, e que era geral em Alexandria. No governo de um só não se fazia, em absoluto, a menor questão de manter a divisão dos bens.

Para manter essa divisão das terras na democracia, constituía uma boa lei a que estipulava que um pai que tivesse muitos filhos escolhesse um entre eles para herdar a sua parte,[120] e desse os outros em adoção a qualquer um que não tivesse nenhum filho, de modo que o número dos cidadãos pudesse sempre ser conservado igual ao número das partilhas.

Faleias de Calcedônia[121] concebera um modo de igualar as fortunas numa república na qual estas não eram iguais. Pretendia que os ricos dessem dotes aos pobres, e não os recebessem; e que os pobres recebessem dinheiro por suas filhas, e não o dessem. Mas desconheço qualquer república que tenha se ajustado a um tal regulamento. Ele coloca os cidadãos sob condições cujas diferenças são tão flagrantes que eles odiariam a própria igualdade que se buscasse introduzir. Convém, por vezes, que não pareça que as leis se dirigem tão diretamente à meta que se propõem.

Ainda que na democracia a igualdade real seja a alma do Estado, é tão difícil de ser estabelecida que um rigor extremo a esse respeito nem sempre seria conveniente. Basta que se estabeleça um censo[122] que reduza ou fixe as diferenças a um certo ponto, após o que caberia às leis particulares *igualar*, por assim dizer, as desigualdades, por meio de encargos impostos aos ricos e desencargos concedidos aos pobres.[123] Somente as fortunas medianas ou moderadas podem proporcionar ou suportar tais espécies de compensação, pois, quanto às fortunas imoderadas, tudo o que não se lhes atribui poder e honra as enxerga como uma injúria.

Toda desigualdade na democracia deve ser extraída da natureza da democracia e do próprio princípio da igualdade. Por exemplo, pode-se, na democracia, temer que pessoas que tenham necessidade de um trabalho

---

118. *Athenis dimidium licet, Alexandriae totum*, Sêneca, *De morte Claudii*.

119. Filósofo estoico romano que viveu no primeiro século da era cristã. Foi preceptor e ministro do imperador Nero. (N.T.)

120. Platão faz uma lei semelhante (Livro III de *As Leis*).

121. Aristóteles, *Política*, Livro II, capítulo VII.

122. Sólon criou quatro classes: a primeira, daqueles que possuíam quinhentas minas de renda, tanto em grãos quanto em frutos líquidos; a segunda, daqueles que disso possuíam trezentas e podiam manter um cavalo; a terceira, daqueles que disso possuíam apenas duzentas minas; a quarta, de todos aqueles que viviam do labor de seus braços. Plutarco, *Vida de Sólon*.

123. Ou seja, tributos para os ricos e isenção destes aos pobres. (N.T.)

contínuo para viver se tornem muito empobrecidas por uma magistratura, ou que negligenciem suas funções; que os artesãos se tornem orgulhosos; que libertos excessivamente numerosos se tornem mais poderosos que os antigos cidadãos. Nesses casos, a igualdade entre os cidadãos[124] pode ser suprimida na democracia, para a utilidade da democracia. Mas é apenas uma igualdade aparente que se suprime, porque um homem arruinado por uma magistratura estaria numa condição pior que os outros cidadãos; e este mesmo homem, que seria obrigado a negligenciar suas funções, colocaria os outros cidadãos numa condição pior do que a sua e, assim, do resto.

CAPÍTULO VI — COMO DEVEM AS LEIS MANTER A FRUGALIDADE NA DEMOCRACIA

Não é suficiente, numa boa democracia, que os lotes de terra sejam iguais; é necessário que sejam pequenos, como entre os romanos. "Que não agrade a Deus", dizia Cúrio a seus soldados, "que um cidadão encare como pouca terra o que basta para alimentar um homem".[125]

Como a igualdade das fortunas mantém a frugalidade, a frugalidade mantém a igualdade das fortunas. Estas coisas, ainda que sejam diferentes, são tais que não podem subsistir uma sem a outra; cada uma delas é a causa e o efeito; se uma se afasta da democracia, é sempre acompanhada pela outra.

É verdade que, quando a democracia está fundada no comércio, pode muito bem acontecer que os particulares detenham nessa democracia grandes riquezas, e que os costumes não sejam nela corrompidos, porque o espírito do comércio traz consigo o de frugalidade, economia, moderação, trabalho, sabedoria, tranquilidade, ordem e regra.[126] Assim, enquanto

---

124. Sólon exclui dos impostos todos aqueles do quarto censo. [É de se inferir que Montesquieu quisesse dizer da *quarta classe* (a daqueles que viviam somente de seu trabalho) do censo feito por Sólon, e não do *quarto censo*. (N.T.)].

125. Eles exigiam uma porção maior da terra conquistada. Plutarco, *Obras morais, ditos dos antigos reis e capitães.*

126. Não é, em absoluto, o que os fatos corroboram, seja em governos democráticos ou em quaisquer outros, em toda a história da humanidade. Montesquieu, via de regra tão favorável às ideias dos gregos, aqui se choca frontalmente com elas, especialmente com as de Platão. O comércio (entre os gregos, inspirado e protegido por Hermes, o cativante, astuto e mentiroso irmão de Apolo) constitui território livre para as mais diversas práticas não necessariamente escrupulosas que visam ao amealhamento do maior ganho possível, estando bem longe de promover o espírito da frugalidade, da parcimônia e de virtudes como a moderação, o amor ao trabalho e, muito menos, a *sabedoria* ou a prudência. Vemos aqui um Montesquieu já convencido dos dias contados de uma nobreza francesa e europeia improdutiva e carcomida pelo luxo e pela ociosidade e, ao mesmo tempo, seduzido pela rápida ascensão da classe burguesa, que se enriquecia precisamente por meio de uma intensa atividade comercial. O barão de *la Brède* vislumbra uma revolução de valores capitaneados pelo espírito do trabalho, no que demonstra uma visão aguda

subsiste esse espírito, as riquezas que produz não apresentam nenhum efeito negativo. O mal surge quando o excesso de riquezas destrói esse espírito do comércio; vê-se então, de súbito, nascerem as desordens da desigualdade que ainda não haviam se feito sentir.

Para conservar o espírito do comércio, é necessário que os principais cidadãos o pratiquem eles mesmos; que esse espírito impere sozinho e que não seja interceptado por nenhum outro; que todas as leis o favoreçam; que essas mesmas leis, através de suas disposições, dividindo as fortunas à medida que o comércio as aumenta, coloquem cada cidadão pobre numa situação de bastante bem-estar, para que possa trabalhar como os outros, e cada cidadão rico numa tal situação mediana e ordinária, que tenha necessidade de seu trabalho tanto para conservar quanto para adquirir.

Constitui uma lei excelente, numa república de comerciantes, aquela que dá a todos os filhos uma porção igual da herança dos pais. Disso decorre que qualquer que seja a fortuna que o pai construiu, seus filhos, sempre menos ricos do que ele, serão levados a fugir do luxo e trabalhar como ele. Refiro-me exclusivamente às repúblicas dos comerciantes, pois quanto àquelas que não o são, o legislador terá muitas outras regulamentações a serem feitas.[127]

Havia na Grécia duas espécies de repúblicas: algumas eram militares, como a Lacedemônia; outras eram de comerciantes, como Atenas. Nas primeiras desejava-se que os cidadãos fossem ociosos; nas segundas buscava-se incutir nos cidadãos o amor ao trabalho. Sólon fez da ociosidade um crime e quis que cada cidadão prestasse contas sobre a maneira pela qual ganhava a vida. Com efeito, numa boa democracia, onde se deve despender somente o necessário, cada qual deve possuir esse necessário, pois, se assim não fosse, de quem poderia ser recebido esse necessário?

CAPÍTULO VII — OUTROS MEIOS DE FAVORECER O PRINCÍPIO DA DEMOCRACIA

Não se pode estabelecer uma divisão igual de terras em todas as democracias. Há circunstâncias diante das quais uma tal disposição seria impraticável, perigosa e até contrária à constituição. Não se é sempre obrigado a

---

e extraordinária perspicácia, já que isso parte de um nobre. Mas ele se equivoca ao se deixar empolgar pelo pensamento mercantilista. Os desdobramentos políticos e sociais que se sucederiam ao longo do século XVIII e do seguinte, como efeitos do fortalecimento, no domínio religioso, do protestantismo, no filosófico, do utilitarismo e pragmatismo, e no econômico, do capitalismo, só tenderiam a comprovar que Montesquieu se enganou ao ver futuros frutos moralmente saudáveis na árvore recentemente plantada do mercantilismo. Nesse sentido é importante se familiarizar com as doutrinas de John Stuart Mill, David Ricardo, Adam Smith e Karl Marx. (N.T.)

127. Deve-se, neste caso, restringir muito os dotes das mulheres.

adotar os meios extremos. Se se percebe, numa democracia, que essa divisão, que deve visar a manter os costumes, aí não convém, cumpre recorrer a outros meios.

Se se estabelece um corpo fixo que seja, por si mesmo, a regra dos costumes, um senado no qual a idade, a virtude, a seriedade, os serviços facultam o ingresso, os senadores, expostos à vista do povo como os simulacros dos deuses, inspirarão sentimentos que serão conduzidos ao seio de todas as famílias.

É preciso, sobretudo, que esse senado se atenha às instituições antigas, e aja de sorte que o povo e os magistrados delas jamais se apartem.

Tem-se muito a ganhar, no que toca aos costumes, com a observância dos costumes antigos. Como os povos corrompidos raramente produzem grandes coisas, como não têm, de modo algum, estabelecido sociedades, fundado cidades, promulgado leis e, ao contrário, aqueles que possuíam costumes simples e austeros empreenderam a maioria dos estabelecimentos, recordar aos homens as máximas antigas é, de ordinário, reconduzi-los à virtude.

Ademais, se houve alguma revolução e se conferiu ao Estado uma nova forma, isto, em absoluto, não pôde ser feito senão mediante esforços e labores infinitos, e raramente graças à ociosidade e costumes corrompidos. Aqueles que fizeram a revolução quiseram que fosse experimentada, e nisso só obtiveram êxito mediante boas leis. As instituições antigas são, portanto, geralmente correções, e as novas, abusos. No curso de um longo governo, atinge-se o mal por um declive imperceptível, e apenas se retorna ao bem através de um esforço.

Não se sabia se os membros do senado a que nos referimos deveriam ser vitalícios ou eleitos para um mandato de determinado tempo. Não há dúvida de que devem ser eleitos senadores vitalícios, como ocorria em Roma,[128] na Lacedemônia[129] e na própria Atenas, pois não se deve confundir aquilo que se denominava senado em Atenas, o que constituía um corpo que era substituído trimestralmente com o areópago, cujos membros eram empossados para cumprir seus cargos vitaliciamente, com modelos perpétuos.

Máxima geral: num senado constituído para ser a regra e, por assim dizer, o repositório dos costumes, os senadores devem ser eleitos em caráter

---

128. Os magistrados em Roma tinham mandato anual, e os senadores eram vitalícios.

129. "Licurgo", diz Xenofonte (*De Republ. Lacedaem.*, Livro X, 1 e 2), "quis que se elegessem os senadores entre os anciões, para que estes não se negligenciassem mesmo ao fim de suas vidas; e, os estabelecendo como juízes da coragem dos jovens, ele tornou a velhice daqueles mais honrosa do que a força destes".

vitalício. Num senado constituído para a preparação dos negócios, os senadores podem ser substituídos.

O espírito, segundo Aristóteles, envelhece como o corpo; reflexão que só é boa com relação a um magistrado único e não é aplicável a uma assembleia de senadores. Além do areópago, havia em Atenas guardiães dos costumes e guardiães das leis.[130] Na Lacedemônia, todos os anciãos eram censores. Em Roma, dois magistrados particulares se encarregavam da censura. Como o senado zela pelo povo, faz-se necessário que os censores observem o povo e o senado. É preciso que restabeleçam na república tudo o que foi corrompido, que apontem a frouxidão, julguem as negligências e corrijam os erros, da mesma maneira que as leis punem os crimes.

A lei romana que desejava que a acusação de adultério fosse pública era admirável para conservar a pureza dos costumes; intimidava as mulheres e também aqueles que deviam por elas zelar.

Nada preserva mais os costumes do que uma extrema subordinação dos jovens aos anciãos. Uns e outros serão refreados: os primeiros, pelo respeito que terão pelos anciãos, e estes, pelo respeito que terão por si mesmos.

Nada confere mais força às leis do que a subordinação extrema dos cidadãos aos magistrados. "A grande diferença que Licurgo estabeleceu entre a Lacedemônia e as outras cidades", diz Xenofonte,[131] "consiste principalmente no fato de ele ter feito com que os cidadãos acatassem as leis; eles correm logo que o magistrado os chama. Mas, em Atenas, um homem rico se desesperaria ante o pensamento de que se cresse depender ele do magistrado."

A autoridade paterna é também muito útil para a conservação dos costumes. Já dissemos que, numa república, não há uma força tão repressiva como nos outros governos. É necessário, portanto, que as leis procurem supri-la: elas o logram por meio da autoridade paterna.

Em Roma, os pais tinham o direito de vida e de morte sobre os filhos.[132] Na Lacedemônia, todo pai tinha o direito de corrigir o filho de outro.

Com a república, desapareceu o poder paterno em Roma. Nas monarquias, onde não há necessidade de tornar os costumes tão puros, é desejável que cada um viva sob o poder dos magistrados.

---

130. O próprio areópago estava sujeito à censura.

131. República de Lacedemônia, Livro VIII.

132. Pode-se ver na história romana com que vantagem, para a república, se recorreu a esse poder. Limitar-me-ei a falar do período em que grassou a maior corrupção. Aulo Fúlvio se pôs a caminho para encontrar Catilina; seu pai o convocou e mandou matá-lo. Salústio, *De Bello Catil.*, XXXIX. Muitos outros cidadãos fizeram o mesmo. Dion, XXXVII, XXXVI.

As leis de Roma, que haviam acostumado os jovens à dependência, instauraram uma longa menoridade. Talvez tenhamos errado em adotar este uso: numa monarquia não há necessidade de tanta coação. Essa mesma subordinação na república poderia exigir que o pai permanecesse, durante sua vida, o dono dos bens de seus filhos, como esteve regulamentado em Roma. Porém, isto não faz parte do espírito da monarquia.

CAPÍTULO VIII — COMO AS LEIS DEVEM SE RELACIONAR COM O PRINCÍPIO DO GOVERNO NA ARISTOCRACIA

Se, na aristocracia, o povo for virtuoso, desfrutar-se-á neste governo quase a mesma felicidade que no governo popular, e o Estado se tornará poderoso. Mas, como é raro que, onde as fortunas dos homens são tão desiguais, haja muita virtude, é necessário que as leis tendam a transmitir, na medida em que possam, um espírito de moderação e procurem restabelecer essa igualdade que a constituição do Estado necessariamente suprime.

O espírito de moderação é o que se denomina a virtude da aristocracia; nesta, ele substitui o espírito de igualdade no Estado popular.

Se o fausto e o esplendor que circundam os reis constituem uma parte de seu poder, a modéstia e a simplicidade das maneiras constituem a força dos nobres aristocráticos.[133] Quando não afetam qualquer distinção, quando se confundem com o povo, quando se vestem como este, quando o fazem participar de todos os seus prazeres, esse povo se esquece de sua fraqueza.

Cada governo tem sua natureza e seu princípio. Não é preciso, portanto, que a aristocracia assuma a natureza e o princípio da monarquia, o que aconteceria se os nobres tivessem algumas prerrogativas pessoais e particulares, distintas daquelas de seu corpo. Os privilégios devem ser para o senado, e o simples respeito, para os senadores.

Há duas fontes principais de desordens nos Estados aristocráticos: a desigualdade extrema entre os que governam e os que são governados e a mesma desigualdade entre os diferentes membros do corpo governante. Dessas duas desigualdades emergem ódios e ciúmes que as leis devem prevenir ou deter.

A primeira desigualdade é constatada, sobretudo, quando os privilégios dos principais não são honrosos porque são vergonhosos diante do

---

133. Atualmente, os venezianos, que, no tocante a muitos pontos, conduziram-se muito sabiamente, deliberaram sobre a disputa entre um nobre veneziano e um gentil homem de terra firme, a respeito de uma precedência numa igreja, mas fora de Veneza um nobre veneziano não gozava de nenhuma preeminência sobre um outro cidadão.

povo. Isso ocorreu em Roma, com relação à lei que proibia que patrícios se unissem pelo casamento aos plebeus,[134] o que só poderia ter como efeito, por um lado, que os patrícios se tornassem mais soberbos, e, por outro, que se tornassem mais odiosos. Cumpre ver as vantagens que disso tiraram os tribunos em suas arengas.

Essa desigualdade também será detectada se a condição dos cidadãos for diferente do ponto de vista dos subsídios, o que ocorre de quatro maneiras: quando os nobres se outorgam o privilégio de não os pagar em absoluto; quando cometem fraudes para deles ficarem isentos;[135] quando os reivindicam para si, sob pretexto de retribuições ou remunerações pelos empregos que exercem; e, finalmente, quando tornam o povo tributário e dividem entre si os impostos que dele arrecadam. Este último caso é raro; uma aristocracia em tal caso é o mais duro de todos os governos.

Enquanto revelou propensão para a aristocracia, Roma evitou muito bem esses inconvenientes. Os magistrados jamais extraíam salários de sua magistratura. Os principais da república foram taxados como os outros; foram-no até mais e, por vezes, foram-no exclusivamente. Enfim, bem longe de dividirem a arrecadação do Estado, tudo que puderam tirar do tesouro público, tudo que a fortuna lhes proporcionou de riquezas, eles distribuíram ao povo para que suas honrarias fossem perdoadas.[136]

É uma máxima fundamental a que aponta que, tanto quanto as distribuições feitas ao povo na democracia têm efeitos perniciosos, têm elas bons efeitos no governo aristocrático. No primeiro caso, produzem a perda do espírito de cidadania; no segundo, a ele reconduzem.

Se não se distribuir, em absoluto, as rendas ao povo, será preciso fazer com que o povo veja que elas são bem administradas. Mostrá-las a ele é, de algum modo, fazê-lo delas usufruir. Essa corrente de ouro que se estendia em Veneza, as riquezas que se traziam a Roma por ocasião dos triunfos, os tesouros que se guardava no templo de Saturno eram verdadeiramente as riquezas do povo.

É sobretudo essencial, na aristocracia, que os nobres não arrecadem os tributos. A primeira ordem do Estado, em Roma, neles não se imiscuía. A segunda ordem se encarregava deles, e mesmo isto, posteriormente, ocasionou grandes inconvenientes. Numa aristocracia na qual os nobres arrecadassem os tributos, todos os cidadãos particulares estariam nas mãos dos homens de negócios; não haveria nenhum tribunal superior que os

---

134. Foi promulgada pelos decênviros nas duas últimas tábuas. Ver Dionísio de Halicarnasso, X.

135. Como em algumas aristocracias de nosso tempo; nada enfraquece tanto o Estado.

136. Ver em Estrabão, XIV, como os ródios se comportaram a esse respeito.

corrigisse. Aqueles que fossem incumbidos de eliminar os abusos prefeririam deles tirar proveito. Os nobres seriam como os príncipes dos Estados despóticos, que confiscam os bens de quem lhes agrade fazê-lo.

Logo, os lucros que daí aufeririam seriam considerados como um patrimônio que a avareza ampliaria à sua fantasia. Os arrendamentos cairiam por terra, as rendas públicas seriam reduzidas a zero. É devido a isso que alguns Estados, sem terem sofrido reveses notáveis, se prostram numa debilidade que causa surpresa aos vizinhos e espanta os próprios cidadãos.

É necessário que as leis lhes proíbam também o comércio: negociantes detentores de tanto crédito produziriam toda sorte de monopólios. O comércio é a profissão das pessoas iguais; e, entre os Estados despóticos, os mais miseráveis são aqueles nos quais o príncipe é negociante.

As leis de Veneza[137] proíbem que os nobres pratiquem o comércio, o qual poderia lhes outorgar, mesmo inocentemente, riquezas exorbitantes.

As leis devem contar com os meios mais eficazes para fazer com que os nobres façam justiça ao povo. Se não estabelecerem um tribuno, será preciso que elas próprias o sejam.

Toda espécie de asilo contra a execução das leis provoca o perecimento da aristocracia, e a tirania fica muito próxima.

As leis devem mortificar, em todos os tempos, o orgulho da dominação. É forçoso que haja, por algum tempo ou para sempre, um magistrado que faça os nobres temerem, como os éforos na Lacedemônia e os inquisidores de Estado em Veneza, magistraturas que não estão submetidas a nenhuma formalidade. Esse governo necessita de mecanismos bastante violentos. Uma boca de pedra[138] abre-se a todo delator em Veneza; vós diríeis que é a da tirania.

Essas magistraturas tirânicas na aristocracia se vinculam à censura da democracia, que, por sua natureza, não é menos independente. Com efeito, os censores não devem ser investigados sobre as coisas que fizeram durante seu mandato; é necessário dar-lhes confiança, e nunca desalento. Os romanos eram admiráveis; podia-se fazer com que todos os magistrados[139] prestassem contas de sua conduta, exceto os censores.[140]

---

137. Amelot de la Houssaye, *Du Gouvernement de Venise (Do governo de Veneza)*, parte III. A lei Cláudia proibia aos senadores ter no mar qualquer navio que tivesse mais de quarenta moios. Tito Lívio, XXI, LXIII.

138. Os delatores aí depositam sua denúncias.

139. Ver Tito Lívio, XLIX. Um censor não podia sequer ser perturbado por outro censor: cada um realizava suas anotações sem considerar o parecer do colega, e, quando se agiu de modo diferente, a censura foi, por assim dizer, derrubada.

140. Em Atenas, os *contadores*, que tomavam as prestações de contas de todos os magistrados, não prestavam, eles próprios, suas contas. [Os *contadores*, em Atenas, compunham uma comissão

Duas coisas são perniciosas na aristocracia: a pobreza extrema dos nobres e sua riqueza exorbitante. A fim de prevenir sua pobreza, é necessário, principalmente, obrigá-los a saldar, de imediato, suas dívidas. A fim de moderar suas riquezas, são necessárias disposições sábias e insensíveis; nada de confiscos, leis agrárias, abolição de dívidas, que produzem males infinitos.

As leis devem eliminar o direito de progenitura entre os nobres,[141] para que, mediante a divisão contínua das heranças, as fortunas permaneçam sempre iguais.

Também não são necessárias, de modo algum, substituições, ações de reivindicação de herança, morgadios, adoções. Todos os expedientes concebidos com o fito de perpetuar a grandeza das famílias nos Estados monárquicos não seriam utilizáveis na aristocracia.[142]

Quando as leis igualaram as famílias, restar-lhes-á manter a união entre elas. Os desentendimentos dos nobres devem ser prontamente resolvidos, sem o que as contestações entre as pessoas se converterão em contestações entre as famílias. Os árbitros podem dar fim aos processos ou impedir que eclodam.

Enfim, não convém, de maneira alguma, que as leis favoreçam as distinções que a vaidade coloca entre as famílias, sob o pretexto de que algumas são mais nobres ou mais antigas que outras; tal coisa deve ser classificada como pequenez dos particulares.

Bastará lançar um olhar à Lacedemônia: ver-se-á como os éforos souberam mortificar as fraquezas dos reis, as dos grandes e as do povo.

CAPÍTULO IX — COMO AS LEIS SÃO RELATIVAS AO SEU PRINCÍPIO NA MONARQUIA

Sendo a honra o princípio desse governo, as leis devem a ela se vincular.

É necessário que elas atuem para sustentar essa nobreza, da qual a honra é, por assim dizer, o filho e o pai.

É necessário que elas a tornem hereditária, não para ser o termo entre o poder do príncipe e a fraqueza do povo, mas o liame entre os dois.

As substituições, que conservam os bens nas famílias, serão utilíssimas nesse governo, embora não convenham aos outros.

---

cujos integrantes eram escolhidos anualmente, por meio de sorteio entre os cidadãos, com a incumbência de verificar as contas dos magistrados, uma vez findos os mandatos destes. (N.T.)].

141. Isso está estabelecido assim em Veneza. Amelot de la Houssaye.

142. Parece que o objetivo de algumas aristocracias seja menos a manutenção do Estado do que daquilo que elas chamam de sua "nobreza".

A ação de reivindicação de herança devolverá às famílias nobres as terras que a prodigalidade de um parente tenha alienado.

As terras nobres, como as pessoas, gozarão de privilégios. Não se pode divorciar a dignidade do monarca da dignidade do reino; não se pode tampouco divorciar a dignidade do nobre da dignidade de seu feudo.

Todas essas prerrogativas serão particulares da nobreza e não serão transferidas, de modo algum, ao povo, se não se quiser contrariar o princípio de governo, se não se quiser diminuir a força da nobreza e a do povo.

As substituições dificultam o comércio; a ação de reivindicação de herança torna necessária uma infinidade de processos; e todos os fundos vendidos do reino ficam, ao menos, de qualquer maneira, sem proprietário durante um ano. Prerrogativas vinculadas aos feudos transmitem um poder repleto de encargos àqueles que os suportam. São inconvenientes peculiares à nobreza, que se desvanecem diante da utilidade geral que ela concede. Mas quando são transmitidos ao povo, contraria-se inutilmente todos os princípios.

Pode-se, nas monarquias, permitir que se deixe a maior parte dos bens a um dos filhos, permissão que só é boa nas monarquias.

É preciso que as leis favoreçam todo o comércio[143] que a constituição desse governo possa admitir, de sorte que os súditos possam, sem perecer, satisfazer às necessidades sempre novas do príncipe e de sua corte.

É necessário que elas instaurem uma certa ordem na maneira de arrecadar os tributos, para que essa maneira não seja mais onerosa do que os próprios encargos.

O ônus dos encargos produz primeiramente o trabalho; o trabalho, o esgotamento; o esgotamento, o espírito de indolência.

CAPÍTULO X — DA PRESTEZA DA EXECUÇÃO NA MONARQUIA

O governo monárquico apresenta uma grande vantagem em relação ao republicano: sendo os negócios conduzidos por uma única pessoa, há mais presteza na execução. Mas, como essa presteza poderia degenerar em pressa, as leis introduzirão nesse governo uma certa lentidão. Não devem apenas favorecer a natureza de cada constituição, mas também remediar os abusos que poderiam resultar dessa mesma natureza.

---

143. Só o permite ao povo. Ver a lei terceira do Código *de comm. et mercatoribus*, que é repleta de bom senso.

O cardeal Richelieu[144] deseja que se evitem nas monarquias os espinhos das companhias, que criam dificuldades em tudo. Ainda que esse homem não houvesse tido o despotismo no coração, o haveria tido na cabeça.

Os corpos que detêm o repositório das leis jamais obedecem melhor do que quando caminham a passos lentos e trazem aos negócios do príncipe essa reflexão de que não se pode, de modo algum, esperar da lacuna de esclarecimento da corte a respeito das leis do Estado nem da precipitação de seus Conselhos.[145]

No que se transformaria a mais bela monarquia do mundo se os magistrados, devido às suas morosidades, suas lamentações, suas súplicas, não tivessem barrado o curso das próprias virtudes de seus reis, quando esses monarcas, limitando-se a consultar suas grandes almas, houvessem querido recompensar desmesuradamente serviços prestados com um destemor e uma fidelidade também desmesurados?

CAPÍTULO XI — DA EXCELÊNCIA DO GOVERNO MONÁRQUICO

O governo monárquico apresenta uma grande vantagem em relação ao despótico. Como é próprio de sua natureza que haja sob o príncipe diversas ordens que se relacionam com a constituição, o Estado é mais estável, a constituição mais inabalável, a pessoa do governante mais propiciadora de garantia.

Cícero[146] crê que o estabelecimento dos tribunos de Roma foi a salvação da república. "Com efeito", diz ele, "a força do povo que não dispõe de chefe é mais terrível. Um chefe sente que o assunto gravita em torno dele e pensa nisso; o povo, porém, na sua impetuosidade, não tem o menor conhecimento do perigo em que se lança". Pode-se aplicar essa reflexão a um Estado despótico, que é um povo sem tribunos; e a uma monarquia, na qual o povo dispõe, de alguma maneira, de tribunos.

Com efeito, vê-se por toda parte que, nos movimentos do governo despótico, o povo, conduzido por si mesmo, leva sempre as coisas o mais longe que podem ir; todas as desordens que comete são extremas, ao passo que, nas monarquias, as coisas são muito raramente levadas ao excesso.

---

144. *Testamento Político*, obra do Cardeal Duque de Richelieu. (N.T.).

145. *Barbaris cunctatio servilis; statim exequi regium* videtur. Tácito, *Anais*, V, XXXII.

146. Livro III, *Das Leis* (*De Legibus*), capítulo X. *Nimia potestas est tribunorum plebis? — Quis negat? Sed vis populi multo saevior multoque vehementior, quae, ducem quod habet, interdum lenior est quam si nullum haberet. Dux enim suo se periculo progredi cogitat; populi impetus periculi notionem sui non habet.*

Os chefes temem por eles mesmos; têm medo de ser abandonados; os poderes intermediários dependentes[147] não desejam que o povo assuma uma posição muito vantajosa. É raro as ordens do Estado serem inteiramente corrompidas. O príncipe está muito ligado a essas ordens, e os sediciosos, que não dispõem nem da vontade nem da esperança de derrubar o Estado, não podem nem querem derrubar o príncipe.

Nessas circunstâncias, as pessoas sábias que detêm autoridade intervêm; refreiam-se os temperamentos, arranjam-se e corrigem-se; as leis recuperam seu vigor e se fazem escutar.

Desse modo, todas as nossas histórias estão repletas de guerras civis sem revoluções, e as dos Estados despóticos estão repletas de revoluções sem guerras civis.

Os que escreveram a história das guerras civis de alguns Estados, os mesmos que as têm fomentado, provam suficientemente quanto a autoridade que os príncipes conferem a certas ordens para o serviço deles lhes deve ser pouco suspeita, pois, em meio à própria confusão, eles somente suspiravam pelas leis e pelo seu próprio dever, e retardavam o ardor e a impetuosidade dos facciosos mais do que a poderiam servir.[148]

O cardeal de Richelieu, pensando talvez que tivesse aviltado demais as ordens do Estado, recorreu, para sustentá-lo, às virtudes do príncipe e de seus ministros,[149] e deles exigiu tantas coisas que, em verdade, só mesmo um anjo poderia ter tanta atenção, tantos esclarecimentos, tanta firmeza, tantos conhecimentos; e só com dificuldade é possível gabar-se que daqui à dissolução ele possa dispor de um príncipe e de ministros semelhantes.

Como os povos que vivem sob uma boa administração política são mais felizes do que os que, sem regras e sem chefes, perambulam pelas florestas, do mesmo modo os monarcas que vivem sob as leis fundamentais de seu Estado são mais felizes do que os príncipes despóticos, que nada possuem que possa exercer regramento sobre os corações de seus povos e sobre os seus próprios.

CAPÍTULO XII — CONTINUAÇÃO DO MESMO ASSUNTO

Que não se busque, de modo algum, magnanimidade nos Estados despóticos; o príncipe, nestes Estados, não proporcionaria, em absoluto, uma grandeza que ele próprio não possui: junto a ele não existe glória.

---

147. Ver anteriormente minha primeira nota sobre o Livro II, capítulo IV.

148. *Mémoires* (*Memórias*) do Cardeal de Retz e outras histórias.

149. Testamento Político.

É nas monarquias que se verá em torno do príncipe os súditos serem os receptores de seus raios; é aí que cada um, dispondo, por assim dizer, de um espaço maior, pode exercer essas virtudes que proporcionam à alma não a independência, mas a grandeza.

CAPÍTULO XIII — IDEIA DO DESPOTISMO

Quando os selvagens da Luisiana desejam ter frutas, cortam a árvore pela raiz para colhê-las.[150] Eis aí o governo despótico.

CAPÍTULO XIV — COMO AS LEIS SÃO RELATIVAS AO PRINCÍPIO DO GOVERNO DESPÓTICO

O governo despótico tem por princípio o temor: mas para povos tímidos, ignorantes, prostrados, não há necessidade de muitas leis.

Tudo aí deve girar em torno de duas ou três ideias; não há necessidade, portanto, de ideias novas. Quando instruirdes um animal, evitareis, de todo modo, que seu dono, as lições e suas maneiras de andar sejam substituídos; vós impressionais o cérebro do animal com dois ou três movimentos e nada mais.

Quando o príncipe permanece encerrado, não pode sair de sua morada de voluptuosidade sem causar desalento a todos os que ali o retêm. Eles não podem suportar que sua pessoa e seu poder passem para outras mãos. Ele, então, raramente faz a guerra em pessoa, não ousando, de maneira alguma, fazê-la através de seus lugares-tenentes. Semelhante príncipe, acostumado no seu palácio a não encontrar qualquer resistência, indigna-se diante daquela que lhe é feita à mão armada; é, assim, ordinariamente levado pela cólera ou pela vingança. Aliás, não pode fazer ideia da verdadeira glória. As guerras devem, então, aí ocorrer com todo o seu furor natural, e o direito das pessoas deve, no governo despótico, ter menos amplitude do que em outra parte.

Tal príncipe tem tantos defeitos que deveria recear expor às claras sua estupidez natural. Fica oculto e ignora-se o estado em que se encontra. Por felicidade, os homens são tais nesse país que lhes basta um nome que os governe.

Carlos XII, estando em Bender,[151] ao encontrar alguma resistência no senado da Suécia, escreveu para que lhe fosse enviada uma de suas botas para governar. Esta bota teria governado como um rei despótico.

---

150. *Lettres édif.*, na 11ª coleção.

151. Na verdade, Carlos XII se achava em Demótica, e não em Bender. (N.T.)

Se o príncipe cai prisioneiro, é tido como morto, e outro ascende ao trono. Os tratados celebrados pelo prisioneiro são nulos; seu sucessor não os ratificará. Com efeito, como ele é as leis, o Estado e o príncipe, no momento em que deixa de ser, não é nada; se não fosse considerado morto, o Estado estaria destruído.

Uma das coisas que mais determinaram que os turcos fizessem sua paz em separado com Pedro I foi o fato de os moscovitas terem dito ao vizir que na Suécia se colocara um outro rei no trono.[152]

A conservação do Estado não é senão a conservação do príncipe, ou melhor, do palácio onde ele se encontra encerrado. Tudo o que não ameaça diretamente esse palácio, ou a cidade capital, não produz impressão alguma sobre espíritos ignorantes, orgulhosos e prevenidos; e quanto ao encadeamento dos acontecimentos, eles não podem acompanhá-lo, prevê-lo e mesmo pensar nisso. A política, seus mecanismos e suas leis devem ser limitados nesse ponto; e o governo político é aí tão simples quanto o governo civil.[153]

Tudo se reduz a conciliar o governo político e civil com o governo doméstico, os funcionários do Estado com os do serralho.

Um semelhante Estado estará na melhor situação quando puder se considerar como único no mundo, estando circundado por desertos e separado dos povos que ele chamará de bárbaros. Não podendo contar com a milícia, será bom que destrua uma parte de si mesmo.

Como o princípio do governo despótico é o temor, sua meta é a tranquilidade; mas não é, em absoluto, uma paz — é o silêncio dessas cidades que o inimigo está na iminência de ocupar.

Não residindo a força no Estado, mas no exército que o fundou, seria necessário, para defender o Estado, que se conservasse esse exército; entretanto, este é terrível para o príncipe. Como, então, conciliar a segurança do Estado com a segurança da pessoa?

Vede, eu vos rogo, com que indústria o governo moscovita procura se afastar do despotismo, que para ele é mais pesado do que aos próprios povos. Suprimiram-se as grandes corporações de tropas; reduziram-se as penas para os crimes; estabeleceram-se tribunais; começou-se a conhecer as leis e instruir os povos. Mas há causas particulares que o reconduzirão, talvez, ao infortúnio do qual desejava fugir.

Nesses Estados, a religião exerce mais influência do que em quaisquer outros: ela é um temor somado ao temor. Nos Impérios muçulmanos, é da

---

152. Sequência de Pufendorf, *Histoire Universelle* (*História Universal*) ao tratado da Suécia, X.

153. Segundo M. Chardin, não existe nenhum Conselho de Estado na Pérsia.

religião que os povos extraem, em parte, o respeito extraordinário que têm por seus príncipes.

É a religião que corrige um pouco a Constituição turca. Os súditos, que não estão ligados à glória e à grandeza do Estado pela honra, a elas estão ligados pela força e pelo princípio religioso.

De todos os governos despóticos, nenhum há que se abata mais a si mesmo do que aquele no qual o príncipe se declara proprietário de todas as terras e o herdeiro de todos os seus súditos. Disso sempre resulta o abandono do cultivo das terras; e se, além disso, o príncipe for comerciante, toda espécie de indústria estará arruinada.

Nesses Estados, nada se repara, nada se aprimora.[154] Constroem-se casas somente para a vida; não se cavam fossos; não se plantam árvores; tira-se tudo da terra, sem nada lhe restituir; tudo é inculto, tudo é deserto.

Pensais que leis que subtraem a propriedade das terras e a sucessão dos bens diminuirão a avareza e a cupidez dos grandes? Não. Exasperarão essa cupidez e essa avareza. Isso induzirá ao perpetrar de mil afrontas, porque não se acreditará poder ter como propriedade senão o ouro e a prata que se poderão roubar ou esconder.

Para que tudo não esteja perdido, convém que a avidez do príncipe seja moderada por algum costume. Assim, na Turquia, o príncipe se contenta ordinariamente em tomar três por cento das heranças[155] das pessoas do povo. Mas como o grão-senhor dá a maioria das terras à sua milícia e delas faz o que bem entende; como se apodera de todas as heranças dos funcionários do Império; como, quando um homem morre sem filhos homens, o grão-senhor tem a propriedade, tendo as filhas apenas o usufruto, ocorre que a maioria dos bens do Estado é possuída de maneira precária.

Segundo a Lei de Bantam,[156] o rei toma a herança, inclusive a mulher, as crianças e a casa.[157] É-se obrigado, a fim de eludir a disposição mais cruel dessa lei, a casar as crianças de oito, nove ou dez anos e, por vezes, mais novas, a fim de que não se convertam numa parte infeliz da herança do pai.

Nos Estados em que não há leis fundamentais, a sucessão do Império não poderia ser fixa. Nesses Estados a coroa é eletiva pelo príncipe, dentro de sua família ou fora dela. Seria estabelecido em vão que o primogênito

---

154. Ver Ricaut, *État de l'Empire Ottoman* (*Estado do Império Otomano*), 1678.

155. Ver, a respeito das heranças entre os turcos, *Lacédémone ancienne et moderne* (*Lacedemônia antiga e moderna*). Ver também Ricaut, *De l'Empire Ottoman* (*Do Império Otomano*).

156. Um reino da Ilha de Java. (N.T.)

157. *Recueil des voyages qui ont servi à l'établissement de la Compagnie des Indes* (*Conjunto das viagens que serviram ao estabelecimento da Companhia das Índias*), t. I. A lei de Pégu é menos cruel; se tem-se filhos, o rei herda apenas dois terços. Ibidem, t. III.

o sucederia; seria sempre possível para o príncipe escolher outro. O sucessor é declarado pelo próprio príncipe, ou por seus ministros, ou por uma guerra civil. Assim, esse Estado possui uma razão a mais do que a monarquia para a dissolução.

Tendo cada príncipe da família real uma igual capacidade para ser eleito, ocorre que aquele que ascende ao trono começa por mandar estrangular seus irmãos, como na Turquia; ou manda cegá-los, como na Pérsia; ou os torna loucos, como entre os mongóis; ou, se não se tomam essas precauções, cada vaga no trono é seguida de uma horrenda guerra civil, como no Marrocos.

Segundo as constituições da Moscóvia,[158-159] o czar pode escolher quem quiser para seu sucessor, seja dentro de sua família, seja fora dela. Tal método de sucessão provoca mil revoluções e torna o trono tão pouco estável que a sucessão se revela arbitrária. Sendo a ordem de sucessão uma das coisas que mais importam ao povo saber, a melhor é aquela que mais impressiona aos olhos, como o nascimento e uma certa ordem de nascimento. Uma tal disposição detém as intrigas, reprime a ambição; não se cativa mais o espírito de um príncipe débil, e não se faz falarem os agonizantes.

Quando a sucessão é estabelecida por uma lei fundamental, um único príncipe é o sucessor, e seus irmãos não têm nenhum direito real ou aparente de com ele disputar a coroa. Não se pode presumir nem fazer valer uma vontade particular do pai. Não se trata mais, portanto, de deter ou mandar assassinar o irmão do rei, ou qualquer outro indivíduo, ou qualquer outro súdito, seja quem for.

Contudo, nos Estados despóticos, onde os irmãos do príncipe são igualmente seus escravos e rivais, a prudência manda que nos asseguremos em relação a essas pessoas, principalmente nos países muçulmanos, nos quais a religião encara a vitória ou o sucesso como um julgamento de Deus, de sorte que ninguém é soberano de direito, mas somente de fato.

A ambição é muito mais exasperada nos Estados em que príncipes por sangue percebem que, se não ascenderem ao trono, serão encarcerados ou mortos do que entre nós, onde os príncipes por sangue gozam de uma condição que, se não é tão satisfatória para a ambição, é, talvez, mais para os desejos moderados.

Os príncipes dos Estados despóticos sempre abusaram do casamento. Tomam, de ordinário, várias esposas, sobretudo na parte do mundo onde o despotismo é, por assim dizer, naturalizado, ou seja, na Ásia. Ali se tem

---

158. Ver as diferentes constituições, sobretudo a de 1722.

159. O antigo principado da Rússia, sediado em Moscou, ou seja, o governo e Império dos czares que perdurou até a Revolução Comunista de 1917. (N.T.)

tantos filhos que são absolutamente incapazes de nutrir afeição por eles, nem estes por seus irmãos.

A família reinante se assemelha ao Estado: é demasiado fraca, e seu chefe, demasiado forte; parece extensa, mas se reduz a nada. Artaxerxes[160-161] ordenou a morte de todos os seus filhos por terem conjurado contra ele. Não é verossímil que cinquenta filhos conspirem contra seu pai; e ainda menos que conspirem porque ele não quis ceder sua concubina ao seu primogênito. É mais fácil crer que tenha havido alguma intriga típica desses serralhos do Oriente; desses lugares onde o artifício, a maldade, a astúcia reinam no silêncio e se cobrem com o manto de uma espessa noite; onde um velho príncipe, tornado a cada dia mais imbecil, constitui o primeiro prisioneiro do palácio.

Depois de tudo que acabamos de dizer, pareceria que a natureza humana se insurgisse incessantemente contra o governo despótico. Porém, a despeito do amor dos homens à liberdade, a despeito de seu ódio pela violência, a maioria dos povos está submetida ao governo despótico, o que é fácil de compreender-se. Para formar um governo moderado, é necessário combinar os poderes, regulá-los, moderá-los, fazê-los atuar; dar, por assim dizer, um lastro a um, de forma a pô-lo em condição de resistir a outro; é uma obra-prima de legislação que o acaso raramente realiza e que raramente se permite que a prudência realize. Um governo despótico, ao contrário, salta, por assim dizer, aos olhos; é uniforme em todos os lugares: como, para estabelecê-lo, bastam as paixões, todos a isso se prestam.

CAPÍTULO XV — CONTINUAÇÃO DO MESMO ASSUNTO

Nos climas quentes, onde geralmente o despotismo impera, as paixões se fazem sentir mais cedo e são, também, mais cedo amortecidas;[162] o espírito é aí mais adiantado; os perigos da dissipação dos bens são menores; há menos facilidade para se distinguir, menos relacionamento entre os jovens encerrados nas casas; os casamentos ocorrem mais cedo: pode-se, nesses lugares, por conseguinte, atingir a maioridade mais cedo do que sob os nossos climas da Europa. Na Turquia, a maioridade é atingida aos quinze anos.[163]

A cessão dos bens não pode aí ter lugar. Num governo no qual ninguém dispõe de fortuna assegurada, empresta-se mais à pessoa do que aos bens.

---

160. Ver Justino.

161. Rei da Pérsia de 465 a 425 a.C. (N.T.)

162. Ver o Livro XIV de *De Legibus*, a respeito da relação com a natureza do clima.

163. La Guilletière, *Lacédémone ancienne et nouvelle*.

104 | O ESPÍRITO DAS LEIS

A cessão dos bens entra naturalmente nos governos moderados[164] e, sobretudo, nas repúblicas, devido à maior confiança que se deve ter na probidade dos cidadãos e à suavidade que deve inspirar uma forma de governo que cada um parece ter proporcionado a si mesmo.

Se, na república romana, os legisladores houvessem estabelecido a cessão dos bens,[165-166] não se teria mergulhado em tantas sedições e desentendimentos civis e nem se teria provado os perigos dos males e os riscos dos remédios.

A pobreza e a incerteza das fortunas, nos Estados despóticos, naturalizam a usura, cada um aumentando o preço de seu dinheiro proporcionalmente ao perigo que existe em emprestá-lo. Desse modo, a miséria procede de todas as partes nesses países desditosos; tudo neles é negado, até mesmo o recurso aos empréstimos.

Decorre disso que um comerciante não poderia produzir um grande comércio; ele se encarrega somente do dia a dia, pois caso se suprisse de muitas mercadorias, perderia mais nos juros despendidos para pagá-las do que ganharia com tais mercadorias. Desse modo, as leis que regulamentam o comércio não têm aí nenhuma razão de ser — reduzem-se à mera vigilância.

O governo não poderia ser injusto sem dispor de mãos que exercessem suas injustiças; ora, é impossível que essas mãos deixem de atuar em seu próprio favor. Assim, o peculato é natural nos Estados despóticos.

Sendo esse crime, nesses Estados, o crime ordinário, os confiscos se revelam úteis. Tem-se uma maneira de consolar o povo. O dinheiro que daí é subtraído é um tributo considerável que o príncipe dificilmente extrairia dos súditos arruinados: nem sequer há nesses países alguma família que se queira conservar.

Nos Estados moderados, ocorre algo completamente diferente. Os confiscos tornariam incerta a propriedade dos bens; despojariam as crianças inocentes; destruiriam uma família, quando punir um culpado seria o suficiente. Nas repúblicas, produziriam o mal consistente em subtrair a igualdade que lhes constitui a alma, privando um cidadão do que é fisicamente necessário.[167]

Uma lei romana[168] determina que o confisco só é aplicável no caso de crime de lesa-majestade contra a autoridade maior. Com frequência, seria

---

164. O mesmo ocorre em relação às moratórias nas bancarrotas de boa-fé.

165. Só foi estabelecida pela Lei Júlia, *De cessione bonorum*. Evitava-se a prisão e a cessão ignominiosa dos bens.

166. Em conexão com esse tema, consultar Justiniano, *Institutas do Imperador Justiniano*. São Paulo: Edipro, 2001, Título IX do Livro III, *De bonorum possessionibus (Das posses dos bens)*. (N.T.)

167. Parece-me que os confiscos eram demasiadamente apreciados na república de Atenas.

168. *Authentica, Bona damnatorum. Cod. De bon. proscript. seu damn.*

muito sábio acatar o espírito dessa lei e limitar os confiscos a certos crimes. Acerca dos países onde um costume local dispôs das *propriedades*, diz muito bem Bodin[169] que bastaria confiscar aquelas *propriedades adquiridas*.[170]

CAPÍTULO XVI — DA COMUNICAÇÃO DO PODER

No governo despótico, o poder passa por inteiro às mãos daquele ao qual é confiado. O vizir é o próprio déspota, e cada oficial particular é o vizir. No governo monárquico o poder se aplica de maneira menos imediata: o monarca, ao outorgá-lo, confere-lhe moderação.[171] Realiza uma distribuição de sua autoridade de modo a conceder somente uma parte dela ao reter uma maior.

Assim, nos Estados monárquicos, os governadores particulares das cidades não auferem do governador da província, de maneira a não auferirem mais ainda do príncipe. E os oficiais particulares das milícias não dependem do general, de maneira a dependerem ainda mais do príncipe.

Na maioria dos Estados monárquicos, estabeleceu-se sabiamente que aqueles que detêm um comando um tanto amplo não estejam vinculados a nenhum corpo da milícia, de sorte que só havendo comando através de uma vontade particular do príncipe, podendo ser empregado e não o ser, encontram-se eles de algum modo a serviço, e de algum modo fora dele.

Isso é incompatível com o governo despótico, pois se aqueles que não têm presentemente um emprego tivessem, ao menos, prerrogativas e títulos, haveria no Estado grandes homens por si mesmos, o que chocaria a natureza desse governo.

Se o governador de uma província fosse independente do paxá, seriam necessárias diariamente combinações para os ajustar, algo absurdo num governo despótico. E, ademais, podendo o governador particular não obedecer, como o outro poderia responder pela província por ele governada?

Nesse governo, não é possível contrabalançar a autoridade; aquela do mais modesto dos magistrados não é menos do que a do déspota. Nos países moderados, em toda parte a lei é sábia, em toda parte é conhecida, e os mais modestos magistrados podem segui-la. No despotismo, porém, onde a lei é somente a vontade do príncipe, no caso de este ser sábio, como poderia um magistrado acatar uma vontade que ele desconhece? É necessário que ele acate a sua.

---

169. *De la République*, V, III.

170. Ou seja, os bens adquiridos durante o casamento.

171. *Ut esse Phoebi dulcius lumen solet Jamjam cadentes* (…) (Do mesmo modo que a luz do Sol é mais suave quando este já principia a declinar) — Sêneca, *Troianas*, ato V, cena I.

E mais: considerando-se que a lei não é senão aquilo que o príncipe deseja e que o príncipe só pode desejar aquilo que conhece, será, por certo, necessário que haja uma infinidade de pessoas que desejem por ele e como ele.

Enfim, sendo a lei a vontade momentânea do príncipe, é necessário que aqueles que desejam por ele desejem repentinamente como ele.

CAPÍTULO XVII — DOS PRESENTES

Constitui um uso nos países despóticos não ser possível abordar-se quem quer que esteja em posição superior, a não ser que se lhe dê um presente, mesmo aos reis. O imperador do Mogol[172] só recebe petições de seus súditos desde que tenha recebido alguma coisa. Esses príncipes chegam a corromper até mesmo suas próprias graças.

Isso deve ser assim num governo onde ninguém é cidadão, num governo que é alimentado pela ideia de que o superior nada deve ao inferior, num governo onde os homens se creem ligados apenas pelos castigos que uns exercem sobre os outros, num governo onde há poucos negócios e onde é rara a necessidade de apresentar-se ante um grande, de fazer-lhe solicitações e, ainda menos, de fazer-lhe queixas.

Numa república, os presentes são algo odioso porque a virtude os dispensa. Numa monarquia, a honra constitui motivo mais forte do que os presentes. No Estado despótico, entretanto, onde não há nem virtude nem honra, só se pode determinar-se a agir com a expectativa das comodidades da vida.

Queria Platão,[173] nas suas ideias sobre a república, que os que recebessem presentes para cumprir seus deveres fossem punidos com a morte. "Não se deve recebê-los", dizia ele, "nem para as coisas boas nem para as más."

Má lei era aquela lei romana[174] que permitia aos magistrados receber pequenos presentes,[175] desde que não ultrapassassem cem escudos anuais. Àqueles a quem nada se dá nada desejam; àqueles a quem se dá um pouco não tardam a desejar um pouco mais e, em seguida, muito; a propósito, é mais fácil convencer aquele que, nada devendo receber, recebe alguma coisa do que aquele que recebe mais quando deveria receber menos, e que encontra sempre para isso pretextos, escusas, causas e razões plausíveis.

---

172. *Recueil des voyages qui ont servi à l'établissement de la Compagnie des Indes*, t. I.

173. Livro XII de *As Leis*.

174. L. V, § 2, Dig., *ad leg. Jul. repet.*

175. Munuscula.

CAPÍTULO XVIII — DAS RECOMPENSAS DADAS PELO SOBERANO

Nos governos despóticos que, como dissemos, se é levado a agir somente na expectativa das comodidades da vida, o príncipe recompensador só dispõe de dinheiro para oferecer. Numa monarquia, onde a honra reina sozinha, o príncipe só recompensaria mediante distinções, se as distinções estabelecidas pela honra não estivessem ligadas a um luxo que forçosamente gera necessidades: neste caso, o príncipe, portanto, recompensa por meio de honrarias que conduzem à fortuna. Mas, numa república onde impera a virtude, motivo suficiente e que exclui todos os demais, o Estado somente recompensa através de testemunhos dessa virtude.

É uma regra geral que as grandes recompensas numa monarquia e numa república constituem um indício de sua decadência, porque provam que seus princípios estão corrompidos; que, de um lado, a ideia da honra deixou de ter tanta força e que, de outro, a qualidade do cidadão foi debilitada.

Os piores imperadores romanos foram os mais dadivosos; por exemplo, Calígula, Cláudio, Nero, Óton, Vitélio, Cômodo, Heliogábalo e Caracala. Os melhores, como Augusto, Vespasiano, Antonino Pio, Marco Aurélio e Pertinax foram parcimoniosos. Sob os bons imperadores, o Estado recuperava seus princípios; o tesouro da honra supria os demais tesouros.

CAPÍTULO XIX — NOVAS CONSEQUÊNCIAS DOS PRINCÍPIOS DOS TRÊS GOVERNOS

Não posso me resolver a finalizar este Livro sem me deter ainda em algumas aplicações de meus três princípios.

Primeira questão: devem as leis forçar um cidadão a aceitar empregos públicos? Respondo que devem no governo republicano, mas não no monárquico. No primeiro, as magistraturas são testemunho de virtude, depósitos que a pátria confia a um cidadão, o qual deve se restringir a viver, agir e pensar por ela, de sorte a não poder recusá-los.[176] No segundo, as magistraturas são testemunho de honra; ora, tal é a singularidade da honra que essa se compraz em não aceitar nenhum senão quando desejar e da maneira que desejar.

---

176. Platão, em sua *República*, VIII, põe essa recusa no rol das marcas da corrupção da república. Nas suas *Leis*, VI, é seu desejo que seja punida mediante uma multa. Em Veneza, essa recusa é punida com o exílio.

O finado rei da Sardenha[177] punia aqueles que recusavam as dignidades e os cargos de seu Estado. Seguia, sem o saber, ideias republicanas. A propósito, sua maneira de governar prova suficientemente que não era essa a sua intenção.

Segunda questão: constitui uma boa máxima poder ser um cidadão obrigado a aceitar, no exército, um posto inferior àquele que ocupou? Observava-se com frequência, entre os romanos, o capitão servir um ano depois sob as ordens de seu tenente.[178] Isto porque nas repúblicas a virtude exige que se faça pelo Estado um sacrifício pessoal contínuo e dos próprios escrúpulos. Nas monarquias, entretanto, a honra, autêntica ou falsa, não pode sofrer aquilo que denominamos degradação.

Nos governos despóticos, nos quais se abusa igualmente da honra, dos cargos e das posições, faz-se indiferentemente de um príncipe um serviçal,[179] e de um serviçal um príncipe.

Terceira questão: dever-se-ia colocar sob um mesmo comando os cargos civis e militares? É necessário juntá-los na república e separá-los na monarquia. Nas repúblicas, seria muito arriscado fazer da profissão de armas uma condição particular, distinta daquela das funções civis; e, nas monarquias, não haveria o menor perigo em atribuir as duas funções à mesma pessoa.

Não se tomam as armas na república, senão na qualidade de defensor das leis e da pátria; é pelo fato de ser cidadão que alguém se faz soldado durante algum tempo. Se houvesse dois estados distintos, faríamos aquele que, no exército, se crê cidadão sentir-se como alguém que não passa de um soldado.

Nas monarquias, os militares alimentam o único objetivo da glória ou, ao menos, a honra ou a fortuna. Deve-se evitar oferecer cargos civis a tais homens, sendo necessário, ao contrário, que sejam contidos pelos magistrados civis e que essas mesmas pessoas não gozem concomitantemente da confiança do povo e da força, para desta abusarem.[180]

Observai, numa nação onde a república se oculta sob a forma de uma monarquia, quanto se teme uma condição particular dos militares e como o guerreiro permanece sempre cidadão, ou mesmo magistrado, para que

---

177. Victor Amadeu.

178. Alguns centuriões, tendo apelado ao povo no sentido de solicitarem o emprego que haviam tido: "É justo, meus companheiros", diz um centurião, "que considereis como honrosos todos os postos nos quais defendeis a república". Tito Lívio, XLII, XXXIV.

179. Valete do exército.

180. *Ne imperium ad optimos nobilium transferretur, senatum militia vetuit Gallienus, etiam adire exercitum.* Aurelius Victor, *De Viris Illustribus.*

essas qualidades constituam um penhor para a pátria, e que esta não seja jamais esquecida.

Essa divisão de magistraturas cm civis e militares realizada pelos romanos após a perda da república não foi algo arbitrário. Foi uma consequência da mudança da constituição de Roma; era inerente à natureza do governo monárquico. E aquilo que foi apenas principiado por Augusto,[181] os imperadores que o sucederam[182] tiveram que consumar, a fim de moderar o governo militar.

Desse modo, Procópio, concorrente de Valentes ao Império, nada disso compreendeu ao dar a Hormisda, príncipe de sangue real da Pérsia, a dignidade de procônsul,[183] e devolver a essa magistratura o comando dos exércitos que ela detinha outrora: a menos que tivesse motivos particulares para isso. Um homem que aspira à soberania busca menos o que é útil ao Estado do que aquilo que o é para sua causa.

Quarta questão: convém que os cargos sejam venais? Não devem sê-lo nos Estados despóticos, nos quais há a necessidade do príncipe de alocar ou deslocar instantaneamente os súditos.

Essa venalidade é positiva nos Estados monárquicos, pois leva a constituir, como um ofício familiar, o que não seria desejável empreender pela virtude, destinando cada um ao seu dever e tornando as ordens do Estado mais estáveis. Suídas[184] diz muito acertadamente que Anastásio fizera do Império uma espécie de aristocracia, ao vender todas as magistraturas.

Para Platão, essa venalidade é inadmissível. É, diz ele, como se numa embarcação se fizesse de alguém piloto ou marinheiro em troca de seu dinheiro. Seria possível que essa regra fosse ruim em qualquer outra função a ser desempenhada na vida, e boa somente na condução de uma república? Platão, entretanto, se refere a uma república fundada na virtude, enquanto nós nos referimos a uma monarquia. Ora, numa monarquia na qual os cargos não são vendáveis segundo um regulamento público, a indigência e a avidez dos cortesãos os tornariam vendáveis do mesmo modo, proporcionando o acaso melhores súditos do que a escolha do príncipe. Enfim, o método pelo qual se avança, mediante as riquezas, inspira e preserva a indústria, coisa de que essa espécie de governo tem grande necessidade.[185]

---

181. Augusto retirou dos senadores, procônsules e governadores o direito de portar armas. Dion, XXXIII.

182. Constantino, ver Zózimo, II.

183. Amiano Marcelino, XXVI. *Et civilia, more veterum, et bella recturo.*

184. Fragmentos extraídos de *Ambassades* de Constantino Porfirogeneta.

185. Indolência da Espanha: ali todos os cargos são dados.

Quinta questão: em qual governo são necessários os censores? São necessários numa república, na qual o princípio do governo é a virtude. Não são somente os crimes que aniquilam a virtude, mas também as negligências, as faltas, uma certa timidez no amor à pátria, exemplos perigosos, sementes de corrupção; aquilo que não se choca de modo algum contra as leis, mas as burla; aquilo que não as destrói, mas as enfraquece: tudo isso deve ser corrigido pelos censores.

Fica-se espantado com a punição daquele areopagita que matara um pardal, que, perseguido por um gavião, encontrara abrigo em seu regaço. Fica-se surpreso pelo Areópago ter executado uma criança que havia perfurado os olhos de seu pássaro. Que se atente que não se trata em absoluto, nesse caso, de uma condenação por crime, mas de um julgamento dos costumes numa república fundada nos costumes.

Nas monarquias, os censores são inteiramente dispensáveis, já que as monarquias se baseiam na honra, e a natureza desta é ter como censor todo o universo. Todo homem ao qual ela falta é submetido às censuras, mesmo daqueles que não a têm.

Nas monarquias, os censores seriam corrompidos pelos próprios indivíduos que deveriam corrigir. Seriam inúteis no combate à corrupção numa monarquia, ao passo que a corrupção de uma monarquia exerceria um imenso poder sobre eles.

Percebe-se sem dificuldade que não há a menor necessidade de censores nos governos despóticos. O exemplo da China parece escapar a esta regra, mas veremos, na sequência desta obra, as singulares razões dessa afirmação.

LIVRO VI — CONSEQUÊNCIAS DOS PRINCÍPIOS DOS DIVERSOS GOVERNOS RELATIVAMENTE À SIMPLICIDADE DAS LEIS CIVIS E CRIMINAIS, À FORMA DOS JULGAMENTOS E AO ESTABELECIMENTO DAS PENAS

CAPÍTULO I — DA SIMPLICIDADE DAS LEIS CIVIS NOS DIVERSOS GOVERNOS

O governo monárquico não comporta leis tão simples quanto aquelas do despótico. Naquele são necessários tribunais, os quais produzem decisões que devem ser conservadas, aprendidas, para que se julgue hoje como se julgava ontem e para que a propriedade e a vida dos cidadãos possam gozar de segurança e estabilidade, tal como a própria constituição do Estado.

Numa monarquia, a administração de uma justiça que não se restringe a decidir acerca da vida e dos bens, mas também o faz em relação à honra, requer investigações escrupulosas. A posição delicada do juiz aumenta na proporção de sua maior responsabilidade e de seu pronunciamento em torno de maiores interesses.

Não é de se surpreender, portanto, que se encontre nas leis desses Estados tantas regras, restrições, extensões, que multiplicam os casos particulares e parecem fazer da própria razão uma arte.

A diferença de posição, de nascimento, de condição estabelecida no governo monárquico, com frequência acarreta distinções na natureza dos bens, e as leis relativas à constituição desse Estado podem aumentar a quantidade dessas distinções. Assim, entre nós, os bens próprios, adquiridos ou conquistados; dotais, parafernais[186] paternos e maternos; móveis de várias espécies; livres, substituídos; de linhagem ou não; nobres em bens franco-alodiais[187] ou plebeus; rendas de bens de raiz ou constituídas a preço de dinheiro. Cada tipo de bem está submetido a regras específicas que é preciso acatar para dispor do bem, o que suprime ainda mais a simplicidade.

---

186. Os bens já trazidos pela esposa ao casamento. (N.T.)

187. Propriedades imóveis e hereditárias isentas de quaisquer ônus, vínculos e pensões. (N.T.)

Nos nossos governos, os feudos se tornaram hereditários. Foi necessário que a nobreza tivesse certos bens, ou seja, que o feudo dispusesse de uma certa consistência, para que o proprietário do feudo ficasse em condição de servir ao príncipe. Isso acabou por produzir um grande número de variedades; por exemplo, há países onde não foi possível dividir os feudos entre os irmãos; em outros, os mais novos puderam ter sua subsistência de maneira mais ampla.

O monarca que conhece cada uma de suas províncias é capaz de estabelecer diversas leis ou suportar a diversidade de costumes. O déspota, porém, nada conhece e é incapaz de atentar para seja lá o que for; é-lhe necessário um procedimento geral; governa através de uma vontade rígida que é idêntica em todas as partes; tudo se nivela sob seus pés.

À medida que os julgamentos dos tribunais se multiplicam nas monarquias, a jurisprudência se encarrega de decisões que, por vezes, são contraditórias, ou porque os juízes que se sucedem pensam diferentemente, ou porque os mesmos assuntos são tão bem quanto mal defendidos, ou, enfim, devido a uma infinidade de abusos que se insinuam em tudo que se passa pelas mãos dos homens. É um mal necessário que o legislador corrige de tempos em tempos, como contrário mesmo ao espírito dos governos moderados, pois quando se é obrigado a recorrer aos tribunais, é preciso que isto proceda da natureza da constituição, e não das contradições e da incerteza das leis.

Nos governos nos quais há necessariamente distinções entre as pessoas, é imperioso que haja privilégios, o que diminui ainda mais a simplicidade e produz mil exceções.

Um dos privilégios que menos sobrecarrega a sociedade, e, sobretudo, aquele que o outorga, é o de pleitear ante um tribunal, de preferência a fazê-lo ante um outro. Aqui emergem novas questões, nas quais se trata de saber diante de qual tribunal convém pleitear.

Os povos dos Estados despóticos se enquadram num caso bastante diferente. Desconheço sobre o que poderia o legislador, nesses países, estatuir, ou o magistrado julgar. Infere-se daí que as terras pertencem ao príncipe, que não existem quase leis civis relativas à propriedade das terras. O direito de que o soberano dispõe de suceder acarreta também a inexistência de leis relativas às sucessões. Os negócios que ele faz com exclusividade em alguns países tornam inúteis todos os tipos de leis comerciais. Os casamentos que são contratados com escravas determinam a ausência absoluta de leis civis relativas aos dotes e às vantagens femininas. Resulta ainda dessa colossal multidão de escravos a quase total falta de pessoas detentoras de uma vontade própria e que, consequentemente, devam responder por sua conduta perante um juiz. A maioria das ações morais, que se limitam a ser as vontades do pai, do marido, do senhor, são regulamentadas por eles, e não pelos magistrados.

Já me esquecia de dizer que, como aquilo que chamamos de honra é dificilmente conhecido nesses Estados, todas as questões que têm essa honra como objeto, que constituem um capítulo tão importante entre nós, não encontram lugar nesses Estados. O despotismo é autossuficiente: tudo está vazio em torno dele. Ademais, quando os viajantes nos descrevem os países nos quais ele impera, raramente nos falam de leis civis.[188]

Assim, todas as oportunidades de disputa e de processo aí são suprimidas, o que em parte leva, nesses lugares, aqueles que pleiteiam a serem maltratados tão duramente: a injustiça associada às suas reivindicações surge a descoberto, impossível de ser ocultada, paliada ou protegida por uma infinidade de leis.

CAPÍTULO II — DA SIMPLICIDADE DAS LEIS CRIMINAIS NOS DIVERSOS GOVERNOS

Escuta-se dizer incessantemente que seria necessário que a justiça fosse distribuída em todos os lugares como o é na Turquia. Seriam, então, os povos mais ignorantes, entre todos os povos, que teriam visto com clareza a coisa que mais importa aos homens saber?

Se examinardes as formalidades da justiça relativamente ao empenho que um cidadão precisa empreender a fim de obter a devolução de seus bens, ou a fim de lograr satisfação de qualquer ultraje, encontrareis, indubitavelmente, formalidades em demasia. Se as considerardes na relação que têm com a liberdade e a segurança dos cidadãos, encontrareis frequentemente formalidades demasiado escassas; e vereis que os esforços, os custos, as delongas, os próprios perigos da justiça são o preço que cada cidadão paga por sua liberdade.

Na Turquia, onde se dá pouca atenção à fortuna, à vida, à honra dos súditos, todas as disputas são encerradas prontamente, de uma maneira ou outra. A maneira de encerrá-las é indiferente, contanto que se as encerre. O paxá, informado de imediato, ordena que se distribuam, segundo

---

188. No Mazulipatan se pôde descobrir que houve lei escrita. Ver o *Recueil des voyages que ont servi à l'établissement de la Compagnie des Indes*, t. IV, parte I. Nos julgamentos, os indianos se regram somente com base em certos costumes. Os *Vedas* e outros livros semelhantes não contêm leis civis, mas preceitos religiosos. Ver *Lettres Édifiantes*, 14ª coleção. [(O que Montesquieu parece ter esquecido é que tais *preceitos religiosos*, tais como aqueles do *Corão* para os muçulmanos e os da *Torá* para os hebreus, bem como os de quase todos os Estados teocráticos, do antigo Egito ao atual Irã, detêm valor e aplicabilidade como leis civis. (N.T.)]

seu capricho, bastonadas nas plantas dos pés daqueles que pleiteiam e os manda para casa.

E seria muito perigoso que aí houvesse as paixões dos litigantes, as quais supõem um anelo de fazer com que se distribua justiça, um ódio, uma ação no espírito e uma perseverança em perseguir. Tudo isso deve ser evitado num governo no qual não se deve alimentar outro sentimento senão o temor, e no qual tudo conduz, de súbito e de maneira imprevisível, às revoluções. Cada um deve saber que não convém de modo algum que o magistrado ouça falar que sua segurança só é obtenível a partir de seu eclipsamento.

Entretanto, nos Estados moderados, onde a cabeça do mais modesto cidadão é considerada, só se lhe suprime a honra e os bens após uma longa investigação: ele não é privado de sua vida, senão quando a própria pátria o acusa, e essa o fará apenas lhe deixando à disposição todos os meios possíveis de defendê-la.

Desse modo, quando um homem se torna mais absoluto,[189] ele pensa, de início, em simplificar as leis. Começa-se, nesse Estado, a encarar mais atentamente os inconvenientes particulares do que a liberdade dos súditos, em relação à qual não há qualquer preocupação.

Vê-se que nas repúblicas é preciso, ao menos, tantas formalidades quanto nas monarquias. Tanto num governo como no outro elas aumentam em função do peso que se atribui à honra, à fortuna, à vida e à liberdade dos cidadãos.

Os homens são todos iguais no governo republicano; também são iguais no governo despótico: no primeiro, porque eles são tudo; no segundo, porque não são nada.

CAPÍTULO III — EM QUAIS GOVERNOS E EM QUAIS CASOS SE DEVE JULGAR SEGUNDO UM TEXTO PRECISO DA LEI

Quanto mais o governo se aproxima da república, mais o procedimento de julgar se torna fixo, o que constituía um vício da república da Lacedemônia, onde os éforos julgavam arbitrariamente, sem que houvesse leis para norteá-los. Em Roma, os primeiros cônsules julgavam como os éforos: os inconvenientes disso foram percebidos e foram produzidas leis precisas.

Nos Estados despóticos, não há lei alguma: o juiz encarna a própria regra — ele é a regra. Nos Estados monárquicos, há uma lei, e onde ela

---

189. César, Cromwell e tantos outros.

apresenta precisão, o juiz a segue; onde não apresenta precisão, ele procura o seu espírito. No governo republicano, os juízes acatam a letra da lei, pois isto é inerente à natureza da constituição. Não há nenhum cidadão contra o qual se possa interpretar uma lei quando o que está envolvido são seus bens, sua honra ou sua vida.

Em Roma, os juízes pronunciavam somente que o acusado era culpado de um certo crime e a pena se encontrava na lei, como podemos ver nas diversas leis que foram criadas. Do mesmo modo, na Inglaterra, os jurados decidem se o acusado é culpado, ou não, a partir do fato que lhes foi apresentado; sendo declarado culpado, o juiz pronuncia a pena que a lei impõe para esse fato — e para isso bastam-lhe os olhos.

CAPÍTULO IV — DA MANEIRA DE MOLDAR OS JULGAMENTOS

Disso resultam as diferentes maneiras de moldar os julgamentos. Nas monarquias, os juízes assumem a maneira de árbitros, deliberam em conjunto, comunicam seus pensamentos entre si, conciliam-se; modifica-se o próprio parecer, a fim de torná-lo conforme o parecer de um outro juiz; os pareceres com menor expressão numérica são reduzidos aos dois de maior expressão numérica. Isso nada tem a ver com a natureza da república. Em Roma e nas cidades gregas, os juízes não mantinham absolutamente nenhuma comunicação entre si. Cada um apresentava seu parecer de uma das três maneiras seguintes: *Eu absolvo, Eu condeno, Não me parece:*[190] é que o povo julgava ou se supunha que o fizesse. Mas o povo não é jurisconsulto; todas essas alterações e moderações dos árbitros não são para ele: é necessário que se lhe apresente um só objeto, um fato e um único fato, e que lhe caiba somente deliberar se deve condenar, absolver ou adiar o julgamento.

Os romanos, a exemplo dos gregos, introduziram fórmulas de ações[191] e estabeleceram a necessidade de dirigir cada negócio mediante a ação que lhe era própria. Isso era necessário em função de sua maneira de julgar: era necessário definir o estado da questão, para que o povo o tivesse sempre diante dos olhos. Caso contrário, no curso de um grande negócio, esse estado da questão mudaria continuamente e não seria mais reconhecido.

Disso resultava que os juízes, entre os romanos, só concediam precisamente o que era pedido, sem nada aumentar, diminuir ou modificar. Os pretores, contudo, conceberam outras fórmulas de ações que foram chamadas

---

190. *Non liquet.*

191. *Quas actiones ne populus prout vellet institueret, certas solemnesque esse voluerunt.* Leg. 2, § 6, Digest., *de orig. jur.*

de boa-fé,[192] nas quais a maneira de pronunciar dependia mais da disposição do juiz, o que era mais conforme ao espírito da monarquia. Também diziam os jurisconsultos franceses: *na França, todas as ações são de boa-fé*.[193]

CAPÍTULO V — EM QUAL GOVERNO PODE O SOBERANO SER JUIZ

Maquiavel[194] atribui a perda da liberdade de Florença ao fato de o povo não julgar em conjunto, como em Roma, crimes de lesa-majestade cometidos contra ele. Havia para isso oito juízes estabelecidos, (...) *Mas*, diz Maquiavel, *os poucos são corrompidos por poucos*. Eu adotaria de bom gosto a máxima desse grande homem, mas como, nesses casos, o interesse político força, por assim dizer, o interesse civil (pois constitui sempre um inconveniente que o próprio povo julgue suas ofensas), é necessário que, para remediá-lo, as leis supram, na medida de sua capacidade, a segurança dos particulares.

Fiéis a essa ideia, os legisladores de Roma produziram duas coisas: permitiram que os acusados se exilassem[195] antes do julgamento[196] e quiseram que os bens dos condenados fossem consagrados, para que o povo não os confiscasse. Ver-se-á no Livro XI as outras restrições ao poder que o povo tinha de julgar.

Sólon soube bem prevenir o abuso no qual o povo poderia incorrer, em função de seu poder, no julgamento dos crimes: ordenou que o Areópago revisse os casos, de sorte que se acreditasse ter sido o acusado injustamente absolvido,[197] o acusasse novamente perante o povo; se acreditasse que fora injustamente condenado,[198] suspendesse a execução da pena e o fizesse julgar de novo o caso — lei admirável que submetia o povo à censura da magistratura, que ele respeitava maximamente, e igualmente à sua própria censura!

---

192. Nas quais eram introduzidas as seguintes palavras: *ex bona fide*.

193. Condena-se, nesse caso, às custas mesmo aquele ao qual se pede mais do que deve, caso não tenha ele oferecido e consignado o que devia.

194. Discurso sobre a Primeira década de Tito Lívio, I, VII.

195. Disso há uma excelente explicação na oração de Cícero *pro Caecina*, em seu desfecho, capítulo C.

196. Era uma lei de Atenas, como se pode depreender em Demóstenes. Sócrates se recusou a servir-se dela.

197. Demóstenes, *Oração da Coroa*, p. 494, edição de Frankfurt de 1604.

198. Ver Filostrato, *Vida dos Sofistas*, I, Vida de Ésquines.

É conveniente empregar uma certa morosidade em tais casos, sobretudo a partir do momento em que o acusado é feito prisioneiro, com o objetivo de possibilitar que o povo se acalme e julgue com sangue-frio.

Nos Estados despóticos, o príncipe pode julgar por si mesmo. Não pode fazê-lo nas monarquias, onde, com isso, a constituição seria destruída e os poderes intermediários dependentes, aniquilados; ver-se-ia cessar todas as formalidades dos julgamentos; o temor se apoderaria de todos os espíritos; ver-se-ia a palidez estampada em todos os rostos. A confiança, a honra, o amor, a segurança e a própria monarquia desapareceriam.

Eis outras reflexões. Nos Estados monárquicos, o príncipe é a parte que processa os acusados e os faz serem punidos ou absolvidos — se ele próprio julgasse, seria a um tempo o juiz e a parte que processa.

Nesses mesmos Estados, o príncipe dispõe, frequentemente, do produto dos confiscos: se julgasse os crimes, ainda seria o juiz e a parte.

Ademais, ele perderia o mais atraente atributo de sua soberania, o de conceder a graça;[199] seria insensato que fizesse e desfizesse seus julgamentos; não lhe seria desejável que ficasse em contradição consigo mesmo. Além do fato de isso confundir todas as ideias, não se saberia se um homem seria absolvido ou receberia sua graça.

Quando Luís XIII quis ser juiz no processo do duque de Valette,[200] e com esse objetivo convocou ao seu gabinete alguns membros do parlamento e alguns conselheiros do Estado, forçando-os o rei a opinarem sobre o decreto de prisão, o presidente de Bellièvre disse: "(...) que via nesse caso algo estranho, um príncipe opinar num processo de um de seus súditos; que aos reis haviam reservado para si somente a concessão de graças, e que remetiam as condenações aos seus oficiais. E vossa Majestade desejaria contemplar diante de si, sentado no banco dos réus, um homem que, com base no seu julgamento, seria dentro de uma hora executado! Que a presença do príncipe, portador de graças, não poderia suportar tal coisa; que bastava sua opinião para suspender os interditos das igrejas; que só se poderia com contentamento deixar a presença do príncipe". E quando essa causa foi julgada, o mesmo presidente expressou como seu ponto de vista: "Trata-se de um julgamento inédito e até contrário a todos os exemplos, do passado aos dias de hoje, que um rei

---

199. Platão, na *Epístola VIII*, não é da opinião de que os reis, que são, diz ele, sacerdotes, possam assistir ao julgamento no qual se condena à morte, ao exílio e à prisão. Ver "Cartas e epigramas" nas *Obras completas* de Platão.

200. Ver o relatório do processo feito ao senhor Duque de Valette. Está impresso nas *Memórias de Montrésor*, t. II.

de França haja condenado, na qualidade de juiz, conforme sua própria opinião, um fidalgo à morte".[201]

Os julgamentos levados a efeito pelo príncipe seriam uma fonte inesgotável de injustiças e de abusos, e os cortesãos extorquiriam, com suas importunações, os julgamentos do monarca. Alguns imperadores romanos ficaram possuídos pela volúpia de julgar. Nenhum outro principado espantou mais o universo através de suas injustiças.

"Cláudio", conta Tácito,[202] "tendo atraído para si o julgamento das causas e as funções dos magistrados, ensejou todo tipo de rapinagem". Também Nero, ascendendo ao Império depois de Cláudio, animado pelo desejo de conciliar os espíritos, declarou: "... que evitaria com cuidado ser o juiz de todas as causas, para que os acusadores e os acusados dentro dos muros de um palácio não fossem expostos ao iníquo poder de alguns libertos".[203]

"Durante o reinado de Arcádio",[204] segundo Zózimo,[205] "a classe dos caluniadores se expandiu, envolveu a corte e a infectou. Quando um homem morria, supunha-se que ele não havia deixado filhos,[206] e seus bens eram dados mediante um rescrito, pois, como o príncipe era bizarramente estúpido e a imperatriz excessivamente empreendedora, esta favorecia a insaciável ganância de seus serviçais e de seus confidentes, de sorte que, para as pessoas moderadas, nada era mais desejável do que a morte".

"Havia outrora", diz Procópio,[207-208] "pouquíssimas pessoas na corte; sob Justiniano, porém, visto que os juízes não gozavam mais da liberdade de administrar justiça, seus tribunais ficavam vazios, enquanto no palácio do príncipe ecoavam os clamores dos partidos que pleiteavam suas causas". Todos sabem como os julgamentos, e mesmo as leis, eram ali venais.[209]

---

201. Isso foi alterado a seguir. Ver o mesmo relatório, t. II.

202. *Anais*, XI, V.

203. Ibidem., XIII, IV.

204. Arcádio foi imperador do Império Romano do Oriente de 395 a 408 d.C. (N.T.)

205. *Hist.*, V.

206. Ocorreu a mesma desordem sob Teodoro, o Jovem.

207. Historiador bizantino que floresceu no século VI d.C. Autor da *História Secreta* e da *História das Guerras de Justiniano*. (N.T.)

208. *História Secreta*.

209. É um dos grandes paradoxos desse período, pois, desde o início da era cristã, jamais um governo se preocupara tanto com a organização, a produção e a promulgação de leis, e com a própria vida jurídica, quanto o governo de Justiniano. Alguns historiadores e pensadores muito posteriores a Procópio, contemporâneo de Justiniano, atribuem esse estado de coisas

As leis são os olhos do príncipe que vê através delas aquilo que não poderia ver sem elas. Se ele deseja desempenhar o papel dos tribunais, não trabalha para si e por si, mas para seus sedutores e contra si mesmo.

CAPÍTULO VI — NA MONARQUIA, OS MINISTROS NÃO DEVEM JULGAR

Constitui ainda um grande inconveniente, na monarquia, os ministros do príncipe julgarem eles próprios as causas contenciosas. Contemplamos ainda hoje Estados onde há inumeráveis juízes para deliberar assuntos fiscais e onde os ministros — quem o acreditaria!? — desejam ainda julgá-los. Uma multidão de reflexões assomam à nossa mente. Limitar-me-ei a fazer a que se segue.

Pela própria natureza das coisas, há uma espécie de contradição entre o Conselho do monarca e seus tribunais. O Conselho dos reis deve ser composto de poucas pessoas, e os tribunais de judicatura requerem muitas. A razão disto é que, no primeiro, os assuntos devem ser encarados com certa paixão e a eles ser dada continuidade da mesma forma, o que não é absolutamente possível esperar de quatro ou cinco homens que cuidam do assunto. Ao contrário, faz-se necessário tribunais de judicatura de sangue-frio e que, diante de todos os assuntos e causas, ajam, de uma maneira ou outra, com indiferença.

CAPÍTULO VII — DO MAGISTRADO ÚNICO

Tal magistrado só poderia existir no governo despótico. Pode-se depreender, da história romana, a que ponto um juiz único pode abusar de seu poder. Como Ápio,[210] que, no seu tribunal, teria menosprezado as leis, já que havia transgredido até mesmo aquela que ele criara![211] Tito Lívio nos narra a iníqua distinção do decênviro. Ele subornara um homem que, perante ele, reclamava Virgínia como sua escrava; os pais de Virgínia lhe solicitaram que, em função de sua lei, a moça lhes fosse entregue até o julgamento definitivo. Ápio declarou que sua lei fora criada apenas em favor

---

principalmente ao espírito centralizador e autoritário do próprio Justiniano e de sua atuante esposa, a imperatriz Teodora. (N.T.)

210. Ápio Cláudio, cônsul romano e decênviro em 451 a.C. Causou um verdadeiro levante popular em virtude de seus excessos como juiz, especialmente no caso escandaloso contra a filha de Virgínio. (N.T.)

211. Ver a lei 2, § 24, Dig., *de orig. jur.*

do pai e, considerando-se que Virgínia não estava presente, ela não podia ser aplicada.[212]

CAPÍTULO VIII — DAS ACUSAÇÕES NOS DIVERSOS GOVERNOS

Em Roma,[213] permitia-se que um cidadão acusasse outro. Isso se coadunava com o espírito da república, na qual cada cidadão deve ter, em relação ao bem público, um zelo sem limites; na qual se entende que cada cidadão tem em suas mãos todos os direitos da pátria. Estas máximas da república receberam continuidade com os imperadores, e inicialmente se presenciou o aparecimento de uma espécie funesta de homens, um bando de delatores. Todo aquele que possuísse muitos vícios e muitos talentos, uma alma bastante vil e um espírito ambicioso, procurava um criminoso cuja condenação pudesse agradar ao príncipe. Era essa a senda para chegar às honrarias e à fortuna,[214] algo que não vemos em absoluto entre nós.

Dispomos atualmente de uma lei admirável: é aquela que dispõe que o príncipe, empossado para fazer com que as leis sejam executadas, designe um oficial em cada tribunal para que processe, em seu nome, todos os crimes, de sorte que a função dos delatores é, entre nós, desconhecida, e caso haja suspeita de que esse vingador público abusa de seu ministério, ele será obrigado a dar o nome de seu denunciador.

Segundo *As Leis* de Platão,[215] aqueles que negligenciam em advertir os magistrados, ou em lhes prestar apoio nesse sentido, devem ser punidos.[216] Isso seria totalmente inconveniente no presente. A parte pública zela pelos cidadãos; ela atua e eles estão tranquilos.

---

212. *Quod pater puellae abesset, locum injuriae esse ratus.* Tito Lívio, Primeira década, Livro III, XLIV.

213. E em muitas outras cidades.

214. Ver, em Tácito, as recompensas oferecidas a esses delatores, *Anais*, IV, XXX.

215. Livro IX.

216. Montesquieu se refere ao seguinte trecho de Platão, em *As Leis*, Livro IX: "(...) E todo aquele que, embora não participe de nenhuma dessas ações, deixa de observá-las enquanto estiver participando das principais magistraturas do Estado, ou mesmo as observando, não consegue defender o Estado legal e punir quem deve ser punido, devido a sua covardia, um tal cidadão deve ser tido como um cúmplice do crime. Todo indivíduo, por menos importância que detenha na comunidade, deverá informar aos magistrados, processando o conspirador sob a acusação de transformação violenta e ilegal da constituição". *As Leis*, op. cit. (N.T.)

CAPÍTULO IX — DA SEVERIDADE DAS PENAS NOS DIVERSOS GOVERNOS

A severidade das penas convém mais ao governo despótico, no qual o princípio é o terror, do que à monarquia e à república, cujas molas basilares são, respectivamente, a honra e a virtude.

Nos Estados moderados, o amor à pátria, a vergonha e o receio da reprovação constituem motivos de repressão, capazes de frear eficazmente os crimes. A maior pena para uma ação má será estar convicto de que se a cometeu. E, portanto, as leis civis aí efetuarão correções com maior facilidade, dispensando o emprego de muita força.

Nesses Estados, um bom legislador estará empenhado menos em punir crimes do que em preveni-los. Dedicar-se-á mais em prover bons costumes do que em infligir suplícios.

Constitui uma observação perpétua dos autores chineses[217] que quanto mais em seu Império via-se aumentar os suplícios, mais se aproximava a revolução. É que os suplícios eram aumentados proporcionalmente à falta de bons costumes.

Não seria difícil provar que em todos, ou quase todos, os Estados da Europa, houve redução ou aumento das penas proporcionalmente à maior aproximação da liberdade ou ao maior distanciamento desta.

Nos países despóticos, os indivíduos são tão infelizes que neles teme-se mais a morte do que se lamenta a vida; os suplícios, nesses países, devem, portanto, ser mais rigorosos. Nos Estados moderados, teme-se mais perder a vida do que se receia a morte em si mesma. Os suplícios que simplesmente subtraem a vida são, portanto, suficientes.

Os homens extremamente felizes e os homens extremamente infelizes são igualmente propensos à dureza: disto são testemunhas monges e conquistadores. Para proporcionar a brandura e a piedade, só existem a mediania e a mistura da boa e da má fortuna.

E aquilo que percebemos nos indivíduos em particular é o que se encontra nas diversas nações. Entre os povos selvagens, que levam uma vida muito árdua, e no seio dos governos despóticos, onde há somente um homem exorbitantemente favorecido pela fortuna, enquanto todos os demais vivem ultrajados, impera igualmente a crueldade. A brandura reina nos governos moderados.

---

217. Demonstrarei na sequência que a China, nesse aspecto, se enquadra no caso de uma república ou de uma monarquia.

Quando lemos nas histórias os exemplos da justiça atroz dos sultões, experimentamos um sentimento de amargura ante os males da natureza humana.

Nos governos moderados, para um bom legislador tudo pode servir para moldar as penas. Não é extraordinário que, em Esparta, uma das penas principais fosse não ceder a própria mulher a outrem, nem poder receber a de outrem, de jamais estar na própria casa, a não ser com virgens? Numa palavra, tudo aquilo que a lei chama de pena é efetivamente uma pena.

CAPÍTULO X — DAS ANTIGAS LEIS FRANCESAS

É bem no âmago das antigas leis francesas que se encontra o espírito da monarquia. Nos casos em que se trata de penas pecuniárias, os não nobres são menos punidos do que os nobres.[218] Ocorre precisamente o contrário no que toca aos crimes:[219] o nobre perde a honra e responde perante uma corte, enquanto o vilão, que não tem honra alguma, é punido em seu corpo.

CAPÍTULO XI — O POVO VIRTUOSO NECESSITA DE POUCAS PENAS

O povo romano era probo. Essa probidade detinha tanta força que, com frequência, bastava ao legislador indicar ao povo romano o bem para que este o seguisse. Parecia que, no lugar de ordenações, bastava proporcionar-lhe conselhos.

As penas das leis reais e as das Doze Tábuas[220] foram quase todas eliminadas na república, seja como resultado da Lei Valeriana,[221] seja em consequência da Lei Pórcia.[222-223] Não se constatou ter sido a república

---

218. "Como para suspender uma sentença de prisão, os não nobres devem pagar uma multa de quarenta soldos e os nobres uma de sessenta libras." *Somme Rurale*, II, edição de 1512; e Beaumanoir, capítulo 61.

219. Ver o *Conseil* de Pierre Desfontaines, XIII, sobretudo o artigo 22.

220. A Lei das Doze Tábuas era composta de um conjunto de leis elaboradas no período da República Romana por conta da pressão dos plebeus. Instituídas em 451 a.C., as doze tábuas continham as leis que determinavam como deveriam ser os julgamentos, as punições para os devedores e o poder do pai sobre a família (patriarcado). (N.E.)

221. Foi produzida por Valério Publícola, logo depois da expulsão dos reis; renovada duas vezes, sempre pelos magistrados da mesma família, tal como afirma Tito Lívio, X, IX. Não se tratava de lhe transmitir mais força, mas de aperfeiçoar suas disposições. *Diligentius sanctam*, diz Tito Lívio, ibidem.

222. *Lex Porcia pro tergo civium lata*. Essa lei foi criada no ano 454 da fundação de Roma.

223. Ver *Institutas do Imperador Justiniano*, op. cit. (N.T.)

com isso pior regrada e que houvesse prejuízo do ponto de vista da ordem administrativa.

Essa Lei Valeriana, que proibia aos magistrados toda via de fato contra um cidadão que apelara ao povo, não infligia àquele que a houvesse transgredido senão a pena de ser reputado mau cidadão.[224]

CAPÍTULO XII — DO PODER DAS PENAS

A experiência tem feito notar que, nos países onde as penas são brandas, o espírito do cidadão é tocado, do mesmo modo que o é em outros lugares pelas grandes penas.

Ocorrendo qualquer inconveniente num Estado, um governo violento se apressa bruscamente em eliminá-lo, e em lugar de preocupar-se em pôr em execução as antigas leis, estabelece-se uma pena cruel que detenha o mal imediatamente. Emprega-se para isso o mecanismo ou mola mestra do governo; a imaginação se habitua a essa grande pena, tal como se habituou à menor; e como se reduz o temor através desta, se é logo forçado a estabelecer a outra em todos os casos. Os roubos que ocorrem nas grandes estradas eram comuns em alguns Estados. Quis-se fazê-los cessar; inventou-se o suplício da roda, que os interrompeu por algum tempo. Transcorrido esse tempo, tem-se roubado como antes nas grandes estradas.

Em nossos dias a deserção tornou-se muito frequente. Estabelecemos a pena de morte contra os desertores, e a deserção não diminuiu. A razão disto revela-se bastante natural: um soldado, que está acostumado cotidianamente a expor sua vida, atribui importância mínima a ela ou se jacta de desprezar o perigo que a ameaça. No entanto, é seu costume regular temer a desonra, de modo que seria mister promulgar uma pena[225] que acarretasse para ele uma ignomínia por toda a vida. Pretendeu-se aumentar a pena, mas o que se fez de fato foi diminuí-la.

Não é preciso, em absoluto, que se faça conduzir os homens pelas vias extremas. Devem ser utilizados os meios para conduzi-los que a natureza nos proporciona. Que a causa de todos os abusos sejam sondadas e ver-se-á que ela provém da impunidade dos crimes, e não da moderação das penas.

Sigamos a natureza, que concedeu aos seres humanos a vergonha como seu flagelo, e que a porção mais considerável da pena seja a infâmia de sofrê-la.

---

224. *Nihil ultra quam improbe factum adjecit.* Tito Lívio, ibidem.

225. Fendia-se o nariz, cortavam-se as orelhas.

Se há países nos quais a desonra não constitui um elemento de continuidade ao suplício, a origem disso é a tirania, que infligiu as mesmas penas aos celerados e às pessoas de bem.

E se vós observais outros em que os seres humanos só são freados por suplícios cruéis, considerai ainda que isso provém em grande parte da violência do governo, que empregou esses suplícios para faltas leves.

Com frequência, um legislador que pretende corrigir um mal se limita a pensar nesse tipo de correção; seus olhos estão abertos para esse objeto e cerrados para seus inconvenientes. Uma vez corrigido o mal, tudo que se verá a seguir é a dureza do legislador, além de sobrar para o Estado um vício produzido por tal dureza; os espíritos estão corrompidos, estão habituados ao despotismo.

Lisandro,[226-227] tendo obtido a vitória sobre os atenienses, julgou os prisioneiros. Os atenienses foram acusados de terem lançado ao mar todos os cativos de duas galeras e resolvido, em plena assembleia, que fossem cortados os punhos dos prisioneiros que fossem feitos. Os atenienses foram todos degolados, exceto Adimanto, que se opusera a esse decreto. Lisandro censurou Fílocles, antes de mandar que o executassem, por ter conspurcado os espíritos e ministrado lições de crueldade a toda a Grécia.

"Os argivos", diz Plutarco,[228] "tendo levado à morte mil e quinhentos de seus cidadãos, fizeram com que os atenienses realizassem sacrifícios de expiação, a fim de que fosse do agrado dos deuses desviar do coração dos atenienses um pensamento tão cruel".

Há dois gêneros de corrupção: aquele que ocorre quando o povo não observa de modo algum as leis e aquele que ocorre quando o povo é corrompido pelas leis; mal incurável porque reside no próprio remédio.

CAPÍTULO XIII — DA IMPOTÊNCIA DAS LEIS JAPONESAS

As penas exageradas podem corromper até mesmo o despotismo. Lancemos o olhar ao Japão.

Lá, pune-se com a morte quase todos os crimes,[229] porque desobedecer a um imperador tão poderoso como o do Japão constitui um crime descomunal. Não se trata de corrigir o criminoso, mas de vingar o príncipe.

---

226. Comandante lacedemônio que floresceu no século IV a.C. (N.T.)

227. Xenofonte, *História*, II, II, § 20-22.

228. *Obras morais*. Daqueles que manejam os negócios do Estado, XIV.

229. Ver Kempfer.

Essas ideias são extraídas da servidão, e sua origem está, sobretudo, no fato de que o imperador, sendo proprietário de todos os bens, quase que a totalidade dos crimes são cometidos contra seus interesses.[230]

Pune-se com a morte as mentiras cometidas diante dos magistrados,[231] algo que contraria a defesa natural.

Aquilo que de modo algum tem a aparência de um crime é, no Japão, severamente punido; por exemplo, um homem que arrisca seu dinheiro no jogo é punido com a morte.

Verdade é que o caráter admirável desse povo obstinado, caprichoso, determinado, bizarro e que afronta todos os perigos e todas as adversidades, parece, à primeira vista, absolver seus legisladores da atrocidade de suas leis. Mas será possível, relativamente a pessoas que desprezam naturalmente a morte e que abrem o próprio ventre devido ao menor dos caprichos, corrigi-las ou contê-las mediante a visão constante dos suplícios? Não ocorrerá, ao contrário, a familiarização com estes?

Os relatórios nos informam, a respeito da educação ministrada no Japão, que é necessário tratar as crianças com brandura, pois em caso contrário se obstinam contra as punições; que os escravos não devem ser tratados com rudeza excessiva, porque se assim acontecer se colocariam logo na defensiva. Julgando-se pelo espírito que deve reinar no governo doméstico, não se poderia aquilatar aquele a ser empregado no governo político e civil?

Um legislador sábio deveria buscar conduzir os espíritos por meio de um justo equilíbrio de penas e recompensas; por meio de máximas de filosofia, de moral e de religião, distribuídas de acordo com esses caracteres; pela justa aplicação das regras de honra; pelo suplício da ignomínia; pela fruição de uma felicidade constante e de uma suave tranquilidade; e, se ele houvesse receado que os espíritos, acostumados a serem contidos

---

230. Na verdade, o imperador, no governo de tipo despótico absoluto, não é apenas proprietário de todos os bens, mas também senhor da vida e da morte de todos os seus súditos; nesse caso, age como se seus súditos fossem igualmente *bens* com os quais pudesse fazer o que lhe aprouvesse. A diferença mais marcante entre o despotismo oriental e o ocidental, na Antiguidade e na Modernidade na qual Montesquieu está situado, é que, por exemplo, o despotismo original na Grécia mais antiga era de *direito* (regido por leis da administração da *oikía*), enquanto o despotismo dos bárbaros (especialmente dos bárbaros orientais) era de *fato* e indiscriminado, permitindo que os príncipes mutilassem e trucidassem ao seu bel-prazer, inclusive com requintes de crueldade e pelas faltas mais leves e triviais. O Japão dos xoguns constitui um clássico exemplo, em que os extremos da honra do samurai e do completo menoscabo pela vida do simples camponês eram flagrantes. Era comum um senhor feudal mandar degolar um servo pelo simples fato de esse esquecer-se de fazer a devida vênia em sua presença. Montesquieu não dispunha, realmente, de informações fidedignas de primeira mão sobre as leis em países orientais como o Japão, no qual não existiam, a rigor, códigos penais organizados como os ocidentais. (N.T.)

231. *Recueil des voyages qui ont servi à l'établissement de la Compagnie des Indes*, t. III, parte II.

somente por penas cruéis, não o possam ser mais por uma mais branda, teria que agir[232] de uma maneira surda e insensível; teria, com relação aos casos particulares mais suscetíveis de perdão, que exercer mais moderação quanto à punição, até que pudesse chegar a modificar a punição em todos os casos.

Mas o despotismo não conhece esses mecanismos. Não se conduz por essas sendas. Pode abusar de si, porém é tudo que pode fazer. No Japão, realizou um esforço extra e superou a si mesmo em crueldade.

Às almas, por toda parte apavoradas e tornadas ainda mais atrozes, só resta serem conduzidas por uma atrocidade mais ampla.

Eis aí a origem, eis aí o espírito das leis japonesas. Entretanto, demonstraram mais furor do que força. Conseguiram destruir o cristianismo; contudo, esforços tão inauditos constituem uma prova de sua impotência. Tais leis quiseram estabelecer uma eficiente civilização policiada, o que só fez exibir ainda mais sua debilidade.

Deve-se ler o relatório sobre a entrevista entre o imperador e o dairo[233] em Meaco.[234] O número dos sufocados ou mortos por celerados foi incrível; moças e rapazes foram sequestrados, sendo encontrados posteriormente, todos os dias, expostos nos lugares públicos, em horas avançadas, inteiramente nus, cosidos em sacos de tela, de sorte que não soubessem por onde haviam passado; roubou-se tudo que se quis; rasgaram-se os ventres dos cavalos, com o único fito de fazer cair aqueles que os montavam; as carruagens foram derrubadas, a fim de despojar as damas de seus pertences. Os holandeses, aos quais foi comunicado que não poderiam passar a noite nos tablados sem ser assassinados, deles desceram, etc.

Tocarei rapidamente num outro aspecto. O imperador, acostumado aos prazeres infames, não se casava, correndo o risco de morrer sem deixar sucessor. O dairo lhe enviou duas moças muito belas e ele desposou uma delas, a título de respeito, mas não manteve quaisquer relações conjugais com ela. Sua ama providenciou que fossem procuradas e achadas as mais belas mulheres do Império: tudo em vão. A filha de um armeiro despertou seu desejo,[235] ele se decidiu a desposá-la e dela teve um filho. As damas da corte, indignadas por ele as ter preterido a favor de uma

---

232. Observai isso detidamente, a título de uma máxima, para a prática nos casos em que os espíritos foram degenerados por penas demasiado rigorosas.

233. Denominação dada à máxima autoridade espiritual no Japão pós-revolucionário, ou seja, após a revolução de 1585, em contraposição à máxima autoridade temporal, que recebeu a designação de *cubo*. (N.T.)

234. *Recueil des voyages qui ont servi à l'établissement de la Compagnie des Indes.*

235. Ibidem.

pessoa de origem tão vil, sufocaram a criança, crime que foi escondido do imperador, pois se disso ficasse ciente, ele teria feito verter uma torrente de sangue. A atrocidade das leis em tal lugar obsta sua própria execução. Sempre que a pena é desmedida, com frequência se é obrigado a preteri-la em favor da impunidade.

CAPÍTULO XIV — DO ESPÍRITO DO SENADO ROMANO

Sob o consulado de Acílio Glábrio e de Pisão, criou-se a Lei Acília,[236] visando dar fim às conjurações. Segundo Dion,[237-238] o senado incumbiu os cônsules de propô-la porque o tribuno C. Cornélio resolvera estabelecer penas terríveis contra esse crime, ao que o povo se achava bastante inclinado. Era opinião do senado que penas imoderadas lançariam o terror nos espíritos, mas que, mesmo produzindo esse efeito, não se encontraria ninguém para acusar nem para condenar, ao passo que, se as penas fossem moderadas, haveria juízes e acusadores para delas fazerem uso.

CAPÍTULO XV — DAS LEIS ROMANAS COM RELAÇÃO ÀS PENAS

Situo-me bem no seio de minhas máximas quando tenho diante de mim os romanos.

E creio que as penas se vinculam à natureza do governo quando constato que esse grande povo mudou, a esse respeito, as leis civis à medida que mudava as leis políticas.

As leis reais, criadas para um povo composto de fugitivos, escravos e bandidos, foram severíssimas. O espírito da república teria exigido que os decênviros não houvessem colocado essas leis nas suas Doze Tábuas, mas aqueles que aspiravam à tirania, evidentemente, não tinham o cuidado de acatar o espírito da república.

Tito Lívio[239] diz, com respeito ao suplício de Mécio Sufécio, ditador de Alba, que foi condenado por Tulo Hostílio a ser estirado por duas bigas, que foi o primeiro e último suplício em que se presenciou a perda da memória

---

236. Os culpados eram condenados a uma multa. Não podiam ser mais admitidos à ordem dos senadores, bem como ser nomeados para qualquer magistratura. Dion, XXXVI, XXI.

237. Ibidem.

238. Dion Cássio, historiador grego que viveu entre 155 e 229 ou 235 d.C., autor da *História de Roma*. (N.T.)

239. Livro I, XXVIII.

128 | O ESPÍRITO DAS LEIS

do espírito de humanidade. Ele se equivoca: a Lei das Doze Tábuas está repleta de disposições crudelíssimas.[240]

Aquela que melhor retrata o propósito dos decênviros é a pena capital pronunciada contra os autores de libelos e os poetas, o que em absoluto não se inseria no gênio da república, na qual o povo aprecia ver os grandes serem humilhados. Mas as pessoas que desejavam derrubar a liberdade temiam os escritos que pudessem estimular o espírito da liberdade.[241]

Depois da exclusão dos decênviros, quase todas as leis que haviam fixado as penas foram eliminadas. Não houve expressa revogação delas, mas tendo a Lei Pórcia impedido que um cidadão romano fosse executado, tais leis deixaram de ser aplicáveis. Eis a época na qual pode-se relembrar o que Tito Lívio[242] diz dos romanos, que jamais povo algum amou mais a moderação das penas.

Se somarmos à brandura das penas o direito de que dispunha um acusado de ausentar-se antes do julgamento, teremos que reconhecer que os romanos acataram esse espírito que eu afirmei ser da natureza da república.

Sila,[243] que confundiu a tirania, a anarquia e a liberdade, produziu as Leis Cornelianas. Parece que estabeleceu regras apenas para determinar os crimes. Assim, qualificando uma infinidade de ações com a designação de assassinato, encontrou assassinos em todos os lugares e, mediante uma prática que foi logo demasiadamente imitada, preparou ciladas, semeou espinhos e cavou abismos no caminho de todos os cidadãos.

Quase todas as leis de Sila se limitavam a interditar a água e o fogo, ao que César ajuntou o confisco dos bens,[244] porque, guardando os ricos no exílio seu patrimônio, tornavam-se mais audaciosos quanto à perpetração dos crimes.

Tendo os imperadores estabelecido um governo militar, não tardaram a sentir que este não era menos terrível contra eles do que contra os cidadãos. Procuraram atenuá-lo e acreditaram ter necessidade das dignidades e do respeito que se nutria por estas.

Houve um pouco de aproximação da monarquia, e as penas foram divididas em três categorias:[245] as que concerniam às primeiras pessoas do

---

240. Aí encontramos o suplício do fogo, penas quase sempre capitais, o roubo punido com a morte, etc.

241. Sila, animado pelo mesmo espírito dos decênviros, como estes, aumentou as penas contra os autores satíricos.

242. Livro I, XXVIII.

243. Ditador romano que viveu entre 136 e 78 a.C., no período cruento e politicamente instável entre o fim da República Romana e o advento do Império. (N.T.)

244. *Poenas facinorum auxit, cum locupletes eo facilius scelere se obligarent, quod integris patrimoniis exularent.* Suetônio, em Julio Caesare, LXII.

245. Ver a Lei 3, § 5, *legis*, Dig., XLVIII, 8, *ad leg. Cornel. de sicariis*, e uma profusão de outras, no Digesto e no Código.

Estado,[246] e que eram excessivamente brandas; as que eram infligidas às pessoas de uma posição inferior;[247] e, enfim, as que eram só aplicáveis aos indivíduos de baixa condição social,[248] que foram as mais rigorosas.

O feroz e insensato Maximino[249] irritou, por assim dizer, o governo militar que ele precisaria suavizar. O senado foi cientificado, segundo Capitolino,[250-251] de que alguns haviam sido crucificados, outros, expostos às feras ou encerrados dentro das peles de animais recentemente abatidos, sem a menor consideração pelas dignidades. Ele parecia querer exercer a disciplina militar, cujo modelo pretendia regrar os assuntos civis.

Ver-se-á nas *Considérations sur la grandeur des Romains et leur déca-dence*[252-253] como Constantino[254] transformou o despotismo militar num despotismo militar e civil e se avizinhou da monarquia. Pode-se, nesse caso, acompanhar as diversas revoluções desse Estado e constatar como se passou do rigor à indolência e desta à impunidade.

CAPÍTULO XVI — DA JUSTA PROPORÇÃO ENTRE AS PENAS E O CRIME

É essencial que as penas apresentem harmonia entre si, porque é essencial que se evite mais um grande crime do que um menor, mais o que agride a sociedade em um maior grau do que aquilo que a choca menos.

"Um impostor,[255] que dizia ser Constantino Ducas, suscitou um grande tumulto em Constantinopla. Foi preso e condenado aos açoites; mas tendo acusado pessoa de considerável distinção, foi condenado, como caluniador, a ser queimado vivo." É singular que houvessem assim proporcionado as penas entre o crime de lesa-majestade e o de calúnia.

Isso faz lembrar uma frase de Carlos II, rei da Inglaterra, que, ao passar, viu um homem no pelourinho. Indagou por que ele ali estava. "Senhor",

---

246. *Sublimiores.*

247. *Medios.*

248. *Infimos.* Leg. 3, § 5, *legis, ad leg. Cornel. de sicariis.*

249. Imperador de Roma de 235 a 238 d.C. (N.T.)

250. Júlio Capitolino, historiador romano que floresceu no século IV d.C. (N.T.)

251. Jul. Cap., *Maximini duo*, VIII.

252. Montesquieu. *Considerações sobre as causas da grandeza dos romanos e de sua decadência.* Trad. Saulo Krieger. São Paulo: Edipro, 2017. (N.E.)

253. Capítulo XVII.

254. Constantino I (274-337 d.C.), imperador romano que transferiu a sede do Império Romano para Bizâncio. (N.T.)

255. *História* de Nicéforo, patriarca de Constantinopla.

lhe responderam, "é porque ele escreveu libelos contra vossos ministros". "Que grande tolo!", exclamou o rei. "Por que não os escreveu contra mim? Neste caso, nada seria feito contra ele!".

"Setenta pessoas conspiraram contra o imperador Basílio;[256] ele mandou que fossem fustigadas e lhes queimassem os cabelos e os pelos. Um cervo, tendo-o colhido com os chifres à altura do cinturão, fez com que um dos membros de sua comitiva desembainhasse a espada e cortasse o cinturão, a fim de livrá-lo; ele ordenou que o degolassem porque, segundo o rei, ele desembainhara a espada contra ele." Quem poderia imaginar que no governo desse mesmo príncipe pudessem ter sido emitidos esses dois julgamentos?

Constitui um grande mal, entre nós, infligir a mesma pena àquele que rouba nas estradas e àquele que rouba e mata. É evidente que, para a segurança pública, deveria ser introduzida alguma diferença na pena.

Na China, os ladrões cruéis são cortados em pedaços;[257] os outros, não: diferença que aí faz com que se roube, mas não se assassine.

Na Moscóvia, onde a pena dos ladrões e a dos assassinos são a mesmas, assassina-se[258] sempre. Os mortos, dizem ali, não contam nada.

Quando não há diferença alguma na pena, convém nela introduzir a esperança da graça. Na Inglaterra, não há assassinatos, porque os ladrões podem contar com a esperança de serem conduzidos às colônias, o que não acontece com os assassinos.

As cartas que concedem a graça constituem um poderoso mecanismo dos governos moderados. Esse poder que o príncipe tem de perdoar, utilizado com sabedoria, pode resultar em admiráveis efeitos. O princípio do governo despótico, que não perdoa, e ao qual não se perdoa jamais, o priva dessas vantagens.

CAPÍTULO XVII — DA TORTURA OU INTERROGATÓRIO[259] DOS CRIMINOSOS

Pelo fato de os seres humanos serem maus, a lei é obrigada a supô-los melhores do que realmente são. Assim, o depoimento de duas testemunhas

---

256. *História* de Nicéforo.

257. Du Halde, t. I.

258. *État présent de la grande Russie* (*Estado atual da Grande Rússia*), por Perry.

259. Da tortura *ou* interrogatório porque este era quase necessariamente acompanhado da tortura, considerada por muitos sistemas penais modernos (no tempo de Montesquieu) como instrumento não apenas funcional como também legal para a obtenção de admissão ou confissão do crime ou delito. (N.T.)

basta na punição de todos os crimes. A lei nelas crê, como se falassem pela boca da verdade. Julga-se, também, que toda criança concebida durante o casamento é legítima; a lei confia na mãe como se esta fosse a própria pudicícia. Mas o *interrogatório* dos criminosos não se enquadra num caso forçado como esses. Assistimos atualmente a uma nação[260] muito bem policiada que o rejeita sem inconvenientes. Do ponto de vista de sua natureza, ele não é, portanto, necessário.[261]

Foram tantas as pessoas ilustres e grandes gênios que escreveram contra essa prática que nem ouso me pronunciar depois deles. Diria que poderia convir nos governos despóticos, nos quais tudo que inspira o medo faz parte dos mecanismos do governo; diria também que os escravos, entre os gregos e os romanos... Mas escuto a voz da natureza que brada contra mim.

CAPÍTULO XVIII — DAS PENAS PECUNIÁRIAS E DAS PENAS CORPORAIS

Nossos antepassados, os germânicos, só admitiam as penas pecuniárias. Esses homens guerreiros e livres eram da opinião de que seu sangue somente deveria ser derramado quando empunhavam as armas. Os japoneses,[262] ao contrário, rejeitam esse tipo de pena, sob o pretexto de que as pessoas ricas eludiriam a punição. Mas será que as pessoas ricas não receiam perder seus bens? Não podem as penas pecuniárias ser proporcionais às fortunas? E, enfim, não se poderia juntar a infâmia a essas penas?

Um bom legislador toma um justo meio. Não determina invariavelmente penas pecuniárias; não inflige invariavelmente penas corporais.

CAPÍTULO XIX — DA LEI DE TALIÃO

Os Estados despóticos, que apreciam as leis simples, fazem largo uso da pena de talião.[263] Os Estados moderados a admitem algumas vezes, mas

---

260. A nação inglesa.

261. Os cidadãos de Atenas não podiam ser submetidos a interrogatório (Lísias, *Orat. in Argorat.*), salvo quando se tratava de crime de lesa-majestade. O interrogatório só acontecia trinta dias após a condenação (*Curius Fortunatus, Rhetor, scol.,* II). Não havia interrogatório preparatório. Quanto aos romanos, a Lei 3 e 4 *ad. leg. Juliam majest.* (Código, Livro IX, título VIII) deixa claro que o nascimento, a dignidade, a profissão de militar isentavam a pessoa do interrogatório, se não se tratasse de crime de lesa-majestade. Ver as sábias restrições que as leis dos visigodos faziam a essa prática.

262. Ver Kempfer.

263. Está estabelecida no *Corão*. Ver o capítulo "Da Vaca".

132 | O ESPÍRITO DAS LEIS

com a diferença de que os primeiros a põem em execução rigorosamente, e os segundos a utilizam quase sempre com moderação.[264]

A Lei das Doze Tábuas admite duas modalidades: só condenava usando a Lei de Talião quando não conseguia apaziguar aquele que apresentava a queixa.[265] Podia-se, após a condenação, pagar indenização por danos e juros,[266] e a pena corporal se convertia em pena pecuniária.[267]

CAPÍTULO XX — DA PUNIÇÃO DOS PAIS PELAS FALTAS DOS FILHOS

Pune-se na China os pais pelas faltas dos filhos. É o costume no Peru.[268] Trata-se de um uso que se origina das ideias despóticas.

Poder-se-ia dizer que se pune na China o pai por não ter feito uso do poder paterno estabelecido pela natureza e que as próprias leis aí aumentaram, o que sempre faz supor que não há honra alguma entre os chineses. Entre nós, os pais cujos filhos são condenados ao suplício, e os filhos[269] cujos pais sofreram a mesma sorte, são também punidos pela ignomínia, que na China é substituída pela perda da vida.

CAPÍTULO XXI — DA CLEMÊNCIA DO PRÍNCIPE

A clemência é a qualidade distintiva dos monarcas. Na república, onde se tem por princípio a virtude, a clemência se mostra menos necessária. No Estado despótico, onde o temor impera, seu uso é menor porque é preciso conter os grandes do Estado mediante exemplos de severidade. Nas monarquias, onde se governa pela honra, que com frequência exige aquilo que a lei defende, a clemência se faz mais necessária. A desgraça é aí um equivalente da pena; as próprias formalidades dos julgamentos já são, nas

---

264. Montesquieu é pouco claro nestas asserções. Se a diferença é puramente quantitativa, isto é, os primeiros Estados utilizam a pena de talião assiduamente, e os segundos raramente, é compreensível; porém, do ponto de vista qualitativo (ou seja, quanto à essência da lei de talião), essas afirmações carecem de sentido, pois não há como aplicar a lei do "olho por olho, dente por dente" de forma *moderada*. (N.T.)

265. *Si membrum rupit, ni cum eo pacit, talio esto.* Aulo Gélio, XX, I.

266. Ibidem.

267. Ver também a lei dos visigodos, VI, IV, § 3 e 5.

268. Ver Garcilasso, *Histoire des guerres civiles des espagnols* (*História das guerras civis dos espanhóis*).

269. Em vez de puni-los, dizia Platão, dever-se-ia louvá-los por não se assemelharem aos seus pais. Livro IX, de *As Leis*.

monarquias, punições. É nas monarquias que a vergonha provém de todos os lados para formar gêneros particulares de pena.

Os grandes, nas monarquias, são tão duramente punidos por cair em desgraça, pela perda frequentemente imaginária de sua fortuna, de seu crédito, dos próprios hábitos, de seus prazeres, que o rigor a eles aplicado é inútil, não servindo senão para subtrair aos súditos o amor que nutrem pela pessoa do príncipe e o respeito que devem ter pelas posições.

Como a instabilidade dos grandes é inerente à natureza do governo despótico, sua segurança é inerente à natureza da monarquia.

Os monarcas têm tanto a ganhar com a clemência, esta tem como consequência tanto amor, dela extraem os monarcas tanta glória, que é quase sempre para eles uma felicidade contar com a oportunidade de exercê-la. E pode-se exercê-la quase sempre em nossos países.

Colocar-se-á em discussão, talvez, algum ramo da autoridade, quase jamais a autoridade inteira; e se por vezes lutam pela coroa, não combatem de modo algum pela vida.

Mas seremos indagados: quando é necessário punir? Quando é necessário perdoar? É algo que se faz melhor sentir do que ser prescrito. Quando a clemência apresenta perigos, estes são bastante visíveis; pode-se distingui-la facilmente dessa fraqueza que conduz o príncipe ao desprezo e à própria impotência de punir.

O imperador Maurício[270] tomou a resolução de jamais derramar o sangue de seus súditos. Anastácio[271] não punia em absoluto os crimes. Isaac, o Anjo, jurou que, durante seu reinado, não ordenaria a morte de ninguém. Os imperadores gregos tinham esquecido que não era em vão que empunhavam a espada.

---

270. Evagro, *História*.

271. Fragmento de *Suidas* em Constantino Porfirogeneta.

LIVRO VII — CONSEQUÊNCIAS DOS DIFERENTES PRINCÍPIOS DOS TRÊS GOVERNOS RELATIVAMENTE ÀS LEIS SUNTUÁRIAS, AO LUXO E À CONDIÇÃO DAS MULHERES

CAPÍTULO I — DO LUXO

O luxo é sempre proporcional à desigualdade das fortunas. Se, num Estado, as riquezas são igualmente divididas, não haverá em absoluto qualquer luxo, pois seu fundamento é somente as comodidades que se proporcionam a si através do trabalho dos outros.

Para que as riquezas permaneçam igualmente divididas, é necessário que a lei não dê a cada um senão aquilo que lhe seja fisicamente necessário. Se a posse for além disso, uns gastarão, outros adquirirão, e a desigualdade se estabelecerá.

Supondo que o necessário físico seja igual a uma dada soma, o luxo daqueles que tiverem apenas o necessário será igual a zero; aquele que tiver o dobro terá um luxo igual a um; aquele que tiver o dobro do bem deste último terá um luxo igual a três; enquanto, se possuir ainda o dobro, ter-se-á um luxo igual a sete, de sorte que supondo que o bem do particular continue sendo sempre como o dobro daquele do seu precedente, o luxo crescerá do dobro mais uma unidade, na seguinte progressão: 0, 1, 3, 7, 15, 31, 63, 127.

Na *República*[272] de Platão,[273] o luxo poderia ser calculado em sua justa medida. Havia quatro espécies de censos estabelecidos. O primeiro era precisamente o termo no qual findava a pobreza; o segundo era duplo, o terceiro, triplo, o quarto, quádruplo do primeiro. No primeiro censo, o luxo era igual a zero; era igual a um no segundo, a dois no terceiro, a três no quarto; e seguia assim a proporção aritmética.

---

272. Entenda-se na *concepção de república* de Platão, e não no diálogo *A República,* pois Montesquieu, em suas reflexões, considera também as reformulações e os acréscimos ao tema que faz Platão em seu último diálogo, *As Leis.* (N.T.)

273. O primeiro censo era o lote hereditário em terras, e Platão não queria que se pudesse possuir, no tocante a outros bens, mais do que o triplo do quinhão hereditário. Ver Platão, *As Leis*, IV (*sic*). [Livro V, e não IV. (N.T.)].

Considerando-se o luxo dos diversos povos uns relativamente aos outros, está presente em todos os Estados, em razão da desigualdade de fortunas que existe entre os cidadãos e da desigualdade das riquezas dos diversos Estados. Na Polônia, por exemplo, as fortunas apresentam uma desigualdade extrema, mas a pobreza da totalidade dos cidadãos impede que haja tanto luxo quanto num Estado mais rico.

O luxo também guarda proporção com a grandeza das cidades e, principalmente, da capital, de maneira que o luxo se apresenta em razão direta das riquezas do Estado, da desigualdade das fortunas privadas e do número de indivíduos que se encontram reunidos em certos lugares.

Quanto mais aglomeração de indivíduos humanos houver, mais estes se mostrarão vaidosos e sentirão nascer em si o desejo de se destacar pelas pequenas coisas.[274] Se constituírem um número tão grande a ponto de a maioria deles se desconhecer entre si, o desejo de se destacarem redobrará, porque haverá, neste caso, maior expectativa de êxito quanto a se sobressaírem. O luxo proporciona essa expectativa; cada um toma para si as marcas distintivas da condição que precede a sua. Mas, à força do desejo de se destacar, tudo se torna igual e não há mais distinção: como todos querem se fazer notar, não se nota ninguém.

De tudo isso resulta um desconforto geral. Aqueles que são excelentes numa profissão atribuem à sua arte o preço que bem querem. Os talentos menores seguem esse exemplo; não há mais harmonia entre as necessidades e os recursos. No momento em que sou forçado a fazer uma queixa, é necessário que possa pagar um advogado; no momento em que fico doente, é necessário que possa dispor de um médico.

Algumas pessoas pensaram que reunindo tantos indivíduos numa capital se reduziria o comércio, porque os indivíduos não se encontrarão mais a uma certa distância uns dos outros. Não creio nisso. Os seres humanos alimentam mais desejos, mais necessidades, mais fantasias quando estão reunidos.

CAPÍTULO II — DAS LEIS SUNTUÁRIAS NA DEMOCRACIA

Acabo de afirmar que nas repúblicas onde as riquezas são igualmente repartidas, não pode haver qualquer luxo, e, como vimos no Livro V,[275] que tal igualdade de distribuição produzia a excelência de uma república, segue-se

---

274. "Numa grande cidade", diz o autor da *Fábula das Abelhas*, "cada um se traja acima de sua qualidade, de modo a ser superestimado pela multidão. Trata-se de um prazer para um espírito débil quase tão grande quanto o prazer da realização de seus desejos".

275. Capítulos III e IV.

disso que quanto menos luxo houver numa república, mais perfeita ela será. Não havia nenhum entre os primeiros romanos; não havia nenhum entre os lacedemônios; e nas repúblicas onde a igualdade não se acha ainda totalmente perdida, o espírito do comércio, de trabalho e de virtude faz com que cada um aí possa e deseje viver de seu próprio bem e que, consequentemente, haja pouco luxo.

As leis da nova divisão dos campos,[276] exigidas com tanta insistência em algumas repúblicas, eram salutares em função de sua própria natureza. Apenas são perigosas se acompanhadas de ação súbita. Subtraindo-se imediatamente as riquezas de uns e aumentando, da mesma forma, as de outros, produzirão em cada família uma revolução, a qual, por sua vez, produzirá uma revolução geral no Estado.

À medida que o luxo se estabelece numa república, o espírito se volta para o interesse particular. A pessoas às quais basta o necessário, só resta desejar a glória da pátria e a sua própria. Mas uma alma corrompida pelo luxo alimenta desejos bem diversos. Logo se torna inimiga das leis que a incomodam. O luxo que a guarnição de Régio principiou a conhecer causou o estrangulamento de seus habitantes.

Logo que os romanos foram corrompidos, seus desejos se tornaram imensos. Pode-se avaliá-lo pelo preço que atribuíram às coisas. Um cântaro de vinho de Falerno[277] era vendido por cem dinheiros romanos; um barril de carne salgada do Ponto custava quatrocentos; um bom cozinheiro, quatro talentos; os homens jovens não tinham preço. Quando, graças a uma impetuosidade[278] geral, todos se entregavam à volúpia, o que era feito da virtude?

CAPÍTULO III — DAS LEIS SUNTUÁRIAS NA ARISTOCRACIA

A aristocracia mal constituída padece deste infortúnio, a saber, que nela os nobres possuem as riquezas, mas não devem, entretanto, despendê-las. O luxo contrário ao espírito de moderação deve ser dela banido. Nessa aristocracia não há senão pessoas muito pobres que não podem receber, e pessoas muito ricas que não podem despender.

Em Veneza, as leis forçam os nobres à modéstia. Estão tão habituados à parcimônia que somente as cortesãs são capazes de fazê-los despender

---

276. Leia-se "reforma agrária". (N.T.)

277. Fragmento do Livro XXXVI de Diodoro, relatado por Constantino Porfirogeneta, *Extrait des vertus et des vices*.

278. *Cum maximus omnium impetus ad luxuriam esset*. Ibidem.

dinheiro. Elas constituem a via para manter a indústria; as mulheres mais desprezíveis em Veneza gastam sem quaisquer riscos, enquanto seus tributários levam a vida mundana mais obscura.

As boas repúblicas gregas tinham, a esse respeito, instituições admiráveis. Os ricos empregavam seu dinheiro em festas, em coros musicais, em bigas, em cavalos de corrida, em magistraturas onerosas. As riquezas constituíam uma carga tão pesada quanto a pobreza.

CAPÍTULO IV — DAS LEIS SUNTUÁRIAS NAS MONARQUIAS

"Os suions, nação germânica, prestam honras às riquezas", diz Tácito,[279-280] "o que os faz viver sob o governo de um só". Isso demonstra que o luxo se coaduna singularmente com as monarquias e que nelas não há qualquer necessidade de leis suntuárias.

Como, em conformidade com a constituição das monarquias, as riquezas são desigualmente divididas, o luxo torna-se inevitável. Se os ricos não despenderem muito, os pobres morrerão de fome. É até forçoso que os ricos despendam proporcionalmente à desigualdade das fortunas e que, como dissemos, o luxo aumente nessa proporção. As riquezas particulares só aumentaram na medida em que subtraíram, de uma parte dos cidadãos, o que lhes era fisicamente necessário; torna-se, portanto, necessário que este lhes seja restituído.

Assim, para que o Estado monárquico se sustente, o luxo deve proceder em escala crescente, do lavrador ao artesão, ao negociante, aos nobres, aos magistrados, aos grandes senhores, aos contratadores principais, aos príncipes, sem o que tudo estaria perdido.

No senado de Roma, composto de circunspectos magistrados, jurisconsultos e homens plenamente imbuídos da ideia dos velhos tempos, propôs-se, sob Augusto,[281] a correção dos costumes e do luxo das mulheres. É curioso observar em Dion[282-283] com que arte ele eludiu as solicitações importunas desses senadores. Porque ele fundava uma monarquia e dissolvia uma república.

---

279. Historiador latino do século II. (N.T.)

280. *De moribus Germanorum*, XLIV.

281. Otávio (63 a.C.-14 d.C.), sobrinho e protegido de Júlio César, membro do segundo triunvirato e primeiro imperador romano como *Augustus* (27 a.C.-14 d.C.). (N.T.)

282. Dion Cássio (155-229 ou 235 d.C.) era originário de Niceia, na Bitínia. (N.T.)

283. Dion Cássio, LIV, XVI.

Sob o imperador Tibério,[284] os edis propuseram no senado o restabelecimento das antigas leis suntuárias.[285] Este príncipe, que era esclarecido, a isso se opôs, declarando: "O Estado não poderia subsistir na situação em que se acham as coisas. Como Roma poderia viver? Como poderiam as províncias viver? Tínhamos frugalidade quando éramos cidadãos de uma só cidade; hoje consumimos as riquezas do universo inteiro; fazemos com que trabalhem para nós os senhores e os escravos.". Bem percebia ele que não havia mais necessidade de leis suntuárias.

Quando, sob o mesmo imperador, se propôs ao senado a proibição aos governadores de levar suas mulheres às províncias, devido aos desregramentos que elas para lá carregavam, isso foi rejeitado. "Diz-se que os exemplos da severidade dos antigos haviam sido substituídos por um estilo de vida mais agradável."[286] Percebeu-se a necessidade de outros costumes.

O luxo é, portanto, necessário nos Estados monárquicos, também o sendo nos Estados despóticos. Nos primeiros, trata-se de um uso que se faz do que se possui de liberdade; nos outros, trata-se de um abuso que se faz das vantagens da própria servidão: quando um escravo é escolhido por seu senhor para tiranizar seus outros escravos, estando ele incerto a respeito da sorte de seu futuro, a única felicidade que existe para ele é a de estimular o seu orgulho, os desejos e as volúpias de cada dia.

Tudo isso conduz a uma reflexão. As repúblicas extinguem-se pelo luxo; as monarquias extinguem-se pela pobreza.[287]

CAPÍTULO V — CASOS NOS QUAIS AS LEIS SUNTUÁRIAS SÃO ÚTEIS NUMA MONARQUIA

Foi no espírito da república ou em alguns casos particulares que em meados do século XIII leis suntuárias foram produzidas em Aragão. Jaime I ordenou que o rei, bem como quaisquer de seus súditos, poderiam comer apenas dois tipos de carne a cada refeição, e que cada uma delas seria preparada de uma única maneira, a menos que se tratasse de caça abatida pela própria pessoa.[288]

Também atualmente foram produzidas leis suntuárias na Suécia, mas estas têm um objetivo diferente daquelas de Aragão.

---

284. Imperador romano que sucedeu a Augusto. Viveu entre 42 a.C. e 37 d.C. (N.T.)

285. Tácito, *Anais*, III, XXXIV.

286. *Multa duritiei veterum melius et laetius mutata.* Tácito, *Anais*, III, XXXIV.

287. *Opulentia paritura mox egestatem.* Floro, III, XII.

288. Constituição de Jaime I, de 1234, art. 6º, em *Marca Hispanica*.

Um Estado pode produzir leis suntuárias tendo como propósito uma frugalidade absoluta. É o espírito das leis suntuárias das repúblicas; e a natureza da coisa nos faz ver que este foi o objetivo daquelas de Aragão.

As leis suntuárias podem também visar a uma frugalidade relativa, quando um Estado, notando que mercadorias estrangeiras de um preço excessivamente elevado exigiriam uma tal exportação das próprias, que o Estado mais se privaria destas do que encontraria satisfação naquelas, proíbe terminantemente o ingresso das mercadorias estrangeiras; é neste espírito que as leis na Suécia foram feitas atualmente.[289] São as únicas leis suntuárias convenientes às monarquias.

Em geral, quanto mais pobre é um Estado, mais é arruinado por seu luxo relativo, e mais, consequentemente, a ele são necessárias leis suntuárias relativas. Quanto mais rico é um Estado, mais o seu luxo relativo o enriquecerá, sendo decididamente necessário evitar produzir leis suntuárias relativas. Explicaremos melhor tal coisa no Livro sobre o comércio.[290] Aqui apenas tratamos do luxo absoluto.

CAPÍTULO VI — DO LUXO NA CHINA

Motivos particulares requerem leis suntuárias em certos Estados. O povo, por força do clima, pode tornar-se tão numeroso e, por outro lado, os meios para garantir sua subsistência tão incertos que convém utilizá-lo na sua totalidade no cultivo da terra. Nesses Estados, o luxo é perigoso, e as leis suntuárias devem ser rigorosas. Assim, para saber se é necessário estimular o luxo ou proscrevê-lo, deve-se primeiramente observar a relação existente entre o volume populacional e a facilidade de assegurar sua sobrevivência. Na Inglaterra, o solo produz muito mais grãos que o necessário para nutrir aqueles que cultivam as terras e aqueles que se dedicam à indústria de roupas; pode-se, portanto, dispor-se das artes frívolas e, consequentemente, do luxo. Na França, cresce trigo suficiente para a alimentação dos lavradores e daqueles empregados nas manufaturas. Ademais, o comércio com os estrangeiros pode resultar na troca de tantas coisas frívolas por outras tantas coisas indispensáveis que não se deve neste país temer o luxo.[291]

---

289. Proibiram-se aí os vinhos finos e outras mercadorias requintadas.

290. Ver t. II, Livro XX, capítulo XX.

291. Estas palavras do barão de *la Brède* foram cabalmente desmentidas pelos fatos que antecederam de perto a eclosão da Revolução Francesa cerca de quarenta anos após a publicação de *O espírito das leis*, quando o fausto de nobres e cortesãos da França, aliado a outros fatores, gerou no país o surgimento de muitos milhares de deserdados sociais retratados por Victor Hugo em *Les Misérables*, título nada poético do mais romântico dos autores franceses. O fato corroborado pela própria história das sociedades humanas é que nenhum Estado, independentemente de

Na China, ao contrário, as mulheres são tão fecundas e a espécie humana se multiplica a tal ponto que as terras, por mais cultivadas que sejam, mal bastam para a alimentação dos habitantes. O luxo nesse país é, portanto, pernicioso, e o espírito do trabalho e da economia é aí também tão necessário quanto em qualquer república, seja qual for.[292] Faz-se imperioso dedicar-se às artes necessárias[293] e que se fuja daquelas da voluptuosidade.

Eis o espírito das belas ordenações dos imperadores chineses: "Nossos antepassados antigos", diz um imperador da família dos Tang,[294] "tinham como máxima que, se houvesse um homem que não lavrasse a terra, uma mulher que não se ocupasse em fiar, alguém padeceria de frio ou de fome no Império...", e, baseado nesse princípio, ordenou a destruição de uma infinidade de mosteiros dos bonzos.

O terceiro imperador da vigésima primeira dinastia,[295] a quem foram levadas pedras preciosas descobertas numa mina, ordenou que a fechassem, não querendo fatigar o seu povo no labor por uma coisa incapaz de o alimentar ou vestir.

"Nosso luxo é tão grande", diz Kiayventi,[296] "que o povo orna com bordados os calçados dos meninos e meninas que é obrigado a vender". Com tantas pessoas ocupadas na confecção dos trajes de uma só, será de estranhar que existam muitas pessoas às quais faltam roupas? Há dez homens

---

sua forma de governo, de seu tamanho, de suas características culturais, raciais, geográficas, climáticas, da índole de seu povo e de tantos outros aspectos, pode se dar o direito e o capricho de manter o *luxo* e muito menos cultivá-lo, a não ser às expensas do desequilíbrio e da injustiça social. Como a riqueza em bens de toda ordem produzida é limitada, mesmo com o concurso das tremendas tecnologias hoje existentes, o excesso fruído por uma minoria sempre acarretará escassez e privações a serem sofridas por uma maioria, ou, em palavras bem chãs, enquanto houver alguns multimilionários saboreando caríssimos vinhos diuturnamente em suas mansões, persistirá a tendência a faltar leite nos lares humildes de muitos pobres e miseráveis. Temos aqui uma quase proporção matemática que determina uma disparidade social que nenhuma política econômica é capaz de eliminar, embora possa atenuar. Uma sociedade de ricos e pobres é inelutável e até suportável. Mas uma sociedade de milionários cultivadores do luxo e paupérrimos aos quais falta o essencial (diria Montesquieu, o *físico necessário*) não é apenas eticamente condenável e juridicamente ilegítima (*vide* Carta Magna brasileira de 1988): é pragmaticamente inviável, porque caminhará, mais cedo ou mais tarde, para a exclusão social seguida pela convulsão social, a qual ameaçará não só o fausto dos miliardários como a sociedade como um todo. (N.T.)

292. Na China, o luxo sempre foi contido.

293. Ou seja, o indispensável, excluindo todo o supérfluo. (N.T.)

294. Numa ordenação relatada por P. de Halde, t. II.

295. *Histoire de la Chine*, 21ª dinastia na obra de P. de Halde, t. I.

296. Num discurso relatado por P. de Halde, t. II.

que comem o produto das terras para cada lavrador: será de estranhar que a muitos indivíduos faltem alimentos?

CAPÍTULO VII — CONSEQUÊNCIA FATAL DO LUXO NA CHINA

Observa-se na história da China que ela passou por vinte e duas dinastias sucessivas, ou seja, experimentou vinte e duas revoluções gerais, sem contar uma infinidade de revoluções particulares. As três primeiras dinastias tiveram longa duração, porque foram sabiamente governadas e pelo fato de o Império ser menos extenso do que se tornou posteriormente. Mas pode-se afirmar, em termos gerais, que todas essas dinastias começaram muito bem. A virtude, a atenção e a vigilância são necessárias na China: estiveram presentes no início das dinastias e ausentes no fim delas. De fato, era natural que os imperadores, nutridos na fadiga das guerras, as quais chegavam a fazer descer do trono uma família mergulhada em deleites, conservassem a virtude que haviam comprovado ser tão útil e temessem as voluptuosidades que haviam assistido como tão funestas. Mas, depois desses três ou quatro primeiros príncipes, a corrupção, o luxo, a ociosidade, os deleites se apoderaram dos sucessores. Confinam-se no palácio, seu espírito se debilita, suas vidas encurtam, a família declina; os grandes se elevam, os eunucos granjeiam crédito, só crianças são entronizadas; o palácio se converte em inimigo do Império; um povo ocioso que o habita arruína aquele que trabalha, o imperador é morto ou aniquilado por um usurpador que funda uma família, da qual o terceiro ou o quarto sucessor se dirigirá ao mesmo palácio para se confinar.

CAPÍTULO VIII — DA CONTINÊNCIA PÚBLICA

Há tantas imperfeições vinculadas à perda da virtude por parte das mulheres, toda a sua alma tão intensamente degradada, sendo este ponto principal abstraído, levando à queda de tantos outros, que se pode considerar, num Estado popular, a incontinência pública como o último dos infortúnios e como a certeza de uma mudança na constituição.

Diante disso, os bons legisladores têm exigido das mulheres uma certa gravidade nos costumes. Determinaram a proscrição, de suas repúblicas, não somente do vício, como também da própria aparência deste. Baniram até mesmo o comércio da galanteria que produz a ociosidade, o qual faz com que as mulheres corrompam antes mesmo de serem corrompidas, atribuindo um preço a todas as futilidades, rebaixando aquilo que tem importância e que faz com que a conduta das pessoas se funde unicamente nas máximas do risível, que as mulheres têm tanta habilidade para estabelecer.

CAPÍTULO IX — DA CONDIÇÃO DAS MULHERES NOS DIVERSOS GOVERNOS

As mulheres mostram pouca moderação nas monarquias porque, como a distinção das classes as atrai à corte, elas assumem, nesta, esse espírito de liberdade que é, quase, o único aí tolerado. Cada uma se serve de seus encantos e de suas paixões para aumentar sua fortuna; e como a fraqueza delas obsta-lhes o orgulho, permitindo-lhes somente a vaidade, o luxo sempre reina junto a elas.

Nos Estados despóticos, as mulheres não introduzem o luxo, sendo elas próprias um objeto de luxo, permanecendo sumamente escravizadas. Cada qual segue o espírito do governo e traz consigo o que vê estabelecido em outros lugares. Como as leis nesses Estados são severas e aplicadas de imediato, receia-se que a liberdade das mulheres gere processos. Suas intrigas, suas indiscrições, suas repugnâncias, suas inclinações, seus ciúmes, suas picardias, essa arte que as almas pequenas detêm de interessar as grandes, não poderiam nesses Estados deixar de acarretar as suas consequências.

Acresça-se a isso que, como nesses Estados os príncipes abusam da natureza humana, eles têm muitas mulheres, e uma plêiade de considerações os obriga a mantê-las confinadas.

Nas repúblicas, as mulheres são livres, do ponto de vista da lei, e escravas, do ponto de vista dos costumes; o luxo é banido deste ambiente, e com ele a corrupção e os vícios.

Nas cidades gregas, onde não se vivia segundo a religião que estabelece que mesmo entre os homens a pureza dos costumes constitui parte da virtude; nas cidades gregas, onde um vício cego imperava desenfreadamente, onde o amor detinha apenas uma forma que não se ousa expressar,[297] enquanto somente a amizade se alojava no casamento,[298] a virtude,

---

297. O autor se refere, presumivelmente, ao homossexualismo masculino, relativamente comum em várias cidades gregas, deixando, ademais, implícita a distinção entre o amor sexual e a amizade. O disparatado e infamante, para Montesquieu, que se apoia aqui nas palavras de Plutarco, é que o amor erótico era, via de regra, praticado pelos homossexuais masculinos, sexo *contra natura*, enquanto a amizade (sem *teor sexual*) ocupava geralmente o relacionamento dos homens com as mulheres. Entretanto, para ele, do prisma da retidão e da honra das mulheres, o saldo desse amor inominável era positivo. (N.T.)

298. "Quanto ao verdadeiro amor", diz Plutarco, "ali elas dele não participavam". *Obras morais, Tratado do amor*. Ele falava de acordo com o seu século. Ver Xenofonte no diálogo intitulado *Hierão*.

a simplicidade, a castidade das mulheres eram então tais que jamais se viu outro povo que tivesse, no tocante a isso, uma vigilância melhor.[299]

CAPÍTULO X — DO TRIBUNAL DOMÉSTICO ENTRE OS ROMANOS

Os romanos não tinham, como os gregos, magistrados particulares que inspecionavam o comportamento das mulheres. Os censores não as vigiavam mais do que o faziam em relação ao restante da república. A instituição do tribunal doméstico[300] substituiu a magistratura estabelecida entre os gregos.[301]

O marido reunia os parentes da mulher e a julgava diante deles.[302] Esse tribunal preservava os costumes na república. Mas esses mesmos costumes preservavam o tribunal. Sua função era julgar não só a violação das leis, como também a violação dos costumes. Ora, para julgar a violação dos costumes, é preciso tê-los.

As penas desse tribunal deviam ser arbitrárias e, com efeito, eram, pois tudo que tange aos costumes, às regras da modéstia, não pode, em absoluto, estar compreendido num código de leis. É fácil regulamentar pelas leis aquilo que devemos aos outros; é difícil encerrar nelas tudo o que se deve a si mesmo.

O tribunal doméstico zelava pela conduta geral das mulheres. Mas havia um crime que, além da animadversão desse tribunal, era ainda submetido a uma acusação pública: o adultério, quer porque numa república uma tão grande transgressão aos costumes interessasse ao governo, quer porque o desregramento da mulher pudesse pôr sob suspeita aquele do marido, quer, enfim, porque se receasse que as próprias pessoas honestas preferiam mais ocultar tal crime do que puni-lo, preferindo ignorá-lo a vingá-lo.

---

299. Em Atenas, havia um magistrado particular que inspecionava a conduta das mulheres.

300. Foi Rômulo que instituiu este tribunal, segundo relata Dionísio de Halicarnasso.

301. Ver em Tito Lívio, XXXIX, o uso que se efetivou deste tribunal por ocasião da conjuração das bacanais: denominou-se conjuração contra a república as reuniões em que se corrompiam os costumes das mulheres e dos jovens.

302. É relatado por Dionísio de Halicarnasso, II (*), que, mediante a instituição de Rômulo, o marido, nos casos ordinários, julgava sozinho perante os parentes da mulher, e que, no caso dos grandes crimes, ele julgava associado a cinco dentre eles. Também Ulpiano (**), no título VI, § 9º, 12 e 13, distingue, entre os julgamentos dos costumes, os costumes que classificava como *graves* daqueles que o eram menos, *mores graviores, mores leviores*. [(*) Historiador grego que floresceu entre o início do Império Romano (contemporâneo de Augusto) e o início da Era Cristã. Autor das *Antiguidades romanas*. (**) Jurisconsulto romano que viveu no século II, vide *Regras de Ulpiano*. Trad. Gaetano Sciascia. São Paulo: Edipro, 2002. (N.T.)].

CAPÍTULO XI — COMO AS INSTITUIÇÕES EM ROMA MUDARAM COM A MUDANÇA DO GOVERNO

Como o tribunal doméstico pressupunha os costumes, a acusação pública também os pressupunha, o que fez com que essas duas coisas desaparecessem com a mudança dos costumes e se extinguissem com a república.[303]

O estabelecimento das questões perpétuas, isto é, da partilha da jurisdição entre os pretores, e o costume, introduzido cada vez mais, de esses pretores julgarem eles próprios[304] todos os assuntos enfraqueceram o uso do tribunal doméstico, o que parece se revelar pela surpresa dos historiadores que encaram como fatos singulares e como uma renovação da prática antiga os julgamentos que Tibério fez serem realizados por esse tribunal.

O estabelecimento da monarquia e a mudança dos costumes provocaram também o desaparecimento da acusação pública. Podia-se temer que um homem desonesto, melindrado com o desprezo de uma mulher, indignado por sua rejeição, ultrajado mesmo contra a sua virtude, arquitetasse o plano de prendê-la. A Lei Júlia determinou que somente era possível acusar uma mulher de adultério após ter acusado seu marido de favorecer seus desregramentos, o que restringiu bastante essa acusação e, por assim dizer, a aniquilou.[305]

Sixto V[306] pareceu desejar trazer de volta a acusação pública.[307] Mas bastou um pouco de reflexão para constatar que essa lei, numa monarquia como a sua, era ainda mais descabida do que em qualquer outra.

CAPÍTULO XII — DA TUTELA SOBRE AS MULHERES ENTRE OS ROMANOS

As instituições dos romanos colocavam as mulheres numa tutela perpétua, a não ser que não estivessem sob a autoridade de um marido.[308] Essa tutela era concedida ao mais próximo dos parentes pela linhagem masculina, e

---

303. *Judicio de moribus (quod antea quidem in antiquis legibus positum erat, non autem frequentabatur) penitus abolito.* Leg. XI, Cód. (Livro V, título XVII), *de repud.*

304. *Judicia extraordinaria.*

305. Constantino a aboliu completamente: "É algo indigno", dizia ele, "que casamentos tranquilos sejam perturbados pela audácia dos estranhos".

306. Papa de 1585 a 1590. (N.T.)

307. Sixto V ordenou que o marido que se omitisse totalmente de reclamar a ele sobre os desregramentos de sua esposa seria punido de morte. Ver Leti, *Vie de Sixte V.*

308. *Nisi convenissent in manum viri.*

parece, a julgar por uma expressão vulgar,[309] que elas viviam muito constrangidas. Isso era bom para a república e absolutamente desnecessário na monarquia.[310]

Parece, pelos diversos códigos de leis dos bárbaros, que as mulheres, entre os primeiros germânicos, se achavam também sob uma tutela perpétua.[311] Esse uso foi transmitido às monarquias fundadas por eles, mas não subsistiu.

CAPÍTULO XIII — DAS PENAS ESTABELECIDAS PELOS IMPERADORES CONTRA O DEBOCHE DAS MULHERES

A Lei Júlia estabelece uma pena contra o adultério. Mas essa lei, como outras posteriormente feitas, longe de constituírem um sinal da pureza dos costumes, constituíram, ao contrário, um sinal da depravação destes.

Todo o sistema político relativamente às mulheres mudou na monarquia. Não se tratava mais de estabelecer entre elas a pureza dos costumes, mas de punir seus crimes. E novas leis não eram feitas para punição desses crimes, senão porque as violações não eram mais punidas, violações que não eram esses crimes.

O horrível desregramento dos costumes obrigava os imperadores a produzir leis que contivessem até um certo ponto a impudicícia, mas a intenção deles não foi a de corrigir os costumes em geral. Fatos positivos, narrados pelos historiadores, o provam melhor do que poderiam todas essas leis provar o contrário. Pode-se ver em Dion o procedimento de Augusto a esse respeito, e como ele eludiu, em sua pretoria e em sua censura, as demandas que lhe foram dirigidas.[312]

Encontram-se explicitamente nos historiadores julgamentos rigorosos proferidos nos governos de Augusto e de Tibério contra a libertinagem de

---

309. *Ne sis mihi patruus oro* (Suplico-te que não sejas meu tutor).

310. A Lei Papiana determinou, sob o imperador Augusto, que as mulheres que houvessem concebido três filhos não se enquadrariam nessa tutela.

311. Entre os germânicos, essa tutela se chamava *Mundeburdium*.

312. Quando a ele foi conduzido um jovem que desposara uma mulher com a qual mantivera anteriormente um mau comércio, (*) ele hesitou por muito tempo, não ousando aprovar ou punir essas coisas. Finalmente, recuperando o ânimo, declarou: "As sedições têm sido causa de grandes males, que as esqueçamos" (Dion, LIV, xvi). Tendo os senadores solicitado a ele normas concernentes aos costumes das mulheres, contornou tal solicitação dizendo-lhes que corrigissem suas mulheres como ele corrigia a sua, o que os levou a indagar-lhe como ele agia em relação à sua mulher (indagação, parece-me, sumamente indiscreta). [(*) Ou seja, relações sexuais ilícitas extraconjugais. (N.T.)].

algumas damas romanas, mas, ao nos fazermos conhecedores dos governos desses imperadores, nos tornamos cientes do espírito desses julgamentos.

Augusto e Tibério cogitaram principalmente em punir o deboche de suas parentas. Não puniam de modo algum os desregramentos dos costumes, mas um certo crime de impiedade ou de lesa-majestade[313] que eles mesmos haviam inventado, útil para que fossem respeitados, útil para sua vingança. Esta é a causa de os autores romanos se erguerem tão incisivamente contra essa tirania.

A pena da Lei Júlia era leve.[314] Os imperadores quiseram que, nos julgamentos, se produzisse um aumento da pena da lei que eles haviam feito, o que foi alvo das invectivas dos historiadores. Não examinavam se as mulheres mereciam ser punidas, mas se a lei fora violada para puni-las.

Uma das principais posturas tirânicas adotadas por Tibério[315] foi o abuso feito por ele das antigas leis. Toda vez que queria punir alguma dama romana acima da pena cominada pela Lei Júlia, restabelecia contra ela o tribunal doméstico.[316]

Essas disposições com relação às mulheres só diziam respeito às famílias dos senadores, não atingindo as do povo. Desejavam-se pretextos para fazer acusações contra os grandes, e os desregramentos das mulheres podiam supri-los em grande número.

Enfim, aquilo que afirmei, ou seja, que a pureza dos costumes não é o princípio do governo de um só, jamais se verificou melhor do que sob esses primeiros imperadores; e se disso se duvidasse, bastaria ler Tácito, Suetônio,[317] Juvenal[318] e Marcial.[319]

---

313. *Culpam inter viros et feminas vulgatam, gravi nomine laesarum religionum, ac violatae majestatis appellando, clementiam majorum suasque ipse leges egrediebatur.* (*) Tácito, *Anais*, III, XXIV. [(*) Ao designar uma falta tão difundida entre homens e mulheres com o agravante nome de sacrilégio, ou de lesa-majestade, ele ia além dos limites estabelecidos pela clemência de nossos ancestrais e por suas próprias leis. (N.T.)].

314. Essa Lei consta no Digesto, mas nele não consta a pena. Acredita-se que fosse apenas a relegação, pois a do incesto era apenas a deportação. L. *Si quis viduam,* ff. *de Quest.*

315. *Proprium id Tiberio fuit, scelera nuper reperta priscis verbis obtegere.* Tácito, *Anais*, IV, XIX. [(Era próprio de Tibério disfarçar os crimes novos mediante vocábulos antigos. (N.T.)].

316. *Adulterii graviorem poenam deprecatus, ut, exemplo majorum, propinquis suis ultra ducentesimun lapidem removeretur, suasit. Adultero Manlio Italia atque Africa interdictum est.* Tácito, *Anais*, II, L. Na realidade tratava-se de um abrandamento da pena que Tibério exigia. [Exigiu que se fizesse mais rígida a punição do adultério e aconselhou aos parentes da culpada, como fizera a antiga legislação, que a afastassem de Roma por uma distância de duzentas milhas. Proibiu-se ao seu amante, Mânlio, que ingressasse na Itália ou na África. (N.T.)].

317. Historiador latino que viveu entre 70 e 141 a.C. (N.T.)

318. Poeta latino do primeiro século da era cristã. (N.T.)

319. Poeta latino do primeiro século da era cristã. (N.T.)

CAPÍTULO XIV — LEIS SUNTUÁRIAS ENTRE OS ROMANOS

Ocupamo-nos da incontinência pública porque esta está associada ao luxo, pelo qual ela é sempre seguida e que ela sempre segue. Se vós deixais livres os movimentos do coração, como podereis deter as fraquezas do espírito?

Em Roma, além das instituições gerais, os censores determinaram que fossem feitas, via magistrados, diversas leis particulares que colimavam manter as mulheres na frugalidade. As Leis *Faniana*, *Liciana* e *Opiana* tiveram essa meta. Convém ver, em Tito Lívio,[320] como o Senado foi agitado quando elas pediram a revogação da Lei *Opiana*. Valério Máximo[321] situa a era do luxo entre os romanos a partir da ab-rogação dessa lei.

CAPÍTULO XV — DOS DOTES E DAS VANTAGENS NUPCIAIS NAS DIVERSAS CONSTITUIÇÕES

Nas monarquias, os dotes devem ser consideráveis para que os maridos possam conservar sua posição e o luxo estabelecido. Nas repúblicas, onde não há lugar para o Império do luxo, devem ser medianos.[322] Quanto aos Estados despóticos, onde as mulheres são, de alguma forma, escravas, devem ser quase nulos.

A comunhão dos bens, introduzida pelas leis francesas entre marido e mulher, é muito conveniente no governo monárquico, porque desperta o interesse das mulheres nos assuntos domésticos, conduzindo-as, mesmo com seu desagrado, aos cuidados de suas casas. É menos conveniente na república, onde as mulheres são mais virtuosas. Essa comunhão seria absurda nos Estados despóticos, onde quase sempre as mulheres são elas mesmas uma parte da propriedade do senhor.

Como as mulheres, por sua condição, são bastante inclinadas ao casamento, as vantagens que a lei lhes proporciona sobre os bens do marido são inúteis, mas seriam perniciosíssimas numa república, porque suas riquezas particulares produzem luxo. Nos Estados despóticos, as vantagens nupciais devem constituir sua subsistência, e nada mais.

---

320. Década IV, Livro IV.

321. Historiador latino contemporâneo de Tibério. (N.T.)

322. Marselha foi a mais sábia das repúblicas de seu tempo. Os dotes não podiam ultrapassar cem escudos em dinheiro e cinco em vestuário, segundo Estrabão, IV.

CAPÍTULO XVI — O BOM COSTUME DOS SAMNITAS

Os samnitas tinham um costume que, numa pequena república e, sobretudo, na situação experimentada pela deles, devia produzir excelentes efeitos. Reuniam todos os jovens e os julgavam. Aquele que fosse considerado o melhor de todos tomava por esposa a moça que desejasse; aquele que obtinha o número de votos imediatamente inferior ao dele também escolhia, e assim sucessivamente.[323] Era admirável considerar entre os bens dos rapazes somente suas boas qualidades e os serviços prestados à pátria. Aquele que era o mais rico nessas espécies de bens escolhia uma moça em toda a nação. O amor, a beleza, a castidade, a virtude, o nascimento, as próprias riquezas, tudo isso era, por assim dizer, o dote da virtude. Seria difícil imaginar uma recompensa mais nobre, mais elevada, menos a cargo de um pequeno Estado, mais suscetível de atuar sobre um e outro sexo.

Os samnitas descendiam dos lacedemônios, e Platão, cujas instituições são apenas o aprimoramento das leis de Licurgo, concebeu uma lei aproximadamente semelhante.[324-325]

CAPÍTULO XVII — DA ADMINISTRAÇÃO DAS MULHERES

Contraria a razão e a natureza as mulheres dirigirem os negócios domésticos, como estava estabelecido entre os egípcios; não há, entretanto, essa contrariedade quanto a governarem um Império. No primeiro caso, o estado de debilidade em que se acham não lhes permite a preeminência; no segundo, é precisamente sua debilidade que lhes concede mais suavidade e moderação, o que pode constituir um bom governo, mais do que as virtudes caracterizadas pelo rigor e a ferocidade.[326]

Nas Índias, há natural aceitação dos governos femininos. E está estabelecido que, se os homens não são oriundos de uma mãe do mesmo sangue, as moças que têm uma mãe de sangue real são as sucessoras.[327] A elas é conferido um certo número de pessoas que as ajudam a carregar o peso

---

323. Fragmento de Nicolau de Damasco, extraído de Estobeu, na *Coletânea* de Constantino Porfirogeneta.

324. Ele lhes permite, inclusive, se verem com mais frequência.

325. Ver Platão, *As Leis*, São Paulo: Edipro, 2021. Especialmente o Livro VI (p. 771d-785). (N.T.)

326. Montesquieu tem em mente, mais uma vez, o horizonte dos governos helênicos da Antiguidade, visando à administração doméstica e à administração política. Entretanto, curiosamente, não aprova a rejeição ao matriarcado, em matéria de direção política. (N.T.)

327. *Lettres Édifiantes* (*Cartas edificantes*), 14ª coleção.

do governo. Segundo M. Smith,[328] também são francamente aceitáveis os governos das mulheres na África. Se somarmos a isso o exemplo da Moscóvia e da Inglaterra, veremos que elas têm êxito igualmente no governo moderado e no despótico.

---

328. *Voyage de Guinée (Viagem a Guiné)*, parte II; acerca do reino de Angona, na Costa do Ouro.

LIVRO VIII — DA CORRUPÇÃO DOS PRINCÍPIOS DOS TRÊS GOVERNOS

CAPÍTULO I — IDEIA GERAL DESTE LIVRO

A corrupção de qualquer governo se inicia quase sempre pela corrupção dos princípios.

CAPÍTULO II — DA CORRUPÇÃO DO PRINCÍPIO DA DEMOCRACIA

O princípio da democracia se degenera não apenas quando se perde o espírito da igualdade, mas também quando se assume o espírito da igualdade extrema e cada um deseja ser igual àqueles que escolhe para o governar. E assim, o povo, incapaz de suportar o próprio poder ao qual se confiou, quer fazer tudo por si próprio, deliberar pelo senado, executar pelos magistrados e destituir todos os juízes.[329]

Não é mais possível haver virtude na república. O povo quer exercer as funções dos magistrados: estes não são mais respeitados. As deliberações do senado não terão mais peso; ninguém terá mais consideração pelos senadores e, consequentemente, pelos velhos.[330] E se não se tem mais respeito pelos velhos, tampouco se terá respeito pelos pais. Os maridos não merecerão mais deferência, e nem os senhores, submissão. Todos acabarão por apreciar essa libertinagem; o constrangimento do mando será fatigante, tal como o da obediência. As mulheres, as crianças, os escravos não se submeterão a ninguém. Não haverá mais costumes, amor à ordem; enfim, não haverá mais virtude.

No *Banquete* de Xenofonte pode-se observar uma pintura bastante ingênua de uma república onde o povo abusou da igualdade. Cada conviva apresenta, a seu turno, a razão pela qual está satisfeito consigo mesmo. "Estou

---

329. Note-se que o autor deixa implícita sua teoria dos três poderes no âmbito da democracia ou da república: o poder legislativo-deliberativo (senado), o executivo (magistrados) e o judiciário (juízes). (N.T.)

330. *Senatus*, conselho dos velhos. Montesquieu conserva a concepção original do senado (obrigatória na Grécia antiga e em Roma) de conselho deliberativo composto de homens *velhos*, ou seja, para os antigos homens a partir dos 50 anos. Não confundir *velho* com *ancião*. (N.T.)

satisfeito comigo mesmo", diz Cármides, "por causa de minha pobreza. Quando era rico, era obrigado a fazer a corte aos caluniadores, bem ciente de que me achava mais na condição de receber deles o mal do que fazê-lo a eles: a república sempre me solicitava alguma nova soma e eu não podia declinar. Depois que me tornei pobre, adquiri autoridade. Ninguém me ameaça, sou eu quem ameaça os outros; posso ausentar-me ou permanecer onde estou. Já os ricos se erguem de seus lugares e me cedem a passagem. Sou um rei, e antes era escravo; pagava um tributo à república, e hoje é ela que me alimenta; não temo mais a perda, e sim nutro a esperança de ganhar".

O povo cai nessa desgraça quando aqueles aos quais ele se confia, no desejo de ocultar sua própria corrupção, procuram corrompê-lo. Para que este não note sua ambição, limitam-se a discorrer sobre sua grandeza; para que não perceba sua avareza, adulam incessantemente a do povo.

A corrupção aumentará entre os corruptores e aumentará entre aqueles que já estão corrompidos. Ao povo se distribuirá todo o dinheiro público, e como terá associado à sua indolência a gestão dos negócios, desejará associar à sua pobreza os entretenimentos do luxo. Mas, com sua indolência e seu luxo, só lhe restará o tesouro público como objetivo.

Não será surpreendente presenciar que sufrágios estão sendo trocados por dinheiro. Não se pode dar muito ao povo sem que se subtraia ainda mais dele. Porém, para dele subtrair, é preciso derrubar o Estado. Quanto mais parecer que o povo tira proveito de sua liberdade, mais ele se aproximará do momento em que deverá perdê-la. Nesta situação formam-se pequenos tiranos que têm todos os vícios de um só. E logo o que restar de liberdade se tornará insuportável; um único tirano se elevará e o povo perderá tudo, até as vantagens de sua corrupção.

A democracia deve, portanto, evitar dois excessos: o espírito de desigualdade, que a conduz à aristocracia ou ao governo de um só, ou o espírito de igualdade extrema, que a conduz ao despotismo de um só, considerando-se que o despotismo de um só finda pela conquista.

É verdade que os que corromperam as repúblicas gregas nem sempre se tornaram tiranos. A razão disto é que eram mais aficionados da eloquência do que da arte bélica; ademais, estava aninhado no coração de todos os gregos um ódio implacável contra aqueles que derrubavam o governo republicano, o que fez com que a anarquia, em lugar de converter-se em tirania, se degenerasse em aniquilamento.

Mas Siracusa, que estava situada no meio de muitas pequenas oligarquias transformadas em tiranias,[331] Siracusa, que possuía um senado[332] do

---

331. Ver Plutarco, nas *Vidas de Timoleonte e de Dion.*

332. O Conselho dos Seiscentos, ao qual se refere Diodoro, XIX, V.

152 | O ESPÍRITO DAS LEIS

qual quase não se faz menção na história, provou infelicidades que a corrupção ordinária não produz. Essa cidade, sempre imersa na licenciosidade[333] ou na opressão, igualmente fustigada por sua liberdade e por sua servidão, recebendo sempre uma e outra como uma tempestade e, a despeito de seu poderio externo, constantemente inclinada a uma revolução em função da menor das forças estrangeiras, dispunha em seu seio de um povo imenso, que jamais teve outra alternativa senão esta cruel de se conferir um tirano, ou de ser ele próprio o tirano.

CAPÍTULO III — DO ESPÍRITO DE IGUALDADE EXTREMA

Tanto quanto o céu está afastado da terra, está o verdadeiro espírito de igualdade do espírito de igualdade extrema. O primeiro, em absoluto, não consiste em fazer com que todos governem ou que ninguém seja governado, mas em obedecer e em governar os seus iguais. O verdadeiro espírito de igualdade não procura a inexistência de um senhor, mas ter apenas como senhores os seus iguais.

No estado de natureza, os seres humanos nascem iguais. Não poderiam, contudo, conservar-se nesse estado. A sociedade faz com que percam a igualdade, e eles só a recuperam através das leis.

Tal é a diferença entre a democracia regulamentada e aquela que não o é: na primeira, só se é igual como cidadão; na segunda, também se é igual como magistrado, como senador, como juiz, como pai, como marido, como senhor.

O lugar natural da virtude é ao lado da liberdade, mas ela não pode mais ser encontrada junto da liberdade extrema quanto não pode junto da servidão.

CAPÍTULO IV — CAUSA PARTICULAR DA CORRUPÇÃO DO POVO

Os grandes êxitos, principalmente aqueles para os quais o povo muito contribui, transmitem-lhe um tal orgulho que se torna impossível conduzi-lo. Invejando os magistrados, o povo também passa a invejar a magistratura;

---

333. Após terem expulsado os tiranos, concederam cidadania aos estrangeiros e aos soldados mercenários, o que ocasionou a eclosão de guerras civis, em Aristóteles, *Política*, V, III. Tendo sido o povo a causa da vitória sobre os atenienses, houve transformação da república, ibidem., IV. A paixão de dois jovens magistrados, tendo um arrebatado do outro um rapaz e este seduzido sua mulher, alterou a forma dessa república. Ibidem., VII, IV.

inimigo dos que governam, também se torna inimigo da constituição. Foi assim que a vitória de Salamina sobre os persas corrompeu a república de Atenas;[334] foi assim que a derrota dos atenienses fez perder a república de Siracusa.[335]

A república de Marselha jamais experimentou essas grandes passagens do aviltamento à grandeza, e, todavia, foi sempre um governo de sabedoria e assim preservou os seus princípios.

CAPÍTULO V — DA CORRUPÇÃO DO PRINCÍPIO DA ARISTOCRACIA

A aristocracia se corrompe quando o poder dos nobres se torna arbitrário: não é mais possível haver virtude entre os que governam, nem entre os que são governados.

Quando as famílias soberanas acatam as leis, trata-se de uma monarquia formada por vários monarcas, e que é naturalmente excelente; quase todos esses monarcas estão unidos pelas leis. Mas quando essas famílias não observam as leis, trata-se de um Estado despótico dotado de vários déspotas.

Neste caso, a república somente subsiste em relação aos nobres, e apenas entre eles. Encontra-se dentro do corpo que governa, e o Estado despótico se acha dentro do corpo que é governado, constituindo assim os dois corpos mais desunidos do mundo.

A corrupção extrema ocorre quando a nobreza se torna hereditária.[336] A moderação torna-se, então, para os nobres, impossível. Se constituem um pequeno número, seu poder será maior, mas sua segurança é diminuída; se constituem um grande número, seu poder será menor, e sua segurança, maior, de sorte que o poder se mantém crescendo, e a segurança, diminuindo até o déspota, sobre cuja cabeça encontra-se o excesso do poder e do perigo.

O grande número de nobres na aristocracia hereditária tornará, então, o governo menos violento, mas, como haverá pouca virtude nessa aristocracia, ocorrerá a queda numa predisposição à ociosidade, à indolência, ao abandono, o que fará com que o Estado não disponha mais de força para fazer atuar seus mecanismos.[337]

---

334. Ver Aristóteles, *Política*, V, IV, São Paulo: Edipro, 2019. (N.T.)

335. Ibidem.

336. A aristocracia se converte em oligarquia.

337. Veneza é uma das repúblicas que soube melhor corrigir, mediante suas leis, os inconvenientes da aristocracia hereditária.

Uma aristocracia pode preservar a força de seu princípio se as leis forem tais que façam sentir aos nobres mais os perigos e as fadigas do governo do que seus prazeres; e se o Estado está numa tal situação que tenha algo a temer, que a segurança provenha do interior, e a incerteza, do exterior.

Como uma certa confiança produz a glória e a segurança de uma monarquia, é preciso, ao contrário, que numa república se tema alguma coisa.[338] O temor dos persas conservou as leis entre os gregos. Cartago e Roma se intimidaram mutuamente e se consolidaram. Coisa singular! Quanto mais esses Estados dispõem de segurança, mais — como as águas demasiado tranquilas — estão sujeitos a se corromper.

CAPÍTULO VI — DA CORRUPÇÃO DO PRINCÍPIO DA MONARQUIA

Como as democracias desaparecem quando o povo destitui o senado, os magistrados e os juízes de suas funções, as monarquias se corrompem quando se subtraem pouco a pouco as prerrogativas das corporações ou os privilégios das cidades. No primeiro caso, atinge-se o despotismo de todos; no segundo, o despotismo de um só.

"O que determinou a extinção das dinastias Tsin e Soui, diz um autor chinês, foi que, em lugar de se restringirem, como os antigos, a uma inspeção geral, a única digna de um soberano, os príncipes quiseram tudo governar de imediato por si mesmos."[339] O autor chinês nos apresenta aqui a causa da corrupção de quase todas as monarquias.

A monarquia desaparece quando um príncipe crê que exibe mais seu poder alterando a ordem das coisas do que acatando tal ordem; quando retira as funções naturais de uns para destiná-las arbitrariamente a outros; e quando é mais apegado aos seus caprichos do que às suas vontades.

A monarquia perece quando o príncipe, reportando-se exclusivamente a si mesmo, convoca o Estado à sua capital, a capital à sua corte e sua corte tão só à sua pessoa.

---

338. Justino (historiador latino do século II) atribui à morte de Epaminondas o desaparecimento da virtude em Atenas. Como não havia mais emulação, gastavam suas rendas em festas, *frequentius caenam quam castra visentes* (com mais frequência à mesa do que no acampamento). Foi então que os macedônios emergiram da obscuridade. VI, IX.

339. *Compilation d'ouvrages faits sous les Ming*, relatadas por P. du Halde, Description de la Chine, t. II.

Enfim, a monarquia desaparece quando um príncipe menospreza sua autoridade, sua situação, o amor de seus povos, e quando ele não se dá conta de que um monarca deve se julgar em segurança, tal como um déspota deve se crer em perigo.

CAPÍTULO VII — CONTINUAÇÃO DO MESMO ASSUNTO

O princípio da monarquia se corrompe quando as primeiras dignidades constituem as marcas da primeira servidão, quando se furta aos grandes o respeito dos povos, e quando estes são convertidos em instrumentos vis do poder arbitrário; corrompe-se ainda mais quando a honra é colocada em contradição com as honrarias, sendo possível ao mesmo tempo cobrir-se de infâmia[340] e de dignidades.

A monarquia se corrompe quando o príncipe converte sua justiça em severidade; quando ele coloca, como os imperadores romanos, uma cabeça de Medusa sobre o peito;[341-342] quando assume esse aspecto ameaçador e terrível que Cômodo[343] ordenou que imprimissem às suas estátuas.[344]

O princípio da monarquia corrompe-se quando as almas singularmente covardes extraem vaidade da grandeza que poderia ter a sua servidão e acreditam que o fato de tudo se dever ao príncipe faz com que nada se passe a dever à própria pátria.

Mas, se é verdade (o que se tem observado em todos os tempos) que à medida que o poder do monarca se agiganta, sua segurança diminui, corromper esse poder ao ponto de alterar sua natureza não é um crime de lesa-majestade contra ele?

---

340. No reinado de Tibério erigiam-se estátuas e outorgavam-se insígnias aos delatores, o que aviltou a tal ponto essas honrarias que aqueles que as haviam merecido passaram a desdenhá-las. Fragmento de Dion, LVIII, XIV, extraído do *Extrait des vertus et des vices* de Constantino Porfirogeneta. Ver em Tácito como Nero, diante da descoberta e a punição de uma pretensa conjuração, concedeu a Petrônio Turpiliano, a Nerva e a Tigelino as insígnias triunfais, *Anais*, XIV, lxxii. Ver também como os generais votaram desprezo a fazer a guerra porque desdenhavam suas honrarias. *Pervulgatis triumphi insignibus*. Tácito, *Anais*, XIII, LIII.

341. Neste estado, bem sabia o príncipe qual era o princípio de seu governo.

342. A Medusa, uma das três Górgonas, morta pelo herói Perseu, além de uma cabeleira composta de serpentes, dentes enormes semelhantes a presas e uma língua saliente, tinha um rosto tão hediondo que bastava contemplá-la para ser petrificado. (N.T.)

343. Imperador romano de 180 a 192 d.C., filho do imperador estoico Marco Aurélio Antonino. (N.T.)

344. Herodiano. [Historiador grego do século III (N.T.)].

CAPÍTULO VIII — PERIGO DA CORRUPÇÃO DO PRINCÍPIO DO GOVERNO MONÁRQUICO

O inconveniente não é o Estado passar de um governo moderado para um governo moderado, como da república para a monarquia, ou da monarquia para a república; o problema surge quando ocorre a queda do Estado e este passa do governo moderado ao despótico.

A maioria dos povos da Europa ainda é governada pelos costumes. Mas se, devido a um longo abuso do poder, se devido a uma grande conquista, o despotismo se estabelecesse a um certo ponto, nem costumes nem clima se manteriam, e, nesta bela parte do mundo, a natureza humana sofreria, ao menos por algum tempo, os ultrajes que lhes são arrojados nas três outras partes.

CAPÍTULO IX — QUANTO A NOBREZA É LEVADA A DEFENDER O TRONO

A nobreza inglesa sepultou-se com Carlos I sob os escombros do trono, e antes disso, quando Filipe II fez chegar aos ouvidos dos franceses a palavra liberdade, a coroa foi sempre suportada por essa nobreza, que tem como questão de honra obedecer a um rei, mas que encara como soberana infâmia compartilhar o poder com o povo.

Viu-se a Casa da Áustria laborar sofregamente colimando oprimir a nobreza húngara. Ignorava que preço um dia isso lhe custaria. Procurava em meio a esses povos o dinheiro que entre eles inexistia; não enxergava os homens que ali havia. Quando tantos príncipes dividiram entre si esses Estados, todas as partes de sua monarquia, imóveis e inativas, caíram, por assim dizer, umas sobre as outras. Somente nessa nobreza havia vida, que se indignou, tudo olvidou para combater e acreditou ser sua glória perecer e perdoar.

CAPÍTULO X — DA CORRUPÇÃO DO PRINCÍPIO DO GOVERNO DESPÓTICO

O princípio do governo despótico se corrompe incessantemente porque ele é corrompido por sua própria natureza. Os outros governos perecem porque acidentes particulares transgridem seu princípio; o despótico perece devido ao seu vício interior, quando algumas causas acidentais não impedem a corrupção de seu princípio. Preserva-se, portanto, somente quando circunstâncias oriundas do clima, da religião, da situação ou do gênio do povo o constrangem a seguir alguma ordem e submeter-se a qualquer regra. Essas coisas forçam sua natureza sem alterá-la; sua ferocidade persiste: é apenas domada por algum tempo.

CAPÍTULO XI — EFEITOS NATURAIS DA INTEGRIDADE E DA CORRUPÇÃO DOS PRINCÍPIOS

Quando os princípios do governo se encontram corrompidos, as melhores leis se tornam más e se voltam contra o Estado; quando os princípios do governo são íntegros, as más leis exercem o efeito das boas. A força do princípio arrasta tudo consigo.

Os cretenses, com o intuito de manter os primeiros magistrados na dependência das leis, empregavam um meio bastante singular: o da *insurreição*. Uma porção dos cidadãos se sublevava,[345] punha em fuga os magistrados e os obrigava a retomar seus cargos na condição privada. Essa prática lhes era facultada em consonância com a lei. Uma instituição semelhante que estabelecia a sedição, visando a obstar o abuso do poder, nos pareceria capaz de derrubar qualquer república, mas não destruiu a de Creta. Vejamos por quê.[346]

Quando os antigos desejavam falar de um povo que nutria o mais devotado amor à pátria, mencionavam os cretenses. "A Pátria," diz Platão,[347] "nome tão caro aos cretenses." Eles a chamavam com um nome que exprime o amor de uma mãe por seus filhos.[348-349] Ora, o amor à pátria corrige tudo.

As leis da Polônia contam também com sua *insurreição*. Entretanto, os inconvenientes resultantes disto deixam bem claro que somente o povo de Creta estava em condição de empregar com êxito tal remédio.

Os exercícios da ginástica introduzidos entre os gregos não dependeram menos da integridade do princípio de governo. "Foram os lacedemônios e os cretenses," diz Platão,[350] "que abriram essas academias famosas que lhes granjearam no mundo uma posição tão distinta. Houve, a princípio, um

---

345. Aristóteles, *Política*, II, X.

346. Reuniam-se a princípio contra os inimigos externos, o que se denominava *sincretismo*. Plutarco, *Oeuvres Morales* (*Obras morais*).

347. *República*, IX.

348. Plutarco, *Oeuvres Morales*, no tratado *Si l'homme d'âge doit se mêler des affaires publiques*. (Se o homem idoso deve se imiscuir nos negócios públicos).

349. O nome é *metrís*, diretamente aparentado ao substantivo *métra*, matriz, ventre materno. Platão contrapõe *metrís* e *patrís* — "*kaì hypò toýtois dè doyleýoysan tèn pálai phílen metrída te, Krêtés phasi, kaì patrída héxei te kaì thrépsei*" — e mantém sob servidão sua outrora cara pátria-mãe (terra materna), como as chamam os cretenses, e sua pátria (terra paterna). A tradução semiliteral que aqui apresentamos é, evidentemente, apenas para efeito explicativo. (N.T.)

350. *República*, V.

alvoroço do pudor, mas este cedeu à utilidade pública." No tempo de Platão, essas instituições eram admiráveis.[351-352] Contemplavam uma grande meta, que era a arte bélica. Mas, logo que os gregos passaram a carecer de virtude, tais academias destruíram a própria arte bélica; não se descia mais à arena para a formação, mas para se corromper.[353]

Plutarco nos narra[354] que, no seu tempo, os romanos eram de opinião que esses jogos haviam sido a principal causa da escravidão a que ficaram reduzidos os gregos. Foi, ao contrário, a escravidão dos gregos que produziu a degeneração desses exercícios. No tempo de Plutarco,[355] os parques onde se combatia nu e os jogos da luta afrouxaram os jovens, os incitaram a um amor infame e somente produziram farsantes; no tempo de Epaminondas, ao contrário, o exercício da luta levou os tebanos à vitória na batalha de Leuctres.[356]

Há poucas leis que não são boas, desde que o Estado não tenha, de modo algum, perdido seus princípios, e como dizia Epicuro,[357] referindo-se às riquezas: "Não é o licor que está corrompido, mas o vaso".

CAPÍTULO XII — CONTINUAÇÃO DO MESMO ASSUNTO

Em Roma, os juízes eram tomados da ordem dos senadores. Os Gracos[358] transferiram essa prerrogativa aos cavaleiros. Druso a concedeu aos senadores e aos cavaleiros; Sila,[359] somente aos senadores; Cota,[360] aos senadores,

---

351. A ginástica se dividia em duas partes: a dança e a luta. Assistia-se, em Creta, às danças armadas dos curetas; na Lacedemônia, às de Castor e de Pólux; em Atenas, às danças armadas de Palas, muito apropriadas àqueles que não estão ainda na idade de ir à guerra. "A luta é a representação da guerra", diz Platão em *As Leis*, VII. Ele louva a Antiguidade por ter estabelecido somente duas danças: a pacífica e a pírrica. Ver como essa última era aplicada à arte militar, Platão, ibidem.

352. Ver Platão, *As Leis*, Livro VII. (N.T.)

353. *Aut libidinosae Ledaeas Lacedaemonis palestras.* (*) (Marcial, IV, epigr. 55). [(*) Deixemos o poeta nascido no centro das cidades da Grécia celebrar (...) os ginásios sem pudor da Lacedemônia cara a Leda. (N.T.)].

354. *Oeuvres morales* (*Obras morais*) no tratado *Des demandes des choses romaines* (*Das indagações das coisas romanas*). (Questão XL).

355. Ibidem.

356. Plutarco, *Oeuvres Morales* (*Obras morais*), *Propos de table* (*Conversações de mesa*).

357. Epicuro (341-270 a.C.), filósofo grego que viveu no século III a.C. (N.T.)

358. Os irmãos Tibério e Caio Graco, tribunos romanos que viveram no século II a.C. e foram autores das *leis agrárias*. Morreram assassinados. (N.T.)

359. Sila, mais exatamente L. Cornélio Sula Felix (136-78 a.C.), ditador romano de 82 a 78 a.C., no período de queda da República, que antecedeu o regime imperial. (N.T.)

360. L. Aurélio Cota, cônsul de Roma em 65 a.C. (N.T.)

aos cavaleiros e aos tesoureiros do erário público. César[361] excluiu estes últimos. Antônio[362] produziu decúrias de senadores, de cavaleiros e de centuriões.

Quando uma república é corrompida, só é possível remediar qualquer um dos males disso decorrentes extirpando a corrupção e recuperando os princípios. Toda outra correção se mostrará inútil ou um novo mal. Enquanto Roma preservou seus princípios, os julgamentos puderam estar, sem perpetração de abusos, nas mãos dos senadores; quando, entretanto, foi atingida pela corrupção, passou a estar sempre mal, não importando a que corporação confiasse os julgamentos, se aos senadores, ou aos cavaleiros, ou aos tesoureiros do erário, a duas destas corporações em conjunto, a todas as três, a qualquer outra corporação que fosse. Os cavaleiros careciam tanto de virtude quanto os senadores, os tesoureiros do erário, não mais que os cavaleiros, e estes, ainda menos que os centuriões.

No momento em que o povo de Roma obteve o direito de participar das magistraturas patrícias, passou a ser natural pensar que os que o bajulavam iriam ser os árbitros do governo. Mas não foi assim. Assistiu-se a esse povo, que tornara as magistraturas comuns aos plebeus, eleger sempre patrícios. Isto porque, sendo virtuoso, era magnânimo; sendo livre, desdenhava o poder. Mas logo que perderam estes princípios, quanto mais deteve poder, menos comedido se tornou, até que, enfim, convertido em seu próprio tirano e em seu próprio escravo, perdeu a força da liberdade por ter tombado na debilidade da licenciosidade.

CAPÍTULO XIII — EFEITO DO JURAMENTO NUM POVO VIRTUOSO

Jamais houve um povo, segundo Tito Lívio,[363] no qual a dissolução tenha sido introduzida mais tardiamente do que o romano, e no seio do qual a moderação e a pobreza foram por mais tempo honradas.

O juramento assumiu tanto força entre os romanos que nada o vinculou mais às leis. Muitas vezes esse povo fez, para cumpri-lo, o que jamais teria feito pela glória ou pela pátria.

---

361. Caio (Gaio) Júlio César (102-44 a.C.), general, escritor, senador e membro do primeiro triunvirato começado em 59-60 a.C. (com Crasso e Pompeu), após a queda da República; ditador no início de 44, foi assassinado alguns meses depois. (N.T.)

362. Marco Antônio (83-30 a.C.), general e triúnviro com Lépido e Otávio (segundo triunvirato, principiado em 43 a.C.). (N.T.)

363. Livro I (*In praefat.*).

160 | O ESPÍRITO DAS LEIS

Quíntio Cincinato, cônsul, enfrentou a oposição dos tribunos quando quis organizar um exército na cidade contra os équos e os vólsquios. Diante disso, ele declarou: "Muito bem, que todos aqueles que prestaram juramento ao cônsul no ano precedente marchem sob minha insígnia".[364] Foi em vão que os tribunos protestaram que não se achavam mais obrigados àquele juramento; declararam que, quando o haviam prestado, Quíntio era um cidadão privado. O povo foi mais religioso do que os que se dispunham a conduzi-lo; não deu ouvidos nem às distinções nem às interpretações dos tribunos.

Quando o mesmo povo desejou retirar-se para o Monte Sagrado, sentiu-se obrigado pelo juramento que fizera aos cônsules de segui-los na guerra.[365] Plasmou o plano de matá-los; se fez com que entendesse que não seria por isso que o juramento deixaria de existir. Pode-se avaliar a ideia que esse povo tinha da transgressão do juramento pelo crime que desejava perpetrar.

Após a batalha de Cannes,[366] o povo, atemorizado, quis se retirar para a Sicília; Cipião[367] o fez jurar que permaneceria em Roma; o temor de violar seu juramento superou todo outro temor. Roma era uma nau mantida por duas âncoras na tormenta: a religião e os costumes.

CAPÍTULO XIV — COMO A MAIS ÍNFIMA MUDANÇA NA CONSTITUIÇÃO TRAZ CONSIGO A RUÍNA DOS PRINCÍPIOS

Aristóteles nos fala da república de Cartago como de uma república muito bem regrada. Políbio[368] nos relata que na segunda Guerra Púnica[369] surgiu em Cartago o inconveniente de que o senado havia perdido quase toda sua autoridade. Tito Lívio nos conta que, quando Aníbal[370] retornou a Cartago, constatou que os magistrados e os principais cidadãos haviam desviado para si as rendas públicas e abusavam de seu poder. A virtude dos magistrados

---

364. Tito Lívio, III, XX.

365. Tito Lívio, II, XXXII.

366. Uma das batalhas das Guerras Púnicas (que duraram mais de vinte anos), ocorrida em 216 a.C. contra os cartagineses. Os romanos foram vencidos. (N.T.)

367. Cipião, o Africano (235-183 a.C.), general que enfrentou os cartagineses comandados por Aníbal e o venceu na batalha de Zama em 202 a.C. (N.T.)

368. Políbio de Megalópolis (205-123 a.C.), historiador grego. (N.T.)

369. Cerca de cem anos depois.

370. Aníbal (247-183 a.C.), general cartaginês que se destacou na segunda Guerra Púnica contra os romanos. (N.T.)

decaiu, portanto, juntamente com a autoridade do senado; tudo partiu do mesmo princípio.

Os prodígios da censura entre os romanos são conhecidos. Houve um tempo em que se tornou opressiva, mas foi mantida porque havia mais luxo do que corrupção. Cláudio[371] reduziu sua força, e por meio desse enfraquecimento a corrupção se tornou ainda maior do que o luxo, e a censura,[372] por assim dizer, aboliu a si mesma. Transtornada, exigida, retomada, abandonada, acabou por ser inteiramente suspensa até a época na qual se tornou inútil, e aqui me refiro aos reinados de Augusto e de Cláudio.

CAPÍTULO XV — MEIOS DE GRANDE EFICÁCIA PARA A PRESERVAÇÃO DOS TRÊS PRINCÍPIOS

Será impossível me fazer entender, a não ser que se tenha lido os quatro capítulos seguintes.

CAPÍTULO XVI — PROPRIEDADES DISTINTIVAS DA REPÚBLICA

Faz parte da natureza de uma república possuir apenas um pequeno território, sem o que sua subsistência é impossível. Numa grande república há grandes fortunas e, consequentemente, pouca moderação nos espíritos: existem depósitos demasiadamente grandes a serem colocados entre as mãos de um cidadão; os interesses se individualizam; um homem percebe, desde logo, que pode ser feliz, grande, glorioso sem sua pátria e, em breve, que só pode ser grande sobre as ruínas de sua pátria.[373]

Numa grande república, o bem comum é sacrificado em nome de mil considerações; está subordinado a exceções e depende de acidentes. Numa pequena república, o bem público é mais bem compreendido, mais bem conhecido, se acha mais próximo de cada cidadão; os abusos têm menor extensão, sendo, consequentemente, menos protegidos.

O que fez com que a Lacedemônia subsistisse por tanto tempo foi o fato de, após todas as suas guerras, permanecer sempre com seu território.

---

371. Cláudio (10 a.C.-54 d.C.), imperador romano.

372. Ver Dion, XXXVIII, a *Vida de Cícero* em Plutarco; Cícero a Ático, IV, epístolas X e XV; Ascônio, sobre Cícero, *De divinatione*.

373. O estrepitoso fracasso, nevralgicamente do ponto de vista social, das grandes repúblicas contemporâneas, sobretudo daquelas do hemisfério sul, paraíso de elites econômicas individualistas e superlativamente concentradoras de riquezas, constitui atestado indiscutível dessas palavras de Montesquieu e lhe concedem um cunho profético. (N.T.)

A meta exclusiva da Lacedemônia era a liberdade, e a única vantagem de sua liberdade era a glória.

O espírito peculiar às repúblicas gregas foi o de contentar-se com suas terras, assim como com suas leis. Atenas alimentou ambição e a transmitiu à Lacedemônia, porém mais para comandar povos livres do que para governar escravos; mais para chefiar a união do que para rompê-la. Tudo foi perdido, logo que uma monarquia surgiu e se desenvolveu, governo cujo espírito está mais voltado para o crescimento.

Na ausência de circunstâncias particulares,[374] é difícil qualquer governo distinto do republicano conseguir subsistir numa só cidade. O príncipe de um Estado tão pequeno procuraria naturalmente oprimir, porque disporia de um grande poder e escassos meios para usufruí-lo ou para fazê-lo respeitar: o resultado seria o príncipe espezinhar o povo. Por outro lado, tal príncipe seria facilmente oprimido por uma força estrangeira, ou mesmo por uma força nacional; o povo poderia a qualquer momento se juntar e se unir contra ele. Ora, quando um príncipe de uma cidade é expulso de sua cidade, o processo está findo; se ele for o príncipe de várias cidades, o processo estará apenas começando.

CAPÍTULO XVII — PROPRIEDADES DISTINTIVAS DA MONARQUIA

Um Estado monárquico deve ter um tamanho mediano. Se fosse pequeno, assumiria a forma de uma república. Se fosse muito extenso, os principais do Estado, por si mesmos grandes, não estando sujeitos ao olhar do príncipe, tendo sua corte fora da corte dele, protegidos, de resto, contra as execuções súbitas determinadas pelas leis e pelos costumes, poderiam suspender sua obediência; não receariam uma punição excessivamente lenta e excessivamente distante.

Assim, Carlos Magno[375] mal havia fundado seu Império e já precisou dividi-lo, quer porque os governadores das províncias não acatavam as ordens, quer porque, para fazê-los acatá-las melhor, fosse necessário dividir o Império em vários reinos.

Após a morte de Alexandre, seu Império foi repartido. Como esses grandes da Grécia e da Macedônia, livres, ou ao menos chefes dos conquistadores espalhados por essa vasta conquista, teriam podido acatar ordens?

---

374. Como quando um pequeno soberano se mantém entre dois grandes Estados graças ao ciúme mútuo entre eles; mas isso só existe de maneira precária.

375. Carlos Magno (742-814 d.C.), rei dos francos e imperador do Ocidente. (N.T.)

Depois da morte de Átila,[376] seu Império foi dissolvido: tantos reis que não eram mais contidos não podiam, em absoluto, retomar as cadeias.

O pronto estabelecimento do poder sem limites constitui o remédio que, nestes casos, é capaz de prevenir a dissolução: infelicidade nova após a infelicidade do engrandecimento!

Os rios fluem para se misturar ao mar: as monarquias caminham para a perdição no despotismo.[377]

CAPÍTULO XVIII — O CASO PARTICULAR DA MONARQUIA DA ESPANHA

Que não se cite o exemplo da Espanha, que prova ainda mais o que digo. Para conservar a América, a Espanha fez o que o próprio despotismo não faz, a saber, destruiu os seus habitantes. Foi necessário, para conservar sua colônia, que a mantivesse na dependência de sua própria subsistência.

Experimentou o despotismo nos Países Baixos e, no momento em que o abandonou, seus embaraços aumentaram. De um lado, os *wallons*[378] não queriam ser governados pelos espanhóis; de outro, os soldados espanhóis não queriam obedecer aos oficiais *wallons*.[379]

Só se manteve na Itália à força de enriquecê-la e arruinar-se, pois aqueles que teriam querido se desfazer do rei da Espanha não estavam nem por isso predispostos a renunciar ao seu dinheiro.

CAPÍTULO XIX — PROPRIEDADES DISTINTIVAS DO GOVERNO DESPÓTICO

Um grande Império supõe uma autoridade despótica naquele que o governa. É necessário que a prontidão das resoluções supra a distância dos lugares aos quais são enviadas; que o temor impeça a negligência do governador ou do magistrado afastado; que a lei esteja concentrada numa só cabeça e se altere incessantemente, como os acidentes que se multiplicam sempre no Estado na proporção de seu tamanho.

---

376. De 445 a 453, rei dos hunos. (N.T.)

377. Forma sutil e inconfessa de o autor expressar o seu antimonarquismo. Afinal, ele era um barão antes de ser um pensador político, diferentemente do ousado e direto Rousseau, que foi um simples filho de relojoeiro. (N.T.)

378. Povo fundamentalmente celta do sul da Bélgica, de Brabante e de regiões adjacentes ao território francês. (N.T.)

379. Ver l'*Histoire des Provinces-Unies*, de M. Le Clerc.

CAPÍTULO XX — CONSEQUÊNCIA DOS CAPÍTULOS PRECEDENTES

Se a propriedade natural dos pequenos Estados é serem governados sob o governo republicano, a dos medianos é estar submetidos a um monarca, e a dos grandes Impérios serem dominados por um déspota, segue-se que, para preservar os princípios do governo estabelecido, é necessário conservar o Estado dentro das dimensões que ele já possuía, e que este Estado mudará de espírito à medida que seus limites forem reduzidos ou aumentados.

CAPÍTULO XXI — DO IMPÉRIO DA CHINA

Antes de concluir este Livro, responderei a uma objeção que poderia ser feita a respeito de tudo que até aqui afirmei.

Nossos missionários nos falam do vasto Império da China em termos de um governo admirável que combina no seu princípio o temor, a honra e a virtude. Eu teria, nesse caso, colocado uma distinção vã quando estabeleci os princípios dos três governos.

Ignoro que honra é essa da qual se fala entre os povos que nada fazem, salvo à força de bastonadas.[380]

Ademais, falta muito para que nossos comerciantes nos deem a ideia dessa virtude da qual nos falam nossos missionários: pode-se consultá-los acerca da bandidagem dos mandarins.[381]

Tomo ainda o testemunho do grande homem *mylord* Anson.[382]

Além disso, as cartas do P. Parennin sobre o processo que o imperador instaurou em relação aos príncipes neófitos[383] que o tinham desagradado nos deixam visível um projeto de tirania constantemente seguido e de injúrias perpetradas à natureza humana com regra, isto é, com sangue-frio.

Temos ainda as cartas de M. de Mairan e do próprio P. Parennin a respeito do governo da China. Após a formulação de questões e respostas muito sensatas, o maravilhoso desvaneceu.

Não poderia acontecer que os missionários fossem enganados por uma aparência de ordem? Que tivessem sido impressionados por esse exercício contínuo da vontade de um só, pelo qual são eles próprios governados, e que tanto apreciam encontrar nas cortes dos reis das Índias, porque, não se dirigindo a esse lugar senão para realizar grandes mudanças, é a eles mais

---

380. É o bastão que governa a China, diz P. du Halde. *Desc. de la Chine*, t. II.

381. Ver, entre outros, o relatório de Lange.

382. Autor de *Voyage autour du monde* (*Viagem ao redor do mundo*), de 1748.

383. Da família de Surniama. *Lettres édifiantes* (*Cartas edificantes*), 18ª coleção.

fácil convencer os príncipes de que tudo podem fazer do que persuadir os povos que tudo podem sofrer?[384]

Enfim, há com frequência algo de verdadeiro nos próprios erros. Circunstâncias particulares e talvez únicas podem fazer com que o governo da China não esteja tão corrompido como deveria estar. Causas oriundas, em sua maioria, do aspecto físico do clima puderam forçar as causas morais neste país e produzir espécies de prodígios.

O clima da China é tal que favorece prodigiosamente a propagação da espécie humana. As mulheres chinesas têm uma fecundidade tão grande que nada se lhes equipara na Terra. A mais cruel das tiranias aí não detém em absoluto o progresso da propagação. Nesse país o príncipe pode dizer como faraó: *Oprimamo-los com sabedoria*. Estaria reduzido, quando muito, a formar o desejo de Nero, que o gênero humano possuísse uma única cabeça. A despeito da tirania, a China, devido à força do clima, se povoará sempre e triunfará sobre a tirania.

A China, como todos os países onde o arroz cresce, está sujeita a fomes frequentes. Quando o povo morre de fome, dispersa-se a fim de descobrir algo de que possa viver; em todas as partes formam-se bandos de três, quatro ou cinco ladrões. A maioria é logo exterminada; outros bandos engrossam suas fileiras, mas também são exterminados. Contudo, num grande número de províncias longínquas pode ocorrer que algum bando faça fortuna. Este bando se conserva, se fortalece, converte-se numa tropa militar, dirige-se diretamente à capital, e o seu chefe ascende ao trono.

Tal é a natureza da coisa que o mau governo é aí logo punido. A desordem irrompe subitamente porque esse povo prodigioso carece de subsistência. O que faz com que em outros países se retifiquem tão dificilmente os abusos é que nesses países eles não apresentam efeitos sensíveis; o príncipe, nestes lugares, não é ostensiva e prontamente advertido como o é na China.

Ele não sentirá, como nossos príncipes, que se governar mal será menos feliz na outra vida, menos poderoso e menos rico nesta; saberá, todavia, que, se seu governo não for bom, perderá o Império e a vida.

Como, a despeito do abandono das crianças, o povo se mantém aumentando na China,[385] é indispensável um trabalho infatigável para fazer as terras produzirem o alimento para nutri-lo, o que exige uma grande atenção por parte do governo. Este deve se manter interessado em que

---

384. Ver em P. du Halde como os missionários se serviram da autoridade de Canhi para fazer calar os mandarins que diziam sempre que, pelas leis do país, um culto estrangeiro não podia ser estabelecido no Império.

385. Ver as memórias de um Tsongtu para compreendê-lo. *Lettres édifiantes*, 21ª coleção.

todos possam trabalhar sem o receio de ver seus esforços frustrados. Esse governo deverá ser menos civil do que doméstico.

Eis o resultado dos regulamentos dos quais tanto se fala. Procurou-se instaurar a aplicação das leis junto com o despotismo, mas o que está associado ao despotismo não tem mais força. Em vão esse despotismo, pressionado por suas desditas, buscou encadear-se; ele se arma de suas cadeias e se torna ainda mais terrível.

A China é, portanto, um Estado despótico cujo princípio é o temor. Talvez nas primeiras dinastias, quando o Império não era tão extenso, o governo abrisse mão um pouco desse espírito. Mas não é o que ocorre hoje.

SEGUNDA PARTE

LIVRO IX — DAS LEIS NA SUA RELAÇÃO COM A FORÇA DE DEFESA

CAPÍTULO I — COMO AS REPÚBLICAS CONSERVAM SUA SEGURANÇA

Uma república pequena é destruída por uma força estrangeira; se for grande, destrói-se a si mesma devido a um vício interno.

Esse duplo inconveniente infecta igualmente as democracias e as aristocracias, sejam estas boas ou más. O mal reside na própria coisa, inexistindo qualquer maneira de remediá-lo.

Desse modo, temos uma forte impressão de que os seres humanos teriam, afinal de contas, de se ver obrigados sempre a viver numa monarquia, se não houvessem concebido uma forma de constituição que apresentasse todas as vantagens internas do governo republicano e a força externa do monárquico. Refiro-me à república federativa.

Esta forma de governo é uma convenção mediante a qual vários corpos políticos consentem em se converterem cidadãos de um Estado maior em cuja formação estão interessados. Trata-se de uma sociedade de sociedades que constituem uma nova, a qual pode se ampliar mediante a união de novos associados.

Foram essas associações que permitiram o duradouro florescimento do conjunto da Grécia. Foi através delas que os romanos atacaram o mundo, e também unicamente através delas que o mundo se defendeu deles; e, quando Roma alcançou o ápice de sua grandeza, foi através das associações existentes por trás do Danúbio e do Reno, associações construídas pelo terror, que os bárbaros puderam lhe oferecer resistência.[386]

---

386. Na verdade, Montesquieu, ao menos no âmbito da Antiguidade ocidental e do fim da Idade Média, está se referindo às *confederações* e *ligas* (associações de caráter transitório) formadas pelas cidades-estados para combater ou se defender de um inimigo comum, tais como a *Confederação de Delos* formada pelos gregos para conter a terrível ameaça dos persas, o que os gregos chamavam de *amphictionía* (anfictionia). As ligas muito comuns formadas na Itália, sobretudo nos séculos XV e XVI, quando o país não era unificado, mas composto de poderosas cidades-estados nos moldes do modelo grego, também se inserem no que o autor chama aqui de *repúblicas federativas*. (N.T.)

É graças a elas que a Holanda,[387] a Alemanha, as Ligas suíças são encaradas na Europa como repúblicas eternas.

As associações das cidades eram outrora mais necessárias do que são atualmente. Uma cidade destituída de poder estava exposta aos maiores perigos. A conquista a fazia perder não apenas o poder executivo e o legislativo, como hoje, mas ainda tudo aquilo que há de propriedade entre os homens.[388]

Este tipo de república, capaz de resistir à força exterior, pode se manter em sua grandeza sem que ocorra a corrupção interna: a forma dessa sociedade prevê todos os inconvenientes.

Aquele que desejasse usurpar não poderia de modo algum receber igualmente crédito em todos os Estados confederados.[389] Se se tornasse muito poderoso em um, produziria alarme em todos os demais; se subjugasse uma parte, aquele que permanecesse ainda livre poderia oferecer-lhe resistência, graças a forças independentes daquelas que ele tivesse usurpado, e derrotá-lo antes que houvesse tido êxito em se estabelecer. Em caso de sedição por parte de um dos membros confederados, os outros poderiam apaziguá-lo. Se há infiltração de quaisquer abusos em alguma parte, são corrigidos pelas partes sãs. Esse Estado pode perecer de um lado sem perecer do outro; a confederação pode ser dissolvida e os confederados podem permanecer soberanos.

Composto de pequenas repúblicas, esse Estado goza da boa qualidade do governo interno de cada república, e, relativamente ao exterior, detém, em virtude da associação, todas as vantagens das grandes monarquias.

---

387. É formada por cerca de cinquenta repúblicas, todas diferentes umas das outras. *États des Provinces-Unies*, por M. Janisson.

388. Liberdade civil, bens, mulheres, filhos, templos e até sepulturas.

389. Note-se que Montesquieu não utiliza mais o conceito de *república federativa*, mas de Estados *confederados*, membros *confederados* e *confederação*. No entanto, logo volta a usar indiscriminadamente os termos *federativo* e *confederativo*. O leitor, contudo, deve ter em mente as diferenças técnicas desses conceitos, ou seja, embora ambos designem a união de Estados, o sistema federativo mantém a autonomia dos Estados, mas retira-lhes a soberania; no confederativo, os Estados conservam a soberania e o governo próprio, sendo apenas representados por um governo central. Além disso, diferentemente das federações (que têm caráter oficial estável e duradouro), as confederações eram antigas uniões estabelecidas apenas temporariamente em função de um interesse ou objetivo (via de regra, político ou militar) comum, do que são exemplos as várias ligas e alianças da história, dos gregos unidos contra os persas ao *exército confederado* da Guerra de Secessão norte-americana. (N.T.)

CAPÍTULO II — A CONSTITUIÇÃO FEDERATIVA DEVE SER COMPOSTA DE ESTADOS DA MESMA NATUREZA, SOBRETUDO DE ESTADOS REPUBLICANOS

Os cananeus foram destruídos porque eram pequenas monarquias que não se converteram de modo algum em confederação e que não organizaram uma defesa comum, isto porque a natureza das pequenas monarquias não é a confederação.

A república federativa da Alemanha é composta de cidades livres e de pequenos Estados submetidos a príncipes. A experiência mostra que é mais imperfeita que as da Holanda e da Suíça.

O espírito da monarquia é a guerra e o engrandecimento; o espírito da república é a paz e a moderação. Estas duas espécies de governo só podem subsistir de uma maneira forçada numa república federativa.

Desse modo, vemos na história romana que, quando os veianos escolheram um rei, todas as pequenas repúblicas da Toscana os abandonaram. Tudo foi perdido na Grécia quando os reis da Macedônia obtiveram um posto entre os anfictiões.[390]

A república federativa da Alemanha, composta de príncipes e de cidades livres, subsiste porque possui um chefe que é, de alguma maneira, o magistrado da união e, de alguma maneira, o monarca.

CAPÍTULO III — OUTRAS COISAS NECESSÁRIAS NA REPÚBLICA FEDERATIVA

Na república da Holanda, uma província não pode fazer uma aliança sem o consentimento das outras, lei excelente e até necessária na república federativa. Está ausente da constituição germânica, onde preveniria os infortúnios que aí podem atingir a todos os membros devido à imprudência, à ambição e à avareza de um só. Uma república que está unida por uma confederação política se doou por inteiro e nada mais tem para dar.

É difícil que os Estados que se associam tenham a mesma extensão e possuam o mesmo poder. A república dos lícios[391-392] era uma associação de vinte e três cidades. As grandes tinham direito a três votos no Conselho comum; as medianas, dois; as pequenas, um. A república da Holanda é composta de sete províncias, grandes ou pequenas, cada uma tendo direito a um voto.

---

390. Os deputados representantes de cada um dos Estados confederados na Grécia antiga. (N.T.)

391. Estrabão, XIV.

392. Habitantes da Lícia, região no sul da Ásia Menor. Os lícios datam dos séculos V e IV a.C. (N.T.)

As cidades da Lícia[393] pagavam os encargos de acordo com a proporção dos sufrágios. As províncias da Holanda não podem acatar essa proporção: é forçoso que sigam a de seu poder.

Na Lícia,[394] os juízes e os magistrados das cidades eram eleitos pelo Conselho comum e segundo a proporção a que nos referimos. Na república da Holanda, não são de modo algum eleitos pelo Conselho comum, e cada cidade nomeia seus magistrados. Se fosse necessário indicar um modelo de uma boa república federativa, eu indicaria a república da Lícia.

CAPÍTULO IV — COMO OS ESTADOS DESPÓTICOS CONSERVAM SUA SEGURANÇA

Se as repúblicas garantem sua segurança pela união, os Estados despóticos, por sua vez, garantem a sua pela separação e se mantendo, por assim dizer, isolados. Sacrificam uma parte do país, ferem as fronteiras e as tornam desertas; o corpo do Império se torna inacessível.

Reconhece-se em geometria que quanto mais extensão têm os corpos, mais sua circunferência é relativamente pequena. Essa prática de devastar as fronteiras é, portanto, mais tolerável nos grandes Estados do que nos medianos.

Esse Estado faz contra si mesmo todo o mal que um cruel inimigo poderia fazer, mas um inimigo que não poderia ser detido.

O Estado despótico se conserva mediante um outro tipo de separação, que se efetiva colocando as províncias afastadas entre as mãos de um príncipe que é delas o feudatário. O Mogol, a Pérsia, os imperadores da China têm seus feudatários, e os turcos acertaram ao colocar entre seus inimigos e eles os tártaros,[395] os moldávios,[396] os valáquios[397] e, outrora, os transilvanos.[398]

CAPÍTULO V — COMO A MONARQUIA CONSERVA SUA SEGURANÇA

A monarquia não destrói a si mesma como o Estado despótico, mas um Estado de extensão mediana poderia ser, de início, invadido. Consequentemente, o Estado monárquico dispõe de fortalezas para defesa de suas fronteiras e

---

393. Estrabão, XIV.

394. Ibidem.

395. Nativos ou habitantes de origem mongol ou turca da Tartária, vasta região que se estendia do mar do Japão ao leste europeu, até a dissolução da U.R.S.S. República Autônoma da Tartária. (N.T.)

396. Habitantes da Moldávia, província da Romênia no leste europeu. (N.T.)

397. Habitantes da Valáquia, região da Romênia no leste europeu. (N.T.)

398. Habitantes da Transilvânia, região da Romênia no leste europeu. (N.T.)

exército para a defesa de suas fortalezas. O menor pedaço de terra é disputado com arte, com denodo, com obstinação. Os Estados despóticos praticam invasões recíprocas. Apenas as monarquias praticam a guerra.

As fortalezas pertencem às monarquias. Os Estados despóticos temem tê-las; não ousam confiá-las a ninguém, pois ninguém ama o Estado e o príncipe.

CAPÍTULO VI — DA FORÇA DE DEFESA DOS ESTADOS EM GERAL

Para que um Estado conserve sua força, impõe-se que sua grandeza seja tal que haja uma relação entre a rapidez com a qual é possível executar contra ele alguma empreitada e a prontidão que ele é capaz de empregar para frustrá-la. Como o atacante pode, a princípio, surgir em qualquer parte, é necessário que o defensor possa se manifestar também em toda parte e, por via de consequência, que a extensão do Estado seja mediana, de modo a ser proporcional ao grau de rapidez que a natureza concedeu aos homens para se transportarem de um lugar a outro.

A França e a Espanha possuem precisamente o tamanho necessário. As forças se comunicam tão bem que são transferidas de imediato aos lugares desejados; os exércitos se reúnem e passam celeremente de uma fronteira a outra, e não se receia nenhuma das coisas que exigem um certo tempo para sua execução.

Na França, graças a uma sorte surpreendente, a capital se acha mais próxima das diferentes fronteiras precisamente na proporção da debilidade de cada uma delas, de maneira que o príncipe pode observar melhor cada região de seu país à medida que se encontrar mais exposta.

Quando, porém, um vasto Estado, como a Pérsia, é atacado, ser-lhe-ão necessários muitos meses para reunir as tropas dispersas e será impossível forçar sua marcha tanto tempo quanto se faz em apenas quinze dias. Se o exército que estiver na fronteira for derrotado, seguramente se dispersará porque, para as retiradas, não conta com alojamentos próximos. O exército vitorioso, que não encontra resistência, avança em grandes jornadas, assoma diante da capital e estabelece seu assédio, o que ocorre quando os governadores das províncias só recebem a notícia de que devem enviar reforços. Aqueles que julgam estar próxima a revolução a apressam deixando de obedecer, pois certas pessoas, fiéis unicamente porque a punição se aproxima, deixam de sê-lo desde que a punição esteja distante. Empenham-se pelos seus interesses particulares. O Império se dissolve, a capital é tomada, e o conquistador disputa as províncias com os governadores.

O verdadeiro poder de um príncipe não consiste tanto na facilidade que ele tem de conquistar como na dificuldade que tem de atacar e, se ouso dizê-lo, na imutabilidade de sua condição. Mas o engrandecimento dos Estados lhes faz vislumbrar os novos lados pelos quais podem ser tomados.

Assim como os monarcas devem possuir a sabedoria para aumentar seu poder, também lhes compete possuir não menos prudência para limitá-lo. Dando um fim aos inconvenientes da pequenez, é necessário que mantenham o olhar sobre os inconvenientes da grandeza.

CAPÍTULO VII — REFLEXÕES

Os inimigos de um grande príncipe que tanto tempo reinou[399] por mil vezes o têm acusado, mais, eu o creio, com base em seus temores do que em suas razões, de ter concebido e conduzido o projeto da monarquia universal. Se ele tivesse obtido êxito neste projeto, nada teria sido mais letal à Europa, aos seus antigos súditos, a ele, à sua família. O céu, que é conhecedor das verdadeiras vantagens, dele se serviu melhor pelas derrotas que suportou do que teria se servido por suas vitórias. Em lugar de o tornar o único rei da Europa, favoreceu-o mais transformando-o no mais poderoso de todos.

Sua nação que, nos países estrangeiros, jamais se comove, exceto com o que deixou; que, partindo de si, encara a glória como o bem supremo, e, nos países longínquos, como um obstáculo ao seu retorno; que se indispõe por suas próprias boas qualidades, porque parece que ela a estas junta o desprezo; que é capaz de suportar os ferimentos, os perigos, as fadigas, mas não a perda de seus prazeres; que nada ama tanto quanto seu júbilo, e se consola com a perda de uma batalha quando entoa cantos ao seu general, jamais teria consumado um empreendimento que não pode faltar num país sem faltar em todos os outros, nem faltar por um momento sem faltar para sempre.

CAPÍTULO VIII — CASOS EM QUE A FORÇA DE DEFESA DE UM ESTADO É INFERIOR À SUA FORÇA OFENSIVA

Dizia o Senhor de Coucy ao rei Carlos V[400] "que os ingleses nunca são tão fracos nem tão fáceis de vencer do que quando estão em seu território". É o que se dizia dos romanos; é o que experimentaram os cartagineses; é o que

---

399. O autor se refere a Luís XIV, que levou a monarquia francesa ao seu apogeu no início do século XVIII. (N.T.)

400. Carlos V, cognominado o Sábio, monarca da França de 1364 a 1380. (N.T.)

acontecerá a toda potência que tenha enviado longe exércitos para reunir pela força da disciplina e do poder militar aqueles que estão divididos entre si devido a interesses políticos ou civis. O Estado se acha debilitado pelo mal que sempre persiste, e ainda foi debilitado pelo remédio.

A máxima do Sr. de Coucy representa uma exceção à regra geral que não indica nenhum empreendimento de guerras distantes. E essa exceção confirma positivamente a regra, porque só se aplica contra aqueles mesmos que a violaram.

CAPÍTULO IX — DA FORÇA RELATIVA DOS ESTADOS

Toda grandeza, toda força, todo poder é relativo. É preciso tomar cuidado para, na busca do aumento da grandeza efetiva, não reduzir a grandeza relativa.

Em meados do reinado de Luís XIV, a França esteve no ponto mais alto de sua grandeza relativa. A Alemanha não dispunha ainda dos grandes monarcas que teve depois. A Itália se achava em situação idêntica. A Escócia e a Inglaterra não formavam um corpo monárquico. Aragão não formava uma unidade com Castela; as partes separadas da Espanha se achavam enfraquecidas e enfraqueciam a Espanha. A Moscóvia[401] era tão desconhecida na Europa quanto a Crimeia.[402]

CAPÍTULO X — DA DEBILIDADE DOS ESTADOS VIZINHOS

Quando se tem por vizinho um Estado em decadência, deve-se ter o cuidado de não apressar sua ruína, pois o Estado vizinho de um Estado decadente se acha na situação mais afortunada possível, nada havendo de mais cômodo para um príncipe do que estar próximo de outro que recebe em seu lugar todos os golpes e reveses da sorte. E constitui fenômeno raro aumentar tanto o poder efetivo quanto se perdeu o poder relativo através da conquista de tal Estado.

---

401. Como já indicado antes, antigo principado russo sediado na cidade de Moscou, daí *Moscóvia*. A Rússia foi governada por uma monarquia absolutista e autoritária (czarismo) até a revolução comunista de 1917. (N.T.)

402. Península na região sul da Rússia. (N.T.)

LIVRO X — DAS LEIS NA SUA RELAÇÃO COM A FORÇA OFENSIVA

CAPÍTULO I — DA FORÇA OFENSIVA

A força ofensiva é regulamentada pelo direito das gentes, que é a lei política nas nações, consideradas na relação que mantêm umas com as outras.

CAPÍTULO II — DA GUERRA

A vida dos Estados é como a dos homens, os quais têm o direito de matar em caso de autodefesa pelo direito natural. Os Estados têm o direito de guerrear para sua própria conservação.

No caso da autodefesa pelo direito natural, tenho o direito de matar porque minha vida me pertence, tal como a vida daquele que me ataca pertence a ele; identicamente, um Estado guerreia porque sua conservação é tão justa como qualquer outra conservação.

Entre os cidadãos, o direito da defesa natural não implica a necessidade de contra-ataque. Em lugar de contra-atacar, basta-lhes recorrer aos tribunais. Somente podem, portanto, exercer o direito dessa defesa em circunstâncias momentâneas nas quais estariam perdidos se aguardassem o socorro das leis. Porém, entre as sociedades, o direito da defesa natural[403] acarreta, por vezes, a necessidade de atacar quando um povo percebe que uma paz mais duradoura colocaria um outro povo numa condição propícia para destruí-lo, sendo que o ataque nesse momento constitui o único meio de impedir esta destruição.

Disso se conclui que as pequenas sociedades com mais frequência têm o direito de guerrear do que as grandes, porque são as que com maior frequência se acham na posição de temer sua destruição.

O direito da guerra provém, portanto, da necessidade do que é justo e rigoroso. Se aqueles que dirigem a consciência ou os Conselhos dos príncipes não levarem isto em consideração, tudo estará perdido; e quando se

---

403. Ou seja, direito de autodefesa. (N.T.)

fundarem em princípios arbitrários de glória, de conveniência, de utilidade, jorros de sangue inundarão a terra.

Que não se fale, sobretudo, da glória do príncipe; sua glória seria seu orgulho; trata-se de uma paixão, e não de um direito legítimo.

É verdade que a reputação de seu poder poderia aumentar as forças de seu Estado, mas a reputação de sua justiça as aumentariam da mesma forma.

CAPÍTULO III — DO DIREITO DE CONQUISTA

Do direito da guerra deriva o de conquista, que é a sua consequência; deverá, portanto, imitar-lhe o espírito.

Quando um povo é conquistado, o direito que o conquistador tem sobre ele se insere em quatro tipos de leis: a lei da natureza, que faz com que tudo tenda à conservação das espécies; a lei do esclarecimento natural, segundo a qual devemos fazer a outrem aquilo que desejaríamos que a nós fosse feito; a lei formadora das sociedades políticas, as quais são tais que a natureza não lhes limitou a duração; e, enfim, a lei extraída da própria coisa. A conquista é uma aquisição; o espírito de aquisição traz consigo o espírito de conservação e de uso, e não o de destruição.

Um Estado que tenha conquistado um outro o trata de uma entre as quatro maneiras seguintes: continua a governá-lo segundo as leis dele e não toma para si senão o exercício do governo político e civil; ou lhe outorga um novo governo político e civil; ou destrói a sociedade, fazendo-a dispersar entre outras; ou, enfim, extermina todos os cidadãos.

A primeira maneira está em conformidade com o direito das gentes que atualmente seguimos; a quarta maneira é mais conforme o direito das gentes dos romanos; quanto a esta última, poder-se-á aquilatar até que ponto nos tornamos melhores. É-nos imperioso render aqui homenagem aos nossos tempos modernos, à razão presente, à religião atual, à nossa filosofia, aos nossos costumes.

Os autores de nosso direito público, respaldados nas histórias antigas, tomando como partida casos estritos, caíram em grandes erros. Concluíram pelo arbitrário; supuseram da parte dos conquistadores um direito, ignoro qual, de matar, o que os fez extrair consequências terríveis, tão terríveis quanto o próprio princípio, e estabelecer máximas pelas quais os próprios conquistadores, quando exercitaram o mais ínfimo discernimento, jamais se orientaram. Está claro que, uma vez efetivada a conquista, cessa o direito de matar do conquistador, pois não se acha mais no domínio do direito de defesa natural e de sua própria conservação.

O que os fez assim pensar foi o fato de terem acreditado que o conquistador detinha o direito de aniquilar a sociedade, e daí concluírem que

178 | O ESPÍRITO DAS LEIS

detinha o direito de aniquilar os seres humanos que a compõem, o que é uma conclusão falsamente inferida de um falso princípio, pois do fato do aniquilamento da sociedade não se seguiria que os homens que a formam devem também ser aniquilados. A sociedade é a união dos homens, e *não* os homens; pode o cidadão perecer e o homem subsistir.

Do direito de matar na conquista, os políticos chegaram ao direito de submeter à escravidão, mas esta inferência ou consequência é tão mal fundada quanto o princípio.

O direito de submeter à escravidão se restringe à necessidade da preservação da conquista. O objetivo da conquista é a conservação: o objetivo da conquista jamais é a escravidão, embora possa ocorrer que esta seja um meio necessário à conservação.

Nesse caso, contraria a própria natureza da coisa ser essa escravidão perpétua. É necessário que o povo escravizado possa se converter em súdito. A escravidão na conquista é algo acidental. Quando, após um certo lapso de tempo, todas as partes do Estado conquistador já estiverem unidas às do Estado conquistado mediante costumes, casamentos, leis, associações e um certo consenso de espírito, a escravidão deverá cessar, pois os direitos do conquistador se fundam somente naquilo que essas coisas não são; e quando há um distanciamento tão pronunciado entre as duas nações que uma não pode depositar confiança na outra.

Assim, o conquistador que reduz o povo à escravidão deve sempre reservar meios (e estes meios são inumeráveis) para subtraí-lo dessa escravidão.

Não afirmo aqui coisas vagas. Nossos pais,[404] que conquistaram o Império Romano, agiram dessa forma. Suavizaram as leis que haviam criado no fogo, na ação, na impetuosidade, no orgulho da vitória; suas leis eram duras e eles as tornaram imparciais. Os borguinhões, os godos e os lombardos sempre quiseram que os romanos fossem o povo vencido; as leis de Eurico, de Gondebaldo e de Rotaris fizeram do bárbaro e do romano concidadãos.[405]

Carlos Magno, a fim de domar os saxões, retirou-lhes a condição de homens livres e a propriedade dos bens. Luís, o Indulgente, os transformou novamente em homens livres pela alforria.[406] Não realizou nada de melhor em todo o seu reinado. O tempo e a servidão haviam suavizado seus costumes; eles lhe foram sempre fiéis.

---

404. Montesquieu se refere aos francos, um dos povos bárbaros que empreenderam a conquista do Império Romano e a concretizaram juntamente com os povos germânicos. (N.T.)

405. Ver o Código das leis dos bárbaros e o Livro XXVIII na sequência.

406. Ver o autor incerto da vida de Luís, o Indulgente, na *Coletânea* de Duchesne.

CAPÍTULO IV — ALGUMAS VANTAGENS DO POVO CONQUISTADO

Em lugar de extrair do direito de conquista consequências tão fatais, seria melhor que os políticos se referissem às vantagens que esse direito pode, por vezes, trazer ao povo vencido. Tê-lo-iam melhor compreendido se nosso direito das gentes fosse acatado com precisão e se fosse estabelecido em toda a Terra.

Os Estados conquistados não se acham ordinariamente no vigor de sua instituição. A corrupção está neles introduzida; as leis deixaram de ser aplicadas e o governo se tornou opressivo. Quem poderia duvidar que tal Estado não ganharia e não tiraria alguns proveitos da própria conquista, se esta não fosse destrutiva! Um governo que chegasse ao ponto de não ser mais capaz de reformar a si mesmo, o que perderia em ser refundido? Um conquistador que se insinua junto a um povo, no seio do qual, através de mil astúcias e mil artifícios, o rico pratica insensivelmente uma infinidade de formas de usurpação; no seio do qual o infeliz que geme, assistindo àquilo que acreditava ser abuso se convertendo em lei, está imerso na opressão e julga estar errado por senti-la; um conquistador — digo — pode tudo vencer, e a tirania surda é a primeira coisa que sofre a sua violência.

Viu-se, por exemplo, Estados oprimidos por negociadores serem aliviados pelo conquistador, o qual não tinha nem os compromissos nem as necessidades do príncipe legítimo. Os abusos foram então corrigidos, mesmo sem que o conquistador os corrigisse.

Por vezes, a frugalidade da nação conquistadora a colocou em condição de permitir aos derrotados o necessário, o que lhes havia sido retirado sob o príncipe legítimo.

Uma conquista pode destruir os preconceitos nocivos e pôr, se ouso dizê-lo, uma nação num melhor gênio.[407]

Quanto bem não teriam podido fazer os espanhóis aos mexicanos? Tinham, para lhes dar, uma religião de doçura; deram-lhes uma superstição exacerbada. Poderiam ter libertado os escravos. Poderiam tê-los esclarecido a respeito dos sacrifício humanos; em lugar disso, eles os exterminaram. Seria uma narrativa infindável se eu me dispusesse a contar todos os bens que eles não realizaram e todos os males que realizaram.[408]

---

407. Ou seja, a nação e seus cidadãos ou súditos voltariam a autoestimar-se. (N.T.)

408. O testemunho de Montesquieu, mais próximo no tempo do que nós em relação a esses fatos históricos, vem corroborar realmente o retrato de atrocidades composto pelos altivos e hipócritas *fidalgos cristãos* espanhóis que dirigiram a invasão e a campanha de extermínio da civilização asteca no México, onde demonstraram a mesma crueldade abominável e covarde

Cabe a um conquistador reparar uma parte dos males que produziu. Defino da seguinte forma o direito de conquista: um direito necessário, legítimo e desditoso, que sempre deixa como saldo negativo uma dívida imensa para que possa ficar quites com a natureza humana.[409]

CAPÍTULO V — GELON, REI DE SIRACUSA

O mais belo tratado de paz indicado pela história é, creio, aquele que Gelon[410] firmou com os cartagineses. Quis que estes abolissem o costume de imolar seus filhos.[411] Coisa admirável! Depois de ter derrotado trezentos mil cartagineses, Gelon exigiu uma condição que só tinha utilidade para estes, ou melhor, que ele havia estipulado a favor do gênero humano.

Os bactrianos[412] entregavam seus velhos pais a grandes cães para serem devorados. Alexandre[413] os proibiu que continuassem a fazê-lo,[414] o que representou um triunfo efetivado por ele contra a superstição.

---

exibida entre os incas no Peru: roubo, estupro, velhacaria, traição e genocídio — este foi o legado *cristão* de nobres *europeus* "superiores" movidos pela sede do ouro e do poder, tudo sob o olhar condescendente e aprovador da realeza espanhola. Os povos nativos dessas regiões da América só escaparam da sifilização, especialidade dos portugueses na colonização do Brasil, porque foram massacrados. (N.T.)

409. Ocioso dizer que o chamado *direito de conquista*, ao qual o autor se refere mais com a visão aristocrática e a posição confortável de membro da nobreza francesa do que como precursor e mesmo disseminador do espírito libertário, igualitário e fraternalista que seria o estopim da Revolução Francesa, hoje não passa de uma excrescência jurídica e política à qual é descabido atribuir *legitimidade*, mesmo considerando tal direito um *mal necessário*. (N.T.)

410. Tirano de Siracusa no século V a.C. (N.T.)

411. Ver a coletânea de M. de Barbeyrac, *Histoire des Anciens Traités*, Amsterdã, 1739, art. 112.

412. Povo de origem persa (iraniana) que viveu no sudoeste asiático e que integrava o Império Persa no século IV a.C. Alexandre derrotou os persas, conquistou toda a região e deu início à helenização de todos os povos submetidos, projeto e começo de implantação que só foram interrompidos por sua morte prematura. Vide nota seguinte. (N.T.)

413. Alexandre da Macedônia (356-323 a.C.), cognominado *Magnus* (o Grande). Rei da Macedônia, um dos maiores generais e conquistadores da história da humanidade. Em 343 a.C., sua educação passou aos cuidados de Aristóteles, convidado por Filipe II, seu pai, para ser o preceptor de Alexandre. Filipe conquistou a Grécia em 338 a.C., mas morreu em 336 a.C., deixando o trono ao jovem sucessor que, nutrindo profunda admiração pela cultura grega, deu início ao *período helenístico*. Depois de colher reiteradas vitórias nos campos de batalha e anexar boa parte do mundo ao Império Macedônico, Alexandre morreu na Babilônia, não ceifado por um golpe de espada ou atingido letalmente por uma flecha, mas acometido por uma febre. (N.T.)

414. Estrabão, Livro XI.

CAPÍTULO VI — DE UMA REPÚBLICA CONQUISTADORA

Contraria a natureza da coisa numa Constituição federativa um Estado confederado efetivar a conquista de outro, como assistimos no presente no caso dos suíços.[415] Nas repúblicas federativas mistas, em que a associação é entre pequenas repúblicas e pequenas monarquias, isto choca menos.

Contraria também a natureza da coisa uma república democrática conquistar cidades que não poderiam ingressar na esfera da democracia. Seria preciso que o povo conquistado pudesse fruir dos privilégios da soberania, como os romanos o fizeram no início. Deve-se limitar a conquista ao número de cidadãos que será fixado para a democracia.

Se uma democracia conquistar um povo objetivando governá-lo como súdito, colocará em risco sua própria liberdade, porque terá que confiar um poder excessivamente grande aos magistrados que enviará ao Estado conquistado.

A que perigo não teria se exposto a república de Cartago se Aníbal tivesse tomado Roma? O que ele não teria produzido em sua cidade após a vitória, ele que nela causou tantas revoluções após sua derrota?[416]

Hanon[417] jamais teria logrado persuadir o senado a não enviar socorro a Aníbal se não houvesse dado vazão à sua inveja. Esse senado, que Aristóteles nos diz ter sido tão sábio (coisa que a prosperidade desta república prova tão bem), não poderia se ter determinado senão por motivos ponderados. Teria sido preciso ser demasiado estúpido para não ver que um exército, a trezentas léguas dali, produzia perdas necessárias que deveriam, entretanto, ser reparadas.

A facção de Hanon queria que Aníbal fosse entregue aos romanos.[418] Nesse ensejo não se poderiam temer os romanos; temia-se Aníbal.

Não se podia — dizia-se — crer no sucesso de Aníbal, mas como duvidar desse sucesso? Os cartagineses, espalhados por toda a Terra, ignoravam o que se passava na Itália? E era porque eles não o ignoravam que não se queria enviar socorro a Aníbal.

Hanon se tornou mais firme depois de Trébia, depois de Trasímeno, depois de Cannes: não foi sua incredulidade que aumentou, mas seu medo.

---

415. Para o Tockembourg. [Tockembourg é um vale de um cantão suíço. (N.T.)]

416. Ele chefiava uma facção.

417. General cartaginês e opositor político de Aníbal durante parte do advento das Guerras Púnicas. (N.T.)

418. Hanon desejava entregar Aníbal aos romanos, como Catão desejava que se entregasse César aos gauleses.

CAPÍTULO VII — CONTINUAÇÃO DO MESMO ASSUNTO

Há ainda um inconveniente com respeito às conquistas levadas a cabo pelas democracias. Seu governo é sempre odioso para os Estados submetidos. É monárquico por ficção, mas na verdade é mais duro do que o monárquico, como a experiência de todos os tempos e de todos os países o demonstra.

Os povos conquistados permanecem, neste caso, numa condição lamentável: não usufruem nem das vantagens da república nem daquelas da monarquia.

O que asseverei acerca do Estado popular[419] é aplicável à aristocracia.

CAPÍTULO VIII — CONTINUAÇÃO DO MESMO ASSUNTO

Assim, quando uma república tem algum povo dependente de si, será necessário que se empenhe em eliminar os inconvenientes gerados pela natureza da coisa, outorgando-lhe um bom direito político e boas leis civis.

Uma república da Itália mantinha insulares sob sua sujeição, mas o seu direito civil em relação a eles era vicioso. Recorda-se desse ato de anistia que estabelecia que não seriam mais condenados a penas aflitivas *com base na consciência informada do governador.*[420] *É comum vermos os povos solicitar em privilégios: neste caso o soberano confere o direito de todas as nações.*

CAPÍTULO IX — DE UMA MONARQUIA QUE REALIZA CONQUISTAS DOS TERRITÓRIOS VIZINHOS

Se uma monarquia puder atuar durante muito tempo antes que o engrandecimento[421] a tenha enfraquecido, se tornará temível e sua força perdurará enquanto ela for pressionada pelas monarquias vizinhas.

Não deverá, portanto, efetuar conquistas senão enquanto permanecer nos limites naturais de seu governo. A prudência lhe diz para deter-se logo que ultrapassar estes limites.

---

419. Para Montesquieu, Estado *popular* é expressão sinônima de Estado democrático. (N.T.)

420. De 18 de outubro de 1738, impresso em Gênova por Franchelli. *Vietiamo al nostro general governatore in detta isola, di condannare in avvenire solamente ex informata conscientia persona alcuna nazionale in pena afflittiva. Potrà ben si far arrestare ed incarcerare le persone che gli saranno sospette; salvo di renderne poi a noi conto sollecitamente* (*), art. VI. Ver também a *Gazette de Amsterdã* de 23 de dezembro de 1738. [(*) Proibimos o nosso governador geral desta ilha de condenar no futuro somente *ex informata conscientia*, a penas aflitivas, qualquer pessoa da nação. Poderá determinar a prisão e o encarceramento de pessoas para ele suspeitas, desde que nos informe imediatamente. (N.T.)].

421. Ou seja, a ampliação de suas fronteiras, o aumento de seu território. (N.T.)

É necessário, neste tipo de conquista, deixar as coisas como foram encontradas: os mesmos tribunais, as mesmas leis, os mesmos costumes, os mesmos privilégios; nada deverá ser mudado, exceto o exército e o nome do soberano.

Quando a monarquia tiver ampliado seus limites mediante a conquista de algumas províncias vizinhas, será necessário que as trate com bastante brandura.

Numa monarquia que trabalhou por muito tempo para concretizar conquistas, as províncias de seu antigo domínio serão geralmente muito oprimidas, tendo que sofrer tanto os novos abusos quanto os antigos; e, com frequência, uma imensa capital, a qual engole tudo, as terá despovoado. Ora, se, depois de ter efetuado conquistas em torno desse domínio, se tratassem os povos vencidos como são tratados os antigos súditos, o Estado estaria perdido; aquilo que as províncias conquistadas enviariam como tributos à capital não retornaria mais; as fronteiras estariam arruinadas e, consequentemente, mais frágeis; os povos demonstrariam pouca dedicação; a subsistência dos exércitos, que devem ser constantes e atuantes, seria mais precária.

Tal é o estado inevitável de uma monarquia conquistadora: um luxo sem peias na capital, a miséria nas províncias distantes da capital, a abundância nos extremos. Seria como é o nosso planeta: massa ígnea no centro, vegetação na superfície, e uma terra árida, fria e estéril entre as duas.

CAPÍTULO X — DE UMA MONARQUIA QUE CONQUISTA UMA OUTRA MONARQUIA

Por vezes, uma monarquia conquista outra. Quanto menor for esta, melhor será contida por meio de fortalezas; quanto maior, melhor será conservada por meio de colônias.

CAPÍTULO XI — DOS COSTUMES DO POVO VENCIDO

Nestas conquistas, não basta deixar intactas as leis da nação; talvez seja ainda mais necessário deixar intactos os seus costumes, porque um povo sempre conhece, preza e defende mais seus costumes do que suas leis.

Os franceses foram expulsos nove vezes da Itália por causa, dizem os historiadores,[422] de sua insolência com as mulheres e moças. É excessivo para uma nação ter que suportar o orgulho do vencedor somado à sua

---

422. Consultar l'*Histoire de l'Univers* (*História do Universo*) de M. Pufendorf.

incontinência e ainda a sua indiscrição, sem dúvida mais penosa, porque multiplica os ultrajes ao infinito.

CAPÍTULO XII — DE UMA LEI DE CIRO[423]

Não considero uma boa lei aquela criada por Ciro, que obrigava os lídios a exercerem apenas profissões vis ou infames. Caminha-se para o mais premente; pensa-se nas revoltas, e não nas invasões. Mas logo assomarão as invasões; os dois povos se unem e ambos se corrompem. Eu preferiria conservar mediante as leis a rudeza do povo vencedor do que através delas preservar a indolência do povo vencido.

Aristodemo, tirano de Cumas,[424-425] procurou solapar a coragem[426] da juventude. Determinou que os rapazes deixassem os cabelos ficarem compridos como os das moças; que os adornassem com flores e que vestissem trajes de cores variadas até os calcanhares; que, quando fossem às suas aulas de dança e de música, as mulheres lhes levassem para-sóis, perfumes e leques; que, no banho, elas lhes dessem pentes e espelhos. Esta educação era mantida até a idade de vinte anos. Isso só poderia convir a um pequeno tirano, o qual põe em risco sua soberania a fim de defender sua vida.

CAPÍTULO XIII — CARLOS XII[427]

Este príncipe, que se limitou a utilizar somente suas forças, determinou sua queda concebendo projetos que só podiam ser concretizados mediante uma longa guerra, coisa que seu reinado não podia suportar.

E não era um Estado que estivesse na decadência que ele se propôs a derrubar, mas um Império no nascedouro. Os moscovitas se serviram da guerra que ele lhes fazia como de uma escola. A cada derrota se aproximavam da vitória e, perdendo externamente, aprenderam a se defender internamente.

---

423. Ciro (560-529 a.C.), fundador e primeiro monarca do Império Persa. (N.T.)

424. No século V a.C. (N.T.)

425. Dionísio de Halicarnasso, VII.

426. Montesquieu se refere à coragem tendo em vista o conceito grego *andreía*, quer dizer, uma virtude *exclusivamente masculina, viril*, da qual as mulheres são assim incapazes. Assim, ao tornar os rapazes afeminados, Aristodemo lhes subtraía a coragem, de modo que, sem ela — pensava ele —, jamais ousariam enfrentá-lo e matá-lo. (N.T.)

427. Carlos XII (1682-1718), rei da Suécia. (N.T.)

Carlos se acreditava o senhor do mundo nos desertos da Polônia, onde ele perambulava e nos quais a Suécia se achava como que expandida, enquanto seu principal inimigo se fortificava contra ele, fazendo-lhe o cerco e se estabelecendo no mar Báltico, destruindo ou tomando a Livônia.[428]

A Suécia assemelhava-se a um rio cujas águas eram cortadas na sua fonte e desviadas no seu curso.

Não foi Pultava que decretou a perda de Carlos; se não fosse destruído nesse lugar, teria sido em outro. Os acidentes da sorte são facilmente reparados, mas como evitar os eventos que são gerados continuamente pela natureza das coisas?

Mas nem a natureza nem a sorte jamais foram tão fortes contra ele como ele próprio.

Ele não se regrava com base na disposição atual das coisas, mas com base num certo modelo que assumira, e, ainda assim, seguia muito mal. Não era, de modo algum, Alexandre, mas teria sido o melhor soldado de Alexandre.

O projeto de Alexandre só teve êxito porque era sensato. O insucesso dos persas nas invasões que realizaram na Grécia, as conquistas de Agesilau[429] e a retirada dos Dez Mil demonstraram com justiça a superioridade dos gregos através de seu estilo de combate e através do gênero de suas armas, e se sabia muito bem que os persas eram demasiadamente altivos para se corrigir.

Não podiam mais debilitar a Grécia por meio de cisões, pois a Grécia estava agora unificada sob um chefe que não podia contar com melhor meio de ocultar-lhe a servidão do que aquele de ofuscá-la mediante a destruição de seus inimigos eternos e pela esperança da conquista da Ásia.

Um Império cultivado pela mais industriosa nação do mundo e que lavrava as terras por uma questão de princípio religioso, fértil e farta em tudo, concedia a um inimigo todas as espécies de facilidades para que este subsistisse.

Poder-se-ia julgar pelo orgulho desses reis, sempre vaidosamente mortificados por suas derrotas, que precipitariam sua queda ao travar batalhas constantemente e que a lisonja nunca permitiria que pudessem duvidar de sua grandeza.

E não apenas se tratou de um sábio projeto como foi também sabiamente executado. Alexandre, em meio à agilidade de suas ações, do ardor de suas próprias paixões, possuía — se deverei ousar fazer uso desta

---

428. Região da Letônia, ex-país do norte da Europa, junto ao Báltico. (N.T.)

429. Monarca de Esparta (Lacedemônia) entre 397 e 360 a.C. (N.T.)

186 | O ESPÍRITO DAS LEIS

expressão — uma *elasticidade racional*,[430] que era sua condutora, e que os que desejaram escrever um romance sobre sua história e que tinham o espírito mais perturbado do que o dele não puderam nos ocultar. Falemos disto com toda a liberdade.

CAPÍTULO XIV — ALEXANDRE

Alexandre só partiu após ter consolidado a segurança da Macedônia contra os povos bárbaros vizinhos e ter subjugado os gregos; e só se serviu dessa subjugação para a execução de seu empreendimento; reduziu à impotência a inveja dos lacedemônios, atacou as províncias marítimas, fez que seus exércitos seguissem por terra as costas do mar, para que não se separassem de sua frota; fez admirável uso da disciplina contra o número; não lhe faltaram alimentos para a subsistência. Se é verdade que a vitória tudo lhe deu, ele também tudo fez para granjear a vitória.

No começo de sua empresa, isto é, no período em que um revés podia mudar tudo, confiou um mínimo de coisas ao acaso; quando a fortuna o colocou acima dos acontecimentos, por vezes a temeridade constituiu um dos seus meios. Quando, antes de sua partida, ele marcha contra os tribalianos e os ilírios,[431] vereis uma guerra[432] como aquela que César travou mais tarde nas Gálias. Logo que retornou à Grécia,[433] foi com desagrado que tomou e destruiu Tebas: acampado ao lado desta cidade, espera que os tebanos manifestem o interesse pela paz, mas serão eles mesmos que abreviarão sua ruína. Quando se tratou de combater as forças navais dos persas,[434] a audácia será mais de Parmênio, a prudência será mais de Alexandre. Seu plano consistiu em afastar os persas das costas marítimas e os forçar a abandonar sua marinha, na qual detinham superioridade. Tiro estava, por princípio, ligada aos persas, que não podiam dispensar o seu comércio e sua marinha. Alexandre a aniquilou. Tomou o Egito que Dario[435] deixara desguarnecido de tropas enquanto reunia exércitos incontáveis num outro universo.

---

430. Montesquieu utiliza aqui um neologismo de difícil tradução — *saillie de raison* —, dando a entender que a razão em Alexandre Magno tinha uma qualidade que acrescia a si uma mistura de agilidade, flexibilidade e força motriz. (N.T.)

431. Povo da Ilíria, grande país da Antiguidade na costa leste do mar Adriático, a oeste da Macedônia. (N.T.)

432. Ver Arriano, *De exped. Alex.*, I.

433. Ibidem.

434. Ibidem.

435. Dario III, que foi rei da Pérsia de 336 a 330 a.C. (N.T.)

A passagem de Granico transformou Alexandre no senhor das colônias gregas; a batalha de Isso lhe deu Tiro e o Egito; a batalha de Arbeles lhe deu toda a Terra.

Depois da batalha de Isso, permitiu a fuga de Dario e se limitou a consolidar e regrar suas conquistas; depois da batalha de Arbeles, seguiu-o tão de perto[436] que lhe impossibilitou qualquer retirada no seu Império. Dario só entrará em suas cidades e províncias para delas sair. As marchas de Alexandre são tão rápidas que se tem a impressão de que o império do mundo seria mais o prêmio da corrida, como nos jogos da Grécia, do que o prêmio da vitória propriamente militar.

Foi assim que ele realizou suas conquistas. Vejamos como as conservou.

Resistiu aos que desejavam que tratasse os gregos como senhores e os persas como escravos.[437] Seu único pensamento foi unir as duas nações e fazer desvanecer as distinções entre o povo conquistador e o povo derrotado. Abandonou, finda a conquista, todos os preconceitos que lhe haviam sido úteis para efetivá-la. Assumiu os costumes dos persas a fim de não produzir nestes o desgosto de terem de adotar os costumes dos gregos. Foi isso que o levou a demonstrar tanto respeito pela mulher e pela mãe de Dario e o fez exibir tanta continência. Quem era esse conquistador pranteado por todos os povos que submeteu? Quem era esse usurpador diante da morte do qual a família que ele destronara vertia lágrimas? Eis aí um traço desta vida, da qual os historiadores não nos informam de que qualquer outro conquistador pudesse se gabar.

Nada consolida mais uma conquista do que a união feita dos dois povos mediante casamentos. Alexandre tomou mulheres da nação que vencera e quis que os membros de sua corte também as tomassem;[438] o resto dos macedônios seguiu este exemplo. Os francos e os borguinhões[439] permitiram estes casamentos, os visigodos os proibiram[440] na Espanha, passando em seguida a permiti-los; os lombardos não só os permitiram como os favoreceram.[441] Quando os romanos desejaram enfraquecer a Macedônia, estabeleceram não serem ali permitidas as uniões pelo casamento entre os povos das províncias.

---

436. Ver Arriano, (*) *De exped. Alex.*, III. [(*) Estadista e historiador grego do século II da era cristã. (N.T.)].

437. Foi o conselho de Aristóteles. Plutarco, *Obras Morais: Da Fortuna de Alexandre.*

438. Ver Arriano, *De exped. Alex.*, VII.

439. Ver a lei dos borguinhões, XII, art. 5.

440. Ver a lei dos visigodos, III, V, § 1, a qual revoga a lei antiga, que considerava mais — dizia-se — a diferença das nações do que as condições.

441. Ver a lei dos lombardos, II, VII, § 1 e 2.

Alexandre, que procurava unir os dois povos, cogitava fundar na Pérsia um grande número de colônias gregas. Construiu inúmeras cidades e sedimentou tão bem todas as partes desse novo Império que, após sua morte, em meio à conturbação e à confusão das mais horrendas guerras civis, depois que os gregos foram, por assim dizer, aniquilados por eles próprios, nenhuma província da Pérsia se revoltou.

A fim de não esgotar a Grécia e a Macedônia, enviou a Alexandria uma colônia de judeus.[442] Não lhe importava quais costumes tivessem esses povos, contanto que lhe fossem fiéis.

Alexandre não somente deixava intocáveis os costumes dos povos, como também suas leis civis e, muitas vezes, até mesmo os reis e os governadores que havia encontrado. Colocava os macedônios[443] no comando das tropas, e as pessoas do país na direção do governo, preferindo correr o risco de alguma deslealdade particular (do que era vítima, às vezes) do que o de uma revolta geral. Respeitava as tradições antigas e todos os monumentos vinculados à glória ou à vaidade dos povos. Os reis da Pérsia haviam destruído os templos dos gregos, dos babilônios e dos egípcios. Ele os reconstruiu;[444] poucas nações se submeteram a ele sobre cujos altares não houvesse realizado sacrifícios. Parecia que fizera a conquista somente para ser o monarca particular de cada nação e o primeiro cidadão de cada cidade. Os romanos conquistaram tudo para tudo destruir: ele quis tudo conquistar para tudo conservar, e, ao percorrer qualquer país, as primeiras ideias que alimentava, os seus primeiros planos, foram sempre fazer algo que pudesse aumentar a prosperidade e o poder. Os primeiros recursos para isso ele os encontrava na própria grandeza de seu gênio; os segundos, na frugalidade de sua economia particular;[445] os terceiros, na sua imensa prodigalidade em relação às grandes coisas. Sua mão se fechava diante das despesas privadas e se abria para as despesas públicas. No que tangia a administrar sua casa, ele era um macedônio; quando se tratava de pagar as dívidas dos soldados, participar de sua conquista dos gregos, produzir a fortuna de cada homem de seu exército, ele era Alexandre.

Perpetrou duas ações más: queimou Persépolis e matou Clito. Ele as celebrizou por seu arrependimento, de sorte que se esqueceu de suas ações criminosas para se lembrar de seu respeito pela virtude; de sorte que foram

---

442. Os reis da Síria, abandonando o plano dos fundadores do Império, quiseram obrigar os judeus a adotar os costumes gregos, o que provocou em seu Estado terríveis abalos.

443. Ver Arriano, *De exped. Alex.*, III e outros.

444. Ver Arriano, ibidem.

445. Ver Arriano, *De exped. Alex.*, VII.

tidas mais como infelicidades do que como coisas que lhe fossem próprias; de sorte que a posteridade encontra a beleza de sua alma quase que ao lado de seus arrebatamentos e de suas fraquezas; de sorte que se tornou necessário lamentá-lo, não sendo mais possível odiá-lo.

Vou compará-lo a César. Quando César quis imitar os reis da Ásia, levou os romanos ao desespero por uma questão de mera ostentação; quando Alexandre quis imitar os reis da Ásia, fez algo que se integrava ao plano de sua conquista.

CAPÍTULO XV — NOVOS MEIOS DE CONSERVAR A CONQUISTA

Quando um monarca conquista um grande Estado, há uma prática admirável que é igualmente apropriada para moderar o despotismo e preservar a conquista; os conquistadores da China colocaram isto em uso.

Para não desesperar de modo algum o povo vencido, para não locupletar o vencedor de orgulho, para impedir que o governo se torne militar e para conter os dois povos no dever, a família tártara que reina atualmente na China estabeleceu que cada corpo militar nas províncias seria composto de duas metades, uma de chineses e a outra de tártaros, a fim de que o ciúme entre as duas nações as contenha quando se tratar do dever. Os tribunais são também metade chineses, metade tártaros. Isso produz diversos efeitos positivos: 1) as duas nações se contêm entre si; 2) preservam ambas o poder militar e civil e uma não é aniquilada pela outra; 3) a nação conquistadora pode se expandir em todos os lugares sem se enfraquecer e se perder; capacita-se a resistir às guerras civis e externas. Trata-se de instituição tão sensata que é a falta de uma semelhante que levou à ruína quase todos aqueles que empreenderam conquistas sobre a Terra.

CAPÍTULO XVI — DE UM ESTADO DESPÓTICO CONQUISTADOR

Quando a conquista é imensa, supõe o despotismo, pois neste caso o exército espalhado pelas províncias não basta. É imperioso haver sempre em torno do príncipe um corpo particularmente confiável, sempre pronto a precipitar-se sobre a parte do Império que possa vir a agitar-se. Essa milícia deve conter as outras e fazer tremer todos aos quais se foi obrigado a delegar qualquer autoridade no Império. Há em torno do imperador da China um maciço corpo de tártaros constantemente pronto para essa necessidade. No Mogol, entre os turcos, no Japão há um corpo sob o soldo

190 | O ESPÍRITO DAS LEIS

do príncipe, independentemente de que é sustentado pela renda das terras. Estas forças particulares garantem o respeito pelas gerais.

CAPÍTULO XVII — CONTINUAÇÃO DO MESMO ASSUNTO

Dissemos que os Estados que o monarca despótico conquista devem ser feudatários. Os historiadores não poupam encômios à generosidade dos conquistadores que entregaram a coroa aos príncipes que derrotaram. Os romanos eram, portanto, bastante generosos, já que em toda parte criaram reis para terem instrumentos de servidão.[446] Uma tal ação é um ato necessário. Se o conquistador conserva o Estado conquistado, os governadores enviados por ele não saberão conter os súditos, nem ele próprio os seus governadores. Será forçado a desguarnecer de tropas seu antigo patrimônio a fim de garantir o novo. Todas as infelicidades dos dois Estados serão comuns; a guerra civil de um será a guerra civil do outro. Se, ao contrário, o conquistador entrega o trono ao príncipe legítimo, terá neste um aliado certo que, com as forças que lhe são próprias, aumentará as suas. Acabamos de ver Schah-Nadir conquistar os tesouros do Mogol e lhe deixar o Industão.

---

446. Tácito, *Agricola*, XIV. *Vetere ac jam pridem recepta populi romani consuetudine, ut haberent instrumenta servitutis et reges.*

LIVRO XI — DAS LEIS QUE FORMAM A LIBERDADE POLÍTICA NA SUA RELAÇÃO COM A CONSTITUIÇÃO

CAPÍTULO I — IDEIA GERAL

Distingo as leis que formam a liberdade política na sua relação com a constituição daquelas que a formam na sua relação com o cidadão. As primeiras serão o objeto deste Livro; tratarei das segundas no Livro seguinte.

CAPÍTULO II — OS DIVERSOS SIGNIFICADOS ATRIBUÍDOS À PALAVRA LIBERDADE

Não há absolutamente nenhuma outra palavra que tenha recebido mais significados diferentes e que tenha impressionado as mentes de tantas formas quanto a palavra *liberdade*. Uns a entenderam como a facilidade de depor aquele a quem deram um poder tirânico; outros a entenderam como a faculdade de eleger aquele a quem deviam obedecer; outros, como o direito de estarem armados e de poderem exercer a violência; estes, pelo privilégio de serem governados somente por um homem de sua nação, ou por suas próprias leis.[447] Há um certo povo que há muito tempo toma a *liberdade* como o costume de usar uma longa barba.[448] Estes vincularam esse nome a uma forma de governo e dele excluíram as outras. Os que tinham experimentado o governo republicano colocaram-na neste governo; os que haviam fruído o governo monárquico a localizaram na monarquia.[449] Enfim, cada um denominou *liberdade* o governo que era conforme a seus costumes ou a suas inclinações, e como, numa república, não se tem sempre diante dos olhos, e de uma maneira tão presente, os instrumentos dos males dos quais nos queixamos, e até mesmo parece que as leis nesse governo falam mais e os

---

447. "Copiei", diz Cícero, "o edito de Cévola, o qual permite aos gregos solucionarem entre si suas diferenças segundo suas leis, o que faz com que se considerem povos livres". *Ad Att.*, VI, 1.

448. Os moscovitas não podiam suportar que o czar Pedro mandasse que a cortassem.

449. Os capadócios recusaram o Estado republicano oferecido pelos romanos.

executores da lei, menos, a liberdade é colocada ordinariamente nas repúblicas, sendo excluída das monarquias. Enfim, como nas democracias o povo parece quase fazer o que quer, situou-se a liberdade neste tipo de governo; e se tem confundido o poder do povo com a liberdade do povo.

CAPÍTULO III — O QUE A LIBERDADE É

É verdade que nas democracias o povo parece fazer o que quer, porém a liberdade política não consiste, de modo algum, em fazer o que se quer. Num Estado, ou seja, numa sociedade onde existem leis, a liberdade não pode consistir senão em poder fazer aquilo que se deve querer e em não ser de maneira alguma constrangido a fazer aquilo que não se deve querer.

Impõe-se ter em mente o que é a independência e o que é a liberdade. A liberdade é o direito de fazer tudo o que é permitido pelas leis, e se um cidadão pudesse fazer o que elas proíbem, ele não teria mais liberdade, porque os outros cidadãos teriam do mesmo modo esse poder.

CAPÍTULO IV — CONTINUAÇÃO DO MESMO ASSUNTO

A democracia e a aristocracia não são, de modo algum, Estados livres em função de sua natureza. A liberdade política encontra-se somente nos governos moderados. Mas nem sempre está nos Estados moderados; ela existe somente quando não se abusa do poder. Mas constitui experiência eterna o fato de todo homem que detém poder ser levado a dele abusar; avança até onde encontra limites. Quem o diria? A própria virtude tem necessidade de limites.

Para que não se possa abusar do poder é preciso que, pela disposição das coisas, o poder freie o poder. Uma constituição pode ser tal que ninguém será constrangido a fazer as coisas que a lei não obriga e a não fazer as que a lei permite.

CAPÍTULO V — DO OBJETIVO DOS DIVERSOS ESTADOS

Ainda que todos os Estados tenham em geral um objetivo idêntico, que é a sua própria preservação, cada Estado possui, todavia, um objetivo que lhe é particular. A expansão era o objetivo de Roma; a guerra, o da Lacedemônia; a religião, o das leis judaicas; o comércio, o de Marselha; a tranquilidade pública, o das leis da China;[450] a navegação, o das leis dos

---

450. Objetivo natural de um Estado que não tem quaisquer inimigos externos ou que acredita os ter detidos mediante barreiras.

rodianos; a liberdade natural é o objetivo da organização dos selvagens; em geral, os prazeres do príncipe são o objetivo dos Estados despóticos; sua glória e a do Estado, aquele das monarquias; a independência de cada indivíduo é o objetivo das leis da Polônia, e o resultado disso é a opressão de todos.[451]

Há também uma nação no mundo que tem por objetivo direto de sua constituição a liberdade política. Examinaremos os princípios sobre os quais ela funda essa liberdade. Se forem bons, a liberdade surgirá como num espelho.

Para descobrir a liberdade política na constituição, não será necessário tanto esforço. Se é possível vê-la onde se acha, se a encontramos, por que procurá-la?

CAPÍTULO VI — DA CONSTITUIÇÃO DA INGLATERRA

Há em cada Estado três tipos de poder: o poder legislativo, o poder executivo das coisas que dependem do direito das gentes e o poder executivo das coisas que dependem do direito civil.

Pelo primeiro, o príncipe ou o magistrado produz as leis para um certo tempo ou para sempre e retifica ou ab-roga aquelas que são produzidas. Mediante o segundo, ele produz a paz ou a guerra, envia ou recebe embaixadores, estabelece a segurança, previne as invasões. Mediante o terceiro, ele pune os crimes ou julga as diferenças dos indivíduos. Chamaremos este último de *poder judiciário* e o outro simplesmente de *poder executivo do Estado*.

A liberdade política no âmbito de um cidadão é essa tranquilidade de espírito que provém da opinião que cada um possui de sua segurança; e para que se tenha essa liberdade é preciso que o governo seja tal que um cidadão não possa temer outro cidadão.

Quando, na mesma pessoa ou no mesmo corpo de magistratura, o poder legislativo é reunido ao poder executivo, não há liberdade alguma, porque pode-se temer que o mesmo monarca ou o mesmo senado produza leis tirânicas para pô-las em execução tiranicamente.

Não há ainda liberdade alguma se o poder judiciário não for separado do poder legislativo e do executivo. Se estivesse unido ao poder legislativo, o poder sobre a vida e a liberdade dos cidadãos seria arbitrário, pois o juiz seria legislador. Se estivesse unido ao poder executivo, o juiz poderia deter a força de um opressor.

---

451. Inconveniente do *Liberum veto*.

Tudo estaria perdido se o mesmo homem ou o mesmo corpo de principais, ou dos nobres, ou do povo, exercesse esses três poderes: o de produzir leis, o de executar resoluções públicas e o de julgar os crimes ou as divergências dos indivíduos.

Na maioria dos reinos da Europa, o governo é moderado porque o príncipe, que detém os dois primeiros poderes, deixa aos seus súditos o exercício do terceiro. Entre os turcos, onde esses três poderes estão reunidos na figura do sultão, reina um horrível despotismo.

Nas repúblicas da Itália nas quais estes três poderes estão reunidos, a liberdade é menos encontrada do que nas nossas monarquias. Devido a isso, para se manter, o governo necessita de meios tão violentos quanto o governo dos turcos; são disto testemunhas os inquisidores de Estado[452] e o tronco onde todo delator, a qualquer momento, lança um bilhete com sua acusação.

Vede qual pode ser a situação de um cidadão nessas repúblicas. O mesmo corpo de magistratura detém, como executor das leis, todo o poder que se outorgou como legislador. Pode devastar o Estado através de suas vontades gerais, e como ele detém, ainda, o poder judiciário, pode destruir cada cidadão através de suas vontades particulares.

Aí todo poder é uno e, embora não haja nenhuma pompa exterior que revele um príncipe despótico, este é sentido a cada instante.

Assim, os príncipes que quiseram se tornar déspotas sempre começaram por concentrar em sua pessoa todas as magistraturas; e diversos reis da Europa, todos os grandes encargos de seu Estado.

Estou convicto que a pura aristocracia hereditária das repúblicas da Itália não corresponde precisamente ao despotismo da Ásia. A multidão dos magistrados suaviza por vezes a magistratura; todos os nobres não concorrem sempre para os mesmos desígnios; formam-se aí diversos tribunais que se moderam. Assim, em Veneza, ao Grande Conselho compete a legislação; aos *pregadi,* a execução; aos *quaranties,* o poder judiciário. Mas o mal é que esses diferentes tribunais são formados pelos magistrados pertencentes ao mesmo corpo, o que os faz constituir quase um mesmo poder.

O poder judiciário não deve ser concedido a um senado permanente, mas exercido por pessoas tiradas do corpo do povo,[453] em certos períodos do ano, da maneira prescrita pela lei, objetivando a formação de um tribunal que não dure mais do que o requerido pela necessidade.

---

452. Em Veneza.

453. Como em Atenas.

Dessa forma, o poder judiciário, tão terrível entre os homens, não estando ligado nem a uma certa condição nem a uma certa profissão, torna-se, por assim dizer, invisível e nulo. Não há de modo algum constantemente juízes diante dos olhos e teme-se a magistratura, e não os magistrados.

É preciso até mesmo que, nos grandes processos, o criminoso, concorrentemente com a lei, escolha para si os juízes ou, ao menos, que possa recusar um grande número deles, de sorte que os que restarem sejam tidos como os de sua escolha.

Os dois outros poderes poderiam, antes, ser concedidos a magistrados ou a corpos permanentes, porque não são exercidos sobre nenhum indivíduo particular, sendo um apenas a vontade geral do Estado e o outro apenas a execução dessa vontade geral.

Mas, se os tribunais não devem ser fixos, os julgamentos devem sê-lo a tal ponto que não sejam jamais senão um texto preciso da lei. Se eram uma opinião pessoal do juiz, vivia-se na sociedade sem conhecer precisamente os compromissos que nela se contratam.

É necessário até mesmo que os juízes sejam da condição do acusado, ou seus pares, para que ele não possa convencer-se de que caiu entre as mãos de pessoas tendentes a praticar violência contra ele.

Se o poder legislativo lega ao executivo o direito de aprisionar cidadãos que podem oferecer caução de sua conduta, não há mais liberdade, a menos que sejam detidos para responder, sem demora, a uma acusação que a lei tornou capital, caso em que estão realmente livres, visto que estão submetidos somente ao poder da lei.

Mas se o poder legislativo se considerasse em perigo em função de alguma conjuração secreta contra o Estado, ou algum entendimento com os inimigos externos, poderia, durante um período breve e limitado, permitir que o poder executivo ordenasse a detenção dos cidadãos suspeitos, os quais perderiam sua liberdade por algum tempo apenas para conservá-la para sempre.

E este é o único meio racional de substituir a tirânica magistratura dos éforos e os inquisidores de Estado de Veneza, que também são despóticos.

Como, num Estado livre, todo homem que é tido como possuidor de uma alma livre deve ser governado por si mesmo, seria necessário que o povo em conjunto detivesse o poder legislativo. Mas como isso é impossível nos grandes Estados e está sujeito a muitos inconvenientes nos pequenos, é preciso que o povo faça por intermédio de seus representantes tudo que não pode fazer por si mesmo.

Conhecem-se muito melhor as necessidades da própria cidade do que as das outras cidades; e julga-se melhor a capacidade de seus vizinhos do que a capacidade de seus compatriotas. Não é necessário, portanto, que os membros do corpo legislativo sejam tirados em geral do conjunto da nação, mas convém que em cada localidade principal os seus habitantes escolham um representante.

A grande vantagem dos representantes reside em sua capacidade de discutir os negócios públicos; o povo não é, em absoluto, próprio para isso, o que constitui um dos grandes inconvenientes da democracia.

Não é necessário que os representantes, que receberam daqueles que os escolheram uma instrução geral, recebam uma instrução particular sobre cada assunto, como é praticado nas dietas da Alemanha. É verdade que, desta maneira, a palavra dos deputados seria mais a expressão da voz da nação, mas isso produziria delongas sem fim, transformaria cada deputado no senhor de todos os outros e, nas ocasiões mais prementes, toda a força da nação poderia ser detida por um capricho.

Quando os deputados, diz muito acertadamente M. Sidney,[454] representam uma parte do povo, como na Holanda, devem prestar contas aos que os elegeram; é diferente quando são deputados escolhidos pelos burgos, como na Inglaterra.

Todos os cidadãos, nos diversos distritos, devem ter o direito de dar seus votos para eleger o representante, exceto aqueles que se acham num tal estado de vileza que são considerados como completamente destituídos de vontade própria.

Havia um grande vício na maior parte das antigas repúblicas: o povo tinha o direito de tomar resoluções ativas e que exigem uma certa capacidade de execução, algo de que o povo é inteiramente incapaz. O povo só deve participar do governo para eleger seus representantes, o que está perfeitamente a seu alcance. Pois, se há poucas pessoas que conhecem o grau preciso da capacidade dos homens, cada uma é, todavia, capaz de saber, em geral, se aquele que escolheu é mais esclarecido do que a maioria dos outros.

O corpo representativo não deve ser escolhido tampouco para tomar alguma resolução ativa, algo que não realizaria bem, mas para produzir leis ou para verificar se as que foram produzidas estão sendo bem-postas em execução, algo que pode fazer muito bem e que, inclusive, não dispõe senão dele para fazer bem.

Há sempre, num Estado, pessoas que se distinguem pelo nascimento, pelas riquezas ou pelas honras; se fossem, entretanto, confundidas com os elementos do povo e se tivessem apenas um voto como as outras, a liberdade comum seria sua escravidão e não teriam nenhum interesse em

---

454. Trata-se do autor de um texto intitulado *Discours sur le Gouvernement* (*Discurso acerca do governo*), de tendência republicana. (N.T.)

defendê-la, porque a maioria das resoluções seria contra elas. O papel que lhes cabe na legislação deve, portanto, ser proporcional às outras vantagens das quais elas gozam no Estado, o que acontecerá se elas formarem um corpo que tenha direito de suspender os empreendimentos do povo, tal como este tem direito de suspender os empreendimentos delas.

Assim, o poder legislativo será confiado associativamente ao corpo dos nobres e ao corpo que será escolhido para representar o povo, e cada um destes corpos terá suas assembleias e suas deliberações à parte, e pontos de vista e interesses separados.

Dos três poderes aos quais nos referimos, o judiciário é, de alguma maneira, nulo. Sobram somente dois, e como estes necessitam de um poder regulador que os modere, a parte do corpo legislativo que é composta por nobres se presta muito propriamente a produzir esse efeito.

O corpo dos nobres deve ser hereditário. Ele o é primeiramente por sua natureza; e, ademais, é preciso que nutra um grande interesse em conservar suas prerrogativas, odiosas por si mesmas e que, num Estado livre, devem sempre estar em perigo.

Entretanto, como um poder hereditário poderia ser induzido a seguir seus interesses particulares e se esquecer dos do povo, é necessário que no tocante a coisas em relação às quais se tem um soberano interesse em corromper o poder hereditário, como no caso das leis que concernem à arrecadação de dinheiro, participe da legislação somente mediante sua faculdade de impedir,[455] e não mediante sua faculdade de estatuir.

Denomino *faculdade de estatuir* o direito de ordenar por si mesmo, ou de corrigir o que foi ordenado por outro. Chamo de *faculdade de impedir* o direito de anular uma resolução tomada por qualquer outro, o que era o poder dos tribunos de Roma. E ainda que aquele que tem a faculdade de impedir possa ter também direito de aprovar, esta aprovação não passa de uma declaração de que ele não fará, de modo algum, uso de sua faculdade de impedir, de sorte que o direito de aprovar é originário da faculdade de impedir.

O poder executivo deve estar nas mãos de um monarca porque essa parte do governo, que quase sempre requer uma ação instantânea, é mais bem administrada por um do que por muitos, enquanto o que depende do poder legislativo é frequentemente mais bem ordenado por muitos do que por uma única pessoa.

Se não houvesse nenhum monarca e o poder executivo fosse confiado a um certo número de pessoas retiradas do corpo legislativo, não haveria mais

---

455. Na linguagem política contemporânea, é o *direito de veto*. (N.T.)

liberdade, porque os dois poderes estariam unidos, as mesmas pessoas participando, por vezes, e podendo participar sempre de um e de outro.

Se o corpo legislativo permanecesse um tempo considerável sem se reunir, não haveria mais liberdade, pois aconteceria de duas coisas, uma: ou não haveria mais resolução legislativa, e o Estado cairia na anarquia, ou essas resoluções seriam tomadas pelo poder executivo, e este se tornaria absoluto.

Seria inútil que o corpo legislativo estivesse constantemente reunido. Isto incomodaria os representantes e, ademais, ocuparia excessivamente o poder executivo, o qual não pensaria em executar, mas em defender suas prerrogativas e o direito que detém de executar.

Além disso, se o corpo legislativo permanecesse continuamente reunido, poderia suceder que se limitasse a substituir os deputados mortos por novos deputados; e, neste caso, uma vez que estivesse o corpo legislativo corrompido, o mal seria irremediável. Quando diversos corpos legislativos sucedem uns aos outros, o povo, que não vê com bons olhos o corpo legislativo atual, coloca, com razão, suas esperanças naquele que virá depois. Mas se fosse sempre o mesmo corpo, o povo, vendo-o corrompido, nada mais esperaria de suas leis, tornando-se furioso ou caindo na indolência.

O corpo legislativo não deve se reunir por iniciativa própria, sem ser convocado, pois um corpo somente é tido como detentor de vontade quando está reunido; e se não se reunisse unanimemente, não se saberia dizer qual parte seria verdadeiramente o corpo legislativo, se aquela que estaria reunida ou aquela que não estaria. Se lhe coubesse o direito de prorrogar a si mesmo, poderia acontecer de não prorrogar jamais, o que seria perigoso no caso em que ele desejasse atentar contra o poder executivo. Além disso, há ocasiões mais convenientes que outras para a reunião do corpo legislativo: é necessário, portanto, que seja o poder executivo aquele que regulamentará o tempo de conservação e de duração dessas assembleias, em relação às circunstâncias que o poder executivo conhece.

Se o poder executivo não tiver o direito de suspender os empreendimentos do corpo legislativo, este será despótico, pois, como estará capacitado a outorgar-se todo o poder por ele imaginável, aniquilará os demais poderes.

Mas não é necessário que o poder legislativo disponha reciprocamente da faculdade de deter o poder executivo, pois tendo a execução seus limites em função de sua natureza, é inútil impor-lhe restrições, além de que o poder executivo é sempre exercido sobre coisas momentâneas. E, a propósito, o poder dos tribunos de Roma era vicioso porque não só paralisava a legislação, como até mesmo a execução, o que produzia grandes males.

Mas, se, num Estado livre, o poder legislativo não deve ter o direito de deter o poder executivo, tem o direito e deve dispor da faculdade de examinar de qual maneira as leis feitas por ele foram executadas; e é esta a vantagem que possui esse governo sobre os de Creta e da Lacedemônia, onde os *cosmos* e os *éforos* não prestavam de modo algum contas de sua administração.

Contudo, seja qual for este exame, o corpo legislativo não deve dispor do poder de julgar a pessoa e, por conseguinte, o comportamento daquele que executa; sua pessoa deve ser sagrada, porque, sendo necessário ao Estado para que o corpo legislativo não se torne nele tirânico, a partir do momento que fosse acusado ou julgado, não haveria mais aí liberdade.

Neste caso, o Estado não seria uma monarquia, mas uma república não livre. Mas, como aquele que executa não pode executar mal sem ter conselheiros maus, e que odeiam as leis como ministros, ainda que elas os favoreçam como homens, estes poderão ser procurados e punidos. Esta é a vantagem desse governo sobre o de Gnido, no qual a lei, não permitindo convocar para julgamento os *amymones*,[456] mesmo depois de sua administração,[457] o povo não pode jamais se fazer investir de razão em relação às injustiças cometidas contra ele.

Embora em geral o poder judiciário não deva estar unido a nenhuma parte do legislativo, isto é passível de três exceções, fundadas no interesse particular daquele que deve ser julgado.

Os grandes se acham sempre expostos à inveja; e se fossem julgados pelo povo, poderiam ficar em perigo e não gozariam do privilégio que tem o mais humilde dos cidadãos, num Estado livre, de ser julgado por seus pares. É necessário, portanto, que os nobres sejam convocados não ante os tribunais ordinários da nação, mas ante a parte do corpo legislativo que é composta de nobres.

Poderia suceder que a lei, que é ao mesmo tempo perspicaz e cega, fosse, em certos casos, excessivamente rigorosa. Mas os juízes da nação são, como dissemos, apenas a boca que pronuncia as palavras da lei, seres inanimados que não podem moderar nem sua força nem seu rigor. É, portanto, a parte do corpo legislativo, que dissemos ser, em outra ocasião, um tribunal necessário que se acha ainda nesta; cabe à sua autoridade suprema

---

456. Eram magistrados que o povo elegia todos os anos. Ver Étienne de Byzance.

457. Podia-se acusar os magistrados romanos após a sua magistratura. Ver em Dionísio de Halicarnasso, IX, o caso do tribuno Genúcio.

moderar a lei em favor da própria lei, fazendo um pronunciamento menos rigoroso do que ela.

Poderia ainda ocorrer que algum cidadão, nos negócios públicos, violasse os direitos do povo e cometesse crimes que os magistrados em exercício não saberiam ou não desejariam punir. Mas, em geral, o poder legislativo não pode julgar, e ainda pode menos nesse caso particular, no qual representa a parte interessada, que é o povo. Só pode, portanto, ser órgão de acusação. Mas diante de quem o poder legislativo acusará? Irá ele rebaixar-se ante os tribunais da lei, que lhes são inferiores e que, além disso, são compostos de pessoas que, sendo povo como ele, seriam arrastadas pela autoridade de um acusador tão poderoso? Não, é preciso, para preservar a dignidade do povo e a segurança do indivíduo, que a parte legislativa do povo acuse perante a parte legislativa dos nobres, a qual não tem nem os mesmos interesses da primeira nem as mesmas paixões.

É esta a vantagem que este governo apresenta em relação à maioria das repúblicas antigas, nas quais existia este abuso, sendo o povo ao mesmo tempo juiz e acusador.

O poder executivo, como dissemos, deve participar da legislação através de sua faculdade de impedir, sem o que o poder executivo será logo despojado de suas prerrogativas. Mas se o poder legislativo participar da execução, o poder executivo estará igualmente perdido.

Se o monarca participasse da legislação através da faculdade de estatuir, não haveria mais liberdade. Mas, como, não obstante isso, é necessário que ele participe da legislação para se defender, faz-se necessário que ele participe através da faculdade de impedir.

A causa da mudança do governo em Roma foi que o senado, que detinha uma parte do poder executivo, e os magistrados, que detinham a outra, não tinham, como o povo, a faculdade de impedir.

Eis, portanto, a constituição fundamental do governo de que falamos. Sendo nele o corpo legislativo composto de duas partes, uma encadeará a outra através de sua faculdade mútua de impedir. Todas as duas serão ligadas pelo poder executivo, o qual, por sua vez, ficará ele mesmo ligado ao poder legislativo.

Estes três poderes deveriam constituir um repouso ou uma inação. Porém, como, pelo movimento necessário das coisas, são obrigados à mobilidade, será forçoso que se movam harmoniosamente.

Limitando-se a participação do poder executivo à sua atuação através da faculdade de impedir, não poderia tomar parte no debate dos assuntos. Não é sequer necessário que faça propostas porque, podendo sempre reprovar as resoluções, pode rejeitar as decisões das proposições que teria desejado que não tivessem sido feitas.

Em algumas repúblicas antigas, nas quais o povo debatia diretamente os assuntos, era natural que o poder executivo as propusesse e as debatesse com ele, sem o que teria havido uma estranha confusão nas resoluções.

Se o poder executivo estatuir a respeito da arrecadação do dinheiro público de outra forma que não seja pelo seu consentimento, não haverá mais liberdade, porque ele se tornará legislativo no ponto mais importante da legislação.

Se o poder legislativo estatuir não anualmente, mas para sempre, a respeito da arrecadação do dinheiro público, correrá o risco de perder sua liberdade, porque o poder executivo não dependerá mais dela; e quando se detém um tal direito para sempre, é completamente indiferente detê-lo para si ou para outrem. Sucede o mesmo se estatuir não anualmente, mas para sempre, sobre as forças de terra e mar que o poder legislativo deve confiar ao poder executivo.

Para que aquele que executa não possa oprimir, será preciso que os exércitos a ele confiados sejam do povo e partilhem do mesmo espírito do povo, como sucedeu em Roma até o tempo de Mário. E, para que seja assim, só existem dois meios: ou que aqueles que são empregados no exército tenham bens suficientes para responder por sua conduta perante os outros cidadãos, sendo recrutados apenas por um ano, como era praticado em Roma; ou, se houver um corpo permanente de tropas, constituído por soldados que representem uma das partes mais vis da nação, será necessário que o poder legislativo possa dissolvê-lo no momento em que desejar; e que os soldados residam com os cidadãos e que não haja nem acampamento separado, nem caserna, nem praça de guerra.

Uma vez estabelecido o exército, não deverá de modo algum depender de modo imediato do corpo legislativo, mas do poder executivo; e isto pela natureza da coisa, a função do executivo consistindo mais em ação do que em deliberação.

Faz parte da forma humana de pensar ter em maior apreço a coragem do que a timidez; a atividade do que a prudência; a força do que os conselhos. O exército desprezará sempre um senado e respeitará os seus oficiais. Não concederá a menor consideração às ordens que lhe serão enviadas por um corpo composto de pessoas tidas por ele como tímidas e, por isso, indignas de comandá-lo. Assim, tão logo o exército passe a depender unicamente do corpo legislativo, o governo se tornará militar. E, se em alguma ocasião ocorreu o contrário, foi por efeito de algumas circunstâncias extraordinárias; ou porque o exército se manteve sempre separado, ou porque se compunha de diversos corpos que dependiam, cada um, de sua província particular; ou porque as cidades mais importantes eram locais excelentes que se defendiam graças tão só à sua própria situação, não havendo nelas quaisquer tropas.

A Holanda está ainda mais segura do que Veneza; poderia afogar as tropas rebeldes ou fazer os seus integrantes morrerem de fome. Estas tropas não se acham nas cidades que poderiam suprir-lhes a subsistência; esta subsistência é, então, precária.

No caso de o exército ser dirigido pelo corpo legislativo, circunstâncias particulares impedindo o governo de se tornar militar, se cairá em outros inconvenientes. De duas coisas, uma: ou será necessário que o exército destrua o governo ou que o governo enfraqueça o exército. E este enfraquecimento terá uma causa bastante fatal, ou seja, nascerá da própria fraqueza do governo.

Caso se queira ler a admirável obra de Tácito *sobre os costumes dos germanos*,[458] ver-se-á que foi deles que os ingleses extraíram a ideia de seu governo político. Tal belo sistema foi encontrado nos bosques.

Como todas as coisas humanas têm um fim, o Estado de que falamos perderá sua liberdade, perecerá. Roma, Lacedemônia, Cartago pereceram. Perecerá quando o poder legislativo for mais corrompido do que o executivo.

Não cabe a mim, de modo algum, examinar se os ingleses desfrutam atualmente dessa liberdade ou não. Para mim é suficiente dizer que ela é estabelecida pelas leis, e quanto a isso não levo minha investigação adiante.

Não pretendo, em função disso, depreciar os outros governos nem afirmar que esta liberdade política extrema deva mortificar aqueles que só detêm uma liberdade moderada. Como eu o diria, eu que creio que o próprio excesso da razão não é sempre desejável e que os seres humanos quase sempre se acomodam melhor nos pontos intermediários do que nas extremidades?

Harrington,[459] no seu *Oceana*, também examinou qual era o ponto mais elevado da liberdade ao qual a constituição de um Estado pode ser levada. Porém, dele pode-se dizer que só buscou essa liberdade depois de tê-la rejeitado e que construiu Calcedônia tendo ante os olhos as praias de Bizâncio.

CAPÍTULO VII — DAS MONARQUIAS QUE CONHECEMOS

As monarquias que conhecemos não têm, como essa de que acabamos de falar, a liberdade como seu objetivo direto; inclinam-se somente para a glória

---

458. Capítulo XI. *De minoribus rebus principes consultant, de majoribus omnes; ita tamen ut ea quoque quorum penes plebem arbitrium est apud principes pertractentur.* [Os assuntos de pouca importância dependem das deliberações dos chefes; os de grande importância, das de todos. Mas, ao mesmo tempo, aqueles que são submetidos à arbitragem do povo são também examinados a fundo pelos chefes. (N.T.)].

459. Homem público inglês de tendências republicanas que viveu no século XVII. (N.T.)

dos cidadãos, do Estado e do príncipe. Mas desta glória resulta um espírito de liberdade que, nestes Estados, pode produzir tantas coisas grandiosas e, talvez, contribuir tanto para a felicidade quanto a própria liberdade.

Os três poderes, nestes Estados, não são distribuídos e fundidos sobre o modelo da constituição do qual falamos. Contam, cada um deles, com uma distribuição particular, segundo a qual se avizinham mais ou menos da liberdade política; e, se não houvesse esta aproximação, a monarquia degeneraria em despotismo.

CAPÍTULO VIII — POR QUE OS ANTIGOS NÃO FAZIAM UMA IDEIA BASTANTE CLARA DA MONARQUIA

Os antigos não conheciam o governo fundado sobre um corpo de nobreza e ainda menos o governo fundado num corpo legislativo formado pelos representantes de uma nação. As repúblicas da Grécia e da Itália eram cidades que possuíam, cada uma, seu governo e que reuniam seus cidadãos dentro de suas muralhas. Antes que os romanos tivessem engolido todas as repúblicas, não havia reis em quase nenhuma região da Itália, Gália, Espanha e Alemanha; todas estas regiões eram ocupadas por pequenas populações ou pequenas repúblicas; a própria África estava submetida a uma grande república; a Ásia Menor estava ocupada pelas colônias gregas. Não havia, portanto, exemplo de deputados de cidades nem de assembleias de Estados; era necessário ir até a Pérsia para encontrar o governo de um só.

É verdade que existiam repúblicas federativas. Diversas cidades enviavam deputados a uma assembleia. Mas afirmo que não existiam monarquias fundadas nesse modelo.

Eis como se formou o primeiro esboço das monarquias conhecidas por nós. As nações germânicas que conquistaram o Império Romano eram, como se sabe, muito livres. No que tange a isto, basta consultar Tácito em *Sobre os costumes dos germanos*. Os conquistadores se espalharam pelo país; habitavam os campos, de preferência às cidades. Quando estavam na Germânia, toda a nação podia se reunir. Quando foram dispersos na conquista, não puderam mais fazê-lo. Era necessário, entretanto, que a nação deliberasse sobre seus negócios, como havia feito antes da conquista. Ora, ela o fez mediante representantes. Eis a origem do governo gótico entre nós. Foi inicialmente uma mescla de aristocracia e de monarquia. E apresentava o inconveniente de o povo das classes inferiores ser escravo. Era um bom governo que possuía em si a capacidade de se tornar melhor. Finalmente, surgiu o costume de dar cartas de alforria, e, logo, a liberdade civil do povo, as prerrogativas da nobreza e do clero, o poder dos reis se encontraram num tal concerto que não creio que tenha existido sobre a Terra governo tão moderado quanto aquele de cada parte da Europa durante o tempo em que ali subsistiu. E é admirável que a corrupção do governo de um povo conquistador tenha formado a melhor espécie de governo que os homens tenham podido conceber.

CAPÍTULO IX — MANEIRA DE PENSAR DE ARISTÓTELES

O embaraço de Aristóteles surge visivelmente quando ele trata da monarquia.[460] Ele estabelece cinco espécies dela; não as distingue pela forma de constituição, mas em função de coisas acidentais, como as virtudes e vícios do príncipe; ou em função de coisas estranhas, como a usurpação da tirania ou a sucessão à tirania.

Aristóteles coloca na categoria de monarquias tanto o Império Persa quanto o reino da Lacedemônia. Mas quem não percebe que um era um Estado despótico e o outro, uma república?

Os antigos, que não conheciam a distribuição dos três poderes no governo de um só,[461] não podiam fazer uma ideia justa da monarquia.

CAPÍTULO X — MANEIRA DE PENSAR DE OUTROS PENSADORES POLÍTICOS

Para moderar o governo de um só, Arribas,[462] rei de Épiro, somente concebeu uma república. Os molossos,[463] não sabendo como limitar o mesmo poder, estabeleceram dois reis,[464-465]pelo que debilitaram o Estado ainda mais do que pelo comando; desejaram ter rivais e tiveram inimigos.

Dois reis só eram suportáveis na Lacedemônia, onde não formavam a constituição, mas eram uma parte dela.

---

460. Aristóteles, *Política*, III.

461. O que se poderia afirmar é que os antigos não conheciam a distribuição dos três poderes na monarquia como era realizada no tempo de Montesquieu, isto é, na Idade Moderna. (N.T.)

462. Ver Justino, XVII, III. *Primus leges et senatum, annuosque magistratus, et reipublicae formam composuit.*

463. Nativos ou habitantes da Molóssia, uma região ou um distrito de Épiro. (N.T.)

464. Aristóteles, *Política*, V.

465. Montesquieu cometeu um grave equívoco nesta passagem, provavelmente devido a uma consulta insuficientemente atenta de Aristóteles, que no capítulo IX do Livro V da *Política* sequer menciona os molossos, fazendo-o, a propósito, no capítulo subsequente, porém no domínio de outras considerações. Os molossos não tinham *dois* reis. (N.T.)

CAPÍTULO XI — DOS REIS DOS TEMPOS HEROICOS ENTRE OS GREGOS

Entre os gregos, nos tempos heroicos, foi estabelecida uma espécie de monarquia que não subsistiu.[466] Aqueles que haviam inventado as artes, travado a guerra para o povo, reunido homens que se achavam dispersos, ou que lhes haviam dado terras, obtinham o reino para si e o transmitiam aos seus filhos. Eram reis, sacerdotes e juízes. Trata-se de uma das cinco espécies de monarquia de que nos fala Aristóteles;[467] e é a única capaz de despertar a ideia da constituição monárquica. Mas o plano dessa constituição se opõe ao plano de nossas monarquias atuais.

Os três poderes eram aí distribuídos de maneira que o povo detivesse o poder legislativo,[468] e o rei, o poder executivo, acompanhado do poder de julgar, enquanto, nas monarquias que conhecemos, o príncipe detém os poderes executivo e legislativo ou, ao menos, uma parte do poder legislativo, mas não detém o poder de julgar.

No governo dos reis dos tempos heroicos, os três poderes eram mal distribuídos. Essas monarquias não podiam subsistir, pois, visto que o povo detinha a legislação, podia, ao menor capricho, destruir a realeza, como fez em toda parte.

Quanto a um povo livre e que detinha o poder legislativo; no que diz respeito a um povo encerrado numa cidade, onde tudo que há de odioso se torna ainda mais odioso, a obra-prima da legislação é saber dispor bem o poder judiciário. Mas este não podia estar em piores mãos do que naquelas que já detinham o poder executivo. A partir deste momento, o monarca se tornava terrível. Mas, ao mesmo tempo, como ele não detinha a legislação, não podia se defender contra ela. Detinha poder demasiado, e não detinha dele o bastante.

Não fora ainda descoberto que a verdadeira função do príncipe era instaurar juízes, e não, ele próprio, julgar. A política contrária tornou o governo de um só insuportável. Todos esses reis foram expulsos. Os gregos não conceberam a verdadeira distribuição dos três poderes no governo de um só; só a conceberam no governo de muitos e chamaram esta espécie de constituição de *polícia*.[469-470]

---

466. Aristóteles, *Política*, III.

467. Ibidem.

468. Ver o que diz Plutarco, *Vida de Teseu*, VIII. Ver também Tucídides.

469. Ver Aristóteles, *Política*, IV, VIII.

470. O recurso, na tradução, à morfologia, por vezes revela-se muito precário, senão desastroso, do ponto de vista conceitual. Na maioria das vezes a melhor opção é a transliteração, o que significa, é claro, a não tradução, mas uma preservação da integridade do conceito. É o que ocorre,

CAPÍTULO XII — DO GOVERNO DOS REIS DE ROMA E COMO FORAM AÍ DISTRIBUÍDOS OS TRÊS PODERES

O governo dos reis de Roma se relacionava de alguma forma àquele dos reis dos tempos heroicos entre os gregos. Entrou em decadência, como os outros, devido ao seu vício geral, ainda que em si mesmo, e do ponto de vista de sua natureza particular, tenha sido muito bom.

Para que conheçamos esse governo, farei distinção entre os cinco primeiros reis, o de Sérvio Túlio e o de Tarquínio.

A coroa era eletiva, e sob os cinco primeiros reis o senado tinha a maior participação na eleição.

Após a morte do rei, o senado examinava se convinha conservar a forma de governo estabelecida. Se julgasse que sim, nomeava um magistrado,[471] tirado do corpo dos senadores, o qual elegia um rei; o senado devia aprovar a eleição, o povo, confirmá-la, e os auspícios, garanti-la. Na falta do cumprimento de uma dessas três condições, era necessário proceder a uma nova eleição.

A constituição era monárquica, aristocrática e popular, e tal era a harmonia no seio do poder que não se presenciou nem rivalidade nem disputa nos primeiros reinados. O rei comandava os exércitos e tinha a intendência dos sacrifícios; tinha o poder para julgar os assuntos civis[472] e criminais;[473]

---

por exemplo, com a palavra *politeia*, que pensadores políticos como Montesquieu e Rousseau insistiram em chamar de *police*. O latim *politia* gerou, morfologicamente, entre outros, o francês *police*, o inglês *police* e *policy* e o italiano *polizia*, com denotações e conotações as mais variadas. São todos oriundos do grego via latim. O termo grego utilizado por Aristóteles é *politeía*, que, embora também encerre o sentido genérico de organização política, governo político, os significados menos latos de república (é, inclusive, o título do célebre diálogo de Platão) e governo constitucional, é utilizado no capítulo VII do Livro III da *Política* de Aristóteles especificamente como uma das três formas primárias de governo na qual muitos administram o Estado no interesse comum, da qual a forma secundária e degenerada é a *democratía*, onde os muitos governam no interesse exclusivo dos pobres. Entretanto, no contexto aludido por Montesquieu da *Política* (Livro IV, capítulo VIII), o próprio texto de Aristóteles (por conta do seu autor ou de alguma falha filológica de boa-fé ou adulteração política de má-fé medieval) apresenta o termo *politeía* significando uma forma já impura de governo, cuja natureza pode ser compreendida pela comparação da oligarquia com a democracia, como o estagirita afirmará logo no início do capítulo IX do mesmo livro. De qualquer modo, creio que traduções desse termo fundadas na morfologia da palavra não são recomendáveis, pois geram um sem-número de inconvenientes, especialmente no que respeita à compreensão do estudante. Muitos estudiosos se ressentem da dificuldade de admitir que alguns termos são simplesmente *intraduzíveis*, embora sejam satisfatoriamente explicitáveis. (N.T.)

471. Dionísio de Halicarnasso, II.

472. Ver o discurso de Tanaquil em Tito Lívio, I, Primeira década, e a regulamentação de Sérvio Túlio em Dionísio de Halicarnasso, IV.

473. Ver Dionísio de Halicarnasso, II e III.

convocava o senado; reunia o povo e levava a este certos assuntos, regulamentando os outros em associação com o senado.[474]

O senado tinha uma grande autoridade. Os reis recorriam com frequência aos senadores, para que julgassem em conjunto com eles: nenhum assunto era levado à assembleia popular sem ter sido deliberado no senado.

O povo tinha o direito de eleger[475] os magistrados, de dar anuência às novas leis e, quando o rei o permitia, o direito de declarar a guerra e fazer a paz. Não possuía, de modo algum, o poder de julgar. Quando Tulo Hostílio transferiu o julgamento de Horácio ao povo, teve para isso razões particulares que podem ser encontradas em Dionísio de Halicarnasso.[476]

A constituição mudou sob Sérvio Túlio.[477] O senado não participou de sua eleição. Ele se fez proclamar pelo povo. Despojou-se dos julgamentos civis[478] e apenas se reservou os criminais; apresentou diretamente ao povo todos os assuntos, aliviou-o dos tributos e colocou todo o fardo destes sobre os patrícios. Assim, à medida que ele enfraquecia o poder real e a autoridade do senado, aumentava o poder do povo.[479]

Tarquínio não se fez eleger nem pelo senado nem pelo povo. Considerou Sérvio Túlio como um usurpador e tomou a coroa como um direito hereditário. Exterminou a maioria dos senadores; não consultou mais os que restaram e não mais os convocou, nem mesmo para os seus julgamentos.[480] Seu poder aumentou; porém, o que havia de odioso nesse poder tornou-se ainda mais odioso: ele usurpou o poder do povo; produziu leis sem a participação do povo e até contra o povo.[481] Ele teria congregado os três poderes em sua pessoa, mas por um momento o povo se lembrou que era legislador e Tarquínio deixou de existir.

---

474. Foi por intermédio de um *senatusconsultos* [decreto do senado] que Tulo Hostílio ordenou a destruição de Alba. Dionísio de Halicarnasso, III.

475. Ibidem., II. Era necessário, todavia, que não fizesse a nomeação de todos os cargos, porque Valério Publícola criou a famosa lei que proibia a todo cidadão exercer qualquer emprego se não o houvesse obtido pelo sufrágio do povo.

476. Ibidem., III.

477. Ibidem., IV.

478. Segundo Dionísio de Halicarnasso, IV, ele se privou da metade do poder real.

479. Acreditava-se que, se ele não tivesse sido prevenido por Tarquínio, teria estabelecido o governo popular. Dionísio de Halicarnasso, IV.

480. Ibidem., IV.

481. Ibidem.

CAPÍTULO XIII — REFLEXÕES GERAIS SOBRE O ESTADO DE ROMA APÓS A EXPULSÃO DOS REIS

Jamais se poderá deixar os romanos. Tanto assim é que mesmo hoje, na sua capital, abandonam-se os novos palácios para ir em busca das ruínas; da mesma maneira que os olhos que repousavam sobre os matizes das flores dos prados apreciam contemplar os rochedos e as montanhas.

As famílias patrícias haviam tido sempre grandes prerrogativas. Essas distinções, de grande porte sob os reis, tornaram-se ainda muito mais importantes depois da expulsão destes, o que gerou a rivalidade dos plebeus, que desejaram rebaixá-las. As contestações atingiam a constituição sem debilitar o governo, pois, desde que os magistrados conservassem sua autoridade, era totalmente indiferente a que família pertenciam os magistrados.

Uma monarquia eletiva, como era Roma, supõe necessariamente um corpo aristocrático poderoso que a sustente, sem o que ela se transformará logo de início em tirania ou em Estado popular. Mas um Estado popular não tem necessidade dessa distinção de famílias para se manter. Foi isso que fez com que os patrícios, que eram as partes necessárias da constituição do tempo dos reis, se convertessem numa parte supérflua do tempo dos cônsules; o povo pôde rebaixá-los sem destruir a si mesmo e mudar a constituição sem corrompê-la.

Quando Sérvio Túlio humilhou os patrícios, Roma teve que cair das mãos dos reis naquelas do povo. Mas o povo, ao rebaixar os patrícios, não temeu de modo algum recair nas mãos dos reis.

Um Estado pode mudar de duas maneiras: ou porque ocorre a correção da constituição ou porque ocorre a corrupção dela. Se o Estado conservou seus princípios e houve mudança da constituição, significa que esta foi corrigida; quando o Estado perde seus princípios e a constituição muda, isso ocorre porque a constituição se corrompeu.

Roma, após a expulsão dos reis, devia ser uma democracia. O povo já detinha o poder legislativo: fora o sufrágio unânime do povo que expulsara os reis; e se o povo não persistisse nessa vontade, os Tarquínios poderiam a qualquer momento retornar. Pretender que o povo tivesse querido bani-los para cair na escravidão de algumas famílias não seria razoável. A situação das coisas exigia, então, que Roma fosse uma democracia; e, entretanto, não o foi. Foi necessário moderar o poder dos principais e que as leis tendessem para a democracia.

É frequente os Estados florescerem mais durante a passagem insensível de uma constituição para outra do que o fizeram em uma outra dessas constituições. É então que todas as molas do governo são distendidas; que todos os cidadãos têm pretensões; que se ataca ou que se trocam carícias, e que há uma nobre emulação entre os que defendem a constituição que declina e os que se põem à frente daquela que prevalece.

CAPÍTULO XIV — COMO A DISTRIBUIÇÃO DOS TRÊS PODERES COMEÇOU A MUDAR APÓS A EXPULSÃO DOS REIS

Quatro coisas, sobretudo, chocavam a liberdade de Roma. Os patrícios obtinham com exclusividade todos os cargos sagrados, políticos, civis e militares; vinculara-se ao consulado um poder exorbitante; ultrajava-se o povo; enfim, não se lhe permitia quase nenhuma influência nos sufrágios. Foram estes quatro abusos que o povo corrigiu.

1. Fez estabelecer que haveria magistraturas que poderiam ser almejadas pelos plebeus; e conseguiu pouco a pouco a participação em todas, exceto na de *entre-rei*.

2. Decompôs-se o consulado e dele se formaram várias magistraturas. Foram criados os pretores,[482] aos quais se concedeu o poder de julgar os assuntos privados; foram nomeados questores[483] para julgar os crimes públicos e foram estabelecidos os edis, aos quais se confiou a polícia; foram criados os tesoureiros,[484] incumbidos da administração do dinheiro público; enfim, pela criação dos censores, foi retirada dos cônsules essa parte do poder legislativo que regulamenta os costumes dos cidadãos e a polícia momentânea dos diversos corpos do Estado. As principais prerrogativas que lhes restaram foram presidir aos grandes Estados do povo,[485] reunir o senado e comandar os exércitos.

3. As leis sagradas estabeleceram tribunos que podiam, a qualquer momento, deter os empreendimentos dos patrícios, obstando não apenas as ofensas particulares, como as gerais.

Enfim, os plebeus aumentaram sua influência nas decisões públicas. O povo romano era dividido de três maneiras: por centúrias, por cúrias e por tribos. Quando apresentava seus sufrágios, era reunido e formado de uma destas três maneiras.

Na primeira, os patrícios, os principais, os cidadãos ricos, senado, o que vinham a ser quase a mesma coisa, tinham quase toda a autoridade; na segunda, tinham menos autoridade; e, na terceira, menos ainda.

---

482. Tito Lívio, Primeira década, Livro VI.

483. *Quaestores parricidi*; Pompônio, leg. 2, § 23, ff. *de orig. jur.*

484. Plutarco, *Vida de Publícola*, VI.

485. *Comitiis centuriatis.*

A divisão por centúrias era mais uma divisão de censo e de meios do que uma divisão de pessoas. Todo o povo estava dividido em cento e noventa e três centúrias,[486] detendo cada uma o direito a um voto. Os patrícios e os principais formavam as noventa e oito primeiras centúrias; o resto dos cidadãos estava distribuído nas outras noventa e cinco centúrias. Os patrícios eram, portanto, dentro dessa divisão, os senhores dos sufrágios.

Na divisão por cúrias,[487] os patrícios não tinham as mesmas vantagens, embora de fato continuassem a tê-las. Era necessário consultar os auspícios, dos quais os patrícios eram os mestres; nenhuma proposta podia ser apresentada ao povo sem antecipadamente ter sido levada ao senado e aprovada por um *senatusconsulto*. Mas, na divisão por tribos, não se tratava nem de auspícios nem de *senatusconsulto*, os patrícios não sendo aí admitidos.

Ora, o povo sempre procurou realizar por cúrias as assembleias que se tinha o costume de realizar por centúrias, e realizar por tribos as assembleias que se realizavam por cúrias, o que fez com que os assuntos fossem passados das mãos dos patrícios para as dos plebeus.

Assim, quando os plebeus obtiveram o direito de julgar os patrícios, o que foi iniciado por ocasião do caso de Coriolano,[488] os plebeus quiseram julgá-los reunidos por tribos,[489] e não por centúrias; e quando foram estabelecidas, a favor do povo, as novas magistraturas[490] dos tribunos e dos edis, o povo conseguiu que a assembleia fosse por cúrias para a nomeação deles. E, uma vez seu poder firmado, logrou[491] que fossem nomeados numa assembleia, por tribos.

CAPÍTULO XV — COMO, NA SITUAÇÃO PROGRESSISTA DA REPÚBLICA, ROMA PERDEU SUBITAMENTE SUA LIBERDADE

No ardor das disputas entre patrícios e plebeus, estes reivindicaram a promulgação de leis fixas para que os julgamentos não fossem mais o efeito de uma vontade caprichosa ou de um poder arbitrário. Depois de muitas

---

486. Ver Tito Lívio, I, XLIII; e Dionísio de Halicarnasso, IV e VII.

487. Dionísio de Halicarnasso, IX.

488. Dionísio de Halicarnasso, VII.

489. Contrariamente ao antigo uso, como pode se ver em Dionísio de Halicarnasso, V.

490. Ibidem., VI.

491. Ibidem., IX.

resistências, o senado aquiesceu a isso. Para que tais leis fossem elaboradas, foram nomeados decênviros. Acreditou-se que a estes se devia atribuir um grande poder, visto que tinham que produzir leis para partidos que eram quase incompatíveis. A nomeação de todos os magistrados foi suspensa, e nos comícios os decênviros foram eleitos como administradores exclusivos da república. Encontraram-se investidos do poder consular e do poder tribunício; um lhes dava o direito de reunir o senado; o outro, de reunir o povo. Dez homens na república detiveram sozinhos todo o poder legislativo, todo o poder executivo, todo o poder judiciário. Roma se viu submetida a uma tirania tão cruel quanto a de Tarquínio. Quando Tarquínio praticava suas afrontas, Roma se indignava com o poder que ele havia usurpado; quando os decênviros praticaram as suas, Roma se surpreendeu com o poder que havia outorgado.

Mas qual era esse sistema de tirania produzido por pessoas que só haviam obtido o poder político e militar pelo conhecimento dos assuntos civis e que, nas circunstâncias daqueles tempos, tinham necessidade internamente da covardia dos cidadãos para que estes se deixassem governar e, externamente, da coragem deles para defendê-las?

O espetáculo da morte de Virgínia, imolada por seu pai em nome do pudor e da liberdade, fez dissipar-se o poder dos decênviros. Cada um se achou livre porque cada um foi ofendido: todos se converteram em cidadãos porque todos se consideraram pai. O senado e o povo reingressaram numa liberdade que fora confiada a tiranos ridículos.

O povo romano, mais do que outros, se comovia com os espetáculos: aquele do corpo ensanguentado de Lucrécia pôs fim à realeza; o devedor que apareceu na praça coberto de chagas levou à mudança da forma da república. A visão de Virgínia produziu a expulsão dos decênviros. Para que Mânlio fosse condenado, foi preciso subtrair do povo a visão do Capitólio. A túnica ensanguentada de César recolocou Roma na servidão.

CAPÍTULO XVI — DO PODER LEGISLATIVO NA REPÚBLICA ROMANA

Sob os decênviros não havia direitos a serem disputados. Mas quando a liberdade retornou, contemplou-se o renascimento da inveja: enquanto restaram alguns privilégios aos patrícios, estes lhes foram retirados pelos plebeus.

O mal não teria sido tão grande se os plebeus tivessem se contentado em privar os patrícios de suas prerrogativas e se não os tivessem ofendido na sua própria qualidade de cidadãos. Quando o povo se reunia por cúrias ou centúrias, se compunha de senadores, patrícios e plebeus. Nas disputas, os plebeus ganharam no seguinte ponto,[492] a saber, que eles, com exclusividade, sem a participação dos patrícios e do senado, poderiam produzir leis às quais se deu o nome de plebiscitos; e os comícios onde eram produzidas chamaram-se comícios por tribos. Assim, houve casos em que os patrícios[493] não tiveram nenhuma participação no poder legislativo[494] e em que foram submetidos ao poder legislativo de um outro corpo do Estado. Foi um delírio da liberdade. O povo, para estabelecer a democracia, agrediu os próprios princípios da democracia. Parecia que um poder tão exorbitante deveria aniquilar a autoridade do senado, mas Roma possuía instituições admiráveis, sobretudo duas: através de uma, o poder legislativo do povo era regulamentado; através da outra, era limitado.

Os censores e, antes destes, os cônsules[495] formavam e criavam, por assim dizer, a cada cinco anos, o corpo do povo; exerciam a legislação sobre o próprio corpo que detinha o poder legislativo. "Tibério Graco, censor", diz Cícero, "transferiu os libertos para as tribos da cidade não pela força de sua eloquência, mas por uma palavra e por um gesto; e se ele não o tivesse feito, esta república, que hoje sustentamos com esforço, nós não a teríamos."

Por outro lado, o senado tinha o poder de retirar, por assim dizer, a república das mãos do povo, através da criação de um ditador, diante do qual o soberano baixava a cabeça e as leis mais populares permaneciam no silêncio.[496]

CAPÍTULO XVII — DO PODER EXECUTIVO NA MESMA REPÚBLICA

Se o povo se revelou cioso de seu poder legislativo, revelou-se menos de seu poder executivo. Deixou-o quase na sua totalidade ao senado e aos cônsules; e se reservava tão somente o direito de eleger os magistrados e ratificar os atos do senado e dos generais.

---

492. Dionísio de Halicarnasso, XI.

493. Pelas leis sagradas, os plebeus puderam fazer plebiscitos, com exclusividade, e sem que os patrícios fossem admitidos em sua assembleia. Dionísio de Halicarnasso, VI e VII.

494. Segundo a lei produzida após a expulsão dos decênviros, os patrícios foram submetidos aos plebiscitos, ainda que não pudessem nestes dar os seus votos. Tito Lívio, III, LV, e Dionísio de Halicarnasso, XI. E essa lei foi confirmada pela de Públio Filo, ditador, no ano 416 de Roma, Tito Lívio, VIII, XII.

495. No ano 312 de Roma, os cônsules faziam ainda o censo, segundo o parecer de Dionísio de Halicarnasso, XI.

496. Como aquelas que permitiam convocar o povo para as ordenações de todos os magistrados.

Roma, cuja paixão era comandar, cuja ambição era tudo submeter, que usurpara sempre e que usurpava ainda, mantinha grandes pendências; seus inimigos conspiravam contra ela ou ela conspirava contra eles.

Obrigada a se conduzir por um lado com uma coragem heroica, e por outro com uma consumada sabedoria, o estado de coisas exigia que o senado tivesse a direção dos negócios. O povo disputava com o senado todos os ramos do poder legislativo, porque era cioso de sua liberdade; não disputava, de modo algum, com ele, os ramos do poder executivo, porque era cioso de sua glória.

A porção do poder executivo tomada pelo senado era tão grande que Políbio[497-498] afirma que os estrangeiros pensavam, na sua totalidade, que Roma fosse uma aristocracia. O senado dispunha do dinheiro público e concedia seus rendimentos à fazenda; era o árbitro dos negócios dos aliados; decidia sobre a guerra e a paz e dirigia, no tocante a isso, os cônsules; fixava o número das tropas romanas e das aliadas, distribuía as províncias e os exércitos aos cônsules ou aos pretores; e, vencido o ano de comando, tinha o poder de lhes dar um sucessor; discernia os triunfos; recebia embaixadores e os enviava; nomeava os reis, recompensava-os, punia-os, julgava-os, conferia-lhes ou os fazia perder o título de aliados do povo romano.

Os cônsules faziam o levantamento das tropas que deveriam conduzir à guerra. Comandavam os exércitos de terra e de mar; dispunham dos aliados. Possuíam nas províncias todo o poder da república; concediam a paz aos povos derrotados, impondo-lhes as condições, ou os remetiam ao senado.

Nos primeiros tempos, quando o povo tinha alguma participação nos negócios da guerra e da paz, exercia mais seu poder legislativo do que seu poder executivo. Limitava-se a confirmar o que os reis e, depois destes, os cônsules ou o senado haviam feito. Bem longe de ser o povo o árbitro da guerra, vemos que os cônsules ou o senado a faziam com frequência, malgrado a oposição de seus tribunos. Porém, na embriaguez das prosperidades, o povo aumentou seu poder executivo. Assim, criou[499] os tribunos das legiões, que os generais vinham até então nomeando, e, algum tempo antes da primeira Guerra Púnica, o povo regulamentou que teria, com exclusividade, o direito de declarar a guerra.[500]

---

497. Livro VI.

498. Historiador grego que viveu no século II a.C. (N.T.)

499. Ano de Roma 444. Tito Lívio, Primeira década, IX, XXX. Parecendo perigosa a guerra contra Perseu, um *senatusconsultos* ordenou que essa lei fosse suspensa, e o povo a isso anuiu. Tito Lívio, Quinta década, II.

500. Arrancou-o do senado, diz Freinshemius, Segunda década, VI.

CAPÍTULO XVIII — DO PODER JUDICIÁRIO NO GOVERNO DE ROMA

O poder judiciário foi dado ao povo, ao senado, aos magistrados, a certos juízes. É preciso examinar como foi distribuído. Começo pelos assuntos civis. Os cônsules[501] julgaram depois dos reis, como os pretores julgaram depois dos cônsules. Sérvio Túlio fora despojado do julgamento dos negócios civis; os cônsules tampouco os julgaram mais, exceto em casos muito raros[502] que, por esse motivo, eram chamados de *extraordinários*.[503] Contentaram-se em nomear os juízes e formar os tribunais que deviam julgar. Parece, conforme o discurso de Ápio Cláudio, em Dionísio de Halicarnasso,[504] que, desde o ano 259 de Roma, isso era considerado como um costume estabelecido entre os romanos, não sendo destituído de acerto atribuir-lhe um passado muito remoto ao reportá-lo a Sérvio Túlio.

Todo ano, o pretor formava uma lista[505] ou quadro daqueles por ele escolhidos para assumirem a função de juízes durante o ano de sua magistratura. Tomava-se deles o número suficiente para cada assunto. Isto é praticado de maneira quase idêntica na Inglaterra. E o que era muito favorável à liberdade[506] era o fato de que o pretor escolhia os juízes mediante o consentimento[507] das partes. O grande número de recusas passíveis de serem feitas hoje na Inglaterra se deve aproximadamente a este uso.

Esses juízes somente decidiam questões de fato,[508] por exemplo, se uma soma fora paga ou não; se uma ação fora cometida ou não. Mas no que se referia a questões de direito,[509] como estas exigiam uma certa capacidade, eram levadas ao tribunal dos centúnviros.[510]

---

501. Não há como duvidar de que os cônsules, antes da criação dos pretores, não tivessem a seu cargo os julgamentos civis. Ver Tito Lívio, Primeira década, Livro II, I. Dionísio de Halicarnasso X.

502. Os tribunos frequentemente julgaram com exclusividade; nada os tornou mais odiosos. Dionísio de Halicarnasso, XI.

503. *Judicia extraordinaria*. Ver *Institutas*, IV.

504. Livro VI.

505. *Album judicium*.

506. "Nossos ancestrais não quiseram", diz Cícero, *pró Cluêncio*, XLIII, "que um homem cujas partes não tivessem chegado a um acordo pudesse ser juiz, não somente no que concernia à reputação de um cidadão, como até mesmo no que tangia ao menor negócio pecuniário".

507. Ver, nos Fragmentos da Lei Servília, da Lei Cornélia e outras, de que maneira essas leis indicavam os juízes nos crimes que eles se propunham a punir. Com frequência, eram eleitos; algumas vezes, eram obtidos mediante sorteio, ou, enfim, pelo sorteio mesclado à eleição.

508. Sêneca, *de benef.*, III, VII, *in fine*.

509. Ver Quintiliano, IV, *in fol.*, edição de Paris, 1541.

510. Leg. 2, § 24, ff. *de orig. jur.* Magistrados chamados decênviros presidiam ao julgamento, tudo sob a direção de um pretor.

Os reis se reservaram o julgamento dos assuntos criminais e os cônsules os sucederam nisto. Foi em consequência desta autoridade que o cônsul Bruto mandou executar seus filhos e todos aqueles que haviam conspirado a favor dos Tarquínios. Este poder era exorbitante. Tendo já os cônsules o poder militar, o empregavam mesmo para os negócios da cidade e seus procedimentos, despojados das formas da justiça, constituíam mais ações violentas do que julgamentos.

Isso provocou o surgimento da Lei Valeriana, que permitia a interferência do povo em todas as ordenações dos cônsules que colocassem em perigo a vida de um cidadão. Os cônsules não puderam mais decretar a pena capital contra um cidadão romano, a não ser que o fosse pela vontade do povo.[511]

Vê-se na primeira conspiração para o retorno dos Tarquínios que o cônsul Bruto julga os culpados; na segunda, reúne-se o senado e os comícios para julgá-los.[512]

As leis que foram chamadas de *sagradas* deram aos plebeus tribunos que formaram um corpo que inicialmente teve pretensões imensas. Não se sabe o que foi maior — se entre os plebeus a torpe ousadia de pedir ou, entre os membros do senado, a condescendência e a facilidade de conceder. A Lei Valeriana permitira que se apelasse ao povo, isto é, ao povo composto de senadores, patrícios e plebeus. Os plebeus estabeleceram que seria diante deles que os apelos deveriam ser conduzidos. Logo se colocou em questão se os plebeus poderiam julgar um patrício, o que foi o objeto de uma disputa que o caso Coriolano fez nascer e que terminou com esse caso. Coriolano, acusado pelos tribunos perante o povo, sustentava, contra o espírito da Lei Valeriana, que sendo patrício, só podia ser julgado pelos cônsules; os plebeus, contra o espírito da mesma lei, pretenderam que ele devia ser julgado exclusivamente por eles e o julgaram.

A Lei das Doze Tábuas modificou isso. Determinou que somente se poderia decidir a respeito da vida de um cidadão nos grandes Estados do povo.[513] Assim, o conjunto dos plebeus ou, o que é a mesma coisa, os comícios por tribos, não julgaram mais senão os crimes cuja pena era apenas uma multa pecuniária. Era necessária a existência de uma lei para infligir uma pena capital; para condenar a uma pena pecuniária, bastava um plebiscito.

---

511. *Quoniam de capite civis romani, injussu populi romani, non erat permissum consulibus jus dicere.* Ver Pompônio, l. 2, § 6, ff. *de orig. jur.*

512. Dionísio de Halicarnasso, V.

513. Os comícios por centúrias. Por isso, Mânlio Capitolino foi julgado nesses comícios. Tito Lívio, Primeira Década, VI, XX.

216 | O ESPÍRITO DAS LEIS

Essa disposição da Lei das Doze Tábuas foi muito sábia. Construiu uma conciliação admirável entre o conjunto dos plebeus e o senado, pois como a competência de uns e de outros dependia das proporções da pena e da natureza do crime, era necessário que se harmonizassem entre si. A Lei Valeriana removeu tudo que sobrara em Roma do governo que se relacionava ao dos monarcas gregos dos tempos heroicos. Os cônsules se acharam sem poder para a punição dos crimes. Embora todos os crimes fossem públicos, era necessário distinguir aqueles que interessavam mais aos cidadãos mutuamente daqueles que interessavam mais ao Estado na sua relação com um cidadão. Os primeiros são chamados de crimes privados, e os segundos são os crimes públicos. O povo julgava, ele próprio, os crimes públicos, e, quanto aos crimes privados, o povo nomeava, para cada crime, através de uma comissão particular, um questor para mover o processo pertinente. Com frequência a pessoa escolhida pelo povo era um dos magistrados, às vezes um cidadão privado. Chamavam-no de questor do parricídio, e dele se faz menção na Lei das Doze Tábuas.[514]

O questor nomeava aquele a quem se denominava juiz da questão, o qual sorteava os juízes, formava o tribunal e presidia, sob o mesmo, ao julgamento.[515]

É bom observar o papel que desempenhava o senado na nomeação do questor, a fim de que se perceba como os poderes eram, neste aspecto, equilibrados. Por vezes o senado elegia um ditador para que este desempenhasse a função de questor;[516] outras vezes ordenava que o povo fosse convocado por um tribuno para que este nomeasse um questor;[517] enfim, o povo nomeava, às vezes, um magistrado para transmitir o seu relatório ao senado de um certo crime e lhe solicitar que lhe concedesse um questor, como vemos no julgamento de Lúcio Cipião,[518] em Tito Lívio.[519]

No ano de Roma 604, algumas dessas comissões foram tornadas permanentes.[520] Todas as matérias criminais foram paulatinamente divididas

---

514. Segundo Pompônio, na lei 2, no Digesto, *de orig. jur.*

515. Ver um fragmento de Ulpiano que transcreve um outro da lei Cornélia; encontramo-lo na *Collation des lois mosaïques et romaines* (*Colação das Leis Mosaicas e Romanas*), título I, *de sicariis et homicidiis.*

516. Isso ocorria, sobretudo, em relação aos crimes cometidos na Itália, onde o senado exercia uma inspeção fundamental. Ver Tito Lívio, Primeira Década, IX [XXVI], acerca das conspirações de Cápua.

517. Foi assim no processo da morte de Postúmio, no ano 340 de Roma. Ver Tito Lívio, IV, L.

518. Este julgamento aconteceu no ano 567 de Roma.

519. Livro VIII.

520. Cícero, *in Bruto.*

em diversas partes, que se chamaram de questões perpétuas. Foram criados diversos pretores, atribuindo-se a cada um deles alguma dessas questões. Foi outorgado a eles pelo período de um ano o poder de julgar os crimes que dependiam deles. E em seguida eram remetidos às suas províncias para governá-las.

Em Cartago, o senado dos cem era composto de juízes vitalícios.[521] Mas em Roma os pretores eram anuais e os juízes não eram sequer por um ano, já que eram encarregados por caso. Vimos, no capítulo VI deste Livro, quanto, em certos governos, essa disposição era favorável à liberdade.

Os juízes foram tomados da ordem dos senadores até o tempo dos Gracos. Tibério Graco ordenou que fossem tomados da ordem dos cavaleiros, uma mudança tão considerável que o tribuno se vangloriava de ter, por meio de uma única rogação, rompido o sistema nervoso da ordem dos senadores.

É preciso observar que os três poderes podem ser bem distribuídos na sua relação com a liberdade da constituição, ainda que não o sejam tão bem em sua relação com a liberdade do cidadão. Em Roma, detendo o povo a maior parte do poder legislativo, uma parte do poder executivo e uma parte do poder judiciário, tratava-se de um grande poder que era necessário contrabalançar por um outro. O senado detinha, no entanto, uma parte considerável do poder executivo e algum ramo do poder legislativo,[522] mas isso não era suficiente para contrabalançar o povo. Era preciso que participasse do poder judiciário, e ele o tinha quando os juízes eram escolhidos entre os senadores. Quando os Gracos privaram os senadores do poder judiciário,[523] o senado não pôde mais resistir ao povo. A liberdade da constituição foi, então, golpeada para que a liberdade do cidadão fosse favorecida. Entretanto, esta última liberdade se perdeu com a primeira.

Disto resultaram males infinitos. A constituição foi mudada numa época em que, no calor das discórdias civis, existia, a duras penas, uma constituição. Os cavaleiros não constituíram mais essa ordem mediana que unia o povo ao senado, e os elos da corrente da constituição foram rompidos.

Havia até mesmo razões particulares que impediriam que os julgamentos fossem transferidos aos cavaleiros. A constituição de Roma estava fundada no seguinte princípio, a saber, que os cavaleiros deviam ser

---

521. Isto é comprovado por Tito Lívio, XLIII, que afirma que Aníbal tornou anual a magistratura deles.

522. Os *senatusconsultos* tinham força durante um ano, mesmo que não fossem confirmados pelo povo. Dionísio de Halicarnasso, IX e XI.

523. No ano 630.

soldados, que deviam ser possuidores de bens suficientes para responder por sua conduta perante a república. Os cavaleiros, como os mais ricos, constituíam a cavalaria das legiões. Quando a dignidade deles foi aumentada, não quiseram mais servir nessa milícia. Foi preciso recrutar uma outra cavalaria: Mário admitiu toda espécie de gente nas legiões e isto significou a perda da república.[524-525]

Ademais, os cavaleiros eram os negociadores da república; eram ávidos, semeavam as infelicidades dentro das infelicidades e faziam nascer necessidades públicas de necessidades públicas. Bem longe de conferir a tais pessoas o poder de julgar, teria sido necessário que estivessem incessantemente submetidas ao olhar dos juízes. Isto deve ser dito em louvor às antigas leis francesas: estas lidaram com os homens de negócios com a desconfiança que se endereça aos inimigos. Quando, em Roma, os julgamentos foram transferidos aos negociadores, não houve mais virtude, polícia, leis, magistratura e magistrados.

Encontramos um retrato bastante ingênuo disto em alguns fragmentos de Diodoro da Sicília e de Dion. "Múcio Cévola", diz Diodoro,[526-527] "quis fazer voltar os antigos costumes e viver com base nos próprios bens de maneira frugal e íntegra, pois seus predecessores, tendo feito uma sociedade com os negociadores, que detinham então os julgamentos em Roma, tinham saturado a província de toda espécie de crimes. Cévola, porém, fez justiça aos publicanos, mandando para a prisão todos aqueles que arrastavam os outros ao crime".

Dion nos diz[528] que Públio Rutílio, seu lugar-tenente, que não era menos odioso aos cavaleiros, foi acusado, por ocasião de seu retorno, de ter recebido presentes e foi condenado a pagar uma multa; fez imediatamente cessão de seus bens. Sua inocência se revelou quando se descobriu com ele muito menos bens do que aquela quantidade de que fora acusado de ter roubado, além de ter exibido os títulos de sua propriedade. Públio Rutílio não quis mais permanecer na cidade com pessoas dessa espécie.

---

524. *Capite censos plerosque.* (mesmo aqueles que eram recenseados somente por suas pessoas, isto é, os mais pobres). Salústio, *Guerra de Jugurta*, LXXXIV.

525. Montesquieu incorre aqui num simplismo. Evidentemente, as causas que provocaram o fim da República romana foram várias e de diversa natureza. (N.T.)

526. Fragmento deste autor, XXXVI, na coletânea de Constantino Porfirogeneta, *Des vertus et des vices* (*Das virtudes e dos vícios*).

527. Quinto Múcio Cévola foi cônsul em 96 a.C. Diodoro da Sicília, historiador grego, viveu em meados do século I a.C., contemporâneo de César, Cícero e Augusto. (N.T.)

528. Fragmento de sua história, extraído do *Extrato das virtudes e dos vícios*.

"Os italianos...", conta ainda Diodoro,[529] "compravam na Sicília grandes quantidades de escravos para lavrar seus campos e cuidar de seus rebanhos. Recusavam-lhes o alimento. Esses infelizes eram obrigados a assaltar nas grandes estradas, armados de lanças e clavas, cobertos de peles de animais e cercados por grandes cães. Toda a província foi devastada, e os habitantes do país só podiam dizer que detinham como propriedade aquilo que se encontrava encerrado dentro das cidades. Não havia nem procônsul nem pretor que pudesse ou quisesse opor-se a essa desordem e que ousasse punir esses escravos, porque estes pertenciam aos cavaleiros que detinham o poder de julgar em Roma".[530] E isto foi, todavia, uma das causas da guerra dos escravos. Limitar-me-ei a poucas palavras a respeito: uma profissão que não tem nem pode ter outro objetivo senão o ganho, uma profissão que solicitava sempre, e da qual não se solicitava nada; uma profissão surda e inexorável, que empobrecia as riquezas e a própria miséria, não devia, de modo algum, deter em Roma o poder de julgar.

CAPÍTULO XIX — DO GOVERNO DAS PROVÍNCIAS ROMANAS

Desse modo, foram os três poderes distribuídos na cidade e, assim, foi também necessário que o fossem da mesma forma nas províncias. A liberdade estava no centro, e a tirania, nas extremidades.

Enquanto Roma somente exercia domínio na Itália, os povos foram governados como confederados. Seguiam-se as leis de cada república. Mas quando suas conquistas foram mais longe, quando o senado não podia mais ter o olhar voltado diretamente para as províncias, quando os magistrados que se achavam em Roma não puderam mais governar o Império, tornou-se necessário o envio de pretores e procônsules. Desde logo, esta harmonia dos três poderes deixou de existir. Aqueles que eram enviados às províncias detinham um poder que congregava o de todas as magistraturas romanas... que digo? — mesmo o do senado, mesmo o do povo.[531] Eram magistrados despóticos que muito convinham ao distanciamento dos lugares aos quais eram enviados. Exerciam os três poderes; eram, se me atrevo a me servir do termo, os paxás da república.

---

529. Fragmento do Livro XXXIV no *Extrait des vertus et des vices*.

530. *Penes quos Romae tum judicia erant, atque ex equestri ordine solerent sortito judices eligi in causa praetorum et proconsulum, quibus post administratam provinciam dies dicta erat.*

531. Eles faziam seus editos ao ingressar nas províncias.

Dissemos em outra parte[532] que os mesmos cidadãos na república detinham, pela natureza das coisas, os cargos civis e militares. Isso faz com que uma república que executa conquistas não possa de modo algum comunicar o seu governo e reger o Estado conquistado segundo a forma de sua constituição. Com efeito, o magistrado por ela enviado para governar, tendo o poder executivo, civil e militar, deverá também ter o poder legislativo, pois quem faria as leis sem ele? Era necessário também que tivesse o poder de julgar, pois quem julgaria independentemente dele? Era preciso, portanto, que o governador por ela enviado detivesse os três poderes, como sucedeu nas províncias romanas.

Uma monarquia pode com mais facilidade transmitir seu governo porque os funcionários que envia têm uns o poder executivo civil, e outros o poder executivo militar, o que não arrasta atrás de si o despotismo.

Era um privilégio de grande repercussão, para um cidadão romano, só poder ser julgado pelo povo. Caso contrário, o cidadão romano teria sido submetido nas províncias ao poder arbitrário de um procônsul ou de um propretor. A cidade[533] não experimentava de modo algum a tirania, que somente era exercida sobre as nações submetidas.

Assim, no mundo romano, como na Lacedemônia, os que eram livres eram extremamente livres, e os que eram escravos eram extremamente escravos.

Enquanto os cidadãos pagavam tributos, estes eram arrecadados com muita equidade. Acatava-se o que fora estabelecido por Sérvio Túlio, que distribuíra todos os cidadãos em seis classes, segundo a ordem de suas riquezas, e fixara a parcela do imposto proporcionalmente àquela que cada um tinha no governo. Disto resultava que se sofria o ônus da grandeza do tributo em função da grandeza do crédito e que se consolava com a pequenez do crédito pela pequenez do tributo.

Havia ainda uma coisa admirável, a saber, a divisão de Sérvio Túlio por classes, sendo, por assim dizer, o princípio fundamental da constituição, sucedia que a equidade, na arrecadação dos tributos, se prendia ao princípio fundamental do governo, não podendo ser suprimida, a não ser juntamente com o próprio governo.

Mas enquanto a cidade pagava os tributos sem dificuldades ou não os pagava de modo algum,[534] as províncias eram devastadas pelos cavaleiros, que eram os negociadores da república. Referimo-nos às suas afrontas, e toda a história está repleta delas.

---

532. Livro V, capítulo XIX. Ver também os Livros II, III, IV e V.

533. Isto é, Roma. (N.T.)

534. Após a conquista da Macedônia, os tributos deixaram de existir em Roma.

"Toda a Ásia me aguarda como seu libertador", dizia Mitrídates,[535-536] "devido a quanto ódio contra os romanos suscitaram os roubos dos procônsules,[537] as exações dos homens de negócios e as calúnias dos julgamentos".[538-539]

Eis o que fez com que a força das províncias nada somasse à força da república, fazendo com que, ao contrário, enfraquecesse esta última. Eis o que fez com que as províncias considerassem a perda da liberdade de Roma como a época do estabelecimento da sua.

CAPÍTULO XX — PROPÓSITO DESTE LIVRO

Desejaria investigar em todos os governos moderados conhecidos por nós qual é a distribuição dos três poderes e calcular, a partir disso, os graus de liberdade de que cada um deles pode fruir. Mas não convém que sempre esgotemos de tal forma um assunto de modo a não deixar nada a ser feito pelo leitor. Não se trata de fazer ler, mas de fazer pensar.

---

535. Arenga extraída de Troga Pompeu, relatada por Justino, XXXVIII, IV.

536. Rei do reino do Ponto de 123 a 63 a.C. O Ponto era a região nordeste da Ásia Menor, próxima do *Ponto Euxino*, nome grego (transliterado) que significa *mar hospitaleiro*, ou seja, o mar Negro. (N.T.)

537. Ver *Oraisons contre Verrès* (*Orações contra Verres*).

538. Sabe-se que foi o tribunal de Varo que conduziu os germanos à insurreição.

539. O latim *Calumniae litium* corresponderia mais propriamente a *chicanas deploráveis* do que a calúnias dos julgamentos (*calomnies des jugements*). (N.T.)

LIVRO XII — DAS LEIS QUE FORMAM A LIBERDADE POLÍTICA NA SUA RELAÇÃO COM O CIDADÃO

CAPÍTULO I — IDEIA DESTE LIVRO

Não basta ter tratado da liberdade política na sua relação com a constituição. É necessário vê-la na relação que mantém com o cidadão.

Afirmei que, no primeiro caso, ela é formada por uma certa distribuição dos três poderes. No segundo caso, entretanto, é necessário considerar a liberdade política dentro de uma outra ideia, na qual ela consiste na segurança ou na opinião que se tem de sua segurança.

Poderia ocorrer ser a constituição livre e o cidadão não o ser de maneira alguma. O cidadão poderá ser livre e a constituição não o ser. Nestes casos, a constituição será livre de direito, e não de fato, enquanto o cidadão será livre de fato, e não de direito.

Há tão só a disposição das leis, e mesmo das leis fundamentais, para que se forme a liberdade na sua relação com a constituição. Mas, na relação com o cidadão, os costumes, as maneiras, exemplos recebidos podem provocar o seu nascimento e certas leis civis favorecê-la, como veremos neste livro.

Ademais, sendo na maioria dos Estados a liberdade mais dificultada, abalada ou golpeada do que aquilo que exigiriam suas constituições, seria bom que nos ocupássemos das leis particulares que em cada constituição podem auxiliar ou ferir o princípio da liberdade do qual cada um deles pode ser suscetível.

CAPÍTULO II — DA LIBERDADE DO CIDADÃO

A liberdade filosófica consiste no exercício da própria vontade ou, ao menos (se tivermos que falar de todos os sistemas), na opinião na qual se está de que se exerce a própria vontade. A liberdade política consiste na segurança ou, ao menos, na opinião que se tem da própria segurança.

Os ataques a essa segurança nunca ocorrem mais do que nas acusações públicas ou privadas. Assim, a liberdade do cidadão depende principalmente da qualidade das leis criminais.

As leis criminais não foram aprimoradas da noite para o dia. Nos próprios lugares em que mais se buscou a liberdade, nem sempre ela foi encontrada. Aristóteles[540] nos narra que, em Cumes, os pais do acusador podiam ser testemunhas. Sob os reis de Roma, a lei era tão imperfeita que Sérvio Túlio pronunciou a sentença contra os filhos de Anco Márcio, acusados de terem assassinado o rei, sogro dele.[541] Sob os primeiros reis de França, Clotário fez uma lei[542] segundo a qual um acusado somente podia ser condenado se fosse ouvido, o que prova uma prática contrária em qualquer caso particular ou junto a qualquer povo bárbaro. Foi Charondas que introduziu os julgamentos contra os falsos testemunhos.[543] Quando a inocência dos cidadãos não é assegurada, tampouco o é a liberdade.

Os conhecimentos que foram adquiridos em alguns países e que serão adquiridos em outros sobre as regras mais seguras que se possa ter nos julgamentos criminais interessam ao gênero humano mais que qualquer coisa que haja no mundo.

A liberdade somente pode ser fundada sobre a prática desses conhecimentos; e num Estado que tivesse, no que concerne a isso, as melhores leis possíveis, um homem que fosse processado e que devesse ser enforcado no dia seguinte seria mais livre do que um paxá na Turquia.

CAPÍTULO III — CONTINUAÇÃO DO MESMO ASSUNTO

As leis que levam um homem à morte com base no depoimento de uma única testemunha são fatais à liberdade. A razão exige duas testemunhas porque uma testemunha que afirma e um acusado que nega geram um empate, e é preciso um terceiro para atingir uma decisão.

Os gregos[544] e os romanos[545] exigiam um voto adicional para condenar. Nossas leis francesas exigem dois. Os gregos entendiam que seu uso fora estabelecido pelos deuses.[546] Este uso, porém, é o nosso.

---

540. *A Política*, II, VIII.

541. Tarquínio Prisco. Ver Dionísio de Halicarnasso, IV.

542. Do ano 560.

543. Aristóteles, *A Política*, II, XII. Ele deu suas leis a Túrio na 84ª Olimpíada.

544. Ver Aristides, *Orat. in Minervam*.

545. Dionísio de Halicarnasso, sobre o julgamento de Coriolano, VII.

546. *Minervae calculus*. [*O Seixo de Minerva*, ou seja, o sufrágio atribuído por Atena. (N.T.)].

CAPÍTULO IV — A LIBERDADE É FAVORECIDA PELA NATUREZA DAS PENAS E SUA PROPORÇÃO

É o triunfo da liberdade quando as leis criminais retiram cada pena da natureza particular do crime. Deixa de haver toda arbitrariedade; a pena não se origina, de modo algum, do capricho do legislador, mas da natureza da coisa; e não é, de maneira alguma, o homem que faz violência ao homem.

Há quatro tipos de crimes: os da primeira espécie atingem a religião; os da segunda, os costumes; os da terceira, a tranquilidade; os da quarta, a segurança dos cidadãos. As penas a serem infligidas deverão derivar da natureza de cada uma dessas espécies.

Classifico como crimes que dizem respeito à religião somente aqueles que a atingem diretamente, como ocorre com todos os sacrilégios simples, pois aqueles que perturbam o seu exercício pertencem à natureza daqueles que ferem a tranquilidade dos cidadãos ou a segurança destes, devendo ser colocados nestas classes.

Para que a pena dos sacrilégios simples seja derivada da natureza[547] da coisa, deverá consistir na privação de todas as vantagens outorgadas pela religião: a expulsão dos templos, a privação temporária ou para sempre do convívio da sociedade dos fiéis, o afastamento da presença deles, as execrações, as detestações, as conjurações.

No que tange às coisas que perturbam a tranquilidade ou a segurança do Estado, as ações ocultas são da alçada da justiça humana. Mas no que toca àquelas que ferem a Divindade, onde não há, de modo algum, ação pública, também não há, de modo algum, matéria criminal: tudo se passa entre o homem e Deus, que conhece a medida e o tempo de suas vinganças. Que, se confundindo as coisas, o magistrado investiga também o sacrilégio oculto, estará realizando uma inquisição sobre um gênero de ação onde não há necessidade de tal inquisição: ele estará destruindo a liberdade dos cidadãos e armando contra eles o zelo das consciências tímidas e das consciências ousadas.

O mal é oriundo da ideia de que é preciso vingar a Divindade. Porém, o que é preciso é honrar a Divindade e jamais vingá-la. Com efeito, se nos conduzíssemos por esta última ideia, onde estaria o fim dos suplícios? Se as leis dos homens tivessem que vingar um ser infinito, se regulariam pela infinidade deste, e não pelas fraquezas, pelas formas de ignorância e pelos caprichos da natureza humana.

---

547. São Luís criou leis tão exageradas contra aqueles que juravam (em vão) que o Papa se achou obrigado a fazer uma advertência quanto a isso. Esse príncipe moderou seu zelo e suavizou suas leis. Ver suas ordenações.

Um historiador[548] de Provença relata um fato que ilustra muito bem o que pode produzir sobre os espíritos fracos essa ideia de vingar a Divindade. Um judeu, acusado de haver blasfemado contra a santa Virgem, foi condenado a ser esfolado. Cavaleiros mascarados, com facas nas mãos, subiram ao cadafalso e expulsaram o carrasco para vingar eles mesmos a honra da santa Virgem... Não desejo de maneira alguma prevenir as reflexões do leitor.

A segunda classe é a dos crimes perpetrados contra os costumes. Tais são a violação da continência pública ou particular, isto é, da vigilância sobre a maneira pela qual se deve fruir os prazeres ligados ao emprego dos sentidos e à união dos corpos.[549] As penas para estes crimes também devem ser derivadas da natureza da coisa, ou seja, a privação das vantagens que a sociedade associou à pureza dos costumes, as multas, a desonra, o constrangimento de se ocultar, a infâmia pública, a expulsão da cidade e da sociedade; enfim, todas as penas que pertencem à jurisdição correcional bastam para reprimir a temeridade dos dois sexos. De fato, essas coisas estão menos fundadas na maldade do que no esquecimento ou automenosprezo.

Trata-se aqui somente dos crimes que dizem respeito unicamente aos costumes, não daqueles que também abalam a segurança pública, tais como o rapto e o estupro, que são da quarta espécie.

Os crimes pertencentes à terceira classe são os que abalam a tranquilidade dos cidadãos, e as penas, neste caso, devem ser derivadas da natureza da coisa e se vincular a essa tranquilidade, como o encarceramento, as medidas corretivas e outras penas que reorientam os espíritos inquietos e os reconduzem à ordem estabelecida.

Restrinjo os crimes contra a tranquilidade às coisas que contêm uma simples lesão de caráter policial, já que aquelas que, perturbando a tranquilidade, atingem, ao mesmo tempo, a segurança, devem ser colocadas na quarta classe.

As penas destes últimos crimes são o que chamamos de suplícios. É uma espécie de talião, que faz com que a sociedade negue a segurança a um cidadão que dela se privou ou que dela quis privar um outro cidadão. Esta pena é extraída da natureza da coisa, haurida na razão e nas fontes do bem e do mal. Um cidadão merece a morte quando violou a segurança a ponto de ter tirado uma vida humana ou ter empreendido esforços para fazê-lo. Essa pena de morte é como o remédio da sociedade enferma. Quando há

---

548. O padre Bougerel.

549. Ou seja, em linguagem contemporânea e menos reticente, crimes de atentado ao pudor e relacionados às práticas sexuais. (N.T.)

violação relativamente aos bens, pode haver razões para a pena capital, mas talvez fosse de mais valia e mais conforme à natureza do crime a pena de crimes contra a segurança patrimonial ser punida mediante a perda dos bens, e isso deveria ser assim se as fortunas fossem comuns ou iguais. Mas, como são aqueles que não possuem bem algum os que se sentem mais desejosos de atacar os bens alheios, tornou-se necessário que a pena corporal substituísse a pecuniária.

Tudo o que afirmei tem a natureza como fonte de inspiração e é bastante favorável à liberdade do cidadão.

CAPÍTULO V — DE CERTAS ACUSAÇÕES QUE EXIGEM, DE MODO PARTICULAR, MODERAÇÃO E PRUDÊNCIA

Máxima importante: é preciso se munir de muita circunspecção quando se trata do combate à magia e à heresia. A acusação destes dois crimes pode ferir de maneira extrema a liberdade e constituir a fonte de uma infinidade de tiranias, se o legislador não souber limitá-la, pois, como tal acusação não se refere diretamente às ações de um cidadão, mas antes à ideia que se fez de seu caráter, torna-se perigosa proporcionalmente à ignorância do povo e, em função disso, estará um cidadão sempre em perigo, visto que a melhor conduta do mundo, a moral mais ilibada, a prática da totalidade dos deveres, não constituem garantias contra as suspeitas destes crimes.

No tempo de Manuel Comneno, o *protestator*[550] foi acusado de ter conspirado contra o imperador e de ter, para isso, se servido de certos segredos que tornam as pessoas invisíveis. Conta-se que, na vida desse imperador,[551] surpreendeu-se Aarão lendo um livro de Salomão cuja leitura produzia o aparecimento de legiões de demônios. Ora, supondo na magia um poder que arma o inferno e partindo deste pressuposto, considera-se aquele a que se denomina mago como o homem mais apropriado do mundo para conturbar e derrubar a sociedade, e se é levado a puni-lo o mais rigorosamente possível.

A indignação cresce quando se atribui à magia o poder de destruir a religião. Narra-se na história de Constantinopla[552] que, diante da revelação que tivera um bispo de que um milagre fora interrompido devido à magia de um particular, ele e seu filho foram condenados à morte. De

---

550. Nicetas, Vida de Manuel Comneno, IV.

551. Ibidem.

552. História do Imperador Maurício, por Teofilacto, XI.

quantas coisas prodigiosas não dependia este crime? De que não fosse rara a ocorrência de revelações; de que o bispo houvesse tido uma; de que esta fosse verdadeira; de que houvesse ocorrido um milagre; de que este milagre fosse suspenso; de que tivesse havido magia; de que a magia pudesse derrubar a religião; de que este particular fosse mago; de que ele tivesse produzido, enfim, esse ato de magia.

O imperador Teodoro Láscaris atribuía sua doença à magia. Aqueles que foram acusados dela não dispunham de outro recurso senão manusear um ferro quente sem se queimarem. Teria sido bom, entre os gregos, ser mago para se justificar da magia. Tal era o excesso de seu idiotismo que para o crime mais incerto do mundo juntavam as provas mais incertas.

Sob o reinado de Filipe, o Longo, os judeus foram expulsos da França devido à acusação de terem envenenado as fontes por meio de leprosos. Esta acusação absurda deve ser mais do que suficiente para se duvidar de todas aquelas que se fundam no ódio público.

Não asseverei aqui, de modo algum, que não é necessário punir a heresia. Afirmei que é necessário ter muita circunspecção ao puni-la.

CAPÍTULO VI — DO CRIME CONTRA A NATUREZA[553]

Não agrada a Deus que eu queira diminuir o horror que se vota a um crime que a religião, a moral e a política condenam cada uma por sua vez. Seria necessário proscrevê-lo, mesmo quando se limitasse a conceder a um sexo as fraquezas do outro e preparar uma velhice infame através de uma juventude vergonhosa. O que direi acerca deste crime lhe deixará todos os estigmas e somente atingirá a tirania capaz de abusar do próprio horror que deste crime se deve ter.

Como a natureza deste crime o torna oculto, os legisladores o puniram com frequência mediante o testemunho de uma criança, o que era abrir uma porta bem larga à calúnia. "Justiniano", diz Procópio,[554-555] "publicou uma lei contra esse crime; mandou que fossem procurados os que dele fossem culpados, não só após a promulgação da lei como também antes. O depoimento de uma testemunha, por vezes de uma criança, por vezes de um escravo, bastava, sobretudo entre os ricos, contra aqueles que pertenciam à facção dos verdes."[556]

---

553. Isto é, a pederastia, ou homossexualidade masculina. (N.T.)

554. *História Secreta*.

555. Historiador bizantino que viveu no século VI d.C. (N.T.)

556. A respeito da facção dos *verdes* e da facção dos *azuis*, designações de inspiração teatral ligadas à figura da imperatriz Teodora, ex-atriz de teatro e mulher do imperador Justiniano,

228 | O ESPÍRITO DAS LEIS

É singular o fato de que, entre nós, três crimes: a magia, a heresia e o crime contra a natureza, dos quais se poderia provar, do primeiro, que não existe; do segundo, que é suscetível de uma infinidade de distinções, interpretações, limitações; do terceiro, que é, muito frequentemente, obscuro, tenham sido, todos os três, punidos mediante a pena do fogo.

Afirmarei ainda que o crime contra a natureza jamais progredirá muito numa sociedade se o povo a ele não tiver sido levado pela força de algum costume, como dos gregos, entre os quais os jovens realizavam nus todos os seus exercícios; como conosco, onde a educação doméstica está fora de uso; como com os asiáticos, entre os quais os indivíduos particulares têm um grande número de mulheres por eles desprezadas, enquanto outros não podem tê-las. Que não se dê espaço para esse crime, que seja proscrito através de um policiamento preciso, como todas as violações dos costumes, e se verá a natureza defender seus direitos ou retomá-los. Doce, amável, encantadora, ela espargiu os prazeres com mão generosa e, nos cumulando de deleites, ela nos prepara através dos filhos que, por assim dizer, nos fazem renascer, para satisfações maiores do que estes próprios deleites.

CAPÍTULO VII — DO CRIME DE LESA-MAJESTADE

As leis da China determinam que aquele que faltar ao respeito com o imperador deve ser punido com a morte. Como não definem no que consiste esta falta de respeito, tudo é passível de fornecer um pretexto para tirar a vida de quem se queira e exterminar a família de quem se queira.

De duas pessoas encarregadas da redação da gazeta da corte, tendo incluído em algum fato circunstâncias apuradas como não verdadeiras, se disse que mentiram na gazeta da corte e foram executadas.[557] Um príncipe de sangue, tendo inserido descuidadamente uma nota qualquer num memorial assinado com pincel vermelho pelo imperador, foi considerado como tendo faltado ao respeito com o imperador, o que desencadeou contra sua família uma das mais terríveis perseguições de que se tem registro na história.[558]

---

nas quais se diz ter o povo de Constantinopla se filiado durante muito tempo, ver o Livro XX de *Considerações sobre as causas da grandeza dos romanos e de sua decadência*, Montesquieu (Tradução de Saulo Krieger. São Paulo: Edipro, 2017). (N.T.)

557. P. de Halde, t. I, p. 43.

558. Cartas de P. Parennin nas *Lettres édifiantes* (*Cartas edificantes*).

Basta a imprecisão do crime de lesa-majestade para que o governo degenere em despotismo. Abordarei mais extensivamente este assunto no Livro intitulado Da Composição das Leis.

CAPÍTULO VIII — DA MÁ APLICAÇÃO DA DENOMINAÇÃO DE CRIME DE SACRILÉGIO E DE LESA-MAJESTADE

Constitui, também, um violento abuso atribuir a designação de crime de lesa-majestade a uma ação que não o é. Uma lei dos imperadores[559] levava à acusação de sacrílegos aqueles que questionavam o julgamento do príncipe e punham em dúvida o mérito daqueles que ele escolhera para algum cargo.[560] Foram o Gabinete e os favoritos que estabeleceram este crime. Uma outra lei havia declarado que aqueles que atentam contra os Ministros e os oficiais do príncipe são criminosos de lesa-majestade, como se houvessem atentado contra o próprio príncipe.[561] Devemos esta lei a dois príncipes[562] cuja fraqueza é historicamente célebre; dois príncipes que foram guiados pelos Ministros como os rebanhos são guiados pelos pastores; dois príncipes, escravos no Palácio, crianças no Conselho, estranhos aos exércitos; que só conservaram o Império porque o concederam todos os dias. Alguns dentre estes favoritos conspiraram contra seus imperadores. Fizeram ainda mais: conspiraram contra o Império; atraíram os bárbaros a este, e quando se quis detê-los, o Estado estava tão débil que foi necessário transgredir sua lei e se expor ao crime de lesa-majestade para puni-los.

Foi, todavia, nesta lei que se baseou o acusador do senhor Cinq-Mars[563] quando, desejando provar que ele era culpado do crime de lesa-majestade por ter desejado afastar o Cardeal de Richelieu dos negócios, disse: "O crime que toca à pessoa dos ministros dos príncipes é reputado pelas constituições dos imperadores como de peso semelhante àquele que toca às sua pessoas. Um ministro serve bem ao seu príncipe e seu Estado; tira-se de ambos, é como se se privasse o primeiro de um braço[564] e o segundo de

---

559. Graciano, Valenciano e Teodósio. Trata-se da terceira do Código *de crim. sacril.*.

560. *Sacrilegit instar est dubitare an is dignus sit quem elegerit imperator,* ibidem. Esta lei serviu de modelo para a de Rogério nas constituições de Nápoles, tít. IV.

561. A quinta lei, *ad leg. Jul. maj.* Código IX, tít. VIII.

562. Arcádio e Honório.

563. *Mémoires de Montrésor,* t. I, p. 238, ed. de Colônia, 1723.

564. *Nam ipsi pars corporis nostri sunt.* Mesma lei no Código *ad. leg. Jul. maj.*

uma parte de seu poder". Quando a própria servidão surgiu sobre a Terra, não discursou de maneira diversa.

Uma outra Lei de Valenciano, Teodósio e Arcádio[565] declara os moedeiros falsos como culpados de crime de lesa-majestade. Mas não era isto confundir as ideias das coisas? Dar a um outro crime designação de lesa-majestade não é diminuir o horror do crime de lesa-majestade?

CAPÍTULO IX — CONTINUAÇÃO DO MESMO ASSUNTO

Tendo Paulino deixado ciente o imperador Alexandre "de que ele se preparava para acusar de crime de lesa-majestade um juiz que havia se pronunciado contra suas ordenações", respondeu-lhe o imperador que "num século como o seu os crimes de lesa-majestade indiretos não tinham cabimento.[566]

Tendo Faustiniano escrito ao mesmo imperador que, havendo jurado pela vida do príncipe que jamais perdoaria o seu escravo, via-se obrigado a perpetuar sua cólera a fim de não se tornar culpado do crime de lesa-majestade: "Deixastes-vos tomar por terrores vãos",[567] respondeu-lhe o imperador, "e não conheceis minhas máximas".

Um *senatusconsulto*[568] ordenou que aquele que havia fundido estátuas do imperador que teriam sido reprovadas não seria, de modo algum, culpado de lesa-majestade. Os imperadores Severo e Antonino escreveram a Pôncio que aquele que vendesse estátuas do imperador não consagradas não incorreria no crime de lesa-majestade.[569] Os mesmos imperadores escreveram a Júlio Cassiano que aquele que, casualmente, jogasse uma pedra contra uma estátua do imperador não devia ser acusado de crime de lesa-majestade.[570] A Lei Júlia exigia estes tipos de modificações, pois havia tornado culpados de lesa-majestade não somente os que haviam fundido as estátuas do imperador, como também aqueles que cometessem qualquer ação semelhante,[571] o que tornava este crime arbitrário. Quando se estabeleceu bem crimes de lesa-majestade, fez-se forçosamente necessário distinguir estes crimes. Assim, o jurisconsulto Ulpiano, após ter dito que a acusação do crime de lesa-majestade não se

---

565. É a nona no Código Teodósio, *de falsa moneta*.

566. *Etiam ex aliis causis majestatis crimina cessant meo saeculo.* L. I, Cód. IX, VIII, *Ad. leg. Jul. maj.*

567. *Alienam sectae meae sollicitudinem concepisti.* L. 2, Cód. III, IV, *Ad. leg. Jul. maj.*

568. Ver a lei 4, § I, ff. *ad leg. Jul. maj.* XLVIII, IV.

569. Ver a lei 5, § 2, ff. *ad leg. Jul. maj.*

570. Ibidem, [§ 1].

571. *Aliudve quid simile admiserint.* Leg. 6, ff. *ad. leg. Jul. maj.*

extinguia mediante a morte do culpado, acrescenta que isto não se refere a todos[572] os crimes de lesa-majestade estabelecidos pela Lei Júlia, mas somente àquele que contém um atentado contra o Império ou contra a vida do imperador.

CAPÍTULO X — CONTINUAÇÃO DO MESMO ASSUNTO

Uma lei da Inglaterra, aprovada no reinado de Henrique VIII, declarava culpados de alta traição todos aqueles que fizessem a previsão da morte do rei. Era uma lei muito vaga. O despotismo é tão terrível que se volta até mesmo contra os que o exercem. Por ocasião da última enfermidade deste rei, os médicos não ousaram, de maneira alguma, dizer que ele corria perigo, e não há dúvida que agiram de maneira consequente.[573]

CAPÍTULO XI — DOS PENSAMENTOS

Um certo Mársias sonhou que cortava a garganta de Dionísio.[574] Este ordenou que ele fosse executado, dizendo que não teria sonhado aquilo à noite se não houvesse pensado naquilo de dia. Tratava-se de grande tirania, pois mesmo que ele houvesse pensado naquilo, não havia tentado.[575] As leis só se encarregam de punir as ações exteriores.

CAPÍTULO XII — DAS PALAVRAS INDISCRETAS

Nada torna o crime de lesa-majestade ainda mais arbitrário que quando palavras indiscretas se tornam sua matéria. Os discursos estão tão sujeitos à interpretação, há tanta diferença entre a indiscrição e a malícia e há disso tão pouco nas expressões empregadas que a lei não pode em absoluto submeter as palavras a uma pena capital, a menos que declare expressamente quais são submetidas.[576]

As palavras, de modo algum, formam um corpo de delito; apenas permanecem no âmbito da ideia. Na maior parte das vezes, nada significam por si mesmas, mas sim em função do tom em que são ditas. É frequente, ao se dizer as mesmas palavras, não atribuir a elas o mesmo

---

572. Nesta última lei, ff. *ad. leg. Jul., de adulteriis.*

573. Ver *A história da Reforma*, M. Burnet.

574. Plutarco, *Vida de Dionísio.*

575. É necessário que o pensamento esteja unido a qualquer espécie de ação.

576. *Si non tale sit delictum, in quod vel scriptura legis descendit, vel ad exemplum legis vindicandum est,* diz Modestino na lei 7, § 5, ff. *ad. leg. Jul. maj.*

sentido, dependendo este da conexão que as palavras entretêm com outras coisas. Por vezes o silêncio exprime mais do que todos os discursos. Nada há mais equívoco do que tudo isso. Como, então, fazer disso um crime de lesa-majestade? Em toda parte em que essa lei está estabelecida, não somente não existe mais a liberdade, como nem sequer a sombra desta.

No manifesto da falecida czarina,[577] de que foi objeto a família Olgorouki,[578] um dos príncipes desta família foi condenado à morte por ter proferido palavras indecentes que se relacionavam à pessoa da czarina; outro, por ter interpretado maldosamente as sábias disposições dela relativamente ao Império e ofendido sua pessoa sagrada mediante palavras pouco respeitosas.

Não é, de modo algum, minha intenção diminuir a indignação que se deve dirigir contra aqueles que desejam macular a glória de seu príncipe, mas tenho de dizer que, se for nosso desejo moderar o despotismo, uma simples punição de caráter corretivo será mais conveniente nessas ocasiões do que uma acusação de lesa-majestade, sempre terrível à própria inocência.[579]

Este tipo de ações não ocorre todos os dias, como muitas pessoas podem observar. Uma falsa acusação em torno de fatos pode ser facilmente esclarecida. As palavras que são associadas a uma ação assumem a natureza desta ação. Assim, um homem que vai à praça pública exortar os súditos à revolta torna-se culpado de lesa-majestade, porque as palavras estão associadas à ação e desta tomam parte. Não são, todavia, as palavras que são punidas, mas uma ação cometida, na qual palavras são empregadas. Elas só se tornam criminosas quando preparam, acompanham ou seguem uma ação criminosa. Inverte-se tudo se fazemos das palavras um crime capital, em lugar de considerá-las como o signo de um crime capital.

Os imperadores Teodósio, Arcádio e Honório escreveram a Rufino, prefeito do pretório: "Se alguém fala mal de nossas pessoas ou de nosso governo, não é nosso desejo puni-lo;[580] se falou por leviandade, deve-se desprezá-lo; se foi por loucura, deve-se lamentá-lo; se é uma injúria, deve-se perdoá-lo. Assim, deixando as coisas na sua inteireza, vós delas nos dareis conhecimento, a fim de que julguemos as palavras pelas pessoas e ponderemos bem se devemos submetê-las a julgamento ou votá-las ao desprezo".

---

577. Montesquieu se refere a Ana Ivanovna. (N.T.)

578. Em 1740.

579. *Nec lubricum linguae ad poenam facile trahendum est*, Modestino. Na lei 7, § 3, ff. *ad. leg. Jul. maj.*

580. *Si id ex levitate processerit, contemnendum est; si ex insania, miseratione dignissimum; si ab injuria, remittendum. Leg. unica, Cód., si quis imperat, maled.*

CAPÍTULO XIII — DOS ESCRITOS

Os escritos contêm alguma coisa de mais permanente do que as palavras; porém, quando não constituem um preparo para o crime de lesa-majestade, não constituirão igualmente matéria do crime de lesa-majestade.

Augusto e Tibério, contudo, vincularam a eles a pena deste crime.[581] Augusto o fez na oportunidade da existência de certos escritos produzidos contra homens e mulheres ilustres; Tibério, devido a escritos que acreditava feitos contra ele. Nada foi mais fatal à liberdade romana. Cremúcio Cordo foi acusado porque em seus anais chamara Cássio de o último dos romanos.[582]

Os escritos satíricos não são absolutamente conhecidos nos Estados despóticos, onde o abatimento, de um lado, e a ignorância, de outro, não propiciam nem o talento nem a vontade de produzi-los. Na democracia não são obstados pela mesma razão de serem proibidos no governo de um só. Como são ordinariamente compostos contra pessoas poderosas, lisonjeiam na democracia a malignidade do povo que governa. Na monarquia são proibidos, mas se faz deles mais uma matéria policial do que um crime. Podem divertir a malignidade geral, consolar os descontentes, reduzir a inveja nutrida contra os que ocupam altos cargos, conceder ao povo a paciência de sofrer e fazê-lo rir de seus sofrimentos.

A aristocracia é o governo que mais proíbe as obras satíricas. Neste governo, os magistrados são pequenos soberanos que não são suficientemente grandes para desprezar as injúrias. Se na monarquia qualquer seta é desfechada contra o monarca, este se acha numa posição tão elevada que a seta não o atinge. Um senhor aristocrático é atravessado de lado a lado por ela. Deste modo, os decênviros, que formavam uma aristocracia, puniram com a morte os autores dos escritos satíricos.[583]

CAPÍTULO XIV — VIOLAÇÃO DO PUDOR NA PUNIÇÃO DOS CRIMES

Há regras de pudor observadas em quase todas as nações do mundo: seria absurdo violá-las na punição dos crimes, o que deve sempre ter por objetivo o restabelecimento da ordem.

---

581. Tácito, *Anais*, I, LXXII. Isto prosseguiu nos reinados seguintes. Ver a primeira lei no Código *de famosis libellis*.

582. Tácito, *Anais*, IV, XXXIV.

583. A Lei das Doze Tábuas.

234 | O ESPÍRITO DAS LEIS

Os orientais, que submeteram mulheres a elefantes amestrados para um gênero abominável de suplício, quiseram fazer com que a lei fosse violada pela lei?

Um antigo costume dos romanos proibia a execução das moças que não eram ainda núbeis. Tibério encontrou o expediente de mandar que o carrasco as violasse antes de remetê-las ao suplício;[584] tirano sutil e cruel, aniquilava a moral para conservar os costumes.

Quando a magistratura japonesa expôs mulheres nuas em praça pública e as obrigou a caminhar à maneira de animais, ela abalou o pudor,[585] mas quando quis forçar uma mãe..., mas quando quis forçar um filho... eu não posso terminar..., abalou a própria natureza.[586]

CAPÍTULO XV — DA ALFORRIA DO ESCRAVO PARA ACUSAÇÃO DO SENHOR

Augusto estabeleceu que os escravos daqueles que teriam conspirado contra ele seriam vendidos publicamente, para que pudessem testemunhar contra seus senhores.[587] Nada deve ser negligenciado no que se refere àquilo que conduz à descoberta de um grande crime. Assim, num Estado onde existam escravos, é natural que possam ser indicadores; mas não poderiam atuar como testemunhas.

Vindex indicou a conspiração realizada a favor de Tarquínio; mas não foi testemunha contra os filhos de Bruto. Era justo conceder a liberdade àquele que prestara um tão grande serviço à sua pátria. Mas a liberdade não lhe fora concedida para que prestasse este serviço a sua pátria.

Diante disso, o imperador Tácito ordenou que os escravos não seriam testemunhas contra seus senhores no próprio crime de lesa-majestade,[588] lei que não foi introduzida na compilação de Justiniano.

---

584. Suetônio, in Tiberio, LXI.

585. Recueil des voyages qui ont servi à l'établissement da la Compagnie des Indes (Coletânea de viagens que serviram para o estabelecimento da Companhia das Índias), t. V, parte II.

586. Ibidem., p. 496.

587. Dion, em Xifilin, LV, V.

588. Flávio Vopisco, em Vida do imperador Tácito, de sua autoria, c. IX. [Tácito foi imperador de Roma de 275 a 276 d.C. (N.T.)]

CAPÍTULO XVI — CALÚNIA NO CRIME DE LESA-MAJESTADE

É necessário fazer justiça aos Césares. Não foram os primeiros a imaginar as lastimáveis leis que produziram. Foi Sila[589] que lhes ensinou que não havia a menor necessidade de punir os caluniadores; logo, passaram até a recompensá-los.[590]

CAPÍTULO XVII — DA REVELAÇÃO DAS CONSPIRAÇÕES

"Quando teu irmão, ou teu filho, ou tua filha, ou tua mulher bem-amada, ou teu amigo, que é como tua alma, te disserem em segredo: *Veneremos outros deuses*, tu o apedrejarás; primeiro, tua mão cairá sobre ele, e em seguida a mão de todo o povo." Esta Lei do *Deuteronômio*[591] não pode ser uma lei civil para a maioria dos povos que conhecemos porque abriria no seio deles a porta a todos os crimes.

A lei que ordena, em vários Estados, sob pena de se perder a própria vida, a revelação das conspirações das quais nem sequer participamos de alguma forma não é, em absoluto, menos dura. Quando a introduzimos no governo monárquico, é bastante conveniente restringi-la.

Não deverá, neste governo, ser aplicada com toda sua severidade, senão no crime de lesa-majestade contra o chefe maior da conspiração. Nos Estados monárquicos, é muito importante não confundir os diferentes chefes desse crime.

No Japão, onde as leis invertem todas as ideias da razão humana, o crime de não revelação se aplica aos casos mais ordinários.

Um relato[592] nos conta de duas jovens que foram confinadas até a morte num cofre eriçado de pequenos pregos, uma por haver tido uma aventura galante e a outra por não a ter revelado.

---

589. Sila fez uma lei de majestade da qual se fala nas *Orações* de Cícero, *pro Cluentio*, art. 3; *in Pisonem*, art. 21; *segunda contra Verres*, art. 5; *epístolas familiares*, Livro III, epístola II. César e Augusto a inseriram nas leis Júlias; outros fizeram novos acréscimos.

590. *Et quo quis distinctior accusator, eo magis honores assequebatur, ac veluti sacrosanctus erat.* Tácito, *Anais*, IV, XXXVI.

591. Capítulo XIII, 6, 7, 8 e 9.

592. *Recueil des voyages qui ont servi à l'établissement de la Compagnie des Indes*, V, II.

CAPÍTULO XVIII — DE QUANTO É PERIGOSA NAS REPÚBLICAS A PUNIÇÃO EXCESSIVA DO CRIME DE LESA-MAJESTADE

Quando uma república chega a destruir aqueles que desejam derrubá-la, convém agilizar o fim das vinganças, das penas e das próprias recompensas. Não é possível realizar grandes punições e, consequentemente, grandes mudanças sem depositar nas mãos de alguns cidadãos um grande poder. Mais vale, portanto, neste caso, perdoar em excesso do que punir em excesso, exilar pouco do que exilar muito, manter bens intocáveis do que multiplicar os confiscos. Sob o pretexto da vingança da república, se estabeleceria a tirania dos vingadores. Não se trata de aniquilar aquele que domina, mas a dominação. É preciso reingressar o mais cedo possível nessa marcha ordinária do governo, na qual as leis tudo protegem e não se armam contra quem quer que seja.

Os gregos não viram limites para as vinganças dirigidas aos tiranos ou àqueles que suspeitavam que o fossem. Mandaram executar crianças,[593] às vezes cinco, dos parentes mais próximos.[594] Expulsaram uma infinidade de famílias. Suas repúblicas foram abaladas por isso; o exílio ou o retorno dos exilados sempre constituíram épocas que marcaram a mudança da constituição.

Os romanos foram mais sábios. Quando Cássio foi condenado por ter aspirado à tirania, colocou-se em questão se seus filhos seriam executados: estes não foram condenados a pena alguma. "Os que quiseram", diz Dionísio de Halicarnasso,[595] "mudar esta lei no desfecho da guerra dos Marsos e da guerra civil e excluir de seus cargos os filhos dos proscritos por Sila são decididamente criminosos".

Vê-se nas guerras de Mário e de Sila até que ponto as almas entre os romanos tinham pouco a pouco se depravado. Coisas tão funestas fizeram crer que não seriam mais contempladas. Mas sob os triúnviros houve o desejo de ser-se mais cruel, parecendo-o menos. É de desolar-se ver os sofismas que foram empregados pela crueldade. Encontramos em Apiano[596] a fórmula das proscrições. Vós diríeis que não havia nisso senão o propósito do bem da República, tanto se fala aqui de sangue-frio, tanto se exibem aqui vantagens, tanto os meios que são adotados são preferíveis a outros,

---

593. Dionísio de Halicarnasso, *Antiguidades Romanas*, Livro VIII.

594. *Tyranno occisos, quinque ejus proximos cognatione magistratus necato.* Cícero, De inventione, II, xxix.

595. Livro VIII.

596. *Das guerras civis*, IV.

tanto os ricos estarão em segurança, tanto a camada inferior do povo ficará tranquila, tanto se teme expor ao risco a vida dos cidadãos, tanto se deseja acalmar os soldados — tanto, enfim, que seremos felizes.[597]

Roma estava inundada de sangue quando Lépido triunfou na Espanha, e, por um absurdo sem paralelo, sob pena de ser proscrito,[598] ele ordenou que se regozijassem.

CAPÍTULO XIX — COMO SE SUSPENDE O USO DA LIBERDADE NA REPÚBLICA

Há, nos Estados onde se tem maior apreço pela liberdade, leis que a violam contra um único indivíduo a fim de preservá-la para todos. Tais são, na Inglaterra, os *bills* denominados de *atingir*,[599-600] que se vinculam e remontam às leis de Atenas que eram estatuídas contra um particular,[601] desde que fossem feitas graças ao sufrágio de seis mil cidadãos. Vinculam-se também às leis produzidas em Roma contra cidadãos particulares e às quais se chamavam privilégios.[602] Só eram feitas nos grandes Estados populares. Entretanto, não importa de que maneira o povo as promulgasse, Cícero quis que fossem abolidas, porque a força da lei consiste apenas naquilo que ela estatui para todos.[603] Confesso, contudo, que o uso dos povos mais livres que já existiram sobre a Terra leva-me a crer que há casos em que é necessário colocar, por um momento, um véu sobre a liberdade, como se ocultam as estátuas dos deuses.

---

597. *Quod felix faustumque sit.*

598. *Sacris et epulis dent hunc diem: qui secus faxit, inter proscriptos esto.*

599. No original, *"les bills appelés d'atteindre"*. O autor se refere presumivelmente a uma modalidade específica de ato legislativo que os britânicos chamam de *"bill of attainder"*, aplicável a casos de alta traição, nos quais ocorre concomitantemente a suspensão ou a extinção de todos os direitos civis do acusado, inclusive o direito de liberdade. (N.T.)

600. Não basta, nos tribunais do reino, que haja uma prova tal que os juízes com ela sejam convencidos; é preciso, ainda, que esta prova seja formal, quer dizer, legal — e a lei requer que haja duas testemunhas contra o acusado; uma outra prova não bastaria. Ora, se um homem presumido culpado do que se denomina crime de alta traição houvesse descoberto um meio de afastar as testemunhas, de sorte a impossibilitar sua condenação pela lei, poder-se-ia dirigir contra ele um *bill* particular *d'atteindre* [ver nota anterior], ou seja, produzir uma lei singular para sua pessoa. Procede-se, neste caso, como para todos os demais *bills*: é necessário que tenha aprovação em duas Câmaras e que o rei lhe outorgue sua anuência, sem o que inexiste qualquer *bill*, ou seja, julgamento. O acusado pode contar com a palavra de seus advogados contra o *bill* e pode-se discursar na Câmara a favor do *bill*.

601. *Legem de singulari aliquo ne rogato, nisi sex millibus ita visum. Ex Andocide de mysteriis.* É o ostracismo.

602. *De privis hominibus latae.* Cícero, *De legibus*, III, XIX.

603. *Scitum est jussum in omnes.* Cícero, ibidem.

CAPÍTULO XX — DAS LEIS FAVORÁVEIS À LIBERDADE DO CIDADÃO NA REPÚBLICA

Sucede frequentemente nos Estados populares serem as acusações públicas e ser permitido a todo homem acusar quem ele queira. Isso ocasionou o estabelecimento de leis próprias à defesa da inocência dos cidadãos. Em Atenas, o acusador que não tinha a seu favor a quinta parte dos sufrágios pagava uma multa de mil dracmas. Ésquines, que acusara Ctesifon, foi condenado a isso.[604] Em Roma, o acusador injusto era marcado de infâmia[605] com a letra K sobre a fronte.[606] O acusador era objeto de vigilância para que permanecesse sem condição de corromper os juízes ou as testemunhas.[607]

Já me referi a essa lei ateniense e romana que permitia ao acusado retirar-se antes do julgamento.

CAPÍTULO XXI — DA CRUELDADE DAS LEIS RELATIVAMENTE AOS DEVEDORES NA REPÚBLICA

Um cidadão já se concedeu uma superioridade bastante grande em relação a um outro cidadão ao emprestar-lhe um dinheiro que este tomou emprestado apenas para desfazer-se dele e que, consequentemente, não tem mais. O que acontecerá numa república se as leis aumentam ainda mais essa servidão?

Em Atenas e em Roma,[608] inicialmente era permitido vender os devedores incapazes de saldar suas dívidas. Sólon retificou esta prática em Atenas;[609] estabeleceu que ninguém seria obrigado a pagar com sua própria pessoa dívidas civis. Entretanto, os decênviros[610] não executaram qualquer reforma desta mesma prática em Roma e, ainda que tivessem diante dos olhos a regra de Sólon, não quiseram segui-la. Não é o único ponto da Lei das Doze Tábuas em que se constata o desígnio dos decênviros de abalar o espírito da democracia.

---

604. Ver Filostrato, I, *Vida dos Sofistas*, Vida de Ésquines. Ver também Plutarco e Fócio.

605. Pela lei Remnia.

606. Inicial da palavra *Kalumnia* (calúnia), conforme a antiga ortografia.

607. Plutarco, no tratado *Como tirar proveito dos seus inimigos*. [Plutarco. *Como tirar proveito dos seus inimigos*, trad. Maria Aparecida de Oliveira Silva. São Paulo: Edipro, 2019. (N.T.)]

608. Muitos vendiam seus filhos para pagar as dívidas. Plutarco, *Vida de Sólon*.

609. Ibidem.

610. Parece, segundo a história, que essa prática já se achava estabelecida entre os romanos antes da Lei das Doze Tábuas. Tito Lívio, Primeira década, II, XXIII e XXIV.

Essas leis cruéis contra os devedores puseram muitas vezes em perigo a República romana. Um homem coberto de chagas escapou da casa de seu credor e surgiu na praça.[611] O povo se comoveu com este espetáculo. Outros cidadãos, que seus credores não ousavam mais reter, saíram de seus cárceres. A eles foram feitas promessas e não foram cumpridas; o povo retirou-se para o Monte Sagrado. Não obteve a ab-rogação dessas leis, porém um magistrado para defendê-lo. Saía-se da anarquia e pensou-se em cair na tirania. Mânlio, para se tornar popular, ia retirar das mãos dos credores os cidadãos que eles haviam reduzido à escravidão.[612] Preveniram-se os desígnios de Mânlio, mas o mal persistia sempre. Leis particulares concederam aos devedores facilidades para pagar,[613] e no ano de Roma 428 os cônsules estabeleceram uma lei[614] que retirou dos credores o direito de manter devedores em estado de servidão em suas casas.[615] Um usurário chamado Papírio quis corromper a integridade de um jovem chamado Públio, que ele mantinha acorrentado. O crime de Sexto[616] deu a Roma a liberdade política; o de Papírio deu a liberdade civil.

O destino desta cidade foi crimes novos confirmarem a liberdade que crimes antigos lhe haviam proporcionado. O atentado de Ápio contra Virgínia pôs novamente o povo diante daquele horror aos tiranos que lhe havia transmitido o infortúnio de Lucrécia. Trinta e sete anos[617] depois do infame crime de Papírio, um crime semelhante[618] fez o povo retirar-se para o Janículo[619] e que a lei feita para a segurança dos devedores retomasse nova força.

Desde então, os credores foram perseguidos com maior frequência pelos devedores por violação das leis feitas contra a usura, o que os devedores não foram por não os ter pagado.

---

611. Dionísio de Halicarnasso, *Antiguidades romanas*, VI.

612. Plutarco, *Vida de Fúrio Camilo*, XVIII.

613. Ver na sequência o capítulo XXII do Livro XXII.

614. Cento e vinte anos após a Lei das Doze Tábuas. *Eo anno plebi romanae velut aliud initium libertatis factum est, quod necti desierunt.* Tito Lívio, VIII, XXVIII.

615. *Bona debitoris, non corpus obnoxium esset.* Ibidem.

616. O estupro de Lucrécia por Sexto Tarquínio, depois do que a dinastia dos Tarquínios foi banida de Roma. (N.T.)

617. O ano de Roma 465.

618. O de Pláucio, que atentou contra a honra de Vetúrio. Valério Máximo, VI, I, art. 9. Não se deve de modo algum confundir estes dois eventos: não se trata nem das mesmas pessoas nem da mesma época.

619. Ver um fragmento de Dionísio de Halicarnasso no *Extrato das virtudes e dos vícios*, o *Epítome de Tito Lívio*, XI, e Freinshemius, XI.

CAPÍTULO XXII — DAS COISAS QUE AGRIDEM A LIBERDADE NA MONARQUIA

A coisa mais inútil do mundo para o príncipe com frequência tem debilitado a liberdade nas monarquias, a saber, os comissários às vezes nomeados para julgar um particular.

O príncipe extrai tão pouca utilidade dos comissários que não vale a pena ele alterar a ordem das coisas para isso. Ele está moralmente seguro de que possui mais senso de probidade e de justiça do que seus comissários, os quais se acreditam sempre bastante justificados por suas ordens, por um obscuro interesse do Estado, pela escolha que deles se fez e por seus próprios temores.

No reinado de Henrique VIII, quando se submetia um par a um processo, fazia-se com que fosse julgado por comissários tirados da Câmara dos Pares: mediante este método levou-se à morte todos os pares que se quis.

CAPÍTULO XXIII — DOS ESPIÕES NA MONARQUIA

São necessários espiões na monarquia? Não é a prática comum dos bons príncipes. Quando um homem é fiel às leis, já satisfez o que deve ao príncipe. É necessário, ao menos, que tenha sua casa por asilo e o resto de sua conduta em segurança. A espionagem seria talvez tolerável se pudesse ser exercida por pessoas honestas. Mas pode-se aquilatar a infâmia necessária da pessoa pela infâmia da coisa. Um príncipe deve agir para com seus súditos com candura, com franqueza, com confiança. Aquele que é acossado por inquietudes, por suspeitas e por temores é um ator que se acha embaraçado para interpretar seu papel. Quando percebe que, em geral, as leis estão exercendo sua força e são respeitadas, ele poderá se julgar em segurança. O procedimento geral lhe responde por aquele de todos os particulares. Que não tenha nenhum temor — não poderia acreditar quanto se é levado a amá-lo. E, afinal, por que não se o amaria? Ele é a fonte de quase todo o bem que se faz; e quase todas as punições correm por conta das leis. Ele jamais se mostra ao povo, a não ser com uma fisionomia serena — sua própria glória se comunica a nós, e seu poder nos sustenta. Uma prova de que é amado é que se tem confiança nele e que, quando um ministro recusa algo, imagina-se sempre que o príncipe o teria concedido. Mesmo em meio às calamidades públicas, sua pessoa não é alvo de acusação; lamenta-se pelo que ele ignora ou por obsessão sua por pessoas corrompidas. *Se o príncipe soubesse! — diz o povo*. Estas palavras são uma espécie de invocação e uma prova da confiança que se tem no príncipe.

CAPÍTULO XXIV — DAS CARTAS ANÔNIMAS

Os tártaros são obrigados a colocar seu nome nas suas flechas, para que se saiba de que mão elas partem. Filipe da Macedônia, tendo sido ferido no assédio de uma cidade, encontrou-se no dardo o seguinte: *Aster dirigiu este golpe mortal a Filipe.*[620] Se aqueles que acusam um homem o fizessem em vista do bem público, não o acusariam ante o príncipe, que pode ser facilmente prevenido, mas diante dos magistrados, que detêm regras que somente são temíveis aos caluniadores. O fato de não desejarem que as leis sejam interpostas entre eles e o acusado constitui uma prova de que eles têm motivo para temê-las, e a menor pena que se pode infligir-lhes é não lhes dar crédito. Não se pode prestar-lhes atenção, exceto nos casos que não podem ser submetidos às delongas da Justiça ordinária e nos quais se trata da preservação da vida do príncipe. Nestas oportunidades, pode-se crer que aquele que acusa realizou um esforço que desatou sua língua e o fez falar. Mas, nos outros casos, é preciso dizer como o imperador Constâncio: "Não poderíamos suspeitar daquele a quem faltou um acusador quando não lhe faltava um inimigo".[621]

CAPÍTULO XXV — DA MANEIRA DE GOVERNAR NA MONARQUIA

A autoridade real é um grande mecanismo que deve operar facilmente, e não ruidosamente. Os chineses se gabam de um de seus imperadores que governou — dizem eles — como o céu, ou seja, pelo seu exemplo.

Há casos em que o poder deve atuar em toda a sua extensão; há outros em que deve atuar com base em seus limites. O sublime da administração consiste em conhecer bem qual é a parte do poder, grande ou pequena, que se deve empregar nas diversas circunstâncias.

Nas nossas monarquias, toda a felicidade reside na opinião que o povo tem da suavidade do governo. Um ministro inábil deseja sempre advertir-vos que sois escravos. Mas, se fosse assim, ele deveria procurar fazer com que isso fosse ignorado. Ele só sabe vos dizer ou escrever que o príncipe está descontente; que está surpreso; que estabelecerá a ordem. Há uma certa facilidade no comando; é necessário que o príncipe estimule e que caiba às leis ameaçar.[622]

---

620. Plutarco, *Obras morais, Colação de algumas histórias romanas e gregas*, t. II.

621. Leg. 6, Cód. Teod., *de famosis libellis*.

622. Nerva, diz Tácito, ampliou a facilidade do Império.

CAPÍTULO XXVI — NA MONARQUIA, O PRÍNCIPE DEVE SER ACESSÍVEL

Isso se compreenderá muito melhor pelos contrastes.

"O czar Pedro I", diz o Senhor Perry,[623] "estabeleceu uma nova ordenação que proíbe apresentar a ele requerimentos até que dois tenham sido apresentados aos seus oficiais. Pode-se, em caso de denegação de justiça, apresentar-lhe um terceiro requerimento; mas quem houver incorrido em erro deverá perder a vida. Ninguém, a partir de então, dirigiu requerimentos ao czar".

CAPÍTULO XXVII — DOS COSTUMES DO MONARCA

Os costumes do príncipe contribuem tanto para a liberdade quanto as leis; ele é capaz, como elas, de fazer dos homens animais, e dos animais, homens. Se ele amar as almas livres, terá súditos; se amar as almas vis, terá escravos. Deseja ele conhecer a grande arte de reinar? Que aproxime de si a honra e a virtude, que convoque o mérito pessoal. Pode, até mesmo, arrojar por vezes o olhar sobre os talentos. Que não receie de modo algum estes rivais; que convoque os homens de mérito; ele é seu igual, desde que os ame. Que ele conquiste os corações, mas que não torne cativos os espíritos. Que ele se faça popular. Ele deve estar lisonjeado com o amor do mais modesto de seus súditos; são sempre homens. O povo exige tão poucas considerações que é justo concedê-las a ele: a distância infinita existente entre o soberano e ele impede que este o incomode. Que, a despeito de ser exorável à súplica, seja firme contra as exigências; e que saiba que seu povo frui com sua recusas, e seus cortesãos, com suas graças.[624]

CAPÍTULO XXVIII — DAS CONSIDERAÇÕES QUE OS MONARCAS DEVEM AOS SEUS SÚDITOS

É necessário que os monarcas sejam extremamente contidos no que toca aos gracejos. Estes lisonjeiam quando são moderados, porque propiciam os meios de ingressar na familiaridade; porém, um gracejo lhes é menos

---

623. *État de la grande Russie* (*Estado da grande Rússia*), edição de Paris, 1717.

624. Aqui, de modo muito especial, Montesquieu se revela, naturalmente, muito mais como o *barão de la Brède*, confortavelmente situado na estrutura sociopolítica da monarquia francesa de seu tempo, do que como o pensador político independente que vê os fenômenos sociais, políticos e econômicos de uma forma filosoficamente crítica, livre de uma óptica particular de classe, ou seja, a dos nobres de França, parceiros bastante viáveis dos monarcas. (N.T.)

permitido do que ao último de seus súditos, pois estes são os únicos que se ferem sempre mortalmente.

Menos ainda devem os monarcas lançar ostensivamente um insulto a um dos seus súditos: os monarcas estão investidos do poder de perdoar, de punir, nunca de insultar.

Quando insultam seus súditos, os tratam muito mais cruelmente do que tratam os seus súditos o turco ou o moscovita.[625] Quando estes últimos insultam, humilham e não desonram; mas, quanto a eles,[626] humilham e desonram.

Tal é o preconceito dos asiáticos que eles consideram uma afronta feita pelo príncipe como o efeito de uma bondade paternal; e tal é nossa maneira de pensar que juntamos ao cruel sentimento da afronta o desespero de não podermos jamais nos purificar dela.

Eles devem estar encantados de ter súditos para os quais a honra é mais cara do que a vida, não sendo menos um motivo de fidelidade do que de coragem.

Pode-se recordar das infelicidades acontecidas aos príncipes por terem insultado seus súditos; as vinganças de Quereias, do eunuco Narsés e do conde Juliano; enfim, da duquesa de Montpensier, que, indignada com Henrique III, o qual revelara algum dos seus defeitos íntimos, o perturbou durante toda a sua vida.

CAPÍTULO XXIX — DAS LEIS CIVIS APROPRIADAS PARA INTRODUZIR UM POUCO DE LIBERDADE NO GOVERNO DESPÓTICO

Embora o governo despótico, quanto à sua natureza, seja em toda parte idêntico, circunstâncias, uma opinião sobre religião, um preconceito, exemplos recebidos, uma mudança nas ideias, nas maneiras, nos costumes podem fazer surgir diferenças consideráveis.

É bom que certas ideias sejam estabelecidas nesse governo. Assim, na China, o príncipe é considerado como o pai do povo, e nos primórdios do Império Árabe, o príncipe era o seu pregador.[627]

Convém que haja algum livro sagrado que sirva de regra, como o *Corão* entre os árabes, os *Livros de Zoroastro* entre os persas, os *Vedas*

---

625. Montesquieu se refere, a um só tempo, de maneira geral, aos monarcas absolutistas ou despóticos, aos sultões do Império Turco Otomano e ao czar da Rússia. (N.T.)

626. Ou seja, os monarcas europeus. (N.T.)

627. Os califas.

entre os indianos, os livros clássicos entre os chineses. O código religioso completa o código civil e fixa o arbitrário.

Não é negativo que nos casos duvidosos os juízes consultem os ministros religiosos.[628] Assim, na Turquia, os *cádis* interrogam os *molás*.[629] Se o caso merece a morte, pode ser conveniente o juiz particular, se houver um, colher o parecer do governador, de modo que o poder civil e o eclesiástico sejam ainda temperados pela autoridade política.

CAPÍTULO XXX — CONTINUAÇÃO DO MESMO ASSUNTO

Foi o furor despótico que estabeleceu que a desgraça do pai acarretaria a dos filhos e das mulheres. Estes já são desventurados sem serem criminosos, sendo necessário, além disso, que o príncipe admita entre ele e o acusado a presença de suplicantes que suavizem sua cólera ou esclareçam sua justiça.

Há um bom costume presente entre os maldivas[630] que consiste em, quando um senhor cai em desgraça, lhe ser permitido ir cotidianamente fazer sua corte ao rei, até que reconquiste sua graça; sua presença desarma a ira do príncipe.

Há Estados despóticos[631] nos quais se pensa que interceder junto a um príncipe a favor de um desgraçado é faltar ao respeito que lhe é devido. Estes príncipes parecem fazer todos os esforços para se privar da virtude da clemência.

Arcádio e Honório, na lei[632] a que me referi tanto,[633] declaram que não concederão graça alguma aos que ousarem suplicar pelos culpados. Tratava-se de uma lei péssima, já que é má dentro do próprio despotismo.[634]

---

628. *História dos tártaros*, Parte III.

629. O autor confunde os *molás* com os *muftis*, visto que o nome *mollach* é de um cádi ou juiz de ordem superior; quem é consultado em casos como o indicado por Montesquieu é o *mufti*, considerado o primeiro intérprete da lei. (N.T.)

630. Ver François Pyrard.

631. Como hoje na Pérsia, segundo o relatório de Chardin (*); trata-se de uso muito antigo. "Colocaram Cavade", narra Procópio "no castelo do esquecimento; há uma lei que proíbe que se fale a respeito daqueles que são aí encerrados e mesmo que se pronunciem seus nomes". [(*) Jean Chardin (1643-1713), viajante francês autor da *Voyage en Perse et aux Indes Orientales* (*Viagem à Pérsia e às Índias Orientais*). (N.T.)].

632. A Lei 5 no Código *ad leg. Jul. maj.*

633. No capítulo VIII deste Livro (Livro XII).

634. Frederico copiou esta lei nas *Constituições* de Nápoles, I.

O costume da Pérsia, que permite que quem o queira possa sair do reino, é muito bom; e, ainda que o uso contrário tenha se originado do despotismo, no qual se tem considerado os súditos como escravos[635] e aqueles que deixam o Estado despótico como escravos fugitivos, a prática da Pérsia é muito boa para o despotismo, onde o receio da fuga ou da retirada dos devedores detém ou modera as perseguições dos paxás e dos exatores.

---

635. Nas monarquias há ordinariamente uma lei proibindo aqueles que ocupam cargos públicos de saírem do reino sem a permissão do príncipe. Esta lei deve ser ainda estabelecida nas repúblicas, mas, naquelas que possuem instituições singulares, a proibição deve ser geral, para que a elas não sejam trazidos costumes estrangeiros.

LIVRO XIII — DAS RELAÇÕES QUE A ARRECADAÇÃO DOS TRIBUTOS E O VOLUME DAS RENDAS PÚBLICAS TÊM COM A LIBERDADE

CAPÍTULO I — DAS RENDAS DO ESTADO

As rendas do Estado são uma porção que cada cidadão dá de seus bens para que possa ter a segurança da outra porção ou para que possa desta usufruir agradavelmente.

Para fixar bem estas rendas, é preciso levar em consideração tanto as necessidades do Estado quanto as dos cidadãos. Não convém, de modo algum, subtrair das necessidades reais dos cidadãos para suprir as necessidades imaginárias do Estado.

As necessidades imaginárias são as solicitadas pelas paixões e as fraquezas dos que governam, o encanto de um projeto extraordinário, o desejo doentio de uma glória vã e uma certa impotência do espírito diante das fantasias. Com frequência, aqueles que, com um espírito inquieto, estavam junto ao príncipe no comando dos negócios entenderam que as necessidades do Estado eram as necessidades de suas almas tacanhas.

Nada há que a sabedoria e a prudência devam mais regrar do que esta porção que é subtraída e esta porção que se deixa aos súditos.

Não se trata de modo algum de medir as rendas públicas pelo que o povo pode dar, mas pelo que o povo deve dar; e se as medirmos pelo que o povo pode dar, será necessário, ao menos, pelo que ele pode sempre dar.

CAPÍTULO II — DO MAU RACIOCÍNIO DA AFIRMAÇÃO DE QUE O VOLUME DOS TRIBUTOS É BOM POR SI MESMO

Tem-se visto em certas monarquias que pequenos países isentos de tributos[636] eram tão miseráveis quanto as localidades circunvizinhas sobrecarregadas de impostos, principalmente porque o pequeno Estado circundado

---

636. A Suíça.

é impossibilitado de ter indústria,[637] artes ou manufaturas, porque, no que tange a isto, ele é embaraçado de mil maneiras pelo grande Estado no qual está inserido. O grande Estado que o rodeia possui a indústria, as manufaturas e as artes, e produz as regras que lhe atraem todas as vantagens. O pequeno Estado, consequentemente, se empobrece necessariamente, por menos impostos que nele se arrecadem.

Concluiu-se, daí, da pobreza destes pequenos países, que, para que o povo fosse laborioso, eram necessários pesados ônus. Teria sido melhor concluir que isto não era necessário. São todos os miseráveis das imediações que se dirigem para estes lugares para nada fazerem; já desestimulados pela sobrecarga do trabalho, farão com que toda sua felicidade consista na sua preguiça.

O efeito da riqueza de um país é introduzir a ambição em todos os corações. O efeito da pobreza é fazer nascer o desespero. A primeira se irrita através do labor; a segunda se consola através da indolência.

A natureza é justa em relação aos seres humanos; recompensa-os pelos seus esforços; torna-os laboriosos porque aos grandes labores vinculam grandes recompensas. Porém, se um poder arbitrário suprime as recompensas da natureza, retoma-se a repulsa pelo trabalho, e a inação parece ser o único bem.

CAPÍTULO III — DOS TRIBUTOS NOS PAÍSES ONDE UMA PARTE DO POVO É ESCRAVA DA GLEBA

A escravidão da gleba se instaura por vezes após uma conquista. Neste caso, o escravo que cultiva deve ser o colono parciário do senhor. Somente uma sociedade de perda e de ganho pode reconciliar os que estão destinados a trabalhar com os que estão destinados a usufruir.

CAPÍTULO IV — DE UMA REPÚBLICA EM CASO SEMELHANTE

Quando uma república tiver reduzido uma nação a cultivar terras para o proveito desta república, não se deve admitir que o cidadão possa aumentar

---

637. Entenda-se por *indústria,* neste contexto, de preferência, o artesanato em geral, trabalho manual distinto das artes, ou seja, os ofícios tais como a relojoaria, a tipografia, a carpintaria, a marcenaria, a ourivesaria, a produção de partituras musicais e tantos outros labores manuais *industriosos* (que exigem habilidade, destreza) muito comuns até os primeiros séculos da Idade Moderna, alguns existentes até hoje, como a carpintaria e a marcenaria. Montesquieu faleceu em 1755, não tendo, portanto, testemunhado o advento da *Revolução Industrial,* principiado por volta de 1760 na Inglaterra, a partir de quando a palavra *indústria* adquiriu a acepção que conhecemos atualmente. (N.T.)

o tributo da escravidão; isto não era permitido de maneira alguma na Lacedemônia. Pensava-se que os hilotas[638] cultivassem melhor as terras ao saberem que sua escravidão não aumentaria: acreditava-se que os senhores seriam melhores cidadãos quando desejassem apenas aquilo que tinham o costume de possuir.

CAPÍTULO V — DE UMA MONARQUIA EM CASO SEMELHANTE

Quando, numa monarquia, a nobreza faz com que as terras sejam cultivadas para si por um povo conquistado, é ainda preciso que não se permita o aumento do foro.[639] Ademais, é bom que o príncipe se contente com seu domínio e com o serviço militar. Mas se ele quiser arrecadar tributos em dinheiro dos escravos pertencentes aos seus nobres, será necessário que o senhor seja fiador[640] do tributo, que o pague pelos escravos e o recupere destes; e se não se adotar esta regra, o senhor e aqueles que fazem a arrecadação dos tributos do príncipe atormentarão o escravo alternativamente e o repreenderão, um após outro, até que ele morra de miséria ou se refugie nos bosques.

CAPÍTULO VI — DE UM ESTADO DESPÓTICO EM CASO SEMELHANTE

O que acabo de dizer é ainda mais indispensável no Estado despótico. O senhor que está sujeito, a qualquer momento, a ser despojado de suas terras e de seus escravos não se sente muito propenso a conservá-los.

Pedro I, desejando imitar a prática da Alemanha e arrecadar seus tributos em dinheiro, estabeleceu um regulamento muito sábio que ainda é seguido na Rússia. O nobre arrecada as taxas dos camponeses e as paga ao czar; se o número de camponeses diminui, ele paga a mesma coisa; se esse número aumenta, ele não paga mais. Assim, o nobre não tem interesse algum em oprimir seus camponeses.

---

638. Plutarco, *Ditos notáveis dos lacedemônios*.

639. É o que fez com que Carlos Magno produzisse suas belas instituições no que tange a isso. Ver o Livro V dos *Capitulares*, art. 303.

640. Age-se desta maneira na Alemanha.

CAPÍTULO VII — DOS TRIBUTOS NOS PAÍSES ONDE A ESCRAVIDÃO DA GLEBA NÃO ESTÁ ESTABELECIDA

Quando, num Estado, todos os indivíduos particulares são cidadãos,[641] cada um possuindo pelo seu domínio o que o príncipe possui por seu Império, é possível lançar impostos sobre as pessoas, sobre as terras ou sobre as mercadorias — sobre duas destas coisas ou sobre as três juntas.

Quanto ao imposto sobre a pessoa, a proporção injusta seria a que seguisse exatamente a proporção dos bens. Os cidadãos em Atenas[642] eram divididos em quatro classes. Aqueles que retiravam de seus bens quinhentas medidas de frutos líquidos ou secos pagavam ao público um talento; aqueles que deles retiravam trezentas medidas deviam meio talento; aqueles que tinham duzentas medidas pagavam dez minas, ou a sexta parte de um talento; aqueles da quarta classe nada pagavam. A taxa era justa, ainda que não fosse proporcional. Se não seguia a proporção dos bens, seguia a proporção das necessidades. Julgou-se que cada um tinha um necessário físico igual; que este necessário físico não devia, de modo algum, ser taxado; que o útil vinha em seguida, e que este devia ser taxado, porém menos do que o supérfluo; que o grande tamanho da taxa sobre o supérfluo impedia o supérfluo.

Quanto à taxa sobre as terras, fazem-se listas onde são colocadas as diversas classes de fundos. Mas é muito difícil conhecer essas diferenças e, ainda mais, encontrar pessoas que não estejam interessadas em ignorá-las. Há, portanto, aí, duas espécies de injustiça: a injustiça humana e a injustiça da coisa. Mas, se, em geral, a taxa não é, de maneira alguma, excessiva, é deixado ao povo um necessário abundante, essas injustiças particulares nada serão. Mas, se, ao contrário, deixa-se ao povo somente o estritamente necessário à sua sobrevivência, a menor desproporção acarretará a maior consequência.

Se alguns cidadãos não pagarem o bastante, o mal não será grande; a abastança deles sempre reverte ao público; se alguns cidadãos particulares pagam demais, a ruína deles se volta contra o público. Se o Estado proporciona sua fortuna à dos particulares, a abastança dos particulares não tardará a construir a do Estado. Tudo depende do momento. Principiará o Estado por empobrecer os súditos para enriquecer-se ou aguardará que os súditos, comodamente, enriqueçam? Contará ele com a primeira vantagem ou com a segunda? Principiará por ser rico ou findará o sendo?

---

641. Ou seja, onde não há escravos. (N.T.)

642. Pólux, VIII, x, art. 130.

Os direitos[643] sobre as mercadorias são os menos sentidos pelos povos, porque não são feitos a este por um pedido formal. Podem ser tão sabiamente administrados que se chegará a ignorar que os paga. Por isso, é muito importante que seja aquele que vende a mercadoria o pagador do direito. Ele sabe bem que não paga para si, e o comprador, que no fundo paga, o confunde com o preço.[644] Alguns autores afirmaram que Nero[645] subtraíra o direito do vigésimo quinto escravo vendido; ele, todavia, nada fez senão ordenar que o vendedor pagasse no lugar do comprador; este regulamento, que mantinha todo o imposto, pareceu suprimi-lo.

Há dois reinos na Europa nos quais foram estabelecidos impostos muito pesados sobre as bebidas. Em um deles,[646] o cervejeiro paga sozinho o direito; no outro,[647] é arrecadado indiscriminadamente de todos os consumidores da bebida. No primeiro, ninguém sente o rigor do imposto; no segundo, ele é considerado oneroso: naquele, o cidadão sente somente a liberdade que tem de não pagar; neste, somente sente a necessidade que a isso o obriga.

Além disso, para que o cidadão pague são necessárias buscas perpétuas em sua casa. Nada é mais contrário à liberdade; e aqueles que estabelecessem estes tipos de impostos não teriam a felicidade de, a respeito disso, ter encontrado a melhor espécie de administração.

CAPÍTULO VIII — COMO SE CONSERVA A ILUSÃO

Para que o preço da coisa e o direito possam se confundir na cabeça daquele que paga, é necessário haver alguma relação entre a mercadoria e o imposto e que, no caso de uma mercadoria de pouco valor, não seja aplicado um direito excessivo. Há países nos quais o direito excede dezessete vezes o valor da mercadoria.[648-649] A partir deste momento, o

---

643. *Droits* — Montesquieu utiliza aqui e outras vezes na sequência este termo no sentido mesmo de *taxas*, como em português, por exemplo, nos referimos a taxas quando usamos a expressão *direitos alfandegários*. (N.T.)

644. *Vectigal quoque quintae et vicesimae venalium mancipiorum remissum specie magis quam vi; quia cum venditor pendere juberetur in partem pretii, emptoribus accrescebat*. Tácito, Anais, XIII, XXXI.

645. Imperador romano de 54 a 68 d.C. (N.T.)

646. A Inglaterra.

647. A França.

648. O sal, por exemplo, cujo preço era aumentado pela gabela.

649. Ou seja, o imposto sobre o sal, que, como tantos outros excessos ou aberrações fiscais correntes durante a monarquia francesa, foi abolido pela Revolução Francesa. (N.T.)

príncipe retira a ilusão de seus súditos; eles veem que são conduzidos de uma maneira que não é razoável, o que os faz sentir sua escravidão ao derradeiro grau.

Ademais, para que o príncipe possa arrecadar um direito tão desproporcional em relação ao valor da coisa, seria necessário que ele mesmo vendesse a mercadoria e que o povo não pudesse comprá-la em outro lugar, o que está sujeito a mil inconvenientes.

Sendo a fraude, neste caso, muito lucrativa, a pena natural, aquela exigida pela razão, que é o confisco da mercadoria, torna-se incapaz de detê-la, tanto mais que essa mercadoria apresenta ordinariamente um preço muito vil. É preciso, portanto, recorrer a penas extravagantes e semelhantes àquelas infligidas no caso dos maiores crimes. Toda a proporcionalidade das penas é suprimida. Pessoas que não se poderia considerar como indivíduos maus são punidos como celerados, o que é a coisa mais contrária do mundo ao espírito do governo moderado.

Acrescento a isso que, quanto mais se concede ao povo oportunidade de fraudar o negociador, mais este se enriquece e aquele se empobrece. Para deter a fraude é preciso submeter o negociador a expedientes vexatórios extraordinários, e haveria então um fim para tudo isso.

CAPÍTULO IX — DE UMA ESPÉCIE MÁ DE IMPOSTO

Falaremos, de passagem, de um imposto estabelecido em alguns Estados relativo a diversas cláusulas de contratos civis. São necessários, para se defender do negociador, grandes conhecimentos, estando essas coisas sujeitas a discussões sutis. Por conseguinte, o negociador, intérprete dos regulamentos do príncipe, exerce um poder arbitrário sobre as fortunas. A experiência tem feito ver que um imposto sobre o papel, na superfície do qual o contrato deve ser escrito, valeria muito mais.

CAPÍTULO X — O VOLUME DOS TRIBUTOS DEPENDE DA NATUREZA DO GOVERNO

Os tributos devem ser muito leves no governo despótico. Sem isto, quem desejaria assumir o esforço de cultivar as terras? E, ademais, como pagar tributos elevados num governo que não supre com nada aquilo que o súdito desembolsou?

No domínio do poder espantoso do príncipe e da estranha debilidade do povo, impõe-se não haver equívocos sobre nada. Os tributos devem ser tão fáceis de perceber e tão claramente estabelecidos que não possam ser aumentados nem diminuídos por aqueles que os arrecadam. Uma parcela dos frutos da terra, uma taxa por cabeça, um tributo de tanto por cento sobre as mercadorias são os únicos convenientes.

É bom, no governo despótico, que os comerciantes tenham uma salvaguarda pessoal e que o uso os faça respeitar: sem isso, eles se revelariam demasiado frágeis nas discussões que poderiam ter com os funcionários do príncipe.

CAPÍTULO XI — DAS PENALIDADES FISCAIS

Constitui algo característico das penalidades fiscais que, contrariamente à prática geral, elas são mais rigorosas na Europa do que na Ásia. Na Europa, confiscam-se mercadorias, por vezes até os navios e os veículos terrestres. Na Ásia, não se faz nem uma coisa nem outra. É que na Europa o comerciante conta com juízes que podem garanti-lo contra a opressão; na Ásia, os juízes despóticos seriam eles próprios os opressores. Que faria o negociante contra um paxá que houvesse resolvido confiscar suas mercadorias?

É a afronta que se sobrepõe a si mesma e se vê constrangida a uma certa suavidade. Na Turquia, arrecada-se somente um direito de entrada, após o que o país inteiro fica aberto aos comerciantes. As declarações falsas não implicam em confisco, em aumento dos direitos. Não se abrem, na China,[650] os fardos de pessoas que não sejam comerciantes. A fraude, na Mongólia, não é punida com o confisco, mas com a duplicação do direito. Os príncipes tártaros[651] que habitam cidades na Ásia não arrecadam quase nada sobre as mercadorias que passam por essas cidades. Por outro lado, no Japão, o crime de fraude no comércio é um crime capital, havendo aí razões para proibir toda comunicação com os estrangeiros e porque a fraude[652] é, no Japão, mais uma contravenção às leis feitas para a segurança do Estado do que às leis de comércio.

CAPÍTULO XII — RELAÇÃO DO VOLUME DOS TRIBUTOS COM A LIBERDADE

Regra geral: podem-se arrecadar tributos mais elevados proporcionalmente à liberdade dos súditos; e se é forçado a moderá-los à medida que aumenta

---

650. Du Halde, t. II.

651. *História dos tártaros*, parte III.

652. Desejando manter um comércio com os estrangeiros sem se comunicar com eles, escolheram duas nações: a Holanda para o comércio europeu e a China para o comércio asiático. Eles conservam os corretores e os marujos numa espécie de prisão e os aborrecem até fazê-los perder a paciência.

a servidão. Assim sempre foi e assim sempre será. Trata-se de uma regra invariável retirada da natureza. Encontramo-la em todos os países — na Inglaterra, na Holanda e em todos os Estados nos quais a liberdade paulatinamente se degrada, até mesmo na Turquia. A Suíça parece fugir a isto, pois neste país não se paga tributo algum, o que, sabe-se, se vincula a uma razão particular que, mesmo ela, confirma o que digo. Nessas montanhas estéreis, os víveres são tão caros e o país é tão populoso que um suíço paga quatro vezes mais à natureza do que um turco paga ao sultão.

Um povo dominador, como eram os atenienses e os romanos, pode se livrar de todo imposto, porque reina sobre nações submetidas. Ele não paga, por conseguinte, proporcionalmente à sua liberdade, porque, nesse aspecto, ele não é um povo, mas um monarca.

Mas a regra geral persiste sempre. Há nos Estados moderados uma compensação pelo peso da tributação: é a liberdade. Há nos Estados[653] despóticos um equivalente da liberdade, a saber, a modicidade dos tributos.

Em certas monarquias da Europa veem-se províncias[654] que, pela natureza de seu governo político, encontram-se num melhor estado do que as outras. Imagina-se sempre que não pagam bastante porque, por um efeito da bondade de seu governo, poderiam pagar mais; e sempre vem à mente lhes subtrair esse mesmo governo que produz esse bem que se comunica, que se difunde para longe e do qual mais valeria gozar.

CAPÍTULO XIII — EM QUAIS GOVERNOS OS TRIBUTOS SÃO SUSCETÍVEIS DE AUMENTO

Podem-se aumentar os tributos na maioria das repúblicas porque o cidadão, que crê estar pagando a si mesmo, experimenta a vontade de pagá-los, detendo ordinariamente poder para isso, por efeito da natureza do governo.

Na monarquia, podem-se aumentar os tributos porque a moderação do governo pode assim gerar riquezas: é como a recompensa do príncipe em razão do respeito que ele tem pelas leis.

No Estado despótico, não se pode aumentá-los porque não é possível aumentar a servidão extrema.

---

653. Na Rússia, os tributos são medíocres. Foram aumentados a partir de quando o despotismo se tornou mais moderado. Ver a *História dos tártaros*, parte II.

654. Os *Pays d'États*. [Países de Estados — expressão atribuída, na França, às províncias que gozavam, em princípio, do privilégio e da autonomia de determinar elas mesmas o montante de seus impostos. (N.T.)]

CAPÍTULO XIV — DA RELATIVIDADE DA NATUREZA DOS TRIBUTOS COM O GOVERNO

O imposto por cabeça é mais conforme à escravidão; o imposto sobre mercadorias é mais conforme à liberdade, porque se relaciona de uma maneira menos direta com a pessoa.

É adequado ao governo despótico o príncipe não conferir nenhum dinheiro à sua milícia ou às pessoas da corte, mas distribuir terras entre estes e, consequentemente, arrecadar dessas terras poucos tributos. Se o príncipe conceder dinheiro, o tributo mais adequado que pode arrecadar será um tributo por cabeça. Este tributo só pode ser muito módico, pois, como não se pode produzir, nesse caso, diversas classes de contribuintes, por causa dos abusos que disso decorreriam devido à injustiça e violência do governo, deverá haver necessariamente uma regulamentação quanto às taxas que podem pagar os mais miseráveis.

O tributo adequado ao governo moderado é o imposto sobre as mercadorias. Sendo este imposto pago realmente pelo comprador, embora o comerciante o antecipe, constitui um empréstimo que o comerciante já fez ao comprador: assim, é preciso considerar o negociante como devedor geral do Estado ou como credor de todos os particulares. Ele antecipa ao Estado o direito que o comprador o pagará algum dia; e pagou para o comprador o direito que pagou pela mercadoria. Percebe-se, portanto, que, quanto mais moderado é o governo, mais impera o espírito da liberdade, que quanto mais as fortunas gozam de segurança, mais fácil é, para o comerciante, antecipar ao Estado e emprestar ao particular direitos consideráveis. Na Inglaterra, um comerciante empresta realmente ao Estado cinquenta ou sessenta libras esterlinas por cada tonel de vinho que recebe. Qual o comerciante que ousaria fazer algo deste tipo num país governado como a Turquia? E, se ousasse fazê-lo, como o poderia, com uma fortuna suspeita, incerta, arruinada?

CAPÍTULO XV — ABUSO DA LIBERDADE

As grandes vantagens da liberdade têm feito com que se abuse da própria liberdade. Pelo fato de o governo moderado ter produzido efeitos admiráveis, tem-se abandonado essa moderação; pelo fato de se ter arrecadado grandes tributos, tem-se desejado arrecadar tributos excessivos; e, menosprezando a mão da liberdade que ofertava esse presente, objetivou-se a servidão que tudo recusa.

A liberdade tem produzido excesso de tributos, mas o efeito destes tributos excessivos é produzirem, por sua vez, a servidão, e o efeito da servidão é produzir a diminuição dos tributos.

Os monarcas da Ásia somente promulgam editos para todo ano isentar de tributos alguma província de seu Império:[655] as manifestações da vontade deles constituem benefícios. Mas, na Europa,[656] os editos dos príncipes são aflitivos, mesmo antes de se tornarem públicos, porque neles se fala sempre das necessidades dos príncipes e nunca das nossas.

De uma imperdoável indolência que os ministros desses países[657] extraem do governo e, com frequência, do clima, os povos auferem essa vantagem de não serem incessantemente oprimidos por novas exigências. As despesas não aumentam porque não são, de modo algum, produzidos novos projetos, e se, casualmente, fossem produzidos, seriam projetos dos quais se vê a conclusão, e não projetos meramente iniciados. Aqueles que governam o Estado não o atormentam porque não atormentam continuamente a si mesmos. Mas, para nós, é impossível que tenhamos algum dia regras em nossas finanças, porque sabemos sempre que faremos alguma coisa, e jamais aquilo que faremos.

Não se chama mais entre nós de grande ministro aquele que é um sábio distribuidor das rendas públicas, mas aquele que é homem diligente e que é capaz de encontrar o que chamamos de expedientes.

CAPÍTULO XVI — DAS CONQUISTAS DOS MAOMETANOS

Foram estes tributos excessivos[658] que deram lugar a essa estranha facilidade que os maometanos descobriram em suas conquistas. Os povos, em lugar dessa sequência ininterrupta de afrontas que a avareza sutil dos imperadores imaginara, se viram submetidos a um tributo simples, pago com facilidade, recebido da mesma forma: mais venturoso obedecer a uma nação bárbara do que a um governo corrompido, no qual sofriam todos os inconvenientes de uma liberdade que não tinham, com todos os horrores de uma servidão presente.

CAPÍTULO XVII — DO AUMENTO DAS TROPAS

Uma nova doença se expandiu pela Europa; atingiu nossos príncipes e os fez manterem um número desordenado de tropas. Essa doença se desenvolveu e

---

655. Trata-se de uso dos imperadores da China.

656. A rigor, historicamente na França. Montesquieu, por vezes, insiste em tornar *europeus* os desmandos franceses. (N.T.)

657. Ou seja, os países da Ásia, especialmente a China. (N.T.)

658. Ver, na história, o volume, a extravagância e mesmo a loucura desses tributos. Anastásio concebeu um tributo a ser cobrado por respirar o ar: *ut quisque pro haustu aeris penderet.*

256 | O ESPÍRITO DAS LEIS

se tornou necessariamente contagiosa, pois assim que um Estado aumenta aquilo que denomina suas tropas, os outros subitamente aumentam as suas, de maneira que nada se ganha com isso, salvo a ruína comum. Cada monarca tem de prontidão todos os exércitos que poderia ter se seus povos estivessem em perigo de serem exterminados; e dá-se o nome de paz a esse estado[659] de esforço de todos contra todos. Assim, a Europa está tão arruinada que os particulares que estivessem na situação em que estão as três potências mais opulentas desta parte do mundo[660] não teriam do que viver. Somos pobres, a despeito de termos riquezas e o comércio de todo o mundo; e logo, por força de dispormos de soldados, não teremos senão soldados e seremos como os tártaros.[661]

Os grandes príncipes, não satisfeitos em comprar as tropas dos príncipes menores, buscam por todos os lados pagar alianças, isto é, quase sempre, ocasionar a perda de seu dinheiro.

A consequência de uma tal situação é o aumento perpétuo dos tributos e, o que anula todos os remédios vindouros, não se conta mais com as rendas, mas se faz a guerra com o próprio capital. Não é de espantar ver Estados hipotecarem seus fundos, mesmo durante a paz, e empregarem, para obterem sua ruína, meios que chamam de extraordinários e que o são de forma tão vigorosa que o filho de família mais desatinado mal consegue imaginá-los.

CAPÍTULO XVIII — DA DISPENSA DOS TRIBUTOS

A máxima dos grandes Impérios do Oriente, de dispensar do pagamento de tributos as províncias que padeceram vicissitudes, bem que deveria ser introduzida nos Estados monárquicos. Está presente em alguns, mas sua presença é mais prejudicial do que seria sua ausência, porque, como o príncipe não arrecada nem mais nem menos, todo o Estado se torna solidário. Para aliviar um povoado que paga mal, onera-se outro que paga melhor; não se recupera o primeiro e aniquila-se o segundo. O povo se torna desesperado entre a necessidade de pagar, por medo das exações, e o risco de pagar, amedrontado com as sobrecargas.

Um Estado bem governado deve ter, como primeiro artigo de sua despesa, uma soma regular para os casos fortuitos. Sucede com o público o

---

659. É verdade que é este estado de esforço que mantém principalmente o equilíbrio, porque alquebra as grandes potências.

660. A França, a Inglaterra e a Holanda. (N.T.)

661. Não é preciso, para isso, senão fazer valer a nova invenção das milícias estabelecidas em quase toda a Europa e conduzi-las ao mesmo excesso ao qual foram conduzidas as tropas regulares.

mesmo que aos particulares, que se arruínam quando despendem exatamente as rendas de suas terras.

Com relação à solidez[662] entre os habitantes do mesmo povoado, se disse[663] que era razoável porque se podia supor uma conspiração fraudulenta por parte deles; mas de onde foi apreendida a ideia de que, com base em suposições, seja necessário estabelecer uma coisa injusta por si mesma e ruinosa para o Estado?

CAPÍTULO XIX — O QUE É MAIS CONVENIENTE AO PRÍNCIPE E AO POVO, A ADMINISTRAÇÃO DOS TRIBUTOS PELO ARRENDATÁRIO DA PROPRIEDADE RURAL, OU A ADMINISTRAÇÃO DOS TRIBUTOS POR CONTA DO ESTADO?[664]

A administração oficial direta é a administração de um bom pai de família, que arrecada, ele próprio, de maneira econômica e ordenada, suas rendas.

Por intermédio da administração oficial, o príncipe detém o controle sobre a agilização ou retardamento da arrecadação dos tributos, segundo suas necessidades ou segundo as de seu povo. Pela administração oficial, o príncipe poupa ao Estado os lucros imensos dos contratadores,[665] os quais o empobrecem de uma infinidade de maneiras. Pela administração oficial, ele poupa ao povo o espetáculo das fortunas súbitas que o afligem. Pela administração oficial, o dinheiro arrecadado passa por poucas mãos, indo diretamente para o príncipe e, por conseguinte, retorna mais prontamente ao povo. Pela administração oficial, o príncipe poupa ao povo uma infinidade de más leis que dele exige continuamente a avareza importuna dos contratadores (arrendatários das propriedades rurais), que exibem uma vantagem presente mediante regras funestas para o futuro.

---

662. *Solidité*: entenda-se solidariedade. (N.T.)

663. Ver o *Traité des finances des Romains* (*Tratado das finanças dos romanos*), II, impresso em Paris por Briasson, em 1740.

664. Com o Estado monárquico francês de sua época em mente, Montesquieu está preocupado essencialmente com a cobrança e a arrecadação oficiais e diretas dos tributos, ou mediadas pela figura de um contratador, que era uma espécie de terceiro ou terceirizado que atuava entre o Estado, ou melhor, o príncipe, numa monarquia de tipo absolutista, e o povo pagante dos tributos. Essa figura era, na prática, via de regra, um arrendatário de uma propriedade rural, ou seja, de uma *fazenda* (*ferme*). (N.T.)

665. Os contratadores gerais.

Como aquele que possui o dinheiro é sempre o senhor do outro, o ne-gociador[666] se torna despótico em relação ao próprio príncipe; ele não é legislador, porém força o príncipe a criar leis.

Confesso que, às vezes, é útil começar por conceder aos contratadores um direito novamente estabelecido. Há uma arte e formas engenhosas de prevenir as fraudes que o interesse dos contratadores lhes sugere e que os administradores oficiais e diretos não saberiam conceber. Ora, uma vez estabelecido o sistema da arrecadação pelo contratador, pode-se, com êxito, estabelecer a regra. Na Inglaterra, a administração da *acisa*[667-668] e da renda dos correios, tal como é hoje, foi tomada dos contratadores.

Nas repúblicas, as rendas do Estado são quase sempre através de administração oficial e direta do Estado. O estabelecimento oposto constituiu um grande vício do governo romano.[669] Nos Estados despóticos, nos quais está estabelecida a administração direta do Estado, os povos são infinitamente mais felizes, do que constituem testemunho a Pérsia e a China.[670] Os mais infelizes são aqueles nos quais o príncipe transmite aos contratadores seus portos marítimos e suas cidades comerciais. A história das monarquias está repleta de males perpetrados pelos contratadores ou negociadores.

Nero, indignado com as afrontas dos publicanos, concebeu o projeto impossível e magnânimo de abolir todos os impostos.[671] Não imaginou a administração direta. Formulou quatro ordenações: que as leis feitas contra os publicanos, que tinham sido até então secretas, seriam publicadas; que não poderiam mais exigir o que haviam descuidado de solicitar durante o ano; que haveria um pretor estabelecido para julgar as pretensões deles, sem formalidades; que os comerciantes não pagariam nada pelos navios. Eis aí os belos dias desse imperador.

---

666. O *traitant* era basicamente o arrematante na arrecadação dos tributos, que atuava como um prestador de serviços intermediador entre o Estado e o povo. Mas sua função e seu poder acabam se ampliando e se diversificando, e ele passa a ser, acima de tudo, um exímio traficante de influências e um hábil oportunista em causa própria. O próximo passo é o enriquecimento ilícito, ou alguma outra forma menos sutil de corrupção, às expensas do dinheiro público e do conhecimento indevido de algum segredo de Estado. (N.T.)

667. Taxa sobre certos produtos de consumo.

668. Exemplo de *acisa*: as bebidas. (N.T.)

669. César foi obrigado a remover os publicanos da província da Ásia e estabelecer ali uma outra espécie de administração, como nos conta Dion, XLII, vi. E Tácito, *Anais*, I, LXXVI, nos conta que a Macedônia e a Acaia, províncias que Augusto deixara ao povo romano e que, consequentemente, eram governadas de acordo com o antigo plano, conseguiram estar no rol daquelas que o imperador governava através de seus oficiais.

670. Ver Chardin, *Voyage de Perse* (Viagem à Pérsia), t. VI.

671. Tácito, *Anais*, XIII, L.

CAPÍTULO XX — DOS NEGOCIADORES (CONTRATADORES)

Tudo está perdido quando a profissão lucrativa dos negociadores chega, ainda por meio de suas riquezas, a ser uma profissão honrada. Isso pode ser bom nos Estados despóticos, onde frequentemente o emprego dos negociadores constitui uma parte das funções dos próprios governantes. Não é bom na república, e algo semelhante destruiu a República romana. Isto não é melhor na monarquia; nada é mais contrário ao espírito desse governo. Um sentimento de fastio se apossa de todos os outros Estados; a honra perde toda consideração; os meios lentos e naturais de se distinguir não causam mais impressão, e o governo é golpeado no seu princípio.

Viram-se, no passado, fortunas escandalosas; era uma das calamidades das guerras de cinquenta anos: mas então essas riquezas foram consideradas grotescas, e nós as admiramos.

Há um quinhão para cada profissão. O quinhão dos que arrecadam os tributos são as riquezas, e as recompensas destas riquezas são elas mesmas. A glória e a honra são para essa nobreza que somente conhece, que somente vê, que somente sente como verdadeiro bem a honra e a glória. O respeito e a consideração são para esses ministros e esses magistrados que, apenas encontrando o trabalho após o trabalho, velam noite e dia pela felicidade do Império.

TERCEIRA PARTE

LIVRO XIV — DAS LEIS NA SUA RELAÇÃO COM A NATUREZA DO CLIMA

CAPÍTULO I — IDEIA GERAL

Se é verdade que o caráter do espírito e as paixões do coração são extremamente diferentes nos diversos climas, as leis devem ser relativas e em função da diferença dessas paixões e da diferença desses caracteres.

CAPÍTULO II — QUANTO OS SERES HUMANOS SÃO DIFERENTES NOS DIVERSOS CLIMAS

O ar frio[672] estreita as extremidades das fibras exteriores de nosso corpo, o que aumenta sua elasticidade e favorece o retorno do sangue das extremidades ao coração; diminui a extensão[673] destas mesmas fibras, aumentando ainda, por isso, a força destas. O ar quente, ao contrário, afrouxa as extremidades das fibras e as alonga, reduzindo, portanto, sua força e sua elasticidade.

Tem-se, portanto, mais vigor nos climas frios. A ação do coração e a reação das extremidades das fibras ocorrem de melhor maneira, os líquidos do corpo obtêm melhor equilíbrio, o sangue apresenta melhor fluxo para o coração, e, reciprocamente, este detém mais vigor. Este maior vigor produz muitos efeitos, por exemplo, maior autoconfiança, ou seja, mais coragem, mais conhecimento da própria superioridade, quer dizer, menos desejo de vingança; mais opinião positiva da própria segurança, quer dizer, mais franqueza e menos suspeitas, menos política e menos astúcia. Enfim, isto deve produzir caracteres muito diversos. Colocai um homem em um local quente e fechado e ele sofrerá, pelas razões que acabo de mencionar, uma acentuada redução do vigor cardíaco. Se, em tais circunstâncias, lhe for proposta uma ação ousada, creio que o encontraremos muito pouco disposto a empreendê-la; sua fraqueza presente

---

672. Isso aparece até mesmo à vista: no frio parecemos mais magros.

673. Sabe-se que encolhe o ferro.

introduzirá desencorajamento em sua alma; ele temerá tudo, porque sentirá que nada pode. Os povos dos países quentes são tímidos como os anciãos; os dos países frios são corajosos como os jovens. Se atentarmos para as últimas guerras,[674] que são as que estão mais ao alcance de nosso olhar, e nas quais podemos ver melhor certos efeitos superficiais, imperceptíveis de longe, perceberemos bem que os povos do norte, transportados para os países do sul,[675] lá não produziram proezas semelhantes às de seus compatriotas, os quais, combatendo no seu próprio clima, nele desfrutaram de toda a sua coragem.

A força das fibras dos povos do norte faz com que os sucos mais grosseiros sejam extraídos dos alimentos, do que resultam duas coisas: a primeira, que as partes do quilo, ou da linfa, são mais apropriadas, devido à sua grande superfície, a serem aplicadas sobre as fibras e dar-lhes nutrição; a segunda, que são menos apropriadas, devido à sua espessura, a produzir uma certa sutileza ao suco nervoso. Estes povos terão, portanto, corpos avantajados e pouca vivacidade.

Os nervos, que de todos os lados chegam ao tecido de nossa pele, produzem cada um deles um feixe nervoso. Geralmente, não é todo nervo que é movido, mas sim apenas uma parte ínfima dele. Nos países quentes, onde o tecido da pele é dilatado, as extremidades dos nervos são distendidas e expostas à menor ação dos mais frágeis objetos. Nos países frios, o tecido da pele é contraído, e os mamilos, comprimidos; as minúsculas borlas de feixes estão, de alguma forma, como que paralisadas; a sensação só é transmitida ao cérebro quando é extremamente intensa e quando pertence a todo o conjunto do nervo. Mas é de um número infinito de pequenas sensações que dependem a imaginação, o gosto, a sensibilidade, a vivacidade.

Observei o tecido exterior de uma língua de cordeiro, no ponto em que ela parece, a olho nu, coberta de mamilos. Pude ver, com o auxílio de um microscópio, sobre estes mamilos, pequenos pelos ou uma espécie de penugem; entre os mamilos encontravam-se pirâmides, que formavam, em suas extremidades superiores, como que pequenos pincéis. Há grande probabilidade de que estas pirâmides constituam o principal órgão do paladar.[676]

---

674. Aquelas para a sucessão da Espanha.

675. Na Espanha, por exemplo.

676. Os conhecimentos de biologia (particularmente de anatomia, fisiologia e endocrinologia humanas) não eram tão avançados no século XVIII. Quando o autor, por exemplo, fala de *mamelons* (mamilos) e *pyramides* (pirâmides) entre eles, o leitor deve pensar nas *papilas linguais* (projeções da mucosa da língua), entre estas as papilas *fungiformes*, que realmente possuem os

Providenciei o congelamento da metade dessa língua e descobri, a olho nu, os mamilos consideravelmente diminuídos; algumas fileiras de mamilos se encontravam até afundadas em suas bainhas. Examinei o tecido ao microscópio e não percebi mais as pirâmides. À medida que a língua foi se descongelando, os mamilos, a olho nu, pareciam se destacar, e, ao microscópio, as pequenas borlas começavam a reaparecer.

Esta observação confirma o que afirmei, a saber, que, nos países frios, os feixes nervosos são menos dilatados: afundam-se em suas bainhas, onde ficam ao abrigo da ação dos objetos exteriores. As sensações são, portanto, menos vivas.

Nos países frios se experimentará pouca sensibilidade para os prazeres; esta será maior nos países temperados; nos países quentes, será extrema.[677] Como os climas são distinguidos pelos graus de latitude, poder-se-ia distingui-los, por assim dizer, pelos graus de sensibilidade. Assisti a óperas da Inglaterra e da Itália: são as mesmas peças e os mesmos atores; entretanto, a mesma música produz efeitos tão diferentes numa e noutra nação — numa é tão calma, e na outra, tão arrebatada — que isso se afigura inconcebível.

O mesmo ocorrerá com a dor, que é excitada em nós pelo dilaceramento de alguma fibra de nosso corpo. O criador da natureza estabeleceu que esta dor seria mais intensa à medida que o desarranjo fosse maior. Ora, é evidente que os grandes corpos e as fibras espessas dos povos do norte são menos passíveis de desarranjo do que as fibras delicadas dos povos dos países quentes, sendo que aí a alma é, portanto, menos sensível à dor. É preciso esfolar um moscovita para incutir-lhe algum sentimento.[678]

---

botões gustativos, responsáveis pela gustação dos alimentos e ligados, portanto, diretamente ao paladar. (N.T.)

677. Que o leitor fique ciente de que Montesquieu não conheceu *in loco* a África, a Ásia (inclusive o que entendemos por Oriente Médio e Extremo Oriente) e muito menos as Américas e sequer várias regiões do leste europeu. Como se pode observar no desenrolar desta obra, ele se fia regularmente em fontes bibliográficas, nem sempre totalmente fidedignas. Assim, quando ele fala em *países frios* ou *países do norte* não devemos pensar precisamente na Rússia das estepes e no inverno siberiano, pois Montesquieu tem em mente a Inglaterra, a Holanda e a Alemanha; quando se refere a *países quentes* ou *países do sul*, sua base empírica não é a Índia, a Indochina ou a Turquia, mas, sim, a Itália e a Espanha; finalmente, quando alude a *países temperados*, está experimentando a realidade climática da própria França, e não os climas "tropicais" da América do Sul. O autor executa uma microanálise e trabalha, acima de tudo, com inferências e analogias. (N.T.)

678. Montesquieu foi e tem sido ainda muito criticado por esta sua teoria *fisiologista* baseada radicalmente nas condições climáticas. A despeito de acertos do ponto de vista físico e psicológico (por certo, o indivíduo dos climas frios rigorosos é mais resistente, mais saudável, mais diligente, mais ágil, mais determinado, etc., etc.), essa tese descamba num simplismo quase ingênuo quando ousa estabelecer parâmetros e padrões emocionais e existenciais sob o fundamento exclusivo das condições climáticas. Essa última frase de Montesquieu é, a propósito,

Com essa delicadeza de órgãos que se tem nos países quentes, a alma é soberanamente agitada por tudo que tem relação com a união dos dois sexos: tudo conduz a este objetivo.

Nos climas do norte, é com dificuldade que o físico do amor[679] possua força para se tornar bastante sensível; nos climas temperados, o amor,[680] acompanhado de mil acessórios, torna-se agradável pelas coisas que, de início, parecem ser ele mesmo e não são, ainda, ele; nos climas mais quentes, ama-se o amor por ele mesmo; ele é a única causa da felicidade; ele é a vida.

Nos países do sul, uma máquina delicada, débil, porém sensível, entrega-se a um amor que, num serralho, nasce e se aquieta incessantemente; ou então a um amor que, deixando as mulheres numa maior independência, está exposto a mil transtornos. Nos países do norte, uma máquina sadia e bem constituída, mas pesada, encontra seus prazeres em tudo que pode colocar os espíritos em movimento: a caça, as viagens, a guerra, o vinho. Encontrareis nos climas do norte povos que têm poucos vícios, muitas virtudes, muita sinceridade e franqueza. Aproximai-vos dos países do sul e acreditareis estar vos afastando da própria moral: as paixões mais vivas multiplicarão os crimes; cada um procurará tomar dos outros todas as vantagens que podem favorecer estas mesmas paixões. Nos países temperados, vereis povos inconstantes nas suas maneiras, mesmo nos seus vícios e nas suas virtudes; ali o clima não possui uma qualidade determinada o bastante para fixá-los.

O calor pode ser tão excessivo que ao corpo faltará absolutamente toda a força. E então o abatimento será transmitido ao próprio espírito: nenhuma curiosidade, nenhum empreendimento nobre, nenhum sentimento generoso; as inclinações serão, nessas circunstâncias, todas passivas; a preguiça será a causa da felicidade; a maioria dos castigos será menos difícil de suportar do que a ação da alma, e a servidão, menos insuportável do que a força do espírito necessária para conduzir a si mesmo.

---

fruto dessa teoria. Ora, a sensibilidade da alma humana é demasiado complexa para confinarmos a sua expressão unicamente a fatores climáticos. Afirmar que um moscovita é insensível porque o clima de Moscou (Moscóvia) é extremamente frio ou que um italiano é sumamente sensível porque o clima da Itália é quente é atestado de completa falta de percuciência, se não de mera percepção ou observação mais detida. Aliás, quem conhece os russos de todos os tempos, inclusive dos de Montesquieu até hoje, sabe que o russo, contrariamente à afirmação do autor, é profundamente sensível e membro de um povo intensamente sentimental, o que é comprovado, inclusive, por sua variada, ampla e marcante manifestação artística. Aliás, o inigualável espírito de resignação do povo russo é uma evidência de sua grande sensibilidade, e não de insensibilidade. (N.T.)

679. No original, "*le physique de l'amour*", expressão eufemística para as relações sexuais. (N.T.)

680. O amor sexual. (N.T.)

CAPÍTULO III — CONTRADIÇÃO NO CARÁTER DE CERTOS POVOS DO SUL

Os indianos[681] são naturalmente destituídos de ânimo ou coragem; os próprios filhos[682] dos europeus nascidos nas Índias perdem a coragem do clima europeu. Mas como conciliar isto com suas ações atrozes, seus costumes, suas penitências bárbaras? Os homens ali se submetem a tormentos incríveis, as mulheres incendeiam-se: eis aí efetivamente força para tanta fraqueza.

A natureza, que deu a estes povos uma fraqueza que os torna tímidos, deu-lhes igualmente uma imaginação tão viva que tudo os impressiona em excesso. Esta mesma delicadeza de órgãos que os faz recear a morte serve também para lhes fazer temer mil coisas mais do que a morte. É a mesma sensibilidade que os faz fugir de todos os perigos e ao mesmo tempo desafiar a todos.

Como uma boa educação é mais necessária às crianças do que àqueles cuja mente se encontra em sua maturidade, do mesmo modo os povos desses climas necessitam mais de um legislador sábio do que os povos do nosso clima. Quanto mais se é fácil e fortemente impressionado, mais importa que o seja de uma forma conveniente, de não herdar preconceitos e ser conduzido pela razão.

No tempo dos romanos, os povos do norte da Europa viviam sem artes, sem educação, quase sem leis; e entretanto, pelo exclusivo bom senso associado às fibras espessas daqueles climas, mantiveram-se detentores de uma sabedoria admirável contra a potência romana, até o momento em que saíram de suas florestas para a destruir.

CAPÍTULO IV — CAUSA DA IMUTABILIDADE DA RELIGIÃO, DOS COSTUMES, DAS MANEIRAS, DAS LEIS NOS PAÍSES DO ORIENTE

Se a essa fraqueza de órgãos, que faz com que os povos do Oriente recebam as mais intensas impressões do mundo, for acrescentada uma certa indolência do espírito, naturalmente ligada àquela do corpo, que faça com que esse espírito seja incapacitado para qualquer ação, qualquer esforço, qualquer contenção, se compreenderá que a alma que uma

---

681. "Cem soldados europeus", afirma Tavernier, "não teriam grande dificuldade para derrotar mil soldados indianos".

682. Os próprios persas que se estabelecem nas Índias adquirem, na terceira geração, a indolência e a covardia indianas. Ver Bernier, *Sur le Mogol* (*Sobre a Mongólia*), t. I.

268 | O ESPÍRITO DAS LEIS

vez recebeu impressões não pode mais se modificar. É esta a causa de as leis, os costumes[683] e comportamentos, mesmo aqueles que parecem indiferentes, como o modo de vestir, serem hoje no Oriente como eram há mil anos.

CAPÍTULO V — OS MAUS LEGISLADORES SÃO OS QUE FAVORECERAM OS VÍCIOS DO CLIMA, E OS BONS SÃO OS QUE SE OPUSERAM A ELES

Os indianos creem que o repouso e o nada são o fundamento de todas as coisas e o fim por elas colimado. Consideram, portanto, a completa inação como o estado mais perfeito e o objetivo de seus desejos. Atribuem ao ser soberano[684] o cognome de imóvel. Os siameses acreditam que a felicidade suprema[685] consiste em não ser obrigado a fazer mover uma máquina e fazer atuar um corpo.[686]

Nesses países, onde o calor excessivo desanima e acabrunha, o repouso é tão delicioso e o movimento tão penoso que este sistema de metafísica parece natural, e *Foë*,[687] legislador dos indianos,[688] seguiu o que sentia quando colocou os homens num estado extremamente passivo; mas sua doutrina, nascida da indolência do clima e, por sua vez, a favorecendo, constituiu a causa de mil males.

Os legisladores da China foram mais sensatos quando, considerando os indivíduos humanos não no estado passivo em que estarão algum dia, mas na ação própria a fazê-los cumprir os deveres da vida, produziram sua religião, sua filosofia e suas leis inteiramente práticas. Quanto mais

---

683. Vê-se, por meio de um fragmento de Nicolau de Damasco, coletado por Constantino Porfirogeneta, que havia um costume antigo no Oriente de mandar estrangular um governador que causava desagrado, costume que remontava aos medas.

684. *Panamanack*. Ver Kircher.

685. La Loubère. *Relation de Siam*.

686. Este princípio metafísico está presente, de fato, em muitas correntes religiosas e místicas indianas, inclusive no budismo primitivo e original. Contudo, cumpre notar que um dos pilares da metafísica do bramanismo ou do hinduísmo (a mais importante das religiões indianas) é precisamente a lei do *karma*, palavra que significa *ação* (implicando em reação), e conceito que não deve ser confundido com a noção ordinária de *destino*, ou *fatalidade*, ou o *maktub* dos árabes. Esse conceito é sutilmente tratado por *Krishna* no *Mahabarata*. (N.T.)

687. *Foë* quer reduzir o coração ao puro vazio. "Temos olhos e ouvidos, mas a perfeição consiste em nem ver nem ouvir; uma boca, mãos, etc.; a perfeição consiste em que estes membros estejam na inação." Isto foi extraído do diálogo de um filósofo chinês e relatado pelo padre du Halde, t. III.

688. Isto é, o Buda.

as causas físicas conduzem os seres humanos ao repouso, mais as causas morais devem dele se afastar.

CAPÍTULO VI — DO CULTIVO DAS TERRAS NOS CLIMAS QUENTES

O cultivo das terras é o mais importante dos labores humanos. Quanto mais o clima faz os seres humanos fugirem deste labor, mais devem a religião e as leis os estimular para ele. Assim, as leis das Índias, que concedem as terras aos príncipes e retiram dos particulares o espírito da propriedade, ampliam os maus efeitos do clima, ou seja, a indolência natural.

CAPÍTULO VII — DO MONAQUISMO

O monaquismo nas Índias produziu os mesmos males. Nasceu nos países quentes do Oriente, onde se é menos levado à ação do que à contemplação.

Na Ásia, o número dos dervixes ou monges parece aumentar com a alta temperatura; as Índias, onde o calor é excessivo, estão repletas deles; encontra-se na Europa a mesma diferença.

Para vencer a indolência do clima, seria necessário que as leis procurassem eliminar todos os meios de viver sem trabalho.[689] Contudo, no sul da Europa, elas realizam exatamente o contrário, ou seja, proporcionam àqueles que desejam estar ociosos lugares apropriados à vida especulativa, vinculando a estes riquezas imensas. Esses indivíduos, que vivem numa abundância que lhes pesa, concedem, com razão, o seu supérfluo à camada inferior da população, a qual perdeu a propriedade dos bens; eles a compensam pela ociosidade da qual a fazem desfrutar e essa população acaba por amar sua própria miséria.

---

689. Montesquieu, como racionalista europeu, tende a identificar a vida monástica com a improdutividade e, por assim dizer, com a ociosidade e a indolência. Está simplesmente escamoteando as formas orientais místicas do desenvolvimento psíquico e espiritual humano. Parece se esquecer, inclusive, que havia monaquismo também na vida religiosa ocidental, especialmente representada pela digna ordem dos franciscanos, que, embora não atuasse mais como mendicante e executasse algumas atividades laboriosas, seguia à risca o voto de pobreza estabelecido e vivido por Francisco de Assis. Ademais, o seu conceito de trabalho ou labor é limitado. Ele parece pensar somente nas atividades braçais e artesanais, e mais particularmente nos camponeses franceses, que mourejavam muito mais em proveito da nobreza *nada industriosa* do que em proveito próprio ou da sociedade francesa como um todo. Não consegue conceber a *especulação* como labor intelectual e produtivo, que, afinal, era *ocupação* de muitos membros da nobreza europeia, como a dele próprio. (N.T.)

CAPÍTULO VIII — O BOM COSTUME DA CHINA

Os relatos sobre a China[690] nos falam da cerimônia da abertura das terras realizada pelo imperador todos os anos.[691] Desejou-se, por meio deste ato público e solene, estimular[692] os povos a lavrar as terras.

Some-se a isso que o imperador é informado todos os anos sobre o lavrador que mais se distinguiu na sua profissão. Ele o torna mandarim de oitava ordem.

Entre os antigos persas,[693] no oitavo dia do mês, o *Chorrem ruz*, os reis deixavam seu fausto para comerem com os lavradores. Estas instituições são admiráveis para fomentar a agricultura.

CAPÍTULO IX — MEIOS DE ESTIMULAR A INDÚSTRIA

Mostrarei, no Livro XIX, que as nações indolentes são ordinariamente orgulhosas. Poder-se-ia trocar o efeito pela causa e destruir a preguiça pelo orgulho. No sul da Europa, onde os povos são ciosos do ponto de honra, seria positivo dar prêmios aos lavradores que melhor tivessem cultivado os seus campos ou aos trabalhadores que houvessem melhor desenvolvido sua indústria. Esta prática encontraria êxito, inclusive, em todos os países. Ela tem sido útil, em nossos dias, na Irlanda, para a instalação de uma das mais importantes tecelagens que existem na Europa.

CAPÍTULO X — DAS LEIS QUE TÊM RELAÇÃO COM A SOBRIEDADE DOS POVOS

Nos países quentes, a parte aquosa do sangue é muito dissipada através da transpiração;[694] nessas regiões é necessário, por conseguinte, substituí-la por um líquido semelhante. Neste caso, a água se presta a um uso admirável.

---

690. Padre du Halde, *Histoire de la Chine* (*História da China*), t. II.

691. Diversos reis das Índias fazem o mesmo. *Relation du royaume de Siam* (*Relato do Reino do Sião*), por La Loubère.

692. *Ven-Ty*, terceiro imperador da terceira dinastia, cultivou a terra com suas próprias mãos e fez com que a imperatriz e suas mulheres trabalhassem com seda no palácio. *Histoire de la Chine*.

693. Hyde, *Religion des Perses* (*Religião dos persas*).

694. Bernier, ao fazer uma viagem de Laore à Cachemira, escrevia: "Meu corpo é uma peneira; mal bebo uma pinta de água e já a vejo sair como um rocio de todos os meus membros até a ponta dos dedos; bebo dez pintas por dia e isso não me faz mal algum". *Voyage* (*Viagem*) de Bernier, t. II.

As substâncias líquidas fortes causariam aí a coagulação dos glóbulos do sangue[695] que permanecem após a dissipação da parte aquosa.

Nos países frios, a parte aquosa do sangue pouco exala através da transpiração, permanecendo abundantemente no corpo. Nestes lugares é possível empregar os licores espirituosos[696] sem que o sangue coagule. Aí se está repleto de humores. Bebidas fortes, as quais transmitem movimento ao sangue, podem ser convenientes.

A Lei de Maomé,[697] que proíbe que se beba vinho, é, portanto, uma lei do clima árabe. Do mesmo modo, antes de Maomé, a água era a bebida comum da Arábia. A lei[698-699] que proibia aos cartagineses beber vinho também era uma lei do clima; de fato, o clima desses dois países é quase o mesmo.

Uma lei semelhante não seria boa nos países frios, onde o clima parece forçar a uma certa embriaguez nacional, bastante diferente daquela pessoal. A ebriedade se acha estabelecida por toda a Terra, proporcionalmente à baixa temperatura e à umidade do clima. Passai do Equador até atingir o nosso polo e vereis por aí a ebriedade aumentar com os graus de latitude. Passai do mesmo Equador ao polo oposto e vós descobrireis a ebriedade se dirigir ao sul,[700] como do lado de cá se dirigia ao norte.

É natural que, onde o vinho é contrário ao clima e, consequentemente, à saúde, o excesso dele seja mais severamente punido do que nos países em que a embriaguez apresenta poucos efeitos nocivos à pessoa, em que a embriaguez pouco prejuízo traz à sociedade, países nos quais a embriaguez não torna os homens furiosos, mas apenas estúpidos. Assim, as leis[701] que puniram um homem ébrio pela falta por ele cometida, e pela própria ebriedade, eram apenas aplicáveis à embriaguez pessoal, e não à embriaguez do ponto de vista nacional. Um alemão bebe por costume, um espanhol o faz por escolha.

---

695. Há, no sangue, glóbulos vermelhos, partes fibrosas, glóbulos brancos e água na qual tudo isso nada.

696. No original, "*liqueurs spiritueuses*" (licores espirituosos), ou seja, bebidas alcoólicas. (N.T.)

697. Ou seja, o *Corão*. (N.T.)

698. Platão, Livro II das *Leis*. Aristóteles, *Du soin des affaires domestiques* (*Do zelo pelos assuntos domésticos*) I, v. (28) Eusébio, *Prép. évang.*, XII, XVII.

699. Montesquieu se refere à *Economia* atribuída a Aristóteles, na qual este alude à abstenção do vinho por parte dos cartagineses quando estão em serviço militar. Quanto a Platão, no final do Livro II de *As Leis*, ele diz: "(...) eu daria minha adesão à lei de Cartago, a qual ordena que nenhum soldado em campanha jamais prove a poção embriagante, limitando-se durante todo esse tempo a beber unicamente água...", *As Leis*, Livro II, 673e. (N.T.)

700. Isso se constata entre os hotentotes e os povos do extremo do Chile, que estão mais próximos do sul.

701. Como fez Pítaco, segundo Aristóteles, *A Política*, II, III. Ele vivia num clima em que a embriaguez não era um vício nacional.

Nos países quentes, a frouxidão das fibras produz uma intensa transpiração dos líquidos, mas as partes sólidas são menos dissipadas. As fibras, que se limitam a uma ação muito fraca e apresentam pouca elasticidade, não se desgastam de modo algum. Pouco suco nutritivo a elas é necessário para seu reparo. Consequentemente, come-se muito pouco nestes lugares.

Trata-se de diferentes necessidades em diferentes climas que formaram as diversas maneiras de viver; e estas diversas maneiras de viver formaram as diversas espécies de leis. Numa nação em que os homens se comunicam muito são necessárias certas leis, sendo necessárias outras em meio a um povo onde não há comunicação alguma.

CAPÍTULO XI — DAS LEIS QUE TÊM RELAÇÃO COM AS ENFERMIDADES DO CLIMA

Heródoto[702] nos diz que as leis dos judeus em relação à lepra foram retiradas da prática dos egípcios. De fato, as mesmas enfermidades requeriam os mesmos remédios. Estas leis eram desconhecidas dos gregos e dos primeiros romanos, tanto quanto esse mal. O clima do Egito e da Palestina as tornava necessárias, e a facilidade com que esta doença se torna popular nos faz perceber muito bem a sabedoria e a previdência dessas leis.

Nós mesmos experimentamos seus efeitos. As cruzadas nos trouxeram a lepra. Os prudentes regulamentos que foram providenciados a impediram de atingir a massa do povo.

Percebe-se, pela lei dos lombardos,[703] que esta doença estava disseminada na Itália antes das cruzadas e mereceu a atenção dos legisladores. Rotáris ordenou que um leproso, expulso de sua casa e confinado num sítio particular, não pudesse mais dispor de seus bens, porque a partir do momento em que fora retirado de sua casa era dado como morto. Para impedir todo tipo de comunicação com os leprosos, estes eram destituídos dos direitos civis.

Acho que essa moléstia foi trazida à Itália pelas conquistas dos imperadores gregos, em cujos exércitos podiam existir milícias da Palestina ou do Egito. Seja o que for, seus progressos foram barrados na época das cruzadas.

Conta-se que os soldados de Pompeu, ao retornar da Síria, trouxeram uma doença muito semelhante à lepra. Nenhum regulamento que tenha

---

702. Livro II.
703. Livro II, título I, § 3; e título XVIII, § 1.

sido feito então chegou a nós, mas é provável que tenha havido algum, já que essa enfermidade foi erradicada no tempo dos lombardos.

Há dois séculos que uma enfermidade, desconhecida de nossos ancestrais, se transferiu do Novo Mundo para este, vindo atacar a natureza humana a partir da fonte da vida e dos prazeres.[704] Viu-se a maior parte das maiores famílias do sul da Europa perecer devido a um mal que se tornou demasiado comum para ser desonroso, e nada mais foi do que funesto. Foi a sede do ouro que perpetuou esta doença; viajava-se incessantemente para a América, e de lá eram trazidos novos fermentos.

Razões piedosas quiseram que fosse estabelecida uma punição para este crime, porém esta calamidade penetrou o seio do casamento e já havia corrompido a própria infância.

Como concerne à sabedoria dos legisladores zelar pela saúde dos cidadãos, foi muito sensato suspender essa comunicação mediante leis feitas com base nas leis mosaicas.

A peste é um mal cujos estragos acontecem ainda mais pronta e rapidamente. Sua sede principal é o Egito, de onde ela se espalha por todo o mundo. Foram estabelecidas na maioria dos Estados da Europa excelentes normas para impedir sua entrada, e se imaginou atualmente um meio admirável para detê-la, a saber, dispõe-se uma linha de tropas em torno do país infectado, barrando toda comunicação.[705]

Os turcos,[706] que não mantêm a este respeito nenhuma vigilância, veem os cristãos na mesma cidade escaparem do perigo e somente eles morrerem. Compram as vestes dos pestilentos, vestem-se com elas e prosseguem as suas atividades. A doutrina de um destino inexorável que tudo regula torna o magistrado um espectador tranquilo — ele pensa que Deus já fez tudo e que cabe a ele nada fazer.

CAPÍTULO XII — DAS LEIS CONTRA AQUELES QUE SE MATAM[707]

Não constatamos nos relatos históricos que os romanos se matassem sem um motivo. Entretanto, os ingleses se matam sem que se possa imaginar qualquer razão que os determine a fazê-lo; matam-se no seio mesmo da felicidade. Esta ação, entre os romanos, era o efeito da educação. Estava

---

704. Tudo indica que Montesquieu se refere à sífilis. (N.T.)

705. Ou seja, põe-se o país em quarentena. (N.T.)

706. Ricaut, *De l'Empire Ottoman* (*Do Império Otomano*), ed. de 1678, in-12.

707. A ação dos suicidas contraria a lei natural e a religião revelada.

vinculada à sua maneira de pensar e aos seus costumes. Entre os ingleses, ela é o efeito de uma doença;[708] vincula-se ao estado físico da máquina e é independente de qualquer outra causa.

Parece que é uma falha de filtração do suco nervoso. A máquina, cujas forças motrizes encontram-se a todos os momentos sem ação, fica fatigada de si mesma; a alma não experimenta dor, mas uma certa dificuldade com o próprio existir. A dor é um mal local que nos conduz ao desejo de vê-la cessar; o peso da vida é um mal que não se situa num ponto particular e nos leva ao desejo de ver cessada a vida.

É claro que as leis civis de alguns países tiveram razões para tornar aviltante o suicídio. Porém, na Inglaterra, não se pode mais puni-lo, como não se punem os efeitos da demência.

CAPÍTULO XIII — EFEITOS RESULTANTES DO CLIMA DA INGLATERRA

Numa nação na qual uma moléstia relacionada ao clima afeta de tal modo a alma a ponto de produzir o desprezo de todas as coisas e, inclusive, o da própria vida, percebe-se bem que o governo mais conveniente a pessoas às quais tudo seria insuportável seria aquele em que não poderiam se prender a uma única pessoa que causasse seus pesares, e onde as leis, governando mais do que os homens, seria necessário, para transformar o Estado, derrubar estas próprias leis.

Se esta mesma nação tiver ainda recebido do clima um certo caráter de impaciência que não lhe permitisse suportar por muito tempo as mesmas coisas, poder-se-ia muito bem constatar que o governo do qual acabamos de falar seria ainda o mais conveniente.

Este caráter de impaciência não é grande por si mesmo, mas pode tornar-se muito maior quando for associado à coragem.

É diferente da leviandade, que faz com que se o empreenda sem motivo e que se o abandone da mesma forma. Aproxima-se mais da obstinação, porque se origina de um sentimento dos males tão vivo que não se debilita nem mesmo pelo hábito de suportá-los.

Este caráter, numa nação livre, seria muito apropriado para desconcertar os projetos da tirania,[709] a qual é sempre lenta e frágil nos seus

---

708. Poderia, inclusive, complicar-se com o escorbuto, que, sobretudo em alguns países, torna um homem estranho e insuportável a si mesmo. *Voyage* (*Viagem*), de François Pyrard, Parte II, XXI.

709. Utilizo aqui esta palavra para indicar o desígnio de derrubar o poder estabelecido, sobretudo a democracia. É a significação que lhe atribuíam os gregos e os romanos.

primórdios, do mesmo modo que é pronta e viva no seu fim; exibe, inicialmente, apenas uma mão para socorrer, e depois oprime com uma infinidade de braços.

A servidão começa sempre pelo adormecimento. Mas um povo que não tem repouso em situação alguma, que permanece se tateando incessantemente e considera todos os lugares dolorosos, não poderia de modo algum adormecer.

A política é uma lima surda que se desgasta e atinge lentamente o seu fim. Ora, os homens aos quais acabamos de nos referir não poderiam sustentar as lentidões, as minúcias, o sangue-frio das negociações; obteriam nisso, com frequência, menos êxito do que qualquer outra nação. E perderiam, por seus tratados, o que tivessem conquistado por suas armas.

CAPÍTULO XIV — OUTROS EFEITOS DO CLIMA

Nossos antepassados, os antigos germanos, habitavam regiões de um clima em que as paixões eram muito calmas. Suas leis somente encontravam nas coisas aquilo que elas viam e nada mais imaginavam. E como julgavam os insultos feitos aos homens pelas proporções dos ferimentos, estas leis tampouco utilizavam maior refinamento no que respeitava às ofensas feitas às mulheres. A lei[710] dos alemães é, neste ponto, singularíssima. Se alguém descobre a cabeça de uma mulher, deverá pagar uma multa de seis vinténs; deverá pagar o mesmo valor se descobrir da perna até o joelho; e o dobro, se além do joelho. É como se a lei aquilatasse as proporções dos ultrajes feitos às pessoas das mulheres como se mede uma figura geométrica — não punia o crime da imaginação, mas o dos olhos. Mas quando uma nação germânica se transferiu para a Espanha, o clima levou a leis bem diversas. A lei dos visigodos proibia que um médico sangrasse uma mulher ingênua,[711] salvo na presença de seu pai ou de sua mãe, de seu irmão, de seu filho ou de seu tio. A imaginação dos povos acendeu-se e a dos legisladores se aqueceu na mesma intensidade; a lei suspeitou de tudo relativamente a um povo que de tudo podia suspeitar.

Estas leis dedicaram, portanto, uma grande atenção aos dois sexos. Mas parece que, nas punições que estabeleceram, cogitaram mais em lisonjear a vingança particular do que em exercer a vingança pública.

---

710. Capítulo LVIIII, § 1 e 2.

711. Ou seja, uma mulher nascida livre. (N.T.)

Assim, na maioria dos casos, reduziam os dois culpados à servidão dos pais ou do marido ofendido. Uma mulher ingênua que tivesse se entregado a um homem casado era colocada nas mãos da esposa dele, que dela podia dispor como bem quisesse. Tais leis obrigavam os escravos[712] a amarrar e a apresentar ao marido sua mulher, se a surpreendessem em adultério; permitiam que seus filhos[713] a acusassem e torturassem seus escravos para obter a confissão. Por isso revelaram-se mais apropriadas a aprimorar excessivamente um certo ponto de honra do que a constituir uma boa vigilância. E não é de espantar que o conde Juliano tenha acreditado que um ultraje desta espécie exigisse a perda de sua pátria e de seu rei. Não é de surpreender que os mouros, com tal conformidade de costumes, encontrassem tanta facilidade em se instalar na Espanha, se conservar ali e em retardar a decadência de seu Império.

CAPÍTULO XV — DOS DIFERENTES GRAUS DE CREDIBILIDADE QUE AS LEIS DEPOSITAM NO POVO SEGUNDO OS CLIMAS

O povo japonês tem um caráter tão atroz que seus legisladores e seus magistrados não puderam depositar nenhuma confiança nele. Restringiram-se a apresentar diante do olhar desse povo juízes, ameaças e castigos; submeteram-no, a cada diligência, à inquisição policial. Estas leis que, dentre cinco chefes de família, estabeleciam um como magistrado relativamente aos outros quatro; estas leis que, por um único crime, punem uma família inteira ou um bairro inteiro; estas leis que não encontram inocentes onde pode existir apenas um culpado são feitas para que todos os homens desconfiem uns dos outros, para que cada um sonde a conduta de cada um e que seja desta o inspetor, a testemunha e o juiz.

O povo das Índias, ao contrário, é brando,[714] terno, sensível, de sorte que os legisladores têm grande confiança nele. Estabeleceram poucas penas,[715] e estas são pouco severas; e não são, até mesmo, rigorosamente aplicadas. Deram sobrinhos a tios, órfãos a tutores, como em outras partes estes são dados aos pais. Regulamentaram a sucessão com base no

---

712. Ibidem, III, IV, § 6.

713. Ibidem, III, IV, § 13.

714. Ver Bernier, t. II.

715. Ver, na 14ª coleção das *Cartas edificantes*, as principais leis ou os costumes dos povos da Índia, da península até aquém do Ganges.

mérito reconhecido do sucessor. Parece que pensaram que cada cidadão devia se apoiar na bondade natural alheia.

Facilmente concedem a liberdade aos seus escravos.[716] Casam-nos e tratam-nos como seus filhos.[717] Vivem num clima venturoso que dá origem à candura dos costumes e produz a brandura das leis!

---

716. *Cartas edificantes*, 9ª coleção.

717. Eu pensara que a brandura da escravidão nas Índias tivesse levado Diodoro a afirmar que não havia nesse país nem senhor nem escravo. Entretanto, Diodoro atribuiu a toda a Índia o que, segundo Estrabão, XV, somente era próprio de uma nação particular.

LIVRO XV — DA RELAÇÃO ENTRE AS LEIS DA ESCRAVIDÃO CIVIL E A NATUREZA DO CLIMA

CAPÍTULO I — DA ESCRAVIDÃO CIVIL

A escravidão, propriamente dita, é o estabelecimento de um direito que torna um ser humano a tal ponto propriedade de um outro que este é o senhor absoluto de sua vida e de seus bens. A escravidão não é boa por sua própria natureza; não é útil nem ao senhor nem ao escravo. A este último não é porque o escravo nada pode fazer por virtude; àquele porque contrai com seus escravos toda sorte de maus hábitos, chegando a se acostumar insensivelmente à falta de todas as virtudes morais, convertendo-se em um ser humano orgulhoso, impetuoso, duro, colérico, voluptuoso, cruel.

Nos países despóticos, onde já se está submetido à escravidão política, a escravidão civil é mais tolerável do que em outros lugares. Cada um deve se dar por satisfeito em preservar a subsistência e a vida. Assim, a condição de escravo, nesses lugares, de modo algum pesa mais do que a de súdito.

No governo monárquico, todavia, onde é supremamente importante não abater ou aviltar a natureza humana, não convém, de maneira alguma, que haja escravos. Na democracia, onde todos são iguais, e na aristocracia, onde as leis devem se esforçar para que todos sejam tão iguais quanto permita a natureza do governo, a escravidão se opõe ao espírito da Constituição; os escravos só serviriam para conceder aos cidadãos um poder e um luxo dos quais não deveriam, de modo algum, dispor.

CAPÍTULO II — ORIGEM DO DIREITO DE ESCRAVIDÃO SEGUNDO OS JURISCONSULTOS ROMANOS

Jamais se acreditaria que tenha sido a piedade que estabeleceu a escravidão e que, em consequência disso, ela haja atuado de três maneiras.[718]

---

718. *Institutas* de Justiniano, I. [Justiniano. *Institutas do Imperador Justiniano*. Op. cit. (N.T.)].

O direito das gentes quis que os prisioneiros fossem escravizados para que não fossem mortos. O direito civil dos romanos permitiu que os devedores se submetessem ao mau trato dos credores e mesmo que se vendessem, e o direito natural quis que crianças que um pai escravo não podia mais alimentar fossem escravas como seu pai.

Estas razões dos jurisconsultos não são plausíveis.

Em primeiro lugar, é falso que seja permitido matar na guerra de outra maneira, salvo no caso de necessidade; mas, desde que um homem fez de um outro seu escravo, não se pode afirmar que tenha encarado a necessidade de matá-lo, pois não o matou. Todo o direito que a guerra pode conceder, no que tange aos cativos, é se assegurar a tal ponto de suas pessoas que eles não possam mais causar danos. Os homicídios feitos a sangue-frio pelos soldados e após o calor da batalha são rejeitados por todas as nações[719] do mundo.

Em segundo lugar, não é verdadeiro que um homem livre possa se vender. A venda supõe um preço. Vendendo-se o escravo, todos os seus bens passam à propriedade do senhor; o senhor, portanto, nada paga, e o escravo nada recebe. Dir-se-á que este último terá um pecúlio, mas o pecúlio é acessório da pessoa. Se não é permitido dar cabo da própria vida porque nos furtamos à própria pátria, tampouco é permitido vender a si mesmo. A liberdade de cada cidadão é uma parte da liberdade pública. Esta qualidade, no Estado popular, constitui até mesmo uma parte da soberania. Vender sua qualidade de cidadão é um ato[720] de tal extravagância que é impossível supô-la em um ser humano. Se a liberdade tem um preço para aquele que a compra, não tem preço para aquele que a vende. A lei civil, que permitiu aos homens a partilha dos bens, ficou incapacitada de colocar no elenco dos bens uma parte dos seres humanos que devia fazer essa partilha. A lei civil, que faz restituição no caso dos contratos que contêm qualquer lesão, não pode se impedir de fazê-la contra um acordo que contém a mais descomunal lesão de todas.

A terceira maneira é o nascimento. Esta tomba com as duas outras, pois se um homem não pôde se vender, menos ainda pode vender seu filho que não nasceu. Se um prisioneiro de guerra não pode ser reduzido à servidão, menos ainda o podem seus filhos.

O que torna lícita a morte de um criminoso é que a lei que o pune foi feita em seu favor. Um assassino, por exemplo, usufruiu da lei que o condenou, a qual lhe conservou a vida em todos os momentos, de modo que

---

719. Se não quisermos citar aquelas que devoram seus prisioneiros.

720. Refiro-me à escravidão no seu sentido estrito, tal como era entre os romanos e como foi estabelecida em nossas colônias.

não lhe cabe reclamar contra ela. Não ocorre o mesmo com o escravo: a lei da escravidão jamais teve o poder de ser-lhe útil; em todos os casos se volta contra ele, nunca sendo ao seu favor, o que contraria o princípio fundamental de todas as sociedades.

Dir-se-á que foi de alguma utilidade para ele porque o senhor lhe proporciona o alimento. Seria necessário, então, reduzir à escravidão as pessoas incapazes de ganhar a vida. Mas não se quer este tipo de escravos. Quanto às crianças, a natureza, que garantiu o leite materno às mães, providenciou o seu sustento, e o restante da infância está tão próximo da idade em que a criança se torna grandemente útil que não se poderia dizer que aquele que a alimentasse, por ser seu senhor, tivesse lhe dado algo.

A escravidão é, ademais, tão oposta ao direito civil quanto ao direito natural. Qual lei civil poderia impedir um escravo de fugir, ele que não faz parte da sociedade e que, por conseguinte, nada tem a ver com quaisquer leis civis? Ele só pode ser retido por uma lei de família, isto é, pela lei do senhor.

CAPÍTULO III — OUTRA ORIGEM DO DIREITO DE ESCRAVIDÃO

Atrever-me-ia até a afirmar que o direito da escravidão provém do desprezo que uma nação concebe por outra, fundado na diferença dos costumes.

Lopes de Gomara[721] diz que "os espanhóis encontraram, perto de Santa Marta, cestos onde os habitantes tinham provisões, que eram caranguejos, caramujos, cigarras, gafanhotos. Os vencedores converteram isto num crime dos vencidos". O autor confessa que foi com base nisso que se estabeleceu o direito que tornava os americanos escravos dos espanhóis; e porque eles fumavam tabaco e não faziam a barba à moda dos espanhóis.

Os conhecimentos tornam os seres humanos brandos; a razão conduz à humanidade: somente os preconceitos os fazem renunciar a isso.

CAPÍTULO IV — OUTRA ORIGEM DO DIREITO DE ESCRAVIDÃO

Atrever-me-ia até a afirmar que a religião dá àqueles que a professam um direito de reduzir à servidão os que não a professam, de maneira a trabalharem mais facilmente visando a sua propagação.

---

721. *Bibliot. ingl.*, t. XIII, parte II, art. 3º.

Foi este modo de pensar que encorajou os destruidores da América nos seus crimes.[722] Foi com base nessa ideia que estabeleceram o direito de escravizar tantos povos, pois esses malfeitores, que desejavam absolutamente ser malfeitores e cristãos, eram muito devotos.

Luís XIII[723] opôs extremas dificuldades à lei que tornava escravos os negros de suas colônias, mas quando lhe foi bem introduzido na mente que se tratava da forma mais segura de convertê-los, deu sua anuência à lei.

CAPÍTULO V — DA ESCRAVIDÃO DOS NEGROS

Se tivesse que sustentar o direito que foi por nós possuído de escravizar os negros, diria o que se segue.

Tendo os povos da Europa exterminado os da América, tiveram que reduzir os da África à escravidão para destes se servir para cultivar tantas terras.

O açúcar seria demasiado caro se não se houvesse feito os escravos cultivarem a planta que o produz.

Esses aos quais nos referimos são negros dos pés à cabeça e têm o nariz tão achatado que é quase impossível lamentá-los.

Não há como compreender como Deus, que é um ser muito sábio, pode ter instalado uma alma, sobretudo uma alma boa, num corpo inteiramente negro.

É tão natural pensar que é a cor que constitui a essência da humanidade que os povos da Ásia, os quais produzem eunucos, sempre privam os negros da relação que conosco eles têm de uma maneira mais acentuada.

Pode-se julgar a cor da pele por aquela dos cabelos, a qual, entre os egípcios, os melhores filósofos do mundo, era de tal importância que executavam todos os homens ruivos que caíam em seu poder.

Uma prova de que os negros não dispõem de senso comum é o fato de darem mais importância a um colar de contas de vidro do que a um de ouro, que nas nações politizadas tem um valor tão grande.

É impossível que pudéssemos supor que estas pessoas sejam seres humanos, porque, se as supusermos humanas, principiaremos a crer que não somos, nós mesmos, cristãos.

Espíritos tacanhos exageram demasiadamente a injustiça que se tem feito aos africanos, pois se fosse tal como dizem, não ocorreria aos príncipes

---

722. Ver *A história da conquista do México*, de Sólis, e *A história da conquista do Peru*, de Garcilasso de la Vega.

723. Ver o Padre Labat, em *Nova viagem às ilhas da América*, t. IV, edição de 1722, in-12.

282 | O ESPÍRITO DAS LEIS

da Europa, que produzem entre si tantas convenções inúteis, estabelecerem uma convenção geral a favor da misericórdia e da piedade?

CAPÍTULO VI — A VERDADEIRA ORIGEM DO DIREITO DE ESCRAVIDÃO

É tempo de investigar a verdadeira origem do direito da escravidão. Ele deve ser fundado na natureza das coisas. Vejamos se há casos nos quais ele é dela derivado.

Em todo governo despótico dispõe-se de uma grande facilidade para se vender. A escravidão política aniquilou, de alguma forma, a liberdade civil. Perry[724] diz que os moscovitas se vendem muito facilmente. Disto sei eu muito bem a razão: é que sua liberdade nada vale.

Em Achim, todos procuram vender a si mesmos. Alguns dos principais senhores[725] não possuem menos do que mil escravos, os quais são comerciantes importantes e que têm, por seu turno, muitos escravos a eles submetidos, e estes muitos outros; são herdados e traficados. Nesses Estados, os homens livres, demasiadamente fracos contra o governo, procuram tornar-se escravos daqueles que tiranizam o governo.

Eis aí a origem justa e conforme a razão deste direito da escravidão muito suave que encontramos em certos países; e deve ser suave porque está fundado na escolha livre que um ser humano, para sua utilidade, faz de um senhor, o que forma uma convenção recíproca entre as duas partes.

CAPÍTULO VII — OUTRA ORIGEM DO DIREITO DE ESCRAVIDÃO

Aqui temos uma outra origem do direito da escravidão, e até mesmo desta escravidão cruel que se presencia entre os homens.

Há países onde o calor transtorna o corpo e debilita a tal ponto a coragem que os homens somente são levados a um dever penoso pelo medo do castigo; nestes países, a escravidão, portanto, abala menos a razão, e o senhor, sendo tão covarde em consideração ao seu príncipe quanto o seu escravo o é em consideração a ele, o resultado é que a escravidão civil está também acompanhada da escravidão política.

---

724. *État présent de la grande Russie* (*O estado atual da Grande Rússia*), de Jean Perry, Paris, 1717, in-12.

725. *Nouveau voyage autour de monde* (*Nova viagem ao redor do mundo*), de Guillaume Dampierre, t. III, Amsterdã, 1711.

Aristóteles[726-727] deseja demonstrar que há escravos por natureza, do que não constitui prova alguma o que ele diz. Creio que, se existirem tais escravos por natureza, trata-se daqueles dos quais acabo de falar.

Mas, como todos os seres humanos nascem iguais,[728] é preciso que digamos que a escravidão é contra a natureza, embora em certos países seja fundada numa razão natural; e é preciso distinguir bem esses países daqueles onde as próprias razões naturais a rejeitam, como os países da Europa, nos quais foi ela tão felizmente abolida.

Plutarco nos diz, na vida de Numa, que nos tempos de Saturno[729] não havia nem senhores nem escravos. Nos nossos climas o cristianismo nos reconduziu a esta era.

CAPÍTULO VIII — INUTILIDADE DA ESCRAVIDÃO ENTRE NÓS

É preciso, portanto, limitar a servidão natural a certos países específicos da Terra. Em todos os demais, parece-me que, por mais árduos que sejam os trabalhos neles exigidos, pode-se executar todos com homens livres.

O que me faz pensar assim é que, antes do cristianismo ter abolido na Europa a servidão civil, encarava-se o trabalho nas minas como tão penoso que se acreditava que somente poderia ser realizado por escravos e criminosos. Sabe-se, porém, hoje, que os homens empregados nas minas vivem felizes.[730] Por meio de modestos privilégios, tem-se estimulado tal profissão; tem-se somado o aumento do trabalho ao aumento do ganho, e conseguiu-se fazer com que preferissem sua condição a qualquer outra que pudessem vir a adotar.

Não há trabalho algum que seja tão árduo que não possa ser proporcionado à força daquele que o executa, contanto que seja a razão, e não a avareza, que o regule. Pode-se, graças à comodidade das máquinas que a arte inventa ou aplica, substituir o trabalho forçado outrora realizado pelos escravos. As minas dos turcos, nos desterros de Temesvar, eram mais

---

726. *Política*, Livro I, capítulo I.

727. Ibidem, capítulo II. (N.T.)

728. Eis uma afirmação de teor sempre problemático. Seria de esperar, por uma questão de coerência, que Montesquieu afirmasse que *todos os seres humanos nascem naturalmente (não juridicamente) livres*. (N.T.)

729. Plutarco se refere à era mítica de Cronos, chamada, inclusive, no Livro IV, de *As Leis* de Platão, de *Idade do Ouro*. Saturno é o deus romano correspondente ao grego Cronos. (N.T.)

730. Podemos nos tornar informados do que se passa a esse respeito nas minas de Hartz, na baixa Alemanha, e naquelas da Hungria.

ricas do que as da Hungria e, a despeito disso, não produziam tanto porque eles pensavam exclusivamente na força dos braços de seus escravos.

Não sei se é a mente ou o coração que me dita este artigo. Talvez não haja clima algum sobre a Terra onde não se pudesse empenhar homens livres no trabalho.[731] Porque eram as leis malfeitas, homens indolentes foram encontrados; porque estes homens eram indolentes, foram colocados na condição de escravos.

CAPÍTULO IX — DAS NAÇÕES ONDE A LIBERDADE CIVIL ESTÁ GERALMENTE ESTABELECIDA

Ouve-se dizer todos os dias que seria bom que houvesse escravos entre nós. Entretanto, para que se julgue isso corretamente, não será necessário examinar se eles seriam úteis à pequena porção rica e voluptuosa de cada nação — sem dúvida seriam úteis a esta porção. Mas, adotando um outro ponto de vista, não creio que qualquer um daqueles que a compõem quisesse tirar a sorte a fim de saber quem deveria formar a parte da nação que seria livre e a parte que seria escrava. Aqueles que mais discursam a favor da escravidão lhe votariam maior horror, e os homens mais miseráveis a ela também votariam horror. O brado a favor da escravidão é, portanto, o brado do luxo e da volúpia, e não aquele do amor à felicidade pública. Quem poderia duvidar que todo homem, em particular, não estivesse satisfeitíssimo em ser o senhor dos bens, da honra e da vida dos outros, e que todas essas paixões não se revelassem primeiramente a essa ideia? No que concerne a estas coisas, se quereis saber se os desejos de cada um são legítimos, deveis examinar os desejos de todos.

CAPÍTULO X — DIVERSAS ESPÉCIES DE ESCRAVIDÃO

Há duas espécies de servidão: a real e a pessoal. A real é a que prende o escravo às glebas de terra. Assim eram os escravos entre os germanos, segundo o relato de Tácito.[732] Eles não desempenhavam função alguma na casa; entregavam ao seu senhor uma certa quantidade de trigo, de gado ou de tecido, de modo que o objeto de sua escravidão não ia além disso. Esta

---

731. Depois de buscar a origem da escravidão em *direitos* ou num *direito* de escravidão (o que soa absurdo para o leitor contemporâneo, embora certamente não o fosse para o leitor do século XVIII), o autor acaba por trair ou esboçar uma crítica *moral* à escravidão, paralela a uma crítica à feitura das leis. (N.T.)

732. *De moribus Germ.*, XXV.

espécie de servidão está estabelecida ainda hoje na Hungria, na Boêmia e em vários lugares da baixa Alemanha.

A servidão pessoal se vincula às tarefas domésticas e se relaciona mais à pessoa do senhor.

O abuso extremo da escravidão ocorre quando esta é simultaneamente pessoal e real. Tal era a servidão dos hilotas junto aos lacedemônios. Estavam submetidos a todos os labores fora da casa e a toda sorte de insultos dentro da casa. Esta *hilotia* contraria a natureza das coisas. Os povos simples apresentam apenas uma escravidão real[733] porque suas mulheres e seus filhos realizam os trabalhos domésticos. Os povos voluptuosos apresentam uma escravidão pessoal porque o luxo exige o serviço dos escravos no interior da casa. Ora, a *hilotia* une nas mesmas pessoas a escravidão estabelecida entre os povos voluptuosos e a escravidão que se acha estabelecida entre os povos simples.

CAPÍTULO XI — O QUE COMPETE ÀS LEIS REALIZAR EM RELAÇÃO À ESCRAVIDÃO

Mas, seja qual for a natureza da escravidão, é necessário que as leis civis busquem dela eliminar, de um lado, os abusos e, de outro, os perigos.

CAPÍTULO XII — ABUSOS DA ESCRAVIDÃO

Nos Estados maometanos,[734] não se é somente senhor da vida e dos bens das mulheres escravas, mas também do que se denomina sua virtude ou sua honra. Constitui uma das infelicidades desses países o fato de a maior parte da nação estar constituída apenas para servir à voluptuosidade da outra parte. Esta servidão é recompensada pela preguiça, da qual se faz tais escravos fruir, o que constitui para o Estado uma infelicidade adicional.

É esta preguiça que faz dos serralhos do Oriente[735] locais de delícias, mesmo para aqueles contra os quais foram constituídos. Pessoas que temem somente o trabalho podem encontrar sua felicidade nesses lugares tranquilos. Percebe-se, porém, que em função disso abala-se até mesmo o espírito do estabelecimento da escravidão.

---

733. "Vós não poderíeis", diz Tácito em *Sobre os Costumes dos Germanos*, XX, "distinguir o senhor do escravo pelas delícias da vida".

734. Ver Chardin, *Viagem à Pérsia*.

735. Ver Chardin, t. II, em sua *Descrição do mercado de Izagur*.

A razão quer que o poder do senhor não se estenda, de modo algum, além das coisas que dizem respeito ao seu serviço; é necessário que a escravidão vise a utilidade, e não a voluptuosidade. As leis da pudicícia pertencem ao direito natural e devem ser acatadas por todas as nações do mundo.

Pois, se a lei que preserva a pudicícia dos escravos for boa nos Estados nos quais o poder sem limites se diverte com tudo, quão boa será nas monarquias? Quão boa será nos Estados republicanos?

Há uma disposição da lei dos lombardos[736] que parece boa para todos os governos, a saber, "se um senhor seduzir a mulher de seu escravo, estes se tornarão ambos livres". Trata-se de medida admirável para prevenir e deter, sem rigor excessivo, a incontinência dos senhores.

Não creio que os romanos tenham empregado a este respeito uma boa política. Soltaram a rédea a favor da incontinência dos senhores; chegaram a privar, de alguma forma, seus escravos do direito de casamento. Era a parte mais vil da nação, mas, por mais vil que fosse, teria sido bom que tivesse bons costumes e, ademais, dela suprimindo o direito ao casamento, o casamento dos cidadãos era corrompido.

CAPÍTULO XIII — PERIGO DO GRANDE NÚMERO DE ESCRAVOS

O grande número de escravos produz diferentes efeitos nos diversos governos. Não representa uma carga no governo despótico, visto que a escravidão política estabelecida no corpo do Estado faz com que a escravidão civil seja pouco sentida. Aqueles que chamamos de homens livres não o são mais do que aqueles que não ostentam este título; e estes, na qualidade de eunucos, libertos ou escravos, tendo à mão quase todos os negócios, a condição de um homem livre e a de um escravo são muito próximas. É, portanto, quase indiferente que poucas ou muitas pessoas, nestes Estados, vivam em condição de escravidão.

Entretanto, nos Estados moderados é de suma importância não haver escravos em demasia. A liberdade política torna preciosa a liberdade civil, e aquele que é privado desta última também é privado da primeira. Vê uma sociedade venturosa da qual sequer faz parte; descobre a segurança estabelecida para os outros, e não para ele; sente que seu senhor possui uma alma capaz de engrandecer-se e que a sua é constrangida a rebaixar-se incessantemente. Nada se coloca mais próximo da condição dos animais do que

---

736. I, XXXII, § 5.

contemplar sempre homens livres e não o ser. Tais pessoas são inimigos naturais da sociedade, e seu grande número seria perigoso.

Não é, portanto, de se surpreender que nos governos moderados o Estado tenha sido tão perturbado pela revolta dos escravos, e que isso tenha ocorrido tão raramente[737] nos Estados despóticos.

CAPÍTULO XIV — DOS ESCRAVOS ARMADOS

É menos perigoso armar os escravos na monarquia do que nas repúblicas. Naquela, um povo guerreiro, um corpo da nobreza, conterão suficientemente esses escravos armados. Na república, homens que são unicamente cidadãos não poderão, de maneira alguma, conter pessoas que, com armas na mão, se acharão iguais aos cidadãos.

Os godos, que conquistaram a Espanha, espalharam-se pelo país e não tardaram a se tornar muito fracos. Produziram três regulamentos consideráveis: aboliram o antigo costume que os proibia[738] de se ligarem pelo casamento aos romanos; estabeleceram que todos os libertos[739] do fisco iriam para a guerra, sob pena de serem reduzidos à escravidão; determinaram que todo godo se conduziria à guerra e armaria a décima[740] parte de seus escravos, número pouco considerável, se comparado ao número daqueles que permaneciam em casa. Ademais, esses escravos conduzidos à guerra pelo seu senhor não constituíam um corpo independente — encontravam-se no exército e permaneciam, por assim dizer, na família.

CAPÍTULO XV — CONTINUAÇÃO DO MESMO ASSUNTO

Quando toda a nação é guerreira, deve-se temer ainda menos os escravos armados.

Segundo a lei dos alemães, um escravo que roubasse[741] uma coisa que fora deixada em depósito era submetido à pena que seria infligida a um homem livre; mas, se roubasse utilizando violência,[742] era apenas obrigado à devolução do objeto roubado. Entre os alemães, as ações que tinham por princípio a coragem e a força não eram, em absoluto, odiosas.

---

737. A revolta dos mamelucos foi um caso particular; tratava-se de um corpo de milícia que usurpou o Império.

738. Lei dos visigodos, III, I, § 1.

739. Ibidem, V, VII, § 20.

740. Ibidem, IX, II, § 9.

741. Lei dos alemães, V, § 3.

742. Ibidem, V, § 5, *per virtutem*.

Serviam-se de seus escravos nas suas guerras. Na maioria das repúblicas, sempre se procurou abater a coragem dos escravos; o povo alemão, seguro de si, pensava em aumentar a audácia de seus escravos; sempre armado, nada temia da parte deles; eram instrumentos de suas pilhagens ou de sua glória.

CAPÍTULO XVI — PRECAUÇÕES A SEREM TOMADAS NO GOVERNO MODERADO

A humanidade que se terá pelos escravos poderá prevenir, no Estado moderado, os perigos a serem temidos devido ao seu grande número. Os seres humanos se acostumam a tudo, inclusive à própria escravidão, contanto que o senhor não seja mais duro do que a servidão. Os atenienses tratavam seus escravos com muita brandura; não consta que eles tenham transtornado o Estado em Atenas, como abalaram o da Lacedemônia.

Não há, também, registro de que os primeiros romanos tenham experimentado transtornos em relação aos seus escravos. Foi quando perderam por eles todos os sentimentos de humanidade que vimos nascer essas guerras civis que têm sido comparadas às Guerras Púnicas.[743]

As nações simples,[744] e que se prendem elas próprias ao trabalho, tratam geralmente com mais brandura os seus escravos do que aquelas que renunciaram ao trabalho. Os primeiros romanos viviam, trabalhavam e comiam com seus escravos; votavam-lhes muita bondade e equidade, sendo que a maior pena que lhes infligiam consistia em fazê-los passar diante de seus vizinhos com um pedaço de madeira bifurcado sobre as costas. Os costumes bastavam para manter a fidelidade dos escravos — não havia necessidade de leis.

Mas quando o romanos cresceram, não sendo mais seus escravos companheiros no seu trabalho, mas os instrumentos de seu luxo e de seu orgulho, como não existiam mais costumes, houve necessidade de leis, e até de leis terríveis para estabelecer a segurança desses senhores cruéis que viviam no meio de seus escravos como no meio de seus inimigos.

---

743. A Sicília, diz Floro, mais cruelmente devastada pela Guerra dos Escravos do que pela Guerra Púnica. III, XIX.

744. Ou seja, como já referido pelo autor, aquelas de costumes que não incluíam o *fausto* e a *voluptuosidade*, quer dizer, o luxo aliado ao excesso dos prazeres sensuais. Nesse sentido, Montesquieu relaciona os costumes licenciosos dos governos despóticos, como o da Turquia, e orientais, sobretudo em função da instituição dos serralhos, à indolência de homens e mulheres. Contudo, como deixa claro nesta sequência, há nações e povos, como o romano, que, ao longo de sua história, converteram-se de *nações simples* em *nações voluptuosas*. (N.T.)

Foram produzidos o *senatusconsulto* Silaniano e outras leis[745] que determinaram que, quando um senhor fosse morto, todos os escravos que estivessem sob o mesmo teto ou num lugar tão próximo da casa que se pudesse ouvir dali a voz de um homem seriam, indistintamente, condenados à morte. Aqueles que, neste caso, davam refúgio a um escravo visando salvá-lo eram punidos como assassinos.[746] Mesmo aquele a quem seu senhor tivesse ordenado que o matasse[747] e que o houvesse obedecido, seria considerado culpado; aquele que não o tivesse, de modo algum, impedido de dar cabo da própria vida, seria punido.[748] Se um senhor fosse morto durante uma viagem, eram executados[749] os que se achavam com ele, bem como os escravos que tivessem fugido. Todas estas leis encontravam aplicação, mesmo contra aqueles cuja inocência era provada; o objetivo destas leis era incutir nos escravos um respeito prodigioso por seus senhores. Não dependiam do governo civil, mas de um vício ou uma imperfeição do governo civil. Não provinham, em absoluto, da equidade das leis civis, já que eram contrárias aos princípios das leis civis. Estavam propriamente fundadas no princípio da guerra, porque era praticamente no seio do Estado que se achavam os inimigos. O *senatusconsulto* Silaniano originava-se no direito das gentes, segundo o qual uma sociedade, mesmo imperfeita, deve preservar-se.

Constitui uma infelicidade para um governo quando a magistratura se vê constrangida a produzir, dessa forma, leis cruéis. É porque se tornou difícil a obediência que se é obrigado a agravar a pena da desobediência ou suspeitar da fidelidade. Um legislador prudente previne a desventura de se tornar um legislador terrível. Foi porque os escravos não puderam, entre os romanos, depositar confiança na lei que a lei não pôde depositar confiança neles.

CAPÍTULO XVII — REGULAMENTOS A SEREM ESTABELECIDOS ENTRE O SENHOR E OS ESCRAVOS

O magistrado deve zelar para que o escravo tenha seu alimento e seu vestuário, o que deve ser regulamentado pela lei.

---

745. Ver todo o título *de senat. consult. Silan.* n, ff.

746. Lei Si quis, § 12, no ff. *de senat. consult. Silan.*

747. Quando Antonio ordenou a Eros que o matasse, não estava ordenando que o matasse, mas que matasse a si mesmo, pois, se Eros obedecesse, teria sido punido como assassino de seu senhor.

748. Lei I, § 22, ff. *de senat. consult. Silan.*

749. Lei I, § 31, ff. ibidem, XXIX, título V.

290 | O ESPÍRITO DAS LEIS

As leis devem atentar para que a eles sejam dispensados cuidados durante a enfermidade e em sua velhice. Cláudio[750] ordenou que os escravos que tivessem sido abandonados por seus senhores quando estivessem doentes fossem livres se fugissem. Esta lei assegurava a liberdade deles. Teria, ainda, sido necessário assegurar-lhes a vida.

Quando a lei permite ao senhor tirar a vida de seu escravo, trata-se de um direito a ser por ele exercido como juiz, e não como senhor. É preciso que a lei determine formalidades que afastem a suspeita de uma ação violenta.

Quando em Roma não foi mais permitido aos pais executar seus filhos, os magistrados infligiram[751] a pena que o pai queria prescrever. Um uso semelhante entre o senhor e os escravos seria razoável nos países em que os senhores detêm direito de vida e de morte.

A Lei de Moisés era bem rudimentar. "Se alguém golpear seu escravo e este morrer em suas mãos, será punido; mas, se o escravo sobreviver um dia ou dois, não será punido, porque se trata de seu dinheiro."[752] Que povo é este no seio do qual era necessário que a lei civil se desvinculasse da lei natural!

Segundo uma lei dos gregos,[753] os escravos tratados com excesso de rudeza por seus senhores podiam solicitar sua venda a outros senhores. Nos últimos tempos, houve em Roma uma lei semelhante.[754] Um senhor irritado contra seu escravo e um escravo irritado contra seu senhor devem ser separados.

Quando um cidadão maltrata o escravo pertencente a um outro, será preciso que a este seja facultado dirigir-se ao juiz. As leis de Platão[755] e da maioria dos povos subtraem a defesa natural dos escravos, de modo a ser necessário outorgar-lhes a defesa civil.

Na Lacedemônia, os escravos estavam incapacitados de contar com qualquer justiça contra os insultos ou contra as injúrias. O excesso de sua infelicidade era tal que não eram apenas escravos de um cidadão, mas também do público; pertenciam a todos e a uma pessoa particular. Em Roma, no caso de uma agravo cometido contra um escravo, só se considerava o interesse do senhor.[756] Confundia-se, sob o efeito da Lei Aquiliana, o

---

750. Xifilim, in Claudio. [Cláudio (10 a.C.-54 d.C.), imperador romano de 41 a 54 d.C. (N.T.)]

751. Ver a lei 3 do Código *de Patria potestate*, que é do imperador Alexandre Severo.

752. *Êxodo*, XXI, 21-22.

753. Plutarco, *Da Superstição*.

754. Ver a constituição de Antonino Pio, *Institut.*, I, VII.

755. *As Leis*, IX.

756. Este foi, também, o espírito das leis dos povos que deixaram a Germânia, como se pode perceber em seus códigos.

ferimento produzido num animal com aquele produzido num escravo; só se dava atenção à redução do preço deles. Em Atenas,[757] punia-se severamente, às vezes até com a morte, quem maltratasse o escravo alheio. A Lei de Atenas, com razão, não desejava somar a perda da segurança à perda da liberdade.

CAPÍTULO XVIII — DAS ALFORRIAS

Percebe-se com clareza que, quando, no governo republicano, tem-se muitos escravos, é preciso alforriar muitos. O mal é que, se temos um número excessivo de escravos, é impossível controlá-lo; se houver um número excessivo de libertos, estes não terão condições de viver e se tornarão uma carga para a república, a qual poderá, igualmente, ficar exposta ao perigo, tendo, de um lado, um excesso de libertos e, do outro, um excesso de escravos. É necessário, portanto, que as leis atentem para estes dois inconvenientes.

As diversas leis e os *senatusconsultos* produzidos em Roma a favor e em desfavor dos escravos, seja para dificultar, seja para facilitar as alforrias, fizeram transparecer o embaraço encontrado a este respeito. Houve, inclusive, tempos nos quais não se ousou produzir leis. Quando, sob Nero,[758] solicitou-se ao senado que fosse permitido aos patronos devolver à servidão os libertos ingratos, o imperador se manifestou por escrito, declarando que era necessário julgar os casos particulares, mas nada legislar em caráter geral.

De modo algum poderia eu dizer quais são os regulamentos que uma boa república deveria produzir no que diz respeito a isso. Isso depende em elevado grau das circunstâncias. Eis a seguir algumas reflexões.

Não convém que se façam de um só golpe e por meio de uma lei geral um número considerável de alforrias. Sabe-se que, entre os volsinianos,[759] os libertos, tornados senhores dos sufrágios, produziram uma lei abominável que lhes conferia o direito de serem os primeiros a se deitar e ter relações sexuais com as moças que se casavam com os rapazes ingênuos.[760]

Há diversas maneiras de introduzir pouco a pouco novos cidadãos na república. As leis podem favorecer o pecúlio e colocar os escravos em condição de comprar sua liberdade; podem estabelecer um termo para a servidão, como as de Moisés, que haviam limitado a seis anos a servidão dos escravos

---

757. Demóstenes, *Oração contra Mídiam*, edição de Frankfurt de 1604.

758. Tácito, *Anais*, XIII, XXVII.

759. Suplemento de Freinshemius, Segunda década, Livro V.

760. Ou seja, os nascidos livres. (N.T.)

hebreus.[761] É fácil alforriar todos os anos um certo número de escravos entre aqueles que, devido à idade, à saúde, ao esforço, terão um meio de vida. Poder-se-ia até curar o mal na sua raiz. Como o grande número de escravos está ligado aos diversos empregos que a eles são atribuídos, a transferência aos ingênuos de uma parte destes empregos, por exemplo, no comércio ou na navegação, significaria uma diminuição do número dos escravos.

Quando houver muitos libertos, será necessário que as leis civis fixem os que eles devem aos seus patronos, ou que o contrato de alforria fixe esses deveres para as leis civis.

Percebe-se que a condição deles deve ser mais favorecida no estado civil do que no Estado político, porque, mesmo no governo popular, o poder não deverá cair, de maneira alguma, nas mãos da camada baixa da população.

Em Roma, onde havia tantos libertos, as leis políticas foram admiráveis no que a eles respeitava. Pouco se deu a eles, e não eram excluídos de quase nada. Tinham alguma participação na legislação, mas quase não influíam nas resoluções que se podiam tomar. Era-lhes facultado participar dos cargos e até do sacerdócio,[762] mas este privilégio era, de algum modo, tornado vão pelas desvantagens que eles sofriam nas eleições. Gozavam do direito de ingressar na milícia, mas, para ser soldado, era necessário um certo censo. Nada impedia os libertos[763] de se unir, mediante casamento, com as famílias ingênuas, mas não lhes era permitida a ligação com as famílias dos senadores. Enfim, seus filhos eram ingênuos, embora eles próprios não o fossem.

CAPÍTULO XIX — DOS LIBERTOS E DOS EUNUCOS

Assim, no governo de muitos,[764] é frequentemente útil que a condição dos libertos esteja pouco abaixo daquela dos ingênuos, e que as leis objetivem lhes suprimir o pesar de sua própria condição. No governo de um só,[765] porém, quando imperam o luxo e o poder arbitrário, nada há a fazer no que concerne a isso. Os libertos se acham quase sempre acima dos homens livres. Dominam na corte do príncipe e nos palácios dos grandes e, como estudaram as fraquezas de seu senhor, e não suas virtudes, fazem-no reinar não por suas virtudes, mas por suas fraquezas. Tais eram os libertos em Roma no tempo dos imperadores.

---

761. *Êxodo*, XXI, 2.

762. Tácito, *Anais*, XIII, XXVII.

763. Arenga de Augusto, em Dion, LVI.

764. Isto é, a democracia. (N.T.)

765. A monarquia. (N.T.)

Quando os principais escravos são eunucos, qualquer que seja o privilégio que a eles seja concedido, não se pode, em absoluto, considerá-los como libertos, pois, visto que eles não podem constituir família, estão, por sua natureza,[766] ligados a uma família, e é somente por meio de uma espécie de ficção que podemos considerá-los cidadãos.

Entretanto, há países nos quais todas as magistraturas lhes são conferidas. "Em Tonquim",[767] relata Dampierre,[768] "todos os mandarins civis e militares são eunucos". Eles não têm família, e, embora sejam naturalmente avaros, o senhor ou o príncipe acabam por tirar proveito da própria avareza deles.

O mesmo Dampierre[769] nos narra que nesse país os eunucos não podem passar sem mulheres[770] e se casam. A lei que lhes permite que se casem não pode se fundar, por um lado, senão na consideração que se tem por semelhantes pessoas e, por outro, no desprezo que aí se vota às mulheres.

Assim, confia-se a estas pessoas as magistraturas porque elas não têm família; e, por outro lado, a elas se concede a permissão de casar-se, por elas terem as magistraturas.

É nessa conjuntura que os sentidos que restam querem obstinadamente suprir os que foram perdidos, e os empreendimentos do desespero constituem uma espécie de gozo. E assim, segundo Milton,[771] esse espírito, ao qual restam apenas desejos, compenetrado de sua degradação, deseja fazer uso de sua própria impotência.

Constata-se, na história da China, a existência de um grande número de leis que visam subtrair dos eunucos todos os cargos civis e militares, mas eles retornam sempre. Parece que os eunucos, no Oriente, são um mal necessário.

---

766. Montesquieu se expressa aqui de maneira imprópria, dando margem a uma ideia equívoca. O eunuco (literalmente, *guardião do leito;* por extensão, guardião das mulheres) era castrado, obviamente, em virtude dessa função, já que é cândido e nada pragmático *colocar a raposa para cuidar do galinheiro*. Portanto, *ser* eunuco era uma *condição* produzida artificialmente, e não uma *natureza*. (N.T.)

767. Ocorria, outrora, o mesmo na China. Os dois árabes muçulmanos que viajaram pela China no século IX dizem *o eunuco* quando querem se referir ao governador de uma cidade.

768. Tomo III.

769. Ibidem.

770. No original, "*se passer de femmes*". A ideia é *dispensar* as mulheres, pois estas são necessárias à celebração do contrato civil do casamento para efeito legal e à imagem positiva de detentores de altos cargos de confiança. Evidentemente, o "não podem passar sem mulheres" não significa que não podem viver sem relações sexuais com elas. Logo depois, o autor explicita essa ideia. (N.T.)

771. John Milton, poeta inglês que floresceu no século XVII. (N.T.)

LIVRO XVI — DA RELAÇÃO DAS LEIS DA ESCRAVIDÃO DOMÉSTICA COM A NATUREZA DO CLIMA

CAPÍTULO I — DA SERVIDÃO DOMÉSTICA

Os escravos são mais estabelecidos *para a* família do que *na* família. Desse modo, distinguirei sua servidão daquela das mulheres em alguns países, a qual denominarei apropriadamente de servidão doméstica.

CAPÍTULO II — NOS PAÍSES DO SUL HÁ, NO QUE CONCERNE AOS DOIS SEXOS, UMA DESIGUALDADE NATURAL

As mulheres se tornam núbeis[772] nos climas quentes aos oito, nove ou dez anos, de sorte que infância e casamento quase caminham juntos. Estão velhas aos vinte anos, e, portanto, a razão, nelas, jamais se encontra com a beleza. Quando a beleza exige o seu Império, a razão o recusa; quando a razão poderia lográ-lo, não existe mais beleza. As mulheres devem permanecer na dependência, pois não é possível à razão oferecer-lhes na velhice um Império que a beleza não lhes proporcionara na própria juventude. Consequentemente, é muito simples um homem, quando a religião não se opõe, deixar sua mulher e tomar outra, como é muito simples também que ocorra o surgimento da poligamia.

Nos países temperados, onde os encantos das mulheres se conservam melhor, onde elas se tornam núbeis mais tarde e onde elas têm filhos numa idade mais avançada, a velhice do marido acompanha, de algum modo, a sua; e, como elas dispõem de mais raciocínio e conhecimentos quando se casam, talvez por terem vivido mais tempo, é natural que tenha surgido

---

772. Maomé desposou Cadija quando esta tinha cinco anos, e se deitou com ela quando ela tinha oito. (*) Nos países quentes da Arábia e das Índias, as meninas tornam-se núbeis aos oito anos e dão à luz um ano depois. Prideaux, *Vida de Maomé*. Vê-se mulheres, nos reinos de Argel, parir aos nove, dez e onze anos. Laugier de Tassis, *História do Reino de Argel*. [(*) O autor se equivoca. Foi Ayesha que Maomé desposou quando esta tinha seis anos. Só desposou Cadija quando esta tinha quarenta anos. (N.T.)]

uma espécie de igualdade entre os dois sexos e, consequentemente, a lei de uma única mulher.[773]

Nos países frios, o uso quase indispensável de bebidas fortes criou a intemperança masculina. Quanto às mulheres, que têm, quanto a isto, um comedimento natural, porque têm sempre que se defender, possuem, em relação aos homens, a vantagem do raciocínio.

A natureza, que distinguiu os homens com a força e a razão, não deixou em poder destes outro limite senão o desta força e desta razão. Concedeu às mulheres os atrativos e quis que seu ascendente findasse com seus atrativos; nos países quentes, contudo, tais atrativos apenas se apresentam no início, e nunca no desenrolar da vida das mulheres.

Assim, a lei que permite uma só mulher se ajusta mais à realidade física do clima da Europa do que à realidade física do clima da Ásia. Esta é uma das razões que levaram o maometismo a encontrar tanta facilidade no seu estabelecimento na Ásia e tanta dificuldade para se expandir na Europa; para o cristianismo ter se mantido na Europa e ter sido destruído na Ásia e, finalmente, para os maometanos realizarem tanto progresso na China, e os cristãos, tão pouco. As razões humanas estão sempre subordinadas a essa causa suprema, que faz tudo que lhe apraz e se serve de tudo que quer.

Algumas razões pessoais de Valenciano[774] fizeram-no permitir a poligamia no Império. Esta lei, violenta para nossos climas, foi revogada[775] por Teodósio, Arcádio e Honório.

CAPÍTULO III — A PLURALIDADE DAS MULHERES DEPENDE MUITO DE SUA MANUTENÇÃO

Ainda que nos países onde a poligamia esteja estabelecida, o grande número das mulheres dependa em grande medida das riquezas do marido, não é possível, contudo, afirmar que sejam as riquezas que determinam o estabelecimento da poligamia num Estado, podendo a pobreza produzir o mesmo efeito, como afirmarei, ao falar dos selvagens.

A poligamia é menos um luxo do que a oportunidade de um grande luxo entre as nações poderosas. Nos climas quentes tem-se menos necessidades;[776] custa menos manter uma mulher e crianças. Pode-se, portanto, nos países de clima quente, possuir um maior número de mulheres.

---

773. Ou seja, a monogamia masculina. (N.T.)

774. Ver Jornandês, *De regno et tempor. succes.* e os historiadores eclesiásticos.

775. Ver a lei 7 no Código *de Judaeis et cælicolis* e a novela VIII, capítulo V.

776. No Ceilão, um homem vive um mês com dois soldos; come-se aí somente arroz e peixe. *Recueil des voyages qui ont servi à l'établissement de la Compagnie des Indes*, t. II, parte I.

CAPÍTULO IV — DA POLIGAMIA, SUAS DIVERSAS CIRCUNSTÂNCIAS

Segundo os cômputos levados a cabo em diversos pontos da Europa, neles nascem mais meninos do que meninas.[777] Ao contrário, os relatórios da Ásia[778] e da África[779] nos informam que nestes continentes nascem muito mais meninas do que meninos. A lei monogâmica masculina na Europa e a que permite ter muitas mulheres, da Ásia e da África, têm, portanto, uma certa relação com o clima.

Nos climas frios da Ásia, nascem, como na Europa, mais meninos do que meninas, razão pela qual, dizem os lamas,[780] existe entre eles uma lei que permite a uma mulher ter muitos maridos.[781]

Mas não creio que haja muitos países onde a desproporção seja tão grande a ponto de exigir que seja introduzida a lei poligâmica masculina ou a lei poligâmica feminina. Isto somente significa que a pluralidade das mulheres, ou mesmo a dos homens, afasta-se menos da natureza em certos países do que em outros.

Reconheço que, se o que os relatórios nos informam for verdadeiro, ou seja, que em Bantam[782] há dez mulheres para cada homem, se trataria de um caso bastante particular da poligamia.

Em tudo isso não justifico os usos, porém apresento as suas razões.

CAPÍTULO V — RAZÃO DE UMA LEI DE MALABAR

Na costa de Malabar, relativamente à casta dos naires,[783] os homens só podem ter uma mulher, e uma mulher, ao contrário, pode ter vários maridos. Creio ser possível descobrir a origem deste costume. Os naires são a casta dos nobres, os guerreiros de todas estas nações. Na Europa, impede-se o casamento dos soldados. Em Malabar, onde o clima faz maiores

---

777. Arbutnot considera que na Inglaterra o número de meninos excede o de meninas. Disso se concluiu equivocadamente que ocorre o mesmo em todos os climas.

778. Ver Kempfer, que nos relata um recenseamento de Meaco, no qual se registram 182.072 homens e 223.573 mulheres.

779. Ver *Viagem a Guiné*, de Smith, segunda parte, a respeito do país de Anteu.

780. Du Halde, *Memórias da China*, t. IV.

781. Albuzeir-el-Hassen, um dos dois muçulmanos árabes que visitaram as Índias e a China no século IX, considera esse costume uma forma de prostituição. É que nenhuma outra coisa abalava tanto as ideias maometanas.

782. *Recueil des voyages qui ont servi à l'établissement de la Compagnie des Indes*, t. I.

783. *Viagem*, de François Pyrard, capítulo XXVII, *Cartas edificantes*, 3ª e 10ª coleções, sobre o Maleami, na costa de Malabar. Isso é considerado um abuso da profissão militar e, como diz Pyrard, uma mulher da casta dos brâmanes jamais desposaria vários maridos.

exigências, contentou-se em tornar o casamento dos guerreiros o menos embaraçoso possível, dando uma mulher a vários homens e com isso diminuindo o apego que um homem tem por uma família e pelos cuidados domésticos, salvaguardando assim, nestes homens, o espírito marcial.

CAPÍTULO VI — DA POLIGAMIA EM SI MESMA

Se encararmos a poligamia em geral, independentemente das circunstâncias que a possam tornar um pouco tolerável, concluiremos que não é, de modo algum, útil ao gênero humano, nem a nenhum dos sexos, seja àquele que abusa, seja àquele do qual se abusa. Tampouco é útil aos filhos, e um de seus grandes inconvenientes é que o pai e a mãe não podem ter a mesma afeição por seus filhos; não é possível, a um pai, amar vinte filhos como uma mãe ama dois. E é decididamente pior quando uma mulher tem vários maridos, porque neste caso o amor paternal se funda apenas na opinião que um pai pode alimentar, se para isso estiver disposto, ou que os outros possam alimentar, de que certos filhos lhe pertencem.

Diz-se que o rei de Marrocos tem em seu serralho mulheres brancas, mulheres negras, mulheres amarelas. Que infeliz! Mal tem necessidade de uma só cor.

A posse de muitas mulheres nem sempre previne os desejos[784] pela mulher alheia: acontece com a luxúria o mesmo que acontece com a avareza, ou seja, sua sede é aumentada mediante a aquisição dos tesouros.

No tempo de Justiniano, muitos filósofos, incomodados pelo cristianismo, mudaram-se para a Pérsia, junto a Cosróis. O que mais os impressionou, diz Agatias,[785] foi o fato de a poligamia ser permitida a pessoas que nem sequer se abstinham do adultério.

A pluralidade das mulheres, quem diria? — conduz a esse amor que a natureza reprova: é que uma dissolução acarreta sempre uma outra. Na revolução que sucedeu em Constantinopla, quando o sultão Achmet foi deposto, registram os relatórios que, tendo o povo saqueado a casa do chiaia,[786] lá não encontraram uma única mulher. Diz-se que em Argel[787] se chegou a este ponto, ou seja, não havia mulheres na maior parte dos serralhos.

---

784. É a razão de se ocultar com tanto cuidado as mulheres no Oriente.

785. *Da vida e das ações de Justiniano.*

786. O *chiaia* era o principal funcionário do padixá [nome atribuído ao sultão pelos turcos (N.T.)].

787. Laugier de Tassis, *História de Argel.*

CAPÍTULO VII — DA IGUALDADE DE TRATAMENTO NO CASO DA PLURALIDADE DAS MULHERES

Da lei da pluralidade das mulheres decorre a da igualdade do tratamento. Maomé, que permite quatro mulheres, quer que tudo seja igual entre elas, a saber, alimentação, hábitos, dever conjugal. Esta lei está também estabelecida entre os maldivas,[788] onde se pode desposar três mulheres.

A Lei de Moisés[789] chega a determinar que, se alguém casou seu filho com uma escrava, desposando posteriormente uma mulher livre, isso não privará a escrava de suas vestimentas, de sua alimentação e de seus deveres. Podia-se proporcionar mais à nova esposa, porém era preciso que a primeira não tivesse menos.

CAPÍTULO VIII — DA SEPARAÇÃO DAS MULHERES DOS HOMENS

Constitui uma consequência da poligamia nas nações voluptuosas e ricas dispor de uma quantidade muito grande de mulheres. Sua separação dos homens e sua reclusão derivam naturalmente do fato de existirem em grande número. A ordem doméstica assim o exige; um devedor em condição de insolvência procura pôr-se ao abrigo das perseguições de seus credores. Há climas tais nos quais o físico possui uma tal força que a moral é aí quase impotente. Deixai um homem com uma mulher e as tentações constituirão quedas, o ataque será certeiro, e a resistência, nula. Nesses países, em lugar de preceitos, são necessários ferrolhos.

Um livro clássico[790] da China considera um prodígio de virtude estar só, num recinto afastado, com uma mulher, sem violentá-la.

CAPÍTULO IX — LIGAÇÃO DO GOVERNO DOMÉSTICO COM O POLÍTICO

Numa república, a condição dos cidadãos é limitada, igual, branda, moderada; tudo se ressente da liberdade pública. O império sobre as mulheres não poderia ser bem exercido e, quando o clima exigiu esse império, o governo de um só se revelou o mais conveniente. Eis uma das razões que

---

788. *Viagem*, de François Pyrard, capítulo XII.

789. *Êxodo*, XXI, 10 e 11.

790. "Encontrar num lugar ermo um tesouro do qual se seja o dono, ou uma bela mulher sozinha num recinto afastado; ouvir a voz do inimigo que perecerá se não for socorrido: admirável pedra de toque." Tradução de uma obra chinesa sobre a moral em Du Halde, t. III.

têm feito com que o governo popular seja sempre de difícil estabelecimento no Oriente.

Ao contrário, a servidão das mulheres guarda grande conformidade com o espírito do governo despótico, que aprecia de tudo abusar. Assim, se tem presenciado, em todas as épocas, na Ásia, caminharem no mesmo passo a servidão doméstica e o governo despótico.

Num governo em que se almeja sobretudo a tranquilidade e no qual a subordinação extrema se chama paz, é necessário manter as mulheres reclusas, porque suas intrigas seriam fatais para os maridos. Um governo que não dispõe de tempo para sondar a conduta dos súditos a tem como suspeita apenas pelo que ela aparenta e pelo que faz sentir.

Suponhamos por um momento que a leviandade e as indiscrições, os gostos e as aversões de nossas mulheres, suas grandes e pequenas paixões fossem transportados para um governo do Oriente, gozando da atividade e da liberdade com que elas vivem entre nós: qual o pai de família que poderia ficar tranquilo por um só momento? Em toda parte indivíduos suspeitos, por toda parte inimigos; o Estado seria sacudido, ver-se-iam correr rios de sangue.

CAPÍTULO X — PRINCÍPIO DA MORAL DO ORIENTE

No caso da multiplicidade das mulheres, quanto mais a família deixa de ser una, mais as leis devem reunir num centro essas partes destacadas, e quanto mais diversos os interesses, mais fácil será as leis reconduzirem a um único interesse.

Isso é produzido principalmente mediante a clausura. Não só devem as mulheres ser separadas dos homens pela clausura da casa como também devem permanecer separadas dentro desta própria clausura, de sorte que aí façam como uma família particular dentro da família. Disso resulta, para as mulheres, toda a prática da moral: o pudor, a castidade, o comedimento, o silêncio, a paz, a dependência, o respeito, o amor, enfim, uma orientação geral de sentimentos à melhor coisa do mundo por sua natureza, ou seja, o apego exclusivo à sua família.

As mulheres têm naturalmente que cumprir tantos deveres que lhes são próprios que não se pode separá-las suficientemente de tudo que poderia lhes propiciar outras ideias, de tudo que se trata como divertimentos e de tudo a que se chama de negócios.

Costumes mais puros são encontrados nos diversos Estados do Oriente, na medida em que o enclausuramento das mulheres é mais meticuloso. Nos grandes Estados, há necessariamente grandes senhores. Quanto mais eles dispõem de bons meios, mais se acham na condição de manter as mulheres numa clausura rigorosa e impedi-las de ingressar na sociedade. É por isso que, nos Impérios da Turquia, da Pérsia, da Mongólia, da China e do Japão, os costumes femininos são admiráveis.

O mesmo não é possível afirmar das Índias, cujo número imenso de ilhas e a situação do território dividiram-na numa infinidade de pequenos Estados onde um grande número de causas, as quais não tenho tempo de transcrever aqui, torna despóticos.

Aí há somente miseráveis que saqueiam e miseráveis que são saqueados. Aqueles que são chamados de grandes dispõem apenas de precários recursos; aqueles que são chamados de pessoas abastadas nada mais têm do que o suficiente para sua subsistência. Nesses lugares não é possível que a reclusão das mulheres seja tão rigorosa; não se pode tomar precauções tão consideráveis para contê-las, e a corrupção de seus costumes é inconcebível.

É nesses casos que se constata até que ponto os vícios do clima, largamente liberados, são capazes de conduzir à desordem. É nesses casos que a natureza detém uma força, e o pudor, uma fraqueza, incompreensíveis. Em Patane,[791] a lubricidade[792] das mulheres é tal que os homens são forçados a utilizar certas guarnições para se furtarem às suas investidas. Segundo Smith,[793] as coisas não se apresentam melhor nos pequenos reinos da Guiné. Parece que, nesses países, os dois sexos não acatam sequer suas próprias leis.[794]

CAPÍTULO XI — DA SERVIDÃO DOMÉSTICA INDEPENDENTE DA POLIGAMIA

Não é somente a pluralidade das mulheres que exige sua clausura em certos lugares do Oriente: é também o clima. Aqueles que lerão sobre os horrores,

---

791. *Recueil des voyages qui ont servi à l'établissement de la Compagnie des Indes*, t. II, parte II.

792. Nas Maldivas, os pais casam suas filhas aos dez e onze anos porque constitui um grande pecado, dizem eles, fazê-las suportar a necessidade de homens. *Viagem*, de François Pyrard, capítulo XII. Em Bantam, logo que uma menina completa treze ou catorze anos, é preciso casá-la, se não se quiser que ela leve uma vida desregrada. *Recueil des voyages qui ont servi à l'établissement de la Compagnie des Indes*.

793. *Voyage de Guinée*, segunda parte: "Quando as mulheres", diz ele, "encontram um homem, elas o agarram e ameaçam denunciá-lo aos seus maridos se ele as despreza. Elas se colocam furtivamente no leito de um homem, despertam-no, e ele as repudia, ameaçam-no apelando para o flagrante".

794. O leitor contemporâneo do século XXI deve evidentemente situar-se no âmbito da moral europeia do século XVIII para digerir essa suspeita, insatisfatória e pouco científica análise de costumes realizada por Montesquieu. Deve, por outro lado, descontar o fato de que ele dispunha de parcas e dúbias fontes de informação, como esse *Recueil...*, no qual se baseia com tanta frequência. (N.T.)

os crimes, as perfídias, as atrocidades,[795] os venenos, os assassinatos ocasionados pela liberdade das mulheres em Goa e nos estabelecimentos dos portugueses nas Índias, onde a religião só permite uma mulher, e que os compararão à inocência e à pureza dos costumes das mulheres da Turquia, da Pérsia, da Mongólia, da China e do Japão, verão com clareza que é com frequência tão necessário separá-las dos homens quando se tem somente uma quanto quando se tem várias.

É o clima que deve decidir estas coisas. De que serviria enclausurar as mulheres nos nossos países do norte, onde seus costumes são naturalmente bons, onde todas as suas paixões são calmas, pouco ativas, pouco refinadas; onde o amor exerce sobre o coração um Império tão controlado que a menor vigilância basta para as conduzir?

Constitui uma felicidade viver em climas que permitem a comunicação, onde o sexo detentor de mais encantos parece enfeitar a sociedade; e onde as mulheres, reservando-se aos prazeres de um só, servem ainda ao entretenimento de todos.

CAPÍTULO XII — DO PUDOR NATURAL

Todas as nações estão de acordo quanto a votar desprezo à incontinência feminina; é que a natureza falou a todas as nações. Estabeleceu a defesa, estabeleceu o ataque e, tendo colocado desejos dos dois lados, instalou em um a temeridade e, no outro, a vergonha. Concedeu aos indivíduos, para que se conservassem, longos períodos de tempo, concedendo-lhes, para sua perpetuação, apenas momentos.

Não é verdadeiro, portanto, que a incontinência siga as leis da natureza; ao contrário, ela as transgride. É o acato e o comedimento que seguem estas leis.

Ademais, é da natureza dos seres inteligentes captar suas imperfeições: a natureza instalou em nós o pudor, isto é, a vergonha de nossas imperfeições.

Quando, então, o poder físico de certos climas viola a lei natural dos dois sexos e aquela dos seres inteligentes, cabe ao legislador produzir leis civis que forcem a natureza do clima e restabeleçam as leis primitivas.

CAPÍTULO XIII — DO CIÚME

Convém distinguir bem, do ponto de vista dos povos, o ciúme passional do zelo do costume, dos usos, das leis. Um é uma febre ardente que

---

795. Montesquieu emprega o termo "*noirceurs*" (literalmente, negrumes, nódoas negras), o que sugere mais uma vez a visão europeia preconceituosa dessa sua análise dos costumes dos povos. (N.T.)

devora; o outro, frio, mas por vezes terrível, pode aliar-se à indiferença e ao menosprezo.

Um, que é abuso do amor, extrai sua origem do próprio amor. O outro se refere exclusivamente aos costumes, às maneiras da nação, às leis do país, à moral e, às vezes, mesmo à religião.[796]

Constitui quase sempre o efeito da força física do clima, sendo o remédio desta força física.

CAPÍTULO XIV — DO GOVERNO DOMÉSTICO NO ORIENTE

Muda-se com tamanha frequência de mulheres no Oriente que elas ficam impossibilitadas de cuidar da administração doméstica. Disso são encarregados os eunucos; a eles são entregues todas as chaves, e eles se encarregam também dos negócios domésticos. "Na Pérsia", diz Chardin, "dão-se às mulheres suas vestimentas, como se faria às crianças". Assim, esse cuidado, que a elas parece tanto convir, que em todos os outros lugares constitui o primeiro de seus cuidados, não lhes diz respeito.

CAPÍTULO XV — DO DIVÓRCIO E DA REJEIÇÃO

Entre o divórcio e a rejeição há a diferença de que o divórcio é realizado por um consentimento mútuo, por ocasião de uma incompatibilidade mútua, enquanto a rejeição é realizada pela vontade e para a vantagem de uma das duas partes, independentemente da vontade e da vantagem da outra parte.

Por vezes, é tão necessário às mulheres praticarem a rejeição, e é para elas tão desagradável fazê-lo, quanto é dura a lei que concede este direito aos homens sem concedê-lo às mulheres. Um marido é o senhor da casa; dispõe de mil meios de manter ou dirigir suas mulheres ao dever; e parece que, em suas mãos, a rejeição não passa de um novo abuso de poder. Mas uma mulher que rejeita limita-se a aplicar um triste remédio. Constitui para ela sempre uma grande desventura ser constrangida a procurar um novo marido quando já perdeu a maioria de seus atrativos com um outro. É uma das vantagens dos encantos da juventude nas mulheres o fato de, numa idade avançada, um marido portar-se com benevolência em função da lembrança de seus prazeres.

---

796. Maomé recomendou aos seus sectários que fossem ciosos de suas mulheres. Um certo imã diz, ao morrer, a mesma coisa, e Confúcio não pregou menos essa doutrina.

É, portanto, uma regra geral em todos os países em que a lei concede aos homens a faculdade de rejeitar que ela deva concedê-la também às mulheres. E mais: nos climas onde as mulheres vivem num regime de escravidão doméstica, parece que a lei deve permitir às esposas a rejeição, e, aos maridos, somente o divórcio.

Quando as mulheres se encontram num serralho, o marido fica impossibilitado de rejeitá-las, em função de incompatibilidade de costumes. Trata-se de falha do marido se os costumes são incompatíveis.

A rejeição em razão da esterilidade da mulher só poderia ter lugar no caso de uma única esposa.[797] Quando se tem várias mulheres, esta razão, para o marido, carece de qualquer importância.

A lei dos maldivas[798] permite que se retome uma mulher que se tenha rejeitado. A lei do México[799] proibia a nova união, sob pena de morte. A lei do México era mais sensata do que a dos maldivas; mesmo na ocasião da dissolução, cogitava da eternidade do casamento, enquanto a lei dos maldivas parece brincar igualmente com o casamento e a rejeição.

A lei do México concedia apenas o divórcio. Tratava-se de uma nova razão para não permitir em absoluto que as pessoas que haviam voluntariamente se separado voltassem a se unir. A rejeição parece vincular-se mais ao ímpeto do espírito e a alguma paixão da alma; o divórcio parece ser questão de conselho.

O divórcio apresenta ordinariamente uma grande utilidade política e, quanto à utilidade civil, é estabelecido para o esposo e para a esposa e não é sempre favorável aos filhos.

CAPÍTULO XVI — DA REJEIÇÃO E DO DIVÓRCIO ENTRE OS ROMANOS

Rômulo permitia ao marido rejeitar sua mulher se esta houvesse cometido adultério, preparado veneno ou adulterado chaves. Não conferiu de modo algum às mulheres o direito de rejeitar os maridos. Plutarco[800] considera esta lei muito severa.

Como a Lei de Atenas[801] concedia à mulher, bem como ao marido, a faculdade de rejeitar, e como se constata que as mulheres obtiveram este

---

797. Isso não significa que a rejeição em virtude da esterilidade seja permitida no cristianismo.

798. *Viagem*, de François Pyrard. Retomar-se-á de preferência a uma outra, porque, neste caso, são necessárias menos despesas.

799. *Histoire de sa conquête* (*História de sua conquista*), de Sólis.

800. *Vie de Romulus* (*Vida de Rômulo*), c. XI.

801. Era uma lei de Sólon.

direito entre os primeiros romanos, não obstante a Lei de Rômulo, fica claro que esta instituição foi uma daquelas que os deputados de Roma trouxeram de Atenas e foi introduzida na Lei das Doze Tábuas.

Cícero[802] afirma que as causas da rejeição provêm da Lei das Doze Tábuas. Não é possível, portanto, duvidar que esta lei não houvesse aumentado o número das causas de rejeição estabelecidas por Rômulo.

A faculdade do divórcio foi também uma disposição, ou ao menos uma consequência, da Lei das Doze Tábuas, pois desde o momento em que a mulher ou o marido tinham independentemente o direito da rejeição, com maior razão podiam apartar-se de comum acordo e mediante uma vontade mútua.

A lei não exigia que fossem apresentadas as causas para o divórcio.[803] É que, em virtude da natureza da coisa, eram necessárias as causas para a rejeição, não sendo necessárias, de maneira alguma, para o divórcio, porque, onde a lei estabelece causas que podem romper o casamento, a incompatibilidade mútua se revela a mais forte de todas.

Dionísio de Halicarnasso,[804] Valério Máximo[805] e Aulo Gélio[806] relatam um fato que não me parece verossímil. Asseveram que, embora houvesse em Roma a faculdade de rejeitar a esposa, tinha-se tanto respeito pelos auspícios que ninguém, durante quinhentos e vinte anos,[807] fez uso deste direito até Carvílio Ruga, que rejeitou a sua devido à esterilidade desta. Mas basta conhecer a natureza do espírito humano para percebermos que prodígio seria ninguém utilizar uma lei que proporcionava a todo um povo tal direito. Coriolano, partindo para o exílio, aconselhou[808] a esposa a casar-se com um homem mais feliz do que ele. Acabamos de ver que a Lei das Doze Tábuas e os costumes dos romanos expandiram bastante a Lei de Rômulo. Por que tais extensões, se jamais se fizera uso da faculdade da rejeição? Ademais, se os cidadãos tivessem um tal respeito pelos auspícios, a ponto de nunca utilizarem a rejeição, por que os legisladores romanos teriam menos respeito pelos auspícios? Como a lei romana insistia em corromper os costumes?

---

802. *Mimam res suas sibi habere jussit, ex duodecim tabulis causam addidit. Filípica*, II, LXIX.

803. Justiniano altera isso. *Novela* CXVII.

804. II.

805. II, IV.

806. IV, III.

807. Segundo Dionísio de Halicarnasso e Valério Máximo; e 523, segundo Aulo Gélio. É por isso que não indicam os mesmos cônsules.

808. Ver o discurso de Vetúrio em Dionísio de Halicarnasso.

Pelo cotejo de dois trechos de Plutarco, ver-se-á desaparecer o maravilhoso do fato em questão. A lei real[809] permitia ao marido rejeitar a esposa nos três casos aos quais nos referimos. "E ela determinava", diz Plutarco,[810] "que aquele que rejeitasse em outros casos era obrigado a dar a metade de seus bens à esposa, devendo a outra metade ser consagrada a Ceres." Ficava-se possibilitado, então, a rejeitar em todos os casos, desde que se submetendo a essa pena. Ninguém o fez antes de Carvílio Ruga,[811] "que", como complementa Plutarco,[812] "rejeitou sua esposa devido à esterilidade, duzentos e trinta anos depois de Rômulo", isto é, a rejeitou setenta e um anos antes da Lei das Doze Tábuas, que ampliava o poder de rejeitar e as causas da rejeição.

Os autores citados por mim dizem que Carvílio Ruga amava sua esposa, mas que, devido à esterilidade dela, os censores o fizeram jurar que a rejeitaria, para que ele pudesse dar filhos à República, e isto o tornou odioso ao povo. É preciso conhecer o espírito do povo romano para descobrir a verdadeira causa do ódio que este nutriu por Carvílio. Não foi porque Carvílio rejeitou sua esposa que caiu em desgraça diante do povo — isto era algo com que o povo não se constrangia. Mas Carvílio fizera um juramento perante os censores, cujo teor era que, pela esterilidade de sua esposa, ele a rejeitaria para dar filhos à República. Tratava-se, aos olhos do povo, de um jugo a ser imposto pelos censores sobre ele. Mostrarei na sequência desta obra a repugnância que o povo romano sempre experimentou por tais regulamentos. Mas qual seria a origem de tal contradição entre esses autores? Ei-la: Plutarco examinou um fato; os outros narraram uma maravilha.

---

809. Plutarco, *Vida de Rômulo*.

810. Ibidem.

811. Efetivamente, a causa de esterilidade não é considerada pela lei de Rômulo. Tudo indica que ele não ficou, de modo algum, sujeito ao confisco, porque seguia a ordem dos censores.

812. Na *Comparação entre Teseu e Rômulo*.

LIVRO XVII — COMO AS LEIS DA SERVIDÃO POLÍTICA SE RELACIONAM COM A NATUREZA DO CLIMA

CAPÍTULO I — DA SERVIDÃO POLÍTICA

A servidão política não depende menos da natureza do clima do que a civil e a doméstica, como se demonstrará.

CAPÍTULO II — DIFERENÇA DOS POVOS NO QUE TANGE À CORAGEM

Já afirmamos que o calor intenso debilita o vigor e a coragem dos homens, e que havia, nos climas frios, uma certa força no corpo e no espírito que tornava os homens capazes de ações prolongadas, árduas, grandiosas e ousadas. Isso se observa não somente de nação para nação, como também no seio do mesmo país, de uma região para outra. Os povos do norte da China são mais destemidos que os do sul;[813] os povos do sul da Coreia[814] não o são tanto quanto os do norte.

Não é de surpreender, portanto, que a covardia dos povos dos climas quentes os tenha quase sempre transformado em escravos, e que a coragem dos povos dos climas frios os tenha mantido livres. Trata-se de um efeito derivado da causa natural.[815]

---

813. Du Halde, t. I.

814. Assim asseveram os livros chineses. Ibidem, t. IV.

815. Já nos referimos em nota anterior ao simplismo e à fragilidade desta teoria de Montesquieu, especialmente diante de desdobramentos e eventos históricos que sucederam após o século em que viveu o autor (XVIII), nos quais vários povos do sul do planeta, vivendo sob climas tropicais e até tórridos (vietnamitas no sudeste asiático, cubanos no Caribe e moçambicanos na África, só para citar alguns exemplos mais recentes), lutaram *com coragem ímpar* por sua independência, soberania e ideologia políticas. Parece-nos que essa teoria europeizante de fundo colonialista está sepultada. (N.T.)

Isto se revela também verdadeiro na América. Os Impérios despóticos do México e do Peru se achavam na linha do equador e quase todos os pequenos povos livres se achavam ou se acham ainda próximos aos polos.[816]

CAPÍTULO III — DO CLIMA DA ÁSIA

Os relatórios[817] nos informam "que o norte da Ásia, este vasto continente que vai do quadragésimo grau, ou, aproximadamente, até o polo, e das fronteiras da Moscóvia até o mar oriental, encontra-se sob um clima muito frio; que esse território imenso está dividido do oeste ao leste por uma cadeia de montanhas que deixam ao norte a Sibéria e ao sul a grande Tartária; que o clima da Sibéria é tão frio que, à exceção de alguns lugares, o cultivo é impossível; e que embora os russos tenham estabelecimentos ao longo de todo o Irtis, eles aí nada cultivam; que só sobrevivem nessa região pequenos abetos e arbustos; que os nativos da região estão distribuídos em povoados miseráveis, semelhantes àqueles do Canadá; que a razão desse frio provém, de um lado, da altitude do território e, de outro, do fato de que, à medida que se vai do sul para o norte, as montanhas perdem muito em altura, de sorte que o vento do norte sopra em todas as partes sem encontrar obstáculos; que esse vento, que torna a Nova Zembla inabitável, soprando na Sibéria, a torna incultivável; que na Europa, ao contrário, as montanhas da Noruega e da Lapônia são baluartes admiráveis que cobrem os países do norte com esse vento; que isso faz com que em Estocolmo, que fica a cinquenta e nove graus de latitude, ou aproximadamente, a terra produza frutos, grãos, plantas, e que nos arredores do Abo, que se encontra no sexagésimo primeiro grau, do mesmo modo que a sessenta e três e sessenta e quatro graus, há minas de prata e a terra é bastante fértil".

Vemos ainda nesses relatórios "que a grande Tartária, que está ao sul da Sibéria, é também muito fria; que a região não é de modo algum cultivada; que só se encontram pastagens para os rebanhos; que não crescem árvores, mas apenas algumas urzes, como na Islândia; que há, perto da China e da Mongólia, algumas regiões onde cresce uma espécie de milho miúdo, mas que nem o trigo nem o arroz conseguem amadurecer; que não há, em

---

816. Montesquieu, mais uma vez, é vítima da precariedade de informações fidedignas sobre outros continentes e países distantes da Europa. É bastante provável que se refira ao Império Asteca e ao Império Inca, onde, a propósito, os "civilizados" europeus representados pelos espanhóis se destacaram pela prática da crueldade em larga escala, movidos por uma cupidez quase doentia, e deram provas contundentes e peremptórias de *franca covardia* com os povos nativos, e de *pouquíssima coragem*. (N.T.)

817. Ver as *Voyages du Nord* (*Viagens ao norte*), t. VIII; a *Histoire des Tattars* (*História dos tártaros*) e o quarto volume *Da China*, de Du Halde.

absoluto, locais na Tartária chinesa aos quarenta e três, quarenta e quatro e quarenta e cinco graus que não gelem durante sete ou oito meses do ano, de sorte que é tão fria quanto a Islândia, ainda que devesse ser mais quente do que o sul da França; que não há cidade alguma, salvo quatro ou cinco próximas do mar oriental, e algumas que os chineses, por razões políticas, construíram perto da China; que no resto da grande Tartária há apenas algumas situadas nas Bucárias, Turquestão e Carisma; que a razão desse frio extremo tem origem na natureza do solo nitroso, repleto de salitre, e arenoso e, adicionalmente, na altitude do território. Verbiest descobrira que um certo lugar, a oitenta léguas ao norte da grande muralha, perto da nascente do Kavamhuram, superava a altura do mar, próximo de Pequim, em três mil passos geométricos; que essa altitude[818] constitui a causa de, a despeito de quase todos os grandes rios da Ásia terem suas nascentes nessa região, faltar, contudo, água, de modo que não é possível que seja habitada, salvo nas proximidades dos rios e dos lagos".

Apresentados estes fatos, eis o meu raciocínio: a Ásia não possui propriamente uma zona temperada, e os locais situados sob um clima muito frio tocam abruptamente aqueles que se acham sob um clima muito quente, isto é, a Turquia, a Pérsia, a Mongólia, a China, a Coreia e o Japão.

Na Europa, ao contrário, a zona temperada é muito extensa, a despeito de estar situada sob climas muito diferentes entre si, não havendo, neste caso, nenhuma relação entre os climas da Espanha e da Itália e os da Noruega e da Suécia. Mas como o clima na Europa se torna paulatinamente frio indo do sul para o norte, quase à proporção da latitude de cada país, ocorre que cada país é aproximadamente semelhante àquele que lhe é vizinho; não existe uma diferença notável e, como acabo de dizer, a zona temperada europeia é muito extensa.

Disso se conclui que, na Ásia, as nações se opõem em termos do forte em relação ao fraco; os povos guerreiros, bravos e ativos, fazem contato imediato com os povos afeminados, preguiçosos, tímidos, sendo necessário, portanto, que estes sejam conquistados e aqueles sejam os conquistadores. Na Europa, ao contrário, a oposição entre as nações se faz do forte em relação ao forte: aquelas nações que se tocam dispõem quase da mesma coragem. Constitui isto a grande razão da debilidade da Ásia e do vigor da Europa, da liberdade da Europa e da servidão da Ásia: causa que não sei se já foi observada. É isso que faz com que, na Ásia, jamais ocorra o aumento da liberdade, enquanto na Europa ela aumenta ou diminui segundo as circunstâncias.

---

818. A Tartária é, portanto, como uma espécie de montanha plana.

TERCEIRA PARTE | **309**

Se a nobreza moscovita tivesse sido reduzida à servidão por um de seus príncipes, ver-se-ia sempre traços de impaciência que os climas do sul não propiciam. Não vimos o governo aristocrático estabelecido durante alguns dias? Se um outro reino do norte tiver perdido suas leis, pode-se confiar no clima, ele as perdeu irrevogavelmente.

CAPÍTULO IV — CONSEQUÊNCIA DISSO

O que acabamos de dizer está de acordo com os acontecimentos históricos. A Ásia foi subjugada treze vezes: onze pelos povos do norte e duas por aqueles do sul. Em tempos remotos, os citas a conquistaram três vezes; posteriormente, os medas e os persas a conquistaram cada um uma vez; os gregos, os árabes, os mongóis, os turcos, os tártaros, os persas e os aguanos[819] também. Refiro-me apenas à Ásia superior e nada menciono das invasões feitas no resto do sul dessa parte do mundo, que tem sido submetida continuamente a colossais revoluções.

Na Europa, ao contrário, conhecemos, desde o estabelecimento das colônias gregas e fenícias, somente quatro grandes transformações: a primeira, causada pelas conquistas dos romanos; a segunda, provocada pelo dilúvio de bárbaros que destruíram estes mesmos romanos; a terceira, ocasionada pelas vitórias de Carlos Magno;[820] e, a última, produzida pelas invasões dos normandos. E, se examinarmos isto detidamente, perceberemos nas próprias transformações uma força geral difundida por todas as partes da Europa. Sabe-se da dificuldade com que se defrontaram os romanos para fazer suas conquistas na Europa e a facilidade com que contaram para invadir a Ásia. Estamos cientes dos esforços e dificuldades que tiveram os povos do norte para derrubar o Império Romano, as guerras e os labores de Carlos Magno, os diversos empreendimentos dos normandos. Os destruidores eram incessantemente destruídos.

CAPÍTULO V — QUANDO OS POVOS DO NORTE DA ÁSIA E OS DO NORTE DA EUROPA REALIZARAM CONQUISTAS, OS EFEITOS DA CONQUISTA NÃO FORAM IDÊNTICOS

Os povos do norte da Europa a conquistaram na qualidade de homens livres; os povos do norte da Ásia a conquistaram na qualidade de escravos, e só venceram em proveito de um senhor.

---

819. Ou seja, os afegãos. (N.T.)

820. Nascido em 742 e morto em 814 d.C. Foi rei dos francos e senhor do Império Carolíngio, ou seja, imperador do Ocidente. (N.T.)

Isso se explica pelo fato de o povo tártaro, conquistador natural da Ásia, ter se tornado escravo. Conquista incessantemente no sul da Ásia e forma impérios, porém a parte da nação que subsiste no país se acha submetida a um grande senhor que, despótico no sul, também deseja sê-lo no norte e, mediante um poder arbitrário exercido sobre os súditos conquistados, ainda o pretende sobre os súditos conquistadores. Isto se constata claramente hoje neste vasto país a que se dá o nome de Tartária chinesa, que o imperador governa quase tão despoticamente quanto a própria China e amplia cotidianamente por meio de suas conquistas.

Pode-se ainda observar na história da China que os imperadores[821] enviaram colonos chineses à Tartária. Estes chineses se converteram em tártaros e mortais inimigos da China, o que não os impede de ter trazido à Tartária o espírito do governo chinês.

Com frequência, uma parte da nação tártara que executou uma conquista é ela própria expulsa; e transporta para os seus desertos um espírito de servidão por ela adquirido no clima da escravidão. A história da China nos forneceu disto marcantes exemplos, e também nossa história antiga.[822]

Foi o que fez com que o espírito da nação tártara ou gética fosse sempre semelhante ao dos Impérios da Ásia. Nestes, os povos são governados pelo bastão; os povos tártaros, por longos açoites. O espírito da Europa foi sempre contrário a esses costumes, e, em todas as épocas, o que os povos asiáticos têm chamado de punição os povos da Europa chamaram de ultraje.[823]

Os tártaros, destruindo o Império Grego, estabeleceram nos países conquistados a servidão e o despotismo; os godos, conquistando o Império Romano, fundaram em todo lugar a monarquia e a liberdade.

Não sei se o famoso Rudbeck,[824-825] que na sua *Atlântica* tanto louvou a Escandinávia, se referiu a essa grande prerrogativa que deve colocar as nações que a habitam acima de todos os povos do mundo; é que foram a origem da liberdade da Europa, ou seja, de quase toda a liberdade que existe hoje entre os seres humanos.

---

821. Como Ven-ti, quinto imperador da quinta dinastia.

822. Os citas conquistaram a Ásia três vezes, e três vezes foram expulsos. *Justino*, II, III.

823. Isso não se opõe ao que afirmarei no Livro XXIII, capítulo XX, sobre a maneira de pensar dos povos germanos a respeito do bastão. Qualquer que tenha sido esse instrumento, eles consideraram sempre como uma afronta o poder ou a ação arbitrária de espancar.

824. Naturalista sueco que situou na Escandinávia a *Atlântida* de Platão.

825. Olaf Rudbeck viveu entre 1630 e 1702. (N.T.)

O godo Jornandes[826] denominou o norte da Europa de fábrica do gênero humano.[827] Eu a denominarei, de preferência, de fábrica dos instrumentos que rompem os ferros forjados no sul. É aí que se formam as nações valentes que saem de seus países para destruir os tiranos e a escravidão e ensinar aos homens que, tendo a natureza os feito iguais, a razão só pode tê-los feito dependentes para a felicidade.

CAPÍTULO VI — NOVA CAUSA FÍSICA DA SERVIDÃO DA ÁSIA E DA LIBERDADE DA EUROPA

Na Ásia, sempre foram vistos grandes impérios; na Europa, estes jamais puderam subsistir. É que a Ásia que conhecemos possui planícies mais vastas e é cortada em porções maiores pelos mares e, como se acha mais ao sul, as nascentes são aí mais facilmente exauridas, as montanhas são menos cobertas pela neve e os rios[828] menos avultados constituem aí barreiras menos consideráveis.

O poder deve, então, ser sempre despótico na Ásia, pois se a servidão não fosse nela extrema, far-se-ia logo inicialmente uma divisão que a natureza do continente não pode suportar.

Na Europa, a divisão natural forma vários Estados de uma extensão mediana, nos quais o governo das leis não se revela incompatível com a manutenção do Estado — ao contrário, ele é tão favorável que, sem as leis, esse Estado cai em decadência e se torna inferior a todos os outros.

Foi o que formou um espírito de liberdade que torna cada parte muito difícil de ser subjugada e submetida a uma força estrangeira, salvo pelas leis e a utilidade de seu comércio.

Ao contrário, na Ásia impera um espírito de servidão que jamais a abandonou, e em todas as histórias desse continente é impossível descobrir um único traço que marque uma alma livre: não se verá jamais senão o heroísmo da servidão.[829]

---

826. Autor de uma *História dos Godos* (século VI).

827. *Humani generis officinam*.

828. As águas se perdem ou se evaporam antes de se juntarem ou depois de terem se juntado.

829. Ledo engano do Barão de *la Brède*: seria nessa mesma Ásia que nasceria, cerca de dois séculos depois de estas linhas serem escritas, Mohandas Mahatma Gandhi, que, com coragem serena e dignidade inquebrantável, combateu e venceu precisamente o espírito imperialista britânico. (N.T.)

CAPÍTULO VII — DA ÁFRICA E DA AMÉRICA

Eis o que me foi possível dizer sobre a Ásia e a Europa. O clima da África é semelhante àquele do sul da Ásia e se encontra em servidão idêntica. A América,[830-831] destruída e repovoada pelas nações da Europa e da África, não pode atualmente, de maneira alguma, revelar seu próprio espírito. Entretanto, o que sabemos de sua antiga história se enquadra muito bem em nossos princípios.

CAPÍTULO VIII — DA CAPITAL DO IMPÉRIO

Uma das consequências do que acabamos de dizer é que é importante para um príncipe muito poderoso a devida escolha da sede de seu Império. Aquele que o instalar no sul correrá o risco de perder no norte, e aquele que o colocar no norte conservará facilmente o sul. Não me refiro a casos particulares: a mecânica apresenta por certo seus atritos que, com frequência, alteram ou detêm os efeitos da teoria. A política também apresenta os seus.

---

830. Os pequenos povos bárbaros da América são chamados de *índios bravos* pelos espanhóis, sendo bem mais difíceis de serem submetidos do que os grandes impérios do México e do Peru.

831. Montesquieu se refere mais uma vez à conquista espanhola dos impérios Asteca e Inca, que envolveram, devemos frisá-lo, as figuras perseverantes, porém pouco honradas, de Cortez e Pizarro, numa das campanhas de subjugação mais sanguinárias e sórdidas da história das Américas. Além de roubados e insultados, os pacíficos e dóceis nativos incas do Peru, por exemplo, foram ludibriados e, por fim, assassinados covardemente, pois que, a rigor, nem batalhas houve, já que os incas peruanos não eram um povo guerreiro e, mesmo se o fossem, pouco poderiam fazer diante das armas de fogo e da astúcia dos espanhóis. Atahualpa, o derradeiro dos *incas* (título dos soberanos), foi estrangulado em 1533, por ordem de Pizarro, apesar de não ter se negado a satisfazer a desmedida cobiça deste último. Tudo foi levado a cabo oficialmente em nome do espírito civilizatório europeu, da cristianização dos povos selvagens e da colonização da América, sob o beneplácito da monarquia espanhola e a omissão da Igreja dita *cristã*, as quais, pouco se importando com os métodos ardilosos e brutais de Pizarro, Cortez e seus comandados (que incluíam desde soldados preparados até mercenários e aventureiros desclassificados) somente visavam ao velho fim de sempre: ouro e poder. Está certo, portanto, Montesquieu ao indicar a dificuldade de submeter os *índios bravos*, ou seja, tribos *menos civilizadas* que os altivos astecas e os nobres incas, as quais ofereceram resistência guerreira aos espanhóis. (N.T.)

LIVRO XVIII — DAS LEIS NA SUA RELAÇÃO COM A NATUREZA DO SOLO

CAPÍTULO I — COMO A NATUREZA DO SOLO INFLUI SOBRE AS LEIS

A boa qualidade das terras de um país[832] nele estabelece naturalmente a dependência. As pessoas do campo, que nele constituem a parte principal do povo, não são tão ciosas de sua liberdade. Encontram-se demasiado ocupadas e sobrecarregadas com seus assuntos particulares. Uma região rural repleta de bens teme a pilhagem, teme o exército. "Quem forma o bom partido?", perguntava Cícero a Ático.[833] "Serão os comerciantes e os camponeses? (…) a menos que imaginemos que se opõem à monarquia, eles, para os quais todos os governos são iguais, contanto que estejam tranquilos."

Assim, o governo monárquico é encontrado mais frequentemente nos países férteis, e o governo de muitos, nos países que não são férteis, o que constitui, por vezes, uma compensação.

A esterilidade do solo da Ática estabeleceu aí o governo popular,[834] e a fertilidade do solo da Lacedemônia, o governo aristocrático, pois nessa época o governo monárquico era completamente indesejável na Grécia. Ora, o governo aristocrático tem maior relação com o governo monárquico.

Plutarco[835] nos narra que "a sedição ciloniana tendo sido aplacada em Atenas, a cidade caiu novamente em suas antigas dissenções e se dividiu num número de partidos correspondente ao número de tipos de solo existentes na região da Ática. Os habitantes da área montanhosa queriam

---

832. O autor não utiliza o termo *"pays"* com qualquer acepção específica e rigorosa da ciência política, mas simplesmente no seu sentido corrente, o geográfico, ou seja, indicando certa extensão de território dotada de um determinado número de características geológicas, sobretudo, ligadas à geografia física (clima, relevo, vegetação, hidrografia, etc.). Assim, o vocábulo "região" neste contexto é intercambiável, senão sinônimo, de *país*. (N.T.)

833. VII, VII.

834. O governo do povo, a democracia. (N.T.)

835. *Vida de Sólon*, VIII.

insistentemente o governo popular; os da área plana exigiam o governo dos principais;[836] os que se encontravam próximos do mar eram a favor de um governo misto, ou seja, uma combinação dos dois anteriores".

CAPÍTULO II — CONTINUAÇÃO DO MESMO ASSUNTO

Os países férteis são planícies onde não é possível disputar qualquer coisa com o mais forte. Consequentemente, dedica-se submissão a ele e, uma vez estabelecida a submissão a ele, o espírito da liberdade não poderia reviver; os bens do campo constituem um penhor da fidelidade. Nos países montanhosos, porém, é possível conservar o que se tem, e se tem pouco para conservar. A liberdade, ou seja, o governo do qual se desfruta, é o único bem que merece ser defendido. Reina ela, assim, mais nos países montanhosos e de condições difíceis do que naqueles que se mostram mais favorecidos pela natureza.

Os montanheses conservam um governo mais moderado porque não se acham tão ostensivamente expostos às conquistas. Defendem-se com facilidade e são dificilmente atacados. As munições e provisões exigem muito custo para serem reunidas e transportadas nas expedições contra eles, já que a região não produz nenhuma. É, portanto, mais difícil travar guerra contra eles e mais perigoso empreendê-la. E todas as leis produzidas para a segurança do povo têm aí menos aplicação.

CAPÍTULO III — QUAIS SÃO OS PAÍSES MAIS CULTIVADOS

Os países não são cultivados em razão de sua fertilidade, mas em razão de sua liberdade; e se dividirmos mentalmente a Terra, nos surpreenderemos de ver a maior parte do tempo desertos em suas regiões mais férteis e grandes povos instalados em regiões onde o solo parece tudo negar.

É natural que um povo deixe uma má região em busca de uma melhor, e não que deixe uma boa região para procurar uma pior. A maioria das invasões ocorre, portanto, nas regiões que a natureza produziu para serem venturosas, e como nada se aproxima mais da devastação do que a invasão, as melhores regiões são as mais frequentemente despovoadas, enquanto a horrível região do norte permanece sempre habitada porque é quase inabitável.

---

836. O governo aristocrático. (N.T.)

Percebe-se, pelo que os historiadores nos narram da passagem dos povos da Escandinávia pelas margens do Danúbio, que não se tratava, de modo algum, de uma conquista, mas somente de uma transmigração para terras desertas.

Estas regiões de climas agradáveis haviam sido, portanto, despovoadas por outras transmigrações, e desconhecemos o que nelas sucedeu de trágico.

"Parece, de acordo com vários monumentos", diz Aristóteles,[837] "que a Sardenha era uma colônia grega. Foi outrora muito rica, e Aristeu, do qual tanto se gabou o amor à agricultura, lhe deu leis. Mas posteriormente caiu em franca decadência, pois tendo os cartagineses se tornado seus senhores, destruíram ali tudo o que podia se adequar à alimentação humana e proibiram, sob pena de morte, que sua terra fosse cultivada". A Sardenha não foi restaurada no tempo de Aristóteles, como não o foi ainda hoje.

As partes mais temperadas da Pérsia, da Turquia, da Moscóvia e da Polônia não puderam se recuperar das devastações efetuadas pelos grandes e pequenos tártaros.

CAPÍTULO IV — NOVOS EFEITOS DA FERTILIDADE E DA ESTERILIDADE DO PAÍS

A esterilidade das terras torna os homens laboriosos, sóbrios, endurecidos pelo trabalho, corajosos e aptos para a guerra; é necessário que obtenham aquilo que o solo lhes recusa. A fertilidade de uma região produz, juntamente com a comodidade, a indolência e um certo amor pela conservação da vida.

Observou-se que as tropas da Alemanha, recrutadas nos lugares onde os camponeses são ricos, como em Saxe, não são tão boas quanto as outras. As leis militares poderão dar conta deste inconveniente mediante uma disciplina mais severa.

CAPÍTULO V — DOS POVOS INSULARES

Os povos que habitam as ilhas são mais inclinados à liberdade do que os que habitam o continente. As ilhas são, geralmente, de pouca extensão;[838] uma parte do povo não é passível de ser tão bem empregada para oprimir a outra; o mar os separa dos grandes impérios, e a tirania não é sustentável

---

837. Ou o autor do livro *De mirabilibus*.

838. O Japão torna isso nulo, em virtude do seu tamanho e de sua servidão.

nas ilhas; os conquistadores encontram um obstáculo no mar; os insulares não são envolvidos na conquista e conservam mais facilmente as suas leis.

CAPÍTULO VI — DOS PAÍSES FORMADOS PELA LABORIOSIDADE HUMANA

Os países que a laboriosidade humana tornou habitáveis e que necessitam, para sua existência, desta mesma laboriosidade atraem para si o governo moderado. Desta espécie há principalmente três: as duas belas províncias de Kiang-nan e Tche-kiang, na China, o Egito e a Holanda.

Os antigos imperadores da China não eram conquistadores. A primeira coisa que fizeram para seu crescimento foi o que mais revelou sua sabedoria. Viu-se emergir de sob as águas as duas mais belas províncias do Império, as quais foram construídas pelos homens. Foi a fertilidade inexprimível destas duas províncias que conferiram à Europa as ideias da felicidade dessa vasta região. Mas um cuidado ininterrupto e necessário para poupar da destruição uma parte tão considerável do Império exigia mais os costumes de um povo sábio do que aqueles de um povo voluptuoso, mais o poder legítimo de um monarca do que o poder tirânico de um déspota. Impunha-se que o poder fosse moderado como fora outrora no Egito. Era necessário que o poder fosse moderado como é na Holanda, a qual foi construída pela natureza para estar atenta a si mesma, e não para ser abandonada ao desleixo e ao capricho.

Assim, a despeito do clima da China, no qual se é propenso naturalmente à obediência servil, a despeito dos horrores que acompanham a excessiva extensão de um Império, os primeiros legisladores da China foram obrigados a fazer excelentes leis, e o governo, com frequência, foi obrigado a segui-las.

CAPÍTULO VII — DAS OBRAS HUMANAS

Os seres humanos, mediante seus cuidados e boas leis, tornaram a Terra mais apropriada para ser sua morada. Vemos correr rios onde existiam lagos e pântanos. Trata-se de um bem que a natureza não produziu, mas que é mantido pela natureza. Quando os persas[839] eram os senhores da Ásia, permitiam, àqueles que conduzissem a água de fonte a qualquer lugar que não houvesse ainda sido irrigado, serem usuários deste durante cinco gerações; e como brotavam muitíssimos regatos do monte Taurus,

---

839. Políbio, X, XXV.

não pouparam qualquer despesa para fazer chegar a água. Hoje, ignorando de onde pode ela provir, a encontramos nesses campos e nesses jardins.

Assim, como as nações destrutivas perpetram males que sobrevivem a elas, há nações laboriosas que produzem bens que não findam nem mesmo após o desaparecimento delas.

CAPÍTULO VIII — RELAÇÃO GERAL DAS LEIS

As leis mantêm uma relação estreitíssima com a maneira pela qual os diversos povos obtêm sua subsistência. É necessário um código de leis mais extenso para um povo que se prende ao comércio e ao mar do que para um povo que se contenta em cultivar suas terras. É necessário um código de leis maior para este do que para um povo que vive de seus rebanhos. E é necessário um código de leis maior para este último do que para um povo que vive da caça.

CAPÍTULO IX — DO SOLO AMERICANO

A razão de existirem tantas nações selvagens na América é que sua terra produz por si mesma muitos frutos comestíveis. Se as mulheres cultivarem um pedaço de terra ao redor da cabana, não demorará para que surja o milho. A caça e a pesca conseguem colocar os seres humanos na abundância. Além disso, os animais herbívoros, os bois, os búfalos, etc., adaptam-se aí melhor do que os carnívoros, os quais sempre exerceram o seu Império na África.

Creio que não haveria todas essas vantagens na Europa se deixássemos a terra inculta; disto resultariam somente florestas, carvalhos e outras árvores estéreis.

CAPÍTULO X — DO NÚMERO DE SERES HUMANOS NA SUA RELAÇÃO COM A MANEIRA PELA QUAL LOGRAM SUA SUBSISTÊNCIA

Quando as nações não cultivam as terras, eis em que proporção se acha o número de seres humanos. Tal como o produto de um solo inculto está para o produto de um solo cultivado, do mesmo modo o número dos selvagens de uma região está para o número dos lavradores de outra; e quando o povo que cultiva as terras cultiva também as artes,[840] isso obedece a proporções que exigiriam um grande detalhamento.

---

840. É muito provável que o autor queira aqui dizer "a indústria", e não "as artes". (N.T.)

318 | O ESPÍRITO DAS LEIS

Não podem absolutamente constituir uma grande nação. Se forem pastores, terão necessidade de uma grande região para poderem subsistir num certo número; se forem caçadores, constituirão ainda um número menor e formarão para sua sobrevivência uma nação menor.

Seus domínios são, geralmente, repletos de florestas e, como os homens neles não canalizaram as águas, encontram-se lá inúmeros pântanos, em torno dos quais cada bando se aloja e forma uma pequena nação.

CAPÍTULO XI — DOS POVOS SELVAGENS E DOS POVOS BÁRBAROS

A diferença entre os povos selvagens e os povos bárbaros é que os primeiros são pequenas nações dispersas que, por algumas razões particulares, não conseguem se reunir, enquanto os povos bárbaros são, de ordinário, pequenas nações capazes desta reunião. Os primeiros são, geralmente, povos caçadores, e os segundos, povos pastores. Isto se percebe bem no norte da Ásia. Os povos da Sibéria não poderiam viver conjuntamente porque estariam impossibilitados de se alimentar; os tártaros podem viver conjuntamente durante algum tempo porque seus rebanhos podem ser reunidos durante algum tempo. Todas as hordas são capazes, portanto, de se reunir, e isso ocorre quando um chefe houver submetido muitas outras hordas, após o que, de duas coisas é preciso que realizem uma delas: ou se separam ou passam a empreender alguma grande conquista em qualquer Império do sul.

CAPÍTULO XII — DO DIREITO DAS GENTES ENTRE OS POVOS QUE NÃO CULTIVAM AS TERRAS

Esses povos, não vivendo num território limitado e circunscrito, têm entre si muitos motivos de desentendimento; disputarão a terra inculta, como entre nós os cidadãos disputam entre si as heranças. Assim, surgirão entre eles frequentes ocasiões em que guerrearão por causa de sua caça, por causa de sua pesca, por causa da pastagem de seu gado, por causa do roubo de seus escravos; e, não tendo território, terão tantas coisas a serem regradas pelo direito das gentes que pouco terão para ser decidido pelo direito civil.

CAPÍTULO XIII — DAS LEIS CIVIS ENTRE OS POVOS QUE NÃO CULTIVAM AS TERRAS

É a divisão das terras que principalmente torna alentado o código civil. Entre as nações nas quais não se fará esta divisão, haverá pouquíssimas leis civis.

Pode-se denominar as instituições destes povos como *costumes*, de preferência a chamá-las de *leis*.

No seio de tais nações, os anciãos, que se recordam das coisas passadas, detêm grande autoridade; não se é distinguido pelos bens, mas pela ascendência e pelos conselhos.

Esses povos vagueiam e se dispersam pelas pastagens ou pelas florestas. O casamento disporá de tanta segurança como entre nós, onde é fixado pelo domicílio e onde a mulher permanece numa casa. Podem eles, desta forma, trocar de mulheres com mais facilidade, ou ter muitas, e por vezes cruzar indiferentemente como animais.

Os povos pastores não podem separar-se de seus rebanhos, os quais representam sua subsistência. Não poderiam, tampouco, separar-se de suas mulheres, que cuidam dos rebanhos. Tudo isso deve, portanto, caminhar conjuntamente, tanto mais que, vivendo ordinariamente nas grandes planícies, onde há poucos locais fortificados para seu estabelecimento, suas mulheres, seus filhos e seus rebanhos se converteriam em presa de seus inimigos.

Suas leis regularão a partilha da pilhagem e dedicarão, como nossas leis sálicas, uma atenção especial aos roubos.

CAPÍTULO XIV — DO ESTADO POLÍTICO DOS POVOS QUE NÃO CULTIVAM AS TERRAS

Esses povos gozam de grande liberdade, pois, como não cultivam, de modo algum, terras, não são de maneira alguma ligados a elas. São nômades, vagabundos, e se um chefe quisesse suprimir-lhes a liberdade, eles a iriam logo buscar num outro ou se retirariam para os bosques para aí viver com suas famílias. Entre esses povos, a liberdade do homem é tão grande que acarreta necessariamente a liberdade do cidadão.

CAPÍTULO XV — DOS POVOS QUE CONHECEM O USO DA MOEDA

Aristipo, tendo sido vítima de um naufrágio, nadou e teve acesso a uma praia próxima. Notou que sobre a areia haviam traçado figuras geométricas, com o que se sentiu comovido pela alegria, julgando que chegara junto a um povo grego, e não junto a um povo bárbaro.

Se estiverdes só e, devido a qualquer acidente, chegardes junto a um povo desconhecido, ficai certo de que estareis junto a uma nação civilizada se vosso olhar descobrir uma moeda.

A cultura das terras exige o uso da moeda, como também supõe muitas artes e conhecimentos, e vê-se caminharem em idêntico passo as artes, os conhecimentos e as necessidades. Tudo isso conduz ao estabelecimento de um signo de valores.

As enchentes e os incêndios[841] nos levaram a descobrir que as terras continham metais. E, uma vez separados, tornou-se fácil empregá-los.

CAPÍTULO XVI — DAS LEIS CIVIS ENTRE OS POVOS QUE NÃO CONHECEM O USO DA MOEDA

Quando um povo não dispõe do uso da moeda, só se conhecem desse povo as injustiças oriundas da violência; e as pessoas débeis, unindo-se, defendem-se da violência. Tudo que aí existe são arranjos políticos. Entretanto, no seio de um povo onde a moeda se acha estabelecida, fica-se sujeito às injustiças oriundas da velhacaria, e estas injustiças podem ser exercidas de mil formas. É-se, assim, forçado a dispor de boas leis civis, as quais nascem juntamente com os novos meios e as diversas maneiras de praticar a maldade.

Nos países nos quais não existe moeda, o ladrão rouba somente coisas, e as coisas jamais se assemelham. Nos países onde existe moeda, o ladrão rouba signos, e os signos sempre se assemelham. Nos primeiros países é impossível ocultar qualquer coisa porque o ladrão sempre leva consigo provas de seu crime, o que não ocorre nos outros.

CAPÍTULO XVII — DAS LEIS POLÍTICAS ENTRE OS POVOS QUE NÃO CONTAM COM O USO DA MOEDA

O que mais assegura a liberdade dos povos que não cultivam terras é o fato de a moeda ser para eles desconhecida. Os produtos da caça, da pesca ou dos rebanhos não podem ser reunidos numa quantidade suficientemente grande, nem serem estocados, de modo a um homem se encontrar numa condição que lhe permitisse corromper todos os outros, enquanto, quando se possui os signos da riqueza, é possível fazer uma acumulação desses signos e distribuí-los a quem se deseje.

Entre os povos que não possuem moeda, cada um deles tem poucas necessidades e as satisfaz fácil e igualmente. Trata-se, portanto, de uma igualdade forçada, e os chefes não são despóticos.

---

841. Foi assim, segundo Diodoro, V, XXXV, que os pastores descobriram ouro nos Pirineus.

CAPÍTULO XVIII — A FORÇA DA SUPERSTIÇÃO

Se for verdadeiro o que nos informam os relatos, a constituição de um povo da Luisiana chamado *natchez* não confirma isso. O chefe deles[842] dispõe dos bens de todos os súditos e os faz trabalhar de acordo com seus próprios caprichos. Não podem recusar-lhe a cabeça. Ele é para eles um Senhor Supremo. Quando o herdeiro presuntivo nasce, dá-se a este todas as crianças lactantes para que o sirvam durante a vida. Diríeis que se trata do grande Sesóstris. Esse chefe é tratado em sua cabana com as cerimônias que se fariam a um imperador da China ou do Japão.

Os preconceitos da superstição são superiores a todos os outros preconceitos, e suas razões, a todas as outras razões. Assim, embora os povos selvagens não conheçam naturalmente o despotismo, este povo o conhece. Adoram o sol, e se seu chefe não houvesse imaginado que é o irmão do sol, não veriam nele senão um miserável como eles mesmos.

CAPÍTULO XIX — DA LIBERDADE DOS ÁRABES E DA SERVIDÃO DOS TÁRTAROS

Os árabes e os tártaros são povos pastores. Os árabes se enquadram nos casos gerais aos quais nos referimos e são livres, enquanto os tártaros (o povo mais singular da Terra) se encontram na condição de escravidão política.[843] Já indiquei[844] algumas razões desse fato. Vejamos outras.

Eles não têm cidades, não têm florestas, possuem apenas alguns charcos; seus rios estão quase sempre congelados; habitam uma imensa planície; têm pastagens e rebanhos e, consequentemente, bens, mas não dispõem de qualquer lugar de refúgio ou de defesa. Logo que um *kan* é vencido, é degolado;[845] seus filhos são tratados da mesma maneira e todos os seus súditos pertencem ao vencedor. Não são condenados a uma escravidão civil: ficariam à custa de uma nação simples que não possui terras para serem cultivadas e dispensa qualquer serviço doméstico. Ampliam, assim, a nação. Mas, em lugar da escravidão civil, concebe-se que a escravidão política deve ter se introduzido entre eles.

---

842. *Cartas edificantes*, 20ª coleção.

843. Quando se proclama um *kan*, todo o povo brada: "Que sua palavra lhe sirva de alfanje!".

844. Livro XVII, capítulo V.

845. Assim, não é de espantar que Miriveis, tendo se tornado senhor de Isfahan, tenha mandado matar todos os príncipes de sangue.

Com efeito, num país em que as diversas hordas guerreiam entre si continuamente e se conquistam incessantemente, num país em que, pela morte do chefe, o corpo político de cada horda vencida é sempre destruído, a nação em geral não pode, de modo algum, ser livre, pois não há na região toda uma única parte que não deva ter sido inúmeras vezes subjugada.

Os povos vencidos podem conservar alguma liberdade quando, por força de sua situação, se acharem em condição de celebrar tratados após sua derrota. Os tártaros, entretanto, sempre destituídos de defesa, uma vez vencidos, jamais puderam estabelecer condições.

Eu afirmei no capítulo II que os habitantes das planícies cultivadas não eram, de maneira alguma, livres. As circunstâncias fazem com que os tártaros, habitando uma terra inculta, estejam no mesmo caso.

CAPÍTULO XX — DO DIREITO DAS GENTES DOS TÁRTAROS

Os tártaros parecem ser entre si brandos e humanos, mas são conquistadores crudelíssimos. Passam a fio de espada os habitantes das cidades tomadas e creem estar sendo misericordiosos quando os vendem ou distribuem aos seus soldados. Aniquilaram a Ásia desde as Índias até o Mediterrâneo; toda a região que forma o leste da Pérsia tornou-se sem habitantes.

Eis o que me parece ter ocasionado um tal direito das gentes. Esses povos não possuíam cidades; todas as suas guerras se realizavam súbita e impetuosamente. Quando esperavam vencer, combatiam; ampliavam o exército com os mais fortes quando não o esperavam. Com tais costumes, julgavam que contrariava o seu direito das gentes uma cidade que não lhes podia oferecer resistência. Não consideravam as cidades como um ponto de reunião de habitantes, mas como pontos que se prestavam a subtrair-se ao seu poder. Não tinham nenhum talento para sitiá-las e se expunham muito ao fazê-lo; vingavam com o sangue todo o sangue que acabavam de derramar.

CAPÍTULO XXI — LEI CIVIL DOS TÁRTAROS

Du Halde diz que, entre os tártaros, é sempre o último dos varões que herda, porque, à medida que os primogênitos têm condição de levar a vida de pastores, eles saem de casa com uma determinada quantidade de gado que lhes é dada pelo pai e passam a formar uma nova morada. O último dos varões, que permanece em casa com seu pai, é, portanto, seu herdeiro natural.

Ouvi dizer que um costume semelhante era observado em alguns pequenos distritos da Inglaterra, sendo ainda encontrado na Bretanha, no ducado de Rohan, onde tem lugar em relação aos plebeus. Trata-se, sem dúvida, de uma lei pastoral proveniente de algum pequeno povo bretão ou trazida por algum povo germânico. Sabe-se, por César ou Tácito, que estes últimos cultivavam pouco a terra.

CAPÍTULO XXII — DE UMA LEI CIVIL DOS POVOS GERMÂNICOS

Explicarei aqui como esse texto particular da lei sálica, que chamamos ordinariamente de lei sálica, contém instituições de um povo que não cultivava terras, ou que, ao menos, as cultivava pouco.

A lei sálica[846] determinou que, quando um homem deixasse filhos, os filhos do sexo masculino o sucedessem na terra sálica, em detrimento das mulheres.

Para saber o que eram as terras sálicas, é preciso investigar o que eram as propriedades ou o uso das terras entre os francos, antes de eles saírem da Germânia.

Echard[847] provou muito bem que a palavra *sálica* provém da palavra *sala*, que significa casa, e que, assim, a terra *sálica* era a terra da casa. Irei mais longe e examinarei o que era a casa e a terra da casa entre os germanos.

"Eles não habitam cidades", diz Tácito,[848] "e não podem suportar que suas casas se toquem umas nas outras; cada um deixa ao redor de sua casa um pequeno terreno ou espaço, que é cercado e fechado". Tácito falava com exatidão, pois várias leis dos códigos[849] bárbaros contêm disposições diferentes contra aqueles que invadiam esse lugar fechado e os que penetravam na própria casa.

Sabemos, por Tácito e César, que as terras cultivadas pelos germanos lhes eram dadas apenas por um ano; depois, voltavam a ser públicas. Seu único patrimônio era a casa e um pedaço de terra no recinto fechado em torno da casa.[850] Era este patrimônio particular que pertencia aos

---

846. Título LXII.

847. Em sua obra sobre as leis sálicas entre os francos e seus vizinhos (1720).

848. *Nullas Germanorum populis urbes habitari satis notum est, ne pati quidem inter se junctas sedes. Colunt discreti ac diversi, ut fons, ut campus, ut nemus placuit. Vicos locant, non in nostrum morem connexis et cohærentibus ædificiis: suam quisque domum spatio circumdat. De moribus Germ.,* XVI.

849. A lei dos alemães, X, e a lei dos bávaros, título X, §§ 1 e 2.

850. Esse recinto fechado é denominado *"curtis"* nas cartas geográficas.

324 | O ESPÍRITO DAS LEIS

homens. Com efeito, por que teria pertencido às moças? Elas passavam para outra casa.

A terra sálica era, portanto, esse recinto fechado que dependia da casa do germano. Era a única propriedade possuída por ele. Os francos, depois da conquista, adquiriram novas propriedades e continuaram a chamá-las de *sálicas*.

Quando os francos viviam na Germânia, seus bens eram os escravos, os rebanhos, os cavalos, as armas, etc. A casa e a pequena porção de terra que ficava anexa eram naturalmente dadas aos filhos do sexo masculino que aí deviam habitar. Mas, quando, após a conquista, os francos adquiriram grandes terras, considerou-se duro não poderem as mulheres e seus filhos ter uma participação. Foi introduzido um uso que permitia ao pai convocar a filha e os filhos de sua filha. Fez-se silenciar a lei e era necessário que estes tipos de convocação fossem comuns, pois não foram feitas fórmulas a respeito deles.[851]

Entre todas essas fórmulas, encontrei uma singular.[852] Um avô convoca seus netos para que sucedam com seus filhos e suas filhas. No que se transformava, então, a lei sálica? Era necessário que, mesmo naqueles tempos, não fosse mais acatada, ou que a prática contínua de convocar as filhas tivesse feito com que se considerasse a capacidade destas de suceder, como no caso mais ordinário.

Não tendo a lei sálica como objeto uma certa preferência de um sexo em relação ao outro,[853] menos ainda teria como objeto a perpetuidade da família, do nome ou da transmissão da terra, tudo isso não entrava na cabeça dos germanos. Era uma lei puramente econômica que dava a casa e a terra dependente da casa aos homens que deviam habitá-la e a quem, consequentemente, convinha melhor.

Basta transcrevermos aqui o título dos *Alódios*[854] da lei sálica, este texto tão famoso ao qual tantas pessoas se referem e que tão poucas pessoas leram.

"1. Se um homem morrer sem filhos, seu pai ou sua mãe o sucederão. 2. Se ele não tiver nem pai nem mãe, seu irmão ou sua irmã o sucederão. 3. Se não tiver nem irmão nem irmã, a irmã de sua mãe o sucederá. 4. Se sua mãe não tiver irmã, a irmã de seu pai o sucederá. 5. Se seu pai não tiver irmã, o parente mais próximo por via masculina o sucederá. 6. Nenhuma

---

851. Ver Marculfe, II, *form.* 10 e 12, o *Apêndice* de Marculfe, *form.* 49, e as *fórmulas antigas*, ditas de Sirmond, *form.* 22.

852. *Form.* 55, na coleção de Lindembrock.

853. Conferir com o título dos *Alódios* logo na sequência. (N.T.)

854. Os bens hereditários.

porção[855] da terra sálica passará às mulheres, mas pertencerá aos homens, isto é, os filhos do sexo masculino sucederão ao pai."

Está claro que os cinco primeiros artigos concernem à sucessão daquele que morre sem filhos, e o sexto, à sucessão daquele que tem filhos.

Quando um homem morria sem filhos, a lei determinava que nenhum sexo tivesse preferência sobre o outro, exceto em certos casos. Nos dois primeiros graus de sucessão, as vantagens dos homens e das mulheres eram as mesmas; no terceiro e no quarto, era dada preferência às mulheres, a qual é dada aos homens no quinto.

Encontro as sementes dessas singularidades em Tácito. "Os filhos[856] das irmãs", diz ele, "são tão queridos por seu tio como por seu próprio pai. Há pessoas que consideram este vínculo mais estreito e mesmo mais santo; elas o preferem quando os recebem na qualidade de reféns". É por isso que nossos primeiros historiadores[857] nos falam tanto do amor dos reis francos por suas irmãs e pelos filhos de suas irmãs. E se os filhos das irmãs eram tidos na casa como os próprios filhos, era natural que os filhos considerassem a tia como sua própria mãe.

A irmã da mãe era preferida à irmã do pai, o que é explicado por outros trechos da lei sálica: quando uma mulher enviuvava,[858] caía sob a tutela dos parentes de seu marido, e a lei preferia para esta tutela os parentes por via feminina aos parentes por via masculina. Com efeito, uma mulher que ingressava numa família, unindo-se às pessoas de seu sexo, era mais ligada aos parentes por via feminina do que aos parentes por via masculina. Ademais, quando um homem[859] havia matado um outro e não dispunha de condições para satisfazer a pena pecuniária na qual incorrera, a lei permitia que cedesse os seus bens, e os parentes deviam suprir o que faltasse. Depois do pai, da mãe e do irmão, era a irmã da mãe que pagava, como se houvesse algo de mais terno neste vínculo: ora, o parentesco que obrigava ao ônus devia igualmente propiciar as vantagens.

---

855. *De terra vero salica in mulierem nulla portio hereditatis transit, sed hoc virilis sexus acquirit, hoc est filii in ipsa hereditate succedunt.* Título LXII, § 6.

856. *Sororum filiis idem apud avunculum quam apud patrem honor. Quidam sanctiorem arctioremque hunc nexum sanguinis arbitrantur, et in accipiendis obsidibus magis exigunt, tanquam ii et animum firmius et domum latius teneant. De moribus Germ.*, XX.

857. Ver em Grégoire de Tours, VIII, XVIII e XX; IX, XVI e XX, os furores de Gontran por causa dos maus-tratos feitos a Ingunde, sua sobrinha, por Leuvigilde; e como Childeberto, seu irmão, decretou a guerra para vingá-la.

858. Lei sálica, título XLVII.

859. Ibidem, título LXI, § 1.

A lei sálica determinava que, depois da irmã do pai, o parente mais próximo pela linha masculina tivesse a sucessão, mas, se fosse parente além do quinto grau, não sucedia. Assim, uma mulher no quinto grau sucederia em detrimento de um homem do sexto grau, o que se vê na lei[860] dos francos ripuários, fiel intérprete da lei sálica no título dos alódios, em que segue passo a passo o mesmo título da lei sálica.

Se o pai deixasse filhos, a lei sálica determinava que as filhas fossem excluídas da sucessão à terra sálica e que esta pertencesse aos filhos do sexo masculino.

Ser-me-á fácil provar que a lei sálica não exclui indistintamente as filhas da terra sálica, mas somente no caso em que irmãos as excluem.

1. Isso se vê na própria lei sálica, que, após haver asseverado que as mulheres não possuiriam nada da terra sálica, mas somente os homens, interpreta-se e restringe a si mesma: "isto é", diz ela, "que o filho sucederá a hereditariedade do pai".

2. O texto da lei sálica é esclarecido pela lei dos francos ripuários, que também apresenta um título[861] dos alódios bastante conforme àquele da lei sálica.

3. As leis desses povos bárbaros — todos eles originários da Germânia — se interpretam entre si, quanto mais que possuem todas quase o mesmo espírito. A lei dos saxões[862] determina que o pai e a mãe deixem sua herança ao filho, e não à filha; mas que, se houverem apenas filhas, estas ficarão com toda a herança.

4. Temos duas antigas fórmulas[863] que expõem o caso em que, segundo a lei sálica, as filhas são excluídas pelos homens; é quando elas concorrem com os irmãos.

5. Uma outra fórmula[864] prova que a filha sucedia em detrimento do neto, sendo, portanto, somente excluída pelo filho.

6. Se as filhas, pela lei sálica, fossem geralmente excluídas da sucessão das terras, seria impossível explicar as histórias, fórmulas e mapas que se referem continuamente às terras e aos bens das mulheres na primeira raça.

---

860. *Et deinceps usque ad quintum genuculum qui proximus fuerit in hereditatem succedat.* Título LVI, § 6.

861. Título LVI.

862. Título VII, § 1. *Pater aut mater defuncti, filio non filiae hereditatem relinquant.* — § 4. *Qui defunctus, non filios sed filias reliquerit, ad eas omnis hereditas pertineat.*

863. Em Marculfe, II, *form.* 12 e no apêndice de Marculfe, *form.* 49.

864. Na coleção de Lindembrock, *form.* 55.

Houve equívoco ao se afirmar[865] que as terras sálicas eram feudos. 1. Este título é chamado de *Alódios*. 2. No início, os feudos não eram hereditários. 3. Se as terras sálicas tivessem sido feudos, como teria Marculfe[866] tratado como ímpio o costume que excluía as mulheres de suceder, já que os próprios homens não sucediam aos feudos? 4. As cartas geográficas citadas, visando provar que as terras sálicas eram feudos, provam somente que eram terras francas. 5. Os feudos só foram estabelecidos após a conquista, e os usos sálicos existiam antes de os francos partirem da Germânia. 6. Não foi a lei sálica que, limitando a sucessão das mulheres, criou o estabelecimento dos feudos; foi o estabelecimento dos feudos que fixou limites à sucessão das mulheres e às disposições da lei sálica.

Depois do que acabamos de dizer, não se acreditaria que a sucessão perpétua dos homens à coroa da França pudesse se originar da lei sálica. É, todavia, indubitável que seja esta a sua origem. Eu o provo mediante os diversos códigos dos povos bárbaros. A lei sálica[867] e a lei dos borguinhões[868] não concederam às filhas o direito de suceder à terra com seus irmãos e, tampouco, suceder à coroa. A lei dos visigodos,[869] ao contrário, admite que as filhas[870] participem na sucessão às terras com seus irmãos; as mulheres foram capazes de suceder à coroa. Entre esses povos, a disposição da lei civil forçou a lei política.[871]

Não foi o único caso no qual a lei política entre os francos cedeu à lei civil. Pela disposição da lei sálica, todos os irmãos sucediam igualmente à terra e era esta também a disposição da lei dos borguinhões. Assim, na monarquia dos francos e na dos borguinhões, todos os irmãos sucederam à coroa, entre estes últimos com algumas violências, assassinatos e usurpações.

---

865. Du Cange, Pithou, etc.

866. Monge franco do século VII. Seu grande trabalho foi a compilação das fórmulas de direito da época merovíngia. A publicação desse trabalho ocorreu em 1613 na França. (N.T.)

867. Título LXII.

868. Título I, § 3; título XIV, § 1, e título LI.

869. IV, título II, § 1.

870. As nações germânicas, segundo Tácito em *De moribus Germ.*, XXII, englobavam usos comuns, bem como particulares.

871. A coroa, entre os ostrogodos, passou duas vezes pelas mulheres aos homens: uma por Amalasunta, na pessoa de Atalarico, e a outra por Amalafreda, na pessoa de Teodato. Não é que entre eles as mulheres não pudessem reinar por si próprias, mesmo porque Amalasunta reinou após a morte de Atalarico, tendo reinado até mesmo após a eleição de Teodato e concorrentemente com ele. Ver as cartas de Amalasunta e de Teodato em Cassiodoro, X.

CAPÍTULO XXIII — DA LONGA CABELEIRA DOS REIS FRANCOS

Os povos que não cultivam terras nem sequer concebem a ideia do luxo. É necessário ver em Tácito a admirável simplicidade dos povos germânicos. As artes não contribuíam para seus ornamentos, encontrando-os eles os ornamentos na natureza. Se a família de seus chefes devia se destacar por algum sinal, era na natureza que deviam procurá-lo. Os reis dos francos, dos borguinhões e dos visigodos tinham como diadema suas longas cabeleiras.

CAPÍTULO XXIV — DOS CASAMENTOS DOS REIS FRANCOS

Eu disse anteriormente que entre os povos não agricultores os casamentos eram muito menos fixos e que entre eles se tomavam, de ordinário, muitas esposas. "Os germanos eram quase os únicos[872] de todos os bárbaros que se contentavam com uma só esposa, a excetuarmos",[873] diz Tácito, "alguns indivíduos que, não por serem dissolutos, mas em função de sua nobreza, tinham muitas".

Isso explica como os reis da primeira raça tiveram um número tão grande de mulheres. Esses casamentos eram menos um testemunho de incontinência do que um atributo de dignidade: seria atingi-los num ponto muito sensível fazê-los perder uma tal prerrogativa.[874] Isso explica por que o exemplo dos reis não foi imitado pelos súditos.

CAPÍTULO XXV — CHILDERICO

"Os casamentos entre os germanos são severos",[875] diz Tácito, "os vícios neles não constituem motivo de ridículo: corromper ou ser corrompido não é designado como um uso ou uma maneira de viver. Há poucos exemplos, numa nação[876] tão populosa, da violação da fé conjugal".

---

872. *Prope soli barbarorum singulis uxoribus contenti sunt. De moribus Germ.*, XVIII.

873. *Exceptis admodum paucis qui, non libidine, sed ob nobilitatem, plurimis nuptiis ambiuntur.* Ibidem.

874. Ver a *Chronique de Frédégaire sur l'an 628* (*Crônica de Fredegário a respeito do ano de 628*).

875. *Severa matrimonia... Nemo illic vitia ridet; nec corrumpere et corrumpi saeculum vocatur. De moribus Germ.*, XIX.

876. *Paucissima in tam numerosa gente adulteria.* Ibidem.

Isso explica a expulsão de Childerico. Ele chocou costumes rígidos que a conquista não teve tempo de mudar.

CAPÍTULO XXVI — DA MAIORIDADE DOS REIS FRANCOS

Os povos bárbaros não agricultores não possuem propriamente território e são, como dissemos, mais governados pelo direito das gentes do que pelo direito civil. Isso os leva a estar quase sempre armados.[877] Por isso, diz Tácito "que os germanos não executavam qualquer negócio público ou particular sem estarem armados. Davam sua opinião[878] mediante um sinal que faziam com as suas armas. Uma vez que fossem capazes de portá-las,[879] eram apresentados à assembleia; punha-se em suas mãos um dardo curto,[880] e, desde este momento, abandonavam a infância.[881] Até então haviam sido parte da família — agora se tornavam parte da república."

"As águias", dizia o rei dos ostrogodos,[882] "deixam de dar o alimento aos seus filhotes logo que estejam formadas suas penas e garras; estes não precisam mais de ajuda alheia quando vão eles mesmos em busca de uma presa. Seria uma indignidade que nossos jovens que se encontram nos exércitos fossem considerados como estando numa idade frágil demais para reger os seus bens e para regrar a conduta de suas vidas. É a virtude que produz a maioridade entre os godos".

Childeberto II tinha quinze anos[883] quando Gontran, seu tio, o declarou maior e capaz de governar sozinho.

Observa-se na lei dos ripuários esta idade de quinze anos, a capacidade de empunhar armas e a maioridade caminharem juntas. "Se um ripuário tiver morrido ou tiver sido assassinado", se diz aí,[884] "e tiver deixado

---

877. *Nihil, neque publicae, neque privatae rei, nisi armati agunt.* Tácito, *De moribus Germ.*, XIII.

878. *Si displicuit sententia, aspernantur; sin placuit, frameas concutiunt.* Ibidem, XI.

879. *Sed arma sumere non ante cuiquam moris quam civitas suffecturum probaverit.* Ibidem, XIII.

880. *Tum in ipso concilio, vel principum aliquis, vel pater, vel propinquus, scuto frameaque juvenem ornant.*

881. *Haec apud illos toga, hic primus juventae honos; ante hoc domus pars videntur, mox reipublicae.*

882. Teodorico, em Cassiodoro, I, carta 38.

883. Ele mal havia completado cinco anos, segundo Grégoire de Tours, V, I, quando sucedeu a seu pai no ano de 575. Gontran o declarou maior no ano de 585, quando ele tinha, então, quinze anos.

884. Título LXXXI.

um filho, este não poderá processar ou ir a julgamento enquanto não tiver quinze anos completos; daí por diante, ele responderá por si mesmo ou escolherá um campeão". Era necessário que o espírito estivesse suficientemente formado para se defender no julgamento e que o corpo o estivesse o suficiente para se defender no combate. Entre os borguinhões,[885] que adotavam também o uso do combate nas ações judiciárias, a maioridade ocorria também aos quinze anos.

Agatias nos informa que as armas dos francos eram leves, de modo que eles podiam adquirir a maioridade aos quinze anos. Posteriormente, as armas se tornaram pesadas e já o eram muito no tempo de Carlos Magno, como parece, a julgar por nossos capitulares e por nossos romances. Aqueles que possuíam feudos[886] e que, consequentemente, deviam prestar o serviço militar só se tornaram maiores aos vinte e um anos.[887]

CAPÍTULO XXVII — CONTINUAÇÃO DO MESMO ASSUNTO

Viu-se que entre os germanos não se comparecia à assembleia antes da maioridade; era-se parte da família, e não da república. Foi esta a razão de os filhos de Clodomiro, rei de Orleans e conquistador da Borgonha, não terem sido declarados reis, visto que na tenra idade em que se achavam não podiam ser apresentados à assembleia. Não eram reis ainda, mas deviam ser logo que fossem capazes de portar as armas; enquanto isso, Clotilde, sua avó, governava o Estado.[888] Seus tios Clotário e Childeberto os degolaram e dividiram o reino dos sobrinhos. Este exemplo foi a causa de, posteriormente, os príncipes pupilos serem declarados reis logo após a morte de seus pais. Assim o duque Gondovaldo salvou Childeberto II da crueldade de Chilperico, fazendo-o ser declarado rei com a idade de cinco anos.[889]

Mas, mesmo nesta mudança, acatou-se o primeiro espírito da nação, de sorte que os atos não eram passados sequer em nome dos reis pupilos.

---

885. Título LXXXVII.

886. Não houve nenhuma alteração para os plebeus.

887. São Luís só atingiu a maioridade com essa idade. Isso foi alterado por um edito de Carlos V, de 1374.

888. Parece, segundo Grégoire de Tours, III, que ela escolheu dois homens da Borgonha, a qual fora uma conquista de Clodomiro, para educá-los na sede de Tours, que também era do reino de Clodomiro.

889. Grégoire de Tours, V, I. *Vix lustro aetatis uno jam peracto, qui die dominicae natalis, regnare caepit.*

Desta forma, houve entre os francos uma dupla administração, ou seja, uma que dizia respeito à pessoa do rei pupilo e outra que dizia respeito ao reino. E nos feudos houve uma diferença entre a tutela e a administração dos bens do tutelado.

CAPÍTULO XXVIII — DA ADOÇÃO ENTRE OS GERMANOS

Como entre os germanos chegava-se à maioridade pela recepção das armas, era-se adotado mediante o mesmo signo. Assim, Gontran, querendo declarar a maioridade de seu sobrinho Childeberto e, além disso, adotá-lo, disse-lhe: "Coloco[890] este dardo em tuas mãos como um signo de que te dei meu reino". E, voltando-se para a assembleia, "Vedes que meu filho Childeberto tornou-se um homem (...) obedecei-o!". Teodorico, rei dos ostrogodos, querendo adotar o rei dos hérulos, assim escreveu a ele:[891] "É uma bela coisa entre nós poder ser adotado pelas armas, pois os homens corajosos são os únicos que merecem tornar-se nossos filhos. Há uma tal força neste ato que aquele que constitui o seu objeto preferirá sempre morrer do que sofrer qualquer coisa de vergonhosa. Assim, pelo costume das nações e porque vós sois um homem, nós vos adotamos por estes escudos, estas espadas, estes cavalos que vos enviamos".

CAPÍTULO XXIX — ESPÍRITO SANGUINÁRIO DOS REIS FRANCOS

Clóvis não foi o único príncipe, entre os francos, que empreendeu expedições às Gálias. Vários de seus parentes conduziram até aí tribos particulares; e, como ele obteve os maiores êxitos e pôde conceder estabelecimentos consideráveis aos que o haviam acompanhado, os francos acorreram a ele de todas as tribos, e os outros chefes se acharam demasiado fracos para resistir a ele. Ele concebeu o plano de exterminar toda a sua casa e conseguiu fazê-lo.[892] Ele temia, segundo Grégoire de Tours,[893] que os francos escolhessem outro chefe. Seus filhos e seus sucessores seguiram esta prática enquanto puderam, de modo que se presenciou incessantemente o irmão, o tio, o sobrinho, que digo eu?, o filho, o pai, conspirando contra toda a

---

890. Ver Grégoire de Tours, VII, XXIII.

891. Em Cassiodoro, IV, carta 2.

892. Grégoire de Tours, II.

893. Ibidem.

O ESPÍRITO DAS LEIS

família. A lei seccionava continuamente a monarquia; o medo, a ambição e a crueldade queriam reintegrá-la.

CAPÍTULO XXX — DAS ASSEMBLEIAS DA NAÇÃO ENTRE OS FRANCOS

Dissemos anteriormente que os povos que não cultivam terras (não agricultores) gozavam de uma grande liberdade. Os germanos se enquadraram neste caso. Tácito afirma que outorgavam aos seus reis ou chefes um poder moderadíssimo,[894] e César,[895] que não dispunham de magistrado comum durante a paz, mas que em cada povoado os príncipes administravam a justiça entre os seus. Assim, os francos, na Germânia, não tinham rei, como Grégoire de Tours[896] prova muito bem.

"Os príncipes",[897] diz Tácito, "deliberam sobre as pequenas coisas, toda a nação sobre as grandes, de maneira, portanto, que os negócios dos quais o povo tem conhecimento são levados, do mesmo modo, aos príncipes". Este uso foi conservado após a conquista, como[898] se constata em todos os monumentos.

Tácito[899] diz que os crimes capitais podiam ser levados à assembleia. O mesmo aconteceu após a conquista, e os grandes vassalos foram assim julgados.

CAPÍTULO XXXI — DA AUTORIDADE DO CLERO NA PRIMEIRA RAÇA

Entre os povos bárbaros, os sacerdotes geralmente detêm o poder, porque eles têm a autoridade proveniente da religião e contam com o poder que junto a tais povos a superstição concede. Assim, vemos em Tácito que os sacerdotes gozavam de muito crédito entre os germanos, a ponto de exercerem

---

894. *Nec regibus libera aut infinita potestas. Caeterum neque animadvertere, neque vincere, neque verberare, etc.* [O poder dos reis não é absoluto, tampouco ilimitado. Ninguém tem o direito de ordenar a morte, o acorrentamento, o espancamento, etc. (N.T.)], *De moribus Germ.*, VII (64).

895. *In pace nullus est communis magistratus; sed principes regionum atque pagorum inter suos jus dicunt. De bello Galli*, VI, XXII.

896. II.

897. *De minoribus principes consultant, de majoribus omnes; ita tamen ut ea quorum penes plebem arbitrium est, apud principes quoque pertractentur. De moribus Germ.*, XI.

898. *Lex consensu populi fit et constitutione regis.* Capitular de Carlos, o Calvo, ano de 864, art. 6º.

899. *Licet apud concilium accusare, et discrimen capitis intendere. De moribus Germ.*, XII.

vigilância[900] na assembleia popular. Só a eles[901] era permitido castigar, acorrentar, espancar, o que faziam não por ordem do príncipe nem para infligir uma pena, mas como por inspiração da divindade, sempre presente no meio daqueles que fazem a guerra.

Não é de surpreender se, desde os primórdios da primeira raça, vemos bispos árbitros[902] dos julgamentos, se os vemos aparecer nas assembleias da nação, se influenciam de maneira tão acentuada nas resoluções dos reis e se a eles são concedidos tantos bens.

---

900. *Silentium per sacerdotes, quibus et coercendi jus est, imperatur. De moribus Germ.*, XI.

901. *Nec regibus libera aut infinita potestas. Cæterum neque animadvertere, neque vincere, neque verberare, nisi sacerdotibus est permissum; non quasi in pœnam, nec ducis jussu, sed velut deo imperante, quem adesse bellatoribus credunt.* Ibidem, VII.

902. Ver a Constituição de Clotário do ano de 560, art. 6º.

LIVRO XIX — DAS LEIS NA SUA RELAÇÃO COM OS PRINCÍPIOS QUE MOLDAM O ESPÍRITO GERAL, OS COSTUMES E AS MANEIRAS DE UMA NAÇÃO

CAPÍTULO I — DO ASSUNTO DESTE LIVRO

Esta matéria é de grande extensão. Em meio a esta multidão de ideias que se apresentam à minha mente, estarei mais atento à ordem das coisas do que às próprias coisas. É forçoso que eu me afaste para a direita e para a esquerda, que sonde e que me esclareça.

CAPÍTULO II — QUANTO, PARA AS MELHORES LEIS, É NECESSÁRIO QUE OS ESPÍRITOS SEJAM PREPARADOS

Nada se afigurou mais insuportável aos germanos[903] do que o tribunal de Varus. Aquele que Justiniano erigiu[904] entre os lazianos, a fim de realizar o processo do assassinato do rei deles, lhes pareceu algo horrível e bárbaro. Mitrídates,[905] arengando contra os romanos, lhes reprova, sobretudo, as formalidades[906] de sua justiça. Os partas não conseguiram suportar esse rei que, tendo sido educado em Roma, se tornou afável[907] e acessível a todos. A própria liberdade pareceu insuportável a povos que não estavam acostumados a fruí-la. Assim, por vezes, acontece de um ar puro revelar-se nocivo àqueles que têm vivido em regiões pantanosas repletas de miasmas.

Um veneziano chamado Balbi, estando em Pegu, foi apresentado ao rei. Quando este soube que não havia rei em Veneza, pôs-se a dar gargalhadas,

---

903. Cortavam a língua dos advogados e diziam "víbora, para de sibilar!". Tácito.

904. Agatias, IV.

905. Justino, XXXVIII.

906. *Calumnias litium*. Ibidem.

907. *Prompti aditus, nova comitas, ignotae Parthis virtutes, nova vitia*. Tácito, *Anais*, II, II.

a ponto de ser acometido por um acesso de tosse, o que lhe causou enorme dificuldade para falar aos seus cortesãos.[908] Qual é o legislador que poderia propor o governo popular a tais povos?

CAPÍTULO III — DA TIRANIA

Há dois tipos de tirania: um real, que consiste na violência do governo, e outro de opinião, que se faz sentir quando aqueles que governam estabelecem coisas que chocam a maneira de pensar de uma nação.

Dion afirma que Augusto quis se fazer chamar Rômulo, mas que, ao saber que o povo temia que ele quisesse se tornar rei, mudou de ideia. Os primeiros romanos não queriam um rei porque não podiam suportar seu poder; os romanos de então não queriam um rei para não terem que suportar suas maneiras, pois ainda que César, os triúnviros, Augusto fossem verdadeiros reis, haviam conservado todo o exterior da igualdade, e a vida privada deles continha um espécie de oposição ao fausto dos reis de então; e não querer um rei significava que desejavam manter suas maneiras, e não adotar as dos povos da África e do Oriente.

Dion[909] nos narra que o povo romano estava indignado com Augusto devido a algumas leis excessivamente duras que ele promulgara, mas que, logo que permitiu o retorno do comediante Pilade, que as facções haviam expulsado da cidade, o descontentamento cessou. Um tal povo sentia mais vivamente a tirania quando se expulsava um bufão do que quando lhe eram suprimidas todas as leis.

CAPÍTULO IV — DO QUE É O ESPÍRITO GERAL

Várias coisas governam os seres humanos: o clima, a religião, as leis, as máximas do governo, os exemplos das coisas pretéritas, os costumes, as maneiras, sendo que o resultado de tudo isso é o espírito geral formado.

À medida que, em cada nação, uma destas causas atua com maior força, as outras cedem na mesma medida. A natureza e o clima predominam quase que exclusivamente quanto aos selvagens; as maneiras governam os chineses; as leis tiranizam o Japão; os costumes deram, outrora, o tom na Lacedemônia; as máximas de governo e os costumes antigos deram-no em Roma.

---

908. Ele fez a descrição disso em 1596. *Recueil des voyages qui ont servi à l'établis-sement de la Compagnie des Indes*, t. III, parte I.

909. LIV, XVII.

CAPÍTULO V — QUANTO É PRECISO ESTAR ATENTO PARA NÃO MUDAR O ESPÍRITO GERAL DE UMA NAÇÃO

Se houvesse no mundo uma nação que tivesse um humor sociável, uma abertura do coração, um júbilo perante a vida, um gosto, uma facilidade de comunicar seus pensamentos; que fosse viva, agradável, jovial, por vezes imprudente, com frequência indiscreta, e que somasse a isso coragem, generosidade, franqueza, um certo ponto de honra, não seria necessário, de modo algum, procurar constranger através de leis suas maneiras, para não constranger suas virtudes. Se, em geral, o caráter é bom, que importam alguns defeitos aí serem encontrados?

Poder-se-ia conter as mulheres, produzir leis para corrigir seus costumes e limitar seu luxo; mas quem sabe se com isso não se perderia um certo gosto que seria a fonte de riquezas da nação e uma política que atrai para ela os estrangeiros?

Compete ao legislador acatar o espírito da nação, contanto que não contrarie os princípios do governo, pois não fazemos nada melhor do que aquilo que fazemos livremente e segundo nosso gênio natural.

Se for conferido um espírito de pedantismo a uma nação naturalmente jovial, o Estado nada ganhará com isso, nem interna nem externamente. Que se permita que ele faça as coisas frívolas seriamente, e jovialmente as coisas sérias.

CAPÍTULO VI — DA NÃO NECESSIDADE DE TUDO CORRIGIR

Que nos deixem como somos, dizia um fidalgo de uma nação que muito se assemelha a essa da qual acabamos de esboçar uma ideia. A natureza tudo repara. Concedeu-nos uma vivacidade capaz de ofender e própria a nos fazer faltar a todas as considerações; esta mesma vivacidade é corrigida pela polidez que nos proporciona inspirando-nos gosto pelas coisas mundanas e especialmente pela relação com as mulheres.

Que nos deixem como somos. Nossas qualidades indiscretas associadas ao nosso bocado de malícia fazem com que as leis que gerariam o humor sociável entre nós não fossem convenientes.

CAPÍTULO VII — DOS ATENIENSES E DOS LACEDEMÔNIOS

Os atenienses, dizia ainda esse fidalgo, eram um povo que tinha alguma conexão com o nosso. Introduzia a jovialidade nos negócios. Um traço de gracejo agradava esse povo, tanto na tribuna quanto no teatro. Esta vivacidade que introduzia nas deliberações, ele a revelava na execução. O caráter dos lacedemônios era grave, sério, seco, taciturno. Não se tiraria mais proveito de um ateniense o entediando do que de um lacedemônio o divertindo.

CAPÍTULO VIII — EFEITOS DO HUMOR SOCIÁVEL

Mais se comunicam os povos, mais mudam facilmente suas maneiras, porque cada um torna-se mais e mais um espetáculo para o outro. Percebe-se melhor as singularidades dos indivíduos. O clima que faz com que uma nação aprecie comunicar-se também faz com que aprecie a mudança; e o que faz com que uma nação aprecie a mudança faz também com que ela molde o gosto.

A sociedade das mulheres estraga os costumes e forma o gosto. O desejo que uma tem de agradar mais do que a outra exige o uso dos ornamentos; e o desejo de agradar mais do que a si mesma requer a moda. As modas constituem um objeto importante: à força de se tornar frívolo o espírito, aumenta-se incessantemente as ramificações de seu comércio.[910]

CAPÍTULO IX — DA VAIDADE E DO ORGULHO DAS NAÇÕES

Se a vaidade é uma valiosa mola para um governo, o orgulho é, para ele, uma mola perigosa. E para representá-lo basta colocarmos, de um lado, os inúmeros bens resultantes da vaidade, a saber, o luxo, a indústria, as artes, as modas, a polidez, o gosto; e, do outro lado, os males infinitos que nascem do orgulho de certas nações, a saber, a preguiça, a pobreza, o abandono de tudo, a destruição de nações que o acaso fez tombar entre suas mãos e a sua própria destruição. A preguiça[911] é o efeito do orgulho; o trabalho é uma consequência da vaidade. O orgulho de um espanhol o levará a não trabalhar; a vaidade de um francês o levará a saber trabalhar melhor do que os outros.

---

910. Ver *La fable des abeilles* (*A fábula das abelhas*)*. [*De Mandeville. Trata-se de um romance de teor filosófico que fez muito sucesso no século XVIII. (N.T.)].

911. Os povos que seguem o *kan* de Malacamber, os de Carnataca e de Coromandel são povos orgulhosos e indolentes. Pouco consomem porque são miseráveis, enquanto os mongóis e os povos do Hindustão se ocupam e gozam de comodidades da vida, como os europeus. *Recueil des voyages qui ont servi à l'établissement de la Compagnie des Indes*, t. I.

Toda nação indolente é grave, pois aqueles que não trabalham se consideram como soberanos dos que trabalham.

Examinai todas as nações e vereis que, na maioria, a gravidade, o orgulho e a preguiça caminham no mesmo passo.

Os povos de Achim[912] são arrogantes e indolentes. Aqueles que não possuem escravos alugam um, nem que seja para caminhar cem passos e carregar duas pintas de arroz; crer-se-iam desonrados se as carregassem eles mesmos.

Há vários lugares da Terra onde os habitantes deixam crescer as unhas para frisar que não trabalham.

As mulheres das Índias[913] creem que é vergonhoso para elas aprender a ler — trata-se de uma ocupação, dizem elas, das escravas que entoam cânticos nos pagodes. Numa casta, elas não fiam; numa outra, limitam-se a confeccionar cestos e esteiras, não devendo sequer socar o arroz; em outras, não se admite que busquem água. O orgulho estabeleceu aí suas regras e faz com que sejam seguidas. Ocioso dizer que as qualidades morais produzem efeitos distintos de acordo com a forma em que estão unidas a outras. Assim, o orgulho, associado a uma grandíssima ambição, à grandeza das ideias, etc., produziu entre os romanos os efeitos que conhecemos.

CAPÍTULO X — DO CARÁTER DOS ESPANHÓIS E DAQUELE DOS CHINESES

Os diversos caracteres das nações estão mesclados de virtudes e de vícios, de boas e de más qualidades. As combinações felizes são aquelas das quais resultam grandes bens e, com frequência, passam desapercebidas; existem outras das quais resultam grandes males e que, tampouco, são percebidas.

A boa-fé dos espanhóis tem sido famosa em todos os tempos. Justino[914] nos fala de sua fidelidade quanto a guardar depósitos: muitas vezes, perdem a vida para mantê-los em segredo. Esta fidelidade que tinham outrora eles ainda a têm hoje. Todas as nações que realizam comércio em Cádis confiam suas fortunas aos espanhóis, do que jamais se arrependem. Mas esta qualidade admirável, associada à sua indolência, forma uma mistura cujos efeitos resultantes lhes são perniciosos: os povos da Europa, sob os olhos dos espanhóis, efetuam todo o comércio de sua monarquia.

---

912. Ver Dampierre, t. III.

913. *Cartas edificantes*, 12ª coleção.

914. XLIV.

O caráter dos chineses forma uma outra mistura que contrasta com o caráter dos espanhóis. Sua vida precária[915] faz com que tenham uma atividade prodigiosa e um desejo tão excessivo de ganho que nenhuma nação que realiza comércio pode neles confiar.[916] Esta inconfiabilidade reconhecida conservou-lhes o comércio com o Japão. Nenhum negociante da Europa ousou empreender este comércio em nome deles, a despeito de qualquer facilidade que pudesse auferir em empreendê-lo por intermédio das províncias marítimas deles do norte.

CAPÍTULO XI — REFLEXÃO

Não disse o que disse em absoluto para diminuir nada da distância infinita existente entre os vícios e as virtudes. Que Deus me livre! Somente pretendi esclarecer que todos os vícios políticos não são vícios morais e que todos os vícios morais não são vícios políticos, o que não deve ser ignorado por aqueles que produzem leis que chocam o espírito geral.

CAPÍTULO XII — DAS MANEIRAS E DOS COSTUMES NO ESTADO DESPÓTICO

Constitui uma máxima capital a eterna inconveniência de mudar costumes e maneiras no Estado despótico. Nada seria mais prontamente seguido de uma revolução do que tal mudança. É que, nesses Estados, não há lei alguma, por assim dizer: tudo que há são costumes e maneiras, e, se derrubardes isso, derrubareis tudo.

Leis são estabelecidas, costumes são inspirados; estes últimos se ligam mais ao espírito geral, aquelas vinculam-se mais a uma instituição particular. Ora, é tão ou mais perigoso destruir o espírito geral do que mudar uma instituição particular.

Comunica-se menos nos países onde cada um, seja como superior, seja como inferior, exerce ou sofre um poder arbitrário do que naqueles países onde a liberdade impera em todas as condições. Muda-se ali, portanto, menos de maneiras e de costumes. As maneiras mais fixas aproximam-se mais das leis e, assim sendo, é necessário que um príncipe ou um legislador aí abale menos os costumes e as maneiras do que em qualquer país do mundo.

As mulheres nesses países ficam geralmente enclausuradas e não têm nenhuma voz ativa. Nos outros países, nos quais elas vivem em comum

---

915. Graças à natureza do clima e do solo.

916. Du Halde, t. II.

com os homens, a vontade que experimentam de agradar e o desejo que se tem também de agradá-las determinam a mudança contínua das maneiras. Os dois sexos se estragam mutuamente, perdem um e outro sua qualidade distintiva e essencial; instala-se o arbitrário no que era absoluto, e as maneiras são alteradas todos os dias.

CAPÍTULO XIII — DAS MANEIRAS ENTRE OS CHINESES

Mas é na China que as maneiras são indestrutíveis. Além de as mulheres serem completamente separadas dos homens, costumes e maneiras são ensinados nas escolas. Identifica-se um letrado[917] pela maneira fácil com que faz a reverência. Estas coisas, uma vez dadas sob a forma de preceitos e por graves doutores, fixam-se como princípios morais e não mudam mais.

CAPÍTULO XIV — QUAIS SÃO OS MEIOS NATURAIS DE MUDAR OS COSTUMES E AS MANEIRAS DE UMA NAÇÃO

Dissemos que as leis são instituições particulares e precisas do legislador; e os costumes e as maneiras, instituições da nação em geral. Disto se segue que, quando se quer mudar os costumes e as maneiras, não convém mudá-los através das leis, o que pareceria excessivamente tirânico; seria melhor mudá-los por outros costumes e outras maneiras.

Assim, quando um príncipe deseja realizar grandes mudanças em sua nação, convém que reforme mediante as leis o que é estabelecido pelas leis, e que mude por meio de maneiras o que é estabelecido pelas maneiras, sendo uma péssima política mudar através de leis o que deve ser mudado pelas maneiras.

A lei que obrigava os moscovitas a cortar a barba e as casacas, e a violência de Pedro I, que ordenava cortar até os joelhos as longas vestes daqueles que ingressavam nas cidades, eram tirânicas. Há meios para impedir os crimes, a saber, as penas; há meios para determinar a mudança das maneiras: são os exemplos.

A facilidade e a prontidão com as quais essa nação alcançou a civilização bem mostrou que esse príncipe tinha uma opinião excessivamente negativa dela e que esses povos não eram animais, como ele afirmava.

---

917. Segundo Du Halde.

Os meios violentos por ele empregados eram inúteis — teria chegado da mesma forma ao seu objetivo pela brandura.

Experimentou, ele mesmo, a facilidade dessas mudanças. As mulheres eram enclausuradas e, de alguma maneira, escravas; convocava-as à corte, fazia com que se vestissem à moda alemã, enviava-lhes tecidos. Esse sexo provou, logo, um estilo de vida que muito lisonjeava seu gosto, sua vaidade e suas paixões, estilo que também passou a ser apreciado pelos homens.

O que tornou a mudança mais fácil foi o fato de os costumes de então serem estranhos ao clima, aí tendo chegado devido à mistura das nações e devido às conquistas. Pedro I, dando os costumes e as maneiras da Europa a uma nação da Europa, encontrou facilidades que ele próprio não esperava. O Império do clima é o primeiro de todos os Impérios.

Não tinha, portanto, necessidade de leis para alterar os costumes e as maneiras de sua nação: bastava-lhe inspirar outros costumes e outras maneiras.

Em geral, os povos são muito ligados aos seus costumes; privá-los violentamente deles é torná-los infelizes. Não convém, portanto, mudá-los, mas, sim, incitar os povos a mudá-los eles mesmos.

Toda dificuldade que não deriva da necessidade é tirânica. A lei não é um puro ato de poder. As coisas indiferentes em função de sua natureza não pertencem à alçada da lei.

CAPÍTULO XV — INFLUÊNCIA DO GOVERNO DOMÉSTICO SOBRE O POLÍTICO

A mudança dos costumes femininos influenciará, indubitavelmente, muito o governo da Moscóvia. Tudo está extremamente ligado: o despotismo do príncipe une-se naturalmente à servidão das mulheres; a liberdade das mulheres, ao espírito da monarquia.

CAPÍTULO XVI — COMO ALGUNS LEGISLADORES CONFUNDIRAM OS PRINCÍPIOS QUE REGEM OS SERES HUMANOS

Os costumes e as maneiras constituem usos que as leis não estabeleceram, ou não puderam ou não quiseram estabelecer.

A diferença entre as leis e os costumes é que as leis regulam mais as ações do cidadão, enquanto os costumes regulam mais as ações do ser humano. Entre os costumes e as maneiras, a diferença é que os primeiros concernem mais à conduta interior, enquanto as segundas, mais à conduta exterior.

Por vezes, num Estado, estas coisas se confundem.[918] Licurgo produziu um mesmo código para as leis, os costumes e as maneiras, e os legisladores da China fizeram coisa idêntica.

Não é de surpreender que os legisladores da Lacedemônia e da China tenham confundido as leis, os costumes e as maneiras: é que os costumes representavam as leis, e as maneiras representavam os costumes.

Os legisladores da China tinham por principal objetivo proporcionar uma vida tranquila ao seu povo. Desejavam que os seres humanos se respeitassem muito; que cada um sentisse em todos os momentos que devia muito aos outros; que não havia cidadão algum que não dependesse, em algum aspecto, de um outro cidadão. Deram, portanto, a maior envergadura às regras da civilidade.

Assim, entre os povos da China, viram-se aldeões[919] observarem entre si cerimônias como pessoas de uma condição elevada, um meio bastante apropriado de inspirar a brandura, a manter entre os membros do povo a paz e a boa ordem e a suprimir todos os vícios que provêm de um espírito empedernido. De fato, abrir mão das regras da civilidade não será buscar o meio de abrir caminho aos defeitos, deixando-os mais à vontade?

A civilidade vale mais, neste sentido, do que a polidez. A polidez bajula os vícios alheios, e a civilidade nos impede de manifestar os nossos. Trata-se de uma barreira que os seres humanos colocam entre si mesmos para impedir que sejam corrompidos.

Licurgo, cujas instituições eram duras, não visava à civilidade quando moldou as maneiras; visou, sim, àquele espírito belicoso que desejava conferir ao seu povo; pessoas sempre exercendo a ação de corrigir ou sempre sendo corrigidas, que instruíam sempre e eram sempre instruídas, igualmente simples e rígidas, praticariam mais no seu seio as virtudes do que demonstrariam considerações.

CAPÍTULO XVII — PROPRIEDADE CARACTERÍSTICA DO GOVERNO DA CHINA

Os legisladores da China fizeram mais,[920] ou seja, confundiram a religião, as leis, os costumes e as maneiras. Tudo isso foi a moral, tudo isso foi a virtude. Os preceitos que diziam respeito a estes quatro pontos foram o que se chamou de ritos. Foi na observação exata destes ritos que o governo chinês

---

918. Moisés elaborou um mesmo código para as leis e a religião. Os primeiros romanos confundiram os costumes antigos com as leis.

919. Ver Du Halde, *Description de la Chine*, t. II.

920. Ver os livros clássicos dos quais Du Halde nos ofereceu tão belos trechos.

triunfou. Passava-se toda a juventude os aprendendo, toda a vida os praticando. Os letrados os ensinaram, os magistrados os pregaram. E como eles envolviam todas as pequenas ações da vida, quando se descobriu o meio de fazê-los observar exatamente, a China foi bem governada.

Duas coisas conseguiram facilmente gravar os ritos no coração e na mente dos chineses. Uma delas foi sua maneira de escrever extremamente composta, que fez com que, durante uma grande parte de suas vidas, a mente se mantivesse unicamente[921] ocupada com esses ritos, porque foi necessário aprender a ler nos livros e para os livros que os continham; a outra foi o fato de, não tendo os preceitos dos ritos nada de espiritual, mas simplesmente regras para uma prática comum, foi mais fácil com eles convencer e impressionar os espíritos do que com algo intelectual.

Os príncipes que, em lugar de governar pelos ritos, governaram pela força dos suplícios, quiseram fazer com que os suplícios obtivessem aquilo que não estava em seu poder, que é instaurar costumes. Os suplícios suprimirão da sociedade um cidadão que, tendo perdido seus costumes, viola as leis; mas, se todos perderam seus costumes, poderão estes ser reinstaurados? Os suplícios deterão, por certo, diversas consequências do mal geral, porém não corrigirão esse mal, de maneira que, quando os princípios do governo chinês foram abandonados, quando a moral foi perdida no seio desse governo, o Estado caiu na anarquia, e as revoluções passaram a ser vistas.

CAPÍTULO XVIII — CONSEQUÊNCIA DO CAPÍTULO PRECEDENTE

Disso resulta que a China não perde suas leis através da conquista. Sendo aí as maneiras, os costumes, as leis e a religião algo idêntico, não é possível mudar tudo isto simultaneamente. E como é preciso que o vencedor e o vencido mudem, sempre foi necessário na China que fosse o vencedor, pois seus costumes, não sendo suas maneiras; suas maneira, suas leis; suas leis, sua religião, foi mais fácil que se ajustasse gradativamente ao povo vencido do que este povo vencido se ajustasse a ele.

Disso resulta ainda algo muito triste: ser quase impossível o estabelecimento do cristianismo na China.[922] Os votos de virgindade, as assembleias das mulheres nas igrejas, sua comunicação necessária com os ministros da religião, sua participação nos sacramentos, a confissão

---

921. Foi o que estabeleceu a emulação, a fuga da ociosidade e a estima pelo saber.

922. Ver as razões dadas pelos magistrados chineses nos decretos pelos quais proíbem a religião cristã (*Cartas edificantes*, na 17ª coleção).

344 | O ESPÍRITO DAS LEIS

auricular, a extrema-unção, o casamento com uma só mulher: tudo isto derruba os costumes e as maneiras do país e fere ainda de um mesmo golpe a religião e as leis.

A religião cristã, através do estabelecimento da caridade, pelo culto público, pela participação nos mesmos sacramentos, parece exigir que tudo se una; os ritos dos chineses parecem ordenar que se separe.

E, como se percebeu que esta separação[923] se vincula em geral ao espírito do despotismo, encontrar-se-á neste uma das razões que fazem com que o governo monárquico e todo governo moderado se aliem melhor[924] com a religião cristã.

CAPÍTULO XIX — COMO É FEITA ESTA UNIÃO DA RELIGIÃO, DAS LEIS, DOS COSTUMES E DAS MANEIRAS ENTRE OS CHINESES

Os legisladores da China têm como principal objetivo do governo a tranquilidade do Império. A subordinação lhes pareceu o meio mais adequado de conservá-la. Fiéis a essa ideia, acreditaram dever inspirar o respeito pelos ascendentes e congregaram todas as forças neste sentido. Estabeleceram uma infinidade de ritos e cerimônias para honrá-los durante a vida e após a morte. Era impossível honrar tanto os pais mortos sem ser levado a honrá-los vivos. As cerimônias em favor dos pais mortos relacionavam-se mais com a religião, enquanto aquelas em favor dos pais vivos se relacionavam mais com as leis, os costumes e as maneiras. Entretanto, tratava-se de partes de um mesmo código, código este de grande extensão.

O respeito pelos ascendentes estava necessariamente unido a todos que eram representados pelos pais: os anciãos, os mestres, os magistrados, o imperador. Este respeito pelos pais supunha um retorno de amor às crianças e, consequentemente, o mesmo retorno dos velhos aos jovens, dos magistrados àqueles que a eles se achavam submetidos, do imperador aos seus súditos. Tudo isso formava os ritos, e estes ritos, o espírito geral da nação.

Perceber-se-á a relação que podem ter com a constituição fundamental da China as coisas que se afiguram as mais indiferentes. Este Império está formado com base na ideia do governo de uma família. Se vós diminuirdes a autoridade do pai, ou mesmo se suprimirdes as cerimônias

---

923. Ver o Livro IV, capítulo III, e o Livro XIX, capítulo XII.

924. Ver o Livro XXIV, capítulo IV, na sequência.

que exprimem o respeito que se tem por ela, debilitareis o respeito pelos magistrados, que são encarados como pais; os magistrados não terão mais o mesmo cuidado pelos povos, que eles devem considerar como filhos; a relação de amor existente entre o príncipe e os súditos se perderá, também, paulatinamente. Eliminai uma dessas práticas e ireis abalar o Estado. É inteiramente indiferente em si que todas as manhãs uma nora se levante para cumprir tais e tais deveres em relação a sua sogra, mas se atentarmos para o fato de essas práticas exteriores invocarem incessantemente um sentimento que é necessário imprimir em todos os corações, e que irá, a partir de todos os corações, constituir o espírito que rege todo o Império, constataremos que é necessário que esta ou aquela ação seja efetuada.

CAPÍTULO XX — EXPLICAÇÃO DE UM PARADOXO COM RESPEITO AOS CHINESES

O que se mostra singular é que os chineses, cujas vidas são completamente dirigidas pelos ritos, são, a despeito disto, o povo mais velhaco da Terra. Isso se manifesta sobretudo no comércio, que jamais lhes pode inspirar a boa-fé que lhe é natural. O comprador deve levar[925] sua própria balança, pois cada vendedor tem três: uma pesada para comprar, uma leve para vender e uma justa para os que estiverem prevenidos. Creio poder explicar esta contradição.

Os legisladores da China visaram duas metas: quiseram que o povo fosse submisso e tranquilo e que fosse laborioso e hábil. De acordo com a natureza do clima e do solo, o povo chinês leva uma vida precária; só se pode assegurar a sobrevivência à custa de habilidade e trabalho.

Quando todos obedecem e todos trabalham, o Estado permanece numa situação afortunada. É a necessidade e, talvez, a natureza do clima que geraram em todos os chineses uma avidez inconcebível pelo ganho, o que as leis não cogitaram refrear. Tudo foi proibido, quando se tratava de adquirir mediante a violência. Tudo foi permitido, quando se tratava de obter mediante artifício e habilidade. Não comparemos, portanto, a moral dos chineses com a moral da Europa. Cada um, na China, deve se manter atento para aquilo que lhe é útil; se o espertalhão cuidou dos seus interesses, aquele que foi ludibriado por ele deveria ter pensado nos seus. Na Lacedemônia, era permitido roubar; na China, é permitido enganar.

---

925. *Journal de Lange* em 1721 e 1722; tomo VIII das *Voyages du Nord* (*Viagens ao Norte*).

CAPÍTULO XXI — COMO AS LEIS DEVEM SER RELATIVAS AOS COSTUMES E ÀS MANEIRAS

São somente as instituições singulares que confundem assim coisas naturalmente independentes: as leis, os costumes e as maneiras; porém, ainda que independentes, não deixam de entreter entre si grandes relações.

Perguntou-se a Sólon se as leis que ele havia conferido aos atenienses eram as melhores. Ele respondeu: "Concedi-lhes as melhores entre aquelas que seriam capazes de suportar!". Um belo discurso que deveria ser ouvido por todos os legisladores. Quando a sabedoria divina diz ao povo judeu "Dei a vós preceitos que não são bons", significa que eles só continham uma boa qualidade relativa, o que representa a esponja de todas as dificuldades que se pode levantar em relação às leis de Moisés.

CAPÍTULO XXII — CONTINUAÇÃO DO MESMO ASSUNTO

Quando um povo tem bons costumes, as leis se tornam simples. Platão[926] diz que Radamanto, que governava um povo extremamente religioso, expedia todos os processos com celeridade, impondo somente o juramento para cada chefe. Mas, segundo o mesmo Platão,[927] quando um povo não é religioso, só se pode fazer uso do juramento nas ocasiões nas quais quem jura não tem interesses, como um juiz e as testemunhas.

CAPÍTULO XXIII — COMO AS LEIS ACOMPANHAM OS COSTUMES

No tempo em que os costumes romanos eram puros, não havia uma lei específica contra o peculato. Quando este crime começou a aparecer, foi considerado tão infame que ser condenado a restituir[928] o que se tomara foi tido como uma severa pena — sirva de testemunho o julgamento de L. Cipião.[929]

---

926. *As Leis*, XII.

927. *As Leis*, XII.

928. *In simplum.*

929. Tito Lívio, XXXVIII, III.

CAPÍTULO XXIV — CONTINUAÇÃO DO MESMO ASSUNTO

As leis que concedem a tutela à mãe atentam mais para a conservação do pupilo; aquelas que a concedem ao herdeiro mais próximo atentam mais para a conservação dos bens. Entre os povos cujos costumes são corrompidos, é melhor conceder a tutela à mãe. Entre aqueles nos quais as leis devem contar com a confiança nos costumes dos cidadãos, concede-se a tutela ao herdeiro dos bens, ou à mãe, e, por vezes, a ambos.

Se refletirmos acerca das leis romanas, perceberemos que seu espírito se conforma ao que eu disse. No tempo no qual foi elaborada a Lei das Doze Tábuas, os costumes em Roma eram admiráveis. Conferiu-se a tutela ao parente mais próximo do pupilo, pensando-se que aquele que devia ter o encargo da tutela podia ter a vantagem da sucessão. Não se acreditou de modo algum que a vida do pupilo estivesse em jogo, embora esta fosse colocada nas mãos daquele a quem sua morte deveria favorecer. Mas quando os costumes mudaram em Roma, constatou-se que os legisladores também mudaram sua forma de pensar. "Se na sua substituição pupilar", dizem Caio[930] e Justiniano,[931] "o testador teme que o substituído arme ciladas para o pupilo, pode deixar a descoberto a substituição vulgar[932] e colocar a pupilar numa parte do testamento que somente poderá ser aberta após um certo tempo". São receios e precauções desconhecidos dos primeiros romanos.

CAPÍTULO XXV — CONTINUAÇÃO DO MESMO ASSUNTO

A lei romana concedia a liberdade de se oferecer dotes antes do casamento; após o casamento, não o permitia mais. Isso se fundava nos costumes romanos, que eram levados ao casamento somente pela frugalidade, a simplicidade e a modéstia, mas que podiam se deixar seduzir pelos cuidados domésticos, as complacências e a felicidade de toda uma vida.

A lei dos visigodos[933] determinava que o esposo estava proibido de dar, àquela que ia desposar, acima de um décimo dos seus bens, e que nada podia lhe dar durante o primeiro ano do casamento. Isto também

---

930. *Institutas*, II, título VI, § 2; compilação de Ozel em Leyde, 1658.

931. Institutas, Livro II, *de pupil. substit.*, § 3.

932. A substituição vulgar é: "Se um tal não assume a herança, eu o substituo, etc.". A pupilar é: "Se um tal morre antes de sua puberdade, eu o substituo, etc.".

933. Livro III, título I, § 5.

provinha dos costumes do país. Os legisladores desejavam deter essa jactância espanhola, que visava somente fazer liberalidades excessivas num ato de ostentação.

Os romanos, mediante suas leis, detiveram alguns inconvenientes do mais durável Império do mundo, que é o da virtude; os espanhóis, mediante as suas, queriam impedir o mau efeito da mais frágil tirania do mundo, que é a da beleza.

CAPÍTULO XXVI — CONTINUAÇÃO DO MESMO ASSUNTO

A Lei de Teodósio e de Valenciano[934] extraiu as causas do repúdio dos antigos costumes[935] e das maneiras dos romanos. Incluiu no número dessas causas a ação do marido[936] que castigasse sua esposa de uma forma indigna de uma pessoa nascida livre. Esta causa foi omitida nas leis subsequentes:[937] é que os costumes haviam mudado no que concernia a tal aspecto; os usos do Oriente tinham substituído os usos europeus. O primeiro eunuco da imperatriz, mulher de Justiniano II, a ameaçou, segundo a história, do castigo com o qual se pune as crianças na escola. Não há senão costumes estabelecidos, ou costumes que procuram se estabelecer, que pudessem fazer imaginar tal coisa.

Vimos como as leis seguem os costumes. Vejamos agora como os costumes seguem as leis.

CAPÍTULO XXVII — COMO AS LEIS PODEM CONTRIBUIR PARA A FORMAÇÃO DOS COSTUMES, DAS MANEIRAS E DO CARÁTER DE UMA NAÇÃO

Os costumes de um povo escravo constituem uma parte de sua servidão: aqueles de um povo livre constituem uma parte de sua liberdade.

Referi-me, no Livro XI,[938] a um povo livre. Apresentei os princípios de sua constituição.[939] Vejamos os efeitos que devem se seguir, o caráter que pode ser formado e as maneiras que dele resultam.

---

934. Lei 8, Cód. *de repudiis.*

935. E da Lei das Dozes Tábuas. Ver Cícero, segunda Filípica, LXIX.

936. *Si verberibus, quae ingenuis aliena sunt, afficientem probaverit.*

937. Na *Novela* CXXVII, XIV.

938. Capítulo VI.

939. O autor se refere à Inglaterra. (N.T.)

Não afirmo, em absoluto, que o clima não tenha produzido, em grande parte, as leis, os costumes e as maneiras dessa nação. Afirmo, contudo, que os costumes e as maneiras dessa nação deveriam ter uma relação estreita com suas leis.

Como haveria nesse Estado dois poderes visíveis: o poder legislativo e o executivo, e todo cidadão teria sua vontade própria e faria valer segundo o seu arbítrio a sua independência, a maior parte das pessoas se afeiçoaria mais a um do que a outro desses poderes, não dispondo, de ordinário, a maioria de equidade suficiente, nem de senso para prezar igualmente ambos.

E, como o poder executivo, dispondo de todos os empregos, seria capaz de oferecer magnas esperanças e jamais receios, todos aqueles que dele auferissem seriam levados a ficar do seu lado, enquanto o poder executivo poderia ser atacado por todos aqueles que dele nada esperassem.

Sendo todas as paixões aí livres, o ódio, a inveja, o ciúme, o ardor pelo enriquecimento e a distinção surgiriam plenamente, e, se fosse diferente, o Estado seria como um homem abatido pela enfermidade, que não sente paixão alguma porque não dispõe de força alguma.

O ódio que haveria entre os dois partidos seria duradouro porque seria sempre impotente.

Sendo esses partidos compostos de homens livres, se um ascendesse demasiado, o efeito da liberdade faria com que este fosse rebaixado, enquanto os cidadãos, como as mãos que apoiam o corpo, passariam a erguer o outro.

Como cada particular, sempre independente, obedeceria muito a seus caprichos e fantasias, mudar-se-ia frequentemente de partido; neste ato abandonar-se-ia um partido onde se deixariam todos os amigos para se ligar a um outro no qual se encontrariam todos os inimigos; e, frequentemente, poder-se-iam esquecer as leis da amizade e do ódio.

O monarca estaria no caso dos particulares; e, contra as máximas ordinárias da prudência, estaria com frequência obrigado a depositar a confiança naqueles que mais o pudessem abalar e a desfavorecer os que mais o pudessem servir, fazendo por necessidade o que os outros príncipes fazem por opção.

Receia-se ver escapar um bem que se percebe, mas que de modo algum se conhece, e que se pode se disfarçar perante nós; e o receio sempre amplia os objetos. O povo estaria inquieto com a situação e creria estar em perigo nos próprios momentos mais seguros.

E tanto mais que aqueles que se opusessem mais vivamente ao poder executivo, não podendo confessar os motivos interessados de sua oposição, aumentariam os terrores do povo, que nunca saberia exatamente se estaria em perigo ou não. Mas isso mesmo contribuiria para fazê-lo evitar os verdadeiros perigos aos quais poderia, subsequentemente, estar exposto.

Mas, o corpo legislativo, contando com a confiança do povo, e sendo mais esclarecido do que ele, poderia reverter as más impressões que ao povo tivessem sido transmitidas e tranquilizar seus movimentos.

É a grande vantagem que apresentaria esse governo relativamente às democracias antigas, nas quais o povo possuía um poder imediato, pois, quando os oradores o agitavam, estas agitações invariavelmente surtiam seu efeito.

Assim, quando os terrores impressos não tiveram objetivo certo, limitaram-se a produzir vãos clamores e injúrias; e produziriam até mesmo o bom efeito de distender as molas do governo e tornar os cidadãos atentos. Porém, se nascessem no momento da derrubada das leis fundamentais, seriam surdos, funestos, atrozes e produtores de catástrofes.

Logo ver-se-ia uma calma horrível, durante a qual tudo se congregaria contra o poder violador das leis.

Se, no caso de as inquietudes não terem objetivo certo, qualquer potência estrangeira ameaçaria o Estado e poria em perigo sua fortuna ou sua glória; tudo se reuniria em favor do poder executivo.

Pois, se disputas se formassem por ocasião da violação das leis fundamentais, e surgisse uma potência estrangeira, ocorreria uma revolução que não transformaria a forma de governo, nem sua constituição, porque as revoluções formadas pela liberdade não passam de uma confirmação da liberdade.

Uma nação livre pode ter um libertador; uma nação subjugada somente pode ter outro opressor, pois todo homem que possui força suficiente para expulsar aquele que já é senhor absoluto de um Estado a possui suficientemente para tornar-se ele mesmo senhor absoluto.

Como, para fruir da liberdade, é necessário que cada um possa dizer o que pensa, e, para conservá-la, é necessário, ainda, que cada um possa dizer o que pensa, um cidadão neste Estado diria e escreveria tudo que as leis não o proibissem expressamente de dizer ou escrever.

Esta nação, sempre exaltada, poderia mais facilmente ser conduzida por suas paixões do que pela razão, a qual jamais produz grandes efeitos sobre os espíritos dos seres humanos; e seria fácil àqueles que a governassem levá-los a realizar empreendimentos contra seus verdadeiros interesses.

Esta nação amaria prodigiosamente sua liberdade, porque tal liberdade seria verdadeira e seria possível ocorrer que, para defendê-la, ela sacrificasse seus bens, suas facilidades, seus interesses, que ela se sobrecarregasse dos impostos mais pesados, tais que mesmo o mais absoluto dos príncipes não ousaria fazer pesar sobre os ombros de seus súditos.

Mas, como ela possuiria um conhecimento certo da necessidade de submeter-se a eles, suportaria o ônus, na esperança bem fundada de não suportar mais; os encargos seriam mais pesados do que o sentimento desses encargos, enquanto há Estados onde o sentimento está infinitamente acima do mal.

Esta nação teria um crédito certo, porque emprestaria de si mesma e pagaria a si mesma. Poderia suceder que empreendesse acima de suas forças naturais e fizesse valer contra seus inimigos imensas riquezas fictícias,[940] as quais a confiança e natureza de seu governo tornariam reais.

Para conservar sua liberdade, tomaria emprestado de seus súditos, e seus súditos, que veriam que seu crédito estaria perdido se ela fosse conquistada, disporiam de um novo motivo de empreender esforços para defender sua liberdade.

Se esta nação fosse situada em uma ilha, não seria, de modo algum, conquistadora, porque conquistas independentes a debilitariam. Se o solo desta ilha fosse bom, ela seria ainda menos conquistadora, porque não precisaria da guerra para enriquecer. E, como cidadão algum dependeria de outro cidadão, cada um se importaria mais com sua liberdade do que com a glória de alguns cidadãos, ou de um único.

Nesse lugar, os militares seriam considerados como pessoas de um ofício que pode ser útil e muitas vezes perigoso, como indivíduos cujos serviços são onerosos para a própria nação; e as qualidades civis gozariam de maior consideração.

Esta nação, que a paz e a liberdade tornariam um lugar de bem-estar, libertada dos preconceitos destrutivos, seria induzida a tornar-se comerciante. Se dispusesse de qualquer uma dessas mercadorias primitivas que servem para confeccionar essas coisas às quais as mãos do trabalhador conferem um alto preço,[941] poderia constituir estabelecimentos apropriados à obtenção do gozo desta dádiva celeste[942] em toda sua extensão.

Se essa nação estivesse situada ao norte e tivesse muitos gêneros supérfluos,[943] como lhe faltaria igualmente uma enorme quantidade de mercadorias para as quais seu clima não produz a matéria-prima, realizaria um comércio indispensável e em larga escala com os povos do sul, e, optando pelos Estados que favoreceria com um comércio vantajoso, celebraria tratados mutuamente proveitosos com a nação que houvesse escolhido.

---

940. Por oposição às riquezas reais, trata-se de todas as riquezas que não resultam do trabalho e que são necessariamente conseguidas no comércio: ouro, prata, etc. (N.T.)

941. Por exemplo, o linho ou a lã. (N.T.)

942. Ou seja, o *bem-estar social* alcançado graças à paz e à liberdade. (N.T.)

943. Leia-se excedente de gêneros. (N.T.)

Num Estado no qual, de um lado, houvesse extrema opulência e, do outro, impostos excessivos, seria impossível viver sem produção mediante uma fortuna limitada. Muitos indivíduos, sob o pretexto de viagens ou de saúde, acabariam se exilando por conta própria, procurando a abundância em países onde existe a própria servidão.

Uma nação comerciante dispõe de uma quantidade portentosa de pequenos interesses particulares, podendo, portanto, causar abalos ou ser abalada de uma infinidade de maneiras. Tal nação se tornaria sumamente invejosa, afligindo-se mais com a prosperidade alheia do que desfrutando da sua própria prosperidade.

E suas leis, aliás brandas e fáceis, poderiam revelar-se tão inflexíveis com respeito ao comércio e à navegação que ela pareceria restringir-se a negociar com inimigos.

Se tal nação enviasse colonos a regiões distantes, o faria mais para estender seu comércio do que sua dominação.

Como se aprecia estabelecer em outras partes o que já se acha estabelecido em casa, ela conferiria ao povo de suas colônias a forma de seu próprio governo; e como este governo traz consigo a prosperidade, ver-se-ia formar grandes povos nas próprias florestas para as quais ela enviasse habitantes.[944]

Seria possível que ela tivesse, outrora, subjugado uma nação vizinha que, por sua situação, boa qualidade de seus portos, natureza de suas riquezas, viesse suscitar-lhe inveja; assim, ainda que lhe tivesse dado suas próprias leis, ela a manteria num alto grau de dependência, de sorte que, embora os cidadãos fossem livres, o próprio Estado seria escravo.

O Estado conquistado teria um excelente governo civil, mas seria abatido pelo direito das gentes, e a ele seriam impostas leis de nação para nação que seriam tais que sua prosperidade não passaria de precária, representando apenas um depósito a favor de um senhor.

Habitando a nação dominante uma vasta ilha e sendo detentora de um amplo comércio, disporia de todas as facilidades para ter forças atuantes no mar, e, como a conservação de sua liberdade exigiria que não possuísse nem praças de guerra, nem fortalezas, nem exércitos em terra, teria

---

944. Uma das falácias propugnadas e divulgadas pelo pensamento colonialista europeu, especialmente a partir do século XVIII. Os fatos históricos posteriores, manifestando a dicotomia inescapável *potência exploradora/colônia explorada*, envolvendo precisamente a Inglaterra, que no século XIX tornou-se a nação mais colonialista e colonizadora do mundo, demonstraram a unilateralidade cruel e cínica da relação *Coroa-colônias*, pulverizando, por um lado, essa balela das *benesses mútuas* e, por outro, a visão cômoda e romântica que Montesquieu nutria pela Inglaterra, confundindo as inegavelmente boas e elaboradas instituições políticas e civis britânicas, florescentes e atuantes no interior desse país, com os meios factuais adotados amplamente na política exterior imperialista. (N.T.)

necessidade de uma marinha que garantisse sua segurança contra invasões; e sua marinha seria superior à de todas as outras potências que, precisando empregar suas finanças nos exércitos, não disporiam do suficiente para a marinha e a atividade bélica marítima.

O domínio dos mares sempre propiciou aos povos que o detiveram uma altivez natural, porque, sentindo-se capazes de distribuir insultos em todas as partes, acreditavam que seu poder não apresentava mais limites, salvo os oceânicos.

Esta nação poderia exercer uma ampla influência nos negócios de seus vizinhos, pois, como não empregasse seu poder na conquista, sua amizade seria mais requisitada e temer-se-ia mais o seu ódio do que a inconstância de seu governo, sua agitação interna não parecendo permiti-lo.

Assim, seria o destino do poder executivo estar quase sempre inquieto internamente e ser respeitado externamente.

Se acontecesse de esta nação se tornar, em algumas oportunidades, o centro das negociações da Europa, traria um pouco mais de probidade e boa-fé do que as outras, porque seus ministros, sendo frequentemente obrigados a justificar sua conduta diante de um Conselho popular,[945] suas negociações não poderiam ser secretas e eles seriam forçados a ser, a este respeito, um tanto mais honestos.

Ademais, como seriam de alguma maneira fiadores dos eventos que uma conduta tortuosa poderia gerar, o mais seguro para eles seria tomar o caminho mais reto.

Se os nobres houvessem tido em certos períodos um poder imoderado na nação, e o monarca houvesse procurado o meio de rebaixá-los elevando o povo, o ponto da extrema servidão teria sido entre o momento de rebaixamento dos grandes e aquele no qual o povo principiasse a sentir seu poder.

Poderia ser que esta nação, outrora submetida a um poder arbitrário, tivesse dele conservado, em várias ocasiões, o estilo; de maneira que, sob o fundo de um governo livre, ver-se-ia muitas vezes a forma de um governo absoluto.

No que tange à religião, como neste Estado cada cidadão teria sua vontade própria e seria, consequentemente, conduzido por suas próprias luzes, ou suas fantasias, sucederia ou que cada um alimentasse muito de indiferença por todos os tipos de religião de qualquer espécie que fossem, mediante o que todos seriam levados a adotar a religião dominante, ou que ser-se-ia cioso em relação à religião em geral, mediante o que as seitas se multiplicariam.

---

945. Montesquieu se refere ao Parlamento britânico. (N.T.)

Não seria impossível que houvesse nesta nação pessoas que não tivessem religião alguma e que não estivessem dispostas, não obstante, a suportar que se lhes obrigassem a mudar aquela que teriam, se tivessem uma, pois sentiriam, de início, que a vida e os bens não pertenceriam mais a elas do que a sua maneira de pensar e que, quem é capaz de arrebatar os primeiros, é ainda mais capaz de suprimir a segunda.

Se, entre as diferentes religiões, houvesse uma cuja instauração se houvesse tentado atingir pela via da escravidão, esta seria odiosa, porque, como julgamos as coisas pelas ligações e acessórios que introduzimos no seu âmbito, tal religião jamais se apresentaria ao espírito acompanhada da ideia de liberdade.

As leis contra os que professassem essa religião não seriam sanguinárias, pois a liberdade não concebe de modo algum esses tipos de penas; mas seriam tão repressivas a ponto de produzir todo o mal possível de ser produzido a sangue-frio.

Poderia ocorrer de mil maneiras que o clero gozasse de tão pouco crédito que os outros cidadão tivessem vantagem sobre ele. Assim, em lugar de separar-se, preferiria suportar os mesmos encargos dos leigos, e constituir no que toca a isso um só corpo. Mas, como ele buscasse sempre atrair o respeito do povo, se distinguiria por uma vida mais retirada, uma conduta mais reservada e costumes mais puros.

Não podendo este clero proteger a religião, nem por ela ser protegido, desprovido de força para constranger, procuraria persuadir — se assistiria emergir de sua pena obras excelentes, colimando provar a revelação e a providência do Ser Supremo.

Talvez ocorresse que suas assembleias fossem eludidas e que se desejasse permitir-lhe corrigir seus próprios abusos; e que, por um delírio da liberdade, se preferisse deixar sua reforma imperfeita a suportar que fosse ele o seu reformador.

As dignidades, integrando a constituição fundamental, seriam mais fixas do que em outros lugares, mas, por outro lado, os grandes, neste país de liberdade, se aproximariam mais do povo — as categorias seriam, portanto, mais distintas, e as pessoas, mais confundidas.

Tendo os que governam um poder que se eleva, por assim dizer, e se refaz todos os dias, teriam mais consideração por aqueles que lhes são úteis do que por aqueles que os divertem, de modo a se cruzar esporadicamente com cortesãos, bajuladores, figuras complacentes e, enfim, todo esse cortejo de criaturas que fazem os grandes pagar pelo próprio vazio de seus espíritos.

Em tal nação os seres humanos não seriam, em absoluto, avaliados por talentos ou atributos frívolos, mas por qualidades reais; e, deste gênero, só existem duas: as riquezas e o mérito pessoal.

Haveria um luxo sólido, fundado não no refinamento da vaidade, mas naquele das necessidades reais, e nas coisas seriam buscados somente os prazeres nelas instalados pela natureza.

Um largo excedente seria aí fruído e, todavia, as frivolidades seriam proscritas; desta forma, muitos possuindo mais bens do que oportunidades de despendê-los, os empregariam de uma maneira bizarra, e nesta nação haveria mais espírito do que gosto.

Posto que se estaria sempre ocupado com os próprios interesses, não haveria essa polidez cujo fundamento é a ociosidade; e realmente não sobraria tempo para permanecer desocupado.

A época da polidez dos romanos coincide com a da instauração do poder arbitrário. O governo absoluto produz a ociosidade, e esta gera a polidez.

Quanto mais houver pessoas numa nação que necessitem de deferências entre si e não causem desagrado umas às outras, mais haverá polidez. Mas é mais a polidez dos costumes do que a das maneiras que deve nos distinguir dos povos bárbaros.

Numa nação em que todo homem, à sua maneira, participaria da administração do Estado, as mulheres não deveriam, de modo algum, viver com os homens. Elas seriam, por conseguinte, modestas, quer dizer, tímidas, e esta timidez constituiria sua virtude, enquanto os homens, sem galanteios, se lançariam numa libertinagem permitida por sua liberdade total e seu lazer.

Não sendo as leis feitas mais para um particular do que para outro, cada um se veria como monarca; e os homens, em tal nação, seriam mais confederados do que concidadãos.

Se o clima outorgasse a muitas pessoas um espírito inquieto e amplitude de pontos de vista, num país em que a Constituição concedesse a todos uma participação no governo e interesses políticos, a política seria tema frequente das conversas; ver-se-iam pessoas que passariam suas vidas a calcular eventos que, considerados a natureza das coisas e os caprichos da fortuna, isto é, dos seres humanos, não se acham, de maneira alguma, sujeitos ao cálculo.

Numa nação livre, é com frequência indiferente se os particulares raciocinam bem ou mal — basta que raciocinem, daí emergindo a liberdade que assegura os efeitos destes próprios raciocínios.

Do mesmo modo, num governo despótico, é igualmente pernicioso se raciocinamos bem ou mal; basta que raciocinemos para que o princípio do governo seja abalado.

Muitas pessoas que não se importassem em agradar a quem quer que fosse se abandonariam ao seu próprio humor. A maioria, dotada de espírito, seria atormentada pelo seu próprio espírito. Pelo desdém ou o aborrecimento de todas as coisas, seriam infelizes com tantos motivos para não o ser.

Cidadão algum temendo outro cidadão, esta nação seria orgulhosa, pois o orgulho dos reis só se funda em sua independência.

As nações livres são soberbas, as outras podem mais comodamente ser vaidosas.

Mas estes homens tão orgulhosos, vivendo muito consigo mesmos, se achariam frequentemente no meio de pessoas desconhecidas; seriam tímidos e perceber-se-ia neles, na maior parte do tempo, uma mescla estranha de acanhamento negativo e de altivez.

O caráter da nação se manifestaria, sobretudo, nas suas obras intelectuais, nas quais seriam notadas pessoas em recolhimento e que tivessem refletido inteiramente isoladas.

A sociedade nos ensina a sentir os ridículos; o retiro nos torna mais aptos a perceber os vícios. Seus escritos satíricos seriam sanguinários, e nos defrontaríamos com muitos juvenais entre eles, antes de encontrar um Horácio.

Nas monarquias extremamente absolutas, os historiadores traem a verdade porque não dispõem da liberdade de dizê-la. Nos Estados extremamente livres, eles traem a verdade devido à sua própria liberdade, que, produzindo sempre divisões, faz com que cada um se torne tão escravo dos preconceitos de sua facção quanto o seria de um déspota.

Seus poetas demonstrariam com maior frequência uma certa rudeza original do engenho do que certa delicadeza proporcionada pelo gosto: encontraríamos neles algo que mais se avizinharia do vigor de Michelangelo do que da graça de Rafael.

QUARTA PARTE

LIVRO XX — DAS LEIS NA SUA RELAÇÃO COM O COMÉRCIO CONSIDERADO NA SUA NATUREZA E EM SUAS DISTINÇÕES

Docuit quae maximus Atlas.
Virgílio, *Eneida*[946]

INVOCAÇÃO ÀS MUSAS

Virgens do Monte Piério, ouvis o nome que vos dou? Inspirai-me! Empreendo uma longa caminhada; encontro-me consumido pela tristeza e o acabrunhamento.[947] Instilai em meu espírito o encanto e a doçura que experimentei, outrora, e que se apartam de mim. Jamais sois tão divinas do que quando vos conduzis à sabedoria e à verdade pelo prazer.

Mas, se não quiserdes suavizar o rigor de meus labores, ocultai o labor mesmo; fazei que se seja instruído, mas que eu não ensine; que eu reflita e que não pareça sentir e, quando eu proclamar coisas novas, fazei com que se creia que eu nada sabia e que vós tudo me dissestes.

Quando as águas de vossa fonte brotam do rochedo que amais, não ascendem aos ares para se precipitarem novamente; elas fluem na planície; elas produzem vossos deleites porque produzem os deleites dos pastores.

Musas encantadoras, se vós lançardes sobre mim um só de vossos olhares, todos lerão minha coragem, e o que não poderia ser um entretenimento será um prazer.

Divinas Musas, sinto que me inspirais, não o que se canta em Tempé ao acompanhamento das flautas pastoris, ou o que se repete em Delos ao acompanhamento da lira; desejais que eu discurse à razão; é ela o mais perfeito, o mais nobre e o mais delicado de nossos sentidos.

---

946. Aquilo que me ensinou o gigantesco mundo. *Eneida*, I, 745. (N.T.)

947. *Narrate, puellae Pierides; prosit mihi vos dixisse puellas.* Juvenal, *Sátiras*, IV, 35-36. [Narrai, ó juvenis piéridas, e assisti-me por vos chamar juvenis! (N.T.)].

CAPÍTULO I — DO COMÉRCIO

As matérias que se seguem exigiriam um tratamento mais extenso, porém a natureza desta obra não o permite. Desejaria fluir por um rio sereno, mas sou arrastado por uma torrente.

O comércio cura preconceitos destrutivos, sendo quase uma regra geral o fato de, em todo lugar onde os costumes são brandos, haver comércio, e em todo lugar onde o comércio é existente, haver costumes brandos.

Que não se espante, assim, se nossos costumes sejam menos ferozes do que eram outrora. O comércio fez com que o conhecimento dos costumes de todas as nações se infiltrasse por toda parte: costumes foram confrontados entre si e disto resultaram grandes benefícios.

Pode-se afirmar que as leis do comércio aprimoram os costumes, pela mesma razão que estas próprias leis ocasionam o desaparecimento dos costumes. O comércio corrompe os costumes puros:[948] era este o tópico das reclamações de Platão;[949] torna polidos e suaves os costumes bárbaros, como o assistimos cotidianamente.

CAPÍTULO II — DO ESPÍRITO DO COMÉRCIO

A natural consequência do comércio é promover a paz. Duas nações que mantêm comércio criam uma dependência mútua: se uma tem interesse em comprar, a outra tem interesse em vender, e todas as uniões estão fundadas em necessidades recíprocas.

Mas se o espírito do comércio une as nações, não une igualmente os particulares. Vemos que nos países[950] atingidos exclusivamente pelo espírito do comércio, todas as ações humanas são traficadas, e inclusive todas as virtudes morais: as mais ínfimas coisas, aquelas exigidas pela humanidade, são feitas ou dadas pelo dinheiro.

O espírito do comércio produz nos homens um certo sentimento de justiça exata, que se opõe, de um lado, à rapinagem e, de outro, a essas virtudes morais que fazem com que não se discutam sempre os próprios interesses com inflexibilidade e que possamos negligenciá-los pelos interesses alheios.

A ausência total do comércio produz, ao contrário, a pilhagem que Aristóteles coloca no elenco dos modos de aquisição. Neste caso, o espírito não

---

948. César diz dos gauleses que a proximidade e o comércio de Marselha os havia estragado, de sorte que eles, que outrora haviam sempre sobrepujado os germanos, tinham se tornado inferiores a eles. *Guerre des Gaules* (*Guerra das Gálias*), VI, XXIII.

949. Ver Platão, *As Leis*, Livros IV, 704a-705b, e XI, 915d-918a. São Paulo: Edipro, 2021. (N.T.)

950. Os Países Baixos.

se opõe, de forma alguma, a certas virtudes morais; por exemplo, a hospitalidade, bastante rara nos países comerciais, é encontrada admiravelmente entre os povos saqueadores.

Constitui um sacrilégio entre os germanos, segundo Tácito, fechar as portas da própria casa a qualquer pessoa que seja, conhecida ou desconhecida. Aquele que praticou a hospitalidade[951] em relação a um estrangeiro irá mostrar-lhe uma outra casa onde ela também é praticada, sendo ele aí recebido com idêntica humanidade. Mas, quando os germanos fundaram reinos, a hospitalidade se lhes tornou onerosa, o que transparece em duas leis do código[952] dos borguinhões: uma delas determina uma pena a todo bárbaro que mostre a um estrangeiro a casa de um romano; a outra regulamenta que quem receber um estrangeiro será indenizado pelos habitantes, cada um pela sua quota.

CAPÍTULO III — DA POBREZA DOS POVOS

Há dois tipos de povos pobres: os que a dureza do governo conduziu à pobreza, e neste caso estas pessoas são incapazes quase de qualquer virtude, porque sua pobreza constitui uma parte de sua servidão; e os que são pobres porque desdenharam ou não conheceram as comodidades da vida, podendo estes realizar grandes coisas porque tal pobreza constitui uma parte de sua liberdade.

CAPÍTULO IV — DO COMÉRCIO NOS DIVERSOS GOVERNOS

O comércio tem relação com a forma de governo. No governo de um só,[953] está geralmente baseado no luxo e, embora exista também para as necessidades efetivas, sua meta principal é concorrer para que a nação possa fazer tudo que venha servir ao seu orgulho, aos seus prazeres, às suas fantasias. No governo de muitos,[954] o comércio está mais frequentemente baseado na economia. Os negociantes, atentos para todas as nações da Terra, conduzem a uma o que tiram de outra. É assim que as repúblicas de Tiro, Cartago, Atenas, Marselha, Florença, Veneza e Holanda praticaram e praticam o comércio.[955]

---

951. *Et qui modo hospes fuerat, monstrator hospitii. De moribus Germ.*, XXI. Ver, também, César, *Guerra das Gálias*, VI, XXI.

952. Título XXXVIII

953. Monarquia. (N.T.)

954. Democracia. (N.T.)

955. Montesquieu passará aqui a esboçar e mesmo desenvolver os princípios modernos da economia liberal. (N.T.)

Esta espécie de tráfico, por sua natureza, diz respeito ao governo de muitos, dizendo respeito ao governo monárquico apenas ocasionalmente, pois como está baseada na prática do pouco ganho, e mesmo de ganhar menos do que qualquer outra nação, e de se compensar somente pelo ganho contínuo, não é absolutamente possível ser realizada por um povo que tem o luxo estabelecido no seu meio, que muito despende e que apenas contempla grandes objetivos.[956]

É no âmbito destas ideias que Cícero[957] dizia tão bem: "Não me agrada de modo algum que um mesmo povo seja ao mesmo tempo o dominador e o distribuidor do mundo". Com efeito, seria necessário supor que cada particular neste Estado, e mesmo o Estado inteiro, tivessem sempre a cabeça repleta de grandes projetos, e esta mesma cabeça cheia de pequenos, o que é contraditório.

Não que nesses Estados, que subsistem através do comércio da economia, não sejam realizados também os maiores empreendimentos e que não haja aí uma ousadia não encontrada nas monarquias, do que indico a razão a seguir.

Um comércio conduz a outro; o pequeno ao médio; o médio ao grande; e aquele que alimentou tanto desejo de ganhar pouco se envolve numa situação em que não lhe é menor o desejo de ganhar muito.

Ademais, os grandes empreendimentos dos negociantes estão sempre necessariamente mesclados aos negócios públicos. Nas monarquias, porém, os negócios públicos são, a maior parte do tempo, tão suspeitos aos comerciantes quanto lhes parecem seguros nos Estados republicanos. Os grandes empreendimentos comerciais não estão, portanto, reservados às monarquias, mas ao governo de muitos.

Numa palavra, uma certeza maior de sua propriedade, que se crê presente nestes Estados, torna tudo objeto de empreendimento; e, porque se crê estar seguro daquilo que se adquiriu, ousa-se expô-lo a fim de adquirir mais; só há risco quanto aos meios de aquisição; ora, os homens esperam muito de sua fortuna.

Não pretendo dizer que haja alguma monarquia que esteja totalmente excluída do comércio de economia, mas este, por sua natureza, tem menor

---

956. Para que não caia na vagueza, a expressão "grandes objetivos" ("*des grands objets*") deve ser entendida neste contexto duplamente, a nosso ver: por um lado, os objetivos do comércio no governo monárquico, determinados principalmente pelas "necessidades" dos nobres, são *grandes* no sentido de serem variados, refinados e dispendiosos (já que irão constituir a vida luxuosa); por outro, são *grandes* no sentido mesmo de serem nobres e inerentes à nobreza, para a qual o próprio meio de atingi-los, ou seja, a atividade comercial, é aviltante. Montesquieu se mostra, por vezes, restritivo e um tanto obscuro quando trata de sua própria classe social. Quanto à sua visão filosófica do comércio, ele permanece ainda refém dos pontos de vista depreciativos de Platão e Aristóteles. (N.T.)

957. *Nolo eumdem populum, imperatorem et portitorem esse terrarum.* Cícero, *de Rep.*, IV.

alcance na monarquia. Não pretendo dizer que as repúblicas que conhecemos estejam inteiramente privadas do comércio de luxo, mas este tem menor conexão com a constituição republicana.

Quanto ao Estado despótico, mostra-se inútil referir-se a ele. Regra geral: numa nação que se acha em regime de servidão, trabalha-se mais para conservar do que para adquirir. Numa nação livre, trabalha-se mais para adquirir do que para conservar.

CAPÍTULO V — DOS POVOS QUE TÊM PRATICADO O COMÉRCIO DE ECONOMIA

Marselha, retiro necessário em meio a um mar tormentoso; Marselha, lugar onde os ventos, os bancos de areia, a disposição do litoral obrigam a atracar, foi frequentada por navegantes. A esterilidade de seu território[958] determinou que seus cidadãos se dedicassem ao comércio de economia. Foi necessário que fossem laboriosos, a fim de substituir a natureza que lhes supria escassos recursos; que fossem justos, a fim de viver entre nações bárbaras que deviam concretizar a prosperidade deles; que fossem moderados, para que seu governo permanecesse sempre tranquilo; enfim, que tivessem costumes frugais, de modo a lhes ser sempre possível viver de um comércio que conservariam mais seguramente quando fosse menos vantajoso.

Assistiu-se em toda parte à violência e ao ultraje darem origem ao comércio de economia, sempre que os homens foram constrangidos a se refugiar nos terrenos pantanosos, nas ilhas, nos baixios do mar e, mesmo, em seus escolhos. Foi assim que Tiro, Veneza e as cidades holandesas foram fundadas; os fugitivos encontraram aí sua segurança. Era forçoso subsistir, e eles extraíram sua subsistência do mundo inteiro.

CAPÍTULO VI — ALGUNS EFEITOS DE UMA EXPRESSIVA NAVEGAÇÃO

Sucede, por vezes, que uma nação que realiza o comércio de economia, tendo necessidade de uma mercadoria de um país que lhe serve de base, para obtenção das mercadorias de outro, se satisfaça em ganhar muito pouco e, às vezes, nada, com umas, na esperança ou na certeza de ganhar muito com as outras. Assim, quando a Holanda praticava quase que sozinha o comércio do sul ao norte da Europa, os vinhos franceses, que a Holanda levava para o norte, serviam-lhe, de uma maneira ou outra, apenas de base para que executasse seu comércio no norte.

---

958. Justino, XLIII, III.

Sabe-se que com frequência, na Holanda, certos gêneros de mercadoria vindos de longe são vendidos pelo mesmo preço pelo qual foram comprados nos seus lugares de origem. Eis aqui a razão que se dá para explicar isto: um capitão que necessita lastrear seu navio carregará mármore; tem necessidade de madeira para a mastreação; ele a comprará e, desde que nada perca, acreditará ter feito muito. É assim que a Holanda possui também suas pedreiras e suas florestas.

Não somente um comércio que nada rende pode ser útil como também pode sê-lo mesmo um comércio desvantajoso. Ouvi dizer na Holanda que a pesca da baleia, via de regra, quase nunca rende o que custa; entretanto, aqueles que são empregados na construção das baleeiras, aqueles que fornecem sua aparelhagem, utensílios, víveres, são os maiores interessados neste tipo de pesca. Se perdessem na pesca em si, teriam ganho como fornecedores. Esse comércio é uma espécie de loteria, e cada um se sente seduzido pela esperança do bilhete premiado. Todos gostam de jogar, e as pessoas mais prudentes jogam voluntariamente quando não percebem as aparências do jogo, seus desvarios, suas violências, suas dissipações, a perda de tempo e mesmo de toda a vida.

CAPÍTULO VII — O ESPÍRITO DA INGLATERRA QUANTO AO COMÉRCIO

A Inglaterra não utiliza, de modo algum, uma tarifa regular com as outras nações; sua tarifa muda, por assim dizer, com cada parlamento, conforme os direitos particulares que suprime ou impõe. Quis ainda conservar, no tocante a isto, sua independência. Sumamente ciosa do comércio que é feito com ela, pouco se vincula aos tratados e depende apenas de suas leis.

Outras nações fizeram ceder interesses do comércio a interesses políticos, mas esta sempre fez seus interesses políticos se dobrarem aos comerciais.

De todos os povos do mundo, é o que melhor soube prevalecer-se simultaneamente destas três grandes coisas: a religião, o comércio e a liberdade.

CAPÍTULO VIII — COMO, POR VEZES, O COMÉRCIO DE ECONOMIA FOI CONSTRANGIDO

Têm sido produzidas, em algumas monarquias,[959] leis muito adequadas a debilitar os Estados que praticam o comércio de economia. Proibiram-lhes o transporte de mercadorias que não fossem produzidas em seus próprios

---

959. O autor, como usual, encastelado na confortabilíssima posição de nobre, evitando fazer críticas diretas à monarquia francesa, que, afinal, era a parceira política e econômica da nobreza

países. Por outro lado, permitiu-se apenas que viessem a comercializar com os navios do estaleiro do país de onde provinham.

É necessário que o Estado que impõe tais leis possa facilmente praticar ele mesmo o comércio, sem o que terá, pelo menos, contra si mesmo, um prejuízo igual. Mais vale ter negócios com uma nação pouco exigente e cujas necessidades comerciais tornam, de alguma forma, dependente; com uma nação que, pela extensão de seus horizontes ou de seus negócios, sabe onde colocar todas as mercadorias excedentes; que é rica e pode sobrecarregar-se de muitas mercadorias; que as pagará prontamente; que tem, por assim dizer, necessidades de ser fiel; que é pacífica por princípio; e que procura ganhar, e não conquistar: mais vale, eu o digo, negociar com esta nação do que com outras sempre rivais e que não proporcionariam todas estas vantagens.

CAPÍTULO IX — DA EXCLUSÃO EM MATÉRIA DE COMÉRCIO

A máxima verdadeira é não excluir nenhuma nação de seu comércio sem fortes razões. Os japoneses só mantêm relações comerciais com duas nações: a China e a Holanda. Os chineses[960] têm um lucro de 1.000% com o açúcar e, por vezes, tanto quanto com as devoluções. Os holandeses produzem lucros quase semelhantes. Toda nação que se conduzir de acordo com as máximas dos japoneses será necessariamente ludibriada. É a concorrência que estabelece um preço justo para as mercadorias e instaura relações autênticas entre elas.

Ainda menos deve um Estado sujeitar-se a vender suas mercadorias a uma só nação, sob o pretexto de que ela absorverá todas a um certo preço. Os poloneses fizeram com seu trigo este tipo de comércio com a cidade de Danzig; vários reis das Índias têm contratos semelhantes, com os holandeses, envolvendo as especiarias.[961] Estas convenções somente se revelam convenientes a uma nação pobre, que não se importa em perder a esperança de enriquecer-se desde que tenha uma subsistência assegurada; ou a nações cuja servidão consiste em renunciar ao uso das coisas que a natureza lhes havia concedido; ou em fazer com essas coisas um comércio desvantajoso.

---

na França, mais uma vez é propositalmente impreciso, mas está veladamente se referindo à própria França. (N.T.)

960. Du Halde, t. II.

961. Isso foi estabelecido, a princípio, pelos portugueses. Viagem, de François Pyrard, XV, parte II.

CAPÍTULO X — ESTABELECIMENTO PRÓPRIO PARA O COMÉRCIO DE ECONOMIA

Nos Estados que praticam o comércio de economia, foram estabelecidos com sucesso bancos que, por seu crédito, formaram novos signos dos valores.[962] Entretanto, seria cometido um equívoco se fossem transportados aos Estados que praticam o comércio de luxo. Introduzi-los nos países monárquicos seria supor o dinheiro de um lado, e o poder, de outro, isto é, de um lado a faculdade de ter tudo sem nenhum poder; e, do outro, o poder com a faculdade de ter coisa alguma. Num tal governo, jamais houve senão o príncipe que houvesse tido ou que tenha podido possuir um tesouro; em toda parte onde possa haver um tesouro, desde que seja excessivo, logo se converte em tesouro do príncipe.

Pela mesma razão, as associações de negociantes que se juntam em função de uma certa modalidade comercial raramente convêm ao governo de um só. A natureza dessas associações é conferir às riquezas particulares a força das riquezas públicas. Mas, nesses Estados, tal força só pode ser encontrada nas mãos do príncipe. Digo mais: elas não convêm nem sempre nos Estados onde se pratica o comércio de economia; e, se os negócios não forem tão grandes a ponto de estar acima do alcance dos particulares, será melhor não constranger a liberdade do comércio mediante privilégios exclusivos.

CAPÍTULO XI — CONTINUAÇÃO DO MESMO ASSUNTO

Nos Estados praticantes do comércio de economia é possível estabelecer um porto livre. A economia do Estado, que sempre segue a frugalidade dos particulares, dá, por assim dizer, a alma ao seu comércio de economia. O que perde em tributos, pelo estabelecimento de que falamos, é compensado pelo que pode extrair da riqueza industriosa da república. Entretanto, no governo monárquico, tais estabelecimentos seriam contrários à razão; seriam restritos ao efeito de poupar o luxo do peso dos impostos. Haveria um despojamento do único bem que este luxo pode produzir e do único freio que, numa constituição semelhante, ele pode receber.

CAPÍTULO XII — DA LIBERDADE DO COMÉRCIO

A liberdade do comércio não é uma faculdade conferida aos negociantes para fazerem o que querem, o que seria, antes, sua servidão. O que

---

962. Ou seja, o crédito bancário, possibilitando empréstimos aos comerciantes, põe novo dinheiro em suas mãos para que realizem novos negócios. (N.T.)

constrange o comerciante não constrange, por isso, o comércio. É nos países onde há liberdade que o negociante esbarra em contradições inumeráveis, não sendo jamais menos interpelado pelas leis do que nos países onde impera a servidão.

A Inglaterra proíbe a exportação de sua lã; quer que o carvão seja transportado por mar à capital; não permite a exportação de seus cavalos, se não forem castrados; os navios de suas colônias[963] que fazem comércio com a Europa devem ancorar na Inglaterra. A Inglaterra constrange o negociante, mas o faz em favor do comércio.

CAPÍTULO XIII — O QUE DESTRÓI ESTA LIBERDADE

Onde há comércio, há alfândegas. O objetivo do comércio é a exportação e a importação das mercadorias em favor do Estado, e o objetivo das alfândegas é um certo direito sobre esta mesma exportação e importação, também a favor do Estado. É necessário, portanto, que o Estado seja neutro entre sua alfândega e seu comércio e que aja de forma que estas duas coisas não se cruzem entre si; só então pode-se desfrutar da liberdade do comércio.

As finanças destroem o comércio devido às suas injustiças, às suas vexações, ao excesso de suas imposições. Mas, o aniquila ainda, independentemente disso, pelas dificuldades que gera e as formalidades que exige. Na Inglaterra, onde as alfândegas são administradas pelo governo, há uma facilidade singular para negociar: uma palavra escrita produz os maiores negócios, não sendo necessário que o comerciante perca um tempo infinito e tenha comissários expressos para dar fim a todas as dificuldades dos negociadores, ou para submeter-se a isso.

CAPÍTULO XIV — DAS LEIS DO COMÉRCIO QUE ENVOLVEM O CONFISCO DAS MERCADORIAS

A Carta Magna dos ingleses proíbe a apreensão e o confisco, em caso de guerra, das mercadorias dos negociantes estrangeiros, a menos que seja por represália. É positivo que a nação inglesa tenha transformado isso num dos artigos de sua liberdade.[964]

---

963. *Ato de navegação* de 1660. Foi apenas em períodos de guerra que as de Boston e da Filadélfia enviaram seus navios diretamente até o Mediterrâneo transportando suas mercadorias.

964. A anglofilia de Montesquieu, a propósito bastante incomum entre os franceses — tradicionais rivais dos ingleses nas mais variadas áreas —, e especialmente sua insistência em vincular as instituições políticas britânicas ao *valor* da liberdade, pecam flagrantemente do prisma da moral, já que histórica e factualmente o custo da fruição da liberdade por parte dos cidadãos britânicos do século XVIII às primeiras décadas do século XX foi *precisamente* a sujeição

Na guerra que a Espanha travou contra os ingleses, em 1740, ela fez uma lei[965] que punia com a morte quem introduzisse nos Estados da Espanha mercadorias da Inglaterra; infligia a mesma pena aos que transportassem para os Estados da Inglaterra mercadorias da Espanha. Uma tal disposição, creio eu, só pode inspirar-se nas leis do Japão. Abala nossos costumes, o espírito do comércio e a harmonia que deve existir na proporcionalidade das penas; confunde todas as ideias, tornando um crime de Estado o que não passa de uma violação da ordem.

CAPÍTULO XV — DA ORDEM DE PRISÃO POR DÍVIDAS

Sólon[966] ordenou em Atenas que não mais se aprisionasse por dívidas civis. Tomou[967] esta Lei do Egito; Bochóris a fizera e Sesóstris a renovara.

Esta lei se revela muito boa para os negócios[968] civis ordinários, mas temos razão em não a observar nos negócios comerciais, posto que, sendo os comerciantes obrigados a depositar grandes somas por prazos frequentemente muito curtos, e dá-las e retomá-las, seria necessário que o devedor cumprisse sempre no prazo fixado seus compromissos, o que supõe a ordem de prisão do devedor.

Nos negócios que procedem dos contratos civis ordinários, a lei não deve permitir o aprisionamento por dívida, porque para ela é mais importante a liberdade de um cidadão do que a comodidade de outro. Mas nas convenções provenientes do comércio, a lei deve dar maior importância ao bem-estar público do que à liberdade de um cidadão, o que não impede as restrições e as limitações que podem ser exigidas pela humanidade e a boa vigilância.

---

e a exploração de várias colônias no mundo todo e, *ironicamente*, *a privação da liberdade* dos povos colonizados, ou seja, além da visão aristocrática de que a liberdade *não é para todos* (sequer para uma maioria), cai-se no paradoxo, ou melhor, na contradição moral inelutável insinuada por Rousseau em *Do contrato social*, segundo a qual a plena e saudável liberdade de uns poucos (isto é, da velha oligarquia encastelada no poder, o que Marx conceituaria como *classe dominante* mais tarde), seja na dimensão nacional, seja na mundial, requer necessariamente a privação da liberdade dos muitos. (N.T.)

965. Publicada em Cádis em março de 1740.

966. Plutarco, no tratado *Qu'il ne faut point emprunter à l'usure* (*Que não convém emprestar com usura*), IV.

967. Diodoro, I, parte III, LXXIX.

968. Os legisladores gregos são passíveis de censura por terem proibido que se tomassem como caução as armas e o arado de um homem, ao mesmo tempo que permitiam que se tomasse o próprio homem. Diodoro, I, parte II, LXXIX.

CAPÍTULO XVI — BELA LEI

A Lei de Genebra, que exclui das magistraturas e mesmo do ingresso no Grande Conselho os filhos daqueles que viveram ou morreram insolventes, a menos que saldem as dívidas de seus pais, é excelente. Seu efeito é propiciar confiança aos negociantes, propiciando-a também aos magistrados e à própria cidade. A credibilidade particular aí detém, inclusive, a força da credibilidade pública.

CAPÍTULO XVII — LEI DE RODES

Os rodianos foram mais longe. Sexto Empírico[969-970] afirma que, entre eles, um filho não podia furtar-se a pagar as dívidas de seu pai renunciando à sua sucessão. A Lei de Rodes era promulgada numa república fundada no comércio; ora, acredito que a própria razão do comércio devia introduzir esta restrição, a saber, que as dívidas contraídas pelo pai, depois de o filho ter começado a praticar o comércio, não afetassem os bens adquiridos por este último. Um negociante deve sempre conhecer suas obrigações e comportar-se a cada momento segundo a condição de sua fortuna.

CAPÍTULO XVIII — DOS JUÍZES PARA O COMÉRCIO

Xenofonte, na sua obra *Das rendas,* queria que fossem dadas recompensas aos administradores do comércio que despachassem com maior presteza os processos. Ele sentia a necessidade de nossa juridição consular.

Os negócios comerciais são muito pouco suscetíveis de formalidades. São ações de cada dia que outras da mesma natureza devem seguir a cada dia. É preciso, portanto, que possam ser decididas a cada dia. Algo distinto ocorre com as ações da vida, que influem muito no porvir, mas que acontecem raramente. Casa-se unicamente uma vez; não se fazem doações ou testamentos todos os dias; atinge-se a maioridade uma única vez.

Platão[971] afirma que, numa cidade onde não há qualquer comércio marítimo, as leis civis podem ser reduzidas à metade ou menos, o que é bastante verdadeiro. O comércio introduz no mesmo país diferentes tipos de povos, um grande número de convenções, de espécies de bens e de formas de aquisição.

Assim, numa cidade de comércio, há menos juízes e mais leis.

---

969. *Hipotiposes*, I, XIV.

970. Sexto Empírico (*circa* 160-210 d.C.). Filósofo e astrônomo, retomou o ceticismo antigo de Pirro de Élis, desenvolvendo-o nas suas *Hipotiposes Pirroneanas*. (N.T.)

971. *As Leis*, VIII.

CAPÍTULO XIX — DA COMPLETA INCONVENIÊNCIA DE O PRÍNCIPE PRATICAR O COMÉRCIO

Teófilo,[972-973] observando um navio no qual se encontravam mercadorias para sua mulher Teodora, ordenou que fosse queimado. "Sou imperador", disse ele, "e vós me converteis em dono de galera. No que poderão as pessoas pobres ganhar a vida se praticarmos também o seu ofício?". E ele poderia acrescentar: "Quem poderá nos reprimir se constituirmos monopólios? Quem nos obrigará a cumprir nossos compromissos?". Este comércio que praticamos, os cortesãos desejarão praticá-lo e serão mais ávidos e mais injustos do que nós. O povo deposita confiança na nossa justiça; não confia, porém, em nossa opulência: tantos impostos que produzem sua miséria constituem provas certas da nossa.

CAPÍTULO XX — CONTINUAÇÃO DO MESMO ASSUNTO

Quando os portugueses e os castelhanos dominavam as Índias orientais, o comércio tinha ramificações tão prósperas que os príncipes não deixaram de agarrá-las, o que arruinou seus estabelecimentos nessa região.

O vice-rei de Goa concedia aos particulares privilégios exclusivos. Não se confia neste tipo de pessoas. O comércio perde a continuidade devido à substituição contínua daqueles aos quais é confiado; ninguém administra esse comércio ou se preocupa quanto a deixá-lo perdido ao seu sucessor; o lucro permanece em mãos particulares e não se difunde o suficiente.

CAPÍTULO XXI — DO COMÉRCIO DA NOBREZA NA MONARQUIA

Opõe-se ao espírito do comércio a prática do comércio na monarquia por parte da nobreza. "Isso seria nocivo às cidades", dizem[974] os imperadores Honório e Teodósio, "e subtrairia, entre os comerciantes e os plebeus, a facilidade de comprar e vender".

Contraria o espírito da monarquia a nobreza praticar o comércio no seu seio. O uso que facultou à nobreza os empreendimentos comerciais na Inglaterra foi um dos fatores que mais contribuíram para debilitar o governo monárquico neste país.

---

972. Zonaro.

973. Imperador do Império Romano do Oriente (bizantino) no século IX. (N.T.)

974. *Leg. nobiliores, cód. de commerc.* e *Leg. ult. de rescind. vendit.*

CAPÍTULO XXII — REFLEXÃO PARTICULAR

Pessoas que ficam impressionadas com o que se pratica em alguns Estados pensam que seria necessário que, na França, houvesse leis que empenhassem os nobres em empreendimentos comerciais. Seria um meio de destruir a sua nobreza, sem qualquer proveito para o comércio. A prática deste país é muito sábia: os negociantes aí não são nobres, mas podem tornar-se nobres. Dispõem da esperança de obter a nobreza, sem dela padecer o inconveniente atual. Não têm meio mais seguro para deixar sua profissão do que o de desempenhá-la bem ou desempenhá-la honradamente, algo que está ordinariamente ligado à suficiência.

As leis que determinam que cada um permaneça em sua profissão e a transmita aos seu filhos[975] não são e não podem ser úteis, exceto nos Estados despóticos, onde ninguém pode nem deve contar com a emulação.

Que não se diga que cada um exercerá melhor sua profissão quando não puder deixá-la por uma outra. Digo que se exercerá melhor a própria profissão quando aqueles que nela revelassem excelência esperassem também se destacar chegando a exercer uma outra.

A aquisição da nobreza que se pode obter mediante dinheiro incentiva muito os negociantes a se mostrarem dispostos a atingi-la. Não cogito se se fez bem em atribuir assim às riquezas o preço da virtude: há certo governo no qual isto pode ser muito útil.

Na França, este estado da magistratura que se acha entre a alta nobreza e o povo; que, sem possuir o brilho daquela, goza de todos os seus privilégios; este estado que reduz os particulares à mediocridade, enquanto o corpo depositário das leis reside na glória; este estado, ainda, em que o único meio de distinguir-se é a suficiência e a virtude; profissão honrada, mas que sempre deixa entrever uma mais destacada: esta nobreza totalmente combativa, que pensa que em qualquer grau de riqueza em que se esteja é necessário fazer-se a própria fortuna, mas que considera desonroso aumentar os próprios bens, caso não se comece por dissipá-los; esta parte da nação, que serve sempre graças ao capital de seus bens; que, quando está arruinada, cede seu lugar a uma outra que, ainda, servirá também através de seu capital; que vai à guerra para que ninguém ouse dizer que lá não esteve; que quando não pode ter a expectativa de riquezas, tem a das honras e quando não as obtém, consola-se porque adquiriu a honra — todas estas coisas contribuíram necessariamente para a grandeza deste reino. E se, depois de dois ou três séculos, aumentou incessantemente seu poder, é preciso atribuí-lo à boa qualidade de suas leis, e não à fortuna, a qual não possui esses caracteres de constância.

---

975. Efetivamente é assim que isso é estabelecido nesses Estados frequentemente.

CAPÍTULO XXIII — DAS NAÇÕES PARA AS QUAIS É DESVANTAJOSA A PRÁTICA DO COMÉRCIO

As riquezas consistem em terras ou em bens móveis. As terras de cada país pertencem geralmente aos seus habitantes. A maioria dos Estados tem leis que desestimulam os estrangeiros quanto à aquisição de suas terras; é tão-só a presença do proprietário que as faz valer, este gênero de riquezas pertencendo, portanto, a cada Estado em particular. Mas os bens móveis, bem como o dinheiro, as notas, as letras de câmbio, as ações das companhias, os navios, todas as mercadorias, pertencem ao mundo inteiro, que nesta relação compõe um só Estado, do qual são membros todas as sociedades. O povo que tem a posse do máximo destes bens móveis no mundo é o mais rico. Alguns Estados os possuem numa imensa quantidade, tendo-os adquirido graças às suas mercadorias, ao labor de seus trabalhadores, à habilidade, às descobertas, e mesmo graças ao acaso. A avareza das nações faz com que elas disputem os bens móveis do mundo todo. Pode acontecer de um Estado se encontrar numa condição tão infeliz a ponto de estar privado dos bens de outros países, e mesmo, até, de todos os seus, e os proprietários das glebas de terras não passarão de colonos dos estrangeiros. A esse Estado faltará tudo e ele nada poderá adquirir. Seria melhor que não tivesse mantido relações comerciais com nenhuma nação do mundo. Foi o comércio, nas circunstâncias em que se encontrava, que o conduziu à pobreza.

Um país que envia sempre menos mercadorias e produtos do que recebe[976] põe a si mesmo em equilíbrio empobrecendo-se: receberá sempre menos até que, mergulhado numa pobreza extrema, nada mais receberá.

Nos países comerciais, o dinheiro que tenha subitamente desaparecido retorna, porque os Estados que o receberam o devem. Nos Estados de que falamos, o dinheiro jamais retorna, porque aqueles que o tomaram nada devem.

A Polônia servirá aqui de exemplo. Não possui quase nenhuma das coisas que chamamos de bens móveis do mundo, exceto o trigo de suas terras. Alguns senhores são donos de províncias inteiras. Pressionam o lavrador para produzir uma maior quantidade de trigo que possam enviar aos países estrangeiros, e com isso ter condições de obter as coisas exigidas pelo seu luxo. Se a Polônia não mantivesse intercâmbio comercial com nenhuma nação, seus povos seriam mais felizes. Os seus grandes senhores, que só teriam o trigo, o dariam aos seus camponeses para que vivessem e, sendo os seus imensos domínios transformados para eles numa carga, eles os dividiriam com seus camponeses; todos dispondo das peles e lãs

---

976. Ou seja, a balança comercial pendendo a favor da importação. (N.T.)

dos seus rebanhos, não haveria mais uma despesa enorme a ser feita com o vestuário; os grandes, que sempre apreciam o luxo, que só poderiam encontrá-lo em seu próprio país, estimulariam os pobres rumo ao trabalho. Digo que esta nação seria mais florescente, a menos que se tornasse bárbara: coisa que as leis poderiam prevenir.

Consideremos agora o Japão. A quantidade excessiva daquilo que pode receber produz a quantidade excessiva daquilo que pode enviar.[977] As coisas estarão em equilíbrio, como se a importação e a exportação fossem moderadas; e, além disso, esta espécie de inchaço produzirá para o Estado mil vantagens. Terá mais consumo, mais coisas sobre as quais poderá haver influência das artes, mais homens empregados, mais meios de granjear poder. Poderão vir a suceder casos nos quais se tenha necessidade de um pronto socorro que um tal Estado tão pleno poderá prestar com maior rapidez do que outro. É difícil para um país ter coisas supérfluas; porém, faz parte da natureza do comércio tornar úteis as coisas supérfluas; e as úteis, necessárias. O Estado poderá, portanto, propiciar as coisas necessárias a um número maior de súditos.

Dizemos, portanto, que não são as nações que nada necessitam que perdem por praticar o comércio; são as que de tudo necessitam. Não são os povos autossuficientes, mas os que nada têm consigo que encontram vantagem em não ter relações comerciais com ninguém.

---

977. Ou seja, o que pode importar e o que pode exportar. (N.T.)

LIVRO XXI — DAS LEIS NA SUA RELAÇÃO COM O COMÉRCIO CONSIDERADO NAS REVOLUÇÕES OCORRIDAS NO MUNDO

CAPÍTULO I — ALGUMAS CONSIDERAÇÕES GERAIS

Ainda que o comércio esteja sujeito a grandes revoluções, é possível que ocorra que certas causas físicas, a qualidade do solo ou do clima estabilizem sua natureza para sempre.

Só fazemos hoje o comércio das Índias pelo dinheiro que para lá enviamos. Os romanos[978] transferiam para lá todos os anos cerca de cinquenta milhões de sestércios. Esse dinheiro, como o nosso hoje, era convertido em mercadorias que transportavam ao Ocidente. Todos os povos que têm negociado nas Índias sempre levaram para lá metais e dali têm trazido mercadorias.

É a própria natureza que produz este efeito. Os indianos têm suas artes, as quais são adaptadas à sua maneira de viver. Nosso luxo não poderia ser o deles nem nossas necessidades ser as deles. O clima em que vivem não lhes exige nem lhes permite quase nada que se origine de nós. Andam quase que despidos; das vestimentas que usam, seu país os supre convenientemente, e sua religião, a qual exerce tanto Império sobre eles, lhes transmite repugnância pelas coisas que nos servem de alimento. Só precisam, consequentemente, de nossos metais, que são os signos dos valores[979] e pelos quais eles nos dão mercadorias que sua frugalidade e a natureza de seu país lhes propiciam copiosamente. Os autores antigos que nos falaram das Índias as pintaram[980] como as vemos hoje quanto à sua civilização, suas maneiras e os seus costumes. As Índias foram, as Índias serão o que são no presente, e, em todos os tempos, aqueles que negociarem nas Índias lhes levarão dinheiro e deste não trarão nenhum de lá.

---

978. Plínio, *História natural*, VI, XXIII e *inf.* VI.

979. Os indianos empregavam o metal proveniente da Europa na confecção de suas moedas. (N.T.)

980. Ver Plínio, VI, XIX, e Estrabão, XV.

CAPÍTULO II — DOS POVOS DA ÁFRICA

A maioria dos povos das costas da África se compõe de selvagens ou bárbaros. Creio que isso tem, em grande medida, sua origem no fato de que países quase inabitáveis separam pequenos países que podem ser habitados. São desprovidos de indústria; não possuem artes; possuem metais preciosos em abundância, que recebem diretamente das mãos da natureza. Todos os povos civilizados estão, portanto, em condições de negociar com eles vantajosamente. Podem fazê-los dirigir elevada estima a coisas de nenhum valor e obter para estas um preço elevadíssimo.

CAPÍTULO III — DA DIFERENÇA ENTRE AS NECESSIDADES DOS POVOS DO SUL E AS NECESSIDADES DOS POVOS DO NORTE

Há na Europa uma espécie de equilíbrio entre as nações do sul e as do norte. As primeiras dispõem de todos os tipos de comodidades para a vida e poucas necessidades; as segundas têm muitas necessidades e poucas comodidades para a vida. A umas a natureza concedeu muito, tendo elas à natureza solicitado pouco; às outras a natureza proporciona pouco e elas lhe solicitam muito. O equilíbrio é conservado em função da indolência que a natureza transmitiu às nações do sul e a laboriosidade e atividade que a natureza concedeu às nações do norte. Estas últimas são obrigadas a trabalhar muito, sem o que tudo lhes faltaria e tornar-se--iam bárbaras. Foi o que naturalizou a servidão entre os povos do sul. Como podem facilmente dispensar riquezas, podem ainda dispensar a liberdade. Mas os povos do norte precisam da liberdade, a qual lhes proporciona mais meios de atender a todas as necessidades a eles impostas pela natureza. Os povos do norte se acham, assim, num estado de constrangimento quando não se mantêm livres ou bárbaros; quase todos os povos do sul se encontram, de alguma maneira, num estado de violência, se não estão sob a escravidão.

CAPÍTULO IV — PRINCIPAL DIFERENÇA ENTRE O COMÉRCIO DOS ANTIGOS E O ATUAL

O mundo se coloca de tempos em tempos em situações que produzem alterações no comércio. Atualmente, o comércio europeu é realizado principalmente do norte para o sul; e isto porque a diferença dos climas faz com que os povos experimentem grande necessidade das mercadorias uns dos outros. Por exemplo, as bebidas do sul transportadas ao norte constituem uma espécie de comércio que os antigos não faziam, de modo algum. Também a capacidade dos navios, a qual era medida outrora por moios de trigo, hoje é medida por tonéis de licores.

O comércio antigo por nós conhecido, sendo feito de um porto do Mediterrâneo a outro, acontecia quase na sua totalidade no sul. Ora, os povos do mesmo clima, possuindo quase as mesmas coisas, não tinham tanta necessidade de comercializar entre si como aqueles de um clima diferente. O comércio na Europa era, por conseguinte, outrora, menos amplo do que é no presente.

Isso não contradiz, de modo algum, o que eu já disse de nosso comércio com as Índias: a diferença excessiva do clima faz com que as necessidades relativas sejam nulas.

CAPÍTULO V — OUTRAS DIFERENÇAS

O comércio, ora aniquilado pelos conquistadores, ora constrangido pelos monarcas, percorre a Terra, foge de onde é oprimido, repousa onde o deixam respirar. Impera atualmente onde eram vistos antes apenas desertos, mares e rochedos; onde imperava só existem desertos.

Quando contemplamos hoje a Cólquida, que não passa de uma vasta floresta onde o povo, cujo número decresce a cada dia, só defende sua liberdade para vendê-la no varejo aos turcos e aos persas, jamais diríamos que essa região foi, no tempo dos romanos, repleta de cidades cujo comércio atraía todas as nações do mundo. Nenhum monumento é encontrado no país: os únicos traços deles existentes estão em Plínio[981] e Estrabão.[982]

A história do comércio é a história da comunicação dos povos. Suas variadas destruições e certos fluxos e refluxos da população e devastações foram os seus mais importantes eventos.

CAPÍTULO VI — DO COMÉRCIO DOS ANTIGOS

Os imensos tesouros de Semíramis,[983] os quais não poderiam ter sido adquiridos num só dia, fazem-nos pensar que os assírios haviam saqueado outras nações ricas, como outras nações os saquearam posteriormente.

O efeito do comércio são as riquezas; a consequência das riquezas, o luxo; a do luxo, o aprimoramento das artes. As artes, conduzidas ao ponto

---

981. VI, IV e V.

982. XI.

983. Diodoro, II.

em que se achavam no tempo de Semíramis,[984] nos registram um largo comércio já estabelecido.

Havia um grande comércio de luxo nos Impérios da Ásia. A história do luxo representaria uma bela porção da história do comércio; o luxo dos persas era o dos medas, como o dos medas era o dos assírios.

Grandes transformações ocorreram na Ásia. A parte da Pérsia que se situa no nordeste, a Hircânia, a Margiana, a Bactriana, etc., estavam, outrora, repletas de cidades florescentes[985] que não existem mais; e o norte[986] desse Império, isto é, o istmo que separa o mar Cáspio do Ponto Euxino,[987] era coberto de cidades e de nações que também desapareceram.

Eratóstenes[988-989] e Aristóbulo ficaram cientes, por intermédio de Pátroclo,[990] que as mercadorias das Índias passavam pelo rio Oxo no mar do Ponto.[991] Marco Varrão[992] nos narra que se descobriu, na época de Pompeu, na guerra contra Mitrídates, que se ia em sete dias da Índia ao país dos bactrianos e ao Rio Ícaro, que desemboca no Oxo; que por esta rota as mercadorias da Índia podiam atravessar o Mar Cáspio e daí penetrar a embocadura do Ciro; que deste rio bastava um trajeto de cinco dias por terra para alcançar Faso, que conduzia ao Ponto Euxino. Foi, sem dúvida, através das nações cujas populações habitavam essas diversas regiões, que os grandes Impérios dos assírios, dos medas e dos persas mantinham uma comunicação com as regiões mais remotas do Oriente e do Ocidente.

Esta comunicação não existe mais. Todos esses países foram arrasados pelos tártaros,[993] e esta nação destruidora ainda os habita para infestá-los.

---

984. Diodoro, II, VII, VIII, IX.

985. Ver Plínio, VI, XVI, e Estrabão, XI.

986. Estrabão, XI.

987. Mar Negro. (N.T.)

988. Estrabão, XI.

989. Filósofo, matemático e astrônomo grego que viveu entre 275 a.C. e 195 a.C. (N.T.)

990. Pelo que transparece numa narrativa de Estrabão, era considerável a autoridade de Pátroclo.

991. "*mer du Pont*", impropriedade linguística cometida por Montesquieu. *Pontos* significa *mar*. A alusão é ao Ponto Euxino (que significa *Mar Hospitaleiro*, como os povos antigos chamavam o Mar Negro). Por extensão, uma região próxima ao Mar Negro, na Ásia Menor, onde se formou um próspero reino, passou a ser designada como *Ponto*. (N.T.)

992. Em Plínio, VI, XVII. Ver também Estrabão, XI, acerca do trajeto das mercadorias do Faso ao Ciro.

993. É forçoso que tenham ocorrido, desde os tempos de Ptolomeu, que nos descreve tantos rios que se lançam na parte oriental do Mar Cáspio, extensas transformações nessa região. A carta geográfica do czar apresenta desse lado somente o rio Astrabat; e a de Bathalsi nada apresenta.

O Oxo não atinge mais o mar Cáspio: os tártaros o desviaram por razões de ordem particular;[994] ele se perde em areias áridas.

O Jaxartes, que formava, outrora, uma barreira entre as nações civilizadas e as nações bárbaras, foi, igualmente, desviado[995] pelos tártaros e não alcança mais o mar.

Seleuco Nicator concebeu o projeto[996] de unir o Ponto Euxino ao Mar Cáspio. Este projeto, que teria proporcionado enormes facilidades ao comércio que se praticava naqueles tempos, desvaneceu-se por ocasião de sua morte.[997] Não se sabe se ele poderia tê-lo executado no istmo que separa os dois mares. Esta região é hoje muito pouco conhecida; está despovoada e cheia de florestas. Ali não falta água, pois uma infinidade de rios para ali afluem, provenientes do Monte Cáucaso, mas o Cáucaso, que forma o norte do istmo, e que estende espécies de braços[998] ao sul, teria representado um grande obstáculo, sobretudo naqueles tempos, quando não se dispunha absolutamente da técnica de construir eclusas.

Poder-se-ia crer que Seleuco queria construir a ligação dos dois mares no mesmo lugar onde o czar Pedro I a construiu posteriormente, ou seja, nessa faixa de terra onde o Tanais se aproxima do Volga. Mas o norte do Mar Cáspio não fora ainda descoberto.

Enquanto, nos Impérios da Ásia, havia um comércio de luxo, os tírios realizavam em todo o mundo um comércio de economia. Bochard utilizou o primeiro Livro de sua *Canaã* fazendo a enumeração das colônias que eles enviaram a todos os países próximos do mar; ultrapassaram as Colunas de Hércules[999] e fundaram colônias[1000] nas costas do oceano.

Naquela época, os navegadores eram obrigados a seguir as costas, as quais eram, por assim dizer, suas bússolas. As viagens eram longas e penosas. Os labores náuticos de Ulisses constituíram um tema fértil para o mais belo poema do mundo, depois daquele que é o primeiro de todos.[1001]

---

994. Ver o relato de Genkinson, no *Recueil des voyages du Nord* (*Coleção das viagens ao Norte*), t. IV.

995. Creio que daí tenha se formado o Lago Aral.

996. Cláudio César, em Plínio, VI, XI.

997. Ele foi assassinado por Ptolomeu Cerano.

998. Ver Estrabão.

999. Estreito de Gibraltar. (N.T.)

1000. Fundaram Tarteso e se estabeleceram em Cádis.

1001. O mais belo, para o autor, é a *Odisseia*, e o primeiro é a *Ilíada*, ambos de Homero, que, inclusive pelo teor das narrativas, compôs claramente a *Ilíada* em primeiro lugar. Depois da tomada e da destruição de Troia (*Ílion*), Ulisses (*Odisseu*), em meio a uma miríade de aventuras, peripécias e perigos, empreende a viagem de volta à distante Ítaca, onde era rei. (N.T.)

O pouco conhecimento que a maioria dos povos detinha daqueles que estavam distantes favorecia as nações que praticavam o comércio de economia. Infiltravam nos seus negócios as obscuridades que queriam. Dispunham de todas as vantagens que as nações inteligentes tomam sobre os povos ignorantes.

O Egito, distanciado, em função da religião e dos costumes, de toda comunicação com os estrangeiros, não praticava qualquer comércio exterior. Fruía um solo fértil e uma extrema abundância. Era o Japão daqueles tempos. Era autossuficiente.

Os egípcios foram tão pouco zelosos do comércio exterior que deixaram aquele do Mar Vermelho a todas as pequenas nações que tinham ali qualquer porto. Toleraram que os idumeus, os judeus e os sírios tivessem frotas nessa região. Salomão[1002] empregou, para esta navegação, os tírios que conheciam esses mares.

Josefo[1003] diz que sua nação, exclusivamente ocupada com a agricultura, conhecia pouco o mar, de modo que foi apenas ocasionalmente que os judeus negociaram no Mar Vermelho. Arrebataram Elat e Asiongaber dos idumeus, que lhes transmitiram esse comércio. Perderam estas duas cidades, como também este comércio.

O mesmo não ocorreu com os fenícios. Não praticavam um comércio de luxo; não negociavam, de modo algum, pela conquista; sua frugalidade, sua habilidade, sua laboriosidade, sua afronta aos perigos, suas fadigas os tornavam necessários a todas as nações do mundo.

As nações vizinhas do Mar Vermelho se restringiam a negociar neste mar e no da África. O espanto do mundo ante a descoberta do mar das Índias, proeza realizada sob Alexandre, prova-o suficientemente. Dissemos[1004] que se carrega sempre para as Índias metais preciosos que de lá não são trazidos:[1005] as frotas judias que transportavam ouro e prata pelo Mar Vermelho retornavam da África, e não das Índias.

E digo mais: essa navegação era levada a cabo na costa oriental da África; e o estado em que então se achava a marinha constitui prova suficiente de que não se viajava para locais muito remotos.

Sei que as frotas de Salomão e de Josafá somente retornavam no terceiro ano, mas não vejo por que a extensão da viagem provaria a extensão da distância.

1002. Livro III de *Reis*, c. IX, 26; *Paralip.*, II, VIII, 17.

1003. Contra Apião.

1004. No capítulo I deste Livro.

1005. A proporção estabelecida na Europa entre o ouro e a prata pode, por vezes, encontrar algum lucro a ser obtido, nas Índias, do ouro pela prata, mas isso é insignificante.

Plínio e Estrabão nos dizem que o caminho que um navio das Índias e do Mar Vermelho, construído de junco, percorria em vinte dias, um navio grego ou romano percorria em sete.[1006] Nessa proporção, uma viagem de um ano para as esquadras gregas e romanas era feita em quase três anos pelas de Salomão.

Dois navios capazes de velocidades desiguais não efetuam suas viagens num tempo proporcional às suas velocidades, visto que a lentidão produz, com frequência, maior lentidão. Quando se trata de acompanhar as costas, estando continuamente numa posição diferente, sendo necessário esperar um bom vento para sair de um golfo, dispor de um outro vento para avançar, um bom veleiro tira proveito de todos os tempos favoráveis, enquanto outro acaba permanecendo num ponto difícil, aguardando vários dias uma alteração das condições.

Essa vagarosidade dos navios das Índias, que, num tempo igual, conseguiam apenas percorrer um terço do caminho que percorriam as embarcações gregas e romanas, pode ser explicada pelo que assistimos atualmente na nossa marinha. Os navios das Índias, fabricados de junco, deslocavam menos água do que os navios gregos e romanos, que eram de madeira com junções de ferro.

É possível comparar esses navios das Índias aos de algumas nações atuais cujos portos apresentam pouca profundidade, tais como os de Veneza e, mesmo, em geral da Itália,[1007] do Mar Báltico e da província da Holanda.[1008] Seus navios, que deles devem sair e a eles reingressar, são de feitio arredondado e base larga, enquanto os navios de outras nações, as quais possuem bons portos, são, na sua parte inferior, de uma forma que lhes possibilita calar profundamente na água.[1009] Esta mecânica[1010] faz com que estas últimas embarcações naveguem mais junto ao vento, enquanto a navegação das primeiras acontece quase que unicamente quando elas têm o vento à popa.[1011] Um navio que penetra bastante na água navega rumo ao mesmo lado em quase todos os ventos, o que decorre da resistência que encontra na água o navio impelido pelo vento, que produz um ponto de apoio, e da forma longa do navio, que se apresenta ao vento lateralmente,

---

1006. Ver Plínio, VI, XXII, e Estrabão, XV.

1007. É quase totalmente desprovida de ancoradouros. Mas a Sicília tem excelentes portos.

1008. Digo da província da Holanda, pois os portos da província da Zelândia são profundíssimos.

1009. Na verdade, o autor está se referindo às embarcações com quilha e de quilha mais pronunciada, que, por assim dizer, não só penetram mais fundo nas águas como *cortam* as águas. (N.T.)

1010. Entenda-se *engenharia*. (N.T.)

1011. Ou seja, as segundas já contam com um projeto de construção aerodinâmica, o que falta às primeiras. (N.T.)

enquanto, por efeito da forma do leme, dirige-se a proa para o lado que se deseja, de sorte a ser possível mover-se muito próximo do vento, isto é, muito próximo do lado de onde vem o vento. Entretanto, quando o navio possui uma forma arredondada e fundo largo, de modo a penetrar pouco na água, deixa de haver ponto de apoio; o vento impele o navio, incapaz de oferecer resistência, forçado totalmente a avançar do lado oposto ao vento. Disto resulta que os navios cujo projeto lhes dá um perfil arredondado da base mostram-se mais lentos em suas viagens: 1. perdem muito tempo aguardando o vento, sobretudo se são obrigados a mudar frequentemente de direção; 2. navegam mais vagarosamente porque, carentes de ponto de apoio, não podem ser dotados de tantas velas quanto os outros. Se, num tempo em que a náutica está tão aperfeiçoada, num tempo em que há difusão das artes, num tempo em que se corrige, mediante a arte, tanto as falhas da natureza quanto os defeitos da própria arte, são experimentadas estas diferenças, o que dizer em relação à náutica e capacidade naval dos antigos?

É para mim difícil abandonar este assunto. Os navios das Índias eram pequenos, e os dos gregos e dos romanos, se excetuarmos aquelas máquinas produzidas em nome da ostentação, eram menores do que os nossos. Ora, quanto menor for um navio, mais estará exposto aos perigos das tormentas. Uma tempestade que leva um navio pequeno a submergir se limitaria a atormentá-lo se ele fosse maior. Quanto mais um corpo supera outro em tamanho, mais sua superfície é relativamente pequena, do que resulta que num pequeno navio há uma razão menor, ou seja, uma diferença maior, do que num grande entre a superfície do navio e o peso ou a carga que pode transportar. É sabido, graças a uma prática quase que generalizada, que se coloca num navio uma carga de peso igual ao da metade da água que poderia conter. Supondo que um navio encerrasse oitocentos tonéis de água, sua carga seria de quatrocentos tonéis; aquela de um navio que somente contivesse quatrocentos tonéis de água seria de duzentos tonéis. Assim, o tamanho do primeiro navio seria, do ponto de vista do peso que carregasse, como 8 está para 4; e a do segundo, como 4 está para 2. Suponhamos que a superfície do grande seja, em relação à superfície do pequeno, como 8 está para 6; a superfície[1012] deste será, relativamente ao seu peso, como 6 está para 2, enquanto a superfície daquele será, relativamente ao seu peso, na proporção de 8 para 4; e, atuando ventos e ondas somente sobre a superfície, o navio maior resistirá mais, devido ao seu peso, à impetuosidade deles, do que o menor.

1012. Isto é, para comparar grandezas de mesmo gênero, a ação ou a captação do fluido sobre a embarcação será relativa à resistência da mesma embarcação.

CAPÍTULO VII — DO COMÉRCIO DOS GREGOS

Os primeiros gregos eram todos piratas. Minos,[1013] que tivera o Império sobre o mar, obtivera, talvez, seus sucessos mais extraordinários na pirataria. Seu Império se achava restrito às imediações de sua ilha. Mas, quando os gregos se transformaram num grande povo, os atenienses lograram o verdadeiro império sobre o mar, pois esta nação, dedicada ao comércio e vitoriosa, determinou a lei ao monarca mais poderoso de então[1014-1015] e abateu as forças navais da Síria, da ilha de Chipre e da Fenícia.

É necessário que eu fale deste Império sobre o mar detido por Atenas. "Atenas", diz Xenofonte,[1016] "detém o Império do mar, mas, como a Ática se acha sobre a terra, os inimigos a devastam enquanto ela empreende suas expedições em regiões distantes. Os principais[1017] deixam que suas terras sejam destruídas e depositam seus bens em segurança em alguma ilha: a populaça, que não possui terra alguma, vive sem nenhuma inquietude. Todavia, se os atenienses habitassem uma ilha e possuíssem, além disso, o Império sobre o mar, teriam o poder de prejudicar os outros sem que se pudesse prejudicá-los enquanto fossem os senhores do mar". Diríeis que Xenofonte queria falar da Inglaterra.

Atenas, repleta de projetos de glória, Atenas, que fazia aumentar a inveja em lugar de aumentar sua influência; mais interessada na expansão de seu Império marítimo do que em desfrutá-lo; dotada de tal governo político que a camada inferior da população distribuía entre si as rendas públicas, enquanto os ricos permaneciam oprimidos,[1018] não realizou esse amplo comércio que lhe prometiam o trabalho de suas minas, a multidão de seus escravos, o número de seus marinheiros, sua autoridade sobre as cidades gregas e, mais do que tudo isto, as belas instituições de Sólon. Seus negócios ficaram quase que circunscritos à Grécia e ao Ponto Euxino, de onde ela extraía sua subsistência.

Corinto estava magnificamente situada. Separou dois mares,[1019] abriu e fechou o Peloponeso e abriu e fechou a Grécia. Foi uma cidade de suma importância, numa época em que o povo grego representava um mundo e

---

1013. Rei de Creta. (N.T.)

1014. O rei da Pérsia.

1015. Xerxes, derrotado fragorosamente pela esquadra ateniense comandada por Temístocles em Salamina, no ano 480 a.C. (N.T.)

1016. *De republ. athen.* (*Da república ateniense*), II.

1017. Os aristocratas. (N.T.)

1018. Como Platão, Aristóteles e tantos outros, Montesquieu critica a democracia ateniense. (N.T.)

1019. O Jônico e o Mediterrâneo. (N.T.)

as cidades gregas eram nações. Realizou um comércio maior do que o de Atenas. Possuía um porto para receber as mercadorias da Ásia; dispunha de outro para receber as mercadorias da Itália, pois, como havia muitas dificuldades para contornar o promontório Maleu, onde os ventos[1020] opostos se defrontam e causam naufrágios, preferia-se rumar para Corinto, e podia-se, inclusive, transferir por terra os navios de um mar a outro.[1021] Em nenhuma outra cidade se desenvolveu a tal ponto as obras da arte. A religião acabou por corromper aquilo que sua opulência lhe havia deixado de costumes. Corinto erigiu um templo a Vênus,[1022] onde mais de mil cortesãs foram consagradas. Foi desse seminário que saiu a maioria dessas belezas célebres das quais Ateneu[1023] ousou escrever a história.

Parece que, nos tempos de Homero,[1024] a opulência da Grécia estava em Rodes, em Corinto e em Orcómeno. "Júpiter",[1025] diz ele,[1026] "amou os ródios e lhes concedeu grandes riquezas". Ele dá a Corinto[1027] o epíteto de rica.

De maneira idêntica, quando quer se referir às cidades que possuem muito ouro, ele cita Orcómeno,[1028] que, comparando-o com Tebas no Egito, Rodes e Corinto, diz que, enquanto estas conservaram seu poder, Orcómeno o perdeu. A posição de Orcómeno, próxima ao Helesponto, da Propôntida e do Ponto Euxino, naturalmente nos leva a pensar que esta cidade tirava suas riquezas de um comércio praticado nas costas destes mares, os quais deram origem ao mito do tosão de ouro. E, de fato, o nome de Miniares é dado a Orcómeno[1029] e também aos Argonautas. Mas como, posteriormente, esses mares se tornaram mais conhecidos, tendo os gregos aí estabelecido um grande número de colônias e estas tendo estabelecido negócios com os povos bárbaros, para os quais elas serviram de intermediários para comunicação com a metrópole, Orcómeno principiou a decair e ingressou na multidão das outras cidades gregas.

Os gregos, antes de Homero, negociaram quase que só entre eles e com alguns povos bárbaros, mas estenderam sua dominação à medida que

---

1020. Ver Estrabão, VIII.

1021. Através do golfo de Corinto. (N.T.)

1022. Afrodite. (N.T.)

1023. Autor e orador sofista grego do início do século III da era cristã. (N.T.)

1024. As datas de nascimento, vida e morte de Homero são bastante incertas. Costuma-se situá-las entre os séculos IX e VII a.C. (N.T.)

1025. Zeus. (N.T.)

1026. *Ilíada*, II, 668.

1027. Ibidem, 570.

1028. Ibidem, I, 381. Ver Estrabão, IX, edição de 1620.

1029. Estrabão, IX.

constituíram diversos povos. A Grécia era uma grande península,[1030] cujos cabos pareciam ter feito recuar os mares e se abrirem os golfos de todos os lados, como para recebê-los ainda. Se lançarmos um olhar à Grécia, veremos, num país bastante comprimido, uma vasta extensão de costas. Suas inúmeras colônias constituíam uma enorme circunferência em torno dela, que, de sua posição podia, por assim dizer, observar todos que não eram bárbaros. Adentrando a Sicília e a Itália, formou ali nações. Navegou rumo aos mares do Ponto, em direção às costas da Ásia Menor, rumo àquelas da África, e fez o mesmo. Suas cidades prosperaram à medida que se achavam próximas de novos povos. E, o que havia de admirável, ilhas inumeráveis situadas como que em primeira linha ainda a circundavam.

Que grandes causas de prosperidade para a Grécia eram os jogos que oferecia, por assim dizer, ao mundo; templos para onde todos os reis enviavam oferendas; festas onde se reuniam pessoas de todas as partes; oráculos que atraíam a atenção de toda a curiosidade humana; enfim, o gosto e as artes levados a tal ponto que pensar em superá-los será sempre sinal de não os conhecer!

CAPÍTULO VIII — SOBRE ALEXANDRE E SUA CONQUISTA

Quatro eventos ocorridos durante o reinado de Alexandre produziram uma marcante revolução no comércio: a tomada de Tiro, a conquista do Egito, a das Índias e a descoberta do mar que se encontra ao sul deste país.

O Império Persa se estendia até o Indo.[1031] Muito antes de Alexandre, Dario[1032] enviara navegadores que desceram esse rio e atingiram o Mar Vermelho. Como então explicar que os gregos foram os primeiros a praticar o comércio das Índias pelo sul? Como explicar que os persas não o tenham feito antes? De que lhes serviam mares que estavam tão próximos, mares que banhavam seu Império? É verdade que Alexandre conquistou as Índias — mas é necessário conquistar um país para poder aí fazer comércio? É o que examinarei.

A Ariana,[1033] que se estendia desde o Golfo Pérsico até o Indo, e do mar do sul até as montanhas dos Paropamísades, dependia, decerto, de alguma

---

1030. O autor quer dizer que nos tempos pré-homéricos a Grécia era constituída *apenas* pelo Peloponeso. (N.T.)

1031. Estrabão, XV.

1032. Heródoto, em *Melpomene*, IV, 44.

1033. Estrabão, XV.

forma, do Império Persa. Na sua parte meridional, porém, era árida, incinerada, inculta e bárbara. A tradição[1034] conta que os exércitos de Semíramis e de Ciro pereceram nesses desertos; e Alexandre, que se fez acompanhar por sua frota, também não deixou de perder uma grande parte de seu exército. Os persas deixaram toda a costa em poder dos ictiófagos,[1035-1036] dos oritas e outros povos bárbaros. Além disso, os persas[1037] não eram navegadores, e até mesmo sua religião lhes obstruía qualquer ideia de comércio marítimo. A expedição naval que Dario empreendeu no Indo e no mar das Índias foi mais uma fantasia de um príncipe que quer exibir seu poder do que o projeto disciplinado de um monarca que deseja empregá-lo. Esta navegação não teve continuidade e consequências nem para o comércio nem para a marinha; e se, com ela, se saiu da ignorância, foi para nesta recair.

E mais, sabia-se[1038] antes da expedição de Alexandre que a parte meridional das Índias era inabitável;[1039] era o que se inferia da tradição segundo a qual Semíramis[1040] trouxera daquele lugar apenas vinte homens, e Ciro, apenas sete.

Alexandre entrou pelo norte. Seu projeto era avançar para o Oriente, mas tendo encontrado o sul repleto de grandes nações, cidades e rios, aí tentou a conquista e a realizou.

Não tardou para que concebesse o projeto de unir as Índias com o Ocidente através de um comércio marítimo, como as unira através das colônias que estabelecera em terra firme.

Ordenou a construção de uma esquadra no Hidaspe, desceu este rio, ingressou no Indo e navegou até sua foz. Deixou seu exército e sua esquadra em Patale, foi em pessoa com alguns navios fazer o reconhecimento do mar, assinalou os locais onde queria que fossem construídos portos, angras, arsenais. De retorno a Patale, separou-se de sua frota e encetou o caminho por terra, a fim de auxiliá-la e dela receber auxílios. A esquadra seguiu a costa depois da foz do Indo, ao longo das praias das regiões dos oritas, dos ictiófagos, da Caramânia e da Pérsia. Providenciou que fossem

---

1034. Estrabão, XV.

1035. Plínio, VI, XXIII; Estrabão, XV.

1036. Literalmente, *comedores de peixes*. (N.T.)

1037. A fim de não macular os elementos, não navegavam pelos rios. Hyde, *Religion des Perses*. Ainda hoje eles não mantêm nenhum negócio marítimo e consideram como ateus os navegantes.

1038. Estrabão, XV.

1039. Heródoto, em *Melpomene*, XLIV, diz que Dario conquistou as Índias. Só se pode entendê-lo como sendo a Ariana: e, ainda assim, não passou de uma conquista no domínio das ideias.

1040. Estrabão.

cavados poços, que cidades fossem construídas; proibiu que os ictiófagos[1041] vivessem de peixe; desejou que as margens desse mar fossem habitadas por nações civilizadas. Nearco e Onesicrito escreveram o diário desta navegação, que durou dez meses. Chegaram a Susa e ali se encontraram com Alexandre, que estava oferecendo festas para seu exército.

Esse conquistador fundara Alexandria com o objetivo de assegurar-se do Egito; tratava-se de uma chave para abri-lo no mesmo lugar[1042] onde os reis, seus predecessores, haviam tido uma chave para fechá-lo; e ele não cogitava, em absoluto, um comércio do qual a descoberta do mar das Índias pudesse, por si só, fazer-lhe a ideia vir à mente.

Parece até que, após essa descoberta, não alimentou mais nenhuma meta em relação a Alexandria. Decerto que tinha, em termos gerais, um projeto de estabelecer um comércio entre as Índias e as regiões ocidentais de seu Império, mas, para ele implantar esse comércio via Egito, faltavam-lhe muitíssimos conhecimentos. Vira o Indo, vira o Nilo, mas desconhecia totalmente os mares da Arábia, que ficam entre estes dois rios. Mal chegou às Índias e providenciou a formação de novas esquadras, e navegou[1043] pelo Euleu, o Tigre, o Eufrates e o mar; eliminou as cataratas que os persas haviam instalado nestes rios — descobriu que o seio pérsico era um golfo do oceano. Como foi reconhecer[1044] este mar, como havia reconhecido o das Índias; como mandou construir um porto na Babilônia para mil navios e arsenais; como enviou quinhentos talentos à Fenícia e à Síria para que lhe mandassem navegantes que desejava colocar nas colônias que espalhara nas costas; como, enfim, executou obras colossais no Eufrates e outros rios da Assíria, não há como duvidar que seu desígnio fosse realizar o comércio das Índias pela Babilônia e o Golfo Pérsico.

Algumas pessoas, sob o pretexto de que Alexandre desejasse conquistar a Arábia,[1045] afirmaram que ele concebera o plano de instalar aí a sede

---

1041. O que não seria possível entender-se em relação a todos os ictiófagos, os quais habitavam uma costa de dez mil estádios. Como teria podido Alexandre lhes ter suprido a subsistência? Como faria com que suas ordens fossem obedecidas? Só se pode tratar aqui de alguns povos particulares. Nearco, no livro *Rerum Indicarum* (*Das coisas do Índico*), diz que à extremidade dessa costa, do lado da Pérsia, ele encontrara povos menos ictiófagos. Eu diria que a ordem de Alexandre tangia a esta região ou a outra ainda mais vizinha da Pérsia.

1042. Alexandria foi fundada numa praia chamada *Racotis*. Os antigos reis mantinham ali uma guarnição visando à defesa do ingresso dos estrangeiros no país, sobretudo dos gregos, que eram, como dissemos, grandes piratas. Ver Plínio, VI, X; e Estrabão, XVIII.

1043. Arriano, *De Exped. Alex.*, VII.

1044. Arriano, *De Exped. Alex.*, VII.

1045. Estrabão, XVI, no final.

de seu Império — mas como teria escolhido um lugar que desconhecia?[1046] Ademais, tal país revelar-se-ia o mais incômodo do mundo para tal finalidade, porque se achava separado de seu Império. Os califas, que conquistaram regiões remotas, abandonaram de início a Arábia para se estabelecer em outros lugares.

CAPÍTULO IX — DO COMÉRCIO DOS REIS GREGOS APÓS ALEXANDRE

Quando Alexandre conquistou o Egito, se conhecia pouquíssimo o Mar Vermelho e nada da parte do oceano que se une a esse mar e que banha, de um lado, a costa da África e, do outro, a costa da Arábia. Posteriormente, acreditou-se, inclusive, que era impossível contornar a península árabe. Aqueles que haviam tentado de cada lado tinham desistido de sua empresa. Dizia-se: "Como seria possível navegar ao sul das costas da Arábia se o exército de Cambises,[1047-1048] que a atravessou ao norte, pereceu quase por completo, e aquele que Ptolomeu, filho de Lago, enviou em socorro de Seleuco Nicator na Babilônia padecera males inacreditáveis e que, devido ao calor, só podia pôr-se em marcha à noite?"

Os persas não dispunham de espécie alguma de navegação. Quando conquistaram o Egito, para aí levaram a mesma mentalidade que tinham na Pérsia, e a negligência foi tão extraordinária que os reis gregos descobriram não só que o movimento marítimo dos tírios, dos idumeus e dos judeus no oceano era ignorado como também mesmo aquele do Mar Vermelho. Acredito que a destruição da primeira Tiro por Nabucodonosor e a de várias pequenas nações e cidades vizinhas do Mar Vermelho causaram a perda dos conhecimentos que haviam sido adquiridos.

O Egito do tempo dos persas não se confrontava com o Mar Vermelho. Abrangia[1049] somente aquela orla de terra longa e estreita coberta pelo Nilo durante suas inundações e que fica comprimida dos dois lados por cadeias de montanhas. Foi forçoso, portanto, descobrir o Mar Vermelho por uma segunda vez e também o oceano uma segunda vez; e esta descoberta deveu-se à curiosidade dos reis gregos.

Subiu-se novamente o Nilo; praticou-se a caça dos elefantes nos países que ficam entre o Nilo e o mar; descobriu-se as margens desse mar pelas

---

1046. Vendo a Babilônia inundada, considerava a Arábia, que dela ficava próxima, como uma ilha. Aristóbulo, em Estrabão, XVI.

1047. Ver a obra *Rerum Indicarum*.

1048. Rei da Pérsia de 529 a 521 a.C. (N.T.)

1049. Estrabão, XVI.

terras; e, como esta descoberta foi realizada sob o domínio dos gregos, os nomes a ela referentes são gregos, e os templos são consagrados[1050] às divindades gregas.

Os gregos do Egito puderam praticar um comércio muito extenso; eram senhores dos portos do Mar Vermelho; Tiro, rival de toda nação comerciante, não mais existia; ademais, não eram mais incomodados pelas antigas[1051] superstições do país; o Egito se tornara o centro do mundo.

Os reis da Síria cederam aos do Egito o comércio meridional das Índias, prendendo-se somente ao comércio setentrional que se fazia pelo Oxo e o Mar Cáspio. Acreditava-se,[1052] naqueles tempos, que este mar era uma parte do oceano setentrional; e Alexandre, algum tempo antes de sua morte,[1053] mandara constituir uma armada para investigar se este mar se comunicava com o oceano através do Ponto Euxino ou através de algum outro mar oriental na direção das Índias. Depois dele, Seleuco e Antíoco devotaram atenção especial a esse reconhecimento. Mantiveram frotas ali.[1054] O que Seleuco reconheceu foi chamado de Mar *Selêucida,* e o que foi descoberto por Antíoco foi denominado Mar *Antióquida.* Atentos aos projetos que podiam ter daquele lado, descuraram os mares do sul; seja porque os ptolomeus, por meio de suas frotas no Mar Vermelho, já tivessem consolidado seu domínio, seja porque tivessem descoberto nos persas um desagrado insuperável pela marinha. A costa sul da Pérsia não fornecia marinheiros; ali haviam sido vistos marinheiros apenas nos derradeiros momentos da vida de Alexandre. Os reis do Egito, porém, senhores da ilha de Chipre, da Fenícia e de um largo número de lugares nas costas da Ásia Menor, dispunham de todos os tipos de recursos para realizar empreendimentos marítimos. Em nada constrangiam o espírito de seus súditos — era suficiente que o acatassem.

É difícil compreender a obstinação dos antigos em crer que o Mar Cáspio era uma parte do oceano. As expedições de Alexandre, dos reis da Síria, dos partas e dos romanos foram impotentes no sentido de alterar o pensamento deles. É que se reconhecem os próprios erros o mais tarde possível. Inicialmente, conheceu-se apenas o sul do Mar Cáspio; pensou-se que era o oceano; à medida que se avançou ao longo de suas margens, do lado norte, ainda se acreditou que se tratava do oceano que adentrava as terras. Seguindo-se pelas costas, somente se reconhecera, do lado leste,

---

1050. Ibidem.

1051. Estas superstições os faziam votar horror aos estrangeiros.

1052. Plínio, II, LXVII, e VI, IX e XIII; Estrabão, XI; Arriano, *De exped. Alex.*, III e V.

1053. Arriano, *De exped. Alex.*, VII.

1054. Plínio, II, LXVII.

até Jaxarte; e, do lado oeste, apenas até os extremos da Albânia. O mar, do lado norte, era lodoso[1055] e, consequentemente, muito pouco adequado à navegação. Tudo isso fez com que jamais se visse nada salvo o oceano.

O exército de Alexandre alcançara, pelo lado oriental, somente Hipanis, o último rio que desemboca no Indo. Assim, o primeiro comércio que os gregos realizaram nas Índias ocorreu numa porção muito reduzida do país. Seleuco Nicator penetrou até o Ganges[1056] e com isso descobriu-se o mar onde este rio desemboca, isto é, o Golfo de Bengala. Hoje, terras são descobertas por meio de viagens marítimas; outrora, mares eram descobertos por meio da conquista das terras.

Parece que Estrabão,[1057] a despeito do testemunho de Apolodoro, duvidou que os reis[1058] gregos de Bactriana tivessem ido mais longe do que Seleuco e Alexandre. A ser verdade que eles não teriam ido mais longe rumo ao oriente do que Seleuco, o fato é que foram mais longe rumo ao sul, tendo descoberto[1059] Siger e portos em Malabar, os quais deram origem à navegação da qual vou falar.

Plínio[1060] nos informa que foram tomadas sucessivamente três rotas para realizar a navegação das Índias. Primeiramente, foi-se do promontório de Siagre até a ilha de Patalene, situada na foz do Indo (percebe-se que se trata da rota tomada pela esquadra de Alexandre). Em seguida, foi tomado um caminho mais curto[1061] e mais seguro, e foi-se do mesmo promontório a Siger. Siger só pode ser o reino de Siger referido por Estrabão,[1062] descoberto pelos reis gregos de Bactriana. Plínio só foi capaz de dizer que este caminho foi muito curto porque era percorrido em menos tempo, pois Siger devia ocupar uma posição mais remota do que o Indo, para que fosse descoberto pelos reis de Bactriana. Era necessário, assim, por esse meio, evitar o circuito de certas costas, que se tirasse proveito de certos ventos. Finalmente, os comerciantes tomaram uma terceira rota: dirigiram-se a Canes ou a Ocelis, portos situados na embocadura do Mar Vermelho, de

---

1055. Ver o mapa do czar.* [*Montesquieu se refere a um mapa presumivelmente acessível aos estudiosos de seu tempo. Não se trata de indicação a um mapa específico. (N.T.)]

1056. Plínio, VI, XVII.

1057. Livro XV.

1058. Os macedônios da Bactriana, das Índias e da Ariana, tendo se separado do reino da Síria, formaram um grande Estado.

1059. Apolônio Adramitino, em Estrabão, XI.

1060. VI, XXIII.

1061. Plínio, ibidem.

1062. XI, *Sigertidis regnum*.

onde, graças a um vento oeste, chegava-se a Muziris, primeira etapa das Índias, e de lá para outros portos.

Percebe-se que em lugar de dirigir-se da embocadura do Mar Vermelho a Siagre, fazendo uma nova subida da costa da Arábia favorável ao nordeste, efetivou-se um percurso direto do oeste ao leste, de um lado a outro, por meio das monções, de onde foram descobertas as alterações ao se navegar por estas paragens. Os antigos somente deixaram as costas quando puderam se servir das monções[1063] e dos ventos alísios, que eram uma espécie de bússola para eles.

Plínio[1064] diz que se partia rumo às Índias no meio do verão e que para lá se retornava pelos fins de dezembro e começo de janeiro, o que se conforma completamente aos diários de nossos navegadores. Nesta parte do mar das Índias que se situa entre a península da África e a deste lado do Ganges, há duas monções: a primeira, durante a qual os ventos sopram de oeste para leste, começa a atuar nos meses de agosto e setembro; a segunda, durante a qual os ventos vão de leste para oeste, começa a atuar em janeiro. Assim, partimos da África para Malabar no tempo no qual partiam as frotas de Ptolomeu, e aí regressamos no mesmo tempo.

A frota de Alexandre levou sete meses para navegar de Patale até Susa. Partiu no mês de julho, ou seja, num período do ano no qual hoje nenhum navio se atreve a pôr-se ao mar para retornar das Índias. Entre uma e outra monção há um intervalo de tempo durante o qual os ventos são variáveis, e quando um vento do norte, combinando-se com os ventos ordinários, provoca, sobretudo junto às costas, tempestades temíveis. Esta situação ocorre durante os meses de junho, julho e agosto. A frota de Alexandre, partindo de Patale em julho, afrontou muitas tempestades, e a viagem foi longa porque ele navegou numa monção contrária.

Plínio diz que se partia para as Índias no fim do verão,[1065] de modo que se empregava o período da variação das monções para efetuar o trajeto de Alexandre ao Mar Vermelho.

Observai, eu vos rogo, como houve um aperfeiçoamento gradativo na navegação. A que Dario realizou para descer o Indo e dirigir-se ao Mar Vermelho foi de dois anos e meio.[1066] A frota de Alexandre,[1067] descendo o

---

1063. As monções, durante uma parte do ano, sopram de um lado; e, na outra parte do ano, do outro lado; os alísios sopram do mesmo lado o ano inteiro.

1064. VI, XXIII.

1065. No penúltimo parágrafo acima, o autor afirma: "Plínio diz que se partia rumo às Índias no meio do verão". (N.T.)

1066. Heródoto, em *Melpomene*, IV, XLIV.

1067. Plínio, VI, XXIII.

Indo, chegou a Susa dez meses depois, tendo navegado três meses no Indo e sete no mar das Índias. Subsequentemente, o trajeto da costa de Malabar ao Mar Vermelho passou a ser feito em quarenta dias.

Estrabão,[1068] que dá conta da razão da ignorância que se padecia dos países situados entre o Hipanis e o Ganges, assevera que, entre os navegadores que iam do Egito às Índias, havia poucos que fossem até o Ganges. Com efeito, nota-se que as frotas não o atingiam; iam, graças às monções de oeste a leste, da embocadura do Mar Vermelho à costa de Malabar. Detinham-se nas etapas ali existentes, e não prosseguiam para contornar a península deste lado do Ganges pelo cabo de Comorin e a costa de Coromandel. O plano de navegação dos reis do Egito e dos romanos consistia em regressar no mesmo ano.[1069]

Assim, faltava muito para que o comércio dos gregos e dos romanos nas Índias fosse comparável ao nosso em termos de extensão — nós, que conhecemos regiões imensas que eles não conheciam; nós, que mantemos nosso intercâmbio comercial com todas as nações indianas[1070] e que até mesmo comercializamos e navegamos para elas.

Mas eles praticavam esse comércio com maior facilidade do que nós; e, caso se negociasse hoje apenas na costa de Guzarat e de Malabar, e se, sem ir em busca das ilhas do sul, houvesse contentamento suficiente com as mercadorias que os insulares viessem oferecer, seria preciso preferir a rota do Egito àquela do Cabo da Boa Esperança. Estrabão[1071] diz que se negociava assim com os povos da Taprobana.

CAPÍTULO X — DA VOLTA DA ÁFRICA

Sabemos pela história que, antes da invenção da bússola, a volta da África foi tentada quatro vezes. Fenícios, enviados por Necho[1072] e Eudoxo,[1073] fugindo à ira de Ptolomeu Laturo, partiram do Mar Vermelho e tiveram

---

1068. XV.

1069. Plínio, VI, XXIII.

1070. O leitor deve ter sempre em mente que Montesquieu lida com uma geopolítica ainda presa aos grandes efeitos dos descobrimentos dos séculos XV e XVI e às colonizações que os sucederam, executadas pelos europeus. Assim sendo, ele via, por exemplo, a Índia, como *as Índias*, e não a Índia politicamente unificada que contemplamos particularmente a partir de sua independência em meados do século XX. Ademais, como já salientamos, seus conceitos de ciência política (Estado, povo, nação, país, território, etc.) não apresentam, muito compreensivelmente, o rigor que hoje exigimos. (N.T.)

1071. XV.

1072. Heródoto, IV, XLII. Seu desejo era a conquista.

1073. Plínio, II, LXVII. Pompônio Mela, III, IX.

êxito. Satáspio,[1074] no reinado de Xerxes e Hanon,[1075] que foi enviado pelos cartagineses, partiram das colunas de Hércules e não tiveram sucesso.

O ponto capital para realizar a volta da África era descobrir e dobrar o Cabo da Boa Esperança. Entretanto, caso se partisse do Mar Vermelho, encontrava-se este cabo na metade do caminho a ser percorrido a partir do Mediterrâneo. A costa existente do Mar Vermelho ao cabo é mais salubre do que a que existe do cabo às colunas de Hércules.[1076] Para que aqueles que partiam das colunas de Hércules pudessem descobrir tal cabo, foi necessária a invenção da bússola, que fez com que se afastassem da costa da África e navegassem o vasto oceano[1077] para se dirigirem rumo à ilha de Santa Helena ou rumo à costa do Brasil. Era, portanto, bastante possível que se fosse do Mar Vermelho ao Mediterrâneo sem que se tivesse regressado do Mediterrâneo para o Mar Vermelho.[1078]

Assim, sem executar este grande circuito, depois do que não seria possível regressar, mostrava-se mais natural fazer o comércio da África oriental pelo Mar Vermelho, e o da costa ocidental pelas colunas de Hércules.

Os reis gregos do Egito descobriram inicialmente no Mar Vermelho a parte da costa da África que vai desde a base do golfo, onde está situada a cidade de Herun, até Dira, isto é, até o estreito hoje chamado de Babel--Mandeb. Daí até o promontório dos Aromatas, situado na entrada do Mar Vermelho,[1079] a costa não fora ainda reconhecida pelos navegadores, o que ressalta claro pelo que nos diz Artemidoro,[1080] ou seja, que os pontos desta costa eram conhecidos, mas as distâncias, não, o que decorria do fato de tais pontos terem sido conhecidos sucessivamente pelas terras, mas sem que se tivesse ido de um a outro.

Além deste promontório, onde começa a costa oceânica, nada se conhecia, como nos informam Eratóstenes e Artemidoro.[1081]

1074. Heródoto, em *Melpomene*, IV, XLIII.

1075. General e navegador cartaginês. (N.T.)

1076. Some-se a isso o que digo, no capítulo XI deste livro, a respeito da navegação de Hanon.

1077. Encontra-se no Oceano Atlântico, nos meses de outubro, novembro, dezembro e janeiro, um vento de nordeste. Ultrapassa-se a linha e, com o fito de evitar o vento geral do leste, orienta-se a rota para o sul; ou, então, entra-se na zona tórrida em regiões nas quais o vento sopra do oeste para o leste. (N.T.)

1078. O Canal de Suez só viria a ser concretizado mais de cem anos depois da morte de Montesquieu, entre 1859 e 1869. (N.T.)

1079. Este golfo, ao qual damos hoje este nome, era chamado de *Seio Arábico* pelos antigos; chamavam de Mar Vermelho a parte do oceano vizinha desse golfo.

1080. Estrabão, XVI.

1081. Ibidem. Artemidoro limitava a costa conhecida ao lugar denominado *Austricornu*, e Eratóstenes, *ad Cinnamomiferam*.

Tais eram os conhecimentos dos quais se dispunha das costas da África no tempo de Estrabão, isto é, no tempo de Augusto. Depois de Augusto, contudo, os romanos descobriram o promontório *Raptum* e o promontório *Prassum*, aos quais Estrabão não se refere porque não eram ainda conhecidos. Nota-se que estes dois nomes são romanos.

Ptolomeu, o geógrafo, viveu nos reinados de Adriano e Antonino Pio,[1082] e o autor do *Périplo do Mar Eritreu*, quem quer que seja, viveu pouco tempo depois. Entretanto, o primeiro limita a África[1083] conhecida ao promontório *Prassum*, situado em torno do décimo quarto grau de latitude sul; e o autor do Périplo,[1084] ao promontório *Raptum,* que está próximo ao décimo grau desta latitude. É provável que este último tomasse por limite um lugar para onde se ia, enquanto Ptolomeu, um lugar para onde não se ia mais.

O que me confirma em tal ideia é que os povos ao redor do *Prassum* eram antropófagos.[1085-1086] Ptolomeu, que[1087] que nos fala de um grande número de lugares entre o porto dos Aromatas e o promontório *Raptum*, deixa um completo vazio do *Raptum* até o *Prassum*. Os grandes lucros da navegação das Índias devem ter feito com que o da África fosse negligenciado. Finalmente, os romanos jamais desenvolveram nessa costa uma navegação regular. Haviam descoberto esses portos por terra e por meio de navios arrojados pelas tempestades, e, como hoje se conhecem tão bem as costas da África e muito mal o seu interior,[1088] os antigos conheciam muito bem o seu interior e muito mal as suas costas.

Afirmei que fenícios, enviados por Necho e Eudoxo, no reinado de Ptolomeu Laturo, levaram a efeito a volta da África; forçoso é que no tempo de Ptolomeu, o geógrafo, estas duas navegações fossem consideradas como fabulosas, pois ele[1089] coloca, depois do *sinus magnus*, que é, creio eu, o golfo

---

1082. Meados do século II d.C. Adriano foi imperador de Roma de 117 a 138, e Antonino Pio, de 138 a 161. (N.T.)

1083. Estrabão, I, VII; IV, IX; tabela IV da África.

1084. Atribuiu-se este Périplo a Arriano.

1085. Ptolomeu, IV, IX.

1086. É difícil precisar o que o autor quer dizer exatamente com isso. Provavelmente, algo similar às suas observações sobre os povos ictiófagos mencionados anteriormente, ou seja, o extremo primitivismo e a selvageria de povos que não consomem, para sua subsistência, senão peixes ou a própria carne humana (sem qualquer necessidade efetiva de gêneros alimentícios) impossibilitam manter qualquer considerável intercâmbio comercial com eles. (N.T.)

1087. Livro IV, VII e VIII.

1088. Vede com que exatidão Estrabão e Ptolomeu nos descrevem as diversas partes da África. Esses conhecimentos são oriundos das diversas guerras que as duas mais poderosas nações do mundo, Cartago e Roma, haviam travado com os povos africanos, das alianças que haviam contraído e do comércio que haviam realizado nas terras.

1089. Livro VII, III.

do Sião, uma terra desconhecida, que vai da Ásia à África dar com o promontório *Prassum*, de sorte que o mar das Índias seria apenas um lago. Os antigos, que executaram o reconhecimento das Índias pelo norte, tendo avançado rumo ao oriente, posicionaram essa terra desconhecida ao sul.

CAPÍTULO XI — CARTAGO E MARSELHA

Cartago possuía um singular direito das gentes: afogava todos os estrangeiros[1090] que exerciam o tráfico comercial na Sardenha e na direção das colunas de Hércules. Seu direito político não era menos extraordinário: proibia que os sardos cultivassem a terra sob pena de morte. Fez crescer seu poder pelas riquezas e, em seguida, suas riquezas por meio de seu poder. Senhora das costas da África que banham o Mediterrâneo, espalhou-se ao longo das costas do oceano. Hanon, por ordem do senado de Cartago, distribuiu trinta mil cartagineses das colunas de Hércules ao Cerné. Diz que este lugar é tão distante das Colunas de Hércules quanto estas o são de Cartago. Trata-se de uma posição bastante notável, que demonstra que Hanon limitou seus estabelecimentos ao vigésimo quinto grau de latitude norte, isto é, dois ou três graus além das Ilhas Canárias, rumo ao sul.

Hanon, estando em Cerné, empreendeu uma outra expedição marítima cujo objetivo era fazer descobertas mais à frente rumo ao sul. Quase ignorou o continente. A extensão das costas que acompanhou corresponderam a vinte e seis dias de navegação, e ele foi forçado a retornar por falta de víveres. Parece que os cartagineses não tiraram nenhum proveito prático desta empresa de Hanon. Cilax[1091-1092] diz que além de Cerné o mar não é navegável,[1093] porque aí é raso, cheio de limo e de ervas marinhas; é fato que há muito disso nessas paragens.[1094] Os comerciantes cartagineses dos quais fala Cilax podiam se defrontar com obstáculos que Hanon, que dispunha de sessenta navios com cinquenta remos cada um, havia vencido. As dificuldades são relativas e, ademais, não se deve confundir um empreendimento cujo objeto são a ousadia e a temeridade com aquilo que é o efeito de uma conduta ordinária.

1090. Eratóstenes, em Estrabão, XVII.

1091. Ver seu périplo, artigo de Cartago.

1092. Geógrafo e navegador grego. (N.T.)

1093. Ver Heródoto, em *Melpomene*, sobre os obstáculos encontrados por Satáspio.

1094. Ver os mapas e os relatos, o primeiro volume das *Viagens que serviram ao estabelecimento da Companhia das Índias*, parte I. Essa erva cobre de tal modo a superfície do mar que mal se enxerga a água, e os navios só podem avançar mediante um vento vigoroso.

O relato de Hanon constitui um belo trecho da Antiguidade: o mesmo homem que o realizou o escreveu; não apresenta nenhuma ostentação em suas narrativas. Os grandes capitães redigem suas ações com simplicidade, porque se sentem mais gloriosos em relação ao que fizeram do que em relação ao que disseram.

As coisas são como o estilo. Ele não mergulha no maravilhoso: tudo que diz do clima, do solo, dos costumes, das maneiras dos habitantes se assemelha ao que vemos hoje nesta costa da África; parece ser o diário de um de nossos navegadores.

Hanon observou[1095-1096] na sua frota que, durante o dia, imperava no continente um descomunal silêncio; que, à noite, escutavam-se os sons de diversos instrumentos musicais e que se viam fogueiras em toda parte, umas maiores, outras menores. É o que nossos relatos confirmam. Constata-se que, durante o dia, os selvagens, para evitar o ardor do sol, retiram-se para as florestas e, à noite, fazem grandes fogueiras a fim de afastar os animais ferozes; além disso, gostam apaixonadamente da dança e dos instrumentos musicais. Hanon nos descreve um vulcão ajuntando todos os fenômenos que nos fazem ver atualmente o Vesúvio; e a narrativa que faz dessas mulheres peludas que preferiram ser mortas do que seguir os cartagineses, e das quais ele levou as peles para Cartago, não é, como se disse, inverossímil.

Esse relato é especialmente precioso por ser um monumento púnico; e é por ser um monumento púnico que foi considerado fabuloso, pois os romanos conservaram seu ódio pelos cartagineses mesmo depois de tê-los destruído. Mas foi apenas a vitória que decidiu se era necessário dizer *a fé púnica* ou *a fé romana*.[1097]

Modernos[1098] acataram esse preconceito. No que se tornaram, dizem eles, as cidades descritas por Hanon, das quais, inclusive, mesmo nos tempos de Plínio, não restava o menor vestígio? Seria admirável se delas houvesse restado algum. Seria Corinto ou Atenas que Hanon iria construir nessas costas? Ele deixava nos lugares apropriados ao comércio famílias cartaginesas e, apressadamente, as colocava em segurança contra os selvagens e as feras. As calamidades suportadas pelos cartagineses deram um

---

1095. Plínio, *H.N.*, V, I, nos diz a mesma coisa referindo-se ao monte Atlas: *Noctibus micare crebris ignibus, tibiarum cantu tympanorumque sonitu strepere, neminem interdiu cerni.*

1096. À noite, várias fogueiras fulguravam; escutavam-se o som de flautas e o martelamento dos tambores; durante o dia não se via ninguém. (N.T.)

1097. Ou, em outros termos, a história que prevalece é a escrita pelos vencedores. (N.T.)

1098. Dodwel. Ver sua *Dissertation sur le Périple d'Hannon* (*Dissertação acerca do périplo de Hanon*).

desfecho à navegação da África; era forçoso que essas famílias pereces-
sem ou se tornassem selvagens. Digo mais: ainda que as ruínas dessas
cidades subsistissem, quem se atreveria a descobri-las nos bosques e nos
pântanos? Vê-se, entretanto, em Cilax e em Políbio, que os cartagineses
possuíam grandes estabelecimentos nessas costas. Eis os vestígios das
cidades de Hanon; delas não há nenhum outro porque mal há vestígios
da própria Cartago.

Os cartagineses trilhavam o caminho das riquezas e, se houvessem
alcançado o quarto grau de latitude norte e o décimo quinto de longitude, teriam descoberto a Costa do Ouro e as costas vizinhas. Teriam
praticado ali um comércio de importância inteiramente diferente daquele que hoje ali se pratica — hoje, quando a América parece ter aviltado as riquezas de todos os outros países, teriam descoberto tesouros
que não poderiam ser arrebatados pelos romanos.

Foram ditas coisas bem surpreendentes sobre as riquezas da Espanha.
A crer-se em Aristóteles,[1099] os fenícios que ancoraram em Tartese encontraram ali tanta prata que esta não cabia em seus navios e eles confecciona-
ram com este metal os seus utensílios mais vis. Os cartagineses, segundo
o relato de Diodoro,[1100] encontraram tanto ouro e prata nos Pirineus que
com eles fizeram âncoras para seus navios. Mas não convém dar ouvidos a
esses relatos populares. Vejamos os fatos precisos.

Vê-se num fragmento de Políbio citado por Estrabão[1101] que as minas de prata existentes na nascente do Betis, onde eram empregados
quarenta mil homens, produziam para o povo romano vinte e cinco mil
mãos cheias diárias, o que pode representar cerca de cinco milhões de libras anuais, a cinquenta francos o marco. Chamavam-se de *montanhas de
prata*[1102] as montanhas onde se encontravam essas minas, o que nos indica
que eram o *potosi* daqueles tempos. Hoje, as minas de Hannover não empregam um quarto dos trabalhadores empregados naquelas da Espanha, e
elas produzem mais, mas visto que os romanos só dispunham de minas de
cobre e poucas minas de prata, e que os gregos só conheciam as minas da
Ática, bastante modestas, decerto ficaram surpreendidos com a abundância daquelas.

Na guerra para a sucessão da Espanha, um homem chamado marquês
de Rodes, de quem se dizia que se arruinara no negócio de minas de ouro

---

1099. *Des choses merveilleuses* (*Das coisas maravilhosas*).

1100. VI.

1101. III.

1102. *Mons argentarius.*

e enriquecera nos hospitais,[1103] propôs à corte de França abrir as minas dos Pirineus. Mencionou os tírios, os cartagineses e os romanos. Deram-lhe a permissão para procurar. Ele procurou e escavou em toda parte; repetia sempre suas menções, mas nada encontrava.

Os cartagineses, senhores do comércio do ouro e da prata, também quiseram sê-lo do chumbo e do estanho. Estes metais eram transportados por terra, e desde os portos das Gálias, pelo oceano, até os portos do Mediterrâneo. Os cartagineses desejavam recebê-los de primeira mão; enviaram Himílcon para formar[1104] estabelecimentos nas ilhas Cassitéridas, que se crê serem as de Silley.

Essas viagens da Bética à Inglaterra fizeram com que algumas pessoas pensassem que os cartagineses possuíam a bússola; mas está claro que eles seguiam as costas. Não desejo outra prova senão o que diz Himílcon, que levou quatro meses para ir da foz do Bétis à Inglaterra, além da famosa história[1105] deste piloto cartaginês que, vendo aproximar-se um navio romano, pôs a pique sua própria embarcação, a fim de deixar de ensinar aos romanos a rota para a Inglaterra,[1106] o que viria a demonstrar que essas embarcações se achavam bem próximas das costas quando se encontraram.

Os antigos poderiam ter feito viagens marítimas que fizessem pensar que possuíam a bússola, ainda que não a possuíssem. Se um piloto se afastava das costas, e durante sua viagem houvesse contado com um tempo tranquilo, e que durante as noites pudesse observar sempre uma estrela polar, e durante os dias pudesse ver o nascer e o pôr-do-sol, é claro que teria podido se conduzir como fazemos atualmente por meio da bússola. Entretanto, este seria um caso fortuito, e não navegação regular.

Vê-se, pelo tratado que finaliza a primeira Guerra Púnica, que Cartago esteve principalmente atenta no sentido de conservar o Império do mar, e Roma, o da terra. Hanon,[1107] na negociação com os romanos, declarou que não suportaria sequer que eles lavassem as mãos nos mares da Sicília; não lhes foi permitido navegar além do belo promontório; ele os proibiu[1108] de realizar

---

1103. Participava, em alguma parte, da direção deles.

1104. Ver Festo Avieno. Parece, baseado em Plínio, que esse Himílcon foi enviado simultaneamente a Hanon, e como, no tempo de Agátocles, havia um Hanon e um Himílcon, ambos comandantes dos cartagineses, Dodwell conjectura que são os mesmos, até porque nesse período a República era florescente. Ver sua *Dissertação acerca do périplo de Hanon*.

1105. Estrabão, III, ao final.

1106. Foi recompensado, por isso, pelo senado de Cartago.

1107. Tito Lívio, suplemento de Freinshemius, Segunda década, VI.

1108. Políbio, III.

398 | O ESPÍRITO DAS LEIS

comércio na Sicília,[1109] na Sardenha, na África, exceto em Cartago: exceção que evidencia que não lhes haviam preparado um comércio vantajoso.

Houve, nos primeiros tempos, grandes guerras entre Cartago e Marselha[1110] por causa da pesca. Depois da paz, praticaram concorrentemente o comércio de economia. Marselha tornou-se tanto mais invejosa quanto, igualando sua rival em indústria, tornou-se inferior em poderio, daí a razão da larga fidelidade aos romanos. A guerra que estes travaram contra os cartagineses na Espanha foi uma fonte de riquezas para Marselha, que servia de entreposto. A ruína de Cartago e de Corinto aumentou ainda mais a glória de Marselha; e, sem as guerras civis, nas quais era necessário cerrar os olhos e tomar um partido, teria sido afortunada sob a proteção dos romanos, que não invejavam de modo algum o seu comércio.

CAPÍTULO XII — ILHA DE DELOS, MITRÍDATES

Tendo sido Corinto destruída pelos romanos, os comerciantes se retiraram para Delos. A religião e a veneração dos povos faziam com que esta ilha fosse encarada como um lugar de segurança;[1111] ademais, estava excelentemente situada para o comércio com a Itália e a Ásia, que, desde o aniquilamento da África e o enfraquecimento da Grécia, se tornara mais importante.

Desde os primeiros tempos, os gregos enviaram, como dissemos, colônias para a Propôntida e o Ponto Euxino; elas conservaram, sob os persas, suas leis e sua liberdade. Alexandre, que havia se movido somente para combater os bárbaros, não as atacou.[1112] Não parece, inclusive, que os reis do Ponto, que haviam ocupado várias dessas colônias, houvessem eliminado[1113] seu governo político.

O poder desses reis aumentou no momento em que as submeteram. Mitrídates[1114] se achou na condição de comprar tropas em toda parte; de

---

1109. Na parte submetida aos cartagineses.

1110. Justino, XLIII, V. *Carthaginensium quoque exercitus, cum bellum captis piscatorum navibus ortum esset, saepe fuderunt, pacemque victis dederunt.*

1111. Estrabão, X.

1112. Ratificou a liberdade da cidade de Amisa, colônia ateniense que fruíra o governo popular, mesmo sob o domínio dos reis da Pérsia. Lúculo, que tomou Sinope e Amisa, devolveu-lhes a liberdade e convocou os habitantes que haviam fugido em seus navios.

1113. Ver o que escreveu Apiano a respeito dos fanagoreanos, os amisianos, os sinopianos no seu livro *De la Guerre contre Mithridate (Da guerra contra Mitrídates).*

1114. Ver Apiano, a respeito dos tesouros imensos que Mitrídates empregou em sua guerras, aqueles que ocultara, aqueles que perdia tão frequentemente em consequência da traição dos seus, aqueles que foram encontrados após sua morte.

reparar[1115] continuamente suas perdas; de dispor de trabalhadores, navios, máquinas de guerra; de obter aliados; de corromper os aliados dos romanos e os próprios romanos; de assalariar[1116] os bárbaros da Ásia e da Europa; de fazer a guerra por longo tempo e, consequentemente, de disciplinar suas tropas; pôde armá-los e instruí-los na arte militar[1117] dos romanos e formar corpos consideráveis entre seus trânsfugas; enfim, conseguiu ocasionar grandes perdas e sofrer grandes fracassos, sem perecer; e não teria, em absoluto, perecido se, em meio às prosperidades, o rei voluptuoso e bárbaro não houvesse destruído o que, em meio ao infortúnio, houvera realizado o grande príncipe.

Foi assim que, nos tempos em que os romanos se achavam no clímax da grandeza e pareciam temer apenas a si mesmos, Mitrídates[1118] recolocou em questão o que a tomada de Cartago, as derrotas de Filipe, de Antíoco[1119] e de Perseu[1120] haviam decidido. Jamais uma guerra fora mais funesta, e os dois partidos detendo um grande poder e vantagens mútuas, os povos da Grécia e da Ásia foram destruídos, ou como amigos de Mitrídates ou como seus inimigos. Delos foi envolvida no infortúnio comum. O comércio ruiu em todas as partes, não podendo deixar de ser destruído, pois os povos estavam destruídos.

Os romanos, adotando um sistema ao qual me referi em outra parte,[1121] destruidores com o fito de não parecerem conquistadores, arruinaram Cartago e Corinto; e, devido a esta prática, estariam, talvez, perdidos se não houvessem conquistado toda a Terra.[1122] Quando os reis do Ponto se tornaram senhores das colônias gregas do Ponto Euxino, não hesitaram em destruir o que devia ser a causa de sua própria grandeza.

1115. Numa ocasião, perdeu cento e setenta mil homens, e novos exércitos não tardaram a reaparecer.

1116. Ver Apiano, *Da guerra contra Mitrídates*.

1117. Ibidem.

1118. Que se relembre que Mitrídates foi soberano do Ponto, num reinado que durou décadas. (N.T.)

1119. Antíoco III (223 a.C.-187 a.C.), monarca da Síria. (N.T.)

1120. O último dos monarcas da Macedônia. (N.T.)

1121. Em *Considerações sobre as causas da grandeza dos romanos*.

1122. O autor exagera. Os romanos conquistaram várias partes do mundo de sua época, mas não *toda a Terra*, o que só pode ser admitido como força de expressão. (N.T.)

CAPÍTULO XIII — DO ENGENHO DOS ROMANOS PELA MARINHA

Os romanos só se importavam com tropas terrestres, cujo espírito era permanecer sempre em terra firme, combater no mesmo lugar e nele morrer. Não podiam ter estima pela prática dos marinheiros, que se apresentam ao combate, fogem, retornam, sempre evitam o perigo, empregam com frequência a astúcia, raramente a força. Tudo isso não fazia parte da engenhosidade grega[1123] e menos ainda daquela dos romanos.

Destinavam, assim, à marinha, apenas aqueles que não eram cidadãos bastante importantes[1124] para fazer parte das legiões: os marinheiros eram geralmente os libertos.

Não alimentamos hoje nem a mesma estima pelas tropas terrestres nem o mesmo desprezo pelos contingentes da marinha. Quanto às primeiras,[1125] a arte foi reduzida; quanto aos segundos,[1126] foi ampliada; ora, estimam-se as coisas proporcionalmente ao grau de suficiência requerido para fazê-las bem.

CAPÍTULO XIV — DO ENGENHO DOS ROMANOS PELO COMÉRCIO

Jamais se observou nos romanos a inveja quanto ao comércio. Foi como nação rival, e não como nação comerciante, que atacaram Cartago. Favoreceram as cidades que praticavam o comércio, embora não estivessem submetidas a eles, do que foi exemplo terem aumentado, pela cessão de diversas regiões, o poder de Marselha. Tudo temiam dos bárbaros e nada de um povo comerciante. Aliás, seu engenho, sua glória, sua educação militar, a forma de seu governo distanciavam-nos do comércio.

Na cidade, estava-se ocupado somente com as guerras, as eleições, as intrigas e os processos; no campo, exclusivamente com a agricultura; e nas províncias, um governo duro e tirânico era incompatível com o comércio.

E se a constituição política dos romanos se opunha ao comércio, ao seu direito das gentes não era ele menos repugnante. "Os povos", diz o jurisconsulto Pompônio,[1127] "com os quais não entretemos nem amizade, nem hospitalidade, nem aliança não são, de modo algum, nossos

---

1123. Como observou Platão no Livro IV de *As Leis*.

1124. Políbio, V.

1125. Ver *Considerações sobre as causas da grandeza dos romanos*, IV.

1126. Ibidem.

1127. Lei 5, § 2, ff. *de captivis*.

inimigos. Entretanto, se uma coisa que nos pertence cair em suas mãos, eles se tornarão seus donos, os homens livres se tornarão seus escravos; e eles se acharão nos mesmos termos com relação a nós".

O direito civil deles não era menos constrangedor. A lei de Constantino, após ter declarado como bastardos os filhos de pessoas vis[1128] que haviam se casado com aquelas de uma condição elevada, confunde as mulheres que possuem uma loja[1129] com as escravas, as taberneiras, as atrizes de teatro, as filhas de um homem que explorasse uma casa de prostituição ou que houvesse sido condenado a lutar na arena. Isso provinha das antigas instituições dos romanos.

Bem sei que pessoas imbuídas dessas duas ideias: uma, que o comércio é a coisa mais útil do mundo a um Estado, e a outra, que os romanos tinham a melhor civilização do mundo, acreditaram que eles muito encorajaram e honraram o comércio; porém, a verdade é que eles raramente cogitaram nele.

CAPÍTULO XV — COMÉRCIO DOS ROMANOS COM OS BÁRBAROS

Os romanos fizeram da Europa, da Ásia e da África um vasto Império: a fraqueza dos povos e a tirania do comando uniram todas as partes desse corpo imenso. Logo de início, a política romana foi separar-se de todas as nações que não haviam sido submetidas. O receio de transmitir-lhes a arte de vencer conduziu ao negligenciar a arte de enriquecer. Produziram leis que visavam impedir todo comércio com os bárbaros. "Que ninguém", dizem[1130] Valente e Graciano, "remeta vinho, azeite ou outros produtos líquidos aos bárbaros, mesmo que seja para os que os provêm. Que não lhes seja transportado, de maneira alguma, o ouro",[1131] ajuntam Graciano, Valenciano e Teodósio, "e que mesmo aquilo que possuem deles se retire sagazmente". O transporte do ferro foi proibido sob pena de morte.[1132]

Domiciano,[1133] príncipe tímido, mandou arrancar as vinhas nas Gálias, receando, sem dúvida, que essa bebida[1134] para ali atraísse os bárbaros, como

---

1128. Ou seja, as pessoas de condição social inferior, que geralmente se ocupavam de atividades consideradas vis pela aristocracia romana. (N.T.)

1129. *Quae mercimoniis publice praefuit.* Lei I, cód. *de natural. liberis.*

1130. Lei *ad Barbaricum*, cód. *quae res exportari non debeant.*

1131. Lei 2, cód. *de commerc. et mercator.*

1132. Lei 2, *quae res exportari non debeant*; e Procópio, *Guerra dos Persas*, I.

1133. Imperador romano de 81 a 96 d.C. (N.T.)

1134. Quer dizer, a bebida proveniente da vinha, o vinho. (N.T.)

outrora os atraíra à Itália. Probo[1135] e Juliano,[1136] que jamais o temeram, restabeleceram a plantação da uva.

Bem sei que, no período de enfraquecimento do Império, os bárbaros obrigaram os romanos a estabelecer etapas[1137] e manter comércio com eles. Mas isto mesmo prova que a vocação dos romanos era a de não praticar o comércio.

CAPÍTULO XVI — DO COMÉRCIO DOS ROMANOS COM A ARÁBIA E AS ÍNDIAS

O negócio da propícia Arábia e o das Índias foram as duas ramificações, e quase as únicas, do comércio exterior. Os árabes possuíam grandes riquezas que extraíam de seus mares e de suas florestas; e, como compravam pouco e vendiam muito, atraíram[1138] para si o ouro e a prata de seus vizinhos. Augusto[1139] conheceu a opulência deles e resolveu tê-los como amigos ou inimigos. Transferiu Élio Galo do Egito para a Arábia, e este encontrou diante de si povos ociosos, tranquilos e pouco aguerridos. Travou batalhas, efetuou assédios e só perdeu sete soldados; mas a perfídia de seus guias, as marchas, o clima, a fome, a sede, as doenças, as medidas mal tomadas fizeram-no perder seu exército.

Foi necessário, portanto, fazer comércio com os árabes como os outros povos haviam feito, ou seja, levar-lhes ouro e prata, permutando-os com suas mercadorias. Ainda se comercializa com eles da mesma maneira; a caravana de Alepo e o navio real de Suez transferem a eles somas imensas.[1140]

A natureza destinara os árabes ao comércio; não os destinara à guerra; mas, quando esses povos tranquilos se encontraram nas fronteiras dos partas e dos romanos, converteram-se em colaboradores de uns e de outros. Élio Galo os havia encontrado como comerciantes, Maomé os encontrou como guerreiros — transmitiu-lhes entusiasmo e ei-los conquistadores.

O comércio dos romanos nas Índias era considerável. Estrabão[1141] se informara no Egito que eles empregavam ali cento e vinte navios. Este

---

1135. Imperador romano de 276 a 282 d.C. (N.T.)

1136. Juliano, o Apóstata, imperador de Roma no curtíssimo período de 361 a 363 d.C. (N.T.)

1137. Ver as *Considérations sur les causes de la grandeur des Romains et de leur décadence* (*Considerações sobre as causas da grandeza dos romanos e de sua decadência*), Paris, 1755.

1138. Plínio, VI, XXVIII; e Estrabão, XVI.

1139. Ibidem.

1140. As caravanas de Alepo e de Suez para aí levam dois milhões de nossa moeda, e transferem o mesmo tanto fraudulentamente; o navio real de Suez também transporta dois milhões.

1141. II, edição de 1587.

comércio somente se sustentava ainda graças ao dinheiro deles. Para lá enviavam todos os anos cinquenta milhões de sestércios. Plínio[1142] diz que as mercadorias que eles traziam de lá eram vendidas em Roma ao cêntuplo. Creio que ele fala em termos bastante gerais: obtido este lucro uma vez, todos o teriam desejado obter e desde este momento ninguém mais o obteria.

Pode-se questionar se foi vantajoso aos romanos efetuar o comércio da Arábia e das Índias. Era necessário que para ali enviassem seu dinheiro, e eles não tinham, como nós, o recurso da América, que supre o que enviamos. Estou persuadido de que uma das razões que produziram entre eles o aumento do valor numérico das moedas, isto é, instaurar o *bilão*,[1143] foi a raridade da prata, causada pelo transporte contínuo para as Índias. Se as mercadorias desse país eram vendidas em Roma ao cêntuplo, este lucro dos romanos era feito sobre os próprios romanos, não enriquecendo, de modo algum, o Império.

Poder-se-ia dizer, por outro lado, que esse comércio possibilitava aos romanos uma intensa navegação, ou seja, um grande poder; que novas mercadorias ampliavam o comércio interior, favoreciam as artes, mantinham a laboriosidade; que o número dos cidadãos se multiplicava proporcionalmente aos novos meios dos quais se dispunha para viver; que esse novo comércio produzia o luxo, o qual provamos ser tão favorável ao governo de um só quanto fatal ao governo de muitos; que a data desse estabelecimento coincide com aquela da queda da República romana; que o luxo em Roma era necessário; e que era forçoso que uma cidade que atraía para si todas as riquezas do mundo as restituísse por meio de seu luxo.

Estrabão[1144] diz que o comércio dos romanos nas Índias era muito mais considerável do que aquele dos reis do Egito; e é singular que os romanos, que conheciam pouco o comércio tenham tido pelo das Índias mais atenção do que por ele tiveram os reis do Egito, os quais o tinham, por assim dizer, sob os olhos. É preciso explicá-lo.

Após a morte de Alexandre, os reis do Egito estabeleceram nas Índias um comércio marítimo; e os reis da Síria, que possuíam as províncias mais orientais do Império, e, por conseguinte, as Índias, mantiveram esse comércio, ao qual nos referimos no capítulo VI, que era feito pelas terras e por via fluvial, e que havia recebido novas facilidades através do estabelecimento

---

1142. VI, XXIII.

1143. Não se tratava apenas do valor numérico, mas do valor *monetário*, pois *billon* foi uma *moeda de cobre* provavelmente introduzida devido à escassez da prata. A intercambiedade de *bilão* e *bilhão* é evidente, mas são coisas originalmente distintas. (N.T.)

1144. Ele diz, no Livro II, que os romanos nele empregavam cento e vinte navios; e, no Livro XVII, que os reis gregos para lá enviaram somente vinte.

404 | O ESPÍRITO DAS LEIS

das colônias macedônicas, de sorte que a Europa se comunicava com as Índias pelo Egito e pelo reino da Síria. O desmembramento ocorrido do reino da Síria, que resultou na formação daquele de Bactriana, em nada prejudicou este comércio. Marino, tírio citado por Ptolomeu,[1145] fala das descobertas feitas nas Índias por meio de alguns comerciantes macedônios. Aquelas que as expedições dos reis não haviam realizado, realizaram--nas os comerciantes. Vemos em Ptolomeu[1146] que eles foram desde a torre de Pedra[1147] até Sera, e a descoberta feita pelos comerciantes de uma etapa tão remota, situada na parte oriental e setentrional da China, foi uma espécie de prodígio. Assim, sob o reis da Síria e de Bactriana, as mercadorias do sul da Índia passavam pelo Indo, pelo Oxo e pelo Mar Cáspio, no ocidente; e aquelas das regiões mais orientais e mais setentrionais eram transportadas a partir de Sera, da torre de Pedra e de outras etapas, até o Eufrates. Esses comerciantes percorriam sua rota acompanhando, quase, o quadragésimo grau de latitude norte, pelas regiões que se acham a oeste da China, então mais civilizadas do que o são hoje, já que os tártaros ainda não as tinham infestado.

Ora, enquanto o Império da Síria estendia tão decididamente seu comércio do lado das terras, o Egito ampliou pouco seu comércio marítimo.

Os partas surgiram e fundaram seu Império, e, quando o Egito caiu sob o poder dos romanos, este Império se encontrava no auge de sua força, tendo recebido toda sua extensão.

Os romanos e os partas foram duas potências rivais que combateram não para saber quem devia reinar, mas existir. Entre os dois Impérios formaram-se desertos; entre os dois Impérios esteve-se sempre empunhando armas; bem longe de haver ali comércio, sequer havia comunicação. A ambição, a inveja, a religião, o ódio, os costumes dividiram tudo. E assim, o comércio entre o Ocidente e o Oriente, que contara com diversas rotas, passou a contar com uma única. E, tendo Alexandria se tornado a única etapa, esta etapa cresceu.

Direi uma única palavra a respeito do comércio interior. Seu ramo principal foi o dos cereais, que eram trazidos para a subsistência do povo romano, o que constituía mais uma questão de civilização do que um objeto de comércio. Nesta época, os marinheiros foram favorecidos por alguns privilégios[1148] porque a salvação do Império dependia de sua vigilância.

1145. I, II.

1146. VI, XIII.

1147. Os melhores mapas situam a torre de Pedra no centésimo grau de longitude e em torno do quadragésimo grau de latitude.

1148. Suetônio em Cláudio, XVIII. Lei 7, Cód. Teodos, *de naviculariis*.

CAPÍTULO XVII — DO COMÉRCIO APÓS A DESTRUIÇÃO DOS ROMANOS NO OCIDENTE

O Império Romano foi invadido, e um dos efeitos da calamidade geral foi o aniquilamento do comércio. Os bárbaros, de início, limitaram-se a encará--lo como um objeto de seus saques, e quando se estabeleceram não lhe concederam maior apreço do que à agricultura e às outras profissões do povo vencido.

Logo não houve quase mais nenhum comércio na Europa; a nobreza, que imperava em toda parte, nutria pouco interesse por ele.

A lei dos visigodos[1149] permitia aos particulares que ocupassem a metade dos leitos dos grandes rios, contanto que a outra permanecesse livre para as redes e os barcos; era forçoso que houvesse muito pouco comércio nos países que tinham conquistado.

Naqueles tempos foram estabelecidos os direitos insensatos de *aubaine* e de naufrágio;[1150] pensaram os homens que, não estando os estrangeiros a eles unidos por qualquer comunicação do direito civil, não lhes deviam, de um lado, espécie alguma de justiça e, de outro, espécie alguma de piedade.

Nos limites estreitos em que se achavam os povos do norte, tudo lhes era estranho; na sua pobreza, tudo era objeto de riqueza. Instalados, antes de suas conquistas, nas costas de um mar comprimido e cheio de escolhos, haviam tirado partido destes próprios escolhos.

Mas os romanos, que faziam leis para todo o mundo, tinham feito leis muito humanas relativas aos naufrágios.[1151] Reprimiram, neste sentido, a pirataria daqueles que habitavam as costas e, o que era ainda mais significativo, a rapacidade de seu fisco.[1152]

CAPÍTULO XVIII — REGULAMENTO PARTICULAR

A lei dos visigodos[1153] estabeleceu, entretanto, uma disposição favorável ao comércio, a saber, determinou que os comerciantes oriundos do outro lado do mar seriam julgados, relativamente aos desentendimentos surgidos entre eles, pelas leis e pelos juízes de suas nações. Isto se fundava no

---

1149. Livro VIII, título 4, § 9.

1150. *Aubaine* significa ganho inesperado, pechincha. Aqui especificamente se trata do "direito" de saquear os navios naufragados. (N.T.)

1151. *Toto titulo*, ff. *de incend. ruin. naufrag.*, e Cód. de *naufragiis*; e Lei 3, ff. *ad leg. Cornel.*, *de sicariis*.

1152. Lei I, Cód. *de naufragiis*.

1153. Livro XI, título III, § 2.

uso estabelecido entre todos estes povos miscigenados, segundo o qual cada homem devia viver sob sua própria lei, ao que me referirei bastante na sequência.

CAPÍTULO XIX — DO COMÉRCIO APÓS O ENFRAQUECIMENTO DOS ROMANOS NO ORIENTE

Surgiram os maometanos, que conquistaram e se dividiram. O Egito teve seus soberanos particulares e continuou fazendo o comércio das Índias. Senhor das mercadorias deste país, atraiu as riquezas de todos os outros. Seus sultões foram os príncipes mais poderosos daquela época; pode-se observar na história como, com uma força ininterrupta e bem adminis-trada, frearam o ardor, o arrebatamento e a impetuosidade dos cruzados.

CAPÍTULO XX — COMO SURGIU O COMÉRCIO NA EUROPA ATRAVÉS DA BARBÁRIE

Tendo sido a filosofia de Aristóteles trazida ao Ocidente,[1154] agradou muito aos espíritos sutis que, nos tempos de ignorância, constituem os espíritos admiráveis. Os escolásticos se embeveceram com ela e tomaram desse filósofo[1155] muitas explicações acerca do empréstimo a juros, em lugar da fonte tão natural que era o Evangelho; condenaram-no indis-tintamente e em todos os casos. Diante disso, o comércio, que não era senão a profissão de pessoas vis, tornou-se adicionalmente a profissão de pessoas desonestas, pois, toda vez que se proíbe uma coisa naturalmente permitida ou necessária, o que se faz é somente tornar desonestas as pes-soas que a praticam.

O comércio passou a uma nação desde então coberta de infâmia[1156] e não demorou para não se distinguir mais da usura mais terrível, dos monopólios, da elevação dos subsídios e de todos os meios desonestos de adquirir dinheiro.

Os judeus,[1157] enriquecidos por sua exações, eram saqueados pelos príncipes com tirania idêntica, o que consolava os povos, e não os aliviava.

1154. Tudo indica que Montesquieu se refere à chegada do pensamento aristotélico, sobretudo através das traduções árabes, à Igreja Romana a partir do século X, já que Atenas (sede filosófica do mestre do Liceu) se acha no Ocidente. (N.T.)

1155. Ver Aristóteles, *Política*, I, IX e X.

1156. Os judeus. (N.T.)

1157. Ver, na *Marca hispânica,* as Constituições de Aragão dos anos 1228 e 1231; e em Brussel, o acordo do ano 1206, firmado entre o rei, a condessa de Champagne e Guy de Dampierre.

O que ocorreu na Inglaterra fornecerá uma ideia do que se fez nos outros países. O rei João,[1158] tendo mandado aprisionar os judeus a fim de se apossar de seus bens, deixou poucos deles sem, ao menos, um olho vazado — era como este rei constituía sua câmara de Justiça. Um deles, do qual foram arrancados sete dentes, um por dia, liberou dez mil marcos de prata no oitavo dia. Henrique III tirou de Aarão, judeu de York, catorze mil marcos de prata e dez mil para a rainha. Naqueles tempos, fazia-se violentamente o que se faz hoje na Polônia com alguma medida. Não podendo os reis meter a mão nas bolsas de seus súditos, devido aos seus privilégios, submetiam os judeus à tortura, já que estes não eram considerados cidadãos.

Finalmente, foi introduzida a prática de confiscar todos os bens dos judeus que se convertiam ao cristianismo. Esta prática tão singular nós a conhecemos pela lei[1159] que a ab-roga. Deu-se para ela razões bastante vãs: afirmou-se que se desejava submetê-los à prova e fazer com que nada restasse de sua escravidão ao demônio. Mas é evidente que esse confisco era uma espécie de direito[1160] de amortização para o príncipe ou para os senhores, taxas que arrecadavam dos judeus e em relação às quais se frustravam quando estes abraçavam o cristianismo. Naqueles tempos, os seres humanos eram considerados como terras. E eu observarei, de passagem, o quanto se abusou dessa nação de um século a outro. Seus bens eram confiscados quando era seu desejo converterem-se ao cristianismo; não tardou para que fossem levados à fogueira quando este não era o seu desejo.

Entretanto, viu-se o comércio emergir do seio do insulto e do desespero. Os judeus, proscritos gradativamente de todos os países, descobriram o meio de salvar seus efeitos.[1161] Passaram a tornar fixos seus lugares de refúgio, e o príncipe que desejasse livrar-se deles não estaria disposto a livrar-se do dinheiro deles.

Inventaram[1162] as letras de câmbio e através deste meio o comércio pôde eludir a violência e se manter em toda parte, possuindo o negociante

---

1158. Slowe, na sua *Survey of London.*

1159. Edito promulgado em Basville em 4 de abril de 1392.

1160. Na França, os judeus eram servos, sujeitos ao direito de mão morta, e os senhores os sucediam. Brussel relata um acordo de 1206 entre o rei e Thibault, conde de Champagne, pelo qual se convencionava que os judeus de um não fariam empréstimos nas terras do outro.

1161. Entenda-se por *seus efeitos* seus bens móveis. (N.T.)

1162. Diz-se que no reinado de Filipe Augusto e naquele de Filipe, o Longo, os judeus expulsos da França refugiaram-se na Lombardia e lá entregaram aos negociantes estrangeiros e aos viajantes letras secretas contra aqueles a quem haviam confiado seus bens móveis na França, e que foram pagas.

mais rico apenas bens invisíveis, que podiam ser enviados a toda parte, não deixando vestígios em lugar algum.

Os teólogos foram obrigados a restringir seus princípios, e o comércio, que fora ligado violentamente à má-fé, reingressou, por assim dizer, no seio da probidade.

Assim, devemos às especulações dos escolásticos todas as desventuras[1163] que acompanharam a destruição do comércio; e à avareza dos príncipes o estabelecimento de uma coisa que o colocou, de alguma forma, fora do seu poder.

Foi necessário, a partir dessa época, que os príncipes se governassem com mais sabedoria do que até então pudessem eles próprios ter cogitado, pois, diante dos acontecimentos, constatou-se serem os grandes golpes da autoridade tão inábeis que se acatou como experiência reconhecida que somente a boa qualidade do governo traz a prosperidade.

Principiou a cura do maquiavelismo e nos curaremos dele todos os dias. É preciso mais moderação nos conselhos. O que chamávamos outrora de golpes de Estado seriam hoje, independentemente do horror, nada mais do que imprudências.

E constitui felicidade aos homens estarem numa situação na qual ao mesmo tempo que suas paixões lhes inspiram o pensamento de serem maus, têm eles, todavia, o interesse de não o ser.

CAPÍTULO XXI — DESCOBERTA DE DOIS NOVOS MUNDOS: ESTADO DA EUROPA EM RELAÇÃO A ISTO

A bússola abriu, por assim dizer, o mundo. Descobriu-se a Ásia e a África, das quais se conhecia apenas algumas orlas, e a América, da qual não se conhecia coisa alguma.

Os portugueses, navegando pelo Oceano Atlântico, descobriram a extremidade mais meridional da África; avistaram um vasto mar que os conduziu às Índias orientais. Seus perigos nesse mar e a descoberta de Moçambique, de Melinda e de Calicute foram cantados por Camões, cujo poema nos faz sentir algo dos encantos da *Odisseia* e da magnificência da *Eneida*.

Até então os venezianos haviam feito o comércio das Índias pelo país dos turcos e o tinham percorrido em meio às afrontas e aos ultrajes. Pela descoberta do Cabo da Boa Esperança e daquelas que foram realizadas algum tempo depois, a Itália deixou de estar no centro do mundo

---

1163. Ver, no *Corpo do Direito*, a 83ª novela de Leão, que revoga a lei de Basile, seu pai. Esta lei de Basile se encontra no *Hermenódulo*, sob o nome de Leão, III, título VII, § 27.

do comércio; esteve, por assim dizer, num canto do mundo, onde ainda está. O próprio comércio do Levante, dependendo hoje daquele que as grandes nações efetuam nas duas Índias, a Itália não realiza agora senão acessoriamente.

Os portugueses comercializaram nas Índias na qualidade de conquistadores. As leis constrangedoras[1164] que os holandeses hoje impõem aos pequenos príncipes indianos relativamente ao comércio, os portugueses as haviam estabelecido antes deles.

A fortuna da Casa da Áustria foi prodigiosa. Carlos V colheu a sucessão de Borgonha, de Castela e de Aragão; converteu-se em imperador e, para ele granjear um novo gênero de grandeza, o mundo se expandiu e se contemplou o surgimento de um mundo novo sob sua obediência.

Cristóvão Colombo descobriu a América e, embora a Espanha não enviasse para ela senão forças que um pequeno príncipe da Europa para lá não pudesse enviar do mesmo modo, submeteu dois grandes Impérios e outros grandes Estados.

Enquanto os espanhóis realizavam descobertas e conquistas do lado ocidental, os portugueses impulsionavam suas conquistas e descobertas do lado oriental. Estas duas nações se chocaram. Recorreram ao Papa Alexandre VI, que determinou a célebre linha demarcatória e julgou um grande processo.[1165]

Entretanto, as outras nações européias não lhes permitiram desfrutar tranquilamente de suas partilhas. Os holandeses expulsaram os portugueses de quase todas as Índias orientais e diversas nações se instalaram na América.

Os espanhóis encararam inicialmente as terras descobertas como objetos de conquista; povos mais refinados do que eles perceberam que se tratava de objetos de comércio e foi para este objetivo que dirigiram seus olhares. Vários povos se conduziram com tanta sabedoria que concederam o Império a companhias de negociantes, as quais, governando esses Estados afastados unicamente em função dos negócios, criaram um grande poder acessório sem causar embaraço ao Estado principal.

As colônias que foram aí formadas se acham sob um tipo de dependência do qual constatamos somente poucos exemplos nas colônias antigas, porque as atuais dependem do próprio Estado ou de alguma companhia comercial estabelecida nesse Estado.

1164. Ver o relato de François Pyrard, parte II, XV.

1165. Papa entre 1492 e 1503, Alexandre VI (Rodrigo Borgia), pelo tratado de Tordesilhas, dividiu o Novo Mundo em duas partes: uma portuguesa e outra espanhola. (N.T.)

O objetivo dessas colônias é realizar o comércio em melhores condições do que aquelas em que este tem sido realizado com os povos vizinhos, com os quais todas as vantagens são recíprocas.

Estabeleceu-se que somente a metrópole poderia negociar na colônia, e isto com muita razão, já que a meta do instalar-se foi a ampliação do comércio, e não a fundação de uma cidade ou de um novo Império.

Assim, constitui ainda uma lei fundamental europeia todo comércio realizado com uma colônia estrangeira ser considerado como um puro monopólio punível pelas leis do país; e não se trata de julgá-lo pelas leis e os exemplos dos povos antigos,[1166] que aqui não são, de modo algum, aplicáveis.

Reconhece-se também que o comércio estabelecido entre as metrópoles não acarrete, de maneira alguma, uma permissão para as companhias, que permanecem sempre em estado de proibição.

A desvantagem das colônias, que perdem a liberdade do comércio, é visivelmente compensada pela proteção da metrópole,[1167] que a defende mediante as suas armas ou a mantém mediante suas leis.[1168]

Disto decorre uma terceira lei europeia, segundo a qual, quando o comércio estrangeiro com a colônia é proibido, só se pode navegar em seus mares nos casos estabelecidos pelos tratados.

As nações, que são relativamente à totalidade do mundo o que os particulares são num Estado, governam-se como eles pelo direito natural e pelas leis criadas por elas próprias. Um povo pode ceder a um outro o mar, como pode ceder a terra.[1169] Os cartagineses exigiram dos romanos que estes não navegassem além de certos limites, como os gregos haviam exigido do rei da Pérsia que se mantivesse sempre afastado das costas do mar[1170] o correspondente à distância da carreira de um cavalo.

O distanciamento extremo de nossas colônias não constitui um inconveniente para sua segurança, pois, se a metrópole está distante para

---

1166. Salvo os cartagineses, como se depreende do tratado que deu desfecho à primeira Guerra Púnica.

1167. *Metrópole* é, na linguagem dos antigos, o Estado que fundou a colônia.

1168. Montesquieu sintetiza aqui magistralmente o aspecto paternalista do pensamento colonialista, aliás, ainda presente no âmbito legal nas formas de domínio político e/ou econômico praticadas no mundo contemporâneo globalizado, frisando-se que a *globalização* de fato implica internacionalização da mercadoria, mas não universalização política, unidade monetária comum (com a consequente extinção da realidade cambial) e, muito menos, ecumenismo. Ressalte-se, ademais, factualmente, o cáracter unilateral da globalização, que a rigor e essencialmente não passa, como diz a pensadora brasileira Jeannette Antonios Maman, "de um novo nome para o imperialismo". (N.T.)

1169. Políbio, III.

1170. O rei da Pérsia obrigou-se, por um tratado, a não navegar com nenhuma belonave além dos rochas Cianeias e das ilhas Quelidonianas. Plutarco, *Vida de Címon.*

defendê-las, as nações rivais da metrópole não estão menos distanciadas para conquistá-las.

Ademais, este distanciamento faz com que aqueles que vão ali se estabelecer não possam assumir a maneira de viver de um clima tão diferente; são obrigados a retirar todas as comodidades da vida do país de onde são oriundos. Os cartagineses,[1171] a fim de tornar os sardos e os corsos mais dependentes, os proibiram, sob pena de morte, de plantar, semear ou fazer qualquer coisa semelhante. Enviavam-lhes víveres da África. Nós chegamos ao mesmo ponto sem produzir leis tão duras. Nossas colônias das Antilhas são admiráveis; possuem objetos de comércio que não possuímos nem podemos possuir; falta-lhes o que constitui o objeto de nosso comércio.

O efeito da descoberta da América foi unir à Europa a Ásia e a África. A América forneceu à Europa a matéria de seu comércio com essa vasta parte da Ásia que chamamos de Índias orientais. A prata, este metal tão útil ao comércio como signo,[1172] foi ainda a base do maior comércio mundial como mercadoria. Enfim, a navegação à África tornou-se necessária. Supria homens[1173] para o trabalho nas minas e nas terras da América.

A Europa atingiu um grau tão elevado de poder que não tem qualquer precedente na história, se considerarmos a quantidade colossal de gastos, a envergadura dos compromissos, o número dos contingentes militares e a continuidade de sua manutenção, mesmo quando se revelam os mais inúteis, sendo mantidos por mera ostentação.

Du Halde[1174] diz que o comércio interior da China é maior do que o da Europa inteira. Assim poderia ser se nosso comércio exterior não aumentasse o interior. A Europa realiza o comércio e a navegação das outras partes do mundo como a França, a Inglaterra e a Holanda realizam, aproximadamente, a navegação e o comércio da Europa.

CAPÍTULO XXII — DAS RIQUEZAS QUE A ESPANHA EXTRAIU DA AMÉRICA

Se a Europa[1175] descobriu tantas vantagens no comércio da América, seria natural crer que a Espanha tenha auferido as maiores. Extraiu do novo

---

1171. Aristóteles, *Das coisas maravilhosas*. Tito Lívio, Livro VII da Segunda década.

1172. Ou seja, como padrão de troca, que, com o tempo, se transformará em moeda. (N.T.)

1173. *Homens* na condição de *escravos*. (N.T.)

1174. Tomo II.

1175. Isso foi publicado, há mais de vinte anos, numa pequena obra manuscrita desse autor, a qual se acha quase que totalmente fundida nesta.* [*Considérations sur les richesses de l'Espagne (Considerações sobre as riquezas da Espanha) (N.T.)]

mundo descoberto uma quantidade de ouro e prata tão prodigiosa que o que deles se havia tido até então não podia ser-lhe comparada.

Mas (o que jamais se teria suspeitado) a miséria a fez fracassar quase em toda parte. Filipe II, que sucedeu a Carlos V, foi obrigado a produzir a famosa bancarrota[1176] que todos conhecem; e jamais houve um príncipe que tenha sido mais do que ele vítima dos murmúrios, da insolência e da revolta de tropas constantemente mal pagas.

Posteriormente a essa época, a monarquia espanhola declinou continuamente. É que existia um vício interior e físico na natureza dessas riquezas, que as tornava vãs, e esse vício aumentou todos os dias.

O ouro e a prata constituem uma riqueza fictícia ou simbólica. Esses signos são muito duráveis, e seu índice de destrutibilidade é mínimo, como convém à sua natureza. Quanto mais se multiplicam, mais perdem o preço, porque representam menos coisas.

Logo após a conquista do México e do Peru, os espanhóis abandonaram as riquezas naturais em prol das riquezas simbólicas que se tornam vis por si mesmas. O ouro e a prata eram muito escassos na Europa, e a Espanha, de repente dona de uma imensa quantidade destes metais, concebeu esperanças jamais alimentadas antes. As riquezas encontradas nos países conquistados não eram, todavia, proporcionais àquelas de suas minas. Os indígenas ocultaram uma parte delas e, ademais, esses povos, que restringiam o ouro e a prata à magnificência dos templos dos deuses e dos palácios dos reis, não os buscavam movidos pela mesma avareza que nós; enfim, ignoravam o segredo da extração dos metais de todas as minas, mas somente daquelas nas quais a separação é feita por meio do fogo, desconhecendo a forma de emprego do mercúrio e mesmo, talvez, o próprio mercúrio.

Entretanto, a quantidade da prata não tardou a dobrar na Europa, o que se revelou pelo fato de o preço de tudo que se comprou ter se tornado cerca do dobro.

Os espanhóis escavaram as minas, cavaram as montanhas, inventaram máquinas para drenar as águas, romper os minérios e separá-los; e, como votavam desprezo à vida dos indígenas, fizeram-nos trabalhar imoderadamente. A prata não demorou a dobrar na Europa, e o lucro foi reduzido pela metade para a Espanha, que tinha, todo ano, apenas a quantidade idêntica de um metal que se tornara menos precioso pela metade.

No dobro do tempo, a quantidade da prata dobrou ainda, e o lucro diminuiu ainda pela metade.

1176. Bancarrota fundamentalmente causada pelo aumento excessivo de despesas militares, mencionado anteriormente pelo próprio autor. (N.T.)

Acabou por diminuir mais do que a metade, e eis por quê.

Para extrair o ouro das minas, prepará-lo como necessário e transportá-lo para a Europa, uma certa despesa era requerida. Imagino que a proporção fosse a de 1 para 64. Quando houve a primeira duplicação da prata, e com isso ela tornou-se menos preciosa pela metade, a despesa foi na proporção de 2 para 64. Assim, as frotas que transportaram à Espanha a mesma quantidade de ouro transportaram uma coisa que realmente valia a metade menos e custava a metade mais.

Se seguirmos a coisa de dobramento a dobramento, descobriremos a progressão da causa da impotência das riquezas da Espanha.

Há cerca de duzentos anos as minas das Índias são exploradas. Eu suponho que a quantidade de prata existente atualmente no mundo comercial, seja em comparação àquela que havia antes da descoberta,[1177] como na proporção de 32 para 1, isto é, que tenha dobrado cinco vezes: em duzentos anos ainda a mesma quantidade será em proporção àquela que havia antes da descoberta, como na proporção de 64 para 1, ou seja, dobrará ainda. Ora, atualmente, cinquenta[1178] quintais de minério de ouro rendem quatro, cinco e seis onças de ouro. E, quando o rendimento não passa de duas, o mineiro obtém apenas o suficiente para cobrir suas despesas. Em duzentos anos, quando o mineiro dispuser de quatro, isso também só bastará para o mineiro cobrir suas despesas. Haverá, portanto, pouco lucro a ser auferido da extração do ouro. O mesmo raciocínio deve ser aplicado à prata, com a diferença de que a exploração das minas de prata é um pouco mais vantajosa do que aquela das minas de ouro.

Se forem descobertas minas tão ricas que propiciem mais lucro, quanto mais forem ricas mais cedo desaparecerá o lucro.

Os portugueses encontraram tanto ouro[1179] no Brasil que não demorará para que o lucro dos espanhóis necessariamente diminua consideravelmente e também aquele dos portugueses.

Muitas vezes ouvi deplorarem a cegueira do Conselho de Francisco I, que não deu acolhida a Cristóvão Colombo quanto este lhe propôs as Índias.[1180-1181] Na verdade se fez, talvez por imprudência, algo bastante sábio.

1177. Ou seja, a descoberta de prata na América. (N.T.)

1178. Ver as viagens de Frézier.

1179. Segundo Anson, a Europa recebe do Brasil anualmente por volta de dois milhões de esterlinos em ouro, encontrado nas areias no sopé das montanhas ou no leito dos rios. Quando compus a pequena obra a que me referi na primeira nota deste capítulo, ainda faltava para que os retornos do Brasil fossem um objeto tão importante quanto o é hoje.

1180. As Índias Ocidentais: a América.

1181. Montesquieu se equivoca, pois, tendo Colombo morrido em 1506 e o reinado de Francisco I se iniciado em 1515, o Conselho deste não poderia ter recebido sua proposta. (N.T.)

A Espanha agiu como aquele rei insensato[1182] que pediu que tudo que tocasse se convertesse em ouro, e que foi obrigado a retornar aos deuses a fim de suplicar que dessem fim à sua miséria.

As companhias e os bancos abertos por várias nações acabaram por desvalorizar o ouro e a prata na sua qualidade de símbolo, pois, através de novas ficções, multiplicaram de tal modo os símbolos das mercadorias que o ouro e a prata passaram a desempenhar esta função apenas parcialmente e tornaram-se menos preciosos.[1183]

Assim, o crédito público tomou o lugar das minas e diminuiu ainda mais o lucro que os espanhóis obtinham de suas minas.

É verdade que, pelo comércio que os holandeses realizaram nas Índias orientais, proporcionaram algum preço às mercadorias dos espanhóis, pois, como trouxeram prata para permutá-la com as mercadorias do Oriente, aliviaram os espanhóis na Europa de uma parte de suas mercadorias, as quais existiam ali em excesso.

E este comércio, que parece tocar a Espanha apenas indiretamente, é-lhe vantajoso tanto quanto o é às nações que o realizam.

Por tudo que se acabou de dizer, pode-se julgar as ordenações do Conselho da Espanha, que proíbem o emprego do ouro e da prata em dourações e outras superfluidades: decreto semelhante àquele fariam os Estados de Holanda se proibissem o consumo da canela.

Minha reflexão não se aplica a todas a minas, pois as da Alemanha e da Hungria, das quais se extrai pouco além das despesas, são muito úteis. Estão situadas no Estado principal, onde empregam muitos milhares de homens que consomem as mercadorias superabundantes: são propriamente uma manufatura do país.

As minas da Alemanha e da Hungria não prejudicam o valor do cultivo das terras, e a exploração das minas do México e do Peru destruiu o cultivo das terras.

As Índias e a Espanha são duas potências sob um mesmo senhor, mas as Índias são a principal, a Espanha apenas a acessória. É em vão que a política quer conduzir o principal ao acessório; as Índias sempre atraem a Espanha para si.

De cerca de cinquenta milhões de mercadorias que vão todos os anos para as Índias, a Espanha não fornece senão dois milhões e meio: as Índias

---

1182. O rei Midas. (N.T.)

1183. Montesquieu se refere ao advento anterior ao estabelecimento das moedas, no qual a criação incipiente de papéis e títulos bancários reduziu o uso do ouro e da prata como padrões de troca no comércio. (N.T.)

fazem, portanto, um comércio de cinquenta milhões, e a Espanha, de dois milhões e meio.

Trata-se de uma má espécie de riqueza um tributo acidental e que não depende do esforço da nação, do número de seus habitantes nem do cultivo de suas terras. O rei da Espanha, que recebe grandes somas de sua alfândega de Cádis, não passa, a este respeito, de um particular muito rico num Estado muito pobre. Tudo passa dos estrangeiros a ele sem que seus súditos participem minimamente disso. Esse comércio é independente da boa e da má fortuna de seu reino.

Se algumas províncias de Castela lhe dessem uma soma semelhante àquela da alfândega de Cádis, seu poder seria bem maior. Suas riquezas somente poderiam ser o resultado daquelas do país; estas províncias estimulariam todas as outras; e estariam todas juntas mais em condição de suportar as respectivas cargas — em lugar de um grande tesouro, ter-se-ia um grande povo.

CAPÍTULO XXIII — PROBLEMA

Não cabe a mim definir se, pelo fato de a Espanha não poder praticar o comércio das Índias por si mesma, mais valeria que o deixasse livre aos estrangeiros. Direi somente que seria conveniente impor a esse comércio o mínimo de obstáculos que sua política possa permitir. Quando as mercadorias que as diversas nações levam às Índias aí despertam interesse, as Índias liberam muito de sua mercadoria, que é ouro e prata, por poucas mercadorias estrangeiras. Ocorre o contrário quando estas apresentam preço baixo. Seria talvez útil que essas nações não se prejudicassem entre si, a fim de que as mercadorias que levam às Índias gozassem aí sempre de um bom mercado. Eis os princípios cujo exame é necessário, sem separá-los, todavia, de outras considerações: a segurança das Índias, a utilidade de uma alfândega única, os perigos de uma ampla mudança, os inconvenientes que são previstos e que, com frequência, são menos perigosos do que os que são imprevisíveis.

LIVRO XXII — DAS LEIS NA SUA RELAÇÃO COM O USO DA MOEDA

CAPÍTULO I — RAZÃO DO USO DA MOEDA

Os povos que dispõem de poucas mercadorias para o comércio, como os selvagens, e os povos civilizados que somente dispõem de duas ou três espécies negociam mediante troca. Assim, as caravanas dos mouros que vão até Tombuctu, nos confins da África, trocam sal por ouro e não precisam de moeda. O mouro coloca seu sal num monte, o negro, o seu ouro em pó em outro; se não há ouro suficiente, o mouro retira seu sal ou o negro adiciona ouro, até que as partes cheguem a um acordo.

Contudo, quando um povo faz comércio de um número muito grande de mercadorias, torna-se absolutamente necessária uma moeda, pois um metal fácil de ser transportado poupa muitos gastos que se seria obrigado a fazer caso se procedesse sempre mediante a troca.

Tendo todas as nações necessidades mútuas, sucede frequentemente uma desejar ter uma grande quantidade de mercadorias de uma outra que, por sua vez, deseja pouquíssimas da primeira, enquanto, em relação a uma terceira nação, ela se encontra no caso contrário. Mas quando as nações possuem uma moeda e procedem por venda e compra, aquelas que tomam mais mercadorias fazem a quitação ou pagam o excedente com o dinheiro;[1184] e deve-se atentar para a seguinte diferença: no caso da compra, o comércio é realizado proporcionalmente às necessidades da nação que apresenta maior demanda, enquanto na troca o comércio ocorre somente segundo a extensão das necessidades da nação que tem menor demanda, sem o que esta última estaria impossibilitada de saldar sua conta.

1184. Em francês, *"argent"* significa tanto prata quanto dinheiro. O dinheiro (do grego *denárion*, em latim, *denarius*) foi inicialmente o *denário*, *moeda de prata* cujo valor era de dez asses e, posteriormente, dezesseis asses na Roma Antiga; ou seja, o dinheiro, quando criado e introduzido no comércio, e por muito tempo, foi constituído exclusivamente por moedas de metal, especialmente a prata (em latim, *argentum*). Jesus foi traído (vendido) por trinta *dinheiros*, isto é, por trinta *moedas de prata*. (N.T.)

CAPÍTULO II — DA NATUREZA DA MOEDA

A moeda é um signo que representa o valor de todas as mercadorias. Toma-se algum metal, de modo que o signo seja durável,[1185] ao qual o uso cause um mínimo de desgaste e que, sem destruir-se, seja capaz de muitas divisões. Escolhe-se um metal precioso para facilitar o transporte.[1186] Um metal revela-se muito adequado a ser uma medida comum, porque se pode facilmente reduzi-lo ao mesmo título. Cada Estado insere sua marca para que a forma corresponda ao título e ao peso, e para que se possa reconhecer um e outro através da mera inspeção.

Os atenienses, não fazendo uso dos metais,[1187] serviram-se de bois,[1188] e os romanos, de ovelhas. Mas um boi não é o mesmo que um outro boi, como uma peça de metal pode ser o mesmo que uma outra.

Tal como o dinheiro é o signo dos valores das mercadorias, o papel é um signo do valor do dinheiro,[1189] e quando é bom, ele o representa de tal modo que, do ponto de vista do efeito, não há diferença alguma entre os dois.

Do mesmo modo que o dinheiro (moeda de prata) constitui um signo de uma coisa e a representa, cada coisa constitui um signo do dinheiro (prata); e o Estado se encontrará na prosperidade na medida em que, de um lado, o dinheiro (prata) represente bem todas as coisas e, de outro, todas as coisas representem bem o dinheiro (prata), e que sejam signos uns dos outros; quer dizer, que no seu valor relativo se possa ter um no momento em que se tiver o outro. Isto somente acontece num governo moderado, mas nem sempre: por exemplo, se as leis favorecerem um devedor injusto, as coisas que pertencem a ele não representarão o dinheiro e não

---

1185. É a falha do sal utilizado na Abissínia, ou seja, que é continuamente consumido.

1186. Principalmente a prata e o ouro, que, detentores de muito valor, podiam ser carregados em pequenas quantidades. Nos primórdios da história do dinheiro, moedas de latão, de bronze e até mesmo de cobre eram evitadas. (N.T.)

1187. Flagrante desinformação de Montesquieu, que ele mesmo contradiz na nota seguinte do original francês. Embora os atenienses tenham durante um certo período, sobretudo ligado à Hélade arcaica, empregado *bois* como unidade ou padrão para transações comerciais, como os romanos utilizaram gado lanígero (*pecus, pecunia*), fabricaram e/ou introduziram, posteriormente, várias moedas de metal, além de unidades de cálculo, como a *mina* e o *talento*, entre elas, precisamente, a maioria de prata, como o óbolo, o meio-óbolo, o dióbolo, a dracma (unidade monetária) e a didracma, de uso corrente em toda a Ática. Circulava apenas uma moeda de ouro (o estáter), geralmente proveniente de países estrangeiros. As peças de bronze foram usadas durante um período muito curto na Ática, mas as de cobre (calco e dicalco) tiveram vida menos efêmera. (N.T.)

1188. Heródoto, em *Clio*, nos diz que os lídios descobriram a arte de cunhar moedas, tendo os gregos a tomado deles. As moedas atenienses ostentaram a marca ou a impressão do seu antigo boi. Vi uma dessas moedas no gabinete do Conde de Pembrocke.

1189. Entenda-se, neste contexto específico, *dinheiro* sempre como a *moeda de prata*. (N.T.)

418 | O ESPÍRITO DAS LEIS

serão um signo deste. Quanto ao governo despótico, seria um prodígio se as coisas nele representassem seu signo, já que a tirania e a desconfiança levam todos a enterrar aí o seu dinheiro;[1190] no governo despótico, portanto, as coisas não representam, de modo algum, o dinheiro.

Às vezes, os legisladores empregaram uma tal arte que não somente as coisas representavam o dinheiro pela sua natureza, como também se transformavam em moeda como a própria prata. César,[1191] ditador, permitiu que os devedores dessem em pagamento aos seus credores glebas de terra ao preço que valiam antes da guerra civil. Tibério[1192] determinou que aqueles que desejassem dinheiro o obtivessem do tesouro público, onerando suas propriedades pelo dobro. Durante o governo de César, as glebas de terra foram a moeda que pagou todas as dívidas; sob Tibério, dez mil sestércios em glebas tornaram-se uma moeda comum, como cinco mil sestércios em prata.

A Carta Magna da Inglaterra proíbe a apreensão das terras ou das rendas de um devedor quando seus bens mobiliários ou pessoais bastam para o pagamento, oferecendo-os ao devedor: nesta ocasião, todos os bens de um inglês representavam dinheiro.

As leis dos germanos estimavam em dinheiro as satisfações pelas injúrias cometidas e pelas penas dos crimes. Mas como havia muito pouco dinheiro no país, as leis determinavam uma reavaliação do dinheiro em termos de mercadorias ou gado. Isto se acha fixado na lei dos saxões, com certas diferenças, conforme a facilidade e a comodidade dos diversos povos. Primeiramente,[1193] a lei declara o valor do soldo em gado: o soldo de duas tremissas correspondia a um boi de doze meses ou a uma ovelha com seu cordeiro; o de três tremissas valia um boi de dezesseis meses. Entre esses povos, a moeda se converteu em gado, mercadoria ou provisões, e estas coisas se converteram em moeda.

Não somente é o dinheiro um signo das coisas, como é também um signo da prata e a representa, como veremos no capítulo que trata do câmbio.

CAPÍTULO III — DAS MOEDAS IDEAIS

Há moedas reais e moedas ideais. Os povos civilizados, que se servem na sua quase totalidade de moedas ideais, só o fazem porque converteram

---

1190. Trata-se de um antigo uso em Argel cada pai de família ter um tesouro enterrado. Laugier de Tassis, *Histoire du royaume d'Alger* (*História do reino de Argel*), I, VIII.

1191. Ver César, *De la Guerre Civile* (*Da guerra civil*), III.

1192. Tácito, *Anais*, VI, XVII.

1193. Lei dos saxões, XVIII.

suas moedas reais em ideais. Inicialmente, suas moedas reais são um certo peso e um certo título de algum metal. Mas logo a má-fé ou a necessidade leva a suprimir uma parte do metal de cada peça de moeda, à qual deixa--se no mesmo nome; por exemplo, de uma peça do peso de uma libra de prata suprime-se a metade da prata e continua-se a chamá-la de libra; a peça que era uma vigésima parte da libra de prata prossegue-se chamando de soldo, embora não seja mais a vigésima parte dessa libra. Desde então, a libra é uma libra ideal, e o soldo, um soldo ideal; e assim as demais subdivisões. E isto pode chegar ao ponto em que aquilo que chamaremos de libra não será mais do que uma porção muito pequena da libra, o que a tornará ainda mais ideal. Pode, mesmo, ocorrer que não se produza mais uma peça de moeda que valha precisamente uma libra e que não se produza mais uma peça que valha um soldo, e, então, a libra e o soldo serão moedas puramente ideais. Dar-se-á a cada peça de moeda a denominação de tantas libras e de tantos soldos quantos se queira: a variação poderá ser contínua, porque é tão fácil atribuir um outro nome a uma coisa quanto é difícil transformar a própria coisa.

Para eliminar a fonte dos abusos, revelar-se-á uma excelente lei em todos os países onde se verá florescer o comércio a que determinar que serão empregadas moedas reais, e nenhuma operação será levada a efeito que possa torná-las ideais.

Nada deverá ser tão invariável quanto aquilo que é a medida comum de tudo.

Por si mesmo, o negócio já é bastante incerto, constituindo um grande mal somar uma nova incerteza àquela que está fundada na natureza da coisa.

CAPÍTULO IV — DA QUANTIDADE DE OURO E DE PRATA

Quando as nações civilizadas são as senhoras do mundo, o ouro e a prata aumentam todos os dias, seja porque os extraem de seus próprios territórios, seja porque os tenham buscado onde eles se acham. Diminuem, ao contrário, quando as nações bárbaras predominam. Sabe-se qual foi a escassez desses metais quando os godos e os vândalos, de um lado, e os sarracenos e os tártaros, de outro, tudo invadiram.

CAPÍTULO V — CONTINUAÇÃO DO MESMO ASSUNTO

A prata extraída das minas da América, transportada para a Europa, desta ainda enviada para o Oriente, favoreceu a navegação da Europa. Trata-se de uma mercadoria a mais que a Europa recebe em troca da América e que envia, em troca, para as Índias. Uma quantidade maior de ouro e de prata é, portanto, favorável quando se encaram estes metais como mercadoria; não é favorável, de maneira alguma, quando são encarados como signos, porque a abundância deles abala sua qualidade de signo, que muito se funda na sua escassez.

Antes da primeira Guerra Púnica, o cobre estava para a prata numa proporção de 960 para 1;[1194] hoje esta proporção é quase de 73,5 para 1.[1195] Se a proporção fosse como era outrora, a prata desempenharia melhor a sua função de signo.

CAPÍTULO VI — POR QUE RAZÃO O PREÇO DA USURA FOI REDUZIDO PELA METADE POR OCASIÃO DA DESCOBERTA DAS ÍNDIAS

O inca Garcilasso[1196] diz que na Espanha, após a conquista das Índias, os rendimentos, que se encontravam a um décimo, caíram para um vigésimo. Assim devia ser. Uma grande quantidade de prata foi subitamente transportada à Europa, e logo menos pessoas tiveram necessidade de prata; o preço de todas as coisas aumentou e o da prata caiu; a proporção foi, então, rompida, e todas as antigas dívidas foram extintas. Pode-se relembrar do tempo do *Sistema*,[1197] quando todas as coisas tinham um grande valor, exceto a prata. Após a conquista das Índias, quem possuía prata foi obrigado a reduzir o preço ou o arrendamento de sua mercadoria, ou seja, o juro.

Depois dessa época, o empréstimo não conseguiu retornar à antiga taxa, porque a quantidade de prata aumentou ano a ano na Europa. Ademais, os fundos públicos de alguns Estados, baseados nas riquezas que o comércio lhes propiciara, apresentando um juro bastante módico, tornou necessário que os contratos dos particulares fossem regulados sob a mesma base. Finalmente, tendo o câmbio proporcionado aos seres humanos uma singular facilidade para o transporte da prata de um país para outro, a prata não se tornou mais rara num lugar sem que surgisse de todos os lados, proveniente daqueles lugares onde era comum.

1194. Ver o capítulo XII na sequência.

1195. Supondo a prata a 49 libras, o marco e o cobre a 20 soldos a libra.

1196. *História das guerras civis dos espanhóis nas Índias.*

1197. Assim era chamado o projeto de Law na França (*Système*).

CAPÍTULO VII — COMO O PREÇO DAS COISAS É FIXADO NA VARIAÇÃO DAS RIQUEZAS DE SIGNO

O dinheiro constitui o preço das mercadorias ou provisões. Mas como se fixará este preço? Quer dizer, qual a porção de dinheiro que representará cada coisa?

Se compararmos a massa de ouro e de prata que existe no mundo com a soma das mercadorias que nele existem, por certo cada gênero ou mercadoria em particular poderá ser comparado a uma certa porção da massa inteira do ouro e da prata. Como o total de uma corresponde ao total da outra, a parte de uma corresponderá à parte da outra. Suponhamos que houvesse um único gênero ou uma única mercadoria no mundo, ou que nele houvesse somente uma que se compra e que ela se dividisse como o dinheiro — essa parte dessa mercadoria corresponderá a uma parte da massa do dinheiro; a metade do total de uma à metade do total da outra; a décima, à centésima, a milésima de uma, à décima, a centésima, à milésima da outra. Mas, como aquilo que forma a propriedade entre os seres humanos não se acha todo de uma vez no comércio, e os metais ou as moedas, que são os seus signos, nele também não se encontram ao mesmo tempo, os preços se fixarão na razão composta do total das coisas com o total dos signos, e a razão do total das coisas que estão no comércio com o total dos signos que aí também se encontram; e, como as coisas que hoje não estão presentes no comércio, podem estar nele amanhã, e os signos que nele não se encontram hoje podem nele reingressar da mesma forma, o estabelecimento do preço das coisas depende sempre fundamentalmente da razão do total das coisas relativamente ao total dos signos.

Assim, o príncipe ou o magistrado não podem, tampouco, taxar o valor das mercadorias, estabelecer, mediante uma ordenança, que a relação de um a dez é igual à relação de um a vinte. Juliano,[1198] tendo abaixado os preços dos gêneros em Antioquia, aí causou uma fome pavorosa.

CAPÍTULO VIII — CONTINUAÇÃO DO MESMO ASSUNTO

Os negros da costa africana possuem um signo dos valores sem moeda. Trata-se de um signo puramente ideal, fundado no grau de estima que eles atribuem mentalmente a cada mercadoria, na proporção da necessidade que experimentam dela. Uma certa provisão ou mercadoria vale três macutes;

1198. *História da Igreja*, de Sócrates, II, XVII.

uma outra, seis macutes; uma outra, dez macutes. É como se dissessem simplesmente três, seis, dez. O preço é formado pela comparação que eles fazem de todas as mercadorias entre si; dessa forma, inexiste uma moeda particular, porém cada porção de mercadoria constitui a moeda da outra.

Transportemos por um momento para nós essa maneira de avaliar as coisas e juntemo-la à nossa: todas as mercadorias e gêneros do mundo, ou melhor, todas as mercadorias ou gêneros de um Estado em particular, considerado como separado de todos os demais, valerão um certo número de macutes; e dividindo o dinheiro deste Estado num número de partes correspondente ao número de macutes, uma parte dividida deste dinheiro será o signo de um macute.

Se supormos que a quantidade de dinheiro de um Estado se duplica, será necessário para um macute o dobro do dinheiro; mas se, dobrando o dinheiro dobrais também os macutes, a proporção permanecerá tal como era antes de uma e outra duplicação.

Se, depois da descoberta das Índias, o ouro e a prata aumentassem na Europa à razão de um para vinte, o preço das provisões e mercadorias teria que subir à razão de um para vinte. Mas se, por outro lado, o número das mercadorias aumentasse à razão de um para dois, seria necessário que o preço destas mercadorias e provisões tivesse se elevado, de um lado à razão de um para vinte, e que tivesse abaixado à razão de um para dois e que não fosse, consequentemente, senão na razão de um para dez.

A quantidade das mercadorias e gêneros cresce em virtude de um aumento da atividade comercial; o aumento da atividade comercial, em virtude do aumento do dinheiro que aporta sucessivamente, e em virtude das novas comunicações com novas terras e novos mares, que nos proporcionam novos gêneros e novas mercadorias.

CAPÍTULO IX — DA RELATIVA ESCASSEZ DO OURO E DA PRATA

Além da abundância e da escassez positiva do ouro e da prata, há ainda uma abundância e uma escassez relativa de um destes metais na sua conexão com o outro.

A avareza entesoura o ouro e a prata, porque o consumo não a agrada e a avareza ama signos indestrutíveis. E prefere guardar o ouro à prata, porque sempre teme perder e sabe que pode ocultar melhor aquilo que representa menor volume. O ouro, portanto, desaparece quando a prata se mostra comum, porque aqueles que o possuem o ocultam; o ouro reaparece quando a prata é rara, porque os que o têm são obrigados a retirá-lo de seus esconderijos.

Trata-se então de uma regra: o ouro é comum quando a prata é rara, e o ouro é raro quando a prata é comum. Isto faz perceber a diferença entre a abundância e a escassez relativas e a abundância e a escassez reais, coisa da qual me ocuparei largamente.

CAPÍTULO X — DO CÂMBIO

É a abundância e a escassez relativas das moedas dos diversos países que formam o que chamamos de câmbio.

O câmbio é uma fixação do valor atual e momentâneo das moedas.

A prata, como metal, possui um valor como todas as outras mercadorias, e possui, ademais, um valor que se origina de sua capacidade de converter-se no signo das outras mercadorias; e, se a prata não passasse de uma simples mercadoria, não há dúvida de que perderia muito do seu preço.

A prata, como moeda, possui um preço que o príncipe pode estabelecer em algumas relações e que ele não poderia estabelecer em outras.

1º) O príncipe estabelece uma proporção entre uma quantidade de prata como metal e a mesma quantidade como moeda; 2º) fixa a proporção existente entre diversos metais empregados para cunhagem de moeda; 3º) estabelece o peso e o título de cada peça de moeda; 4º) finalmente, ele dá a cada peça esse valor ideal ao qual já me referi. Denominarei o valor da moeda nestas quatro relações de *valor positivo*, porque pode ser fixado por uma lei.

As moedas de cada Estado possuem, ademais, um *valor relativo,* no sentido de que são comparadas com as moedas dos outros países; é este valor relativo que é estabelecido pelo câmbio. Tal valor está em grande dependência do valor positivo. É fixado pela estimativa mais geral dos negociantes, não o podendo ser por ordenação do príncipe, porque varia incessantemente e depende de mil circunstâncias.

Para fixar o valor relativo, as diversas nações se regularão, acima de tudo, por aquela que possui mais dinheiro. Se esta possui tanto dinheiro quanto todas as demais somadas, será necessário que cada nação se compare a ela, o que fará com que elas se regulem entre si quase do mesmo modo como se compararam com a nação principal.

No estado atual do mundo, é a Holanda[1199] a nação a que nos referimos. Examinemos o câmbio tomando-a como referência.

Há na Holanda uma moeda que se chama florim; o florim vale vinte soldos ou quarenta meios-soldos, ou *gros.* Para simplificar as ideias, imaginemos que não houvesse florins na Holanda e que ali houvesse somente

---

1199. Os holandeses regulam o câmbio de quase toda a Europa por uma espécie de deliberação entre eles, segundo o que convém aos seus interesses.

gros: um homem que tivesse mil florins teria quarenta mil *gros,* e assim por diante. Ora, o câmbio com a Holanda consiste em saber quanto valerá em *gros* cada peça de moeda dos outros países; e, como se computa ordinariamente na França por escudos de três libras, o câmbio indagará quantos *gros* valerá um escudo de três libras. Se o câmbio estiver na marca de cinquenta e quatro, o escudo de três libras valerá cinquenta e quatro *gros*; se encontrar-se na marca de sessenta, valerá sessenta *gros*. Se houver escassez de dinheiro na França, o escudo de três libras valerá mais do que o *gros*; se houver abundância de dinheiro, valerá menos do que o *gros*.

Essa escassez ou essa abundância, do que resulta a alteração do câmbio, não é a escassez ou a abundância real. Trata-se de uma escassez ou de uma abundância relativas: por exemplo, quando a França experimenta uma maior necessidade de ter fundos na Holanda do que os holandeses de os ter na França, considera-se o dinheiro comum na França e escasso na Holanda, e vice-versa.

Suponhamos que o câmbio com a Holanda estivesse na marca de cinquenta e quatro. Se a França e a Holanda formassem uma única cidade, faríamos como se faz quando se dá a moeda de um escudo: o francês tiraria de seu bolso três libras, e o holandês tiraria do seu 54 *gros*. Mas, como há uma distância entre Paris e Amsterdã, é necessário que aquele que me dá por meu escudo de três libras 54 *gros* que ele possui na Holanda me entregue uma letra de câmbio de 54 *gros* sobre a Holanda. Não se trata mais aqui de 54 *gros*, mas de uma letra de 54 *gros*. Assim, para aquilatar[1200-1201] a escassez ou abundância do dinheiro, é preciso saber se na França há mais letras de 54 *gros* destinadas à França do que há escudos na França destinados à Holanda. Se há muitas letras oferecidas pelos holandeses e poucos escudos oferecidos pelos franceses, o dinheiro é raro na França e comum na Holanda, e forçoso será que o câmbio se eleve e que por meu escudo me dêem mais do que cinquenta e quatro *gros*; de outra forma, não o cederei, e vice-versa.

Percebe-se que as diversas operações do câmbio formam uma conta de receita e de despesa que é necessário saldar constantemente; e que um Estado que deve não fica mais quites com os outros pelo câmbio do que um particular que não paga uma dívida mudando o dinheiro.

1200. Há muito dinheiro num lugar quando há mais prata do que papel; há pouco quando há mais papel do que prata.

1201. O sistema financeiro mudou e se tornou muito complexo depois de Montesquieu. Ele está se referindo aqui a um *lastro em prata* que garantia o valor monetário e servia de base às operações cambiais. Também foi utilizado o lastro em ouro com idêntica finalidade. Hoje, falamos em *reservas cambiais*. (N.T.)

Suponho que haja apenas três Estados no mundo: a França, a Espanha e a Holanda; que diversos particulares da Espanha devessem na França o valor de cem mil marcos de prata e que diversos particulares da França devessem na Espanha cento e dez mil marcos; e que alguma circunstância fizesse com que cada um, na Espanha e na França, quisesse subitamente retirar seu dinheiro: quais seriam as operações de câmbio? Estas quitariam reciprocamente estas duas nações da soma de cem mil marcos; mas a França deveria sempre dez mil marcos na Espanha, e os espanhóis disporiam sempre de letras de câmbio sobre a França relativas a dez mil marcos, e a França nada disto teria sobre a Espanha.

Na hipótese de a Holanda encontrar-se num caso contrário em relação à França, e, em termos de saldo, lhe devesse dez mil marcos, a França poderia pagar à Espanha de duas maneiras: dando aos seus credores na Espanha letras sobre seus devedores na Holanda relativas a dez mil marcos ou, então, enviando dez mil marcos de prata em espécies à Espanha.

Segue-se daí que, quando um Estado tem necessidade de remeter uma soma em dinheiro a um outro país, é indiferente, pela natureza da coisa, que para ele se remeta dinheiro ou que se lance mão de letras de câmbio. A vantagem destas duas maneiras de pagar depende unicamente das circunstância presentes; será necessário verificar o que, neste momento, proporcionará mais *gros* na Holanda: ou dinheiro levado em espécies[1202] ou uma letra de soma semelhante sobre a Holanda.

Quando o mesmo título e o mesmo peso da prata na França me rendem o mesmo peso de prata e o mesmo título na Holanda, diz-se que há paridade cambial. No estado atual das moedas,[1203] a paridade se encontra aproximadamente a cinquenta e quatro meios-soldos por escudo; quando o câmbio estiver acima de cinquenta e quatro meios-soldos, dir-se-á que está elevado; quando estiver abaixo, dir-se-á que está baixo.

Para saber se, numa certa situação do câmbio, o Estado ganha ou perde, será necessário considerá-lo como devedor, como credor, como vendedor, como comprador. Quando o câmbio está mais baixo do que a paridade, ele perde como devedor e ganha como credor; perde como comprador e ganha como vendedor. É de perceber-se com clareza que ele perde como devedor. Por exemplo, a França, devendo à Holanda um certo número de meios-soldos, seu escudo valerá menos meios-soldos, mais escudos serão necessários para pagar; ao contrário, se a França for credora de um certo número de meios-soldos, quanto menos valer cada

---

1202. Deduzidos os gastos com o transporte e o seguro.

1203. Em 1744.

escudo em meios-soldos, mais receberá ela escudos. O Estado perde, ainda, como comprador, pois é necessário sempre o mesmo número de meios--soldos para comprar a mesma quantidade de mercadorias; e, quando o câmbio baixa, cada escudo francês proporciona menos meios-soldos. Pela mesma razão, o Estado ganha como vendedor: eu vendo minha mercadoria na Holanda pelo mesmo número de meios-soldos pelo qual a vendia; terei, então, mais escudos na França quando, com cinquenta meios-soldos, obterei um escudo, de preferência a, para obtê-lo, ter necessidade de cinquenta e quatro; o contrário de tudo isso acontecerá ao outro Estado. Se a Holanda estiver devendo um certo número de escudos, ela ganhará, e se os devermos a ela, ela perderá; se ela vender, perderá; se comprar, ganhará.

É, todavia, necessário observar o seguinte. Quando o câmbio está abaixo da paridade, por exemplo, se estiver a cinquenta em lugar de cinquenta e quatro, deveria ocorrer que a França, enviando pelo câmbio 54 mil escudos à Holanda, não comprasse mercadorias senão por 50 mil; e que, por outro lado, a Holanda, enviando o valor de 50 mil escudos à França, aí comprasse mercadorias por 54 mil — o que criaria uma diferença de 8/54, ou seja, mais de um sétimo de perda para a França, de sorte que seria necessário enviar à Holanda um sétimo a mais em dinheiro ou em mercadorias do que se teria feito se o câmbio estivesse em paridade; e com o aumento constante do mal, porque semelhante dívida faria, ainda, com que o câmbio diminuísse, a França seria, afinal, levada à ruína. Parece, eu o digo, que assim deveria ser, mas não é, devido ao princípio que já estabeleci em outra parte,[1204] segundo o qual os Estados tendem sempre a se pôr em equilíbrio e a lograr sua liberação. Assim, somente emprestam na proporção do que podem pagar e só compram na medida de suas vendas. E, tomando o exemplo acima, se o câmbio cai na França de 54 para 50, o holandês, que comprava mercadorias por mil escudos, e que por elas pagava 54 mil meios-soldos, não pagará por elas mais do que 50 mil, se o francês com isso consentisse. Mas a mercadoria francesa subirá sensivelmente; o lucro será dividido entre o francês e o holandês, pois quando um negociante pode ganhar, ele partilha comodamente o seu lucro; haverá, portanto, uma comunicação de lucro entre o francês e o holandês. Da mesma maneira, o francês que comprava mercadorias holandesas por 54 mil meios-soldos, e que as pagava com mil escudos quando o câmbio estava a 54, seria obrigado a acrescentar 4/54 a mais em escudos franceses para comprar as mesmas mercadorias. Mas o comerciante francês,

---

1204. Ver o Livro XX, capítulo XXIII.

que perceberá a perda em que incorrerá, buscará dar-lhe em troca menor quantidade de mercadoria holandesa. Ocorrerá, assim, uma transmissão de perda entre o comerciante francês e o holandês; o Estado se colocará insensivelmente na balança, e o abaixamento do câmbio não produzirá todos os inconvenientes que seriam por nós temidos.

Quando o câmbio está abaixo da paridade, um negociante pode, sem diminuir sua fortuna, remeter seus fundos aos países estrangeiros, porque, fazendo-os retornar, ganha novamente o que perdeu; mas um príncipe que se limita a enviar aos países estrangeiros um dinheiro que não deverá jamais retornar perde sempre.

Quando os negociantes fazem muitos negócios num país, o câmbio sobe infalivelmente. Isso provém do fato de que aí são assumidos muitos compromissos e são compradas muitas mercadorias; e se extrai do país estrangeiro para fazer os pagamentos.

Se um príncipe produz grande acumulação de dinheiro em seu Estado, o dinheiro poderá ser realmente raro e relativamente comum; por exemplo, se, ao mesmo tempo, esse Estado tivesse que pagar muito em mercadorias no país estrangeiro, o câmbio baixaria, ainda que o dinheiro fosse raro.

O câmbio de todas as praças tende sempre a se posicionar numa certa proporção, o que é inerente à natureza da própria coisa. Se o câmbio da Irlanda em relação à Inglaterra é inferior à paridade, e aquele da Inglaterra em relação à Holanda for também inferior à paridade, aquele da Irlanda em relação à Holanda será ainda mais inferior, isto é, em razão composta daquele da Irlanda em relação à Inglaterra, e daquele da Inglaterra em relação à Holanda, já que um holandês, que pode fazer com que seus fundos venham indiretamente da Irlanda pela Inglaterra, não desejará pagar mais caro para fazê-los vir diretamente. Digo que isto deveria ser assim, não obstante não o seja exatamente assim. Há sempre circunstâncias que produzem variações dessas coisas; e a diferença do lucro que pode ser extraído de uma praça ou de outra constitui a arte ou habilidade particular dos banqueiros, assunto que não cabe aqui.

Quando um Estado eleva a sua moeda, por exemplo, quando denomina seis libras ou dois escudos aquilo que denominava três libras ou um escudo, esta nova denominação, que nada acresce de real ao escudo, não deve obter um único meio-soldo a mais, do ponto de vista do câmbio. Não se deveria ter, para os dois escudos novos, senão a mesma quantidade de meios-soldos que se recebia pelo antigo, e se assim não for, não se trata do efeito da fixação em si mesma, mas daquilo que ela produz como novo e daquilo que ela tem como repentino. O câmbio diz respeito aos assuntos iniciados e somente se regula após um certo tempo.

428 | O ESPÍRITO DAS LEIS

Quando um Estado, em lugar de elevar simplesmente sua moeda por meio de uma lei, executa uma nova refundição, com a finalidade de fazer de uma moeda forte uma moeda mais fraca, ocorre que durante esta operação coexistem duas espécies de moedas: a forte, que é a antiga, e a fraca, que é a nova; e, como a forte é desvalorizada, sendo recebida somente na Casa da Moeda e, consequentemente, as letras de câmbio devem se pagar em espécies novas, parece que o câmbio deverá se regular pela espécie nova. Se, por exemplo, o enfraquecimento na França for da metade, e que o antigo escudo de três libras rendesse sessenta meios-soldos na Holanda, o novo escudo deveria render apenas trinta meios-soldos. Por outro lado, parece que o câmbio deveria regular-se com base no valor da espécie velha, porque o banqueiro que possui o dinheiro e que toma as letras é obrigado a levar à Casa da Moeda espécies velhas para receber em troca as novas, sobre as quais perde. O câmbio se colocará, portanto, entre o valor da espécie nova e aquele da espécie velha. O valor da espécie velha cai, por assim dizer, seja pelo fato de já haver no comércio a espécie nova, seja porque o banqueiro não pode atuar com rigor, tendo interesse em fazer sair prontamente o dinheiro velho do seu caixa para que seja movimentado, sendo, inclusive, forçado a fazê-lo para efetuar seus pagamentos. Por outro lado, o valor da espécie nova se eleva, por assim dizer, porque o banqueiro, com a espécie nova em mãos, se acha numa circunstância na qual demonstraremos que ele pode, com grande vantagem, obter a espécie velha. O câmbio se colocará, então, como afirmei, entre a espécie nova e a espécie velha. Nesta ocasião, os banqueiros obterão lucro ao fazerem a espécie velha sair do Estado, porque logram através disto a mesma vantagem que proporcionaria um câmbio regulado com base na espécie velha, ou seja, muitos meios-soldos na Holanda; e terão um retorno no câmbio, regulado entre a espécie nova e a espécie velha, isto é, mais baixo, o que representa a obtenção de muitos escudos na França.

Suponho que três libras da espécie velha rendem, pelo câmbio atual, quarenta e cinco meios-soldos, e que, transportando esse mesmo escudo para a Holanda, se tenha sessenta; mas com uma letra de 45 meios-soldos obter-se-á um escudo de 3 libras na França, o qual, transportado sob forma de espécie velha para a Holanda, renderá, ainda, 60 meios-soldos: toda a espécie velha sairá, portanto, do Estado que realiza a refundição, e o lucro disto será dos banqueiros.

Para remediar isso, haverá a necessidade premente de executar uma nova operação. O Estado que executa a refundição enviará uma imensa quantidade de espécies velhas para a nação que regula o câmbio e, nela obtendo um crédito, fará elevar o câmbio até o ponto no qual se terá, com modesta diferença, tantos meios-soldos pelo câmbio de um escudo de 3 libras quanto se teria provocando-se a saída do país de um escudo de três libras em espécies antigas. Digo com *modesta diferença* porque, quando o lucro for módico, não se experimentará a tentação de provocar a saída da espécie, devido aos custos de transporte e aos riscos do confisco.

Convém dar uma ideia bem clara disto. O senhor Bernard, ou qualquer outro banqueiro que o Estado queira empregar, propõe suas letras sobre a Holanda e as emite a um, dois ou três meios-soldos acima do câmbio atual; ele fez uma provisão nos países estrangeiros por meio das espécies velhas, cujo transporte providenciou constantemente; fez, então, com que o câmbio se elevasse ao ponto que acabamos de mencionar. Entretanto, à força de emitir suas letras, ele se apodera de todas as espécies novas e força os outros banqueiros, que têm pagamentos a fazer, a conduzir suas espécies velhas à Casa da Moeda; e, ademais, como insensivelmente se apoderou de todo o dinheiro, constrange, por sua vez, os outros banqueiros a repassarem a ele letras a um câmbio elevadíssimo: o lucro do fim o indeniza largamente da perda do começo.

Percebe-se que durante toda essa operação o Estado deverá sofrer uma violenta crise. O dinheiro se tornará muito escasso: primeiro, porque é necessário desvalorizar a maior parte dele; segundo, porque será necessário transportar uma parte dele para os países estrangeiros; e, terceiro, porque todos o guardarão, ninguém desejando ceder ao príncipe um lucro que se espera que seja pessoal. É perigoso realizar esta operação lentamente, mas também é perigoso realizá-la prontamente. Se o ganho que se supõe é imoderado, os inconvenientes aumentam na mesma proporção.

Vimos acima que, quando o câmbio estava mais baixo do que a espécie, havia lucro a ser feito a partir do dinheiro; pela mesma razão, quando ele é superior à espécie, é lucrativo fazê-lo retornar.

Mas há um caso no qual é lucrativo fazer sair a espécie, ainda que o câmbio esteja em paridade: é quando a enviamos aos países estrangeiros para ser remarcada ou refundida. Quando retorna, produz-se, seja empregando-a no país, seja tomando letras de câmbio para o estrangeiro, o lucro da moeda.

Se acontecesse de num Estado constituir-se uma companhia que tivesse um número muito considerável de ações e se tivesse provocado, durante alguns meses, a subida destas ações vinte ou vinte e cinco vezes acima do valor da primeira compra; e que este mesmo Estado houvesse estabelecido um banco onde as cédulas desempenhassem a função das moedas; e que o valor numerário destas cédulas fosse prodigioso, a fim de corresponder ao prodigioso valor numérico das ações (é o sistema de *Law*), resultaria da natureza da coisa que essas ações e cédulas se anulariam da mesma maneira que teriam sido estabelecidas. Não teria sido possível elevar de súbito as ações vinte ou vinte e cinco vezes acima do seu primeiro valor sem proporcionar a muitas pessoas o meio de obterem imensas riquezas em papel: cada um procuraria assegurar sua fortuna, e, como o câmbio oferece a via mais fácil para destruir sua natureza ou para transportá-la para onde se queira, remeter-se-ia incessantemente uma parte dos próprios bens constituintes dessa fortuna à nação que regula o câmbio. Um projeto segundo o qual se remetessem bens continuamente aos países estrangeiros faria baixar o câmbio. Suponhamos que, na época do Sistema, na relação do título e do peso da moeda de prata, a taxa de câmbio fosse de 40 meios-soldos por escudo; quando um papel inumerável fosse transformado em moeda, não se desejaria mais dar senão 39 meios-soldos por escudo, a seguir trinta e oito, trinta e sete, e assim por diante. Isto foi tão longe que não se deu mais do que 8 meios-soldos e, finalmente, desapareceu o câmbio.

Era o câmbio que, neste caso, devia regular na França a proporção entre a moeda de prata e o papel. Suponho que, pelo peso e pelo título da prata, o escudo de 3 libras de prata valesse 40 meios-soldos, e que, fazendo-se o câmbio pelo papel, o escudo de 3 libras em papel valesse apenas 8 meios-soldos, sendo, então, a diferença de 4/5. O escudo de 3 libras em papel valia, então, quatro quintos a menos do que o escudo de 3 libras de prata.

CAPÍTULO XI — DAS OPERAÇÕES REALIZADAS PELOS ROMANOS EM RELAÇÃO ÀS MOEDAS

Quaisquer medidas de choque que tenham sido tomadas pela autoridade na França de nossos dias em relação às moedas em dois ministérios consecutivos, se o compararmos com o dos romanos, veremos que estes tomaram medidas muito mais consideráveis não no tempo em que essa república estava corrompida nem no período em que essa república era uma anarquia, mas quando, na força de sua instituição, por sua sabedoria aliada à sua coragem, após ter derrotado as cidades da Itália, disputava o domínio com os cartagineses.

E me sinto bem à vontade para aprofundar um pouco esta matéria, a fim de não transformarmos num exemplo aquilo que não o é.

Durante a primeira Guerra Púnica,[1205] o asse, que devia ser de 12 onças de cobre, não pesava mais do que duas, e durante a segunda Guerra Púnica seu peso não ultrapassava uma. Essa redução corresponde ao que chamamos hoje de aumento das moedas. Retirar de um escudo de 6 libras a metade da prata para transformá-lo em dois, ou para fazê-lo valer 12 libras, é precisamente a mesma coisa.

1205. Plínio, *História natural*, XXXIII, art. 13.

Não chegou a nós nenhum documento histórico referente à maneira pela qual os romanos executaram sua operação na primeira Guerra Púnica, mas a que eles realizaram na segunda nos indica uma sabedoria admirável. A república não se achava, de modo algum, em condição de quitar suas dívidas. O asse pesava duas onças de cobre, e o denário, valendo dez asses, valia vinte onças de cobre. A república fabricou asses de uma onça de cobre,[1206] com o que ganhou a metade sobre os seus credores; pagou um denário com essas dez onças de cobre. Esta operação provocou um grande abalo no Estado e foi preciso torná-lo o mínimo possível; ela continha uma injustiça, sendo necessário que fosse a menor possível. Tinha por meta a liberação da república em relação aos seus cidadãos. Não era necessário que também objetivasse a liberação dos cidadãos entre si. Isto levou a uma segunda operação e ordenou-se que o denário, que não fora até então senão de dez asses, contivesse dezesseis asses. O resultado destas duas operações foi que, enquanto os credores da república perdiam a metade,[1207] os particulares limitaram-se a perder um quinto;[1208] a mudança real na moeda foi de apenas um quinto: as demais consequências são perceptíveis.

Os romanos se conduziram, assim, melhor do que nós, que, nas nossas operações, envolvemos as fortunas públicas e as fortunas particulares. E isso não é tudo. Veremos que eles realizaram essas operações em circunstâncias mais favoráveis do que nós.

CAPÍTULO XII — CIRCUNSTÂNCIAS NAS QUAIS OS ROMANOS REALIZARAM SUAS OPERAÇÕES EM RELAÇÃO À MOEDA

Antigamente havia muito pouco ouro e prata na Itália. Este país dispõe de poucas ou nenhuma mina de ouro e de prata. Quando Roma foi tomada pelos gauleses, tudo que encontraram ali foram mil libras de ouro.[1209] Entretanto, os romanos haviam saqueado várias cidades poderosas e haviam trazido as riquezas para si. Limitaram-se por muito tempo a utilizar moedas de cobre; foi somente após a paz de Pirro que tiveram prata suficiente para fabricar moedas de prata.[1210] Fabricaram denários deste metal, os quais valiam

---

1206. Ibidem.

1207. Eles recebiam dez onças de cobre por vinte.

1208. Eles recebiam dezesseis onças de cobre por vinte.

1209. Plínio, *História natural*, XXXIII, art. 5.

1210. Freinshemius, V da Segunda década.

dez asses,[1211] ou dez libras de cobre. Nessa data, a proporção de prata em relação ao cobre era de 1 para 960, pois o denário romano, valendo dez asses ou dez libras de cobre, valia 120 onças de cobre; e o mesmo denário, valendo um oitavo de onça de prata,[1212] produzia a proporção que acabamos de indicar.

Roma, convertida na senhora dessa parte da Itália, a mais próxima da Grécia e da Sicília, viu-se pouco a pouco entre dois povos ricos: os gregos e os cartagineses. A prata aumentou e a proporção de 1 para 960 entre ela e o cobre, não podendo mais se sustentar, Roma executou várias operações sobre as moedas que nós ignoramos. Sabemos apenas que no começo da segunda Guerra Púnica o denário romano não valia mais do que vinte onças de cobre,[1213] e que, assim, a proporção entre a prata e o cobre não passava de 1 para 160. A redução era bastante considerável, posto que a república ganhou cinco sextos sobre toda moeda de cobre. Mas tudo que se fez foi o que exigia a natureza das coisas: que se restaurasse a proporção entre os metais que serviam de moeda.

A paz com a qual findou a primeira Guerra Púnica havia deixado os romanos como senhores da Sicília. Uma vez ingressados na Sardenha, os romanos iniciaram o reconhecimento da Espanha, com o que a massa de prata aumentou ainda mais em Roma. Foi então realizada a operação que reduziu o denário de prata de vinte para dezesseis onças,[1214] tendo sido este o efeito de haver restabelecido a proporção entre a prata e o cobre: esta proporção, que era de 1 para 160, passou a ser de 1 para 128.

Examinai os romanos e vós não os achareis jamais tão superiores senão no que concerne à opção das circunstâncias nas quais produziram os benefícios e os malefícios.

CAPÍTULO XIII — OPERAÇÕES EM RELAÇÃO ÀS MOEDAS NA ÉPOCA DOS IMPERADORES

Nas operações feitas com as moedas no tempo da república, procedeu-se por meio de diminuições. O Estado confiava ao povo suas necessidades e não pretendia seduzi-lo. Sob os imperadores, procedeu-se por meio das ligas dos metais. Esses príncipes, reduzidos ao desespero por suas próprias liberalidades, viram-se obrigados a alterar as moedas, via indireta, o que atenuava o mal e parecia não o tocar. Retirava-se uma parte da dádiva e

---

1211. Ibidem, loc. cit. Cunharam, também, segundo o mesmo autor, meios, denominados quinários, e quartos, denominados sestércios.

1212. Um oitavo, segundo Budé; um sétimo, segundo outros autores.

1213. Plínio, *História natural*, XXXIII, art. 13.

1214. Plínio, ibidem, XXXIII, art. 13.

escondia-se a mão; e sem falar de diminuição do pagamento ou das prodigalidades, elas se achavam diminuídas.

Vê-se ainda nos gabinetes[1215] medalhas às quais se dá o nome de *folheadas*, as quais possuem apenas uma lâmina de prata que reveste o cobre. Fala-se desta moeda num fragmento do Livro LXXVII de Dion.[1216]

Dídio Juliano[1217] iniciou o enfraquecimento. Sabe-se que a moeda[1218] de Caracala[1219] tinha mais da metade de liga; a de Alexandre Severo,[1220] dois terços. E o enfraquecimento do metal prosseguiu, de modo que, com Galiano,[1221] tudo que se via era cobre prateado.

Percebe-se que essas operações violentas não poderiam ocorrer atualmente; um príncipe ludibriaria a si mesmo, e não ludibriaria ninguém. O câmbio ensinou o banqueiro a comparar todas as moedas do mundo e colocá-las no seu justo valor; o título das moedas não pode mais ser um segredo. Se um príncipe lançar o *billon*,[1222] todos o coadjuvarão e darão continuidade ao que fez. As espécies fortes saem em primeiro lugar, depois do que são reenviadas, fracas. Se, como os imperadores romanos, ele enfraquecesse a prata sem enfraquecer o ouro, veria que o ouro, de súbito, desapareceria, e ele ficaria reduzido ao seu dinheiro ruim. O câmbio, como afirmei no livro anterior,[1223] suprimiu as grandes medidas de choque da autoridade ou, ao menos, o êxito das grandes medidas da autoridade.

CAPÍTULO XIV — COMO O CÂMBIO CONSTRANGE OS ESTADOS DESPÓTICOS

A Moscóvia desejaria descer do seu despotismo, mas não consegue fazê-lo. O estabelecimento do comércio exige o câmbio, e as operações cambiais contradizem todas as suas leis.

Em 1745, a czarina[1224] produziu uma *ordenação* para banir os judeus, porque estes haviam remetido aos países estrangeiros o dinheiro daqueles

---

1215. Ver a *Science des médailles* (*Ciência das medalhas*) de Joubert, edição de Paris, 1739.

1216. *Extrato das virtudes e dos vícios.*

1217. Imperador romano em 193 d.C. (N.T.)

1218. Ver Savotte, parte II, XII, e o *Journal des savants* (*Diário dos cientistas*), de 28 de julho de 1681, a respeito de uma descoberta de cinquenta mil medalhas.

1219. Imperador romano de 211 a 217 d.C. (N.T.)

1220. Imperador romano de 222 a 235 d.C. (N.T.)

1221. Imperador romano de 260 a 268 d.C. (N.T.)

1222. Antiga moeda de cobre. (N.T.)

1223. Capítulo XXI.

1224. Isabel (1710-1762), filha de Pedro, o Grande. (N.T.)

que tinham sido desterrados na Sibéria e o dos estrangeiros que estavam em serviço. Todos os súditos do Império, como os escravos, não podiam sair da Moscóvia nem enviar seus bens para o exterior sem permissão. O câmbio, que fornece o meio de transportar de um país a outro, é, portanto, contraditório em relação às leis da Moscóvia.

O próprio comércio contradiz suas leis. O povo é composto somente de escravos presos às terras e escravos que são chamados de eclesiásticos ou fidalgos porque são os senhores desses escravos.[1225] Não resta, assim, pessoa alguma para a terceira condição, a qual deve formar os trabalhadores e os comerciantes.

CAPÍTULO XV — USO DE ALGUNS PAÍSES DA ITÁLIA

Em alguns países da Itália,[1226] foram feitas leis para impedir que os súditos vendessem glebas de terra para remeter seu dinheiro aos países estrangeiros. Essas leis poderiam ser boas se as riquezas de cada Estado lhe pertencessem de tal maneira que houvesse muitas dificuldades para fazê--las passar a um outro. Mas, posto que, pelo uso do câmbio, as riquezas não são, de alguma forma, de nenhum Estado em particular, e se dispõe de tanta facilidade para movimentá-las de um país para outro, revela-se uma lei ruim a que proíbe dispor-se, a favor de seus negócios, de suas glebas de terra quando é permitido dispor-se do próprio dinheiro. Essa lei é ruim porque favorece os negócios mobiliários em detrimento das glebas de terra, porque desestimula os estrangeiros a se estabelecerem no país e, enfim, porque pode ser burlada.

CAPÍTULO XVI — DA AJUDA QUE O ESTADO PODE RECEBER DOS BANQUEIROS

A função dos banqueiros é trocar o dinheiro, e não o emprestar. Se o príncipe deles se serve apenas para a troca de seu dinheiro, como ele somente faz grandes negócios, o menor lucro que proporciona a eles para suas remessas torna-se um objeto considerável; e, se dele são solicitados grandes lucros, pode ele estar certo de que se trata de uma falha da administração. Quando, ao contrário, cabe aos banqueiros lhe fazer adiantamentos, a arte deles consiste em obter vultosos lucros com seu dinheiro, sem que possamos acusá-los de usura.

1225. Ou seja, escravos que são senhores de outros escravos. (N.T.)

1226. No original, *"pays d'Italie"*. Montesquieu refere-se às cidades-Estado italianas, como Florença, Veneza, Gênova, etc., antes da unificação da Itália. (N.T.)

CAPÍTULO XVII — DAS DÍVIDAS PÚBLICAS

Algumas pessoas acreditaram que era bom que um Estado devesse para si mesmo. Julgaram que isso multiplicava as riquezas, ampliando a circulação.

Creio que se confundiu um papel circulante que representa a moeda, ou um papel circulante que é o signo dos lucros produzidos ou que serão produzidos por uma Companhia no comércio, com um papel que representa uma dívida. Os três primeiros são muito vantajosos ao Estado, mas o último não pode sê-lo, e tudo que se pode esperar dele é que seja uma boa garantia para os particulares da dívida da nação, isto é, aqueles que obtêm dela o pagamento. Mas eis os inconvenientes que disso resultam.

1º) se os estrangeiros possuírem muitos papéis que representam uma dívida, extraem todos os anos da nação uma soma considerável através de juros;

2º) numa nação assim perpetuamente devedora, o câmbio deverá ser muito baixo;

3º) o imposto arrecadado para o pagamento dos juros da dívida prejudica as manufaturas, tornando a mão de obra mais cara;

4º) retiram-se os verdadeiros rendimentos do Estado daqueles que se dedicam à atividade e ao empenho laborioso para transferi-los às pessoas ociosas, ou seja, dão-se facilidades para trabalhar a quem, de modo algum, trabalha, e criam-se dificuldades para trabalhar àqueles que trabalham.[1227]

Eis aí os inconvenientes, e eu desconheço quaisquer vantagens. Dez pessoas possuem, cada uma, mil escudos de renda em glebas de terra ou na indústria; isso representa para a nação, a 5%, um capital de duzentos mil escudos. Se essas dez pessoas empregarem a metade de sua renda, isto é, cinco mil escudos, para pagar os juros de cem mil escudos que tomaram emprestados de outras, isso continuará representando para o Estado duzentos mil escudos — na linguagem dos algebristas: 200.000 escudos — 100.000 escudos + 100.000 escudos = 200.000 escudos.

O que pode conduzir ao erro é que um papel que representa a dívida de uma nação é um signo de riqueza, porque somente um Estado rico pode sustentar tal papel sem entrar em decadência. Para não entrar em decadência, será necessário que possua grandes riquezas em outros lugares. Diz-se que nisso não há mal algum, visto que existem recursos contra esse mal; e se diz que o mal é um bem porque os recursos ultrapassam o mal.

1227. Montesquieu foi um dos precursores do liberalismo econômico e fornece aqui, paradoxalmente, uma lição que poderia muito bem ter sido seguida pelos neoliberais do século XX, inclusive por governos formalmente democráticos que não se assumem como neoliberais. (N.T.)

CAPÍTULO XVIII — DO PAGAMENTO DAS DÍVIDAS PÚBLICAS

É necessário que haja uma proporção entre o Estado credor e o Estado devedor. O Estado pode ser credor ao infinito, porém só pode ser devedor até um certo grau, e quando acontece de ultrapassar este grau, o título de credor se desvanece.

Se este Estado dispõe ainda de um crédito que não foi atingido, poderá empreender o que se praticou tão prosperamente num Estado da Europa,[1228] ou seja, ultimar a obtenção de uma imensa quantidade de espécies e oferecer a todos os particulares o seu reembolso, a menos que não queiram reduzir os juros. Com efeito, como, quando o Estado toma emprestado, são os particulares que fixam as taxas de juros, quando o Estado deseja pagar, cabe a ele fixá-las.

Não basta reduzir o juro. É necessário que o benefício da redução forme um fundo de amortização para pagar todo ano uma parte dos capitais, operação tanto mais feliz quanto mais seu sucesso aumentar diariamente.

Quando o crédito do Estado não é íntegro, tem-se uma nova razão para procurar formar um fundo de amortização, porque este fundo, uma vez estabelecido, logo produz confiança.

1º) se o Estado é uma república, cujo governo comporta, por sua natureza, que aí se façam projetos a longo prazo, o capital do fundo de amortização pode ser pouco considerável. É necessário, numa monarquia, que este capital seja maior;

2º) as regras devem ser tais que todos os cidadãos do Estado suportem o peso do estabelecimento deste fundo, porque todos eles arcam com o peso do estabelecimento da dívida; o credor do Estado, pelas somas com as quais contribui, pagando a si mesmo;

3º) há quatro classes de pessoas que pagam as dívidas do Estado: os proprietários das glebas de terra, aqueles que exercem sua atividade através de negócios, os agricultores e artesãos e, finalmente, os rendeiros[1229] do Estado ou dos particulares. Destas quatro classes, a última, num caso de necessidade, parece que deveria ser a menos poupada, porque se trata de uma classe inteiramente passiva dentro do Estado, ao passo que este mesmo Estado é sustentado pela força ativa das três outras. Mas, como não se pode onerá-la mais sem com isso destruir a confiança pública, da qual o Estado em geral e essas três outras classes têm soberana necessidade; como a fé pública não

---

1228. A Inglaterra.

1229. No original, "*les rentiers*", ou seja, aqueles que vivem de rendas, e não do trabalho. (N.T.)

pode faltar a um certo número de cidadãos, sem que pareça que a todos falte; como a classe dos credores é sempre a mais exposta aos projetos dos Ministros e está, sempre, sob os olhares e sob a mão, é necessário que o Estado lhe conceda uma extraordinária proteção e que a parte devedora não tenha jamais a menor vantagem sobre a credora.[1230]

CAPÍTULO XIX — DOS EMPRÉSTIMOS A JUROS

O dinheiro é o signo dos valores. Está claro que quem tem necessidade deste signo deve alugá-lo,[1231] como faz com todas as coisas de que pode ter necessidade. Toda a diferença é que as outras coisas podem ser alugadas ou compradas, ao passo que o dinheiro, que constitui o preço das coisas, se aluga, e não se compra.[1232]

Constitui, por certo, uma boníssima ação emprestar o próprio dinheiro a alguém sem cobrar juros, mas deve-se perceber que isso não pode passar de um preceito religioso, e não de uma lei civil.

Para que o comércio possa ser bem praticado, é preciso que o dinheiro tenha um preço, mas que este seja pouco considerável. Se for muito alto, o negociante, que notará que terá mais custo com juros do que ganhos auferidos no seu comércio, não fará empreendimento algum. Se o dinheiro não tiver preço algum, ninguém o emprestará, e assim tampouco o negociante poderá empreender qualquer coisa.[1233]

Eu me enganaria, entretanto, se afirmasse que ninguém empresta dinheiro. É necessário, sempre, que os negócios da sociedade caminhem; a usura se estabelece, mas acompanhada das desordens que se tem experimentado em todos os tempos.

1230. Que é, precisamente, a armadilha e o beco sem saída nos quais acabam presos numa malha financeira inextricável geralmente os Estados democráticos capitalistas do tipo liberal ou neoliberal, que acumulam grandes dívidas internas e externas. (N.T.)

1231. Que o leitor tenha em mente que a análise de Montesquieu é estritamente financeira e que o mundo e a realidade europeia nos quais ele viveu eram predominantemente dominados pelas relações sociais e econômicas determinadas por governos monárquicos associados à classe nobre. As relações "trabalhistas", como as entendemos a partir do início do século XX, não existiam, pois as instituições ainda estavam ligadas ao feudalismo, com as figuras de reis, vassalos, amos e servos. Assim, Montesquieu, ele mesmo um nobre, não concebe o trabalho do camponês ou operário urbano como fonte direta e individual para obtenção de dinheiro, o que só será vislumbrado com a ascensão social e, sobretudo, política da burguesia europeia, marcantemente a francesa. (N.T.)

1232. Não nos referimos aos casos em que o ouro e a prata são considerados mercadorias.

1233. Observe-se mais uma vez que Montesquieu vincula necessariamente o dinheiro e seu preço à atividade comercial, ou seja, ao trabalho, apesar de suas reservas em relação à *nobreza* dessa atividade. (N.T.)

A lei de Maomé confunde a usura com o empréstimo a juros. A usura aumenta nos países muçulmanos na proporção da severidade da proibição, e o emprestador se indeniza do perigo da contravenção.

Nesses países do Oriente, a maioria dos seres humanos nada tem que possa servir de garantia; não há quase relação alguma entre a posse presente de uma soma e a esperança de reavê-la após tê-la emprestado; a usura aumenta, assim, proporcionalmente ao perigo da insolvabilidade.

CAPÍTULO XX — DAS USURAS MARÍTIMAS

A grandeza da usura marítima se funda em duas coisas: o perigo do mar, que faz com que alguém se arrisque somente a fazer o empréstimo do próprio dinheiro muito vantajosamente; e a facilidade concedida pelo comércio ao emprestador para fazer prontamente grandes negócios e em grande número, enquanto as usuras de terra, não estando baseadas em nenhuma destas duas razões, são ou proscritas pelos legisladores ou, o que é mais sensato, reduzidas a justos limites.

CAPÍTULO XXI — DO EMPRÉSTIMO POR CONTRATO E DA USURA ENTRE OS ROMANOS

Além do empréstimo feito para o comércio, há ainda uma espécie de empréstimo feito mediante um contrato civil, de que decorre um juro ou usura.

O povo, entre os romanos, aumentando todos os dias o seu poder, levou os magistrados a procurarem lisonjeá-lo e fazê-lo produzir as leis que fossem para eles as mais agradáveis. O povo reduziu os capitais, diminuiu os juros, proibiu que fossem cobrados, suprimiu os constrangimentos corporais em função de dívidas; enfim, a supressão das dívidas foi colocada em questão todas as vezes que um tribuno quisesse tornar-se popular.

Estas contínuas alterações, seja pelas leis, seja pelos plebiscitos, naturalizaram a usura em Roma, pois os credores, vendo no povo seu devedor, seu legislador e seu juiz, deixaram de depositar confiança nos contratos. O povo, como devedor desacreditado, somente conseguia tomar dinheiro emprestado com a perspectiva de grandes lucros por parte do emprestador; e tanto mais que, se as leis não eram evocadas senão de tempos a tempos, as queixas do povo eram contínuas e intimidavam sempre os credores. A consequência disto foi o desaparecimento de todos os meios honestos de emprestar e tomar emprestado em Roma, e o estabelecimento de uma usura terrível, sempre fulminada[1234] e sempre renascente. A origem do mal

---

1234. Tácito, *Annales* (*Anais*), VI, XVI.

fora o fato de que as coisas não haviam sido administradas. As leis extremas para o bem geram o mal extremo. Foi necessário pagar pelo empréstimo do dinheiro e pelo risco das penas da lei.

CAPÍTULO XXII — CONTINUAÇÃO DO MESMO ASSUNTO

Os primeiros romanos não possuíam quaisquer leis que regulamentassem as taxas relativas à usura.[1235] Nos desentendimentos que se constituíram a respeito disto entre os plebeus e os patrícios, na própria sedição[1236] do monte Sagrado, o que se alegou foi somente, de um lado, a fé e, do outro, a inflexibilidade dos contratos.

Eram seguidas, então, as convenções particulares, e creio que as mais comuns eram de 12% ao ano. A razão para que eu pense assim é que na linguagem[1237] antiga entre os romanos, o juro de 6% era designado de metade da usura, o juro de 3%, o quarto da usura: a usura total era, portanto, o juro de 12%.

Se nos indagarem como usuras tão elevadas puderam se estabelecer no seio de um povo que quase não praticava o comércio, responderei que esse povo, obrigado muito frequentemente a ir sem soldo à guerra, experimentava, o mais das vezes, a necessidade de tomar dinheiro emprestado e que, empreendendo constantemente expedições bélicas com sucesso, contava muito frequentemente com a facilidade de pagar, o que se percebe muito bem pelo relato das disputas suscitadas em torno disso; não se desconvinha quanto à avareza do que emprestavam; mas se diz que os que se queixavam teriam podido pagar se houvessem tido uma conduta regular.[1238]

Eram produzidas, então, leis que apenas influíam na situação atual; determinava-se, por exemplo, que aqueles que se alistassem para a guerra a ser travada não seriam processados pelos seus credores; que aqueles que estavam a ferros seriam libertados; que os mais indigentes seriam conduzidos às colônias. Por vezes, abria-se o tesouro público. O povo se apaziguava pelo alívio dos males presentes e, como não exigia nada quanto ao subsequente, o senado não tinha o cuidado de preveni-lo.

No tempo em que o senado defendia com tanta constância a causa das usuras, o amor à pobreza, à frugalidade, à mediania era extremo entre os

---

1235. Usura e juro significavam a mesma coisa para os romanos.

1236. Ver Dionísio de Halicarnasso, que tão bem a descreveu.

1237. *Usurae semisses, trientes, quadrantes*. Ver a respeito disso os diversos tratados do Digesto e do Código *de usuris*; e, sobretudo, a lei 17, com sua nota no ff. *de usuris*.

1238. Ver os discursos de Ápio a respeito em Dionísio de Halicarnasso, V.

romanos, mas tal era a Constituição que os principais cidadãos suportavam todos os ônus do Estado, ficando a camada baixa da população isenta de qualquer pagamento. Qual seria então o meio de privar aqueles do direito de processar seus devedores e exigir-lhes que quitassem os seus ônus e provessem às necessidades prementes da república?

Tácito[1239] diz que a Lei das Doze Tábuas fixou o juro em 1% ao ano. É evidente que ele se enganou, tendo tomado uma outra lei, da qual irei falar, pela Lei das Doze Tábuas. Se a Lei das Doze Tábuas houvesse regulamentado isto, como explicar que, nas disputas suscitadas posteriormente entre os credores e os devedores, não se tenha recorrido à sua autoridade? Não se localiza qualquer vestígio desta lei a respeito do empréstimo a juros e, por pouco que se seja versado na história de Roma, ver-se-á que uma lei semelhante não devia, de modo algum, ser obra dos decênviros.

A lei Liciniana,[1240] feita oitenta e cinco anos depois da Lei das Doze Tábuas, foi uma dessas leis transitórias a que nos referimos. Determinou que se diminuísse do capital aquilo que fora pago em juros e que o resto fosse quitado em três pagamentos iguais.

No ano 398 de Roma, os tribunos Duélio e Menênio sancionaram uma lei que reduzia os lucros a um[1241] por cento ao ano. É esta lei que Tácito[1242] confunde com a Lei das Doze Tábuas, e foi a primeira, feita pelos romanos, com a finalidade de fixar a taxa de juros. Dez anos depois,[1243] essa usura foi reduzida à metade;[1244] subsequentemente, foi totalmente suprimida[1245] e, se dermos crédito a alguns autores contemporâneos de Tito Lívio, isso ocorreu no consulado[1246] de C. Márcio Rutílio e de Q. Servílio, no ano 413 de Roma.

Aconteceu com essa lei o que acontecera com todas aquelas nas quais o legislador conduziu as coisas ao excesso: encontrou-se um meio de burlá-la. Foi necessário fazer muitas outras para ratificá-la, corrigi-la, atenuá-la. Por vezes abandonaram-se as leis para seguir os costumes,[1247] outras vezes abandonaram-se os costumes para seguir as leis, mas neste caso o costume

---

1239. *Annales (Anais)*, VI, XVI.

1240. No ano 388 de Roma, Tito Lívio, VI, XXV.

1241. *Unciaria usura*. Tito Lívio, VII, XVI.

1242. *Annales (Anais)*, VI, XVI.

1243. Sob o consulado de L. Mânlio Torquato e de C. Pláucio, segundo Tito Lívio, VII, XXCII; e é a lei da qual fala Tácito, *Anais*, VI, ibidem.

1244. *Semiunciaria usura*.

1245. Como afirma Tácito, em *Annales*, VI.

1246. Essa lei foi feita por solicitação de M. Genúcio, tribuno do povo, Tito Lívio, VII, final.

1247. *Veteri jam more foenus receptum erat*. Apiano, *Da guerra civil*, I.

devia prevalecer facilmente. Quando alguém toma emprestado, encontra um obstáculo na própria lei que é feita a seu favor: esta lei tinha contra si mesma quem ela socorria e quem ela condenava. O pretor Semprônio Aselo, tendo permitido aos devedores[1248] agirem de acordo com as leis, foi morto pelos credores[1249] por ter querido evocar a memória de uma rigidez que não se podia mais sustentar.

Deixo a cidade para lançar o olhar um pouco às províncias.

Afirmei em outra parte[1250] que as províncias romanas estavam desoladas devido a um governo despótico e inflexível. Isto não é tudo. Também o eram devido a usuras terríveis.

Cícero[1251] diz que o povo de Salamina desejava tomar dinheiro emprestado em Roma e que estava impossibilitado de fazê-lo por causa da lei Gabiniana. É necessário que eu investigue o que era esta lei.

Quando os empréstimos a juros foram proibidos em Roma, foram imaginados todos os tipos de meios para burlar a lei[1252] e, como os aliados[1253] e os latinos não estavam submetidos às leis civis dos romanos, recorria-se a um latino ou a um aliado, o qual emprestava o seu nome e passava por ser o credor. Tudo, portanto, que a lei fez foi submeter os credores a uma formalidade, com o que o povo não experimentou nenhum alívio.

O povo se queixava dessa fraude, e Marco Semprônio, tribuno do povo, por autoridade do senado, realizou um plebiscito[1254] que declarava que, quando eram feitos empréstimos, as leis que proibiam os empréstimos a juros entre um cidadão romano e outro cidadão romano vigeriam igualmente entre um cidadão e um aliado, ou um latino.

Naqueles tempos, chamavam-se aliados os povos da Itália propriamente dita, que se estendia até o Arno e o Rubicão, e que não eram governados na qualidade de províncias romanas.

Tácito[1255] diz que se concebiam sempre novas fraudes para as leis feitas para deter as usuras. Quando não foi mais possível emprestar ou tomar emprestado sob o nome de um aliado, foi fácil fazer surgir um provinciano que emprestasse o seu nome.

1248. *Permisit eos legibus agere.* Apiano, Da guerra civil) I; e Epítome de Tito Lívio, LXIV.

1249. No ano 663 de Roma.

1250. Livro XI, capítulo XIX.

1251. Epístolas a Ático, V, Epístola XXI.

1252. Tito Lívio, XXXV, VII.

1253. Ibidem.

1254. No ano 561 de Roma. Ver Tito Lívio, XXV, VII.

1255. *Annales (Anais),* VI, XVI.

Era necessário promulgar uma nova lei contra esses abusos, e Gabínio,[1256] criando a famosa lei que tinha como objetivo fazer cessar a corrupção dos sufrágios, naturalmente deve ter pensado que o melhor meio para atingir esta meta era desestimular os empréstimos; estas duas coisas estavam naturalmente ligadas, pois as usuras aumentavam[1257] sempre nos tempos de eleição, porque havia necessidade de dinheiro para conquistar votos. Percebe-se com clareza que a lei Gabiniana estendera o *senatusconsulto* semproniano aos provinciais, porquanto os salaminianos não podiam tomar dinheiro emprestado em Roma devido a esta lei. Brutus,[1258] sob nomes emprestados, lhes emprestou[1259] dinheiro a 4% ao mês,[1260] e em relação a isso obteve dois *senatusconsultos*, no primeiro dos quais dissera que esse empréstimo não seria considerado como uma fraude levada a cabo contra a lei, e que o governador da Cilícia julgaria de conformidade com as convenções estipuladas pela letra de câmbio em poder dos salaminianos.[1261]

Tendo sido o empréstimo a juros interdito pela lei Gabiniana entre os provincianos e os cidadãos romanos, e estes, possuindo naquela ocasião todo o dinheiro do mundo em suas mãos, foi necessário tentá-los com grandes usuras que fizessem desaparecer, aos olhos da avareza, o perigo de perder a dívida. E como havia em Roma pessoas poderosas que intimidavam os magistrados e faziam silenciar as leis, se revelaram mais ousadas em emprestar e mais ousadas em exigir juros elevados. Disto resultou que as províncias foram gradativamente devastadas por todos que tinham crédito em Roma; e como cada governador proclamava o seu edito ingressando em sua província,[1262] no qual introduzia na usura a taxa que lhe agradasse, avareza e legislação se prestavam auxílio mútuo.

Era forçoso que os negócios prosseguissem, e um Estado estará perdido se tudo no seu seio estiver na inação. Havia ocasiões em que era necessário que as cidades, as corporações, as sociedades civis, os particulares fizessem empréstimos, e havia enorme necessidade de tomar emprestado, ainda que não fosse apenas para subvencionar os estragos dos exércitos, as

---

1256. No ano 615 de Roma.

1257. Ver as epístolas de Cícero a Ático, IV, epístolas XV e XVI.

1258. O mesmo Brutus (85-42 a.C.), pretenso amigo de Júlio César e um de seus assassinos. (N.T.)

1259. Cícero a Ático, VI, epístola I.

1260. Pompeu, que emprestara ao rei Ariobarsane 600 talentos, fazia com que recebesse 33 talentos áticos a cada trinta dias. Cícero a Ático, V, epístola XXI; VI, epístola I.

1261. *Ut neque Salaminis, neque cui eis dedisset, fraudi esset.*

1262. O edito de Cícero a fixava a 1% ao mês, com a usura da usura ao fim do ano. Quanto aos contratadores da república, tinham que se comprometer a dar um prazo aos seus devedores. Se estes não pagassem no tempo fixado, adjudicava a usura estipulada pela letra de câmbio. Cícero a Ático, VI, epístola I.

rapinagens dos magistrados, as concussões dos homens de negócios e os maus costumes que se estabeleciam todos os dias, pois jamais se fora tão rico nem tão pobre. O senado, que detinha o poder executivo, concedia por necessidade, muitas vezes por favor, a permissão de tomar emprestado dos cidadãos romanos e em torno disto estabelecia *senatusconsultos*. Mas esses próprios *senatusconsultos* estavam desacreditados pela lei: eles[1263] podiam ensejar o povo a exigir novas tabelas, o que, aumentando o perigo da perda do capital, aumentava também a usura. Eu direi sempre que é a moderação que governa os homens, e não os excessos.

Paga menos, segundo Ulpiano,[1264] quem paga mais tarde. Foi este princípio que conduziu os legisladores após a destruição da república romana.

1263. Ver o que diz Luceio, epístola XXI, a Ático, Livro V. Houve até mesmo um *senatusconsulto* geral para fixar a usura a 1% ao mês. Ver a mesma epístola.

1264. Lei 12, ff. *de verbor, signif.*

LIVRO XXIII — DAS LEIS NA SUA RELAÇÃO COM O NÚMERO DOS HABITANTES

CAPÍTULO I — DOS SERES HUMANOS E DOS ANIMAIS RELATIVAMENTE À MULTIPLICAÇÃO DE SUAS ESPÉCIES

Ó Vênus! Ó mãe do Amor![1265]
Desde o primeiro formoso dia em que teu astro dá ressurgimento;
Os zéfiros fazem sentir seu amoroso alento;
A terra orna seu seio de brilhantes cores;
E o ar é perfumado do suave espírito das flores.
Ouvem-se os pássaros, tocados por tua potência,
Por mil tons lascivos celebrar tua presença:
Pela bela novilha veem-se os soberbos touros,
Ou saltarem pela planície, ou cruzarem as águas:
Enfim, os habitantes dos bosques e das montanhas,
Dos rios e dos mares e dos verdes campos,
Ardendo ante teu aspecto de amor e de desejo,
Dedicam-se a se multiplicar pela atração do prazer,
Tanto se ama a te seguir e este encantador Império
Que a beleza outorga a tudo que respira.[1266]

As fêmeas dos animais apresentam uma fecundidade quase constante. Mas, na espécie humana, a maneira de pensar, o caráter, as paixões, as fantasias, os caprichos, a ideia de preservar a própria beleza, o constrangimento da gravidez, aquele de uma família excessivamente numerosa perturbam a propagação de mil maneiras.[1267]

1265. Vênus (Afrodite) é mãe de Amor (Eros). (N.T.)

1266. Início de Lucrécio.

1267. Por certo, Montesquieu, homem abastado, esqueceu ou omitiu outros impeditivos da propagação da espécie humana, tais como a evidente dificuldade, devida a limitações financeiras, de sustentar uma prole numerosa. (N.T.)

CAPÍTULO II — DOS CASAMENTOS

A obrigação natural que tem o pai de nutrir seus filhos fez estabelecer-se o casamento, que declara quem deve cumprir esta obrigação. Os povos[1268] dos quais fala Pompônio Mela[1269] o fixavam exclusivamente pela semelhança.

Entre os povos muito civilizados, o pai é aquele que as leis, através da cerimônia do casamento, declararam dever ser tal[1270] porque nele encontram a pessoa por elas procurada.

Esta obrigação, entre os animais, é tal que a mãe pode, ordinariamente, para ela bastar. Entre os seres humanos, é muito mais abrangente: os filhos destes possuem a razão, mas esta só lhes chega gradualmente; não basta alimentá-los, é preciso conduzi-los; já poderiam viver e, no entanto, não podem se governar.

As uniões ilícitas pouco contribuem para a propagação da espécie. O pai, que tem a obrigação natural de alimentar e educar os filhos, não se atém a isto, e a mãe, a quem é reservada tal obrigação, encontra mil obstáculos devido à vergonha, os remorsos, o constrangimento de seu sexo, o rigor das leis: na maior parte do tempo faltam-lhe meios.

As mulheres que se submeteram a uma prostituição pública não podem ter a comodidade de educar seus filhos. As dificuldades desta educação são, mesmo, incompatíveis com a condição delas; e elas são tão corrompidas que não poderiam contar com a confiança da lei.

De tudo isso resulta que a continência pública está naturalmente associada à propagação da espécie.

CAPÍTULO III — DA CONDIÇÃO DAS CRIANÇAS

É a razão que dita que, quando há um casamento, os filhos seguem a condição do pai e que, quando não há um casamento, só podem dizer respeito à mãe.[1271]

1268. Os garamantes.

1269. Livro I, VIII.

1270. *Pater est quem nuptiae demonstrant.*

1271. É por isso que, nas nações onde existem escravos, o filho segue quase sempre a condição da mãe.

CAPÍTULO IV — DAS FAMÍLIAS

É uso quase corrente em todos os lugares a mulher passar para a família do marido. O contrário é, sem qualquer inconveniente, estabelecido em Formosa,[1272] onde o marido vai integrar a família da mulher. Esta lei, que fixa a família numa continuação de pessoas do mesmo sexo, contribui bastante, independentemente dos primeiros motivos, para a propagação da espécie humana. A família é um tipo de propriedade: um homem que tem filhos do sexo que não a perpetua não está jamais contente se não os tiver também daquele que a perpetua.

Os nomes, que proporcionam aos seres humanos a ideia de uma coisa que parece não dever perecer, são muito apropriados para inspirar a cada família o desejo de prolongar sua duração. Há povos em que os nomes distinguem as famílias; há outros nos quais distinguem apenas as pessoas, o que não é tão bom.

CAPÍTULO V — DAS DIVERSAS ORDENS DE MULHERES LEGÍTIMAS

Por vezes as leis e a religião estabeleceram várias espécies de uniões civis, o que ocorre entre os muçulmanos, onde existem diversas ordens de mulheres, cujos filhos são reconhecidos pelo nascimento na casa, ou por contratos civis, ou até mesmo pela escravidão da mãe e o reconhecimento subsequente do pai.

Opor-se-ia à razão se a lei difamasse nos filhos o que houvesse aprovado no pai. Todos esses filhos devem, portanto, sucedê-lo, a menos que alguma razão particular a isto se oponha, como no Japão, onde existem apenas os filhos da mulher dada pelo imperador na sucessão. A política, neste caso, exige que os bens dados pelo imperador não sejam excessivamente repartidos, porque estão submetidos a um serviço, como estavam, outrora, os nossos feudos.

Há países nos quais uma mulher legítima goza, na casa, quase das mesmas honras que em nossos climas goza uma mulher única; lá, os filhos das concubinas são considerados como pertencentes à primeira mulher. Assim está estabelecido na China. O respeito filial,[1273] a cerimônia de um luto rigoroso, não são devidos à mãe natural, mas àquela mãe que o é segundo a lei.

1272. Du Halde, t. I.
1273. Du Halde, t. II.

Com a ajuda de uma tal ficção,[1274] não há mais filhos bastardos, e nos países em que esta ficção está ausente, percebe-se claramente que a lei que legitima os filhos das concubinas é uma lei forçada, pois seria o grosso da nação que seria desonrado pela lei. Tampouco há nesses países filhos adulterinos. A separação das mulheres, o enclausuramento, os eunucos, os ferrolhos, tornam a coisa tão difícil que a lei a julga impossível; aliás, o mesmo gládio exterminaria a mãe e a criança.

CAPÍTULO VI — DOS BASTARDOS NOS DIVERSOS GOVERNOS

Não se conhecem, em absoluto, bastardos nos países em que a poligamia é permitida. São conhecidos naqueles onde está estabelecida a lei de uma única esposa. Fez-se necessário, nestes países, marcar o concubinato com a infâmia e, portanto, também necessário marcar da mesma forma os filhos oriundos do concubinato.

Nas repúblicas, onde se exige que os costumes sejam puros, os bastardos devem ser ainda mais odiosos do que nas monarquias.

Em Roma foram criadas, talvez, disposições demasiado duras contra eles. Mas as instituições antigas, integrando todos os cidadãos na necessidade de se casarem, sendo os casamentos, ademais, abrandados com a permissão do repúdio ou a possibilidade do divórcio, unicamente uma tremenda corrupção dos costumes poderia levar ao concubinato.

É preciso observar que, sendo a qualidade de cidadão considerável nas democracias, nas quais trazia consigo o poder soberano, nestas eram feitas com frequência leis referentes à condição dos bastardos, que tinham menos relação com a própria coisa e com a honestidade do casamento do que com a Constituição particular da República. Assim, o povo aceitou, por vezes, como cidadãos[1275] os bastardos, a fim de aumentar seu poder contra os poderosos. Deste modo, em Atenas o povo suprimiu os bastardos do quadro de cidadãos, para dispor de uma porção maior do trigo que lhe fora enviado pelo rei do Egito. Enfim, Aristóteles[1276] nos informa que em muitas cidades, quando não havia cidadãos suficientes, os bastardos sucediam, e, quando havia cidadãos suficientes, eles não sucediam.

1274. Distinguem-se as mulheres em grandes e pequenas, isto é, em legítimas e não legítimas; mas não existe uma semelhante distinção quanto aos filhos. "É a grande doutrina do Império", está escrito numa obra chinesa sobre a moral, traduzida pelo mesmo Du Halde.

1275. Ver Aristóteles, *Política*, VI, IV.

1276. Ibidem, III, III.

CAPÍTULO VII — DO CONSENTIMENTO DOS PAIS PARA O CASAMENTO

O consentimento dos pais está fundado no seu poder, isto é, no seu direito de propriedade; também está fundado no seu amor, na sua razão e na incerteza da razão de seus filhos, cuja idade os mantém no estado de ignorância, e as paixões, no estado de embriaguez.

Nas pequenas repúblicas ou instituições singulares às quais nos referimos, pode haver leis que concedem aos magistrados que façam uma inspeção dos casamentos dos filhos dos cidadãos, que a natureza já concedera aos pais. O amor ao bem público nesses lugares pode ser tal que iguale ou supere qualquer outro amor. Assim, Platão queria que os magistrados regulamentassem os casamentos;[1277] assim os magistrados lacedemônios os administravam.

Contudo, nas instituições ordinárias, cabe aos pais casarem os seus filhos; sua prudência a este respeito estará sempre acima de qualquer outra prudência. A natureza transmite aos pais um desejo de proporcionar sucessores aos seus filhos, que eles percebem somente para si mesmos. Nos diversos graus de progenitura, eles se vêem insensivelmente avançando para o futuro. Mas o que aconteceria se a vexação e a avareza chegassem ao ponto de usurpar a autoridade dos pais? Escutemos Thomas Gage[1278] referindo-se à conduta dos espanhóis nas Índias:

"Para aumentar o número de pessoas pagadoras do tributo, é necessário que todos os indianos com quinze anos se casem e, inclusive, foi regulamentado o tempo para o casamento dos indianos em quatorze anos para os homens e treze para as mulheres. Baseia-se num cânone segundo o qual a malícia pode suprir a idade." Ele presenciou um destes recenseamentos, que foi, diz ele, uma coisa vergonhosa. Assim, na ação mundana, que deve ser a mais livre, os indianos ainda são escravos.

CAPÍTULO VIII — CONTINUAÇÃO DO MESMO ASSUNTO

Na Inglaterra, as moças frequentemente abusam da lei para se casarem segundo seus caprichos, sem consultar os pais. Não sei se este uso não poderia neste país ser mais tolerado do que em outras partes pela razão de que, não tendo este país estabelecido um celibato monástico, as

---

1277. Sobre a visão platônica do casamento (inclusive sua obrigatoriedade e a consequente proibição do celibato), ver especialmente Platão, *As Leis*, Livro VI, 772e-785b, São Paulo: Edipro, 2021. (N.T.)

1278. Relato de Thomas Gage.

moças não têm outra condição a assumir senão o casamento, não podendo recusá-lo. Na França, ao contrário, onde está estabelecido o monaquismo, as moças contam sempre com o recurso do celibato; e a lei que lhes ordena aguardarem o consentimento dos pais poderia ser mais conveniente. No âmbito desta ideia, o uso da Itália e da Espanha seria ao menos razoável: o monaquismo está estabelecido, e pode-se casar-se sem o consentimento dos pais.[1279]

CAPÍTULO IX — DAS MOÇAS

As moças, que são conduzidas aos prazeres e à liberdade somente através do casamento, que têm uma mente que não se atreve a pensar, um coração que não se atreve a sentir, olhos que não se atrevem a ver, ouvidos que não se atrevem a ouvir, que somente se manifestam para exibir estupidez; condenadas sem trégua às bagatelas e aos preceitos, são intensamente induzidas ao casamento: são os rapazes que é preciso encorajar.

CAPÍTULO X — O QUE DETERMINA O CASAMENTO

Em toda parte onde haja um lugar no qual duas pessoas podem viver comodamente, é feito um casamento, coisa que a natureza muito estimula, na medida em que não é detida pela dificuldade da subsistência.

Os povos em formação multiplicam-se e crescem muito. Seria para eles extremamente incômodo viver no celibato, ao passo que não seria possuir muitos filhos. Uma vez formada a nação, ocorre o contrário.

CAPÍTULO XI — DA RIGIDEZ DO GOVERNO

As pessoas que não têm absolutamente nada, como os mendigos, têm muitos filhos. Isto porque se enquadram no caso dos povos em formação: nada custa ao pai transmitir a sua arte aos seus filhos, que são, mesmo ao nascer, instrumentos dessa arte.[1280] Essas pessoas, num país rico ou supersticioso, multiplicam-se, porque não têm os encargos da sociedade. Mas as pessoas que são pobres somente porque vivem sob um governo rígido, que encaram seus campos menos como a base de sua subsistência do que como um pretexto à vexação, estas pessoas, eu o afirmo, geram poucos filhos. Não dispõem sequer do alimento deles: como poderiam

---

1279. Vigência da legislação do direito canônico. (N.T.)

1280. Entenda-se por *arte* a mão de obra gratuita. (N.T.)

sonhar em reparti-lo? Não podem tratar suas enfermidades. Como poderiam educar criaturas que se conservam numa enfermidade contínua, que é a infância?

É a facilidade de falar e a incapacidade de examinar que levaram a afirmar-se que, quanto mais pobres eram os súditos, mais as famílias eram numerosas; que quanto mais se estava sobrecarregado de impostos, mais se ficava em condição de pagá-los: dois sofismas que sempre perderam e sempre perderão as monarquias.

A rigidez do governo pode chegar ao ponto de destruir os sentimentos naturais, mediante os próprios sentimentos naturais. As mulheres da América[1281] não provocavam o seu próprio aborto para que seus filhos não se tornassem presa de senhores tão cruéis?

CAPÍTULO XII — DO NÚMERO DE MENINAS E MENINOS NOS DIFERENTES PAÍSES

Já asseverei[1282] que na Europa nasce um pouco mais de meninos do que de meninas. Observou-se que no Japão[1283] nascia um pouco mais de meninas do que de meninos. Igualando todas as coisas, haverá mais mulheres fecundas no Japão do que na Europa e, consequentemente, mais gente.

Os relatórios[1284] dizem que em Bantam há dez meninas para um menino, uma desproporção semelhante que faria com que o número de famílias fosse o número daquelas dos outros climas, como 1 está para 5,5, o que seria excessivo. Na verdade, as famílias poderiam ali ser maiores, mas há poucas pessoas suficientemente abastadas para serem capazes de manter uma família tão grande.

CAPÍTULO XIII — DOS PORTOS MARÍTIMOS

Nos portos marítimos, onde os homens se expõem a mil perigos e vão morrer ou viver nos climas de regiões longínquas, há menos homens do que mulheres. Entretanto, em nenhum outro lugar se vê mais crianças do que aí, o que decorre da facilidade da subsistência. Pode ser até que as partes mais oleosas dos peixes sejam mais próprias para proporcionar esta matéria que

---

1281. Relato de Thomas Gage.

1282. No Livro XVI, capítulo IV.

1283. Ver Kempfer, que relata um recenseamento de Meaco.

1284. *Recueil des voyages que ont servi à l'établissement de Compagnie des Indes* (Coleção das viagens que serviram ao estabelecimento da Companhia das Índias), t. I.

serve à geração.[1285] Esta seria uma das causas dessa quantidade inumerável de indivíduos que formam a população do Japão[1286] e da China,[1287] onde o alimento quase único é o peixe.[1288] Se isso for verdadeiro, certas regras monásticas, que obrigam a viver de peixe, seriam contrárias ao próprio espírito do legislador.

CAPÍTULO XIV — DOS PRODUTOS DA TERRA QUE EXIGEM MAIOR OU MENOR NÚMERO DE HOMENS

As regiões de pastagens são pouco povoadas porque poucas pessoas encontram ali ocupação; as terras onde são cultivados os grãos ocupam mais homens, e os vinhedos, muitíssimo mais.

Na Inglaterra,[1289] tornou-se frequente a queixa de que o aumento das pastagens causava a diminuição dos habitantes, e observa-se, na França, que a grande quantidade de vinhedos constitui uma das principais causas do imenso número de homens.

Os países onde as minas de carvão fornecem matérias próprias à queima têm esta vantagem sobre os outros, ou seja, não precisam das florestas, de sorte que todas as terras podem ser cultivadas.

Nos lugares onde cresce o arroz, são necessários árduos labores para distribuir as águas, de modo que há ocupação para muitas pessoas. E mais: são necessárias menos terras para prover a subsistência de uma família do que nos lugares que produzem outros grãos; enfim, a terra, que é empregada em outras partes para a alimentação dos animais, serve de modo imediato para a subsistência humana: o trabalho que os animais executam

---

1285. O leitor deve sempre lembrar-se que Montesquieu utiliza dados do seu tempo que nem sempre são inteiramente fidedignos. Quanto, especificamente, ao possível aumento da fecundidade humana em função da alimentação à base de peixe, a genética, mesmo tendo progredido muito após o século XVIII, nada concluiu de definitivo a respeito, sendo as causas e os fatores que concorrem para a maior ou menor fecundidade humana múltiplos e complexos, ainda que certamente incluam a dieta e os hábitos alimentares, tanto quantitativa quanto qualitativamente. Num ponto, ao menos, Montesquieu permanece indiscutivelmente certo: o Japão e a China são até hoje, proporcionalmente à extensão de seus territórios (o território japonês é constituído por um pequeno arquipélago e o chinês por um enorme continente), os países mais populosos do mundo. (N.T.)

1286. O Japão é composto de ilhas; há muitas costas nesse país, e seu mar é repleto de peixes.

1287. A China é repleta de regatos.

1288. Ver Du Halde, t. II.

1289. A maioria dos proprietários de glebas de terra, segundo Burnet, descobrindo mais lucro na venda de sua lã do que no comércio de seus grãos, cercou as suas propriedades rurais. As comunas (isto é, o povo) que morriam de fome se sublevaram; propôs-se uma lei agrária; o próprio jovem rei escreveu a respeito; foram feitas proclamações contra os que haviam cercado suas terras. *Abrégé de l'histoire de la Réforme* (*Resumo da história da Reforma*).

452 | O ESPÍRITO DAS LEIS

em outras partes é feito pelos homens, e o cultivo das terras torna-se para os homens uma imensa manufatura.

CAPÍTULO XV — DO NÚMERO DOS HABITANTES EM RELAÇÃO ÀS ARTES[1290]

Quando há uma lei agrária e as terras são repartidas igualmente, o país pode ser densamente povoado, ainda que haja poucas artes, porque cada cidadão encontra no trabalho de sua terra precisamente o que necessita para se alimentar, e todos os cidadãos juntos consomem todos os produtos da região. Assim era em algumas repúblicas antigas.

Entretanto, em nossos Estados atuais, as terras estão distribuídas desigualmente; geram mais produtos do que aquilo que os que as cultivam podem consumir; e, se negligenciarmos as artes e nos dedicarmos exclusivamente à agricultura, o país não poderá ser povoado. Aqueles que cultivam ou mandam cultivar, tendo produtos agrícolas remanescentes, não se veem impelidos a trabalhar no ano seguinte, já que os produtos não serão, de modo algum, consumidos pelas pessoas ociosas, porque estas não teriam como comprá-los. É preciso, portanto, que as artes estejam presentes, de modo que os produtos possam ser consumidos pelos trabalhadores e artesãos. Numa palavra, esses Estados precisam que muitos indivíduos cultivem acima do que lhes é necessário e, para isso, é preciso lhes incutir vontade de ter o supérfluo,[1291] o que somente os artesãos lhes incutem.

Essas máquinas,[1292] cuja finalidade é resumir a arte, nem sempre são úteis. Se uma obra se apresenta a um preço médio, mas conveniente tanto a quem a compra quanto ao trabalhador que a produz, as máquinas que simplificassem a sua confecção, ou seja, que reduzissem o número de trabalhadores, seriam perniciosas; e, se os moinhos movidos à água não estivessem instalados em todas as partes, eu não creria que são tão úteis como

---

1290. *Artes*, ou seja, os diversos ofícios e trabalhos manuais produtivos em geral. (N.T.)

1291. Entenda-se aqui o *supérfluo* como um *excedente* da produção. (N.T.)

1292. *"Ces machines..."*, a alusão do autor às *máquinas*, que talvez fosse preferível traduzirmos aqui por *engenhos* (instrumentos e implementos que substituíam parcial ou completamente o trabalho manual humano), é abrupta. De qualquer forma, Montesquieu levanta um problema que com a Revolução Industrial afetará cada vez mais as atividades dos artesãos. Consideradas as diferenças específicas e a proporção, é um problema semelhante ao que enfrentamos a partir do século XX com a introdução da tecnologia, particularmente a tecnologia da computação, e que enfrentaremos cada vez mais a partir do século XXI, com o avanço agilíssimo da informática e da robótica. É bom lembrar que as chamadas *sociedades do lazer* estão muito longe da exequibilidade, não passando, ainda hoje, de um sonho de teóricos delirantes, a não ser que se considerem como tais as ilhas particulares de alguns multimilionários. (N.T.)

dizem, porque levaram à imobilidade uma infinidade de braços, privaram muitas pessoas do uso das águas e causaram a perda da fecundidade de muitas terras.

CAPÍTULO XVI — DOS PONTOS DE VISTA DO LEGISLADOR A RESPEITO DA PROPAGAÇÃO DA ESPÉCIE

As regras sobre o número dos cidadãos dependem muito das circunstâncias. Há países onde a natureza tudo fez, e o legislador, portanto, nada tem a fazer. Por que estimular a propagação da espécie através de leis se a fecundidade do clima provê indivíduos suficientes? Algumas vezes, o clima é mais favorável do que o solo; o povo aí se multiplica, e os surtos de fome o destrói: é o caso em que se encontra a China e, assim, um pai vende as filhas e abandona seus filhos. As mesmas causas operam em Tonquim[1293] os mesmos efeitos, e não é o caso, como em relação aos viajantes árabes dos quais nos transmite Renaudot o relato, de procurar no ponto de vista da metempsicose a explicação para isso.[1294]

As mesmas razões fazem com que na ilha de Formosa[1295] a religião proíba as mulheres de conceber filhos enquanto não tiverem trinta e cinco anos: antes desta idade, a sacerdotisa pisa seu ventre, fazendo-as abortar.

CAPÍTULO XVII — DA GRÉCIA E DO NÚMERO DE SEUS HABITANTES

Esse efeito, ligado a causas de caráter físico em certos países do Oriente, foi produzido na Grécia pela natureza do governo. Os gregos eram uma grande nação composta de cidades que tinham cada uma seu próprio governo e suas leis. Não eram cidades mais conquistadoras do que o são hoje as da Suíça, da Holanda e da Alemanha. Em cada república, o legislador tivera como

---

1293. *Voyages* (*Viagens*) de Dampierre, t. II.

1294. A referência é à teoria ou à crença da transmigração das almas dos seres vivos de um corpo para outro. Os tais viajantes árabes teriam, possivelmente, cogitado que, se as almas, por ocasião da morte dos indivíduos, não tardam a se alojar em outros corpos, dando sequência à vida, é de pouca ou nenhuma importância o índice de mortalidade ser baixíssimo ou elevadíssimo, isto é, se milhares de indivíduos ou populações inteiras são dizimados pela fome, pelas epidemias, por guerras, etc. A intransigência de Montesquieu quanto a essa posição é tanto moral quanto cientificamente justa, e tal posição não apenas denota completa insensibilidade e descarado cinismo como também profunda ignorância das religiões e das filosofias nas quais está inserida a doutrina da metempsicose. (N.T.)

1295. Ver a *Coleção das viagens que serviram ao estabelecimento da Companhia das Índias*, t. V, parte I.

meta a felicidade dos cidadãos dentro da cidade e um poder externo que não fosse inferior àquele das cidades vizinhas.[1296] Com um pequeno território e uma grande felicidade, era fácil o número de cidadãos aumentar e se converter num peso. Devido a isto, estabeleceram colônias[1297] incessantemente; venderam-se para a guerra, como os suíços fazem ainda hoje. Nada foi negligenciado para que se impedisse a excessiva multiplicação das crianças.

Havia entre eles repúblicas cuja Constituição era singular. Os povos submetidos eram obrigados a prover a subsistência dos cidadãos. Os lacedemônios eram alimentados pelos ilotas, os cretenses, pelos periecos, os tessalianos, pelos penestes. Devia haver apenas um certo número de homens livres para que os escravos estivessem em condição de lhes prover a subsistência. Dizemos hoje que é preciso restringir o número das tropas regulares; ora, a Lacedemônia era um exército mantido pelos camponeses; fazia-se, portanto, necessário limitar esse exército, sem o que os homens livres, que detinham todas as vantagens da sociedade, se multiplicariam indefinidamente e os lavradores ficariam sobrecarregados.

Os políticos[1298] gregos se preocuparam, assim, especialmente em regular o número dos cidadãos. Platão[1299] o fixa em 5.040 e quer que se freie ou se estimule a propagação segundo a necessidade, por meio das honras, por meio da desonra e por meio das advertências dos velhos;[1300] deseja, inclusive,[1301] que se regule o número de casamentos de maneira que o povo se reponha sem que a república fique sobrecarregada.

Se a lei do país, diz Aristóteles,[1302] proíbe o abandono dos filhos, será necessário limitar o número daqueles que cada um deve gerar.[1303] Se houver crianças numa quantidade superior ao número estabelecido pela lei, ele aconselha[1304] que se providencie para que a mulher aborte antes que o feto tenha vida.

O meio infame empregado pelos cretenses para prevenir o número excessivo de crianças é relatado por Aristóteles e senti meu pudor horrorosamente constrangido quando quis transcrevê-lo.[1305]

1296. Em matéria de coragem, disciplina e exercícios militares.

1297. Os gauleses, que se enquadravam no mesmo caso, fizeram o mesmo.

1298. Na verdade, mais os pensadores políticos do que os políticos. (N.T.)

1299. Em *As Leis*.

1300. Ver o Livro V de *As Leis*. (N.T.)

1301. República, V.

1302. *Política*, VII, XVI.

1303. Ou seja, cada *casal*. (N.T.)

1304. *Política*, VII, XVI.

1305. Seria a homossexualidade. (N.T.)

Há lugares, diz ainda Aristóteles,[1306] nos quais a lei transforma os estrangeiros ou bastardos, ou os nascidos somente de uma mãe cidadã, em cidadãos; mas uma vez que se conte com indivíduos suficientes, esta lei não é mais aplicada. Os selvagens do Canadá queimam os seus prisioneiros, mas quando dispõem de choupanas vazias para lhes oferecer, eles os reconhecem como de sua nação.

O cavaleiro Petty supôs, nos seus cálculos, que um homem na Inglaterra vale o preço pelo qual ele seria vendido em Argel.[1307] Isso só pode ser bom para a Inglaterra. Há países onde um homem nada vale; há outros nos quais vale menos do que nada.

CAPÍTULO XVIII — DO ESTADO DOS POVOS ANTES DOS ROMANOS

A Itália, a Sicília, a Ásia Menor, a Espanha, a Gália, a Germânia eram aproximadamente como a Grécia, repletas de pequenos povos e locupletadas de habitantes: não havia necessidade de leis para aumentar seu número.

CAPÍTULO XIX — DESPOVOAMENTO DO MUNDO

Todas essas pequenas repúblicas foram absorvidas numa grande, e viu-se insensivelmente o mundo despovoar-se: para percebê-lo basta contemplar o que eram a Itália e a Grécia antes e depois das vitórias dos romanos.

"Perguntar-me-ão", diz Tito Lívio,[1308] "onde os volscos puderam encontrar soldados suficientes para retomar a guerra depois de terem sido vencidos tantas vezes. Teria sido necessário que houvesse um povo em número infinito nessas regiões, que não passariam hoje de um deserto sem alguns soldados e alguns escravos romanos".

"Os oráculos desapareceram", diz Plutarco,[1309] "porque os lugares onde eram proferidos estão destruídos; hoje na Grécia mal existem três mil guerreiros".

"Não descreverei", diz Estrabão,[1310] "o Épiro e os locais circunvizinhos porque estas regiões estão completamente desertas. Esse despovoamento, que há muito principiou, prossegue todos os dias, de sorte que os soldados

---

1306. *Política*, III, V.

1307. Sessenta libras esterlinas.

1308. VI, XII.

1309. *Obras morais*: Dos oráculos que desapareceram.

1310. VII.

romanos fazem seus acampamentos nas casas abandonadas". Ele encontra a causa disso em Políbio, que diz que Paulo Emílio,[1311] depois de sua vitória, destruiu setenta cidades do Épiro e dali levou consigo cento e cinquenta mil escravos.

CAPÍTULO XX — DA NECESSIDADE DOS ROMANOS DE FAZER LEIS QUE FAVORECESSEM A PROPAGAÇÃO DA ESPÉCIE

Os romanos, destruindo todos os povos, destruíam a si mesmos. De maneira incessante voltados à ação, ao empenho e à violência, eles se desgastavam como uma arma da qual se faz uso ininterrupto.

Não falarei aqui da atenção que devotaram a produzir cidadãos[1312] à medida que os perdiam, das associações que criaram, dos direitos de cidadania que proporcionaram e desse viveiro imenso de cidadãos que encontraram nas pessoas de seus escravos. Direi o que fizeram, não para reparar a perda dos cidadãos, mas aquela de homens; e, como o povo romano foi de todos os povos do mundo o que melhor soube conciliar suas leis com seus projetos, não se revela indiferente examinar o que realizou a este respeito.

CAPÍTULO XXI — DAS LEIS DOS ROMANOS RELATIVAS À PROPAGAÇÃO DA ESPÉCIE

As antigas leis de Roma se empenharam muito no sentido de induzir os cidadãos ao casamento. O senado e o povo, com frequência, produziram regras relativas a isso, como afirma Augusto na sua arenga relatada por Dion.[1313]

Dionísio de Halicarnasso[1314] não pode crer que após a morte de trezentos e cinco fabianos exterminados pelos veianos houvesse restado dessa raça apenas uma criança, porque a lei antiga, que ordenava que todo cidadão se casasse e educasse todos os seus filhos, ainda estava em vigor.[1315]

1311. General romano e cônsul em 219 a.C. (N.T.)

1312. Tratei disso nas *Considerações sobre as causas da grandeza dos romanos...*, XIII, etc.

1313. LVI.

1314. II.

1315. No ano 277 de Roma.

Independentemente das leis, os censores se mantiveram atentos aos casamentos e, segundo as necessidades da república, os determinaram,[1316] seja com a ameaça da desonra, seja impondo penas.

Os costumes, que começaram a se corromper, contribuíram muito para levar o casamento ao desagrado dos cidadãos, que reserva somente encargos para aqueles que não têm mais sensibilidade para os prazeres da inocência. É o espírito desta arenga[1317] que Metelo Numídico dirige ao povo na sua censura: "Se fosse possível não ter mulher, nós nos livraríamos desse mal; mas como a natureza estabeleceu que não se pode, absolutamente, viver feliz sem elas, nem subsistir sem elas, é preciso considerar mais a nossa conservação do que satisfações passageiras".

A corrupção dos costumes destruiu a censura, estabelecida para destruir a corrupção dos costumes; mas quando esta corrupção se tornou geral, a censura não teve mais força.[1318]

As discórdias civis, os triunviratos, as proscrições debilitaram mais Roma do que qualquer guerra que Roma houvesse empreendido. Poucos cidadãos restavam[1319] e a maioria não era casada. A fim de remediar este mal, César e Augusto restabeleceram a censura e quiseram, inclusive, ser censores.[1320] Criaram diversas regras. César[1321] concedeu recompensas àqueles que tinham muitos filhos; proibiu as mulheres[1322] que tinham menos de quarenta e cinco anos e que não possuíam nem marido nem filhos de ostentar pedras preciosas e se servirem de liteiras: método excelente de atacar o celibato por meio da vaidade. As leis de Augusto[1323] foram mais rigorosas. Impôs[1324] novas penas aos que não eram casados e aumentou as recompensas dos que eram e daqueles que tinham filhos. Tácito chama essas leis de Julianas;[1325] parecia que se haviam fundido as antigas regras feitas pelo senado, o povo e os censores.

1316. Ver o que fizeram a respeito disso, Tito Lívio, XLV; o *Epítome de Tito Lívio*, LIX; Aulo Gélio, I, VI; Valério Máximo, II, IX.

1317. Está em Aulo Gélio, I, VI.

1318. Ver o que digo no Livro V, capítulo XIX.

1319. César, após a guerra civil, tendo feito o censo, constatou apenas o número de 150 mil chefes de família, *Epítome* de Floro sobre Tito Lívio, 12ª década.

1320. Ver Dion, XLIII, e Xifil., *in August*.

1321. Dion, XLIII, XXV; Suetônio, Vida de César, XX; Apiano, II, *Da guerra civil*.

1322. Eusébio na sua *Crônica*.

1323. Dion, LIV, XVI.

1324. No ano 736 de Roma.

1325. *Julias rogationes, Annales* (*Anais*), III, XXV.

A lei de Augusto esbarrou em mil obstáculos e, trinta e quatro anos[1326] após sua promulgação, os cavaleiros romanos exigiram que fosse revogada. Ele, então, fez com que de um lado fossem colocados os que estavam casados e, do outro, os que não estavam; estes últimos surgiram em número maior, o que surpreendeu os cidadãos e os confundiu. Augusto, com a gravidade dos antigos censores, a eles se dirigiu nos seguintes termos:[1327]

"Enquanto as doenças e as guerras nos arrebatam tantos cidadãos, o que será da cidade se não contrairmos mais casamentos? A cidade não consiste em casas, pórticos, praças públicas: são os homens que fazem a cidade. Vós não vereis, como nas fábulas, emergirem homens do subsolo para cuidarem de vossos assuntos. Não é para viver sozinhos que vos conservais no celibato: cada um de vós dispõe de companheiras para vossa mesa e vosso leito e só buscais a paz nos vossos debochas. Citareis aqui o exemplo das virgens vestais? Ora, se não considerardes as leis da pudicícia, será necessário punir-vos como elas. Vós sois igualmente maus cidadãos, seja porque todos imitam vosso exemplo, seja porque ninguém o segue. Meu único objetivo é a perpetuidade da república.[1328] Aumentei as penas daqueles que não obedeceram; e, acerca das recompensas, são tais a ponto de eu não saber se a virtude algum dia teve maiores; há recompensas bem menores que levam milhares de pessoas a expor a própria vida, e será que estas não vos estimulariam a tomar uma esposa e alimentar filhos?".

Ele promulgou a lei que foi designada a partir de seu nome, *Julia*, e *Papia Poppaea*, a partir dos nomes dos cônsules[1329] de parte daquele ano. A magnitude do mal aparecia na própria escolha desses cônsules: Dion nos informa que não eram casados e nem tinham filhos.

Esta lei de Augusto foi propriamente um código de leis e um corpo sistemático de todas as regras que se podiam estabelecer sobre aquele assunto. Nelas eram refundidas as leis Julianas[1330] e se lhes transmitia mais força; elas apresentam tantos pontos de vista, influenciam tantas coisas, que formam a mais bela parte das leis civis dos romanos.

1326. No ano 762 de Roma, Dion, LVI, I.

1327. Abreviei esta arenga, que é de uma extensão fatigante; encontra-se relatada em Dion, LVI.

1328. A concepção de cidade à qual Augusto alude é, evidentemente, a mesma grega de *pólis*. Ver *Política* de Aristóteles. Quanto ao fato de Augusto se referir à "perpetuidade da república", o leitor deve entender *Império*, de preferência a *República*, ou, simplesmente, *Roma*, já que Augusto foi o primeiro imperador romano. (N.T.)

1329. Marco Pápio Mutilo e Q. Popaeu Sabino. Dion, LVI.

1330. O título XIV dos *Fragmentos* de Ulpiano distingue incisivamente a lei Juliana da Papiana.

Delas são encontrados[1331] trechos dispersos nos preciosos fragmentos de Ulpiano, nas leis do Digesto extraídas dos autores que escreveram sobre as leis Papianas, nos historiadores e demais autores que as citaram, no Código Teodosiano que as ab-rogou, nos Pais[1332] que as censuraram, sem dúvida devido a um zelo louvável pelas coisas da outra vida, porém com muito escasso conhecimento dos assuntos desta vida.[1333]

Estas leis continham diversos artigos, dos quais são conhecidos trinta e cinco.[1334] Mas, abordando o meu assunto o mais diretamente que me seja possível, começarei pelo artigo que Aulo Gélio[1335] nos afirma ser o sétimo e concerne às honras e às recompensas concedidas por esta lei.

Os romanos, egressos na sua maioria das cidades latinas que eram colônias lacedemônias,[1336] e que haviam, inclusive, extraído dessas cidades[1337] uma parte de suas leis, tiveram, como os lacedemônios, pela velhice esse respeito que outorga todas as honras e todas as precedências. Quando faltaram à república romana cidadãos, atribuíram-se ao casamento e ao número dos filhos as prerrogativas que haviam sido concedidas à idade;[1338] algumas delas foram vinculadas tão somente ao casamento, independentemente dos filhos que dele pudessem nascer, o que foi chamado de direito dos maridos. Outras prerrogativas foram proporcionadas aos que tinham filhos, maiores aos que tinham três filhos. Não se deve confundir estas três coisas. Havia aquele tipo de privilégios dos quais as pessoas casadas fruíam sempre, como, por exemplo, um assento particular no teatro;[1339] havia outros dos quais elas somente fruíam quando pessoas que tinham filhos, ou aquelas que os tinham em maior número não o suprimiam delas.

1331. Jacques Godefroi fez uma compilação delas.

1332. Os *Pais da Igreja*, ou seja, os fundadores e organizadores da Igreja Romana, suas instituições e seus dogmas, nos primeiros séculos da era cristã, como São Justino, Orígenes e Tertuliano, bem como os teólogos e filósofos da *patrística*, como o bispo de Tagasta, Santo Agostinho. (N.T.)

1333. A crítica do autor é assestada diretamente ao pieguismo desses *Padres* (Pais) da Igreja que, em seu fervor religioso e em sua suposta vida monástica, pouco se importavam com as necessidades inescapáveis da vida social e mundana e pouco as conheciam. (N.T.)

1334. O 35º é citado na lei 19, ff. *de ritu nuptiarum*.

1335. II, XV.

1336. Dionísio de Halicarnasso.

1337. Os delegados de Roma que foram enviados em busca das leis gregas estiveram em Atenas e nas cidades da Itália.

1338. Aulo Gélio, II, XV.

1339. Suetônio, *in Augusto*, XLIV.

Esses privilégios eram muito amplos. As pessoas casadas que tinham o maior número de filhos eram sempre preferidas,[1340] seja na sua pretensão a honras, seja no exercício destas próprias honras. O cônsul que tinha o maior número de filhos empunhava em primeiro lugar os fachos[1341] e tinha direito à escolha das províncias;[1342] o senador que tinha o maior número de filhos era inscrito em primeiro lugar no catálogo dos senadores e era o primeiro a expor seu parecer nas sessões do senado.[1343] Podia-se atingir as magistraturas antes da idade estipulada, porque cada filho subtraía um ano.[1344] O fato de ter três filhos em Roma isentava de todos os impostos de caráter pessoal.[1345] As mulheres nascidas livres (*ingênuas*) que tinham três filhos e as libertas que tinham quatro saíam[1346] dessa perpétua tutela na qual eram retidas[1347] pelas antigas leis de Roma.

Como havia recompensas, também havia penas.[1348] Aqueles que não se casavam nada podiam receber via testamento dos estrangeiros;[1349] e os que, estando casados, não tinham filhos só recebiam, neste caso, a metade.[1350-1351] Segundo Plutarco,[1352] os romanos se casavam para ser herdeiros, e não para ter herdeiros.

As vantagens que um esposo e uma esposa podiam atrair para si através de um testamento estavam limitadas pela lei. Podiam se dar tudo[1353] se tivessem filhos um do outro; se não tivessem nenhum, podiam receber a décima parte da sucessão por causa do casamento, e se tivessem filhos de um outro casamento, podiam receber tantos décimos da sucessão quantos filhos tivessem.

1340. Tácito, *Annales* (*Anais*), II, LI. *Ut numerus liberorum in candidatis praepolleret, quod lex jubebat.*

1341. Aulo Gélio, II, XV.

1342. Tácito, *Anais*, XV, XIX.

1343. Ver a lei 6, § 5, ff. *de decurion.*

1344. Ver a lei 2, ff. *de minorib.*

1345. Lei 1, § 3, e lei 2, § 1, *de vacat. et excusat. muner.*

1346. *Fragmentos* de Ulpiano, título XXIX, § 3.

1347. Plutarco, *Vida de Numa.*

1348. Ver os *Fragmentos* de Ulpiano, títulos XIV, XV, XVI, XVII e XVIII, que constituem um dos belos trechos da antiga jurisprudência romana.

1349. Sozómeno, I, IX. Recebia-se de seus pais; *Fragmentos* de Ulpiano, título XVI, § 1.

1350. Sozómeno, I, IX e Lei unic., Cód. Teodosiano, *de infirm. poenis caelib. et orbitat.*

1351. Hérmias Sozómeno, historiador eclesiástico que floresceu no século V da era cristã. (N.T.)

1352. Obras morais: Do amor dos pais pelos seus filhos.

1353. Ver um detalhe mais extenso do que este nos *Fragmentos* de Ulpiano, títulos XV e XVI.

Se um marido[1354] se afastasse de sua esposa por qualquer motivo que não fosse no interesse dos negócios da república, não podia ser herdeiro dela.

A lei conferia a um marido ou a uma esposa que sobrevivesse dois anos para casar-se de novo[1355] e um ano e meio em caso de divórcio. Os pais que não queriam casar seus filhos (homens e mulheres) ou conceder o dote a suas filhas eram forçados a fazê-lo pelos magistrados.[1356]

Os noivados não podiam ser celebrados quando o casamento devia ser adiado mais de dois anos;[1357] e, como não se podia desposar uma moça com menos de doze anos, só se podia ficar noivo dela quando tivesse dez. A lei não queria que se pudesse gozar inutilmente,[1358] e sob o pretexto do noivado, dos privilégios dos casados.

Estava proibido que um homem de sessenta anos[1359] desposasse uma mulher de cinquenta. Como se ofereceram grandes privilégios às pessoas casadas, a lei não queria que houvesse casamentos inúteis.[1360] Pela mesma razão, o *senatusconsulto* Calvisiano[1361] declarava desigual o casamento de uma mulher que tivesse mais de cinquenta anos com um homem que tivesse menos de sessenta, de sorte que uma mulher de cinquenta anos só podia casar-se incorrendo nas penalidades dessas leis. Tibério aumentou o rigor da lei Papiana[1362] e proibiu que um homem de sessenta anos desposasse uma mulher que tivesse menos de cinquenta, de modo que um homem de sessenta anos não podia se casar em caso algum sem incorrer em penalidades; Cláudio,[1363] entretanto, revogou o que fora feito a respeito disto por Tibério.

Todas essas disposições eram mais conformes ao clima da Itália do que ao do norte, onde um homem de sessenta anos ainda possui vigor e onde as mulheres de cinquenta anos não são geralmente estéreis.

1354. *Fragmentos* de Ulpiano, título XVI, § 1.

1355. *Fragmentos* de Ulpiano, título XIV. Parece que as primeiras leis Julianas concediam três anos. Arenga de Augusto em Dion, LVI; Suetônio, *Vida de Augusto*, XXXIV. Outras leis Julianas concediam apenas um ano; enfim, a lei Papiana concedia dois, *Fragmentos* de Ulpiano, título XIV. Essas leis não agradavam ao povo, e Augusto as suavizava ou as endurecia segundo se estivesse mais ou menos disposto a suportá-las.

1356. Era o artigo 35 da lei Papiana, lei 19, ff. *de ritu nuptiarum*.

1357. Ver Dion, LIV, ano 736; Suetônio *in Octavio*, XXXIX.

1358. Ver Dion, LIV e no mesmo Dion a arenga de Augusto, LVI.

1359. *Fragmentos* de Ulpiano, título XVI; e a lei 27, cód. *de nuptiis*.

1360. Ou seja, casamentos dos quais provavelmente não resultassem filhos e, especialmente, filhos sadios e perfeitos. (N.T.)

1361. *Fragmentos* de Ulpiano, título XVI, § 3.

1362. Ver Suetônio, em *Vida de Claudio*, XXIII.

1363. Ibidem; e os *Fragmentos* de Ulpiano, título XVI, § 3,

462 | O ESPÍRITO DAS LEIS

Para que não se ficasse inutilmente limitado nas escolhas possíveis de serem feitas, Augusto permitiu a todos os nascidos livres (ingênuos) que não eram senadores[1364] que desposassem as libertas.[1365] A lei Papiana[1366] proibia aos senadores o casamento com as mulheres que haviam sido libertas ou que tivessem se exibido no teatro; e, nos tempos de Ulpiano,[1367] os ingênuos eram proibidos de desposar mulheres que houvessem levado uma má vida, que houvessem se exibido no teatro ou que tivessem sido condenadas em julgamento público. É forçoso que haja sido um *senatusconsulto* que tenha estabelecido isso. Nos tempos da república, não eram feitas leis desse gênero porque os censores corrigiam, no que a isso concernia, as desordens no nascedouro ou o impediam.

Constantino,[1368-1369] tendo feito uma lei pela qual compreendia, na proibição da lei Papiana, não apenas os senadores como também aqueles que ocupavam uma posição considerável no Estado, sem falar daqueles que se achavam numa condição inferior, formou com isso o direito daqueles tempos; somente aos nascidos livres (ingênuos) abarcados pela lei de Constantino esses casamentos foram proibidos. Justiniano[1370-1371] ab-rogou ainda a lei de Constantino e permitiu que quaisquer tipos de pessoas contraíssem esses casamentos: foi mediante isto que herdamos uma liberdade tão melancólica.[1372]

É claro que as penas infligidas àqueles que se casavam contra a proibição da lei eram as mesmas infligidas contra os que não se casavam de modo algum. Esses casamentos não lhes conferiam vantagem civil alguma:[1373] o dote[1374] caducava[1375] após a morte da mulher.

1364. Dion, LIV; *Fragmentos* de Ulpiano, título XIII.

1365. Arenga de Augusto, em Dion, LVI.

1366. *Fragmentos* de Ulpiano, XIII; e a lei 44, no ff. *de ritu nuptiarum*, no final.

1367. Ver os *Fragmentos* de Ulpiano, títulos XIII e XVI.

1368. Ver a lei 1, no Cód. *de nat. lib.*

1369. Constantino I (274—337 d.C.), imperador romano que transferiu a sede do Império para Bizâncio (futura Constantinopla e depois Istambul, com sua invasão e tomada em 1453 pelos turcos otomanos). (N.T.)

1370. *Novela* CXVII.

1371. Ver *Institutas*. (N.T.)

1372. Certamente aqui quem se expressa não é Montesquieu, o historiador ou filósofo político, mas, sim, o barão de *la Brède*. (N.T.)

1373. Lei 37, ff. *de oper. libert.*, § 7; *Fragmentos* de Ulpiano, título XVI, § 2.

1374. *Fragmentos*, ibidem.

1375. Ver na sequência o capítulo XIII do Livro XXVI.

Tendo Augusto adjudicado ao tesouro público[1376] as sucessões e os legados dos que essas leis declaravam incapazes, tais leis se afiguraram mais fiscais do que políticas e civis. O desagrado, que já se experimentava devido a um ônus que parecia opressivo, foi somado àquele de se ver continuamente nas garras da avidez do fisco, o que fez com que sob Tibério se tenha sido obrigado a modificar[1377] estas leis, tendo Nero reduzido as recompensas[1378] dos delatores ao fisco, tendo Trajano[1379] freado as intrigas deles, tendo Severo[1380] alterado estas leis, além do que os jurisconsultos passaram a considerá-las odiosas e nas suas decisões abandonaram o seu rigor.

Aliás, os imperadores atenuaram essas leis[1381] por meio dos privilégios que concederam dos direitos dos maridos, dos filhos e especificamente dos três filhos. E fizeram mais: dispensaram os particulares[1382] das penas cominadas por essas leis. Entretanto, regras estabelecidas a favor da utilidade pública pareciam não dever admitir a dispensa.

Fora razoável conceder o direito de filhos às vestais,[1383] que a religião retinha numa virgindade necessária; concedeu-se, do mesmo modo,[1384] o privilégio dos maridos aos soldados porque estavam impossibilitados de casar-se. Era costume isentar os imperadores do incômodo de certas leis civis. Assim, Augusto foi isento do constrangimento da lei que limitava a faculdade[1385] de alforriar e daquela que restringia a faculdade[1386] de legar. Tudo isso não passava de casos particulares, porém, no que se seguiu, as dispensas foram concedidas sem deferência, e a regra se transformou, posteriormente, numa exceção.

1376. Exceto em certos casos. Ver os *Fragmentos* de Ulpiano, título XVIII; e a lei única no Cód. *de caduc. tollend.*

1377. *Relatum de moderanda Papia Poppaea.* Tácito, *Anais*, III.

1378. Ele as reduziu à quarta parte. Suetônio, *in Nerone*, X.

1379. Ver o *Panegírico* de Plínio.

1380. Severo dilatou até 25 anos para os homens e 20 para as moças o prazo de vigência para as disposições da lei Papiana, como se pode constatar ao cotejar os *Fragmentos* de Ulpiano, título XVI, com o que diz Tertuliano, *Apologet.*, IV.

1381. P. Cipião, censor, na sua arenga ao povo acerca dos costumes, lamenta o abuso que já se instalara, segundo o qual se concedia ao filho adotivo o mesmo privilégio que ao filho natural. Aulo Gélio, V, XIX.

1382. Ver a lei 31, ff. *de ritu nupt.*

1383. Augusto, pela lei Papiana, lhes concedeu o mesmo privilégio que às mães. Ver Dion, LVI. Numa lhes dera o antigo privilégio das mulheres que tinham três filhos, que é de não ter curador algum. Plutarco, em *Vida de Numa.*

1384. Cláudio o concedeu a eles, Dion, LX.

1385. *Leg. Apud eum*; ff. *de manumissionib.*, § 1.

1386. Dion, LVI.

Seitas filosóficas já haviam introduzido no Império um espírito de distanciamento dos negócios que não teria atingido um tal ponto nos tempos da República,[1387] quando todos se mantinham ocupados com as artes da guerra e da paz. Disto decorreu uma ideia de perfeição vinculada a tudo que conduz a uma vida contemplativa; disto decorreu o distanciamento dos cuidados e dos embaraços de uma família. A religião cristã, sucedendo à filosofia, fixou, por assim dizer, ideias que a filosofia apenas havia preparado.[1388]

O cristianismo transmitiu seu caráter à jurisprudência, pois o Império sempre se relacionou com o sacerdócio. Neste sentido pode-se ver o Código Teodosiano, que não passa de uma compilação das ordenações dos imperadores cristãos.

Um panegirista[1389] de Constantino diz a esse imperador: "Vossas leis foram feitas somente para corrigir os vícios e disciplinar os costumes: vós subtraístes o artifício das antigas leis, que pareciam não ter outros objetivos senão armar ciladas para a simplicidade".

É certo que as mudanças de Constantino foram realizadas ou com base em ideias que se relacionavam ao estabelecimento do cristianismo ou com base em ideias tomadas de sua perfeição. Deste primeiro objeto provêm aquelas leis que deram uma tal autoridade aos bispos que constituíram o fundamento da jurisdição eclesiástica, do que decorreram as leis que enfraqueceram a autoridade paterna,[1390] retirando do pai a propriedade dos bens de seus filhos. Para difundir uma religião nova, é necessário suprimir a extrema dependência dos filhos, que se prendem sempre menos ao que está estabelecido.

As leis feitas com base no objeto da perfeição cristã foram, sobretudo, aquelas pelas quais ele promoveu a supressão das penas das leis Papianas[1391] e delas isentou tanto aqueles que não eram casados quanto aqueles que, sendo casados, não tinham filhos.

1387. Ver nos *De officiis* de Cícero, I, suas ideias sobre esse espírito contemplativo. [Cícero. *Dos Deveres*. São Paulo: Edipro, 2019. (N.E.)]

1388. A maioria das correntes filosóficas (todas de matriz grega) que se desenvolveram no fim da República e, sobretudo, na Roma imperial (ecletismo, estoicismo, neoplatonismo, neopitagorismo e mesmo o hedonismo de Lucrécio, inspirado em Epicuro) concorreu, de uma forma ou de outra, para esse distanciamento condizente à vida contemplativa; porém, foi o estoicismo romano (representado por Epicteto e, mais marcantemente, por Sêneca — mestre e assessor de Nero — e o imperador Marco Aurélio Antonino) que abriu caminho para o cristianismo. (N.T.)

1389. Nazário, em *Panegyrico* Constantini, ano 321.

1390. Ver as leis 1, 2 e 3 no Código Teodosiano, *de bonis maternis, maternique generis*, etc., e a lei única, no mesmo Código, *de bonis quae filiis famil. acquiruntur*.

1391. Leg. unic. Código Teodosiano, *de infirm. poen. caelib. et orbit.*

"Essas leis eram estabelecidas", diz um historiador eclesiástico,[1392] "como se a multiplicação da espécie humana pudesse ser um efeito de nossos cuidados, em lugar de se conceber que esse número cresce e decresce segundo a ordem da Providência".

Os princípios da religião influíram extremamente na propagação da espécie humana: ora a estimularam, como entre os judeus, os maometanos, os guebros, os chineses, ora a abalaram, como influenciaram entre os romanos convertidos ao cristianismo.

Em todas as partes se pregava a continência, ou seja, esta virtude que é mais perfeita porque, em função de sua natureza, deve ser praticada por um número muito escasso de pessoas.

Constantino não abolira as leis decimárias, que conferiam uma extensão maior aos dons que o esposo e a esposa podiam permutar em proporção ao número de seus filhos. Teodósio, o Jovem, ab-rogou[1393] também essas leis.

Justiniano declarou como válidos[1394] todos os casamentos que as leis Papianas haviam proibido. Essas leis determinavam que as pessoas se casassem novamente; Justiniano[1395-1396] concedeu vantagens àqueles que não se casassem novamente.

De acordo com as leis antigas, a faculdade natural que cada um tem de se casar e ter filhos não podia ser suprimida. Assim, quando se recebia um legado[1397] sob a condição de não se casar, quando um patrono fazia seu liberto jurar[1398] que não se casaria e que não teria filhos, a lei Papiana anulava[1399] tanto esta condição quanto este juramento. As cláusulas, *conservando viuvez*, estabelecidas entre nós, contradizem, portanto, o direito antigo e provêm das constituições dos imperadores, feitas com base nas ideias de perfeição.

Não há lei que contenha uma ab-rogação expressa dos privilégios e das honras que os romanos pagãos haviam concedido aos casamentos e ao número dos filhos, mas onde o celibato apresentava preeminência, não era possível mais que houvesse honra para o casamento; e, uma vez que

---

1392. Sazómeno, I, IX.

1393. Leg. 2 e 3, Código Teodosiano, *de jure lib.*

1394. Leg. Sancimus, Cód. *de nuptiis.*

1395. *Novela* CXXVII, III; *Novela* CXVIII, V.

1396. Ver *Institutas.* (N.T.)

1397. Leg. 54, ff. *de condit. et demonstr.*

1398. Leg. 5, § 4, *de jure patronat.*

1399. Paulo, nas suas *Sentenças*, III, título IV, § 15.

se pôde obrigar os contratadores a renunciar a tantos lucros pela abolição das penas, percebe-se que foi ainda mais fácil suprimir as recompensas.

A mesma razão de espiritualidade que levara à permissão do celibato logo impôs a necessidade do próprio celibato. Que Deus me livre de falar aqui contra o celibato adotado pela religião, mas quem poderia se calar contra aquele que foi formado pela libertinagem, aquele no qual os dois sexos, corrompendo-se pelos próprios sentimentos naturais, fogem de uma união que deve torná-los melhores para viver naquela que sempre os torna piores?

Há uma regra tirada da natureza segundo a qual quanto mais diminuímos o número de casamentos possíveis de serem feitos, mais corrompemos os que estão feitos; quanto menos pessoas casadas houver, menos fidelidade haverá nos casamentos, tal como, quando há mais ladrões, há mais roubos.

CAPÍTULO XXII — DO ABANDONO DOS FILHOS

Os primeiros romanos utilizaram uma excelente inspeção do abandono dos filhos. Rômulo, segundo Dionísio de Halicarnasso,[1400] impôs a todos os cidadãos a necessidade de educar todos os filhos do sexo masculino e as filhas primogênitas. Se os filhos fossem disformes e monstruosos, ele permitia que fossem abandonados após terem sido mostrados a cinco dos vizinhos mais próximos.

Rômulo não permitiu[1401] que se matasse nenhum filho que tivesse menos de três anos, e com isso conciliava a lei que conferia aos pais o direito de vida e morte sobre seus filhos com aquela que os proibia de abandoná-los.

Lê-se também em Dionísio de Halicarnasso[1402] que a lei que determinava que os cidadãos se casassem e educassem todos os seus filhos se achava em vigor no ano 277 de Roma, pelo que se percebe que a prática restringira a lei de Rômulo, a qual permitia abandonar as filhas mais novas.

Não temos conhecimento do que a Lei das Doze Tábuas, promulgada no ano 301 de Roma, estatuiu a respeito do abandono dos filhos, exceto por uma passagem de Cícero[1403] que, referindo-se ao tribunato do povo, diz que este, logo após seu nascimento, foi sufocado como a criança monstruosa da Lei das Doze Tábuas. Os filhos que não eram monstruosos eram,

---

1400. *Antiguidades romanas*, II.

1401. Ibidem.

1402. IX.

1403. III, *De legibus*, XIX.

portanto, conservados, e a Lei das Doze Tábuas nada mudou nas instituições precedentes.

"Os germanos", diz Tácito,[1404] "não abandonam seus filhos, e entre eles os bons costume têm mais força do que têm as boas leis em outros lugares". Havia, assim, entre os romanos, leis contra essa prática que não eram mais acatadas. Não é possível encontrar nenhuma lei[1405] romana que permitisse o abandono dos filhos. Tratou-se, sem dúvida, de um abuso introduzido nos últimos tempos, quando o luxo substituiu o conforto, quando as riquezas repartidas foram chamadas de pobreza, quando o pai acreditou ter perdido o que concedera à sua família e passou, então, a distinguir esta família de sua propriedade.

CAPÍTULO XXIII — DO ESTADO DO MUNDO APÓS A DESTRUIÇÃO DOS ROMANOS

As regras estabelecidas pelos romanos para aumentar o número de seus cidadãos surtiram o seu efeito enquanto sua república, na força de sua instituição, limitou-se a repor as perdas experimentadas por sua coragem, por sua audácia, por sua firmeza, por seu amor pela glória e mesmo por sua virtude. Mas não tardou para que as leis mais sábias não pudessem restabelecer o que uma república agonizante, o que uma anarquia geral, o que um governo militar, o que um Império inflexível, o que um despotismo soberbo, o que uma monarquia débil, o que uma corte estúpida, idiota e supersticiosa haviam sucessivamente destruído. Poder-se-ia dizer que tinham conquistado o mundo somente para debilitá-lo e deixá-lo sem defesa para os bárbaros. As nações godas,[1406] géticas, sarracenas e tártaras os abateram cada uma por sua vez; logo só restava aos povos bárbaros destruir outros povos bárbaros.[1407] Assim, no tempo das

---

1404. *De morib. Germ.*, XIX.

1405. Não há, inclusive, nenhum título a respeito disso no Digesto; o título do Código nada diz acerca disso, tampouco as *Novelas*.

1406. Entenda-se aqui por *nações godas* os povos germânicos. (N.T.)

1407. O leitor deve atentar para o fato de que o Império Romano do Oriente, sediado em Constantinopla, sobreviveu até o fim da Idade Média, quando, depois de vários assédios, Constantinopla foi subjugada pelos otomanos. Montesquieu se refere ao Império Romano Ocidental paulatinamente decadente tomado pelos bárbaros no século IV. Ele é, como tantos outros historiadores e pensadores políticos, um admirador da República romana, e não do Império Romano. Embora reconheça acertos políticos, administrativos e jurídicos de algumas figuras individuais de imperadores, especialmente os primeiros, como Augusto e Tibério e o próprio César, o período imperial de Roma marca para ele o início do declínio e dissolução graduais (a partir do áureo período da República sob os valores e instituições que caracterizaram a civilização romana) que conduziram Roma, em meio à corrupção dos costumes, aos desmandos

468 | O ESPÍRITO DAS LEIS

fábulas, após as inundações e os dilúvios, emergiram da terra homens armados que se exterminaram.

CAPÍTULO XXIV — TRANSFORMAÇÕES OCORRIDAS NA EUROPA RELATIVAMENTE AO NÚMERO DOS HABITANTES

No estado em que se encontrava a Europa, não era de se acreditar que pudesse se restabelecer, sobretudo quando sob Carlos Magno não constituiu mais do que um vasto Império. Mas, devido à natureza do governo de então, a Europa se dividiu numa infinidade de pequenas soberanias. E, como um senhor residia em seu povoado ou em sua cidade, como não era grande, rico, poderoso, que digo eu?... como não podia estar seguro, a não ser graças ao número de habitantes, cada um deles se devotou com atenção extraordinária a fazer florescer seu pequeno país, o que foi coroado de êxito a tal ponto que, a despeito das irregularidades do governo, a falta de conhecimentos que foram adquiridos posteriormente do comércio, o grande número de guerras e escaramuças que eclodiram incessantemente, houve na maioria das regiões da Europa mais indivíduos do que nelas há atualmente.[1408]

Não disponho de tempo para me aprofundar nesta matéria, mas citarei os prodigiosos exércitos dos cruzados, compostos de indivíduos de toda espécie. M. Pufendorf diz[1409] que no reinado de Carlos IX havia vinte milhões de seres humanos na França.

São as perpétuas reuniões de vários pequenos Estados que produziram esta diminuição. Outrora, cada aldeia francesa era uma capital: hoje só existe uma grande; cada parte do Estado era um centro de poder. Hoje tudo se relaciona a um centro, e este centro é, por assim dizer, o próprio Estado.

---

administrativos, ao desacato às leis, à desorganização marcial, etc., à sua fragilização e queda. Disso se depreende, embora Montesquieu não o afirme aqui explicitamente, que a civilização romana propriamente dita é para ele *pagã*, e não *cristã*, o que o leva a atribuir uma importância secundária ao Império Bizantino, que foi o Império Romano dos imperadores cristãos. Para a perfeita e completa compreensão desse tema do ponto de vista de Montesquieu, é indispensável a leitura e o estudo de sua obra *Considérations sur les causes de la grandeur des Romains et de leur décadence* (Montesquieu, *Considerações sobre as causas da grandeza dos romanos e de sua decadência*. São Paulo: Edipro, 2017.). (N.T.)

1408. Esta afirmação de Montesquieu é dúbia. Mais uma vez ele se baseava em fontes falhas ou pouco confiáveis. (N.T.)

1409. *Histoire de l'univers* (*História do Universo*), V: da França.

CAPÍTULO XXV — CONTINUAÇÃO DO MESMO ASSUNTO

É verdade que a Europa, há dois séculos, tem aumentado muito a sua navegação, o que lhe tem causado o ganho e a perda de habitantes. A Holanda envia todos os anos às Índias um grande número de marinheiros, dos quais revê apenas dois terços, o resto perecendo ou se estabelecendo nas Índias. O mesmo deverá acontecer aproximadamente com todas as outras nações que praticam esse comércio.

Não é apropriado julgar a Europa como um Estado particular que irá praticar sozinho uma grande navegação. Esse Estado receberá um incremento populacional porque todas as nações vizinhas virão participar dessa navegação; lá chegarão marinheiros de todos os lados. A Europa, separada do resto do mundo pela religião,[1410] por vastos mares e por desertos, não se repõe assim.

CAPÍTULO XXVI — CONSEQUÊNCIAS

De tudo isso é necessário concluir que a Europa está ainda hoje no caso de necessitar de leis que favoreçam a propagação da espécie humana. Tal como os políticos gregos[1411] insistem sempre nesse grande número de cidadãos que oneram a república, os políticos de hoje se limitam a falar de meios adequados para aumentá-lo.

CAPÍTULO XXVII — DA LEI FEITA NA FRANÇA PARA INCENTIVAR A PROPAGAÇÃO DA ESPÉCIE

Luís XIV[1412] determinou[1413] certas pensões para aqueles que tivessem dez filhos e outras ainda mais expressivas para aqueles que tivessem doze. Mas não se tratava de recompensar prodígios. Para incutir um certo espírito geral que acarretasse a propagação da espécie era imperioso estabelecer, como os romanos, recompensas gerais ou penas gerais.

1410. Os países muçulmanos a envolvem quase por todos os lados.

1411. Leia-se principalmente *teóricos políticos gregos*, pois esses cuidados e essas análises ocuparam muito mais homens como Platão, Aristóteles, Protágoras, que eram filósofos, mestres e preceptores e jamais exerceram cargos políticos (embora tenham influenciado enormemente grandes governantes e, eventualmente, redigido algum texto constitucional), do que legisladores como Drácon, Licurgo e Sólon e mesmo políticos profissionais como Efialtes e Péricles. (N.T.)

1412. Monarca francês de 1643 a 1715. Famoso pela frase "O Estado sou eu!", instaurou e preservou um longo período de governo monárquico absolutista na França. (N.T.)

1413. Edito de 1666 favorecendo os casamentos.

CAPÍTULO XXVIII — COMO SE PODE REMEDIAR O DESPOVOAMENTO

Quando um Estado se encontra despovoado em virtude de acidentes particulares, guerras, pestes, fome, há recursos. Os seres humanos que restam podem conservar o espírito do labor e da engenhosidade. Podem procurar reparar seus infortúnios e se tornar mais laboriosos por meio de sua própria calamidade. O mal quase incurável é quando o despovoamento é crônico, causado por um vício interior e um mau governo. Os seres humanos, nesse caso, perecem por meio de uma enfermidade insensível e habitual, ou seja, nascidos no langor e na miséria, na violência ou nos preconceitos do governo, veem-se aniquilados, com frequência, sem sentir as causas de seu aniquilamento. Os países assolados pelo despotismo ou pelas vantagens excessivas do clero sobre os leigos são dois grandes exemplos disso.

Para restabelecer um Estado assim despovoado, esperar-se-ia em vão o recurso das crianças que poderiam nascer. Não há mais tempo. Aos homens, no seu deserto, faltam coragem e engenhosidade. Dispondo de terras que poderiam alimentar um povo, mal se consegue nutrir uma família. A camada baixa da população destes países não participa sequer de sua miséria, dos terrenos baldios de que se acham repletos. O clero, o príncipe, as cidades, os grandes, alguns cidadãos principais se tornaram insensivelmente proprietários de toda a região, a qual é inculta; porém, as famílias destruídas deixaram pastagens e o trabalhador nada possui.

Nessa situação, seria necessário fazer, em toda a extensão do Império, aquilo que os romanos realizavam numa parte do seu: implantar na penúria dos habitantes o mesmo sistema que eles observavam na fartura; distribuir terras a todas as famílias que nada tinham; proporcionar-lhes os meios de as arar e cultivar. Esta distribuição deveria ser feita à medida que houvesse um homem pronto para ser seu receptor, de sorte que não se perdesse um único momento para o trabalho.[1414]

CAPÍTULO XXIX — DOS HOSPITAIS

Um homem não é pobre porque nada tem, mas porque não trabalha. Aquele que não possui bem algum e que trabalha vive tão confortavelmente quanto aquele que possui cem escudos de renda sem trabalhar. Aquele que nada possui e tem uma profissão não é mais pobre do que aquele que possui dez

---

1414. Montesquieu, como tantos pensadores de variadas nacionalidades, culturas e raças em todas as épocas da história da humanidade, não deixou de indicar aqui as diretrizes da reforma agrária, até hoje (alvorada do século XXI) meramente um sonho acalentado por milhões de trabalhadores em vários países do mundo. (N.T.)

jeiras de terra e deve lavrá-las para subsistir. O trabalhador que transmitiu aos seus filhos o seu ofício como herança legou-lhes um bem que se multiplica na razão de seu número. Não ocorre o mesmo com quem possui dez jeiras em glebas de terra para viver e as divide entre seus filhos.

Nos países que praticam o comércio, onde muitas pessoas só têm o seu ofício, o Estado é frequentemente obrigado a prover as necessidades dos velhos, dos enfermos e dos órfãos. Um Estado bem-organizado extrai esta subsistência dos próprios fundos dos ofícios; dá a uns os trabalhos de que são capazes; a outros, ensina a trabalhar, o que já constitui um trabalho.

Algumas esmolas que são dadas a um homem que se acha despido nas ruas não cumprem, de modo algum, as obrigações do Estado, que deve a todos os cidadãos uma subsistência assegurada, a alimentação, uma roupa conveniente e um gênero de vida que não contrarie a saúde.

Aureng-Zeb,[1415] a quem se perguntara por que não construía hospitais, respondeu:[1416] "Tornarei meu Império tão rico que ele não terá necessidade de hospitais!". Deveria ter dito "começarei por tornar meu Império rico e construirei hospitais".

As riquezas de um Estado supõem muito labor e habilidade. Não é possível que num número tão extenso de ramos do comércio não haja sempre algum que experimente dificuldade e no qual, consequentemente, os trabalhadores não estejam sofrendo uma necessidade momentânea.

É nestas ocasiões que o Estado precisa disponibilizar um socorro rápido, seja para prevenir o sofrimento do povo, seja para evitar que o povo se revolte: é neste caso que hospitais se fazem necessários, ou algum regulamento equivalente que possa prevenir esta miséria.

Mas, quando a nação é pobre, a pobreza particular deriva da miséria geral e é, por assim dizer, a miséria geral. Todos os hospitais do mundo não poderiam curar essa pobreza particular. Ao contrário, o espírito da indolência que inspiram faz crescer a pobreza geral e, por conseguinte, a particular.

Henrique VIII,[1417-1418] desejando reformar a Igreja da Inglaterra, destruiu a classe dos monges, classe de preguiçosos e que mantinha a preguiça alheia porque, praticando a hospitalidade, um sem-número de indivíduos ociosos, fidalgos e burgueses passavam a vida indo de mosteiro a mosteiro.

1415. Imperador mongol do Hindustão que ascendeu ao trono em 1659.

1416. Ver Chardin, *Viagem à Pérsia*, tomo VIII.

1417. Ver a *História da Reforma da Inglaterra*, de Burnet.

1418. Monarca inglês (de 1509 a 1547) que, por meio de sua reforma religiosa, rompeu com a Igreja Romana e criou a Igreja Anglicana. (N.T.).

Eliminou também os hospitais, onde os indivíduos da camada baixa da população encontravam sua subsistência, como os fidalgos encontravam a sua nos mosteiros. Depois destas mudanças, o espírito do comércio e do engenho se estabeleceu na Inglaterra.

Em Roma, os hospitais produzem o conforto de todos, salvo o dos que trabalham, salvo o dos que são esforçados e diligentes, salvo o dos que praticam os ofícios, salvo o dos que possuem terras, salvo o dos que praticam o comércio.

Eu disse que as nações ricas têm necessidade de hospitais porque a fortuna estava sujeita a mil acidentes, mas percebe-se que socorros passageiros valeriam bem mais do que estabelecimentos perpétuos. O mal é transitório, de forma que são necessários socorros da mesma natureza, e que sejam aplicáveis ao acidente particular.

QUINTA
PARTE

QUINTA
PARTE

LIVRO XXIV — DAS LEIS NA SUA RELAÇÃO COM A RELIGIÃO ESTABELECIDA EM CADA PAÍS, CONSIDERADA NAS SUAS PRÁTICAS E EM SI MESMA

CAPÍTULO I — DAS RELIGIÕES EM GERAL

Como se pode julgar, entre as trevas, as que são menos densas e, entre os abismos, os que são menos profundos, do mesmo modo podemos investigar entre as religiões falsas as que são mais conformes ao bem da sociedade; aquelas que, embora não surtam o efeito de conduzir os seres humanos às venturas da outra vida, podem, no máximo, contribuir para a felicidade deles nesta.

Não examinarei, portanto, as diversas religiões do mundo senão em relação ao bem que delas se aufere no estado civil, seja me referindo àquela que tem suas raízes no céu, seja me referindo àquelas que têm as suas na Terra.

Como nesta obra não sou teólogo, mas escritor político, poderá acontecer de surgirem coisas que serão inteiramente verdadeiras somente de uma maneira de pensar humana, não tendo sido consideradas na relação com as verdades mais sublimes.

Com respeito à verdadeira religião, bastará um pouco de equidade para ver que jamais pretendi fazer ceder seus interesses aos interesses políticos, mas, sim, uni-los... Ora, para uni-los, é preciso conhecê-los.

A religião cristã, que ordena aos seres humanos que se amem, quer, indubitavelmente, que todo povo disponha das melhores leis políticas e as melhores leis civis porque estas são, depois dela, o maior bem que os seres humanos podem dar e receber.

CAPÍTULO II — PARADOXO DE BAYLE

Bayle[1419] pretendeu provar que mais vale ser ateu do que idólatra, quer dizer, em outros termos, que é menos perigoso não ter religião alguma do

---

1419. *Pensées sur la comète, etc.* (*Pensamentos sobre o cometa, etc.*); *Continuation des pensées, etc.* (*Continuação dos pensamentos, etc.*). Tomo II.

que ter apenas uma má religião. "Preferiria", diz ele, "que de mim dissessem que não existo a dizerem que sou um homem mau".[1420] Isso não passa de um sofisma, fundado no fato de que não é de nenhuma utilidade ao gênero humano crer que um determinado homem existe, enquanto é muito útil crer que Deus existe. Da ideia de que ele não existe decorre a ideia de nossa independência, ou, se não pudermos ter esta ideia, aquela de nossa revolta. Dizer que a religião não é um motivo repressivo porque nem sempre reprime corresponde a dizer que as leis civis não são, tampouco, um motivo repressivo. Constitui um mal raciocinar contra a religião, reunir numa extensa obra uma longa enumeração dos males que ela produziu, se não fazemos igualmente a enumeração dos bens que ela produziu. Se eu desejasse narrar todos os males que produziram no mundo as leis civis, a monarquia, o governo republicano, diria coisas hediondas. Quando fosse inútil que os súditos tivessem uma religião, não seria que os príncipes a tivessem e alvejassem de espuma o único freio que aqueles que não temem, de modo algum, as leis humanas pudessem ter.

Um príncipe que ama a religião e que a teme é um leão que cede à mão que o acaricia ou à voz que o acalma; aquele que teme a religião e a odeia é como os animais selvagens que mordem a corrente que os impede de lançarem-se sobre aqueles que passam; aquele que não tem religião em absoluto é como o animal terrível que somente experimenta sua liberdade quando estraçalha e devora.

Não se trata da questão de saber se mais valeria que um certo homem ou que um certo povo não tivesse religião do que abusasse daquela que tem, mas sim de saber qual é o menor mal: abusar por vezes da religião ou ela não existir absolutamente entre os homens.

A fim de reduzir o horror do ateísmo, ataca-se demasiado a idolatria. Não é verdade que quando os antigos elevavam altares a algum vício isto significasse que amavam aquele vício; significava, ao contrário, que o abominavam. Quando os lacedemônios erigiram um templo ao Medo, não significava que essa nação belicosa lhe pedisse que tomasse, nos combates, os corações dos lacedemônios. Havia divindades às quais se pedia não inspirar o crime, e outras às quais se pedia para desviá-lo.

1420. Plutarco, citado por Francis Bacon em um dos seus famosos *Ensaios*, exprime uma reflexão muito semelhante: "Certamente seria melhor que se dissesse que Plutarco não existe do que ouvir dizer que há um homem com esse nome que devora os seus filhos ao nascerem, como, segundo atestam os poetas, fazia Saturno com os próprios filhos". (N.T.)

CAPÍTULO III — O GOVERNO MODERADO É MAIS CONVENIENTE À RELIGIÃO CRISTÃ, E O GOVERNO DESPÓTICO, À MUÇULMANA

A religião cristã está distanciada do despotismo puro porque, sendo a brandura tão recomendada no Evangelho, opõe-se à ira despótica com a qual o príncipe faria justiça e exerceria suas crueldades.

Proibindo esta religião a poligamia masculina, os príncipes que a adotam são menos voltados ao isolamento, menos apartados de seus súditos e, consequentemente, mais homens. São mais predispostos a fazer leis, inclusive as que eles próprios acatam, e mais capazes de sentir que não são onipotentes.

Enquanto os príncipes muçulmanos decretam continuamente a morte ou são por ela atingidos, a religião, entre os cristãos, torna os príncipes menos tímidos e, por conseguinte, menos cruéis. O príncipe conta com seus súditos, e os súditos, com o príncipe. Coisa admirável! A religião cristã, que parece não visar a outra meta senão a felicidade da outra vida, produz ainda nossa felicidade nesta.

É a religião cristã que, a despeito da extensão do Império e do vício do clima, impediu que o despotismo se estabelecesse na Etiópia e levou ao meio da África os costumes da Europa e suas leis.

O príncipe herdeiro da Etiópia desfruta de um principado e oferece aos outros súditos o exemplo do amor e da obediência. Bem próximo dali vê-se o maometanismo mandar prender os filhos do rei[1421] de Senar; por ocasião da morte deste, o Conselho decreta que sejam decapitados em favor daquele que sobe ao trono.

Que, de um lado, se coloque diante dos olhos as chacinas contínuas dos reis e dos líderes gregos e romanos e, do outro, a destruição dos povos e das cidades por esses mesmos líderes, Timur e Gengis Khan, que devastaram a Ásia, e veremos que devemos ao cristianismo, no governo, um certo direito político e, na guerra, um certo direito das gentes que a natureza humana não saberia reconhecer suficientemente.

É este direito das gentes que faz com que, entre nós, a vitória deixe aos povos vencidos estas grandes coisas: a vida, a liberdade, as leis, os bens e sempre a religião, quando nós próprios não nos deixamos tornar cegos.[1422]

1421. *Relato da Etiópia*, de autoria de Ponce, médico, na 4ª coleção das *Cartas edificantes*.

1422. O leitor, que é arguto e inteligente, pode facilmente entrever quão superficial, parcial e destituída de fundamentos é esta "análise" maniqueísta de Montesquieu. Embora as atrocidades perpetradas pelos pagãos sejam historicamente inegáveis, ele parece ignorar, no seu zelo inabalável para não desagradar o poderoso clero da Igreja Romana, que a Europa "cristã" foi,

478 | O ESPÍRITO DAS LEIS

Pode-se dizer que os povos da Europa não são hoje mais desunidos do que o eram na época do Império Romano, tornado despótico e militar, os povos e os exércitos ou, então, os exércitos entre si: de um lado os exércitos faziam a guerra entre si e, de outro, a eles eram concedidos o saque das cidades e a divisão ou confisco das terras.

CAPÍTULO IV — CONSEQUÊNCIA DO CARÁTER DA RELIGIÃO CRISTÃ E DAQUELE DA RELIGIÃO MUÇULMANA

Diante do caráter da religião cristã e o da muçulmana, deve-se, sem ulterior exame, adotar uma e rejeitar a outra, pois nos parece muito mais evidente que uma religião deva abrandar os costumes dos homens do que a questão de ser verdadeira.

Constitui uma infelicidade para a natureza humana uma religião ser dada por um conquistador. A religião de Maomé, que se limita a falar do gládio, igualmente atua sobre os homens com esse espírito destrutivo que a fundou.

A história de Sabacon,[1423] um dos reis pastores, é admirável. O deus de Tebas lhe apareceu em sonho e ordenou que providenciasse a morte de todos os sacerdotes do Egito. Sabacon julgou que os deuses não consideravam mais agradável que ele reinasse, já que ordenavam coisas tão contrárias à sua vontade ordinária. E retirou-se para a Etiópia.

---

sobretudo antes do século XVIII, campeã em matéria de intolerância religiosa, e ele dá a impressão de que a célebre *Noite de São Bartolomeu* foi apenas um episódio isolado e esporádico ocorrido na Europa. Ora, todos nós sabemos que a Igreja "cristã", desde os seus primórdios, quando foi estabelecida e organizada, já principiou atuando com sectarismo e intolerância. Os gnósticos foram intimidados e ameaçados, os albigenses e cátaros, perseguidos e mortos, os dirigentes templários, queimados a fogo lento. Não nos deteremos em meio milênio de autos de fé e suplícios de muitos milhares de hereges (feiticeiras, astrólogos, magos, alquimistas, profetas, filósofos e tantos outros), pois isso é sobejamente conhecido pela posteridade, como *já era o suficiente* por Montesquieu. É absolutamente imperioso distinguir-se sempre a *proposta e a mensagem cristã do Evangelho* (muito provavelmente as mais singelas, sublimes e grandiosas, já que fundadas precisamente no amor, na solidariedade, no perdão e na *tolerância*) do *cristianismo oficial da Igreja medieval e moderna e seus métodos*. Nenhuma outra religião sobre a face da Terra (nem mesmo o bramanismo oficial do século V a.C. na Índia, contra o qual reagiu Sidarta Gautama) foi utilizada tão dissimuladamente para promover guerras e morticínios, com objetivos *bem pouco religiosos e espirituais,* quanto o cristianismo da Igreja Romana. (N.T.)

1423. Ver Diodoro, I, XVIII.

CAPÍTULO V — A RELIGIÃO CATÓLICA É MAIS CONVENIENTE A UMA MONARQUIA E A PROTESTANTE SE AJUSTA MELHOR A UMA REPÚBLICA

Quando uma religião nasce e se forma num Estado, segue de ordinário o plano do governo onde se acha estabelecida, pois os homens que a recebem e aqueles que a fazem receber não têm outras ideias de organização e administração senão aquelas pertencentes ao Estado em que nasceram.

Quando a religião cristã sofreu, há dois séculos, essa lamentável cisão que a dividiu em católica e protestante, os povos do norte adotaram o protestantismo e os do sul mantiveram o catolicismo.

É que os povos do norte têm e sempre terão um espírito de independência e de liberdade que os povos do sul não têm, e uma religião que não possui chefe visível convém mais à independência do clima do que aquela que dispõe de um chefe visível.

Nos próprios países onde a religião protestante se estabeleceu, as revoluções foram feitas no plano do Estado político. Tendo Lutero[1424] ao seu favor grandes príncipes, não teria podido fazê-los desfrutar uma autoridade eclesiástica que não detivesse preeminência exterior; e Calvino,[1425] tendo ao seu lado povos que viviam em repúblicas, ou burgueses obscurecidos em monarquias, podia muito bem não estabelecer preeminências e dignidades.

Cada uma dessas duas religiões[1426] podia achar que era a mais perfeita; a calvinista julgando-se mais conforme ao que Jesus Cristo dissera, e a luterana ao que os apóstolos haviam realizado.

CAPÍTULO VI — OUTRO PARADOXO DE BAYLE

Após ter insultado todas as religiões, Bayle difamou a religião cristã, ousando aventar que verdadeiros cristãos não formariam um Estado que pudesse subsistir. Por que não? Seriam cidadãos infinitamente esclarecidos sobre seus deveres e que teriam um enorme zelo no sentido de cumpri-los; perceberiam muito bem os direitos da defesa natural; quanto mais acreditassem dever à religião, mais pensariam dever à pátria. Os princípios do cristianismo, bem gravados no coração, seriam infinitamente mais fortes

---

1424. Martinho Lutero (1483-1546), clérigo e reformador religioso na Alemanha que deu origem à Igreja Protestante. (N.T.)

1425. João Calvino (1509-1564), líder religioso protestante divergente de Lutero. Criou uma seita protestante nova. (N.T.)

1426. A usual falta de rigor terminológico e conceitual de Montesquieu. O luteranismo e o calvinismo não são propriamente religiões, mas, sim, seitas religiosas. (N.T.)

480 | O ESPÍRITO DAS LEIS

do que essa falsa honra das monarquias, essas virtudes humanas das repúblicas e esse temor servil dos Estados despóticos.

É surpreendente que se possa imputar a esse grande homem haver desprezado o espírito de sua própria religião; que não tenha sabido distinguir as ordens para o estabelecimento do cristianismo do próprio cristianismo nem os preceitos do Evangelho dos seus conselhos. Se o legislador, em lugar de proporcionar leis, deu conselhos, é porque percebeu que estes conselhos, se fossem ordenados como leis, seriam contrários ao espírito de suas leis.

CAPÍTULO VII — DAS LEIS DE PERFEIÇÃO NA RELIGIÃO

As leis humanas, feitas para falar ao espírito, devem fornecer preceitos, e não conselhos; a religião, feita para falar ao coração, deve fornecer muitos conselhos e poucos preceitos.[1427]

Quando, por exemplo, ela fornece regras, não para o bem, mas para o melhor; não para o que é bom, mas para o que é perfeito, é conveniente que se trate de conselhos, e não de leis, pois a perfeição não concerne à universalidade humana nem à das coisas. Ademais, se tratar-se de leis, delas será necessária uma infinidade de outras para se fazer obedecer às primeiras. O celibato foi um conselho do cristianismo: quando, em relação a ele, se fez uma lei para uma certa ordem de pessoas,[1428] foi necessário a cada dia elaborar outras novas,[1429] a fim de reduzir os homens à observação daquela primeira lei. O legislador cansou-se, cansou a sociedade, visando fazer que os homens executassem por preceito aquilo que os que amam a perfeição teriam executado como conselho.

CAPÍTULO VIII — DO ACORDO DAS LEIS DA MORAL COM AS DA RELIGIÃO

Num país no qual se suporta a infelicidade de ter uma religião que não foi concedida por Deus, é sempre necessário que ela esteja de acordo com a moral, porque a religião, mesmo falsa, constitui a melhor garantia de que os seres humanos possam ter a probidade que lhes é própria.

1427. Montesquieu se baseia na distinção, do ponto de vista religioso, do *conselho*, a observação da autoridade religiosa que contém meramente uma advertência (não sendo, portanto, compulsório), e no *preceito*, que encerra um comando. (N.T.)

1428. Ou seja, os sacerdotes e religiosos em geral. (N.T.)

1429. Ver a *Bibliothèque des auteurs ecclésiastiques du sixième siècle* (*Biblioteca dos autores eclesiásticos do século VI*), tomo V, de autoria de Dupin.

Os pontos principais da religião dos povos de Pegu são: não matar, não furtar, evitar a impudicícia, não causar nenhum desprazer ao próximo e fazer-lhe, pelo contrário, todo o bem possível.[1430] Com isto creem que haverá salvação em qualquer religião que seja, o que faz com que eles, ainda que altivos e pobres, tenham brandura e compaixão com os infelizes.

CAPÍTULO IX — DOS ESSÊNIOS

Os essênios[1431] faziam o voto de observar a justiça em relação aos seres humanos; de não causar mal a ninguém, mesmo se obedecendo a outrem; de abominar as injustiças; de agir com boa-fé em relação a todos; de exercer o comando com modéstia; de tomar sempre o partido da verdade; de se esquivar a todo ganho ilícito.

CAPÍTULO X — DA SEITA ESTOICA

As diversas seitas filosóficas entre os antigos podiam ser consideradas como espécies de religião.[1432] E jamais houve uma cujos princípios fossem mais dignos do ser humano e mais adequados a formar homens de bem do que a dos estoicos; e, se eu pudesse por um momento deixar de pensar que sou cristão, não poderia deixar de classificar a destruição da seita de Zenão[1433] como um dos infortúnios do gênero humano.

A seita dos estoicos só exagerava as coisas nas quais existe grandeza: o desprezo pelos prazeres e pela dor. Ela, exclusivamente, sabia construir cidadãos; ela, exclusivamente, formava os grandes homens; ela, exclusivamente, formava os grandes imperadores.

Fazei, por um instante, abstração das verdades reveladas; procurai em toda a natureza e nela não descobrireis nada superior aos Antoninos; o próprio Juliano... Juliano (um sufrágio assim extraído não me tornará cúmplice de sua apostasia), não, não houve depois dele nenhum outro príncipe mais digno de governar os homens.

1430. *Coleção das viagens que serviram ao estabelecimento da Companhia das Índias*, tomo III, parte I.

1431. Seita judaica de costumes particularmente austeros.

1432. Nesse sentido e acerca do estoicismo em geral, recomendamos a leitura de George Stock, *O estoicismo*, São Paulo: Edipro, 2022. (N.T.)

1433. Zenão de Cítio (334-? a.C.), fundador da Escola estoica em Atenas por volta de 300 a.C. (N.T.)

Ao mesmo tempo que os estoicos consideravam como vãos as riquezas, as grandezas humanas, a dor, as angústias, os prazeres, mantinham-se ocupados em trabalhar em prol da felicidade humana, em exercer os deveres da sociedade: parecia que encaravam esse espírito sagrado que acreditavam estar neles mesmos como uma espécie de providência favorável que velava pelo gênero humano.

Nascidos para a sociedade, todos eles acreditavam que seu destino era trabalhar para ela, algo tanto menos pesado, na medida em que suas recompensas já se achavam todas neles mesmos; afortunados tão somente por sua filosofia, parecia que apenas a felicidade de outrem pudesse aumentar a deles.

CAPÍTULO XI — DA CONTEMPLAÇÃO

Tendo sido feitos os seres humanos para se conservarem, para se nutrirem, para se vestirem e realizarem todas as ações da sociedade, não cabe à religião lhes proporcionar uma vida excessivamente contemplativa.[1434-1435]

Os maometanos tornam-se contemplativos por hábito; oram cinco vezes por dia e cada vez que isto acontece é necessário que executem um ato pelo qual lançam para trás tudo que pertence a este mundo, o que os forma para a contemplação. Que se junte a isto esta indiferença por todas as coisas que é estabelecida pelo dogma de um destino inflexível.[1436]

Se, acrescendo-se a isso, outras causas concorrem para lhes inspirar o desapego, como se a dureza do governo, como se as leis que tangem às propriedades transmitissem uma pobreza de espírito, então tudo está perdido.

A religião dos guebros outrora tornou florescente o reino da Pérsia; corrigiu os maus efeitos do despotismo. A religião maometana hoje destruiu esse mesmo Império.

CAPÍTULO XII — DAS PENITÊNCIAS

É bom que as penitências estejam associadas à ideia de trabalho, e não à ideia de ociosidade; à ideia do bem, e não à ideia do extraordinário; à ideia de frugalidade, e não à ideia de avareza.

1434. É o inconveniente da doutrina de Foë e de Laockium.

1435. Foë e Laockium são respectivamente Sidarta Gautama (o Buda) e Lao-Tsé. (N.T.)

1436. Ou seja, se tudo está irreversivelmente predeterminado, qualquer ação humana é necessariamente inútil e incapaz de alterar o que ocorrerá em nossas existências (que *já* está escrito e predefinido). O resultado é, como diz Montesquieu, uma conduta individual caracterizada pela indiferença. (N.T.)

CAPÍTULO XIII — DOS CRIMES INEXPIÁVEIS

Parece, conforme uma passagem dos livros dos pontífices, relatada por Cícero,[1437] que havia entre os romanos crimes[1438] inexpiáveis; e é sobre essa base que Zózimo alicerça a narrativa tão apropriada ao envenenamento dos motivos da conversão de Constantino, e Juliano, esse amargo escárnio que faz dessa mesma conversão em seus *Césares*.

A religião pagã, que proibia apenas alguns crimes grosseiros, que detinha a mão e abandonava o coração, podia ter crimes inexpiáveis. Mas uma religião que envolve todas as paixões; que não é mais ciosa das ações do que dos desejos e dos pensamentos; que não nos mantém presos somente por algumas cadeias, mas por um número incontável de fios; que deixa atrás de si a justiça humana e instaura uma outra justiça; que é feita para conduzir incessantemente do arrependimento ao amor e do amor ao arrependimento; que coloca entre o juiz e o criminoso um grande mediador, entre o justo e o mediador, um grande juiz: uma tal religião não deve ter crimes inexpiáveis. Porém, embora ela proporcione temores e esperanças a todos, faz sentir suficientemente que, se não há crime que, por sua natureza, seja inexpiável, toda uma vida pode sê-lo; que seria muito perigoso atormentar de maneira incessante a misericórdia por meio de novos crimes e novas expiações; que na inquietude das antigas dívidas, jamais quites com o Senhor, devemos temer contrair novos débitos, exceder a medida e ir até o termo onde a bondade paterna finda.

CAPÍTULO XIV — COMO A FORÇA DA RELIGIÃO SE APLICA ÀQUELA DAS LEIS CIVIS

Como a religião e as leis civis devem tender principalmente a tornar os homens bons cidadãos, percebe-se que, se uma das duas se afastar desta meta, a outra deverá tender mais para a meta: quanto menos repressora for a religião, mais deverão as leis civis reprimir.

Assim, no Japão, não contendo a religião dominante quase nenhum dogma e não propondo nenhum paraíso ou inferno, as leis, objetivando suprir esta lacuna, foram feitas com a marca da severidade e são aplicadas com pontualidade extraordinária.

1437. Livro II de *Das Leis*, XXII.

1438. *Sacrum commissum, quod neque expiari poterit, impie commissum est; quod expiari poterit publici sacerdotes expianto.*

Quando a religião estabelece o dogma da necessidade[1439] das ações humanas, as penas das leis devem ser mais severas, e sua supervisão, mais vigilante, para que os seres humanos, os quais sem isso se abandonariam a si mesmos, sejam determinados por esses motivos; mas, se a religião estabelece o dogma da liberdade, é diferente.

Da indolência da alma nasce o dogma da predestinação de Maomé, e do dogma da predestinação nasce a indolência da alma. E se diz: isto está nos decretos de Deus e, portanto, é preciso permanecer em repouso. Em tal caso, é preciso estimular os homens adormecidos na religião através das leis.

Quando a religião condena coisas que as leis civis devem permitir, é perigoso as leis civis não permitirem, por seu lado, o que a religião deve condenar, uma dessas coisas marcando sempre um defeito de harmonia e de justeza nas ideias, a qual atinge a outra.

Assim, os tártaros[1440] de Gengis Khan, entre os quais constituía um pecado e, até, um crime capital, colocar uma faca no fogo, apoiar-se num látego, bater num cavalo com sua rédea, quebrar um osso mediante um outro, não acreditavam que fosse um pecado violar a fé, arrebatar os bens alheios, ferir um ser humano, matá-lo. Numa palavra, as leis que fazem que seja visto como necessário o que é indiferente apresentam esse inconveniente, a saber, fazem com que seja visto como indiferente o que é necessário.

O povo de Formosa[1441] crê numa espécie de inferno, mas este serve para punir aqueles que deixaram de andar nus em certas estações, aqueles que envergaram roupas de linho, e não de seda, que se puseram a procurar ostras, que agiram sem consultar o canto dos pássaros; e, entretanto, não consideram que seja pecado a embriaguez e o desregramento com as mulheres; crêem, mesmo, que os deboches de seus filhos são agradáveis aos deuses.

Quando a religião justifica por uma coisa acidental, perde inutilmente o maior impulso existente entre os seres humanos. Crê-se, entre os indianos, que as águas do Ganges detêm uma virtude santificadora;[1442] aqueles que morrem às suas margens são considerados isentos das penas da outra

---

1439. Ou seja, tudo o que o ser humano faz já está predeterminado por um poder distinto dele e que o transcende, não sendo expressão alguma de sua vontade livre. *Necessidade* aqui corresponde ao *anagké* dos gregos e ao *fatum* dos latinos: fatalidade. (N.T.)

1440. Ver o relato de Jean Duplan Carpin, enviado para a Tartária pelo papa Inocêncio IV em 1246.

1441. *Coleção das viagens que serviram ao estabelecimento da Companhia das Índias*, tomo V, parte I.

1442. *Cartas edificantes*, 15ª coleção.

vida e devem habitar uma região repleta de delícias; enviam-se, dos lugares mais remotos, urnas cheias de cinzas dos mortos para que sejam lançadas no Ganges. Que importa que se viva virtuosamente ou não? Providencia-se para que se seja lançado ao Ganges.

A ideia de um lugar de recompensa acarreta necessariamente a ideia de uma estada de penas; e quando se espera um sem temer a outra, as leis civis não detêm mais força. Os indivíduos que acreditam em recompensas certas na outra vida escaparão ao legislador, pois experimentam demasiado desprezo pela morte. Qual o meio de conter, por intermédio das leis, um homem que acredita estar certo de que a maior pena que os magistrados poderão lhe infligir terminará em algum momento para dar início à sua felicidade?

CAPÍTULO XV — COMO AS LEIS CIVIS POR VEZES CORRIGEM AS FALSAS RELIGIÕES

O respeito pelas coisas antigas, pela simplicidade ou pela superstição, algumas vezes, estabeleceu mistérios ou cerimônias capazes de chocar o pudor, do que os exemplos não foram raros no mundo. Aristóteles[1443] diz que, neste caso, a lei permite que os pais de família compareçam ao templo a fim de celebrar esses mistérios para suas mulheres e seus filhos. Lei civil admirável que preserva os costumes contra a religião!

Augusto[1444] proibiu os jovens de ambos os sexos de assistirem a qualquer cerimônia noturna se não estivessem acompanhados por um parente mais velho; e quando restabeleceu as festas lupercais,[1445] não admitiu que os jovens corressem nus.

CAPÍTULO XVI — COMO AS LEIS DA RELIGIÃO CORRIGEM OS INCONVENIENTES DA CONSTITUIÇÃO POLÍTICA

Por outro lado, a religião pode dar respaldo ao Estado quando as leis se revelam impotentes.

Assim, quando o Estado é frequentemente agitado por guerras civis, a religião muito fará se estabelecer que alguma parte desse Estado permaneça sempre em paz. Entre os gregos, os eleatas, na qualidade de sacerdotes

---

1443. *Política*, VII, XVII.

1444. Suetônio, em *Augusto*, XXXI.

1445. Ibidem.

de Apolo, fruíam de uma paz eterna. No Japão,[1446] deixa-se sempre em paz a cidade de Meaco, que é uma cidade santa; a religião mantém esta regra; e este Império, que parece estar só na Terra, que não tem nem deseja ter qualquer recurso do estrangeiro, sempre teve no seu seio um comércio que a guerra não arruína.

Nos Estados em que as guerras não são travadas com base numa deliberação comum, e onde as leis não dão margem a meio algum de dar-lhes um desfecho ou preveni-las, a religião estabelece períodos de paz ou de trégua para que o povo possa fazer as coisas sem as quais o Estado não poderia subsistir, como as sementeiras e as atividades semelhantes.

Todo ano, durante quatro meses, toda hostilidade cessava entre as tribos árabes:[1447] a menor perturbação constituía uma impiedade. Quando cada senhor fazia na França a guerra ou a paz, a religião estabelecia as tréguas, as quais deviam ocorrer em certas estações.

CAPÍTULO XVII — CONTINUAÇÃO DO MESMO ASSUNTO

Quando há muitos motivos de ódio no interior de um Estado, é necessário que a religião forneça muitos expedientes de reconciliação. Os árabes, povo de salteadores, agrediam-se frequentemente através de injúrias e injustiças. Maomé[1448] fez a lei seguinte: "Se alguém perdoar o sangue de seu irmão,[1449] poderá processar o malfeitor por perdas e danos, mas aquele que fizer mal ao perverso, após receber satisfação dele, sofrerá no dia do juízo tormentos dolorosos".

Entre os germanos, herdavam-se ódios e inimizades dos próximos, mas estes não eram eternos. Expiava-se o homicídio dando uma certa quantidade de gado e toda a família recebia a reparação, "coisa utilíssima", diz Tácito,[1450] "porque as inimizades são mais perigosas no seio de um povo livre". Estou convicto de que os ministros da religião, que gozam de tanto crédito entre si, participavam nestas reconciliações.

1446. *Coleção das viagens que serviram ao estabelecimento da Companhia das Índias*, tomo IV, parte I.

1447. Ver Prideaux, *Vida de Maomé*.

1448. No *Corão*, I, capítulo "Da vaca".

1449. Renunciando à lei de talião.

1450. *De moribus Germ.*, XXI.

Entre os malaios,[1451] onde não vigora a reconciliação, aquele que houver matado alguém, certo de que será assassinado pelos parentes ou amigos do morto, entrega-se ao seu furor, fere e mata todos que encontra em seu caminho.

CAPÍTULO XVIII — COMO AS LEIS DA RELIGIÃO EXERCEM O EFEITO DAS LEIS CIVIS

Os primeiros gregos eram formados por pequenos grupos constantemente dispersos, corsários no mar, injustos na terra, incivilizados e sem leis. As belas ações de Hércules e de Teseu mostram o estado em que se encontrava esse povo incipiente. O que podia fazer a religião, o que fez para incutir o horror ao assassinato? Estabeleceu que um homem morto pela violência[1452] ficava logo encolerizado com o seu assassino, inspirando-lhe perturbação e terror, além de querer que ele lhe cedesse os lugares que frequentara; não se podia tocar o criminoso, nem com ele conversar, sem com isso tornar-se maculado[1453] ou intestável; a presença do assassino devia ser poupada à cidade e ele precisava expiá-la.[1454]

CAPÍTULO XIX — É MENOS A VERDADE OU A FALSIDADE DE UM DOGMA QUE O TORNA ÚTIL OU PERNICIOSO AOS SERES HUMANOS NO ESTADO CIVIL DO QUE O USO OU O ABUSO QUE DELE SE FAZ

Os dogmas mais verdadeiros e os mais santos podem produzir péssimas consequências quando não são ligados aos princípios da sociedade; e, ao contrário, os mais falsos dogmas podem surtir admiráveis efeitos se fizermos com que se relacionem a esses mesmos princípios.[1455]

A religião de Confúcio nega a imortalidade da alma, e a seita de Zenão nela não acreditava. Quem o diria? Estas duas seitas fizeram derivar

---

1451. *Coleção das viagens que serviram ao estabelecimento da Companhia das Índias*, tomo VII. Ver também as *Memórias do Conde de Forbin* e o que ele diz sobre os *macassars*.

1452. Platão, *As Leis*, Livro IX.

1453. Ver a tragédia *Édipo em Colona*. [De Sófocles. (N.T.)]

1454. Mais precisamente, precisava *submeter-se à purificação*. Ver *As Leis*, Platão, Livro IX. (N.T.)

1455. No início deste livro, Montesquieu afirma que nesta obra *ele não é teólogo, mas escritor político*. É em coerência com esta afirmação que o leitor deve entender e estudar estas suas considerações sobre as religiões. Nesse sentido, por exemplo, cumpre assinalar que, do ponto de vista teológico, não há dogmas *verdadeiros* ou *falsos*, mas *simplesmente* dogmas. (N.T.)

488 | O ESPÍRITO DAS LEIS

de seus maus princípios consequências não justas, mas admiráveis para a sociedade.

A religião dos Tao e dos Foë[1456] crê na imortalidade da alma, mas deste dogma tão santo derivaram consequências horríveis.[1457]

Quase em todo o mundo, e em todos os tempos, a opinião da imortalidade da alma, mal compreendida, levou esposas, escravos, súditos, amigos a se matarem para ir servir no outro mundo àquele que era o objeto de seu respeito ou de seu amor. Assim era nas Índias ocidentais; assim era entre os dinamarqueses[1458] e assim ainda é hoje no Japão,[1459] em Macassar[1460] e em vários outros lugares da Terra.

Estes costumes emanam menos diretamente do dogma da imortalidade da alma do que daquele da ressurreição dos corpos; do que se tirou a conclusão de que, após a morte, um mesmo indivíduo teria as mesmas necessidades, os mesmos sentimentos, as mesmas paixões. Desse ponto de vista, o dogma da imortalidade da alma afeta os seres humanos prodigiosamente, porque a ideia de uma simples mudança de morada está mais ao alcance de nossa mente e lisonjeia mais o nosso coração do que a ideia de uma nova transformação.

Não basta que uma religião estabeleça um dogma. É preciso que também o dirija. É o que fez admiravelmente bem a religião cristã no tocante aos dogmas de que falamos; ela nos faz esperar um estado em que cremos,

---

1456. O tom de Montesquieu é levemente desdenhoso. Ele se refere aos filósofos chineses vinculados ao taoismo e a Sidarta (o Buda), seus discípulos diretos (disseminadores do budismo original ou *theravada*, a doutrina dos velhos) e, presumivelmente, aos diversos sábios e poetas indianos que transferiram ao longo dos séculos a doutrina budista (a qual se desdobrou e assumiu as mais diversas formas, inclusive em função de aclimatação cultural) por toda a Ásia e até mesmo além desse continente. Provavelmente também tivesse em mente os *bodhisatvas* e os *arhats*, figuras místicas ligadas ao Grande Veículo (*Mahayana*) e ao Pequeno Veículo (*Hinayana*), que foram os dois principais movimentos que transformaram a doutrina e a mensagem do Buda em instituições religiosas com toda a sua estrutura (templos, deuses, hierarquia sacerdotal, liturgias, dogmas, etc.). (N.T.)

1457. Um filósofo chinês argumenta nos seguintes termos contra a doutrina de Foë: "É dito num livro dessa seita que nosso corpo é nosso domicílio, e a alma, hóspede imortal que aí se aloja; mas, se o corpo de nossos pais não passa de um alojamento, é natural que se o considere com o mesmo desprezo que dedicamos a um monte de lama e de terra. Não é isso querer arrancar do coração a virtude do amor dos pais? Isso leva, também, a negligenciar o cuidado do corpo, recusando a ele a compaixão e a afeição tão necessárias à sua conservação; assim, os discípulos de Foë se matam aos milhares". Obra de um filósofo chinês na coleção de Du Halde, tomo III.

1458. Ver Thomas Bartholin, *Antiquités danoises* (*Antiguidades dinamarquesas*).

1459. Relato sobre o Japão na *Coleção das viagens que serviram ao estabelecimento da Companhia das Índias*.

1460. Memórias de Forbin.

não um estado que sentimos ou que conhecemos; tudo, até a ressurreição dos corpos, nos conduz a conceitos espirituais.

CAPÍTULO XX — CONTINUAÇÃO DO MESMO ASSUNTO

Nos livros sagrados[1461] dos antigos persas se dizia: "Se quiserdes ser santo, instruí vossos filhos, porque todas as boas ações que eles realizarem serão a vós imputadas". Aconselhavam a casar-se cedo porque, assim, os filhos seriam como uma ponte no dia do juízo, e aqueles que não tivessem filhos não poderiam por ela passar. Esses dogmas eram falsos, porém muito úteis.

CAPÍTULO XXI — DA METEMPSICOSE

O dogma da imortalidade da alma se divide em três ramos: o da imortalidade pura, o da simples mudança de morada e o da metempsicose, isto é, o sistema dos cristãos, o sistema dos citas e o sistema dos indianos. Acabo de me referir aos dois primeiros e direi do terceiro que, como foi bem e mal dirigido, produz nas Índias bons e maus efeitos. Como transmite aos seres humanos um certo horror ao derramamento do sangue, nas Índias a ocorrência de assassinatos é muito rara; e, ainda que não haja a pena de morte, todos vivem tranquilos.

Por outro lado, as mulheres nas Índias se lançam às chamas por ocasião da morte dos maridos: aí somente os inocentes sofrem uma morte violenta.

CAPÍTULO XXII — DE QUANTO É PERIGOSO A RELIGIÃO INSPIRAR O HORROR PELAS COISAS INDIFERENTES

Uma certa honra que os preconceitos da religião estabelece nas Índias faz com que as diversas castas tenham horror umas pelas outras. Essa honra está unicamente fundada na religião; estas distinções de família não constituem distinções civis. Há indianos que se considerariam desonrados se tivessem que comer em companhia de seu rei.

Esses tipos de distinções estão ligados a uma certa aversão pelos outros seres humanos, bem diferente dos sentimentos que devem fazer nascer as diferenças das posições, que entre nós encerram o amor pelos inferiores.

1461. Hyde, *De Religione veterum Persarum*, em *Sad-der*.

490 | O ESPÍRITO DAS LEIS

As leis da religião evitarão que se inspire outro desprezo senão aquele ao vício, e, sobretudo, que se afastem os seres humanos do amor e da compaixão entre si.

A religião muçulmana e a religião indiana contêm, em seu seio, um número infinito de povos. Os indianos odeiam os muçulmanos porque estes comem a carne de vaca; os muçulmanos detestam os indianos porque estes comem a carne de porco.

CAPÍTULO XXIII — DAS FESTAS

Quando uma religião ordena a cessação do trabalho, deve se ater mais às necessidades humanas do que à grandeza do ser ao qual presta honras.

Em Atenas constituía um grande inconveniente[1462] o número excessivo de festividades. Junto a este povo dominador, ao qual todas as cidades da Grécia deviam levar as suas questões, não havia tempo suficiente para os negócios.

Quando Constantino estabeleceu que se folgasse no domingo, produziu essa ordenação para as cidades,[1463] e não para os povos do campo. Ele compreendia que nas cidades estavam os labores úteis e no campo os labores necessários.

Pela mesma razão, nos países que se mantêm graças ao comércio, o número de festas deve ser relativo a este próprio comércio. Os países protestantes e os países católicos estão situados[1464] de maneira que se experimenta mais necessidade de trabalho nos primeiros do que nos segundos. A supressão das festas convinha, portanto, mais aos países protestantes do que aos católicos.

Dampierre[1465] observa que os divertimentos dos povos variam bastante segundo os climas. Como os climas quentes produzem quantidade copiosa de frutos delicados, os bárbaros, que logo encontram o necessário para se alimentar, dispõem de mais tempo para o empregar no seu entretenimento. Os indianos dos países frios[1466] não dispõem de tanto lazer, pois são obrigados a pescar e caçar continuamente, havendo, assim, entre eles menos danças, música e festins, e uma religião que se estabelecesse junto a esses povos deveria levar isso em consideração no que toca à instituição de festas.

1462. Xenofonte, *Da República de Atenas*, III, § 8.

1463. Lei 3. Cód. *de feriis*. Essa lei foi feita, sem dúvida, apenas para os pagãos.

1464. Os católicos estão mais ao sul, e os protestantes, mais ao norte.

1465. *Nouveau voyages autour du monde* (*Novas viagens ao redor do mundo*), tomo II.

1466. Montesquieu, como já esclarecemos, está ainda preso à geopolítica da era dos descobrimentos. Ele se refere aqui aos indígenas da América do Norte. (N.T.)

CAPÍTULO XXIV — DAS LEIS RELIGIOSAS LOCAIS

Há muitas leis locais nas diversas religiões. E quando Montezuma[1467] obstinou-se tanto em dizer que a religião dos espanhóis era boa para o país deles e a do México boa para o seu, não afirmava um absurdo, porque, de fato, os legisladores não puderam se impedir de levar em consideração o que a natureza estabelecera antes deles.

O ponto de vista da metempsicose foi feito para o clima das Índias. O calor escaldante incinera[1468] todos os campos; aí só é possível alimentar escassa quantidade de gado; corre-se sempre o risco de que possa faltar gado para o trabalho da lavoura; os bois multiplicam-se mediocremente[1469] e estão sujeitos a uma profusão de doenças. Uma lei religiosa que os preserve é, portanto, muito conveniente para o tipo de civilização do país.

Enquanto as planícies são queimadas, o arroz e os legumes crescem fartamente graças à água que se pode empregar nesse país. Uma lei religiosa que permite apenas este tipo de alimentação é, portanto, utilíssima aos seres humanos nesses climas.

A carne[1470] dos animais não tem sabor, e o leite e a manteiga que deles é originada compõem parte da subsistência do povo indiano. A lei que proíbe comer a carne bovina e abater as vacas não é, portanto, destituída de razoabilidade nas Índias.

Atenas encerrava em si um povo numeroso; seu território era estéril: ali constituía uma máxima religiosa que aqueles que ofereciam aos deuses certas pequenas dádivas prestavam-lhes maiores honras[1471] do que aqueles que lhes imolavam bois.

CAPÍTULO XXV — INCONVENIENTES DA TRANSFERÊNCIA DE UMA RELIGIÃO DE UM PAÍS PARA OUTRO

Segue-se daí que há com muita frequência muitos inconvenientes quanto a transferir uma religião[1472-1473] de um país para outro.

1467. Soberano do povo asteca do México. Deposto por Cortez em 1520. (N.T.)

1468. *Voyage* (*Viagem*) de Bernier, tomo II.

1469. *Cartas edificantes*, 12ª coleção.

1470. *Viagem* de Bernier, tomo II.

1471. Eurípides, em *Ateneu*, II.

1472. Não nos referimos aqui à religião cristã, porque, como se disse no Livro XXIV, capítulo I, no final, a religião cristã é o primeiro bem.

1473. Como Montesquieu elegeu a religião cristã como a verdadeira, infere, por uma questão de coerência, sua possibilidade de universalização. O autor tem, inclusive, que fazer da religião

"O porco", diz Boulainvilliers,[1474] "deve ser muito raro na Arábia, onde não há quase bosques[1475] e quase nada de apropriado à alimentação deste animal; além disso, a salinidade das águas e dos alimentos torna o povo muito suscetível às doenças da pele". A lei local que o proíbe como alimento não seria boa para outros países,[1476] considerando que o porco constitui um alimento quase universal e de alguma forma necessário.

Farei aqui uma reflexão. Santório[1477] observou que a carne do porco que é comida tem pouca transpiração e que, inclusive, essa nutrição impede em grande medida a transpiração dos outros alimentos; ele descobriu que a redução atinge um terço;[1478] sabe-se, ademais, que a falta de transpiração forma ou aumenta as doenças da pele. A carne suína, como alimento, deve, portanto, ser proibida nos climas onde se está sujeito a essas doenças, como aqueles da Arábia, do Egito e da Líbia.

CAPÍTULO XXVI — CONTINUAÇÃO DO MESMO ASSUNTO

Chardin[1479] diz que não há nenhum rio navegável na Pérsia, exceto o rio Kur, que fica nos extremos do Império. A antiga lei dos guebros, que proibia navegar nos rios, não apresentava, portanto, qualquer inconveniente em seu país, embora arruinasse o comércio se fosse aplicada num outro país.

As contínuas abluções são largamente utilizadas nos climas quentes, o que leva a lei muçulmana e a religião indiana a ordená-las. Constitui um ato altamente meritório nas Índias orar a Deus na água corrente. Mas como executar estas coisas em outros climas?

Quando a religião, fundada no clima, fere excessivamente o clima de um outro país, não consegue estabelecer-se; e quando foi introduzida, acaba sendo banida. Parece, falando humanamente, que é o clima que fixou limites à religião cristã e à religião muçulmana.

---

cristã a exclusiva exceção porque, sendo ele *politicamente correto* em relação aos movimentos missionários e catequéticos da Igreja Romana, só lhe resta justificá-los teoricamente, embora a duras expensas de seu louvável entendimento (até aqui firmado) de que a exportação e o transplante de religiões são inconvenientes, dadas as peculiaridades climáticas, culturais, etc. das regiões e dos povos. (N.T.)

1474. *Vie de Mahomet* (*Vida de Maomé*).

1475. Ou melhor, há pouquíssimos pastos. (N.T.)

1476. Como na China.

1477. *Médecine statique* (*Medicina estática*), seção III, afor. 22.

1478. Ibidem, seção III, afor. 23.

1479. *Voyage de Perse* (*Viagem à Pérsia*), tomo II.

Disso se conclui que é quase sempre conveniente que uma religião tenha dogmas particulares e um culto geral. Nas leis concernentes às práticas do culto, são necessários poucos detalhes; por exemplo, mortificações, e não uma certa mortificação. O cristianismo é repleto de bom senso: a abstinência é de direito divino, mas uma abstinência particular é de direito de civilização e se pode mudá-la.

LIVRO XXV — DAS LEIS NA SUA RELAÇÃO COM O ESTABELECIMENTO DA RELIGIÃO DE CADA PAÍS E SUA POLÍTICA EXTERIOR

CAPÍTULO I — DO SENTIMENTO PELA RELIGIÃO

O homem pio e o ateu falam sempre de religião; um fala do que ama e o outro fala do que teme.

CAPÍTULO II — DO MOTIVO DO APEGO PELAS DIVERSAS RELIGIÕES

As diversas religiões do mundo não concedem àqueles que as professam motivos iguais de apego a elas, o que depende muito da maneira pela qual se conciliam com a forma de pensar e de sentir dos seres humanos.

Somos extremamente propensos à idolatria e, todavia, não somos muito apegados às religiões idólatras; não somos nem um pouco inclinados às ideias espirituais e, contudo, somos apegadíssimos às religiões que nos levam a venerar um Ser espiritual. Trata-se de um sentimento ditoso que se origina em parte da satisfação que encontramos em nós mesmos de termos sido suficientemente inteligentes para ter elegido uma religião que tira a divindade da humilhação em que as outras a colocaram. Encaramos a idolatria como a religião dos povos rudes, e a religião que tem por objeto um Ser espiritual como aquela dos povos esclarecidos.

Quando, à ideia de um ser espiritual supremo, que forma o dogma, nos é possível ainda juntar ideias sensíveis que participam do culto, é-nos transmitido um marcante apego pela religião, porque os motivos de que acabamos de falar se acham associados ao nosso pendor natural pelas coisas sensíveis. Assim, os católicos, os quais dispõem mais desse tipo de culto do que os protestantes, são mais incisivamente apegados à sua religião do que os protestantes o são à sua, e mais ciosos de sua propagação.

Quando o povo de Éfeso soube que os Pais do concílio haviam decidido que se podia chamar a Virgem de *Mãe de Deus*,[1480] foi tomado por um

---

1480. *Carta de São Cirilo.*

arrebatamento de júbilo; beijava as mãos dos bispos, abraçava seus joelhos; todo o ambiente vibrava com aclamações.[1481]

Quando uma religião intelectual nos fornece ainda a ideia de uma escolha feita pela Divindade e uma distinção daqueles que a professam dos que não a professam, apegamo-nos muito a essa religião. Os maometanos não seriam tão bons muçulmanos se, de um lado, não houvesse povos idólatras que os fizessem pensar que são os vingadores da unidade de Deus e, de outro, cristãos para fazê-los crer que eles são o objeto de suas preferências.

Uma religião carregada de muitas práticas[1482] produz mais apego a si do que outra que não o seja. Ligamo-nos muito às coisas com as quais nos ocupamos continuamente, do que é testemunha a obstinação tenaz dos maometanos e dos judeus e a facilidade que têm de mudar de religião os povos bárbaros e selvagens que, exclusivamente ocupados da caça ou da guerra, não se sobrecarregam de práticas religiosas.[1483]

Os seres humanos experimentam uma intensa propensão para esperar e temer, e uma religião que não tivesse nem inferno nem paraíso não poderia agradá-los. Isso se comprova pela facilidade que tiveram as religiões estrangeiras para se estabelecer no Japão e o zelo e o amor com que foram recebidas.[1484-1485]

Para que uma religião conquiste apego, é preciso que tenha uma moral pura. Os seres humanos, velhacos individualmente, são, no seu conjunto, criaturas muito honestas. Amam a moral. E se eu não estivesse diante de um assunto tão grave, eu diria que isso se percebe admiravelmente nos teatros. Pode-se estar seguro de agradar ao povo através dos sentimentos que a moral aprova e, também, pode-se estar certo de chocar o povo por intermédio daqueles que ele reprova.

Quando o culto exterior apresenta grande magnificência, isso nos lisonjeia e nos incute muito apego pela religião. As riquezas dos templos e

---

1481. Foi precisamente quando os cordeiros e os unicórnios (os inocentes e os puros) começaram a expor sua carne tenra e suave aos lobos e às raposas. (N.T.)

1482. Isso não contradiz o que eu disse no penúltimo capítulo do livro anterior; aqui, me refiro aos motivos de apego à religião, e, naquele capítulo, aos meios de torná-la mais geral.

1483. Isso se observa em toda a Terra. Ver sobre os turcos as *Missions du Levant* (*Missões do Levante*); o *Recueil des Voyages qui ont servi à l'établissement de la Compagnie des Indes*, t. III, parte I, sobre os mouros de Batávia; e Labat, sobre os negros maometanos, etc.

1484. A religião cristã e as religiões das Índias — estas contêm um inferno e um paraíso, enquanto o xintoísmo, por sua vez, não os engloba. Vide nota seguinte.

1485. "... as religiões das Índias..." Montesquieu generaliza de um modo pouco prudente. A Índia sempre foi o país com maior número de religiões, seitas religiosas e místicas do mundo. Entre as principais, por exemplo, o próprio budismo original indiano não concebe, de modo algum, um céu e um inferno nos moldes ocidentais. Aliás, como se sabe, o budismo não é, sequer, teísta. (N.T.)

496 | O ESPÍRITO DAS LEIS

as do clero nos afetam muito. Assim, a própria miséria dos povos é um motivo que o faz ter apego pela religião, que serviu de pretexto àqueles que causaram a sua miséria.[1486]

CAPÍTULO III — DOS TEMPLOS

Quase a totalidade dos povos civilizados habita casas, do que naturalmente veio a ideia de edificar para Deus uma casa onde pudessem adorá-lo e buscá-lo em meio aos seus temores e suas esperanças.

Com efeito, nada é mais consolador aos homens do que um lugar onde encontram a divindade mais presente e onde, todos juntos, possam fazer com que se manifestem suas fraquezas e suas misérias.

Entretanto, tal ideia tão natural só acudiu aos povos agricultores. Não se verá a construção de templos por aqueles que não possuem, eles próprios, casas.

Foi o que fez com que Gengis Khan enfatizasse um tão grande desdém pelas mesquitas.[1487] Este príncipe[1488] interrogou os maometanos. Aprovou todos os seus dogmas, salvo o que indica a necessidade de ir a Meca; não podia compreender que não se pudesse venerar a Deus em todos os lugares. Os tártaros, que não habitavam casas, não conheciam templos.

Os povos que não têm templos experimentam pouco apego por suas religiões. Eis por que os tártaros foram sempre tão tolerantes;[1489] porque os povos bárbaros que conquistaram o Império Romano não hesitaram um instante em adotar o cristianismo; porque os selvagens da América são tão pouco apegados à sua própria religião; e porque, depois que nossos missionários os fizeram construir igrejas no Paraguai, eles se mostraram tão zelosos pela nossa.[1490]

1486. Montesquieu aqui se cala súbita e oportunamente, como se fosse incapaz, com os poderosos da Igreja em seus calcanhares, de explicar a *falaciosíssima* conexão entre essa magnificência e as riquezas materiais, que impressionam e traem os miseráveis, e a pobreza do gentil nazareno que nasceu numa *manjedoura* e dizia que "… o filho do Pai não tem uma pedra onde possa repousar a cabeça". É de se recordar, também, que o príncipe Sidarta Gautama (o futuro Buda) abandonou sua família real, seu palácio e suas imensas riquezas materiais a fim de buscar a origem dos males humanos para saber erradicá-los ou, ao menos, atenuá-los. (N.T.)

1487. Entrando na mesquita de Bukara, arrebatou o *Corão* e o jogou sob os pés de seus cavalos. *Histoire des Tartares* (*História dos tártaros*), parte III.

1488. Ibidem.

1489. Essa disposição de espírito foi transmitida aos japoneses, que a herdaram dos tártaros, como é fácil provar.

1490. A história das *Missões* no Paraguai, a despeito da nobre e abnegada intenção de alguns missionários, não se constituiu um episódio tão pacífico e harmonioso como Montesquieu sugere, a não ser que ele, de um modo um tanto maquiavélico, avaliasse o sucesso dos fins

Como a Divindade é o refúgio dos infelizes e como não há pessoas mais infelizes que os criminosos, isto levou naturalmente a pensar que os templos fossem um asilo para eles; e esta ideia pareceu ainda mais natural aos gregos, já que na Grécia os assassinos, expulsos de suas cidades e da presença dos homens, pareciam não contar mais com casa alguma senão os templos, nem de outros protetores que não fossem os deuses.

De início, isso disse respeito apenas aos homicidas involuntários; porém, quando passou a incluir os grandes celerados, caiu-se numa contradição grosseira, ou seja, se haviam ofendido aos homens, tinham, com muito maior razão, ofendido aos deuses.

Esses asilos se multiplicaram na Grécia. Os templos, segundo Tácito,[1491] ficaram repletos de devedores insolváveis e escravos perversos; os magistrados enfrentavam dificuldades para exercer a fiscalização; o povo protegia os crimes dos homens como as cerimônias dos deuses. O senado foi obrigado a eliminar um grande número delas.

As leis de Moisés foram muito sábias. Os homicidas involuntários eram considerados inocentes, mas deviam ser distanciados da presença dos pais do morto. Moisés construiu, então, um asilo[1492] para eles. Os grandes criminosos não mereciam o asilo e não o tiveram.[1493] Os judeus dispunham somente de tabernáculos portáteis, que eram mudados continuamente de lugar, o que excluía a ideia de asilo. É verdade que deviam ter um templo, mas os criminosos que para este viriam, oriundos de todas as partes, poderiam perturbar o serviço divino. Se os homicidas fossem expulsos do país, como foram no caso dos gregos, haveria o perigo de aderirem à adoração de deuses estrangeiros. Todas estas considerações levaram a serem estabelecidas cidades de asilo, onde se devia permanecer até a morte do soberano pontífice.

CAPÍTULO IV — DOS MINISTROS RELIGIOSOS

Os primeiros homens, segundo Porfírio, fazem sacrifícios apenas de ervas. Para um culto tão simples, cada um podia ser pontífice em sua própria família.

---

preestabelecidos e dos resultados obtidos sem atentar para os meios empregados conforme ordens das autoridades eclesiásticas, meios estranhamente *pouco cristãos* para a difusão da fé cristã. (N.T.)

1491. *Anais*, III, LX.

1492. *Números*, XXXV, 14.

1493. Ibidem, 16 e seguintes.

O desejo natural de agradar a Divindade multiplicou as cerimônias, o que fez com que os homens, ocupados com a agricultura, se tornassem incapazes de executar todas elas e cumprir as suas minúcias. Foram consagrados aos deuses locais particulares e foi necessário que houvesse ministros que deles cuidassem, como cada cidadão cuida de sua casa e de seus assuntos domésticos. Assim, os povos que não têm padres são geralmente bárbaros. Assim eram, outrora, os pedalianos,[1494] e são ainda os *wolgusky*.[1495-1496]

Pessoas consagradas à Divindade deviam ser honradas, sobretudo entre os povos que haviam formado uma certa ideia de pureza corporal, necessária à aproximação dos locais mais agradáveis aos deuses e dependente de certas práticas.

Exigindo o culto dos deuses uma atenção ininterrupta, a maioria dos povos foi levada a fazer do clero uma corporação isolada. Assim, entre os egípcios, os judeus e os persas, foram consagradas à Divindade certas famílias que se perpetuavam e realizavam os serviços religiosos. Houve, inclusive, religiões nas quais se pensou não apenas em afastar os eclesiásticos dos negócios como também suprimir-lhes o embaraço de uma família, sendo esta a prática do principal ramo da lei cristã.[1497]

Não me referirei aqui às consequências da lei do celibato. Percebe-se que poderá se tornar prejudicial à proporção que o clero se amplie demasiado e que, consequentemente, o conjunto dos leigos não seja suficiente.

Conforme a natureza do entendimento humano, prezamos em matéria de religião tudo que supõe um esforço, como em matéria de moral prezamos especulativamente tudo que promove o caráter da severidade. O celibato foi mais agradável aos povos aos quais parecia convir menos e para os quais podia acarretar desastrosos efeitos. Nos países do sul da Europa, nos quais, devido à natureza do clima, a lei do celibato é mais difícil de ser observada, ela foi mantida; nos países do norte, onde as paixões são menos vivas, foi proscrita. E que se acresça: nos países onde há poucos habitantes, esta lei foi admitida; naqueles em que há muitos, foi rejeitada. Percebe-se

---

1494. Lílio Giraldo, p. 726.

1495. Povos da Sibéria. Ver o *Relato* de Everard Isbrands-Ides no *Recueil des voyages du Nord* (*Coleção das viagens ao Norte*), t. VIII.

1496. Os primitivos povos siberianos professavam o xamanismo, cujos rituais e outras operações mágicas se concentravam na figura do xamã, não havendo, portanto, as figuras do sacerdote, dos padres e, muito menos, uma hierarquia eclesiástica como nas religiões organizadas e civilizadas. (N.T.)

1497. Isto é, a Igreja Católica, que instituiu o celibato obrigatório para os seus ministros religiosos. (N.T.)

que todas essas reflexões se limitam a atingir a excessiva abrangência do celibato, e não o próprio celibato.

CAPÍTULO V — DOS LIMITES QUE AS LEIS DEVEM ESTABELECER PARA AS RIQUEZAS DO CLERO

As famílias particulares podem perecer, de modo que os seus bens não têm uma destinação perpétua. O clero é uma família que não pode perecer, de modo que seus bens lhe estão vinculados para sempre e dela não podem sair.

As famílias particulares são passíveis de aumento, sendo, consequentemente, necessário que seus bens possam também ser ampliados. O clero é uma família que não deve aumentar, de modo que seus bens devem ser limitados.

Nós mantivemos as disposições do Levítico[1498] sobre os bens do clero, exceto aquelas que tangem à limitação destes bens. Efetivamente, ignorar-se-á sempre entre nós o termo após o qual não é mais permitida a aquisição por parte de uma comunidade religiosa.

Essas aquisições infindas parecem tão irrazoáveis aos povos que aquele que desejasse discursar a seu favor seria considerado um imbecil.

As leis civis encontram, por vezes, obstáculos na sua tentativa de alterar os abusos estabelecidos, porque estão ligados a coisas que elas devem respeitar; neste caso, uma disposição indireta destacava mais o bom senso do legislador do que uma outra que atingiria a própria coisa. Em lugar de proibir as aquisições do clero, é necessário procurar fazê-lo delas desgostar ele mesmo. Deixar o direito e suprimir o fato.

Em alguns países da Europa, a consideração dos direitos dos senhores fez com que se estabelecesse em seu favor um direito de indenização sobre os imóveis adquiridos por pessoas de mão-morta. O interesse do príncipe o fez exigir um direito de amortização no mesmo caso. Em Castela, onde não há direito semelhante, o clero tudo invadiu; em Aragão, onde há algum tipo de direito de amortização, ele adquiriu menos; na França, onde este direito e o de indenização estão estabelecidos, ele adquiriu ainda menos; e pode-se dizer que a prosperidade deste Estado é devida, em parte, ao exercício destes dois direitos. Aumentai estes direitos e detenha a mão-morta, se for possível.

Tornai sagrado e inviolável o antigo e necessário domínio do clero; que ele seja fixo e eterno como ele, mas deixai sair de suas mãos os novos domínios.

1498. O terceiro livro do Pentateuco, os cinco primeiros livros do Antigo Testamento, atribuídos a Moisés: o *Gênese*, o *Êxodo*, *Levítico*, *Números* e o *Deuteronômio*. (N.T.)

500 | O ESPÍRITO DAS LEIS

Permiti que a regra seja violada sempre que a regra se converter num abuso; sofrei o abuso quando este reingressar na regra.

Recorda-se sempre em Roma de um memorial que foi enviado por ocasião de certas disputas com o clero. Nele fora introduzida esta máxima: "O clero deve contribuir com os encargos do Estado, a despeito do que diz o Antigo Testamento". Disso se concluiu que o autor do memorial entendia mais a linguagem da cobrança de impostos vexatórios do que a linguagem da religião.

CAPÍTULO VI — DOS MOSTEIROS

O mais ínfimo bom senso indica que estas corporações que se perpetuam infindamente não devem vender seus fundos vitalícios nem fazer empréstimos vitalícios, a menos que se queira que se tornem herdeiras de todos aqueles que não têm parente algum, e de todos aqueles que não os desejam ter. Estes indivíduos jogam contra o povo, mas mantêm o banco contra ele.

CAPÍTULO VII — DO LUXO DA SUPERSTIÇÃO

"São ímpios em relação aos deuses", diz Platão,[1499] "os que negam sua existência; ou que a admitem, mas sustentam que eles não se envolvem com as coisas deste mundo; ou, enfim, os que pensam que se pode apaziguá-los facilmente por meio de sacrifícios: três opiniões igualmente perniciosas". Platão diz aqui tudo o que a luz natural jamais disse de mais sensato em matéria de religião.

A magnificência do culto exterior tem grande relação com a Constituição do Estado. Nas boas repúblicas, não se reprime apenas o luxo da vaidade, como também aquele da superstição. Foram feitas no âmbito da religião leis da parcimônia. Neste número se encontram várias leis de Sólon, várias de Platão sobre os funerais,[1500] adotadas por Cícero; e, enfim, algumas leis de Numa[1501] sobre os sacrifícios.

"Aves", diz Cícero,[1502] "e pinturas feitas em um dia são dons diviníssimos".

"Nós oferecemos coisas comuns", dizia um espartano,[1503] "para que tenhamos todos os dias o meio de honrar os deuses".

1499. Platão, *As Leis*, X. São Paulo: Edipro, 2021. (N.T.)

1500. Ibidem, XII, 958a-960c.

1501. *Rogum vino ne respergito*. Lei das Doze Tábuas.

1502. *Divinissima autem dona aves, et formae ab uno pictore uno absolutae die*. Cícero, *De legibus*, II, § 45. Cícero aqui simplesmente transcreve Platão.

1503. Cícero cita Plutarco. O *espartano* é Licurgo, grande legislador da Lacedemônia. (N.T.)

O cuidado que os seres humanos devem ter de prestar um culto à divindade é sumamente diferente da magnificência deste culto. Não lhe ofereçamos os nossos tesouros, a não ser que desejemos levá-la a ver a estima que dedicamos a coisas que ela quer que desprezemos.

"Que pensariam os deuses das dádivas dos ímpios", indaga de forma admirada Platão,[1504] "se um homem de bem se ruborizaria se recebesse presentes de um homem desonesto?".

Não convém que a religião, sob o pretexto de dons, exija dos povos o que as necessidades do Estado lhes deixaram, e, como diz Platão,[1505] "homens castos e pios devem oferecer os dons que se lhes assemelham".

A religião também não deveria encorajar as despesas com funerais. O que pode ser considerado mais natural do que aplainar a diferença das fortunas numa coisa e em momentos que igualam todas as fortunas?

CAPÍTULO VIII — DO PONTIFICADO

Quando a religião tem muitos ministros, é natural que estes tenham um chefe e que o pontificado seja estabelecido. Na monarquia, onde não seria demasiado separar as ordens[1506] do Estado e onde não se deve congregar sobre uma mesma cabeça todos os poderes, convém que o pontificado seja separado do reinado. A mesma necessidade não está presente no governo despótico, cuja natureza determina que se reúnam sobre uma mesma cabeça todos os poderes. Mas, neste caso, poderia suceder que o príncipe considerasse a religião como suas próprias leis e como os efeitos de sua vontade. Com o fito de prevenir este inconveniente, é preciso que existam monumentos da religião; por exemplo, livros sagrados que a firmem e que a instaurem. O rei da Pérsia é o chefe da religião, mas o *Corão* regula a religião; o imperador da China é o soberano pontífice, porém há livros que circulam nas mãos de todos, aos quais ele próprio deve se conformar. Foi em vão que um imperador os quis abolir — estes livros se sagraram triunfantes sobre a tirania.

CAPÍTULO IX — DA TOLERÂNCIA EM MATÉRIA DE RELIGIÃO

Somos aqui políticos, e não teólogos, e mesmo para os teólogos há diferença entre tolerar uma religião e a aprovar.

1504. Ibidem, IV.

1505. Ibidem, III.

1506. Ou seja, as ordens religiosas. (N.T.)

Quando as leis de um Estado tiverem acreditado que devem tolerar diversas religiões, será necessário que estas leis as obriguem a, por sua vez, também se tolerarem entre si. Há um princípio segundo o qual toda religião que é reprimida torna-se repressora, pois no momento em que, por algum acaso, consiga sair da opressão, atacará a religião que a reprimiu, não como uma religião, mas como uma tirania.

É, portanto, proveitoso que as leis exijam dessas diversas religiões não somente que não perturbem o Estado, mas que também não se perturbem entre si. Um cidadão não satisfaz, de modo algum, as leis meramente se contentando em não agitar o corpo do Estado; é igualmente necessário que não perturbe qualquer outro cidadão.

CAPÍTULO X — CONTINUAÇÃO DO MESMO ASSUNTO

Como são quase só as religiões intolerantes[1507] que alimentam um grande zelo para se estabelecerem em outras partes, porque uma religião capaz de tolerar as demais cogita pouco de sua propagação, teremos uma ótima lei civil, se o Estado estiver satisfeito com a religião já estabelecida, não admitindo o estabelecimento[1508] de outra.

Eis, portanto, o princípio fundamental das leis políticas em termos de religião: quando se é senhor para admitir num Estado uma nova religião ou não a admitir, não é preciso estabelecê-la nele; quando ela já está nele estabelecida, é preciso tolerá-la.

CAPÍTULO XI — DA MUDANÇA DE RELIGIÃO

Um príncipe que tenta em seu Estado aniquilar ou mudar a religião dominante corre um grande risco. Se o seu governo for despótico, ele correrá mais risco de provocar uma revolução do que mediante qualquer ato de tirania, o qual jamais constitui nesses Estados uma novidade. A revolução nasce do fato de que um Estado não muda de religião, de costumes e de maneiras instantaneamente e na velocidade em que o príncipe publica a ordenação que estabelece uma nova religião.

1507. Entenda-se que a religião em si não é tolerante ou intolerante. Quem o pode ser é quem a professa, as autoridades eclesiásticas que a representam ou o seu pontífice. (N.T.)

1508. Não incluo neste capítulo a religião cristã porque, como afirmei em outra parte, a religião cristã é o primeiro bem. Ver o final do capítulo I do livro anterior e a *Defesa de O espírito das leis*, Segunda parte.

Ademais, a religião antiga está ligada à Constituição do Estado, e a nova não tem liame algum; aquela se conforma ao clima, e com frequência a nova o rejeita. E mais: os cidadãos acabam desagradados de suas leis; principiam a desprezar o governo já estabelecido; substituem-se suspeitas contra as duas religiões por uma firme crença em uma; numa palavra, dá-se ao Estado, ao menos por algum tempo, maus cidadãos e maus fiéis.

CAPÍTULO XII — DAS LEIS PENAIS

É preciso evitar as leis penais em matéria de religião. É certo que elas imprimem o temor, mas como a religião também tem suas leis penais que inspiram o temor, um é apagado pelo outro. Entre estes dois temores distintos, as almas se tornam atrozes.

A religião apresenta tão grandes ameaças e tão grandes promessas que, quando são manifestadas ao nosso espírito, qualquer coisa que o magistrado possa fazer para nos constranger a deixá-la parecerá que nada estará nos deixando quando a suprime de nós, e que nada nos é suprimido quando a deixam a nós.

Não é, portanto, preenchendo a alma com esse grande objetivo, aproximando-a do momento no qual ele deverá ser de uma maior importância, que se logra apartá-la dele. Ele estará mais seguro de poder atacar uma religião pelo favor, pelas comodidades da vida, pela esperança da fortuna; não por aquilo que adverte, mas pelo que faz com que se olvide; não por aquilo que indigna, mas pelo que arroja na tibieza quando outras paixões atuam sobre nossas almas e aquelas inspiradas pela religião estão silenciosas. Regra geral: em matéria de mudança de religião, os convites são mais poderosos do que as punições.

O caráter do espírito humano manifestou-se na própria ordem dos castigos empregados. Convém nos lembrarmos das perseguições do Japão;[1509] houve maior revolta em relação aos suplícios cruéis do que em relação às longas penas, as quais mais enfadam do que amedrontam, e são mais difíceis de ser superadas porque parecem menos difíceis.

Numa palavra, a história nos tem ensinado suficientemente o fato de as leis penais terem sempre como único efeito o destrutivo.

1509. Ver a *Coleção das viagens que serviram ao estabelecimento da Companhia das Índias*, t. V, parte I.

CAPÍTULO XIII — HUMILÍSSIMA ADMOESTAÇÃO AOS INQUISIDORES DA ESPANHA E DE PORTUGAL

Uma moça judia de dezoito anos, queimada em Lisboa no último auto de fé, ensejou este pequeno texto, o qual, acredito, é o mais inútil que já se escreveu. Quando se trata de provar coisas tão óbvias, está-se certo de não convencer.

O autor declara que, embora seja judeu, respeita a religião cristã e que a ama o suficiente para subtrair aos príncipes que não forem cristãos um pretexto plausível para persegui-la.

"Vós vos lamentais", diz ele aos inquisidores, "de que o imperador do Japão fez queimar a fogo lento todos os cristãos que se acham em seus estados; mas ele replicará: nós vos tratamos, vós que tendes uma crença diferente da nossa, como vós mesmos tratais quem não tem a vossa crença; só podeis vos lamentar de vossa fraqueza, que vos impede de nos exterminar e que faz com que nós vos exterminemos.

Mas é preciso reconhecer que vós sois bem mais cruéis do que esse imperador. Vós nos matais, nós que somente acreditamos no que vós acreditais, porque não cremos em tudo que vós credes. Professamos uma religião que, vós próprios o sabeis, foi outrora querida de Deus. Pensamos que Deus a ama ainda e vós pensais que ele não a ama mais; e porque vós assim julgais, vós passais a fio de espada e queimais na fogueira aqueles que cometem este erro tão perdoável, o qual consiste em crer que Deus[1510] ainda ama aquele que amou.

Se vós sois cruéis a nosso respeito, vós o sois bem mais a respeito de nossos filhos; vós os queimais porque seguem as inspirações que lhes foram dadas por aqueles que a lei natural e as leis de todos os povos lhes ensinam a respeitar como deuses.

Vós vos privais da vantagem que vos concedeu sobre os maometanos a maneira pela qual a religião deles foi estabelecida. Quando eles se jactam do número de seus fiéis, vós a eles dizeis que foi a força que os conquistou e que eles difundiram sua religião pela força da espada: por que, então, estabelecei a vossa pelo suplício da fogueira?

Quando desejais nos aproximar de vós, nós objetamos a vós uma origem da qual vós vos sentis gloriosos de descender. Respondeis a nós que vossa religião é nova, mas que é divina; e vós o provais porque ela cresceu pela perseguição dos pagãos e pelo sangue de vossos mártires; entretanto, hoje, vós assumis o papel dos dioclesianos e fazeis com que nós assumamos o vosso papel.

1510. É a origem da obstinação dos judeus não perceber que a economia do Evangelho está na ordem dos desígnios de Deus e que, assim, ela é uma consequência de sua própria imutabilidade.

Nós vos conjuramos não pelo Deus poderoso que servimos, vós e nós, mas pelo Cristo que vós nos dizeis que assumiu a condição humana para vos propor exemplos que poderíeis seguir; nós vos conjuramos a agir conosco como ele próprio agiria se estivesse ainda sobre a Terra. Quereis que sejamos cristãos e vós não o quereis ser.

Mas se não quereis ser cristãos, sede ao menos homens. Tratai-nos como faríeis se, contando apenas com essas débeis luzes fugazes de justiça que a natureza nos proporciona, não tivésseis uma religião para vos orientar e uma revelação para vos esclarecer.

Se o céu vos amou a tal ponto que vos fez ver a verdade, vos concedeu uma grande graça; mas caberá aos filhos que receberam a herança de seus pais odiar aqueles que não a receberam?

Se sois os possuidores dessa verdade, não a ocultai de nós da maneira pela qual a proponde. O caráter da verdade é o seu triunfo sobre os corações e os espíritos, e não essa impotência que vós confessais quando a quereis impor mediante suplícios.

Se sois razoáveis, não deveis nos matar porque não queremos vos enganar. Se vosso Cristo é o filho de Deus, esperamos que ele venha a nos recompensar por não ter querido profanar seus mistérios; e cremos que o Deus que servimos, vós e nós, não nos punirá por termos padecido a morte por uma religião que ele nos proporcionou outrora, porque acreditamos que ele ainda a tenha proporcionado a nós.

Viveis num século no qual a luz natural é mais viva do que jamais foi, no qual a filosofia esclareceu os espíritos, no qual a moral de vosso Evangelho foi mais conhecida, no qual os direitos respectivos dos homens uns em relação aos outros, o domínio que uma consciência exerce sobre outra consciência, estão mais bem estabelecidos. Se, entretanto, vós retrocedeis aos vossos antigos preconceitos, os quais, se não vos acautelardes, serão vossas paixões, será necessário reconhecer que vós sois incorrigíveis, incapazes de qualquer luz e de qualquer instrução; e uma nação que outorga a autoridade a homens como vós é bem infeliz.

Quereis que vos disséssemos ingenuamente nosso pensamento? Vós nos encarais mais como vossos inimigos do que como os inimigos de vossa religião; pois, se amásseis vossa religião, não a deixaríeis corromper por uma rude ignorância.

É preciso que vos advirtamos de uma coisa, a saber, se alguém na posteridade algum dia ousar afirmar que no século em que vivemos os povos da Europa eram civilizados, vós sereis citados para provar que eram bárbaros; e a ideia que terão de vós será tal que desonrará vosso século e trará o ódio sobre todos os vossos contemporâneos".

CAPÍTULO XIV — POR QUE A RELIGIÃO CRISTÃ É TÃO ODIOSA NO JAPÃO

Mencionei o caráter atroz das almas japonesas.[1511] Os magistrados consideraram a firmeza inspirada pelo cristianismo quando se trata de renunciar à fé como algo muito perigoso; acreditou-se estar ocorrendo um aumento da audácia. A lei japonesa pune severamente a menor desobediência. Determinou-se que se renunciasse à religião cristã; não renunciar a ela significava desobedecer; castigou-se este crime, e a insistência da desobediência pareceu merecer outro castigo.

As punições, entre os japoneses, são encaradas como a vingança de um insulto feito ao príncipe. Os cantos de júbilo de nossos mártires se afiguraram como um atentado contra ele. O título de mártir intimidou os magistrados; do seu ponto de vista, significava rebelde; tudo fizeram para impedir que se o obtivesse. Foi então que as almas se exasperaram e se presenciou um combate horrível entre os tribunais que condenaram e os acusados que sofreram, entre as leis civis e as religiosas.

CAPÍTULO XV — DA PROPAGAÇÃO DA RELIGIÃO

Todos os povos do Oriente, salvo os maometanos, crêem que todas as religiões são em si mesmas indiferentes. Receiam o estabelecimento de uma outra religião como uma mudança no governo. Entre os japoneses, onde há diversas seitas e o Estado dispõe há muito tempo de um chefe eclesiástico, jamais se discute o assunto religião.[1512] O mesmo ocorre entre os siameses.[1513] Os calmucos[1514] vão além: para eles, é uma questão de consciência tolerar todas as espécies de religião. Em Calicute, o Estado tem como máxima que toda religião é boa.[1515]

Contudo, disto não resulta que uma religião trazida de um país longínquo, e totalmente diferente em termos de clima, leis, costumes e maneiras obtenha todo o êxito que sua santidade deveria lhe prometer. Tal coisa é, sobretudo, verdadeira nos grandes Impérios despóticos: tolera-se de início os estrangeiros porque não se dá nenhuma atenção àquilo que não parece ferir o poder do príncipe; vive-se ali numa extrema ignorância de tudo. Um europeu pode se tornar agradável por certos conhecimentos

---

1511. Livro VI, capítulo XIII.

1512. Ver Kempfer.

1513. *Memórias*, do Conde de Forbin.

1514. *História dos tártaros*, parte V.

1515. *Viagem*, de François Pyrard, XXVII.

que ele proporciona, o que se revela bom inicialmente. Mas logo que se obtém algum sucesso, que alguma controvérsia é suscitada, que as pessoas que podem ter algum interesse são advertidas, visto que esse Estado, por sua natureza, exige, principalmente, tranquilidade, a menor perturbação o podendo derrubar, proscreve-se de imediato a nova religião e seus arautos; eclodindo disputas entre os pregadores, começa-se a desgostar-se de uma religião cujos próprios proponentes não se entendem.[1516]

1516. O que é testemunhado pelas querelas dos dominicanos e dos jesuítas na China.

LIVRO XXVI — DAS LEIS NA RELAÇÃO QUE DEVEM TER COM A ORDEM DAS COISAS ACERCA DAS QUAIS ESTATUEM

CAPÍTULO I — IDEIA DESTE LIVRO

Os seres humanos são governados por diversos tipos de leis: pelo direito natural; pelo direito divino, que é o religioso; pelo direito eclesiástico, igualmente chamado de canônico, que é o da fiscalização da religião; pelo direito das gentes, que se pode considerar como o direito civil do mundo, no sentido de que cada povo é dele um cidadão; pelo direito político geral, que tem por objetivo essa sabedoria humana que fundou todas as sociedades; pelo direito político particular, que concerne a cada sociedade; pelo direito de conquista, fundamentado naquilo que um povo quis, pôde ou teve de fazer em matéria de violência a um outro;[1517] pelo direito civil de cada sociedade, pelo qual um cidadão pode defender seus bens e sua vida contra qualquer outro cidadão; enfim, pelo direito doméstico, cuja origem é a divisão da sociedade em diversas famílias que têm necessidade de um governo particular.

Há, portanto, diferentes ordens de leis. E a sublimidade da razão humana consiste em saber bem a qual destas ordens se relacionam principalmente as coisas sobre as quais se deve estatuir, e em não instaurar a confusão entre os princípios que devem governar os seres humanos.

1517. Embora historicamente esse direito tenha, de fato, existido e haja sido amplamente aplicado, ao menos a partir do século XIX no mundo ocidental tornou-se inconcebível e insustentável, em função, inclusive, das ideias de liberdade, igualdade e fraternidade do próprio racionalismo e do iluminismo francês, que levaram à concretização da Revolução Francesa. No domínio do pensamento iluminista, é inadmissível que a vontade individual, o poder ou a violência gerem, fundamentem e legitimem, em qualquer circunstância, um *direito*. O "direito do mais forte" não é *direito* precisamente porque está compreendido numa relação unilateral e desigual na qual o forte subjuga o fraco pelo mero fato de ser mais forte. Seria o mesmo que afirmar que o lobo tem o *direito* de devorar a ovelha. No reino animal trata-se de um fato natural, não de um *direito* natural. Assim, uma nação econômica e militarmente muito poderosa não tem o *direito* de conquistar uma outra; ela o faz exatamente na ausência do direito e pela efetiva superioridade de força e coação. As expressões "impor direitos" ou "impor leis" são, a rigor, inteiramente impróprias, contraditórias e vazias, porquanto o direito e a lei têm como meta fundamental precisamente proteger os Estados, as sociedades e os cidadãos contra o voluntarismo, a coação, a força e a violência daqueles que têm capacidade para exercê-los. O único poder de sanção e coação é o da própria lei. (N.T.)

CAPÍTULO II — DAS LEIS DIVINAS E DAS LEIS HUMANAS

Não se deve estatuir pelas leis divinas o que deve sê-lo pelas leis humanas nem regulamentar pelas leis humanas o que deve sê-lo pelas leis divinas. Estes dois tipos de leis diferem por sua origem, por seu objeto e por sua natureza.

Todos concordam que as leis humanas apresentam natureza diferente das leis da religião, o que é um excelente princípio; entretanto, este mesmo princípio está submetido a outros, que devem ser investigados.

1) A natureza das leis humanas é estarem sujeitas a todos os acidentes que possam ocorrer e variarem à medida que as vontades humanas mudam; ao contrário, a natureza das leis da religião é serem sempre invariáveis. As leis humanas estatuem sobre o bem; a religião sobre o melhor. O bem pode ter um outro objetivo porque existem muitos bens; mas o melhor é uno e não pode, portanto, mudar. Pode-se muito bem alterar as leis porque estas se limitam a serem tidas como boas; porém, sempre se supõe que as instituições da religião são as melhores.

2) Há Estados nos quais as leis nada são ou não passam da vontade caprichosa e transitória de um soberano. Se, nesses Estados, as leis da religião tivessem a natureza das leis humanas, as leis religiosas seriam, igualmente, nada. É necessário, entretanto, à sociedade, que nela haja algo de fixo, e é essa religião que constitui algo de fixo.

3) A força principal da religião provém da crença que se tem nela; a força das leis humanas provém do temor que temos delas. A antiguidade convém à religião porque com frequência cremos mais nas coisas à medida que estão mais distantes no tempo, pois não temos na mente ideias acessórias daqueles tempos remotos que possam contradizê-las. As leis humanas, ao contrário, tiram proveito de sua novidade, a qual anuncia uma atenção particular e atual do legislador para que sejam observadas.

CAPÍTULO III — DAS LEIS CIVIS QUE SÃO CONTRÁRIAS À LEI NATURAL

"Se um escravo", diz Platão,[1518] "se defende e mata um homem livre, ele deve ser tratado como um parricida". Eis uma lei que pune a defesa natural.[1519]

1518. Livro IX de *As Leis.*

1519. Mas convém lembrar, todavia — e nisso tocamos no calcanhar de Aquiles moral da civilização grega (quer dizer, a *instituição da escravatura*) —, que qualquer direito, inclusive o direito natural que rege a autodefesa, concerne à pessoa humana como o direito civil tange ao cidadão. Ora, o escravizado, tanto na Hélade antiga quanto na civilizadíssima Atenas de Platão,

510 | O ESPÍRITO DAS LEIS

A lei que, sob Henrique VIII, condenava um homem sem que fosse feito em relação a ele o confronto das testemunhas, contrariava a defesa natural. Com efeito, para que se possa condenar, é necessário que as testemunhas saibam que o homem contra o qual elas depõem é o acusado, o qual poderia dizer: Não é a mim que vós vos referis.

A lei sancionada no mesmo reinado, que condenava toda moça que, tendo um mau comércio[1520] com alguém, não o declarava ao rei antes de casar-se com esse alguém, violava a defesa do pudor natural: é tão destituído de razoabilidade exigir de uma moça que faça esse tipo de declaração quanto exigir de um homem que não procure defender sua própria vida.

A lei de Henrique II, que condena à morte uma moça cujo filho morreu, no caso de ela não ter declarado ao magistrado a sua gravidez, não é menos contrária à defesa natural. Bastaria obrigá-la a informar uma de suas parentas mais próximas para que cuidasse da conservação da criança.

Que outra confissão ela poderia fazer em meio a este suplício do pudor natural? A educação aumentou nela a ideia da preservação desse pudor; e dificilmente, nesses momentos, restou em sua mente uma ideia da perda da vida.

Muito se comentou uma lei inglesa[1521] que permitia a uma menina de sete anos escolher um marido. Esta lei era repulsiva de duas maneiras: não levava absolutamente em consideração o tempo da maturidade que a natureza concedeu à mente nem o tempo de maturidade que a natureza concedeu ao corpo.

Um pai podia, entre os romanos, obrigar sua filha a rejeitar o marido,[1522] ainda que ele mesmo houvesse consentido com o casamento. Mas contraria a natureza o divórcio ser colocado nas mãos de um terceiro.

Se o divórcio é conforme à natureza, só o é quando as duas partes, ou ao menos uma delas, aquiesce a ele; e, quando nem uma nem outra parte a ele aquiescem, o divórcio constitui uma monstruosidade. Enfim, a faculdade do divórcio somente pode ser conferida aos que suportam os

---

não era, do ponto de vista da lei, nem uma *pessoa* nem um *cidadão*, mas, sim, *mera propriedade*. Aliás, para o velho Platão, em *As Leis*, uma das matérias que se lhe afigura mais incômoda e difícil de ser abordada é precisamente a *questão* da escravização, da qual os gregos não abriam mão, de modo algum, pois era um dos principais sustentáculos do sistema socioeconômico das Cidades-Estados. Ver Platão, *As Leis*, Livro VI, 776c-778a. São Paulo: Edipro, 2021. (N.T.)

1520. Ou seja, relações sexuais extraconjugais. (N.T.)

1521. Bayle, na sua *Critique de l'histoire du calvinisme* (*Crítica da história do calvinismo*), refere-se a essa lei.

1522. Ver a lei 5 no Cód. *de repudiis et judicio de moribus sublato*.

incômodos do casamento e percebem o momento no qual experimentam o interesse de fazê-los cessar.

CAPÍTULO IV — CONTINUAÇÃO DO MESMO ASSUNTO

Gondebaldo, rei da Borgonha, determinava que, se a mulher ou o filho daquele que houvesse roubado deixasse de revelar tal crime, fossem reduzidos à escravização.[1523] Essa lei era contra a natureza. Como poderia uma esposa ser a acusadora de seu esposo? Como poderia um filho ser o acusador de seu pai? A fim de vingar uma ação criminosa, ele lhes ordenava outra mais criminosa ainda.

A lei de Recesuindo[1524] permitia aos filhos da mulher adúltera, ou aos de seu marido, acusá-la e submeter a interrogatório sob tortura os escravos da casa: lei iníqua que, para preservar os costumes, transtornava a natureza, da qual os costumes são oriundos.

Assistimos com prazer nos nossos teatros a um jovem herói exibindo tanto horror ao descobrir o crime de sua madrasta quanto teria experimentado pelo próprio crime; ele mal ousa, no seu espanto, acusado, julgado, condenado, proscrito e coberto de infâmia, fazer algumas reflexões sobre o sangue abominável do qual Fedra provinha; ele abandona o que lhe é mais caro e o objeto maior de sua ternura, tudo que fala ao seu coração, tudo que pode indigná-lo, para entregar-se à vingança dos deuses, que ele, de modo algum, mereceu.[1525] São os acentos da natureza que causam este prazer; é a mais suave de todas as vozes.

1523. Lei dos borguinhões, título XLVII.

1524. No código dos visigodos, III, título IV, § 13.

1525. O autor se reporta à peça *Fedra* do dramaturgo francês Racine, o qual, por sua vez, se inspirou na narrativa mitológica grega. O jovem herói é Hipólito, filho bastardo de Teseu, que, depois de esquivar-se do assédio amoroso de sua madrasta Fedra e censurá-la enfaticamente e em particular por seu comportamento, foi acusado injustamente por ela de tê-la violentado. Foi imediatamente amaldiçoado e expulso da cidade por Teseu (o grande herói que enfrentara o Minotauro em Creta e conseguira sair do labirinto graças ao *fio* de Ariadne). Fedra (filha de Pasifae e irmã da própria Ariadne, abandonada por Teseu) se suicidara logo depois de acusar publicamente o enteado. Teseu, tomado de ódio, ciúme e angústia, invocou a vingança dos deuses e pediu ao seu pai, o deus Poseidon, que tirasse a vida de Hipólito. Desterrado, o jovem auriga se distanciava rapidamente de Atenas pela costa quando de uma enorme onda do mar subitamente emergiu um touro branco que se pôs à frente dos cavalos à galope, espantando-os. O hábil auriga tentou controlá-los, mas não teve êxito. Depois de a biga despedaçar-se contra uma rocha, ele foi arrastado pelos corcéis até morrer. (N.T.)

CAPÍTULO V — CASOS NOS QUAIS SE PODE JULGAR PELOS PRINCÍPIOS DO DIREITO CIVIL MODIFICANDO-SE OS PRINCÍPIOS DO DIREITO NATURAL

Uma lei ateniense obrigava[1526] os filhos a alimentarem seus pais caídos na indigência; excetuava os filhos[1527] de uma cortesã, os filhos cujo pai expusera a pudicícia por um tráfico infame, e os filhos aos quais o pai não transmitira uma profissão que lhes permitisse ganhar a vida.[1528]

A lei considerava que, no primeiro caso, o pai tendo paradeiro incerto, tornara precária sua obrigação natural; que, no segundo caso, ele desonrara a vida que havia gerado e que o maior mal que se pudesse fazer aos seus filhos ele o fizera ao privá-los de seu caráter;[1529] que, no terceiro, lhes tornara insuportável uma vida cuja subsistência era plena de dificuldades. A lei não encarava pai e filho mais senão como dois cidadãos, estatuía somente sob os pontos de vista político e civil; considerava que numa boa república havia necessidade, sobretudo, de costumes.

Estou convicto de que a lei de Sólon era boa nos dois primeiros casos, seja aquele no qual a natureza mantém o filho ignorante de quem é seu pai, seja aquele no qual ela parece, mesmo, ordenar-lhe que o desconheça ou não reconheça; mas não se poderia aprová-la no terceiro caso, no qual o pai se limitou a transgredir uma regra civil.

CAPÍTULO VI — A ORDEM DAS SUCESSÕES DEPENDE DOS PRINCÍPIOS DO DIREITO POLÍTICO OU CIVIL, E NÃO DOS PRINCÍPIOS DO DIREITO NATURAL

A lei Voconiana não permitia a instituição de uma mulher como herdeira, nem que fosse filha única. Jamais houve, diz Sto. Agostinho,[1530-1531] uma lei mais injusta. Uma fórmula de Marculfo[1532] tem na conta de ímpio o costume

---

1526. Sob pena de infâmia e, uma outra, sob pena de prisão.

1527. Plutarco, *Vida de Sólon*.

1528. Plutarco, *Vida de Sólon*, e Galiano, em *Exhort. ad. Art.*, VIII.

1529. Quer dizer, de sua *honra*. (N.T.)

1530. *De civitate Dei*, III.

1531. Aurélio Agostinho (354 d.C-430 d.C.), natural de Tagasta, na África. Converteu-se ao cristianismo, ingressou na ordem religiosa e chegou a ser bispo de Hipona. Paralelamente, desenvolveu-se em teologia e filosofia, tornando-se o nome mais célebre da filosofia patrística. (N.T.)

1532. II, XII.

de privar as filhas da sucessão de seus pais. Justiniano[1533] chama de bárbaro o direito de dar a sucessão aos filhos em detrimento das filhas. A origem de tais ideias está no fato de se considerar o direito que os filhos têm de suceder seus pais como uma consequência da lei natural, o que não é.

A lei natural determina que os pais alimentem seus filhos, mas não determina que os façam herdeiros. A partilha dos bens, as leis que regem esta partilha, as sucessões após a morte daquele que participou desta partilha: tudo isto só pode ter sido regulamentado pela sociedade e, por conseguinte, por leis políticas ou civis.

É verdadeiro que a ordem política ou civil exige com frequência que os filhos sejam sucessores do pai. Porém, nem sempre o exige.

As leis de nossos feudos puderam ter as suas razões para que o primogênito (entre os homens) ou os mais próximos parentes por linhagem masculina tudo tivessem, e que as filhas nada tivessem; e as leis dos lombardos[1534] puderam, também, ter as suas para que as irmãs, os filhos naturais, os outros parentes e, na sua falta, o fisco, concorressem com as filhas.

Foi regulamentado em algumas dinastias da China que os irmãos do imperador teriam a sua sucessão e que seus filhos não a tivessem. Caso se quisesse que o príncipe tivesse uma certa experiência, caso se temesse as minorias, caso fosse necessário evitar que eunucos colocassem crianças sucessivamente no trono, poder-se-ia perfeitamente estabelecer uma tal ordem de sucessão. E, quando alguns[1535] escritores tiveram estes irmãos na conta de usurpadores, fizeram o seu julgamento com base nas ideias tomadas das leis desses países.

Conforme o costume da Numídia,[1536] Delsácio, irmão de Gela, sucedeu no reino, e não Massinissa, seu filho. E, ainda hoje,[1537] entre os árabes da Barbária, onde cada povoado possui um chefe, escolhe-se, segundo este antigo costume, o tio ou algum outro parente para a sucessão.

Há monarquias puramente eletivas e, uma vez que está claro que a ordem das sucessões deve derivar das leis políticas ou civis, cabe a elas decidir em qual caso quer a razão que esta sucessão seja conferida aos filhos, e em quais casos é preciso concedê-la a outros.

Nos países em que a poligamia está estabelecida, o príncipe tem muitos filhos; o número destes é maior em alguns países do que em outros.

1533. *Novela* XXI.

1534. II, título XIV, § 6, 7 e 8.

1535. Du Halde, sobre a segunda dinastia.

1536. Tito Lívio, Década, XXIX, XXIX.

1537. Ver as *Voyages* de Schaw, tomo I.

Há Estados[1538] nos quais a manutenção dos filhos do rei seria impossível para o povo; foi possível estabelecer que os filhos do rei não o sucedessem, mas, sim, os filhos de sua irmã.

Um número prodigioso de filhos exporia o Estado a horrendas guerras civis. A ordem de sucessão que concede a coroa aos filhos da irmã, cujo número não é maior do que seria o dos filhos de um príncipe que só tivesse uma esposa, previne esses inconvenientes.

Há nações onde razões de Estado ou alguma máxima religiosa têm exigido que uma certa família seja sempre reinante: tal é nas Índias[1539] o zelo de sua casta e o receio de dela não descender. Ali se pensou que, para se dispor sempre de príncipes de sangue real, era necessário tomar os filhos da irmã primogênita do rei.

Máxima geral: alimentar os próprios filhos é uma obrigação do direito natural; transmitir-lhes sua sucessão é uma obrigação do direito civil ou político. Daí derivam as diferentes disposições sobre os bastardos nos diferentes países do mundo, as quais acompanham as leis civis ou políticas de cada país.

CAPÍTULO VII — NÃO CONVÉM DECIDIR COM BASE NOS PRECEITOS RELIGIOSOS QUANDO SE TRATA DAQUELES DA LEI NATURAL

Os abissínios suportam uma quaresma de cinquenta dias muito rude e que os debilita a tal ponto que permanecem durante muito tempo incapazes de agir, pelo que os turcos[1540] não deixam de atacá-los após sua quaresma. A religião deveria, a favor da defesa natural, impor limites a estas práticas.

O sabá foi ordenado aos judeus, porém constituiu uma estupidez para esta nação não se defender[1541] quando seus inimigos escolheram este dia para atacá-la.

Cambises, ao sitiar Pelusa, mandou colocar à frente das tropas um grande número de animais considerados sagrados pelos egípcios: os soldados da guarnição não se atreveram a atirar seus projéteis. Quem não percebe que a defesa natural pertence a uma ordem superior a todos os preceitos?

1538. Como em Lovengo, na África. Ver a *Coleção das viagens que serviram ao estabelecimento da Companhia das Índias*, tomo IV, parte I, e Smith, *Viagem a Guiné*, parte II, sobre o reino de Juidá.

1539. Ver as *Cartas edificantes*, 14ª coleção, e a *Coleção das viagens que serviram...*, tomo III, parte II.

1540. *Coleção das viagens que serviram...*, tomo IV, parte I.

1541. Como fizeram quando Pompeu assediou o templo. Ver Dion, XXXVII, XVI.

CAPÍTULO VIII — NÃO CONVÉM REGULAMENTAR PELOS PRINCÍPIOS DO DIREITO DENOMINADO CANÔNICO AS COISAS REGULAMENTADAS PELOS PRINCÍPIOS DO DIREITO CIVIL

Segundo o direito dos romanos,[1542] aquele que subtrai de um lugar sagrado um coisa particular é punido apenas pelo crime de furto; pelo direito canônico,[1543] é punido pelo crime de sacrilégio. O direito canônico se atém ao lugar; o direito civil se atém à coisa. Entretanto, ater-se somente ao lugar significa não refletir nem na natureza e definição do furto nem na natureza e definição do sacrilégio.

Como o marido pode exigir a separação, devido à infidelidade da esposa, esta a exigia, outrora, devido à infidelidade do marido.[1544] Este uso, contrário à disposição das leis romanas,[1545] foi introduzido nas Cortes da Igreja[1546] onde imperavam as máximas do direito canônico; e, efetivamente, encarando-se o casamento exclusivamente no âmbito das ideias puramente espirituais e do prisma da relação com as coisas da outra vida, a violação é a mesma. Mas as leis políticas e civis de quase todos os povos distinguiram, com razão, estas duas coisas. Exigiram das mulheres um grau de comedimento e de continência que, de modo algum, exigem dos homens, porque a violação do pudor supõe nas mulheres uma renúncia a todas as virtudes; porque a mulher, violando as leis do casamento, sai do estado de sua dependência natural; porque a natureza marcou a infidelidade feminina mediante sinais certos, além do que os filhos adulterinos da mulher pertencem necessariamente ao marido e são encargo do marido, ao passo que os filhos adulterinos do marido não pertencem à esposa e nem representam encargo seu.

CAPÍTULO IX — AS COISAS QUE DEVEM SER REGULAMENTADAS PELOS PRINCÍPIOS DO DIREITO CIVIL RARAMENTE PODEM SÊ-LO PELOS PRINCÍPIOS DAS LEIS DA RELIGIÃO

As leis religiosas possuem mais sublimidade, as civis, mais abrangência.

As leis de perfeição extraídas da religião têm mais por objeto a bondade do ser humano que as observa do que a boa qualidade da sociedade

---

1542. Lei 5, ff. *ad leg. Juliam peculatus.*

1543. Cap. *quisquis* 17, *quaestione* 4; *Cujas, Observat.* XIII, XIX, tomo III.

1544. Beaumanoir, *Ancienne coutume de Beauvais* (*Antigo costume de Beauvaisis*), XVIII, § 6.

1545. Lei 1, Cód. *ad leg. Jul. de adult.*

1546. Atualmente, na França, elas desconhecem essas coisas.

na qual tais leis são observadas; as leis civis, ao contrário, têm mais por objeto a boa qualidade moral dos seres humanos em geral do que a bondade dos indivíduos.

Assim, por mais respeitáveis que sejam as ideias que se originam de forma imediata da religião, não devem sempre servir de princípio às leis civis, porque estas possuem um outro princípio, que é o bem geral da sociedade. Os romanos elaboraram regras visando conservar na república os costumes femininos: eram instituições políticas. Quando foi estabelecida a monarquia, elaboraram, a respeito disso, leis civis, e as elaboraram com base nos princípios do governo civil. Quando a religião cristã veio ao mundo, as novas leis que foram feitas tinham menos relação com a boa qualidade geral dos costumes do que com a santidade do casamento; considerar-se-á menos a união dos dois sexos no estado civil do que num estado espiritual.

Inicialmente, segundo a lei romana,[1547] um esposo que reconduzisse sua esposa a sua casa após a condenação dela por adultério era punido como cúmplice dos desregramentos dela. Justiniano, dentro de uma outra visão, determinou que ele poderia, no período de dois anos, ir retomá-la no mosteiro.[1548]

Quando uma mulher cujo marido estava na guerra não tinha mais notícia dele, ela podia, nos primeiros tempos, facilmente voltar a casar-se, porque tinha em suas mãos o poder de realizar o divórcio. A lei de Constantino[1549] determinava que ela aguardasse quatro anos, após o que podia enviar ao chefe o libelo de divórcio; e, se seu marido retornasse, ele não podia mais acusá-la de adultério. Mas Justiniano estabeleceu que, independentemente do tempo que houvesse transcorrido após a partida do marido, a esposa não podia casar-se novamente,[1550] a menos que, pelo testemunho e pelo juramento do chefe,[1551] ela pudesse provar a morte do marido. Justiniano tinha em vista a indissolubilidade do casamento, mas pode-se dizer que ele tinha em vista demasiado. Exigia uma prova positiva quando bastava uma prova negativa; exigia algo muito difícil, dar conta do paradeiro de um homem muito afastado, exposto a uma miríade de acidentes; presumia um crime, isto é, a deserção do marido, quando era tão natural presumir a sua morte. Ele abalava o bem público ao deixar uma mulher sem marido; abalava o interesse particular expondo-a a mil perigos.

1547. Lei 11, § últ., ff. *ad leg. Jul. de adult.*

1548. *Novela* 134, col. 9, X, título 170.

1549. Lei 7, Cód. *de repudiis et judicio de moribus sublato.*

1550. *Aut. Hodie quantiscumque.* Cód. *de repud.*

1551. Ou seja, do oficial superior do seu marido, da autoridade militar. (N.T.)

A lei de Justiniano,[1552] que colocou entre as causas do divórcio o consentimento do marido e da mulher de entrar no mosteiro, distanciava-se inteiramente dos princípios das leis civis. É natural que as causas de divórcio tinham sua origem em certos impedimentos que não se devia prever antes do casamento; mas este desejo de preservar a castidade podia ser previsto pois está em nós. Esta lei favorece a inconstância num estado que, por sua natureza, é perpétuo; ela abala o princípio fundamental do divórcio, o qual apenas suporta a dissolução de um casamento na esperança de um outro; enfim, mesmo seguindo as ideias religiosas, ela se limita a conceder vítimas a Deus sem sacrifício.

CAPÍTULO X — EM QUE CASO É PRECISO ACATAR A LEI CIVIL QUE PERMITE, E NÃO A LEI RELIGIOSA QUE PROÍBE

Quando uma religião que proíbe a poligamia se introduz num país onde a poligamia é permitida, não se crê, a não ser politicamente falando, que a lei do país deva tolerar que um homem que tem diversas mulheres adote esta religião, a menos que o magistrado ou o marido compense as esposas, devolvendo-lhes, de alguma forma, seu estado civil. Sem isso, a condição delas seria deplorável; só lhes restaria obedecer às leis e se encontrariam privadas das vantagens mais expressivas da sociedade.

CAPÍTULO XI — NÃO CONVÉM REGULAMENTAR OS TRIBUNAIS HUMANOS PELAS MÁXIMAS DOS TRIBUNAIS QUE TOCAM À OUTRA VIDA

O tribunal da Inquisição, constituído pelos padres cristãos com base na ideia do tribunal de penitência, é contrário a toda boa concepção civilizada. Encontrou em toda parte uma revolta geral; e teria cedido às contradições se os que o queriam instaurar não tivessem tirado proveito destas próprias contradições.

Esse tribunal se revela insuportável em todos os governos. Na monarquia, só pode criar delatores e traidores; nas repúblicas, só pode formar gente desonesta; no Estado despótico, é um destruidor como este próprio Estado.[1553]

1552. *Aut. Quod hodie*, Cód. *de repud.*

1553. A plena reprovação de Montesquieu, respaldada por sua aguda observação, é inteiramente procedente. Só não atinamos por que e como um *tribunal* que era "insuportável em todos os governos" durou e atuou por *quatro* séculos (do XIV ao XVIII). O que fez de efetivo e concreto,

CAPÍTULO XII — CONTINUAÇÃO DO MESMO ASSUNTO

Constitui um abuso por parte desse tribunal que, de duas pessoas que são acusadas do mesmo crime, a que nega é condenada à morte e a que confessa evita o suplício. Isto é tirado das ideias monásticas, segundo as quais aquele que nega parece estar na impenitência e condenado, e aquele que confessa parece estar no domínio do arrependimento e salvo. Mas uma tal distinção não pode dizer respeito aos tribunais humanos; a justiça humana, que somente vê as ações, tem apenas um pacto com os seres humanos, que é o da inocência; a justiça divina, que vê os pensamentos, tem dois, o da inocência e o do arrependimento.

CAPÍTULO XIII — EM QUAL CASO É NECESSÁRIO SEGUIR, NO TOCANTE AOS CASAMENTOS, AS LEIS RELIGIOSAS E EM QUAL CASO É NECESSÁRIO SEGUIR AS LEIS CIVIS

Tem ocorrido, em todos os países e em todas as épocas, a interferência da religião nos casamentos. Visto que algumas coisas foram consideradas impuras ou ilícitas e, todavia, eram necessárias, foi preciso recorrer à religião a fim de legitimá-las num caso e reprová-las em outros.

Por outro lado, sendo o casamento, entre todas as ações humanas, a que mais interessa à sociedade, foi necessário que fosse regulamentado pelas leis civis.

Tudo o que tange ao caráter do casamento, à sua forma, sua maneira de ser contratado, à fecundidade por ele obtida, que levou todos os povos a compreender que ele era o objeto de uma bênção particular, a qual, não estando a ele sempre vinculada, dependia de determinadas graças superiores, tudo isso é da competência da religião.

---

por exemplo, a rica e influente nobreza francesa (à qual Montesquieu pertencia) para abolir ou sequer deter os desmandos desse tribunal? Afinal a nobreza e a monarquia, sobretudo na França, eram parceiras reconhecidas da Igreja, que, mesmo sendo poderosíssima naqueles tempos, não era onipotente e não prescindia dos aristocratas. Mas, ao menos, isto podemos compreender, embora pareça simplismo: as milhares de mulheres condenadas e queimadas vivas por prática ou *suspeita* de prática de *feitiçaria* nos processos e julgamentos mais grotescos e irregulares da história da humanidade eram, via de regra, camponesas; as centenas de magos, astrólogos e alquimistas também condenados à fogueira por *heresia* não ostentavam títulos de nobreza e, muito menos, os filósofos como Giordano Bruno. Bem, nem quando o Santo Ofício condenou e supliciou a heroína francesa (de origem camponesa) contra os ingleses, Joana D'Arc, porque a *pucela* "ouvia vozes estranhas e passava invisível diante de oficiais ingleses", esse "tribunal" bizarro (que era, de fato, uma terceirização laica da Igreja) foi dissolvido. (N.T.)

As consequências desta união relativamente aos bens, às vantagens recíprocas, tudo o que tinha de se relacionar à nova família, àquela da qual esta provinha, àquela que devia nascer, tudo isso diz respeito às leis civis.

Como um dos grandes objetivos do casamento é suprimir todas as incertezas das uniões ilegítimas, a religião imprime aqui o seu caráter e as leis civis juntam a este o seu, a fim de que o casamento tenha toda a autenticidade possível. Assim, além das condições que a religião requer para que o casamento seja válido, as leis civis podem ainda exigir outras.

O que transmite este poder às leis civis é que se trata de caracteres associados, e não caracteres contraditórios. A lei religiosa determina certas cerimônias e as leis civis exigem o consentimento dos pais; exigem nisto algo adicional, mas nada exigem que seja contrário.

Disto se conclui que cabe à lei religiosa decidir se o vínculo será indissolúvel ou não, pois se as leis da religião estabeleceram o vínculo como indissolúvel e as leis civis pretendessem regulamentá-lo como passível de ser rompido, teríamos duas posições contraditórias.

Por vezes, os caracteres que se imprimem ao casamento pelas leis civis não são de uma absoluta necessidade; tais são os estabelecidos pelas leis que, em lugar de romper o casamento, se contentam em punir aqueles que o contraíram.

Entre os romanos, as leis Papianas declararam como injustos os casamentos que foram proibidos por elas, simplesmente os submetendo a penas,[1554] e o *senatusconsulto* produzido com base no discurso do imperador Marco Antonino[1555] os declarou nulos; não houve mais casamento, esposa, dote, esposo.[1556] A lei civil determina-se segundo as circunstâncias: por vezes ela se atém mais a reparar o mal, por vezes a preveni-lo.

CAPÍTULO XIV — EM QUAIS CASOS, NOS CASAMENTOS ENTRE PARENTES, É NECESSÁRIO REGULAMENTAR PELAS LEIS DA NATUREZA E EM QUAIS CASOS DEVE-SE REGULAMENTAR PELAS LEIS CIVIS

Quando se trata da matéria de proibição do casamento entre parentes, tem-se diante de si uma tarefa bastante delicada de delimitar o ponto em

---

1554. Ver o que afirmei anteriormente no capítulo XXI do Livro XXIII, *Das leis na sua relação com o número de habitantes.*

1555. Marco Aurélio Antonino, imperador romano de 161 a 180 d.C. e filósofo estoico. (N.T.)

1556. Ver a lei 16, ff. *de ritu nuptiarum*; e a lei 3, § 1, também no Digesto, *de donationibus inter virum et uxorem.*

que as leis naturais se detêm e começam as leis civis. Para isso é necessário estabelecer princípios.

O casamento do filho com a mãe confunde o estado das coisas. O filho deve um respeito ilimitado à sua mãe, a esposa deve um respeito ilimitado ao seu marido; o casamento de uma mãe com seu filho inverteria, tanto na primeira quanto na segunda situação, o estado natural deles.

Ademais, a natureza antecipou, no caso das mulheres, o tempo em que podem gerar filhos; no caso dos homens, o tempo foi retardado; e, pela mesma razão, a mulher deixa mais cedo de dispor desta faculdade, e o homem, mais tarde. Se o casamento entre mãe e filho fosse permitido, aconteceria quase invariavelmente que, quando o marido fosse capaz de cumprir os objetivos da natureza, a esposa não o seria mais.

O casamento entre o pai e a filha repugna à natureza, tal como o anterior; mas repugna menos porque não apresenta aqueles dois obstáculos. Assim, os tártaros, que podem desposar suas filhas,[1557] jamais desposam suas mães, como constatamos nos *Relatórios*.[1558]

Para os pais tem sido sempre natural velar pelo pudor de seus filhos. Encarregados do cuidado de dar-lhes formação, é sua obrigação conservar-lhes o corpo mais perfeito e a alma o menos corrompida possível, tudo o que pode melhor inspirar os desejos e tudo o que seja mais apropriado a gerar ternura. Os pais, ocupados em conservar os costumes de seus filhos, devem manter um distanciamento natural de tudo o que possa corrompê-los. Dir-se-á que o casamento não é uma corrupção, todavia, antes do casamento, é forçoso que se fale, é forçoso que se faça amar, é forçoso que se seduza, e é esta sedução que deve ter inspirado horror.

Foi necessária, portanto, uma barreira intransponível entre os que deviam dar a educação e os que deviam recebê-la, e prevenir todo tipo de corrupção, mesmo devida a causa legítima. Por que os pais privam tão cuidadosamente aqueles que deverão desposar suas filhas de sua companhia e de sua familiaridade?

O horror pelo incesto do irmão com sua irmã deve ter tido a mesma origem. Basta que os pais e as mães tenham querido conservar os costumes de seus filhos e suas casas puras para terem inspirado aos seus filhos o horror por tudo que pudesse conduzi-los à união dos dois sexos.

A proibição do casamento entre primos irmãos teve a mesma origem. Nos primeiros tempos, ou seja, nos tempos santos, nas eras nas quais o

---

1557. Essa lei é bastante antiga entre eles. Átila, segundo diz Prisco em sua *Ambassade* (*Embaixada*), deteve-se num determinado lugar para desposar sua filha Esca: "coisa permitida", diz ele, "pelas leis dos citas".

1558. *História dos tártaros.*

luxo era desconhecido, todos os filhos permaneciam na casa e nela se estabeleciam;[1559] é que era suficiente uma pequena casa para uma grande família. Os filhos de dois irmãos, ou os primos germanos, eram considerados e se consideravam entre si como irmãos.[1560] O distanciamento que existia entre os irmãos e as irmãs em relação ao casamento existia também entre os primos-irmãos.[1561]

Essas causas são tão poderosas e tão naturais que atuaram quase por toda a Terra, independentemente de qualquer comunicação entre os povos. Não foram os romanos que ensinaram aos habitantes de Formosa[1562] que o casamento com seus parentes de quarto grau[1563] era incestuoso; não foram os romanos que o disseram aos árabes[1564] e, tampouco, o ensinaram aos maldivas.[1565]

Se alguns povos não repudiaram os casamentos entre os pais e os filhos, as irmãs e os irmãos, viu-se no Livro I que os seres inteligentes não acatam sempre suas leis. Quem diria? As ideias religiosas com frequência fizeram os seres humanos caírem nesses desregramentos. Se os assírios, se os persas desposaram suas mães, os primeiros o fizeram devido a um respeito religioso por Semíramis, e os segundos porque a religião de Zoroastro dava preferência a esses casamentos.[1566] Se os egípcios desposaram suas irmãs, foi, ainda, um delírio da religião egípcia, a qual consagrou esses casamentos em honra de Ísis. Como o espírito da religião consiste em nos levar a fazer com empenho coisas grandes e difíceis, não convém julgar que uma coisa seja natural porque uma religião falsa a consagrou.[1567]

1559. Assim foi entre os primeiros romanos.

1560. De fato, entre os romanos, eles tinham o mesmo nome; os primos germanos eram chamados de irmãos.

1561. Assim foi em Roma nos primeiros tempos, até que o povo criou uma lei para permitir esse tipo de união: queria-se favorecer um homem extremamente popular que tinha se casado com sua prima-irmã. Plutarco, no tratado *Das demandas das coisas romanas*.

1562. *Recueil des voyages des Indes* (*Coleção das viagens às Índias*), tomo V, parte I: Relatório do Estado da Ilha de Formosa.

1563. Entenda-se *até* o quarto grau. (N.T.)

1564. O *Corão*, capítulo "Das mulheres".

1565. Ver François Pyrard.

1566. Eram tidos como mais honrosos. Ver Fílon, *De specialibus legibus quae pertinent ad praecepta Decalogi* (*Das leis especiais relativas aos preceitos do Decálogo*), Paris, 1640.

1567. Por vezes, o criterioso historiador e pensador político em Montesquieu se alterna com a sincera pessoa religiosa que optou pelo cristianismo, e, então, *essa última* fala em *falsas* religiões. Todos conhecem o belo, expressivo e notório mito de Osíris e Ísis. Eram *irmãos e esposos*. A religião egípcia, assim, legitimava que os faraós desposassem suas irmãs. Porém é *absolutamente necessário* atentar para o fato de que não o faziam apenas por ser um preceito religioso egresso

522 | O ESPÍRITO DAS LEIS

O princípio segundo o qual os casamentos entre os pais e os filhos, os irmãos e as irmãs, são proibidos em função da conservação do pudor natural na casa nos servirá para a descoberta de quais são os casamentos proibidos pela lei natural e os que só podem ser proibidos pela lei civil. Como os filhos habitam, ou se supõe que habitem a casa de seus pais e, consequentemente, o genro (ou enteado) com a sogra (ou madrasta), o sogro (ou padrasto) com a nora (ou enteada), o casamento entre eles é proibido pela lei natural. Neste caso, a imagem tem o mesmo efeito da realidade, porque sua causa é idêntica; a lei civil não pode nem deve permitir esses casamentos.

Há povos entre os quais, como o disse, os primos-irmãos são considerados como irmãos, porque habitam geralmente a mesma casa; há aqueles entre os quais este uso é quase desconhecido. Entres estes povos, o casamento entre primos-irmãos deve ser considerado contrário à natureza; entre os outros, não.

Mas as leis da natureza não podem ser leis locais. Assim, quando esses casamentos são proibidos ou permitidos, são, segundo as circunstâncias, permitidos ou proibidos por uma lei civil.

Não constitui, de modo algum, uso necessário o cunhado e a cunhada habitarem a mesma casa. O casamento, portanto, não é proibido entre eles visando à preservação da pudicícia dentro da casa; e a lei que o proíbe ou o permite não é a lei natural, mas uma lei civil que se regra em função das circunstâncias e depende dos usos de cada país: são os casos nos quais as leis dependem dos costumes e das maneiras.

As leis civis proíbem os casamentos quando, conforme os usos admitidos num certo país, eles se enquadram nas mesmas circunstâncias daqueles proibidos segundo as leis naturais; e os permitem quando os casamentos não se enquadram neste caso. A proibição das leis da natureza é invariável, porque depende de algo invariável: o pai, a mãe e os filhos habitam necessariamente a casa. Mas as proibições das leis civis são acidentais porque dependem de uma circunstância acidental, os primos-irmãos e outros habitando acidentalmente a casa.

Isso explica por que as leis de Moisés, as do Egito[1568] e de vários outros povos permitem o casamento entre o cunhado e a cunhada, enquanto estas mesmas uniões são proibidas em outras nações.

---

dos divinos consortes: essa prática era indispensável à manutenção da pureza da estirpe real, já que essa no Egito era matrilinear (ou seja, a sucessão ocorria por linhagem feminina, e não masculina). Em outras palavras, os casamentos consanguíneos garantiam a absoluta pureza do sangue real e concentravam o colossal poder político dos monarcas egípcios (faraós) numa única e perpétua família. (N.T.)

1568. Ver a lei 8 no Cód. *de incestis et inutilibus nuptiis.*

Nas Índias, dispõe-se de uma razão bastante natural para admitir esses tipos de casamento. O tio é considerado como pai, sendo obrigado a sustentar e dar formação aos seus sobrinhos, como se estes fossem seus próprios filhos, o que decorre do caráter deste povo, que é bondoso e muito humano. Esta lei ou este uso produziu um outro. Se um esposo perdeu sua esposa, não deixa de desposar a irmã,[1569] o que é bastante natural, pois a nova esposa se torna a mãe dos filhos de sua irmã, não havendo assim a figura da madrasta injusta.

CAPÍTULO XV — NÃO CONVÉM REGULAMENTAR PELOS PRINCÍPIOS DO DIREITO POLÍTICO AS COISAS QUE DEPENDEM DOS PRINCÍPIOS DO DIREITO CIVIL

Como os seres humanos renunciaram à sua independência natural para viverem submetidos a leis políticas, renunciaram também à comunidade natural dos bens para viverem submetidos a leis civis.

Estas primeiras leis lhes granjearam a liberdade; as segundas, a propriedade. Não se deve decidir pelas leis da liberdade, que, como dissemos, concernem somente ao domínio da cidade,[1570] o que deve ser decidido somente pelas leis que dizem respeito à propriedade. Constitui um paralogismo dizer que o bem particular deve ceder ao bem público, o que apenas ocorre no caso em que se trata do domínio da cidade, ou seja, da liberdade do cidadão; isto não ocorre naqueles casos em que se trata da propriedade dos bens, porque o bem público consiste sempre no fato de cada um conservar invariavelmente a propriedade que lhe concedem as leis civis.

Cícero sustentava que as leis agrárias eram funestas, pelo fato de a cidade ter sido estabelecida exclusivamente para que cada um conservasse seus bens.

Tenhamos, portanto, como máxima que, quando se trata do bem público, este bem público jamais acarreta que se prive um particular de seus bens, ou mesmo que se reduza esse bem do particular, na menor parte que for, mediante uma lei ou uma regra política. Neste caso, é preciso seguir com rigor a lei civil, que é o paládio da propriedade.

1569. *Cartas edificantes*, 14ª coleção.

1570. Ao dizer leis *políticas*, Montesquieu tem em vista o conceito de pólis dos gregos, ou seja, a cidade-Estado como comunidade humana organizada. Assim, ele estabelece uma distinção fundamental entre leis políticas e leis civis, ou seja, a lei política se refere ao Estado, a lei civil, ao cidadão ou súdito, a primeira gravitando em torno da liberdade, a segunda, em torno da propriedade, domínios comunicantes, porém distintos. (N.T.)

524 | O ESPÍRITO DAS LEIS

Assim, quando o público tem necessidade da propriedade imóvel de um particular, jamais é cabível agir segundo o rigor da lei política, sendo aqui que deve triunfar a lei civil, a qual, com olhos maternais, enxerga cada particular como a totalidade da própria cidade.

Se o magistrado político quiser construir algum edifício público, alguma estrada nova, será preciso que pague indenização; o público é, neste aspecto, como um particular que trata com um particular. Já basta seu poder de constranger um cidadão a vender-lhe sua herança e que lhe furte este grande privilégio que ele recebe da lei civil, de não poder ser forçado a alienar seu bem.

Após os povos que destruíram Roma terem abusado de suas próprias conquistas, o espírito de liberdade os conduziu ao de equidade; passaram a exercer os direitos mais bárbaros com moderação; e, se disso se duvida, será suficiente ler a admirável obra de Beaumanoir, que escreveu sobre a jurisprudência no século XII.[1571]

As grandes estradas do seu tempo eram reparadas, como se faz hoje. Ele afirma que, quando uma grande estrada não podia ser recuperada, construía-se uma outra o mais próximo possível da antiga, mas que se indenizavam os proprietários relativamente às expensas dos que, de alguma forma, tiravam algum proveito da estrada[1572]. Agia-se então pela lei civil; age-se nos nossos dias pela lei política.

CAPÍTULO XVI — NÃO É CABÍVEL DECIDIR PELAS REGRAS DO DIREITO CIVIL QUANDO SE TRATA DE DECIDIR PELAS REGRAS DO DIREITO POLÍTICO

Ver-se-á o fundo de todas as questões se não se confundirem as regras que decorrem da propriedade da cidade com as regras oriundas da liberdade da cidade.[1573]

O domínio[1574] de um Estado é alienável ou não é? Esta questão deverá ser respondida pela lei política, e não pela lei civil. Não deverá ser decidida

---

1571. Lapso de Montesquieu. Philippe de Remi, *senhor* de Beaumanoir, jurisconsulto francês, viveu entre 1246 e 1296, ou seja, no século XIII. (N.T.)

1572. O senhor nomeava determinados peritos para efetuar a arrecadação dos camponeses; os fidalgos eram obrigados pelo conde a contribuir, o membro da Igreja, pelo bispo. Beaumanoir, XXV, § 13, 17.

1573. Entenda-se como *propriedade da cidade* as propriedades públicas, e *liberdade da cidade*, a liberdade que o cidadão ou súdito pode gozar na cidade ou no Estado, ou seja, a liberdade civil. (N.T.)

1574. Domínio na acepção específica de bem, propriedade. O domínio do Estado era formado pelas propriedades públicas mais o que o Estado arrecadava. (N.T.)

pela lei civil porque é tão necessário que exista um domínio para a subsistência do Estado quanto é necessário que existam no Estado leis civis que regulamentem a disposição dos bens.

No caso, portanto, de alienar-se o domínio, o Estado se verá forçado a constituir um novo fundo pecuniário para um outro domínio. Este expediente, entretanto, faz cair o governo político porque, pela natureza da coisa, a cada domínio que tiver que ser estabelecido, o súdito se verá forçado a pagar sempre mais, e o soberano auferirá sempre menos; numa palavra, o domínio é necessário, a alienação não.[1575]

A ordem de sucessão está fundada, nas monarquias, no bem do Estado, o qual requer que esta ordem seja fixada, para evitar os infortúnios que tenho dito que devem ocorrer no despotismo, no qual tudo é incerto porque tudo é arbitrário.

Não é para a família reinante que a ordem de sucessão é estabelecida, sendo, sim, interesse do Estado que haja uma família reinante. A lei que regulamenta a sucessão dos particulares é uma lei civil, que tem por objeto o interesse dos particulares; aquela que regulamenta a sucessão na monarquia é uma lei política, que tem por objeto o bem e a conservação do Estado.

Disso decorre que, quando a lei política estabeleceu num Estado uma ordem de sucessão, e esta ordem vem a se extinguir, é absurdo reivindicar a sucessão em virtude da lei civil de qualquer povo que seja. Uma sociedade particular não produz leis para outra sociedade. As leis civis dos romanos não são mais aplicáveis do que quaisquer outras leis civis; eles próprios não as colocaram em prática quando julgaram os reis; e as máximas pelas quais julgaram os reis são tão abomináveis que não convém, de modo algum, fazê-las reviver.

Disso decorre também que, quando a lei política leva alguma família a renunciar à sucessão, torna-se absurda a pretensão de empregar as restituições extraídas da lei civil. As restituições estão na lei e podem se revelar benéficas contra aqueles que vivem na lei, mas não são benéficas para aqueles que foram estabelecidos para a lei e que vivem para a lei.

É grotesco pretender decidir direitos dos reinos, das nações e do mundo pelas mesmas máximas com base nas quais se decide entre particulares a respeito de um direito relativo a uma goteira, para me servir da expressão de Cícero.[1576]

1575. Ou seja, embora fale genericamente em *governo político*, Montesquieu parece estar se referindo especificamente ao governo monárquico. (N.T.)

1576. Livro I de *De legibus*.

CAPÍTULO XVII — CONTINUAÇÃO DO MESMO ASSUNTO

O ostracismo deve ser examinado pelas regras da lei política, e não pelas regras da lei civil; e este uso, longe de macular o governo popular, é, ao contrário, bastante apropriado para provar a suavidade desse governo; e teríamos sentido isso e o exílio entre nós sendo sempre uma pena, tivesse podido entre nós separar a ideia de ostracismo daquela da punição.

Aristóteles nos diz[1577] que todos estão convictos de que esta prática possui algo de humano e de popular. Se nos tempos e nos lugares nos quais se exercia o julgamento ele não era considerado odioso, caberá a nós, que vemos as coisas de tão longe, pensar diferentemente dos acusadores, dos juízes e do próprio acusado?

E se atentarmos que esse julgamento do povo enchia de glória aquele contra o qual era dirigido; que, quando dele se abusou em Atenas contra um homem que não era merecedor dele,[1578] a sua utilização cessou,[1579] ver-se-á bem claramente que se tem dele uma ideia falsa e que constituía uma lei admirável aquela que prevenia as más consequências que a glória de um cidadão podia produzir cumulando-o de uma nova glória.

CAPÍTULO XVIII — É NECESSÁRIO EXAMINAR SE AS LEIS QUE PARECEM CONTRADIZER-SE SÃO DE IDÊNTICA ORDEM

Em Roma, se permitiu ao marido que emprestasse sua mulher a outro homem. Plutarco nos diz isso formalmente.[1580] Sabe-se que Catão emprestou sua mulher a Hortênsio,[1581] e Catão não era homem de transgredir as leis de seu país.[1582]

Por outro lado, um marido que tolerasse os desregramentos de sua mulher, que não a levasse a julgamento, ou que a retomasse[1583] após ela ter sido condenada, era punido. Estas leis parecem contradizer-se e não

---

1577. *Política*, III, III.

1578. Hipérbolo. Ver Plutarco, *Vida de Aristides*.

1579. Achou-se oposto ao espírito do legislador.

1580. Plutarco, em sua *Comparação de Licurgo com Numa*.

1581. Plutarco, *Vida de Catão*. Isso ocorreu em nossos tempos, diz Estrabão, XI.

1582. A crer em Plutarco, e não temos razões para não o fazer, tal permissão realmente existiu em Roma; entretanto, o exemplo de Catão muito provavelmente não é verídico; ele teria se divorciado de sua mulher e se casado novamente com ela após a morte de Hortênsio. (N.T.)

1583. Lei 11, § últ., ff. *ad leg. Jul. de adult.*

se contradizem. A lei que permitia a um romano emprestar sua mulher é visivelmente uma instituição lacedemônia, estabelecida com o fito de dar à república crianças de uma *boa espécie*, se ouso me servir desta expressão; a outra lei tinha como finalidade a preservação dos costumes. A primeira era uma lei política, a segunda, lei civil.

CAPÍTULO XIX — NÃO CABE DECIDIR PELAS LEIS CIVIS AS COISAS QUE DEVEM SER DECIDIDAS PELAS LEIS DOMÉSTICAS

A lei dos visigodos determinava que os escravizados[1584] fossem obrigados a amarrar o homem e a mulher que surpreendessem em adultério e apresentá-los ao marido e ao juiz: lei terrível, que colocava nas mãos dessas pessoas vis o zelo da vingança pública, doméstica e particular!

Esta lei somente seria boa nos serralhos do Oriente, onde o escravo que está encarregado do enclausuramento faltou ao cumprimento de seus deveres no momento em que alguém falta ao cumprimento dos seus. Ele detém os criminosos menos para fazer com que sejam julgados do que para fazer julgar a si mesmo e lograr que se busque nas circunstâncias da ação se é possível perder de vista a suspeita de sua negligência.

Entretanto, nos países em que as mulheres não são guardadas, carece de senso a lei civil submetê-las, elas que governam a casa, à inquisição de seus escravos.

Esta inquisição poderia ser, no máximo em certos casos, uma lei particular doméstica e jamais uma lei civil.

CAPÍTULO XX — NÃO CABE DECIDIR PELOS PRINCÍPIOS DAS LEIS CIVIS AS COISAS QUE COMPETEM AO DIREITO DAS GENTES

A liberdade consiste principalmente em não poder ser forçado a fazer algo que a lei não ordena,[1585] e só se está neste estado porque se é governado por leis civis: somos então livres porque vivemos sob leis civis.

1584. Lei dos visigodos, III, título IV, § 6.

1585. Esse princípio basilar, tão bem formulado por Montesquieu, presente até hoje em várias Constituições e vários códigos de lei, reafirma a mútua não ingerência e a harmonia entre leis políticas e leis civis no seio do Estado, e deixa negativamente implícito, ademais, o primado da lei num Estado democrático, ou seja, ninguém está *acima* da lei, nem seqüer alegando *liberdade*. Se alguém não pode ser constrangido a fazer o que a lei não determina, por outro lado, igualmente, não pode fazer o que a lei proíbe, sob pena de punição. E, ainda, o autor encerra a máxima

528 | O ESPÍRITO DAS LEIS

Disto se segue que os príncipes, que não vivem entre si submetidos às leis civis, não são livres; são governados pela força; podem continuamente forçar ou serem forçados, do que se conclui que os tratados que celebraram a contragosto são tão obrigatórios quanto os que celebraram de bom grado. Quando nós, que vivemos submetidos às leis civis, somos constrangidos a fazer algum contrato que a lei não exige, podemos, amparados pela lei, nos insurgir contra essa violência; mas um príncipe, que se encontra sempre nesse estado no qual ele constrange ou é constrangido, está impossibilitado de queixar-se de um tratado que o coagiram a celebrar. Seria como se lamentasse em relação ao seu estado natural; seria como se desejasse ser príncipe na sua relação com os outros príncipes, mas que estes fossem cidadãos em relação a ele, ou seja, ele estaria abalando a natureza das coisas.

CAPÍTULO XXI — NÃO CABE DECIDIR PELAS LEIS POLÍTICAS AS COISAS QUE COMPETEM AO DIREITO DAS GENTES

As leis políticas requerem que todo ser humano seja submetido aos tribunais para assuntos criminais e civis do país onde ele vive e à repreensão do soberano.

O direito das gentes quis que os príncipes enviassem embaixadores, e a razão, tirada da natureza da coisa, não permitiu que esses embaixadores dependessem do soberano pelos quais são enviados, nem de seus tribunais. Eles são a palavra do príncipe que os envia, e esta palavra deve ser livre. Obstáculo algum deve impedi-los de agir. Estão capacitados a, com frequência, causar desagrado, porque falam por um homem independente. Poder-se-ia imputar-lhes crimes se pudessem ser punidos por crimes; poder-se-ia supô-los devedores se pudessem ser detidos devido a dívidas. Um príncipe que possuísse altivez natural falaria pela boca de um homem que teria tudo a temer. É preciso, portanto, acatar, no que toca aos embaixadores, as razões retiradas do direito das gentes, e não aquelas provenientes do direito político. Se abusam do fato de serem representantes, são destituídos e remetidos de volta aos seus países; pode-se, mesmo, acusá-los perante seus senhores, os quais se tornam, neste caso, seus juízes ou seus cúmplices.

---

filosófica: a liberdade na comunidade humana não só não exige a ausência da lei como não prescinde da lei. (N.T.)

CAPÍTULO XXII — O INFELIZ DESTINO DO INCA ATAUALPA

Os princípios que acabamos de estabelecer foram cruelmente violados pelos espanhóis. O inca Ataualpa[1586] só podia ter sido julgado pelo direito das gentes, e eles o julgaram pelas leis políticas e civis. Acusaram-no de ter ordenado a morte de alguns de seus súditos, de ter várias esposas, etc. E o cúmulo da estupidez foi que não o condenaram com base nas leis políticas e civis de seu país, mas com base nas leis políticas e civis do deles.[1587]

CAPÍTULO XXIII — QUANDO, DEVIDO A ALGUMA CIRCUNSTÂNCIA, A LEI POLÍTICA DESTRÓI O ESTADO, É PRECISO DECIDIR PELA LEI POLÍTICA QUE O PRESERVA, A QUAL SE TORNA, POR VEZES, UM DIREITO DAS GENTES

Quando a lei política, a qual estabeleceu num Estado uma determinada ordem de sucessão, torna-se destruidora do corpo político para o qual ela foi feita, é indubitável que uma outra lei política pode alterar esta ordem; e, bem longe de esta mesma lei opor-se à primeira, ela estará, na sua essência, relativamente à primeira, inteiramente em conformidade, visto que ambas dependerão deste princípio: *A salvação do povo é a lei suprema.*

Eu disse que um grande Estado[1588] transformado em acessório de outro se enfraquecia e, inclusive, enfraquecia o principal. Sabe-se que o Estado tem interesse em ter o seu chefe no seu seio, que as rendas públicas sejam bem administradas, que sua moeda não saia do país para enriquecer outro país. É importante que aquele que deve governar não esteja imbuído de máximas estrangeiras; estas são menos convenientes do que aquelas que

---

1586. Ver o *Inca Garcilazo de la Vega*.

1587. O exemplo de Montesquieu é excelente, no sentido de ilustrar sua análise da competência dos diversos tipos de leis a serem aplicadas, com a ressalva de que ele estava lidando com um fato histórico, e não com uma ficção. O inca Ataualpa, vítima ingênua de uma *farsa judicial*, não podia ser julgado por *direito algum*. Obviamente, ele não podia ser levado a julgamento algum, a não ser por força do famigerado "direito de conquista". Se ordenou a morte de *alguns* súditos da monarquia espanhola, os espanhóis já haviam executado centenas de súditos incas; quanto ao fato de ele ter muitas mulheres, por certo, os soldados espanhóis já haviam seduzido e estuprado várias mulheres incas, o que não os levara a nenhum julgamento, mesmo porque o Grande Inca, como um faraó, era senhor da vida e da morte de todos os que se achavam em seu Império. Mesmo subjugado pelo povo europeu conquistador, Ataualpa era o soberano de uma nação e de um Império, com leis, instituições e costumes próprios. Enfim, não se tratou de "cúmulo de estupidez", mas de *cúmulo de astúcia, avidez, maldade e covardia*, já que a estupidez, bem como a sabedoria, é espontânea e sincera. (N.T.)

1588. Ver anteriormente Livros V, capítulo XIV; VIII, XVI-XX; IX, IV-VII; e X, IX e X.

já estão estabelecidas; a propósito, os seres humanos se prendem prodigiosamente às suas leis e aos seus costumes, que fazem a felicidade de cada nação; é raro que sejam mudados sem a ocorrência de grandes abalos e um copioso derramamento de sangue, como as histórias de todos os países o mostram.

Disto se segue que se um grande Estado tem na qualidade de herdeiro o possuidor de um grande Estado, o primeiro pode muito bem excluí-lo, porque é útil aos dois Estados que a ordem da sucessão seja alterada. Assim, a lei da Rússia, feita no começo do reinado de Isabel, exclui muito prudentemente todo herdeiro que possua outra monarquia; assim a lei de Portugal rejeita todo estrangeiro que fosse convocado à coroa pelo direito de sangue.

E se uma nação pode excluir, tem, com muito maior razão, o direito de fazer renunciar. Se teme que um certo casamento tenha consequências que possam fazer-lhe perder sua independência, ou lançá-la a uma partilha, poderá decididamente levar os contratantes à renúncia e aqueles que deles nascerão renunciarem a todos os direitos que tinham sobre ela; e aquele que renuncia, e aqueles contra quem ele renuncia, poderão se queixar tanto menos quanto poderia o Estado ter produzido uma lei para excluí-los.

CAPÍTULO XXIV — AS REGRAS POLICIAIS SÃO DE ORDEM DISTINTA DAS OUTRAS LEIS CIVIS

Há criminosos que o magistrado pune, há outros que ele corrige. Os primeiros são submetidos ao poder da lei, os outros, à sua autoridade; aqueles são apartados da sociedade, e estes são obrigados a viver segundo as regras da sociedade.

Na função de polícia, é mais o magistrado que pune do que a lei; no julgamento dos crimes, é mais a lei que pune do que o magistrado. Os assuntos de polícia são coisas de cada instante, e nas quais se trata ordinariamente de pouca coisa, requerendo-se, portanto, quase nenhuma formalidade. As ações policiais são prontas, e o policiamento é exercido sobre coisas que se repetem todos os dias, ao passo que as grandes punições não são apropriadas nestes casos. A polícia ocupa-se constantemente de detalhes, de modo que os grandes casos não são, consequentemente, feitos para ela. Ela detém mais regras do que leis. As pessoas que dependem dela estão incessantemente sob o olhar do magistrado; será, portanto, falha do magistrado se elas ingressarem nos excessos. Assim, não se devem confundir as grandes violações das leis com a violação dos simples regulamentos de polícia: estas coisas são de uma ordem distinta.

Disto se conclui que não se está em conformidade com a natureza das coisas nessa república da Itália,[1589] onde o porte de armas de fogo é punido como um crime capital e onde não é mais fatal fazer delas mau uso do que portá-las.

Conclui-se, ainda, que a ação tão louvada desse imperador que ordenou que um padeiro fosse empalado por tê-lo surpreendido em fraude constitui uma ação de sultão, que só sabe ser justo exagerando a própria justiça.

CAPÍTULO XXV — NÃO É CABÍVEL SEGUIR AS DISPOSIÇÕES GERAIS DO DIREITO CIVIL QUANDO SE TRATA DE COISAS QUE DEVEM SER SUBMETIDAS ÀS REGRAS PARTICULARES EXTRAÍDAS DE SUA PRÓPRIA NATUREZA

Será uma boa lei a que determina que todas as obrigações civis sancionadas no desenrolar de uma viagem entre os marinheiros de um navio sejam nulas? François Pyrard nos diz[1590] que na sua época essa lei não era observada pelos portugueses, mas que o era pelos franceses. Pessoas que permanecem juntas por pouco tempo, que não têm quaisquer necessidades, porquanto o príncipe as provê, que não podem ter outro objetivo senão a sua viagem, que não se encontram mais na sociedade, mas são cidadãos de um navio, não devem contrair essas obrigações, as quais só foram introduzidas para arcar com os encargos da sociedade civil.

Foi neste mesmo espírito que a lei dos rodianos, feita para um tempo quando se seguia sempre pelas costas, determinava que aqueles que, durante uma tempestade, permaneciam dentro do navio, tivessem o navio e a carga, e que aqueles que o houvessem deixado nada tivessem.

1589. Veneza.

1590. Capítulo XIV, parte 12.

SEXTA PARTE

LIVRO XXVII — DA ORIGEM E DAS REVOLUÇÕES DAS LEIS DOS ROMANOS SOBRE AS SUCESSÕES

CAPÍTULO ÚNICO — DAS LEIS ROMANAS SOBRE AS SUCESSÕES

Esta matéria se prende a instituições estabelecidas numa Antiguidade remotíssima, e, para penetrá-la profundamente, que me seja permitido buscar nas primeiras leis dos romanos o que eu não saiba que até agora tenha sido visto.

Sabe-se que Rômulo dividiu as terras de seu pequeno Estado entre seus cidadãos,[1591] e me parece que é esta a origem das leis de Roma sobre as sucessões.

A lei da divisão das terras exigiu que os bens de uma família não passassem para uma outra, do que resultou não haver senão duas ordens de herdeiros estabelecidos pela lei:[1592] os filhos e todos os descendentes que viviam sob o poder do pai, que se chamaram de herdeiros-seus e, na sua falta, os parentes mais próximos por linha masculina, que se chamaram de agnatos.

Disso resultava ainda que os parentes por linha feminina, aos quais se chamaram de cognatos, não deviam suceder; teriam os bens transferidos para outra família. E assim foi estabelecido.

Disso também resultou que os filhos não deviam suceder a mãe, nem a mãe aos filhos, o que teria conduzido os bens de uma família para outra. Assim, nós os vemos excluídos na Lei das Doze Tábuas;[1593-1594] esta convocava à sucessão apenas os agnatos, e o filho e a mãe não o eram entre si.

1591. Dionísio de Halicarnasso, II, III; Plutarco em sua *Comparação de Numa com Licurgo*.

1592. *Ast si intestatus moritur, cui suus haeres nec extabit, agnatus proximus familiam habeto. Fragmento* da Lei das Doze Tábuas em Ulpiano, último título.

1593. Ver os *Fragmentos* de Ulpiano, § 8, título XXVI; *Institutas*, título III: *In proemio ad sen. cons. Tertullianum.*

1594. Ver *Institutas...* de Justiniano. (N.T.)

Mas era indiferente que o herdeiro-seu ou, na sua falta, o agnato mais próximo fosse homem ou mulher, porque os parentes do lado materno não sucedendo, ainda que uma mulher herdeira se casasse, os bens reingressavam sempre na família de que provinham. É por isso que não se distinguia na Lei das Doze Tábuas se a pessoa que sucedia era homem ou mulher.[1595]

Isto fez com que, embora os netos através do filho sucedessem ao avô, os netos através da filha não sucedessem a ele, pois, para que os bens não fossem transferidos para uma outra família, os agnatos tinham a sua preferência. Assim, a filha sucedia ao seu pai, e não os filhos dela.[1596]

Assim, entre os primeiros romanos, as mulheres sucediam quando isto se conformava à lei da divisão das terras, e não sucediam quando isto se chocava com esta lei.

Tais foram as leis das sucessões entre os primeiros romanos, e, como eram uma dependência natural da constituição e tinham sua origem na divisão das terras, percebe-se com clareza que não tiveram uma origem estrangeira e não estavam compreendidas no número daquelas que lhes foram trazidas pelos deputados enviados às cidades gregas.

Dionísio de Halicarnasso nos informa que Sérvio Túlio, encontrando abolidas as leis de Rômulo e de Numa sobre a divisão das terras, as restabeleceu e fez novas a fim de conferir às antigas um novo peso. Assim, não há como duvidar de que as leis de que acabamos de falar, feitas em consequência dessa divisão, não sejam obra desses três legisladores de Roma.

Como a ordem de sucessão foi estabelecida em decorrência de uma lei política, o cidadão não devia perturbá-la através de uma vontade particular, isto é, nos primeiros tempos de Roma não devia ser permitido fazer um testamento. Entretanto, foi duro que se estivesse privado nesses derradeiros momentos do comércio dos benefícios.[1597]

Encontrou-se um meio de conciliar, no que se referia a isso, as leis com a vontade dos particulares. Foi permitido depositar os próprios bens numa assembleia do povo e cada testamento foi, de alguma forma, um ato do poder legislativo.

A Lei das Doze Tábuas permitia àquele que fazia o seu testamento que escolhesse como seu herdeiro o cidadão que desejasse. A razão que fez com que as leis romanas restringissem de modo tão incisivo o número daqueles que podiam suceder *ab intestat* foi a lei da divisão das terras, e a razão pela qual estenderam tanto a faculdade de testar foi que, podendo

---

1595. Paulo, IV; *Sententiae*, título VIII, § 3.

1596. *Institutas*, III, título I, § 15.

1597. Entenda-se da capacidade legal e pessoal de transferir os próprios bens segundo sua vontade, ou seja, o que seria expresso num testamento. (N.T.)

o pai vender os próprios filhos,[1598] podia, com muito mais razão, privá-los de seus bens. Eram, portanto, efeitos diferentes, já que decorriam de princípios diversos, e trata-se do espírito das leis romanas a este respeito. As antigas leis atenienses não permitiam, de modo algum, que o cidadão fizesse testamento. Sólon o permitiu,[1599] mas excetuando os que tinham filhos, e os legisladores de Roma, imbuídos da ideia do pátrio poder, permitiram o testamento mesmo em detrimento dos filhos. É preciso reconhecer que as antigas leis atenienses foram mais consequentes do que as leis romanas. A permissão indefinida de testar, concedida entre os romanos, arruinou gradativamente a disposição política sobre a divisão das terras; introduziu, mais do que qualquer outra coisa, a funesta diferença entre as riquezas e a pobreza; várias partilhas de terras foram reunidas sobre uma mesma cabeça, de sorte que certos cidadãos tinham demais enquanto uma infinidade de outros não tinha nada. Consequentemente, o povo, continuamente destituído de sua partilha, exigiu incessantemente uma nova distribuição das terras. E a exigiu no tempo em que a frugalidade, a parcimônia e a pobreza construíram o caráter distintivo dos romanos, como nos tempos em que seu luxo foi conduzido ao excesso.

Sendo os testamentos propriamente uma lei produzida na assembleia do povo, aqueles que se achavam no exército viam-se privados da faculdade de testar. O povo outorgou aos soldados o poder de fazer,[1600] perante alguns de seus companheiros, as disposições que eles teriam feito perante ele.[1601]

As grandes assembleias do povo só aconteciam duas vezes por ano; de resto, o povo aumentara, bem como os negócios. Julgou-se conveniente permitir a todos os cidadãos fazerem seus testamentos perante alguns cidadãos romanos púberes[1602] que representassem o corpo popular. Tomaram-se cinco cidadãos,[1603] diante dos quais o herdeiro adquiria do

---

1598. Dionísio de Halicarnasso prova, por uma lei de Numa, que a lei que permitia ao pai vender o próprio filho três vezes era uma lei de Rômulo, e não dos decênviros. Livro II.

1599. Ver Plutarco, *Vida de Sólon*.

1600. Esse testamento, denominado *in procinctu*, era diferente daquele ao qual se denominou *militar*, que só foi estabelecido pelas constituições (no sentido de *leis*) dos imperadores, lei I, ff. *de militari testamento*: foi um dos modos de bajular soldados.

1601. Esse testamento não era escrito e era destituído de formalidades, *sine libra et tabulis*, como diz Cícero, Livro I de *De oratore*.

1602. *Institutas*, II, título X, § 1; Aulo Gélio, XV, XXVII. Essa espécie de testamento era chamada de *per aes et libram*.

1603. Ulpiano, título X, § 2.

538 | O ESPÍRITO DAS LEIS

testador sua família, ou seja, sua herança;[1604] um outro cidadão portava uma balança para pesar o preço disso, visto que os romanos ainda não possuíam moedas.[1605]

É provável que estes cinco cidadãos representassem as cinco classes populares e que não se computasse a sexta, composta de pessoas que nada tinham.

Não é para se dizer, com Justiniano, que essas vendas eram imaginárias; realmente assim se tornaram, mas no início não o eram. A maioria das leis que regulamentaram posteriormente os testamentos haurem sua origem da realidade dessas vendas, do que encontramos a prova nos *Fragmentos* de Ulpiano.[1606] O surdo, o mudo, o pródigo não podiam fazer testamento. O surdo, porque era incapaz de ouvir as palavras do comprador da família; o mudo, porque era incapaz de pronunciar os termos da nomeação; o pródigo, porque, estando para ele interdita toda gestão dos negócios, não podia vender sua família. Deixo de mencionar os outros exemplos.

Sendo feitos os testamentos na assembleia do povo, eram mais atos de direito político do que de direito civil, mais de direito público do que de direito privado, do que decorria que o pai não podia permitir ao seu filho, que se achava em seu poder, que fizesse um testamento.

Junto à maioria dos povos, os testamentos não são submetidos a maiores formalidades do que os contratos ordinários, porque uns e outros são apenas expressões da vontade daquele que contrata, as quais dizem respeito igualmente ao direito privado. Mas, entre os romanos, onde os testamentos derivavam do direito público, eles detiveram maiores formalidades[1607] do que os outros atos, o que subsiste ainda hoje nas regiões da França que se regem pelo direito romano.

Sendo os testamentos, como asseverei, uma lei do povo, deviam ser feitos mediante a força do comando e por palavras que foram designadas como *diretas* e *imperativas*. Daí formou-se uma regra, segundo a qual não se poderia dar nem transmitir a própria herança senão mediante palavras de comando;[1608] do que se concluiu que se podia muito bem, em certos casos, realizar uma substituição[1609] e ordenar que a herança passasse a um

---

1604. Teófilo, *Institutas*, II, título X.

1605. Só as tiveram na época da Guerra de Pirro. Tito Lívio, referindo-se ao assédio de Veio, diz: "*nondum argentum signatum erat*", IV.

1606. Título XX, § 13.

1607. *Institutas*, II, título X, § 1.

1608. Tício, sê meu herdeiro.

1609. A vulgar, a pupilar, a exemplar.

outro herdeiro, mas que não se podia jamais realizar fideicomissos,[1610] isto é, encarregar alguém sob forma de rogo de remeter a um outro a herança ou uma parte da herança.

Quando o pai não instituía nem deserdava seu filho, o testamento era rompido, porém era válido, ainda que ele não deserdasse nem instituísse sua filha. Vejo a razão disto. Quando ele não instituía nem deserdava seu filho, prejudicava seu neto, que teria sucedido *ab intestat* ao seu pai; contudo, não instituindo nem deserdando sua filha, nenhum prejuízo causava aos filhos de sua filha, que não teriam sucedido *ab intestat* a sua mãe,[1611] porque não eram nem herdeiros-seus nem agnatos.

Tendo as leis dos primeiros romanos sobre as sucessões se limitado a pensar em acatar o espírito da divisão das terras, não restringiram o suficiente as riquezas das mulheres, deixando, assim, uma porta aberta para o fausto, que é sempre inseparável dessas riquezas.[1612] Entre a segunda e a terceira Guerra Púnica principiou-se a sentir o mal e se fez a lei Voconiana.[1613] E como foram considerações de grande monta que levaram à sua criação, e como a nós dela restaram escassos monumentos ou que a ela tenham sido feitas até hoje referências de maneira bastante confusa, proponho-me a esclarecê-la.

Cícero nos conservou um fragmento que proíbe de instituir uma mulher como herdeira, fosse ela casada ou não.[1614]

O *Epítome* de Tito Lívio, onde ele se refere a esta lei, nada acresce a respeito dela.[1615] Parece, se nos basearmos em Cícero[1616] e Santo Agostinho,[1617] que a filha, e até mesmo a filha única, estavam incluídas na proibição.

1610. Augusto, por razões de caráter particular, começou a autorizar os fideicomissos, *Institutas*, II, título XXIII, § 1.

1611. *Ad liberos matris intestatae haereditas, ex lege XII tab. non pertinebat, quia feminae suos haeredes non habent.* Ulpiano, *Fragmentos*, título XXVI, § 7.

1612. Quinto Vocônio, tribuno da plebe, a propôs no ano 585 de Roma, ou seja, 169 anos antes de Cristo. Ver Cícero, Segunda arenga contra Verres. No *Epítome* de Tito Lívio, XLI, leia-se Vocônio em lugar de Volúmnio.

1613. Ou seja, a respeito das riquezas *das mulheres.* (N.T.)

1614. *Sanxit... ne quis haeredem virginem neve mulierem faceret.* Cícero, Segunda arenga contra Verres, CVII.

1615. *Legem tulit, ne quis haeredem mulierem institueret*, XLI.

1616. Segunda arenga contra Verres.

1617. Livro III da *Cidade de Deus.*

Catão, o Velho,[1618] contribuiu com todo o seu poder para que esta lei fosse sancionada.[1619] Aulo Gélio cita um fragmento da arenga pronunciada por ele nessa ocasião.[1620] Barrando a sucessão das mulheres, ele quis prevenir as causas do luxo, como, assumindo a defesa da lei Opiana, quis deter o próprio luxo.

Nas *Institutas* de Justiniano[1621] e de Teófilo,[1622] fala-se de um capítulo da lei Voconiana que restringia a faculdade de legar. Ao ler esses autores, não há quem não pense que este capítulo foi composto para evitar que a sucessão fosse a tal ponto absorvida por legados que o herdeiro se negasse a aceitá-la. Porém, não era este o espírito da lei Voconiana. Acabamos de ver que ela objetivava obstar que as mulheres recebessem qualquer herança. O capítulo desta lei que estabelecia limites à faculdade de legar estava compreendido nesse objetivo, pois, caso se pudesse legar tanto quanto se desejasse, as mulheres teriam podido receber como legado aquilo que não podiam obter como sucessão.

A lei Voconiana foi feita para prevenir as riquezas, femininas excessivas. Foi, portanto, das sucessões consideráveis que foi necessário privá-las, e não daquelas que não podiam preservar o luxo. A lei fixava uma certa soma que devia ser dada às mulheres que eram privadas da sucessão pela lei. Cícero,[1623] que nos informa deste fato, não indica, entretanto, qual era essa soma; mas Dion[1624] diz que era de cem mil sestércios.

A lei Voconiana foi feita para regular as riquezas e não para regular a pobreza; assim, Cícero nos diz[1625] que ela somente estatuía sobre aqueles que estavam inscritos no censo.

Isto forneceu um pretexto para burlar a lei. Sabe-se que os romanos eram extremamente formalistas e afirmamos anteriormente que o espírito da República era seguir a letra da lei. Houve pais que não se fizeram

---

1618. Nascido em Túsculo, viveu entre 234 e 149 a.C. Sumamente conservador e nacionalista, por assim dizer, o mais romano dos romanos, foi ele quem insistiu reiteradamente, nas sessões do senado, na ideia de que Roma e Cartago não podiam absolutamente conviver no mundo, diante do que propunha à exaustão que, apesar de certas vitórias romanas sobre os cartagineses, Cartago deveria ser sumariamente destruída, o que acabou sendo aprovado e levado a cabo. (N.T.)

1619. *Epítome* de Tito Lívio, XLI.

1620. XVII, VI.

1621. *Institutas*, II, XXII.

1622. Ibidem.

1623. *Nemo censuit plus Fadiae dandum, quam posset ad euam lege Voconia pervenire. De finibus bon. et mal.*, II, LV.

1624. *Cum lege Voconia mulieribus prohiberetur ne qua majorem centum millibus nummum haereditatem posset adire*, LVI.

1625. *Qui census esset*. Segunda arenga contra Verres.

inscrever no censo, para poderem deixar sua sucessão para a filha, e os pretores julgaram que não se violava, de modo algum, a lei Voconiana, pois dela não se violava, em absoluto, a letra.

Um certo Ânio Aselo instituíra sua filha única como herdeira. E ele podia fazê-lo, dizia Cícero: a lei Vocaniana não o impedia de fazê-lo porque ele não estava inscrito no censo.[1626] Verres, sendo pretor, privara sua filha da sucessão. Cícero sustenta que Verres fora corrompido porque sem isso não teria se interposto contra uma ordem que os outros pretores haviam seguido.

E quem eram, então, esses cidadãos que não se achavam no censo que compreendia todos os cidadãos? Mas, segundo a instituição de Sérvio Túlio, transcrita por Dionísio de Halicarnasso,[1627] todo cidadão que não se inscrevia no censo era transformado em escravo. O próprio Cícero diz que um tal homem perdia a liberdade.[1628] Zonara diz o mesmo. Era necessário, portanto, que houvesse a diferença entre não estar no censo segundo o espírito da lei Vocaniana e não estar no censo segundo o espírito das instituições de Sérvio Túlio.

Aqueles que não se tinham feito inscrever nas cinco primeiras classes, não tendo sido classificados conforme a proporção de seus bens,[1629] não estavam no censo segundo o espírito da lei Voconiana; aqueles que não estavam inscritos no número das seis classes, ou que não eram colocados pelos censores no número daqueles denominados *aerarii*, não estavam presentes no censo segundo as instituições de Sérvio Túlio. Tal era a força da natureza que os pais, para eludir a lei Voconiana, consentiam em sofrer a vergonha de serem confundidos na sexta classe com os proletários e aqueles que eram taxados por cabeça ou mesmo a serem transferidos às tabelas dos cérites.[1630-1631]

Dissemos que a jurisprudência dos romanos não admitia os fideicomissos. A esperança de burlar a lei Voconiana os introduziu. Instituía-se um herdeiro capaz de receber de acordo com a lei e se lhe solicitava que remetesse a sucessão a uma pessoa que fora excluída da sucessão pela lei. Esta nova maneira de dispor dos bens surtiu os efeitos mais diversos. Alguns

---

1626. *Census non erat.*

1627. Livro IV.

1628. *In oratione pro Caecina.*

1629. Essas cinco primeiras classes eram tão consideráveis que, por vezes, os autores se restringem a mencionar as cinco.

1630. *In Caeritum tabulas referri; aerarius fieri.*

1631. Povo que recebeu dos romanos o direito de cidadania, porém não incluindo o direito de voto. (N.T.)

restituíram a herança, e a atitude de Sexto Peduceu[1632] foi notável. Foi-lhe concedida uma grande herança: não havia ninguém no mundo além dele que soubesse que a ele fora solicitado que a transferisse; ora, ele procurou a viúva do testador e lhe entregou todos os bens de seu marido.

Os outros mantiveram para si a sucessão, e o exemplo de P. Sextílio Rufus foi igualmente célebre, porque Cícero o utilizou nas suas disputas contra os epicurianos.[1633] "Na minha juventude", ele diz, "Sextílio me solicitou que o acompanhasse até os seus amigos para deles saber se ele devia transferir a herança de Quinto Fádio Galo a Fádia, sua filha. Ele reunira um grupo de jovens com personalidades muito circunspectas; e nenhum foi de opinião que desse ele mais a Fádia do que aquilo que ela devia receber conforme a lei Voconiana. Sextílio tinha consigo um grande valor de sucessão, do qual ele não teria retido um sestércio se houvesse preferido o que é justo e honesto ao que era útil. Acredito", ajunta Cícero, "que teríeis entregado a herança; acredito, até mesmo, que Epicuro a teria entregado, mas vós não teríeis, neste caso, seguido vossos princípios". Farei aqui algumas reflexões.

Constitui uma infelicidade da condição humana os legisladores serem obrigados a fazer leis que combatem os próprios sentimentos naturais: tal foi o que ocorreu com a lei Voconiana. É que os legisladores estatuem mais sobre a sociedade do que sobre o cidadão e mais sobre o cidadão do que sobre o ser humano. A lei sacrificava o cidadão e o homem e só pensava na República. Um homem solicitava que um amigo transferisse sua sucessão à filha: a lei desprezava no testador os sentimentos da natureza; desprezava na filha o amor filial; ela não tinha consideração alguma por aquele que estava encarregado de transferir a herança, que se encontrava em terríveis circunstâncias. Se a transferisse, era tido como um mau cidadão; se a retivesse consigo, era tido como um homem desonesto. Somente as pessoas dotadas de uma bondade natural pensariam em burlar a lei; somente as pessoas honestas podiam ser escolhidas para burlar a lei, pois constitui sempre um triunfo a ser exercido sobre a avareza e as voluptuosidades; e somente pessoas honestas para obterem esses tipos de triunfos. Talvez houvesse mesmo o rigor de considerá-los nisto como maus cidadãos. Não é impossível que o legislador tivesse atingido uma grande parte de sua meta quando sua lei era tal que unicamente forçava os honestos a eludi-la.

1632. Cícero, *de finib. bon. et mal.*, II, LVIII.

1633. Ibidem.

No tempo em que a lei Voconiana foi feita, os costumes haviam conservado algo de sua antiga pureza. Por vezes, despertou-se o interesse da consciência pública em favor da lei e se fez jurar que se a observaria,[1634] de sorte que a probidade travava, por assim dizer, guerra contra a probidade. Mas, nos últimos tempos, ocorreu corrupção dos costumes a ponto de os fideicomissos deterem menos força para burlar a lei Voconiana do que tinha esta lei força para se fazer acatar.

As guerras civis levaram à morte um número gigantesco de cidadãos. Roma, sob Augusto, viu-se quase deserta. Era necessário repovoá-la. Foram feitas as leis Papianas, nas quais nada se omitiu que pudesse desencorajar os cidadãos a se casar e ter filhos.[1635] Um dos principais meios foi aumentar, para aqueles que se acomodavam aos objetivos da lei, as esperanças de obterem sucessão e diminuí-las para aqueles que a isso se recusavam; e, como a lei Voconiana tornara as mulheres incapacitadas de suceder, a lei Papiana fez com que, em certos casos, desaparecesse essa proibição.

As mulheres,[1636] especialmente aquelas que tinham filhos, foram capacitadas a receber em virtude do testamento de seus maridos; elas puderam, quando tivessem filhos, receber em virtude do testamento dos estranhos: tudo isto contra a disposição da lei Vocaniana, e é notável que não se tenha abandonado inteiramente o espírito desta lei. Por exemplo, a lei Papiana[1637] permitia a um homem que tivesse um filho[1638] receber toda a herança através do testamento de um estranho; ela não concedia a mesma graça à mulher, a não ser quando esta tivesse três filhos.[1639]

É preciso observar que a lei Papiana somente facultou a sucessão às mulheres que tivessem três filhos em função do testamento de estranhos, e que, quanto à sucessão dos parentes, essa lei deixou as antigas leis e a lei Voconiana[1640] em poder de todo seu vigor. Mas isto não subsistiu.

Roma, estragada pelas riquezas de todas as nações, mudara seus costumes; não fez mais questão de deter o luxo das mulheres. Aulo Gélio, que

---

1634. Sextílio dizia que jurara observá-la. Cícero, *de finib. bon. et mal.*, II, LV.

1635. Ver o que afirmo acerca disso no Livro XXIII, 21.

1636. Ver, sobre isso, os *Fragmentos* de Ulpiano, título XV, § 16.

1637. A mesma diferença se encontra em várias disposições da lei Papiana. Ver os *Fragmentos* de Ulpiano, § 4 e 5, último título; e o mesmo no mesmo título, § 6.

1638. *Quod tibi filiolus, vel filia, nascitur, ex me... Jura parentis habes; propter me scriberis haeres.* (Pois, para mim, se te nasce um menino ou uma menina, tu terás doravante os direitos da paternidade; graças a mim tu podes ser inscrito como herdeiro.) Juvenal, *Sátiras*, IX, 83, 87.

1639. Ver a lei 9, código Teodosiano, *de bonis proscriptorum*; e Dion, LV. Ver os *Fragmentos* de Ulpiano, último título, § 6; e título XXIX, § 3.

1640. *Fragmentos* de Ulpiano, título XVI, § 1; Sozómeno, I, XIX.

544 | O ESPÍRITO DAS LEIS

viveu no reinado de Adriano,[1641] nos diz que em seu tempo a lei Voconiana estava quase aniquilada; fora coberta pela opulência da cidade. Assim, encontramos na *Sentenças* de Paulo,[1642] que viveu no reinado de Níger, e nos *Fragmentos* de Ulpiano,[1643] que era do tempo de Alexandre Severo, que as irmãs do lado paterno podiam suceder, que somente havia parentes de um grau muito afastado enquadrados no caso da proibição da lei Voconiana.

As antigas leis de Roma começaram a parecer duras. Os pretores passaram a se comover exclusivamente por razões de equidade, de moderação e de decoro.

Vimos que, segundo as antigas leis de Roma, as mães não participavam da sucessão de seus filhos. A lei Voconiana foi uma nova razão para excluí-las. Mas o imperador Cláudio concedeu à mãe a sucessão de seus filhos como um consolo por sua perda; o *senatusconsulto* Tertuliano, feito no reinado de Adriano,[1644] a elas concedeu quando tivessem três filhos, se elas fossem ingênuas; ou quatro, se elas fossem libertas. Está claro que este *senatusconsulto* nada mais era do que uma extensão da lei Papiana, a qual, no mesmo caso, concedera às mulheres as sucessões que lhes haviam sido deferidas pelos estranhos. Enfim, Justiniano lhes concedeu a sucessão, independentemente do número de filhos.[1645]

As mesmas causas que levaram a restringir a lei que impedia a sucessão pelas mulheres derrubaram pouco a pouco a lei que obstruíra a sucessão dos parentes por linhagem feminina. Essas leis eram muito conformes com o espírito de uma boa república, onde se devia agir de maneira que esse sexo não pudesse se prevalecer pelo seu luxo, nem de suas riquezas, nem da esperança de suas riquezas. Ao contrário, como o luxo de uma monarquia torna o casamento um encargo dispendioso, era necessário a ele atrair as riquezas que as mulheres podiam prover e a esperança das sucessões que elas podiam proporcionar. Assim, quando a monarquia se estabeleceu em Roma,[1646] todo o sistema foi alterado no que respeitava às sucessões. Os pretores convocaram os parentes por linhagem feminina na falta de parentes por linhagem masculina, ao passo que, em conformidade com as antigas leis, os parentes por linhagem feminina jamais eram convocados.

1641. XX, I.

1642. IV, título VIII, § 3.

1643. Título XXVI, § 6.

1644. Ou seja, o imperador Pio, que tomou o nome de Adriano por adoção.

1645. Lei 2, *de jure liberorum*; *Institutas*, III, título III, § 4, *de senatus-consult. Tertul.*

1646. Em 27 a.C. com Otaviano, depois com o título de *princeps* e, posteriormente, homenageado com o título honorífico de *Augustus*, com o qual ficou conhecido como o primeiro imperador de Roma até 14 d.C. (N.T.)

O *senatusconsulto* Orfitiano convocou os filhos à sucessão de sua mãe; e os imperadores Valenciano,[1647] Teodósio e Arcádio convocaram os netos pela filha à sucessão do avô. Enfim, o imperador Justiniano suprimiu até o último vestígio de direito antigo no que tocava à sucessão.[1648-1649] Estabeleceu três ordens de herdeiros, a saber, os descendentes, os ascendentes, os colaterais, sem qualquer distinção entre homens e mulheres, entre o parentesco pelo lado feminino e o parentesco pelo lado masculino, e ab-rogou todas as ordens que subsistiam a este respeito. Acreditou ter seguido a própria natureza, afastando-se daquilo que chamou de embaraços da antiga jurisprudência.

1647. Lei 9, Código *de suis et legitimis liberis*.

1648. Lei 12, Código *de suis et legitimis liberis*, e as *Novelas* 118 e 127.

1649. Ver *Institutas* de Justiniano, op. cit.

LIVRO XXVIII — DA ORIGEM E DAS REVOLUÇÕES DAS LEIS CIVIS ENTRE OS FRANCESES

In nova fert animus mutatas dicere formas Corpora...
Ovídio, *Metamorfoses*, I, 1.[1650]

CAPÍTULO I — DO DIFERENTE CARÁTER DAS LEIS DOS POVOS GERMÂNICOS

Tendo os francos abandonado seu país, fizeram os sábios de sua nação redigir as leis sálicas.[1651-1652] A tribo dos francos ripuários, tendo se reunido, sob a liderança de Clóvis,[1653] à tribo dos francos salianos, conservou seus usos. E Teodorico,[1654] rei da Austrásia, ordenou que fossem registradas por escrito. Ele coletou igualmente os usos dos bávaros e dos alemães que dependiam de seu reino,[1655] porquanto, estando a Germânia debilitada pelo êxodo de tantos povos, os francos, depois de terem realizado conquistas diante de si, haviam dado um passo atrás, conduzindo a sua dominação às florestas de seus pais. É provável que o código dos turíngios[1656] tenha sido estabelecido pelo mesmo Teodorico, pois os turíngios também eram seus súditos. Como os frísios foram submetidos por Carlos Martel e Pepino,[1657] sua lei não é anterior a estes príncipes. Carlos Magno, que, a princípio, subjugou os saxões, outorgou-lhes a lei que temos. Basta ler estes dois últimos códigos para constatar que saíram das mãos dos vencedores. Os visigodos,

---

1650. Meu ânimo me leva a celebrar as metamorfoses dos corpos.

1651. Ver o prólogo da lei sálica. Leibniz diz, no seu tratado *De L'origine des Francs* (*Da origem dos francos*), que essa lei foi feita antes do reinado de Clóvis; mas ela não poderia ser feita antes que os francos tivessem abandonado a Germânia; naqueles tempos, eles não entendiam a língua latina.

1652. Wilhelm Leibniz (1646-1716), matemático e filósofo alemão. (N.T.)

1653. Ver Grégoire de Tours.

1654. Ver o prólogo das leis dos bávaros e o da lei sálica.

1655. Ibidem.

1656. *Lex Angliorum Werinorum, hoc est, Thuringorum.*

1657. Eles não sabiam escrever.

os borguinhões e os lombardos, tendo, por sua vez, fundado reinos, providenciaram o registro por escrito de suas leis não para que os povos vencidos adotassem seus usos, mas para que eles mesmos as seguissem.

Há nas leis sálicas e ripuárias, nas dos alemães, dos bávaros, dos turíngios e dos frisões uma simplicidade admirável. Encontram-se nelas uma rudeza original e um espírito que não fora, de modo algum, debilitado por outro espírito. Essas leis pouco mudaram porque esses povos, se exceptuarmos disso os francos, permaneceram na Germânia. Os próprios francos ali fundaram uma grande parte de seu Império, de sorte que suas leis foram todas germânicas, o que não sucedeu com as leis dos visigodos, dos lombardos e dos borguinhões, as quais perderam muito de seu caráter porque estes povos, que se fixaram em suas novas moradas, muito perderam do seu.

O reino dos borguinhões não subsistiu tempo suficiente para que as leis do povo vencedor pudessem absorver grandes mudanças. Gondebaldo e Sigismundo, que recolheram os usos deles, foram quase os seus últimos reis. As leis dos lombardos receberam mais acréscimos do que alterações. As de Rotaris foram seguidas pelas de Grimoaldo, de Luitprando, de Rachis, de Astulfo; entretanto, não adquiriram uma forma nova. O mesmo não ocorreu com as leis dos visigodos,[1658] cujos reis as refundiram e ordenaram que o clero as refundisse.

Os reis da primeira raça retiraram das leis sálicas e ripuárias aquilo que não podia absolutamente se harmonizar com o cristianismo;[1659] mas eles lhes deixaram toda a essência. É o que não se pode dizer das leis dos visigodos.

As leis dos borguinhões e, sobretudo, as dos visigodos prezam as penas corporais. As leis sálicas e ripuárias não as absorveram;[1660] conservaram melhor o seu caráter.

Os borguinhões e os visigodos, cujas províncias se achavam muito expostas, procuraram estabelecer uma conciliação com os antigos habitantes e lhes dar as mais imparciais leis civis;[1661] os reis francos, porém, seguros de seu poder, não tiveram tais cuidados.[1662]

1658. Eurico as estabeleceu, Leuvigildo as corrigiu. Ver a crônica de Isidoro. Chaindasuindo e Recesuindo as reformaram. Egiga ordenou a feitura do código que temos e deu a sua comissão aos bispos; foram conservadas, todavia, as leis de Chaindasuindo e de Recesuindo, ou ao menos é o que depreendemos do 16º Concílio de Toledo.

1659. Ver o prólogo da lei dos bávaros.

1660. Delas encontramos somente algumas no decreto de Childeberto.

1661. Ver o prólogo do código dos borguinhões e o próprio Código, principalmente o título XII, § 5, e o título XXXVIII. Ver também Grégoire de Tours, II, XXXIII; e o código dos visigodos.

1662. Ver logo adiante o capítulo III.

Os saxões, que viviam sob o Império dos francos, tinham um temperamento indomável e se obstinaram na insurreição. É encontrada em suas leis a severidade do vencedor que não é encontrada nos outros códigos dos bárbaros.[1663]

Percebe-se aí o espírito das leis dos germanos nas penas pecuniárias e o do vencedor nas penas corporais.

Os crimes que cometem em seus países são punidos corporalmente, e o espírito das leis germânicas só é seguido na punição dos crimes que eles cometem fora de seu território.

Declara-se que, devido aos seus crimes, eles jamais terão paz e lhes será recusado o asilo nas próprias igrejas.

Os bispos tiveram uma autoridade imensa na corte dos reis visigodos; os negócios mais importantes eram decididos nos concílios. Nós devemos ao código dos visigodos todas as máximas, todos os princípios e todos os pontos de vista da Inquisição atual; e os padres limitaram-se a copiar, contra os judeus, leis feitas outrora pelos bispos.

De resto, as leis de Gondebaldo para os borguinhões parecem suficientemente judiciosas; as de Rotaris e dos outros príncipes lombardos o são mais ainda. Contudo, as leis dos visigodos, as de Recesuindo, de Chaindasuindo e de Egiga são pueris, mal elaboradas, tolas; não atingem meta alguma; são repletas de retórica e vazias de sentido, de conteúdo frívolo e estilo extremamente prolixo.

CAPÍTULO II — AS LEIS DOS BÁRBAROS FORAM TODAS PESSOAIS

É característica particular destas leis dos bárbaros não terem estado presas a um certo território. O franco era julgado pela lei dos francos, o alemão, pela lei dos alemães, o borguinhão, pela lei dos borguinhões, o romano, pela lei romana;[1664] e, bem longe de sonharem naqueles tempos em tornar uniformes as leis dos povos conquistadores, não cogitaram sequer em tornarem-se legisladores do povo vencido.

Encontro a origem disso nos costumes dos povos germânicos. Estas nações eram divididas por pântanos, lagos e florestas. Nota-se mesmo em César[1665] que gostavam de se separar. O temor que experimentavam dos romanos fez com que se reunissem. Cada homem, nestas nações misturadas,

---

1663. Ver o capítulo 2, § 8 e 9; e o capítulo 4, § 2 e 7.

1664. Que se faça a ressalva de que os romanos não eram bárbaros. (N.T.)

1665. *De bello gallico*, VI.

devia ser julgado pelos usos e costumes de sua própria nação. Todos estes povos, nas suas particularidades, eram livres e independentes, e, quando se misturaram, persistiu sua independência. A pátria era comum, e a república, particular; o território era o mesmo, e as nações, diversas. O espírito das leis pessoais existia, portanto, entre estes povos antes que abandonassem suas terras natais, e eles o levaram consigo nas suas conquistas.

Encontra-se este uso estabelecido nas fórmulas de Marculfo,[1666] nos códigos de leis dos bárbaros, sobretudo na lei dos ripuários,[1667] nos decretos dos reis da primeira raça,[1668] origem das capitulárias que foram elaboradas acerca disso na segunda.[1669] Os filhos[1670] seguiam a lei do pai, as esposas,[1671] a do marido, as viúvas[1672] retornavam à sua própria lei, os libertos[1673] estavam submetidos à lei do seu patrono. E não é tudo: cada um podia se ater à lei que quisesse. A constituição de Lotário I[1674] exigiu que esta escolha fosse tornada pública.

CAPÍTULO III — DIFERENÇA CAPITAL ENTRE AS LEIS SÁLICAS E AS LEIS DOS VISIGODOS E DOS BORGUINHÕES

Eu disse que a lei dos borguinhões e a do visigodos eram imparciais;[1675] mas a lei sálica não o foi: estabeleceu entre os francos e os romanos as distinções mais acerbas. Quando sucedia de alguém matar um franco, um bárbaro ou um homem que vivia submetido à lei sálica, pagava-se aos seus pais ou parentes uma indenização de duzentos soldos;[1676] ao passo que se pagava uma indenização de apenas cem soldos quando se tratava da morte de um romano de posses;[1677] e somente uma de quarenta e cinco soldos quando se matava um romano tributário. A indenização pelo assassinato

---

1666. I, fórmula VIII.

1667. Capítulo XXXI.

1668. O de Clotário, de 560, na edição das *Capitulárias* de Baluze, tomo I, art. 4; ibidem, *in fine*.

1669. Capitulárias adicionadas à lei dos lombardos, I, título XXV, capítulo LXXI; II, título XLI, capítulo VII; e título LVI, capítulos I e II.

1670. Ibidem, título V.

1671. Ibidem, II, título VII, capítulo I.

1672. Ibidem, II.

1673. Ibidem, II, título XXXV, capítulo II.

1674. Na lei dos lombardos, II, título XXXVII.

1675. No capítulo I deste livro.

1676. Lei sálica, título XLIV, § 1.

1677. *Qui res in pago ubi remanet proprias habet.* Lei sálica, título XLIV, § 15; ver também o § 7.

550 | O ESPÍRITO DAS LEIS

de um franco, vassalo do rei, era de seiscentos soldos,[1678] e a de um romano, conviva[1679] do rei,[1680] não passava de trezentos soldos. Apresentava, portanto, uma cruel diferença entre o senhor franco e o senhor romano, e entre o franco e o romano que fossem de uma condição média.

Não era tudo. Se se reunissem pessoas para assaltar um franco em sua mansão e ele fosse morto, a lei sálica determinava uma indenização de seiscentos soldos;[1681] mas se fosse um romano ou um liberto[1682] o assaltado, pagava-se apenas a metade desta indenização. Em conformidade com a mesma lei, se um romano acorrentasse um franco, ficava devendo trinta soldos de indenização.[1683] Mas se um franco acorrentasse um romano, passaria a lhe dever apenas quinze soldos. Um franco que fosse espoliado por um romano recebia sessenta e dois soldos e meio de indenização; e um romano que fosse espoliado por um franco limitava-se a receber uma reparação de trinta soldos. Tudo isso devia ser opressivo aos romanos.[1684]

Contudo, um autor célebre[1685] concebe um sistema do *Estabelecimento dos francos nas Gálias,* pressupondo que eles eram os melhores amigos dos romanos. Os francos eram, então, os melhores amigos dos romanos, eles que foram a um tempo seus algozes e suas vítimas[1686] mediante males terríveis? Eram os francos amigos dos romanos, eles que, após os verem submetidos por suas armas, os oprimiram a sangue-frio através de suas leis? Eram tão amigos dos romanos como os tártaros que conquistaram a China eram amigos dos chineses.

Se alguns bispos católicos quiseram se servir dos francos para destruir reis arianos, disso se conclui que tenham desejado viver submetidos aos povos bárbaros? E será possível concluir que os francos tivessem considerações particulares pelos romanos? Eu tiraria disso conclusões diferentes: quanto mais os francos se sentiram seguros do domínio sobre os romanos, menos os pouparam.

1678. *Qui in truste dominica est.* Ibidem, título XLIV, § 4.

1679. *Si romanus homo conviva regis fuerit.* Ibidem, § 6.

1680. Os romanos de melhor extração prendiam-se à corte, como se pode constatar pela vida de vários bispos que foram educados nela. Nesse ambiente, quase somente os romanos sabiam ler.

1681. Lei sálica, título XLV.

1682. *Lidus,* cuja condição era superior à do servo. Lei dos alemães, XCV.

1683. Título XXXV, § 3 e 4.

1684. O leitor, naturalmente, deve ter consciência de que o autor se reportava à situação vivida pelos romanos após a queda do Império Romano do Ocidente com a invasão dos bárbaros (476 d.C.) e diante da ocupação de todo o Império pelos bárbaros, especialmente os francos. (N.T.)

1685. O abade Dubos.

1686. Do que é testemunho a expedição de Arbogasta, em Grégoire de Tours, *Histoire (História),* II.

Mas o abade Dubos, para um historiador, bebeu em fontes não confiáveis, ou seja, nos poetas e nos oradores, e não é com base em obras de ostentação que se devem fundar sistemas.

CAPÍTULO IV — COMO O DIREITO ROMANO SE PERDEU NA REGIÃO DOMINADA PELOS FRANCOS E SE CONSERVOU NA REGIÃO DOMINADA PELOS GODOS E PELOS BORGUINHÕES

As coisas por mim aqui registradas lançarão luz sobre outras que permaneceram até este momento cercadas pela obscuridade.

O país ao qual chamamos hoje de França foi governado na sua primeira raça pela lei romana ou pelo código Teodosiano e pelas diversas leis dos bárbaros[1687] que o habitaram.

Na região dominada pelos francos, a lei sálica foi estabelecida para os francos, e o código Teodosiano,[1688] para os romanos. Naquela dominada pelos visigodos, uma compilação do código Teodosiano, feita por ordem de Alarico,[1689] regulamentou as desavenças dos romanos; os costumes nacionais, os quais Eurico ordenou que fossem registrados por escrito, decidiam as contendas dos visigodos.[1690] Mas por que as leis sálicas granjearam uma autoridade quase geral nas regiões dos francos? E por que o direito romano desapareceu pouco a pouco, enquanto nos domínios dos visigodos o direito romano se espalhou e deteve uma autoridade geral?

Digo que o direito romano deixou de ser usado entre os francos em virtude das grandes vantagens que ali existiam de ser franco, bárbaro ou um homem que vivia submetido à lei sálica;[1691] todos foram estimulados a abandonar o direito romano para viver submetido à lei sálica. Foi apenas retido pelos membros do clero,[1692] porque eles não tiveram interesse algum em mudar. As diferenças das condições e das posições consistiam exclusivamente no tamanho das indenizações, como eu o demonstrarei em outra

---

1687. Ou seja, os francos, os visigodos e os borguinhões.

1688. Foi concluído no ano 438.

1689. No vigésimo ano do reinado desse príncipe e publicada dois anos depois por Aniano, segundo o que se pode depreender do prefácio desse código.

1690. No ano 504 da era da Espanha.

1691. *Francum, aut barbarum, aut hominem qui salica lege vivit.* Lei sálica, título XLV, § 1.

1692. *Segundo a lei romana sob a qual vive a Igreja,* é dito na lei do ripuários, título LVIII, § 1. Ver também as autoridades inumeráveis a esse respeito, transcritas por Ducange no verbete *Lex romana.*

parte. Ora, leis[1693] particulares outorgaram a eles indenizações ou reparações tão favoráveis quanto aquelas detidas pelos francos. Conservaram, por conseguinte, o direito romano, no que não foram prejudicados e lhes foi, aliás, conveniente, pois se tratava da obra dos imperadores cristãos. Por outro lado, no patrimônio dos visigodos, não dando a lei visigoda[1694] qualquer vantagem civil aos visigodos sobre os romanos, os romanos não tiveram nenhuma razão para deixar de viver segundo sua fé para viverem segundo uma outra e, assim, mantiveram suas leis e não tomaram as dos visigodos.

Isto é confirmado à medida que se avança. A lei de Gondebaldo foi muito imparcial e não foi mais favorável aos borguinhões do que aos romanos. Parece, a julgar pelo prólogo desta lei, que foi feita para os borguinhões e que foi feita ainda para regulamentar os assuntos que pudessem surgir entre os romanos e os borguinhões; e neste último caso, o tribunal foi dividido, o que era necessário por razões particulares oriundas do arranjo político daqueles tempos. O direito romano subsistiu na Borgonha para dirimir as diferenças que os romanos pudessem ter entre si. Estes não tiveram nenhuma razão para abandonar sua lei, como tiveram na região dos francos; tanto melhor não ter sido a lei sálica estabelecida na Borgonha, como se depreende da famosa carta que Agobardo[1695] escreveu a Luís, o Indulgente.[1696]

Agobardo[1697] solicitava e esse príncipe que estabelecesse a lei sálica na Borgonha, onde ainda não fora estabelecida. Assim, o direito romano subsistiu e ainda subsiste em tantas províncias que dependiam, outrora, deste reino.

O direito romano e a lei goda se mantiveram igualmente na região ocupada pelos godos, onde a lei sálica jamais foi admitida. Quando Pepino[1698]

1693. Ver as capitulares acrescidas à lei sálica em Lindembroch no final dessa lei, e os diversos códigos de leis bárbaras acerca dos privilégios dos membros do clero quanto a isso. Ver, ainda, a carta de Carlos Magno endereçada a Pepino, seu filho, rei da Itália, do ano 807, na edição de Baluze, tomo I, onde é asseverado que um membro do clero deve receber uma reparação tripla, e o *Recueil des Capitulaires* (*Coleção das capitulares*), V, art. 302, tomo I, edição de Baluze.

1694. Ver essa lei.

1695. Agobardo (Santo) (779-840), arcebispo de Lyon. (N.T.)

1696. Luís I (778-840), cognominado o Piedoso, o Indulgente ou o Bondoso: rei dos francos e imperador do Ocidente, pai de Lotário I, que o sucedeu como imperador do Ocidente, e de Luís II, o Germânico, que foi rei da Germânia de 817 a 876 e que, por sua vez, foi irmão de Carlos II, o Calvo (823-877), o qual, além de imperador do Ocidente, foi também monarca da França. (N.T.)

1697. Agobardo, *Opera*.

1698. Montesquieu deve se referir a Pepino, o Breve (714-768), um dos últimos reis dos francos antes de Carlos Magno expandir o domínio franco e criar o Império do Ocidente, duplicando o principado. Pepino, o Breve, foi neto de Pepino de Heristal (morto em 714), pai de Carlos Martel. (N.T.)

e Carlos Martel[1699] expulsaram os sarracenos, as cidades e as províncias que se submeteram e esses príncipes[1700] pediram a preservação de suas leis e tiveram seu pedido atendido, o que, a despeito do uso daqueles tempos, quando todas as leis eram pessoais, fez com que o Direito Romano fosse logo considerado uma lei real e territorial naquelas regiões.

Isso é provado pelo edito de Carlos, o Calvo, estabelecido em Pistes em 864,[1701] que distingue as regiões regidas pelo Direito Romano daquelas onde não se julgava por intermédio dele.

O edito de Pistes[1702] prova duas coisas: primeira, que havia regiões nas quais se julgava segundo a lei romana e que havia outras nas quais não se julgava segundo essa lei; segunda, que essas regiões onde se julgava segundo a lei romana[1703] eram precisamente aquelas nas quais se observa a lei romana ainda hoje, como transparece por esse mesmo edito. Assim, a distinção das regiões da França costumeira[1704] e da França regida pelo direito escrito já estava estabelecida do tempo do edito de Pistes.

Eu disse que, nos primórdios da monarquia, todas as leis eram pessoais. Deste modo, quando o edito de Pistes distingue as regiões de direito romano daquelas que não o eram, isto significa que nas regiões que não eram, de maneira alguma, de direito romano, tantas pessoas tinham escolhido viver sob qualquer uma das leis dos povos bárbaros que não havia quase mais ninguém nessas terras que optara por viver sob a lei romana; e que nas regiões da lei romana havia poucas pessoas que optaram por viver sob as leis dos povos bárbaros.

Sei muito bem que digo aqui coisas novas. Porém, se são verdadeiras, são muito antigas. Que importa, afinal, que seja eu, os Valois,[1705] ou os Bignons[1706] que as tenham dito?

1699. Carlos Martel (685-741), intendente palaciano e rei dos francos. Derrotou os árabes no ano de 732 em Poitiers. (N.T.)

1700. Ver Gervais de Tilburi na coletânea de Duchesne, tomo III: *Facta pactione cum Francis, quod illic Gothi patriis legibus, moribus paternis vivant. Et sic Narbonensis provincia Pippino subjicitur*. E uma crônica do ano de 759, transcrita por Catel, *Histoire de Languedoc* (*História de Languedoc*). E o autor incerto da vida de Luís, o Indulgente, a respeito do pedido feito pelos povos da Septimania na Assembleia in Carisiaco, na coletânea de Duchesne, tomo II.

1701. *In illa terra in qua judicia secundum legem romanam terminantur, secundum ipsam legem judicetur; et in illa terra in qua, etc.*, art. 16. Ver o art. 20.

1702. *Pistis, locus super Sequanam, ubi aliquandiu sedes fuit Nortmannorum. Synod. Pist.* Ed. das *Capitulárias* de Baluze.

1703. Ver os art. 12 e 16 do edito de Pistes, em *Cavilono*, em *Narbona*, etc.

1704. Ou seja, a França onde vigorava um direito consuetudinário, não escrito. (N.T.)

1705. Montesquieu alude a Adrien de Valois (1607-1697), que escreveu as *Gesta Francorum*. (N.T.)

1706. A alusão aqui é a Jérôme Bignon (1589-1656), editor das *Formules* de Marculfo. (N.T.)

CAPÍTULO V — CONTINUAÇÃO DO MESMO ASSUNTO

A lei de Gondebaldo subsistiu muito tempo entre os borguinhões, juntamente com a lei romana; ainda aí se achava em uso no tempo de Luís, o Indulgente. A carta de Agobardo elimina qualquer dúvida a este respeito. Do mesmo modo, embora o edito de Pistes chame a região que fora ocupada pelos visigodos de país da lei romana, a lei dos visigodos nela subsistiu sempre, o que pode ser provado pelo sínodo de Troyes, ocorrido no reinado de Luís, o Gago, em 878, isto é, quatorze anos após o edito de Pistes.

Posteriormente, as leis dos godos e dos borguinhões desapareceram nas suas próprias regiões devido a causas gerais que provocaram a extinção em todas as partes das leis pessoais dos povos bárbaros.[1707]

CAPÍTULO VI — COMO O DIREITO ROMANO CONSERVOU-SE NO DOMÍNIO DOS LOMBARDOS

Tudo se dobra aos meus princípios. A lei dos lombardos era imparcial, e os romanos não tiveram nenhum interesse em abandonar a sua para aderir a ela. O motivo que fez com que os romanos submetidos aos francos optassem pela lei sálica não surtiu efeito algum na Itália; o Direito Romano aí se manteve, convivendo com a lei dos lombardos.

Aconteceu mesmo de essa última ceder ao Direito Romano. A lei dos lombardos deixou de ser a lei da nação dominante e, ainda que continuasse sendo a da nobreza principal, a maioria das cidades se converteu em repúblicas, e essa nobreza sofreu sua queda ou foi exterminada.[1708] Os cidadãos das novas repúblicas não foram levados a aceitar uma lei que estabelecia o uso do litígio e cujas instituições muito se ligavam aos costumes e aos usos da cavalaria. O clero, então tão poderoso na Itália, vivendo quase todo sob a lei romana, o número daqueles que seguiam a lei dos lombardos devia diminuir constantemente.

Além disso, a lei dos lombardos não possuía a majestade do direito romano, a qual fazia a Itália relembrar a ideia de sua dominação de toda a Terra; ela não tinha uma tal envergadura. A lei dos lombardos e a lei romana não podiam mais ser úteis, a não ser para cumprir os estatutos das cidades que haviam se erigido em repúblicas. Ora, qual delas poderia melhor cumpri-los — a lei dos lombardos, que se limitava a estatuir relativamente a alguns casos, ou a lei romana, que abrangia todos?

1707. Ver logo adiante os capítulos IX, X e XI.

1708. Ver o que diz Maquiavel sobre a destruição da antiga nobreza de Florença.* [*Ver *Histórias Florentinas*. (N.T.)]

CAPÍTULO VII — COMO O DIREITO ROMANO DESAPARECEU NA ESPANHA

As coisas sucederam diferentemente na Espanha. A lei dos visigodos triunfou e o direito romano se extinguiu na Espanha. Chaindasuindo[1709] e Recesuindo[1710] proscreveram as leis romanas e não permitiram que fossem sequer mencionadas nos tribunais. Recesuindo foi ainda o autor da lei[1711] que abolia a proibição dos casamentos entre godos e romanos. Está claro que estas duas leis estavam imbuídas do mesmo espírito. Este rei desejava remover as principais causas de separação que existiam entre os godos e os romanos. Ora, pensava-se que nada os separava mais do que a proibição de contraírem matrimônio entre si e a permissão de viverem sujeitos a leis diversas.

Entretanto, embora os reis visigodos tivessem proscrito o direito romano, este perdurou nos domínios que eles possuíam na Gália meridional. Estas regiões, afastadas do centro da monarquia, viviam numa grande independência.[1712] Percebe-se pela história de Vamba, que ascendeu ao trono em 672, que os nativos do país tinham assumido posições superiores[1713] e, assim, a lei romana detinha aí maior autoridade, e a lei goda, menor. As leis espanholas não convinham às suas maneiras, bem como não convinham à sua situação atual; pode ser até que o povo se obstinasse no acatamento à lei romana porque vinculara a ela a ideia de liberdade. E, ademais, as leis de Chaindasuindo e de Recesuindo encerravam disposições temíveis contra os judeus, e os judeus eram poderosos na Gália meridional. O autor da história do rei Vamba dá a essas províncias o nome de *o prostíbulo* dos judeus. Quando os sarracenos atingiram essas províncias, sabe-se que foram convocados para elas. Ora, quem os poderia ter convocado senão os judeus ou os romanos? Os godos foram os primeiros oprimidos porque eram a nação dominante. Lê-se em Procópio[1714] que, em meio às suas calamidades, eles se retiraram da Gália narbonense para a Espanha. É indubitável que,

---

1709. O início de seu reinado foi em 642.

1710. Não desejamos mais ser atormentados pelas leis estrangeiras nem pelas romanas. Lei dos visigodos, II, título I, §§ 9 e 10.

1711. *Ut tam Gotho Romanam quam Romano Gothan matrimonio liceat sociari.* Lei dos visigodos, III, título I, capítulo I.

1712. Ver em Cassiodoro as condescendências que Teodorico, rei dos ostrogodos, o príncipe que mais gozava de credibilidade no seu tempo, dispensou a eles; IV, cartas 19 e 26.

1713. A revolta dessas províncias constituiu uma debandada geral, pelo que se pode depreender do julgamento que se apresenta na sequência da narrativa. Paulo e seus seguidores eram romanos. Foram, inclusive, favorecidos pelos bispos. Vamba não se atreveu a executar os rebeldes que vencera. O autor da história chama a Gália narbonense de nutriz da perfídia.

1714. *Gothi qui cladi superfuerant, ex Gallia cum uxoribus liberisque egressi, in Hispaniam ad Teudim jam palam tyrannum se receperunt. De bello Gothorum*, I, XIII.

diante dos seus infortúnios locais, refugiaram-se nas regiões da Espanha que ainda se defendiam; e o número dos que, na Gália meridional, viviam submetidos à lei dos visigodos sofreu drástica diminuição.

CAPÍTULO VIII — FALSO CAPITULAR

Esse infeliz compilador Benoît Lévite não chegou a transformar essa lei visigoda que proibia o uso do direito romano numa capitular[1715] que se atribuiu, posteriormente, a Carlos Magno! Fez dessa lei particular uma lei geral, como se tivesse desejado exterminar o direito romano por todo o mundo.

CAPÍTULO IX — COMO OS CÓDIGOS DOS DIREITOS DOS BÁRBAROS E OS CAPITULARES SE PERDERAM

As leis sálicas, ripuárias, dos borguinhões e dos visigodos tiveram seu uso paulatinamente abandonado entre os franceses. Eis como.

Tendo os feudos se tornado hereditários e os subfeudos sendo expandidos, foram introduzidos muitos usos em relação aos quais essas leis não eram mais aplicáveis. Reteve-se decididamente o seu espírito, o qual era o de regulamentar a maioria dos assuntos mediante multas. Mas tendo sido os valores, sem dúvida, modificados, as multas também foram modificadas; veem-se, a propósito, muitas cartas[1716] nas quais os senhores fixavam as multas que deviam ser pagas nos seus pequenos tribunais. Assim, seguia-se o espírito da lei sem seguir a própria.

Ademais, achando-se a França dividida num imenso número de pequenos senhorios, que reconheciam mais uma dependência feudal do que uma dependência política, era bastante difícil que uma única lei pudesse ser autorizada. Com efeito, não teria sido possível fazer com que fosse observada. Já quase não existia mais o uso de enviar oficiais extraordinários[1717] às províncias para que fiscalizassem a administração da justiça e os assuntos políticos. Parece mesmo, a julgar pelas cartas, que quando ocorria o estabelecimento de novos feudos, os reis se furtavam ao direito de os enviar a eles. Assim, quando quase tudo se transformou em feudo, esses oficiais não puderam ser mais empregados; não houve mais lei comum, porque ninguém podia fazer com que a lei comum fosse observada.

1715. *Capitulares*, edição de Baluze, VI, CCCXLIII, tomo I.

1716. De la Thaumassière reuniu várias delas. Ver, por exemplo, os capítulos LXI, LXVI e outros.

1717. *Missi dominici.*

As leis sálicas, dos borguinhões e dos visigodos foram, por conseguinte, extremamente negligenciadas por ocasião do desfecho da segunda raça, e, no começo da terceira, quase não se ouvia mais falar delas.

Nas épocas das duas primeiras raças, a nação foi com frequência objeto de reunião, ou seja, dos senhores e bispos — não se tratava ainda de questão de comunas. Procurou-se nessas reuniões regulamentar o clero, que era uma corporação que se formava, por assim dizer, sob os conquistadores, e que estabelecia suas prerrogativas. As leis produzidas nessas assembleias são as que chamamos de capitulares. Ocorreram quatro coisas: as leis dos feudos se estabeleceram e uma grande parte dos bens da Igreja foi administrada pelas leis dos feudos; os membros do clero apartaram-se ainda mais e descuraram das leis[1718] de reforma nas quais não haviam sido os únicos reformadores. Colheram-se os cânones[1719] dos concílios e as decretais dos papas, e o clero aceitou essas leis como oriundas de uma fonte mais pura. A partir da instituição dos grandes feudos, os reis não tiveram mais, como eu disse, enviados para as províncias com a finalidade de fiscalizar a observância das leis por eles emanadas. Assim, na época da terceira raça, não se ouviu mais falar de capitulares.

CAPÍTULO X — CONTINUAÇÃO DO MESMO ASSUNTO

Vários capitulares foram acrescidos à lei dos lombardos, às leis sálicas, à lei dos bávaros. Investigou-se a razão disto, e é preciso tomá-la na própria coisa. Os capitulares eram de diversas espécies. Alguns tinham relação com o governo político, outros, com a administração econômica, a maioria, com a administração eclesiástica, alguns, com o governo civil. Aqueles pertencentes a esta última espécie foram acrescentados à lei civil, ou seja, às leis pessoais de cada nação; é por isso que é afirmado nos capitulares que aí nada foi estipulado[1720] contra a lei romana. Com efeito, os que se referiam ao governo econômico, eclesiástico ou político não entretinham qualquer relação com essa lei, e os que se referiam ao governo civil somente

---

1718. "Que os bispos", diz Carlos, o Calvo, "no capitular do ano 844, art. 8, sob pretexto de deterem autoridade para produzir cânones, não se oponham a esta constituição e nem a negligenciem". Parece que ele já previa a sua queda.

1719. Inseriu-se na coleção dos cânones um número infinito de decretais dos papas; havia pouquíssimas na antiga coleção. Dionísio, o Pequeno, introduziu muitas na sua, mas a de Isidoro Mercator foi atulhada de decretais verdadeiras e falsas. A antiga coleção esteve em uso na França até Carlos Magno. Este príncipe recebeu das mãos do Papa Adriano I a coleção de Dionísio, o Pequeno, e fez com que fosse recebida. A coleção de Isidoro Mercator apareceu na França no reinado de Carlos Magno. Foi objeto de obstinação e seguida do que se denomina *Corpo do Direito Canônico*.

1720. Ver o edito de Pistes, art. 20.

558 | O ESPÍRITO DAS LEIS

se relacionaram com as leis dos povos bárbaros, que eram explicadas, retificadas, aumentadas ou diminuídas. Mas esses capitulares, juntados às leis pessoais, levaram, acredito, a negligenciar o próprio corpo dos capitulares. Em tempos de ignorância, o resumo de uma obra produz com frequência a rejeição da própria obra.

CAPÍTULO XI — OUTRAS CAUSAS DO DECLÍNIO DOS CÓDIGOS DE LEIS DOS BÁRBAROS, DO DIREITO ROMANO E DOS CAPITULARES

Quando as nações germânicas conquistaram o Império Romano,[1721] nele encontraram o uso da escrita e, imitando os romanos, registraram por escrito os seus usos e compuseram códigos.[1722] Os reinados desafortunados que sucederam ao de Carlos Magno, as invasões dos normandos, as guerras intestinas mergulharam novamente as nações vitoriosas nas trevas de onde haviam emergido, não se sabendo nem ler nem escrever. Isso levou a se esquecer na França e na Alemanha as leis bárbaras escritas, o direito romano e os capitulares. O uso da escrita foi mais bem conservado na Itália, onde reinavam os papas e os imperadores gregos e onde existiam cidades florescentes e praticamente o único comércio que se fazia naqueles tempos. Esta vizinhança com a Itália fez com que o direito romano se conservasse melhor nas regiões da Gália outrora submetidas aos godos e aos borguinhões, tanto mais que este direito constituía ali uma lei territorial e uma espécie de privilégio. É provável que tenha sido a ignorância da escrita que causou na Espanha a rejeição das leis dos visigodos. E, devido à decadência de tantas leis, ocorreu em toda parte a formação dos costumes.

As leis pessoais caíram. As indenizações e o que se denominava *freda*[1723] eram regulamentados mais pelo costume do que pelo texto dessas leis. Assim, como no estabelecimento da monarquia se havia passado dos usos dos germanos às leis escritas, retornou-se, alguns séculos depois, das leis escritas aos usos não escritos.

1721. A partir de 410, sob o comando de Alarico I, rei dos visigodos, e consolidada em 476 pelos bárbaros, determinando a queda do Império Romano do Ocidente. (N.T.)

1722. Isso está registrado expressamente em alguns prólogos desses códigos. Observa-se, inclusive, nas leis dos saxões e dos frisões, disposições diferentes, segundo os diversos distritos. Foram acrescidas a esses usos algumas disposições particulares exigidas pelas circunstâncias; tais foram as duras leis contra os saxões.

1723. Referir-me-ei a isso em outra parte. [No Livro XXX, capítulo XIV. (N.T.)]

CAPÍTULO XII — DOS COSTUMES LOCAIS. REVOLUÇÃO DAS LEIS DOS POVOS BÁRBAROS E DO DIREITO ROMANO

Pode-se constatar, com base em diversos monumentos, que já existiam costumes locais na primeira e na segunda raça. Aí encontramos menção do *costume local*,[1724] do *uso antigo*,[1725] do *costume*,[1726] das *leis*[1727] *e dos costumes*. Os autores acreditaram que o que se designava como *costumes* eram as leis dos povos bárbaros, e que o que se designava como *lei* era o direito romano. Posso provar que não é possível que seja assim. O rei Pepino[1728] ordenou que em toda parte onde não houvesse lei alguma dever-se-ia observar o costume, mas que este não deveria preterir a lei. Ora, afirmar que o direito romano tinha preferência sobre os códigos de leis dos bárbaros significa derrubar todos os monumentos antigos e, principalmente, esses códigos de leis dos bárbaros, que afirmam constantemente o contrário.

Bem longe de serem as leis dos bárbaros esses costumes, foram essas leis mesmas que, como leis pessoais, os introduziram. A lei sálica, por exemplo, era uma lei pessoal; mas nos lugares geralmente ou quase geralmente habitados pelos francos salianos, a lei sálica, por toda pessoal que fosse, tornava-se, em relação a esses francos salianos, uma lei territorial, sendo pessoal apenas para os francos que habitavam em outros lugares. Ora, se num lugar em que a lei sálica era territorial acontecesse de muitos borguinhões, alemães e até romanos terem com frequência questões entre si, estas teriam de ser decididas pelas leis desses povos; e um grande número de julgamentos, em conformidade com algumas destas leis, teria devido introduzir na região novos usos, o que explica a constituição de Pepino. É natural que esses usos pudessem afetar os próprios francos do local, nos casos em que não eram decididos pela lei sálica; mas não é natural que pudessem prevalecer sobre a lei sálica.

Assim, havia em cada lugar uma lei dominante e os usos aceitos que atuavam como suplemento à lei dominante, quando não se chocavam com ela.

1724. Prefácio das Fórmulas de Marculfo. *Quae apud majores nostros, juxta consuetudinem loci quo degimus, dicici, vel e sensu proprio cogitavi*, etc.

1725. Lei dos lombardos, II, título LVIII, § 3.

1726. Ibidem, II, título XLI, § 6.

1727. Vida de São Ludgero.

1728. Lei dos lombardos, II, título XLI, § 6.

560 | O ESPÍRITO DAS LEIS

Podia mesmo suceder que servissem de suplemento a uma lei que não era territorial; e, para prosseguir no mesmo exemplo, se, num lugar em que a lei sálica fosse territorial, um borguinhão fosse julgado pela lei dos borguinhões e o caso estivesse enquadrado no texto desta lei, não se deveria duvidar que ele seria julgado segundo o costume do local.

No tempo do rei Pepino, os costumes que haviam se formado possuíam menos força do que as leis; mas não tardou para que os costumes destruíssem as leis; e, como os novos regulamentos são sempre remédios que indicam um mal presente, é de se crer que, no tempo de Pepino, já se começava a preferir os costumes às leis.

O que afirmei explica como o direito romano principiou, desde os primórdios, a se converter numa lei territorial, como constatamos no edito de Pistes; e como a lei goda não deixava de estar ainda em uso ali, como se depreende do sínodo de Troyes,[1729] ao que já me referi. A lei romana tornara-se a lei pessoal geral, e a lei goda, a lei pessoal particular, e, consequentemente, a lei romana era a lei territorial. Mas como fez a ignorância serem rejeitadas em toda parte as leis pessoais dos povos bárbaros, enquanto o direito romano subsistiu, na qualidade de lei territorial, nas províncias dos visigodos e dos borguinhões? Respondo que a própria lei romana teve aproximadamente a sorte das outras leis pessoais, sem o que teríamos ainda o código Teodosiano nas províncias onde a lei romana era territorial, ao passo que aí temos as leis de Justiniano. Quase que só restou a estas províncias o nome de regiões de direito romano ou de direito escrito, e este amor que os povos têm por sua lei, sobretudo quando a encaram como um privilégio, e algumas disposições do direito romano retidas então na memória dos homens. Mas foi o suficiente para produzir o efeito, a saber, quando a compilação de Justiniano apareceu, foi recebida nas províncias do domínio dos godos e dos borguinhões como lei escrita, enquanto no antigo domínio dos francos limitou-se a ser recebida como razão escrita.

CAPÍTULO XIII — DIFERENÇA DA LEI SÁLICA OU DOS FRANCOS SALIANOS COMPARADA À DOS FRANCOS RIPUÁRIOS E DOS OUTROS POVOS BÁRBAROS

A lei sálica não admitia o uso das provas negativas, isto é, pela lei sálica, aquele que apresentava uma demanda ou uma acusação devia prová-la, não bastando que o acusado a negasse, o que está em conformidade com as leis de quase todas as nações do mundo.

1729. Ver anteriormente o capítulo V.

A lei dos francos ripuários detinha uma espírito totalmente diverso;[1730] contentava-se com as provas negativas, e aquele contra o qual se constituía uma demanda ou uma acusação podia, na maioria dos casos, justificar-se jurando, na presença de um certo número de testemunhas, que não cometera aquilo que lhe era imputado. O número das testemunhas a que devia jurar tinha de ser ampliado conforme a importância da coisa;[1731] chegava, por vezes, a setenta e duas.[1732] As leis dos alemães, dos bávaros, dos turíngios, as dos frisões, dos saxões, dos lombardos e dos borguinhões foram feitas no mesmo plano daquelas dos ripuários.

Eu disse que a lei sálica não admitia as provas negativas. Havia, contudo, um caso[1733] no qual as admitia. Porém, neste caso, não admitia somente elas e sem a presença de provas positivas. O demandante fazia[1734] com que suas testemunhas fossem ouvidas a fim de estabelecer sua demanda; o demandado fazia com que as suas fossem ouvidas, a fim de se justificar; e o juiz buscava a verdade em uns e outros testemunhos.[1735] Esta prática era bem diferente daquelas das leis ripuárias e das outras leis bárbaras, segundo as quais um acusado se justificava jurando que não era culpado e fazendo com que seus parentes jurassem que ele dizia a verdade. Estas leis só podiam ser convenientes a um povo que era detentor de simplicidade, de uma certa candura natural. Tornou-se, inclusive, necessário que os legisladores prevenissem o seu abuso, como veremos na sequência.

CAPÍTULO XIV — OUTRA DIFERENÇA

A lei sálica não permitia, de modo algum, a prova através do combate singular; a lei dos ripuários[1736] e quase todas as dos povos bárbaros[1737] a acolhiam. Parece-me que a lei do combate era uma consequência natural e o remédio da lei que estabelecia as provas negativas. Quando se apresentava uma demanda, e percebia-se que ela ia ser eludida por um juramento, o

---

1730. Isso se relaciona com o que afirma Tácito (*De moribus Germ.*, c. 28), que os povos germânicos cultivavam usos comuns e usos particulares.

1731. Lei dos ripuários, títulos VI, VII e outros.

1732. Ibidem, títulos XI, XII e XVII.

1733. Tratava-se daquele em que um antrustião, ou seja, um vassalo do rei, o qual se supunha detentor de maior imunidade, era acusado. Ver o título LXXVI do *Pactus legis salicae*.

1734. Ver o mesmo título LXXVI.

1735. Como se pratica ainda hoje na Inglaterra.

1736. Título XXXII; título LVII, § 2; título LIX, § 4.

1737. Ver a nota a seguir.

que restava a um guerreiro,[1738] que se via a ponto de ser confundido, senão exigir a razão da injustiça que se cometia contra ele e mesmo denunciar o perjúrio? A lei sálica, que não admitia o uso de provas negativas, não necessitava a prova através do combate e não a acolhia; mas a lei dos ripuários[1739] e a dos outros povos[1740] bárbaros, que admitiam o uso das provas negativas, foram forçadas a estabelecer a prova através do combate.

Rogo que se leiam as duas famosas disposições[1741] de Gondebaldo, rei da Borgonha, a respeito dessa matéria; ver-se-á que são derivadas da natureza da coisa. Era necessário, segundo a linguagem das leis dos bárbaros, retirar o juramento das mãos de um homem que dele quisesse abusar.

Entre os lombardos, a lei de Rotaris admite casos em que determina que quem fosse defendido mediante um juramento não podia mais ser exposto à fadiga de um combate. Este uso espalhou-se.[1742] Veremos na sequência quais males resultaram disto e como foi necessário retornar à antiga prática.

CAPÍTULO XV — REFLEXÃO

Não afirmo que, nas alterações que foram feitas no código das leis dos bárbaros, nas disposições que lhe foram adicionadas e no corpo dos capitulares, não se possa encontrar algum texto no qual, de fato, a prova do combate não seja uma consequência da prova negativa. Circunstâncias particulares puderam, no decorrer de muitos séculos, fazer com que fossem estabelecidas certas leis particulares. Refiro-me ao espírito geral das leis dos germanos, de sua natureza e de sua origem; refiro-me aos antigos usos desses povos, indicados ou estabelecidos por essas leis. E aqui se trata apenas disto.

1738. Esse espírito aparece efetivamente na leis dos ripuários, título LIX, § 4, e título LXVII, § 5; e no capitular de Luís, o Indulgente, acrescentado à lei dos ripuários, do ano 803, art. 22.

1739. Ver esta lei.

1740. A lei dos frisões, dos lombardos, dos bávaros, dos saxões, dos turíngios e dos borguinhões.

1741. Na lei dos borguinhões, o título VIII, § 1 e 2, sobre os assuntos criminais, e o título XLV, que traz ainda os assuntos civis. Ver também a lei dos turíngios, título I, § 31; título VII, § 6; e título VIII; e a lei dos alemães, título LXXXIX; a lei dos bávaros, título VIII, capítulo II, § 6, e capítulo III, § 1; e título IX, capítulo IV, § 4; a lei dos frisões, título II, § 3; e título XIV, § 4; a lei dos lombardos, I, título XXXII, § 3, e título XXXV, § 1; e II, título XXXV, § 2.

1742. Ver logo adiante, no final do capítulo XVIII.

CAPÍTULO XVI — DA PROVA DA ÁGUA FERVENTE ESTABELECIDA PELA LEI SÁLICA

A lei sálica[1743] admitia o uso da prova pela água fervente, e como esta prova era extremamente cruel, a lei[1744] utilizava um recurso para abrandar seu rigor. Permitia àquele que fora notificado para fazer a prova pela água fervente que resgatasse sua mão, mediante o consentimento da outra parte. O acusador, através de uma certa soma fixada pela lei, podia se contentar com o juramento de algumas testemunhas que declaravam que o acusado não cometera o crime. Tratava-se de um caso particular da lei sálica, no qual esta admitia a prova negativa.

Esta prova era algo convencional tolerado pela lei, mas não determinado por ela. A lei concedia uma certa indenização ao acusador que quisesse permitir ao acusado se defender mediante uma prova negativa. O acusador era livre para satisfazer-se com o juramento do acusado, como também lhe era facultado perdoar a falta ou a injúria.

A lei[1745] possibilitava um recurso para que antes do julgamento as partes, uma ante o medo de uma prova horrível, a outra ante a perspectiva de uma pequena indenização, dessem fim às suas diferenças e aos seus ódios. Percebe-se claramente que, uma vez consumada essa prova negativa, dispensava-se uma adicional e que, deste modo, a prática do combate não podia ser uma consequência desta disposição particular da lei sálica.

CAPÍTULO XVII — MANEIRA DE PENSAR DE NOSSOS ANCESTRAIS

Causará espanto constatar que nossos ancestrais fizeram, dessa forma, depender a honra, a fortuna e a vida dos cidadãos de coisas que tinham menos a ver com a razão do que com o acaso; que empregassem constantemente provas que não provavam coisa alguma e que não tinham ligação quer com a inocência, quer com o crime.

Os germanos, que jamais foram subjugados, fruíam uma independência extrema.[1746] As famílias travavam a guerra em função de assassina-

---

1743. E também algumas outras leis dos bárbaros.

1744. Título LVI, *De manu ab aeneo redimenda*.

1745. Ibidem, título LVI.

1746. É o que parece, com base no que diz Tácito: *Omnibus idem habitus* (*De moribus Germ.*, c. 4).

564 | O ESPÍRITO DAS LEIS

tos, furtos, injúrias.[1747] Este costume foi modificado, enquadrando-se tais guerras num conjunto de regras. Passaram a ser feitas segundo uma ordem e sob a vigilância do magistrado,[1748] o que era preferível a uma licença geral para se destruírem.

Como hoje os turcos encaram, nas suas guerras civis, a primeira vitória como um julgamento decisivo de Deus, do mesmo modo os povos germanos, nos seus assuntos particulares, tomavam o acontecimento do combate como um decreto da Providência, sempre atenta para punir o criminoso ou o usurpador.

Tácito diz que, entre os germanos, quando uma nação queria travar guerra com outra, procurava fazer algum prisioneiro que pudesse travar um combate com um dos seus e que se julgasse, por este combate, qual seria o resultado da guerra. Povos que acreditavam que o combate singular[1749] regulamentava os assuntos públicos por certo poderiam entender que ele pudesse também regulamentar as desavenças dos particulares.

Gondebaldo,[1750] rei da Borgonha, foi, entre todos os reis, o que mais autorizou o uso do combate. Este príncipe apresenta a razão de sua lei na própria lei: "É", diz ele, "para que nossos súditos não façam mais juramentos em torno de fatos obscuros e não cometam perjúrios em torno de fatos certos". Assim, enquanto os membros do clero declaravam como ímpia a lei que permitia o combate, a lei dos borguinhões tinha como sacrílega a que estabelecia o julgamento.[1751]

A prova através do combate singular tinha alguma razão que se fundava na experiência. Numa nação exclusivamente guerreira, a covardia supõe outros vícios; ela prova que se resistiu à educação recebida e que não se está sensível à honra, e que não se conduz a si mesmo pelos princípios que têm governado os outros homens; a covardia indica que não se receia o desprezo dos outros homens e que não se concede qualquer importância à estima deles: por pouco que se seja bem-nascido, não se poderá, via de regra, estar despojado da habilidade que deve estar sempre ligada à força, nem desta, que deverá concorrer com coragem — isso porque, atribuindo-se importância à honra, estaremos a vida toda cultivando o exercício de

---

1747. Veleio Patérculo, II, CVIII, diz que os germanos decidiam todas as questões através do combate.

1748. Ver os códigos das leis dos bávaros; e, quanto aos tempos mais modernos, Beaumanoir, a respeito do *Coutume de Beauvaisis*.

1749. Entenda-se "combate singular" por "duelo". (N.T.)

1750. Lei dos borguinhões, XLV.

1751. Ver as *Obras* de Agobardo.

coisas indispensáveis à obtenção da honra.[1752] Ademais, numa nação guerreira, onde a força, a coragem e a proeza constituem a honra, os crimes verdadeiramente odiosos são os que se originam da velhacaria, da sagacidade e da astúcia, vale dizer, da covardia.

Quanto à prova pelo fogo, depois que o acusado colocava a mão sobre um ferro quente ou na água fervente, envolvia-se sua mão num saco que era lacrado; se, três dias depois, não aparecesse nenhuma marca de queimadura, ele era declarado inocente. Quem não percebe que, tratando-se de um povo habituado a manejar armas, indivíduos com pele grossa e calosa não deviam ter as mãos suficientemente marcadas pelo ferro quente ou a água fervente após três dias depois? E, se aparecesse uma marca, seria indício de que quem fizera a prova era um efeminado. Nossos camponeses, com suas mãos calosas, manejam o ferro quente como querem. E quanto às mulheres, as mãos daquelas que trabalhavam podiam resistir ao ferro quente. Às damas não faltavam campeões para defendê-las,[1753] e, numa nação onde não havia luxo algum, quase não havia classe média.

Pela lei dos turíngios,[1754] uma mulher acusada de adultério só era condenada à prova da água fervente se não aparecesse nenhum campeão a seu favor; e a lei dos ripuários[1755] somente admitia essa prova quando não eram encontradas testemunhas que justificassem a favor de quem fosse acusado. Mas uma mulher que nenhum de seus parentes quisesse defender, um homem que não pudesse alegar testemunho algum de sua probidade eram considerados, por isto mesmo, culpados.

Digo então que, sob as circunstâncias vigentes no tempo em que a prova pelo combate e a prova pelo ferro quente e a água fervente estavam em uso, houve um tal acordo destas leis com os costumes que estas leis

---

1752. Montesquieu evoca aqui alguns valores *antigos* que, segundo alguns, "já eram" e, segundo outros, entre os quais me incluo, estão de fato sepultados, mas *lamentavelmente* porque constituem um mínimo de valores insubstituíveis, dos quais nenhuma sociedade ou civilização pode prescindir. Esses valores, vinculados precisamente ao espírito bélico dos antigos, às escaramuças e aos ajustes de contas à base de sangue dos medievais e aos duelos pessoais que ainda ocorriam esparsamente até o século XIX, por mais incivis e cruéis que possam nos parecer, constituíram o sustentáculo moral e político de grandes civilizações (como a romana, que se enfraqueceu e desapareceu à medida que seus valores e costumes [*moribus*] enfraqueciam e desapareciam). Há aqui uma evocação ainda mais nostálgica, aquela aos romances de cavalaria da Idade Média, à saga arturiana, dos *knights*, para os quais a coragem, a reputação e a honra eram tão vitais quanto o ar que respiravam, que defendiam suas posturas, ideias e nações exatamente por meio dos combates singulares, das justas — algo hoje sequer conhecido como ficção num mundo tecnologizado e dopado. (N.T.)

1753. Ver Beaumanoir, *Coutume de Beauvaisis*, LXI. Ver também a lei dos anglos, XIV, na qual a prova da água fervente é apenas subsidiária.

1754. Título XIV.

1755. XXXI, § 5.

produziram menos injustiças do que era de se esperar, considerando sua natureza injusta; que os efeitos foram mais inocentes do que as causas; que abalaram mais a equidade do que transgrediram os direitos; que foram mais destituídas de razoabilidade do que tirânicas.

CAPÍTULO XVIII — COMO A PROVA PELO COMBATE SE DIFUNDIU

Poder-se-ia concluir da carta de Agobardo a Luís, o Indulgente, que a prova pelo combate não era, de modo algum, utilizada pelos francos, uma vez após advertir este príncipe a respeito dos abusos da lei de Gondebaldo,[1756] ele solicita que se julgue os casos na Borgonha pela lei dos francos. Mas, como se sabe, a propósito, que naqueles tempos o combate judiciário era empregado na França, acabou-se ficando num apuro. Este é eliminado e se explica pelo que afirmei: a lei dos francos salianos não admitia essa prova, mas a dos francos ripuários[1757] a acolhia.

Todavia, a despeito dos clamores dos membros do clero, o uso do combate judiciário ampliava-se dia a dia na França, e provarei, na sequência, que foram eles mesmos que, em grande parte, lhe abriram espaço.

É a lei dos lombardos que nos fornece esta prova. "Foi introduzido há muito um costume detestável (é dito no preâmbulo da constituição de Otão II): é que, se o documento de qualquer herança fosse impugnado como falso, aquele que o apresentasse jurava em nome dos Evangelhos que era verdadeiro; e, sem qualquer julgamento preliminar, ele se tornava proprietário da herança, com o que os perjuros estavam seguros de fazer suas aquisições."[1758] Quando o imperador Otão I se fez coroar em Roma,[1759] realizando o Papa João XII um concílio, todos os senhores da Itália[1760] bradaram em uníssono que era necessário que o imperador fizesse uma lei para corrigir esse indigno abuso. O Papa e o imperador julgaram que era necessário transferir a questão para o concílio que devia ser realizado brevemente em Ravena.[1761] Neste concílio, os senhores fizeram as mesmas exigências e redobraram seus brados. Contudo, sob o pretexto da ausência de algumas pessoas, a questão foi mais uma vez postergada. Quando Otão II e

---

1756. *Si placeret domino nostro, ut eos transferret ad legem Francorum.*

1757. Ver esta lei, título LIX, § 4; e título LXVII, § 5.

1758. Lei dos lombardos, II, título LV, capítulo XXXIV.

1759. Em 962.

1760. *Ab Italiae proceribus est proclamatum, ut imperator sanctus, mutata lege, facinus indignum destrueret.* Lei dos lombardos, II, título LV, capítulo XXXIV.

1761. Foi realizado em 967, com a presença do Papa João XIII e do imperador Otão I.

Conrado,[1762] rei da Borgonha, chegaram à Itália, mantiveram em Verona[1763] um colóquio[1764] com os senhores da Itália, e diante da insistência reiterada deles, o imperador, com a anuência de todos, fez uma lei que determinava que quando houvesse alguma contestação às heranças e que uma das partes podia se servir de um documento (carta), enquanto a outra sustentava que este era falso, a questão seria decidida pelo combate; que a mesma regra seria observada quando se tratasse de matérias relativas a feudos; que as igrejas estariam sujeitas à mesma lei e que combateriam através de seus campeões. Percebe-se que a nobreza exigiu a prova pelo combate devido ao inconveniente da prova introduzida nas igrejas; que, a despeito dos brados dessa nobreza, a despeito do abuso, que por si só era um brado, e a despeito da autoridade de Otão, que chegou à Itália para falar e agir como chefe, o clero se manteve firme em dois concílios; que o concurso da nobreza e dos príncipes tendo feito os membros do clero ceder, o uso do combate judiciário teve de ser considerado como um privilégio da nobreza, como uma proteção contra a injustiça e uma garantia de sua propriedade; e que, a partir deste momento, esta prática devesse se difundir. E isto ocorreu numa época na qual os imperadores detinham muito poder, e os papas, pouco; numa época na qual os Otãos vieram restaurar na Itália a dignidade do Império.

Farei uma reflexão que confirmará o que afirmei acima, a saber, que o estabelecimento das provas negativas acarretou depois de si a jurisprudência do combate. O abuso do qual se queixavam diante dos Otãos era que um homem a quem se objetava a herança alegando-se a falsidade de seu documento defendia-se mediante uma prova negativa, declarando sobre os Evangelhos que seu documento não era falso. O que se fizeram, a fim de corrigir o abuso de uma lei que fora truncada? Estabeleceram o uso do combate.

Apressei-me em me referir à constituição de Otão II com a finalidade de dar uma clara ideia dos desentendimentos daqueles tempos entre o clero e os leigos. Existira anteriormente uma constituição[1765] de Lotário I, a qual, com base nas mesmas queixas e nos mesmos desentendimentos,

---

1762. Tio de Otão II, filho de Rodolfo e rei da Borgonha transjurana.

1763. Em 988.

1764. *Cum in hoc ab omnibus imperiales aures pulsareutur*. Lei dos lombardos, II, título LV, capítulo XXXIV.

1765. Na lei dos lombardos, II, título LV, § 33. No exemplar de que se serviu Muratori, ela é atribuída ao imperador Guido.* [*Neste contexto, *constituição*, tal como nas *Institutas* de Justiniano, tem sempre o significado de lei promulgada por um imperador ou rei (isto é, um *príncipe*). Não confundir com *Constituição*, que grafamos, de preferência, com inicial maiúscula e, menos ainda, com *instituição*. (N.T.)]

pretendendo garantir a propriedade dos bens, determinara que o notário jurasse que sua carta (documento) não era falsa e que, se ele morresse, teriam que jurar as testemunhas que a haviam assinado. Entretanto, o mal persistia sempre e foi necessário surgir o remédio ao qual acabo de me referir.

Julgo que antes daqueles tempos, em assembleias gerais realizadas por Carlos Magno, a nação lhe retratou[1766] que, no atual estado de coisas, era dificílimo que o acusador ou o acusado não cometessem perjúrio e que era preferível restabelecer o combate judiciário, que foi o que ele fez.

O uso do combate judiciário estendeu-se entre os borguinhões, ao passo que o uso do juramento foi limitado entre eles. Teodorico, rei da Itália, aboliu o combate singular entre os ostrogodos.[1767] As leis de Chaindasuindo e de Recesuindo parecem pretender eliminar até mesmo a simples ideia do combate singular. Mas estas leis foram tão pouco adotadas na Narbonense[1768] que o combate era aí considerado como uma prerrogativa dos godos.

Os lombardos, que conquistaram a Itália depois da destruição dos ostrogodos pelos gregos, para lá levaram o uso do combate, embora suas primeiras leis o tenham restringido.[1769] Carlos Magno, Luís, o Indulgente, os Otãos produziram diversas constituições gerais que encontramos inseridas nas leis dos lombardos e acrescentadas às leis sálicas que estenderam o duelo primeiramente às questões criminais e, em seguida, às questões civis.[1770] Não se sabia como fazer. A prova negativa através do juramento apresentava inconvenientes; a prova através do combate também apresentava os seus e assim alterava-se na medida em que se era afetado por uns ou por outros.

De um lado, os membros do clero se compraziam em ver que em todos os assuntos seculares recorria-se às igrejas[1771] e aos altares; e, por outro lado, uma nobreza altiva apreciava sustentar seus direitos através de sua espada.

1766. Lei dos lombardos, II, título LV, § 23.

1767. Ver Cassiodoro, III, cartas 23 e 24.

1768. *In palatio quoque Bera comes Barcinonensis, cum impeteretur a quodam vocato Sunila, et infidelitatis argueretur, cum eodem secundum legem propriam, utpote quia uterque Gothus erat, equestri proelio congressus est et victus.* O autor incerto da Vida de Luís, o Indulgente.

1769. Ver na lei dos lombardos o Livro I, títulos IV e IX, § 23, e Livro II, título XXXV, § 4 e 5; e título LV, § 1, 2 e 3; os regulamentos de Rotaris; e no § 15 o de Luitprando.

1770. Ibidem, II, título LV, § 23.

1771. O juramento judiciário era realizado, naquela época, nas igrejas, e havia, na primeira raça, no palácio dos reis, uma capela própria para as questões que eram ali julgadas. Ver as fórmulas de Marculfo, I, XXXVIII; as leis dos ripuários, título LIX, § 4; título LXV, § 5; a história de Grégoire de Tours; o capitular do ano 803 adicionado à lei sálica.

Não afirmo, em absoluto, que foi o clero que introduziu o uso do qual a nobreza se queixava. Este costume provinha do espírito das leis dos bárbaros e do estabelecimento das provas negativas. Mas uma prática capaz de acarretar a impunidade de tantos criminosos, tendo feito pensar que era necessário servir-se da santidade das igrejas para surpreender os culpados e empalidecer os perjuros, mas que os membros do clero sustentaram este uso e a prática à qual ele estava associado, pois, de resto, se opunham às provas negativas. Vemos em Beaumanoir que essas provas jamais foram admitidas nos tribunais eclesiásticos,[1772-1773] o que muito contribuiu, sem dúvida, para fazer com que entrassem em declínio e para debilitar a disposição dos códigos das leis dos bárbaros a esse respeito.

Isso servirá, igualmente, para perceber-se a conexão entre o uso das provas negativas e aquele do combate judiciário ao qual aludi tanto. Os tribunais laicos tinham apreço tanto por um uso quanto pelo outro, ao passo que os tribunais clericais rejeitaram ambos.

Na escolha da prova através do combate, a nação acatava seu espírito bélico, pois enquanto se estabelecesse o combate como um julgamento de Deus,[1774] aboliam-se as provas através da cruz, da água fria, da água fervente, que também haviam sido consideradas como julgamentos de Deus.

Carlos Magno determinou que, se ocorresse algum desentendimento entre seus filhos, ele fosse encerrado pelo julgamento da cruz. Luís, o Indulgente,[1775] restringiu este julgamento às questões eclesiásticas, e seu filho Lotário o aboliu em todos os casos, tendo abolido, inclusive,[1776] a prova pela água fria.

Não afirmo que, num tempo em que havia tão poucos usos aceitos universalmente, essas provas não tenham sido reproduzidas em algumas igrejas, tanto que um documento[1777] de Filipe Augusto as menciona; digo que foram objeto de pouco uso. Beaumanoir,[1778] que foi contemporâneo de

---

1772. Os clérigos dizem que a *negativa não deve jamais se constituir em prova* porque não pode ser provada.

1773. Paradoxalmente, o Santo Ofício viria a conceber novas modalidades de *provas negativas* para os acusados de heresia, dotadas de tal requinte de crueldade que colocariam as *censuráveis* provas negativas das leis dos bárbaros na categoria de folguedos infantis. Mas, doravante, deixou-se de empregar o eufemismo jurídico para se designar tais provas simplesmente como *tortura*. (N.T.)

1774. No caso das nações bárbaras e pagãs, leia-se "dos deuses". (N.T.)

1775. Suas constituições se acham inseridas na lei dos lombardos e, em seguida, nas leis sálicas.

1776. Na sua constituição introduzida na lei dos lombardos, II, título LV, § 31.

1777. De 1200.

1778. *Coutume de Beauvoisis*, XXXIX.

São Luís[1779] e viveu algum tempo depois, elencando os diferentes gêneros de provas, menciona o combate judiciário, mas, de modo algum, as provas às quais acabamos de nos referir.

CAPÍTULO XIX — UMA NOVA RAZÃO PARA O ESQUECIMENTO DAS LEIS SÁLICAS, DAS LEIS ROMANAS E DOS CAPITULARES

Já indiquei as razões que levaram à perda da autoridade as leis sálicas, as leis romanas e os capitulares; devo acrescer que a grande difusão da prova através do combate foi a sua principal causa.

As leis sálicas, que não admitiam o uso dessa prova, tornaram-se, de alguma forma, inúteis e foram rejeitadas; as leis romanas, que tampouco a admitiam, desapareceram do mesmo modo. Cogitou-se apenas da elaboração da lei do combate judiciário, fazendo dela uma boa jurisprudência. As disposições dos capitulares não se tornaram menos inúteis. E assim tantas leis perderam sua autoridade sem que se possa precisar o momento em que a perderam; elas foram esquecidas sem que possamos localizar outras que as tenham substituído.

Uma nação semelhante dispensava leis escritas, de modo que suas leis escritas podiam facilmente cair no esquecimento.

Havendo alguma discussão entre duas partes, ordenava-se o combate, para o que não havia necessidade de muita aptidão.

Todas as ações civis e criminais se reduzem a fatos. Era em função desses fatos que se duelava, e não era apenas a essência da questão que se julgava pelo combate, mas também os incidentes e os interlocutórios, como assevera Beaumanoir,[1780] que deles fornece exemplos.

Penso que no início da terceira raça a jurisprudência era toda composta por formalidades, tudo tendo sido governado pelo ponto de honra. Se não se tivesse obedecido ao juiz, ele processava sua ofensa. Em Burges,[1781] se o preboste tivesse mandado convocar alguém que não comparecesse, ele dizia: "Mandei que te procurassem e tu não te dignaste a vir. Mostra-me a razão desse desprezo". E passava-se ao duelo. Luís, o Grande, reformou[1782] este costume.

1779. Ou seja, Luís IX, monarca da França de 1226 a 1270. (N.T.)

1780. LXI.

1781. Constituição de Luís, o Grande, do ano de 1145, no *Recueil des Ordennances* (*Coleção das ordenações*).

1782. Ibidem.

O combate judiciário esteve em uso em Orleans em todas as demandas por dívidas.[1783] Luís, o Jovem, declarou que esse costume só teria lugar quando a demanda excedesse cinco soldos. Esta ordenação era uma lei local, pois no tempo de São Luís,[1784] bastava que o valor fosse superior a doze denários. Beaumanoir ouvira dizer a um homem de lei que havia, outrora, na França, um mau costume, a saber, o da possibilidade de alugar durante um certo tempo um campeão para combater a favor das próprias questões.[1785] Era forçoso que o uso do combate judiciário tivesse, naquela época, uma prodigiosa penetração.

CAPÍTULO XX — ORIGEM DO PONTO DE HONRA

Encontram-se enigmas nos códigos das leis dos bárbaros. A lei[1786] dos frisões determinava que se desse apenas meio soldo de reparação a quem fosse espancado com golpes de bastão. E não havia ferimento, por mais ínfimo que fosse, pelo qual não desse mais. Pela lei sálica, se um ingênuo (indivíduo nascido livre) assestasse três golpes de bastão num outro ingênuo, pagava três soldos; se provocasse sangramento, era punido como se tivesse ferido com ferro e pagava quinze soldos. A pena era medida pela extensão dos ferimentos. A lei dos lombardos[1787] estabelecia diferentes reparações para um golpe, dois golpes, três golpes, quatro golpes. Hoje, um só golpe vale cem mil.

A constituição de Carlos Magno introduzida na lei dos lombardos[1788] determina que àqueles a quem permite o duelo lutem com o bastão. Talvez isto tenha sido um abrandamento para o clero; talvez, com a difusão do uso do combate, se quisesse torná-los menos sanguinários. O capitular[1789] de Luís, o Indulgente, possibilita a escolha de combater com o bastão ou com armas. Posteriormente, coube apenas aos servos combaterem com o bastão.[1790]

Já nesses tempos vejo nascerem e se formarem os artigos particulares de nosso ponto de honra. O acusador começava por declarar perante o juiz

---

1783. Ibidem.

1784. Ver Beaumanoir, LXIII.

1785. Ver o *Coutume de Beauvoisis*, XXVIII.

1786. *Additio sapientium Wilemari*, título V.

1787. I, título VI, § 3.

1788. II, título LV, § 123.

1789. Adicionado à lei sálica em 819.

1790. Ver Beaumanoir, LXIV.

que alguém havia perpetrado uma tal ação e esse alguém respondia que o acusador mentia quanto a isso.[1791] Diante disso, o juiz determinava o duelo. E estabeleceu-se a máxima de que sempre que alguém era desmentido, era necessário duelar.

Quando um homem[1792] declarava que ia duelar, não podia voltar atrás; se o fizesse, seria condenado a uma pena. Disto decorria uma regra, a saber, que quando um homem se comprometia pela palavra, a honra não o permitia mais retratá-la.

Os fidalgos[1793] duelavam entre si a cavalo e portando suas armas, ao passo que os plebeus[1794] se batiam a pé e com bastões. Disto resultou que o bastão era o instrumento dos ultrajes[1795] porque um homem que houvesse sido golpeado com um fora tratado como um plebeu ou vilão.

Somente os plebeus combatiam com o rosto descoberto,[1796] de modo que somente eles podiam receber golpes no rosto. Assim, uma bofetada tornou-se uma injúria que devia ser lavada com sangue porque um homem que a recebera fora tratado como um plebeu.

Os povos germânicos não eram menos sensíveis do que nós quanto ao ponto de honra. Eram, a propósito, mais. Assim, os parentes mais afastados participavam muito intensamente das injúrias, e todos os seus códigos estão fundados nisso. A lei dos lombardos[1797] determina que aquele que, acompanhado dos seus, fosse atacar um homem que não estivesse prevenido, a fim de cobri-lo de desonra e de ridículo, pague a metade de reparação que seria devida se o tivesse matado; e que, se pelo mesmo motivo o amarrasse, pagaria três quartos da mesma reparação.[1798]

Digamos, então, que nossos antepassados eram extremamente sensíveis às afrontas; mas que afrontas de uma espécie particular, como receber golpes de um certo instrumento sobre uma certa parte do corpo e dados de uma certa maneira, não lhes eram ainda conhecidos. Tudo isso estava compreendido na afronta de ser batido. E neste caso a magnitude dos excessos produzia a magnitude dos ultrajes.

1791. Ibidem.

1792. Ibidem, III e LXIV.

1793. Ver, sobre as armas dos combatentes, Beaum., LXI e LXIV.

1794. Ver Beaumanoir, LXIV. Ver também as cartas de Santo Albino d'Anjou transcritas por Galland.

1795. Entre os romanos, os golpes de bastão não eram infamantes. Lei *Ictus fustium. De iis qui notantur infamia.*

1796. Eles tinham somente escudo e bastão, LXIV.

1797. I, título VI, § 1

1798. Ibidem, § 2.

CAPÍTULO XXI — NOVA REFLEXÃO SOBRE O PONTO DE HONRA ENTRE OS GERMANOS

"Era entre os germanos", diz Tácito,[1799] "uma grande infâmia abandonar o próprio escudo no combate, e muitos, após terem sucedido essa infelicidade, se matavam". Assim, a antiga lei sálica[1800] determinava que se desse quinze soldos de compensação àquele a quem se dissera injuriosamente que abandonara seu escudo.

Carlos Magno, corrigindo a lei sálica, estabeleceu neste caso apenas três soldos de compensação.[1801] Não se pode suspeitar que este príncipe quisesse enfraquecer a disciplina militar: está claro que esta alteração se originou daquela das armas, e é a essa alteração das armas que se deve a origem de muitos usos.

CAPÍTULO XXII — DOS COSTUMES RELATIVOS AOS COMBATES

Nossa ligação com as mulheres está fundada na felicidade associada ao prazer dos sentidos, no encanto de amar e ser amado e ainda no desejo de agradá-las, porque elas são as juízas muito esclarecidas acerca de uma parte das coisas constituintes do mérito pessoal. Este desejo geral de agradar produz a galanteria, que não é o amor, mas a delicada, a leve, a perpétua balela do amor.

Segundo as circunstâncias distintas de cada nação e de cada século, o amor se volta mais rumo a uma destas três coisas do que rumo às duas outras. Ora, digo que, nos tempos de nossos combates, foi o espírito da galanteria que absorveu as forças.

Encontro nas lei dos lombardos[1802] que, se um dos campeões tivesse sobre si mesmo as ervas próprias aos encantamentos, o juiz ordenava que as removessem dele e o fazia jurar que não as carregasse mais. Esta lei só podia se fundar na opinião comum; é o medo, que se diz ter inventado tantas coisas, que levou a imaginar-se esses tipos de prestígios. Como nos combates particulares os campeões se armavam de muitas peças, munidos de armas pesadas, de ataque e de defesa, e aquelas de uma certa têmpera e de uma certa força proporcionavam vantagens infinitas, a opinião sobre

---

1799. *De moribus Germ.*, VI.

1800. No *Pactus legis salicae*, VI.

1801. Temos a antiga lei e a que foi corrigida por esse príncipe.

1802. II, título LV, § 11.

as armas encantadas de alguns combatentes devia transtornar a cabeça de muitas pessoas.[1803]

Daí nasceu o sistema maravilhoso da cavalaria. Todos os espíritos se abriram a essas ideias. Viram-se nos romances paladinos, necromantes, fadas, cavalos alados ou inteligentes, homens invisíveis ou invulneráveis, magos que se interessavam pelo nascimento e pela educação das grandes personalidades, palácios encantados e desencantados; no nosso mundo, um mundo novo; e o curso ordinário da natureza deixado somente para os vulgos.[1804]

Paladinos, sempre armados numa parte do mundo repleta de castelos, fortalezas e salteadores, encontravam a honra punindo a injustiça e defendendo os fracos. Aí também descobrimos, nos nossos romances, a galanteria fundada na ideia do amor, associada à ideia de força e proteção.

Assim nasceu a galanteria, quando se imaginaram homens extraordinários que, contemplando a virtude unida à beleza e à fragilidade, foram levados a se expor em nome dela aos perigos e a agradá-la nas ações ordinárias da vida.

Nossos romances de cavalaria embalaram este anelo de agradar e forneceram a uma parte da Europa esse espírito da galanteria, o qual, pode-se dizer, foi pouco conhecido pelos antigos.[1805]

O luxo prodigioso daquela imensa cidade de Roma agradava a ideia dos prazeres dos sentidos. Uma certa ideia de tranquilidade bucólica da Grécia fez com que fossem descritos os sentimentos do amor.[1806] A ideia dos paladinos, protetores da virtude e da beleza das mulheres, conduziu àquela da galanteria.

Esse espírito se perpetuou pelo uso dos torneios que, unindo estreitamente os direitos da coragem e do amor, atribuíram ainda grande importância à galanteria.[1807]

1803. O maior exemplo é a espada *Excalibur* da saga arturiana. (N.T.)

1804. A alusão do racionalista e iluminista Montesquieu é seguramente à saga arturiana, eivada de seus ingredientes mágicos e, especialmente, dominada pelo mago Merlin, supervisionando e protegendo o rei Artur. É preciso lembrar que por trás desse *sistema maravilhoso* estão exatamente determinados valores que reputamos perenes e insubstituíveis (bravura, honra, lealdade, amizade, senso de justiça, etc.), que sustentam tanto sociedades e civilizações quanto relações humanas produtivas e construtivas. (N.T.)

1805. De fato, e Montesquieu o ressalta com justa propriedade. Os heróis antigos (egípcios, babilônios, indianos, chineses, gregos, romanos, germânicos, celtas, gauleses, nórdicos, etc.) reuniam as mais variadas qualidades, mas muito raramente se mostravam galantes. A galanteria foi uma invenção e uma conquista dos homens da Europa medieval. (N.T.)

1806. Pode-se ver os romances gregos da Idade Média.

1807. Os objetivos dos cavaleiros da Távola Redonda do rei Artur eram: 1. demonstrar brandura com os fracos; 2. demonstrar coragem diante dos poderosos; 3. ser implacável com os perversos e os malfeitores; 4. defender e amparar os necessitados de seu socorro; 5. proteger a integridade

CAPÍTULO XXIII — DA JURISPRUDÊNCIA DO COMBATE JUDICIÁRIO

Alguém, talvez, ache curioso ver este uso monstruoso do combate judiciário reduzido a princípios e se ver diante de um corpo de jurisprudência tão singular. Os seres humanos, no fundo razoáveis, submetem a regras os seus próprios preconceitos. Nada era mais contrário ao bom senso do que o combate judiciário, mas, uma vez formulado este ponto, sua execução era levada a cabo com uma certa prudência.

A fim de se ficar bem a par da jurisprudência daqueles tempos, é necessário ler com atenção as regras de São Luís, o qual realizou grandes mudanças na ordem judiciária. Défontaines era contemporâneo deste príncipe; Beaumanoir escrevia com base nele;[1808] os outros viveram depois dele. É necessário, portanto, localizar a antiga prática nas correções que lhe foram feitas.

CAPÍTULO XXIV — REGRAS ESTABELECIDAS PARA O COMBATE JUDICIÁRIO

Quando havia vários acusadores, era necessário que entrassem num acordo para que o caso fosse processado por apenas um;[1809] e, se não conseguissem chegar a um acordo, aquele perante o qual se fazia a queixa nomeava um deles para que procedesse ao litígio.

Quando um fidalgo lançava um repto a um plebeu, ele devia apresentar-se a pé, munido de escudo e bastão;[1810] e, se viesse a cavalo, portando as armas de fidalgo, eram-lhe retirados seu cavalo e suas armas. Ele ficava de camisa e era obrigado a combater o plebeu nesse estado.

Antes do combate, a justiça mandava que fossem publicados três anúncios.[1811] Por um deles, era ordenado que os parentes das partes se retirassem; por outro, o povo era advertido para manter silêncio e, pelo terceiro, era proibido que se prestasse socorro a uma ou outra parte, sob pena de

---

física e moral de todas as mulheres, sejam elas quais forem, pois toda mulher deve ser sagrada perante seus olhos; 6. defenderem-se (eles, cavaleiros) em todas as circunstâncias, levando a amizade e a lealdade às últimas instâncias, mesmo às expensas da própria vida; 7. ter compaixão por todos os seres humanos (exceto pelos indicados no item 3); 8. ser autêntico na amizade e fiel no amor. (N.T.)

1808. Em 1283.

1809. Beaum., VI.

1810. Ibidem, LXIV.

1811. Ibidem.

severas punições e, inclusive, a morte, se, em função deste socorro, um dos combatentes fosse vencido.

Os oficiais da justiça guardavam o parque e, no caso em que uma das partes houvesse falado de paz, atentavam extremamente para o estado no qual se achavam ambas as partes nesse momento, para que pudessem ser recolocadas na mesma posição se a paz não se fizesse.[1812]

Quando penhores eram aceitos por crime ou por falso juízo, a paz não podia ser celebrada sem a anuência do senhor; e quando uma das partes fora vencida, a paz não poderia mais aí se instaurar, a não ser com a autorização do conde,[1813] o que se relacionava com nossas cartas de indulto.

Mas se o crime fosse capital e o senhor, corrompido mediante presentes, consentisse com a paz, ele pagava uma multa de sessenta libras, e o direito[1814] que tinha de punir o malfeitor era devolvido ao conde.

Havia muitas pessoas que não se achavam em condições nem de propor o combate nem de aceitá-lo. Permitia-se, com conhecimento de causa, tomar-se um campeão, e, para que este tivesse o maior interesse possível em defender sua parte, tinha o punho cortado se fosse derrotado.[1815]

Quando foram decretadas, no século passado, leis capitais contra os duelos, talvez tivesse sido suficiente subtrair de um guerreiro sua qualidade de guerreiro através da perda de sua mão, não havendo para os homens nada, geralmente, mais triste do que sobreviver, mas com a perda do que era a sua característica.

Quando, no caso de um crime capital,[1816] o combate era realizado por campeões, colocavam-se as partes num lugar onde não podiam assistir a batalha: cada uma delas era cingida com a corda que deveria servir ao seu suplício, se seu campeão fosse vencido.

Aquele que sucumbisse no combate nem sempre perdia a coisa contestada. Se, por exemplo, combatia-se num interlocutório, perdia-se apenas o interlocutório.[1817]

1812. Ibidem.

1813. Os grandes vassalos detinham direitos particulares.

1814. Beaumanoir, LXIV, diz: "ele perdia sua justiça". Essas palavras, para os autores daquela época, não têm uma significação geral, mas, sim, restrita à questão de que se tratava. Défontaines, XXI, art. 29.

1815. Esse uso, que se encontra nos capitulares, subsistia no tempo de Beaumanoir.

1816. Beaum., LXIV, p. 330.

1817. Beaum., LXI, p. 309.

CAPÍTULO XXV — DOS LIMITES QUE ERAM ESTABELECIDOS AO USO DO COMBATE JUDICIÁRIO

Quando os penhores de batalha haviam sido aceitos numa questão civil de pouca importância, o senhor obrigava as partes a retirá-los.

Se um fato fosse notório, por exemplo, se um homem tivesse sido assassinado em pleno mercado, não se ordenava nem a prova por testemunhas nem a prova através do combate. O juiz dava sua sentença com base na publicidade.[1818]

Quando, na corte do senhor, se julgava frequentemente da mesma maneira, de modo que o uso era conhecido, o senhor recusava o combate às partes, visando a que os costumes não fossem alterados pelos diversos acontecimentos dos combates.[1819]

O combate só podia ser solicitado para si próprio, para alguém da própria linhagem ou para o senhor lígio.[1820]

Quando um acusado era absolvido, outro parente ficava impossibilitado de exigir o combate; caso contrário, as questões não teriam fim.[1821]

Se aquele cujos parentes queriam vingar a morte viesse a reaparecer, deixava de existir motivo para o combate; o mesmo ocorria se, por uma ausência notória, o fato se tornasse impossível.[1822]

Se um homem que fora morto tivesse, antes de morrer, desculpado aquele que fora acusado, e que tivesse nomeado um outro, não se procedia ao combate; mas, se não tivesse nomeado alguém, considerava-se sua declaração apenas como um perdão de sua morte.[1823] Dava-se continuidade ao processo e, inclusive, entre fidalgos, podia-se travar uma guerra.

Quando havia uma guerra e um dos parentes dava ou recebia penhores de batalha, o direito da guerra cessava; pensava-se que as partes desejavam seguir o curso ordinário da justiça; e aquela que teria continuado a guerra seria condenada a reparar os danos.

Assim, a prática do combate judiciário apresentava a vantagem, nomeadamente, de que podia transformar uma disputa geral numa disputa particular, transmitir a força aos tribunais e remeter ao estado civil aqueles que não eram mais governados senão pelo direito das gentes.

1818. Beaum., LXI, p. 308; ibidem, XLIII; p. 239.

1819. Ibidem, LXI, p. 314. Ver Défontaines, XXII, art. 24.

1820. Beaum., LXIII, p. 322.

1821. Ibidem.

1822. Ibidem.

1823. Ibidem, 323.

Como há uma infinidade de coisas sábias que são conduzidas de uma forma muito insensata, há também loucuras que são conduzidas de uma forma muito sábia.

Quando um homem desafiado por um crime mostrasse conspicuamente que fora o próprio desafiante que o cometera, deixavam de existir penhores de batalha, pois não há culpado que não preferisse um combate duvidoso a uma punição certa.[1824]

Não havia combate nas questões que eram decididas por árbitros ou pelas cortes eclesiásticas; não havia combates, tampouco, quando se tratava de arras, ou seja, do dote a favor das noivas.[1825]

"Mulher", diz Beaumanoir, "não pode combater". Se uma mulher desafiasse alguém sem nomear seu campeão, não se recebia penhores de batalha. Era necessário, ainda, que uma mulher fosse autorizada por seu barão, isto é, seu marido, para lançar o repto; mas sem esta autoridade ela podia ser desafiada.[1826]

Se o desafiante ou o desafiado tivessem menos de quinze anos, não haveria combate.[1827] Podia, entretanto, ordená-lo nas questões dos pupilos, quando o tutor ou aquele que exercesse a administração quisesse correr os riscos deste processo.

Parece-me que os casos nos quais se permitia que o servo combatesse eram os seguintes: combatia contra um outro servo; combatia contra um liberto, e mesmo contra um fidalgo, se fosse desafiado; mas, se ele fosse o desafiante, o nobre poderia recusar-se a combater e, inclusive, o senhor do servo tinha o direito de retirá-lo da corte.[1828] O servo podia, mediante um documento do senhor,[1829] ou pela força do uso, combater todos os libertos, e a Igreja[1830] pretendia esse mesmo direito para os seus servos, como marca de respeito por ela.[1831]

1824. Ibidem, LXIII, p. 324.

1825. Ibidem, p. 325.

1826. Ibidem.

1827. Ibidem, p. 323. Ver também o que afirmei no Livro XVIII, capítulo XXVI.

1828. Beaum., LXIII, p. 322.

1829. Défontaines, XXII, art. 7.

1830. *Habeant bellandi et testificandi licentiam*. Constituição de Luís, o Grande, de 1118.

1831. Ibidem.

CAPÍTULO XXVI — DO COMBATE JUDICIÁRIO ENTRE UMA DAS PARTES E UMA DAS TESTEMUNHAS

Beaumanoir[1832] diz que um homem que notasse que uma testemunha ia depor contra ele podia eludir a segunda testemunha, declarando aos juízes que sua parte produzia uma testemunha falsa e caluniadora;[1833] e se a testemunha quisesse sustentar a disputa, dava os penhores de batalha. Não era mais questão de inquérito, pois, se a testemunha fosse vencida, era decidido que a parte produzira uma falsa testemunha e, neste caso, ela perdia o processo.

Não era necessário deixar que a segunda testemunha jurasse, pois ela teria pronunciado seu testemunho e o caso teria sido encerrado pelo depoimento das duas testemunhas. Mas, detendo a segunda, o depoimento da primeira tornava-se inútil.

Sendo, assim, rejeitada a segunda testemunha, a parte não podia fazer com que outras fossem ouvidas e perdia o processo; mas, no caso no qual não tivesse havido quaisquer penhores de batalha,[1834] era possível produzir outras testemunhas.

Beaumanoir afirma[1835] que a testemunha podia dizer à sua parte antes de depor: *"Je ne me bée pas à combattre pour vostre querelle, ne à entrer en plet au mien; et se vous me voulés défendre, volontiers dirai ma vérité"* [Eu não desejo combater por vossa lide, nem tampouco pleitear pela minha; se vós desejardes defender-me, será voluntariamente que direi minha verdade].[1836-1837] A parte via-se obrigada a combater a favor da testemunha e, se fosse derrotada, não sofria nenhuma lesão em seu corpo,[1838] porém a testemunha era rejeitada.

Acredito que isso fosse uma modificação do antigo costume, e o que me leva a pensar assim é que esse uso de desafiar as testemunhas se acha estabelecido na lei dos bávaros[1839] e na dos borguinhões,[1840] sem nenhuma restrição.

1832. Beaum., LXI, p. 315.

1833. "Deve-se a elas indagar, antes que façam qualquer juramento, para que querem testemunhar, porque o inquérito deve determinar o momento de acusá-las de falso testemunho." Beaum., XXXIX, p. 218.

1834. Beaum., LXI, p. 316.

1835. Beaum., VI, p. 40.

1836. Montesquieu transcreve em nota (abaixo) o mesmo texto em francês moderno. (N.T.)

1837. *Je ne désire pas combattre pour votre querelle ni entrer en procès pour ma part; si vous voulez me défendre, c'est volontiers que je dirai ma vérité.*

1838. Mas se o combate fosse realizado por campeões, o campeão derrotado teria o punho cortado.

1839. Título XVI, § 2.

1840. Título XLV.

Já me referi à constituição de Gondebaldo, contra a qual Agobardo[1841] e Santo Avito[1842] tanto se indignaram. "Quando o acusado", diz esse príncipe, "apresenta testemunhas para jurar que não cometeu o crime, o acusador pode desafiar para o combate uma das testemunhas, porquanto é justo que aquele que se dispôs a jurar e que declarou que conhecia a verdade não crie dificuldades quanto a combater para sustentar essa verdade". Esse rei não deixava às testemunhas nenhum subterfúgio para que se esquivassem do combate.

CAPÍTULO XXVII — DO COMBATE JUDICIÁRIO ENTRE UMA PARTE E UM DOS PARES DO SENHOR. APELAÇÃO CONTRA FALSO JULGAMENTO

Sendo da natureza da decisão pelo combate encerrar o assunto para sempre, e não sendo ela compatível[1843-1844] com um novo julgamento e novos processos, a apelação, tal como estabelecida pelas leis romanas e pelas leis canônicas, ou seja, feita a um tribunal superior, que reformaria o julgamento de um outro, era desconhecida na França.

Uma nação guerreira, governada exclusivamente pelo ponto de honra, desconhecia essa forma de processo e, seguindo sempre o mesmo espírito, tomava contra os juízes as vias[1845] que teria podido empregar contra as partes.

A apelação em tal nação era um desafio a um combate mediante armas que devia ter um desfecho sanguinário, e não esse convite a uma lide através da palavra escrita, algo que só foi conhecido posteriormente.

Assim, São Luís diz em seus *Estabelecimentos*[1846] que a apelação continha traição e iniquidade. Assim, Beaumanoir nos diz que, se um homem[1847] desejasse queixar-se de qualquer atentado perpetrado contra sua pessoa pelo seu senhor, devia comunicar a este que abandonava seu feudo, depois do que o convocava à presença do seu senhor-suserano e oferecia os

---

1841. *Lettre à Louis le Débonnaire* (*Carta a Luís, o Indulgente*).

1842. *Vie de saint Avit* (*Vida de Santo Avito*).

1843. *"Car en la cour où l'on va par la raison de l'appel pour les gages maintenir, sela bataille est faite, la querelle est venue à fin, si que il n'y a métier de plus d'apiaux."*

1844. Pois diante da corte a que nos dirigimos, na qual é feita a apelação para sustentar o penhor da batalha, se o combate for travado, a lide será encerrada, e de maneira a não ser mais possível recorrer nessa corte. (N.T.)

1845. Beaum., LXI, p. 312, e LXVII, p. 338.

1846. II, XV.

1847. Beaum., LXI, p. 310-311; e LXVII, p. 327.

penhores de batalha. Analogamente, o senhor renunciava à homenagem, se convocasse seu homem à presença do conde.

Apelar por falso julgamento do próprio senhor significava afirmar que seu julgamento fora prestado de forma falsa e maldosa; ora, usar tais palavras contra o próprio senhor constituía uma espécie de crime de traição.

Assim, em lugar de apelar por falso julgamento ao senhor que estabelecia e controlava o tribunal, fazia-se a apelação aos pares que formavam o próprio tribunal, com o que se evitava o crime de traição; insultava-se apenas os pares do senhor, aos quais sempre era possível esclarecer a razão do insulto.

Expunham-se muito os que alegavam a falsidade do julgamento dos pares.[1848] Caso se aguardasse que o julgamento fosse realizado e pronunciado, ficava-se obrigado a combater todos os pares, quando estes se dispusessem a apresentar um bom julgamento.[1849] Se a apelação fosse feita antes de todos os juízes darem seus pareceres, era preciso combater todos aqueles que concordavam com um parecer idêntico.[1850] A fim de evitar este risco, rogava-se ao senhor[1851] que ordenasse que cada par dissesse seu parecer em voz alta; e quando o primeiro fizera seu pronunciamento e o segundo estava a caminho de fazer o seu, idêntico, dizia-se que era falso, maldoso e caluniador. Assim, era preciso bater-se somente com ele.

Défontaines[1852] queria que, antes de falsear,[1853] se deixasse que três juízes se pronunciassem. E não diz que era necessário combater os três e, menos ainda, que houvesse casos em que foi necessário combater todos aqueles que haviam se declarado de mesmo parecer. A origem destas diferenças é que naqueles tempos não havia quase usos que fossem precisamente idênticos. Beaumanoir prestava contas do que se passava no condado de Clermont; Défontaines, daquilo que se praticava em Vermandois.

Quando[1854] um dos pares ou homem do feudo declarava que sustentaria o julgamento, o juiz mandava que fossem dados os penhores de batalha e, ademais, exigia do apelante que desse garantias de que sustentaria sua apelação. O par que era citado, entretanto, não dava quaisquer garantias, porque era homem do senhor e devia ou defender a apelação ou pagar ao senhor uma multa de sessenta libras.

1848. Ibidem, LXI, p. 313.

1849. Ibidem, p. 314.

1850. Ou seja, que estavam de acordo quanto ao julgamento.

1851. Beaum., LXI, p. 314.

1852. XXII, art. 1, 10 e 11. Ele diz somente que se lhes pagava a cada um uma multa.

1853. Apelar por falso julgamento.

1854. Beaum., LXI, p. 334.

Se aquele[1855] que fazia a apelação não provasse que o julgamento fora mau,[1856] teria de pagar ao senhor uma multa de sessenta libras, a mesma multa[1857] ao par a quem dirigira a apelação e outro tanto a cada um daqueles que haviam abertamente consentido com o julgamento. Quando um homem gravemente suspeito de um crime que merecia a morte fora preso e condenado, não podia apelar[1858] por falso julgamento, porquanto, se permitido, apelaria sempre, quer para prolongar sua vida, quer para celebrar a paz.

Se alguém[1859] afirmasse que o julgamento fora falso e maldoso e não se oferecia para prová-lo, ou seja, para combater, era condenado a dez soldos de multa, se fosse um nobre, e a cinco soldos, se fosse um servo, pelas vis palavras que pronunciara.

Os juízes[1860] ou pares que houvessem sido derrotados não deviam perder nem a vida nem os membros, mas aquele que lhes dirigira a apelação era punido com a morte, quando se tratava de questão capital.[1861]

Este hábito de fazer apelação aos homens do feudo por falso julgamento consolidou-se para evitar a apelação do próprio senhor. Contudo, se o senhor não tivesse pares,[1862] ou não os tivesse em número suficiente, podia, a sua custa, tomar pares emprestados[1863] do seu senhor-suserano; mas estes pares não eram obrigados a julgar, se não o quisessem. Era-lhes facultado declarar que compareciam apenas para aconselhar e, neste caso particular,[1864] o senhor julgando e pronunciando o julgamento, se se apelasse contra ele de falso julgamento, competia a ele sustentar a apelação.

Se o senhor[1865] era tão pobre que não tivesse condição de tomar em empréstimo pares de seu senhor-suserano ou que negligenciasse quanto a solicitá-los a ele, ou que este os negasse, o senhor, não podendo julgar por si só, e ninguém sendo obrigado a prestar queixa diante de um tribunal

---

1855. Beaumanoir., ibidem; Défontaines, XXII, art. 9.

1856. Por "mau" leia-se injusto ou irregular. (N.T.)

1857. Défontaines, ibidem.

1858. Beaumanoir, LXI, p. 316; e Défontaines, XXII, art. 21.

1859. Beaumanoir, LXI, p. 314.

1860. Défontaines, XXII, art. 7.

1861. Ver Défontaines, XXI, art. 11, 12 e seguintes, que distingue os casos em que o apelante por falso julgamento perdia a vida, a coisa contestada ou apenas o interlocutório.

1862. Beaumanoir, LXII, p. 322; Défontaines, XXII, art. 3.

1863. O conde não era obrigado a emprestá-los. Beaumanoir, LXVII, p. 337.

1864. Ninguém pode realizar julgamento em sua corte, diz Beaumanoir. LXVII, p. 336-337.

1865. Ibidem, LXII, p. 322.

onde não se pode realizar um julgamento, o caso era levado à corte do senhor-suserano.

Acredito ter sido esta uma das grandes causas da separação entre a justiça e o feudo, origem da formação das regras dos jurisconsultos franceses: *uma coisa é o feudo, outra coisa é a justiça*, pois, existindo uma infinidade de homens de feudo que não tinham homens subordinados a eles, não tiveram condições de ter a sua corte; todas as questões eram conduzidas à corte de seu senhor-suserano; eles perderam o direito de justiça porque não tinham nem o poder nem a vontade de reivindicá-lo.

Todos os juízes[1866] que haviam participado do julgamento deviam ter estado presentes quando ele houvesse sido declarado, de sorte que pudessem acompanhá-lo e dizer *sim* àquele que, pretendendo acusar a falsidade, lhes indagasse se continuariam, pois, diz Défontaines,[1867] "é uma questão de cortesia e de lealdade, não existindo aí nenhum meio de fuga ou de dilação". Creio que é desta maneira de pensar que provém o uso que se faz ainda hoje na Inglaterra, segundo o qual todos os jurados tenham a mesma opinião para condenar à morte.

Era necessário, portanto, declarar-se a favor do parecer da maior parte, e, se houvesse divisão, pronunciava-se, em caso de crime, a favor do acusado; em caso de dívidas, a favor do devedor; em caso de heranças, a favor do defensor.

Um par, segundo Défontaines,[1868] não podia dizer que não julgaria se fossem eles apenas quatro,[1869] ou se ali não estivessem todos, ou se os mais sábios ali não estivessem; é como se dissesse, na rixa, que não socorria seu senhor porque tinha junto a si apenas uma parte de seus homens. Mas cabia ao senhor honrar a sua corte e tomar seus homens mais valorosos e mais sábios. Cito isto para fazer com que se perceba o dever dos vassalos, a saber, combater e julgar. E este dever era tal, inclusive, que julgar era combater.

Um senhor[1870] que demandasse na sua corte contra seu vassalo e que fosse nela condenado podia fazer apelação dirigida a um de seus homens por falso julgamento. Mas, em função do respeito que este último devia ao seu senhor pela fé dada e a benevolência que o senhor devia ao seu vassalo pela fé recebida, fazia-se uma distinção: ou o senhor declarava em geral

---

1866. Défontaines, XXI, arts. 27 e 28.

1867. Ibidem, art. 28.

1868. XXI, art. 37.

1869. Era necessário esse número, ao menos. Défontaines, XXI, art. 36.

1870. Ver Beaumanoir, LXVII, p. 337.

que o julgamento[1871] era falso e maldoso ou imputava ao seu homem prevaricações[1872] pessoais. No primeiro caso, ele ofendia sua própria corte e, de alguma forma, a si mesmo, e não podia nela ter penhores de batalha; ele os teria no segundo caso, porque atacava a honra de seu vassalo; e aquele dos dois que fosse derrotado perdia a vida e os bens, a fim de manter a tranquilidade pública.

Esta distinção, necessária neste caso particular, foi ampliada. Beaumanoir diz que, quando aquele que apelava por falso julgamento atacava um dos homens por imputações pessoais, havia batalha; mas se ele se limitasse a atacar o julgamento, ficaria facultado[1873] ao par a quem fora dirigida a apelação providenciar o julgamento do caso por combate ou pelo direito. Mas, como o espírito que imperava no tempo de Beaumanoir era o de restringir o uso do combate judiciário, e esta faculdade dada ao par apelado de defender pelo combate o julgamento ou não era igualmente contrária às ideias de honra estabelecidas naqueles tempos, e ao compromisso assumido com o senhor de defender sua corte, creio que esta distinção de Beaumanoir era uma jurisprudência nova entre os franceses.

Não digo que todas as apelações por falso julgamento se decidissem por batalha; havia este caso de apelação como todos os demais. Pode-se lembrar das exceções às quais me referi no capítulo XXV. Aqui, cabia ao tribunal suserano definir se era necessário suprimir ou não os penhores de batalha.

Não era permitido alegar falsidade dos julgamentos realizados na corte do rei, pois, não tendo o rei alguém que lhe fosse igual, não existia alguém que lhe pudesse dirigir uma apelação; e, não tendo o rei um superior, inexistia alguém em sua corte que o pudesse apelar.

Esta lei fundamental, necessária como lei política, diminuía, ainda, como lei civil, os abusos da prática judiciária daqueles tempos. Quando um senhor temia[1874] que se dirigisse uma apelação de falsidade à sua corte, notava-se que se apresentavam para fazê-lo; se fosse para o bem da justiça que tais apelações não acontecessem, ele podia recorrer aos homens da corte do rei, cujo julgamento não podia ser objeto de apelação; e o rei Filipe, segundo Défontaines,[1875] enviou todo o seu Conselho para julgar um caso na corte do abade de Corbie.

1871. *Ce jugement est faus et mauvès.* Ibidem.

1872. Vós fizestes julgamento falso e maldoso, como maldoso vós sois, seja se alugando ou se comprometendo. Beaumanoir, ibidem.

1873. Beaumanoir, LXVII, p. 337-338.

1874. Défontaines, XXII, art. 14.

1875. Défontaines, ibidem.

Mas, se o senhor não podia dispor de juízes do rei, podia introduzir sua corte naquela do rei, se dependesse somente dele; e se houvessem senhores intermediários, ele se dirigia ao seu senhor suserano, indo de senhor em senhor até atingir o rei.

Assim, embora não houvesse naqueles tempos a prática nem a própria ideia de apelação que temos hoje, havia o recurso ao rei, o qual era sempre a nascente de onde todos os rios se originavam e o mar onde desaguavam.

CAPÍTULO XXVIII — DA APELAÇÃO DA AUSÊNCIA DE DIREITO

Apela-se por ausência de direito quando, na corte de um senhor, adia-se, evita-se ou recusa-se a administrar justiça às partes.

Na segunda raça, embora o conde tivesse vários funcionários a ele subordinados, esta subordinação era a de suas pessoas, mas não havia jurisdição sobre eles. Estes funcionários, em seus pleitos, audiências ou sessões no tribunal, julgavam, em última instância, como o próprio conde. Toda a diferença residia na partilha da jurisdição. Por exemplo, o conde[1876] podia condenar à morte, julgar questões relativas à liberdade e à restituição de bens, enquanto o centurião não podia fazê-lo.

Por idêntica razão havia causas maiores[1877] que eram reservadas ao rei. Eram aquelas que interessavam diretamente à ordem política. Tais eram as discussões que ocorriam entre os bispos, os abades, os condes e outros grandes que os reis julgavam com os grandes vassalos.[1878]

O que afirmam alguns autores, ou seja, que se dirigia uma apelação ao conde por intermédio do enviado do rei, ou *missus dominicus*, carece de fundamento. O conde e o *missus* tinham jurisdições iguais, mas independentes uma da outra;[1879] toda a diferença[1880] estava no fato de que o *missus* tinha suas sessões durante quatro meses do ano, e o conde, nos oito meses restantes.

Se alguém,[1881] condenado numa sessão da corte,[1882] exigisse novo julgamento e caísse em sucumbência, pagaria uma multa de quinzes soldos ou receberia quinze açoites dos juízes que haviam decidido o caso.

1876. Capitular III, de 812, art. 3; edição de Baluze, p. 497, e de Carlos, o Calvo, acrescido à lei dos lombardos, II, art. 3.

1877. Capitular III do ano 812, art. 2; edição de Baluze, p. 497.

1878. *Cum fidelibus.* Capitular de Luís, o Indulgente, edição de Baluze, p. 667.

1879. Ver o capitular de Carlos, o Calvo, acrescentado à lei dos lombardos, II, art. 3.

1880. Capitular III do ano 812, art. 8.

1881. Capitular acrescentado à lei dos lombardos, II, título LIX.

1882. Placitum.

Quando os condes ou os enviados do rei sentiam-se insuficientemente fortes para reduzir os grandes à razão, faziam-nos dar caução[1883] de que compareceriam ante o tribunal do rei. Era para julgar o caso, e não para submetê-lo a novo julgamento. Encontro no capitular de Metz[1884] a apelação de falso julgamento dirigida à corte do rei, estabelecida, e todas as outras espécies de apelação proscritas e punidas.

Se não se aquiescesse[1885] ao julgamento dos escabinos[1886] e não se o reclamasse, era-se aprisionado até que esta aquiescência fosse dada; e se fosse reclamado, era-se conduzido mediante uma escolta segura à presença do rei, sendo o caso discutido em sua corte.

A questão da apelação por ausência de direito não era quase sustentada, pois, muito antes de, naqueles tempos, haver o costume de se queixar que os condes e outras pessoas que detinham o direito de realizar sessões no tribunal criminal não fossem exatos na manutenção de sua corte, queixava-se,[1887] pelo contrário, que eles eram em número excessivo; e há muitíssimas ordenações que proíbem aos condes e quaisquer outros funcionários da justiça realizarem mais de três sessões por ano. Era necessário menos corrigir a negligência deles do que barrar sua atividade.

Mas, quando um número incontável de pequenos senhorios se formou, que diferentes graus de vassalagem foram estabelecidos, a negligência de certos vassalos em manter sua corte deu origem a esses tipos de apelação,[1888] tanto mais que reverteram ao suserano multas consideráveis.

O uso do combate judiciário difundindo-se crescentemente, aconteceu de haver lugares, casos, ocasiões em relação aos quais era difícil reunir pares e, em relação aos quais, consequentemente, a administração de justiça foi negligenciada. A apelação por ausência de direito introduziu-se, e estas modalidades de apelação constituíram, com frequência, pontos notáveis de nossa história, porque a maioria das guerras dessa época tinham por motivo a violação do direito político, tal como nossas guerras atuais têm, geralmente, por motivo ou por pretexto, a violação do direito das gentes.

1883. Isso transparece nas fórmulas, nas constituições e nos capitulares.

1884. No ano 757, edição de Baluze, p. 180, art. 9 e 10; e o sínodo *apud Vernas* de 755, art. 29, edição de Baluze, p. 175. Esses dois capitulares foram produzidos no reinado de Pepino.

1885. Capitular XI de Carlos Magno do ano 805, edição de Baluze; e lei de Lotário, na lei dos lombardos, II, título LII, art. 23.

1886. Funcionários subordinados ao conde: *scabini*.

1887. Ver a lei dos lombardos, II, título LII, art. 22.

1888. Nota-se a presença de apelações por ausência de direito desde os tempos de Filipe Augusto.

Beaumanoir[1889] diz que, no caso de ausência de direito, jamais havia batalha, pelas razões que se seguem. Não era possível citar para o combate o próprio senhor, por causa do respeito devido à sua pessoa; não era possível desafiar os pares do senhor porque a coisa era clara, tratando-se apenas de computar os dias das dilações ou dos outros prazos; não havia julgamento algum e só se podia acusar falsidade de um julgamento. Finalmente, o delito dos pares ofendia tanto o senhor quanto a parte, e contrariava a ordem haver um combate entre o senhor e seus pares.

Porém, como perante o tribunal suserano se provava a ausência através de testemunhas, podia-se dirigir a apelação e o desafio de combate às testemunhas e, assim, não se ofendia nem o senhor nem o seu tribunal.[1890]

1) Nos casos nos quais a ausência era oriunda da parte dos homens ou pares do senhor que haviam prorrogado a administração da justiça, ou evitado realizar o julgamento após o vencimento dos prazos, eram os pares do senhor que eram apelados por ausência de direito perante o suserano; e, se sucumbissem, pagavam uma multa ao seu senhor.[1891] Este último não podia prover nenhum socorro aos seus homens; pelo contrário, ele se apoderava do feudo deles enquanto não houvessem pago, cada um, uma multa de sessenta libras.

2) Quando a ausência provinha da parte do senhor, o que acontecia quando ele não dispusesse de homens suficientes em sua corte para realizar o julgamento, ou quando não reunira seus homens ou delegado alguém para que os reunisse, demandava-se a ausência de direito perante o senhor-suserano; mas, devido ao respeito devido ao senhor, produzia-se a prorrogação para a parte,[1892] e não para o senhor.

O senhor demandava em nome de sua corte perante o tribunal suserano e, se ganhasse o processo de apelação contra a ausência de direito, o caso lhe era revertido e a ele era paga uma multa de sessenta libras;[1893] todavia, se a ausência de direito fosse provada, a pena contra ele[1894] consistia na perda do julgamento da coisa contestada; o fundo era julgado no tribunal suserano; na verdade, só se entrara em demanda por ausência de direito por causa disto.

1889. LXI, p. 315.

1890. Ibidem.

1891. Défontaines, XXI, art. 24.

1892. Défontaines, XXI, art. 32.

1893. Beaumanoir, LXI, p. 312.

1894. Défontaines, XXI, art. 29.

3) Se se litigava[1895] na corte do próprio senhor contra ele, o que somente ocorria relativamente aos assuntos que concerniam ao feudo, após ter deixado que vencessem todos os prazos, intimava-se o próprio senhor[1896] diante de bons cidadãos e se o fazia citar pelo soberano,[1897] de que se devia ter a permissão. Não se aprazava pelos pares, porque estes não podiam aprazar seus senhores, mas podiam aprazar[1898] para seus senhores.

Por vezes,[1899] a apelação por ausência de direito era seguida por uma apelação por falso julgamento, isto quando o senhor, a despeito da ausência de direito, providenciara a realização do julgamento.

O vassalo[1900] que tivesse dirigido uma apelação injusta ao seu senhor por ausência de direito era condenado a pagar-lhe uma multa a critério do senhor.

Os ganteses[1901] haviam dirigido uma apelação por ausência de direito ao conde de Flandres perante o rei, pelo fato de o conde ter prorrogado o julgamento deles na sua corte. Aconteceu de ele ter determinado um prazo ainda menor do que o permitido pelo costume do país, pelo que os ganteses foram enviados à sua corte, onde ele ordenou a apreensão dos bens deles até atingir o valor de sessenta mil libras. Eles recorreram à corte real para que esta multa fosse reduzida. Foi decidido que o conde não só podia receber esta multa como até mais, se o quisesse. Beaumanoir assistira a esses julgamentos.

4º) Nos casos em que o senhor podia mover contra o vassalo em virtude da pessoa ou honra deste, ou que envolvessem bens que não pertenciam ao feudo, não se cogitava de apelação por ausência de direito, porquanto não se julgava na corte do senhor, mas na corte do seu defensor, visto que os homens, segundo Défontaines,[1902] não tinham direito de realizar julgamento da pessoa de seu senhor.

1895. No reinado de Luís VIII, o senhor de Nesle pleiteou contra Joana, condessa de Flandres; ele a intimou para que procedesse ao seu julgamento no prazo de quarenta dias e lhe dirigiu em seguida uma apelação por ausência de direito no tribunal real. Ela respondeu que o faria julgar por seus pares em Flandres. A corte real pronunciou que ele não seria remetido para Flandres e que a condessa seria aprazada.

1896. Défontaines, XXI, art. 34.

1897. *"par le souverain"* (pelo soberano), mas o contexto sugere "pelo suserano" (*par le suzerain*). (N.T.)

1898. Ibidem, art. 9.

1899. Beaumanoir, LXI, p. 311.

1900. Beaumanoir, p. 312. Mas aquele que não tivesse sido homem nem campeão do senhor pagava-lhe apenas uma multa de sessenta libras.

1901. Ibidem, p. 318.

1902. XXI, art. 35.

Empenhei-me em apresentar uma clara ideia dessas coisas, as quais, nos textos dos autores daqueles tempos, são tão confusas e obscuras que, na verdade, retirá-las do caos em que se acham significa descobri-las.

CAPÍTULO XXIX — ÉPOCA DO REINADO DE SÃO LUÍS

São Luís aboliu o combate judiciário nos tribunais existentes em seus domínios,[1903] pelo que se depreende da ordenação que ele produziu acerca disso[1904] e dos seus *Estabelecimentos*.[1905]

É necessário observar, entretanto, que não o eliminou das cortes dos seus barões,[1906] salvo no caso de apelação por falso julgamento.

Não era permitido falsear[1907] a corte do próprio senhor sem solicitar o combate judiciário contra os juízes que haviam pronunciado o julgamento. Mas São Luís introduziu[1908] o uso de acusar falsidade de julgamento sem combater, mudança que constituiu uma espécie de revolução.

Declarou[1909] que não se poderia, de modo algum, falsear os julgamentos realizados nos senhorios de seus domínios, porque constituía um crime de traição. Efetivamente, se era uma espécie de crime de traição contra o senhor, com muito maior razão o seria contra o rei. Mas ele quis que se pudesse solicitar a correção[1910] dos julgamentos ocorridos nas cortes, não porque tivessem sido realizados falsa ou irregularmente, mas porque haviam causado algum prejuízo.[1911] Quis, ao contrário, que se fosse obrigado a acusar como falsos[1912] os julgamentos das cortes dos barões, caso se desejasse nelas apresentar queixas.

Não se podia, de maneira alguma, segundo os *Estabelecimentos*, falsear[1913] as cortes do domínio do rei, como se acabou de dizer. Era preciso solicitar a correção diante do mesmo tribunal e, em caso de o magistrado não querer executar a correção requerida, o rei permitia que a apelação

---

1903. Que se recorde que Luís IX (São Luís) foi monarca da França de 1226 a 1270. (N.T.)

1904. Em 1260.

1905. I; II e VII; II; X e XI.

1906. Como é mostrado em todas as partes dos *Estabelecimentos* e em Beaumanoir, LXI, p. 309.

1907. Ou seja, apelar ou citar por falso julgamento.

1908. *Estabelecimentos*, I, VI; e II, XV.

1909. Ibidem, II, XV.

1910. *Estabelecimentos*, I, LXXVII; e II, XV.

1911. Ibidem, I, LXXVIII.

1912. Ibidem, II, XV.

1913. Como esclarecido pelo próprio autor, leia-se *apelar ou citar por falso julgamento*. (N.T.)

fosse feita à sua corte,[1914] ou melhor, interpretando os *Estabelecimentos* à luz deles próprios, permitia que lhe fosse apresentado[1915] um requerimento ou uma petição.

No tocante às cortes dos senhores, São Luís, permitindo que fossem apeladas por falsidade de julgamento, quis que o caso fosse conduzido[1916] ao tribunal do rei, ou do senhor-suserano, não[1917] para que nestas cortes fosse decidido pelo combate, mas por meio de testemunhas, seguindo um procedimento para a o qual ele forneceu regras.[1918]

Assim, quer podendo-se acusar de falsidade, como nas cortes dos senhores, quer não o podendo, como nas cortes dos seus domínios, ele estabeleceu que haveria a possibilidade de fazer apelação sem incorrer no risco de um combate.

Défontaines[1919] nos transcreve os dois primeiros exemplos que presenciou, nos quais se procedera assim, sem combate judiciário: um deles, num caso julgado na corte de São Quintino, que pertencia ao domínio do rei; e o outro, na corte de Ponthieu, onde o conde, que estava presente, se opôs à antiga jurisprudência. Mas estes dois casos foram julgados pelo direito.

Indagar-se-á por que São Luís determinou para as cortes de seus barões uma maneira de proceder distinta daquela que estabelecera nos tribunais de seus domínios. Eis a razão. São Luís, estatuindo para as cortes de seus domínios, não sofreu constrangimentos nos seus objetivos; teve, porém, que ter certos cuidados com os senhores que gozavam desta antiga prerrogativa, a saber, os casos jamais eram tirados de suas cortes, a menos que alguém se expusesse ao perigo de elas serem acusadas de falsidade de julgamento. São Luís manteve o uso de denunciá-las por falsidade de julgamento, mas quis que se pudesse fazê-lo sem o combate; ou seja, para que a mudança se fizesse menos sentir, ele suprimiu a coisa deixando permanecer os termos.

Isso não foi aceito unanimemente nas cortes dos senhores. Beaumanoir[1920] sustenta que, no seu tempo, assistiu a duas maneiras de julgar: uma segundo o *Estabelecimento-do-rei* e outra segundo a prática antiga; que aos senhores era facultado o direito de acatar uma prática ou outra, mas quando num

---

1914. Ibidem, I, LXXVIII.

1915. Ibidem, II, XV.

1916. Mas, se não se acusava de falsidade e se quisesse apelar, não havia aceitação. *Estabelecimentos*, II, XV. *Li sire en aurait le recort de sa cour, droit faisant.*

1917. *Estabelecimentos*, I; VI e LXVII, e II, XV; e Beaumanoir, XI, p. 58.

1918. *Estabelecimentos*, I; I, II e III.

1919. XXII, art. 16 e 17.

1920. LXI, p. 309.

caso se optara por uma, não era permitido que se mudasse para a outra. Ele acrescenta[1921] que o conde de Clermont adotava a nova prática, enquanto seus vassalos aderiam à antiga; mas que ele poderia, quando quisesse, restabelecer a antiga, não passando a ter, por esta atitude, menos autoridade do que seus vassalos.

Convém saber que a França naquela época,[1922] estava dividida na região do domínio real e no que se denominava de região dos barões, ou baronias; e, para me servir dos termos dos *Estabelecimentos* de São Luís, em região da *obediência-ao-rei* e em região *fora-da-obediência-ao-rei*. Quando os reis produziam ordenações para a região de seus domínios, utilizavam apenas a sua autoridade, mas quando produziam ordenações que tangiam também às regiões de seus barões, estas eram produzidas[1923] em consenso com eles, ou seladas ou subscritas por eles. Na ausência disto, os barões as aceitavam ou não as aceitavam, segundo lhes parecessem convir ou não ao benefício de seus senhorios. Os subvassalos se achavam nos mesmos termos em relação aos grandes vassalos. Ora, os *Estabelecimentos* não foram outorgados com base no consentimentos dos senhores, embora estatuíssem sobre coisas que tinham grande importância para eles. Todavia, só foram aceitos por aqueles que julgaram que lhes era proveitoso aceitá-los. Roberto, filho de São Luís, os acolhe no seu condado de Clermont, e seus vassalos não julgaram que fosse conveniente aplicá-los nas suas regiões.

CAPÍTULO XXX — OBSERVAÇÃO ACERCA DAS APELAÇÕES

Concebe-se que as apelações, que constituíam provocações para um combate, deviam ser executadas imediatamente. "Se alguém deixa a corte sem apelar", diz Beaumanoir,[1924] "perde a possibilidade da apelação e tem o julgamento como bom".[1925] Isso perdurou mesmo após se ter restringido o uso do combate judiciário.

1921. Ibidem.

1922. Ver Beaumanoir, Défontaines, e os *Estabelecimentos*, II; X, XI, XV e outros.

1923. Ver as *Ordenações* do início da terceira raça na coleção de Laurière, especialmente a de Filipe Augusto sobre a jurisdição eclesiástica e a de Luís VIII sobre os judeus; e as constituições transcritas por Brussel, notadamente a de São Luís sobre o arrendamento e o resgate das terras e a maioridade feudal das moças, tomo II, Livro III, p. 35; e ibidem, *A ordenação de Filipe Augusto*, p. 7.

1924. LXIII, p. 327; ibidem, LXI, p. 312.

1925. Ver os *Estabelecimentos* de São Luís, II, XV; a *Ordenação* de Carlos VII, de 1453.

CAPÍTULO XXXI — CONTINUAÇÃO DO MESMO ASSUNTO

O plebeu não podia acusar de falsidade a corte de seu senhor, segundo nos instrui Défontaines,[1926] e isso é confirmado nos *Estabelecimentos*.[1927] "Assim", diz ainda Défontaines,[1928] "não há entre ti, senhor, e teu plebeu outro juiz além de Deus".

Era o uso do combate judiciário que excluía os plebeus do poder de acusar de falsidade a corte de seu senhor; e isto é tão verdadeiro que os plebeus que, por carta ou pelo uso,[1929] tinham direito de combater, tinham também direito de acusar de falsidade a corte de seu senhor, mesmo quando os homens que haviam julgado fossem cavaleiros;[1930] e Défontaines[1931] indica expedientes para que um tal escândalo, a saber, um plebeu tendo acusado de falsidade o julgamento na corte de seu senhor, combatesse contra um cavaleiro, não acontecesse.

A prática dos combates judiciários começando a ser abolida, e com a introdução do uso das novas apelações, pensou-se que não era razoável que as pessoas libertas dispusessem de um remédio contra a injustiça da corte de seus senhores e que os plebeus dele não dispusessem. O parlamento passou a aceitar suas apelações como aquelas das pessoas libertas.

CAPÍTULO XXXII — CONTINUAÇÃO DO MESMO ASSUNTO

Quando se acusava de falsidade a corte do próprio senhor, este comparecia pessoalmente perante o senhor-suserano para defender o julgamento de sua corte. Do mesmo modo,[1932] no caso de apelação por ausência de direito, a parte aprazada perante o senhor-suserano conduzia consigo seu senhor para que, se a ausência não fosse provada, pudesse reaver sua corte.

1926. XXI, art. 21 e 22.

1927. I, CXXXVI.

1928. II, art. 8.

1929. Défontaines, XXII, art. 7. Este artigo e o artigo 21 do capítulo XXII do mesmo autor foram até aqui muito mal explicados. Défontaines não opõe o julgamento do senhor ao julgamento do cavaleiro porque eram o mesmo, mas ele opõe o plebeu ordinário àquele que tinha o privilégio de combater.

1930. Os cavaleiros podem sempre integrar o número dos juízes. Défontaines, XXI, art. 48.

1931. XXII, art. 14.

1932. Défontaines, XXI, art. 33.

Subsequentemente, o que não passava de dois casos particulares, convertendo-se em geral para todos as questões através da introdução de todas as espécies de apelações, afigurou-se extraordinário que o senhor fosse obrigado a passar a vida em tribunais distintos dos seus e devido a outros assuntos que não lhe diziam respeito. Filipe de Valois[1933] determinou que somente os magistrados seriam aprazados. E, quando o uso das apelações se tornou ainda mais frequente, coube às partes a defesa das apelações, e o fato do juiz tornou-se o fato da parte.[1934]

Eu disse que,[1935] na apelação por ausência de direito, o senhor somente perdia o direito de fazer julgar o caso em sua corte. Entretanto, se o próprio senhor fosse atacado como parte,[1936] o que se tornou muito frequente,[1937] ele teria de pagar ao rei ou ao senhor-suserano, perante quem fizera a apelação, uma multa de sessenta libras. Disso decorreu o uso, quando as apelações passaram a ser universalmente aceitas, de fazer com que fosse paga a multa ao senhor ao se reformar a sentença de seu juiz: uso que perdurou por muito tempo, foi confirmado pela ordenação de Roussillon e acabou desaparecendo devido à sua própria absurdidade.

CAPÍTULO XXXIII — CONTINUAÇÃO DO MESMO ASSUNTO

Na prática do combate judiciário, o falseador[1938] que apelara a um dos juízes podia perder[1939] através do combate o seu processo, ficando impossibilitado de ganhá-lo. De fato, a parte que tinha um julgamento a seu favor não devia dele ser privada em virtude de um fato alheio. Era necessário, assim, que o falseador que vencera combatesse, ainda, contra a parte, não para apurar se o julgamento era bom ou mau; não se tratava mais deste julgamento, pois o combate o havia anulado, mas para decidir se a demanda era legítima ou não; e era em torno deste novo ponto que se combatia. E é daí que deve se originar nossa maneira de pronunciar as sentenças: "A Corte determina a nulidade da apelação; a Corte determina a nulidade da apelação e do seu objeto".

1933. Em 1332.

1934. Ver qual era o estado de coisas no tempo de Boutilier, que viveu em 1402. *Somme rurale*, I, p. 19-20.

1935. Anteriormente, capítulo XXX.

1936. Beaumanoir, LXI, p. 312-318.

1937. Ibidem.

1938. Leia-se: aquele que acusa uma corte de justiça de falsidade no julgamento. (N.T.)

1939. Défontaines, XXI, art. 14.

594 | O ESPÍRITO DAS LEIS

Com efeito, quando aquele que apelara por falso julgamento era vencido, a apelação era anulada; quando ele vencia, o julgamento era anulado, assim como a própria apelação, sendo necessário proceder-se a um novo julgamento.

Isso é tão verdadeiro que, quando o caso era julgado mediante inquéritos, esta maneira de pronunciar não ocorria. De la Roche-Flavin[1940] nos informa que a Câmara de inquéritos não podia lançar mão desta forma nos primeiros tempos de sua criação.

CAPÍTULO XXXIV — COMO O PROCEDIMENTO SE TORNOU SECRETO

Os duelos haviam introduzido uma forma de procedimento público; o ataque e a defesa eram igualmente conhecidos. "As testemunhas", diz[1941] Beaumanoir, "deviam se manifestar como tais perante todos".

O comentador de Boutillier diz ter sabido de antigos práticos e de alguns velhos processos manuscritos que antigamente, na França, os processos criminais eram feitos publicamente e de uma forma quase igual aos julgamentos públicos dos romanos. Isto estava ligado à ignorância da escrita, algo comum naqueles tempos. O uso da escrita retém as ideias e concorre para estabelecer o segredo, mas quando não se dispunha deste uso, só restava a publicidade do procedimento como capaz de fixar estas mesmas ideias.

E, como podia haver incerteza sobre o que se julgara[1942] pelos homens ou fora pleiteado diante de homens, podia-se memorizá-los todas as vezes que a corte atuava por meio do que se chamava de procedimento *por recordação*;[1943] e neste caso não era permitido citar as testemunhas para o combate, pois, se o fosse, as questões seriam intermináveis.

Posteriormente, foi introduzido um procedimento secreto. Antes, tudo era público, agora, tudo se tornava oculto: os interrogatórios, as informações, as leituras dos depoimentos feitas às testemunhas, os confrontos, as conclusões da parte pública. É este o uso atual. O primeiro procedimento é conveniente ao governo de então, tal como o novo procedimento é próprio ao governo que foi estabelecido mais tarde.

1940. *Des Parlements de France (Dos Parlamentos de França)*, I, XVI.

1941. LXI, p. 315.

1942. Como diz Beaumanoir, XXXIX, p. 209.

1943. Provava-se por testemunhos aquilo que já fora aprovado, dito ou determinado em justiça.

O comentador de Boutillier fixa na ordenação de 1539 a época desta mudança. Creio que ocorreu gradativamente e que tenha passado de senhorio a senhorio, à medida que os senhores foram renunciando à antiga prática judiciária e que aquela originária dos *Estabelecimentos* de São Luís foi se aperfeiçoando. De fato, Beaumanoir[1944] diz que era somente nos casos em que se podiam dar penhores de batalha que se ouviam publicamente as testemunhas; nos demais casos, eram ouvidas em segredo, e seus depoimentos eram redigidos. Assim, os procedimentos se tornaram secretos no momento em que não houve mais penhores de batalha.

CAPÍTULO XXXV — DAS CUSTAS

Antigamente, na França, não havia condenação por custas na corte secular.[1945] A parte que sucumbia era suficientemente punida por condenações de multas pagas ao senhor e seus pares. O procedimento através do combate judiciário fazia com que, nos crimes, a parte que sucumbisse, que perdia a vida e os bens, fosse punida na medida em que pudesse sê-lo;[1946] e, nos outros casos do combate judiciário, havia multas às vezes fixas, às vezes dependentes da vontade do senhor, as quais já faziam as etapas do processo produzirem suficiente temor. O mesmo ocorria nos casos que não eram decididos apenas pelo combate. Como era o senhor que auferia os maiores lucros, era também ele que arcava com as principais despesas, quer para congregar seus pares, quer para deixá-los numa condição adequada para procederem ao julgamento. Ademais, findando os casos no próprio local e quase sempre imediatamente e sem essa infinidade de escrituras que apareceram mais tarde, era dispensável atribuir custas às partes.

Foi o uso das apelações que deve naturalmente ter introduzido aquele de estabelecer custas. Assim, Défontaines[1947] diz que, quando se apelava pela lei escrita, ou seja, quando eram observadas as novas leis de São Luís, eram estabelecidas custas, mas que, no âmbito do uso ordinário, que proibia a apelação sem a denúncia de falsidade, não havia atribuição de custas.

1944. XXXIX, p. 218.

1945. Défontaines, no seu *Conseil* (*Conselho*), XXII, art. 3 e 8; e Beaumanoir, XXXIII; *Estabelecimentos*, I, XC.

1946. Ou seja, depois de perder todos os bens, a *vida*, pagar multas ao senhor e seus pares (algumas delas altíssimas e, inclusive, de valor determinado pelo senhor — naquela época, sob o feudalismo, o conceito de *hipossuficiência* era um delírio de lunáticos), os "juízes" acabavam por concluir (*ufa!*) que nada mais podiam sugar de uma família angustiada e reduzida à penúria extrema. (N.T.)

1947. XXII, art. 8.

Obtinha-se apenas uma multa e a posse por um ano e um dia da coisa contestada se o caso fosse remetido ao senhor.

Mas quando as novas facilidades para apelação ampliaram o número das apelações,[1948] e pelo uso frequente destas apelações transitando de um tribunal para outro, ocorreu de as partes serem incessantemente enviadas para fora de seus domicílios; quando a nova arte do procedimento multiplicou e eternizou os processos; quando a ciência de burlar as demandas mais justas se tornou refinada; quando um demandante soube se esquivar unicamente para se fazer seguir; quando a demanda se tornou ruinosa, e a defesa, tranquila; quando as razões se transviaram em meio a volumes de palavras e de escritos; que tudo ficou repleto de esbirros da justiça que não deviam fazer justiça; quando a má-fé encontrou conselhos onde não encontrava apoios, foi necessário deter os demandantes por meio do receio das custas. Deviam com estas arcar pela decisão e pelos meios que haviam empregado para eludi-la. Carlos, o Belo,[1949] produziu uma ordenação a respeito disso.[1950]

CAPÍTULO XXXVI — DA PARTE PÚBLICA

Como, pelas leis sálicas e ripuárias, e pelas outras leis dos povos bárbaros, as penas dos crimes eram pecuniárias, não havia então, como hoje entre nós, parte pública que ficasse encarregada do processo dos crimes. De fato, tudo se reduzia à reparação de danos; todo processo era, de alguma maneira, civil, e todo particular podia movê-lo. Por outro lado, o direito romano dispunha de formas populares para a acusação dos crimes que não podiam se harmonizar com o ministério de uma parte pública.

O uso dos combates judiciários não era menos repugnante a esta ideia, pois quem teria desejado ser a parte pública e se tornar o campeão de todos contra todos?

Descobri, numa coleção de fórmulas que Muratori[1951] introduziu nas leis dos lombardos, que havia na segunda raça um *advogado* da parte pública.[1952] Mas se lermos esta coleção de fórmulas na sua totalidade, constataremos que havia uma diferença total entre esses oficiais e o que chamamos hoje de parte pública, nossos procuradores-gerais, nossos procuradores do rei ou dos senhores. Os primeiros agentes do público eram mais para a manutenção

---

1948. *No presente, quando há tanta propensão para apelar,* diz Boutillier, *Somme rurale,* I, título III, Edição de Paris, 1621, p. 16.

1949. Carlos IV, monarca da França de 1322 a 1328. (N.T.)

1950. Em 1324.

1951. Ludovico Antonio Muratori (1672—1750), religioso e erudito italiano. (N.T.)

1952. *Advocatus* de parte pública.

política e doméstica do que para a manutenção civil. Com efeito, não se vê de modo algum nestas fórmulas que fossem eles encarregados do processo dos crimes e das questões concernentes aos menores, às igrejas ou ao estado das pessoas.

Eu afirmei que o estabelecimento de uma parte pública repugnava ao uso do combate judiciário. Encontrei, não obstante isto, numa dessas fórmulas um advogado da parte pública que era detentor da liberdade de combater. Muratori colocou tal fórmula na sequência da constituição de Henrique I,[1953] para a qual ela foi feita. Diz ele nessa constituição que, "se alguém matar seu pai, seu irmão, seu sobrinho ou qualquer outro de seus parentes, perderá sua sucessão, a qual passará aos outros parentes, sendo que a que lhe caberia pertencerá ao fisco". Ora, era pelo processo desta sucessão reservada ao fisco que o advogado da parte pública, que sustentava os direitos dela, dispunha da liberdade de se bater, caso que entrava na regra geral.

Vemos nestas fórmulas o advogado da parte pública agir contra aquele que prendera um ladrão[1954] e não o conduzira ao conde; contra aquele que[1955] fora o autor de uma sublevação ou uma reunião contra o conde; contra aquele[1956] que salvara a vida de um homem que o conde lhe entregara para que o matasse; contra o advogado das igrejas,[1957] a quem o conde ordenara que lhe apresentasse um ladrão e que não obedecera; contra aquele que[1958] revelara o segredo do rei aos estrangeiros; contra aquele que,[1959] armado, perseguira o enviado do imperador; contra aquele que[1960] desdenhara as cartas do imperador, que era processado pelo advogado do imperador, ou pelo próprio imperador; contra aquele que[1961] se negara a receber a moeda do príncipe; enfim, esse advogado demandava as coisas que a lei adjudicava ao fisco.[1962]

Mas no processo criminal não se registra a presença de nenhum advogado da parte pública, mesmo quando são empregados os duelos;[1963]

1953. Ver essa constituição e essa fórmula no segundo volume dos *Historiens d'Italie* (*Historiadores da Itália*).

1954. Ver *Recueil* (*Coleção*) de Muratori, a respeito da lei 88 de Carlos Magno, I, título XXVI, § 78.

1955. Outra fórmula, ibidem, p. 87.

1956. Ibidem, p. 104.

1957. Ibidem, p. 95.

1958. Ibidem, p. 88.

1959. Ibidem, p. 98.

1960. Ibidem, p. 132.

1961. Ibidem.

1962. Ibidem, p. 137.

1963. Ibidem, p. 147.

mesmo quando se trata de incêndio;[1964] mesmo quando o juiz é morto[1965] no seu tribunal; mesmo quando se trata do estado das pessoas,[1966] da liberdade e da servidão.[1967]

Estas fórmulas são feitas não somente para as leis dos lombardos, mas também para os capitulares acrescidos, de modo que não se deve duvidar que, no que tange a esta matéria, não nos indicam a prática da segunda raça.

Está claro que esses advogados da parte pública devem ter desaparecido com a segunda raça, como os enviados do rei nas províncias, pela razão de não haver mais lei geral, nem fisco geral, e pela razão de não existir mais conde nas províncias para realizar os pleitos e, consequentemente, por não haver mais esses tipos de funcionários cuja principal função era manter a autoridade do conde.

O uso dos combates, tendo se tornado mais frequente na terceira raça, não permitia o estabelecimento de uma parte pública. Assim, Boutillier, na sua *Suma Rural*, referindo-se aos oficiais da justiça, limita-se a citar os magistrados, os vassalos feudais e os sargentos. Vede os *Estabelecimentos*,[1968] e *Beaumanoir*[1969] a respeito da forma pela qual eram feitos os processos naquela época.

Encontro nas leis[1970] de Jaime II, rei de Maiorca, uma criação do emprego de procurador do rei,[1971] com as funções tidas hoje pelos nossos. É evidente que só apareceram depois que a forma judicial mudou entre nós.

CAPÍTULO XXXVII — COMO OS *ESTABELECIMENTOS* DE SÃO LUÍS CAÍRAM NO ESQUECIMENTO

O destino dos *Estabelecimentos* foi nascerem, envelhecerem e morrerem num período muito curto.

Farei algumas reflexões a respeito. O código que temos sob a designação de *Estabelecimentos de São Luís* jamais foi feito para servir de lei a todo o reino, ainda que isso seja dito no prefácio deste código. Esta compilação

---

1964. Ibidem.

1965. Ibidem, p. 168.

1966. Ibidem., p. 104.

1967. Ibidem., p. 107.

1968. I, I; e II, XI e XIII.

1969. I e LXI.

1970. Ver estas leis na *Vies des saints* (*Vidas dos Santos*), do mês de junho, tomo III, p. 26.

1971. *Qui continue nostram sacram curiam sequi teneatur, instituatur qui facta et causas in ipsa curia promoveat atque prosequatur.*

é um código geral que legisla sobre todos os assuntos civis, as disposições dos bens por testamento ou entre vivos, os dotes e as vantagens das mulheres, os lucros e as prerrogativas dos feudos, os assuntos relativos ao policiamento, etc. Ora, num tempo em que cada cidade, burgo ou aldeia possuía seu costume, outorgar um corpo geral de leis civis significava querer derrubar da noite para o dia todas as leis particulares sob as quais se vivia em cada ponto do reino. Fazer um costume geral de todos os costumes particulares seria uma coisa imprudente, mesmo numa época na qual os príncipes contavam com obediência em todas as partes — isto porque, se é verdadeiro que não se deve mudar quando os inconvenientes igualam as vantagens, menos ainda se deve fazê-lo quando as vantagens são modestas, e os inconvenientes, imensos. Ora, se prestarmos atenção ao estado em que se achava naqueles tempos o reino, quando cada um se jactava com a ideia de sua soberania e de seu poder, veremos facilmente que empreender a alteração em todos os lugares das leis e dos costumes recebidos era algo que não podia acudir à mente daqueles que governavam.

O que acabo de asseverar prova ainda que esse código dos *Estabelecimentos* não foi ratificado em parlamento pelos barões e pessoas ligadas à lei do reino, como é afirmado num manuscrito da prefeitura de Amiens, citado por Ducange.[1972] Constata-se nos outros manuscritos que este código foi outorgado por São Luís no ano de 1270, antes de sua partida para Túnis. Este fato não é mais sustentável, pois São Luís partiu em 1269, como observou Ducange, concluindo disso que esse código teria sido publicado na ausência de São Luís. Porém, afirmo que isso não pode ser. Como poderia São Luís ter escolhido o período de sua ausência para fazer algo que teria sido uma semente de transtornos e que podia produzir revoluções, ao invés de mudanças? Um tal empreendimento necessitava, mais do que qualquer outro, de ser acompanhado de perto, e não era a obra de uma regência débil e, mesmo, composta de senhores que tinham interesse em que o empreendimento não alcançasse êxito, a saber, Mateus, abade de São Dionísio, Simão de Clermont, conde de Nesle e, em caso de morte, Filipe, bispo de Évreux e João, conde de Ponthieu. Vimos anteriormente[1973] que o conde de Ponthieu se opôs no seu senhorio à execução de uma nova ordem judiciária.

Afirmo, em terceiro lugar, que é bastante provável que o código que temos difere dos *Estabelecimentos* de São Luís a respeito da ordem judiciária. Esse código cita os *Estabelecimentos*, sendo, portanto, uma obra

---

1972. Prefácio dos *Estabelecimentos*.
1973. Capítulo XXIX.

600 | O ESPÍRITO DAS LEIS

sobre os *Estabelecimentos*, e *não* os *Estabelecimentos*. Que se acresça que Beaumanoir, que se refere com frequência aos *Estabelecimentos* de São Luís, cita somente Estabelecimentos particulares deste príncipe, e não essa compilação dos *Estabelecimentos*. Défontaines,[1974] que escrevia no tempo deste príncipe,[1975] nos fala das duas primeiras vezes em que se executaram seus Estabelecimentos[1976] sobre a ordem judiciária, como de algo remoto. Os *Estabelecimentos* de São Luís eram, portanto, anteriores à compilação a que me refiro que, a rigor e acolhendo os prólogos equívocos colocados por alguns ignorantes no frontispício desta obra, só teria aparecido no derradeiro ano de vida de São Luís,[1977] ou mesmo após a morte deste príncipe.

CAPÍTULO XXXVIII — CONTINUAÇÃO DO MESMO ASSUNTO

O que é, então, esta compilação que temos com o título de *Estabelecimentos* de São Luís? O que é este código obscuro, confuso e ambíguo, no qual se mescla constantemente a jurisprudência francesa com o direito romano; onde se fala como um legislador e onde se percebe um jurisconsulto; onde encontramos um corpo inteiro de jurisprudência sobre todos os casos, sobre todos os pontos do direito civil? É preciso que nos transportemos para aqueles tempos.

São Luís, observando os abusos da jurisprudência do seu tempo, procurou instar os povos a se desgostarem dela. Produziu vários regulamentos para os tribunais de seus domínios e para aqueles de seus barões, e obteve tal sucesso que Beaumanoir,[1978] que escreveu pouquíssimo tempo após a morte deste príncipe, nos informa que o procedimento judiciário estabelecido por São Luís era praticado num largo número de cortes dos senhores.

Assim, esse príncipe cumpriu sua meta, ainda que seus regulamentos para os tribunais dos senhores não tivessem sido feitos para serem uma lei geral do reino, mas um exemplo que cada um poderia seguir e que cada um, inclusive, tivesse interesse em seguir. Ele eliminou o mal, fazendo sentir o melhor. Quando se viu nos seus tribunais, quando se viu nos tribunais dos senhores um procedimento mais natural, mais razoável, mais

---

1974. Ver antes o capítulo XXIX.

1975. Défontaines (Pierre de Fontaines), jurisconsulto francês e bailio de Vermandois. Escreveu *Conseil*, uma das mais antigas obras sobre direito consuetudinário. (N.T.)

1976. Entenda-se *Estabelecimentos* como leis ou ordenações. (N.T.)

1977. Isto é, 1270. (N.T.)

1978. LXI, p. 309.

conforme à moral, à religião, à tranquilidade pública, à segurança pessoal e à dos bens, este foi acolhido, e o outro, abandonado.

Convidar, quando não convém constranger, conduzir, quando não convém mandar constituem a habilidade suprema. A razão possui um Império natural e, mesmo, tirânico: a ele se resiste, mas esta resistência é o triunfo dele... bastará transcorrer algum tempo e seremos forçados a ceder a ela.

São Luís, visando semear o desagrado pela jurisprudência francesa, determinou que os livros do direito romano fossem traduzidos, para que os homens da lei daqueles tempos os conhecessem. Défontaines, que é o primeiro[1979-1980] autor de prática jurídica de que dispomos, fez amplo uso dessas leis romanas; sua obra é, de alguma maneira, um resultado da antiga jurisprudência francesa, das leis ou Estabelecimentos de São Luís, e do direito romano. Beaumanoir pouco empregou a lei romana, porém conciliou a antiga jurisprudência francesa com os regulamentos de São Luís.

É no espírito dessas duas obras e, sobretudo, naquele de Défontaines que algum bailio, acredito, compôs a obra de jurisprudência que chamamos de *Estabelecimentos*. É dito no título dessa obra que é feita segundo o uso de Paris e de Orleans e de corte de baronia; e, no prólogo, que nela se trata dos usos de todo o reino, e de Anjou, e de corte de baronia. Fica claro que essa obra foi feita para Paris, Orleans e Anjou, como as obras de Beaumanoir e de Défontaines foram feitas para os condados de Clermont e Vermandois; e como parece para Beaumanoir que várias leis de São Luís haviam penetrado nas cortes de baronia, o compilador teve alguma razão ao dizer que sua obra[1981] concernia também às cortes de baronia.

Está claro que aquele que compôs esta obra compilou os costumes da região juntamente com as leis e os *Estabelecimentos* de São Luís. Tal obra é muito preciosa porque contém os antigos costumes de Anjou e os *Estabelecimentos* de São Luís tais como eram praticados então e, enfim, aquilo que ali se praticava da antiga jurisprudência francesa.

A diferença entre esta obra e as de Défontaines e Beaumanoir é que nela se discursa em termos de comando, como os legisladores, o que podia ser assim porque se tratava de uma compilação de costumes escritos e de leis.

1979. Ele mesmo o diz em seu prólogo: *"Nus n'enprit onques devant moi cette chose dont j'aie exemplaire"*.

1980. Ninguém empreendeu antes de mim essa coisa da qual dou amostra. (N.T.)

1981. Não há nada de mais impreciso do que o título e o prólogo. A princípio, são os usos de Paris e de Orleans e da corte de baronia; em seguida, são os usos de todas as cortes seculares do reino, e do prebostado de França; em seguida, são os usos de todo o reino, e de Anjou e de corte de baronia.

602 | O ESPÍRITO DAS LEIS

Havia um vício interno nesta compilação, a saber, ela formava um código anfíbio, no qual se misturara a jurisprudência francesa com o direito romano; foram aproximadas coisas que jamais tiveram relação entre si e que, no mais das vezes, eram contraditórias.

Bem sei que os antigos tribunais franceses dos homens ou dos pares, os julgamentos sem apelação a uma outra corte, a maneira de pronunciar pelas expressões *eu condeno*[1982] *ou eu absolvo* se conformavam aos julgamentos populares dos romanos. Mas pouco uso se fez dessa antiga jurisprudência. Empregou-se mais a que foi introduzida posteriormente pelos imperadores, que foi utilizada em todas as partes naquela compilação para regulamentar, limitar, corrigir, estender a jurisprudência francesa.

CAPÍTULO XXXIX — CONTINUAÇÃO DO MESMO ASSUNTO

As formas judiciárias introduzidas por São Luís deixaram de ser usadas. Este príncipe tivera menos em vista a própria coisa, isto é, a melhor maneira de julgar, do que a melhor maneira de substituir a antiga prática judiciária. O primeiro intuito era gerar o desagrado pela antiga jurisprudência, e o segundo, formar uma nova. Mas, tendo advindo os inconvenientes desta última, logo se assistiu à sucessão de uma outra.

Assim, as leis de São Luís mudaram menos a jurisprudência francesa do que a esta forneceram recursos para que fosse mudada: abriram novos tribunais, ou melhor, vias para os atingir; e, quando era possível chegar facilmente a alguém que possuía uma autoridade geral, os julgamentos, que antes disso apenas representavam os usos de um senhorio particular, formaram uma jurisprudência universal. Tinha-se chegado, pela força dos *Estabelecimentos,* a dispor de decisões gerais que faltavam totalmente no reino; uma vez construído o prédio, deixou-se cair o andaime.

Desse modo, as leis elaboradas por São Luís tiveram efeitos que não deviam ser esperados da obra-prima da legislação. Por vezes são necessários muitos séculos para a preparação das mudanças. Os eventos amadurecem e eis as revoluções.

O parlamento julgou em última instância quase todos os casos do reino. Antes apenas julgava aqueles[1983] que estavam entre os duques, condes, barões, bispos, abades ou entre o rei e seus vassalos,[1984] mais na relação

---

1982. *Estabelecimentos,* II, XV.

1983. Ver Dutillet, sobre a corte dos pares. Ver também Roche-Flavin, I, III; Budée e Paul-Émile.

1984. Os outros casos eram decididos pelos tribunais ordinários.

que tinham com a ordem política do que com a ordem civil. A seguir foi-se obrigado a torná-lo sedentário e mantê-lo sempre reunido; afinal, foram criados vários, para que fossem suficientes a todos os casos.

Mal se tornou o parlamento um corpo fixo e se começaram a compilar as suas sentenças. Jean de Monluc, no reinado de Filipe, o Belo,[1985] fez a coletânea que chamamos atualmente de registros *Olim*.[1986]

CAPÍTULO XL — COMO FORAM ADOTADAS AS FORMAS JUDICIÁRIAS DAS DECRETAIS

Mas como explicar que, abandonando as formas judiciárias estabelecidas, foram adotadas as do direito canônico, de preferência às do direito romano? É que se tinha sempre diante dos olhos os tribunais eclesiásticos, os quais seguiam as formas do direito canônico, e não se conhecia nenhum tribunal que seguisse aquelas do direito romano. Ademais, os limites da jurisdição eclesiástica e da secular eram, naquela época, muito pouco conhecidos. Havia pessoas[1987] que pleiteavam indiferentemente nas duas cortes;[1988] havia matérias para as quais pleiteava-se igualmente. Parece[1989] que a jurisdição secular não reservara para si, privativamente em relação à outra, senão o julgamento das matérias feudais e os crimes cometidos pelos leigos nos casos que não feriam a religião, visto que,[1990] se, por força de convenções e contratos, era necessário dirigir-se à justiça secular, as partes podiam voluntariamente demandar perante os tribunais eclesiásticos que, não estando no direito de obrigar a justiça secular a fazer executar a sentença, constrangiam a essa obediência pela via da excomunhão.[1991] Nestas circunstâncias, quando, nos tribunais seculares, se quis alterar a prática, adotou-se a do clero porque era conhecida; e a do direito romano não foi adotada porque não era conhecida, já que, em termos de prática, só se conhece o que se pratica.

1985. Filipe IV, monarca da França de 1285 a 1314. (N.T.)

1986. Ver a excelente obra do presidente Hénault, a respeito do ano de 1313.

1987. Beaumanoir, XI, p. 58.

1988. As viúvas, os cruzados, aqueles que mantinham os bens das igrejas em razão desses próprios bens, ibidem.

1989. Ver o capítulo XI inteiro de Beaumanoir.

1990. Os tribunais eclesiásticos, sob o pretexto do juramento, disso, inclusive, tiravam proveito, como se pode perceber pelo famoso acordo feito entre Filipe Augusto, os membros do clero e os barões, que se encontra nas *Ordenações* de Laurière.

1991. Beaumanoir, XI, p. 160.

604 | O ESPÍRITO DAS LEIS

CAPÍTULO XLI — FLUXO E REFLUXO DA JURISDIÇÃO ECLESIÁSTICA E DA JURISDIÇÃO SECULAR

Estando o poder civil nas mãos de uma infinidade de senhores, fora fácil para a jurisdição eclesiástica ampliar-se todos os dias. Mas, como a jurisdição eclesiástica debilitou a jurisdição dos senhores e contribuiu, na sua atuação, para fortalecer a jurisdição real, esta restringiu paulatinamente a jurisdição eclesiástica, e esta recuou diante da primeira. O parlamento, que havia adotado na sua forma de proceder tudo que existia de bom e útil no procedimento dos tribunais do clero, não tardou a ver senão os seus abusos; e a jurisdição real, fortalecendo-se todos os dias, adquiria sempre melhor condição para corrigir esses mesmos abusos. De fato, eram intoleráveis, e, sem fazer a sua enumeração, remeto a Beaumanoir,[1992] a Boutillier, às ordenações de nossos reis. Referir-me-ei apenas aos que interessavam mais diretamente ao tesouro público. Conhecemos esses abusos pelos embargos que os reformaram. Uma densa ignorância os introduzira. Surgiu uma espécie de claridade e eles desapareceram. Pode-se julgar pelo silêncio do clero que este ia, ele próprio, na dianteira da correção, o que, considerando a natureza do espírito humano, merece louvores. Todo homem que morria sem dar uma parte de seus bens à Igreja, o que se denominava morrer *impenitente*, era privado da comunhão e da sepultura. Se morria sem fazer testamento, era necessário que os parentes conseguissem do bispo que este nomeasse, juntamente com eles, árbitros para fixar o que o defunto tinha que ter dado no caso de haver feito um testamento. Os casados não podiam dormir juntos na primeira noite de núpcias, e nem mesmo nas duas seguintes, sem comprar permissão para isso. E a referência era precisamente essas três noites a serem escolhidas, pois, em relação às outras, ninguém estaria disposto a dar muito dinheiro. O parlamento corrigiu tudo isso. Encontra-se no glossário[1993] de direito francês de Ragueau o embargo que ele fez contra o bispo de Amiens.[1994]

Retorno ao início do meu capítulo. Quando, durante um século ou durante um governo, vêem-se os vários corpos do Estado se empenharem na busca do aumento de sua autoridade e da captação, uns sobre outros, de certas vantagens, se incorrerá em engano frequentemente se seus empreendimentos forem encarados como uma marca certa de sua corrupção.

1992. Ver Boutillier, *Suma rural*, título IX. *Quais pessoas não podem demandar em corte secular*; e Beaumanoir, XI, p. 56, e os regulamentos de Filipe Augusto acerca deste assunto; e o estabelecimento de Filipe Augusto, realizado entre os membros do clero, o rei e os barões.

1993. No verbete "Executores testamentários".

1994. De 19 de março de 1409.

Devido a uma infelicidade inerente à condição humana,[1995] os grandes homens moderados são raros, e, como é sempre mais fácil obedecer à própria força do que refreá-la, talvez na classe das pessoas superiores seja mais fácil encontrar pessoas extremamente virtuosas do que homens extremamente sábios.

Uma alma desfruta muitos deleites ao dominar outras almas; mesmo aqueles que amam o bem amam mais intensamente a si mesmos, a tal ponto que não há ninguém que não seja suficientemente infeliz para ter ainda que alimentar desconfiança quanto às suas boas intenções e, na verdade, nossas ações se prendem a tantas coisas que é mil vezes mais fácil simplesmente fazer o bem do que fazê-lo bem.

CAPÍTULO XLII — RENASCIMENTO DO DIREITO ROMANO E DO QUE DISTO RESULTOU. MUDANÇAS NOS TRIBUNAIS

Tendo o *Digesto* de Justiniano sido reencontrado por volta de 1137, o direito romano pareceu renascer. Foram abertas escolas na Itália, onde era ensinado; dispunha-se já do Código Justiniano e das *Novelas*. Já disse que este direito recebeu tal acolhida na Itália que levou a lei dos lombardos ao eclipsamento.

Doutores italianos trouxeram o direito de Justiniano à França, onde se conhecera apenas o código Teodosiano,[1996] já que foi somente após a instalação dos bárbaros nas Gálias que foram feitas as leis de Justiniano.[1997-1998] Este direito enfrentou algumas oposições, mas se sustentou, a despeito das

---

1995. O conceito de *condição humana*, na sua inexorabilidade, se revela muito cômodo para nos conformarmos com falhas humanas, como a imoderação (onde se alojam a avidez e a mesquinhez), que estão no âmbito da ética, e não naquele da ontologia. O problema de Montesquieu é que, como racionalista e, ao mesmo tempo, rico e poderoso membro da nobreza francesa, ele se vê incapacitado de dar conta racionalmente da imoderação dos *grandes homens*, especialmente aqueles do seu tempo, ou seja, os respeitados e poderosos nobres, monarcas e membros do alto escalão da Igreja. Ele identifica, como outros pensadores políticos modernos a partir de Maquiavel, os *grandes* necessariamente com os *poderosos*, esquecendo que a *grandeza* é, sobretudo, um atributo moral no homem, e não atributo social, político ou econômico, com o que acaba incorrendo numa impropriedade ao expressar a noção de *grandes homens moderados*. Eticamente, um homem não pode ser grande sem ser moderado. (N.T.)

1996. Obedecia-se na Itália o Código de Justiniano. É esta a razão de o Papa João VIII, na sua constituição, outorgada após o sínodo de Troyes, referir-se a este código não porque era conhecido na França, mas porque ele próprio o conhecia, e sua constituição era geral.

1997. O código desse imperador foi publicado em torno de 530.

1998. As *Instituições* de Justiniano, que ficaram conhecidas pela posteridade como *Institutas do Imperador Justiniano*, apareceram em 533. Op. cit. (N.T.)

excomunhões dos papas, que protegiam os seus cânones.[1999] São Luís se empenhou em dar-lhe crédito através de traduções que mandou fazer das obras de Justiniano, as quais temos ainda, sob forma de manuscritos, em nossas bibliotecas; e já indiquei que foram largamente utilizadas nos *Estabelecimentos*. Filipe, o Belo, ordenou que as leis de Justiniano fossem ensinadas somente como razão escrita nas regiões da França que se governavam consuetudinariamente; e elas foram adotadas como lei nas regiões onde o direito romano era a lei.[2000]

Afirmei anteriormente que o procedimento pelo combate judiciário exigia daqueles que julgavam pouquíssima competência; decidiam-se os casos em cada lugar e segundo alguns costumes simples, que eram recebidos por tradição. Havia, no tempo de Beaumanoir,[2001] dois procedimentos distintos de administrar a justiça. Em certos locais, julgava-se por pares;[2002] em outros, julgava-se por bailios. Quando a primeira forma era seguida, os pares julgavam segundo o uso de sua jurisdição;[2003] na segunda forma, eram os membros do conselho de conciliação ou os anciões que indicavam ao bailio o mesmo uso. Tudo isto não requeria nenhuma instrução, nenhuma capacidade, nenhum estudo. Mas, quando o código obscuro dos *Estabelecimentos* e outras obras de jurisprudência apareceram, quando o direito romano foi traduzido, quando este começou a ser ensinado nas escolas, quando começaram a se formar uma certa técnica processual e uma certa técnica jurisprudencial, quando se presenciou o surgimento dos praticantes e dos jurisconsultos, os pares e os membros do conselho de conciliação não tiveram mais condições de julgar. Os pares principiaram a se retirar dos tribunais do senhor, e os senhores se viram pouco motivados a reuni-los; tanto mais que os julgamentos, em lugar de constituírem uma ação estrepitosa, agradável à nobreza, interessante aos guerreiros, não passavam mais de uma prática que eles desconheciam e não queriam conhecer. A prática de julgar por pares teve seu uso reduzido,[2004] e a de julgar por bailios ampliou-se. Os bailios não

---

1999. Decretais, V, título *De privilegiis*, capítulo *Super specula*.

2000. Por meio de uma constituição de 1312, em favor da Universidade de Orleans, transcrita por du Tillet.

2001. *Coutume de Beauvaisis*, c. I, do ofício dos bailios.

2002. Na comuna, os burgueses eram julgados por outros burgueses, como os homens de feudo se julgavam entre si. Ver De la Thaumassière, XIX.

2003. Assim, todos os inquéritos começam por estas palavras: "Senhor juiz, constitui uso que em vossa jurisdição, etc.", como se depreende da fórmula transcrita por Boutillier, *Suma Rural*, I, título XXI.

2004. A mudança foi imperceptível. Encontram-se ainda pares empregados no tempo de Boutillier, que viveu em 1402, data de seu testamento, que relata esta fórmula no Livro I, título XXI: "Senhor juiz, em minha justiça elevada, média e baixa, que tenho em tal sítio, corte,

julgavam;[2005] faziam a instrução e pronunciavam o julgamento dos membros do conselho de conciliação, mas, não estando mais estes em condição de julgar, os próprios bailios julgavam.

Isso foi realizado cada vez mais facilmente à medida que se tinha diante dos olhos a prática dos juízes da Igreja: o direito canônico e o novo direito civil concorreram igualmente para abolir os pares.

Assim desapareceu o uso, constantemente observado na monarquia, de um juiz jamais julgar isoladamente, como se vê nas leis sálicas, nos capitulares e nos primeiros autores de prática jurídica da terceira raça.[2006] O abuso oposto, que só ocorreu nas justiças locais, foi moderado e, de algum modo, corrigido pela introdução em vários lugares de um lugar-tenente do juiz, que este consulta e que representa os antigos membros do conselho de conciliação, pela obrigação que tem o juiz de tomar dois graduados nos casos que possam merecer uma pena corporal; e, finalmente, tornou-se nulo devido à extrema facilidade das apelações.

CAPÍTULO XLIII — CONTINUAÇÃO DO MESMO ASSUNTO

Assim, não foi uma lei que proibiu aos senhores terem eles próprios suas cortes; não foi uma lei que aboliu as funções desincumbidas nelas por seus pares; não houve ali lei alguma que determinasse a criação dos bailios; não foi através de uma lei que eles tiveram o direito de julgar. Tudo isso aconteceu gradativamente e por força da própria coisa. O conhecimento do direito romano, dos embargos dos tribunais, dos conjuntos de costumes novamente escritos exigia estudo, do qual não eram capazes os nobres e o povo iletrado.

A única ordenação de que dispomos sobre esta matéria[2007] é aquela que obrigou os senhores a escolher seus bailios na ordem dos leigos. É impróprio, aliás, que tenha sido considerada como lei de sua criação; mas ela se limita a dizer o que diz. Ademais, fixa o que prescreve mediante as razões que para isso oferece: "É para que", está nela expresso, "os bailios possam

---

audiências, bailios, homens feudais e sargentos". Mas apenas as matérias feudais eram julgadas por pares. Ibidem, I, título I, p. 16.

2005. Como se depreende da fórmula das cartas que o senhor lhes dava, fórmula esta transcrita por Boutillier, *Suma rural*, I, título XIV, o que se prova, ainda, por Beaumanoir, *Coutume de Beauvaisis*, capítulo I, *dos bailios*. Limitavam-se a executar o procedimento. Ver também os *Estabelecimentos* de São Luís, I, CV, e II, XV.

2006. Beaumanoir, LXVII, p. 336, e LXI, p. 315-316; os *Estabelecimentos*, II, XV.

2007. É de 1287.

ser punidos por suas prevaricações[2008] que é preciso que sejam tomados da ordem dos leigos". Sabe-se dos privilégios dos membros do clero naqueles tempos.

Não é preciso crer que os direitos de que fruíam os senhores outrora e dos quais não fruem mais hoje tenham sido deles retirados como usurpações: muitos desses direitos foram perdidos por negligência, e outros foram abandonados porque as diversas transformações foram introduzidas no desenrolar de muitos séculos, e eles não podiam subsistir e conviver com essas transformações.

CAPÍTULO XLIV — DA PROVA TESTEMUNHAL

Os juízes, que só dispunham dos usos como regras, inquiriam ordinariamente por testemunhas em cada questão que se apresentava.

O uso do combate judiciário tendo sido reduzido, as inquirições eram feitas por escrito. Mas uma prova oral registrada por escrito jamais deixa de ser uma prova oral. E isto só aumentava os gastos do processo. Foram elaborados regulamentos que tornaram inútil a maioria dessas inquirições;[2009] foram estabelecidos registros públicos, nos quais a maioria dos fatos se achava provada: a nobreza, a idade, a legitimidade, o casamento. A escritura constitui um testemunho que dificilmente se corrompe. Os costumes foram registrados por escrito. Tudo isso era bastante razoável. É mais fácil procurar nos registros de batismo se Pedro é filho de Paulo do que se empenhar em provar este fato mediante uma longa inquirição. Quando, num país, há um largo número de usos, é mais fácil escrevê-los todos num código do que obrigar os particulares a provar cada uso. Finalmente, foi feita a famosa ordenação que proibia receber a prova testemunhal por uma dívida acima de cem libras, a menos que houvesse um começo de prova escrita.

CAPÍTULO XLV — DOS COSTUMES DA FRANÇA

A França era regida, como eu disse, por costumes não escritos; e os usos particulares de cada senhorio formavam o direito civil. Cada senhorio possuía seu direito civil, como diz Beaumanoir,[2010] e um direito tão particular que este autor, que devemos considerar como a luz daqueles

---

2008. *Ut, si ibi delinquant, superiores sui possint animadvertere in eosdem.*

2009. Ver como se provava a idade e o parentesco: *Estabelecimentos*, I, LXXI e LXXII.

2010. Prólogo sobre o *Coutume de Beauvaisis.*

tempos, e, a propósito, uma grande luz, diz que não crê que em todo o reino houvesse dois senhorios que fossem governados em todos os pontos pela mesma lei.

Essa prodigiosa diversidade tinha uma primeira e uma segunda origens. Quanto à primeira, podemos nos recordar do que afirmei anteriormente, no capítulo sobre os costumes locais;[2011] e quanto à segunda, a encontramos nos diversos eventos em torno dos combates judiciários, devendo casos continuamente fortuitos introduzir naturalmente novos usos.

Tais costumes estavam conservados na memória dos velhos, mas pouco a pouco formaram-se leis ou costumes escritos.

1) No começo da terceira raça,[2012] os reis outorgaram constituições particulares e, inclusive, gerais, da maneira que expliquei anteriormente: tais são os Estabelecimentos de Filipe Augusto e os feitos por São Luís. Do mesmo modo, os grandes vassalos, de acordo com os senhores que a eles estavam vinculados, outorgaram, nas sessões das cortes de seus ducados ou condados, certas constituições ou Estabelecimentos segundo as circunstâncias. Tais foram as sessões de Godofredo, conde da Bretanha, sobre as partilhas dos nobres; os costumes da Normandia, conferidos pelo duque Raul; os costumes de Champagne outorgados pelo rei Tibaldo; as leis de Simão, conde de Montfort, e outras. Isso produziu algumas leis escritas e mesmo mais gerais do que aquelas de que se dispunha.

2) No começo da terceira raça, quase toda a camada inferior da população era constituída por servos. Várias razões obrigaram os reis e os senhores a libertá-los.

Os senhores, libertando seus servos, deram-lhes bens, e foi necessário dar-lhes também leis civis para a regulamentação desses bens. Os senhores, libertando os seus servos, privaram-se de seus bens; foi necessário, então, regulamentar os direitos que os senhores se reservavam para o equivalente de seus bens. Uma e outra destas coisas foram regulamentadas pelas cartas de alforria; estas cartas formaram uma parte de nossos costumes, e esta parte foi encontrada registrada por escrito.

3) Durante o reinado de São Luís e seus sucessores, juristas hábeis, como Défontaines, Beaumanoir e outros, redigiram os costumes de seus bailios. O objetivo deles era mais indicar uma prática judiciária do que os usos de seu tempo sobre a disposição dos bens. Mas aí encontra-se de tudo, e, embora estes autores particulares só tivessem como autoridade a verdade e a publicidade das coisas que diziam, não se pode duvidar que não tenham servido

---

2011. Capítulo XII.

2012. Ver a *Recueil des Ordonnances* (*Coleção das ordenações*), de Laurière.

muito para o renascimento de nosso direito francês. Tal era, naquela época, nosso direito consuetudinário escrito.

Mas eis a grande época. Carlos VII e seus sucessores mandaram que fossem registrados por escrito, em todo o reino, os diversos costumes locais e prescreveram as formalidades a serem observadas na sua redação. Ora, como essa redação foi feita por províncias, e como de cada senhorio se vinha depositar na assembleia geral da província os usos escritos ou não escritos de cada lugar, procurou-se tornar os costumes mais gerais, na medida em que isto pudesse ser feito sem ferir os interesses dos particulares, que foram preservados.[2013] Assim, nossos costumes assumiram três características: foram escritos, foram mais gerais e receberam o selo da autoridade real.

Tendo sido vários destes costumes redigidos novamente, neles foram feitas várias alterações, seja suprimindo tudo que era incompatível com a jurisprudência atual, seja acrescendo diversas coisas extraídas dessa jurisprudência.

Embora o direito consuetudinário seja considerado entre nós como encerrando uma espécie de oposição ao direito romano, de maneira que estes dois direitos dividam os territórios, é, todavia, verdadeiro que várias disposições do direito romano ingressaram nos nossos costumes, sobretudo quando foram feitas novas redações em tempos que não estão tão distantes dos nossos, quando este direito constituía objeto dos conhecimentos de todos aqueles que se destinavam aos empregos civis; em tempos nos quais ninguém se glorificava de ignorar o que se devia saber, e de saber o que se devia ignorar; quando a disposição mental servia mais para se aprender uma profissão do que exercê-la; e quando os entretenimentos contínuos não eram, sequer, o atributo das mulheres.

Teria sido necessário que eu me estendesse mais no desfecho deste Livro e que, entrando nas minúcias mais importantes, tivesse acompanhado todas as transformações imperceptíveis que, a partir da abertura das apelações, formaram o grande corpo de nossa correspondência francesa. Mas eu teria introduzido uma grande obra dentro de uma grande obra. Sou como aquele antiquário que partiu de seu país, chegou ao Egito, lançou um olhar às Pirâmides e retornou ao seu país.[2014]

2013. Isso foi feito por ocasião da redação dos costumes de Berry e de Paris. Ver La Thaumassière, III.

2014. No *Spectateur Anglais* (*Espectador inglês*).

LIVRO XXIX — DA MANEIRA DE COMPOR AS LEIS

CAPÍTULO I — DO ESPÍRITO DO LEGISLADOR

Eu o digo, e me parece que produzi esta obra só para prová-lo: o espírito de moderação deve ser o do legislador; o bem político, tal como o bem moral, acha-se sempre entre dois limites. E eis o exemplo.

As formalidades da justiça são necessárias à liberdade. Mas o número dessas formalidades poderia ser tão elevado que transtornaria o objetivo das próprias leis que as teriam estabelecido: as questões seriam infindáveis, a propriedade dos bens permaneceria incerta; dar-se-ia a uma das partes o bem da outra sem exame ou se levaria ambas à ruína à força de tanto examinar.

Os cidadãos perderiam sua liberdade e sua segurança. Os acusadores não disporiam mais dos meios de persuasão, nem os acusados, do meio de justificação.

CAPÍTULO II — CONTINUAÇÃO DO MESMO ASSUNTO

Cecílio, em Aulo Gélio,[2015] discorrendo sobre a Lei das Doze Tábuas, que permitia ao credor cortar em pedaços o devedor insolvente, justifica-a por sua própria atrocidade, a qual impedia que se tomasse emprestado além das próprias capacidades.[2016] Serão, portanto, as leis mais cruéis as melhores? O bem será o excesso, e todas as relações das coisas serão aniquiladas?

2015. XX, I.

2016. Cecílio declara que jamais vira ou lera que esta pena tivesse sido infligida, mas é provável que jamais tenha sido estabelecida. A opinião de alguns jurisconsultos, de que a Lei das Doze Tábuas se limitava a referir-se à divisão do preço do devedor vendido, é bastante verossímil.

CAPÍTULO III — AS LEIS QUE PARECEM AFASTAR-SE DOS OBJETIVOS DO LEGISLADOR FREQUENTEMENTE COM ELES SE CONFORMAM

A lei de Sólon, que lançava na infâmia todos que, numa sedição, não tomassem algum partido, afigurou-se muito incomum; mas é necessário atentar para as circunstâncias em que se encontrava a Grécia naquela época, ou seja, dividida em Estados muito pequenos. Era de se recear que, numa república desgastada por dissenções civis, as pessoas mais prudentes não se pusessem a descoberto e que, devido a isto, as coisas não fossem levadas ao extremo.

Nas sedições que aconteciam nesses pequenos Estados, o grosso da cidade participava da disputa ou a produzia. Nas nossas grandes monarquias, os partidos são formados por poucas pessoas, e o povo preferiria viver na inação. Neste caso, é natural chamar os sediciosos ao grosso dos cidadãos, e não o grosso dos cidadãos aos sediciosos; no outro, é preciso estimular o ingresso do reduzido número de homens sábios e tranquilos entre os sediciosos: é assim que a fermentação de um licor pode ser detida por uma única gota de um outro.

CAPÍTULO IV — DAS LEIS QUE CONTRARIAM OS OBJETIVOS DO LEGISLADOR

Há leis que o legislador conheceu tão pouco que contrariam a própria meta a que ele se propôs. Aqueles que estabeleceram entre os franceses que, quando morre um dos dois pretendentes a um benefício, o benefício fica para o que sobreviveu buscaram indubitavelmente extinguir as questões. Porém, disto decorre um efeito contrário: veem-se os membros do clero se atacarem e se baterem, como dogues ingleses, até a morte.

CAPÍTULO V — CONTINUAÇÃO DO MESMO ASSUNTO

A lei de que vou falar está encerrada neste juramento que nos foi conservado por Ésquines:[2017-2018] "Juro que jamais destruirei uma cidade dos *Anfíctions*,[2019] e que não desviarei, em hipótese alguma, suas águas correntes:

2017. *De falsa legatione.*

2018. Ésquines (389-314 a.C.), orador ateniense. (N.T.)

2019. Anfíction, que significa "aquele que une", é um dos filhos de Deucalião, figura-chave de um dos mais antigos mitos gregos, a rigor, pré-helênico, o mito do dilúvio. O feminino de Anfíction é Anfictionis (*aquela que une*), o nome da deusa (outra designação de Deméter), sob cujo nome foi criada a Confederação de Cidades Gregas para defesa da Grécia contra o

se qualquer povo ousar fazer qualquer coisa semelhante, declararei a guerra a ele e destruirei suas cidades". O último artigo desta lei, que parece confirmar o primeiro, realmente o contraria. Anfíction quer que jamais se destruam as cidades gregas, e sua lei abre a porta à destruição dessas cidades. Para estabelecer um bom direito das gentes entre os gregos, era necessário acostumá-los a pensar que era algo atroz destruir uma cidade grega; não deviam, portanto, sequer destruir os destruidores. A lei de Anfíction era justa, mas não revelava prudência, o que se prova pelo próprio abuso que dela se fez. Felipe[2020] não se arvorou o poder de destruir as cidades, sob o pretexto de que haviam violado as leis dos gregos? Anfíction teria podido infligir outras penas — ordenar, por exemplo, que um certo número de magistrados da cidade destruidora, ou chefes do exército destruidor, fossem punidos de morte; que o povo destruidor deixasse, por um certo tempo, de usufruir dos privilégios dos gregos; que pagaria uma multa até a restauração da cidade. A lei devia, principalmente, conduzir à reparação do dano.

CAPÍTULO VI — AS LEIS QUE PARECEM IDÊNTICAS NEM SEMPRE TÊM O MESMO EFEITO

César proibiu que se guardasse em casa mais de sessenta sestércios.[2021] Esta lei foi considerada em Roma como apropriadíssima para conciliar os devedores com os credores porque, obrigando os ricos a emprestar aos pobres, colocava estes últimos em condição de satisfazerem os ricos. Uma mesma lei, promulgada na França na época do Sistema,[2022] surtiu efeitos funestos, porque a circunstância neste caso a tornou terrível. Depois de subtrair todos os meios de emprego do dinheiro, suprimiu-se até mesmo o recurso de guardá-lo em casa, o que correspondia a um assalto feito mediante violência. César fez sua lei para que o dinheiro circulasse entre os indivíduos do povo; o ministro francês fez a sua para que o dinheiro fosse colocado num único bolso. O primeiro ofereceu fundos de gleba ou hipotecas sobre particulares pelo dinheiro; o segundo propôs bens destituídos de valor pelo dinheiro e que, por sua natureza, não podiam tê-lo, isto porque sua lei obrigava que tais bens sem valor fossem tomados.

---

inimigo comum, os persas. Sem entrarmos no mérito do mito e do personagem, aqui Ésquines se refere aos representantes ou delegados dos Estados gregos interessados numa lei pan-helênica que proscrevesse que os gregos destruíssem suas cidades entre si. O substantivo grego *anfiktyonia* quer dizer precisamente confederação, liga, união temporária. (N.T.)

2020. Felipe da Macedônia, pai e antecessor de Alexandre. (N.T.)

2021. Dion, XLI.

2022. O Sistema de Law.

CAPÍTULO VII — CONTINUAÇÃO DO MESMO ASSUNTO. A NECESSIDADE DE COMPOR BEM AS LEIS

A lei do ostracismo foi estabelecida em Atenas, em Argos e em Siracusa.[2023] Em Siracusa, provocou uma miríade de males, porque foi feita sem prudência. Os principais cidadãos baniam-se mutuamente colocando uma folha de figueira na mão,[2024] de maneira que os que tinham algum mérito abandonaram os negócios. Em Atenas, onde o legislador percebeu a extensão e os limites que devem atribuir à sua lei, o ostracismo teve magníficos resultados: a ele se submetia sempre uma única pessoa; era necessário um número tão grande de sufrágios que era difícil exilar alguém cuja ausência não fosse necessária.[2025]

Só se podia banir de cinco em cinco anos. De fato, posto que o ostracismo só devia ser praticado contra uma grande personalidade que proporcionaria temor aos seus concidadãos, não devia ser um assunto cotidiano.

CAPÍTULO VIII — AS LEIS QUE PARECEM IDÊNTICAS NEM SEMPRE TÊM APRESENTADO MOTIVO IDÊNTICO

Recebeu-se na França a maioria das leis dos romanos relativamente às substituições. No entanto, estas têm aqui motivo totalmente diferente daquele que tinha entre os romanos. Entre estes, a herança estava associada a certos[2026] sacrifícios que deviam ser realizados pelo herdeiro e que eram regulamentados pelo direito dos pontífices. Isso significava que era desonroso morrer sem herdeiro, de modo que tomavam seus escravos como herdeiros, daí terem eles inventado as substituições. A substituição vulgar, a primeira inventada, que só ocorria no caso de o herdeiro instituído não aceitar a herança, constitui uma marcante prova disso. Não tinha, de

---

2023. Aristóteles, *Política*, V, VIII.

2024. Plutarco, *Vida de Dionísio*, I.

2025. Montesquieu dá a entender que ostracismo e exílio são sinônimos no mundo grego. Não são. Ambos estavam inseridos no direito penal. O ostracismo era o banimento por um determinado período e sem perda total de direitos civis e políticos, como o direito de propriedade e o de cidadania. Era uma pena relativamente leve, se comparada ao exílio ou ao desterro, que significavam banimento perpétuo e incorriam na perda de todos os direitos, além de o condenado ter seu nome maculado pela infâmia e sequer ter direito a um sepultamento condigno com os ritos religiosos. Para os antigos gregos e, inclusive, para os romanos (ao menos durante a República), a condenação ao exílio era pior do que a condenação à morte. (N.T.)

2026. Quando a herança apresentava ônus demais, burlava-se o direito dos pontífices por intermédio de determinadas vendas, de onde provém a expressão *"sine sacris hereditas"*.

maneira alguma, o objetivo de perpetuar a herança dentro de uma família do mesmo nome, mas, sim, encontrar alguém que aceitasse a herança.

CAPÍTULO IX — AS LEIS GREGAS E ROMANAS PUNIRAM O HOMICÍDIO DE SI MESMO,[2027] SEM TEREM O MESMO MOTIVO

Um homem, segundo Platão, que matou aquele que lhe é estreitamente ligado, ou seja, ele próprio, não por ordem do magistrado nem para evitar a ignomínia, mas por fraqueza, será punido.[2028-2029] A lei romana punia essa ação quando não fora realizada por debilidade da alma, por tédio da vida, por incapacidade de sofrer dor, mas pelo desespero de algum crime. A lei romana absolvia no caso no qual a grega condenava, e condenava no caso no qual a grega absolvia.

A lei de Platão era concebida com base nas instituições lacedemônias, nas quais as ordens dos magistrados eram inteiramente absolutas, nas quais a ignomínia era o maior dos males, e a fraqueza, o maior dos crimes. A lei romana abandonou todas essas belas ideias; limitava-se a ser uma lei fiscal.

No tempo da República, não havia em Roma lei que punisse os suicidas. Essa ação, entre os historiadores, é sempre objeto de simpatia, não se observando jamais punição contra aqueles que a praticaram.

No tempo dos primeiros imperadores, as grandes famílias de Roma foram ininterruptamente exterminadas por julgamentos. Introduziu-se o costume de prevenir a condenação através de uma morte voluntária, do que se auferia uma grande vantagem. Obtinha-se a honra da sepultura, e os testamentos eram executados, o que se originava de não haver em Roma nenhuma lei civil contra os que davam cabo da própria vida.[2030] Mas, quando os imperadores se tornaram tão avaros quanto haviam sido cruéis, não permitiram mais àqueles dos quais queriam se livrar o meio

---

2027. Quer dizer, o suicídio. (N.T.)

2028. *As Leis*, IX.

2029. O leitor deve ficar imaginando como se pode punir um suicida, uma vez que ele está morto. Acontece que, entre os gregos (e vários povos antigos), os rituais fúnebres tinham enorme importância, com profunda repercussão social e moral, não havendo, ademais, uma nítida linha divisória entre a lei, a moral e a religião. Assim, por exemplo, o não sepultamento ou o sepultamento diferenciado constituíam uma terrível punição para esses povos. Ver *As Leis*, Livro IX, 872a-874b, op. cit. (N.T.)

2030. *Eorum qui de se statuebant, humabantur corpora, manebant testamenta, pretium festinandi.* Tácito, *Anais*, VI, XXIX.

616 | O ESPÍRITO DAS LEIS

de conservarem seus bens e declararam que seria um crime tirar a própria vida pelo remorso de um outro crime.

O que afirmo acerca do motivo dos imperadores é tão verdadeiro que consentiam que os bens daqueles que se suicidavam não fossem confiscados, quando o crime devido ao qual haviam se matado não estivesse sujeito ao confisco.[2031]

CAPÍTULO X — AS LEIS QUE PARECEM CONTRÁRIAS DERIVAM, POR VEZES, DO MESMO ESPÍRITO

Vai-se hoje até a casa de um homem para citá-lo para um julgamento. Isto não podia ser feito entre os romanos.[2032]

A citação para julgamento era uma ação violenta[2033] e assemelhava-se a uma espécie de coação judicial,[2034] e não se podia ir até a casa de um homem para citá-lo para julgamento, tanto quanto não se pode hoje ir até a casa de um homem e prendê-lo, estando ele condenado apenas por dívidas civis.

As leis romanas[2035] e as nossas admitem igualmente o princípio segundo o qual todo cidadão tem sua casa por asilo, nela não podendo receber nenhuma violência.

CAPÍTULO XI — DE QUE MANEIRA DUAS LEIS DIVERSAS PODEM SER COMPARADAS

Na França, a pena contra falsas testemunhas é capital; na Inglaterra, não é. Para avaliar qual destas duas leis é a melhor, é preciso também considerar: na França, a questão contra os criminosos é praticada, na Inglaterra, não é, e ainda mais: na França, o acusado não produz suas testemunhas, sendo muito raro admitir-se neste aspecto o que se chama de fatos justificativos; na Inglaterra, aceitam-se as testemunhas de ambas as partes. As três leis francesas formam um sistema muito coeso e muito consequente; as três leis inglesas, um sistema que não é nem uma coisa nem outra. A lei inglesa, que não conhece a questão contra os criminosos, pouco pode

---

2031. Rescrito do imperador Pio na lei 3, § 1 e 2, ff. *de bonis eorum qui ante sententiam mortem sibi consciverunt.*

2032. Lei 18, ff. *de in jus vocando.*

2033. Ver a Lei das Doze Tábuas.

2034. *Rapit in jus,* Horácio, I, *Sátiras* 9. É por isso que não se podia citar para julgamento aqueles a quem se devia um certo respeito.

2035. Ver a lei 18, ff. *de in jus vocando.*

esperar quanto a extrair a confissão do crime do acusado; daí cita de todos os lados as testemunhas estranhas e não ousa desencorajá-las com o temor de uma pena capital. A lei francesa, que conta com um recurso adicional, não receia intimidar as testemunhas; ao contrário, a razão exige que as intimidem: ela só escuta as testemunhas de uma parte;[2036] são estas que produzem a parte pública e o destino do acusado depende de sua única testemunha. Mas, na Inglaterra, aceitam-se testemunhas de ambas as partes e o caso é, por assim dizer, discutido entre elas. A falsa testemunha, neste caso, pode ser menos perigosa; o acusado dispõe de um recurso contra a falsa testemunha, ao passo que a lei francesa não o possibilita. Assim, para julgar qual destas duas leis é a mais conforme à razão, não é preciso comparar uma lei com a outra individualmente; é preciso tomá-las conjuntamente e compará-las conjuntamente.

CAPÍTULO XII — AS LEIS QUE PARECEM IDÊNTICAS SÃO, ÀS VEZES, REALMENTE DIFERENTES

As leis gregas e romanas puniam o receptador do produto do roubo[2037] tal como o ladrão. A lei francesa faz o mesmo. Aquelas eram razoáveis, esta não o é. Entre os gregos e os romanos, sendo o ladrão condenado a uma pena pecuniária, era necessário punir o receptador com a mesma pena, pois todo homem que contribui de alguma forma, seja qual for, para um dano deve repará-lo. Mas, entre nós, sendo a pena do roubo capital, não se pôde, sem incorrer no exagero, punir o receptador como o ladrão. Aquele que recebe o produto do roubo pode, em mil oportunidades, recebê-lo inocentemente; aquele que rouba é sempre culpado: um impede a convicção de um crime já cometido; o outro comete este crime: tudo é passivo em um, ao passo que há uma ação no outro. É preciso que o ladrão supere mais obstáculos e que sua alma se mantenha mais tempo endurecida contra as leis.

Os jurisconsultos foram mais além, considerando o receptador como mais odioso do que o ladrão,[2038] pois sem ele, dizem, o produto do roubo não poderia ser ocultado por muito tempo. Isso, mais uma vez ainda, poderia ser bom se a pena fosse pecuniária; tratava-se de um dano, e o receptador,

---

2036. Segundo a antiga jurisprudência francesa, as testemunhas eram ouvidas de ambas as partes. Assim, vê-se nos *Estabelecimentos* de São Luís, I, VII, que a pena contra as falsas testemunhas em justiça era pecuniária.

2037. I, ff. *de receptatoribus.*

2038. Ibidem.

O ESPÍRITO DAS LEIS

geralmente, estava em melhor condição de repará-lo, mas, sendo a pena capital, seria necessário regulamentar com base em outros princípios.

CAPÍTULO XIII — NÃO É NECESSÁRIO SEPARAR AS LEIS DO OBJETO PARA O QUAL FORAM FEITAS. DAS LEIS ROMANAS SOBRE O ROUBO

Quando o ladrão era surpreendido com a coisa roubada, antes que a tivesse levado ao lugar onde havia resolvido ocultá-la, os romanos davam o nome a isso de *roubo manifesto*; quando o ladrão só era descoberto depois, chamava-se de *roubo não manifesto*.

A Lei das Doze Tábuas determinava que o ladrão manifesto fosse açoitado com varas e reduzido à servidão, se fosse púbere, ou somente açoitado com varas, se fosse impúbere; quanto ao ladrão não manifesto, condenava-o apenas a pagar o dobro do valor da coisa roubada.

Quando a lei Pórcia aboliu o uso do açoitamento com varas dos cidadãos e reduziu-os à servidão, o ladrão manifesto passou a ser condenado a pagar o quádruplo do valor da coisa roubada,[2039] e continuou-se punindo com o pagamento do dobro o ladrão não manifesto.

Parece estranho que essas leis estabeleçam tal diferença na qualidade destes dois crimes e na pena que infligiam. Na verdade, o fato de o ladrão ser surpreendido antes ou depois de ter levado o produto do roubo ao seu lugar de destino era uma circunstância que não mudava em nada a natureza do crime. Não poderia deixar de duvidar que toda a teoria das lei romanas quanto ao roubo tivesse sido tirada das instituições lacedemônias. Licurgo, com o objetivo de inculcar nos seus cidadãos destreza, astúcia e diligência, quis que as crianças fossem exercitadas no roubo e que se açoitassem rudemente aquelas que se deixavam surpreender, o que estabeleceu entre os gregos e, depois, entre os romanos uma grande diferença entre o roubo manifesto e o roubo não manifesto.[2040]

Entre os romanos, o escravo que cometera um roubo era precipitado da rocha Tarpeiana. Neste caso, não há conexão com as instituições lacedemônias. As leis de Licurgo relativas ao roubo não haviam sido feitas para os escravos; segui-las neste ponto significaria delas se afastar.

Em Roma, quando um impúbere era surpreendido no ato do roubo, o pretor mandava que ele fosse fustigado com varas ao seu critério, como se fazia na Lacedemônia. Tudo isso tinha uma origem mais remota. Os

---

2039. Ver o que Favorino diz sobre Aulo Gélio, XX, I.

2040. Confrontar o que diz Plutarco, *Vida de Licurgo*, com as leis do Digesto no título *de furtis*; e as *Institutas*, IV, título I, § 1, 2 e 3.

lacedemônios haviam copiado estes usos dos cretenses, e Platão,[2041] que deseja provar que as instituições dos cretenses eram feitas visando à guerra, cita esta: "A faculdade de suportar a dor nos combates particulares e nos roubos que obriga a ocultação".

Como as leis civis dependem das leis políticas, visto que são sempre feitas para uma sociedade, seria bom que, quando se deseja transportar uma lei civil de uma nação para outra, se examine, previamente, se possuem ambas as mesmas instituições e o mesmo direito político.

Assim, quando as leis relativas ao roubo passaram dos cretenses aos lacedemônios, como foram transferidas juntamente com o próprio governo e constituição, revelaram-se tão judiciosas no seio de um desses povos quanto se revelaram no seio do outro. Mas quando da Lacedemônia foram levadas a Roma, como ali não encontraram a mesma constituição, permaneceram estranhas em Roma, não tendo relação alguma com as demais leis civis dos romanos.

CAPÍTULO XIV — NÃO SE DEVE SEPARAR AS LEIS DAS CIRCUNSTÂNCIAS NAS QUAIS ELAS FORAM FEITAS

Uma lei de Atenas determinava que, quando a cidade fosse sitiada, todas as pessoas inúteis deviam ser executadas.[2042] Era uma lei política abominável, consequência de um abominável direito das gentes. Entre os gregos, os habitantes de uma cidade tomada perdiam a liberdade civil e eram vendidos como escravos. A tomada de uma cidade acarretava sua completa destruição, sendo esta a origem dessas proibições obstinadas, bem como dessas ações desnaturadas e ainda dessas leis atrozes por vezes observadas.

As leis romanas determinavam que os médicos fossem punidos por sua negligência ou sua imperícia.[2043] Neste caso, condenação à deportação o médico de uma condição de algum relevo, e à morte o que era de uma condição inferior. Segundo nossas leis, é diferente. As leis romanas não haviam sido elaboradas nas mesmas circunstâncias que as nossas; em Roma, exercia a medicina quem o desejasse, mas, entre nós, os médicos são obrigados a realizar certos estudos e obter graduação, considerando-se assim que conhecem sua profissão.

2041. *As Leis*, I.

2042. *Inutilis aetas occidatur*, Siriano, *in Hermógenes*.

2043. A Lei Cornélia, *De sicariis*; *Institutas*, IV, título III, *De lege Aquilia*, § 7.

CAPÍTULO XV — ÀS VEZES, É BOM QUE UMA LEI CORRIJA A SI MESMA

A Lei das Doze Tábuas permitia que se matasse o ladrão noturno,[2044] tanto quanto o ladrão diurno que, sendo perseguido, oferecia resistência; mas esta lei determinava que aquele que matasse o ladrão gritasse e chamasse os cidadãos,[2045] algo que as leis que permitem que se faça justiça pelas próprias mãos devem sempre exigir. É o grito da inocência que, no momento da ação, conclama as testemunhas, conclama juízes. É necessário que o povo tome conhecimento da ação e que o tome no instante em que esta é realizada, num instante no qual tudo fala: o ar, o rosto, as paixões, o silêncio, e no qual cada palavra condena ou justifica. Uma lei que possa tornar-se tão contrária à segurança e à liberdade dos cidadãos deve ser executada na presença dos cidadãos.

CAPÍTULO XVI — COISAS A SEREM OBSERVADAS NA COMPOSIÇÃO DAS LEIS

Aqueles que têm gênio suficiente que os capacite a legislar para suas nações ou outras devem atentar para alguns pontos quanto à maneira de formá-las.

O estilo delas deve ser conciso. As Leis das Doze Tábuas constituem um modelo de precisão: as crianças as guardam de cor.[2046] As *Novelas* de Justiniano são tão prolixas que foi necessário abreviá-las.[2047]

O estilo das leis deve ser simples. A expressão direta se entende sempre melhor do que a expressão refletida. Não há majestade alguma nas leis do Baixo Império, nas quais se fez os príncipes falarem como retóricos. Quando o estilo das leis é empolado, as encaramos apenas como uma obra de ostentação.

É essencial que as palavras das leis revelem para todos os homens as mesmas ideias. O Cardeal Richelieu convinha que se pudesse acusar um ministro perante o rei,[2048] mas determinava que fôssemos punidos se as coisas que provássemos não fossem consideráveis, o que devia impedir todos de dizer alguma verdade que se voltasse contra ele, visto que uma coisa

---

2044. Ver a lei 4, ff. *ad leg. Aquil.*

2045. Ibidem. Ver o decreto de Tassilon acrescido à lei dos bávaros, *De popularibus legibus*, art. 4.

2046. *Ut carmen necessarium.* Cícero, *De legibus*, II, XXXIII.

2047. É a obra de Irnério.

2048. *Testament politique.*

considerável é totalmente relativa, e o que é considerável para alguém não o é para outro.

A lei de Honório punia com a morte aquele que comprava como servo um liberto ou que tivesse querido intranquilizá-lo.[2049] Não se devia, de modo algum, valer-se de uma expressão tão vaga: a intranquilidade que transmitimos a um homem depende inteiramente do grau de sua sensibilidade.

Quando a lei deve fixar algo, é preciso, na medida do possível, que não o fixe pelo valor do dinheiro. Mil causas levam à alteração do valor da moeda e com a mesma denominação não se tem mais a mesma coisa. Conhece-se a história daquele indivíduo impertinente[2050] de Roma que dava bofetadas em todos que encontrava e os fazia apresentar os vinte e cinco soldos de acordo com a Lei das Doze Tábuas.

Quando, numa lei, foram bem fixadas as ideias das coisas, não há necessidade de recorrer a expressões vagas. Na ordenação criminal de Luís XIV,[2051] depois de feita a enumeração exata dos casos da realeza, são acrescentadas as seguintes palavras: "E aqueles que em todos os tempos os juízes reais julgaram", o que se faz reigressar no arbitrário do qual se acabava de sair.

Carlos VII[2052] afirma haver sabido que as partes apelam três, quatro e seis meses após o julgamento contra o costume do reino em país consuetudinário: ele determina que se apelará incontinenti, a menos que não haja fraude ou dolo do procurador,[2053] ou que haja causa grande e evidente de isentar o apelante. O fim desta lei destrói o seu começo, e o destruiu tão bem que subsequentemente apelou-se durante trinta anos.[2054]

A lei dos lombardos não admitia que uma mulher que envergara os hábitos de religiosa, ainda que não fosse consagrada, se casasse[2055] "pois", diz essa lei, "se um esposo que comprometeu a si uma mulher somente por meio de um anel não pode, sem incorrer em crime, desposar uma outra, com mais forte razão a esposa de Deus ou da Santa Virgem". Digo que nas leis é preciso raciocinar da realidade à realidade, e não da realidade à figura ou da figura à realidade.

2049. *Aut qualibet manumissione donatum inquietare voluerit.* Apêndice do código Teodosiano, no tomo I das obras de Sirmond.

2050. Aulo Gélio, XX, I.

2051. Encontram-se no processo verbal dessa ordenação os motivos que se teve para isso.

2052. Na sua ordenação de Montel-lès-Tours, de 1453.

2053. Podia-se punir o procurador sem que fosse necessário perturbar a ordem pública.

2054. A ordenação de 1667 estabeleceu regulamentos a respeito disso.

2055. II, título XXXVII.

622 | O ESPÍRITO DAS LEIS

Uma lei de Constantino[2056] determina que basta o testemunho do bispo, sem serem ouvidas outras testemunhas. Este príncipe tomou um caminho bastante curto. Julgava as questões pelas pessoas, e as pessoas, pelas dignidades. As leis não devem ser sutis. São feitas para pessoas de pouco entendimento. Não são uma arte da lógica, mas a razão simples de um pai de família.

Quando, numa lei, as exceções, limitações, modificações não são necessárias, é bem melhor que não sejam introduzidas. Tais particularidades acarretam novas particularidades.

Não se deve efetuar alteração numa lei sem uma razão suficiente. Justiniano determinou que um marido podia ser rejeitado sem que a esposa perdesse seu dote, se, durante dois anos, ele não tivesse podido consumar o casamento.[2057] Ele mudou a sua lei e concedeu três anos ao pobre infeliz.[2058] Mas, em semelhante caso, dois anos valem três, e três não valem mais do que dois.

Quando nos empenhamos muito em atribuir razão a uma lei, é necessário que esta razão seja digna dela. Uma lei romana decide que um cego não pode demandar porque é incapaz de ver os ornamentos da magistratura.[2059] Só se poderia imaginar isto como algo proposital para se dar uma razão tão má, quando se apresentavam tantas boas.

O jurisconsulto Paulo diz que a criança nasce perfeita no sétimo mês e que a razão dos números de Pitágoras parece prová-lo.[2060] Soa estranho julgar tais coisas com base na razão dos números de Pitágoras.

Alguns jurisconsultos franceses disseram que, quando o rei adquiria alguma região, as igrejas desta região se tornariam submetidas ao direito real porque a coroa do rei é redonda. Não discutirei aqui os direitos do rei e se, neste caso, a razão da lei civil ou eclesiástica deve ceder à razão da lei política; mas direi que direitos tão respeitáveis devem ser advogados por máximas sérias. Onde se viu fundar na forma do signo de uma dignidade os direitos efetivos dessa dignidade?

Davila[2061-2062] diz que Carlos IX foi declarado maior no parlamento de Rouen logo depois de completar catorze anos porque as leis determinam

---

2056. No apêndice de Sirmond ao código Teodosiano, tomo I.

2057. I, código *de repudiis*.

2058. Ver o autêntico *sed hodie* no código *de repudiis*.

2059. I, ff. *de postulando*.

2060. Nas *Sentenças*, IV, título IX.

2061. *Da guerra civil da França*.

2062. Enrico Davila (1576-1631), historiador italiano. (N.T.)

que se conte o tempo de momento a momento quando se trata da restituição e da administração dos bens do pupilo, em lugar de considerar o ano começado como um ano completo quando se trata de granjear honras. Deixo de censurar uma disposição que, me parece, não apresentou até aqui qualquer inconveniente. Direi apenas que a razão alegada pelo chanceler do asilo não era a verdadeira — falta muito para o governo dos povos não ser uma honra.

Em matéria de presunção, a da lei vale mais do que a do homem. A lei francesa considera como fraudulentos todos os atos realizados por um comerciante nos dez dias que precederam a sua bancarrota: é a presunção da lei.[2063] A lei romana infligia penas ao marido que mantinha sua esposa após o adultério, a menos que a isso ele se determinara pelo temor da instauração de um processo ou pelo descuido de sua própria honra: esta é a presunção do homem. Era necessário que o juiz presumisse os motivos da conduta do marido e que ele fizesse determinações com base numa maneira muito obscura de pensar. Quando o juiz presume, os julgamentos se tornam arbitrários; quando a lei presume, esta dá ao juiz uma regra fixa.

A lei de Platão,[2064] como mencionei, determinava que se punisse o suicida, não para evitar a ignomínia, mas pela fraqueza daquele que dera cabo da própria vida. Esta lei era viciosa, pois no único caso em que era impossível extrair do criminoso a confissão do motivo que o fizera assim agir, queria que o juiz determinasse com base nesses motivos.

Como as leis inúteis debilitam as leis necessárias, aquelas que se pode burlar debilitam a legislação. Uma lei deve produzir o seu efeito e não se deve permitir revogá-la mediante um convenção particular.

A lei Falcídia determinava, entre os romanos, que o herdeiro tivesse sempre a quarta parte da herança; uma outra lei[2065] permitia ao testador proibir que o herdeiro retivesse essa quarta parte. Isso é brincar com as leis. A lei Falcídia tornava-se inútil, pois se o testador quisesse favorecer seu herdeiro, não necessitava da lei Falcídia; e se não quisesse favorecê-lo, podia proibi-lo que fizesse uso da lei Falcídia.

É preciso tomar cuidado para que as leis sejam concebidas de maneira a não chocarem a natureza das coisas. Na proscrição do príncipe de Orange, Filipe II[2066] prometeu que daria a quem o matasse ou a seus herdeiros vinte e cinco mil escudos e a nobreza, e isto como palavra de um rei e servidor

---

2063. É de 18 de novembro de 1702.

2064. Livro IX de *As Leis*.

2065. É a autêntica: *Sed cum testator*.

2066. Filipe II (filho de Carlos V), rei da Espanha. (N.T.)

de Deus. A nobreza prometida por uma tal ação! Uma tal ação ordenada na qualidade de servidor de Deus! Tudo isto derruba igualmente as ideias da honra, as da moral e as da religião.

É raro ser necessário proibir uma coisa que não é má sob o pretexto de alguma perfeição que se imagina.

Há necessidade de uma certa candura nas leis. Feitas para punir a maldade humana, devem elas mesmas encerrar a maior das inocências. Pode-se ver na lei dos visigodos[2067] essa exigência grotesca de obrigar os judeus a comer todas as coisas preparadas com carne de porco, desde que não comessem a própria carne de porco. Era uma imensa crueldade, porque eles eram submetidos a uma lei contrária à deles; não se permitia que acatassem a sua lei, já que isso podia ser um indício de seu reconhecimento.

CAPÍTULO XVII — MÁ MANEIRA DE OUTORGAR LEIS

Os imperadores romanos manifestavam, como nossos príncipes, suas vontades mediante decretos e editos. Mas, o que nossos príncipes não fazem, eles permitiam que os juízes ou os particulares, nos seus desentendimentos, interrogando-os mediante cartas, e suas respostas eram chamadas de *rescritos*. As decretais dos papas são, propriamente falando, rescritos. Percebe-se que se trata de um tipo prejudicial de legislação. Aqueles que solicitam leis dessa forma constituem maus norteadores para o legislador. Os fatos são sempre mal expostos. Trajano,[2068] segundo Júlio Capitolino,[2069] recusou-se frequentemente a outorgar esses tipos de rescritos para que não se estendesse uma decisão a todos os casos e, com frequência, um favor particular. Macrino[2070] resolveu abolir todos esses rescritos;[2071] ele não podia tolerar que se encarassem como leis as respostas de Cômodo,[2072] de Caracala[2073] e de todos esses outros príncipes

---

2067. XII, título II, § 16.

2068. Trajano (52-117), considerado quase de modo unânime pelos historiadores um dos melhores entre os imperadores romanos. (N.T.)

2069. Ver Júlio Capitolino, *in Macrino*, XIII.

2070. Imperador romano do século II, de 217 a 218. (N.T.)

2071. Ver Júlio Capitolino, *in Macrino*, XIII.

2072. Imperador romano de 180 a 192, filho do honrado e sábio Marco Aurélio Antonino. Celebrizou-se por sua irresponsabilidade como governante e pelo deboche. Ademais, seu excessivo apego às lutas com o gládio e o convívio estreito com os gladiadores o despojaram, de vez, do prestígio e da autoridade imperiais. É cotado, juntamente com Calígula e Domiciano, entre os piores imperadores de Roma. (N.T.)

2073. Imperador de 211 a 217, filho do grande Septímio Severo. Também no elenco dos maus imperadores. (N.T.)

completamente incompetentes. Justiniano pensou de maneira diversa e recheou sua compilação destas respostas.

Gostaria que aqueles que leem as leis romanas distinguissem bem entre essas espécies de hipóteses e os *senatusconsultos*, os plebiscitos, as constituições gerais dos imperadores e todas as leis fundadas na natureza das coisas, na fragilidade feminina, na fraqueza dos menores e na utilidade pública.

CAPÍTULO XVIII — DAS IDEIAS DE UNIFORMIDADE

Há certas ideias de uniformidade que prendem, às vezes, os grandes espíritos (pois tocaram Carlos Magno), mas que impressionam infalivelmente os espíritos tacanhos. Eles entreveem nelas um gênero de perfeição que reconhecem, porque é impossível não o descobrir: os mesmos elementos de ponderação na civilização, as mesmas medidas no comércio, as mesmas leis no Estado, a mesma religião em todas as suas regiões. Mas será isso conveniente, sem admitir exceções? O mal da transformação será sempre menor do que o mal de tolerar? E a grandeza do gênio não consistirá, acima de tudo, em saber quais casos requerem uniformidade e quais requerem diferenças? Na China, os chineses são governados pelo cerimonial chinês, e os tártaros, pelo cerimonial tártaro — e, no entanto, no mundo é o povo que mais persegue a tranquilidade como seu propósito. Quando os cidadãos obedecem às leis, que importa que obedeçam à mesma?

CAPÍTULO XIX — DOS LEGISLADORES

Aristóteles desejava satisfazer ora sua inveja de Platão, ora sua paixão por Alexandre. Platão se indignava com a tirania do povo de Atenas. Maquiavel era fascinado por seu ídolo, o duque Valentino.[2074] Thomas More, que discursava mais sobre o que lera do que sobre o que pensara, queria governar todos os Estados com a simplicidade de uma cidade grega.[2075] Arrington[2076] só enxergava a república da Inglaterra, enquanto uma multidão de escritores encontrou a desordem em todos os lugares onde não viam a coroa. As leis embatem sempre com as paixões e os preconceitos dos legisladores. Às vezes elas passam através deles e se tingem com suas cores, outras vezes elas neles permanecem e neles se incorporam.

2074. Cesare Borgia, filho do papa Alexandre VI. (N.T.)

2075. Em sua *Utopia*.

2076. Aqui, Montesquieu se refere a James Harrington (1611-1677), historiador inglês autor de *Oceana*, considerado, como o célebre More, um *utopista*. (N.T.)

LIVRO XXX — TEORIA DAS LEIS FEUDAIS ENTRE OS FRANCOS NA SUA RELAÇÃO COM O ESTABELECIMENTO DA MONARQUIA

CAPÍTULO I — DAS LEIS FEUDAIS

Eu teria na conta de imperfeição na minha obra se deixasse passar desapercebido um evento ocorrido no mundo, uma vez que não ocorrerá, talvez, nunca mais; se me omitisse em falar dessas leis cujo surgimento foi assistido num dado momento em toda a Europa, sem que tivessem a menor ligação com aquelas até então conhecidas; dessas leis que promoveram bens e males infinitos; que deixaram direitos quando se cedeu o domínio; que, concedendo a diversas pessoas diversos tipos de senhorio sobre a mesma coisa ou sobre as mesmas pessoas, reduziram o peso do senhorio total; que estabeleceram vários limites em Impérios demasiado extensos; que produziram a regra com um pendor para a anarquia, e a anarquia, com uma tendência para a ordem e a harmonia.

Isso exigiria uma obra especial, mas, diante da natureza desta, aqui se encontrarão estas leis mais como eu as considerei do que como as tratei.

É um belo espetáculo o das leis feudais. Um carvalho antigo se ergue;[2077-2078] o olho vê suas folhas de longe, aproxima-se e vê seu caule, mas não percebe as raízes: é necessário cavar a terra para descobri-las.

CAPÍTULO II — DAS ORIGENS DAS LEIS FEUDAIS

Os povos que conquistaram o Império Romano eram oriundos da Germânia. Embora poucos autores antigos nos tenham descrito os seus costumes, dispomos de dois que têm grande peso. César, guerreando contra os germanos, descreve os costumes deles,[2079] e foi com fundamento nesses

---

2077. *"Quantum vertice ad auras Aetherias / tantum radice ad Tartara tendit."* (2) Virgílio, *Geórgicas*, II, 292; e *Eneida*, IV, 446.

2078. Quão alto o cimo se projeta no céu / tão profundas as raízes penetram no Tártaro. (N.T.)

2079. IV.

costumes que ele regulou algumas de suas empresas.[2080] Algumas páginas de César sobre esta matéria valem por volumes.

Tácito escreveu uma obra especial a respeito dos costumes germânicos. Trata-se de uma obra breve, mas é a obra de Tácito, que sintetizava tudo porque via tudo.

Estes dois autores se acham em tal harmonia com relação aos códigos de leis dos povos bárbaros de que dispomos que, ao ler César e Tácito, se encontram esses códigos em todas as partes, e ao ler esses códigos se encontram em toda parte César e Tácito.

Assim, na investigação das leis feudais, ainda que me veja num dédalo obscuro, repleto de caminhos e desvios, creio estar de posse da ponta do fio, o que me capacita a caminhar.[2081]

CAPÍTULO III — ORIGEM DA VASSALAGEM

César diz que "os germanos não se prendiam à agricultura; que a maioria deles vivia de leite, queijo e carne; que ninguém possuía terras nem demarcações que lhe fossem próprias; que os príncipes e magistrados de cada nação davam aos particulares a porção de terra que queriam, obrigando-os no ano seguinte a se deslocar".[2082] Tácito diz que "cada príncipe tinha um conjunto de pessoas que a ele se prendiam e o seguiam".[2083] Esse autor, que em sua língua lhes atribui um nome que, por certo, tem relação com o estado deles, os chama de *companheiros*.[2084] Havia entre eles uma singular emulação[2085] para obter alguma distinção junto a esse príncipe, e uma emulação entre os príncipes quanto ao número e a bravura de seus companheiros. "É", acrescenta Tácito, "a dignidade, é o poder de estar sempre rodeado de jovens que se escolheu; é um ornamento na paz, é uma fortificação na guerra. Torna-se célebre na própria nação e junto aos povos vizinhos se se ultrapassam os outros, no que tange ao número e coragem de seus companheiros: recebem-se presentes; as embaixadas vêm de todas as partes. A reputação, com frequência, decide a guerra. Nos combates, é desonroso para o príncipe ser inferior em matéria de coragem; é vergonhoso

---

2080. Por exemplo, sua retirada da Alemanha, ibidem.

2081. A alusão é claramente ao fio de Ariadne, graças ao qual Teseu, após matar o Minotauro, conseguiu sair do labirinto em Creta. (N.T.)

2082. Livro VI da Guerra das Gálias, XXI. Tácito acrescenta: *Nulli domus, aut ager, aut aliqua cura; prout ad quem venere aluntur. De moribus Germ.*, XXXI.

2083. *De moribus Germ.*, XIII.

2084. *Comites.*

2085. *De moribus Germ.*, XIII e XIV.

para a companhia não igualar a virtude do príncipe; é uma infâmia eterna sobreviver a ele. O empenho mais sagrado é defendê-lo. Se uma cidade está em paz, os príncipes se dirigem àquelas que travam a guerra; é por isso que conservam um grande número de amigos. Estes recebem deles o cavalo de batalha e o dardo terrível. Os repastos pouco delicados, mas fartos, são uma espécie de soldo para eles. O príncipe somente sustenta essas liberalidades para as guerras e os saques. Muito dificilmente conseguireis persuadi-los a lavrar a terra e aguardar a colheita: menos o conseguireis do que fazer com que atraiam o inimigo e sejam feridos; não conquistarão pelo suor o que podem obter pelo sangue".

Assim, entre os germanos, havia vassalos, mas não feudos. Não havia feudos porque os príncipes não tinham terras para dar, ou melhor, os feudos eram os cavalos de batalha, as armas, os repastos. Havia vassalos porque havia homens fiéis que estavam ligados por sua palavra, que estavam empenhados para a guerra e que realizavam, quase, o mesmo serviço que foi feito, posteriormente, para os feudos.

CAPÍTULO IV — CONTINUAÇÃO DO MESMO ASSUNTO

César diz que,[2086] "quando um dos príncipes declarava na assembleia que formara o projeto de alguma expedição e pedia que o seguissem, aqueles que aprovavam o chefe e o empreendimento se levantavam e ofereciam seu auxílio. Eram louvados pela multidão. Mas, se não cumpriam o seu compromisso, perdiam a confiança pública e eram encarados como desertores e traidores".

O que diz César e o que dissemos no capítulo anterior, segundo Tácito, é o germe da história da primeira raça.

Não deve ser motivo de espanto o fato de os reis terem sempre e a cada expedição novos exércitos a serem refeitos, outras companhias a persuadir, novos indivíduos a alistar; que tenha sido necessário para muito conquistar que muito se expandissem; que adquirissem incessantemente através da partilha das terras e dos produtos dos saques e que dessem incessantemente essas terras e esses produtos dos saques; que seus domínios crescessem ininterruptamente e que diminuíssem incessantemente; que um pai que concedesse a um de seus filhos um reino ali juntasse sempre um tesouro;[2087] que o tesouro do rei fosse considerado como necessário à monarquia; e que um rei não pudesse, mesmo para o dote de sua filha, partilhá-lo com estranhos sem

---

2086. *De bello Gallico*, VI, XXII.

2087. Ver a *Vida de Dagoberto*.

o consentimento dos outros reis.[2088] A monarquia, para funcionar, dependia de molas que era preciso sempre reajustar.

CAPÍTULO V — DA CONQUISTA DOS FRANCOS

Não é verdadeiro que os francos, ingressando na Gália, tenham ocupado todas as terras da região para transformá-las em feudos. Algumas pessoas assim pensaram porque contemplaram, no final da segunda raça, quase todas as terras convertidas em feudos, subfeudos ou dependências de um ou de outro; contudo, isso teve causas particulares que serão explicadas na sequência.

A conclusão que daí se desejaria tirar, de que os bárbaros produziram um regulamento geral visando estabelecer em todas as partes a servidão da gleba, não é menos falsa do que o princípio. Se, num tempo em que os feudos eram deslocáveis, todas as terras do reino fossem feudos, ou dependências dos feudos, e todos os homens do reino, vassalos ou servos que deles dependiam, como quem possui os bens detém sempre também o poder, o rei que tivesse disposto continuamente dos feudos, isto é, da propriedade única, teria sido detentor de um poder tão arbitrário quanto o do sultão na Turquia, o que subverte toda a história.

CAPÍTULO VI — DOS GODOS, DOS BORGUINHÕES E DOS FRANCOS

As Gálias foram invadidas pelas nações germânicas. Os visigodos ocuparam a Gália narbonense e quase todo o sul; os borguinhões estabeleceram-se na parte que dá para o oriente e os francos conquistaram quase todo o resto.

Não se deve duvidar de que esses bárbaros não hajam conservado, nas suas conquistas, os costumes, as inclinações e os usos que tinham em seus países, porque uma nação não altera instantaneamente sua maneira de pensar e de agir. Esses povos, na Germânia, cultivavam pouco as terras. Parece, segundo Tácito e César, que se dedicavam muito à vida pastoril, de modo que as disposições dos códigos de leis dos bárbaros giram quase todas em torno dos rebanhos. Rorição, que escrevia história entre os francos, era pastor.

2088. Ver Grégoire de Tours, VI, a respeito do casamento da filha de Chilperico. Childeberto lhe enviou embaixadores comunicando que não devia dar as cidades do reino de seu pai à sua filha, nem seus tesouros, nem servos, nem cavalos, nem cavaleiros, nem atrelagens de bois, etc.

CAPÍTULO VII — DIFERENTES MANEIRAS DE DIVIDIR AS TERRAS

Tendo os godos e os borguinhões efetuado sua penetração no interior do Império sob diversos pretextos, os romanos, colimando deter suas devastações, foram obrigados a prover sua subsistência. Inicialmente, deram a eles trigo.[2089] Depois, preferiram dar-lhes terras. Os imperadores ou, em nome destes, os magistrados romanos, celebraram com eles convenções a respeito da divisão da região, como podemos constatar nas crônicas[2090] e nos códigos dos visigodos[2091] e dos borguinhões.[2092]

Os francos não seguiram o mesmo plano. Não se encontra nas leis sálicas e ripuárias qualquer traço de tal divisão de terras. Conquistaram, tomaram o que quiseram e só fizeram regulamentos entre si.

Distingamos, portanto, o procedimento dos borguinhões e dos visigodos na Gália, o desses mesmos visigodos na Espanha, dos soldados auxiliares[2093-2094] comandados por Augústulo e Odoacro na Itália, do procedimento dos francos nas Gálias e dos vândalos na África.[2095] Os primeiros fizeram convenções com os antigos habitantes e, consequentemente, uma divisão de terras com eles; os segundos não fizeram nada disso.

CAPÍTULO VIII — CONTINUAÇÃO DO MESMO ASSUNTO

O que dá a ideia de uma grande usurpação das terras dos romanos pelos bárbaros é encontrarmos nas leis dos visigodos e dos borguinhões que estes dois povos possuíram dois terços das terras. Entretanto, estes dois terços foram tomados apenas em certos trechos de terras a eles assinalados.

Gondebaldo diz, na lei dos borguinhões,[2096] que seu povo, ao se instalar, recebeu dois terços das terras, e é dito, no segundo suplemento a essa

---

2089. Ver Zósimo, V, a respeito da distribuição do trigo solicitado por Alarico.

2090. *Burgundiones partem Galliae occupaverunt, terrasque cum Gallicis senatoribus diviserunt.* Crônica de Mário sobre o ano de 456.

2091. X, título I, § 8, 9 e 16.

2092. LIV, § 1e 2; e essa divisão subsistiu no tempo de Luís, o Indulgente, como pode se depreender de seu capitular de 829, que foi inserido na lei dos borguinhões, título LXXIX, § 1.

2093. Ver Procópio, *Guerra dos godos.*

2094. Procópio: historiador bizantino do século VI. (N.T.)

2095. Ver Procópio, *Guerra dos vândalos.*

2096. *Licet eo tempore quo populus noster mancipiorum tertiam et duas terrarum partes accepit*, etc. Lei dos borguinhões, título LIV, § 1.

lei,[2097] que não se daria mais do que a metade àqueles que viessem à região. Todas as terras não foram, portanto, inicialmente divididas entre os romanos e os borguinhões.

Encontramos nos textos desses dois regulamentos as mesmas expressões; explicam-se um ao outro. E, como não se pode entender o segundo como uma divisão universal das terras, não se pode, tampouco, atribuir esta significação ao primeiro.

Os francos agiram com a mesma moderação dos borguinhões. Não despojaram os romanos em toda a extensão de suas conquistas. Que teriam feito com tantas terras? Tomaram as que lhes eram convenientes e deixaram o resto.

CAPÍTULO IX — JUSTA APLICAÇÃO DA LEI DOS BORGUINHÕES E DAQUELA DOS VISIGODOS À DIVISÃO DAS TERRAS

É preciso considerar que essas divisões não foram feitas por um espírito tirânico, mas com base na ideia de prover às necessidades mútuas de dois povos que deviam habitar o mesmo país.

A lei dos borguinhões determina que cada borguinhão seja recebido como hóspede na casa de um romano. Isso se conforma aos costumes dos germanos que, a crer em Tácito,[2098] eram, de todos os povos da Terra, o que mais apreciava exercer a hospitalidade.

A lei determina que o borguinhão tenha os dois terços das terras e um terço dos servos. Seguia o gênio dos dois povos e se conformava à maneira pela qual eles logravam sua subsistência. O borguinhão, que fazia apascentar os rebanhos, necessitava de muitas terras e poucos servos; e o intenso trabalho do cultivo da terra requeria que o romano tivesse menos gleba e maior número de servos. Os bosques eram divididos pela metade, porque as necessidades neste aspecto eram idênticas.

Vê-se no código dos borguinhões[2099] que cada bárbaro foi colocado na casa de cada romano. A divisão não foi, portanto, geral, mas o número dos romanos que concederam esta partilha foi igual àquele dos borguinhões que a receberam. O romano foi lesado o mínimo possível. O borguinhão, guerreiro, caçador e pastor, não se negou a receber trechos de terra inculta;

2097. *Ut non amplius a Burgundionibus, qui infra venerunt, requiratur, quam ad praesens necessitas fuerit, medietas terrae* (art. II).

2098. *De moribus Germ.*, XXI.

2099. E no dos visigodos.

632 | O ESPÍRITO DAS LEIS

o romano conservava as terras mais adequadas ao cultivo. Os rebanhos do borguinhão estrumavam os campos do romano.

CAPÍTULO X — DAS SERVIDÕES

É dito na lei dos borguinhões[2100] que, quando estes povos se estabeleceram nas Gálias, receberam os dois terços das terras e um terço dos servos. A servidão da gleba estava então estabelecida nesta parte da Gália antes da chegada dos borguinhões.[2101] A lei dos borguinhões, legislando em relação às duas nações, distingue formalmente em uma e em outra os nobres, os ingênuos e os servos.[2102] A servidão não era, portanto, uma coisa particular aos romanos, nem a liberdade e a nobreza, aos bárbaros.

Esta mesma lei diz que,[2103] se um liberto borguinhão não houvesse dado uma certa soma ao seu senhor nem recebido uma terça porção de um romano, continuaria tido como pertencente à família de seu senhor. O romano proprietário era, portanto, livre, porque não se achava na família de um outro; era livre porque sua porção terça constituía um signo de liberdade.

Basta abrir as leis sálicas e ripuárias para ver que os romanos não viviam mais na servidão entre os francos do que entre outros conquistadores da Gália.

O conde de Boulainvilliers[2104] falhou no ponto capital de seu sistema, a saber, não provou que os francos tenham feito um regulamento geral que colocou os romanos numa espécie de servidão.

Como sua obra é escrita sem qualquer arte e ele se expressa com aquela simplicidade, aquela franqueza e aquela ingenuidade da antiga nobreza da qual proveio, todos são capazes de julgar as belas coisas que ele diz e os erros nos quais incorre. E, portanto, eu não a examinarei. Limitar-me-ei a dizer que ela continha mais espírito do que luzes, mais luzes do que saber, embora este saber não fosse, de modo algum, desprezível porque, de nossa história e de nossas leis, ele conhecia muito bem as coisas importantes.

O conde de Boulainvilliers e o abade Dubos[2105] produziram, cada um, um sistema, parecendo, um, uma conjuração contra o terceiro Estado, e o

---

2100. Título LIV.

2101. Isso é confirmado pela totalidade do título do código *de agricolis et censitis et colonis*.

2102. *Si dentem optimati Burgundioni vel Romano nobili excusserit*, título XXVI, § 1; e *Si mediocribus personis ingenuis, tam Burgundionibus quam Romanis*. Ibidem, § 2.

2103. Título LVII.

2104. Autor de *Memórias históricas sobre o antigo governo da França* (1727).

2105. Autor de *História crítica do estabelecimento da monarquia francesa nas Gálias* (1734).

outro, uma conjuração contra a nobreza. Quando o Sol[2106] deu a Faeton sua biga para ser conduzida, lhe disse: "Se subires alto demais, queimarás a morada celeste; se desceres demais, reduzirás a Terra a cinzas. Não vás excessivamente para a direita ou cairás na constelação do Dragão; não vás demasiado para a esquerda ou irás penetrar a do Altar. Conserva-te entre as duas".[2107]

CAPÍTULO XI — CONTINUAÇÃO DO MESMO ASSUNTO

O que deu a ideia de um regulamento geral feito nos tempos da conquista é que se presenciou na França um número prodigioso de servidões por volta do começo da terceira raça; e, como não foi percebida a progressão contínua por que passaram essas servidões, imaginou-se numa época obscura uma lei geral que jamais existiu.

No começo da primeira raça viu-se um número colossal de homens livres, quer entre os francos, quer entre os romanos. Mas o número dos servos aumentou de tal forma que, no começo da terceira, todos os lavradores e todos os habitantes das cidades eram servos,[2108] e, ao passo que no começo da primeira havia nas cidades quase a mesma administração que entre os romanos, corporações burguesas, um senado, cortes de judicatura, nada se encontrava no começo da terceira senão um senhor e servos.

Quando os francos, os borguinhões e os godos efetuaram suas invasões, tomaram o ouro, os móveis, as vestimentas, os homens, as mulheres, os rapazes que o exército pudesse carregar. Tudo era transportado em comum, e o exército o dividia.[2109] A história como um conjunto prova que, após a primeira instalação, ou seja, depois das primeiras devastações, eles convocaram os habitantes no interesse de uma composição, facultando-lhes todos os seus direitos políticos e civis. Era o direito das gentes daqueles tempos; apoderava-se de tudo na guerra e se concedia tudo na paz. Se não tivesse sido assim, como encontraríamos, nas leis sálicas e nas dos borguinhões, tantas disposições contrárias à servidão geral dos homens?

2106. O deus Hélio. (N.T.)

2107. *Nec preme, nec summum molire per aethera currum. / Altius egressus, coelestia tecta cremabis; / Inferius, terras: medio tutissimus ibis. / Neu te dexterior tortum declinet ad Anguem, / Neve sinisterior pressam rota ducat ad Aram, / Inter utrumque tene...* (Ovídio, *Metamorfoses*, II, 134 e seguintes).

2108. Enquanto a Gália estava sob o domínio dos romanos, eles formavam corpos particulares: eram ordinariamente libertos ou descendentes de libertos.

2109. Ver Grégoire de Tours, II, XXVII; Aimoin, I, XII.

Mas aquilo que a conquista não realizou, o próprio direito das gentes,[2110] o qual subsistiu após a conquista, realizou. A resistência, a revolta, a tomada das cidades acarretavam a servidão dos habitantes. E como, além das guerras que as diferentes nações conquistadoras travaram entre si, houve algo particularmente entre os francos, ou seja, as diversas divisões da monarquia fizeram nascer incessantemente guerras civis entre os irmãos ou sobrinhos, nas quais esse direito das gentes foi sempre praticado, de modo que as servidões se tornaram mais gerais na França do que em outros países, sendo, eu o creio, uma das causas da diferença que existe entre nossas leis francesas e as da Itália e da Espanha no que respeita aos direitos dos senhores.

A conquista não foi senão o negócio de um momento. E o direito das gentes que nela foi empregado produziu algumas servidões. O uso do mesmo direito das gentes durante muitos séculos fez com que as servidões se expandissem prodigiosamente.

Teodorico,[2111] crendo que os povos de Auvergne não lhe eram fiéis, dirigiu-se aos francos ao tratar de sua partilha: "Segui-me, e eu vos conduzirei a um país onde tereis ouro, prata, cativos, vestes, rebanhos em abundância e transferireis todos os homens desse país ao vosso".

Depois da paz[2112] que ocorreu entre Gontran e Chilperico, recebendo os que sitiavam Burges ordem de retornar, trouxeram um espólio de tais proporções que mal deixaram homens ou rebanhos no país.

Teodorico, rei da Itália, cujo espírito e política o levavam sempre a se distinguir dos outros reis bárbaros, enviando seu exército à Gália, escreve ao general:[2113] "Quero que sejam seguidas as leis romanas e que entregueis os escravos fugitivos aos seus senhores: o defensor da liberdade não deve, de modo algum, favorecer o abandono da servidão. Que os outros reis se comprazam com a pilhagem e a ruína das cidades que tomaram. Quanto a nós, queremos vencer de maneira que nossos súditos lamentem ter conquistado tarde demais a sujeição". Está claro que ele desejava tornar odiosos os reis dos francos e dos borguinhões e que aludia ao seu direito das gentes.

Esse direito subsistiu na segunda raça. O exército de Pepino, tendo adentrado a Aquitânia, regressou à França carregado de toneladas de produtos de saque e servos, segundo os *Anais* de Metz.[2114]

2110. Ver *Vidas dos Santos*, citada mais adiante.

2111. Grégoire de Tours, III, XI.

2112. Ibidem, VI, XXXI.

2113. Carta 43, III, em Cassiodoro.

2114. Sobre o ano de 763. *Innumerabilibus spoliis et captivis totus ille exercitus ditatus, in Franciam reversus est.*

Poderia citar autoridades inumeráveis.[2115] E como, em meio a estas infelicidades, as entranhas da caridade se comoveram; como diversos santos bispos, vendo os cativos presos dois a dois, empregaram o dinheiro das igrejas e venderam até vasos sagrados para resgatar o que podiam; como santos padres a isso se dedicaram. É na vida dos santos que se podem encontrar os maiores esclarecimentos acerca desta matéria.[2116] Ainda que se possa censurar os autores destas vidas por terem sido, por vezes, um tanto excessivamente crédulos a respeito das coisas que Deus seguramente fez se estivessem na ordem de seus desígnios, é inegável que delas podemos tirar proveitosos esclarecimentos sobre os costumes e os usos daqueles tempos.

Quando se lança o olhar sobre os monumentos de nossa história e de nossas leis, parece que tudo é mar e que "as próprias praias faltam ao mar".[2117] Todos esses escritos frios, secos, insípidos e duros exigem leitura; é preciso devorá-los, como diz a fábula que Saturno devorava as pedras.[2118]

Uma quantidade imensa de terras a que homens livres transmitiram valor[2119] se converteram em passíveis de mão-morta. Quando uma região ou país se via privada dos homens livres que a habitavam, aqueles que possuíam muitos servos se apoderavam ou recebiam enormes territórios, onde construíam aldeias, como se pode ver nas diversas escrituras. Por outro lado, os homens livres que cultivavam as artes[2120] se viram convertidos nos servos que deviam exercê-las. As servidões transmitiram aos ofícios e ao trabalho agrícola o que dele se tinha subtraído.

Tornou-se algo de largo uso os proprietários de terras dá-las às igrejas para as aforarem eles próprios, crendo participar, pela sua servidão, da santidade das igrejas.

2115. *Annales* de Fulde, do ano de 739; Paul Diacre, *De gestis Longobardorum*, III, XXX, e IV, I; e *Vies des saints* (*Vidas dos Santos*), citada na nota anterior.

2116. Ver as vidas de Santo Epifânio, de Santo Eptádio, de São Cesário, de São Fidolo, de São Porciano, de São Trevério, de Santo Eusíquio e de São Ludgero; os milagres de São Juliano.

2117. "... *Deerant quoque littora ponto*". Ovídio, *Metamorfoses*, I, 293.

2118. Quando Zeus nasceu, sua mãe, Reia, o ocultou e deu a Cronos, seu esposo, uma *pedra* para que ele a engolisse pensando que fosse seu filho. Cronos, receoso do cumprimento da profecia segundo a qual um dos seus filhos subtrairia o seu poder, devorava-os todos logo que nasciam. Ocioso dizer que tal filho foi Zeus e que o cumprimento de toda a profecia, do oráculo ou destino não dispensa, de maneira alguma, a ação humana. (N.T.)

2119. Os próprios colonos não eram, todos, servos. Ver as leis 18 e 23 no Código *de agricolis et censitis et colonis* e a 20 do mesmo título.

2120. Leia-se: que se dedicavam a ofícios ou, simplesmente, que tinham uma profissão. (N.T.)

CAPÍTULO XII — AS TERRAS PARTILHADAS PELOS BÁRBAROS NÃO PAGAVAM TRIBUTO ALGUM

Povos simples, pobres, livres, guerreiros, pastores, que viviam sem ofícios e que só se prendiam às suas terras em função de seus casebres de junco,[2121] seguiam chefes pelas pilhagens, e não para pagar ou arrecadar tributos. A arte da cobrança vexatória de tributos é sempre concebida depois do golpe e quando os homens começam a desfrutar da felicidade das outras artes.

O tributo[2122] passageiro de um quartilho de vinho por uma jeira, que foi uma das medidas vexatórias de Chilperico e de Fredegunda, concerniu apenas aos romanos. De fato, não foram os francos que rasgaram as listas desses tributos, mas os eclesiásticos, que naquela época eram todos romanos.[2123] Esses tributos afligiam principalmente os habitantes das cidades.[2124] Ora, as cidades eram quase todas habitadas por romanos.

Grégoire de Tours[2125] diz que um certo juiz foi obrigado, após a morte de Chilperico, a refugiar-se numa igreja por ter, no reinado deste príncipe, submetido ao pagamento de tributos alguns francos que, no tempo de Childeberto, eram ingênuos: *Multos de Francis, qui, tempore Childeberti regis, ingenui fuerant, publico tributo subegit*. Os francos que não eram servos não pagavam, portanto, tributos.

Não há gramático que não empalideça ao ver como esta passagem foi interpretada pelo abade Dubos.[2126] Ele observa que naquela época os libertos eram também chamados de ingênuos. No tocante a isso, ele interpreta a palavra latina *ingenui* pelas seguintes palavras: *libertos de tributos*, expressão da qual podemos nos servir na língua francesa como quando se diz *affranchis de soins*, *affranchis de peines*,[2127] mas, na língua latina, *ingenui a tributis*, *libertini a tributis*, *manumissi tributorum* seriam expressões monstruosas.

2121. Ver Grégoire de Tours, II.

2122. Ibidem, V, XXVIII.

2123. Isso está contido em toda a *História* de Grégoire de Tours. O mesmo Grégoire pergunta a um certo Valfiliaco como conseguira chegar ao clero, ele que era de origem lombarda. Grégoire de Tours, VIII, XXXVI.

2124. *Quae conditio universis urbibus per Galliam constitutis summopere est adhibita*. Vida de Santo Arídio.

2125. VII.

2126. *Établissement de la monarchie française* (Estabelecimento da monarquia francesa), tomo III, XIV.

2127. Libertos (isentos) de cuidados, libertos (isentos) de dificuldades. (N.T.)

Partênio, diz Grégoire de Tours,[2128] julgou que seria executado pelos francos por lhes ter imposto tributos. O abade Dubos,[2129] na precipitação diante desta passagem, supõe friamente o fato em pauta. Era, segundo ele, uma sobrecarga.

Vê-se na lei dos visigodos[2130] que, quando um bárbaro ocupava a gleba de um romano, o juiz o obrigava a vendê-la para que essa gleba continuasse sendo tributável, o que significa que os bárbaros não pagavam tributos sobre as terras.[2131]

O abade Dubos,[2132] necessitando que os visigodos pagassem tributos,[2133] abandona o sentido literal e espiritual da lei e imagina, simplesmente imagina, que houvera entre o estabelecimento dos godos e esta lei um aumento de tributos que só dizia respeito aos romanos. Mas só é permissível a Hardouin[2134] exercer desta forma sobre os fatos um poder arbitrário.

O abade Dubos vai procurar[2135] no código de Justiniano[2136] leis para provar que os benefícios militares entre os romanos estavam sujeitos aos tributos, do que conclui que ocorria o mesmo quanto aos feudos ou benefícios dos francos. Mas o parecer segundo o qual nossos feudos têm sua origem nesse estabelecimento dos romanos está atualmente proscrito. Só gozou de crédito nos tempos em que se conhecia a história romana e muito pouco da nossa, e quando nossos monumentos antigos estavam sepultados no pó.

O abade Dubos errou ao citar Cassiodoro e ao empregar o que se passava na Itália e na parte da Gália submetida a Teodorico para nos ensinar o que era uso entre os francos. São coisas que não se devem confundir. Mostrarei algum dia, numa obra em particular, que o plano da monarquia

---

2128. III, XXXVI.

2129. Tomo III.

2130. *Judices atque praepositi terras Romanorum, ab illis qui occupatas tenent, auferant, et Romanis sua exactione sine aliqua dilatione restituant, ut nihil fisco debeat deperire.* X, título I, capítulo XIV.

2131. Os vândalos também não os pagavam na África. Procópio, *Guerra dos vândalos*, I e II; *Historia miscella*, XVI. Observai que os conquistadores da África constituíam um composto de vândalos, alanos e francos. *Historia miscella*, XIV.

2132. *Établissement des Francs dans les Gaules (Estabelecimento dos francos nas Gálias). De la monarchie française*, tomo III, XIV.

2133. Ele se apoia numa outra lei dos visigodos, X, título I, art. 11, que não prova absolutamente nada, pois afirma somente que aquele que recebeu de um senhor uma terra, sob condição de uma renda anual, deve pagá-la.

2134. Este sábio jesuíta pensava, em particular, que a literatura latina e grega era constituída apenas de alegorias compostas no século XIII por monges.

2135. Tomo III.

2136. Lei 3, título LXXIV, XI.

dos ostrogodos era inteiramente diferente do plano de todas as que foram fundadas naqueles tempos pelos outros povos bárbaros, e que, bem longe de se poder dizer que uma coisa estava em uso entre os francos, porque estava em uso entre os ostrogodos, tem-se, ao contrário, um justo motivo para pensar que uma coisa que se praticava entre os ostrogodos não era praticada entre os francos.

O que mais custa àqueles cujo espírito flutua numa vasta erudição é buscar suas provas onde elas não são estranhas ao assunto e descobrir, para nos expressarmos como os astrônomos, o lugar do sol.

O abade Dubos abusa dos capitulares como da história e como das leis dos povos bárbaros. Quando pretende que os francos pagavam tributos, aplica a homens livres o que somente pode ser entendido dos servos;[2137] quando quer falar da milícia deles, aplica aos servos o que somente podia dizer respeito aos homens livres.[2138]

CAPÍTULO XIII — QUAIS ERAM OS ENCARGOS DOS ROMANOS E DOS GAULESES NA MONARQUIA DOS FRANCOS

Eu poderia sondar se os romanos e os gauleses vencidos continuaram a pagar os tributos aos quais estavam submetidos sob os reinados dos imperadores. Mas, para caminharmos mais depressa, me contentarei em dizer que, se os pagaram inicialmente, logo foram deles isentados e que estes tributos foram substituídos por serviço militar. E confesso que não consigo conceber como os francos, que teriam sido no início tão amigos da cobrança vexatória e injusta, passaram, repentinamente, a parecer tão distanciados dela.

Um capitular[2139] de Luís, o Indulgente, explica-nos muito bem a condição na qual se encontravam os homens livres na monarquia dos francos. Alguns bandos[2140] de godos ou iberos, fugindo da opressão dos mouros, foram recebidos nas terras de Luís. A convenção que foi feita com eles estabelece que, como os outros homens livres, acompanhariam o exército com seu conde; que, durante a marcha,[2141] fariam a guarda e as patrulhas

---

2137. *Estabelecimentos da monarquia francesa*, tomo III, XIV, onde cita o artigo 28 do edito de Pistes. Ver logo adiante o capítulo XVIII.

2138. Ibidem, tomo III, IV.

2139. Do ano de 815, I. O que é conforme ao capitular de Carlos, o Calvo, do ano de 844, art. 1 e 2.

2140. *Pro Hispanis in partibus Aquitaniae, Septimaniae et Provinciae consistentibus*. Ibidem.

2141. *Excubias et explorationes quas wactas dicunt*. Ibidem.

sob as ordens do mesmo conde e que dariam aos enviados do rei,[2142] e aos embaixadores que partiriam de sua corte ou se dirigiriam a ela, cavalos e carruagens para os veículos; que, ademais, não poderiam ser constrangidos a pagar outras modalidades de impostos e que seriam tratados como os outros homens livres.

Não se pode dizer que fossem novos usos introduzidos nos primórdios da segunda raça; isso devia concernir, ao menos, aos meados ou ao fim da primeira. Um capitular[2143] do ano de 864 diz expressamente que era um costume antigo os homens livres prestarem o serviço militar e pagarem adicionalmente os cavalos e os veículos aos quais nos referimos, encargos que lhes eram particulares e dos quais quem possuía os feudos estavam isentos, como provarei na sequência.

Isto não é tudo. Havia um regulamento[2144] que não permitia, de modo algum, submeter esses homens livres a tributos. Aquele que possuísse quatro solares[2145] era sempre obrigado a ir à guerra; quem possuísse apenas três estava unido a um homem livre que só possuía um. Este o desobrigava de um quarto e ficava em sua casa. Juntavam-se do mesmo modo dois homens livres que possuíssem, cada um, dois solares. Aquele entre os dois que ia à guerra era desobrigado da metade por aquele que ficasse em casa.

E havia mais: dispomos de uma infinidade de escrituras onde são dados os privilégios dos feudos a terras ou distritos possuídos por homens livres, ao que me referirei extensivamente na sequência.[2146] Isentam-se estas terras de todos os encargos que, em relação a elas, exigiam os condes e outros funcionários do rei; e, como são enumerados, em particular, todos estes encargos, e que não é aqui questão de tributos, é evidente que não eram arrecadados.

Era natural que a cobrança ilegal romana de impostos caísse ela própria na monarquia dos francos. Era uma arte muito complicada e que não era admitida nem às ideias nem ao projeto desses povos simples. Se os tártaros inundassem hoje a Europa, seria necessário um

---

2142. Não eram obrigados a dá-los ao conde. Ibidem, art. 5.

2143. *Ut pagenses Franci, qui caballos habent, cum suis comitibus in hostem pergant.* É proibido aos condes privá-los de seus cavalos; *ut hostem facere, et debitos paraveredos secundum antiquam consuetudinem exsolvere possint.* Edito de Pistes, em Baluze.

2144. Capitular de Carlos Magno, do ano de 812, I, edito de Pistes, do ano de 864, art. 27.

2145. *Quatuor mansos.* Parece-me que o que chamavam de *mansus* era uma determinada porção de terra ligada a uma herdade onde havia escravos, o que atesta o capitular do ano de 853, *apud Sylvacum*, título XIV, contra aqueles que expulsavam os escravos de seu *mansus*.

2146. Ver, na sequência, o capítulo XX deste Livro.

640 | O ESPÍRITO DAS LEIS

ingente empenho para fazê-los entender o que é um contratador-geral entre nós.

O autor incerto da *Vida de Luís, o Indulgente*,[2147] referindo-se aos condes e outros funcionários da Casa dos francos que Carlos Magno estabeleceu na Aquitânia, diz que ele lhes conferiu a vigilância da fronteira, o poder militar e a intendência dos domínios que pertenciam à Coroa. Isto mostrou o estado das rendas do príncipe na segunda raça. O príncipe conservara domínios que fazia valer por seus escravos. Contudo, as indicções, a capitação e outros impostos cobrados no tempo dos imperadores sobre a pessoa ou os bens dos homens livres haviam sido transformados numa obrigação de vigiar a fronteira ou ir à guerra.

Vê-se na mesma história[2148] que Luís, o Indulgente, tendo ido encontrar seu pai na Alemanha, este príncipe lhe indagou como podia ele ser tão pobre, sendo ele um rei. Luís lhe respondeu que ele era rei apenas no nome, e que os senhores eram donos de quase todos os seus domínios; acresce-se que Carlos Magno, temendo que aquele jovem príncipe perdesse o afeto dos senhores se retomasse ele mesmo o que havia irrefletidamente dado, enviou comissários para que restabelecessem as coisas.

Os bispos, escrevendo a Luís,[2149] irmão de Carlos, o Calvo, lhe diziam: "Cuida de vossas terras, para não serdes obrigado a viajar incessantemente pelas casas dos membros do clero e fatigar os servos deles através dos veículos". "Fazei", acrescentavam eles, "de modo que tenhais do que viver e receber embaixadas". É evidente que as rendas dos reis consistiam, então, em seus domínios.[2150]

CAPÍTULO XIV — DO QUE SE CHAMAVA DE CENSO

Quando os bárbaros abandonaram suas regiões, quiseram registrar por escrito os seus usos, mas, como encontraram dificuldades para escrever as palavras das línguas germânicas mediante os caracteres romanos, essas leis foram apresentadas em latim.

Na confusão da conquista e de seus avanços, a maioria das coisas mudou de natureza. Foi necessário, para exprimi-las, servir-se das antigas palavras latinas, que tinham mais relação com os novos usos. Assim, o

---

2147. Em Duchesne, tomo II.

2148. Ibidem.

2149. Ver o capitular do ano de 858, art. 14.

2150. Arrecadavam ainda alguns direitos sobre os rios, quando nestes havia uma ponte ou uma passagem.

que podia revelar a ideia do antigo censo dos romanos[2151] foi chamado de *census, tributum,* e quando as coisas deixavam de ter qualquer conexão, passou-se a exprimir, como se pôde, as palavras[2152] germânicas mediante caracteres romanos; assim formou-se a palavra *fredum,* da qual me ocuparei largamente nos capítulos seguintes.

As palavras *census* e *tributum,* tendo assim sido empregadas de modo arbitrário, isso resultou em certa obscuridade da significação que possuíam essas palavras na primeira e na segunda raças, e autores modernos, que dispunham de sistemas particulares,[2153] tendo encontrado esta palavra nos escritos daqueles tempos, julgaram que o que chamavam de *census* era precisamente o censo dos romanos, o que os levou a concluir que nossos reis das duas primeiras raças tinham se colocado no posto dos imperadores romanos, não tendo nada mudado na sua administração.[2154] E, como certos direitos[2155] cobrados na segunda raça foram, devido a certas circunstâncias fortuitas e certas modificações, convertidos em outros, concluíram que esses direitos eram o censo dos romanos;[2156] e como, a partir dos regulamentos modernos, perceberam que o domínio da Coroa era absolutamente inalienável, afirmaram que esses direitos, que representavam o censo dos romanos e que não formam uma parte desse domínio, eram puras usurpações. Deixo de lado as demais conclusões.

Transportar para os séculos passados todas as ideias do século em que se vive constitui a mais profunda das fontes do erro. A essas pessoas que querem tornar modernos todos os séculos antigos, direi o que os sacerdotes do Egito disseram a Sólon: "Ó, atenienses! Não sois senão crianças".

2151. O *census* era um termo tão genérico que dele se serviam para designar os pedágios dos rios, quando nestes havia uma ponte ou em caso de travessia de barcaças. Ver o capitular III do ano de 803, edição de Baluze, art. 1 e Va. do ano de 819. Designava-se também com esse substantivo os veículos fornecidos pelos homens livres ao rei ou aos seus enviados, como se depreende do capitular de Carlos, o Calvo, do ano de 865, art. 8.

2152. Ou melhor, os *conceitos.* (N.T.)

2153. O abade Dubos e seus adeptos.

2154. Ver a fragilidade das razões do abade Dubos, *Estabelecimentos da monarquia francesa,* tomo III, Livro VI, XIV; sobretudo a indução que ele infere de uma passagem de Grégoire de Tours sobre uma questão de sua igreja com o rei Chariberto.

2155. No sentido de tributos. (N.T.)

2156. Por exemplo, pelas alforrias.

CAPÍTULO XV — O QUE SE CHAMAVA DE *CENSUS* SÓ ERA ARRECADADO DOS SERVOS, E NÃO DOS HOMENS LIVRES

O rei, os membros do clero e os senhores arrecadavam tributos regulares, cada um dos servos de seu domínio. Provo-o, no que tange ao rei, pelo capitular *de Villis*; no que concerne aos membros do clero, pelos códigos das leis dos bárbaros;[2157] no que toca aos senhores, pelos regulamentos de Carlos Magno feitos por ele a respeito.[2158]

Estes tributos eram chamados de *census*. Eram direitos econômicos,[2159] e não fiscais; rendas anuais exclusivamente privadas, e não encargos públicos.

Digo que aquilo que se chamava de *census* era um tributo arrecadado dos servos. Eu o provo por uma fórmula de Marculfo, que encerra uma permissão real de se tornar membro do clero contanto que se fosse ingênuo[2160] e que não se estivesse inscrito no registro do censo. Provo-o ainda por uma comissão que Carlos Magno conferiu a um conde[2161] que enviara às regiões da Saxônia, a qual contém a alforria dos saxões por terem estes adotado o cristianismo, sendo propriamente uma carta de ingenuidade.[2162-2163] Este príncipe os recolocou na sua primeira liberdade civil[2164] e os isentou de pagar o censo. Era, portanto, a mesma coisa ser servo e pagar o censo, ser livre e não o pagar.

Por uma espécie de carta-patente do mesmo príncipe a favor dos espanhóis que foram recebidos na monarquia,[2165] os condes estavam proibidos de exigir-lhes qualquer censo e lhes retirar suas terras. Sabe-se que os estrangeiros que chegaram à França eram tratados como servos; e Carlos Magno, desejando que fossem considerados como homens livres, posto que queria que detivessem a propriedade de suas terras, proibia que deles exigissem o censo.

2157. Lei dos alemães, XXII; e a lei dos bávaros, título I, capítulo XIV, onde se encontram os regulamentos que os membros do clero fizeram em torno de sua condição.

2158. Livro V dos *Capitulares*, CCCIII.

2159. Ou seja, impostos cobrados por interesses particulares de caráter econômico. (N.T.)

2160. *Si ille de capite suo bene ingenuus sit, et in puletico publico censitus non est.* I, fórmula XIX.

2161. Do ano 789, edito dos *Capitulares* de Baluze, tomo I.

2162. *Et ut ista ingenuitatis pagina firma stabilisque consistat.* Ibidem.

2163. Ingenuidade, como sempre, no sentido específico de *condição de quem nascia livre*. (N.T.)

2164. *Pristinaque libertati donatos, et omni nobis debito censu solutos.* Ibidem.

2165. *Praeceptum pro Hispanis*, do ano de 812, edição de Baluze, tomo I.

Um capitular[2166] de Carlos, o Calvo, dado a favor dos mesmos espanhóis, determina que sejam tratados como os outros francos e proíbe que o censo seja deles exigido. Conclusão: os homens livres não o pagavam.

O artigo 30 do edito de Pistes reforma o abuso mediante o qual vários colonos do rei ou da Igreja vendiam as terras dependentes de seus solares aos membros do clero ou às pessoas de sua condição, reservando-se para si apenas um casebre, de modo que não se podia mais cobrar o censo deles. Foi determinado que as coisas retornassem ao que eram antes. Conclusão: o censo era um tributo de escravos.

Disso ainda se conclui que não havia censo geral na monarquia, o que ressalta de um grande número de textos, pois o que significaria este capitular:[2167] "Queremos que seja exigido o censo real em todos os lugares em que, outrora, era exigido legitimamente?".[2168] Que queria dizer aquele[2169] no qual Carlos Magno ordena aos seus enviados às províncias que executem um exame preciso de todos os censos que haviam sido antigamente do domínio do rei;[2170] e aquele no qual ele dispõe dos censos pagos por aqueles dos quais são exigidos?[2171] Que significado atribuir a este outro[2172] no qual se lê "Se alguém[2173] adquiriu uma terra tributável sobre a qual estávamos acostumados a arrecadar o censo?" e enfim a este outro,[2174] no qual Carlos, o Calvo,[2175] fala das terras censitárias cujo censo tinha, de toda a antiguidade, pertencido ao rei?

Observai que existem alguns textos que parecem, de início, contrários ao que afirmei, e, entretanto, o confirmam. Vimos, anteriormente, que os homens livres na monarquia eram obrigados apenas a fornecer certos meios de transporte (veículos). O capitular que acabo de citar chama isto de *census* e o opõe ao censo que era pago pelos servos.[2176]

2166. Do ano 844, edição de Baluze, tomo II, art. 1 e 2.

2167. Capitular III, do ano 805, art. 20 e 22, inserido na coleção de Anzegise, III, art. 15. Este está em conformidade com aquele de Carlos, o Calvo, de 854, *apud Attiniacum*, art. 6.

2168. *Undecumque legitime exigebatur*. Ibidem.

2169. De 812, art. 10 e 11, edição de Baluze, tomo I.

2170. *Undecumque antiquitas ad partem regis venire solebant*. Capitular de 812, art. 10 e 11.

2171. De 813, art. 6, edição de Baluze, tomo I.

2172. *De illis unde censa exigunt*. Capitular de 813, art. 6.

2173. Livro IV dos *Capitulares*, art. 37, e inserido na lei dos lombardos.

2174. *Si quis terram tributariam, unde census ad partem nostram exire solebat, susceperit*. Livro IV dos *Capitulares*, art. 37.

2175. De 805, art. 8.

2176. *Censibus vel paraveredis quos Franci homines ad regiam potestatem exsolvere debent*.

Ademais, o edito de Pistes[2177] fala desses homens francos que deviam pagar o censo real por suas cabeças e por seus casebres e que eram vendidos nos períodos de fome.[2178] O rei deseja que sejam resgatados. É que aqueles que eram alforriados por cartas do rei não obtinham, de ordinário, uma plena e integral liberdade,[2179] mas pagavam *censum in capite*; e é dessa espécie de censo que se falou aqui.[2180]

É necessário, portanto, se desfazer da ideia de um censo geral e universal, derivado da fiscalização romana, do que se supõe que os direitos dos senhores tenham derivado igualmente pelas usurpações. O que se chamava de *censo* na monarquia francesa, independentemente do abuso que se faça desta palavra, era um direito particular arrecadado dos servos pelos senhores.

Rogo ao leitor que me perdoe o letal aborrecimento que tantas citações devem lhe causar — eu seria mais breve se não tivesse sempre diante de mim o livro *Estabelecimento da monarquia francesa nas Gálias*, do abade Dubos. Nada faz regredir tanto o progresso dos conhecimentos do que uma obra de má qualidade de um autor célebre, porque antes de instruir é preciso começar por fazer dissipar o erro.

CAPÍTULO XVI — DOS LEUDOS OU VASSALOS

Referi-me a esses voluntários que, entre os germanos, seguiam os príncipes nas empresas destes. O mesmo uso foi conservado após a conquista. Tácito os designa mediante o substantivo *companheiros*;[2181] a lei sálica os designa como *homens que se acham sob a fé do rei*;[2182] as fórmulas de Marculfo[2183] os chamam de *antrustiões do rei*;[2184] nossos primeiros historiadores os denominam *leudos, fiéis*,[2185] e os posteriores os designam pelo nome de vassalos e senhores.[2186]

2177. De 864, art. 34, edição de Baluze.

2178. *De illis Francis hominibus qui censum regium de suo capite et de suis recellis debeant.* Ibidem.

2179. O artigo 28 do mesmo edito explica muito bem tudo isso. Estabelece até uma distinção entre o liberto romano e o liberto franco; e por isso se pode ver que o censo não era geral. É preciso lê-lo.

2180. Como se depreende por um capitular de Carlos Magno, de 813, já citado.

2181. *Comites. De moribus Germ.*, XIII.

2182. *Qui sunt in truste regis*, título XLIV, art. 4.

2183. I, fórmula XVIII.

2184. Da palavra *"treu"*, que significa *fiel* em alemão, e do inglês *"true"* (fiel, verdadeiro).

2185. *Leudes, fideles.*

2186. *Vassali, seniores.*

Encontramos nas leis sálicas e ripuárias um número elevadíssimo de disposições para os francos e algumas somente para os antrustiões. As disposições sobre esses antrustiões são diferentes daquelas feitas para os demais francos; os bens dos francos nas leis sálicas e ripuárias são totalmente regulados, mas nada se diz daqueles dos antrustiões, o que se explica pelo fato de os bens destes últimos serem mais regulados pela lei política do que pela lei civil e pelo fato de que eles constituíam a sorte[2187] de um exército, e não patrimônio de uma família.

Os bens reservados aos leudos foram chamados de *bens fiscais*,[2188] benefícios, honras, feudos, pelos diversos autores e ao longo dos diversos períodos.

É indubitável que no princípio os feudos não eram deslocáveis.[2189] Vê-se em Grégoire de Tours[2190] que se retira de Sunégisilo e de Galoman tudo que eles mantinham do fisco, e só é deixado a eles o que tinham em termos de propriedade. Gontran, guindando ao trono seu sobrinho Childeberto, manteve uma conferência secreta com ele e lhe indicou aqueles[2191] a quem ele devia dar feudos e de quem devia retirá-los. Numa fórmula de Marculfo,[2192] o rei dá, em troca, não somente benefícios detidos por seu fisco, mas também os que uma outra pessoa tivera. A lei dos lombardos opõe os benefícios à propriedade.[2193] Os historiadores, as fórmulas, os códigos dos diferentes povos bárbaros, todos os monumentos que nos restam, são unânimes. Enfim, aqueles que escreveram o *Livro dos Feudos*[2194] nos informam que inicialmente os senhores puderam subtraí-los ao seu bel prazer, que, em seguida, foram assegurados por um ano[2195] e posteriormente concedidos em caráter vitalício.

2187. *Sorte* no sentido de *quinhão, parte, lote*. (N.T.)

2188. *Fiscalia*. Ver a fórmula XIV de Marculfo, I. É dito na vida de São Mauro, *dedit fiscum unum*; e nos *Anais* de Metz sobre o ano 747, *dedit illi comitatus et fiscos plurimos*. Os bens destinados à manutenção da família real eram chamados de *regalia*.

2189. Ver o Livro I, título I, *dos feudos*; e Cujas sobre esse livro.

2190. IX, XXXVIII.

2191. *Quos honoraret muneribus, quos ab honore depelleret*. Ibidem, VII.

2192. *Vel reliquis quibuscumque beneficiis, quodcumque ille vel fiscus noster, in ipsis locis tenuisse noscitur*. I, fórmula XXX.

2193. III, título VIII, § 3.

2194. *Feudorum*, I, título I.

2195. Tratava-se de uma espécie de feudo precário que o senhor renovava ou não no ano seguinte, como Cujas observou.

CAPÍTULO XVII — DO SERVIÇO MILITAR DOS HOMENS LIVRES

Dois tipos de pessoas estavam vinculadas ao serviço militar: os leudos vassalos ou subvassalos, que a ele estavam obrigados devido ao seu feudo, e os homens livres, francos, romanos e gauleses, que prestavam serviço subordinados ao conde e eram conduzidos por ele e seus oficiais.

Chamava-se de homens livres aqueles que, de um lado, não tinham quaisquer benefícios ou feudos e que, por outro lado, não estavam submetidos à servidão da gleba; as terras que eles possuíam eram o que se denominava terras alodiais.

Os condes juntavam os homens livres e os conduziam à guerra.[2196] Tinham como subordinados oficiais que chamavam de vicários,[2197] e, como todos os homens livres estavam divididos por centenas, que formavam o que se chamava de burgo, os condes tinham ainda sob suas ordens oficiais denominados centuriões, que conduziam os homens livres do burgo, ou suas centúrias, à guerra.[2198]

Essa divisão por centúrias é posterior ao estabelecimento dos francos nas Gálias. Foi efetivada por Clotário e Childeberto, com a finalidade de obrigar cada distrito pelos roubos que ali ocorriam, como se pode ver pelos decretos desses príncipes.[2199] Semelhante policiamento pode ser observado ainda hoje na Inglaterra.

Como os condes conduziam os homens livres à guerra, os leudos a ela também levavam seus vassalos ou subvassalos; e os bispos, abades ou seus procuradores[2200] a ela conduziam os seus.[2201]

Os bispos ficaram numa situação muito embaraçosa, pois essas ações não se coadunavam com eles próprios.[2202] Solicitaram a Carlos Magno que não os obrigasse mais a ir à guerra e, quando o conseguiram, passaram a se lamentar do que fez com que perdessem a consideração pública. E esse príncipe foi obrigado a justificar suas intenções a respeito. Seja o que for, nos tempos em que eles não iam mais à guerra, não concebo como seus vassalos eram a ela conduzidos pelos condes; só posso conceber, pelo

---

2196. Ver o capitular de Carlos Magno do ano de 812, art. 3 e 4, edição de Baluze, tomo I, e o edito de Pistes, do ano 864, art. 26, tomo II.

2197. *Et habebat unusquisque comes vicarios et centenarios secum.* II das Capitulares, art. 28.

2198. Eram designados como *compagenses*.

2199. Outorgados por volta do ano 595, art. 1. Ver os *Capitulares*, edição de Baluze. Tais regulamentos foram, sem dúvida, feitos sob acordo.

2200. *Advocati.*

2201. Capitular de Carlos Magno de 812, art. 1 e 5, edição de Baluze, tomo I.

2202. Ver a capitular de 803, outorgada em Worms, edição de Baluze.

contrário, que os reis ou os bispos escolhessem um dos fiéis para que a ela os conduzissem.[2203]

Num capitular de Luís, o Indulgente,[2204] o rei distingue três espécies de vassalos: os do rei, os dos bispos e os do conde. Os vassalos de um leudo[2205] ou senhor não eram conduzidos à guerra pelo conde senão quando alguma ocupação na casa do rei impedisse estes leudos de conduzi-los eles mesmos.

Mas quem conduzia os leudos à guerra? Não se pode duvidar que não fosse o rei, que estava sempre no comando de seus fiéis. É por isso que nos capitulares percebe-se sempre uma oposição entre os vassalos do rei e aqueles dos bispos.[2206] Nossos reis, corajosos, orgulhosos e magnânimos, não estavam no exército para se colocar no comando dessa tropa eclesiástica; não eram essas pessoas que eles escolhiam para triunfar ou morrer consigo.

Mas esses leudos conduziam da mesma forma seus vassalos e subvassalos, o que é demonstrado pelo capitular[2207] no qual Carlos Magno determina que todo homem livre que tiver quatro solares, seja na sua propriedade, seja no benefício de alguém, marchasse contra o inimigo ou acompanhasse seu senhor. É evidente que Carlos Magno quer dizer que aquele que só possuísse uma terra própria ingressava na milícia do conde e aquele que possuísse um benefício do senhor partia com este.

Entretanto, o abade Dubos[2208] pretende que, quando se fala nos *Capitulares* dos homens que dependiam de um senhor particular, a referência é exclusivamente aos servos, e ele se baseia na lei dos visigodos e na prática desse povo. Seria preferível basear-se nos próprios *Capitulares*. Aquele que acabo de citar diz formalmente o contrário. O tratado entre Carlos, o Calvo, e seus irmãos aborda o mesmo dos homens livres que podem optar entre um senhor ou o rei; e esta disposição está em conformidade com muitas outras.

2203. Capitular de Worms, de 803, edição de Baluze; e o concílio de 845, no reinado de Carlos, o Calvo, *in Verno palatio*, edição de Baluze, tomo II, art. 8.

2204. *Capitulare quintum anni* 819, art. 27, edição de Baluze.

2205. *De vassis dominicis qui adhuc intra casam serviunt, et tamen beneficia habere noscuntur, statutum est ut quicumque ex eis cum domino imperatore domi remanserint, vassallos suos casatos secum non retineant; sed cum comite, cujus pagenses sunt, ire permittant.* Capitular XI do ano 812, art. 7, edição de Baluze, tomo I.

2206. Capitular I do ano 812, art. 5, *De hominibus nostris, et episcoporum et abbatum qui vel beneficia, vel talia propria habent,* etc. Edição de Baluze, tomo I.

2207. Do ano 812, capítulo I, edição de Baluze. *Ut omnis homo liber qui quatuor mansos vestitos de proprio suo, sive de alicujus beneficio, habet, ipse se praeparet, et ipse in hostem pergat, sive cum seniore suo.*

2208. Tomo III, Livro VI, IV. Estabelecimento da monarquia francesa.

648 | O ESPÍRITO DAS LEIS

Pode-se então dizer que havia três espécies de milícia: a dos leudos ou fiéis do rei, que tinham eles mesmos sob sua dependência outros fiéis; a dos bispos ou outros membros do clero e dos vassalos destes; e, enfim, a do conde, que conduzia os homens livres.

Não digo que os vassalos não pudessem estar submetidos ao conde, como aqueles que têm um comando particular dependem de quem tem um comando mais geral.

Percebe-se, inclusive, que o conde e os enviados do rei podiam fazê-los pagar a proclamação, ou seja, uma multa, quando não houvessem cumprido os compromissos de seu feudo.

Do mesmo modo, se os vassalos do rei realizassem pilhagens,[2209] eram submetidos à correção do conde, caso não preferissem submeter-se à do rei.

CAPÍTULO XVIII — DO DUPLO SERVIÇO

Era um princípio fundamental da monarquia aquele segundo o qual aqueles que se achavam sob o poder militar de alguém estivessem também sob sua jurisdição civil; assim, o capitular[2210] de Luís, o Indulgente, do ano 815 fez com que caminhassem no mesmo passo o poderio militar do conde e sua jurisdição civil sobre os homens livres; assim, os *plácitos*[2211] *do conde, que conduziam à guerra os homens livres, eram chamados de plácitos* dos homens livres,[2212] do que resultou, indubitavelmente, a máxima de que era somente nos *plácitos* do conde, e não naqueles dos seus oficiais, que se podiam julgar as questões a respeito da liberdade. E, também, o conde não conduzia à guerra os vassalos dos bispos ou abades,[2213] porque não se encontravam sob sua jurisdição civil; tampouco a ela conduzia os subvassalos dos leudos; assim, o glossário[2214] das leis inglesas nos informa que[2215] aqueles que os saxões chamavam de *coples* foram chamados pelos normandos de *condes, companheiros*, porque compartilhavam com o rei as multas judiciárias; e, assim, vemos em todos os tempos que a obrigação de todo

---

2209. Capitular do ano 882, art. 11, *apud Vernis palatium*, edição de Baluze, tomo II.

2210. Art. 1 e 2; e o concílio *in Verno palatio* do ano 845, art. 8, edição de Baluze, tomo II.

2211. Pleitos ou audiências.

2212. *Capitulares*, IV da coleção de Anzegise, art. 57; e o capitular V de Luís, o Indulgente, do ano 819, art. 14, edição de Baluze, tomo I.

2213. Ver anteriormente as notas 128 e 131.

2214. Que se pode encontrar na coleção de Guillaume Lambard: *De priscis Anglorum legibus*.

2215. Na palavra *satrapia*.

vassalo em relação[2216] ao seu senhor foi empunhar as armas e julgar os seus pares na corte.[2217]

Uma das razões que ligavam assim esse direito de justiça ao direito de condução à guerra era que aquele que conduzia à guerra fazia, ao mesmo tempo, com que fossem pagos os direitos do fisco, os quais consistiam em alguns serviços de veículos de transporte devidos pelos homens livres e, em geral, em certos lucros judiciários aos quais me referirei logo adiante.

Os senhores detiveram o direito de administrar a justiça nos seus feudos mediante o mesmo princípio que fez com que os condes detivessem o direito de administrá-la em seus condados; e, para que se o diga propriamente, os condados, nas variações ocorridas nos diversos tempos, acompanharam sempre as variações ocorridas nos feudos; uns e outros eram governados com base no mesmo plano e com base nas mesmas ideias. Numa palavra, os condes, em seus condados, eram leudos, e estes, em seus senhorios, eram condes.

Não se teve ideias justas quando os condes foram considerados como funcionários da justiça, e os duques, como oficiais militares. Uns e outros eram igualmente oficiais militares e civis,[2218] toda a diferença sendo que o duque tinha subordinado a si vários condes, ainda que houvesse condes que não estivessem subordinados a duque algum, como nos informa Fredegário.[2219]

Crer-se-á, talvez, que o governo dos francos era, naquela época, bastante duro, visto que os mesmos oficiais detinham simultaneamente sobre os súditos o poderio militar e o poder civil e, inclusive, o poder fiscal, coisa que eu disse, nos Livros anteriores, ser uma das marcas distintivas do despotismo.

Mas não se deve pensar que os condes julgassem sós e administrassem a justiça como o fazem os paxás na Turquia.[2220] Para o julgamento dos casos, eles reuniam espécies de pleitos ou audiências aos quais os notáveis eram convocados.[2221]

2216. As *Cortes de Jerusalém*, CCXXI e CCXXII, explicam isso muito bem.

2217. Os procuradores da Igreja (*advocati*) estavam igualmente no comando de seus pleitos e de sua milícia.

2218. Ver a fórmula VIII de Marculfo, I, que contém as cartas dirigidas a um duque, patrício ou conde que lhe atribuem a jurisdição civil e a administração fiscal.

2219. *Crônica*, LXXVIII, acerca do ano 636.

2220. Ver Grégoire de Tours, V, *ad annum* 580.

2221. *Mallum.*

650 | O ESPÍRITO DAS LEIS

Para que possamos entender claramente o que concerne aos julgamentos nas fórmulas, nas leis dos bárbaros e nos capitulares, direi que as funções de conde, gravião e centurião eram as mesmas;[2222] que os juízes, os burgomestres e os escabinos eram, mediante diferentes nomes, as mesmas pessoas. Eram os adjuntos do conde e, havendo deles ordinariamente sete, e, como, para o conde, eram necessárias não menos do que doze pessoas para julgar,[2223] ele completava o número com os notáveis.[2224]

Mas, seja quem for que haja tido a jurisdição — o rei, o conde, o gravião, o centurião, os senhores, os membros do clero —, eles jamais julgaram sozinhos, e este uso, que teve sua origem nas florestas da Germânia, ainda se manteve quando os feudos assumiram uma nova forma.

Quanto ao poder fiscal, ele era tal que o conde não podia, de modo algum, abusar dele. Os direitos do príncipe relativamente aos homens livres eram tão simples que consistiam, como afirmei, apenas de certos meios de transporte exigidos em certas ocasiões públicas;[2225] e, quanto aos direitos judiciários, havia leis que preveniam as malversações.[2226]

CAPÍTULO XIX — DAS COMPOSIÇÕES[2227] ENTRE OS POVOS BÁRBAROS

Como é impossível avançar um pouco no nosso direito político sem conhecermos perfeitamente as leis e os costumes dos povos germânicos, deter-me-ei um pouco a fim de investigar a respeito destes costumes e destas leis.

Parece, segundo Tácito, que os germanos conheciam apenas dois crimes capitais: enforcavam os traidores e afogavam os covardes. Entre eles, eram os únicos crimes públicos. Quando um homem fizera algum mal a outro, os parentes da pessoa ofendida ou lesada entravam na lide[2228-2229] e

---

2222. Somai aqui o que afirmo no Livro XXVIII, capítulo XXVIII, e no Livro XXXI, capítulo VIII.

2223. Ver a respeito de tudo isso os capitulares de Luís, o Indulgente, somados à lei sálica, art. 2; e a fórmula dos julgamentos, apresentada por Ducange no verbete *boni homines*.

2224. *Per bonos homines*. Por vezes, só havia notáveis. Ver o *Apêndice às fórmulas de Marculfo*, LI.

2225. E alguns direitos sobre os rios, aos quais já me referi.

2226. Ver a lei dos ripuários, título LXXXIX; e a lei dos lombardos, II, título LII, § 9.

2227. O que Montesquieu chama de *composition* consistia em uma satisfação (em forma de compensação ou indenização, preferivelmente em dinheiro) feita pela parte ofensora à ofendida e/ou aos seus parentes, com o objetivo de obter uma conciliação, dando fim à lide. (N.T.)

2228. *Suscipere tam inimicitias, seu patris, seu propinqui, quam amicitias, necesse est; nec implacabiles durant; luitur enim etiam homicidium certo armentorum ac pecorum numero, recipitque satisfactionem universa domus.* Tácito, *De moribus Germ.*, XXI.

2229. É-se obrigado a envolver-se nas lides, seja de um pai, seja de um parente próximo, tanto quanto em suas preferências; mas elas não se prolongam, inflexíveis, pois mesmo um homicídio

o ódio era substituído pela paz por meio de uma satisfação. Essa satisfação dizia respeito ao ofendido, se este pudesse recebê-la; e aos parentes, se a injúria ou o dano lhes fosse comum, ou se, devido à morte de quem fora ofendido ou lesado, a satisfação lhes fosse devida.

Da maneira que fala Tácito, estas satisfações aconteciam mediante uma convenção recíproca entre as partes e, deste modo, dava-se o nome de *composições* a essas satisfações nos códigos dos povos bárbaros.

Só pude defrontar-me com a lei dos frisões, a qual deixou o povo naquela situação na qual cada família inimiga estava, por assim dizer, no estado de natureza;[2230] e na qual, sem ser detida por qualquer lei política ou civil, podia, segundo sua fantasia, exercer sua vingança até o ponto em que fosse satisfeita. Mesmo esta lei foi abrandada: estabeleceu-se que aquele de quem se exigia a vida teria paz em sua casa, em sua ida e retorno da igreja e no local onde eram realizados os julgamentos.[2231]

Os compiladores das leis sálicas mencionam um antigo uso dos francos, segundo o qual quem exumasse um cadáver para saqueá-lo era banido da sociedade dos homens até que os parentes consentissem que ele fosse nela reintegrado;[2232] e, como antes desse momento todos estavam proibidos, inclusive sua mulher, de dar-lhe pão ou recebê-lo em casa, tal homem se achava, em relação aos outros, como os outros se achavam em relação a ele, no estado de natureza, até que este estado deixasse de existir através da composição.

Salvo isso, nota-se que os sábios de diversas nações bárbaras pensaram em fazer por si mesmos o que seria excessivamente demorado e excessivamente perigoso aguardar da convenção recíproca das partes. Foram cuidadosos em estabelecer um preço justo para a composição a ser recebida por aquele que fora vítima de algum dano ou alguma injúria. Todas essas leis bárbaras detêm, no que respeita a isto, uma precisão admirável; distinguem-se os casos com perspicácia, as circunstâncias[2233] são ponderadas; a lei se posiciona no lugar daquele que foi ofendido e exige para ele a satisfação que num momento de lucidez ele próprio teria exigido. Foi graças ao estabelecimento destas leis que os povos germânicos saíram desse estado de natureza no qual, parece, se encontravam ainda no tempo de Tácito.

---

pode ser resgatado por um certo número de cabeças de gado de grande ou pequeno porte, com o que a casa toda se sente satisfeita. (N.T.)

2230. Ver esta lei, título II, sobre os assassinatos e a adição de Wulemar sobre os furtos.

2231. *Addito sapientum*, título I, § 1.

2232. Lei sálica, título LVIII, § 1; título XVII, § 3.

2233. Ver, sobretudo, os títulos III e VII da lei sálica, que dizem respeito aos furtos de animais.

Rotaris declarou, na lei dos lombardos, que aumentara as composições do costume antigo, no que tangia às ofensas, para que o ofendido, uma vez satisfeito, as inimizades pudessem deixar de existir.[2234] Com efeito, os lombardos, povo pobre, tendo enriquecido com a conquista da Itália, imprimiram frivolidade às composições antigas e as reconciliações não eram mais realizadas. Não duvido que tal consideração não tenha obrigado os outros chefes das nações conquistadoras a produzirem os diversos códigos de leis dos quais dispomos atualmente.

A principal composição era a que o assassino devia pagar aos parentes do morto. A diferença das condições acarretava uma diferença nas composições. Assim, na lei dos anglos, a composição era de seiscentos soldos pela morte de um adalingo,[2235] de duzentos soldos por aquela de um homem livre e de trinta soldos por aquela de um servo. O tamanho da composição fixada pela cabeça de um homem constituía, portanto, uma de suas grandes prerrogativas, pois, além da distinção de que cercava sua pessoa, estabelecia para ele, entre nações violentas, uma segurança maior.

A lei dos bávaros nos leva a perceber muito bem isto:[2236] indica os nomes das famílias bávaras que recebiam uma composição dupla porque eram as primeiras depois dos *agilolfingos*.[2237] Os agilolfingos pertenciam à raça ducal e se escolhia o duque entre eles. Tinham uma composição quádrupla. A composição para o duque excedia em um terço a que era estabelecida para os agilolfingos. "Visto ser ele duque", diz a lei, "a ele se confere uma honra maior do que aos seus parentes".

Todas essas composições eram fixadas em dinheiro. Mas como estes povos, principalmente durante o período em que se mantiveram na Germânia, não o tinham, podia-se dar gado, trigo, móveis, armas, cães, aves de caça, terras, etc.[2238] Era frequente a lei fixar o valor dessas coisas,[2239] o que explica como com tão pouco dinheiro houve entre eles tantas penas pecuniárias. Estas leis se empenharam, portanto, em marcar com precisão

---

2234. I, título VII, § 15.

2235. Ver a lei dos anglos, título I, § 1, 2, 4; ibidem, título V, § 6; a lei dos bávaros, título I, capítulos VIII e IX, e a lei dos frisões, título XV.

2236. Título II, capítulo XX.

2237. Hozidra, Ozza, Sagana, Habilingua, Aniena. Ibidem.

2238. Assim, a lei de Ina estimava a vida em termos de uma certa soma em dinheiro ou uma certa quantidade de terra. *Leges Inae regis*, título *de Villico regio*. *De priscis Anglorum Legibus*. Cambridge, 1644.

2239. Ver a lei dos saxões, que chega a realizar esta fixação para vários povos, capítulo XVIII. Ver também a lei dos ripuários, título XXXVI, § 11; a lei dos bávaros, título I, § 10 e 11. *Si aurum non habet, donet aliam pecuniam, mancipia, terram, etc.*

a diferença dos danos, injúrias, crimes, de modo que cada um conhecesse com justeza a extensão da lesão ou ofensa de que fora vítima; que soubesse exatamente qual a reparação que devia receber e, sobretudo, o que dela devia receber a mais.

Considerando-se este ponto de vista, concebe-se que aquele que se vingava após ter recebido a satisfação cometia um grande crime, o qual não continha menos uma ofensa pública do que uma ofensa particular. Tratava-se de um menoscabo da própria lei. Era esse crime que os legisladores[2240] não deixavam de punir.

Havia um outro crime que foi, sobremaneira, tido como perigoso quando esses povos perderam no governo civil algo de seu espírito de independência,[2241] e em relação ao qual os reis trataram de introduzir no Estado uma melhor fiscalização. Este crime consistia em não querer dar ou não querer receber a satisfação. Vemos nos diversos códigos das leis dos bárbaros que os legisladores[2242] a isso obrigavam. De fato, quem se negasse a receber satisfação desejava conservar seu direito de vingança, ao passo que quem se negava a dá-la deixava ao ofendido seu direito de vingança. E foi isso que pessoas sábias reformaram nas instituições dos germanos, que atraíam para a composição, porém a ela não obrigavam.

Acabo de me referir a um texto da lei sálica no qual o legislador deixava a critério do ofendido receber ou não receber a satisfação. É esta lei que proibia aquele que despojara um cadáver que se relacionasse com seus semelhantes,[2243] até que os parentes, aceitando a satisfação, tivessem solicitado que ele pudesse voltar a conviver entre os seres humanos. O respeito pelas coisas santas fez com que os que haviam redigido as leis sálicas não tocassem, de maneira alguma, no uso antigo.

Teria sido injusto conceder uma composição aos parentes de um ladrão morto no ato do furto ou aos parentes de uma mulher que houvesse sido restituída a eles após uma separação por crime de adultério. A lei dos

---

2240. Ver a lei dos lombardos, I, título XXV, § 21; ibidem, I, título IX, § 8 e 34; ibidem, § 38; e o capitular de Carlos Magno de 802, XXXII, contendo uma instrução dada àqueles que ele enviava às províncias.

2241. Ver em Grégoire de Tours, VII, XLVII, os detalhes de um processo no qual uma parte perde a metade da composição que lhe foi adjudicada por ter feito justiça pelas próprias mãos, em lugar de receber a satisfação, embora sofresse outros excessos posteriormente.

2242. Ver a lei dos saxões, III, § 4; a lei dos lombardos, I, título XXXVII, § 1 e 2, e a lei dos alemães, título XLV, § 1 e 2. Esta última permitia fazer-se justiça por conta própria de imediato e num primeiro momento. Ver também os capitulares de Carlos Magno do ano 779, XXII; do ano 802, XXXII, e o capitular do mesmo Carlos Magno do ano de 803, V.

2243. Os compiladores das leis dos ripuários parecem ter modificado isso. Ver o título LXXXV dessas leis.

bávaros não concedia composição alguma em tais casos[2244] e punia os parentes que insistiam na vingança nesses casos.

Não é raro encontrar nos códigos das leis dos bárbaros composições por ações involuntárias. A lei dos lombardos é quase sempre dotada de senso: determinava que,[2245] neste caso, se compensasse segundo a própria generosidade e que os parentes ficassem impossibilitados de prosseguir com seu propósito de vingança.

Clotário II produziu um decreto de grande sabedoria. Proibiu a vítima de roubo de receber sua composição em segredo[2246] e sem ordem judicial. Logo veremos o motivo desta lei.

CAPÍTULO XX — DO QUE SE DENOMINOU POSTERIORMENTE JUSTIÇA DOS SENHORES

Além da composição que se devia pagar aos parentes pelos assassinatos, os danos e as injúrias, era necessário também pagar um certo direito[2247] que os códigos das leis dos bárbaros chamam de *fredum*.[2248] Ocupar-me-ei largamente dele e, para dar uma ideia do que seja, direi que é a recompensa da proteção conferida contra o direito de vingança. Ainda hoje, na língua sueca, *fred* quer dizer paz.[2249]

Entre essas nações violentas, administrar a justiça não era outra coisa senão conceder àquele que cometera uma ofensa a proteção da justiça contra a vingança daquele que fora vítima da ofensa e obrigar este último a receber a satisfação que lhe era devida, de sorte que entre os germanos, diferentemente de todos os outros povos, a justiça se administrava para proteger o criminoso contra aquele que ele ofendera.

Os códigos das leis dos bárbaros nos oferecem os casos nos quais esses *freda* deviam ser exigidos. Naqueles em que os parentes não podiam assumir a vingança, eles não dão *fredum* algum; de fato, ali onde não havia vingança alguma, não podia haver direito de proteção contra a vingança.

2244. Ver o decreto de Tassilon, *de popularibus legibus*, art. 3, 4, 10, 16, 19; a lei dos anglos, título VII, § 4.

2245. I, título IX, § 4.

2246. *Pactus pro tenore pacis inter Childebertum et Clotarium, anno 593; et decretio Clotarii II regis, circa annum 595*, XI.

2247. Direito no sentido de taxa ou imposto. (N.T.)

2248. Quando a lei não o fixava, era ordinariamente a terça parte do que se dava como composição, como se depreende da lei dos ripuários, capítulo LXXXIX, que é explicada pelo terceiro capitular do ano 813, edição de Baluze, tomo I.

2249. E, em alemão, *Friede*. (N.T.)

Assim, na lei dos lombardos,[2250] se alguém matava acidentalmente um homem livre, pagava o valor do homem morto sem o *fredum*, porque, tendo matado involuntariamente, não se tratava do caso no qual os parentes tivessem um direito de vingança, de modo que, na lei dos ripuários,[2251] quando um homem era morto por um pedaço de madeira ou um objeto feito por mão humana, o objeto ou a madeira eram considerados culpados, e os parentes os tomavam para seu uso, sem poder exigir o *fredum*.

Do mesmo modo, quando um animal havia matado um homem, a mesma lei[2252] estabelecia uma composição sem o *fredum*, porque os parentes do morto não haviam sido ofendidos.

Enfim, pela lei sálica,[2253] uma criança que houvesse cometido alguma falta antes de completar doze anos pagava a composição sem o *fredum*; como não podia ainda portar as armas, não se enquadrava ainda no caso no qual a parte lesada ou seus parentes pudessem exigir a vingança.

Era o culpado que pagava o *fredum*, a favor da paz e da segurança que os excessos que ele cometera o tinham levado a perder, e que ele podia recuperar através da proteção. Uma criança, contudo, não perdia esta segurança. Não era um homem[2254] e não podia ser colocada fora da sociedade humana.

Este *fredum* era um direito local para aquele que julgava[2255] no território. A lei dos ripuários[2256] o proibia, contudo, de exigi-lo ele próprio. A lei determinava que a parte que obtivera ganho de causa o recebesse e o levasse ao fisco, *para que a paz*, diz a lei, *fosse eterna entre os ripuários*.

A grandeza do *fredum* era proporcional à grandeza da proteção,[2257] de sorte que o *fredum* para a proteção do rei era maior do que aquele concedido para a proteção do conde e dos outros juízes.

Já contemplo o nascimento da justiça dos senhores. Os feudos compreendiam grandes territórios, como se pode perceber diante de uma infinidade de monumentos. Já provei que os reis nada arrecadavam das terras que tocavam à partilha dos francos; menos ainda podiam eles se reservar

---

2250. I, título IX, § 17, edição de Lindembrock.

2251. Título LXX.

2252. Título XLVI. Ver também a lei dos lombardos, I, XXI, § 3, edição de Lindembrock: *Si caballus cum pede*, etc.

2253. Título XXVIII, § 6.

2254. Ou seja, não era ainda *adulta*. (N.T.)

2255. Como se pode depreender do decreto de Clotário II do ano 595. *Fredus tamen judicis, in cujus pago est, reservetur.*

2256. Título LXXXIX.

2257. *Capitulare incerti anni*, LVII, em Baluze, tomo I. E é preciso observar que aquilo que se chama de *fredum* ou *faida* nos monumentos da primeira raça é chamado de *bannum* naqueles da segunda raça, como se pode depreender pelo capitular *de partibus Saxoniae* do ano 789.

direitos sobre os feudos. Aqueles que os lograram tiveram, no que a isto se refere, o mais amplo gozo; deles extraíram todos os frutos e todos os emolumentos; e, como um dos mais consideráveis[2258] era o dos proveitos judiciários (*freda*) que se recebia segundo os usos dos francos, resultava que aquele que possuía o feudo possuía também a justiça, a qual era exercida apenas pelas composições aos parentes e pelos lucros ao senhor. A justiça não era outra coisa senão o direito de fazer com que fossem pagas as composições da lei e o de exigir as multas da lei.

Vê-se pelas fórmulas que trazem a confirmação ou a transmissão à perpetuidade de um feudo a favor de um leudo ou fiel,[2259] ou dos privilégios dos feudos em favor das igrejas,[2260] que os feudos tinham esse direito. Isto se revela também por uma infinidade de escrituras[2261] que continham uma proibição aos juízes ou oficiais do rei de entrarem no território para nele exercer qualquer ato de justiça e nele exigir qualquer emolumento de justiça. Uma vez que os juízes reais nada podiam mais exigir num distrito, não mais ingressavam nesse distrito; e aqueles aos quais restava esse distrito nele desempenhavam as funções que aqueles ali haviam desempenhado.

Os juízes reais estavam proibidos de obrigar as partes a dar cauções para comparecimento diante deles. Competia, portanto, àquele que recebia o território exigi-las. Diz-se que os enviados do rei não poderiam mais solicitar alojamento; com efeito, não tinham ali mais nenhuma função.

A justiça foi, portanto, nos antigos feudos e nos novos feudos, um direito inerente ao próprio feudo, um direito lucrativo que fazia parte dele. É por isso que, em todos os tempos, tem sido considerada assim, do que se origina o princípio segundo o qual as justiças são patrimoniais na França.

Alguns acreditaram que as justiças tinham sua origem nas alforrias que as leis[2262] e os senhores concederam aos seus servos. Mas as nações germânicas e as que destas provieram não são as únicas que alforriaram escravos; e são as únicas que estabeleceram justiças patrimoniais. Além disso, as fórmulas de Marculfo[2263] nos revelam homens livres dependendo

---

2258. Ver o capitular de Carlos Magno, *de Villis*, no qual ele integra esses *freda* ao número das grandes rendas do que se denominavam *villae*, ou domínios do rei.

2259. Ver as fórmulas III, IV e XVII, Livro I, de Marculfo.

2260. Ibidem, fórmulas II, III e IV.

2261. Ver as coletâneas dessas escrituras, sobretudo aquela que se acha no fim do quinto volume dos *Historiens de France* (*Historiadores da França*) dos padres beneditinos.

2262. Leia-se "os reis", e não "as leis". (N.T.)

2263. Ver as fórmulas III, IV e XIV do Livro I; e a constituição de Carlos Magno do ano 771 em Martene, tomo I, *Anecdot. collect.*, II, *Praecipientes jubemus ut ullus judex publicus... homines ipsius ecclesiae et monasterii ipsius Morbacensis, tam ingenuos quam et servos, et qui super eorum terras manere, etc.*

dessas justiças nos primeiros tempos: os servos foram, então, justiçáveis porque encontrados no território; e eles não deram origem aos feudos por terem sido englobados no feudo.

Outras pessoas tomaram uma via mais curta: os senhores usurparam as justiças — disseram eles — e tudo foi dito. Mas existiram sobre a Terra apenas os povos descendentes da Germânia que teriam usurpado os direitos dos príncipes? A história nos ensina o suficiente a respeito de outros povos que realizaram empreendimentos em relação aos seus soberanos; mas não se vê disto surgir o que se denominou justiças dos senhores. Era, portanto, na essência dos usos e costumes dos germanos que era necessário buscar essa origem.

Rogo que se veja em Loyseau[2264] qual é a maneira em que se supõe terem os senhores procedido para formar e usurpar suas diversas justiças. Teria sido necessário que fossem as pessoas mais refinadas do mundo e que tivessem roubado não como os guerreiros pilham, mas como juízes de aldeias e procuradores roubam uns dos outros. Teria sido necessário dizer que esses guerreiros, em todas as províncias particulares do reino e em tantos reinos, houvessem produzido um sistema geral de política. Loyseau os faz raciocinar como ele próprio raciocinava em seu gabinete.

Eu o direi ainda: se a justiça não era uma dependência do feudo, por que se observa em toda parte[2265] que o serviço feudal consistia em servir ao rei ou ao senhor, nas suas cortes e nas suas guerras?

CAPÍTULO XXI — DA JUSTIÇA TERRITORIAL DAS IGREJAS

As igrejas adquiriram bens bastante consideráveis. Constatamos que os reis lhes concederam grandes fiscos, isto é, grandes feudos; e observamos de início as justiças estabelecidas nos domínios dessas igrejas. Qual teria sido a origem de um privilégio tão extraordinário? Estava na natureza da coisa concedida; o bem dos membros do clero dispunha deste privilégio porque deste bem não era removido. Dava-se um fisco à Igreja e a este eram deixadas as prerrogativas das quais ele seria portador se tivesse sido concedido a um leudo, de forma que foi submetido ao serviço que o Estado dele teria extraído se houvesse sido concedido ao leigo, como já vimos.

2264. *Traité de justices de village* (*Tratado de justiças aldeãs*).

2265. Ver Ducange no verbete *hominium*.

As igrejas tiveram, assim, o direito de fazer com que fossem pagas as composições em seus territórios e exigir o *fredum*; e como esses direitos acarretavam necessariamente aquele de impedir os oficiais reais de entrar no território para exigir esses *freda*, e aí exercer todos os atos de justiça, o direito de que dispuseram os membros do clero de administrar a justiça em seu território foi chamado de *imunidade* no estilo das fórmulas,[2266] das constituições e dos capitulares.

A lei dos ripuários[2267] proíbe que os libertos das igrejas[2268] se reúnam onde a justiça é administrada,[2269] bem como na igreja onde foram alforriados. As igrejas tinham, assim, justiças mesmo para os homens livres, e mantinham seus pleitos desde os primórdios da monarquia.

Encontro na *Vida dos santos*[2270] que Clóvis concedeu a um santo personagem o poder sobre um território de seis léguas do país e que ele determinou que ele ficasse livre de qualquer jurisdição. Acredito que se trate de uma falsidade, mas de uma falsidade antiquíssima. O âmago da vida e as balelas se relacionam aos costumes e às leis do tempo, e são estes costumes e estas leis que são investigados aqui.[2271]

Clotário II ordena aos bispos e aos grandes[2272] que possuem terras em países distantes que escolham no próprio local as pessoas que devem administrar a justiça ou receber os emolumentos em relação a ela.

Este mesmo príncipe[2273] regula a competência entre os juízes das igrejas e seus oficiais. O capitular de Carlos Magno do ano 802 prescreve aos bispos e aos abades as qualidades das quais devem ser dotados seus oficiais de justiça. Um outro[2274] do mesmo príncipe proíbe aos oficiais reais que exerçam alguma jurisdição sobre aqueles que cultivam as terras eclesiásticas,[2275] a menos que não tenham assumido esta condição fraudulentamente e para se esquivarem dos encargos públicos. Os bispos, reunidos em Reims, declararam

---

2266. Ver as fórmulas III e IV de Marculfo, I.

2267. *Ne aliubi nisi ad ecclesiam, ubi relaxati sunt, mallum teneant*, título LVIII, § 1. Ver também o § 19, edição de Lindembrock.

2268. *Tabulariis.*

2269. *Mallum.*

2270. *Vita sancti Germeri, episcopi Tolosani*, apud Bollandianos, 16 de maio.

2271. Ver também a *Vida de São Melânio* e a de São Deícola.

2272. No concílio de Paris de 615, *Episcopi vel potentes, qui in aliis possident regionibus, judices vel missos discussores de aliis provinciis non instituant, nisi de loco, qui justitiam percipiant et aliis reddant*: art. 19. Ver também o art. 12.

2273. No concílio de Paris, ano 615, art. 5.

2274. Na lei dos lombardos, II, título XLIV, capítulo II, edição de Lindembrock.

2275. *Servi aldiones, libellarii antiqui, vel alii noviter facti*. Ibidem.

que os vassalos das igrejas se acham no âmbito de sua imunidade.[2276] O capitular de Carlos Magno do ano 806[2277] determina que as igrejas tenham a justiça criminal e civil sobre todos aqueles que habitam seu território. Finalmente, o capitular de Carlos, o Calvo, distingue as jurisdições do rei,[2278] as dos senhores e as das igrejas; e nada direi a mais a respeito disso.

CAPÍTULO XXII — AS JUSTIÇAS FORAM ESTABELECIDAS ANTES DO FIM DA SEGUNDA RAÇA

Diz-se que foi na desordem da segunda raça que os vassalos se atribuíram a justiça em seus fiscos.[2279] Preferiu-se fazer uma proposição geral a examiná-la. Foi mais fácil dizer que os vassalos nada possuíam do que descobrir como possuíam. Mas as justiças não devem sua origem às usurpações; derivam do primeiro estabelecimento, e não de sua corrupção.

"Aquele que mata um homem livre", diz a lei dos bávaros,[2280] "pagará a composição aos seus parentes, se houver parentes; se não houver, pagará ao duque ou a quem por ele foi recomendado durante sua vida". Sabe-se o que era ser recomendado para um benefício.[2281]

"Aquele de quem seu escravo tenha sido arrebatado", diz a lei dos alemães,[2282] "se dirigirá ao príncipe ao qual o raptor estiver submetido, para que ele possa obter a composição por isso".

"Se um centurião", está registrado no decreto de Childeberto,[2283] "encontrar um ladrão numa centúria distinta da sua, ou nos limites de nossos fiéis, e não o expulsar, representará o ladrão ou se purificará mediante juramento". Havia, portanto, a diferença entre o território dos centuriões e o dos fiéis.

2276. Carta do ano de 858, art. 7, nos *Capitulares*. *Sicut illae res et facultates in quibus vivunt clerici, ita et illae sub consecratione immunitatis sunt de quibus debent militare vassalli.*

2277. Está acrescentado à lei dos bávaros, art. 7. Ver também o art. 3 da edição de Lindembrock. *Imprimis omnium jubendum est ut habeant ecclesiae earum justitias, et in vita illorum qui habitant in ipsis ecclesiis et post, tam in pecuniis quam et in substantiis earum.*

2278. Do ano de 857, *in synodo apud Carisiacum*, art. 4, edição de Baluze.

2279. *Fiscos* como sinônimo de *feudos*. (N.T.)

2280. Título III, capítulo XIII, edição de Lindembrock.

2281. Ato pelo qual um proprietário cedia seu domínio a um senhor e o recebia em seguida, a título de benefício.

2282. Título LXXXV

2283. Do ano 595, art. 11 e 12, edição dos *Capitulares* de Baluze. *Pari conditione convenit ut si una centena in alia centena vestigium secuta fuerit et invenerit, vel in quibuscumque fidelium nostrorum terminis vestigium miserit, et ipsum in aliam centenam minime expellere potuerit, aut convictus reddat latronem, etc.*

Este decreto de Childeberto explica a constituição de Clotário,[2284] do mesmo ano, a qual, outorgada no mesmo caso e aplicando-se ao mesmo fato, só difere nos termos; a constituição chamando de *in truste*[2285] *aquilo que o decreto chama de in terminis fidelium nostrorum.* Bignon e Ducange,[2286] que acreditaram que *in truste* significava domínio de um outro rei, não incorreram em acerto.

Numa constituição[2287] de Pepino, rei da Itália, feita tanto para os francos quanto para os lombardos, este príncipe, após ter imposto penas aos condes e a outros oficiais reais que prevaricavam no exercício da justiça ou que tardavam a administrá-la, determinou que,[2288] se acontecesse de um franco ou um lombardo, possuidores de um feudo, não quisessem administrar a justiça, o juiz no distrito a que pertencessem suspenderia o exercício de seu feudo; e que, neste intervalo, ele ou seu enviado administrariam a justiça.

Um capitular de Carlos Magno[2289] prova que os reis não arrecadavam os *freda*[2290] em todas as partes. Um outro capitular deste príncipe nos revela as regras feudais e a corte feudal já estabelecidas. Um outro, de Luís, o Indulgente, determina que, quando aquele que possui um feudo não administra a justiça[2291] ou impede que esta seja administrada, se viva à vontade em sua casa até que a justiça seja administrada. Citarei ainda dois capitulares de Carlos, o Calvo, um do ano 861,[2292] no qual se veem jurisdições particulares estabelecidas, juízes e oficiais a elas submetidos; e o outro[2293]

2284. *Si vestigius comprobatur latronis, tamen praesentia nihil longe mulctando; aut si persequens latronem suum comprehenderit, integram sibi compositionem accipiat. Quod si in truste invenitur, medietatem compositionis trustis adquirat, et capitale exigat a latrone,* arts. 2 e 3.

2285. Ver capítulo 25, 4º parágrafo.

2286. Ver o glossário de Ducange no verbete *trustis.*

2287. Inserida na lei dos lombardos, II, título LII, § 14. É o capitular do ano de 793, em Baluze, p. 544, art. 10.

2288. *Et si forsitan Francus aut Longobardus habens beneficium justitiam facere noluerit, ille judex in cujus ministerio fuerit, contradicat illi beneficium suum, interim, dum ipse aut missus ejus justitiam faciat.* Ver ainda a mesma lei dos lombardos, II, título LII, § 2, que se relaciona ao capitular de Carlos Magno do ano 779, art. 21.

2289. O terceiro capitular do ano 812, art. 10.

2290. O segundo capitular do ano 813, art. 14 e 20.

2291. O quinto capitular do ano 819, art. 23, edição de Baluze. *Ut ubicumque missi, aut episcopum, aut abbatem, aut alium quemlibet, honore praeditum invenerint, qui justitiam facere noluit vel prohibuit, de ipsius rebus vivant quandiu in eo loco justitias facere debent.*

2292. *Edictum in Carisiaco* em Baluze, tomo II. *Unusquisque advocatus pro omnibus de sua advocatione... in convenientia ut cum ministerialibus de sua advocatione quos invenerit contra hunc bannum nostrum fecisse... castiget.*

2293. *Edictum Pistense,* art. 18, edição de Baluze, tomo II. *Si in fiscum nostrum, vel in quamcumque immunitatem, aut alicujus potentis potestatem vel proprietatem confugerit,* etc.

do ano 864, no qual é feita a distinção de seus próprios senhorios daqueles dos particulares.

Não se dispõe de concessões originárias dos feudos, porque foram estabelecidos pela partilha que se sabe ter sido feita entre os vencedores. Não é possível, portanto, provar, mediante contratos originários, que as justiças inicialmente tenham estado vinculadas aos feudos. Mas, se nas fórmulas das confirmações ou das transmissões à perpetuidade destes feudos se encontra, como se disse, que era aí que se achava estabelecida a justiça, era, sem dúvida, necessário que este direito de justiça fosse da natureza do feudo e uma de suas principais prerrogativas.

Dispomos de um número superior de monumentos que estabelecem a justiça patrimonial das igrejas em seu território do que dispomos para provar aquela dos benefícios ou feudos dos leudos ou fiéis, por duas razões. Em primeiro lugar, a maioria dos monumentos que ainda nos restam foi conservada ou coletada pelos monges, visando à utilidade de seus mosteiros. Em segundo lugar, o patrimônio das igrejas, tendo sido formado por concessões particulares e uma espécie de derrogação da ordem estabelecida, eram necessárias cartas ou escrituras para isso, ao passo que as concessões feitas aos leudos, sendo consequências da ordem política, não se tinha necessidade de ter, e menos ainda de conservar, uma escritura particular. Com frequência, mesmo os reis se contentavam em fazer uma simples tradição pelo cetro, como pode se depreender pela vida de São Mauro.

A terceira fórmula[2294] de Marculfo, porém, nos prova suficientemente que o privilégio da imunidade e, consequentemente, o da justiça eram comuns aos membros do clero e aos seculares, pois esta fórmula foi criada para uns e outros. O mesmo ocorre com a constituição de Clotário II.[2295]

CAPÍTULO XXIII — IDEIA GERAL DO LIVRO DO ESTABELECIMENTO DA MONARQUIA FRANCESA NAS GÁLIAS, DO ABADE DUBOS

Convém que antes de findar este livro eu examine um pouco a obra do abade Dubos, porque minhas ideias se encontram em perpétua oposição às suas e porque, se ele descobriu a verdade, eu não a descobri.

Essa obra seduziu muitas pessoas por ter sido escrita com muita arte; porque nela se supõe eternamente o que está em pauta; porque, quanto

---

2294. Livro I. *Maximum regni nostri augere credimus monimentum, si beneficia opportuna locis ecclesiarum, aut cui volueris dicere, benevola deliberatione concedimus.*

2295. Eu a citei no capítulo anterior: *Episcopi vel potentes*, etc.

mais nela faltam provas, mais se multiplicam as probabilidades; porque uma infinidade de conjeturas são formuladas na qualidade de princípio e disto são tiradas como consequências outras conjeturas. O leitor esquece que duvidou a fim de principiar a crer. E, como uma erudição interminável é colocada não no sistema, mas ao lado do sistema, a mente é distraída por acessórios e não se ocupa mais do principal. Ademais, tantas investigações não permitem que se imagine que nada se descobriu; a extensão da viagem faz crer que se chegou, enfim.

Mas, quando sondamos melhor, encontramos um colosso imenso com pés de barro; e é porque os pés são de barro que o colosso é imenso. Se o sistema do abade Dubos tivesse tido bons alicerces, ele não teria sido obrigado a produzir três volumes mortais para prová-lo; teria tudo encontrado no seu assunto e sem ir buscar em todas as partes o que se encontrava muito distante, a própria razão ficaria encarregada de dispor esta verdade no encadeamento das outras verdades. A história e nossas leis lhe teriam dito: "Não empreendei tanto esforço; testemunharemos a vosso favor!".

CAPÍTULO XXIV — CONTINUAÇÃO DO MESMO ASSUNTO. REFLEXÃO SOBRE A ESSÊNCIA DO SISTEMA

O senhor abade Dubos deseja eliminar toda espécie de ideia de que os francos tenham penetrado nas Gálias na qualidade de conquistadores. Segundo ele, nossos reis, convocados pelos povos, limitaram-se a assumir seu posto e suceder aos direitos dos imperadores romanos.

Esta pretensão não pode se aplicar ao tempo em que Clóvis, penetrando nas Gálias, saqueou e tomou as cidades; não pode se aplicar, tampouco, ao tempo em que ele derrotou Siágrio, oficial romano, e conquistou a região que este último mantinha sob seu poder. Esta pretensão somente pode se relacionar ao tempo em que Clóvis, transformado em senhor de uma grande parte das Gálias pela violência, teria sido convocado pela escolha e amor dos povos à dominação do resto do país. E não basta que Clóvis tenha sido recebido — é necessário que ele tenha sido convocado; é necessário que o abade Dubos prove que os povos preferiram viver sob a dominação de Clóvis do que viver sob a dominação dos romanos ou sob suas próprias leis. Ora, os romanos desta parte das Gálias que não fora ainda invadida pelos bárbaros eram, segundo o abade Dubos, de duas espécies: uns pertenciam à confederação armórica e tinham expulsado os oficiais do imperador para sua própria defesa dos bárbaros e para se governarem por suas próprias leis; os outros obedeciam aos oficiais romanos. Ora, o abade Dubos prova que os romanos, que se achavam ainda submetidos ao Império, tenham convocado Clóvis? De modo algum. Prova ele que a república dos armóricos tenha convocado Clóvis e tenha, inclusive, celebrado algum tratado com ele? De modo algum, mais uma vez. Bem longe de ser capaz de nos dizer qual foi o destino dessa república, não pode sequer nos demonstrar sua existência; e, ainda que a acompanhe desde o tempo de Honório até a conquista de Clóvis, ainda que ligue com uma arte admirável todos os eventos desses tempos, essa existência permanece invisível para os autores, pois há muita diferença entre provar por uma passagem de Zózimo[2296] que, no reinado de Honório, a região armórica e as outras províncias das Gálias se rebelaram e formaram uma espécie de república,[2297] e demonstrar que, a despeito das diversas pacificações das Gálias, os armóricos formaram sempre uma república particular, a qual subsistiu até a conquista de Clóvis. Entretanto, para estabelecer seu sistema, teria necessidade de provas muito incisivas e muito precisas, pois quando se vê um conquistador adentrar um Estado e submeter uma grande parte dele mediante a força e a violência e se vê, algum tempo depois, o Estado inteiro submetido, sem que a história diga como foi que isso ocorreu, tem-se um motivo justíssimo para crer que o negócio terminou como começou.

Uma vez ressaltado este ponto, é fácil perceber que todo o sistema do abade Dubos rui de alto a baixo, e todas as vezes que ele tirar qualquer conclusão do princípio de que as Gálias não foram conquistadas pelos francos, mas que os francos foram convocados pelos romanos, poderemos sempre negá-lo.

O abade Dubos prova seu princípio pelas dignidades romanas das quais Clóvis foi revestido. Ele pensa que Clóvis tenha sucedido a Childerico, seu pai, no cargo de chefe das tropas. Mas estes dois cargos são puramente criação sua. A carta de São Remígio a Clóvis, que lhe serve de fundamento,[2298] não passa de uma felicitação por Clóvis ter sido coroado. Quando o objeto de um escrito é conhecido, por que atribuir-lhe um que não o é?

Clóvis, no fim de seu reinado, foi feito cônsul pelo imperador Anastásio. Mas qual direito podia lhe conferir uma autoridade simplesmente anual? É provável, diz o abade Dubos, que no mesmo diploma o imperador Anastásio fez de Clóvis também um procônsul. E eu direi que é provável que não o fez. Em torno de um fato que carece de qualquer fundamento, a autoridade daquele que o nega é igual à autoridade daquele que o afirma. Tenho até uma razão para isto. Grégoire de Tours, que se refere ao consulado, nada diz do proconsulado. Este proconsulado não teria sido senão de cerca de seis meses.

2296. *Histoire* (*História*).

2297. *Totusque tractus armoricus, alioeque Galliarum provinciae. História*, de Zózimo, VI.

2298. Tomo II, III, XVIII.

664 | O ESPÍRITO DAS LEIS

Clóvis morreu um ano e meio depois de ter sido feito cônsul; não é possível fazer do proconsulado um cargo hereditário. Enfim, quando o consulado e, se assim o quer, o proconsulado, lhe foram conferidos, ele já era o senhor da monarquia e todos os seus direitos estavam estabelecidos.

A segunda prova alegada pelo abade Dubos é a cessão feita pelo imperador Justiniano aos filhos e netos de Clóvis de todos os direitos do Império sobre as Gálias. Teria muitas coisas que dizer acerca desta cessão. Pode-se julgar a importância que os reis dos francos a isto atribuíram pela maneira que executaram suas condições. De resto, os reis dos francos eram senhores das Gálias; eram soberanos pacíficos. Justiniano não possuía ali uma polegada quadrada de terra; o Império do Ocidente fora destruído há muito tempo, e o imperador do Oriente só tinha direitos sobre as Gálias como representante do imperador do Ocidente; eram direitos sobre direitos. A monarquia dos francos já fora fundada; as regras de seu estabelecimento estavam feitas; os direitos recíprocos das pessoas e das diversas nações que viviam na monarquia eram consenso; as leis de cada nação estavam outorgadas e, inclusive, registradas por escrito. O que produzia essa cessão estrangeira num estabelecimento já formado?

Que quer dizer o abade Dubos com as declamações de todos esses bispos que, na desordem, na confusão, na queda total do Estado, nas devastações da conquista, procuram lisonjear o vencedor? O que supõe a lisonja senão a fraqueza daquele que é obrigado a lisonjear? O que provam a retórica e a poesia senão o próprio emprego destas artes? Quem não se espantaria de ver Grégoire de Tours que, depois de ter se referido aos assassinatos de Clóvis, afirma que, entretanto, Deus prosternava todos os dias seus inimigos porque ele caminhava em seus caminhos? Quem pode duvidar que o clero não tivesse ficado satisfeito com a conversão de Clóvis e que não tenha, inclusive, tirado disto grandes vantagens? Mas quem pode duvidar, ao mesmo tempo, que os povos não tenham experimentado todas as infelicidades da conquista e que o governo romano não tenha cedido ao governo germânico? Os francos não quiseram e, até mesmo, não puderam transformar tudo; e, inclusive, poucos vencedores tiveram essa obsessão. Mas, para que todas as consequências contempladas pelo abade Dubos fossem verdadeiras, teria sido necessário que não somente nada tivesse mudado entre os romanos, como também não tivessem eles mesmos mudado.

Eu me empenharia bem, seguindo o método do abade Dubos, a fim de provar, do mesmo modo, que os gregos não conquistaram a Pérsia.[2299]

2299. Independentemente da acirrada divergência entre Montesquieu e Dubos, que fique claro que os gregos não conquistaram a Pérsia. Embora Alexandre, o Grande, fosse apaixonado pela cultura grega e tenha sido o instaurador efetivo do helenismo, quem derrotou o exército persa

SEXTA PARTE | **665**

Começaria por me referir aos tratados que algumas cidades da Grécia celebraram com os persas. Falaria dos gregos que estiveram a soldo dos persas, como os francos estiveram a soldo dos romanos. Porque se Alexandre entrou no país dos persas, sitiou, tomou e destruiu a cidade de Tiro, foi um caso particular, como o de Siágrio. Mas vede como o pontífice dos judeus veio ao seu encontro, escutai o oráculo de Júpiter Amon; recordai da previsão em Górdio, vede como todas as cidades correm, por assim dizer, ao encontro dele; como os sátrapas e os grandes chegam numa multidão. Ele se veste à maneira dos persas. Trata-se da túnica consular de Clóvis. Não lhe ofereceu Dario a metade de seu reino? Não foi Dario assassinado como um tirano? A mãe e a mulher de Dario não prantearam a morte de Alexandre? Quinto Cúrcio, Arriano, Plutarco eram contemporâneos de Alexandre? A imprensa[2300] não nos proporcionou as luzes que faltavam a estes autores? Eis aí a história do *Estabelecimento da monarquia francesa nas Gálias.*

CAPÍTULO XXV — DA NOBREZA FRANCESA

O senhor abade Dubos sustenta que, nos primeiros tempos de nossa monarquia, só existia uma ordem de cidadãos entre os francos. Esta pretensão injuriosa relativamente ao sangue de nossas primeiras famílias não atingiria menos as três grandes Casas que sucessivamente reinaram sobre nós. A origem de sua grandeza não irá, portanto, perder-se no esquecimento, na noite e no tempo? A história iluminaria séculos nos quais elas teriam sido famílias comuns; e, para que Chilperico, Pepino e Hugo Capeto fossem fidalgos, seria necessário ir procurar sua origem entre os romanos ou os saxões, ou seja, entre as nações subjugadas?

O abade Dubos baseia[2301] sua opinião na lei sálica. Fica claro, segundo ele, por esta lei, que não havia duas ordens de cidadãos entre os francos. Ela concedia duzentos soldos de composição pela morte de qualquer franco;[2302] mas distinguia, entre os romanos, o conviva do rei, por cuja morte concedia trezentos soldos de compensação, do romano possuidor, por cuja morte concedia cem soldos, e do romano tributário, por cuja morte não oferecia mais do que quarenta e cinco soldos. E como a diferença das composições

---

foi o exército macedônio comandado por Alexandre sucessivamente em Granico (334 a.C.), Arbela (331 a.C.) e finalmente em Persépolis (330 a.C.), desencadeando a conquista do Império Persa. (N.T.)

2300. Ver o *Discurso preliminar* do abade Dubos.

2301. Ver o *Estabelecimento da monarquia francesa...*, tomo III, VI, IV.

2302. Ele cita o título XLIV desta lei e a lei dos ripuários, títulos VII e XXXVI.

constituía a distinção principal, ele conclui que entre os francos havia apenas uma ordem de cidadãos e que havia três delas entre os romanos.

É surpreendente o fato de seu próprio erro não o ter feito descobri-lo. De fato, teria sido decididamente extraordinário que os nobres romanos, vivendo submetidos ao domínio dos francos, houvessem contado com uma compensação maior e tivessem sido personalidades mais importantes do que os mais ilustres francos, além de terem sido seus mais expressivos capitães. Qual é a probabilidade de o povo vitorioso ter tido tão escasso respeito por si mesmo e, ao contrário, ter tido tanto respeito pelo povo vencido? Ademais, o abade Dubos cita as leis das outras nações bárbaras, que provam que existia entre elas diversas ordens de cidadãos. Seria particularmente estranho que esta regra geral tivesse faltado precisamente entre os francos. Isso deveria tê-lo feito pensar que sua compreensão não fora boa ou que aplicara mal os textos da lei sálica, o que efetivamente foi o que lhe sucedeu.

Descobrimos, ao descerrar o texto desta lei, que a composição pela morte de um antrustião,[2303] ou seja, de um fiel ou vassalo do rei, era de seiscentos soldos, e que aquela pela morte de um romano, conviva do rei, não passava de trezentos soldos.[2304] Nela também podemos descobrir que[2305] a composição pela morte de um simples franco era de duzentos soldos[2306] e que aquela pela morte de um romano[2307] de condição ordinária era de apenas cem. Pagava-se ainda pela morte de um romano tributário,[2308] uma espécie de servo ou liberto, uma composição de quarenta e cinco soldos. Mas eu me referirei somente àquela pela morte do servo franco ou do liberto franco: não se trata aqui desta terceira ordem de pessoas.

Que faz o abade Dubos? Omite a primeira ordem de pessoas entre os francos, isto é, o artigo que concerne aos antrustiões, e, em seguida, comparando o franco ordinário pela morte do qual se pagava duzentos soldos de composição com aquelas que ele chama de três ordens entre os romanos e pela morte dos quais se pagavam composições diferentes, ele descobre que havia uma única ordem de cidadãos entre os francos, e que entre os romanos havia três.

2303. *Qui in truste dominica est*, título XLIV, § 4; e isso se relaciona à fórmula XIII de Marculfo *de regis antrustione*. Ver também o título LXVI da lei sálica, § 3 e 4; e o título LXXIV; e a lei dos ripuários, título XI; e o capitular de Carlos, o Calvo, *apud Carisiacum*, do ano 877, capítulo XX.

2304. Lei sálica, título XLIV, § 6.

2305. Ibidem, § 4.

2306. Ibidem, § 1.

2307. Ibidem, § 15.

2308. Ibidem, § 7.

Como, segundo ele, só existia uma ordem de pessoas entre os francos, seria conveniente pensar que houvesse também somente uma entre os borguinhões porque o reino destes formou uma das principais peças de nossa monarquia. Mas há nos códigos deles três tipos de composições:[2309] uma para o borguinhão nobre ou romano, uma outra para o borguinhão ou romano de uma condição média e uma terceira para aqueles que pertenciam a uma condição inferior nas duas nações. O abade Dubos não citou, de maneira alguma, esta lei.

É singular notar como ele se esquiva de passagens que o pressionam de todas as partes.[2310] Fala-se-lhe dos grandes, dos senhores, dos nobres? São, diz ele, simples distinções, e não distinções de ordem; são coisas de cortesia, e não prerrogativas da lei, ou melhor, diz ele, as pessoas referidas pertenciam ao Conselho do rei; podiam, inclusive, ser romanos, mas, de qualquer modo, havia sempre apenas uma única ordem de cidadãos entre os francos. Por outro lado, se há referência a algum franco de classe inferior,[2311] são servos; e é desta maneira que ele interpreta o decreto de Childeberto. É forçoso que eu me detenha neste decreto. O abade Dubos o tornou famoso porque dele se serviu para provar duas coisas: a primeira,[2312] que todas as composições que encontramos nas leis dos bávaros não passavam de interesses civis somados às penas corporais, o que faz desmoronarem de alto a baixo todos os antigos monumentos; a segunda, que todos os homens livres eram julgados direta e imediatamente pelo rei,[2313] o que é contradito por uma infinidade de passagens e autoridades que nos revelam a ordem judiciária daqueles tempos.[2314]

É dito neste decreto, feito numa assembleia da nação,[2315] que se o juiz encontrar um ladrão famoso, ele o fará ser amarrado para ser enviado à presença do rei, se for um franco (*Francus*); mas se for uma pessoa mais débil (*debilior persona*), será enforcado no local. Segundo o abade Dubos,

---

2309. *Si quis, quolibet casu, dentem optimati Burgundioni vel Romano nobili excusserit, solidos viginti quinqui cogatur exsolvere; de mediocribus personis ingenuis, tam Burgundionibus quam Romanis, si dens excussus fuerit, decem solidis componatur; de inferioribus personis, quinque solidos*; art. 1, 2 e 3 do título XXVI da lei dos borguinhões.

2310. *Estabelecimento da monarquia francesa...*, tomo III, Livro VI, iv e v.

2311. Ibidem, V, p. 319-320.

2312. Ibidem, VI, IV, p. 307-308.

2313. Ibidem, tomo III, IV, p. 309; e no capítulo seguinte, pp. 319 e 320.

2314. Ver o Livro XXVIII desta obra, capítulo XXVIII, e o Livro XXXI, capítulo VIII.

2315. *Itaque Colonia convenit et ita bannivimus, ut unusquisque judex criminosum latronem ut audierit, ad casam suam ambulet, et ipsum ligare faciat; ita ut, si Francus fuerit, ad nostram praesentiam dirigatur; et, si debilior persona fuerit, in loco pendatur.* Capitular da edição de Baluze, tomo I.

668 | O ESPÍRITO DAS LEIS

Francus é um homem livre e *debilior persona* é um servo. Ignorarei por um momento o que pode significar aqui a palavra *Francus*. Começarei examinando o que se pode entender por estas palavras: *uma pessoa mais débil*. Digo que, em qualquer língua, todo comparativo supõe necessariamente três termos: o maior, o mínimo e o menor. Se se tratasse aqui somente de homens livres e servos, ter-se-ia dito *um servo,* e não *um homem de um menor poder*. Assim, *debilior persona* não significa, neste contexto, de modo algum, um servo, mas uma pessoa abaixo da qual deve estar o servo. Suposto isto, *Francus* não significará um homem livre, mas um homem poderoso, e *Francus* é aqui tomado nesta acepção porque, entre os francos, estavam sempre os que possuíam no Estado um maior poder e que era mais difícil para o juiz ou para o conde corrigir. Esta explicação se harmoniza com um grande número de capitulares,[2316] os quais apresentam os casos nos quais os criminosos podiam ser enviados ao rei e aqueles nos quais não podiam.

Encontra-se na *Vida de Luís, o Indulgente*, escrita por Tegano,[2317] que os bispos foram os principais autores da humilhação deste imperador, sobretudo aqueles que haviam sido servos e aqueles que tinham nascido entre os bárbaros. Tegano apostrofa Hébon, que este príncipe havia tirado da servidão e feito dele arcebispo de Reims, nos seguintes termos: "Que recompensa o imperador recebeu por tantos benefícios![2318] Ele te fez livre, e não nobre; ele não podia te fazer nobre após te ter dado a liberdade".

Este discurso, que prova tão formalmente a existência de duas ordens de cidadãos, não causa qualquer embaraço ao abade Dubos, que responde nos seguintes termos:[2319] "Esta passagem não quer dizer que Luís, o Indulgente, não tivesse podido fazer ingressar Hébon na ordem dos nobres. Hébon, como arcebispo de Reims, teria sido da primeira ordem, superior àquela da nobreza". Deixo ao leitor decidir se esta passagem não quis dizer tal coisa; deixo para o julgamento do leitor se trata-se aqui de uma precedência do clero sobre a nobreza. "Essa passagem somente prova", continua o abade Dubos,[2320] "que os cidadãos nascidos livres eram qualificados como homens nobres: no uso mundano, homem nobre e homem nascido livre por muito tempo significaram a mesma coisa". O quê! Pelo fato de, nos nossos tempos modernos, alguns burgueses terem assumido a qualidade

---

2316. Ver o Livro XXVIII desta obra, capítulo XXVIII e o Livro XXXI, capítulo VIII.

2317. XLIII e XLIV.

2318. *O qualem remunerationem reddidisti ei! Fecit te liberum, non nobilem, quod impossibile est post libertatem.* Ibidem.

2319. *Estabelecimento da monarquia francesa…*, tomo III, VI, IV.

2320. Ibidem.

de homens nobres, uma passagem da *Vida de Luís, o Indulgente* se aplicará a essas espécies de pessoas! "Talvez, também", ele acrescenta ainda,[2321] "Hébon não tenha sido escravo na nação dos francos, mas na nação saxã, ou numa outra nação germânica onde os cidadãos estivessem divididos em várias ordens". Consequentemente, graças ao *talvez* do abade Dubos, não teria havido, de modo algum, nobreza na nação dos francos. Contudo, ele nunca aplicou tão mal o *talvez*. Acaba-se de ver que Tegano[2322] distingue os bispos que tinham feito oposição a Luís, o Indulgente, entre os quais uns tinham sido servos e outros pertenciam a uma nação bárbara. Hébon era um dos primeiros, e não um dos segundos. Além disso, não sei como é possível dizer que um servo como Hébon teria sido saxão ou germano: um servo não tem família e, consequentemente, nação. Luís, o Indulgente, alforriou Hébon e, como os servos alforriados tomavam a lei de seu senhor, Hébon se tornou franco, e não saxão ou germano.

Acabo de atacar. É preciso que me defenda. Dir-me-ão que o corpo dos antrustiões formava por certo no Estado uma ordem distinta daquela dos homens livres, mas que como inicialmente os feudos eram transferíveis e, em seguida, vitalícios, isso não podia constituir uma nobreza original, visto que as prerrogativas não estavam vinculadas a um feudo hereditário. É esta objeção que, sem dúvida, fez com que de Valois pensasse que havia uma única ordem de cidadãos entre os francos: sentimento que o abade Dubos dele herdou e deteriorou à força de provas de má qualidade. Seja o que for, não é o abade Dubos que teria podido fazer essa objeção, pois, tendo apresentado três ordens da nobreza romana e a qualidade de conviva do rei como a primeira, não estaria capacitado a afirmar que este título caracterizasse mais uma nobreza de origem do que aquele do antrustião. Mas faz-se necessário uma resposta direta. Os antrustiões ou fiéis não eram o que eram porque possuíam um feudo, mas se lhes concedia um feudo porque eram antrustiões ou fiéis. Que se recorde do que eu asseverei nos primeiros capítulos deste Livro: eles não tinham então, como tiveram posteriormente, o mesmo feudo; porém, se não possuíam aquele, possuíam um outro, e, pelo fato de os feudos serem concedidos por ocasião do nascimento, e por serem concedidos com frequência nas assembleias da nação e, enfim, pelo fato de ser do interesse dos nobres tê-los, também era do interesse do rei os conceder a eles. Essas famílias eram distinguidas pela sua dignidade de fiéis e pela prerrogativa de poder se recomendar para um feudo. Demonstrarei

---

2321. Dubos, ibidem.

2322. *Omnes episcopi molesti fuerunt Ludovico, et maxime ii quos e servili conditione honoratos habebat, cum his qui ex barbaris nationibus ad hoc fastigium perducti sunt. De gestis Ludovici Pii*, XLIII e XLIV.

no livro seguinte[2323] como, através das circunstâncias ditadas pelo tempo, houve homens livres que foram admitidos ao gozo dessa grande prerrogativa e, consequentemente, ao ingresso na ordem da nobreza, o que não era assim na época de Gontran ou de Childeberto, seu sobrinho, mas que era na época de Carlos Magno. Mas, ainda que, desde o tempo deste príncipe, os homens livres não fossem incapazes de possuir feudos, parece, com base na passagem de Tegano transcrita acima, que os servos alforriados estavam deles absolutamente excluídos. O abade Dubos,[2324] que vai até a Turquia para nos oferecer uma ideia do que era a antiga nobreza francesa, nos dirá que na Turquia ninguém jamais se lamentou de que naquele país se fizessem ascender às honras e às dignidades pessoas de baixo nível de nascimento, como disto se lamentava nos reinados de Luís, o Indulgente, e de Carlos, o Calvo? Não havia queixas disto no tempo de Carlos Magno porque este príncipe distinguiu sempre as antigas famílias das novas, o que Luís, o Indulgente, e Carlos, o Calvo, não fizeram.

Não cabe ao público esquecer que deve ao abade Dubos várias autorias excelentes. É com base nestas boas obras que deve julgá-lo, e não com base nesta que esteve aqui em pauta. O abade Dubos incorreu, nesta obra, em grandes erros porque manteve diante de seus olhos mais o conde de Boulainvilliers do que seu tema. De todas as minhas críticas só extrairei esta reflexão: se este grande homem errou, o que não deverei eu temer?

2323. Capítulo XXIII.

2324. *História do estabelecimento da monarquia francesa...*, tomo III, Livro VI, IV.

LIVRO XXXI — TEORIA DAS LEIS FEUDAIS ENTRE OS FRANCOS NA SUA RELAÇÃO COM AS REVOLUÇÕES DE SUA MONARQUIA

CAPÍTULO I — TRANSFORMAÇÕES NOS OFÍCIOS E NOS FEUDOS

No início, os condes eram enviados aos seus distritos apenas por um ano. Não tardaram a começar a comprar o prosseguimento de seus ofícios.[2325] Já se encontra um exemplo disto desde o reinado dos netos de Clóvis. Um certo Peônio[2326] era conde na cidade de Auxerre. Enviou seu filho, Múmolo, munido de dinheiro, a Gontran, para que continuasse no seu cargo. O filho entregou o dinheiro em seu próprio favor e obteve o posto do pai. Os reis já tinham principiado a corromper suas próprias graças.

Embora, pela lei do reino, os feudos fossem transferíveis, não eram, não obstante isto, concedidos nem subtraídos de uma maneira caprichosa e arbitrária; e era, geralmente, uma das principais coisas tratadas nas assembleias da nação. Pode-se muito bem pensar que a corrupção se infiltrou neste ponto como se infiltrara no outro, e que se continuou possuindo os feudos à força do dinheiro, como se continuava a posse dos condados.

Demonstrarei, na sequência deste Livro,[2327] que, independentemente das dádivas feitas pelos príncipes durante um certo tempo, houve outras que foram feitas sempre. Sucedeu que a corte quis revogar as dádivas que haviam sido feitas, o que provocou um descontentamento geral na nação e logo se presenciou a eclosão dessa revolução famosa na história de França, cuja primeira etapa foi constituída pelo espetáculo espantoso do suplício de Brunehalta.[2328]

Afigura-se, a princípio, extraordinário que esta rainha, filha, irmã, mãe de tantos reis, famosa ainda hoje por obras dignas de um edil ou de

---

2325. Ou seja, pagavam para ter seus mandatos prolongados. (N.T.)

2326. Grégoire de Tours, IV, XLII.

2327. Capítulo VII.

2328. Rainha da Austrásia que viveu entre 534 e 613. (N.T.)

um procônsul romano, nascida com um gênio admirável para os negócios, dotada de qualidades que foram por tanto tempo respeitadas, se visse[2329] subitamente exposta a suplícios tão longos, tão desonrosos, tão cruéis pelas mãos de um rei[2330] cuja autoridade estava tão mal consolidada em sua nação, se ela não houvesse caído, devido a alguma causa particular, na desgraça dessa nação. Clotário[2331] lhe reprovou a morte de dez reis, embora fosse ele o responsável pela morte de dois deles. A morte de alguns outros foi crime do destino ou da perversidade de uma outra rainha, e uma nação que deixara Fredegunda morrer em seu leito, que até se opusera[2332] à punição de seus crimes hediondos, devia manter-se muito fria quanto aos crimes de Brunehalta.

Ela foi colocada sobre o lombo de um camelo e assim se fez com que desfilasse diante de todo o exército, estigma certo de que caíra em desgraça diante desse exército. Fredegário diz que Protário, favorito de Brunehalta, se apoderava dos bens dos senhores e abocanhava o fisco, que ele humilhava a nobreza e que ninguém podia estar seguro do posto que ocupasse.[2333] O exército conspirou contra ele e ele foi apunhalado em sua tenda. Quanto a Brunehalta, seja pelas vinganças[2334] que extraiu desta morte, seja pelo empenho no mesmo projeto, se tornou dia a dia mais odiosa à nação.[2335]

Clotário, movido pela ambição de reinar sozinho e saturado do mais horrendo sentimento de vingança, certo de perecer se os filhos de Brunehalta se avantajassem, entrou numa conspiração contra ele mesmo e, quer por ter sido inábil, quer por ter sido forçado pelas circunstâncias, converteu-se no acusador de Brunehalta e transformou esta rainha num exemplo terrível.

Varnachário fora a alma da conspiração contra Brunehalta. Ele foi tornado administrador-chefe de Borgonha e exigiu de Clotário que não fosse jamais afastado durante sua vida.[2336] Através disto, o administrador-chefe não podia mais ficar na situação em que haviam ficado os senhores franceses; e esta autoridade começou a tornar-se independente da autoridade real.

2329. *Crônica* de Fredegário, XLII.

2330. Clotário II, filho de Chilperico e pai de Dagoberto.

2331. *Crônica* de Fredegário, XLII.

2332. Ver Grégoire de Tours, VIII, XXXI.

2333. *Saeva illi fuit contra personas iniquitas, fisco nimium tribuens, de rebus personarum ingeniose fiscum vellens implere... ut nullus reperiretur qui gradum quem arripuerat potuisset adsumere. Crônica* de Fredegário, XXVII, sobre o ano de 605.

2334. *Crônica* de Fredegário, XXVIII, sobre o ano de 607.

2335. Ibidem, XLI, sobre o ano de 613. *Burgundiae farones, tam episcopi quam caeteri leudes, timentes Brunichildem, et odium in eam habentes, consilium inientes*, etc.

2336. Ibidem, XLII, sobre o ano 613. Sacramento a *Clotario accepto ne unquam vitae suae temporibus degradaretur.*

Foi a funesta regência de Brunehalta que assustara, sobretudo, a nação. Enquanto as leis haviam subsistido e mantido a sua força, ninguém pôde se queixar de que um feudo lhe fora retirado, pois a lei não o concedera para sempre; mas quando a avareza, as práticas maldosas, a corrupção passaram a controlar a concessão dos feudos, queixava-se de que se fora privado por vias reprováveis das coisas que, frequentemente, haviam sido adquiridas do mesmo modo. Talvez se o bem público houvesse sido o motivo da revogação das dádivas, nada se tivesse a declarar; mas mostrava-se a ordem sem ocultar a corrupção; reclamava-se o direito do fisco, a fim de prodigalizar os bens do fisco segundo os próprios caprichos; as dádivas deixaram de ser a recompensa ou a esperança dos serviços. Brunehalta, em virtude de um espírito corrompido, quis corrigir os abusos da corrupção antiga. Seus caprichos não eram os caprichos de um espírito débil: os leudos e os grandes oficiais se acreditaram perdidos e a levaram à perdição.

Seria muito conveniente que dispuséssemos de todos os atos que foram sancionados naqueles tempos; e os autores de crônicas, que conheciam quase tão bem a história de seu tempo quanto os aldeões conhecem hoje a do nosso tempo, são muito estéreis. Contudo, dispomos de uma constituição de Clotário, outorgada no concílio de Paris,[2337] que visava à correção dos abusos, a qual revela que este príncipe deu um fim às queixas que deram lugar à revolução.[2338] De um lado, ele nela confirma todas as dádivas que haviam sido feitas ou confirmadas pelos reis, seus predecessores;[2339] e ordena, de outro, que tudo que fora subtraído aos seus leudos e fiéis lhes fosse restituído.[2340]

Esta não foi a única concessão que o rei fez neste concílio. Quis que aquilo que fora feito contra os privilégios dos membros do clero fosse corrigido.[2341] Moderou a influência da corte nas eleições dos bispos.[2342-2343] De

---

2337. Algum tempo depois do suplício de Brunehalta, no ano de 615. Ver a edição dos *Capitulares de Baluze*.

2338. *Quae contra rationis ordinem acta vel ordinata sunt, ne in antea, quod avertat divinitas, contingant, disposuerimus, Christo praesule, per hujus edicti tenorem generaliter emendare. In proemio*, ibidem, art. 16.

2339. Ibidem, art. 16.

2340. Ibidem, art. 17.

2341. *Et quod per tempora ex hoc praetermissum est, vel dehinc, perpetualiter observetur.*

2342. *Ita ut, episcopo decedente, in loco ipsius qui a metropolitano ordinari debet cum provincialibus, a clero et populo eligatur; et si persona condigna fuerit, per ordinationem principis ordinetur; vel certe si de palatio eligatur, per meritum persona et doctrinae ordinetur.* Ibidem, art. 1.

2343. De maneira que, por ocasião da morte de um bispo, em lugar de seu sucessor ser eleito pelo bispo metropolitano e por aqueles das diversas províncias, ele o seja pelo clero e pelo povo. E se alguém for considerado particularmente digno do cargo episcopal, que seja ordenado pelo rei; se for escolhido pela corte, que o seja pelo mérito de sua pessoa e de sua doutrina. (N.T.)

maneira análoga, o rei reformou os assuntos fiscais: quis que todos os novos censos fossem suprimidos;[2344] que não se arrecadasse direito algum de passagem estabelecido desde a morte de Gontran, Sigeberto e Chilperico,[2345] ou seja, ele suprimiu tudo o que fora feito durante as regências de Fredegunda e de Brunehalta. Proibiu que seus rebanhos fossem conduzidos ao interior das florestas dos particulares,[2346] e veremos logo adiante que a reforma foi ainda mais geral e se estendeu aos assuntos civis.

CAPÍTULO II — COMO O GOVERNO CIVIL FOI REFORMADO

Vimos até aqui a nação conferir marcas de impaciência e de leviandade à escolha ou à conduta de seus senhores; vimo-la regrar os desentendimentos de seus senhores entre si e lhes impor a necessidade da paz. Mas o que ainda não vimos, ela o fez então, ou seja, lançou o olhar à sua situação atual, examinou suas leis com sangue-frio, tomou providências no que respeitava à sua insuficiência, deteve a violência, regrou o poder.

As regências varonis, ousadas e insolentes de Fredegunda e de Brunehalta haviam menos espantado essa nação do que a haviam advertido. Fredegunda tinha defendido suas maldades através de suas próprias maldades; justificara o veneno e os assassinatos através do veneno e dos assassinatos; havia se comportado de modo que seus atentados se revelavam mais particulares do que públicos. Fredegunda realizou mais males, mas Brunehalta fez com que fossem mais temidos. Nesta crise, a nação não se contentou em instaurar a ordem no governo feudal; também quis assegurar seu governo civil, pois este era ainda mais corrompido do que o outro, e esta corrupção era tanto mais perigosa por ser mais antiga, vinculando-se mais, de alguma forma, ao abuso dos costumes do que ao abuso das leis.

A história de Grégoire de Tours e os outros monumentos nos revelam, de um lado, uma nação feroz e bárbara e, de outro, reis que não o eram menos. Esses príncipes eram assassinos, injustos e cruéis, porque a nação inteira o era. Se o cristianismo pareceu, por vezes, abrandá-los foi apenas pelos terrores que o cristianismo transmite aos culpados. As igrejas se defendiam deles através dos milagres e dos prodígios de seus santos. Os reis não eram sacrílegos, porque temiam as penas reservadas

---

2344. *Ut ubicumque census novus impie additus est, emendetur*, art. 8.

2345. Ibidem, art. 9.

2346. Ibidem, art. 21.

aos sacrílegos. Entretanto, à parte disso, cometeram, seja pela cólera, seja pelo sangue-frio, toda sorte de crimes e injustiças, porque estes crimes e estas injustiças não lhes mostravam a mão da divindade tão presente. Os francos, como asseverei, toleravam reis assassinos, porque eles próprios eram assassinos; as injustiças e as pilhagens de seus reis não os comoviam, porque eram tão saqueadores e injustos quanto eles. Havia, de fato, leis estabelecidas, porém os reis as tornavam inúteis através de certas cartas denominadas *precepções*,[2347] que derrubavam essas mesmas leis. Era quase como os rescritos dos imperadores romanos, fosse porque os reis tivessem copiado esse uso deles, fosse porque o tivessem do próprio âmago de sua natureza. Vê-se em Grégoire de Tours que perpetravam assassinatos a sangue-frio e ordenavam a execução de acusados que sequer haviam sido ouvidos. Concediam precepções para a celebração de casamentos ilícitos,[2348] concediam-nas para que sucessões fossem transferidas e as concediam a fim de subtrair o direito dos parentes, e ainda as concediam para desposar as religiosas. Não produziam, na verdade, leis através de suas ações exclusivas, mas suspendiam a prática daquelas que eram produzidas.

O edito de Clotário reparou todos os agravos. Ninguém podia mais ser condenado sem ser ouvido;[2349] os parentes deviam sempre suceder segundo a ordem estabelecida pela lei;[2350] todas as precepções para que filhas, viúvas e religiosas fossem desposadas tornaram-se nulas e passou-se a punir severamente aqueles que as obtinham e delas faziam uso.[2351] Conheceríamos, talvez, mais exatamente o que fora legislado a respeito dessas precepções se o artigo 13 deste decreto e os dois seguintes não tivessem desaparecido com o tempo. Dispomos apenas das primeiras palavras do artigo 13, que determinam que as precepções serão observadas, pelo que não se pode entender aquelas que o próprio artigo acabava de abolir pela mesma lei. Temos uma outra constituição do mesmo príncipe[2352] que se relaciona ao seu edito e retifica, ponto por ponto, todos os abusos das precepções.

2347. Eram ordens enviadas aos juízes pelo rei para que eles fizessem ou tolerassem certas coisas contra a lei.

2348. Ver Grégoire de Tours, IV. A história e os escritos estão repletos disso; e a extensão desses abusos aparece, sobretudo, no edito de Clotário II do ano de 615, outorgado para repará-los. Ver os *Capitulares*, edição de Baluze, tomo I.

2349. Art. 22.

2350. Ibidem, art. 6.

2351. Ibidem, art. 18.

2352. Na edição dos *Capitulares* de Baluze, tomo I.

676 | O ESPÍRITO DAS LEIS

É verdade que Baluze, tendo encontrado esta constituição sem data e sem o local onde fora outorgada, atribuiu-a a Clotário I. Ela é de Clotário II, o que respaldarei com três razões, a saber:

1. Nela é afirmado que o rei conservará as imunidades destinadas às igrejas por seu pai e seu avô.[2353] Quais imunidades teria podido destinar às igrejas Childerico, avô de Clotário I, ele que não era cristão e que viveu antes do estabelecimento da monarquia? Mas, se atribuirmos este decreto a Clotário II, encontraremos como seu avô o próprio Clotário I, o qual fez dádivas imensas às igrejas para expiar a morte de seu filho Cramne, que ele ordenara que fosse queimado juntamente com sua mulher e seus filhos.

2. Os abusos que esta constituição corrige subsistiram após a morte de Clotário I e foram, inclusive, levados ao cúmulo durante a debilidade do reinado de Gontran, a crueldade do reinado de Chilperico e as abomináveis regências de Fredegunda e Brunehalta. Ora, como a nação teria podido tolerar agravos tão solenemente proscritos sem haver jamais reclamado do retorno contínuo desses agravos? Como não teria ela feito nesta ocasião o que fez quando Chilperico II,[2354] tendo retomado as antigas violências, forçou-o a determinar que nos julgamentos se acatassem a lei e os costumes, como se fazia antigamente?[2355]

3. Enfim, esta constituição, feita para reparar os agravos e abusos, não pode dizer respeito a Clotário I, posto que não havia, de maneira alguma, durante seu reinado, queixas no reino a este respeito, e sua autoridade se achava bem consolidada, sobretudo no tempo em que se situa esta constituição, ao passo que se ajusta perfeitamente aos acontecimentos do reinado de Clotário II, os quais causaram uma revolução no estado político do reino. É preciso esclarecer a história pelas leis, e estas, pela história.

CAPÍTULO III — AUTORIDADE DOS ADMINISTRADORES-CHEFES DO PALÁCIO

Eu sustentei que Clotário II se empenhara em não retirar de Varnachário o posto de administrador-chefe durante sua vida. A revolução surtiu outro efeito. Antes desta época, o *maire*[2356] *era o maire* do rei, que se tornou o *maire*

2353. Referi-me, no livro anterior, no capítulo XXI, a essas imunidades, que eram concessões de direitos de justiça e que continham proibições aos juízes reais de exercer alguma função no território, e eram equivalentes ao estabelecimento ou à concessão de um feudo.

2354. Seu reinado começou em torno do ano 670.

2355. Ver a Vida de São Ludgero.

2356. Palavra francesa que não encontra fiel correspondente na língua portuguesa. O *maire* era um administrador ou intendente do palácio que desempenhava funções importantes de

do reino; o rei o escolhia, agora a nação o escolhe. Protário, antes da revolução, foi tornado *maire* por Teodorico,[2357] e Landerico por Fredegunda;[2358] mas depois a nação passou à condição de eleger.[2359]

Assim, não se deve confundir, como fizeram alguns autores, esses administradores-chefes (*maires*) do palácio com aqueles que tinham essa dignidade antes da morte de Brunehalta, os *maires* do rei com os *maires* do reino. Pode-se constatar, pela lei dos borguinhões, que entre eles o cargo de *maire* não era um dos primeiros do Estado;[2360] não foi, tampouco, um dos cargos mais eminentes entre os primeiros reis francos.[2361]

Clotário deu maior segurança aos que detinham cargos e feudos e, após a morte de Varnachário, tendo esse príncipe indagado aos senhores reunidos em Troyes quem queriam colocar em seu lugar, eles exclamaram unanimemente que não elegeriam ninguém[2362] e, pedindo seu favor, puseram-se em suas mãos.

Dagoberto reuniu, como seu pai, toda a monarquia: a nação nele se apoiou e não lhe deu *maire* algum. Este príncipe sentiu-se livre e, confiante, ademais, com suas vitórias, retomou o projeto de Brunehalta. Mas o resultado alcançado com isto foi tão ruim que os leudos da Austrásia se deixaram derrotar pelos esclavões,[2363] regressaram às suas casas, e as fronteiras da Austrásia se tornaram presa dos bárbaros.

---

administração geral palaciana, algumas peculiares, outras semelhantes àquelas desempenhadas por um burgomestre medieval ou um prefeito de uma cidade moderna. Ademais, enquanto o *maire* (que traduzimos aqui sofrivelmente por *administrador-chefe*) representou uma escolha pessoal do rei, ele deteve também certos encargos semelhantes aos de um grão-vizir oriental, ou seja, de um assessor maior, direto e de confiança do monarca, gozando, de fato, de grande influência sobre esse último, que, se efetivamente não se entendesse perfeitamente com ele, podia criar uma figura política e pública tão poderosa que poderia vir a se transformar num poder paralelo no reino. (N.T.)

2357. *Instigante Brunichilde, Theodorico jubente*, etc. Fredegário, XXVII, sobre o ano 605.

2358. *Gesta regum Francorum*, XXXVI.

2359. Ver Fredegário, *Crônica*, LIV, sobre o ano 626; e seu continuador anônimo, CI, sobre o ano 695; e CV, sobre o ano 715. Aimoin, IV, XV. Eginhardo, *Vie de Charlemagne* (*Vida de Carlos Magno*), XLVIII. *Gesta regum Francorum*, XLV.

2360. Ver a lei dos borguinhões, *in praefat.*, e o segundo suplemento a essa lei, título XIII.

2361. Ver Grégoire de Tours, IX, XXXVI.

2362. *Eo anno, Clotarius cum proceribus et leudibus Burgundiae Trecassinis conjungitur, cum eorum esset sollicitus, se vellent jam, Warnachario discesso, alium in ejus honoris gradum sublimare: sed omnes unanimiter denegantes se nequaquam velle majorem domus eligere, regis gratiam obnixe petentes, cum rege transegere.* Crônica de Fredegário, LIV, sobre o ano 626.

2363. *Istam victoriam quam Vinidi contra Francos meruerunt, non tantum Sclavinorum fortitudo obtinuit, quantum dementatio Austrasiorum, dum se cernebant cum Dagoberto odium incurrisse, et assidue expoliarentur.* Crônica de Fredegário, LXVIII, sobre o ano 630.

678 | O ESPÍRITO DAS LEIS

Ele tomou o partido de oferecer aos austrasianos a cessão da Austrásia ao seu filho Sigeberto, juntamente com um tesouro, e entregar o governo do reino e do palácio a Cuniberto, bispo de Colônia, e do duque Adalgiso. Fredegário não entra nos detalhes das convenções que foram feitas então, mas o rei ratificou todas através de seus escritos, e, de início, a Austrásia foi posta fora de perigo.[2364]

Dagoberto, sentindo a morte próxima, recomendou a Aega[2365] sua mulher Nentechilde e seu filho Clóvis. Os leudos de Nêustria e da Borgonha escolheram este jovem príncipe como seu rei.[2366] Aega e Nentechilde governaram o palácio;[2367] restituíram todos os bens que Dagoberto havia tomado,[2368] e as queixas cessaram na Nêustria e na Borgonha, tal como haviam cessado na Austrásia.

Após a morte de Aega, a rainha Nentechilde incumbiu os senhores da Borgonha de eleger Floachato para seu *maire*.[2369] Este enviou aos bispos e aos principais senhores do reino da Borgonha cartas através das quais lhes prometia conservar-lhes para sempre, quer dizer, em caráter vitalício, suas honras e suas dignidades.[2370] Ratificou suas palavras mediante um juramento. É aqui que o autor do *Livro dos maires da casa real* situa o começo da administração do reino pelos *maires* do palácio.[2371]

Fredegário, que era borguinhão, se detém em mais minúcias no que tange aos *maires* da Borgonha na época da revolução da qual falamos do que sobre os *maires* da Austrásia e da Nêustria. Mas as convenções que foram estabelecidas na Borgonha foram, pelas mesmas razões, estabelecidas na Nêustria e na Austrásia.

A nação acreditou que era mais seguro colocar o poder nas mãos de um *maire* por ela escolhido e ao qual podia impor suas condições do que nas mãos de um rei cujo poder era hereditário.

2364. *Deinceps Austrasii eorum studio limitem et regnum Francorum contra Vinidos utiliter defensasse noscuntur.* Crônica de Fredegário, LXXV, sobre o ano 632.

2365. *Maire* do palácio durante o reinado de Dagoberto. (N.T.)

2366. *Crônica* de Fredegário, LXXIX, sobre o ano 638.

2367. Ibidem.

2368. Ibidem, LXXX, sobre o ano 639.

2369. Ibidem, LXXXIX, sobre o ano 641.

2370. Ibidem. *Floachatus cunctis ducibus a regno Burgundiae, seu et pontificibus, per epistolam etiam et sacramentis firmavit unicuique gradum honoris et dignitatem, seu et amicitiam, perpetuo conservare.*

2371. *Deinceps a temporibus Clodovel, qui fuit filius Dagoberti inclyti regis, pater vero Theodorici, regnum Francorum decidens per majores domus coepit ordinari. De major, domus regiae.*

CAPÍTULO IV — QUAL ERA, RELATIVAMENTE AOS ADMINISTRADORES-CHEFES (*MAIRES*), O ESPÍRITO DA NAÇÃO

Um governo no qual uma nação que tinha um rei elegia aquele que devia exercer o poder real parece aos nossos olhos bastante estranho. Mas, independentemente das circunstâncias nas quais se achava inserido, acredito que os francos trouxeram, no que a isso respeita, suas ideias de bem longe.

Eles eram descendentes dos germanos, em relação aos quais diz Tácito que, na escolha de seu rei, eles deliberavam em função de sua nobreza[2372] e, em relação à escolha de seu líder, em função de sua virtude. Eis aí os reis da primeira raça e os administradores-chefes do palácio; os primeiros eram hereditários e os segundos eram eletivos.

Não se pode duvidar que estes príncipes que, nas assembleias da nação, se erguiam e se propunham como líderes de algum empreendimento a todos que queriam segui-los não concentrassem, em sua maioria, em suas pessoas a autoridade do rei e o poder do *maire*. A nobreza deles lhes dera a realeza e a virtude deles, que os fazia serem seguidos por vários voluntários que os tomavam por líderes, dava-lhes o poder do administrador-chefe. Foi através da dignidade real que nossos primeiros reis comandaram tribunais e assembleias e outorgaram leis com a anuência dessas assembleias; foi por intermédio da dignidade de duque ou de líder que realizaram suas expedições e comandaram seus exércitos.

Para conhecer o espírito dos primeiros francos a este respeito, basta observar a conduta de Arbogasto,[2373-2374] homem de nação franca a quem Valenciano entregara o comando do exército. Ele encerrou o imperador no palácio; proibiu a quem quer que fosse que dialogasse com o imperador sobre qualquer assunto civil ou militar. Arbogasto fez então o que os Pepinos fizeram posteriormente.

CAPÍTULO V — COMO OS ADMINISTRADORES-CHEFES (*MAIRES*) OBTIVERAM O COMANDO DOS EXÉRCITOS

Enquanto os reis comandaram os exércitos, a nação não cogitou em escolher para si um líder. Clóvis e seus quatro filhos comandaram os franceses e os conduziram de vitória em vitória. Tibaldo, filho de Teodeberto,

---

2372. *Reges ex nobilitate, duces ex virtute sumunt. De moribus Germ.*, VII.

2373. Ver *Sulpicius Alexander* em Grégoire de Tours, II.

2374. Nomeado general por Valenciano II, Arbogasto morreu em 394. (N.T.)

príncipe jovem, débil e enfermo, foi o primeiro dos reis que permaneceu em seu palácio.[2375] Recusou-se a executar uma expedição à Itália contra Narsés e experimentou o desgosto de ver os francos escolherem dois líderes que para lá os conduziram.[2376] Dos quatro filhos de Clotário I, Gontran foi o que mais negligenciou o comando dos exércitos;[2377] outros reis seguiram este exemplo e, a fim de transferir o comando sem perigo a outras mãos, eles o deram a vários chefes ou duques.[2378]

Viu-se, em função disso, nascer um sem-número de inconvenientes. Não houve mais disciplina, não se soube mais obedecer. Os exércitos não foram, então, mais funestos do que aos seus próprios países. Já estavam sobrecarregados de produtos de saque antes de atingirem o inimigo. Encontra-se em Grégoire de Tours um retrato vivo de todos esses males.[2379] "Como poderemos nós obter a vitória", indagava Gontran,[2380] "nós que não conservamos o que nossos pais conquistaram? Nossa nação não é mais a mesma". Coisa singular! Essa nação estava na decadência desde o tempo dos netos de Clóvis.

Era, portanto, natural que se acabasse por constituir um duque único, um duque que tivesse autoridade sobre essa multidão imensa de senhores e leudos que não conheciam mais seus compromissos, um duque que restabelecesse a disciplina militar e que conduzisse contra o inimigo uma nação que não sabia mais fazer a guerra, a não ser contra si mesma. Outorgou-se o poder aos *maires* do palácio.

A primeira função dos *maires* do palácio foi a administração econômica das casas reais. Compartilhavam com outros oficiais a administração política dos feudos e, finalmente, passaram a dispor somente eles deste poder.[2381] Exerceram também a administração dos assuntos bélicos bem como o comando dos exércitos, sendo que estas duas funções se acharam necessariamente ligadas às duas outras. Naqueles tempos, era

---

2375. No ano 552.

2376. *Leutheris vero et Butilinus, tametsi id regi ipsorum minime placebat belli cum eis societatem inierunt.* Agatias, I. Grégoire de Tours, IV, IX.

2377. Gontram sequer realizou uma expedição contra Gondovaldo, que se dizia filho de Clotário e exigia sua parte do reino.

2378. Às vezes, em número de vinte. Ver Grégoire de Tours, V, XXVII; VIII, XVIII e XXX; X, III. Dagoberto, que não tinha *maire* na Borgonha, praticou a mesma política e enviou contra os gascões dez duques e vários condes que não estavam subordinados a quaisquer duques. *Crônica de Fredegário*, LXXVIII, sobre o ano 636.

2379. Grégoire de Tours, VIII, XXX; e X, III; VIII, XXX.

2380. Ibidem.

2381. Ver o segundo suplemento à lei dos borguinhões, título XIII, e Grégoire de Tours, IX, XXXVI.

mais difícil reunir os exércitos do que comandá-los, e quem poderia ter essa autoridade senão aquele que dispunha dos favores? Nesta nação independente e guerreira, era mais premente convidar do que constranger; era preciso dar ou aguardar os feudos que vagavam devido à morte do possuidor, recompensar incessantemente, incutir temor nas preferências... aquele que tinha a superintendência do palácio devia, portanto, ser o general do exército.

CAPÍTULO VI — SEGUNDA FASE DO REBAIXAMENTO DOS REIS DA PRIMEIRA RAÇA

Depois do suplício de Brunehalta, os *maires* foram administradores do reino subordinados aos reis; e, embora tivessem a condução da guerra, os reis, não obstante isso, encabeçavam os exércitos, o *maire* e a nação combatendo submetidos a eles. Mas a vitória do duque Pepino sobre Teodorico e seu *maire*[2382] acabou por degradar os reis;[2383] e a vitória alcançada por Carlos Martel[2384-2385] sobre Chilperico e seu administrador-chefe Rainfredo ratificou essa degradação. A Austrásia triunfou duas vezes sobre a Nêustria e a Borgonha, e a administração mor (*mairie*) da Austrásia, estando vinculada à família dos Pepinos, essa administração mor (*mairie*) ergueu-se sobre todas as outras, bem como esta casa ergueu-se sobre todas as outras casas. Os vencedores temeram que algum homem que fosse objeto de crédito se assenhorasse da pessoa dos reis, a fim de fomentar distúrbios. Eles os mantinham numa casa real como numa espécie de prisão.[2386] Uma vez por ano eram exibidos ao povo. Ali faziam as ordenações, mas estas eram as do administrador-chefe;[2387] respondiam aos embaixadores, mas as respostas eram as do administrador-chefe. É nessa época que os historiadores nos falam do governo dos administradores-chefes (*maires*) sobre os reis que a eles estavam submetidos.[2388]

2382. Ver os *Anais* de Metz sobre os anos 687 e 688.

2383. *Illis quidem nomina regum imponens, ipse totius regni habens privilegium*, etc. Ibidem, sobre o ano 695.

2384. Ibidem, sobre o ano 719.

2385. Também ele um *maire* palaciano. (N.T.)

2386. *Sedemque illi regalem sub sua ditione concessit. Anais* de Metz, sobre o ano 719.

2387. *Ex Chronico Centulensi*, II. *Ut responsa quae erat edoctus, vel potius jussus, ex sua velut potestate redderet.*

2388. *Anais* de Metz, sobre o ano 691. *Anno principatus Pippini super Theodericum... Anais de Fulde ou de Laurisham. Pippinus dux Francorum obtinuit regnum Francorum per annos 27, cum regibus sibi subjectis.*

682 | O ESPÍRITO DAS LEIS

O delírio da nação pela família de Pepino foi tão longe que esta elegeu para administrador-chefe um de seus netos que era ainda uma criança;[2389] estabeleceu-o sobre um certo Dagoberto e colocou um fantasma sobre outro fantasma.

CAPÍTULO VII — DOS GRANDES OFÍCIOS E DOS FEUDOS SOB OS ADMINISTRADORES-CHEFES (*MAIRES*) DO PALÁCIO

Os *maires* palacianos não tiveram o cuidado de restabelecer a transferibilidade dos cargos e ofícios; reinavam somente com base na proteção que dispensavam a esse respeito à nobreza; assim, os grandes cargos prosseguiram sendo concedidos vitaliciamente, tal uso se consolidando cada vez mais.

Mas tenho reflexões particulares a fazer sobre os feudos. Não posso duvidar que, desde aquela época, a maioria não fosse tornada hereditária.

No tratado de Andely,[2390] Gontran e seu sobrinho Childeberto obrigam-se a manter as liberalidades feitas aos leudos e às igrejas pelos reis, seus predecessores; e foi permitido às rainhas, às filhas, às viúvas dos reis disporem por testamento e vitaliciamente das coisas que tinham do fisco.[2391]

Marculfo escrevia suas fórmulas na época dos administradores-chefes.[2392] Temos várias nas quais os reis concedem à pessoa e aos herdeiros[2393] e, como as fórmulas são as imagens das ações ordinárias da vida, provam que, no fim da primeira raça, uma parte dos feudos já era transmitida aos herdeiros. Estava-se longe naquela época de alimentar-se a ideia de um domínio inalienável, o que é algo muito moderno e que não se conhecia então, quer em teoria, quer na prática.

Veremos em breve, a respeito disto, provas de fato e, se indico uma época em que não mais se encontravam benefícios para o exército nem

---

2389. *Posthaec Theudoaldus, filius ejus (Grimoaldi) parvulus, in loco ipsius, cum praedicto rege Dagoberto, majordomus palatii effectus est.* O continuador anônimo de Fredegário, sobre o ano 714, CIV.

2390. Transcrito por Grégoire de Tours, IX. Ver também o edito de Clotário II, do ano 615, art. 16.

2391. *Ut si quid de agris fiscalibus vel speciebus atque presidio, pro arbitrii sui voluntate, facere, aut cuiquam conferre voluerint, fixa stabilitate perpetuo conservetur.*

2392. Ver as fórmulas XXIV e XXXIV do Livro I.

2393. Ver a fórmula XIV do Livro I, que se aplica igualmente aos bens fiscais concedidos diretamente em caráter vitalício ou concedidos inicialmente em forma de benefício e, em seguida, em caráter vitalício: *Sicut ab illo, aut a fisco nostro, fuit possessa.* Ver também a fórmula XVII, ibidem.

fundo algum para sua manutenção, será necessário com certeza convir que os antigos benefícios tinham sido alienados. Esta época é a de Carlos Martel, que estabeleceu novos feudos, que convém serem distinguidos dos primeiros.

Quando os reis começaram a fazer concessões para sempre (vitalícias), seja pela corrupção que se desenvolveu no governo, seja pela própria constituição que obrigava os reis a recompensar incessantemente, foi natural que começassem a dar em termos de perpetuidade mais os feudos do que os condados. Privar-se de algumas terras era coisa pouco considerável; renunciar aos grandes ofícios significava perder o próprio poder.

CAPÍTULO VIII — COMO OS ALÓDIOS FORAM CONVERTIDOS EM FEUDOS

A maneira de transformar um alódio em feudo encontra-se numa fórmula de Marculfo.[2394] Dava-se a própria terra ao rei; este a entregava ao doador em usufruto ou benefício, e este designava seus herdeiros ao rei.

Para descobrir as razões então existentes para desnaturar assim o próprio alódio, é preciso que eu busque, como que dentro de abismos, as antigas prerrogativas dessa nobreza que, há onze séculos, está coberta de pó, de sangue e de suor.

Aqueles que possuíam feudos gozavam de enormes vantagens. A composição por danos a eles causados era mais expressiva do que aquela dos homens livres. Parece, a julgar pelas fórmulas de Marculfo, que constituía um privilégio do vassalo do rei o fato de aquele que o matasse pagar seiscentos soldos de composição. Esse privilégio era estabelecido pela lei sálica[2395] e pela lei dos ripuários;[2396] e, enquanto essas duas leis determinavam seiscentos soldos pela morte do vassalo do rei, não proporcionavam senão duzentos soldos pela morte de um ingênuo, franco, bárbaro ou homem que vivesse sob a lei sálica,[2397] e apenas cem por aquele de um romano.

Não era este o único privilégio dos vassalos do rei. É necessário que se saiba que quando um homem[2398] era citado em julgamento e não se apresentava ou não obedecia às ordenações dos juízes, era convocado à presença do rei; e se persistisse na contumácia, era posto fora da proteção

---

2394. I, fórmula XIII.

2395. Título XLIV. Ver também os títulos XLVI, §§ 3 e 4; e o título LXXIV.

2396. Título XI.

2397. Ver a lei dos ripuários, título VII; e a lei sálica, título XLIV, art. 1 e 4.

2398. Lei sálica, título LIX e LXXVI.

do rei[2399] e ninguém poderia recebê-lo em sua casa, nem mesmo dar-lhe pão; ora, se pertencesse a uma condição ordinária, seus bens eram confiscados.[2400] Entretanto, se fosse vassalo do rei, não o eram.[2401] O primeiro, devido a sua contumácia, era considerado criminoso, o que não ocorria com o segundo. Aquele, no caso dos menores crimes, era submetido à prova da água fervente;[2402] este só era a ela submetido em caso de assassinato.[2403] Enfim, um vassalo do rei não podia ser constrangido a jurar em casos de justiça contra um outro vassalo.[2404] Esses privilégios sofreram aumentos crescentes, e o capitular de Carlomano criou a honra devida aos vassalos do rei, segundo a qual eles não podiam jurar eles próprios, podendo fazê-lo somente pela boca de seus próprios vassalos.[2405] Ademais, quando aquele que gozava das honras não ia para o exército, sua pena consistia em abster-se de carne e de vinho o tempo correspondente ao que faltara ao serviço militar; o homem livre, contudo, que não seguira o conde,[2406] pagava uma composição de sessenta soldos[2407] e era submetido à servidão até que a tivesse efetivamente pago.

Não custa, portanto, imaginar que os francos que não eram vassalos do rei, e ainda mais os romanos, procurassem tornar-se seus vassalos; e que, para que não fossem privados de seus domínios, se concebesse o expediente de dar o seu alódio ao rei e recebê-lo sob forma de feudo e designar seus herdeiros a ele. Este uso se perpetuou e teve lugar sobretudo durante as desordens da segunda raça, quando todos tinham necessidade de um protetor e desejavam juntar forças com outros senhores[2408] e ingressar, por assim dizer, na monarquia feudal, porque não havia mais a monarquia política.

Isso prosseguiu na terceira raça, como podemos constatar graças a diversos documentos,[2409] seja porque se dava o próprio alódio e se o recuperava

---

2399. *Extra sermonem regis*. Lei sálica, título LIX e LXXVI.

2400. Ibidem, título LIX, § 1.

2401. Ibidem, título LXXVI, § 1.

2402. Ibidem, título LVI e LIX.

2403. Ibidem, título LXXVI, § 1.

2404. Ibidem, título LXXVI, § 2.

2405. *Apud Vernis palatium* do ano 883, art. 4 e 11.

2406. Capitular de Carlos Magno, que é o segundo do ano 812, art. 1 e 3.

2407. *Herbannum*.

2408. *Non infirmis reliquit haeredibus*, diz Lambert d'Ardres em Ducange no verbete *alodis*.

2409. Ver os que Ducange cita no verbete *alodis* e os transcritos por Galland no *Traité du franc-aleu*, p. 14 ss.

pelo mesmo ato, seja porque se o declarava alódio e se o reconhecesse como feudo. Dava-se o nome de *feudos de retomada* a esses feudos.

Isso não significa que aqueles que possuíam feudos os governassem como bons pais de família e, ainda que os homens livres se esforçassem muito para ter feudos, tratassem esse gênero de bens como administramos hoje os usufrutos. Foi o que motivou Carlos Magno, o mais vigilante e atento dos príncipes que tivemos, a estabelecer regras a fim de impedir que se degradassem os feudos em favor de seus proprietários.[2410] Isso prova somente que, em sua época, a maior parte dos benefícios era de vitalícios e que, consequentemente, tinha-se mais cuidado com os alódios do que com o benefícios, o que, entretanto, não impedia que ainda se preferisse ser vassalo do rei do que homem livre. Podia-se ter razões para dispor de uma certa porção particular de um feudo, mas não se queria perder sua própria dignidade.

Não desconheço que Carlos Magno se queixa, num capitular, que em alguns lugares havia pessoas que davam seus feudos em propriedade e os resgatavam em seguida em propriedade.[2411] Mas não afirmo que se preferia uma propriedade a um usufruto. Limito-me a afirmar que, quando se podia fazer de um alódio um feudo que passava aos herdeiros, que é o caso da fórmula a que me referi, havia grandes vantagens para assim agir.

CAPÍTULO IX — COMO OS BENS ECLESIÁSTICOS FORAM CONVERTIDOS EM FEUDOS

Os bens fiscais não deviam ter outro objetivo senão servir à formação das dádivas que os reis podiam fazer para convidar os francos a novas empreitadas, as quais, por outro lado, aumentavam os bens fiscais; e este era, como eu disse, o espírito da nação. Entretanto, as dádivas tomaram um outro rumo. Dispomos de um discurso de Chilperico, neto de Clóvis, que já se queixava de que seus bens tinham sido quase todos doados às igrejas.[2412] "Nosso fisco empobreceu", diz ele, "nossas riquezas foram transferidas para as igrejas.[2413] Só há bispos reinando agora; são eles que estão na grandeza, onde não estamos mais".

2410. Capitular II de 802, art. 10; Capitular VII de 803, art. 3; Capitular I, *incerti anni*, art. 49; Capitular de 806, art. 7.

2411. O quinto Capitular do ano 806, art. 8.

2412. Em Grégoire de Tours, VI, XLVI.

2413. O que fez com que ele anulasse os testamentos feitos a favor das igrejas e mesmo as dádivas feitas por seu pai. Gontran as restabeleceu e criou, inclusive, novas dádivas. Grégoire de Tours, VII, VII.

Isso fez os *maires*, que não ousavam atacar os senhores, despojarem as igrejas, sendo que uma das razões alegadas por Pepino para entrar na Nêustria foi que ele fora convidado pelos membros do clero a fim de deter os empreendimentos dos reis, ou seja, dos *maires*, que privavam a Igreja de todos os seus bens.[2414]

Os *maires* da Austrásia, ou seja, a Casa dos Pepinos, trataram a Igreja com mais moderação do que esta fora tratada na Nêustria e na Borgonha; e isso fica claro nas nossas crônicas, nas quais os monges ficam impossibilitados de se cansarem de admirar a devoção e a liberalidade dos Pepinos.[2415] Haviam ocupado, eles próprios, os primeiros postos da Igreja. "Um corvo não fura os olhos de um corvo", como dizia Chilperico aos bispos.[2416]

Pepino submeteu a Nêustria e a Borgonha, mas, tendo assumido, com o fito de destruir os *maires* e os reis, o pretexto da opressão das igrejas, não podia mais despojá-las sem contradizer seu título e deixar transparecer que brincava com a nação. Porém, a conquista de dois grandes reinos e o aniquilamento do partido oposto lhe forneceram meios suficientes para contentar seus capitães.

Pepino tornou-se senhor da monarquia protegendo o clero. Carlos Martel, seu filho, só pôde se manter oprimindo-o. Este príncipe, vendo que uma parte dos bens reais e dos bens fiscais havia sido dada em caráter vitalício ou sob forma de propriedade à nobreza, e que o clero, recebendo das mãos dos ricos e dos pobres, adquirira uma grande parte dos próprios alódios, despojou as igrejas e, não subsistindo os feudos da primeira partilha, formou uma segunda vez feudos.[2417] Tomou para si e para seus capitães os bens das igrejas e as próprias igrejas; e deu fim, desta forma, a um abuso que, diferente dos males ordinários, era tanto mais fácil de sanar visto ser extremo.

CAPÍTULO X — RIQUEZAS DO CLERO

O clero recebia tanto que foi necessário que nas três raças a ele tivessem dado várias vezes todos os bens do reino. Mas, se os reis, a nobreza e o povo encontraram o meio de lhe dar todos os seus bens, não encontraram menos o meio de retirá-los do clero. A piedade levara ao estabelecimento

---

2414. Ver os *Anais de Metz* sobre o ano 687. *Excitor imprimis querelis sacerdotum et servorum Dei, qui me saepius adierunt ut pro sublatis injuste patrimoniis*, etc.

2415. Ver os *Anais de Metz*.

2416. Em Grégoire de Tours.

2417. *Karolus, plurima juri ecclesiastico detrahens praedia fisco sociavit ac deinde militibus dispertivit. Ex Chronico Centulensi*, II.

das igrejas na primeira raça, mas o espírito bélico fez com que elas fossem dadas aos guerreiros, que as dividiram com seus filhos. Quantas terras não teriam saído das rendas do clero! Os reis da segunda raça abriram suas mãos e fizeram ainda imensas liberalidades. Os normandos chegaram, pilharam e devastaram, perseguiram principalmente os padres e os monges, procuraram as abadias, observaram onde poderiam encontrar algum sítio religioso, pois atribuíam aos membros do clero a destruição de seus ídolos e todas as violências de Carlos Magno, que os forçara uns após outros a se refugiarem no norte. Eram ódios que quarenta ou cinquenta anos não tinham sido suficientes para fazê-los esquecer. Nesse estado de coisas, como o clero perdeu bens! Mal havia eclesiásticos para os reivindicar. Restava ainda, portanto, à piedade da terceira raça suficientes fundações a serem feitas e terras a serem doadas. As opiniões que eram difundidas e eram objeto de crédito naqueles tempos teriam destituído os leigos de todos os seus bens, se eles tivessem sido pessoas suficientemente honestas. Mas, se os membros do clero eram ambiciosos, os leigos também o eram. Se o moribundo dava, o sucessor queria recuperar. Só se viam disputas entre os senhores e os bispos, os fidalgos e os abades; e é de se crer que os membros do clero eram intensamente pressionados, pois viram-se obrigados a se colocar sob a proteção de certos senhores, que num momento os defendiam para oprimi-los no momento seguinte.

Mas não tardou para que uma melhor fiscalização, estabelecida no decorrer da terceira raça, permitisse que os membros do clero aumentassem seus bens. Os calvinistas surgiram e cunharam moedas com todo o ouro e prata encontrados nas igrejas. Como teria o clero se assegurado de sua fortuna se não tinha se assegurado de sua própria existência? Tratava dos temas controvertidos e seus arquivos eram queimados. De que servia reivindicar perante uma nobreza sempre arruinada aquilo que ela não tinha ou aquilo que hipotecara de mil maneiras? O clero sempre adquiriu, sempre restituiu e adquire ainda.

CAPÍTULO XI — ESTADO DA EUROPA NO TEMPO DE CARLOS MARTEL

Carlos Martel, que empreendeu o despojamento do clero, se viu nas circunstâncias mais felizes. Era temido e amado pelos guerreiros e trabalhava para eles; contava com o pretexto de suas guerras contra os sarracenos;[2418] quanto ao clero, pouco o importava o ódio que esse lhe votava, pois não

---

2418. Ver os *Anais* de Metz.

688 | O ESPÍRITO DAS LEIS

precisava desse clero, de modo algum; o papa, a quem ele era necessário, lhe estendia os braços — sabe-se da célebre embaixada[2419] que lhe enviou Gregório III. Esses dois poderes foram estreitamente unidos porque não podiam passar um sem o outro. O papa precisava dos francos para que o sustentassem contra os lombardos e contra os gregos; Carlos Martel precisava do papa para humilhar os gregos, constranger os lombardos, se tornar mais respeitável perante ele e dar credibilidade aos títulos que ostentava, bem como àqueles que ele ou seus filhos poderiam assumir.[2420] Portanto, não havia como fracassar na sua empresa.

Santo Euquério, bispo de Orleans, teve uma visão que assustou os príncipes. Faz-se necessário que eu traga à baila, relativamente a este assunto, a carta[2421] que os bispos reunidos em Reims escreveram a Luís, o Germânico, que ingressara nas terras de Carlos, o Calvo, porque tal carta é bastante apropriada para nos revelar qual o estado, naquela época, das coisas e a condição dos espíritos. Eles dizem[2422] que "Santo Euquério, tendo sido arrebatado ao céu, viu Carlos Martel padecendo tormentos no inferno inferior,[2423] por ordem dos santos que devem assistir com Jesus Cristo ao juízo final; que ele fora condenado a essa pena antes do tempo por ter destituído as igrejas de seus bens e por ter se tornado, por causa disso, culpado dos pecados de todos aqueles que as tinham dotado; que o rei Pepino fez realizar em torno deste assunto um Concílio; que fez com que fosse entregue às igrejas tudo que pôde retirar dos bens eclesiásticos; que, como ele não pudesse reaver senão uma parte devido aos seus desentendimentos com Vaifre, duque da Aquitânia, providenciou, a favor das igrejas, escrituras precárias do resto[2424] e regulamentou que os

---

2419. *Epistolam quoque, decreto romanorum principum, sibi praedicus praesul Gregorius miserat, quod sese populus Romanus, relicta imperatoris dominatione, ad suam defensionem et invictam clementiam convertere voluisset.* Anais de Metz, sobre o ano 741.... *Eo pacto patrato, ut a partibus imperatoris recederet.* Fredegário.

2420. Pode-se ver nos autores daqueles tempos a impressão que a autoridade de tantos papas exercia sobre o espírito dos franceses. Embora o rei Pepino já tivesse sido coroado pela arcebispo de Mogúncia, ele considerou a unção recebida do papa Estêvão como algo que o confirmava em todos os seus direitos.

2421. *Anno 858, apud Carisiacum*, edição de Baluze, tomo II.

2422. Ibidem, tomo II, art. 7.

2423. No original, *"enfer inférieur"*, piedosa redundância, já que o *inferno*, até por uma questão de cunho linguístico, é necessariamente *inferior*. (N.T.)

2424. *Precaria, quod precibus utendum conceditur*, diz Cujas em suas notas sobre o Livro I dos feudos. Encontro num diploma do rei Pepino, datado do terceiro ano de seu reinado, que esse príncipe não estabeleceu em primeiro lugar essas escrituras precárias; ele cita uma feita pelo administrador-chefe Ebroíno, depois continuada. Ver o diploma desse rei no tomo V das *Histórias da França* dos beneditinos, art. 6.

leigos pagassem um dízimo dos bens que conservassem das igrejas e doze dinheiros por cada casa; que Carlos Magno não deu os bens da Igreja, produzindo, ao contrário, um capitular pelo qual se empenhou, por si e por seus sucessores, a não dá-los jamais; que tudo que eles antecipam está escrito e que mesmo muitos entre eles o tinham ouvido ser narrado a Luís, o Indulgente, pai dos dois reis".[2425]

O regulamento do rei Pepino, ao qual se referem os bispos, foi produzido no Concílio realizado em Leptines.[2426] A Igreja nisso obtinha a vantagem, a saber, que aqueles que haviam recebido esses bens só os mantinham de uma maneira precária; e que, além disso, ela recebia o dízimo deles e doze dinheiros por cada choupana que fosse de sua alçada. Mas tratava-se de um remédio paliativo, e o mal permanecia sempre.

Isso até padecia de contradição, e Pepino foi obrigado a providenciar um outro capitular,[2427] no qual determinou que os que mantinham esses benefícios pagassem esse dízimo e essa indenização e, inclusive, arcassem com a manutenção das casas do bispado ou do mosteiro, sob pena de perder os bens concedidos. Carlos Magno renovou os regulamentos de Pepino.[2428]

O que os bispos dizem na mesma carta, que Carlos Magno promete, por si e seus sucessores, não dividir mais os bens da Igreja com os guerreiros, está em conformidade com o capitular deste príncipe, outorgado em Aix-la-Chapelle no ano de 803, capitular feito para acalmar os terrores dos membros do clero a esse respeito; mas as doações já realizadas subsistiram sempre.[2429] Os bispos ajuntam, e com razão, que Luís, o Indulgente, imitou a conduta de Carlos Magno e não deu bem algum da Igreja aos soldados.

2425. Não há como deixar de fazer, paralelamente à análise histórica de Montesquieu, uma breve consideração moral do principal e claro intento dessa carta. Com o devido respeito aos genuínos santos e místicos (aliás, tradicionalmente raríssimos), o teor dessa carta chega a irritar pelo seu oportunismo e por sua desfaçatez, por certo especialidades nas quais os hierarcas da Igreja Romana medieval foram insuperáveis. O tal bispo de Orleans, aqui intitulado *santo* por Montesquieu (afinal, o processo de canonização era realizado com exclusividade pela própria Igreja), demonstra faculdade visionária extremamente suspeita ao expressar seu intenso zelo pela preservação de copiosos bens mundanos a favor da Igreja, da qual ele era um rico membro. Teremos de lembrar infinitas vezes aos seres humanos que o doce nazareno Jesus Cristo não nasceu numa manjedoura por *mero acaso e sem propósito algum* ou apenas porque, devido ao censo feito por ocasião do seu nascimento, *as hospedarias estavam lotadas!* (N.T.)

2426. No ano 743. Ver o Livro V dos *Capitulares*, art. 3, edição de Baluze.

2427. O de Metz do ano 756, art. 4.

2428. Ver sua capitular do ano 803, outorgada em Worms, edição de Baluze, onde ele regulamenta o contrato precário; e o de Frankfurt do ano 794, art. 24, sobre as reparações das Casas; e o do ano 800.

2429. Como parece pela nota precedente e pelo capitular de Pepino, rei da Itália, onde está dito que o rei dará sob forma de feudo os mosteiros àqueles que se recomendassem para os feudos.

690 | O ESPÍRITO DAS LEIS

Entretanto, os antigos abusos chegaram a tal ponto que, no reinado dos filhos de Luís, o Indulgente, os leigos estabeleciam padres nas suas igrejas ou os expulsavam, sem o consentimento dos bispos.[2430] As igrejas se repartiram entre os herdeiros;[2431] e, quando eram conservadas de uma forma indecente, não restava outro recurso aos bispos senão delas retirar as relíquias.[2432]

O capitular de Compiègne[2433] estabeleceu que o enviado do rei podia fazer a visita de todos os mosteiros com o bispo, mediante o parecer e na presença de quem o mantinha;[2434] e esta regra geral prova que o abuso era geral.

Não é que faltassem leis para a restituição dos bens das igrejas. Tendo o Papa censurado os bispos pela negligência destes quanto ao restabelecimento dos mosteiros, eles escreveram[2435] a Carlos, o Calvo, que não haviam se sentido, de modo algum, atingidos por esta censura, porque não eram culpados e advertiram a respeito do que fora prometido, resolvido e estatuído em tantas assembleias da nação. De fato, citaram nove delas.

Disputava-se sempre. Os normandos chegaram e colocaram todos de acordo.

CAPÍTULO XII — ESTABELECIMENTO DOS DÍZIMOS

Os regulamentos feitos no reinado de Pepino haviam proporcionado mais à Igreja a esperança de um alívio do que um alívio efetivo; e, como Carlos Martel encontrou todo o patrimônio público nas mãos dos membros do clero, Carlos Magno encontrou os bens dos membros do clero nas mãos dos soldados. Não se podia fazer com que estes devolvessem o que lhes fora concedido, e as circunstâncias reinantes naquela ocasião tornaram a coisa ainda mais impraticável do que realmente o eram, em conformidade com sua natureza. Por outro lado, o cristianismo não devia perecer na ausência de ministros, templos e instruções.[2436]

Está acrescentado à lei dos lombardos, III, título I, 30, e às leis sálicas, *Coleção das leis de Pepino*, em Échard, título XXVI, art. 4.

2430. Ver a constituição de Lotário I, na lei dos lombardos, III, lei i, § 43.

2431. Ibidem, § 44.

2432. Ibidem.

2433. Outorgado no 28º ano do reinado de Carlos, o Calvo, ano 868, edição de Baluze.

2434. *Cum consilio et consensu ipsius qui locum retinet.*

2435. *Concilium apud Bonoilum*, 16º ano de Carlos, o Calvo, ano 856, edição de Baluze.

2436. Nas guerras civis que eclodiram no tempo de Carlos Martel, os bens da Igreja de Reims foram dados aos leigos. Deixou-se o clero *subsistir como poderia*, que é o que é dito na *Vida de São Remígio*. Súrio, tomo I.

Tal situação levou Carlos Magno a estabelecer os dízimos, novo gênero de bem que apresentava a seguinte vantagem para o clero, a saber, sendo dado exclusivamente à Igreja, tornou-se mais fácil, posteriormente, reconhecer as usurpações a ele atinentes.[2437]

Quis-se atribuir a este estabelecimento datas deveras remotas, mas as autoridades citadas me parecem testemunhas contra aqueles que as alegam. A constituição[2438] de Clotário se restringe a afirmar que não se arrecadaria certos dízimos[2439] sobre os bens da Igreja. Muito ao contrário de a Igreja arrecadar dízimos naqueles tempos, toda a sua pretensão era se fazer isenta deles. O segundo Concílio de Macon,[2440] realizado em 585, que determina que os dízimos sejam pagos, diz, na verdade, que haviam sido pagos nos tempos antigos; mas diz também que, no seu tempo, não eram mais pagos.

Quem duvida que, antes de Carlos Magno, não se tenha aberto a Bíblia e pregado os dons e as oferendas do Levítico? Mas eu digo que antes desse príncipe os dízimos podiam ser pregados, mas não estavam estabelecidos.

Afirmei que os regulamentos feitos no reinado de Pepino haviam submetido ao pagamento dos dízimos e às reparações das Igrejas aqueles que possuíam sob forma de feudo os bens eclesiásticos. Era muito obrigar mediante uma lei, cuja justiça não se podia disputar, os principais da nação a darem o exemplo.

Carlos Magno fez mais, e se vê, pelo capitular *de Villis*,[2441] que ele obrigou seus próprios fundos ao pagamentos dos dízimos: era ainda um grande exemplo.

Mas a camada baixa da população não é capaz de abandonar seus interesses diante de exemplos. O sínodo de Frankfurt[2442] lhe apresentou um motivo mais premente para pagar os dízimos. Nele foi feito um capitular no qual se diz que no último surto de fome as espigas de trigo foram

---

2437. Lei dos lombardos, III, 1 e 2.

2438. É esta à qual me referi tanto no capítulo IV, que pode ser localizada na edição dos *Capitulares* de Baluze, tomo I, art. 11.

2439. *Agraria et pascuaria, vel decimas porcorum, Ecclesiae concedimus; ita ut actor aut decimator in rebus Ecclesiae nullus accedat.* O capitular de Carlos Magno do ano 800, edição de Baluze, p. 336, explica muito bem o que era esse tipo de dízimo do qual Clotário isenta a Igreja: era o décimo dos porcos que se colocava nas florestas do rei para engordar, e Carlos Magno quer que seus juízes o paguem como os outros, de modo a darem o exemplo. Percebe-se que era um direito senhorial ou econômico.

2440. Cânone V, *ex tomo I Conciliorum antiquorum Galliae, opera Jacobi Sirmondi*.

2441. Art. 6, edição de Baluze. Foi outorgado no ano 800.

2442. Realizado no reinado de Carlos Magno no ano 794.

encontradas vazias;[2443] que tinham sido devoradas pelos demônios e que se ouviram suas vozes reprovando não se ter pagado o dízimo, e, consequentemente, foi ordenado a todos aqueles que conservavam bens eclesiásticos que pagassem o dízimo e, ainda consequentemente, ordenou-se a todos.

O projeto de Carlos Magno não obteve êxito inicialmente. Este encargo se afigurou pesado.[2444] O pagamento dos dízimos entre os judeus foi introduzido no plano da fundação de sua república, mas, neste caso, o pagamento dos dízimos constituía um encargo independente daqueles do estabelecimento da monarquia. Pode-se ver, nas disposições acrescidas à lei dos lombardos,[2445] a dificuldade existente então para receber os dízimos mediante leis civis. Pode-se julgar pelos diferentes cânones dos concílios aquela que houve para recebê-los por meio das leis eclesiásticas.

O povo, finalmente, consentiu em pagar os dízimos, sob a condição de poder resgatá-los. A constituição de Luís, o Indulgente,[2446] e a do imperador Lotário,[2447] seu filho, não o permitiram.

As leis de Carlos Magno acerca do estabelecimento dos dízimos foram obra da necessidade; somente a religião dela participou, não tendo a superstição participação alguma.

A famosa divisão[2448] que ele fez dos dízimos em quatro partes, para a construção das igrejas, para os pobres, para o bispo, para os clérigos, prova muito bem que ele desejava dar à Igreja esse estado fixo e permanente que ela perdera.

Seu testamento[2449] revela que quis acabar de reparar os males que Carlos Martel, seu avô, cometera. Dividiu seus bens móveis em três partes iguais. Desejou que duas destas partes fossem divididas em vinte e uma, para as vinte e uma metrópoles de seu Império; cada parte devia ser subdividida entre a metrópole e os bispados que dela dependiam. Dividiu a terça parte restante em quatro partes; uma delas ele deu aos seus filhos

---

2443. *Experimento enim didicimus in anno quo illa valida fames irrepsit, ebulire vacuas annonas a daemonibus devoratas, et voces exprobationis auditas*, etc. Edição de Baluze, art. 23.

2444. Ver, entre outros, o capitular de Luís, o Indulgente, do ano 829, edição de Baluze, contra aqueles que, com o objetivo de não pagar o dízimo, não cultivavam suas terras; e o art. 5. *Nonis quidem et decimis, unde et genitor noster et nos frequenter in diversis placitis admonitionem fecimus.*

2445. Entre outras, a de Lotário, III, título III, capítulo VI.

2446. Do ano 829, art. 7, em Baluze, tomo I.

2447. Lei dos lombardos, III, título III, § 8.

2448. Ibidem, § 4.

2449. É uma espécie de codicilo transcrito por Eginhart e que difere do próprio testamento encontrado em Goldast e Baluze.

e netos, outra foi somada aos dois terços já dados, e as outras duas foram empregadas em obras pias. Parecia que considerava a dádiva imensa que acabava de fazer às igrejas menos como uma ação religiosa do que como uma dispensação política.

CAPÍTULO XIII — DAS ELEIÇÕES NOS BISPADOS E ABADIAS

Tendo as igrejas se tornado pobres, os reis abandonaram as eleições aos bispados e outros benefícios eclesiásticos.[2450] Os príncipes se constrangeram menos quanto a nomear os ministros, e os competidores reclamaram menos sua autoridade. Assim, a Igreja recebia uma espécie de compensação pelos bens que lhe haviam sido retirados.

E se Luís, o Indulgente,[2451] deixou ao povo romano o direito de eleger os papas, tratou-se de um efeito do espírito geral de seu tempo. Conduzia-se relativamente à sede de Roma como se fazia relativamente às outras.

CAPÍTULO XIV — DOS FEUDOS DE CARLOS MARTEL

Não afirmarei que, se Carlos Martel, ao dar os bens da Igreja sob forma de feudo, os tenha dado em caráter vitalício ou perpétuo. Tudo que sei é que na época de Carlos Magno[2452] e de Lotário I[2453] havia essas espécies de bens que são transferidos aos herdeiros e eram repartidos entre eles.

Descobri, ademais, que uma parte[2454] foi dada em alódio, e a outra parte, em feudo.

Eu disse que os proprietários dos alódios estavam submetidos ao serviço como os possuidores dos feudos. Isso foi, sem dúvida, a causa pela qual Carlos Martel deu em alódio bem como sob forma de feudo.

2450. Ver o capitular de Carlos Magno do ano 803, art. 2, edição de Baluze; e a edição de Luís, o Indulgente, do ano 834, em Goldaste. *Constituições imperiais*, tomo I.

2451. Isso é afirmado no famoso cânone *Ego Ludovicus*, que é visivelmente uma suposição. Encontra-se na edição de Baluze sobre o ano 817.

2452. Como pode se depreender de seu capitular do ano 801, art. 17, em Baluze, tomo I.

2453. Ver sua constituição inserida no código dos lombardos, III, título I, § 44.

2454. Ver a constituição acima e o capitular de Carlos, o Calvo, do ano 846, XX, em *Villa Sparnaco*, edição de Baluze, tomo II; e o do ano 853, III e V, no sínodo de Soissons, edição de Baluze, tomo II. Ver também o capitular primeiro de Carlos Magno, *incerti anni*, art. 49 e 56, edição de Baluze, tomo I.

CAPÍTULO XV — CONTINUAÇÃO DO MESMO ASSUNTO

É preciso observar que, tendo os feudos sido transformados em bens da Igreja e os bens da Igreja transformados em feudos, os feudos e os bens da Igreja assumiram reciprocamente algo da natureza uns dos outros. Assim, os bens da Igreja tiveram os privilégios dos feudos, e os feudos tiveram os privilégios dos bens da igreja: tais foram os direitos honoríficos[2455] nas igrejas que vimos surgir naqueles tempos. E, como estes direitos sempre estiveram ligados à alta justiça, preferivelmente ao que chamamos hoje de feudo, conclui-se que as justiças patrimoniais se achavam estabelecidas na mesma época destes direitos.

CAPÍTULO XVI — CONFUSÃO DA REALEZA E DA ADMINISTRAÇÃO MOR (*MAIRERIE*) — SEGUNDA RAÇA

A ordem das matérias me levou a transtornar a ordem dos tempos, de maneira que me referi a Carlos Magno antes de me referir àquela famosa época da transmissão da coroa aos carolíngios, levada a cabo no reinado de Pepino, coisa que, diferentemente dos eventos ordinários, é, talvez, mais notada hoje do que o foi na própria época na qual aconteceu.

Os reis não tinham autoridade, mas tinham um nome. O título de rei era hereditário, e o de *maire* era eletivo. Embora os *maires,* nos últimos tempos, tenham colocado no trono o merovíngio que queriam, não haviam tomado rei algum numa outra família; e a antiga lei que concedia a coroa a uma certa família não fora apagada do coração dos francos. A pessoa do rei era quase desconhecida na monarquia, mas a realeza não o era. Pepino, filho de Carlos Martel, julgou conveniente confundir estes dois títulos, confusão que semearia sempre incerteza se a nova realeza fosse hereditária ou não: e isto bastaria àquele que juntasse à realeza um grande poder. Naquele momento a autoridade do *maire* foi unida à autoridade real. Na mescla destas duas autoridades produziu-se uma espécie de conciliação. O *maire* fora eletivo, e o rei, hereditário; a coroa, no começo da segunda raça, foi eletiva, porque o povo escolhia; foi hereditária, porque escolhia sempre dentro da mesma família.[2456]

2455. Ver *Capitulares*, V, art. 44, e o edito de Pistes do ano 866, art. 8 e 9, onde se veem os direitos honoríficos dos senhores estabelecidos tais como são hoje.

2456. Ver o testamento de Carlos Magno e a partilha que Luís, o Indulgente, fez para seus filhos na assembleia dos Estados realizada em Quierzy, relatada por Goldast: *Quem populus eligere velit, ut patri suo succedat in regni haereditate.*

O padre Le Cointe,[2457] a despeito do testemunho de todos os monumentos,[2458] nega[2459] que o papa tenha autorizado esta grande transformação. Uma das razões que alega é que teria feito uma injustiça. E é admirável ver um historiador julgar o que foi feito pelos homens sob o critério do que *deveriam* fazer! Mediante uma tal maneira de raciocinar, não haveria mais história.

Seja o que for, é certo que, a partir do momento da vitória do duque Pepino, sua família passou a reinar, e a dos merovíngios deixou de reinar. Quando seu neto Pepino foi coroado rei, isto não passou de uma cerimônia a mais e um fantasma a menos: tudo que adquiriu com isso foram seus ornamentos reais; nada foi mudado na nação.

Digo isto a fim de fixar o momento da revolução, para que não nos enganemos considerando como uma revolução o que foi somente uma consequência da revolução.

Quando Hugo Capeto[2460] foi coroado rei no começo da terceira raça, ocorreu uma transformação maior porque o Estado passou da anarquia a um governo qualquer, mas, quando Pepino tomou a coroa, passou-se de um governo ao mesmo governo.

Quando Pepino foi coroado rei, ele se limitou a mudar de nome; mas, quando Hugo Capeto foi coroado rei, a coisa mudou, porque um grande feudo, unido à coroa, deu fim à anarquia.

Quando Pepino foi coroado rei, o título de rei foi unido ao maior dos ofícios; quando Hugo Capeto foi coroado, o título de rei foi unido ao maior feudo.

CAPÍTULO XVII — COISA PARTICULAR NA ELEIÇÃO DOS REIS DA SEGUNDA RAÇA

Vê-se na fórmula da consagração de Pepino[2461] que Carlos e Carlomano foram também ungidos e abençoados e que os senhores franceses se obrigaram, sob pena de interdição e de excomunhão, a não eleger jamais pessoa de outra raça.[2462]

2457. Autor dos *Anais eclesiásticos dos francos* (1679).

2458. O anônimo sobre o ano 752; e *Chron. Centul.* sobre o ano 754.

2459. *Fabella quae post Pippini mortem excogitata est, aequitati ac sanctitati Zachariae papae plurimum adversatur... Annales ecclesiastici Francorum*, tomo II.

2460. Rei de França a partir de 987. (N.T.)

2461. Tomo V dos *Historiadores da França* dos padres beneditinos.

2462. *Ut nunquam de alterius lumbis regem in avo praesumant eligere, sed ex ipsorum*, Ibidem, p. 10.

Parece, pelos testamentos de Carlos Magno e de Luís, o Indulgente, que os francos escolheram entre os filhos dos reis, o que se relaciona perfeitamente com a cláusula acima. E quando o Império passou para uma outra casa, distinta daquela de Carlos Magno, a faculdade de eleger, que era restrita e condicional, tornou-se pura e simples e houve um afastamento da antiga constituição.

Pepino, sentindo a aproximação de sua morte, convocou os senhores eclesiásticos e laicos a Saint-Denis[2463] e dividiu seu reino entre seus dois filhos, Carlos e Carlomano. Não dispomos dos atos desta assembleia, mas podemos encontrar o que nela se passou no autor da antiga coleção histórica publicada por Canísio[2464] e no autor dos *Anais* de Metz, como observou[2465] Baluze. E aí vejo duas coisas que são, de algum modo, contrárias: primeiramente, que ele fez a divisão com o consentimento dos grandes e, em seguida, que a fez mediante um direito paterno. Isso prova o que afirmei, ou seja, que o direito do povo, nesta raça, era eleger no seio da família: era, falando com propriedade, mais um direito de excluir do que um direito de eleger.

Esta espécie de direito de eleição está confirmada pelos monumentos da segunda raça. Tal é esse capitular da divisão do Império que Carlos Magno fez entre seus três filhos, no qual, depois de ter configurado sua partilha, ele diz[2466] que "se um dos três irmãos tiver um filho, de modo que o povo queira elegê-lo para a sucessão do reino de seu pai, seus tios darão seu consentimento a isso".

Esta mesma disposição se encontra na partilha que Luís, o Indulgente, fez entre seus três filhos,[2467] Pepino, Luís e Carlos, no ano 837, na assembleia de Aix-la-Chapelle; e ainda numa outra partilha do mesmo imperador,[2468-2469] feita vinte anos antes entre Lotário, Pepino e Luís. Pode-se ver ainda o juramento que Luís, o Gago, fez em Compiègne quando foi ali coroado: "Eu, Luís,[2470] constituído rei pela misericórdia de Deus e a eleição

---

2463. No ano 768.

2464. Tomo II, *Lectionis antiquae.*

2465. Edição dos *Capitulares*, tomo I.

2466. No capitular I do ano 806, edição de Baluze, art. 5.

2467. Em Goldast, *Constituições imperiais*, tomo II.

2468. Edição de Baluze, art. 14. *Si vero aliquis illorum decedens, legitimos filios reliquerit non inter eos potestas ipsa dividatur; sed potius populus, pariter conveniens, unum ex eis, quem Dominus voluerit, eligat; et hunc senior frater in loco fratis et filii suscipiat.*

2469. Se um deles deixar vários filhos, o poder não será dividido entre eles, mas, antes, o povo escolherá entre eles um, segundo a vontade divina, e aquele, o irmão primogênito do defunto, o considerará como seu irmão e seu filho. (N.T.)

2470. Capitular do ano 877, edição de Baluze.

do povo, prometo...". O que digo é confirmado pelos atos do Concílio de Valência,[2471] realizado em 890 para a eleição de Luís, filho de Boson, ao reino de Arles. Luís foi ali eleito e indicam-se como principais razões de sua eleição o fato de ele pertencer à família imperial,[2472] o fato de Carlos, o Gordo, lhe ter conferido a dignidade de rei e o fato de o imperador Arnul o haver investido mediante o cetro e mediante o ministério de seus embaixadores. O reino de Arles, como os outros, desmembrados ou dependentes do Império de Carlos Magno, era eletivo e hereditário.

CAPÍTULO XVIII — CARLOS MAGNO

Carlos Magno pensou em manter o poder da nobreza nos seus limites e obstruir a opressão do clero e dos homens livres. Introduziu uma tal moderação nas ordens do Estado que estas ficaram contrabalançadas, mantendo-o como o senhor. Tudo foi unido pela força de seu gênio. Conduziu continuamente a nobreza de expedição em expedição; não concedeu a ela tempo para conceber planos, mas ocupou-a na sua totalidade em seguir os seus planos. O Império se manteve pela grandeza do chefe: o príncipe era grande, e o homem era ainda mais do que grande. Os reis seus filhos foram seus primeiros súditos, os instrumentos de seu poder e os modelos da obediência. Produziu admiráveis regras e, mais do que isto, fez com que fossem executadas. Seu gênio expandiu-se por todas as partes do Império. Observa-se nas leis deste príncipe um espírito de previsão que abarca tudo e uma certa força que arrasta tudo. Os pretextos[2473] para eludir os deveres são eliminados, as negligências são corrigidas, os abusos, reparados ou prevenidos. Ele sabia punir e sabia melhor ainda perdoar. Era imenso nos seus desígnios e simples na execução; ninguém deteve num grau tão elevado a arte de realizar as coisas mais importantes com facilidade, e as coisas mais difíceis, com presteza. Percorria incessantemente seu vasto Império, ajudando em todos os lugares onde o Império ameaçava decair. Os negócios renasciam de todos os cantos, e ele os finalizava de todos os cantos. Jamais houve um príncipe que soubesse melhor afrontar os perigos; jamais houve um príncipe que soubesse melhor evitá-los. Zombou de todos os perigos e, especialmente, daqueles que experimentam quase sempre os grandes conquistadores, ou seja, refiro-me às conspirações. Este príncipe prodigioso era extremamente moderado; tinha um temperamento brando, maneiras

---

2471. Em Dumont, *Corps diplomatique* (*Corpo diplomático*), tomo I, art. 36.

2472. Por intermédio das mulheres.

2473. Ver seu capitular III do ano 811, art. 1, 2, 3, 4, 5, 6, 7 e 8; e o capitular I do ano 812, art. I; e o capitular do mesmo ano, art. 9 e 11; e outros.

698 | O ESPÍRITO DAS LEIS

simples. Apreciava viver com as pessoas de sua corte. Foi, talvez, excessivamente dado ao prazer das mulheres, mas um príncipe que governou sempre por si mesmo e que passou sua vida imerso em labores é merecedor de muitas desculpas. Imprimiu controle admirável às suas despesas. Fez valer seus domínios com sabedoria, com atenção, com economia. Um pai de família poderia aprender[2474] nas suas leis como administrar sua casa. Percebe-se em suas *Capitulares* a fonte pura e sagrada de onde auferiu suas riquezas. Limitar-me-ei, ademais, a uma única palavra: ordenava que fossem vendidos os ovos dos galinheiros de seus domínios e as ervas inúteis de seus jardins,[2475] e distribuíra aos seus povos todas as riquezas dos lombardos e os imensos tesouros desses hunos que haviam despojado o mundo.

CAPÍTULO XIX — CONTINUAÇÃO DO MESMO ASSUNTO

Carlos Magno e seus primeiros sucessores temeram que aqueles que eles instalassem nos lugares distantes fossem levados à insurreição. Acreditaram encontrar maior docilidade junto aos membros do clero, e assim construíram na Alemanha um grande número de bispados[2476] aos quais agregaram grandes feudos. Parece, a julgar por algumas escrituras, que as cláusulas que encerravam as prerrogativas desses feudos não eram diferentes daquelas que integramos geralmente nessas concessões,[2477] ainda que se vejam hoje os principais membros do clero da Alemanha revestidos do poder soberano. Seja o que for, foram peças que apresentaram diante dos saxões. O que não podiam esperar da indolência ou das negligências de um leudo, acreditaram dever esperar do zelo e da atenção atuante de um bispo, além do que um tal vassalo, bem longe de se servir contra eles dos povos submetidos, teria, ao contrário, necessidade deles para se sustentar contra seus povos.

CAPÍTULO XX — LUÍS, O INDULGENTE

Augusto, estando no Egito, ordenou que o túmulo de Alexandre fosse aberto. Perguntaram-lhe se queria que abrissem os túmulos dos Ptolomeus.

2474. Ver o capitular *de Villis* do ano 800; seu capitular II do ano 813, art. 6 e 19; e o Livro V dos *Capitulares*, art. 303.

2475. Capitular *de Villis*, art. 39. Ver todo esse capitular, o qual constitui uma obra-prima de prudência, de boa administração e de economia.

2476. Ver, entre outros, a fundação do arcebispado de Bremen no capitular de 789, edição de Baluze.

2477. Por exemplo, a proibição de os juízes reais entrarem no território para exigir os *freda* e outros direitos. Tratei extensamente disso no livro anterior, nos capítulos XX, XXI e XXII.

Respondeu que queria ver o rei, e não os mortos. Assim, na história dessa segunda raça, buscam-se Pepino e Carlos Magno. Desejar-se-ia ver os reis, e não os mortos.

Um príncipe que é joguete de suas paixões passa a ser vítima de suas próprias virtudes; um príncipe que não conheceu jamais sua força nem sua fraqueza; que não soube conciliar nem o temor e nem o amor; que, com poucos vícios no coração, tinha todo tipo de falhas no espírito, tomou em suas mãos as rédeas do Império que Carlos Magno conservara.

Na ocasião em que o mundo está em pranto pela morte de seu pai; nesse momento de perplexidade em que todos exigem Carlos e não o encontram mais; no tempo em que ele apressa seus passos para ir ocupar seu posto, ele envia à frente de si emissários de confiança para prender aqueles que haviam contribuído para o desregramento da conduta de suas irmãs. Isso causou tragédias sanguinárias.[2478] Foram imprudências cometidas pela precipitação. Ele começava por vingar crimes domésticos antes de chegar ao palácio e a incutir revolta aos espíritos antes de ser o senhor.

Ordenou que vazassem os olhos de Bernardo, rei da Itália, seu sobrinho, o qual viera até ele para implorar sua clemência e que morreu alguns dias depois, o que multiplicou o número de seus inimigos. O medo que experimentou deles o levou a mandar tonsurar seus irmãos, o que aumentou ainda mais o número dos inimigos. Estes dois últimos atos lhe foram muito censurados;[2479] não faltou que lhe dissessem que violara o próprio juramento e as promessas solenes que fizera a seu pai no dia de sua coroação.[2480]

Depois da morte da imperatriz Ermengarda, da qual ele tivera três filhos, desposou Judite, da qual teve um filho, e logo, misturando as complacências de um velho marido com todas as fraquezas de um velho rei, instaurou uma desordem no seio de sua família que desencadeou a queda da monarquia.

Alterou continuamente as partilhas que fizera aos seus filhos, embora essas partilhas houvessem sido confirmadas alternadamente por seus juramentos, pelos de seus filhos e pelos dos senhores. Era desejar submeter à tentação a fidelidade de seus súditos; era procurar instalar a confusão, escrúpulos e equívocos na obediência; era confundir os direitos diversos dos príncipes em uma época, sobretudo, na qual, sendo as

---

2478. O autor incerto da *Vida de Luís, o Indulgente,* na coleção de Duchesne, tomo II.

2479. Ver o processo verbal de sua degradação na coleção de Duchesne, tomo II.

2480. Ele lhe ordenou que tivesse, em relação às suas irmãs, seus irmãos e seus sobrinhos, uma clemência ilimitada, *indeficientem misericordiam.* Tegano na coleção de Duchesne, tomo II.

fortalezas escassas, o primeiro baluarte da autoridade era a fidelidade prometida e a fidelidade recebida.

Os filhos do imperador, a fim de manter suas partilhas, apelaram para o clero e concederam a estes direitos até então inauditos. Esses direitos eram especiais; fazia-se o clero entrar como fiador de uma coisa que se quisera que ele autorizasse. Agobardo[2481] representou a Luís, o Indulgente, que enviara Lotário a Roma para que este fosse declarado imperador; que ele havia feito partilhas entre seus filhos após ter consultado o céu durante três dias de jejum e de orações. Que podia fazer um príncipe supersticioso que era acometido pela própria superstição? Percebe-se que golpe a autoridade soberana recebeu duas vezes através da prisão desse príncipe e de sua penitência pública. O desejo fora degradar o rei, e se degradou a realeza.

Tem-se, a princípio, dificuldade para compreender como um príncipe que era detentor de diversas boas qualidades, ao qual não faltavam luzes, que amava naturalmente o bem e, para tudo dizer afinal, era filho de Carlos Magno, podia ter um tão grande número de inimigos,[2482] tão violentos, tão irreconciliáveis, tão ardentes com vistas a ofender, tão insolentes diante de sua humilhação, tão determinados quanto a levá-lo à perdição; e o teriam levado à perda irreversível por duas vezes se seus filhos, no fundo pessoas mais honestas do que eles, tivessem podido acatar um projeto e concordar em algo.

CAPÍTULO XXI — CONTINUAÇÃO DO MESMO ASSUNTO

A força que Carlos Magno introduzira na nação permaneceu suficientemente no reinado de Luís, o Indulgente, a ponto de o Estado ser capaz de manter sua grandeza e ser respeitado pelos estrangeiros. O príncipe tinha o espírito débil, mas a nação era guerreira. A autoridade perdia-se internamente sem que o poder parecesse diminuir externamente.

Carlos Martel, Pepino e Carlos Magno governaram um após outro a monarquia. O primeiro acariciou a avareza dos soldados; os dois outros, a do clero. Luís, o Indulgente, descontentou tanto o exército quanto o clero.

Na constituição francesa, o rei, a nobreza e o clero tinham em suas mãos todo o poder do Estado. Carlos Martel, Pepino e Carlos Magno uniram, por vezes, interesses com uma das duas partes para conter a

---

2481. Ver suas cartas.

2482. Ver o processo verbal de sua degradação na coleção de Duchesne, tomo II. Ver também sua *Vida* escrita por Tegano. *Tanto enim laborabat, ut taerderet eos vita ipsius*, diz o autor incerto em Duchesne, tomo II.

outra, e quase sempre com todas as duas. Mas Luís, o Indulgente, separou de si um e outro desses corpos. Indispôs-se com os bispos através de regras que lhes pareceram rígidas, porque ele ia mais longe do que eles próprios queriam ir. Há leis excelentes que se ajustam mal a certos propósitos. Os bispos, acostumados naqueles tempos a ir à guerra contra os sarracenos e os saxões, estavam bem distantes do espírito monástico.[2483] Por outro lado, tendo perdido todo tipo de confiança em sua nobreza, ele elevou pessoas nulas.[2484] Eliminou a nobreza dos seus cargos,[2485] afastou-a do palácio, convocou estrangeiros. Separou-se destas duas classes e com isto foi abandonado.

CAPÍTULO XXII — CONTINUAÇÃO DO MESMO ASSUNTO

Mas o que, sobretudo, debilitou a monarquia foi este príncipe dissipar seus domínios.[2486] É aqui que Nitardo, um dos mais judiciosos historiadores que temos; Nitardo, neto de Carlos Magno, que estava ligado ao partido de Luís, o Indulgente, e que escrevia a história por ordem de Carlos, o Calvo, deve ser ouvido.

Ele diz "que um certo Adelhardo exercera durante um certo tempo um tal Império sobre o espírito do imperador que este príncipe seguia sua vontade em todas as coisas; que, sob a instigação deste favorito, ele dera os bens fiscais[2487] a todos que os desejaram, e com isso aniquilara a república".[2488] Assim, ele realizou em todo o Império o que eu disse[2489] que realizara na Aquitânia, coisa que Carlos Magno reparou e que ninguém mais reparou.

2483. "Naquela ocasião, os bispos e os clérigos começaram a abandonar os cintos e os boldriés de ouro, os punhais enriquecidos com pedrarias neles penduradas, os trajes de gosto requintado, as esporas cuja riqueza pesava em seus calcanhares. No entanto, o inimigo do gênero humano não tolerou tal devoção, que atraiu contra si os membros do clero de todas as ordens, e fez contra ela própria uma guerra." O autor incerto da *Vida de Luís, o Indulgente,* na coleção de Duchesne, tomo II.

2484. Tegano diz que o que se fazia apenas raramente no reinado de Carlos Magno se fez comumente no reinado de Luís.

2485. Querendo conter a nobreza, tomou como seu camareiro um certo Bernardo, que acabou por levar a nobreza ao desespero.

2486. *Villas regias, quae erant sui et avi et tritavi, fidelibus suis tradidit eas in possessiones sempiternas; fecit enim hoc diu tempore.* Tegano, *De Gestis Ludovici Pii.*

2487. *Hinc libertates, hinc publica in propriis usibus distribuere suasit.* Nitardo, Livro IV, no fim.

2488. *Rempublicam penitus annullavit.* Ibidem.

2489. Ver o Livro XXX, capítulo XIII.

702 | O ESPÍRITO DAS LEIS

O Estado foi reduzido àquele esgotamento no qual Carlos Martel o encontrara quando chegou ao posto de *maire*; e estava-se em tais circunstâncias que não se tratava mais de uma questão de golpe de autoridade para recuperá-lo.

O fisco viu-se tão empobrecido que, no reinado de Carlos, o Calvo, não se mantinha pessoa alguma nas honras,[2490] não se concedia segurança a ninguém, exceto mediante dinheiro. Quando era possível destruir os normandos,[2491] deixou-se que escapassem por dinheiro; e o primeiro conselho que Hincmar dá a Luís, o Gago, é indagar numa assembleia como sustentar as despesas de sua nação.

CAPÍTULO XXIII — CONTINUAÇÃO DO MESMO ASSUNTO

O clero ficou sujeito a arrepender-se da proteção que dera aos filhos de Luís, o Indulgente. Este príncipe, como eu afirmei, jamais dera precepções dos bens da Igreja aos leigos,[2492] mas não tardou para que Lotário, na Itália, e Pepino, na Aquitânia, abandonassem o plano de Carlos Magno e retomassem o de Carlos Martel. Os membros do clero recorreram ao imperador contra seus filhos, mas haviam enfraquecido eles próprios a autoridade que reclamavam. Na Aquitânia, houve alguma condescendência, mas na Itália não houve obediência.

As guerras civis, que transtornaram a vida de Luís, o Indulgente, foram o germe das guerras que se seguiram à sua morte. Os três irmãos, Lotário, Luís e Carlos, procuraram, cada um por seu lado, atrair os grandes para o seu partido e torná-los suas criaturas. Deram a quem quis segui-los precepções dos bens da Igreja e, para conquistar a nobreza, eles lhe entregaram o clero.

Vê-se nos *Capitulares*[2493] que esses príncipes foram obrigados a ceder diante da importunidade das exigências e que deles arrancaram com frequência o que não teria desejado conceder. Percebe-se aí que o clero se acreditava mais oprimido pela nobreza do que pelos reis. Parece ainda

---

2490. Hincmar, carta primeira a Luís, o Gago.

2491. Ver o fragmento da Crônica do mosteiro de Saint-Serge d'Angers, em Duchesne, tomo II.

2492. Ver o que dizem os bispos no sínodo do ano 845, *apud Teudonis villam*, art. 4.

2493. Ver o sínodo do ano 845, *apud Teudonis villam*, art. 3 e 4, que descreve muito bem o estado das coisas, tanto quanto o do mesmo ano, realizado no palácio de Vernes, art. 12; e o sínodo de Beauvais, também do mesmo ano, art. 3, 4 e 6; e o capitular *in villa Sparnaco* do ano 846, art. 20; e a carta que os bispos reunidos em Reims escreveram, no ano 858, a Luís, o Germânico, art. 8.

que Carlos, o Calvo,[2494] foi o que mais atacou o patrimônio da Igreja, seja porque estivesse mais irritado contra este, porque o clero degradara seu pai por sua vez, seja porque era o mais tímido. Seja o que for, vê-se nos *Capitulares*[2495] lides contínuas entre o clero que demandava seus bens e a nobreza que recusava, que eludia ou que adiava a restituição, e os reis entre ambos.

É um espetáculo lamentável ver o estado das coisas naquela época. Enquanto Luís, o Indulgente, fazia dádivas imensas dos seus domínios às igrejas, seus filhos distribuíam os bens do clero aos leigos. Com frequência, a mesma mão que fundava novas abadias despojava as antigas. O clero não dispunha de um estado fixo. Subtraía-se dele e ele recuperava, mas a coroa perdia sempre.

Em torno do fim do reinado de Carlos, o Calvo, e a partir deste reinado, não mais se tratou de desentendimentos do clero e dos leigos a respeito da restituição dos bens da Igreja. Os bispos lançaram ainda alguns suspiros nas suas exortações a Carlos, o Calvo, que encontramos no capitular do ano 856 e na carta[2496] que escreveram a Luís, o Germânico, no ano 858. Entretanto, propunham coisas e reclamavam promessas por tantas vezes eludidas, a ponto de se perceber que não alimentavam quaisquer esperanças de vê-las atendidas.

Não era mais questão senão de reparar em geral os danos cometidos na Igreja e no Estado.[2497] Os reis se empenharam em não negar aos leudos seus homens livres e não conceder mais os bens eclesiásticos através das precepções,[2498] de modo que o clero e a nobreza pareciam estar unidos nos seus interesses.

2494. Ver o capitular *in villa Sparnaco* do ano 846. A nobreza irritara o rei contra os bispos, de modo que ele os expulsou da assembleia; foram escolhidos alguns cânones dos sínodos e declarou-se que seriam os únicos a serem observados; só foi concedido a eles o que era impossível lhes negar. Ver os artigos 20, 21 e 22. Ver também a carta que os bispos reunidos escreveram em 858 a Luís, o Germânico, art. 8; e o edito de Pistes de 864, art. 5.

2495. Ver o mesmo capitular do ano 846, *in villa Sparnaco*. Ver também o capitular da assembleia realizada *apud Marsnam* do ano 847, art. 4, na qual o clero limitou-se a exigir que fosse reempossado em tudo de que fruíra no reinado de Luís, o Indulgente. Ver também o capitular do ano 851, *apud Marsnam*, art. 6 e 7, que manteve a nobreza e o clero com suas posses; e *apud Bonoilum*, do ano 856, que constitui uma exortação dos bispos ao rei sobre os males que, depois de tantas leis feitas, não haviam sido reparados; e, enfim, a carta que os bispos reunidos em Reims escreveram no ano 858 a Luís, o Germânico, art. 8.

2496. Art. 8.

2497. Ver o capitular do ano 851, art. 6 e 7.

2498. Carlos, o Calvo, no sínodo de Soissons, diz que prometera aos bispos não conceder mais precepções dos bens da Igreja. Capitular do ano 853, art. 11, edição de Baluze, tomo II.

As extraordinárias devastações feitas pelos normandos, como eu disse, contribuíram muito para pôr um fim nessas disputas.

Os reis, a cada dia mais desacreditados pelas causas que mencionei e pelas que mencionarei, acreditaram não ter outro partido a tomar senão colocarem-se nas mãos dos membros do clero. Mas o clero debilitara os reis, e estes haviam debilitado o clero.

Em vão, Carlos, o Calvo, e seus sucessores recorreram ao clero para sustentar o Estado e impedir sua queda;[2499] em vão se serviram do respeito que os povos tinham por essa instituição[2500] a fim de conservar aquele que se devia ter por eles; em vão procuraram conferir autoridade às suas leis através da autoridade dos cânones;[2501] em vão uniram as penas eclesiásticas às penas civis;[2502] em vão, para contrabalançar a autoridade do conde, concederam a cada bispo a qualidade de seu enviado às províncias:[2503] foi impossível ao clero reparar o mal que fizera; e uma estranha infelicidade, da qual falarei logo, fez com que a coroa caísse por terra.

CAPÍTULO XXIV — OS HOMENS LIVRES TORNARAM-SE CAPAZES DE POSSUIR FEUDOS

Eu disse que os homens livres iam à guerra subordinados ao conde, e os vassalos, subordinados ao seu senhor. Isso fez com que as ordens do Estado se contrabalançassem entre si e, ainda que os leudos tivessem vassalos submetidos a eles, pudessem ser contidos pelo conde, que estava no comando de todos os homens livres da monarquia.

2499. Ver em Nitardo, Livro IV, como, após a fuga de Lotário, os reis Luís e Carlos consultaram os bispos para saber se poderiam tomar e dividir o reino que ele abandonara. De fato, como os bispos formavam entre si uma corporação mais unida que os leudos, convinha a esses príncipes assegurar seus direitos mediante uma resolução dos bispos, que poderiam levar todos os outros senhores a acompanhá-los.

2500. Ver o capitular de Carlos, o Calvo, *apud Saponarias*, do ano 859, art. 3. "Venilon, que eu fiz arcebispo de Sens, me consagrou, e eu não devia ser expulso do reino por ninguém, *saltem sine audientia et judicio episcoporum, quorum ministerio in regem sum consecratus, et qui throni Dei sunt dicti, in quibus Deus sedet, et per quos sua decernit judicia; quorum paternis correctionibus et castigatoriis judiciis me subdere fui paratus, et in praesenti sum subditus.*"

2501. Ver o capitular de Carlos, o Calvo, *de Carisiaco*, do ano 857, edição de Baluze, tomo II, art. 1, 2, 3, 4 e 7.

2502. Ver o sínodo de Pistes do ano 862, art. 4; e o capitular de Carlomano de de Luís II, *apud Vernis palatium*, do ano 883; art. 4 e 5.

2503. Capitular do ano 876, no reinado de Carlos, o Calvo, em *synodo Pontigomensi*, edição de Baluze, art. 12.

De início,[2504] não foram capazes de se recomendarem para um feudo, mas se capacitaram a isso mais tarde, e descobri que esta mudança ocorreu na época transcorrida desde o reinado de Gontran até o de Carlos Magno. Posso prová-lo através da comparação que se pode fazer do tratado de Andely,[2505] celebrado entre Gontran, Childeberto e a rainha Brunehalta, e a partilha feita por Carlos Magno aos seus filhos, e uma partilha semelhante feita por Luís, o Indulgente.[2506] Estes três atos contêm disposições quase semelhantes quanto aos vassalos; e, como neste caso se regram os mesmos pontos e quase em circunstâncias idênticas, o espírito e a letra desses três tratados são quase idênticos no que a isto respeita.

Mas, no que tange aos homens livres, há neles uma diferença capital. O tratado de Andely nada diz quanto a que pudessem se recomendar para um feudo, ao passo que encontramos nas partilhas de Carlos Magno e Luís, o Indulgente, cláusulas explícitas para que pudessem a isso se recomendar, o que revela que depois do tratado de Andely fora introduzido um novo uso, pelo qual os homens livres foram capacitados em relação a esta grande prerrogativa.

Isso deve ter ocorrido quando Carlos Martel, tendo distribuído os bens da Igreja aos seus soldados e tendo-os concedido, em parte sob forma de feudo, em parte sob forma de alódios, realizou uma espécie de revolução nas leis feudais. É verossímil que os nobres, que já possuíam feudos, julgaram mais vantajoso receber novas dádivas sob forma de alódios, e que os homens livres se acharam ainda extremamente felizes em recebê-los sob forma de feudos.

CAPÍTULO XXV — CAUSA PRINCIPAL DO ENFRAQUECIMENTO DA SEGUNDA RAÇA. TRANSFORMAÇÃO NOS ALÓDIOS

Carlos Magno, na partilha a que me referi no capítulo anterior,[2507] estabeleceu que, após sua morte, os homens de cada rei recebessem benefícios no reino de seu rei, e não no reino de outro,[2508] ao passo que seriam conservados seus alódios em qualquer reino. Mas ele acrescenta que todo homem livre poderia, depois da morte de seu senhor, recomendar-se para um feudo

---

2504. Ver o que afirmo anteriormente no Livro XXX, último capítulo, no final.

2505. Do ano 587, em Grégoire de Tours, IX.

2506. Ver o capítulo seguinte, onde me refiro mais extensivamente a essas partilhas, e as notas onde são citadas.

2507. Do ano 806, entre Carlos, Pepino e Luís. É relatado por Goldast e por Baluze, tomo I.

2508. Art. 9. O que está em conformidade com o tratado de Andely, em Grégoire de Tours, IX.

706 | O ESPÍRITO DAS LEIS

nos três reinos que desejasse, da mesma forma que aquele que jamais tivera um senhor.[2509] Podemos encontrar as mesmas disposições na partilha que fez Luís, o Indulgente, aos seus filhos no ano 817.[2510]

Mas, embora os homens livres se recomendassem para um feudo, a milícia do conde não foi com isto debilitada. Era necessário, sempre, que o homem livre contribuísse para o seu alódio e preparasse pessoas que executassem o serviço relativo a ele, à razão de um homem para quatro solares; ou melhor, que preparasse um homem que servisse para ele no feudo; e alguns abusos surgindo em torno disto, foram corrigidos, como se pode depreender das constituições[2511] de Carlos Magno e da de Pepino, rei da Itália,[2512] que se explicam entre si.

O que os historiadores disseram, a saber, que a batalha de Fontenay ocasionou a ruína da monarquia, é sumamente verdadeiro, mas que me seja permitido lançar um olhar nas funestas consequências dessa jornada.

Algum tempo depois dessa batalha, os três irmãos, Lotário, Luís e Carlos, celebraram um tratado no qual descobri cláusulas que deviam alterar todo o Estado político entre os franceses.[2513]

Na anunciação[2514] que Carlos fez ao povo da parte desse tratado que dizia respeito a ele, ele diz:

1) Que todo homem livre poderia escolher como senhor quem quisesse, o rei ou os outros senhores.[2515] Antes deste tratado, o homem livre podia se recomendar para um feudo, mas seu alódio ficava sempre sob o poder imediato do rei, isto é, sob a jurisdição do conde; e ele só dependia do senhor ao qual fora recomendado em razão do feudo que houvera obtido. Depois deste tratado, todo homem livre pôde submeter seu alódio ao rei, ou a um outro senhor, segundo sua escolha. Não é questão daqueles que se recomendavam para um feudo, mas daqueles que transformavam seu alódio em feudo e saíam, por assim dizer, da

---

2509. Art. 10. E disso não se fala no tratado de Andely.

2510. Em Baluze, tomo I. *Licentiam habeat unusquisque liber homo qui seniorem non habuerit, cuicumque ex his tribus fratribus voluerit, se commendandi*, art. 9. Ver também a partilha que realizou o mesmo imperador no ano 837, art. 6, edição de Baluze.

2511. Do ano 811, edição de Baluze, tomo I, art. 7 e 8; e a do ano 812, ibidem, art. 1. *Ut omnis liber homo qui quatuor mansos vestitos de proprio uso, sive de alicujus beneficio habet, ipse se praeparet, et ipse in hostem pergat, sive cum seniore suo*, etc. Ver o capitular do ano 807, edição de Baluze, tomo I.

2512. Do ano 793, inserida na lei dos lombardos, III, título IX, capítulo IX.

2513. No ano 847, relatado por Aubert Le Mire e Baluze, tomo II. *Conventus apud Marsnam*.

2514. *Adnunciatio.*

2515. *Ut unusquisque liber homo in nostro regno seniorem quem voluerit, in nobis et in nostris fidelibus, accipiat.* Art. 2 da anunciação de Carlos.

jurisdição civil para ingressar no âmbito do poder do rei ou do senhor que queriam escolher.

Assim, aqueles que eram outrora visivelmente submetidos ao poder do rei, na qualidade de homens livres submetidos ao conde, tornaram-se imperceptivelmente vassalos uns dos outros, pois cada homem livre podia escolher como senhor quem desejasse, ou o rei, ou os outros senhores;

2) Que, se um homem transformasse em feudo uma terra que possuía em caráter perpétuo, estes novos feudos não podiam mais ser vitalícios. Assim, vemos, num segundo momento, uma lei geral para dar os feudos aos filhos do possuidor, a qual é de Carlos, o Calvo, um dos três príncipes que fizeram o contrato.[2516]

O que eu disse da liberdade que tiveram todos os homens da monarquia, após o tratado dos três irmãos, de escolherem como senhor quem quisessem, o rei ou os outros senhores, é confirmado pelos atos sancionados a partir daqueles tempos.

No tempo de Carlos Magno, quando um vassalo recebia uma coisa de um senhor, valesse ela apenas um soldo, ele não podia mais deixá-lo.[2517] Entretanto, no reinado de Carlos, o Calvo, os vassalos podiam impunemente acatar seus interesses ou mesmo seus caprichos; e este príncipe exprime-se tão incisivamente a este respeito que parece mais apto a convidá-los a fruir desta liberdade do que a restringi-la.[2518] Na época de Carlos Magno, os benefícios eram mais pessoais do que reais; posteriormente, se tornaram mais reais do que pessoais.

CAPÍTULO XXVI — MUDANÇA NOS FEUDOS

Não aconteceram mudanças menores nos feudos do que nos alódios. Nota-se pelo capitular de Compiègne, feito no reinado de Pepino,[2519] que aqueles aos quais o rei dava um benefício davam eles próprios uma parte deste benefício a diversos vassalos; mas estas partes não eram totalmente distintas.

2516. Capitular do ano 877, título LIII, art. 9 e 10, *apud Carisiacum. Similiter et de nostris vassallis faciendum est*, etc. Este capitular se relaciona a um outro do mesmo ano e do mesmo lugar, art. 3.

2517. Capitular de Aix-la-Chapelle, do ano 813, art. 16. *Quod nullus seniorem suum dimittat, postquam ab eo acceperit valente solidum unum.* E o capitular de Pepino, do ano 783, art. 5.

2518. Ver o capitular *de Carisiaco*, do ano 856, art. 10 e 13, edição de Baluze, tomo III, no qual o rei e os senhores eclesiásticos e leigos consentiram no seguinte: *Et si aliquis de vobis talis est cui suus senioratus non placet, et illi simulat ut ad alium seniorem melius quam ad illum acaptare possit, veniat ad illum, et ipse tranquille et pacifico animo donet illi commeatum... et quod Deus illi cupierit, et ad alium seniorem acaptare potuerit, pacifice habeat.*

2519. Do ano 757, art. 6, edição de Baluze.

O rei as subtraía quando subtraía o todo e, por ocasião da morte do leudo, o vassalo também perdia seu subfeudo; surgia um novo beneficiário, o que estabelecia também novos subvassalos. Assim, o subfeudo não dependia do feudo: era a pessoa que dependia. De um lado, o subvassalo retornava ao rei, porque não estava ligado para sempre ao vassalo, e o subfeudo retornava, do mesmo modo, ao rei, porque era o próprio feudo, e não uma dependência deste.

Tal era a subvassalagem quando os feudos eram transferíveis; tal era ela ainda enquanto os feudos foram vitalícios. Isso mudou logo que os feudos passaram aos herdeiros e os subfeudos também a eles passaram. O que dependia imediatamente do rei passou a depender dele apenas mediatamente, e o poder real se achou, por assim dizer, recuado num grau, por vezes em dois, e com frequência em mais.

Vemos, nos *Livros dos Feudos*,[2520] que, embora os vassalos do rei pudessem dar sob forma de feudo, ou seja, sob forma de subfeudo do rei, esses subvassalos ou pequenos vassalos não podiam do mesmo modo dar sob forma de feudo, de maneira que o que haviam dado sempre podiam retomar. Além disso, uma tal concessão não passava aos filhos como os feudos, porque não era considerada como feita segundo a lei dos feudos.

Se comparamos o estado em que se achava a subvassalagem na época em que os dois senadores de Milão escreveram esses Livros com aquele do rei Pepino, descobriremos que os subfeudos conservaram sua natureza primitiva por mais tempo do que os feudos.[2521]

Mas, quando esses senadores escreveram, tinham-se introduzido exceções tão gerais nessa regra que elas quase a aniquilaram, pois, se aquele que recebera um feudo do pequeno vassalo o tivesse acompanhado a Roma numa expedição, ele adquiria todos os direitos de vassalo; analogamente, se tivesse dado dinheiro ao pequeno vassalo para obter o feudo, este não podia dele subtraí-lo nem impedi-lo de transmiti-lo ao seu filho enquanto não houvesse lhe restituído seu dinheiro.[2522] Enfim, esta regra não era mais seguida no senado de Milão.[2523]

2520. I, I.

2521. Ao menos na Itália e na Alemanha.

2522. Livro I *dos Feudos*, capítulo I.

2523. Ibidem.

CAPÍTULO XXVII — OUTRA MUDANÇA OCORRIDA NOS FEUDOS

No tempo de Carlos Magno,[2524] era-se obrigado, sob penas severas, a atender à convocação para qualquer guerra; nenhuma desculpa era admissível, e o conde que isentara alguém era, ele próprio, punido. Mas o tratado dos três irmãos introduziu, em relação a isto, uma restrição[2525] que retirou, por assim dizer, a nobreza do poder do rei:[2526] só se era obrigado a acompanhar o rei à guerra quando esta guerra fosse defensiva. Era-se livre, nas outras, quanto a seguir o senhor ou ater-se aos seus afazeres. Este tratado reporta-se a um outro, feito cinco anos antes, entre os dois irmãos, Carlos, o Calvo, e Luís, rei da Germânia, pelo qual estes dois irmãos dispensaram seus vassalos de os acompanharem à guerra em caso de executarem algum empreendimento um contra o outro, coisa que os dois príncipes juraram e exigiram que seus exércitos também jurassem.[2527]

A morte de cem mil franceses na batalha de Fontenay levou o restante da nobreza a pensar[2528] que, em virtude das querelas particulares de seus reis quanto à sua partilha, ela (a nobreza) seria, enfim, exterminada e que a ambição e a inveja deles fariam derramar todo o sangue que restara. Foi feita uma lei segundo a qual a nobreza não seria forçada a seguir os príncipes à guerra, a não ser quando se tratasse de defender o Estado contra uma invasão estrangeira. Esta lei esteve em vigor durante muitos séculos.[2529]

CAPÍTULO XXVIII — MUDANÇAS OCORRIDAS NOS GRANDES OFÍCIOS E NOS FEUDOS

Parecia que tudo se contaminava com um vício particular e se corrompia simultaneamente. Eu disse que nos primeiros tempos vários feudos eram alienados em caráter perpétuo; mas eram casos particulares, e os feudos em geral conservavam sempre sua própria natureza; e, se a coroa perdera

---

2524. Capitular do ano 802, art. 7, edição de Baluze.

2525. *Apud Marsnam*, ano 847, edição de Baluze.

2526. *Volumus ut cujuscumque nostrum homo, in cujuscumque regno sit, cum seniore suo in hostem, vel aliis suis utilitatibus pergat; nisi talis regni invasio quam Lantuveri dicunt, quod absit, acciderit, ut omnis populus illius regni ad eam repellendam communiter pergat.* Art. 5, ibidem.

2527. *Apud Argentoratum*, em Baluze, *Capitulares*, tomo II.

2528. Efetivamente foi a nobreza que fez este tratado. Ver Nitardo, IV.

2529. Ver a lei de Guido, rei dos romanos, entre aquelas que foram adicionadas à lei sálica e à dos lombardos, título VI, § 2, em Échard.

feudos, os substituíra por outros. Digo ainda que a coroa jamais alienara os grandes ofícios perpetuamente.[2530]

Mas Carlos, o Calvo, criou uma regra geral, que afetou igualmente os grandes ofícios e os feudos. Estabeleceu em seus *Capitulares* que os condados seriam concedidos aos filhos dos condes; e quis que esta regra fosse aplicada também aos feudos.[2531]

Ver-se-á logo que esta regra foi objeto de maior extensão, de sorte que os grandes ofícios e os feudos passaram aos parentes mais distantes. Disto se conclui que a maioria dos senhores que dependiam da coroa de maneira imediata passaram a depender dela apenas mediatamente. Esses condes que outrora administravam a justiça nos pleitos do rei; esses condes que conduziam homens livres à guerra, e viram-se entre o rei e seus homens livres, com o que o poder recuou ainda mais um grau.

E mais: parece, a julgar pelos capitulares, que os condes tinham benefícios inerentes aos seus condados e vassalos submetidos a eles.[2532] Quando os condados eram hereditários, esses vassalos do conde não eram mais os vassalos imediatos do rei; os benefícios ligados aos condados não foram mais benefícios do rei; os condes tornaram-se mais poderosos porque os vassalos que eles já possuíam os colocaram em condição de obter outros.

Para perceber com clareza o enfraquecimento que disto resultou no fim da segunda raça, bastaria observar o que aconteceu no começo da terceira, quando a multiplicação dos subfeudos levou os grandes vassalos ao desespero.

Era costume do reino, quando os primogênitos realizavam partilhas aos seus irmãos mais novos, estes fazerem uma homenagem ao primogênito,[2533] de maneira que o senhor dominante não as tivesse mais senão na qualidade de subfeudos. Felipe Augusto, o duque da Borgonha, os condes de Nevers, de Bolonha, de Saint-Paul, de Dampierre e outros senhores declararam que doravante fosse o feudo dividido por sucessão ou de outra forma, o todo dependeria sempre do mesmo senhor sem nenhum senhor

---

2530. Há autores que afirmam que o condado de Toulouse fora dado por Carlos Martel e passou de herdeiro para herdeiro até o último Raimundo; mas, se assim for, foi o efeito de determinadas circunstâncias que permitiram o empenho de escolher os condes de Toulouse entre os filhos do último possuidor.

2531. Ver seu capitular do ano 877, título LIII, art. 9 e 10, *apud Carisiacum*. Este capitular se relaciona a um outro do mesmo ano e do mesmo lugar, art. 3.

2532. O capitular III do ano 812, art. 7; e aquele do ano 815, art. 6, sobre os espanhóis; a coleção dos *Capitulares*, V, art. 288; e o capitular no ano 869, art. 2; e aquele do ano 877, art. 13, edição de Baluze.

2533. Como se depreende por Othon de Frissingue, *Des Gestes de Frédéric*, II, XXIX.

intermediário.[2534] Esta ordenação não foi geralmente seguida, pois, como eu disse em outra parte, era impossível produzir naqueles tempos ordenações gerais. Contudo, vários dos nossos costumes encontraram regras em torno disso.

CAPÍTULO XXIX — DA NATUREZA DOS FEUDOS A PARTIR DO REINADO DE CARLOS, O CALVO

Eu disse que Carlos, o Calvo, quis que, quando o possuidor de um grande ofício ou de um feudo deixasse, por ocasião de sua morte, um filho, o ofício ou o feudo lhe fosse concedido. Seria difícil acompanhar a progressão dos abusos que disto decorreram e a extensão que se aplicou a esta lei em cada país. Posso ver nos Livros *dos Feudos*[2535] que, no começo do reinado do imperador Conrado II, os feudos nos países sob seu domínio não eram transferidos aos netos, sendo transferidos somente ao neto dos filhos do último possuidor que o senhor escolhera.[2536] Assim, os feudos foram concedidos por uma espécie de eleição que o senhor fez entre seus filhos.

Expliquei no capítulo XVII deste Livro como, na segunda raça, a coroa se achou, em certos aspectos, eletiva e, em outros, hereditária. Era hereditária porque se tomavam sempre os reis naquela raça; também o era porque os filhos sucediam; era eletiva porque o povo escolhia entre os filhos. Como as coisas caminham sempre do próximo ao próximo, e uma lei política sempre se relaciona com outra lei política, acatou-se, quanto à sucessão dos feudos, o mesmo espírito que se acatara para a sucessão da coroa.[2537] Assim, os feudos passaram aos filhos pelo direito de sucessão e pelo direito de eleição; e cada feudo se achou, como a coroa, eletivo e hereditário.

Este direito de eleição na pessoa do senhor não perdurou[2538] no tempo dos autores dos *Livros dos Feudos*,[2539] ou seja, no reinado de Frederico I.

2534. Ver a ordenação de Felipe Augusto do ano 1200 na nova coleção.

2535. Livro I, título I.

2536. *Sic progressum est, ut ad filios deveniret in quem dominus hoc vellet beneficium confirmare.* Ibidem.

2537. Ao menos na Itália e na Alemanha.

2538. *Quod hodie ita stabilitum est, ut ad omnes aequaliter veniat.* Livro I *dos Feudos*, título I.

2539. Gerardus Niger e Aubertus de Orto.

CAPÍTULO XXX — CONTINUAÇÃO DO MESMO ASSUNTO

Está nos *Livros dos Feudos*[2540] que, quando o imperador Conrado partiu para Roma, os fiéis que se achavam a seu serviço lhe solicitaram que fizesse uma lei para que os feudos que eram transferidos aos filhos fossem transferidos também aos netos; e que aquele cujo irmão morria sem herdeiros legítimos pudesse suceder ao feudo que pertencera ao pai comum deles. Isso foi concedido.

A isto se acresce (e é necessário lembrar que aqueles que se pronunciam viviam no tempo de Frederico I)[2541] "que os antigos jurisconsultos haviam sempre sustentado que a sucessão dos feudos em linha colateral não ultrapassasse os irmãos germanos, ainda que nos tempos modernos se a tenha levado até o sétimo grau, como, pelo direito novo, a levamos em linha direta ao infinito".[2542] Foi assim que a lei de Conrado recebeu prolongamentos gradativamente.

Pesadas todas estas coisas, a simples leitura da história da França revelará que a perpetuidade dos feudos se estabeleceu na França mais cedo do que na Alemanha. Quando o imperador Conrado II iniciou seu reinado em 1024, as coisas se encontravam ainda na Alemanha como já eram na França no reinado de Carlos, o Calvo, que morreu em 877. Mas na França, a partir do reinado de Carlos, o Calvo, foram realizadas tais transformações que Carlos, o Simples, se viu fora de condição de disputar com uma casa estrangeira seus direitos incontestáveis ao Império; e que, enfim, na época de Hugo Capeto, a casa reinante, despojada de todos os seus domínios, não podia sequer sustentar a coroa.

A debilidade de espírito de Carlos, o Calvo, introduziu na França uma debilidade igual no Estado. Mas, como Luís, o Germânico, seu irmão e alguns de seus sucessores eram dotados de melhores qualidades, a força de seu Estado sustentou-se por mais tempo.

Que digo eu? Talvez o humor fleumático e — se ouso dizê-lo — a imutabilidade do espírito da nação alemã tenham resistido mais tempo do que aqueles da nação francesa a esta disposição das coisas, que fazia com que os feudos, como se fosse por um pendor natural, se perpetuassem nas famílias.

Acrescento que o reino da Alemanha não foi devastado e, por assim dizer, aniquilado, como foi o da França, por esse gênero particular de guerra

---

2540. Livro I *dos Feudos*, título I.

2541. Cujas o provou muito bem.

2542. Livro I *dos Feudos*, título I.

que contra ele travaram os normandos e os sarracenos. Havia menos riquezas na Alemanha, menos cidades para serem saqueadas, menos costas para serem percorridas, mais pântanos para atravessar, mais florestas a serem penetradas. Os príncipes, que não contemplavam, a cada instante, o Estado na iminência de cair, tiveram menos necessidade de seus vassalos, ou seja, deles dependeram menos. E é provável que, se os imperadores da Alemanha não tivessem sido obrigados a se fazerem coroar em Roma e a fazer expedições contínuas à Itália, os feudos teriam, entre eles, conservado por mais tempo sua natureza primitiva.

CAPÍTULO XXXI — COMO O IMPÉRIO SAIU DA CASA DE CARLOS MAGNO

O Império que, em detrimento do ramo de Carlos, o Calvo, já tinha sido dado aos bastardos do ramo de Luís, o Germânico,[2543] passou ainda para uma casa estrangeira, pela eleição de Conrado, duque de Francônia, no ano 912. O ramo que reinava na França e que podia, com dificuldade, disputar povoados estava agora ainda menos em condição de disputar o Império. Dispomos de um acordo celebrado entre Carlos, o Simples, e o imperador Henrique I, que sucedera a Conrado. É chamado de pacto de Bonn.[2544] Os dois príncipes entraram num navio que fora colocado no meio do Reno e juraram entre si uma amizade eterna. Empregou-se um *mezzo termine*[2545] suficientemente bom. Carlos assumiu o título de rei da França ocidental, e Henrique, o de rei da França oriental. Carlos celebrou o contrato com o rei da Germânia, e não com o imperador.

CAPÍTULO XXXII — COMO A COROA DA FRANÇA PASSOU PARA A CASA DE HUGO CAPETO

A hereditariedade dos feudos e o estabelecimento geral dos subfeudos apagaram o governo político e formaram o governo feudal. Em lugar daquela multidão inumerável de vassalos que os reis haviam tido, existiam agora apenas alguns dos quais os outros dependiam. Os reis não tiveram mais quase nenhuma autoridade direta: um poder que deveria passar por tantos outros poderes, e por poderes tão amplos, deteve-se ou perdeu-se antes de atingir o seu fim. Os grandes vassalos não obedeciam mais e até se

---

2543. Arnul e seu filho Luís.

2544. Do ano 926, relatado por Aubert Le Mire, *Cod. donationum piarum*, XXVII.

2545. Um meio-termo.

serviram de seus subvassalos para não obedecer mais. Os reis, privados de seus domínios, reduzidos às cidades de Reims e de Laon, ficaram à sua mercê. A árvore estendeu longe demais os seus ramos e o tronco secou. O reino viu-se sem domínio, como está hoje o Império. Concedeu-se a coroa a um dos vassalos mais poderosos.

Os normandos devastaram o reino. Vinham em espécies de jangadas ou pequenas embarcações e penetravam pela foz dos rios, subiam através deles e devastavam o país dos dois lados. As cidades de Orleans e de Paris detinham esses salteadores,[2546] e eles se viram impossibilitados de avançar, fosse pelo Sena, fosse pelo Loire. Hugo Capeto, que era o dono destas duas cidades, tinha em suas mãos as duas chaves dos desditosos restos do reino; concederam a ele uma coroa, a qual só ele estava em condição de defender. Foi assim que posteriormente concederam o Império à casa que manteve imóveis as fronteiras dos turcos.[2547]

O Império saíra da casa de Carlos Magno no tempo no qual a hereditariedade dos feudos só se estabelecia como uma condescendência. Mais tarde, inclusive, esteve em uso tanto entre os alemães quanto entre os franceses,[2548] o que fez com que o Império, considerado como um feudo, fosse eletivo. Ao contrário, quando a coroa da França saiu da casa de Carlos Magno, os feudos eram realmente hereditários neste reino. A coroa, como um grande feudo, também o foi.

De resto, errou-se grandemente ao se transferir sobre o momento desta revolução todas as mudanças que se faziam presentes ou que se fizeram presentes a partir de então. Tudo se reduziu a dois eventos: a família reinante mudou e a coroa foi unida a um grande feudo.

CAPÍTULO XXXIII — ALGUMAS CONSEQUÊNCIAS DA PERPETUIDADE DOS FEUDOS

Resultou da perpetuidade dos feudos que o direito de primogenitura foi estabelecido entre os franceses. Não era conhecido, de modo algum, na primeira raça.[2549] A coroa se repartia entre os irmãos, sendo os alódios repartidos da mesma maneira; e os feudos, deslocáveis ou vitalícios, não sendo um objeto de sucessão, não podiam ser um objeto de partilha.

2546. Ver o capitular de Carlos, o Calvo, no ano 877, *apud Carisiacum*, sobre a importância de Paris, de Saint-Denis e dos castelos sobre o Loire naqueles tempos.

2547. Ou seja, a Casa da Áustria. (N.T.)

2548. Ver logo antes o capítulo XXX.

2549. Ver a lei sálica e a lei dos ripuários no título dos alódios.

Na segunda raça, o título de imperador detido por Luís, o Indulgente, e com o qual honrou seu filho primogênito, Lotário, fê-lo imaginar dar a este príncipe uma espécie de primado sobre seus filhos mais novos. Os dois reis deviam visitar o imperador todo ano, levar-lhe presentes[2550] e dele receber outros maiores ainda; deviam conferenciar com ele a respeito dos assuntos comuns. Foi isso que transmitiu a Lotário as pretensões que acabaram por se revelar desastrosas para ele. Quando Agobardo escreveu a este príncipe,[2551] ele alegou a disposição do próprio imperador, que associara Lotário ao Império, depois que, por meio de três dias de jejum e por intermédio da celebração dos santos sacrifícios, através das orações e das esmolas, Deus fora consultado; que a nação lhe houvera prestado juramento, que ela não podia ser perjura; que ele enviara Lotário a Roma para ser confirmado pelo papa. Ele pesa sobre tudo isto, e não sobre o direito de primogenitura. Ele diz com propriedade que o imperador designara uma partilha aos filhos mais novos e que preferira o primogênito; mas dizer que preferira o primogênito era dizer ao mesmo tempo que teria podido preferir os filhos mais novos.

Mas, quando os feudos se tornaram hereditários, o direito de primogenitura se estabeleceu na sucessão dos feudos e, pela mesma razão, na sucessão da coroa, que era o grande feudo. A lei antiga, que moldava as partilhas, não subsistiu mais: tendo os feudos sido encarregados de um serviço, era necessário que o possuidor estivesse em condição de cumpri-lo. Estabeleceu-se um direito de progenitura, e a razão da lei feudal forçou a da lei política ou civil.

À medida que os feudos passavam aos filhos do possuidor, os senhores perdiam a liberdade de deles dispor; e, para se indenizarem, estabeleceram um direito que se chamou de *direito de resgate*, de que falam nossos costumes, que foi pago inicialmente em linha direta e que, através do uso, não foi pago mais senão em linha colateral.

Logo os feudos puderam ser transferidos aos estrangeiros como um bem patrimonial, o que fez nascer o direito de laudêmio e de vendas, estabelecido em quase todo o reino. Esses direitos foram de início arbitrários, mas, quando a prática de conceder essas permissões se tornou geral, foram fixados em cada região.

O direito de resgate devia ser pago a cada mudança de herdeiro e era pago, mesmo inicialmente, em linha direta.[2552] O costume mais geral o

---

2550. Ver o capitular do ano 817, que contém a primeira partilha que Luís, o Indulgente, efetuou entre seus filhos.

2551. Ver suas duas cartas a esse respeito, uma das quais ostenta o título *De divisione imperii*.

2552. Ver a ordenação de Felipe Augusto de 1209 sobre os feudos.

fixara em um ano de rendimento. Isto era oneroso e incômodo ao vassalo e afetava, por assim dizer, o feudo. Ele obtinha com frequência, no ato de homenagem, que o senhor não exigisse mais para o resgate senão uma certa soma em dinheiro,[2553] a qual, devido às mudanças ocorridas com as moedas, se tornou destituída de importância. Assim, o direito de resgate se acha hoje quase que reduzido a nada, enquanto aquele de laudêmio e de vendas perdurou em todo o seu alcance. Este direito, não se referindo nem ao vassalo nem aos seus herdeiros, mas sendo um caso fortuito que não se devia nem prever nem aguardar, não se fizeram esses tipos de estipulações e se prosseguiu pagando uma certa porção do preço.

Quando os feudos eram vitalícios, não era permitido dar uma parte do próprio feudo de modo a tê-lo para sempre sob forma de subfeudo; teria sido absurdo que um simples usufrutuário houvesse disposto da propriedade da coisa. Mas, quando se tornaram perpétuos, isso foi permitido[2554] mediante certas restrições estabelecidas pelos costumes,[2555] o que se designava como *arriscar-se com o próprio feudo*.

A perpetuidade dos feudos, tendo levado ao estabelecimento do direito de resgate, as filhas passaram a poder suceder a um feudo, na falta de filhos, pois dando o senhor o feudo à filha, multiplicava os casos de seu direito de resgate porque o marido devia pagá-lo, como a mulher.[2556] Esta disposição não era aplicável à coroa, pois, como esta não dependia de ninguém, era impossível que houvesse direito de resgate sobre ela.

A filha de Guilherme V, conde de Toulouse, não sucedeu ao condado. Mais tarde, Alienor sucedeu na Aquitânia, e Matilde, na Normandia; e o direito da sucessão das filhas se afigurou tão bem-estabelecido naqueles tempos que Luís, o Jovem, após a dissolução de seu casamento com Alienor, não apresentou dificuldade alguma em lhe restituir a Guiana. Como estes dois últimos exemplos seguiram de muito perto o primeiro, foi necessário que a lei geral que convocava as mulheres para a sucessão dos feudos fosse introduzida posteriormente no condado de Toulouse, de preferência às outras províncias do reino.[2557]

A constituição de diversos reinos da Europa seguiu o estado em que se achavam os feudos na época na qual estes reinos foram fundados. As

---

2553. Encontram-se nas escrituras várias convenções desse tipo, como no capitular de Vendôme e naquele da abadia de São Cipriano em Pointou, do qual Galland forneceu extratos.

2554. Mas não se podia abreviar o feudo, ou seja, extinguir uma porção dele.

2555. Eles fixaram a porção que se podia arriscar.

2556. É por isso que o senhor constrangia a viúva a casar-se novamente.

2557. A maioria das grandes casas tinha suas leis de sucessão particulares. Ver o que de la Thaumassière nos narra a respeito das casas de Berry.

mulheres não sucederam nem à coroa da França nem ao Império, porque, no estabelecimento dessas duas monarquias, as mulheres não podiam suceder aos feudos; mas elas sucederam nos reinos cujo estabelecimento seguiu aquele da perpetuidade dos feudos, tais como aqueles que foram fundados em função das conquistas dos normandos, aqueles que foram fundados em função das conquistas feitas sobre os mouros; outros, enfim, que, além dos limites da Alemanha, e em tempos suficientemente modernos, tiveram, de alguma forma, um segundo nascimento graças ao estabelecimento do cristianismo.

Quando os feudos eram transferíveis, eram dados a pessoas que estavam em condição de servi-los, e não se tratava dos menores. Mas, quando eram perpétuos, os senhores tomavam o feudo até a maioridade, fosse para aumentar seus lucros, fosse para fazer educar o pupilo no exercício das armas.[2558] É o que os nossos costumes chamam de *guarda-nobre*, a qual tem como base outros princípios distintos daqueles da tutela, sendo inteiramente distinta dela.

Quando os feudos eram vitalícios, recomendava-se para um feudo; e a tradição efetiva, que se fazia pelo cetro, constatava o feudo como faz hoje a homenagem. Não nos consta que os condes ou mesmo os enviados do rei recebessem as homenagens nas províncias; e esta função não é encontrada nas comissões destes oficiais, que nos foram conservadas nos capitulares. Por vezes prestavam o juramento de fidelidade a todos os súditos,[2559] mas este juramento era tão pouco uma homenagem da natureza daquelas que foram estabelecidas, a partir de então, que nestas últimas o juramento de fidelidade era uma ação associada à homenagem, que ora seguia, ora precedia a homenagem, que não ocorria em todas as homenagens, que foi menos solene que a homenagem e se distinguia completamente dela.[2560]

2558. Vê-se no capitular do ano 877, *apud Carisiacum*, art. 3, edição de Baluze, tomo II, o momento em que os reis fizeram com que os feudos fossem administrados a fim de conservá-los para os menores, exemplo que foi imitado pelos senhores e deu origem ao que chamamos de *guarda-nobre*.

2559. Encontra-se sua fórmula no capitular II do ano 802. Ver também aquele do ano 854, art. 13 e outros.

2560. Ducange, no verbete *Hominium* e no verbete *Fidelitas*, cita as escrituras das antigas homenagens, onde se encontram essas diferenças e grande número de autoridades que se pode consultar. Na homenagem, o vassalo colocava sua mão sobre a mão do senhor e jurava; o juramento de fidelidade era feito sobre os Evangelhos. A homenagem era feita de joelhos; o juramento de fidelidade, em pé. Somente o senhor podia receber a homenagem, mas seus oficiais podiam tomar o juramento de fidelidade. Ver Littleton, seções XCI e XCII. *"Foi et hommage"* significa fidelidade e homenagem.

Os condes e os enviados do rei faziam ainda, em certas ocasiões, dar aos vassalos cuja fidelidade era suspeita uma garantia que se denominava *firmitas*;[2561] mas esta garantia não podia ser uma homenagem, porque os reis a davam entre si.[2562]

Se o abade Suger refere-se a uma cadeira de Dagoberto na qual, segundo o relatório da Antiguidade, os reis da França tinham o costume de receber as homenagens dos senhores,[2563] está claro que emprega aqui as ideias e a linguagem de seu tempo.

Quando os feudos passaram aos herdeiros, o reconhecimento do vassalo, que era nos primeiros tempos algo apenas ocasional, tornou-se um ato regular. Foi realizado de uma maneira mais espetacular, repleta de mais formalidades, porque devia representar a memória dos deveres recíprocos do senhor e do vassalo em todas as idades.

Eu poderia crer que as homenagens começaram a se estabelecer na época do rei Pepino, que é a época em relação à qual afirmei que vários benefícios foram dados em caráter perpétuo. Entretanto, eu o acreditaria com precaução e na suposição exclusiva de que os autores dos antigos anais dos francos não tenham sido ignorantes e que, descrevendo as cerimônias do ato de fidelidade que Tassilon, duque da Baviera, dirigiu a Pepino,[2564] tenham se expressado segundo os usos que viam ser praticados em seu tempo.[2565-2566]

CAPÍTULO XXXIV — CONTINUAÇÃO DO MESMO ASSUNTO

Quando os feudos eram transferíveis ou vitalícios, concerniam apenas às leis políticas. É por isso que, nas leis civis daqueles tempos, é feita tão escassa menção às leis dos feudos. Mas logo que se tornaram hereditários, que puderam ser concedidos, vendidos, legados, passaram a dizer respeito tanto às leis políticas quanto às leis civis. O feudo, considerado como uma

---

2561. Capitular de Carlos, o Calvo, do ano 860, *post reditum a Confluentibus*, art. 3, edição de Baluze.

2562. Ibidem, art. 1.

2563. *Suger, Lib. de administratione sua.*

2564. Ano 757, XVII.

2565. *Tassillio venit in vassatico se commendans, per manus sacramenta juravit multa et innumerabilia, reliquiis sanctorum manus imponens, et fidelitatem promisit Pippino.* Pareceria que haveria ali uma homenagem e um juramento de fidelidade.

2566. Tassilon compareceu como vassalo, prestou diversos juramentos com a mão erguida e, tocando as relíquias dos santos, prometeu fidelidade a Pepino. (N.T.)

obrigação do serviço militar, ligava-se ao direito político; considerado como um gênero de bem presente no comércio, vinculava-se ao direito civil, o que deu origem às leis civis sobre os feudos.

Tendo os feudos se tornado hereditários, as leis concernentes à ordem das sucessões deviam ser relativas à perpetuidade dos feudos. Assim se estabeleceu, a despeito da disposição do direito romano e da lei sálica,[2567] esta regra do direito francês: *Propres ne remontent point.*[2568] Era necessário que o feudo fosse servido, mas um avô, um tio-avô teriam sido maus vassalos a serem dados ao senhor, de forma que esta regra somente se aplicou inicialmente aos feudos, como nos informa Boutillier.[2569]

Tendo os feudos se tornado hereditários, os senhores, que deviam zelar para que o feudo fosse servido, exigiram que as filhas que deviam suceder ao feudo[2570] e, creio eu, por vezes os filhos do sexo masculino, não pudessem se casar sem o consentimento deles, de sorte que os contratos de casamento se tornaram para os nobres uma disposição feudal e uma disposição civil. Num ato semelhante, realizado sob o olhar do senhor, foram feitas disposições para a sucessão futura, com o objetivo de que o feudo pudesse ser servido pelos herdeiros. Assim, exclusivamente os nobres tiveram inicialmente a liberdade de dispor das sucessões futuras por contrato de casamento, como observaram Boyer[2571] e Aufrerius.[2572]

É inútil dizer que a reivindicação de estirpe, fundada no antigo direito dos ascendentes, que constitui um mistério de nossa antiga jurisprudência francesa, que não tenho tempo de desenvolver, só pôde se aplicar em relação aos feudos quando eles se tornaram perpétuos.

Italiam, Italiam...[2573-2574] Findo o tratado dos feudos onde a maioria dos autores o iniciou.

2567. No título *dos avós*.

2568. Livro IV, *De feudis*, título LIX.

2569. *Somme rurale*, I, título LXXVI.

2570. Segundo uma ordenação de São Luís, de 1246, para constatar os costumes de Anjou e do Maine, aqueles que tivessem o arrendamento de uma filha herdeira de um feudo ofereceriam garantia ao senhor de que ela apenas se casaria mediante o consentimento dele.

2571. Decisão 155, nº 8; e 204, nº 38.

2572. *In Capel. Thol.*, decisão 453.

2573. *Eneida*, III, 523.

2574. *Itália, Itália!* Trecho comovente da *Eneida* no qual Virgílio põe na boca dos companheiros de Eneias este brado ao vislumbrarem, após seu longo e fatigante périplo a partir da Troia destruída, as costas da península itálica. (N.T.)

APÊNDICE
A POLÊMICA EM TORNO
DE *O ESPÍRITO DAS LEIS*

I. DEFESA DE *O ESPÍRITO DAS LEIS*

PRIMEIRA PARTE

Esta defesa foi dividida em três partes. Na primeira, responde-se às censuras gerais feitas ao autor de *O espírito das leis*. Na segunda, responde-se às censuras particulares. A terceira contém reflexões sobre a maneira pela qual se exerceu a crítica. O público irá conhecer o estado das coisas e poderá julgar.

I

Embora *O espírito das leis* seja uma obra de pura política e de pura jurisprudência, o autor teve com frequência oportunidade de nela se referir à religião cristã: ele o fez de modo a que se sentisse toda a grandeza desta religião e, se não se propôs ao empenho de torná-la objeto de crença, procurou torná-la objeto de amor.

Contudo, em dois periódicos publicados um após o outro,[2575] foram feitas a este autor as mais terríveis imputações. Não se tratou menos que de saber se ele é espinosista e deísta; e, ainda que estas duas acusações sejam em si próprias contraditórias, conduz-se continuamente de uma à outra. Sendo ambas incompatíveis, não podem elas torná-lo mais culpado do que uma só. Mas todas as duas podem torná-lo mais odioso.

É ele então espinosista, ele que, desde o primeiro artigo de seu livro, distinguiu o mundo material das inteligências espirituais.

É ele então espinosista, ele que, no segundo artigo, atacou o ateísmo: "Os que afirmaram que uma fatalidade cega produziu todos os efeitos que vemos no mundo afirmaram um grande disparate, pois haveria disparate maior do que uma fatalidade cega que tivesse produzido seres inteligentes?"

É ele então espinosista, ele que prosseguiu com estas palavras: "Deus entretém relação com o universo como criador e conservador:[2576] as leis segundo as quais ele o criou são aquelas segundo as quais ele o conserva. Age de

---

2575. Um de 9 de outubro de 1749, o outro do dia 16 do mesmo mês.

2576. Livro I, capítulo I.

724 | O ESPÍRITO DAS LEIS

acordo com essas regras porque as conhece; ele as conhece porque as produziu, e as produziu porque elas se relacionam com sua sabedoria e seu poder".

É então ele espinosista, ele que acrescentou: "Como constatamos que o mundo, formado pelo movimento da matéria, e privado de inteligência, subsiste sempre, etc.".

É então ele espinosista, ele que demonstrou, contra Hobbes e Espinosa, que "é necessário admitir relações de equidade anteriores à lei positiva que as estabelece".[2577]

É ele então espinosista, ele que disse no começo do capítulo II: "A lei que, imprimindo em nós mesmos a ideia de um criador, nos conduz a ele, é a primeira das leis naturais por sua importância.".

É então ele espinosista, ele que combateu com todas as suas forças o paradoxo de Bayle, segundo o qual vale mais ser ateu do que idólatra? — paradoxo do qual os ateus tiraram as mais perigosas conclusões.

Que dizer após trechos tão formais? E a equidade natural exige que o grau da prova seja proporcional à grandeza da acusação.

Primeira objeção. "O autor tropeça e cai desde o primeiro passo. As leis, na sua significação mais ampla, diz ele, são as relações necessárias que derivam da natureza das coisas. As leis, relações! Isso se concebe?... Entretanto, o autor não alterou a definição ordinária das leis sem uma intenção. Qual é, então, seu objetivo? Ei-lo. Segundo o novo sistema, há, entre todos os seres que formam o que Pope chama de *Grande Tudo*, um encadeamento tão necessário que o mais ínfimo desarranjo acarretaria a confusão até o trono do primeiro Ser. Foi isso que levou Pope a dizer que as coisas não podem ser diferentes do que são e que tudo está bem como está. Uma vez isto formulado, entende-se a significação dessa linguagem nova, ou seja, que as leis são as relações necessárias que derivam da natureza das coisas. Ao que se acrescenta que nesse sentido todos os seres têm suas leis: a Divindade tem suas leis; o mundo material tem suas leis; as inteligências superiores ao ser humano têm suas leis; os animais têm suas leis; o ser humano tem suas leis."

Resposta. As próprias trevas não são mais obscuras do que isso. O crítico ouviu dizer que Espinosa admitia um princípio cego e necessário que governava o universo: nada mais lhe faltou que dizer, desde que encontrada a palavra *necessário*, tratar-se de espinosismo. O autor disse que as leis eram uma relação necessária, e eis então o espinosismo, porque aí consta a palavra *necessária*. E o que é surpreendente é que o autor, para o crítico, se julga espinosista por causa deste artigo, a despeito de este artigo combater

---

2577. Livro I, capítulo I.

expressamente os sistemas perigosos. O autor teve como propósito o ataque ao sistema de Hobbes, sistema terrível que, fazendo depender todas as virtudes e todos os vícios do estabelecimento das leis que os homens produzem para si, e querendo provar que os homens nascem todos em estado de guerra e que a primeira lei natural é a guerra de todos contra todos, derruba, como Espinosa, toda religião e toda moral. Em torno disso, o autor estabeleceu primeiramente que havia leis de justiça e de equidade antes do estabelecimento das leis positivas. Provou que todos os seres tinham leis; que, mesmo antes de sua criação, eles detinham leis possíveis; que o próprio Deus tinha leis, ou seja, as leis feitas por ele. O autor demonstrou que era falsa a afirmação de que os seres humanos nasceram em estado de guerra;[2578] mostrou que o estado de guerra somente foi instaurado depois do estabelecimento das sociedades; apresentou a respeito disto princípios claros. Mas disso resulta sempre que o autor atacou os erros de Hobbes e as consequências dos erros de Espinosa e que lhe aconteceu de ser tão pouco entendido que foram tomadas como opiniões de Espinosa as objeções que ele fez contra o espinosismo. Antes de polemizar, seria preciso começar por adentrar o mérito da questão e saber, ao menos, se aquele que se ataca é amigo ou inimigo.

Segunda objeção. O crítico prossegue: "Por que o autor cita Plutarco, que diz que a lei é a rainha de todos os mortais e imortais. Mas esta opinião é de um pagão, etc.".

Resposta. É verdade que o autor citou Plutarco, que diz que a lei é a rainha de todos os mortais e imortais.

Terceira objeção. O autor disse que "a criação, que se nos afigura um ato arbitrário, supõe regras tão variáveis quanto a fatalidade dos ateus". Destas palavras, o crítico conclui que o autor admite a fatalidade dos ateus.

Resposta. Um momento antes ele destruiu essa fatalidade mediante as seguintes palavras: "Os que afirmaram que uma fatalidade cega produziu todos os efeitos que vemos no mundo afirmaram um grande disparate, pois haveria disparate maior do que uma fatalidade cega que tivesse produzido seres inteligentes?". Ademais, na passagem censurada, só se pode pôr na boca do autor o que ele fala. Ele não fala de causas e não compara as causas — ele fala de efeitos e compara os efeitos. Todo o artigo, aquele que o precede e aquele que o sucede deixam claro que se trata aqui apenas de regras do movimento, que o autor diz terem sido estabelecidas por Deus. Estas regras são invariáveis, e toda a física faz coro com ele. São invariáveis porque Deus quis que fossem assim e quis ele conservar o mundo. O autor não diz disso nem mais nem menos.

2578. Livro I, capítulo II.

Direi sempre que o crítico jamais penetra o sentido das coisas, atendo-se unicamente às palavras. Quando o autor disse que a criação, que parecia um ato arbitrário, supunha regras tão invariáveis quanto a fatalidade dos ateus, não se podia entendê-lo como se ele dissesse que a criação foi um ato necessário como a fatalidade dos ateus, posto que ele já havia combatido essa fatalidade. Além disso, os dois membros de uma comparação devem se relacionar; assim, é absolutamente forçoso que a frase signifique: a criação, que parece a princípio dever produzir regras variáveis do movimento, apresenta, no que concerne a isto, regras tão invariáveis quanto a fatalidade dos ateus. O crítico, mais uma vez, só viu e só vê palavras.

II

Não há, portanto, espinosismo algum em *O espírito das leis*. Passemos a outra acusação; e vejamos se é verdade que o autor não reconhece a religião revelada. O autor, no fim do capítulo I, referindo-se ao ser humano, que é uma inteligência finita, sujeita à ignorância e ao erro, disse: "Um tal ser poderia, a todos os instantes, olvidar seu criador; Deus chamou-o a si mediante as leis da religião.".

Ele disse no capítulo I do Livro XXIV: "Não examinarei, portanto, as diversas religiões do mundo, senão em relação ao bem que delas se aufere no estado civil, seja me referindo àquela que tem suas raízes no céu, seja me referindo àquelas que têm as suas na terra.".

"Com respeito à verdadeira religião, bastará um pouco de equidade para ver que jamais pretendi fazer ceder seus interesses aos interesses políticos, mas sim uni-los… Ora, para uni-los, é preciso conhecê-los. A religião cristã, que ordena aos seres humanos que se amem, quer, indubitavelmente, que todo povo disponha das melhores leis políticas e as melhores leis civis porque estas são, depois dela, o maior bem que os seres humanos podem dar e receber.".

E no capítulo II do mesmo Livro: "Um príncipe que ama a religião e que a teme é um leão que cede à mão que o acaricia ou à voz que o acalma; aquele que teme a religião e a odeia é como os animais selvagens que mordem a corrente que os impede de lançarem-se sobre aqueles que passam; aquele que não tem religião em absoluto é como o animal terrível que somente experimenta sua liberdade quando estraçalha e devora.".

No capítulo III do mesmo Livro: "Enquanto os príncipes muçulmanos decretam continuamente a morte ou são por ela atingidos, a religião, entre os cristãos, torna os príncipes menos tímidos e, por conseguinte, menos cruéis. O príncipe conta com seus súditos e os súditos com o príncipe. Coisa admirável! A religião cristã, que parece não visar outra meta senão a felicidade da outra vida, produz ainda nossa felicidade nesta.".

No capítulo IV do mesmo Livro: "Diante do caráter da religião cristã e o da muçulmana, deve-se, sem ulterior exame, adotar uma e rejeitar a outra.". Roga-se que se continue.

No capítulo VI: "Após ter insultado todas as religiões, Bayle difamou a religião cristã, ousando aventar que verdadeiros cristãos não formariam um Estado que pudesse subsistir. Por que não? Seriam cidadãos infinitamente esclarecidos sobre seus deveres e que teriam um enorme zelo no sentido de cumpri-los; perceberiam muito bem os direitos da defesa natural; quanto mais acreditassem dever à religião, mais pensariam dever à pátria. Os princípios do cristianismo, bem gravados no coração, seriam infinitamente mais fortes do que essa falsa honra das monarquias, essas virtudes humanas das repúblicas e esse temor servil dos Estados despóticos. É surpreendente que se possa imputar a esse grande homem haver desprezado o espírito de sua própria religião; que não tenha sabido distinguir as ordens para o estabelecimento do cristianismo do próprio cristianismo, nem os preceitos do Evangelho dos seus conselhos. Se o legislador, em lugar de proporcionar leis, deu conselhos, é porque percebeu que estes conselhos, se fossem ordenados como leis, seriam contrários ao espírito de suas leis.".

No capítulo X: "Se eu pudesse por um momento deixar de pensar que sou cristão, não poderia deixar de classificar a destruição da seita de Zenão como um dos infortúnios do gênero humano, etc. Fazei, por um instante, abstração das verdades reveladas; procurai em toda a natureza e nela não descobrireis nada superior aos Antoninos, etc.".

E no capítulo XIII: "A religião pagã, que proibia apenas alguns crimes grosseiros, que detinha a mão e abandonava o coração, podia ter crimes inexpiáveis. Mas uma religião que envolve todas as paixões; que não é mais ciosa das ações do que dos desejos e dos pensamentos; que não nos mantém presos somente por algumas cadeias, mas por um número incontável de fios; que deixa atrás de si a justiça humana e instaura uma outra justiça; que é feita para conduzir incessantemente do arrependimento ao amor e do amor ao arrependimento; que coloca entre o juiz e o criminoso um grande mediador, entre o justo e o mediador um grande juiz: uma tal religião não deve ter crimes inexpiáveis. Porém, embora ela proporcione temores e esperanças a todos, faz sentir suficientemente que se não há crime que, por sua natureza, seja inexpiável, toda uma vida pode sê-lo; que seria muito perigoso atormentar de maneira incessante a misericórdia por meio de novos crimes e novas expiações; que na inquietude das antigas dívidas, jamais quites com o Senhor, devemos temer contrair novos débitos, exceder a medida e ir até o termo onde a bondade paterna finda.".

No fim do capítulo XIX, o autor, depois de levar à percepção os abusos de diversas religiões pagãs sobre o estado das almas na outra vida, diz: "Não basta que uma religião estabeleça um dogma. É preciso que também o dirija. É o que fez admiravelmente bem a religião cristã no tocante aos dogmas de que falamos; ela nos faz esperar um estado em que cremos, não um estado que sentimos ou que conhecemos; tudo, até a ressurreição dos corpos, nos conduz a conceitos espirituais.".

E no fim do capítulo XXVI: "Disso se conclui que é quase sempre conveniente que uma religião tenha dogmas particulares e um culto geral. Nas leis concernentes às práticas do culto, são necessários poucos detalhes; por exemplo, mortificações e não uma certa mortificação. O cristianismo é repleto de bom senso: a abstinência é de direito divino, mas uma abstinência particular é de direito de civilização e se pode mudá-la.".

No último capítulo, Livro XXV: "Contudo, disto não resulta que uma religião trazida de um país longínquo, e totalmente diferente em termos de clima, leis, costumes e maneiras, obtenha todo o êxito que sua santidade deveria lhe prometer.".

E no capítulo III do Livro XXIV: "É a religião cristã que, a despeito da extensão do império e do vício do clima, impediu que o despotismo se estabelecesse na Etiópia e levou ao meio da África os costumes da Europa e suas leis, etc. Bem próximo dali vê-se o maometanismo mandar prender os filhos do rei de Senar; por ocasião da morte deste, o Conselho decreta que sejam decapitados em favor daquele que sobe ao trono.

Que, de um lado, se coloque diante dos olhos as chacinas contínuas dos reis e dos líderes gregos e romanos e, do outro, a destruição dos povos e das cidades por esses mesmos líderes, Timur e Gengis Khan, que devastaram a Ásia, e veremos que devemos ao cristianismo, no governo, um certo direito político e, na guerra, um certo direito das gentes, que a natureza humana não saberia reconhecer suficientemente." Pede-se que se leia este capítulo na totalidade.

No capítulo VIII do Livro XXIV: "Num país no qual se suporta a infelicidade de ter uma religião que não foi concedida por Deus, é sempre necessário que ela esteja de acordo com a moral porque a religião, mesmo falsa, constitui a melhor garantia de que os seres humanos possam ter a probidade que lhes é própria.".

São trechos formais nos quais vemos não apenas um escritor que crê na religião cristã, mas que também a ama. O que, digamos, existe para provar o contrário? E se adverte, ainda uma vez, a necessidade de que as provas sejam proporcionais à acusação, e se esta acusação não é frívola, também não o devem ser as provas. E como essas provas são apresentadas de uma forma bastante extraordinária, sendo todo o tempo metade provas, metade injúrias, e encontrando como que envolvidas na sequência de um discurso extremamente vago, eu vou investigá-las.

Primeira objeção. O autor louvou os estoicos, que admitiam uma fatalidade cega, um encadeamento necessário, etc.[2579] É o fundamento da religião natural.

Resposta. Posso supor por um momento que essa má forma de raciocinar seja boa. O autor encomiou a física e a metafísica dos estoicos? Ele encomiou a moral deles; ele disse que os povos extraíram dela grandes benefícios, ele disse isto e nada mais disse: eu me equivoco, ele disse mais, pois, desde a primeira página do livro ele atacou essa fatalidade dos estoicos. E assim ele não a louvou quando louvou os estoicos.

Segunda objeção. O autor louvou a Bayle ao chamá-lo de um grande homem.[2580]

Resposta. Posso supor ainda momentaneamente que, em geral, essa forma de raciocinar seja boa — não o é, ao menos neste caso. É verdade que o autor chamou Bayle de um grande homem, mas ele reprovou suas opiniões, e, se as reprovou, ele não as admite. E porque ele combateu suas opiniões, não o chama de grande homem por causa de suas opiniões. Todos sabem que Bayle era dotado de um grande intelecto, do qual abusou, mas este intelecto do qual abusou, ele o possuía. O autor combateu seus sofismas e temeu seus desvios. Não aprecio pessoas que derrubam as leis de sua pátria, mas teria dificuldade para crer que César e Cromwell foram pessoas de intelecto modesto. Também não aprecio os conquistadores, mas ninguém conseguirá me persuadir que Alexandre e Gengis-Kan tenham sido pessoas de inteligência comum. Não teria faltado muito intelecto ao autor para dizer que Bayle era um homem abominável, mas é provável que ele não aprecie, de modo algum, dizer injúrias, seja porque é esta sua predisposição natural, seja porque a tenha recebido através de sua educação. Tenho motivos para crer que, se ele empunhasse a pena, ele não o diria sequer àqueles que tentaram fazer a ele um dos maiores males que um homem pode fazer a um homem, esforçando-se para torná-lo odioso a todos que não o conhecem e, suspeito, a todos que o conhecem.

Ademais, tenho observado que o que proferem os homens exaltados não produz impressão alguma, salvo naqueles que são, eles próprios, exaltados. A maioria dos leitores são pessoas moderadas; só se toma um livro quando se experimenta sangue-frio; as pessoas razoáveis têm apreço pelas razões. Se o autor tivesse dirigido mil injúrias a Bayle, o resultado disto não

---

2579. Página 165 do segundo periódico, de 16 de outubro de 1749.

2580. Página 165 do segundo periódico.

seria indicar que Bayle houvesse raciocinado bem ou houvesse raciocinado mal; tudo que teria sido possível concluir haveria de ser que o autor sabia dizer injúrias.

Terceira objeção. Esta tem sua origem naquilo que o autor não disse, no seu capítulo I, do pecado original.[2581]

Resposta. Pergunto a todo homem sensato se este capítulo é um tratado de teologia. Se o autor tivesse se referido ao pecado original, poder-se-ia a ele imputar, da mesma forma, não ter se referido à redenção — assim, de artigo em artigo, ao infinito.

Quarta objeção. Esta nasce do fato de Domat ter começado sua obra diferentemente do autor e que ele, de início, se referiu à revelação.

Resposta. É verdade que Domat começou sua obra diferentemente do autor e que se referiu, de início, à revelação.

Quinta objeção. O autor seguiu o sistema do poema de Pope.

Resposta. Na obra inteira não há uma palavra do sistema de Pope.

Sexta objeção. "O autor diz que a lei que prescreve ao ser humano seus deveres relativamente a Deus é a mais importante. Entretanto, ele nega que ela seja a primeira; ele pretende que a primeira lei da natureza é a paz; que os seres humanos começaram por ter medo uns dos outros, etc. Que as crianças sabem que a primeira lei é amar a Deus e a segunda é amar a seu próximo."

Resposta. Eis as palavras do autor: "A lei que, imprimindo em nós mesmos a ideia de um criador, nos conduz a ele, é a primeira das leis naturais por sua importância e não pela ordem dessas leis. O homem, no estado de natureza, possuiria mais a faculdade de conhecer do que conhecimentos. Está claro que suas primeiras ideias não seriam, de forma alguma, ideias especulativas: ele cogitaria da preservação de seu ser, antes de buscar a origem de seu ser. Um tal homem não sentiria, de início, senão sua fraqueza; sua timidez seria extrema e, se fosse necessário dispor de experiência para comprová-lo, encontram-se nas florestas homens selvagens: tudo os faz tremer, tudo os faz fugir."[2582]

O autor disse, então, que a lei que, imprimindo em nós mesmos a ideia do criador, nos conduz a ele, era a primeira das leis naturais. Ele não lhe proibira e, tampouco, aos filósofos e aos autores do direito natural, de considerar o homem sob diversos aspectos: ele lhe permitira supor um homem como que caído das nuvens, abandonado a si mesmo e sem educação, antes do estabelecimento das sociedades. E vede! O autor disse que a primeira lei

---

2581. Página 162 do periódico de 9 de outubro de 1749.

2582. Livro I, capítulo II.

natural, a mais importante e, consequentemente, a capital, seria, para ele, como para todos os homens, conduzir-se rumo ao seu criador. Foi também permitido ao autor sondar qual seria a primeira impressão que se faria sobre esse homem e ver a ordem na qual essas impressões seriam recebidas em seu cérebro; e ele acreditou que experimentaria sentimentos antes de fazer reflexões; que o primeiro na ordem do tempo seria o medo, a seguir a necessidade de se alimentar, etc. O autor disse que a lei que imprime em nós a ideia do criador e nos conduz a ele é a primeira das leis naturais: o crítico diz que a primeira das leis naturais é amar a Deus. Elas só são divididas pelas injúrias.

Sétima objeção. É tirada do capítulo I do Livro I, onde o autor, após dizer "que o ser humano era um ser limitado", acrescentou: "Um tal ser poderia, a todos os instantes, olvidar seu criador; Deus chamou-o a si mediante as leis da religião". Ora, se diz, qual é essa religião da qual fala o autor? Ele se refere, sem dúvida, à religião natural e, portanto, limita-se a crer na religião natural.

Resposta. Suponho ainda momentaneamente que essa forma de raciocinar seja boa e que, do fato de que o autor ali não teria falado senão da religião natural, se pudesse concluir que ele acreditasse apenas na religião natural, e que ele exclui a religião revelada. Digo que nesse trecho ele se referiu à religião revelada e não à religião natural, pois, se houvesse se referido à religião natural, ele seria um idiota. Seria como se ele dissesse: um tal ser podia facilmente esquecer seu criador, isto é, a religião natural; Deus o lembrou de si através das leis da religião natural, de sorte que Deus lhe teria dado a religião natural para aprimorar nele a religião natural. Assim, a fim de se posicionar para dizer invectivas ao autor, começa-se por subtrair das palavras dele o mais claro sentido do mundo, com o intuito de lhes dar o mais absurdo sentido do mundo; e, ainda por cima, se o despoja do senso comum.

Oitava objeção. O autor disse,[2583] referindo-se ao ser humano: "Um tal ser poderia, a todos os instantes, olvidar seu criador; Deus chamou-o a si mediante as leis da religião. Um tal ser poderia, a todos os instantes, esquecer a si mesmo; os filósofos o advertiram mediante as leis da moral. Feito para viver em sociedade, poderia aqui olvidar os outros; os legisladores o fizeram remontar aos seus deveres mediante as leis políticas e civis.". Por conseguinte, diz o crítico,[2584] segundo o autor, o governo do mundo está dividido entre Deus, os filósofos e os legisladores, etc. Onde os filósofos

---

2583. Livro I, capítulo I.

2584. Página 162 do periódico de 9 de outubro de 1749.

aprenderam as leis da moral? Onde os legisladores viram o que é preciso prescrever para governar as sociedades com equidade?

Resposta. E esta resposta é muito fácil. Eles a aprenderam na revelação, se foram bastante bem-aventurados para isto; ou então nessa lei que, imprimindo em nós a ideia do criador, nos conduz a ele. O autor de *O espírito das leis* disse, como Virgílio: *César divide o Império com Júpiter?* Deus, que governa o universo, não concedeu a certos homens mais luzes, a outros mais poder? Vós direis que o autor disse que, porque Deus quis que seres humanos governassem seres humanos, não quis mais que eles o obedecessem e que se achou demitido do império que tinha sobre eles, etc. Eis ao que ficam reduzidos os que, tendo muita fraqueza para pensar, têm muita força para lançar invectivas.

Nona objeção. O crítico prossegue: "Observemos ainda que o autor, que acha que Deus não pode governar os seres livres tão bem quanto os outros, porque, sendo eles livres, é necessário que ajam por si mesmos (observarei, de passagem, que não se serve desta expressão, "que Deus não pode"), limita-se a remediar essa desordem mediante leis, as quais podem muito bem mostrar ao ser humano o que ele deve fazer, mas que não lhe permitem que o faça. Assim, no sistema do autor, Deus cria seres cuja desordem não pode impedir nem reparar... Cego é aquele que não vê que Deus faz o que quer daqueles mesmos que não fazem o que ele quer!

Resposta. O crítico já reprovou o autor por não ter se referido ao pecado original; ele ainda insiste neste ponto: o autor não se referiu à graça. É algo triste lidar com um homem que censura todos os artigos de um livro e conta somente com uma ideia dominante. É o conto daquele cura de aldeia ao qual os astrônomos mostraram a lua através de um telescópio e que só via no telescópio o seu campanário.

O autor de *O espírito das leis* acreditou que devia começar dando alguma ideia das leis gerais e do direito da natureza e das gentes. Este assunto era imenso, e ele o tratou em dois capítulos; foi obrigado a omitir uma boa quantidade de coisas que concerniam ao seu assunto e, com muito mais razão, omitiu aquelas que não tinham com ele relação alguma.

Décima objeção. O autor disse que na Inglaterra o suicídio constituía o efeito de uma doença e que não se podia puni-lo mais do que se punem os efeitos da demência. Um sectário da religião natural não esquece que a Inglaterra é o berço de sua seita; ele passa uma esponja em todos os crimes que notou naquele país.

Resposta. O autor não sabe se a Inglaterra é o berço da religião natural, mas ele sabe que a Inglaterra não é o seu berço. Por ter se referido a um efeito físico que se constata na Inglaterra, não se infere que ele pense a respeito da religião como os ingleses, tampouco como um inglês que se referisse a um efeito físico ocorrido na França pensaria a religião como os franceses. O autor de *O espírito das leis* não é, absolutamente, um sectário da religião natural, mas desejaria que seu crítico fosse sectário da lógica natural.

Acredito já ter feito caírem das mãos do crítico as armas medonhas das quais ele se serviu. Darei agora uma ideia de seu exórdio, que é de tal feitio que receio que se pense que seja por escárnio que me refiro a ele aqui.

Ele diz inicialmente, e são suas palavras, que "o livro *O espírito das leis* é uma dessas produções irregulares... que não se multiplicam de maneira tão expressiva senão com a chegada da bula *Unigenitus*". Mas fazer acontecer *O espírito das leis* em função da chegada da constituição *Unigenitus* não é querer provocar o riso? A bula *Unigenitus* não constitui a causa ocasional do livro *O espírito das leis*, mas a bula *Unigenitus* e o livro *O espírito das leis* foram as causas ocasionais que levaram o crítico a fazer um raciocínio tão pueril. O crítico continua: "O autor diz que, por muitas vezes, começou e abandonou sua obra... Entretanto, quando lançava ao fogo suas primeiras produções, estava menos afastado da verdade do que quando começou a se sentir satisfeito com seus trabalhos". Como sabe ele disso? Ele ajunta: "Se o autor houvesse querido seguir um caminho praticável, sua obra lhe teria custado menos labor". Como é que ele também sabe disso? A seguir, ele pronuncia este oráculo: "Não se requer muita perspicácia para perceber que o livro *O espírito das leis* está baseado no sistema da religião natural... Mostrou-se, nas cartas contra o poema de Pope intitulado *Ensaio acerca do homem,* que o sistema da religião natural ingressa naquele de Espinosa, o que é o suficiente para inspirar a um cristão o horror do novo livro que anunciamos". Respondo que não só é suficiente, mas até que seria demasiado para isso. Mas acabo de provar que o sistema do autor não é aquele da religião natural e, admitindo-se que o sistema da religião natural ingressou naquele de Espinosa, o sistema do autor não ingressará naquele de Espinosa porque não é aquele da religião natural.

Ele deseja, portanto, inspirar horror antes de ter provado que se deve experimentar o horror.

Eis as duas fórmulas de raciocínio difundidas nos dois escritos aos quais respondo. O autor de *O espírito das leis* é um sectário da religião natural, de forma que é preciso explicar o que ele diz aqui pelos princípios da religião natural; ora, se o que ele diz aqui está baseado nos princípios da religião natural, ele é um sectário da religião natural.

A outra fórmula é a seguinte: o autor de *O espírito das leis* é um sectário da religião natural e, por conseguinte, o que ele diz no seu livro a favor da revelação tem como único objetivo esconder que ele é um sectário da religião natural; ora, se ele se esconde assim, ele é um sectário da religião natural.

Antes de encerrar esta primeira parte, sinto-me tentado a fazer uma objeção àquele que fez tantas. Ele a tal ponto aterrorizou os ouvidos com a expressão *sectário da religião natural* que eu, que defendo o autor, mal ouso pronunciá-la. Vou, todavia, impor-me coragem. Seus dois escritos não exigiriam tampouco explicação daquele que eu defendo? Age ele bem ao se referir à religião natural e à revelação arrojando-se perenemente para um lado e fazendo perder os vestígios do outro? Age ele bem ao não distinguir jamais aqueles que somente reconhecem a religião natural daqueles que reconhecem a religião natural e a revelação? Age ele bem ao se espantar todas as vezes que o autor considera o homem no estado da religião natural e explica alguma coisa sobre os princípios da religião natural? Age ele bem ao confundir a religião natural com o ateísmo? Não tenho eu sempre ouvido dizer que todos nós tínhamos uma religião natural? Não tenho eu ouvido dizer que o cristianismo era a perfeição da religião natural? Não tenho eu ouvido dizer que se empregava a religião natural a fim de provar a revelação contra os deístas; e que se empregava a própria religião natural para provar a existência de Deus contra os ateus? Ele diz que os estoicos eram sectários da religião natural; e eu lhe digo que eles eram ateus[2585] porque acreditavam que uma fatalidade cega governava o universo e que é através da religião natural que se combatem os estoicos. Ele diz que o sistema da religião natural ingressa no de Espinosa,[2586] e eu lhe digo que estão em contradição e que é pela religião natural que se destrói o sistema de Espinosa. Eu lhe digo que confundir a religião natural com o ateísmo é confundir a prova com a coisa que se quer provar, e a objeção contra o erro, com o próprio erro; que é suprimir as armas poderosas de que dispomos contra esse erro. Deus me livre de imputar alguma má intenção ao crítico, nem investir valor às consequências que se poderia tirar de seus princípios; ainda que ele tenha sido muito pouco indulgente, é para se tê-la com ele. Só digo que as ideias metafísicas se encontram demasiado confusas na sua cabeça; que ele não detém, de modo algum, a faculdade de distinguir; que ele não saberia aduzir bons julgamentos porque, entre as diversas coisas que precisam

---

2585. Página 165 do periódico de 9 de outubro de 1749: "Os estoicos admitiam um único Deus, mas esse Deus não era outra coisa senão a alma do mundo. Eles entendiam que todos os seres, a partir do primeiro, estivessem necessariamente encadeados uns aos outros e que uma necessidade fatal arrastava tudo. Negavam a imortalidade da alma e faziam com que a soberana felicidade consistisse em viver conforme a natureza. Esta é a essência do sistema da religião natural".

2586. Página 161 do primeiro periódico de 9 de outubro de 1749, no fim da primeira coluna.

ser vistas, ele jamais vê senão uma. E isto, inclusive, não digo a ele com o fito de dirigir-lhe censuras, mas para destruir as suas.

SEGUNDA PARTE

Ideia geral: eu absolvi o livro *O espírito das leis* das duas reprovações gerais das quais ele foi objeto de acusação. Há ainda imputações particulares às quais é necessário que eu responda. Mas, para conferir um maior esclarecimento ao que eu disse e ao que direi na sequência, explicarei o que ensejou ou serviu de pretexto às invectivas.

As pessoas mais sensatas de diversos países da Europa, os homens mais esclarecidos e os mais sábios consideraram o livro *O espírito das leis* como uma obra útil. Julgaram que a moral nele presente era pura, os princípios, justos, que ele era adequado à formação de pessoas honestas, que nele opiniões perniciosas eram destruídas e as boas opiniões eram fomentadas.

Por outro lado, há um homem que se refere a este livro como um livro perigoso, fazendo dele o objeto das invectivas mais exageradas. É imperioso que eu explique isto.

Bem longe de ter compreendido as passagens particulares que criticou neste livro, ele nem sequer soube qual a matéria que nele é tratada. Assim, arrojando invectivas ao ar e pelejando contra o vento, ele se sagrou com triunfos do mesmo naipe; por certo criticou o livro que tinha na cabeça, deixando de criticar aquele do autor. Mas como foi possível não perceber assim o assunto e o objetivo de uma obra que se tinha diante dos olhos? Aqueles que tivessem algum entendimento perceberiam ao primeiro olhar que essa obra tem por objeto as leis, os costumes e os diversos usos de todos os povos da Terra. Pode-se dizer que seu tema é colossal, visto que abrange todas as instituições admitidas entre os homens; porque o autor distingue estas instituições; examina as que são mais convenientes à sociedade e a cada sociedade; porque investiga a origem destas instituições; porque localiza suas causas físicas e morais; porque examina aquelas que detêm um grau de boa qualidade em si mesmas e as que dela carecem; porque, de duas práticas perniciosas, ele procura aquela que o é mais e aquela que o é menos; porque ele aí discorre sobre aquelas que podem surtir bons efeitos num certo aspecto e maus efeitos num outro. Acreditou serem tais investigações úteis, porque o bom senso consiste em grande medida em conhecer as nuanças das coisas. Ora, num tema tão lato, foi necessário abordar a religião, pois, havendo sobre a Terra uma religião verdadeira e uma infinidade de falsas, uma religião enviada do céu e uma infinidade de outras nascidas sobre a Terra, não pôde ele considerar todas as religiões falsas senão como instituições humanas, de modo que ele teve de examiná-las como todas as demais instituições humanas. E quanto à religião cristã, só lhe restou venerá-la como sendo uma instituição divina. Não era esta religião o objeto de que ele devia tratar porque, por sua natureza, ela não está sujeita a exame algum. Por conseguinte, quando a ela se referiu, jamais o fez com o fito de fazê-la ingressar no plano de sua obra, mas com o propósito de lhe prestar o tributo de respeito e de amor que lhe é devido da parte de todo cristão e para que, nas comparações que pudessem fazer dela com as demais, lhe fosse facultado fazê-la triunfar sobre todas.

O que afirmo se vê ao longo de toda a obra; mas o autor o explicou em particular no começo do Livro XXIV, que é o primeiro dos dois Livros que compôs sobre a religião. Assim ele principia: "Como se pode julgar, entre as trevas, as que são menos densas e, entre os abismos, os que são menos profundos, do mesmo modo podemos investigar entre as religiões falsas as que são mais conformes ao bem da sociedade; aquelas que, embora não surtam o efeito de conduzir os seres humanos às venturas da outra vida, podem, no máximo, contribuir para a felicidade deles nesta. Não examinarei, portanto, as diversas religiões do mundo, senão em relação ao bem que delas se aufere no estado civil, seja me referindo àquela que tem suas raízes no céu, seja me referindo àquelas que têm as suas sobre a terra.".

Considerando o autor, assim, as religiões humanas apenas como instituições humanas, teve que delas tratar porque, nesta condição, entravam necessariamente no seu plano. Ele não foi em busca delas — foram elas que vieram em busca dele. E, quanto à religião cristã, só tratou dela ocasionalmente, já que, por sua natureza, não podendo ser modificada, mitigada, corrigida, não entrava no plano por ele proposto.

O que se fez, portanto, para dar margem tão grande aos ataques e abrir a porta mais larga às invectivas? O autor foi considerado como se, a exemplo de Abbadie, tivesse desejado compor um tratado sobre a religião cristã; foi atacado como se seus dois Livros sobre a religião fossem dois *tratados de teologia cristã*. Ele foi condenado como se, referindo-se a uma religião qualquer, que não é a cristã, tivesse que proceder ao seu exame segundo os princípios e os dogmas da religião cristã; foi julgado como se estivesse encarregado, nesses dois Livros, de estabelecer para os cristãos e pregar aos maometanos e aos idólatras os dogmas da religião cristã. Todas as ocasiões em que se referiu à religião em geral, todas as vezes que empregou a palavra *religião,* se disse: "É a religião cristã". Todas as vezes que ele comparou as práticas religiosas de quaisquer nações e que afirmou que eram mais conformes ao governo político daquele país do que uma outra prática, se disse: "Vós as aprovais, então, e abandonais a fé cristã". Quando ele se referiu a algum povo que não adotou o cristianismo ou que precedeu a vinda de

Jesus Cristo, a ele se disse: "Vós não reconheceis, portanto, a moral cristã". Quando ele sondou, na qualidade de autor político, qualquer prática, a ele se disse: "Era tal dogma de teologia cristã que deveríeis ali introduzir. Vós dizeis que sois jurisconsulto e eu vos transformarei em teólogo a despeito de vós mesmos. Vós nos apresentais, a propósito, belíssimas coisas a respeito da religião cristã, mas é para vos ocultar que vós as dizeis; pois eu conheço vosso coração e leio vossos pensamentos. É verdade que não entendo vosso livro; não importa que eu tenha discernido bem ou mal o seu objeto; o fato é que conheço no fundo todos os vossos pensamentos. Não conheço uma única palavra que dizeis, mas entendo muito bem o que vós não dizeis".

Entremos agora no mérito das questões.

Dos conselhos de religião

O autor, no Livro sobre a religião, combateu o erro de Bayle. Eis suas palavras:[2587] "Após ter insultado todas as religiões, Bayle difamou a religião cristã, ousando aventar que verdadeiros cristãos não formariam um Estado que pudesse subsistir. Por que não? Seriam cidadãos infinitamente esclarecidos sobre seus deveres e que teriam um enorme zelo no sentido de cumpri-los; perceberiam muito bem os direitos da defesa natural; quanto mais acreditassem dever à religião, mais pensariam dever à pátria. Os princípios do cristianismo, bem gravados no coração, seriam infinitamente mais fortes do que essa falsa honra das monarquias, essas virtudes humanas das repúblicas e esse temor servil dos Estados despóticos. É surpreendente que se possa imputar a esse grande homem haver desprezado o espírito de sua própria religião; que não tenha sabido distinguir as ordens para o estabelecimento do cristianismo do próprio cristianismo, nem os preceitos do Evangelho dos seus conselhos. Se o legislador, em lugar de proporcionar leis, deu conselhos, é porque percebeu que estes conselhos, se fossem ordenados como leis, seriam contrários ao espírito de suas leis".

O que se faz para subtrair ao autor a glória de haver assim combatido o erro de Bayle? Toma-se o capítulo seguinte,[2588] o qual nada tem a ver com Bayle, ou seja: "As leis humanas", aí é dito, "feitas para falar ao espírito, devem fornecer preceitos e não conselhos; a religião, feita para falar ao coração, deve fornecer muitos conselhos e poucos preceitos". E disso se conclui que o autor considera todos os preceitos do Evangelho como conselhos.

2587. Livro XXIV, capítulo VI.

2588. É o capítulo VII do Livro XXIV.

Ele poderia dizer também que aquele que fez essa crítica considera todos os conselhos do Evangelho como preceitos; mas não é sua maneira de raciocinar e ainda menos sua maneira de agir. Dirijamo-nos ao fato: é preciso estender um pouco o que o autor resumiu. Bayle sustentara que uma sociedade de cristãos não poderia subsistir, alegando para isso o mandamento do Evangelho de dar a outra face quando se recebia uma bofetada, de abandonar o mundo, de fazer retiro nos desertos, etc. O autor disse que Bayle tomava por preceitos o que não passavam de conselhos, por regras gerais o que não passavam de regras particulares — nisto o autor defendeu a religião. E qual o resultado? Coloca-se, a título de primeiro artigo de sua crença, que todos os Livros do Evangelho só contêm conselhos.

Da poligamia

Outros artigos forneceram também fáceis objetos para as invectivas. A poligamia se apresentou como um excelente. O autor escreveu a este respeito um capítulo especial, onde a reprovou. Ei-lo:

Da poligamia em si mesma (Livro XVI, capítulo VI)[2589]

"Se encararmos a poligamia em geral, independentemente das circunstâncias que a possam tornar um pouco tolerável, concluiremos que não é, de modo algum, útil ao gênero humano, nem a nenhum dos sexos, seja àquele que abusa, seja àquele de que se abusa. Tampouco é útil aos filhos, e um de seus grandes inconvenientes é que o pai e a mãe não podem ter a mesma afeição por seus filhos; não é possível, a um pai, amar vinte filhos como uma mãe ama dois. E é decididamente pior quando uma mulher tem vários maridos, porque neste caso o amor paternal se funda apenas na opinião que um pai pode alimentar, se para isso estiver disposto, ou que os outros possam alimentar, de que certos filhos lhe pertencem", etc.

"A pluralidade das mulheres, quem diria? — conduz a esse amor que a natureza reprova: é que uma dissolução acarreta sempre uma outra", etc.

E mais: "A posse de muitas mulheres nem sempre previne os desejos pela mulher alheia: acontece com a luxúria o mesmo que acontece com a avareza, ou seja, sua sede é aumentada mediante a aquisição dos tesouros. No tempo de Justiniano, muitos filósofos, incomodados pelo cristianismo, mudaram-se para a Pérsia, junto a Cosróis. O que mais os impressionou,

---

2589. No original consta capítulo IV (e não VI), Montesquieu não reproduz aqui este capítulo integralmente. (N.T.)

diz Agatias, foi o fato de a poligamia ser permitida a pessoas que nem sequer se abstinham do adultério".

O autor estabeleceu, então, que a poligamia era, por sua natureza e em si mesma, uma coisa má; era necessário proceder deste capítulo e é, contudo, deste capítulo que nada se disse. O autor, adicionalmente, investigou filosoficamente em quais países, em quais climas, em quais circunstâncias a poligamia produzia menos efeitos negativos; comparou climas com climas e regiões com regiões e descobriu que havia regiões nas quais a poligamia apresentava efeitos menos negativos do que em outras, porque, acompanhando os relatórios, o número dos homens e das mulheres não sendo igual em todas as regiões, fica claro que, se existem regiões onde haja muito mais mulheres do que homens, a poligamia, em si mesma má, o é menos nestas regiões do que em outras. O autor discutiu isso no capítulo IV do mesmo Livro. Mas, pelo fato de o título desse Livro encerrar as seguinte palavras, a saber, "que a lei da poligamia é uma questão de cálculo", as pessoas se prenderam a esse título. Entretanto, como o título de um capítulo se relaciona com o próprio capítulo e não pode expressar nem mais nem menos do que esse capítulo, vejamo-lo.

"Segundo os cômputos levados a cabo em diversos pontos da Europa, neles nascem mais meninos do que meninas. Ao contrário, os relatórios da Ásia e da África nos informam que nestes continentes nascem muito mais meninas do que meninos. A lei monogâmica masculina na Europa e a que permite ter muitas mulheres, da Ásia e da África, têm, portanto, uma certa relação com o clima. Nos climas frios da Ásia, nascem, como na Europa, mais meninos do que meninas, razão pela qual, dizem os lamas, existe entre eles uma lei que permite a uma mulher ter muitos maridos. Mas não creio que haja muitos países onde a desproporção seja tão grande, a ponto de exigir que seja introduzida a lei poligâmica masculina ou a lei poligâmica feminina. Isto somente significa que a pluralidade das mulheres, ou mesmo a dos homens, afasta-se menos da natureza em certos países do que em outros. Reconheço que, se o que os relatórios nos informam for verdadeiro, ou seja, que em Bantam há dez mulheres para cada homem, se trataria de um caso bastante particular da poligamia. Em tudo isso não justifico os usos, porém apresento as suas razões."

Retornemos ao título: *A poligamia é uma questão de cálculo*. Sim, ela é quando se quer saber se é mais ou menos perniciosa em certos climas, em certos países ou regiões, em certas circunstâncias do que em outras; não é uma questão de cálculo quando se deve decidir se é boa ou má por si mesma.

Ela não é uma questão de cálculo quando se raciocina sobre sua natureza. A poligamia pode ser uma questão de cálculo quando seus efeitos são

740 | O ESPÍRITO DAS LEIS

combinados; enfim, jamais é uma questão de cálculo quando se examina o objetivo do casamento; e ela o é menos ainda quando se examina o casamento como estabelecido por Jesus Cristo.

Acrescentarei aqui que o acaso serviu muito bem ao autor. Ele não previa, sem dúvida, que se esqueceria um capítulo formal para se atribuírem sentidos equívocos a um outro. Ele teve a felicidade de ter findado este outro com as seguintes palavras: "Em tudo isso não justifico os usos, porém apresento as suas razões".

O autor acabava de dizer que não via como pudessem haver climas nos quais o número de mulheres pudesse a tal ponto superar o dos homens, ou o número dos homens, o das mulheres, que isso devesse determinar a introdução da poligamia em qualquer país; e acrescentou: "Isto somente significa que a pluralidade das mulheres, ou mesmo a dos homens, afasta-se menos da natureza em certos países do que em outros".[2590] O crítico se prendeu à frase "é mais conforme à natureza" para imputar ao autor que este aprovava a poligamia. Mas se eu dissesse que prefiro a febre ao escorbuto significaria isto que aprecio a febre, ou somente que o escorbuto me é mais repulsivo do que a febre?

Eis aqui, palavra por palavra, uma objeção particularmente peculiar: "A poligamia de uma mulher que tem vários maridos constitui uma desordem monstruosa que não foi permitida em caso algum e que o autor não distingue em espécie alguma da poligamia de um homem que tem várias mulheres.[2591] Esta linguagem, num sectário da religião natural, dispensa comentários".

Rogo que se atente para a conexão das ideias do crítico. Segundo ele, infere-se que, sendo o autor um sectário da religião natural, ele não se referiu àquilo em relação ao que devia se referir, ou, então, se infere, segundo ele, que o autor não se referiu àquilo em relação ao que devia se referir porque ele é sectário da religião natural. Estes dois raciocínios são da mesma espécie, e as conclusões se encontram igualmente nas premissas. A maneira ordinária é criticar com base no que alguém escreveu; aqui, o crítico se perde naquilo que alguém não escreveu.

Digo tudo isso supondo, com o crítico, que o autor não teria distinguido a poligamia de uma mulher que tem vários maridos daquela na qual um marido teria várias mulheres. Mas, se o autor as distinguiu, o que se terá a dizer? Se o autor demonstrou que, no primeiro caso, os abusos eram maiores, o que dizer? Peço encarecidamente ao leitor que releia o capítulo

---

2590. Capítulo IV, Livro XVI.

2591. Página 164 do periódico de 9 de outubro.

VI do Livro XVI. Eu o transcrevi anteriormente. O crítico lhe arrojou invectivas porque ele guardara silêncio sobre este artigo; nada mais resta senão certificá-lo sobre o que não se calou.

Mas eis algo que não posso compreender. O crítico escreveu no segundo dos seus periódicos: "O autor nos disse anteriormente que a religião deve permitir a poligamia nos países quentes e não nos países frios". Mas o autor não afirmou tal coisa em lugar algum. Não se trata mais de mal--entendidos entre o crítico e ele: trata-se de um fato. E como o autor não afirmou em parte alguma que a religião deve permitir a poligamia nos países quentes, e não nos países frios, se a imputação é falsa como, de fato, o é, e grave como o é, rogo ao crítico que julgue a si mesmo. Não é o único lugar em torno do qual o autor tenha que erguer um brado. No fim do primeiro periódico, é dito: "O capítulo IV tem por título que a lei da poligamia é uma questão de cálculo, isto é, que nos lugares nos quais nascem mais meninos do que meninas, como na Europa, deve-se desposar uma única mulher, ao passo, que naqueles em que nascem mais meninas do que meninos, a poligamia deve ser introduzida". Assim, quando o autor explica alguns usos ou indica a razão de algumas práticas, elas são transformadas em máximas e, o que é mais lamentável, em máximas religiosas; e, como ele se refere a uma infinidade de usos e de práticas em todos os países do mundo, pode-se, mediante tal método, acusá-lo dos erros e, inclusive, das abominações do mundo inteiro. O crítico diz, no fim de seu segundo periódico, que Deus lhe transmitiu um certo zelo. Ora! Só me resta lhe responder que Deus não o transmitiu.

Clima

O que o autor afirmou a respeito do clima constitui também uma matéria bastante apropriada para fazer retórica. Mas quaisquer efeitos têm causas. O clima e as demais causas físicas produzem um número infinito de efeitos. Se o autor houvesse dito o contrário, teria sido considerado como um homem estúpido. Toda a questão se reduz a saber se, em países ou regiões afastados entre si, se sob climas diferentes, há características de espírito nacionais. Ora, que tais diferenças existem, está estabelecido pela quase unanimidade dos livros que têm sido escritos. E, como a característica do espírito influi muito na disposição do coração, não se poderia também duvidar de que haja certas qualidades do coração mais frequentes num país do que em outro; e ainda dispomos, como prova disto, de um número colossal de escritores de todos os lugares e todos os tempos. Como estas coisas são humanas, o autor se manifestou de uma maneira humana. Teria podido acrescentar muitas questões que são calorosamente ventiladas nas escolas a respeito das virtudes humanas e das virtudes cristãs, mas tais questões não encontram espaço nos livros de física, de política e de jurisprudência. Numa palavra, essa física do clima é capaz de produzir diversas disposições nos espíritos, e estas disposições são capazes de influenciar as ações humanas. Isto abala o Império Daquele que criou ou os méritos Daquele que resgatou?

Se o autor pesquisou aquilo que os magistrados de diversos países poderiam fazer para conduzir suas nações da maneira mais conveniente e mais conforme ao seu caráter, qual o mal cometido por ele por pesquisá-lo?

Raciocinar-se-á identicamente quanto às diversas práticas religiosas locais. Não cabia ao autor considerá-las nem boas nem más: ele limitou-se a dizer que haviam climas nos quais certas práticas religiosas eram mais fáceis de serem admitidas, isto é, eram mais fáceis de serem praticadas pelos povos desses climas do que pelos povos de um outro. É ocioso dar exemplos disso. Deles há centenas de milhares.

Não desconheço, de modo algum, que a religião é independente por si só de quaisquer efeitos físicos; que aquela que é boa num país é boa num outro, e que não pode ser má num país sem o ser em todos. Mas digo que, visto que é praticada pelos seres humanos e para os seres humanos, há lugares onde uma religião qualquer encontra mais facilidade para ser praticada, seja total, seja parcialmente, mais em certos países ou regiões do que em outros ou outras, e mais em certas circunstâncias do que em outras; e, se alguém disser o contrário, ferirá o bom senso.

O autor observou que o clima das Índias produzia uma certa brandura nos costumes; mas, segundo o crítico, as esposas nas Índias se incineram quando seus maridos morrem. Esta objeção é filosoficamente nula. O crítico ignora as contradições do espírito humano, e como sabe ele dissociar as coisas mais unidas e unir as que são as mais dissociadas! Ver, a respeito disto, as reflexões do autor no capítulo III do Livro XIV.

Tolerância

Tudo que o autor expressou a respeito da tolerância está relacionado à seguinte proposição do capítulo IX do Livro XXV, a saber:

"Somos aqui políticos, e não teólogos, e mesmo para os teólogos há diferença entre tolerar uma religião e a aprovar.

"Quando as leis de um Estado tiverem acreditado que devem tolerar diversas religiões, será necessário que estas leis as obriguem a, por sua vez, também se tolerarem entre si". Rogamos que se leia o resto do capítulo.

Muito se vociferou em torno do que o autor acrescentou no capítulo X, Livro XXV: "Eis, portanto, o princípio fundamental das leis políticas em termos de religião: quando se é senhor para admitir num Estado uma nova religião ou não a admitir, não é preciso estabelecê-la nele; quando ela já está nele estabelecida, é preciso tolerá-la".

Objeta-se ao autor que ele está advertindo os príncipes idólatras para que fechem seus Estados à religião cristã; efetivamente, trata-se de um segredo que ele foi dizer ao ouvido do rei da Cochinchina. Como este argumento produziu assunto para muitos ataques, darei a ele duas respostas. A primeira é que o autor excetuou nominalmente no seu livro a religião cristã. Ele disse no Livro XXIV, capítulo I, no final: "A religião cristã, que ordena aos seres humanos que se amem, quer, indubitavelmente, que todo povo disponha das melhores leis políticas e das melhores leis civis porque estas são, depois dela, o maior bem que os seres humanos podem dar e receber". Se, então, a religião cristã é o primeiro bem, e as leis políticas e civis, o segundo, não há leis políticas e civis num Estado que possam ou devam impedir que nele ingresse a religião cristã.

Minha segunda resposta é que a religião do céu não se estabelece pelas mesmas vias que as religiões da Terra. Lede a história da Igreja e vereis os prodígios da religião cristã. Uma vez que tenha ela resolvido entrar num país, ela sabe abrir suas portas para isto; todos os instrumentos são bons para isto; por vezes, Deus deseja se servir de alguns pescadores; por vezes, irá levar ao trono um imperador e fará com que este incline sua cabeça sob o jugo do Evangelho. Oculta-se a religião cristã nos locais subterrâneos? Aguardai por um momento e vereis a Majestade imperial discursar a favor dela. Ela atravessa, quando quer, os mares, os rios e as montanhas; não são os obstáculos deste mundo que a impedem de avançar. Instalai a contradição nos espíritos e ela saberá vencer essas contradições; estabelecei costumes, formai usos, publicai editos, fazei leis; ela triunfará sobre o clima, sobre as leis resultantes e sobre os legisladores que as tiverem feito. Deus, seguindo decretos que desconhecemos, estende ou restringe os limites de sua religião.

Diz-se: "É como se fôsseis dizer aos reis do Oriente que não é necessário que recebam entre eles a religião cristã". É bem grosseiro expressar-se assim. Era, então, Herodes que devia ser o Messias? Parece que se considera Jesus Cristo como um rei que, desejando conquistar um Estado vizinho, ocultasse suas práticas e suas inteligências. Façamo-nos justiça: a maneira pela qual nos conduzimos nos negócios humanos é suficientemente pura para pensarmos em empregá-la na conversão dos povos?

Celibato

Eis-nos no artigo do celibato. Tudo que o autor diz acerca dele se relaciona a esta proposição que se encontra no Livro XXV, capítulo IV. Ei-la:

"Não me referirei aqui às consequências da lei do celibato. Percebe-se que poderá se tornar prejudicial à proporção que o clero se amplie demasiado e que, consequentemente, o conjunto dos leigos não seja suficiente". Está claro que o autor se refere aqui exclusivamente à maior ou à menor extensão a ser atribuída ao celibato relativamente ao maior ou ao menor número daqueles que devam abraçá-lo; e, como assevera o autor num outro ponto, esta lei de perfeição não pode ser feita para todos os homens; sabe-se, ademais, que a lei do celibato, tal como a temos, não passa de uma lei disciplinar. Nunca se colocou em pauta em *O espírito das leis* a questão da natureza do próprio celibato e do grau de sua excelência; e não é, de maneira alguma, uma matéria que deva entrar num livro sobre leis políticas e civis. O crítico permanece não querendo que o autor trate de seu assunto; ele insiste em querer que trate do seu (dele, o crítico); e, porque ele é sempre teólogo, não deseja que, mesmo num livro de direito, ele seja jurisconsulto. Entretanto, se verá de imediato que ele é, a respeito do celibato, da opinião dos teólogos, ou seja, reconheceu a excelência do celibato.

Forçoso é estar ciente de que, no Livro XXIII, onde se trata da relação que as leis têm com o número dos habitantes, o autor apresentou uma teoria em torno do que as leis políticas e civis de diversos povos realizaram a este respeito. Demonstrou, examinando a história dos diversos povos da Terra, que houvera circunstâncias nas quais estas leis foram mais necessárias do que em outras, povos que delas tiveram mais necessidade, determinados tempos em que tais povos tiveram ainda maior necessidade delas; e, uma vez que o autor fosse da opinião de que os romanos foram o povo mais sábio do mundo e que, para compensar suas perdas, experimentaram a maior necessidade de semelhantes leis, ele coletou com precisão o que eles fizeram a respeito disto; destacou com exatidão em quais circunstâncias haviam sido produzidas e em quais outras circunstâncias haviam sido abolidas. Não há teologia alguma em tudo isso, e nenhuma necessidade de teologia para tudo isso. Contudo, o autor julgou de bom alvitre fazer uma observação pertinente. Eis suas palavras: "Que Deus me livre de falar aqui contra o celibato adotado pela religião, mas quem poderia se calar contra aquele que foi formado pela libertinagem, aquele no qual os dois sexos, corrompendo-se pelos próprios sentimentos naturais, fogem de uma união que deve torná-los melhores para viver naquela que sempre os torna piores? Há uma regra tirada da natureza segundo a qual, quanto mais diminuirmos o número de casamentos possíveis de serem feitos, mais corromperemos os que estão feitos; quanto menos pessoas casadas houver, menos fidelidade haverá nos casamentos, tal como quando há mais ladrões, há mais roubos".[2592]

2592. Livro XXIII, fim do capítulo XXI.

O autor, portanto, não reprovou o celibato motivado pela religião. Impossível queixar-se por ele se erguer contra o celibato introduzido pela libertinagem; que ele reprovasse o fato de uma infinidade de pessoas ricas e voluptuosas se manterem fugindo ao jugo do casamento a favor da comodidade de seus desregramentos; que eles tomassem para si os deleites e a volúpia e deixassem as penas aos miseráveis. Impossível — digo eu — queixar-se disto. Mas o crítico, após ter citado o que o autor disse, pronuncia estas palavras: "Percebe-se aqui toda a malignidade do autor, o qual deseja lançar sobre a religião cristã desordens por ela abominadas". Está ausente a probabilidade de acusar o crítico de não ter querido entender o autor: eu direi somente que não o entendeu, de modo algum, e que o faz dizer contra a religião o que ele disse contra a libertinagem. Deve ser nisso muito impertinente.

Erro particular do crítico

É de se crer que o crítico jurou jamais inteirar-se do fato da colocação das questões e não entender uma única passagem objeto de seu ataque. Todo o capítulo II do Livro XXV gira em torno dos motivos mais ou menos poderosos que prendem os seres humanos à conservação de suas religiões; o crítico encontra em sua imaginação um outro capítulo que teria por assunto motivos que obrigam os seres humanos a passar de uma religião para outra. O primeiro assunto comporta um estado passivo; o segundo, um estado ativo; e, aplicando a um assunto o que o autor disse sobre um outro, ele, ao seu bel-prazer, retira a racionalidade de tudo.

O autor afirmou, no segundo artigo do capítulo II do Livro XXV: "Somos extremamente propensos à idolatria e, todavia, não somos muito apegados às religiões idólatras; não somos nem um pouco inclinados às idéias espirituais e, contudo, somos apegadíssimos às religiões que nos levam a venerar um Ser espiritual. Trata-se de um sentimento ditoso que se origina em parte da satisfação que encontramos em nós mesmos de termos sido suficientemente inteligentes para ter elegido uma religião que tira a divindade da humilhação em que as outras a colocaram.". O autor somente escreveu este artigo para explicar por que os maometanos e os judeus, que não dispõem das mesmas graças que nós, são também irresistivelmente apegados à sua religião, o que se sabe por experiência. O crítico o entende diferentemente: "É ao orgulho", diz ele "que se atribui os homens terem passado da idolatria à unidade de um Deus".[2593]

2593. Página 166 do segundo periódico.

Mas não se trata aqui, nem em todo o capítulo, de nenhuma passagem de uma religião para outra; e, se um cristão experimenta contentamento diante da ideia da glória e da visão da grandeza de Deus e se chama a isso de orgulho, por certo se tratará de um excelente orgulho.

Casamento

Eis aqui uma outra objeção que não é comum. O autor compôs dois capítulos no Livro XXIII. Um deles ostenta o título "Dos seres humanos e dos animais relativamente à multiplicação de suas espécies" e outro intitula-se "Dos casamentos". No primeiro, ele disse as seguintes palavras: "As fêmeas dos animais apresentam uma fecundidade quase constante. Mas, na espécie humana, a maneira de pensar, o caráter, as paixões, as fantasias, os caprichos, a ideia de preservar a própria beleza, o constrangimento da gravidez, aquele de uma família excessivamente numerosa, perturbam a propagação de mil maneiras". E no outro ele disse: "A obrigação natural que tem o pai de nutrir seus filhos fez estabelecer-se o casamento, que declara quem deve cumprir esta obrigação".

E se diz a respeito disso: "Um cristão relacionaria a instituição do casamento ao próprio Deus, que deu uma companheira a Adão, que uniu o primeiro homem à primeira mulher por um laço indissolúvel, antes que tivessem filhos para alimentar; mas o autor evita tudo que se volta para a revelação". Ele responderá que é cristão, mas que não é imbecil; que adora estas verdades, mas que não quer, de modo algum, impor a torto e a direito todas as verdades nas quais crê. O imperador Justiniano era cristão, e seu compilador também o era. Ora, nos livros de direito, cujo conteúdo é ministrado aos jovens nas escolas, eles definiram o casamento: união do homem e da mulher que forma uma sociedade de vida individual.[2594] Jamais ocorreu a quem quer que fosse censurá-los de não terem se referido à revelação.

Usura

Aportamos agora à questão da usura. Receio que o leitor esteja cansado de me ouvir dizer que o crítico jamais se atém ao fato e jamais capta o sentido das passagens que censura. Diz ele sobre o tema das usuras marítimas: "O autor nada vê, senão justiça, nas usuras marítimas — estes são seus termos". Na verdade, a obra *O espírito das leis* conta com um intérprete terrível. O autor tratou das usuras marítimas no capítulo XX

2594. *Maris et feminae conjunctio, individuam vitae societatem continens.*

do Livro XXII; ele, então, neste capítulo, disse que as usuras marítimas eram justas. Vejamo-lo.

Das usuras marítimas

"A grandeza da usura marítima se funda em duas coisas: o perigo do mar, que faz com que alguém se arrisque somente a fazer o empréstimo do próprio dinheiro muito vantajosamente; e a facilidade concedida pelo comércio ao emprestador para fazer prontamente grandes negócios e em grande número, enquanto as usuras de terra, não estando baseadas em nenhuma destas duas razões, são ou proscritas pelos legisladores, ou, o que é mais sensato, reduzidas a justos limites."

Indago a todo homem sensato se o autor acabou de deliberar que as usuras marítimas são justas ou se disse simplesmente que a grandeza das usuras marítimas repugnava menos à equidade natural do que a grandeza das usuras de terra. O crítico só conhece qualidades positivas e absolutas; ignora o significado de termos como *mais* ou *menos*. Se lhe dissessem que um mulato é menos negro do que um negro, isto significaria, segundo ele, que é branco como a neve; se lhe dissessem que ele é mais negro do que um europeu, ele acreditaria que se quer dizer que ele é negro como o carvão. Mas prossigamos.

Há, em *O espírito das leis*, no Livro XXII, quatro capítulos sobre a usura. Nos dois primeiros, que são o capítulo XIX e este que acabamos de ler, o autor examina a usura[2595] na sua relação possível com o comércio nas diferentes nações e nos diversos governos do mundo; estes dois capítulos só se dedicam a isso. Os dois seguintes foram escritos apenas para explicar as variações da usura entre os romanos. Mas eis que, de súbito, se erige o autor em casuísta, em canonista e em teólogo, unicamente pela razão de ser o crítico casuísta, canonista e teólogo, ou dois dos três, ou um dos três, ou, talvez, no fundo, nenhum dos três. O autor sabe que considerar o empréstimo a juros na sua relação com a religião cristã significa formular a matéria com distinções e limitações infinitas; ele sabe que os jurisconsultos e vários tribunais nem sempre estão de acordo com os casuístas e os canonistas; que uns admitem certas limitações ao princípio geral de jamais exigir juro, e que os outros admitem maiores limitações. Se todas estas questões fossem pertinentes ao seu assunto, o que não acontece, como poderia ele tê-las tratado? Tem-se bastante dificuldade para saber o que muito se estudou, e ainda menos se sabe o que não se estudou a vida inteira; mas os próprios capítulos empregados

---

2595. Usura ou juro significava a mesma coisa entre os romanos.

contra ele provam que ele é somente historiador e jurisconsulto. Leiamos o capítulo XIX.[2596]

"O dinheiro é o signo dos valores. Está claro que quem tem necessidade deste signo deve alugá-lo, como faz com todas as coisas de que pode ter necessidade. Toda a diferença é que as outras coisas podem ser alugadas ou compradas, ao passo que o dinheiro, que constitui o preço das coisas, se aluga e não se compra.

Constitui, por certo, uma boníssima ação emprestar o próprio dinheiro a alguém sem cobrar juros, mas deve-se perceber que isso não pode passar de um preceito religioso e não de uma lei civil.

Para que o comércio possa ser bem praticado, é preciso que o dinheiro tenha um preço, mas que este seja pouco considerável. Se for muito alto, o negociante, que notará que terá mais custo com juros do que ganhos auferidos no seu comércio, não fará empreendimento algum. Se o dinheiro não tiver preço algum, ninguém o emprestará, e assim tampouco o negociante poderá empreender qualquer coisa.

Eu me enganaria, entretanto, se afirmasse que ninguém empresta dinheiro. É necessário, sempre, que os negócios da sociedade caminhem; a usura se estabelece, mas acompanhada das desordens que se tem experimentado em todos os tempos.

A lei de Maomé confunde a usura com o empréstimo a juros. A usura aumenta nos países muçulmanos na proporção da severidade da proibição, e o emprestador se indeniza do perigo da contravenção.

Nesses países do Oriente, a maioria dos seres humanos nada tem que possa servir de garantia; não há quase relação alguma entre a posse presente de uma soma e a esperança de reavê-la após tê-la emprestado; a usura aumenta, assim, proporcionalmente ao perigo da insolvabilidade."

Em seguida vem o capítulo *Das usuras marítimas*, que eu transcrevi acima, e o capítulo XXI, que trata do *Empréstimo por contrato e da usura entre os romanos*, que se segue:

"Além do empréstimo feito para o comércio, há ainda uma espécie de empréstimo feito mediante um contrato civil, de que decorre um juro ou usura.

O povo, entre os romanos, aumentando todos os dias o seu poder, levou os magistrados a procurarem lisonjeá-lo e fazê-lo produzir as leis que fossem para eles as mais agradáveis. O povo reduziu os capitais, diminuiu os juros, proibiu que fossem cobrados, suprimiu os constrangimentos corporais em função de dívidas; enfim, a supressão das dívidas foi colocada em questão todas as vezes que um tribuno quisesse tornar-se popular.

2596. Livro XXII.

Estas contínuas alterações, seja pelas leis, seja pelos plebiscitos, naturalizaram a usura em Roma, pois os credores, vendo no povo seu devedor, seu legislador e seu juiz, deixaram de depositar confiança nos contratos. O povo, como devedor desacreditado, somente conseguia tomar dinheiro emprestado com a perspectiva de grandes lucros por parte do emprestador; e tanto mais que, se as leis não eram evocadas senão de tempos a tempos, as queixas do povo eram contínuas e intimidavam sempre os credores. A consequência disto foi o desaparecimento de todos os meios honestos de emprestar e tomar emprestado em Roma, e o estabelecimento de uma usura terrível, sempre fulminada e sempre renascente".

Cícero nos diz que no seu tempo se emprestava em Roma a 34% e a 48% nas províncias. "A origem do mal fora o fato de que as coisas não haviam sido administradas. As leis extremas para o bem geram o mal extremo. Foi necessário pagar pelo empréstimo do dinheiro e pelo risco das penas da lei."

O autor, portanto, só abordou o empréstimo a juros na relação deste com o comércio dos diversos povos ou com as leis civis dos romanos, o que é tão verdadeiro que ele distinguiu, no segundo artigo do capítulo XIX, o que foi estabelecido pelos legisladores da religião do que foi estabelecido pelos legisladores políticos. Se houvesse se referido, nesse ensejo, especificamente à religião cristã, tendo assim um outro assunto a tratar, teria empregado outros termos e teria feito ordenar à religião cristã o que ela ordena e aconselhar o que ela aconselha; teria distinguido, com os teólogos, os casos diversos; teria formulado todas as limitações que os princípios da religião cristã deixam a esta lei geral, estabelecida por vezes entre os romanos e sempre entre os maometanos, a saber: "que não se deve jamais, em nenhum caso e nenhuma circunstância, receber juros pelo dinheiro". O autor não tinha diante de si este assunto para ser tratado, mas sim este, a saber: que uma proibição geral, ilimitada, indistinta e irrestrita leva o comércio à perda entre os maometanos e pensou levar à perda a república entre os romanos, do que se segue que, pelo fato de os cristãos não viverem sob esses termos rígidos, o comércio não é destruído entre eles; e que não se vê em seus Estados essas usuras terríveis que são exigidas entre os maometanos e que eram extorquidas outrora entre os romanos.

O autor empregou os capítulos XXI e XXII[2597] no exame de quais foram as leis entre os romanos quanto ao empréstimo por contrato nos diversos períodos de sua república. Aqui o seu crítico abandona por um

---

2597. Livro XXII.

momento os bancos da teologia e volta para o lado da erudição. Ver-se-á que se engana na sua erudição igualmente e que não se limita a não estar a par da colocação das questões de que trata. Leiamos o capítulo XXII.[2598]

"Tácito diz que a Lei das Doze Tábuas fixou o juro em 1% ao ano. É evidente que ele se enganou, tendo tomado uma outra lei, da qual irei falar, pela Lei das Doze Tábuas. Se a Lei das Doze Tábuas houvesse regulamentado isto, como explicar que, nas disputas suscitadas posteriormente entre os credores e os devedores, não se tenha recorrido à sua autoridade? Não se localiza qualquer vestígio desta lei a respeito do empréstimo a juros e, por pouco que se seja versado na história de Roma, ver-se-á que uma lei semelhante não devia, de modo algum, ser obra dos decênviros." E um pouco adiante o autor acrescenta: "No ano 398 de Roma, os tribunos Duélio e Menênio sancionaram uma lei que reduzia os lucros a um por cento ao ano. É esta lei que Tácito confunde com a Lei das Doze Tábuas, e foi a primeira, feita pelos romanos, com a finalidade de fixar a taxa de juros, etc.". Vejamos o que se nos apresenta agora.

O autor diz que Tácito se enganou, dizendo que a Lei das Doze Tábuas fixara a usura entre os romanos; disse que Tácito tomou pela Lei das Doze Tábuas uma lei que foi feita pelos tribunos Duélio e Menênio em torno de noventa e cinco anos depois da Lei das Doze Tábuas, e que esta lei foi a primeira que fixou em Roma a taxa da usura. O que diz ele? Tácito não se enganou. Referiu-se à usura de 1% ao mês, e não à usura de 1% ao ano. Mas não se trata aqui da taxa da usura; trata-se de saber se a Lei das Doze Tábuas estabeleceu qualquer disposição sobre a usura. O autor diz que Tácito se enganou porque disse que os decênviros, na Lei das Doze Tábuas, haviam criado uma regra para fixar a taxa da usura e, no tocante a isso, o crítico diz que Tácito não se enganou porque se referiu à usura de 1% ao mês e não a 1% ao ano. Tinha eu, portanto, razão de dizer que o crítico ignora a colocação da questão.

Mas, no que tange a isso, resta uma outra questão, que é saber se qualquer que seja a lei a que alude Tácito fixou a usura a 1% ao ano, como disse o autor; ou então a 1% ao mês, como diz o crítico. A prudência indicava que ele não encetasse uma disputa com o autor a respeito das leis romanas sem conhecer as leis romanas; que não lhe negasse um fato que ele desconhecesse e do qual ignorasse até os meios de como esclarecê-lo. A questão era saber o que Tácito entendera por estas palavras: *unciarium*

2598. Ibidem.

foenus.[2599-2600] Bastar-lhe-ia abrir os dicionários e teria descoberto, no de Calvino ou Kahl,[2601-2602] que a usura onciária era de 1% ao ano, e não de 1% ao mês. Quisesse ele consultar os sábios e teria descoberto a mesma coisa em Saumaise.[2603-2604]

Testis mearum centimanus gigas

Sententiarum.[2605] (Horácio, *Ode IV*, III, 69)

Recorresse ele às fontes e teria descoberto a respeito textos claros nos livros de direito;[2606] não teria embaralhado todas as ideias; teria discernido os tempos e as ocasiões em que a usura onciária significava 1% ao mês dos tempos e das ocasiões em que ela significava 1% ao ano; e não teria tomado o duodécimo do centésimo pelo centésimo.

Quando não havia leis sobre a taxa da usura entre os romanos, o uso mais comum era os usurários tomarem doze onças de cobre sobre cem

---

2599. *Nam primo duodecim Tabulis sanctum, ne quis unciario faenore amplius exerceret. Anais,* VI, XXII.

2600. Inicialmente, as Doze Tábuas estabeleceram a não exigência de um juro superior a 1%. (N.T.)

2601. *Usurarum species ex assis partibus denominantur : quod ut intelligatur, illud scire oportet, sortem omnem ad centenarium numerum revocari; summam autem usuram esse, cum pars sortis centesima singulis mensibus persolvitur. Et quoniam ista ratione summa haec usura duodecim aureos annuos in centenos efficit, duodenarius numerus jurisconsultos movit, ut assem hunc usurarium appellarent. Quemadmodum hic as, non ex menstrua, sed ex annua pensione aestimandus est; similiter omnes ejus partes ex anni ratione intelligendae sunt; ut, si unus in centenos annuatim pendatur, unciaria usura; si bini, sextans; si terni, quadrans; si quaterni, triens; si quini, quinquunx; se semi, semis; se septeni, septunx; si octoni, bes; si novem, dodrans; si deni, dextrans; si undeni, deunx; si duodeni, as. Lexicon, Johannis Calvini, alias Kahl, Coloniae, Allobrogum, anno 1622, apud Petrum Balduinum, in verbo usura,* p. 960.

2602. O asse, que contém doze onças, se presta como base para o cálculo da usura. A fim de compreendê-lo, é mister estar ciente de que se tomava, como ponto de partida, um capital de cem onças e que a taxa máxima da usura fosse de 1% ao mês; e, posto que essa usura máxima importava um juro de 12% ao ano, fez-se uso do asse, que encerrava exatamente doze unidades, como base desse cálculo. É preciso considerar que esse *asse* era pago não por mês, mas por ano; da mesma forma, cada pagamento deve ser calculado tendo em conta os doze meses do ano, de maneira que, se é pago um juro de 1% ao ano, trata-se de um juro de um duodécimo ao mês; 2%, um sexto ao mês; 3%, um quarto ao mês; 4%, um terço ao mês; 5%, cinco onças ao mês; 6%, meio asse ao mês; 7%, sete onças ao mês; 8%, dois terços do asse ao mês; 9%, três quartos do asse ao mês; 10%, cinco sextos ao mês; 11%, onze duodécimos ao mês; 12%, um asse inteiro. *Léxico de João Calvino, ou Kahl,* Suíça, 1662, junto a Pedro Balduíno, no verbete "usura", p. 960. (N.T.)

2603. *De modo usurarum. Lugduni Batavorum, ex officina Elseviriorum, anno 1639,* p. 269, 270 e 271; e, sobretudo, estas palavras: *Unde verius sit unciarium faenus eorum, vel uncias usuras ut eas quoque appellatas infra ostendam, non unciam dare menstruam in centum, sed annuam.*

2604. *Da taxa da usura,* em Leyde, 1639... Do que resulta que o juro onciário, ou usura onciária, como mostrarei mais adiante, que também assim era chamado, não era de uma onça por mês, mas de uma onça por ano. (N.T.)

2605. Ele testemunha, por minhas palavras, o gigante de cem braços. (N.T.)

2606. *Argumentum legis 47, § Praefectus legionis, ff. de administ. et periculo tutoris.*

onças que emprestavam, ou seja, 12% ao ano; e, como um asse valia doze onças de cobre, os usurários retiravam cada ano um asse sobre cem onças; e, como era necessário com frequência computar a usura mensalmente, a usura de seis meses foi chamada de *semis*, ou a metade do asse, a usura de quatro meses foi chamada de *triens*, ou o terço do asse, a usura para três meses foi chamada de *quadrans*, ou o quarto do asse e, enfim, a usura para um mês foi chamada de *unciaria*, ou o duodécimo do asse, de sorte que, como se cobrava uma onça por mês sobre cem onças que se havia emprestado, essa usura onciária, de 1% ao mês ou 12% ao ano, foi chamada de usura centésima. O crítico tinha conhecimento desta significação da usura centésima e a aplicou pessimamente.

Percebe-se que tudo isso não era senão uma espécie de método, de fórmula ou de regra entre o devedor e o credor, para computar suas usuras, na suposição de que a usura fosse de 12% ao ano, o que correspondia ao uso mais comum; e, se alguém tivesse emprestado a 18% ao ano, ter-se-ia utilizado o mesmo método, aumentando em um terço a usura de cada mês, de sorte que a usura onciária teria sido de uma onça e meia ao mês.

Quando os romanos fizeram leis relativas à usura, não se tratou deste método, que servira e que servia ainda aos devedores e aos credores para a divisão do tempo e para a facilidade do pagamento de suas usuras. O legislador tinha uma regulamentação pública a fazer; não se tratava de dividir a usura em meses; ele tinha que fixá-la e fixou a usura anualmente. Prosseguiu-se utilizando os termos tirados da divisão do asse em aplicar a isso as mesmas ideias e, assim, a usura onciária significou 1% ao ano; a usura *ex quadrante* significou 3% ao ano; a usura *ex triente*, 4% ao ano; a usura *semis*, 6% ao ano. E se a usura onciária havia significado 1% ao mês, as leis que a fixaram *ex quadrante, ex triente, ex semisse* teriam fixado a usura em 3%, em 4%, em 6% ao mês, o que teria sido absurdo, porque as leis feitas para reprimir a usura teriam sido mais cruéis do que os usurários.

O crítico, portanto, confundiu as espécies de coisas. Mas estou interessado em transcrever aqui suas próprias palavras, para que se fique bem convencido de que a intrepidez com a qual ele se manifesta não deve impor-se a ninguém. Ei-las:[2607] "Tácito não se enganou; ele se refere ao juro de 1% ao mês, e o autor imaginou que ele fala de 1% ao ano. Nada é tão conhecido como o centésimo que se pagava ao usurário todos os meses. Um homem que escreve dois volumes *in-4º* sobre as leis deveria ignorá-lo?".

Que este homem tenha ignorado ou não este centésimo é uma coisa bastante indiferente. Mas ele não o ignorou, porque a ele se referiu em três

---

2607. Página 164 do periódico de 9 de outubro de 1749.

lugares. Mas como se referiu a ele? E onde a ele se referiu?[2608] Eu poderia muito bem desafiar o crítico para que o adivinhasse, porque ele não encontraria os mesmos termos e as mesmas expressões que ele conhece.

Não se trata aqui de saber se ao autor de O espírito das leis faltou erudição ou não, mas de defender seus altares.[2609] Entretanto, era necessário revelar ao público que, assumindo o crítico um tom tão peremptório em torno de coisas que desconhece, e as quais tão pouco põe em dúvida que sequer abre um dicionário para estar seguro, ignorando as coisas e acusando os outros de ignorar seus próprios erros, não merece ele mais confiança nas outras acusações. Não se pode crer que a altivez e o orgulho do tom que ele assume em toda parte não impeçam de alguma maneira que se equivoque? Que, quando ele se exalta isto não signifique que tenha errado? Que, quando ele anatematiza com suas expressões de ímpio e de sectário da religião natural, pode-se também crer que está errado? Que é necessário guardar-se contra receber as impressões que poderia transmitir a atividade de seu espírito e a impetuosidade de seu estilo? Que, nos seus dois escritos, convém separar suas injúrias de suas razões, pôr em seguida de lado as razões que são más, depois do que nada mais restará?

O autor, nos capítulos relativos ao empréstimo a juros e à usura entre os romanos, abordando este assunto, indubitavelmente o mais importante da história deles, este assunto que de tal forma afetava a constituição que se pensou mil vezes poder ser ela derrubada por causa dele, referindo-se às leis que eles fizeram por desespero, daquelas nas quais eles seguiram sua prudência, dos regulamentos que eram apenas para algum tempo, do que produziram para sempre, diz, em torno do desfecho do capítulo XXII: "No ano 398 de Roma, os tribunos Duélio e Menênio sancionaram uma lei que reduzia os lucros a um por cento ao ano... Dez anos depois, essa usura foi reduzida à metade; subsequentemente, foi totalmente suprimida...

"Aconteceu com essa lei o que acontecera com todas aquelas nas quais o legislador conduziu as coisas ao excesso: encontrou-se um meio de burlá-la. Foi necessário fazer muitas outras para ratificá-la, corrigi--la, atenuá-la. Por vezes abandonaram-se as leis para seguir os costumes, outras vezes abandonaram-se os costumes para seguir as leis, mas neste caso o costume devia prevalecer facilmente. Quando alguém toma emprestado, encontra um obstáculo na própria lei que é feita a seu favor: esta lei tinha contra si mesma quem ela socorria e quem ela condenava. O pretor Semprônio Aselo, tendo permitido aos devedores agirem de

---

2608. A terceira e a última nota do autor do capítulo XXII do Livro XXII e o texto da terceira nota.

2609. Pro aris.

acordo com as leis, foi morto pelos credores por ter querido evocar a memória de uma rigidez que não se podia mais sustentar.

No governo de Sila, Lúcio Valério Flaco criou uma lei que permitia o juro de 3% por ano. Esta lei, a mais equitativa e a mais moderada das que os romanos criaram a esse respeito, é reprovada por Patérculo. Mas, se esta lei era necessária à república, se era útil a todos os particulares, se formava uma comunicação fácil entre o devedor e o emprestador, não era injusta.

"Paga menos, segundo Ulpiano, quem paga mais tarde. Isso decide a questão da legitimidade do juro, quer dizer, se o credor pode vender o tempo, e o devedor, comprá-lo.

Eis como o crítico raciocina sobre esta última passagem, a qual se relaciona unicamente à lei de Flaco e às disposições políticas dos romanos. O autor, segundo ele, resumindo tudo o que disse da usura, sustenta que é permitido a um credor vender o tempo. Dir-se-ia, a se entender o crítico, que o autor acabou de produzir um tratado de teologia ou de direito canônico, e que ele resume em seguida esse tratado de teologia e de direito canônico, ao passo que fica claro que ele está tratando exclusivamente das disposições políticas dos romanos, da lei de Flaco e da opinião de Patérculo, de sorte que esta lei de Flaco, a opinião de Patérculo, a reflexão de Ulpiano, a do autor ligam-se e são inseparáveis.

Eu teria ainda muitas coisas a dizer, mas prefiro remeter aos próprios periódicos. "Crede-me, meus caros pisões, assemelham-se a uma obra que, como os sonhos de um enfermo, só fazem ver vãos fantasmas."[2610]

TERCEIRA PARTE

Vimos, nas duas primeiras partes, que todo resultado de tantas críticas acerbas é isto: o autor de *O espírito das leis* não produziu sua obra segundo o plano e os objetivos de seus críticos, e se seus críticos houvessem produzido uma obra a respeito do mesmo assunto, teriam nela introduzido um imenso número de coisas que sabem. Disto também se conclui que eles são teólogos e que o autor é jurisconsulto; que eles se creem na condição de executar seu ofício, e que ele não se sente apto a executar o seu. Enfim, infere-se disto que, em lugar de atacá-lo com tanta acidez, teriam feito melhor se houvessem compreendido eles próprios o valor das coisas que expressou a favor da religião que ele igualmente respeitou e defendeu. Só me resta fazer algumas reflexões.

Essa maneira de raciocinar não é boa, na medida em que, empregada contra qualquer bom livro, é capaz de fazê-lo parecer tão ruim quanto

---

2610. *Credite, Pisones, isti tabulae fore librum / Persimilem, cujus, velut aegri somnia, vanae / Fingentur species.* (Horácio, de *Arte poética*, 6).

qualquer livro ruim e na medida em que, praticada contra qualquer livro ruim, é capaz de fazer com que este pareça tão bom quanto qualquer bom livro.

Essa maneira de raciocinar não é boa, na medida em que, quanto às coisas de que trata, faz alusão a outras que não lhes são acessórias e na medida em que confunde as diversas ciências e as ideias peculiares de cada ciência.

Não se deve, de modo algum, aventar argumentos em torno de uma obra escrita sobre uma ciência por meio de razões passíveis de atingir a própria ciência.

Quando se critica uma obra, e uma grande obra, é necessário se empenhar na obtenção do conhecimento particular da ciência tratada nessa obra e ler cuidadosamente os autores reconhecidos que já escreveram a respeito dessa ciência, com o fito de constatar se o autor se afastou da forma admitida e ordinária de tratá-la.

Quando um autor se explica através de suas palavras ou através de seus escritos, que são dele a imagem, é irracional ignorar os signos exteriores de seus pensamentos para sondar seus pensamentos, porque somente ele sabe de seus pensamentos. É decididamente pior quando seus pensamentos são bons e se lhe atribui pensamentos maus.

Quando se escreve contra um autor e com ele se irrita, é preciso provar as qualificações mediante as coisas, e não as coisas mediante as qualificações.

Quando percebemos num autor uma boa intenção geral, incorreremos menos em erro se, em certos pontos que cremos equívocos, julgarmos segundo a intenção geral, de preferência a emprestarmos a esses pontos uma má intenção particular.

Quando se trata de livros que visam ao entretenimento, três ou quatro páginas fornecem a ideia do estilo ou dos encantos da obra; quando se trata de livros de reflexão, nada se perceberá se não se perceber todo o encadeamento.

Como é dificílimo escrever uma boa obra e facílimo criticá-la, visto que o autor teve de se guardar contra todas as situações embaraçosas, empreender a travessia de todos os desfiladeiros, enquanto ao crítico só coube um cuja passagem basta forçar, é inadmissível que este último cometa algum erro e, se acontecesse de ele incorrer continuamente em erro, isto seria inescusável.

Ademais, podendo a crítica ser considerada como uma ostentação da superioridade do crítico sobre os outros, e seu efeito comum o de propiciar momentos de deleite ao orgulho humano, aqueles que a ela se dedicam são, decerto, sempre merecedores de equidade, mas raramente de indulgência.

E como, de todos os gêneros literários, a crítica é aquele no qual é mais difícil demonstrar uma bondade natural, é preciso atentar para não aumentar, através da acidez das palavras, a tristeza da coisa.

Quando se escreve sobre matérias de peso, não basta consultar o próprio zelo, sendo preciso, também, consultar as próprias luzes; e, se o céu a nós não concedeu grandes talentos, será possível supri-los com a autodesconfiança, a exatidão, o empenho e as reflexões.

Essa arte de descobrir em algo que naturalmente possui um bom sentido todos os maus sentidos que uma mente que não raciocina com justeza é capaz de lhe transmitir não é proveitosa aos seres humanos. Aqueles que a praticam se assemelham aos abutres, que se esquivam dos corpos vivos e voam por todos os lados em busca de cadáveres.

Uma tal maneira de criticar produz dois grandes inconvenientes. O primeiro é viciar a mente dos leitores por meio de uma mescla do verdadeiro e do falso, do bem e do mal: eles se acostumam a buscar um mau sentido nas coisas que naturalmente possuem um muito bom; daí revela-se fácil se transferirem à disposição de buscar um bom sentido nas coisas que naturalmente possuem um mau sentido: faz-se com que perca a faculdade de raciocinar judiciosamente para lançá-los às sutilezas de uma má dialética. O segundo mal é que, tornando suspeitos, mediante essa forma de raciocinar, os bons livros, não se dispõem de outras armas para atacar as más obras, de sorte que o público não terá mais regra para distingui-los. Se se tratam como espinosistas e deístas os que não o são, o que se dirá àqueles que o são?

Se bem que devêssemos pensar comodamente que as pessoas que escrevem contra nós a respeito de matérias que interessam a todos os seres humanos a isto são induzidas pela força da caridade cristã; entretanto, como a natureza desta virtude é não poder ocultar-se, exibindo-se em nós a despeito de nós mesmos, e irradiando e brilhando de todos os pontos, se ocorresse que em dois escritos dirigidos contra a mesma pessoa, um golpe seguido de outro, neles não encontrássemos traço algum dessa caridade, não aparecendo numa única frase desses escritos, em ocasião alguma, em palavra alguma, em expressão alguma, aquele que tivesse escrito tais textos teria um bom motivo para temer não ter sido levado a escrevê-los por força da caridade cristã.

E, como as virtudes puramente humanas são em nós o efeito daquilo que chamamos de bondade natural, se fosse impossível neles descobrir algum vestígio desta bondade natural, o público poderia concluir que esses escritos não seriam, de fato, o efeito das virtudes humanas.

Aos olhos humanos, as ações são sempre mais sinceras do que os motivos, e é diante deles mais fácil crer que a ação de dizer injúrias atrozes seja um mal do que se persuadir que o motivo que levou a dizê-las seja um bem.

Quando um homem se conserva num estado que incute respeito à religião e que a religião faz respeitar, e ele ataca, perante as pessoas do mundo, um homem que vive no mundo, será necessário que ele mantenha, por sua maneira de agir, a superioridade de seu caráter. O mundo está muito corrompido, mas há certas paixões que se encontram nele muito constrangidas; há as favoritas que proíbem o aparecimento das outras. Considerai as pessoas do mundo entre si: não há nada de tão tímido: é o orgulho que não ousa dizer seus segredos e que, nas deferências que tem pelos outros, se exime para se recuperar. O cristianismo nos transmite o hábito de submeter esse orgulho; o mundo nos transmite o hábito de ocultá-lo. Com o pouco de virtude de que dispomos, no que nos converteríamos se toda nossa alma se libertasse e se não estivéssemos atentos às mais ínfimas palavras, aos menores signos, aos menores gestos? Ora, quando homens de um caráter acatado manifestam arrebatamentos que as pessoas mundanas não se atreveriam a revelar, estas começam a se crer melhores do que são de fato, e isto é que constitui um grandíssimo mal.

Nós outros, indivíduos do mundo, somos tão fracos que merecemos, de maneira extrema, ser controlados. Assim, quando nos são reveladas todas as marcas exteriores das paixões violentas, que se quer que pensemos do interior? Será possível esperar que nós, com nossa temeridade ordinária de julgar, não julguemos?

Pode ser que tenhamos observado, nas polêmicas e nas conversações, o que acontece com as pessoas cujo espírito é duro e difícil; como não pugnam para se auxiliarem uns aos outros, mas para se arrojarem ao chão, afastam-se da verdade não proporcionalmente à grandeza ou à pequenez de seus espíritos, mas em função da estranheza ou da inflexibilidade mais ou menos grande do caráter delas. O contrário ocorre àqueles a quem a natureza ou a educação concederam a brandura; como suas disputas constituem socorros mútuos, convergindo para o mesmo objeto, não pensando diferentemente senão para chegar a pensar do mesmo modo, eles encontram a verdade proporcionalmente às suas luzes: é a recompensa de um dom natural.

Quando um homem escreve sobre os temas de religião, não é necessário que ele conte a tal ponto com a devoção dos seus leitores que diga coisas contrárias ao bom senso, porque, para granjear o crédito daqueles que têm mais devoção do que luzes, ele se desacredita daqueles que têm mais luzes do que devoção.

E, como a religião se defende muito por si mesma, ela perde mais quando é mal defendida do que quando não é, de modo algum, defendida.

Se acontecesse de um homem, depois de ter perdido seus leitores, atacar alguém que tivesse alguma reputação, e isso obrigasse, dessa forma, o meio de se fazer lido, poder-se-ia, talvez, suspeitar que, sob o pretexto de sacrificar essa vítima à religião, ele a sacrificaria ao seu amor-próprio.

A maneira de criticar a que nos referimos é, de todas as coisas do mundo, a mais capaz de limitar a extensão e de diminuir, se me atrevo a empregar a expressão, a soma do gênio nacional. A teologia tem seus limites, tem suas fórmulas; porque, sendo as verdades que ela ensina conhecidas, é preciso que os seres humanos a elas se prendam; e se deve impedi-los de delas se afastarem; é aí que não há necessidade de o gênio levantar voo: ele é circunscrito, por assim dizer, numa cerca. Mas é zombar do mundo querer instalar essa cerca em torno daqueles que tratam das ciências humanas. Os princípios da geometria são muito verdadeiros, mas, se os aplicássemos às coisas do gosto, far-se-ia tornar irracional a própria razão. Nada sufoca mais a doutrina do que colocar em todas as coisas uma toga de doutor. As pessoas que desejam sempre ensinar muito obstruem o aprender; não há gênio que não se estreite quando é envolvido por um milhão de escrúpulos vãos. Tendes as melhores intenções do mundo? Sereis forçados vós mesmos a duvidar disto. Não podeis mais estar ocupados em vos expressar bem quando permaneceis assustados pelo temor de vos expressar mal, e que, em lugar de seguir vosso pensamento, não vos ocupais senão de termos que podem escapar à sutileza dos críticos. Vêm nos colocar uma coifa sobre a cabeça, para nos dizer a cada palavra: "Cuidai para não cair; desejais falar como vós — eu quero que faleis como eu". Vai-se levantar voo? Eles vos detêm pela manga. Tem-se o vigor da vida? Vos será extraído a alfinetadas. Elevai-vos um pouco? Surgem pessoas que tomam seu pé ou sua toesa, erguem a cabeça e vos bradam para abaixar para vos medir. Correis em vossa carreira? Eles desejarão que olhais para todos os seixos que as formigas colocaram no vosso caminho. Não há nem ciência nem literatura que possam resistir a esse pedantismo. Nosso século formou Academias — desejar-se-á nos fazer ingressar nas escolas dos séculos das trevas. Descartes é bem apto a tranquilizar aqueles que, de gênio infinitamente inferior ao seu, têm também boas intenções como ele. Este grande homem foi continuamente acusado de ateísmo; e não se emprega hoje contra os ateus argumentos mais fortes que os seus.

De resto, só devemos considerar as críticas como pessoais nos casos nos quais aqueles que as fazem quiseram torná-las tais. Há larga permissão para se criticar as obras publicadas, porque seria ridículo que aqueles que quiseram esclarecer os outros não quisessem ser eles mesmos esclarecidos. Aqueles que nos advertem são os companheiros de nossos trabalhos. Se o crítico e o autor buscam a verdade, eles têm idêntico interesse, visto ser a verdade o bem de todos os homens: eles serão confederados, e não inimigos.

É com imenso prazer que deponho a pena. Ter-se-ia continuado a guardar silêncio, se do fato de o ter guardado não tivessem diversas pessoas concluído que a ele se estava reduzido.

II. ESCLARECIMENTOS SOBRE
O ESPÍRITO DAS LEIS

I — Algumas pessoas fizeram a seguinte objeção: no livro *O espírito das leis* é a honra ou o temor que constituem o princípio de certos governos, não a virtude; e a virtude somente é o princípio de alguns outros. Portanto, as virtudes cristãs não são requeridas na maioria dos governos.

Eis a resposta: o autor colocou esta nota no capítulo V do Livro III: "Refiro-me aqui à virtude política, que é a virtude moral no sentido daquela que colima o bem geral. Quase não aludo às virtudes morais particulares e em absoluto àquela virtude que se reporta às verdades reveladas". Há no capítulo seguinte outra nota que remonta a esta; e nos capítulos II e III do Livro V o autor definiu sua virtude, ou seja, "o amor à pátria". E definiu o amor à pátria como "o amor da igualdade e da frugalidade". Todo o Livro V assenta sobre seus princípios. Quando um escritor definiu uma expressão na sua obra; quando forneceu, para me servir deste vocábulo, seu *dicionário*, não se deveria entender suas palavras de acordo com os significados que ele atribuiu a elas?

A palavra *virtude*, como a maioria das palavras de todas as línguas, é tomada em diversas acepções: ora significa as virtudes cristãs, ora, as virtudes pagãs; com frequência uma certa virtude cristã ou mesmo uma certa virtude pagã; por vezes a força; por vezes, em algumas línguas, uma certa capacidade para uma arte ou certas artes. É o que precede ou o que sucede essa palavra que fixa sua significação. Aqui o autor fez mais: forneceu várias vezes sua definição. Assim, só se fez a objeção em pauta porque se procedeu à leitura da obra com excessiva rapidez.

II — O autor disse no Livro II, capítulo III: "A melhor aristocracia é aquela na qual a parte do povo que não participa absolutamente do poder é tão pequena e tão pobre que a parte dominante não tem nenhum interesse em oprimi-la. Assim, quando Antipater estabeleceu em Atenas que aqueles que não possuíssem duas mil dracmas seriam excluídos do direito de sufrágio,[2611] formou a melhor aristocracia possível, porque esse censo

---

2611. Diodoro, XVIII, p. 601, edição de Rhodoman.

era tão baixo que ele estava excluindo pouca gente, e ninguém que gozasse de consideração na cidade. As famílias aristocráticas devem, então, ser povo tanto quanto possível. Quanto mais uma aristocracia se aproximar da democracia, mais perfeita será ela, enquanto o será menos à medida que se aproximar da monarquia".

Numa carta inserida no *Journal de Trévoux*, do mês de abril de 1749, objetou-se ao autor sua própria citação. Temos, se diz, diante dos olhos o ponto citado, e se descobre em relação a ele que havia apenas nove mil pessoas que se enquadravam no censo prescrito por Antipater; que havia vinte e duas mil que nele não se enquadravam, do que se conclui que o autor faz má aplicação de suas citações, posto que, nessa república de Antipater, o pequeno número se encontrava no censo, e o grande número nele não se encontrava.

Resposta. Seria de se desejar que aquele que fez essa crítica fosse um pouco mais atento quanto ao que disse o autor e quanto ao que disse Diodoro.

1º) Não havia vinte e duas mil pessoas não enquadradas no censo da república de Antipater: as vinte e duas mil pessoas às quais Diodoro se refere foram afastadas e estabelecidas na Trácia, não restando, para formar essa república, senão os nove mil cidadãos que estavam no censo e os indivíduos da camada inferior do povo que não haviam querido partir para a Trácia. O leitor pode consultar Diodoro.

2º) Supondo-se que tivessem permanecido em Atenas vinte e duas mil pessoas que não teriam sido enquadradas no censo, a objeção deixaria de proceder a esse respeito. As palavras *grande* e *pequeno* são relativas. Nove mil soberanos num Estado representam um número imenso; e vinte e dois mil súditos no mesmo Estado representam um número infinitamente pequeno.

III. REFLEXÕES SOBRE O RELATÓRIO DE MONSENHOR BOTTARI

O autor do livro intitulado *O espírito das leis* escreveu esta obra com o único propósito de expor algumas ideias puramente políticas a respeito das diferentes leis dos governos antigos e atuais.

O público parece ter aplaudido esse projeto digno de um bom cidadão, cuja meta contemplava a utilidade pública, tendo havido já vinte e duas edições desse livro.

A despeito disso, algumas pessoas, atribuindo sentidos tortuosos e forçados a algumas das expressões contidas no livro, pretenderam encontrar nessa obra princípios perigosos do ponto de vista da religião. Esta matéria vai além das luzes do autor, que não teve nem pretendeu dela tratar.

Empenhou-se o autor num texto (Defesa de *O espírito das leis*) no qual se justifica plenamente de tais imputações e demonstra que elas procedem da não compreensão do seu pensamento ou do fato de conferir às suas palavras um sentido completamente diferente do natural. Entretanto, ainda que fosse de se esperar que esse texto, que deve ter aparecido em Paris alguns dias depois, dissipasse até mesmo as menores nuvens que se desejasse fazer pairar sobre seus sentimentos, como ele, o autor, quer evitar, inclusive, a escandalização dos simples, ele suprimirá e explicará, numa nova edição que não tardará a apresentar, os trechos que, graças ao esforço de uma interpretação sinistra, foram tornados suspeitos. Nestas circunstâncias, ele se lisonjeia que, se a congregação do *Index* quisesse proceder ao exame de seu livro, que aguardasse, ao menos, para pronunciar um julgamento, até ver as respostas do autor e a nova edição e que ela se dignasse a atentar que não se trata, de maneira alguma, de uma obra de doutrina e de teologia, mas de um tratado de política, cuja matéria é absolutamente estranha às matérias relativas à doutrina e ao dogma.

O autor, digno de consideração por seu nascimento e por seu cargo de presidente da magistratura, com o qual foi decorado, mereceu na Itália e em Roma, quando ali esteve, a estima e a amizade de todos aqueles que o conheceram, pelo que parece digno de algumas deferências e que se esteja menos pronto a estigmatizar seu livro e a condenar os sentimentos nele expressos, que sempre foram e serão sempre aqueles da doutrina mais sã e mais pura e, no que a isso toca, isentos de toda suspeita. De resto, como já se asseverou, a resposta por ele produzida a esse respeito dissipará todas as objeções que foram dirigidas ao livro; e a edição na qual ele trabalha prevenirá todas aquelas que poderão ser feitas no porvir.

IV. RESPOSTAS ÀS OBSERVAÇÕES DE GROSLEY SOBRE *O ESPÍRITO DAS LEIS*

Comovi-me bastante, senhor, com a aprovação que concedestes ao meu livro, e ainda mais com o fato de o terdes lido com a pena à mão. Vossas dúvidas são aquelas de uma pessoa muito inteligente. Eis aqui, com certa pressa, algumas respostas que o pouco tempo de que disponho permitiu-me elaborar para vossas dúvidas.

"*Da escravidão*, Livro XV, capítulo VI, e capítulo XX, Livro XVIII. Diz respeito ao direito das gentes, entre os tártaros, de vingar, através do sangue dos vencidos, aquele que foi o custo de suas expedições. Entre os tártaros, ao menos, a escravidão não diz respeito ao direito das gentes e não teria sua origem na piedade?"

A escravidão que seria introduzida por ocasião do direito das gentes de uma nação que passaria tudo ao fio da espada seria, talvez, menos cruel do que a morte, mas não seria, de modo algum, conforme à piedade. De duas coisas contrárias à humanidade, é possível que se tenha aí uma que seja mais contrária do que a outra: provei em outra parte que o direito das gentes oriundo da natureza só permite matar em caso de necessidade. Ora, uma vez que transformamos um homem em escravo, não houve necessidade de matá-lo.

"Um homem livre não pode se vender, porque a liberdade apresenta um preço para aquele que o compra, mas não tem preço algum para aquele que a vende; mas, no caso do devedor que se vende ao seu credor, não existe um preço da parte do devedor que se vende?"

É uma má venda a do devedor insolvável que se vende: ele dá uma coisa inestimável por uma coisa nula.

"Os escravos do capítulo VI, Livro XV, se assemelham menos aos escravos do que aos clientes dos romanos ou aos antigos vassalos e subvassalos."

Não pesquisei, no capítulo VI do Livro XV, a origem da escravidão que houve, mas a origem da escravidão que pode ou deve haver.

"Teria sido necessário examinar (Livro XV, capítulo XVIII) se não é mais fácil empreender e executar grandes construções com a força escrava do que com trabalhadores por jornada."

É preferível que haja pessoas pagas por jornada do que escravos, ainda que se diga que não se teriam construído pirâmides e obras colossais tão grandes sem escravos.

Para julgar bem a escravidão, não se deve examinar se os escravos seriam úteis à pequena parte rica e voluptuosa de cada nação; é incontestável que eles lhe seriam úteis. Deve-se, sim, assumir um outro ponto de vista e supor que em cada nação, em cada cidade, em cada povoado, se resolvesse por sorteio que a décima parte que tivesse cédulas brancas fosse livre e que os nove décimos que ficassem com as cédulas pretas fossem submetidos à escravidão da outra, e lhe transmitisse um direito de vida e de morte e a propriedade de todos os seus bens. Neste caso, os que mais discursariam a favor da escravidão seriam os que lhe teriam maior horror, e os mais miseráveis continuariam a lhe ter horror. O brado a favor da escravidão é, portanto, o brado das riquezas e da volúpia, e não aquele do bem geral dos homens ou aquele das sociedades particulares.

Quem é capaz de duvidar de que todo homem não se regozije em ser o senhor de um outro? Assim é no estado político em função de razões de necessidade — mas é intolerável no estado civil.

Fiz com que se percebesse que somos livres no estado político pela razão de não sermos, de modo algum, iguais. O que torna certos artigos do Livro em pauta obscuros e ambíguos é o fato de se acharem com frequência distantes de outros que os explicam e o fato de os elos da corrente que vós haveis observado se encontrarem muito frequentemente distanciados uns dos outros.

"Livro XIX, capítulo IX. O orgulho constitui uma mola perigosa para um governo. A indolência, a pobreza, o abandono de tudo são as suas consequências e efeitos; mas não era o orgulho a principal mola do governo romano? Não foi o orgulho, a altivez, a arrogância que submeteram o mundo aos romanos? Parece que o orgulho conduz a grandes coisas e que a vaidade se concentra nas pequenas.

Livro XIX, capítulo XXVII. As nações livres são arrogantes e soberbas, as outras podem mais facilmente ser vãs."

Quanto à contradição do Livro XIX, capítulo IX com o Livro XIX, capítulo XXVII, provém somente do fato de os seres morais apresentarem efeitos distintos segundo sua conexão com outros. O orgulho, unido a uma larga ambição e à grandeza das ideias, produziu certos efeitos entre os romanos; o orgulho, associado a uma grande ociosidade acompanhado da debilidade do intelecto, acompanhado do amor às comodidades da vida, produziu outros efeitos em outras nações. Aquele que configurou as dúvidas dispõe de muito mais luzes que as necessárias aqui para perceber com clareza essas diferenças e fazer as reflexões que não tenho tempo de fazer aqui.

Bastará considerar os diversos gêneros de superioridade que os homens, segundo as diversas circunstâncias, são levados a manifestar uns sobre os outros.

"Livro XIX, capítulo XXII. Quando um povo não é religioso, só se pode fazer uso do juramento quando aquele que jura é destituído de interesse, como o juiz e as testemunhas."

Com respeito à dúvida do capítulo XXII, Livro XIX, é bastante honroso que seja um magistrado que a tenha formado; mas é perenemente verdadeiro que há interesses mais próximos e mais distantes.

"Não seria possível contestar os efeitos diferentes que os diferentes climas produzem no sistema do autor indicando que os leões, tigres, leopardos, etc. são mais ativos e mais indomáveis do que nossos ursos, nossos javalis, etc.?"

No que tange à duvida do Livro XXIV, capítulo II, isso depende da natureza das espécies particulares dos animais.

"Livro XXIII, capítulo XV. Imaginemos que todos os moinhos deixassem de funcionar em um único dia, sem que fosse possível pô-los novamente em funcionamento. Onde conseguiríamos na França braços para substituí-los? Todos os braços que tal situação furtaria dos ofícios, das manufaturas, seriam tantos outros braços perdidos para eles se os moinhos não mais existissem. Quanto às máquinas em geral, que simplificam as manufaturas diminuindo o preço, compensam o industrial pelo aumento do consumo que produzem; e se elas têm por objeto uma matéria que o país produz, aumentam o consumo desta."

Quanto aos moinhos, eles são utilíssimos, sobretudo no estado atual das coisas. Não é possível entrar em detalhes; o que se diz a respeito depende do seguinte princípio, que se revela quase sempre verdadeiro, a saber: quanto mais houver braços empregados nos ofícios, mais haverá braços empregados necessariamente na agricultura. Refiro-me ao estado presente da maioria das nações; todas estas coisas requerem muitas distinções, limitações, etc.

"Livro XXVI, capítulo III. A lei de Henrique II que obrigava as mulheres grávidas a declarar o seu estado ao magistrado não contraria a defesa natural. Esta declaração é uma espécie de confissão. É a confissão contrária à defesa natural? E o magistrado, obrigado ao segredo, é dela um melhor depositário do que uma parenta, expediente proposto pelo autor."

Quanto à lei que obriga as moças a revelar sua gravidez, a defesa do pudor natural numa moça é tão conforme à natureza quanto a defesa de sua vida; e a educação aumentou a ideia da defesa de seu pudor e diminuiu a ideia do temor de perder a vida.

"Livro XIV, capítulo XIV. O assunto aqui são as mudanças que o clima produz nas leis dos povos. As mulheres, que tinham muita liberdade entre os germanos e os visigodos de origem, foram cerceadas rigidamente por estes últimos por ocasião de sua instalação na Espanha. A imaginação dos legisladores se aqueceu à medida que a do povo se inflamou. Cotejando isto com o teor dos capítulos IX e X do Livro XVI a respeito da necessidade do enclausuramento das mulheres nos países quentes, não parecerá surpreendente que esses mesmos visigodos, que temiam as mulheres, suas intrigas, suas indiscrições, seus gostos, seus desagrados, suas paixões grandes e pequenas, não tenham experimentado receio de afrouxar-lhes as rédeas declarando-as (Livro XVIII, capítulo XXII) capazes de suceder à coroa, abandonando o exemplo dos germanos e o deles mesmos? Não deveria o clima, ao contrário, afastar as mulheres do trono?"

Sobre as dúvidas do Livro XIV, capítulo XIV e do Livro XVIII, capítulo XXII, uma e outra são fatos que não se podem questionar; se parecem contrários, é porque se prendem a causas particulares.

"Livro XXX, capítulos V, VI, VII e VIII. Abandonai aos francos as terras dos domínios; eles terão terras, e os gauleses não serão despojados."

Livro XXX, capítulos V, VI, VII e VIII. Pode ser que seja assim e que o patrimônio público tenha sofrido para formar os feudos. A história não prova outra coisa, se não tivesse havido uma divisão, e os monumentos provam que a divisão não foi do total.

Eis aí, senhor, os esclarecimentos que parece que vós desejastes de mim; e, como vossa carta revela uma pessoa muito afeita a essas matérias e que soma ao saber muita inteligência, escrevi tudo isso com muita celeridade. De resto, a edição mais exata é a última edição impressa em três volumes *in-12* em Paris com Huart, livreiro, rua Saint-Jacques, perto da fonte Saint-Séverin.

Honro-me em ser, senhor, com sentimentos repletos de estima, vosso mui humilde e mui obediente servidor.

8 de abril de 1750